U0827478

集装箱码头操作管理

（第二版）

罗勋杰　樊铁成　主编

大连海事大学出版社

图书在版编目(CIP)数据

集装箱码头操作管理 / 罗勋杰,樊铁成主编. — 2 版. — 大连 : 大连海事大学出版社, 2018.9(2024.8 重印)
ISBN 978-7-5632-3714-2

Ⅰ.①集…　Ⅱ.①罗…②樊…　Ⅲ.①集装箱码头—业务管理—高等学校—教材　Ⅳ.①U656.106

中国版本图书馆 CIP 数据核字(2018)第 222556 号

大连海事大学出版社出版

地址:大连市黄浦路523号　邮编:116026　电话:0411-84729665(营销部)　84729480(总编室)
http://press.dlmu.edu.cn　E-mail:dmupress@dlmu.edu.cn

大连金华光彩色印刷有限公司印装　　大连海事大学出版社发行

2010 年 9 月第 1 版　2018 年 9 月第 2 版　2024 年 8 月第 2 次印刷
幅面尺寸:184 mm×260 mm　印张:26.25
字数:652 千　印数:2001~3000 册

出版人:刘明凯

责任编辑:刘长影　责任校对:张来胜
封面设计:张爱妮　版式设计:张爱妮

ISBN 978-7-5632-3714-2　定价:65.00 元

内容提要

《集装箱码头操作管理》(第二版)是作者以其第一版为基础,结合各高校教师、学生和行业读者反馈信息,以及近年来世界航运业、港口业和集装箱码头最新发展,修订编著而成。

全书分为五个模块十五章。基础知识模块,包括集装箱码头与集装箱运输概论、集装箱码头组织与人力资源管理、集装箱码头机械及其工艺系统三章。业务计划模块,包括集装箱码头船务(泊位)计划管理、集装箱码头船舶配载计划管理、集装箱码头堆场计划管理三章。操作执行模块,包括集装箱码头船舶装卸作业过程控制、集装箱码头堆场作业管理、集装箱码头闸口操作管理三章。箱货业务模块,包括集装箱码头箱务管理、集装箱码头冷藏箱管理、集装箱码头物流及货运站管理、集装箱码头客户服务中心管理四章。信息单证模块,包括集装箱码头的主要单证及其流程、集装箱码头计算机及通信系统管理两章。

第二版前言

“海上集装箱运输之父”美国人马尔康·马克林(Malcom McLean)在1955年首先提出海洋运输采用集装箱方式,集装箱运输必须实现海陆联运的设想以来,远洋运输这一古老的行业,因国际集装箱运输的发展又一次焕发了青春。我国国际集装箱运输业和集装箱码头业自1978年9月26日“平乡城”轮由上海首航澳大利亚获得成功以来,得到了空前发展。40年来港口集装箱吞吐量每年以两位数的增长速度递增。中国实现了由港口弱国到港口大国,再到港口强国的飞速发展。在世界集装箱吞吐量十大港口排名中,1970年没有我国港口,1980年只有中国香港排第三位,到2010年上海超过新加坡后多年保持世界第一,到2017年上海港年吞吐量首次突破4 000万标准箱,世界前十位集装箱超级大港中,中国占有7位。我国港口集装箱运输实现了从无到有、从小到大、由大到强的跨越式发展。

随着集装箱港口业的飞速发展,我国集装箱运输业的人才培训和培养也取得了较大进步,一些海事、交通、物流和港湾等大专院校也建立起了教研室、实验室、研究院、研究中心和相关专、本科专业,积极开展了硕士、博士和博士后培养,一大批港口规划、专业咨询、航运管理、物流管理、港口管理专业人才走向教学、科研、政府和港航企业一线。大批拥有高学历的专业技术及业务人员,也积极参与国际学术交流,并随“一带一路”走向海外,拓展国际市场,分享中国经验和中国智慧。衷心希望未来,我国的专业院校能够设立港口学院,不断推进和丰富港口教学、科研和人才专业化培养。

中国港口发展历史上最值得骄傲和自豪的是,习近平主席在2018年元旦新年贺词中,对“洋山四期全自动化码头开港”点赞。洋山口建设入选英国BBC《世纪工程》纪录片,洋山四期全自动化码头工程进入CCTV纪录片《超级工程》和纪录电影《厉害了,我的国》。

当前全球新一轮科技革命和产业变革正在孕育兴起,我国启动实施“中国制造2025”,交通运输部推进绿色和智慧交通发展。中国港口正在实施和推进从“港口大国”向“港口强国”转变,从“电气化和信息化”向“自动化、智能化和智慧港口”转型。以上海港洋山四期工程和青岛港前湾四期全自动化码头为契机,着力技术创新、管理创新和服务创新,紧紧围绕“智慧港口、绿色港口、科技港口和效率港口”目标,开展自主创新和科技攻关,取得了举世瞩目的成就。如何实现由粗放型码头管理向精细化管理和可持续发展转变,仍然是港口码头业的主要课题之一,也是本书编写的重点。

作者有幸在上海港、青岛港及世界级码头集团跨国公司工作多年,参加了多项港口工程项目建设及多个大型码头的日常管理,也参与了大量的港口业务和管理培训,实地考察、参观了世界各地的大型经典集装箱港口和码头;同时也参与了我国港口重大工程上海港和青岛港全自动化集装箱码头工程项目规划、设计、建设和运营管理,有很多心得和实际体会,积累了丰富的资料和实践经验。这些资料和经验,构成了本书第二版的一些新内容。同时,本书第一版被多所大学选为专、本科及研究生的教学教材,被多个码头、航运公司、船货代理公司及物流公司选为员工培训教材,广大读者反馈了很多宝贵意见和建议,也构成本书修改的依据之一。

本书框架以第一版为基础，实施了较大调整，分为五个模块十五章，即基础模块、业务计划模块、操作执行模块、箱货业务模块和信息单证模块。

作者深知自己才疏学浅，同时也感受到集装箱运输业和科学技术的飞快发展，以及后起之秀的蓬勃生机，"山外有山"的道理。从《集装箱码头业务管理》1998年第一版和2002年第二版，到2010年本人获得工学博士学位后出版"集装箱码头管理丛书"（《集装箱码头操作管理》《集装箱码头经营管理》《集装箱码头控制优化管理》），很多领导、同行、学生和教师，提出了大量宝贵意见，借此机会，一并真诚致谢！本书部分段落还参考了有关学者的研究论文，在此一并致谢！

同时感谢上海海事大学、大连海事大学、武汉理工大学、武汉交通职业学院、青岛港湾职业技术学院、广州航海学院、广西工学院以及各海事、交通职业学院。因篇幅所限，很多好主意、好观点、好做法和国内外码头目前现代化的做法，没能在书中一一体现，将在个人QQ（1321408114）或微信公众号"集装箱码头管理"中同大家分享和交流，同时推出掌上微课堂。

衷心感谢中国港口协会、中国工程机械学会、中国航海学会和中国水运建设行业协会，以及上海国际港务集团（SIPG）的领导和同事们！感谢我的恩师上海财经大学国际工商管理学院教授王玉博士，大连海事大学自动化研究中心原主任、教授马孜博士，浙江大学和上海交通大学原特聘教授、国际自动控制联合会（IFCA）原主席吕勇哉先生！感谢青岛港、大连港、广州港、天津港、烟台港、日照港、连云港、武汉港、南京港、宁波港、厦门港、福州港、深圳港、广西防城港等港口的领导和同事们！感谢DP World、中远海港口、APM Terminals、招商港口、PSA、和黄港口和ICTSI等世界级码头运营商的领导、同事和朋友们！再次感谢大连海事大学出版社对本书给予的极大支持和帮助。至于本书存在的不足甚至错误之处，敬请专家、学者和同仁批评斧正。

罗勋杰

2018年6月于上海

第一版前言

随着我国改革开放30多年的发展,我国外向型经济发展模式取得了举世瞩目的成就,极大提高了我国经济实力和提升了我国在国际事务中的地位。国际远洋航运业特别是国际集装箱运输业,在各国国民经济发展中的地位和作用越来越突出;我国沿海港口城市"国际航运中心"的建设和发展,内陆大型城市的区域或国际物流基地(园区)建设,以及"无水港"的发展,正推动着"集装箱"这一先进运输方式飞速发展;物流和正在兴起的物联网的发展,已经吹响了下一次运输革命的号角。集装箱港口和码头是国际集装箱运输网络中的枢纽,是货运物流网络中的关键节点之一,是集装箱运输物联网发展的核心环节。

"海上集装箱运输之父"美国人马尔康·马克林(Malcom McLean)在1955年首先提出海洋运输采用集装箱方式,集装箱运输必须实现海陆联运的设想以来,远洋运输这一古老的行业,因国际集装箱运输的发展又一次焕发了青春。我国国际集装箱运输业和集装箱码头业自1978年9月26日"平乡城"轮由上海首航澳大利亚获得成功以来,得到了空前发展。港口集装箱吞吐量在30多年来,每年以25%以上的速度递增。在世界集装箱吞吐量十大港口排名中,1970年没有我国港口,1980年只有中国香港排第三位,到2007年香港、上海、深圳、高雄和青岛等我国港口跻身其中,我国已成为名副其实的世界集装箱运输业的引擎!

随着集装箱港口业的飞速发展,我国集装箱运输业的人才培训和培养,也取得了较大进步,一些海事、交通、物流和港湾等大专院校也建立起了实验室、研究中心和相关本、专科专业,但就科研、培训和培养水平,以及港口业和码头日常的管理运营水平和技术创新水平,同世界发达国家和地区相比还有较大距离。目前世界级的码头跨国运营商,花费巨资建立了自己的业务和管理培训教材,一些国际专业协会组织和咨询公司也开发了系列集装箱码头、港口培训课程。"硬件的世界一流,软件的落后"是目前我国港口发展的短板,也是未来中国港口国际化道路上必须逾越的障碍之一。如何实现由粗放型码头管理向精细化管理转变,是目前港口码头业的主要课题,也是本书编写的重点。

本人自2001年开始在世界级码头集团跨国公司工作以来,有幸参加了大量的业务和管理培训,实地考察、参观了世界各地的大型经典集装箱港口和码头,有很多心得和实际体会;同时参与了国内及国际一些大型港口码头的规划、设计、监造、启动、重组和日常运行管理,积累了丰富的资料和实践经验。这些资料和经验,构成了本书的一些基本内容。同时也促使我想编著集装箱码头操作管理、经营管理和优化管理等集装箱码头系列丛书,以便能与同仁们一起分享。

本人深知自己才疏学浅,同时也感受到集装箱运输业和科学技术的飞快发展,以及后起之秀的蓬勃生机,"山外有山"的道理。在本人第一本书《集装箱码头业务管理》1998年第一版和2002年第二版共发行23 000册后,很多领导、同行、学生和教师,提出了大量宝贵意见,借此机会,一并真诚致谢!

本书框架基本依照现有集装箱码头运营操作部门组织结构安排设置，同时感谢上海海事大学真虹教授、大连海事大学田征教授、武汉理工大学丁涛和林桦教授、武汉交通职业学院姬中英教授和胡艳君副教授、青岛港湾职业技术学院刘水国处长和刘柏祥教授等，他们对本书框架提供了很多有价值的宝贵意见和建议。因篇幅所限，有很多好主意、好观点、好做法和国内外码头目前现代化的做法，没能在书中一一体现和包括，将在个人 QQ(1321408114)或博客(seaterminal. blog. sohu. com)中同大家分享和交流。

本书由罗勋杰、樊铁成拟定大纲和编写了大部分内容，第七章第四、五节由王森远编写，第六节由沈建平编写，胡艳君编写第十二章第二、四节，刘柏祥编写第十三章第五、六节和第十五章第三、四节，张晓龙编写第十六章第二、三、四节。本书最后由罗勋杰和樊铁成总纂。本书部分段落还参考了有关学者的研究论文，在此一并致谢！

衷心感谢中国港口协会集装箱分会理事长陈戌源先生能担任本书主审和秘书长陈长庚先生的协助，感谢上海国际港务集团的领导和同事们，感谢青岛港和青岛 QQCT 的领导和同事们，感谢我的恩师上海财经大学国际工商管理学院教授王玉博士、大连海事大学自动化研究中心教授马孜博士和上海交通大学特聘教授吕勇哉博士，感谢原英国铁行港口(P&O Ports)高津华博士、招商国际刘云树副总裁、丹麦马士基码头(APM Terminals)原大中华区总裁 Richard Nilcosen 等的无私帮助和对本书表示的极大关注，以及深圳蛇口 SCT、赤湾 CCT 和盐田 YICT、广州港 GOCT、大连港 DCT、宁波港、厦门港、武汉港及天津港的同事和同仁们！再次感谢大连海事大学出版社对本书给予的极大支持和帮助。

至于本书存在的不足甚至错误之处，敬请专家、学者和同事批评斧正。

罗勋杰

2010 年 8 月于青岛

目 录

模块一 基础知识

模块二 业务计划

模块三　操作执行

模块四　箱货业务

模块五　信息单证

模块一 基础知识

第一章 集装箱码头与集装箱运输概论

概 述

港口(Port,Harbor)是位于海、江、河、湖、水库沿岸,具有水路联运设备以及条件供船舶安全进出和停泊的运输枢纽,是水陆交通的集结点和枢纽,工农业产品和外贸进出口物资的集散地,船舶停泊、装卸货物、上下旅客、补充给养的场所。按所在位置可分为海岸港、河口港和内河港,海岸港和河口港统称为海港。中国沿海港口如上海港、宁波港、天津港、广州港、青岛港和大连港等;内河港口如苏州港、南京港、芜湖港、长沙港、武汉港、荆州港、宜昌港和重庆港等。

码头(Terminal)是海边、江河边专供轮船或渡船停泊,让乘客上下、货物装卸的建筑物。大型港口,一般又由位于不同地区的各类港区或码头组成。如上海港,就由罗泾港区、黄浦江沿岸老港区、外高桥港区和洋山深水港区等四个港区组成,其中黄浦江沿岸老港区又由客运码头、集装箱码头、件杂货码头、轮渡码头、游艇码头、环卫驳船码头、各类公务或工作船码头等构成。

集装箱运输(Container Transportation,CT)是将货物装在集装箱内,以集装箱作为一货物集合(或称为“成组”)单元,进行装卸运输的运输工艺和运输组织形式。它主要包括船舶(Ship)运输、铁路(Railway)运输、公路(Road)运输、航空(Aviation)运输等几种运输方式。集装箱运输是对传统的以单件货物进行装卸运输工艺的一次重要革命,是当代世界最先进的运输工艺和运输组织形式,是交通运输现代化的重要标志。

集装箱码头(Container Terminal)是专供停靠集装箱船舶,装卸集装箱用的港口作业场所,是在集装箱运输过程中水路和陆路运输的连接点,也是集装箱多式联运(Multimodal Transport)的枢纽。集装箱码头是集装箱运输物流系统的关键组成部分之一,一般设有泊位(Berth)、集装箱堆场(Container Yard,CY)、控制室(Control Tower,CT)、闸口(Gate House,

GH)、仓库(Container Freight Station,CFS)、集装箱专用机械和其他专用设施。

集装箱码头企业(Container Terminal Enterprise)是指使用集装箱专用机械系统、遵循一定的操作工艺、以集装箱装卸为主要业务的生产经营型企业。除此以外,还同时经营库场堆存、装/拆箱业务、修/洗箱业务、货运代理业务、船务代理业务、车/驳运输业务、电子数据信息交换业务、信息咨询、第三方物流(Third Party Logistics)及其他延伸业务。

本章主要介绍集装箱码头物流系统的基本构成及实例,集装箱码头的职能、作用、条件、服务特点及未来发展趋势,国际贸易术语及集装箱运输发展。

第一节　集装箱码头物流系统的基本构成

集装箱码头的高度机械化和高效率的大规模生产方式,要求集装箱码头同船舶共同形成一个不可分割的有机整体,从而保证高度严密的码头物流系统高效运转,充分发挥集装箱码头在整个物流供应链中的作用。集装箱码头物流系统通常由四个子系统构成(见图1-1):海侧操作系统(Seaside Operation System,SOS)、堆场操作系统(Yard Operation System,YOS)、陆侧操作系统(Landside Operation System,LOS)和地面水平运输系统(Ground Vehicle Operations System,GVOS)。

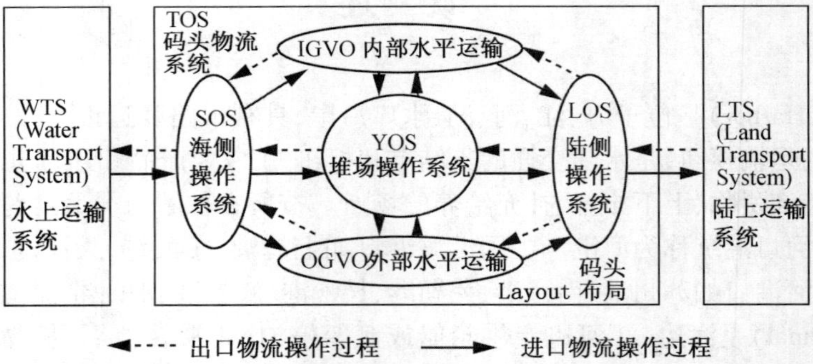

图 1-1　集装箱码头物流系统的组成

一、海侧操作系统

1. 泊位(Berth)

泊位是指在码头内供船舶停靠的岸壁线与对应水域构成的区域。泊位的长度和水深,根据港口类型、码头种类和停靠船舶的种类与大小的不同而不同。随着集装箱船舶的大型化,集装箱码头泊位长度和水深也不断加大、加深。目前世界上全集装箱船舶专用码头泊位的长度一般为300 m以上,泊位水深在-14 m以上。集装箱码头物流系统的实例(深圳蛇口SCT码头)如图1-2所示。

船舶停靠时所需的系船设施构成了泊位的岸壁(Quay)。这些设施一般包括系缆桩和碰垫木(橡胶墩)。船舶靠、离泊时,所需的岸壁线的有效长度一般为船舶长度的1.2倍。本章

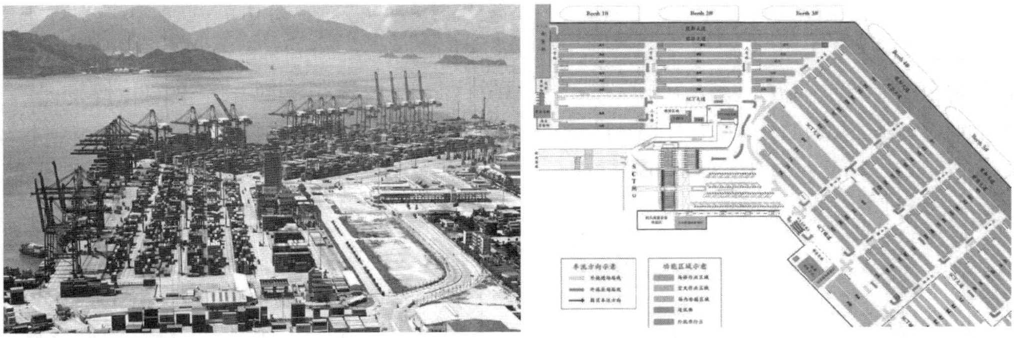

图 1-2　集装箱码头物流系统的实例(深圳蛇口 SCT 码头)

第四节将详细介绍集装箱码头泊位长度、堆场纵深、前沿水深和集装箱船舶种类的对应关系。

2. 码头前沿(Apron)

前沿是指沿码头岸壁线,从泊位岸壁到堆场(防汛墙)之间的码头区域。由于码头前沿装有集装箱桥吊(Quay Crane,QC/STS),又是进出口集装箱进行换装的主要地点,因此其宽度根据集装箱桥吊的跨距和装卸工艺的种类确定,一般由下列三部分构成:(1)从岸壁线到集装箱桥吊第一条轨道(海侧)的距离,一般为 3~7 m(设有集卡通道则需为 7 m);(2)桥吊轨道间(海侧到陆侧)的距离,一般为 15~35 m;(3)从桥吊陆侧轨道到堆场前(防汛墙)的距离,一般为 10~45 m。

从上述构成可以看出,集装箱码头前沿宽度一般为 30~150 m。集装箱码头前沿除安装了集装箱桥吊和铺有桥吊轨道外,一般还备有高低压电箱、船用岸电接口、船用电话接口、桥吊电缆沟、供水设施和灯塔等设施。码头前沿应始终保持畅通,其宽度要能满足堆放船舶舱盖板的同时,保证足够的陆运机械用通道,以确保集装箱桥吊作业的效率。集装箱码头的海侧操作系统如图 1-3 所示。

德国汉堡港 CTA 自动化码头前沿(海港)

上海外高桥港区码头前沿(河口港)

图 1-3　集装箱码头的海侧操作系统

二、堆场操作系统

堆场(Yard)是指集装箱码头内,所有储存并保管空、重箱的场地。通常分为出口重箱堆场、中转箱堆场、进口重箱堆场、空箱堆场、冷藏箱堆场、超限箱堆场和危险品箱堆场等。

在实际业务中,人们通常将出口箱放在码头堆场的前方,中间放中转箱,而将进口箱、冷藏箱、危险品箱、空箱放在码头堆场的后方。在码头计算机系统很完善的条件下,特别是在应用无线终端(Radio Data Transport,RDT)设备,实现堆场管理实时控制(Real-Time Control,RTC)的码头,在堆场功能划分上,采用更灵活的方式,甚至于进出口箱混堆,仅将重箱放于靠前堆场,空箱放于靠后堆场(见图 1-4)。

图 1-4　集装箱码头的堆场操作系统(荷兰鹿特丹 ECT-Delt 码头堆场)

堆场的地面上,都画有以一个 20 ft 集装箱箱底为标准大小的存放集装箱的长方形格子,通常称之为场箱位(Slot)。每个箱区的两端,都标有对应的编号,通常称之为箱区号(Yard Code,YC)。对堆存在堆场上的集装箱,其位置都有唯一编码标识,通常称之为场箱位号(Yard Location Code,YLC),又称"箱位号",是由六位或七位代码共同组成的,分别代表箱区号、行号、列号和层号。

堆场上要求有照明设备、道路、交通标识和标牌、排水沟、闭路电视(CCTV)设备、冷藏箱供电架等设施,并要求不能有妨碍码头作业或降低码头效率的任何建筑物。

三、陆侧操作系统

1. 集装箱货运站(Container Freight Station,CFS)

集装箱货运站俗称码头仓库,是指码头内用于把货物装进集装箱或从集装箱内取出,并对这些货物在仓库内进行收发、储存、保管和交接的作业场所(见图 1-5)。

图 1-5　货运站(马来西亚 PTP 码头)

集装箱货运站一般建于码头后方，侧面靠近码头外公路或铁路的区域，尽可能保证陆运车辆不必进出码头堆场，而直接进出货运站。近年来，随着集装箱化和物流业的高速发展，竞争促使市场细分不断深入，专业化分工也不断发展。在一些大型集装箱港口，随着集装箱码头吞吐量的增加，船公司开始将自己的空箱集中到指定的码头外堆场进行专业化管理，同时也出现了专业化的进口拆箱分拨和出口装箱的码头外货运站或物流公司，形成了将码头内货运站和空箱堆场移至码头外物流园区或保税物流园区的趋势。通常将这种码头以外的堆场、货运站和物流公司称为场站（Depot）。

2. 闸口（Gate House，GH）

闸口，俗称道口，又称检查桥、大门等，是集装箱码头的出入口，集装箱和集装箱货的交接点，因而也是区分码头内外责任的分界点（见图 1-6）。由于闸口是集装箱进出码头的必经之口，因此，在闸口处不但要检查集装箱的有关单证，而且还要办理集装箱和货物的责任交接，检查有关箱号、铅封号、集装箱箱体和货物的外表状况等。

图 1-6　码头闸口（鹿特丹 Euromax 码头）

闸口一般设置在集装箱码头的后方，出于保证码头机械、船舶积载的安全性和海关监管需要，还设有地磅（Truck Scale，又称地秤、地衡），另外还配有计算机、IC 卡机、收放栏杆、闭路电视（CCTV）和箱号 OCR 自动识别系统等设备。

3. 铁路港站（Terminal Railway Depot，TRD）

铁路港站是指码头内用于装卸由火车运输的集装箱或集装箱货物的场所（见图 1-7）。码

图 1-7　铁路港站（德国汉堡港 CTB 码头）

头内的铁路港站通常和CFS连在一起,成为整体,共同构成集装箱码头物流系统的集疏运网络。目前,随着国际集装箱运输多式联运的发展,港口物流和铁路物流也得到了飞速的发展,铁路港站逐渐发展成为专业的铁路货运物流公司,而走出码头以外,逐渐形成码头内外都有铁路港站的格局。通常码头内叫铁路港站,码头外叫铁路集装箱货运站或铁路集装箱物流公司、铁路场站等。

四、集装箱码头物流系统的设施设备

1. 控制室(Control Tower,CT)

控制室又称控制中心、中心控制室、控制塔、指挥塔(室),是集装箱码头各项作业的指挥调度中心(见图1-8)。它的作用是充分发挥码头各生产要素资源的作用,监督、调整和指挥集装箱码头各项作业计划的执行。它一般设置在码头操作或办公楼的最高层,可看到整个码头上各作业现场的地方。

青岛QQCT控制室

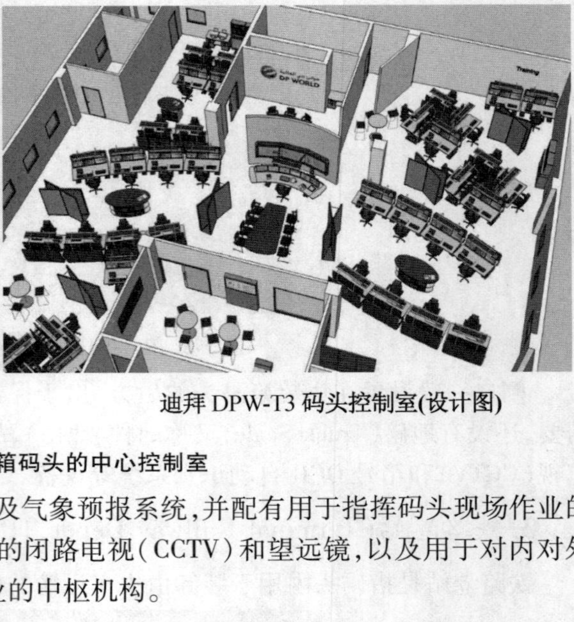

迪拜DPW-T3码头控制室(设计图)

图1-8 集装箱码头的中心控制室

控制室内装有电子计算机系统、测风仪及气象预报系统,并配有用于指挥码头现场作业的无线对讲机(VHF),用于监控码头作业现场的闭路电视(CCTV)和望远镜,以及用于对内对外联系的电话、传真机等设备,是码头现场作业的中枢机构。

2. 维修车间(Workshop)

维修车间又称修理车间,它是对集装箱和集装箱装卸专用机械进行检查、修理和保养的地方(见图1-9)。集装箱维修车间对于确保装卸机械的维修质量、使各种机械处于完好备用状况、提高集装箱码头效率和充分发挥集装箱运输的优越性都起着十分重要的作用。

修理车间一般设置在不影响集装箱码头作业的码头后方或在保养区附近,配有行车、车床、焊接和切割机、工作台、空气压缩机、修理坑道和配件库等设施设备。

大型码头的维修车间还配有备品备件仓库、办公室、值班室及更衣室。

图 1-9　维修车间(深圳蛇口 SCT)

3. 行政办公大楼(Administration Hall)

行政办公大楼,是集装箱码头各行政职能管理部门的办公场所(见图 1-10)。有些码头为方便客户,还在行政办公大楼内(外)设有船公司现场办公室、口岸单位办公室(海关、国检、海事局和边防等)和其他服务性办公点(银行、理货公司、快递公司、货代船代、码头派出所)等。行政大楼周边还配有停车场、进出大门,以及通信、照明、交通指示和保安设施等,通常设在码头堆场以外或码头堆场入口旁独立区域。

有些大型码头内还配置客户服务中心、食堂、候工楼、宿舍楼及员工活动中心等辅助楼房。

上海外高桥二期码头行政大楼

泰国林查班 APMT 码头行政大楼

图 1-10　集装箱码头的行政大楼

4. 物流装卸设备(Container Handling Equipment,CHE)

集装箱码头主要装卸设备有三类:岸边装卸机械(Ship to Shore Crane,SSC)、水平运输机械(Internal Horizontal Vehicle,IHV)和场地装卸机械(Yard Handling Crane,YHC)(见图 1-11)。各类设备又有不同的结构形式、运输方式和参数类型。

(1)SSC-桥吊

(2) YHC-自动轨道吊

(3) IHV -跨运车

(4) IHV -自动引导运输车(AGV)

图 1-11　集装箱码头主要装卸设备(部分)

第二节　集装箱码头的职能、作用及其条件

伴随着集装箱运输的飞速发展,世界各国港口相继建造了大量的集装箱多用途和专用码头。集装箱码头在整个集装箱运输过程中对加速车船周转、提高货运速度、降低整体运输成本等起着十分重要的作用。

一、集装箱码头的主要职能

通常认为,集装箱码头主要有以下职能:集装箱运输系统中的集散站;提供集装箱堆存,作为转换集装箱运输方式的缓冲地;水路集装箱运输和陆路集装箱运输的连接点和枢纽。

二、集装箱码头的作用

就传统的货物运输而言,可把货物从发货地运输至目的地的全过程所经历的时间,分为动态的运送部分(Movement Segment)和静态的处理部分(Process Segment)。

动态的运送部分,是指货物在车辆、船舶或飞机等运输工具上,处于受载运输的阶段。静态的处理部分,是指货物处在车站、码头、机场上或其他地点进行装卸、保管和堆存等相对静态的阶段。就海上运输而言,统计资料表明,上述两部分所耗费的时间和劳动量比例情况,如表

1-1所示。

表1-1　普通货船全程运输中两部分耗费的时间及劳动量的比例

	耗费的时间	耗费的劳动量
动态的运送部分	65%	20%
静态的处理部分	35%	80%

从表中可以看出,货物在运输全程中,有35%的时间处在非运送状态,在这一阶段要耗费的劳动量却占全程的80%。货物在静态处理部分中的大部分时间是处在码头的装卸、堆存和保管之中。因此,要提高运输的效率,关键在于提高码头生产力水平,尽量缩短货物在码头处理的时间。

集装箱同传统的件杂货相比,在适箱货物装箱以后,同样需要在码头进行换装、集散、临时堆存和保管。因此,集装箱在码头上能否顺利地进行装卸和运送,是有效地加速车船周转、提高货运速度和质量、降低运输成本的关键环节之一。集装箱运输是一种新的运输工艺,它的出现大大提高了码头生产力水平,有效地压缩了货物在码头处理的时间。这也正是各国港口和超大型船公司纷纷参与兴建资本、技术密集型集装箱码头企业的原因之一。

三、集装箱码头的条件

集装箱码头要发挥上述作用,必然具备其特有的条件:(1)必须具有足够数量和相当质量的专业设备、机械,以保证船舶装卸、货物交接和保管的顺利进行;(2)要建立相应的组织机构,并能有效地组织和运用各种设备和机械,以使它们的能力得以充分发挥;(3)要建立发达的内陆集疏运运输网络(包括公路、铁路和内河,甚至航空),以保证能及时地集散集装箱及其货物;(4)集装箱码头的管理人员、驾驶员和工作人员,都应具有与自己工种相应的文化水平和熟练技能,以确保集装箱码头能高效率地运营;(5)为了保证集装箱码头装卸作业的均衡进行,集装箱码头必须具有足够的堆场(包括前方堆场和后方堆场),以便于集装箱的临时堆存;(6)随着集装箱运输规模的日益扩大,集装箱码头采用专业化的计算机系统参与码头的管理和日常事务,并通过EDI与外界实现信息数据共享。

第三节　集装箱码头操作和物流服务的特点

一、集装箱码头的产品

其产品不是实物,而是提供的劳务和服务等"无形产品",即完成集装箱和集装箱货物空间位置的位移。这种空间位置位移必须是有目的的,适应运输活动本身需要的。因此,集装箱码头企业的产品是集装箱和集装箱货物空间位置的"有效位移"。

二、集装箱码头操作的特点

集装箱码头在商品经济大系统中的特殊地位,决定了集装箱码头操作同一般工业企业相比有其不同的特点。

1. 作业的连续性

码头装卸生产通常是昼夜24小时连续作业的。通过码头的集装箱货物,其目的不是要逗留在码头内,而是要尽快地转运出去,到工厂投入生产。作为服务性行业的集装箱码头,其生产本身就要求迅速、准确、及时,以满足船公司和货主的需要。因此,为缩短货物在码头逗留时间,其生产必须保持连续性。

2. 组织的协作性

集装箱码头是集装箱水陆运输的枢纽,是各种运输方式的汇聚点,其本身又是一个技术、维修的组合体。从外部来说,其生产组织要同海关、国检(商检、动植检和卫检)、边防、船公司、箱公司、代理、外贸公司、引航、港监、船舶供应、保险、铁路、公路汽运等部门协作,因此应巧做时间与空间的安排;从内部来说,码头生产要协调作业人员、机械、库场、理货、后勤等部门各工种的作业,使其形成一个有机的整体,一环脱节,就会严重影响整个码头的作业效率。因此,集装箱码头生产组织是多部门、多环节、多工种内外协作的过程,具有鲜明的协作性。

3. 生产任务的不平衡性

这是运输企业遇到的一个共性问题,而在集装箱码头企业尤为突出。主要表现在以下几个方面:

(1)集装箱进出口箱量在时间上的不平衡性

历年统计资料表明,在一年的不同季度、月份,到港集装箱数量可以有很大的差别;在一个月的不同日之间,集装箱数量也可以有很大差别;甚至在一昼夜的不同工班之间,需开设的作业线数量和待装卸集装箱数量也可以有成倍甚至几倍的差别。这就给集装箱码头企业在泊位、机械、堆场、人力的安排上造成很大的困难。

(2)进出口集装箱在箱型种类(Container Type)上的不平衡性

进出口集装箱在箱型种类上、不同航线间存在差异,同航线不同船公司间存在差异,同航线同船公司在不同时期也存在差异。主要表现在20 ft箱、40 ft箱、45 ft箱的比例,空箱、重箱、中转箱的比例,冷藏箱、危险品箱、三超(超长Over Length,O/L、超宽Over Width,O/W、超高Over High,O/H)特种箱的比例,均存在着差异。不同集装箱的箱型种类,其装卸工艺各不相同,所需要的装卸机械不同,对堆场的要求不同,对操作技艺的要求也不同。进出口集装箱在箱型种类上的不平衡,也给码头企业在泊位、机械、堆场、人力的安排上造成很大的困难。

(3)船舶预计到港时间(Estimated Time of Arrival,ETA)和抵港船舶航线(Service)的不平衡性

到港船舶通常来自不同航线。一般来说,同一航线的船舶,往往在箱型、箱量、船型、装卸要求方面有某种相似之处。如果能协调船舶的抵港时间,使到港船舶及到港船舶所属航线保持某种平衡,将对集装箱码头有计划地组织均衡生产大有帮助。但在这点上,船公司一般很难

接受码头意见而调整船期表。另外，即使是船公司接受码头意见，但由于船舶航行时间长，海上航行气象、航道、潮汐等各种因素影响复杂，船舶抵港往往也不会是均衡的。这也给码头组织均衡生产带来困难。

(4)到港船型(Ship Size)的不平衡性

即使不考虑时间、箱型、航线等问题，到港船舶船型的多变，也会给码头生产带来极大的不平衡性。如第四代、第五代大型全集装箱船(Full Container Ship)集中到港，将会使深水泊位吃紧，浅水泊位又空着没用。大型全集装箱船集中到港，由于干线(Main Service)船进出口箱量往往很大，使堆场、机械紧张，作业人员不够用；而小型支线(Feeder/Barge Service)集装箱船舶到港，情况恰恰相反。

造成集装箱码头生产不平衡的原因还有一些，如锚地检疫、熏蒸、商检、边检、海关检查、海事、接运工具的配合等。总之，集装箱码头生产的不平衡性是绝对存在的。因此，码头操作部门要不断克服这种不平衡性，努力实现泊位、码头机械、库场以及人力的均衡使用。

三、集装箱码头物流服务的特点

集装箱码头是整个国际集装箱运输物流链中的关键环节之一，其码头的服务性及生产的不平衡性，特别需要重视码头物流服务的微观效益与宏观效益统一的问题。

集装箱码头物流服务的微观效益(Microcosmic Benefit)，是指其在装卸、储存、保管、交付、驳运等业务中取得的收入，与其在机械、人力、燃润料、工具等消耗中所耗费的成本的差额。集装箱码头物流服务的宏观效益(Microscopical Benefit)，是指通过所提供的集装箱和集装箱货物的有效位移，给相关物流企业，包括托运人、承运人、代理、货主等物流链中上游和下游环节所带来的效益之和。集装箱码头物流服务的微观效益与宏观效益不一定是一致的。

对集装箱码头来说，其泊位利用率(Berth Utilization Ratio)高，则吞吐能力(Throughput Capacity)利用饱满，生产的均衡性好，机械、库场、人力的利用率也高。这对提高码头企业微观效益是很有利的。但泊位利用率达到一定水平，船舶到达就要排队候泊，这就延长了船舶在港作业时间，降低了船舶利用率(Vessel Utilization Ratio)，浪费了社会总运力，降低了宏观效益。同时，船舶候泊还意味着延迟原材料到达工厂投入生产时间，意味着延长产成品在流通过程的时间，使其价值推迟实现，等等，其相关的损害是非常大的。因此从宏观效益的角度来说，码头企业应尽力增加泊位数，将泊位利用率控制在适当水平(国外有些专家认为，泊位利用率应控制在50%的水平，超过50%就容易压船、压港)，以防止船舶排队候泊。同时，泊位数量多，船舶不用候泊，也为码头装卸企业提高竞争力提供了关键的条件。

对码头装卸企业来说，库场利用率(CY & CFS Utilization Ratio)高，堆存费收得多，对提高微观效益也是有利的。但库场利用率高，其畅通程度势必降低。码头企业的库场是周转性库场，而不是储存性库场，它应以货流畅通为最高目标，而不应以多赚取堆存费为目标。如果为了多增加堆存收入而导致库场利用率过高，当船舶集中到达时，就会造成库场堵塞，降低码头作业效率，使船舶在港作业时间延长，导致不良的关联后果，不利于提高宏观经济效益。因此，码头企业应合理安排库场的集疏运，将库场利用率控制在合理水平(通常认为60%较为合理)，这样既能提高企业微观经济效益，又能有效保证社会宏观效益的实现。

对码头企业来说，微观效益与宏观效益的统一十分重要。事实上，如果一味重视微观效益,不考虑宏观效益,不但对社会经济发展客观上造成损害,而且从长远来看,使口岸营商环境恶化,也势必降低码头企业的竞争能力,最终对企业微观效益也将造成致命损害。

第四节　集装箱码头发展趋势

一、集装箱港口发展现状

20 世纪后期,全世界集装箱运输随着世界经济的飞快发展,运输量和集装箱化率得到迅猛发展,港口集装箱吞吐量持续攀升。2008 年金融危机以后,全球集装箱港口发展主要呈现以下几个特点:

(1)集装箱港口的吞吐量大小,同其腹地的经济发展密切相关。从 1970—2017 年全球 20 大集装箱港口排名及吞吐量(见表 1-2)中可以发现,前 20 大集装箱港口的分布,主要在目前世界经济发达地区和经济发展较快的地区,即亚太地区、欧洲和美国。世界集装箱港口的重心已经从欧美地区向亚太地区转移。

表 1-2　1970—2017 年全球 20 大集装箱港口排名及吞吐量

排位	1970	百万 TEU	1990	百万 TEU	2000	百万 TEU	2010	百万 TEU	2017	百万 TEU
1	纽约/新泽西	0.93	新加坡	5.22	香港	18.10	上海	29.07	上海	40.23
2	奥克兰	0.34	香港	5.10	新加坡	17.04	新加坡	28.43	新加坡	33.67
3	鹿特丹	0.24	鹿特丹	3.67	釜山	7.54	香港	23.53	深圳	25.21
4	西雅图	0.22	高雄	3.49	高雄	7.43	深圳	22.51	宁波-舟山	24.61
5	安特卫普	0.22	神户	2.60	鹿特丹	6.28	釜山	14.16	釜山	21.40
6	贝尔法斯特	0.21	洛杉矶	2.59	上海	5.61	宁波	13.14	香港	20.76
7	不来梅	0.19	釜山	2.35	洛杉矶	4.88	广州	12.55	广州	20.37
8	洛杉矶	0.17	汉堡	1.96	长滩	4.60	青岛	12.01	青岛	18.26
9	墨尔本	0.16	纽约/新泽西	1.87	汉堡	4.25	迪拜	11.60	迪拜	15.44
10	提耳堡	0.16	基隆	1.83	安特卫普	4.08	鹿特丹	11.15	天津	15.21
11	拉恩	0.15	横滨	1.65	深圳	3.99	天津	10.08	鹿特丹	13.60
12	弗吉尼亚	0.14	长滩	1.60	巴生	3.21	高雄	8.87	巴生	12.06
13	利物浦	0.14	东京	1.56	迪拜	3.06	巴生	8.87	安特卫普	10.45
14	科德角	0.14	安特卫普	1.55	纽约/新泽西	2.90	安特卫普	8.47	厦门	10.38
15	哥德堡	0.13	费利克斯	1.42	东京	2.87	汉堡	7.90	高雄	10.24
16	费城	0.12	圣胡安	1.38	马尼拉	2.80	洛杉矶	7.83	大连	9.71
17	悉尼	0.12	不来梅	1.20	费利克斯	2.65	丹戎帕斯	6.53	洛杉矶	9.34
18	勒阿弗尔	0.11	西雅图	1.17	不来梅	2.48	长滩	6.26	汉堡	9.00
19	安克雷奇	0.10	奥克兰	1.12	热亚陶罗	2.32	厦门	5.82	丹戎帕斯	8.33
20	费利克斯	0.09	马尼拉	1.04	丹戎帕斯	2.27	纽约/新泽西	5.29	林查班	7.66

(2)集装箱港口的吞吐量大小,同其地理位置密切相关。新加坡港和香港港因其在世界

航线上地理位置的特殊，十多年来一直是第一、二名。特别是亚太地区港口中的上海港，其吞吐量的排名在1995年进入世界前20名后，仅用6年时间，就进入世界前5名；自2010年超过新加坡港以后，已连续多年稳居世界第一。除长江经济带发展推动外，还因其地处长江口和中国海岸线中心点，与得天独厚的地理位置密切相关。

(3)中转箱是集装箱港口吞吐量增长的源泉。

(4)集装箱港口从卖方市场向买方(船方)市场转变，港口区域能力过剩开始显现，港口间的竞争加剧。

(5)随着物流业和综合运输发展，第四代港口模式出现，集装箱港口产业多元化。

(6)集装箱码头资产与资本不断融合，全球化港口集团日趋成熟。

(7)随着集装箱船舶的大型化，集装箱码头的泊位长度、水深和机械装备也不断大型化、高速化和自动化，河口港向深水海中岛港转移，超级大港不断涌现。

(8)随着科技发展，港口向绿色港口、自动化、智能化和智慧港口发展。

(9)在港口吞吐量中，集装箱的总量和占比高低成为港口现代化的重要标志。

(10)沿海集装箱码头的发展，带动内河集装箱港口、内陆港站和集装箱铁路运输的发展。

(11)随着航运联盟化不断发展，港口和航运的融合不断深入。

(12)全球港口集装箱吞吐量开始复苏。以2016年为例，随着世界经济持续深度调整，政治格局不断变化，全球港口货物吞吐量增速为2.1%，增速同比有所回升，但整体仍保持低位。全球前十大港口集装箱吞吐量合计为2.19亿TEU，同比增长1.23%，增速较上年增加1.06个百分点，呈回暖趋势，其中负增长港口数量为5个，较2015年增加3个，但跌幅整体收窄。

二、集装箱港口能力发展前景

港口吞吐量是衡量港口能力的主要指标。随着世界各国港口发展计划实施，在1996—2000年，世界集装箱装卸能力提高了48%，达到27 550万TEU，其中东亚地区港口集装箱装卸能力在世界总装卸能力中所占比重，从1996年的41.9%上升到2000年的47.2%。特别是2010年上海港超越新加坡港，一举成为世界集装箱第一大港以后，世界集装箱港口发展出现深刻变化。伴随中国港口集装箱运输的迅猛崛起，全球港口能力发展呈现以下前景：

1. 集疏运系统

随着世界集装箱运输需求量的增长和集装箱运输船舶大型化趋势的加快，世界集装箱港口也相应出现大型化趋势，同时对港口集疏运系统也提出了相应的要求，铁路运输、高速公路运输、内河运输等也必须相应发展。

2. 港口泊位长度和桥吊数量

世界集装箱港口泊位长度在1986—1996年增加了53%，1996年已经达到440 km，集装箱桥吊数量提高一倍，达到1 901台，其中东亚、欧洲和北美地区港口集装箱泊位总长度占世界港口泊位总长度的77%，桥吊数量占世界集装箱桥吊总量的82%。东亚地区港口的泊位长度所占份额从1986年的14.7%上升为1996年的20.8%，桥吊数量所占份额从1986年的23.7%上升为1996年的33.1%，达到630台。

3. 集装箱泊位利用率

随着集装箱装卸量的提高,集装箱泊位利用率也相应提高。1998 年,东亚地区每千米集装箱泊位的装卸量为 76 万 TEU,欧洲地区为 28 万 TEU,北美地区为 22 万 TEU。由此可见,东亚地区是欧洲地区的 2.7 倍,是北美地区的 3 倍以上。集装箱船舶等级标准、码头泊位等级标准如表 1-3、表 1-4 所示。

表 1-3　集装箱船舶等级标准

序号	船舶等级			船舶能力		船舶主尺度			船舶积载情况			开发年份
	代	型	级	船舶吨级 DWT(t)	载箱量 (TEU)	总长 (m)	型宽 (m)	满载吃水 (m)	装箱层数 舱内	装箱层数 甲板上	甲板堆箱列数	
1	第一代	小型	支线级	10 000 (1 000~12 500)	≤830	147	22.6	8.2	6	2	8	1968 年
2	第二代	中型	沿海及近洋级	20 000 (12 501~27 500)	831~1 900	183	27.8	10.5	6	2	10	1968 年
3	第三代		远洋级	30 000 (27 501~45 000)	1 901~4 600	244	32.3	12.0	7	3	12	1972 年
4	第四代	大型	巴拿马级	50 000 (45 001~65 000)	3 101~4 600	294	32.3	13.0	8	5	13	1984 年
5	第五代		超巴拿马级	70 000 (65 001~85 000)	4 601~6 000	300	40.3	14.0	8	5	16	1995 年
6	第六代			100 000 (85 001~115 000)	6 001~8 200	347	42.8	14.5	9	5	17	1997 年
7	第七代	超大型	苏伊士运河级	150 000 (115 001~175 000)	8 201~12 500	380	55.8	15~16	10	7	22	2005 年
8	第八代		马六甲海峡级	200 000 (175 001~240 000)	12 501~18 000	400	60	16~18	13	8	24	2015 年

表 1-4　集装箱码头泊位等级标准

序号	码头等级		主要技术参数							泊位通过能力(万 TEU/年)	装卸工艺方式
	代	级	靠船能力 船舶吨级 DWT(t)	靠船能力 载箱量 (TEU)	码头尺度 泊位长度(m)	码头尺度 水深 (m)	码头尺度 陆域纵深(m)	集装箱装卸桥配备 配备数量 (台/泊位)	集装箱装卸桥配备 型		
1	第一代	支线喂给港	10 000	≤830	160~180	9	400	1~2	小型	20~25	正面吊,跨运车,RTG
2	第二代	沿海及近洋干线港	20 000	1 900	200~220	12	500	2	中型	25~30	跨运车,RTG
3	第三代	远洋干线港	30 000	3 100	270~300	13	600	2~3		30~35	跨运车,RTG
4	第四代	国际枢纽港	50 000	4 600	320~350	14.5	800	3~4	巴拿马型*	35~40	RTG,跨运车,RMG
5	第五代		70 000	6 000	330~360	15.5	800	4	超巴拿马型	40~50	RTG,RMG,跨运车
6	第六代		100 000	8 200	380~410	16	900	4~5		50~60	RTG,RMG,跨运车
7	第七代	国际航运中心	150 000	12 500	410~440	17~18	1 000	5~6	苏伊士运河型**	60~90	RMG,AVGS,RTG,自动控制
8	第八代		200 000	18 000	430~460	20~23	1 000	6~7	马六甲海峡型	80~100	RMG,AVGS,RTG,自动控制

*巴拿马运河船闸长 427 m,宽 54.8 m,深 18.3 m。可以通过宽 51.82 m 或甲板载箱 20 排、长 424 m 的船舶。

**苏伊士运河规范:水深:-18.9 m。

4. 桥吊利用率

从集装箱桥吊利用率来看，东亚地区最高。1998 年欧洲地区每台桥吊平均装卸量为 68 600 TEU，北美地区为 57 800 TEU，澳大利亚为 54 800 TEU。2000 年，东亚、欧洲、北美地区的集装箱装卸桥吊利用率为 80. 3%~83. 5%，中东、印度地区为 63. 8%，澳大利亚为 75%，加勒比海、中美为 75. 7%，非洲为 96. 6%。

三、中国集装箱码头发展的特点

我国集装箱运输的发展基本可概括为五个时期，从 20 世纪 50 年代开始试办，70 年代正式起步，80 年代是夯实时期，90 年代是普及发展时期，21 世纪是飞速发展期。

2017 年，规模以上港口集装箱吞吐量 2. 368 亿 TEU，同比增长 8. 3%，与 2016 年同期相比加快 4. 7 个百分点。其中，长江干线规模以上港口集装箱吞吐量 1 650 万 TEU，同比增长 8. 2%。从具体港口来看，中国内地有 21 个港口超 200 万 TEU，均保持正增长。其中吞吐量超过 1 000 万 TEU 的港口，已从 2016 年的 7 家增加到 8 家，其中 1 家超 4 000 万 TEU（上海港），5 家超 2 000 万 TEU（上海港、深圳港、宁波－舟山港、香港港、广州港），8 家超 1 000 万 TEU（上海港、深圳港、宁波－舟山港、香港港、广州港、青岛港、天津港、厦门港）。从增速来看，各个地区的港口增速呈现明显分化现象，青岛港、天津港、大连港等环渤海港口集装箱吞吐量增幅微弱，而上海港、深圳港、宁波－舟山港、广州港、厦门港等南方港口增长较快。从排名来看，2017 年各个港口集装箱吞吐量排名变化不大，前 17 名均未改变，唐山港、北部湾港、珠海港提升至前 20 名。表 1-5 为 1990—2017 年中国十大集装箱港的统计。

表 1-5　1990—2017 年中国大陆沿海集装箱港口排名及吞吐量表

排位	1990	万 TEU	2000	万 TEU	2010	万 TEU	2016	万 TEU	2017	万 TEU
1	上海	45. 61	上海	561. 23	上海	2 906. 90	上海	3 713	上海	4 030
2	天津	28. 60	深圳	399. 37	深圳	2 250. 97	深圳	2 411	深圳	2 600
3	青岛	13. 54	青岛	212. 01	宁波－舟山	1 314. 40	宁波－舟山	2 157	宁波－舟山	2 597
4	大连	13. 13	天津	170. 84	广州	1 255. 00	广州	1 858	广州	2 030
5	广州	10. 94	广州	143. 09	青岛	1 201. 20	青岛	1 801	青岛	1 830
6	张家港	4. 77	厦门	108. 46	天津	1 008. 00	天津	1 450	天津	1 520
7	厦门	4. 53	大连	101. 10	厦门	582. 00	厦门	960	厦门	1 030
8	南京	4. 18	宁波	90. 22	大连	524. 20	大连	959	大连	990
9	福州	2. 91	中山	50. 58	连云港	387. 00	营口	601	营口	620
10	宁波	2. 21	福州	40. 02	营口	333. 80	苏州	540	苏州	590
合计		130. 42		1 876. 92		11 763. 47		16 450		17 837
增长 %				1 339. 1%		526. 74%		39. 8%		8. 43%

随着集装箱运输业的发展,港口码头业得到了迅速发展。无论是港口码头的规划建设,还是生产经营管理,科学技术水平等都发生了历史巨变,取得了令世人瞩目的成就。不仅基本扭转了过去长期与国际经济发展不相适应的被动局面,缩小了与发达国家的差距,而且进一步增强了港口在我国国民经济中的地位、作用和在国际上的竞争力,基本实现了从"港口弱国"到"港口大国"再到"港口强国"的历史性跨越。中国港口集装箱码头的发展,呈现以下几个特点:

1. 集装箱吞吐量持续高速增长、港口集装箱化率逐步提高

30多年来,我国国民经济和对外贸易迅速发展,国内生产总值和对外贸易额持续保持8%和10%以上的增长速度,适箱货大量生成,我国海运船队规模进一步扩大,这些都为我国港口集装箱运输的迅速发展提供了先决条件。反映港口外贸集装箱货物量占港口全部外贸件杂货物比重大小的港口集装箱化率在逐步提高,1998年已达60%,2002年基本超过90%,达到甚至超过发展中国家水平。

2. 沿海三大集装箱港口群格局基本形成

从中国沿海港口集装箱运输布局看,基本上形成华北以青岛、大连和天津为中心,华东以上海和宁波为中心,华南以香港、深圳和广州为中心的三大港口群。从我国近年来沿海港口集装箱吞吐量统计看,沿海港口总吞吐量的近80%是由三大港口群核心港口完成的。三大主枢纽港群的先后形成,使我国港口布局合理化、区域协同化、运营高效化、管理信息化,从而实现港口的现代化。

3. 主要港口集装箱码头的设施和设备达到世界先进水平

我国港口集装箱码头的建设采用了国际上通行的招投标制、项目法人责任制、施工监理制和合同责任制,设计和施工向国际标准看齐,并有一支达到国际水准的设计和施工队伍。在装卸机械和设备配置上,以振华重工集团(ZPMC)为核心,三一重工、海西重机、华东重机及青岛港机等瞄准国际先进水平,采用当今先进的技术手段,基本实现了"设计一流,建设一流,设施一流,效率一流",基本掌握最新技术,并控制了全球港口机械市场。

4. 集装箱码头投资建设和经营主体多元化

20世纪80年代以来,我国在港口建设和经营上实行开放政策,积极引进外资以及先进的管理经验和技术,先后利用世界银行、亚洲银行和外国政府贷款,在大连、秦皇岛、天津、青岛、连云港、上海、广州等港口建设了一批现代化的集装箱码头。目前主要采取吸引国外财团采取合资、合作经营或租赁经营方式投资集装箱码头建设,世界五大码头营运巨头都在中国有集装箱合资码头。同时积极推进现代企业制度改革和实施资本运作,积极推动港口股份制改造,目前的港口企业基本都是上市公司。

5. 软硬环境不断改善

港口集装箱运输既涉及船舶运输、装卸、集疏运等硬环境,也涉及海关、进出口检验、信息传递和政府管理等软环境。发挥集装箱运输的优势,离不开各部门、各环节的密切协作和配合,而港口集装箱运输的迅速发展,更有赖于软硬两方面环境的不断改善。长期以来,为推动集装箱运输的发展,国家及相关主管部门相继出台了一系列政策和法律、法规,进一步规范和

加强集装箱运输市场的管理,加快与国际接轨。铁路、公路、沿海和内河运输部门积极开展集装箱多式联运、国内集装箱和内支线运输。海关在加强监管的同时,努力改善通关服务、提高通关效率。各主要港口利用现代信息技术,全面实施计算机化生产管理,通过 EDI 网络实施信息共享通信服务。

6. 中国集装箱港口在世界居主导地位

随着中国元素在全球经济发展中的地位不断上升,中国集装箱港口在规模、作业效率、成本控制、安全保障、新技术应用与集成、流程优化与 IT 系统等各方面,全面超过世界其他港口。特别在 2017 年 12 月 10 日,世界规模最大、自动化程度最高、智能化技术应用最广、具备完全自主知识产权的洋山四期全自动化码头开港,标志着我国港口技术水平世界领先。

四、中国集装箱码头未来发展

1. 经贸发展的不确定性

1997 年和 2007 年两次世界金融危机给全球航运业带来巨大冲击,对港口发展也带来深远影响。目前虽然全球经济总体向好,但仍将面临逆全球化浪潮、区域政局不稳、地缘政治紧张等外部环境,从"黑天鹅"向"灰犀牛"演变的系统性风险仍然在累积,由此带来的能源、集装箱等运输的波动性将给港口生产带来较大影响,中国沿海港口尤其是枢纽港应提早做好应对和防范。

2. 港口间整合加剧,探索区域整合新模式

从分散竞争走向有序协同的趋势下,资源整合的趋势日益明显。伴随浙江省和江苏省省级港口企业整合完成,"十三五"期间,港口资源整合将呈现几个方面的趋势:(1)跨区域整合将逐渐增多,港口之间的协同合作将超越省的行政区划;(2)跨行业整合将逐渐增多,比如中远海运、招商局集团等综合产业主体将逐渐加大与港口行业的合作和整合力度;(3)港口整合之后,内部的改革和运营机制重构将赋予港口发展新的动能。

3. 推进精细化管理,优化供应链、信息链、资金链和价值链

降成本方面,进一步精简中央定价港口收费项目,规范市场自主定价的港口经营服务性收费。补短板方面,加强进出港航道、防波堤等建设,提升高等级航道水平,完善港口集疏运体系建设。在做好降本增效的基础上,进一步提升港口发展的新动能,推动传统企业优化升级,培育创新能力,探索新业务、新平台,不断优化供应链和新模式,提升港口服务。

4. 科学技术与创新发展

在技术创新方面,进一步推进自动化、智能化、互联网、大数据、物联网和区块链等新技术在港口行业的研究与应用,发掘新的业务形态并提升效率。在制度创新方面,通过体制改革和政策创新,配合推进自由贸易港建设,探索符合新时期区域港口一体化的管理模式。在管理创新方面,促进综合运输与港口行业的深度融合,提升海铁联运、水水中转的比例,发挥港口的节点、枢纽作用。

5. 自由贸易港

国家将“要赋予自由贸易试验区更大改革自主权,探索建设自由贸易港”,并已正式批复海南自由贸易区建设方案,其他省市也会积极跟进。作为“自由贸易试验区”政策的进一步深化,自由贸易港将围绕货物、资金和人员三大要素的自由流动展开,在外汇管理、税收优惠、外籍人士领取中国绿卡及外地员工落户等方面有望取得突破,进一步提升地区功能定位、带动周边的经济发展、为其他地区的开放起到示范作用。上海、天津、广东、浙江、福建等地都在启动或酝酿探索自由贸易港,相关政策将会有实质性推动和实践,港口积极进行探索以及储备。

第五节　国际贸易和国际集装箱运输

国际贸易是国际经济活动中的最重要和最基本形式。国际贸易中的交易双方责任、费用与风险划分需使用国际贸易术语来规范。国际货物运输是国际贸易合同履行中重要的关键环节。集装箱货物运输涉及收发货人、集装箱货运站、船公司和码头等诸多方面。

一、国际贸易及其术语和步骤

1. 国际贸易概述

国际贸易(International Trade),又称为对外贸易(Foreign Trade)或世界贸易(World Trade),是指一个国家或地区同别的国家或地区进行商品和劳务交换活动。

传统的国际贸易形式由商品的进口和出口构成。商品进口(Import)是指一国向他国购进商品,用于国内生产和非生产消费的全部贸易性业务。从广义上说,进口也包括所谓的无形进口,即某一国家在运输、保险、贷款、旅游、技术等方面从其他国家获得的劳务。商品出口(Export)是指一国向他国出售一部分生产和加工的产品的全部贸易性业务。从广义上说,出口也包括所谓的无形出口。

在国际贸易中卖方的交货责任和买方的付款责任共同构成了“信用”。信用通常分成两种类型:商业信用和银行信用。在交易过程中,卖方负责交货,买方负责付款,交易双方自己完成,这种承担的责任就叫商业信用。但在实际国际贸易中,买卖双方很难互相信任,需要有一个双方共同信任的第三方,譬如银行来承担起交货和付款的责任。这种使用银行对买方承担交货责任,对卖方承担付款责任,称为银行信用。银行信用在国际贸易中广泛使用。银行信用有两种,一种是银行担保(信用证、担保书和承兑汇票等),另一种是银行信贷(出口方银行信贷资金、出口信用保险和进口方银行信贷等)。国际贸易中,交货地点主要有三种,即原产地交货、目的地交货和装运地交货。

2. 国际贸易术语

在国际贸易实践中,逐渐形成了一些有较为明确、固定内容的贸易习惯和一般做法,通常称之为国际贸易惯例。它不同于法律,只有在当事人承认并在实际业务中采用时才对当事人有约束力。目前,与我国进出口业务关系最大、使用最多的是有关贸易术语和跟单信用证的惯例。

贸易术语(Trade Terms),是用来表示交易双方责任、费用与风险(Responsibilities,Costs,Risks)划分的专门用语。贸易术语具有两重性,即一方面表示交货条件,另一方面表示价格构成因素。各种不同的贸易术语,买卖双方各自承担的责任、费用与风险,也互不相同。

在国际贸易业务实践中,各国际商业团体先后制定了一些统一解释贸易术语的规则,其中包括:

(1)国际法协会修订的《1932 年华沙-牛津规则》(Warsa-Oxford Rules 1932)。

(2)美国一些商业团体制定的《1941 年美国对外贸易定义修订本》(Revised American Foreign Trade Definition 1941)。

(3)国际商会修订的《1990 年国际贸易术语解释通则》(International Rules for the Interpretation of Trade Terms 1990—INCOTERMS 1990)。

上述各项解释贸易术语的规则中,以国际商会国际商业惯例委员会修订的《1990 年国际贸易术语解释通则》具有十分重要的意义。它使贸易术语既适应电子数据交换信息(EDI)日益频繁运用的需要,又能适应不断革新的运输技术,尤其是集装箱运输、国际多式联运和滚装船运输的需要。国际商会《1990 年国际贸易术语解释通则》对 13 种贸易术语分别做了解释,分为下列 4 个组别:

E 组:指卖方在自己的地点将货物交给买方。

EXW(Ex Works)工厂交货。

E 组为启运(Departure)组术语。按这组贸易术语成交,卖方应在自己的处所将货物提供给买方指定的承运人。

F 组:指卖方必须将货物交至买方指定的承运人。

(1)FCA(Free Carrier)货交承运人。

(2)FAS(Free Alongside Ship)船边交货。

(3)FOB(Free on Board)船上交货。

F 组为主运费未付(Main Carriage Unpaid)组术语。按这组贸易术语成交,卖方必须将货物交至买方所指定的承运人。

C 组:指卖方必须签订运输契约,但货物中途灭失或损坏的风险和发运后产生的额外费用,卖方不承担责任。

(1)CFR(Cost and Freight)成本加运费。

(2)CIF(Cost,Insurance and Freight)成本加保险费、运费。

(3)CPT(Carriage Paid to)运费付至(指定目的地)。

(4)CIP(Carriage and Insurance Paid to)运费、保险费付至(指定目的地)。

C 组为主运费已付(Main Carriage Paid)组术语。按这组贸易术语成交,卖方必须订立将货物运往指定目的港或目的地的运输契约,并把货物装上运输工具或交给承运人。但货物中途灭失或损坏的,风险和发运后产生的额外费用,卖方不承担责任。

D 组:指卖方须承担货物交至目的地国家所需的一切费用和风险。

(1)DAF(Delivered at Frontier)边境交货。

(2)DES(Delivered Ex Ship)目的港船上交货。

(3)DEQ(Delivered Ex Quay)目的港码头交货。

(4)DDU(Delivered Duty Unpaid)未完税交货。

(5)DDP(Delivered Duty Paid)完税后交货。

D 组为到达(Arrival)组术语。按这组贸易术语成交,卖方必须承担货物交至目的地国家指定地点所需的一切费用和风险。

3. 几种常用的国际贸易 FOB、CFR 和 CIF 的解释

(1)FOB—Free on Board(... named port of shipment)船上交货(……指定装运港)

FOB 是指装运港船上交货。按此术语成交,卖方应在约定的装运港将货物装到买方指定的船上,当货物越过船舷后,卖方即履行了他的交货义务。这一术语,不仅适用于海运,也适用于内河航运。但是,在海运和内河航运中,如要求卖方在船舶到达前即将货物交到货站,则不宜采用传统的 FOB 术语。这是因为,自货物交到货站直至货物越过船舷前的费用和风险,仍由卖方承担,而实际上卖方却无法控制货物或发出有关保管货物的任何指示。在此情况下,当然使用 FCA 术语更为适宜,买卖双方各自承担,如基本义务可做如下划分:

①卖方的基本义务

a. 办理出口清关手续,并负责货物越过装运港船舷以前的一切费用与风险。

b. 在约定的装运期和装运港,按港口习惯办法,把货物装到买方指定的船上,并及时向买方发出装船通知并提交约定的各项单证。

②买方的基本义务

a. 按时派船到约定的装运港接运货物、支付运费,并将船名和到港日期及时通知卖方。

b. 承担货物越过装运港船舷时起的各种费用以及货物灭失或损坏的一切风险。

c. 按合同规定付款赎单。

(2)CFR—Cost and Freight(... named port of destination)成本加运费(……指定目的港)

CFR 术语是指卖方必须负担运至目的港所需的成本和运费,故 CFR 的基本涵义是成本加装运港至目的港的运费。过去通常所运用的 C&F 术语,在《1990 年国际贸易术语解释通则》中已不再使用,而改用 CFR 这个术语。该术语也只适用于海运和内河航运,如要求卖方在船舶到达前将货物交到货站,或在滚装和集装箱运输情况下,船舷已无实际意义,故使用 CPT 术语更为适宜。买卖双方的基本义务,可做如下划分:

①卖方的基本义务

a. 提供合同规定的货物,负责租船订舱和支付运费,按时在装运港装船后及时通知买方。

b. 办理出口清关手续,并承担货物在装运港到达船舷时为止的一切费用和风险。

c. 按合同规定提供正式有效的提单、发票及其他相关凭证。

②买方的基本义务

a. 承担货物在装运港越过船舷时引发的货物灭失或损坏的风险以及由于货物装船后发生事件所引起的额外费用。

b. 在合同规定的目的港受领货物,并办理进口清关手续和交纳进口关税。

c. 受领卖方提供的各种约定的单证,并按合同规定支付货款。

(3)CIF—Cost, Insurance and Freight(... named port of destination)成本加保险费、运费(……指定目的港)

CIF 术语是指卖方除具有与 CFR 术语相同的义务外，还应为买方办理货运保险。按《1990 年国际贸易术语解释通则》规定，CIF 术语只适用于海运和内河航运。如卖方先将货物交到货站或使用滚装与集装箱运输时，由于船舷已无实际意义，故使用 CIP 术语更为适宜。

4. 国际贸易步骤

国际贸易是国际经济活动中最重要和最基本的形式，也是世界经济和各国国民经济发展的重要因素。国际贸易主要包括以下四个基本环节：

（1）交易前的准备

交易前的准备主要包括五项主要活动，以出口为例，主要有销售市场的选择、客户关系的建立与发展、出口商品销售方案制定、出口商品的商标注册和广告宣传。

（2）交易磋商（Business Negotiation）

交易磋商主要通过信件、电报、电传等形式进行，在实际业务中，交易磋商的整个过程一般分为“询盘”“发盘”“还盘及再还盘”“接受”四个环节。双方接受以后，交易即告成立，买卖双方就构成了合同关系。

（3）贸易合同的订立

国际贸易合同主要有三部分：第一部分是合同的首部；第二部分是合同的主体，包括合同的主要条款，如商品名称、品质、规格、数量、包装、单价和总价、装运、保险、支付以及特别条款（如索赔、仲裁和不可抗力等）；第三部分是合同的尾部。

（4）贸易合同的履行

中国国际贸易出口合同，多属于 CIF 或 CFR 价格条件和即期信用证支付方式合同。其合同履行一般包括四个环节：备货、催证和审证、租船/订舱和装运、制单结汇，其中租船/订舱和装运是由国际货物运输来完成的。

二、国际集装箱进出口货物的运输方式

集装箱货物运输是在大规模生产方式的基础上开展起来的，所以它必须将分散的小批量货物预先在内陆地区的某几个点加以集中，等组成大批量的货源后，通过内陆、内河运输，将其运至集装箱码头堆场。

1. 国际集装箱货物运输物流系统模型

假设把内陆地点作为集装箱货物运输中的第 1 枢纽站、装船港作为第 2 枢纽站，然后通过海上运输，将集装箱货物运至卸船港，卸船港作为第 3 枢纽站，最终目的地作为第 4 枢纽站，这就构成了集装箱货物运输中一个比较典型的物流系统模型（见图 1-12）。

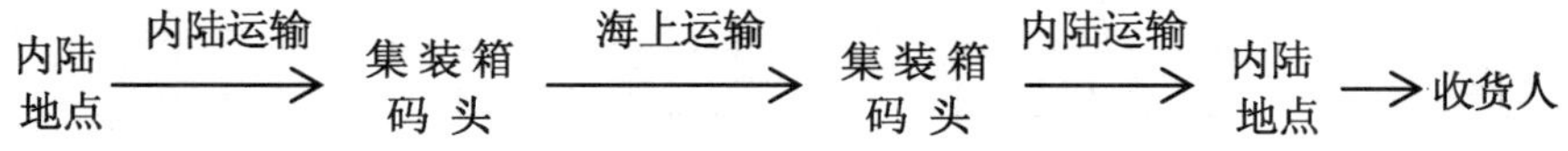

图 1-12　集装箱货物运输物流系统模型

从物流成本分析，只有采用这样的货流组织方式，把小批量货流组成大批量货流后，才能使物流运输总成本减至最小。

在上述集装箱货物流通过程中,集装箱货物的运输主要有两种不同的形态:一种叫整箱货(Full Container Cargo Load,FCL),一种叫拼箱货(Less than Container Cargo Load,LCL)。

2. 拼箱货运输方式

拼箱货由集装箱货运站负责装箱,并缮制有关单证。流程可归结为八个步骤:(1)货运站从码头堆场领取空箱;(2)货运站配箱、装箱;(3)对已装箱的实箱加铅封;(4)将实箱运至码头堆场;(5)装船;(6)通过海上运输;(7)卸船;(8)将实箱运至货运站。拼箱货物流程如图1-13所示。

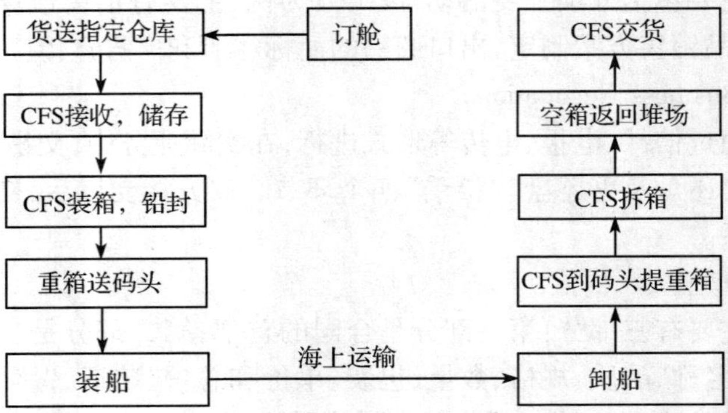

图1-13 拼箱货物流程图

3. 整箱货运输方式

整箱货由托运人自行装箱并填写有关的单证(装箱单、场站收据等)。流程可归结为十三个步骤:(1)在发货人工厂或仓库配置集装箱;(2)由发货人在自己工厂或仓库装箱;(3)通过内陆或内河运输;(4)在集装箱码头堆场办理交接;(5)将集装箱根据堆场计划堆放;(6)装船;(7)通过海上运输;(8)卸船;(9)将集装箱根据堆场计划堆放;(10)在集装箱码头堆场办理交接;(11)通过内陆运输;(12)在收货人工厂或仓库掏箱;(13)集装箱空箱回运。整箱货物流程如图1-14所示。

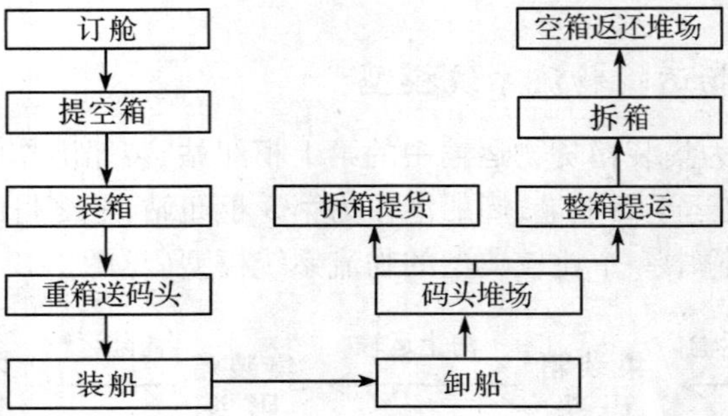

图1-14 整箱货物流程图

三、国际集装箱进出口货物的交接方式

在集装箱货物运输中，根据整箱货、拼箱货的不同，其主要的交接方式有以下九种。

1. 门到门交接(DOOR TO DOOR)

该种货物的交接方式系指一个发货人、一个收货人。在由承运人负责内陆运输时，则在发货人的工厂或仓库验收后，承运人负责将货物运至收货人的仓库或工厂交货。门到门交接的货物为整箱货。

2. 门到场交接(DOOR TO CY)

这是一种在发货人的工厂或仓库接收货物，并负责运至卸船港集装箱码头堆场的交接方式。门到场货物交接方式发生在承运人不负责目的地内陆运输的情况下。

3. 门到站交接(DOOR TO CFS)

这是一种从发货人的工厂仓库至目的地集装箱货运站的交接方式，即通常是整箱接收、拆箱交付，也可理解为一个发货人，几个收货人。

4. 场到门交接(CY TO DOOR)

这是一种在起运地装船港的集装箱码头堆场接收货物，并将其运至收货人工厂仓库交货的交接方式，承运人不负责起运地发货人工厂或仓库至集装箱码头堆场之间的内陆运输。

5. 场到场交接(CY TO CY)

这是一种从装船港的集装箱码头堆场至目的港集装箱码头堆场的交接方式，通常是整箱货。

6. 场到站交接(CY TO CFS)

这是一种从装船港的集装箱码头堆场至目的地集装箱货运站的交接方式，也可理解为一个发货人，几个收货人。

7. 站到门交接(CFS TO DOOR)

这是一种从起运地集装箱货运站至目的地收货人的工厂或仓库的交接方式，经常发生在拼箱接收、整箱交付的情况下。

8. 站到场交接(CFS TO CY)

这是一种从起运地的集装箱货运站至目的地集装箱码头堆场的交接方式，也可理解为几个发货人，一个收货人。

9. 站到站(CFS TO CFS)

这是一种从起运地的集装箱货运站至目的地集装箱货运站的交接方式，通常是拼箱货交付、拼箱货接收。

四、国际集装箱进出口货运总体操作程序

1. 集装箱出口货运程序和有关单证

集装箱的出口货运程序主要有:订舱、接受订舱、发放空箱、送货装箱、集装箱的集港、集装箱装船、换取提单等。

(1)订舱

发货人根据所订立的贸易合同和信用证的有关条款规定,出口商(CIF 或 C&F)或进口商(FOB)在货物托运前的一定时间,选定适当班期的船舶,向船公司或其代理正式申请订舱。

(2)接受订舱

船公司或其代理人,根据货主的申请,综合考虑航线、船舶、港口、运输等是否满足货方的要求,决定能否接受该订舱申请。如接受,则应着手缮制本航班的订舱清单,并将清单分送码头堆场和集装箱货运站,据此办理空箱的发放及重箱的交接。

(3)发放空箱

空箱一般由船公司作为设备无偿借给货主。在整箱状态下,发货人自行到集装箱堆场或内陆站提取空箱;在拼箱状态下,由集装箱货运站到指定码头堆场提取空箱。提取空箱后,在码头堆场的闸口由业务员和集卡司机共同在设备交接单上签字。

空箱的发放时间必须在箱装船前 6 天。

(4)送货装箱

在整箱状态下,由货主自行装箱并缮制装箱单。

在拼箱状态下,货主缮制场站收据,将货物交集装箱货运站,由货运站将不足一箱的货物拼装成一箱,并由货运站缮制装箱单。

(5)集装箱的集港

加上海关封铅的集装箱,通过内陆运输送至码头堆场,码头堆场根据订舱清单核对装箱单和场站收据接收货物,并在场站收据上签字,经过签字的场站收据再退交发货人凭此换取提单。另外,进港的集装箱也必须缮制设备交接单。集装箱集港时间,一般在装船前 5 天到装船前 24 小时的 4 天内完成。

(6)集装箱装船

出口集装箱进入港区后,按预先编制的堆存计划堆放,船舶到港后,实施船舶配载,编制出口装船图,并组织装船。装船结束,船离开装货港。

(7)换取提单

发货人在收到经码头签字的场站收据后,凭场站收据到船公司或其代理人处付清运费,换取提单,凭提单到银行结汇。

集装箱出口运输业务的主要单证有:订舱单、装箱单、装货清单、危险品清单、装货单、场站收据、提单、设备交接单、空箱交接单以及有关报关单证和出口许可证等。

2. 集装箱进口货运程序和有关单证

集装箱的进口货运程序大致如下:当卸货港的船公司或船公司的代理人在接到装货港的船公司或船公司的代理人寄来的有关货运单证后,联系集装箱装卸作业码头,为船舶进港和卸

货做好必要的准备工作。船舶到港后,代办各种船舶和货物的进口手续,组织卸货和进口箱在码头堆场的存放或在集装箱货运站进行拆箱。与此同时,在卸货港的船公司或船公司的代理人向收货人发出到货通知,要求货主能尽快提货。货主通过银行取得提单后,即可根据到货通知,凭提单到船公司或船公司的代理人那里换取提货单,凭提货单到码头堆场或 CFS 提取货物。

集装箱进口货运业务的有关单证主要有:进口载货清单、进口载货运费清单、货物舱单、积载图、装箱单、提单、提货单、卸货报告、交货记录、疏港清单、特殊货物清单、装船货物残损单等。

第六节　集装箱运输中码头公司业务流程

一、集装箱码头出口业务流程及其具体操作

集装箱堆场的主要工作是办理集装箱的装卸、转运、拆箱、收发、保管堆存以及集装箱的修理、冲洗、熏蒸等。在出口业务中,主要体现为以下业务(图 1-15 所示是集装箱码头出口装船作业流程示意图)。

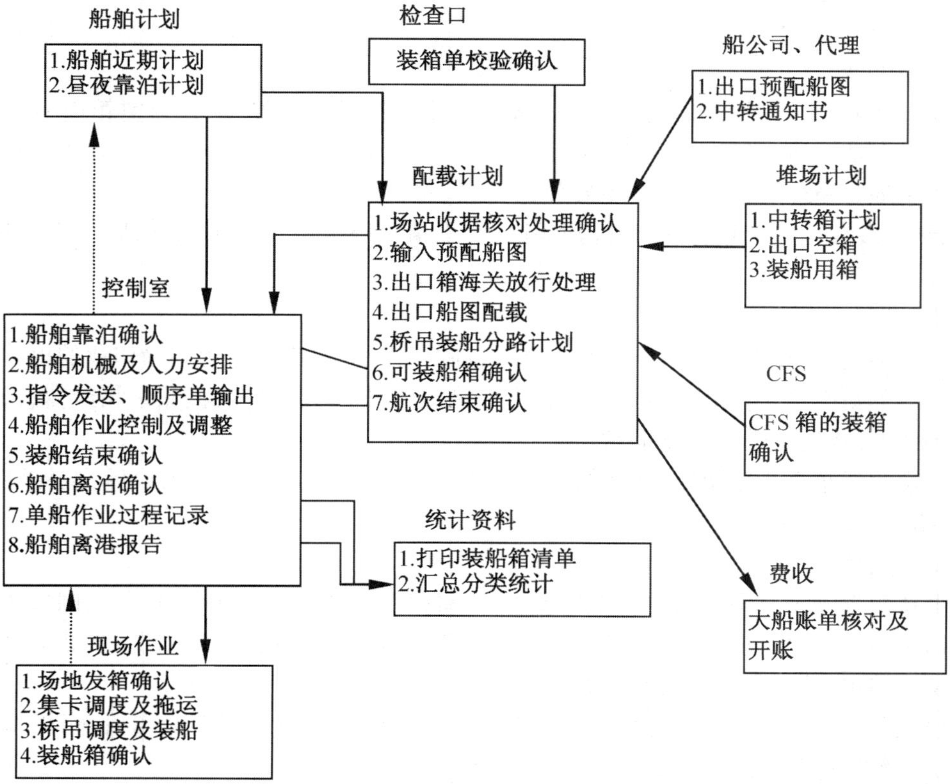

图 1-15　集装箱码头出口装船作业流程示意图

1. 船舶到港前的业务

与进口业务一样,集装箱码头要顺利地完成出口集装箱装船作业,必须预先收到出口集装箱的单证资料,以便做好各项准备工作。因此,集装箱码头一般要求船公司或其代理在出口箱装船前 5 天提供如下必要单证资料:出口用箱计划、出口装货清单(订舱清单)、预配箱清单。

集装箱码头单证管理员签收上述单证后,要做好分单工作。将出口装货清单和预配清单交配载计划员,将用箱计划交箱务管理员,如系拼箱货,还应将出口装货清单复印后交货运站。

(1)拼箱货作业装船准备工作

拼箱货是指不足一整箱容量(20 ft 不足 24 m^3;40 ft 不足 50 m^3)的货物,为提高箱利用率,由货运站统一安排若干批货物拼装同一集装箱。拼装货一般以同一卸货港或同一航线为原则。货物于 CFS 装箱后,运至码头堆场准备装船。

货运站向码头堆场交箱时,应提供以下单证资料:装箱单、场站收据、出口许可证、特种货物清单。

(2)整箱货作业装船准备工作

整箱货指达到一个或一个以上集装箱容积的 75%或箱重负荷的 95%的货物。整箱货一般由托运人到集装箱码头提取空箱(需办理设备交接单手续),运回自己的仓库装箱,装箱完毕后,再运回码头等待装船。

①备箱发运

集装箱码头箱务管理员按用箱计划编制空箱清单,清单标有箱号、箱型、堆场位置,控制室积极做好备箱发运工作。

②用箱申请

托运人持船公司签发的集装箱发放通知单和集装箱设备交接单,在提空箱前一天以上到码头受理台办理提运空箱作业申请手续,填写提运空箱作业申请单。

码头受理台受理后,收下集装箱发放通知单,将提运空箱作业申请单的调度联交计划调度,用以制作昼夜作业计划,并打印提箱凭证,将申请人联交申请人带回,留底一份,其余各联交控制员。

③提运空箱

提运空箱当天,集卡司机驾车至码头闸口,向闸口业务员交验提运空箱作业的提箱凭证和设备交接单等提空箱文件。闸口业务员收下提箱文件,核对所提空箱的集装箱经营人,打印空箱提箱小票,交承运人带入堆场提箱。

集卡司机驾车至指定箱区,将空箱提箱小票交堆场员,堆场员核对无误后,按提箱小票上的箱号,指挥堆场机械发箱。

④出门交接

集卡司机驾驶装有空箱的集卡至出场闸口,将提箱小票交闸口业务员,并与闸口业务员进行集装箱设备的交接。业务员核对箱号和车号,验箱员检查空箱的内外状况,然后编制空箱出场的设备交接单,验箱员和司机双方签字。

闸口业务员将箱号输入计算机进行核对,计算机确认后,打印门票交司机,司机将门票交港区门卫,持设备交接单离港区回厂装箱。

⑤缮制单证

空箱出门后，闸口业务员负责编制空箱出场日报表，空箱出场日报表上注明箱子的流向、船名、航次、持箱人、作业时间、箱号等。工班结束后，交当班控制员，由当班控制员汇总后交统计部门，并将空箱出场单、设备交接单、作业申请单交资料组。

⑥进场申请

一般来说，普通出口重箱于装船前四天开始进场，无须办理"申请"手续。但是，特种箱与危险品箱进场，从码头安全与操作要求来看，托运人应在重箱进场前一天到码头受理台办理"出口重箱进场作业申请"手续，填写重箱进场作业申请单，注明箱型、数量、特种货物类别、危险货物类别以及提单号，并约定进箱时间。

受理台业务员将出口重箱进场作业申请单申请人联交申请人，留底一份，送一份至计划部门编制昼夜作业计划，其余交控制室，并输入计算机。

⑦重箱进场

出口重箱进场作业当日，集卡司机应向进场闸口交验下列单证：a. 装箱单；b. 进场设备交接单；c. 集装箱装箱证明书。

闸口业务员核对装箱单内容，主要包括出口船名、航次、箱号、卸货港、目的地、提单号、箱重等，验箱员检查集装箱的六面状况以及铅封，业务员填写设备交接单，一式三份，由验箱员和司机双方签字，将设备交接单承运人联交司机带入堆场，同时闸口业务员根据装箱单，将出口箱的信息以及箱体上的箱型、集卡车牌号输入计算机，并打印重箱进场小票，交司机带入堆场。

集卡司机根据进场小票所指定的场箱位进入堆场，向堆场员交重箱进场小票，堆场员核对实际箱号后，指挥堆场机械收箱，并将实际场箱位在小票上注明。

集卡司机驾驶空车至出场闸口，将进场小票交出场闸口业务员，如小票上注明的实际场箱位与计算机生成的计划场箱位不同，出场闸口业务员必须将实际场箱位输入计算机，并打印门票交司机带出。

值得注意的是，如果是出口危险品箱进场，闸口业务员一定要审核并收取集卡司机所带集装箱装箱证明书，才能打印进场小票。

⑧单证的编制和分发

出口重箱进场后，闸口业务员要打印重箱进场日报表，重箱进场日报表是按照船名、航次分列打印的。在工班结束后，将重箱进场日报表第一联、设备交接单、出口重箱进场作业申请单交统计部门；将装箱单、重箱进场日报表第二联交配载计划；将重箱进场日报表第三联和设备交接单第二联交船公司；将重箱进场日报表第四联存入码头资料袋。

2. 装船作业流程

集装箱出口装船，无论是整箱、拼箱还是空箱，一般都必须先移到码头堆场等待装船，但有时也有船边直装的集装箱，如某些不能在堆场存放的危险品箱。

码头配载计划员应根据事先掌握的出口箱货情况，进行船舶的预配载和实配载工作，编制船舶的配载船图，交控制室作为指挥装船作业的依据。

(1)出口重箱的进场期限

为了确保装船作业能顺利进行，码头一般规定出口箱的进场的截止期限(一般为装船作业开始前的 24 小时)，如果出口箱到港区时超过规定的期限，码头可以根据实际情况决定是否同意进场。

(2)编制配载图

船公司或其代理在出口箱进场的前一天,将预配船图送交码头配载计划,码头配载员根据装箱单、货代送来的经海关放关的场站收据和预配船图进行配载制作(配载工作的具体过程参见本书的其他章节)。

船图在送船方确认签字后方能生效,若船方根据实际情况有所改动,配载员应进行调整。

配载工作完成后,配载员根据船图和出口箱的场箱位编制装船顺序单,将出口箱装船顺序单在计算机中生成,利用网络系统将信息发送至控制室,作为控制室指挥装船作业的依据。

控制室收到信息后,打印装船顺序单,一式数联,自己留底一份,其余交现场班。

各生产人员在装船前半小时进入各自的工作岗位。

(3)堆场发箱

堆场员按控制室的指令发箱。发箱时,核对箱号,指挥场地机械发箱,并在装船顺序单上做注销记录。

(4)船边验箱及装船

集卡或其他水平运输机械将集装箱运至码头前沿,船边验箱员在船边按顺序号核对箱号,并检查集装箱的外表状况和铅封。如发现有残损,应立即会同外轮理货员编制设备交接单,双方签字,各持一份。

桥边指挥员指挥桥吊将集装箱吊至指定的船箱位,外轮理货员记录下集装箱的实际船箱位。桥边指挥员将装船的进度及时通知控制室桥边指挥员,控制室桥边指挥员确认后,通知计算机文员在计算机中进行出口箱的装船确认工作。

集装箱正式装船后,船长在码头装卸作业签证上签字,表示船方确认集装箱已装船。

3. 装船结束工作

(1)交接工作

工班结束后,船边验箱员将装船顺序单等单证交桥边指挥员汇总,由桥边指挥员和外轮理货员办理交接手续,双方核对本工班所装船的箱数、箱号以及残损单(设备交接单)的份数。核对无误后,各自在对方的装船顺序单上签字。然后,桥边指挥员与下一工班的桥边指挥员进行现场交接。堆场员将做完的装船顺序单交控制室船舶控制员签收。外轮理货员制作实际装船船图并交船公司。

(2)单证处理

集装箱码头堆场必须缮制各类货运单证,以便与船舶办理集装箱的交接手续。所需缮制的单证主要有:

①危险品货物清单。根据货主或集装箱货运站提供的危险品货物清单,集装箱码头汇总后,缮制一份危险品货物汇总清单,一式数份,随船携带并送交船公司。

②冷藏箱清单。根据货主或集装箱货运站提供的冷藏箱清单,集装箱码头汇总后,缮制一份冷藏箱汇总清单,一式数份,随船携带并送交船公司。

③装货清单。装货清单即装船集装箱的汇总清单,也要一式数份,其中一份交船长或大副签字表明货已装船,一份交船公司备查。

④设备交接单。设备交接单交商务理赔员,并交船公司存档备案。

码头资料组将出口装货清单、船公司预配图、预配清单、配载船图、装箱单、重箱进场日报表、装船顺序单、单船小结汇总后归档。

二、集装箱码头进口业务流程及其具体操作

在集装箱进口货运业务中，码头主要负责卸船、箱货的暂时堆存、箱货的交付等业务。全过程可分为卸船前的准备、卸船作业、卸船结束后小结、箱货的交付（整箱交付、拆箱交付）四个阶段。集装箱码头进口卸船作业流程如图 1-16 所示。

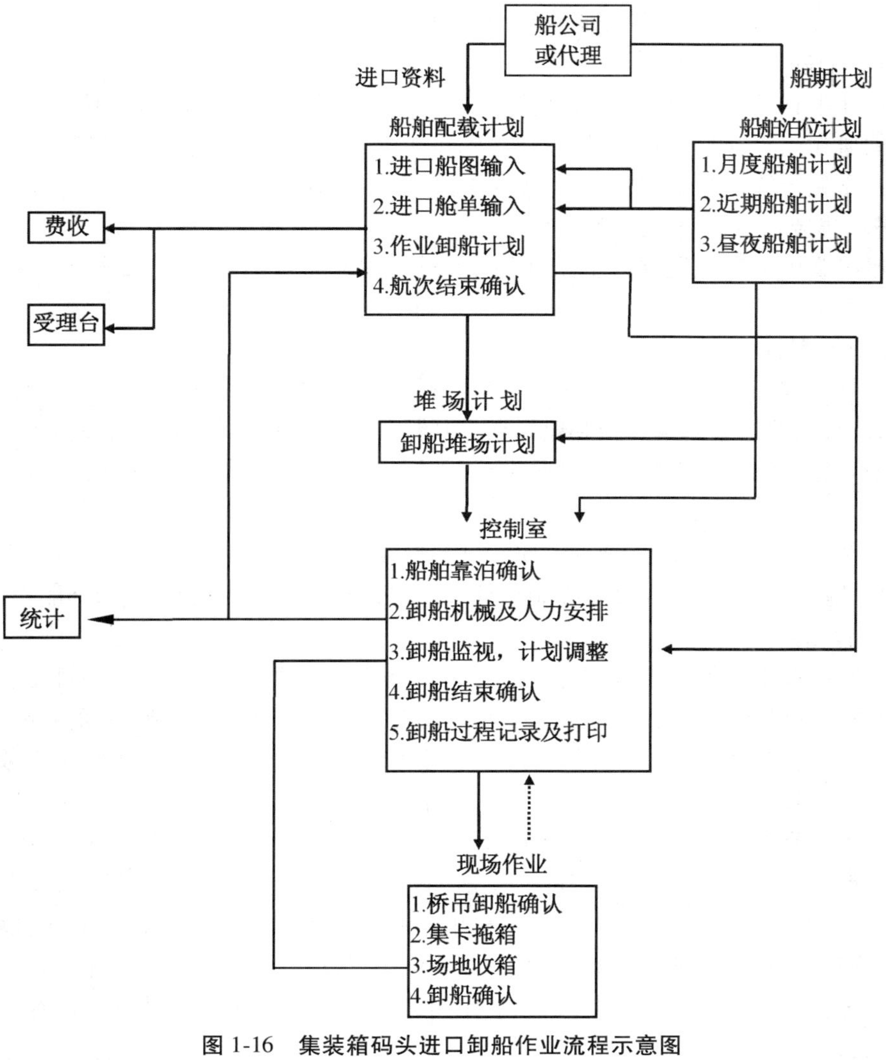

图 1-16　集装箱码头进口卸船作业流程示意图

1. 卸船前的准备

（1）进口资料收集整理

为了确保集装箱船舶能及时靠泊和顺利卸货，船公司或代理需在规定的时间内向集装箱码头提供船舶动态信息和进口集装箱单证资料（EDI 报文），以便为进口卸船作业做好充分的

准备工作。因此,对于远洋航线定期班轮,一般要求船公司或其代理在船舶到港前 96 小时,向集装箱码头提供如下进口集装箱货运单证资料:①进口舱单(Cargo Manifest);②进口船图(Bay Plan);③集装箱箱号清单(Container List);④危险品箱清单及准单(Dangerous Cargo List);⑤冷藏箱、特种箱和捎带散杂货清单;⑥集装箱残损单(Exception List)。

对于近洋航线船舶,则要求船舶抵港前 12 小时,能通过传真或 EDI 形式,向集装箱码头发送货物报和箱位报,其内容如下:船箱位、提单号、箱型、箱号、货名、重量、整拼箱货情况、收货人、合同号、特种货物资料等。

如果船舶载有危险品货物,船公司或代理必须向口岸所在的港监当局申请办理危险货物载运申报单手续,将其中的一份交码头计划部门。

(2)制订船舶靠泊计划

船公司在收到船舶从最后装运港寄来的集装箱货运资料后,应预计船舶到港时间,并将预计到港时间通知码头,同时船公司按集装箱码头要求,在规定时间内,尽早将有关进口集装箱货运资料送交集装箱码头。主要包括:①船舶近期计划;②船舶昼夜计划。

(3)进口集装箱货运资料的签收

集装箱码头单证管理员收到船公司提供的进口集装箱货运资料后,要核数、签收、复印和分发。

(4)编制卸船计划

码头计划员收到有关进口集装箱的货运资料后,应认真、及时地进行分析、核对,然后根据计划靠泊方向,按船图编制集装箱卸船计划,即编制集装箱卸船顺序单。集装箱卸船顺序单按照集装箱的船箱位编制。编制的原则是由后往前、由上到下、由里向外,逐层编制。为了避免卸船作业出差错,最好一次编制完。

为能尽量缩短船舶在港停泊时间,码头堆场必须制订进口卸船计划。全集装箱船卸船作业与装船作业往往同时进行,因此,在制订计划时,必须同时考虑装船作业与卸船作业。

(5)安排堆存计划

进口箱在码头堆场堆放得合理与否,不但会影响卸船计划的顺利进行,而且还会影响货主提箱,即交货计划的进行。码头堆场必须充分考虑进口集装箱的箱量、箱型、危险品、交货地等因素,制订合理的堆存计划(Yard Plan)。如果是卸空箱,在制订堆存计划时,还要考虑空箱集装箱经营人(Container Owner)。

码头堆场计划员在船舶到港前,应根据码头堆场的实际,做好进口集装箱堆存计划。在制作堆存计划时,一般要考虑以下几点堆存原则:①不同尺寸的集装箱分开堆放;②空箱与重箱分开堆放;③整箱和拼箱分开堆放;④同一提单号的大票货集中堆放;⑤中转箱单独堆放;⑥特种箱堆放在特种堆场;⑦危险品箱堆放在危险品堆场;⑧冷藏箱堆放在冷藏箱堆场。

堆场计划员根据上述堆存原则,在船舶作业开工前至少 4 小时,完成卸船堆存计划。

2. 卸船作业

(1)核对计划

船舶到港后,码头进口业务员或桥边指挥员上船向船方领取随船到港资料,包括船图、舱单资料,并向船方了解有关进口箱货位的实载情况。如果实载情况与原始资料有出入,应迅速调整卸船计划,同时更正相应的堆存计划。

（2）开工准备

综合控制员在开工前将卸船顺序单、船图各一份交船边验箱员，其余交桥边指挥员、堆场指挥员、外轮理货员。

卸船作业开始前 30 分钟，装卸工拆除船上的绑扎，并协助验箱员和理货员检查箱子的外表状况。如发现集装箱有残损，验箱员和理货员要做好集装箱的设备交接单的缮制工作，双方认可后，各持一份。

（3）桥吊卸船及验箱

卸船作业开始，船边验箱员按卸船顺序单上列明的卸船顺序，核对桥吊下的集装箱箱号，检查外表及铅封的完好。如果箱号正确，外表及铅封完好，则在卸船顺序单上填上该箱的实卸时间；如果箱号有误或外表及铅封有损，则应该在该集装箱箱号后注明异常情况，并立即会同理货员向船方提出，请船方确认。然后，由外轮理货员加封、做好记录，并缮制设备交接单。如集装箱在装卸过程中有残损，应认真填制集装箱设备残损报告单，并由负责人签字。

桥吊司机将集装箱吊到等在码头前沿的集装箱拖车上，船边验箱员按卸船顺序单上列明的堆场计划箱位，指令集卡将箱运到指定堆场。

（4）堆场收箱

卸船前控制室堆场作业控制员指挥轮胎吊到达指定堆场位置待命。集卡到达指定的堆场后，轮胎吊收箱。轮胎吊司机在箱落地后，将实际箱号和箱位及时通知控制室的控制文员，控制文员实时将箱号和箱位输入计算机内。

（5）复核和交接

工班结束后，各当班人员应认真做好单证的复核、验箱和交接，上一班应向下一班交接完成情况以及未完成的作业。

3. 卸船结束后的小结

（1）编制进口集装箱单船小结

船舶卸船结束后，配载室进口文员将实卸箱号清单同进口仓单资料进行核实，完成溢缺校对更正后，编制进口集装箱单船小结。小结的内容包括船名、航次、靠泊时间、总卸箱数、开工和完工时间、溢缺清单、残损清单等。

（2）编制进口卸船清单

（3）资料汇总、分发、归档

进口文员做完上述两项工作后，接着就要做交接工作，将全部单船进口资料和全部单证报表列明清单交单证管理员。单证包括：①进口船图；②进口舱单；③卸船顺序单；④进口卸船清单；⑤残损箱设备交接单；⑥进口单船小结；⑦危险货物清单；⑧集装箱残损单。

4. 进口集装箱箱货交付

为了使集装箱码头的卸船工作能顺利进行，防止进口货物在码头堆场的积压，同时不使集装箱闲置，加速集装箱周转，在集装箱运输中，一般都由船公司先向收货人发出提货通知。收货人接到提货通知后，凭正本提单到船公司换取提货单，随附费用账单和交货记录两联。收货人持上述单证随其他进口货物报关、查验单证，办理完“一关三检”、放箱、理货和陆管处手续后，到码头办理提货手续。

码头箱货交付作业，根据货物交付条款 DOOR、CY、CFS 对应三种作业方式：整箱提运作业、拆箱提货作业和仓库提货作业。

(1)整箱提运作业

①码头提箱计划申请

收货人要求进口集装箱整箱提运,应在提运作业前一天到集装箱码头受理台办理整箱提运作业申请手续。

码头受理台业务员检查申请人的提货单手续(或图章)是否齐全,并按船名、航次和提单号查询计算机舱单内的箱号、品名、标记、件数,核对无误后,直接在计算机系统中受理计划,同时打印提箱凭证交申请人作为提箱依据。

提箱凭证的内容主要有船名、航次、箱号、堆场位置、作业时间等项。

②码头闸口办理提箱手续

在整箱提运的当日,货主或内陆承运人凭提箱凭证、IC 卡和出场设备交接单到码头进场闸口办理提箱手续。闸口文员验收单证,确认无误后,通过计算机打印重箱发箱凭证交集卡司机。集卡司机根据发箱凭证上的场箱位进入指定堆场提箱。

发箱凭证上的内容主要有船名、航次、箱号、堆场位置、作业时间、集卡车号等项。

③码头堆场发箱

集卡司机进入指定堆场后,将发箱凭证交堆场员,核对无误后,堆场员指挥轮胎吊按指定的箱号发箱,并在发箱凭证上签字,交还给集卡司机。

④码头闸口出场交接

在集装箱装上集卡后,集卡司机将集卡驶至出场闸口,并将堆场员签过字的发箱凭证交出场闸口业务员,业务员核对箱号、车号后,打印出场门票,并在出场设备交接单上进行交接确认。集卡凭门票出码头门卫。

(2)拆箱提货作业

进口集装箱拆箱作业可分为拆箱车提、拆箱落驳、拆箱装火车。

①作业计划申请

②堆场发箱

③拆箱发货和交接

堆场员根据拆箱计划申请单及控制室的移动指令指挥轮胎吊和集卡将集装箱移入货运站。货运站业务员核对箱号,检查铅封完好后,在移动指令上签收。移动完毕后,堆场员将拆箱计划申请单和经货运站业务员签收的移动指令交控制室堆场控制员。

④空箱归位

(3)仓库提货作业

①CFS 条款拆箱计划安排

码头受理台业务员根据进口卸船资料,编制进口集装箱拆箱计划申请单。

②堆场发箱

控制室堆场业务员根据拆箱计划申请单,编制集装箱移动指令,根据需要一式数联,部分交堆场员,部分交货运站业务员使用。堆场员根据集装箱移动指令指挥轮胎吊和集卡将集装箱移至拆箱区。

③拆箱、货进仓库

货运站根据拆箱计划申请单以及进口集装箱舱单，按货物流向布置拆箱的具体要求。货运站拆箱的要求是，必须一箱一清，拆完为止，并在做好箱内清扫工作后关好箱门。

拆箱作业时，货运站理货员应与外轮理货员做好当面交接，查点货物的件数，验明包装和残损。拆箱作业完毕，货运站理货员还应按船名、航次分别缮制拆箱日报表和残损溢短报告，并会同外轮理货员签字，然后货运站理货员在外理拆箱理货单上签字。如果拆箱过程中发现箱体残损或导致箱体损坏，应立即停止作业，并及时通知外轮理货员确认。

④空箱归位

由货运站理货员编制空箱报表，堆场计划员安排归箱箱位计划。中控室按归箱计划收空箱归入指定箱位，并在计算机中做好跟踪记录。

⑤收货人提货计划申请

收货人凭海运提单换取提货单（小提单），在办理各项申报通关手续后，到码头受理台申请提货。码头在收取相应费用后，打印提货凭证交收货人。费用主要有：港务港建费、堆存费、拆箱费、制冷费、码垛费等。

⑥仓库发货和交接

码头仓库管理员根据“昼夜作业计划”中库提作业计划，安排好机械和劳动力。接到收货人提货凭证同计划及仓库台账和桩脚牌核对后，发货，并在交货记录上同收货人做好交接记录，且开具“出门证”。

思考题

1. 概念：港口、码头、国际贸易、贸易术语。
2. 简述集装箱码头物流系统的基本构成。
3. 集装箱码头一般配有哪些专用设施？简述集装箱码头的优越性。
4. 简述集装箱码头的职能、作用及生产的特点。
5. 简述中国集装箱码头发展的特点。
6. 解释几个常用的国际贸易术语 FOB、CFR 和 CIF 的含义。
7. 国际贸易分哪几步？简述国际集装箱货物运输物流系统模型。
8. 简述集装箱运输货物的交接方式、运输方式和出口货运程序。
9. 简述国际集装箱进出口货运中码头的主要操作流程。

第二章 集装箱码头组织与人力资源管理

概 述

组织(Organization),是由两个或两个以上的个人为了实现共同的目标组合而成的有机整体。组织目标的实现,必然要通过一定的管理手段。管理(Management),是指在特定的环境下,对组织所拥有的资源进行有效的计划、组织、领导和控制,以达到既定的组织目标的过程。因此,管理的基本职能就是计划、组织、领导和控制。

集装箱码头生产操作(Container Terminal Operations)是指人利用装卸机械和装卸工具,或单纯利用体力,完成集装箱或货物空间位置的有效转移过程,其中劳动者是码头生产操作中最关键的因素和资源。如何充分调动和发挥人的劳动积极性、主动性和创造性,是人力资源管理的主要任务和核心。

在码头操作管理实践过程中,通常将集装箱码头各岗位工种,按其靠近生产操作现场的远近和劳动强度高低,划分为一线、二线和三线等三类工种。三线工种,一般指在办公室从事室内工作,如财务、人事、行政等人员;二线工种,一般指在码头陆侧的生产操作人员和设备维修技术人员;一线工种,是指直接在码头海侧同船舶装卸作业有关的作业人员和现场管理人员。国外码头将员工通常分成蓝领(Blue Colar)和白领 (White Colar)两类工种。通常蓝领为一线和二线室外工作的员工,三线和管理人员等室内员工统称为白领。

本章主要介绍集装箱码头操作部组织结构类型和特点、生产会议制度,以及码头用工形式、轮班方式、人员配置;最后介绍了码头人力资源评价关键绩效指标和计算方法。

第一节 集装箱码头运营操作部组织结构

一、集装箱码头操作部组织结构类型

操作部是集装箱码头最重要的职能部门,既是公司人数最多、管理难度最大的部门,又是公司生产和安全的关键部门。操作部部门组织结构设置,是同公司整体发展战略和对外服务目标相适应的。一般有如下三种设置方式:

1. 生产效率型码头公司,按生产要素设置操作部职能组室

传统的件杂货码头、散货码头和发展初期的集装箱码头,一般都是采用生产效率型管理模

式，因此其操作部（或生产业务部）的组织结构一般按人（劳动者）、机（劳动工具）和船货（劳动对象）生产三要素设置。由“一室三队”构成，即调度室（计划调度和三班调度）、装卸队、机械队、库场队。

2. 内向管理型码头公司，按管理要素设置操作部职能组室

中型和大型专业集装箱码头公司，在注重作业效率的同时，也关注公司内部管理的提高，将安全生产和服务质量作为提高公司内部管理的重要目标。因此其操作部的组织结构一般按管理的计划、控制、组织和领导四要素设置成“三室一组”，即计划室、中心控制室、业务室和现场作业组。

计划室负责生产计划编排；中心控制室负责生产计划实施、生产过程控制和协调；现场作业组负责具体生产线的领导和生产组织（下设桥吊队、胎吊队、流机队和装卸队）；业务室负责统计、考核、单证、计费等业务工作。图 2-1 所示为上海港×××集装箱码头有限公司操作部组织结构，就是典型的管理要素型结构。

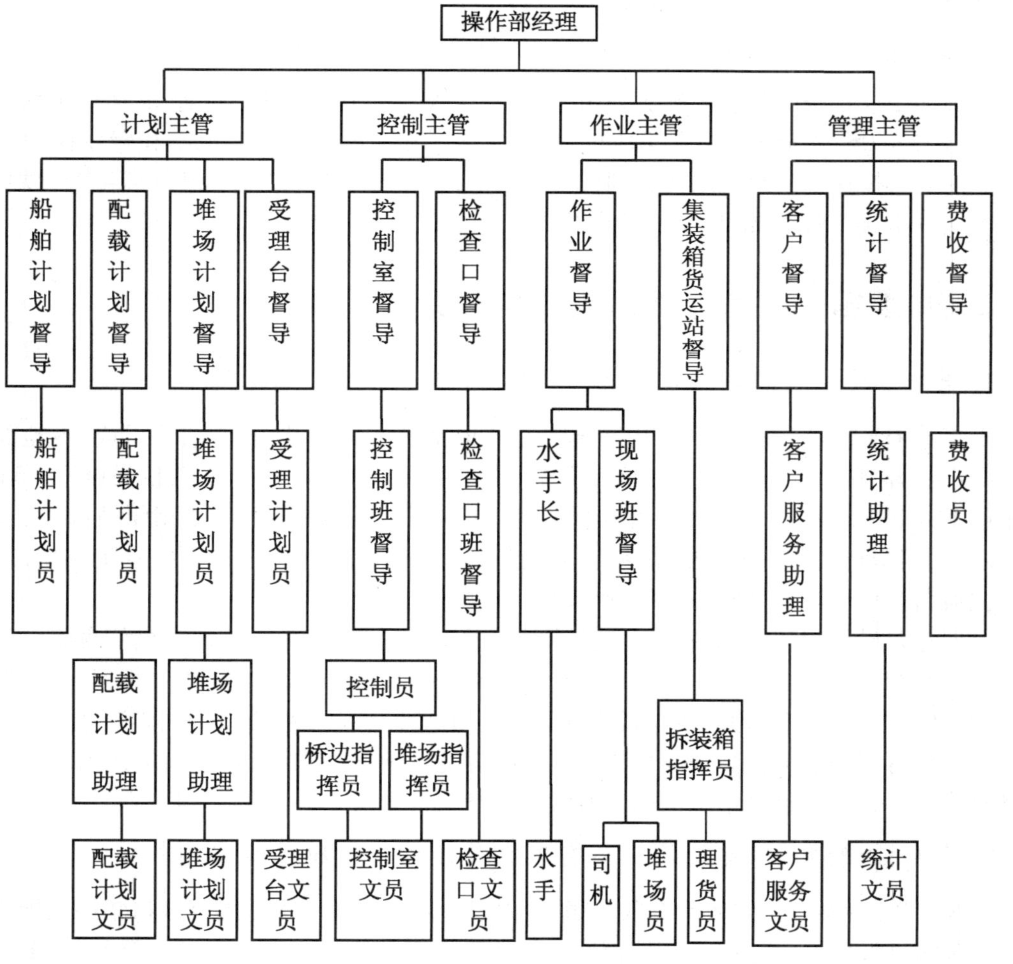

图 2-1　上海港×××集装箱码头有限公司操作部组织结构图

这种结构的特点是，强化了计划和控制的职能，在保证作业高效的同时，也能保证作业的

安全和质量。

3. 外向服务型码头公司,按物流供应链客户群设置操作部职能组室

中型和大型专业集装箱码头公司,在注重内部管理的同时,更加关注客户服务,实施“内强管理,外抓市场”的管理模式,以生产保服务,以服务抢市场,使码头由生产型向物流服务型转变。因此其操作部的组织结构分别按物流链上下游客户群设置成“四个组”,即船舶计划组、物流服务组、控制作业组和业务流程优化组。

船舶计划组,主要负责服务集装箱码头物流链的上游客户群——船公司、船代、引航、拖船、海上交管中心等同船有关的服务对象;物流服务组,主要负责服务集装箱码头物流链的下游客户群——货主、货代、报关行、拖车公司、场站、物流公司、海关、国检、铁路等同箱货有关的服务对象;控制作业组,负责内部生产的组织、实施、控制和协调,其服务对象是保证按计划组和物流组的服务计划能安全、优质和高效地实施;业务流程优化组,负责发现、分析和解决服务问题,按客户要求优化作业流程和系统,使码头操作活动满足客户个性化需求。这种结构的特点是,以客户群为中心,强化了码头的物流服务功能。

4. 效益经营型码头公司,按物流价值链设置操作部职能组室

在很多中外合资的集装箱码头公司,将码头的盈利水平放在核心位置,其生产组织与管理的重心是“拓业增收,降本增效”,即同时在业务拓展和业务增收以及成本和费用控制两方面入手。因此其操作部的组织结构分别按物流价值链展开,设置成“四个组”,即生产计划组、资源成本核算组、控制作业组和业务经营组。

二、集装箱码头操作部组织结构实例

1. 上海港×××集箱集码头公司码头操作部的组织结构实例

上海港×××集装箱码头公司,由下属三个不同地点的码头共 10 个泊位组成,占地面积共 824 926 m^2,堆场总容量共 60 000 TEU,岸线总长度为 2 281 m,配有 17 台桥吊(QC)、54 台轮胎吊(RTG)、90 台集卡(ITV),年吞吐量达 300 万 TEU。其码头操作部的组织结构如图 2-1 所示,该公司组织结构是直线职能制结构,因此其操作部组织结构是一个两级管理结构,即在公司设立运营操作部职能部室的同时,码头再下设操作部。

公司运营操作部包括总调度室、统计资料室、总计划室、安全室和计算机信息组。三个码头操作部组织结构是一样的。从图 2-1 不难发现,下属码头操作部的组织结构,是一种典型的管理型组织形式,是按管理的四要素设置的。使用这种结构的主要原因是,港口最大的挑战是如何通过现有码头能力提高来满足快速增长的吞吐量市场需求,高效率和保证码头安全质量是其管理核心任务。这种组织结构是典型的生产型企业采用的形式。

2. 青岛前湾港×××集装箱码头有限公司操作部组织结构实例

青岛前湾港×××集装箱码头有限公司,是由青岛港务集团和多家外资港口集团共同投资组建的集装箱码头企业。由 10 个集装箱泊位组成,岸线总长度为 3 426 m,配有 33 台桥吊,年吞吐量为 700 万 TEU。该码头核心战略是:如何应对港口内部市场竞争和周边港口的市场竞争。因此,其码头操作部的组织结构和岗位设置是一种市场服务型组织结构形式,如图 2-2 所示。

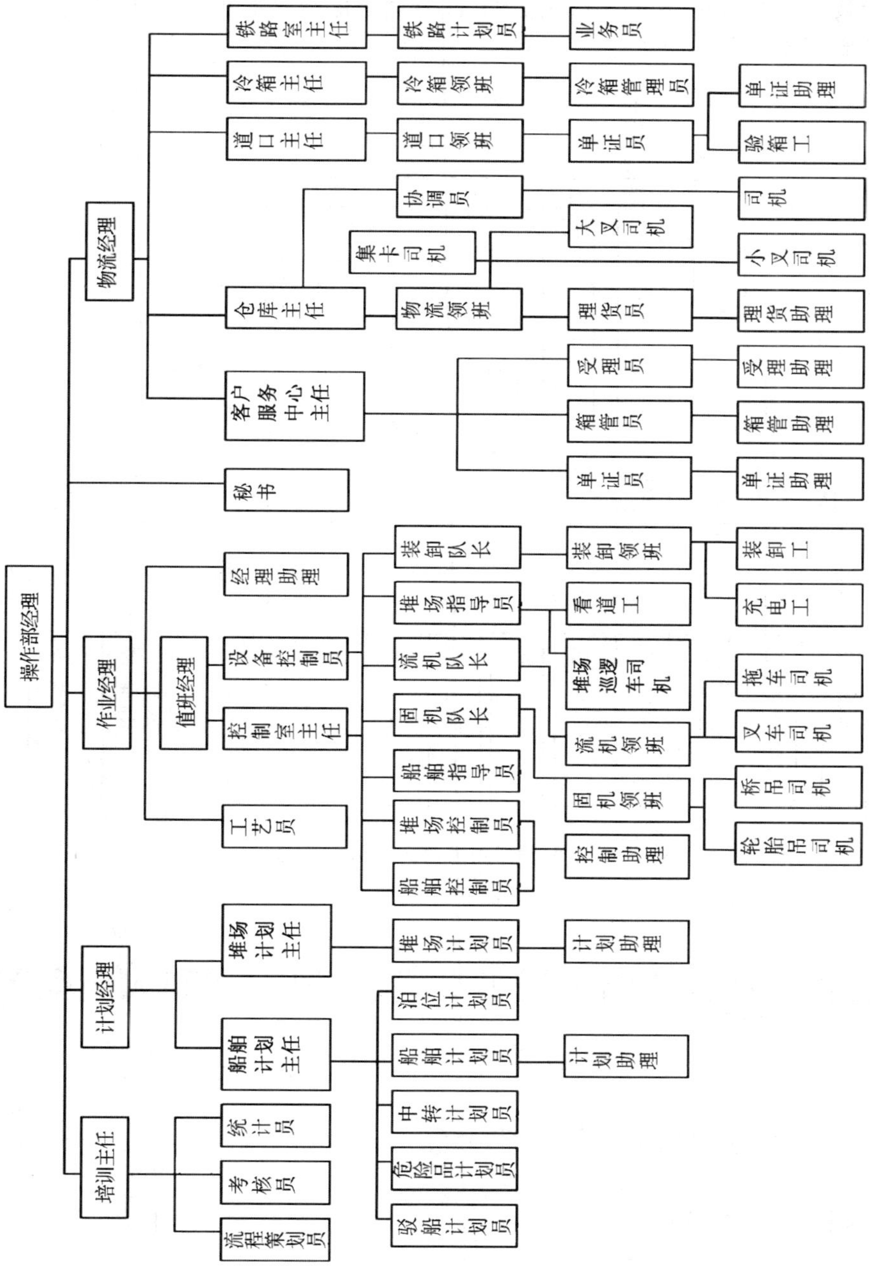

图2-2 青岛港××码头操作部组织结构和岗位设置图

3. 集装箱多用途码头的组织结构

多用途码头因其装卸业务的多样性,决定了其码头操作管理的核心是如何保证生产操作既满足集装箱装卸生产需要,又满足滚装船舶、件杂货船舶业务需求。因此,其操作部组织结构选用生产效率型比较合适,如图 2-3 所示。

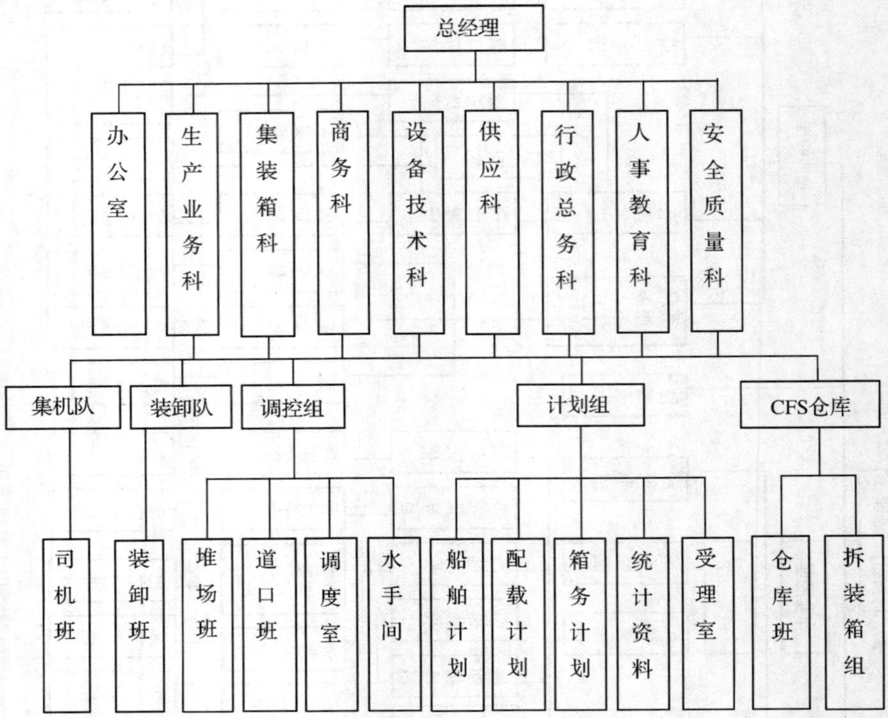

图 2-3 集装箱多用途码头的组织结构图

第二节 集装箱码头用工形式、轮班方式和人员配置

一、集装箱码头装卸操作工作特点

1. 装卸劳动的艰巨性

虽然集装箱码头装卸的现代化、机械化程度在不断提高,但装卸劳动相对于其他行业来说还是很艰巨的,主要体现在以下几个方面:

(1)它是一种体力劳动

从某种程度上说,集装箱码头装卸劳动是在大规模机械化作业前提下的体力劳动。技术工种的机械司机体力消耗也很大。捆扎工特别是在“三内”(舱内、库内、箱内)作业中,上下船

舶甲板、集装箱箱顶，拆或捆绑，做关拆关上下搬动，主要依靠的还是体力。有些一线工种属于简单劳动，是不需要经过复杂的训练就能掌握的、是以体力劳动为主的熟练劳动。

(2)操作环境的恶劣

装卸劳动是露天作业，高温酷暑和风霜雨雪无可趋避。同时，集装箱装卸高效率作业，码头车辆多，速度快，容易发生交通事故。另外还有噪声、废气和灰尘等污染，对环境和人体造成伤害。

(3)三班24小时不间断作业

人体正常的生物钟被打乱，生理节律紊乱，在应睡觉的时候工作，应工作的时候睡觉，而且几天要改变一次，使人极难适应，对健康有一定的影响。

(4)高空作业，工作条件差

在舱内、车内，有时空间狭窄，身手难以舒展；有时危险性大，不时要让关，要箱顶登高作业，要注意脚下滚动，留心空中坠落物，或防止自身坠落、落水。

(5)操作对象的难以驾驭

集装箱内的货物，有的超长、超重和超高，有的具有刺激性，有的有毒，有的有放射性，有的易燃易爆。

2. 装卸劳动的群体性和多过程性

与许多其他劳动不同，集装箱码头装卸作业一般是在多工种和多人协调下进行群体作业的。在船舶装卸作业中，以桥吊为基本单元，同拖车、叉车、轮胎吊和捆扎工人共同组成一条作业线，进行群体作业。同时，装卸作业又是多环节的。一个操作过程，要在很多工作地点进行，衔接车、船、场地，运用多种装卸机械。

3. 装卸劳动的危险性

装卸劳动是人—机混合作业，人和装卸机械在同一个三维空间中作业，相互碰撞可以说是必然的，这就有很大的潜在危险性。一般有三类危险：

(1)机械危险

集装箱和其装卸机械一般都十分庞大，在运动过程中一旦碰撞，装卸工所受伤害肯定极大。

(2)货物危险

装卸劳动主要是搬移货物，人的身体与货物肯定要发生接触，一旦处置不当，货物也会伤人。有时是物理性伤害(撞伤、划伤)，有时是化学性伤害(刺激、中毒)。

(3)环境危险

装卸作业者经常在高空、水边(系接缆时)作业，存在高空坠落、落水的危险。因此码头现场作业人员必须有良好的安全意识、自我保护意识，在遇到危险时，有自救的意识与技巧。

二、集装箱码头用工形式

随着城市经济发展和港口集装箱码头自身的快速增长，码头用工需求量随之不断增加，集装箱码头的用工形式也呈现出多样性和灵活性。将城镇合同用工、农村劳务用工和项目外包机制相结合，已经成为各集装箱码头企业经营活动中普遍采用的较为灵活并具有竞争力的用工形式。

1. 城镇合同工

城镇合同工(Full-time Employees)是指码头企业人事部门根据码头发展需要,通过当地政府劳动主管部门和劳动力市场,由企业与劳动者进行双向选择,招收城镇成年居民或大中专毕业学生,经过一定的法定程序,劳动者与用人单位之间确定劳动雇佣关系,签订劳动合同的用工形式。

合同用工是目前我国国有和合资企业普遍采用的用工形式。集装箱码头一般对管理岗位和技术含量较高的岗位使用合同工。对技术含量低,且劳动强度较大、危险性高、要求人数多的部分一线工种,则采用农村劳务用工形式。

2. 农村劳务工

农村劳务工(Contractors)主要有两种形式:农村轮换工和农村承包工。

(1)农村轮换工

农村轮换工是码头行业实行多样化用工初期使用的一种用工形式。在中国经济改革开放初期,为解决某些大中城市城镇劳动力不足,同时广大农村又有很多富余劳动力的问题,在政府行政直接干预下,码头企业根据劳动主管部门建议与安排,到指定的省份与地区招收农村多余劳动力到码头当装卸工,企业同他们直接签订劳动合同,两年或三年轮换一次。

这种用工形式极大解决了城镇劳动力紧缺问题,也解决了农村富余劳动力就业问题,同时支援了一部分不发达的贫困农村地区的发展。但农村轮换工模式存在很大的弱点:

①增加了企业的社会负担。农村轮换工离乡背井,码头企业要把他们的衣、食、住、行和家庭生活、娱乐全都承担起来。

②在生病医疗和工伤事故处理上也很困难。

③两三年一换,使用周期短,技能培训量大,工作技能不高。往往技术上刚刚掌握,比较熟练了,就又换上了新手。

④整体知识技能缺乏。对提高装卸效率不利,也对装卸安全不利。

⑤短期雇佣观念严重,思想不稳定。这给装卸企业的长远发展带来不利影响。

(2)农村承包工

为克服农村轮换工上述不足之处,有些装卸企业采用了“农村承包工”模式,即码头企业不再与农村务工人员直接签订劳务合同,而是与当地劳务输出机构或公司签订码头劳务承包合同。码头和承包公司共同招工,共同培训,承包公司负责同承包工签订劳务合同,支付其工资,负责其日常管理,负责在务工期间投保医疗和工伤保险;码头公司则按月支付劳务承包公司劳务费,负责承包工生产过程中的使用管理。

农村承包工形式有效保留了轮换工的优点,同时也克服了其不足,是目前我国各行业广泛采用的一种用工形式。

(3)劳务用工新发展

进入 21 世纪,随着世界经济和中国国民经济的发展,港口投资渠道多元化,我国港口码头行业得到了空前发展,同时码头劳务用工产生了新一轮的膨胀,港口行业劳动要素市场发展日趋成熟。码头企业劳务用工从原先的依靠行政指令,到主动直接进入农村劳动力市场;由单一的捆扎工非技术工种,向低技术工种甚至较高技术工种延伸;部分码头企业开始尝试将优秀农村承包工转为合同工，并从中培养、选拔一线管理人员，极少数优秀承包工成长成为了经理。

3. 城镇合同工和农村劳务工的比较

在合同制用工的方式下，用人企业和员工仅仅是两方关系，双方在《中华人民共和国劳动法》的约束下，以签订劳动合同为依据，依法处理双方的工作关系，而劳务用工则有所不同，涉及三方关系，即用人企业、劳务承包公司和劳务工（见表 2-1）。

表 2-1　劳动合同用工和劳务用工比较表

比较项目	合同用工	劳务用工
劳动合同	与用人企业签订	与劳务公司签订
劳动关系管理	用人企业负责	劳务公司负责
人事关系管理	用人企业负责	劳务公司负责
工作管理与考核	用人企业负责	用人企业负责
规章制度约束	用人企业规章制度	劳务公司和用工单位规章制度双重约束
劳动安全卫生防护	用人企业提供	用人企业提供
培训	用人企业负责	劳务公司和用工单位各有侧重，分别负责

三、集装箱码头轮班方式

装卸企业的装卸作业，通常采用 24 小时昼夜作业制度。装卸生产之所以要 24 小时轮班作业，主要出于两个原因。首先是为了充分利用码头泊位与装卸机械，提高其利用效率，从而提高装卸企业的经济效益。其次是为了缩短船舶装卸时间，以提高船舶的营运效益。24 小时昼夜作业形成了码头企业轮班制度（见表 2-2）。集装箱码头员工上班时间主要有如下三种方式：

表 2-2　集装箱码头工班上班班制对照表

轮班类型	班制	工班作息时间
常日班制	一周五个工作日	08:00—15:00
小三班轮班制	早班	06:00—14:00
	中班	14:00—22:00
	夜班	22:00—06:00
大三班轮班制	白天班	06:00—18:00
	夜间班	18:00—06:00

1. 小三班轮班方式（每班 8 小时）

小三班轮班方式，是把同工种员工分成三个组，按早、中、晚三班，每天 24 小时连续不间断生产。小三班轮班制的方式有“正倒班”与“反倒班”两种。

(1)"正倒班"

"正倒班"是指每一组的工人都按早班、中班、夜班的正顺序倒班,即早班倒中班、中班倒夜班、夜班倒早班。如有甲、乙、丙三组工人,每周倒一次班,"正倒班"方式如表 2-3 所示。

表 2-3 小三班正倒班方式排班表

班次	第一周	第二周	第三周	第四周
早	甲	丙	乙	甲
中	乙	甲	丙	乙
夜	丙	乙	甲	丙

(2)"反倒班"

"反倒班"是指每一组工人都按早班、中班、夜班反顺序倒班,即中班倒早班、早班倒夜班、夜班倒中班。"反倒班"方式如表 2-4 所示。

表 2-4 小三班反倒班方式排班表

班次	第一周	第二周	第三周	第四周
早	甲	乙	丙	甲
中	乙	丙	甲	乙
夜	丙	甲	乙	丙

(3)其他方式

码头企业的作业具有重体力劳动的特点,工人连续上六个夜班,体力消耗过大,不利于安全。因此往往实行"二、二、二"或"二、四"倒班制度。"二、二、二"倒班即每两天倒一次班,可实行"正倒班",但不可实行"反倒班"。由于两天中班以后,倒早班工人休息时间太短,是不现实的。"二、四"倒班以两周为一个循环,第一周四个早班两个夜班,第二周四个中班两个夜班,这样在两周十二个班中,早、中、夜班各占 1/3。上述两种倒班的优点是工人在每月中能做足班次,缺点是每周的休息日都被倒班所"肢解"。工人没有完整的休息日,十分辛苦。其排班表如表 2-5 所示。

2. 大三班轮班方式(每班 12 小时)

大三班轮班方式,是把同工种员工分成三个或四个组,按白班和夜班两个工班轮流上班,每天 24 小时连续不间断生产。大三班制的倒班方式有"三班两运转"与"四班两运转"两种。

(1)"三班两运转"

"三班两运转"就是三个组的工人在三天内昼夜日班和夜班二班依次每天倒换一次,夜班后休息一天,另加三分之一换休人员,每月给予规定的休息日。

"三班两运转"适用于工作强度不大,且员工上下班比较方便,但码头每工班生产任务极端不平均的码头企业。因为有富余轮休人员,在生产任务很饱和的情况下,人员出满勤满足高峰期生产的需要;相反,在生产任务很空闲的情况下,可以安排人员休息。这种班制对生产任务不平衡性适应强,但对管理和生产任务的预计性要求高。

（2）“四班两运转”

“四班两运转”就是四个组的工人在四天内昼夜日班和夜班二班依次每天倒换一次，休息一天，或在八天内昼夜二班依次每两天倒换一次，休息两天。

“四班两运转”适用于工作强度不大，且员工上下班距离远、路上时间长，码头每工班生产任务比较平均的码头企业。同“三班两运转”相比，在同工种总人数不变的条件下，每班上班人数少，对生产任务不平衡性适应差，但上班管理方便。具体排班表如表 2-5 所示。

表 2-5　制种常见的轮班班制排班表

小三班周式轮班制				
	1周	2周	3周	4周
早	1	3	2	1
中	2	1	3	2
夜	3	2	1	3

小三班“二、二、二、二”式								
	1天	2天	3天	4天	5天	6天	7天	8天
早	1	1	3	3	2	2	1	1
中	2	2	1	1	3	3	2	2
夜	3	3	2	2	1	1	3	3

小三班“二、四”式												
	1天	2天	3天	4天	5天	6天	7天	8天	9天	10天	11天	12天
早	1	1	1	1	3	3	3	3	2	2	2	2
中	3	3	2	2	1	1	2	2	3	3	1	1
夜	2	2	3	3	2	2	1	1	1	1	3	3

大三班“三班两运转”式												
	1天	2天	3天	4天	5天	6天	7天	8天	9天	10天	11天	12天
日	1	2	3	1	2	3	1	2	3	1	2	3
夜	3	1	2	3	1	2	3	1	2	3	1	2

大三班“四班两运转”式												
	1天	2天	3天	4天	5天	6天	7天	8天	9天	10天	11天	12天
日	1	2	3	4	1	2	3	4	1	2	3	4
夜	4	1	2	3	4	1	2	3	4	1	2	3

3. 小三班同大三班轮班方式比较

大三班轮班制度，其优点为：倒班较为有规律，员工间较为熟悉，相互较为了解，对加强作业安全管理和提高作业效率有很大好处。其缺点为：

（1）交接班时间长

作业人员和现场管理人员同班次，容易出现交接班期生产停顿，再启动时间长。作业量较大、船期较紧的情况下不能满足不间断作业的要求。

（2）工班作业时间长

当满负荷 12 小时不间断运行时，工人劳动强度大，容易疲劳作业。工间休息很重要。

（3）现场调度和技能平衡困难

由于作业人员是一对一，当遇到某些作业线工作量、工作进度、工作难度不平衡时，很难根据生产需要对作业人员进行合理的调配，极易造成技术高、经验丰富的操作人员驾驶性能较好的机械进行较为简单的作业，技术相对较低、经验少的操作人员驾驶性能较差的机械进行较为复杂的作业。

总之，多班制作业紊乱了工人生活作息的生物钟，某种程度上降低了劳动效率，有损工人的健康。国外有的港口采用固定班次作业的轮班制度，即由工人自愿选择，永远上一个班次，不倒班，而在工资上加以区别。如以常日班工资为 1，早班工资则为 1.2，中班为 1.5，夜班为 2。上常日班，工人没有违反正常生活规律，较为舒适，但工资只有夜班工人的一半。有些工人自愿一直做夜班，他只要工作一半班次，就能获得全薪工资。由于永远上夜班，工人的生物钟也会随之改变，使身体比较适应这种昼夜颠倒的生活秩序。常夜班工人由于收入高，可以定期离职集中疗养，有利于健康，因此这样的轮班方式受到工人欢迎。

四、集装箱码头人员配置

1. 生产作业线及操作部一线生产人员配置

目前集装箱码头一线操作人员,基本实行“四班三运转(小三班)”或“四班两运转(大三班)”的24小时运转轮班机制。每个一线作业班组中,都包括岸桥、场桥、门座吊、正面吊、堆高机、集卡拖车、装卸工人、中控室等工种。

由于码头桥吊在码头生产工具中价格最高,其作业效率直接反映码头对船舶装卸操作服务效率和水平,因此如何提高和保证桥吊作业效率,成为集装箱码头生产组织的核心。在实际码头操作中,通常把以桥吊为中心,同它配套操作的全部劳动者和劳动工具构成的码头船舶装卸生产流水线,叫作码头“生产作业线”(Operation Line)。以RTG堆场作业系统为例,一条生产作业线通常由表2-6中设备和人员构成。

表2-6　集装箱码头生产作业线及设备和人员配制

设备和工作	设备数量	司机配比	总人数	备注
桥吊(QC)	1	1.5	1.5	
胎吊(RTG)	3~4	1	3~4	看堆场分布
拖车(ITV)	4~10	1	4~10	看作业距离
叉车(FL)	0.5	1	0.5	
理货人员			1	
甲板捆扎工			2	
码头捆扎工			2	
桥头捆扎工			2	
桥边指挥手			1	
合计	7.5~14.5		15~22	

从表2-6中不难看出,如果以“四班两运转”轮班制度配员,则一条作业线需配备四个班制的人员,以平均出勤率为90%计算,则一条生产作业线码头需配备的一线操作总人数为67~98人。

2. 操作部后方二线人员配置

(1)控制室及现场调度人员配置

在后面章节详细介绍。

(2)计划室及陆侧作业系统人员配置

在后面章节详细介绍。

第三节　集装箱码头操作管理会议及其内容

大中型港口集团公司目前多采用三级会议制度，即集团会议、基层公司会议和公司部门会议。小型港口企业多采用公司两级会议制度。集装箱码头公司目前多为中外合资公司，按公司管理的三个层次，其会议可依次分为决策层会议、管理层会议和操作层会议。决策层会议主要是公司董事会会议；公司管理层会议一般包括预算及经营绩效分析会议、安全委员会会议、市场货源组织分析会和生产操作会议等月度和年度会议，以及经理周例会和其他专题会议等；操作层会议由各职能部门自己安排。本节主要介绍同运营操作管理有关的管理层和操作层会议及其内容。

集装箱码头运营操作管理会议，又叫生产调度会议，是同码头操作部的组织结构（或调度机构）相对应的。管理层会议主要有公司月度生产会议；操作层会议有生产操作部门月度会议、部门周例会、每日交接班会议、昼夜生产计划平衡（预编）会议、昼夜生产计划下达会议、工班会、工前会和重点作业专题会议等。

一、公司月度生产会议

（1）时间：每月一次。

（2）主持人：公司总经理（或业务副总经理）。

（3）参加者：公司管理层全体成员，各部室负责人，操作部门各值班经理（主任）和各机种队长等。

（4）会议内容：

①传达上级主管局（集团）月度生产、经营和安全会议主要精神，以及相关指示和要求，布置本码头的落实措施及责任分工。

②总结公司上月各项生产绩效指标（KPI）完成情况，下达本月各项指标预算任务，并布置有关措施和要求。

③检查安全质量情况，分析薄弱环节，总结经验教训，研究重点对策与措施。

④针对本月生产和市场特点，决定并布置必要的技术措施和组织措施，由公司各责任部门分别负责贯彻实施。

二、操作部月度会议

（1）时间：每月第一周周二上午 09:30—11:30。

（2）主持人：操作部经理。

（3）参加者：操作部各主管及主任（队长）以上管理人员。

（4）会议记录：操作部秘书。

（5）会议内容：

①传达公司会议精神，生产、安全及市场形势分析。

②总结评比上月各项指标预算完成情况,分析讨论查找不足,提出改进措施。

③总结评比上月安全质量和对外服务情况,分析讨论薄弱环节,总结经验教训。

④针对生产过程中出现的焦点问题,或部门内外部管理问题,进行相关专题讨论。

⑤下达本月各项指标预算,决定本月工作重点、具体工作要点,并分配到各责任班组分别实施。

三、操作部门周末例会

(1)时间:每周五下午 01:30—03:00。

(2)主持人:操作部经理(或操作部计划经理)。

(3)参加者:操作部主管以上管理人员。

(4)会议记录:操作部秘书。

(5)会议内容:

①布置落实部门月度会议工作要点,公司经理层周会议决定。

②总结通报各组室本周各项重点工作完成情况。

③讨论分析本周工作存在问题,提出改进建议和意见。

④决定下周工作重点,下达具体工作要点,并分配到各责任班组分别实施。

四、生产交接班会议(晨会)

(1)时间:每日上午 08:00—08:30。

(2)主持人:操作部经理(或操作部作业经理)。

(3)参加者:操作部经理、工程部相关经理和主管、安全主管、安全员、操作部主管(主任/队长)以上的有关负责人员,其他需列席人员。

(4)会议记录:操作部秘书。

(5)会议内容:

①交班值班经理通报上一昼夜公司码头生产任务完成情况、安全质量情况、设施设备保障情况和发现的问题建议,尤其是重点船、重点箱货和作业线作业情况。

②接班值班经理对交班情况提出意见和建议,通报本昼夜生产计划任务布置情况和各项安排,提出本昼夜各项生产相关注意事项和需协调解决的问题。

③当班安全员通报上昼夜码头生产安全质量情况,布置本昼夜安全质量重点。

④相关人员和部门通报上一交接班会有关决定、措施的落实情况和当班提出问题的解决措施。

⑤会议主持人对存在问题和本昼夜生产作业事项会议小结。

五、昼夜生产计划平衡会议

(1)时间:每日下午 03:30—04:00。

(2)主持人:操作部计划经理。

(3)参加者:操作部主任(队长)以上人员、安全主管和工程部桥吊/轮胎吊维修经理。

(4)会议记录:操作部控制室主任。

(5)会议内容:

①由值班经理通报本昼夜生产计划执行情况,安全质量情况,以及生产交接班会议有关决定的执行情况。

②由船舶计划主任下达经计划经理审核后的下昼夜生产各项作业计划,以及相应安全质量措施、有关注意事项,布置下昼夜重点船、重点货的作业计划安排和安全质量措施。

③由工程部通报下昼夜机械出勤,以及保养、维修计划和其他事项。

④操作部作业经理和其他组室对下昼夜计划提出意见和建议,经讨论、协调、平衡,由计划经理做出有关会议小结。

六、工班调度会

(1)时间:每工班上班前半小时 07:30—07:40/18:30—18:40。

(2)主持人:接班值班经理。

(3)参加者:交班和接班控制室主任,接班各队队长和指导员,安全员、接班计划员和闸口领班、CFS 领班等有关人员。

(4)会议记录:控制室主任。

(5)会议内容:

①交班控制室主任传达交接班会议(晨会)和生产计划平衡会议决定以及公司领导有关指示。

②交班控制室主任通报本工班生产作业进度、机械运行状况和安全质量等情况。

③接班控制室主任布置本工班生产作业任务,落实重点船、重点舱、重点货物的作业安排以及安全质量措施,并进行指导员和控制员作业任务分配。

④指导员、控制员和队长提出需协调解决的问题。

⑤接班值班经理会议小结。

七、重点船(箱货)船前会

(1)时间:船舶靠泊前一天(时间当时通知)。

(2)主持人:操作部计划经理(或操作部经理)。

(3)参加者:公司有关部门负责人、安委办、有关船公司、代理和货主等单位代表。

(4)会议记录:计划主任。

(5)会议内容:

①由港航、公安和消防、车队、货代、货主等有关单位通报其准备情况。

②落实箱货各项技术规格数据,明确流向和各项手续完成情况,确定接转方式、接转工具和卸载方案。

③讨论制定具体作业工艺、工索具配备和准备情况,确定“五定”(定时间线路、定作业人员、定作业机械、定工艺方案、定安全措施)。

④明确各到会单位的分工和责任,分头贯彻落实。

八、工前会

(1)时间:每工班开工前一刻钟 07:40—07:55/18:40—18:55。

(2)主持人:各班主任(队长)。

(3)参加者:全体班组人员。

(4)会议记录:各班组学习班长。

(5)会议内容:

①传达工班会决定有关指示。

②通报上工班生产作业情况和安全质量等情况。

③布置本工班生产作业任务,进行作业机械和人员的调配。

④布置重点船、重点舱、重点货物的作业安排以及安全质量措施。

⑤船舶指导员会同参加本船作业的装卸班、流动机械司机等人员,布置船舶各作业线的具体安排和安全注意事项。

第四节　集装箱码头人力资源管理关键绩效指标(KPI)

企业的生产过程是劳动者运用劳动工具改变劳动对象的过程。在企业生产的三个基本要素(劳动力、劳动资料、劳动对象)中,劳动力是最重要的因素。正确地统计、分析、预测劳动生产力的关键绩效指标(Key Performance Indication,KPI),对于企业有序地组织生产,充分开发、合理利用人力资源有着重要意义。

一、劳动力数量指标

1. 按岗位劳动力统计指标

(1)工人:基本生产工人(直接从事产品制造)、辅助生产工人(从事各种辅助性工作)。

(2)学徒:指在熟练工指导下,在生产劳动中学习生产技术,享受徒工待遇的人员。

(3)一线生产人员:指直接从事码头船舶装卸生产经营活动的有关人员。

(4)管理人员:指在企业组织机构中各职能部室从事行政、生产、经营等办公室管理工作的经理和主管人员。

(5)工程技术人员:指担负工程或技术工作并具有大专以上学历或专业技术职称的人员。

(6)二线服务人员:指直接服务码头生产或间接服务于生产的人员。

(7)三线其他人员:以上六类之外的人员。

2. 员工数量统计指标

(1)期末人数:是指报告期最后一天企业实有人数,属时点指标,如月、季、年末人数。

(2)平均人数:是指报告期内平均每天拥有的劳动力人数,属序时平均数指标。其计算公式为:

月平均人数 = 报告期内每天实有人数之和 ÷ 报告期日数

或：

月平均人数 = (月初人数 + 月末人数)/2

季平均人数 = 季内各月平均人数之和 /3

年平均人数 = 年内各月平均人数之和 /12

或：

= 年内各季平均人数之和 /4

备注：当企业人数变动个人的情况下，可采取以上的方法计算；反之，应采取加权平均数计算。

二、工作时间利用指标

劳动时间是指员工从事生产劳动持续的时间，是衡量劳动消耗量的尺度，在统计中通常以“工日”“工时”等单位表示。

1. 出勤率

出勤率反映企业员工在规定的工作时间内实际出勤的程度。其计算公式为：

出勤率(%) = 出勤工日(工时)数 ÷ 制度工日(工时)数 × 100%

2. 出勤工日(工时)利用率

出勤工日(工时)利用率反映企业员工出勤时间内从事与生产有关活动时间的比重。其计算公式为：

出勤工日(工时)利用率(%) = 制度内实际工日(工时)数 ÷ 出勤工日(工时)数 × 100%

3. 制度工日(工时)利用率

制度工日(工时)利用率反映制度工作时间实际用于生产的程度。其计算公式为：

制度工日(工时)利用率(%) = 制度内实际工日(工时)数 ÷ 制度工日(工时)数 × 100%

4. 加班加点比重指标和强度指标

(1)加班加点比重指标(%)= 加班加点工时数÷实际工作工时数×100%

(2)加班加点强度指标(%)= 加班加点工时数÷制度内实际工作工时数×100%

三、劳动力收益和效率指标

劳动生产率(Labor Operation Productivity)是企业劳动者在一定时期内的生产效率，是劳动消耗量与生产成果之间对比关系的经济指标，是衡量和评价企业经济效果的重要指标。劳动生产率有两种基本表现形式：

(1)劳动生产率(正指标)= 产品产量/劳动消耗量。

(2)劳动生产率(逆指标)= 劳动消耗量/产品产量。

劳动生产率是产品产量和劳动消耗量的对比。产量可用实物量(或标准实物产量)、劳动产量(定额工时产量)、价值量(总产量、增加价值)等表示；劳动量可用人数(时间)表示。其

计算公式为:

全员劳动生产率 = 报告期码头吞吐量(TEU) ÷ 报告期全部职工(包括学徒)平均人数

全员劳动收益率(元/人) = 报告期码头总收(万元) ÷ 报告期全部职工平均人数

或:

报告期码头总利润(万元) ÷ 报告期全部职工平均人数

四、劳动力成本指标

劳动报酬是劳动力再生产的物质基础。企业在一定时期内直接支付给本企业全部从业人员的劳动报酬总额称为全员劳动力成本(或劳动报酬),包括职工工资总额和本企业其他从业人员劳动报酬两部分,其中主要是职工工资总额。

1. 劳动力总成本

劳动力总成本,又叫工资总额,是指企业在一定时期内直接支付给本企业全部职工的劳动报酬总额,主要由五个部分组成:

(1)计时工资:指按计时工资标准和工作时间支付给个人的劳动报酬。

(2)计件工资:指对已做的工作按计件单价支付的劳动报酬,可分为标准计件工资和计件超额工资。

(3)奖金:指支付给职工的超额报酬和增收节支的劳动报酬。

(4)津贴和补贴:指为了补偿额外的劳动消耗和因其他特殊原因支付的劳动报酬。

(5)加班加点工资:指按规定支付的加班工资和加点工资。

2. 平均劳动力成本

平均劳动力成本,又叫平均工资,是指全部职工在一定时期内每人平均的工资收入。其计算公式为:

(1)平均劳动力成本(元/人)= 工资总额(元)÷ 职工平均人数(人)。

(2)单箱劳动力成本(元/TEU)= 工资总额(元)÷ 码头吞吐量(TEU)。

备注:平均劳动力成本的统计,可以按企业不同的职工范围(全部职工、管理人员、一线员工、部门经理人员、工程技术待分类统计)计算,也可以按不同的时间范围(月、季、年)计算。采取何种方法进行统计,应视企业内部核算和管理要求而确定。

五、员工发展培训指标

1. 员工变动统计指标

(1)企业员工人数平衡关系:

期初人数+本期增加人数 = 本期减少人数+期末人数

(2)员工流动指标:

员工变动指标(%) = 报告期员工人数 ÷ 基期员工人数 × 100%

2. 员工发展培训指标

$$\text{员工平均培训时间} = \frac{\sum(\text{实际培训时间} \times \text{参加培训人数})}{\text{参加培训累计人数} \times (\text{人次})\text{之和}}$$

思考题

1. 概念：组织、管理、企业组织理论、作业线、劳动生产率。
2. 简述企业组织结构类型及其特点。
3. 简述码头操作部的职责及码头操作工作的特点。
4. 简述码头用工形式及其特点，及如何保持劳务用工队伍稳定。
5. 简述集装箱码头轮班方式及其特点。
6. 试论集装箱码头提高全员劳动生产率和降低劳动力成本的方法与途径。

第三章 集装箱码头机械及其工艺系统

概 述

随着集装箱运输的发展,集装箱码头装卸搬运机械亦得到了相应的发展。集装箱的标准化,为港口码头装卸高效化和自动化提供了良好的条件。集装箱码头的机械设备主要分为码头岸边装卸机械、水平运输机械、场地装卸机械等。

岸边装卸机械主要有集装箱装卸桥(Gantry Crane,Quay Crane,QC)、多用途门座起重机、高架轮胎式起重机(Mobile Harbor Crane,MHC)等。水平运输机械主要有拖车(Truck)和挂车/底盘车(Chassis)、跨运车(Straddle Carrier,SC)以及自动引导拖车(Automated Guided Vehicle,AGV)等。场地装卸机械有叉车(Forklift,FL)、轮胎式龙门起重机(Rubber Tyre Gantry,RTG)、轨道式龙门起重机(Rail Mounted Gantry,RMG)、正面吊运机(Reach Stacker,RS)等。

工艺(Technology)是指劳动者利用各类生产工具对各种原材料、半成品进行加工或处理,最终使之成为成品的方法与过程。码头装卸工艺 (Terminal Handling System)是以码头机械化系统为主体,由泊位、库场、疏运通道和人力所构成的货物全部位移的操作方法和作业过程。不同的码头,由于货物种类不同,采用不同的装卸工艺系统;集装箱码头因采用设备类型不同,也会具备不同的装卸工艺系统。

本章主要介绍码头主要机械,分析几种常见的集装箱码头装卸工艺类型,工艺类型评估以及码头工艺方案系统优选方法,并对国内外典型集装箱码头装卸工艺实例进行了介绍。

第一节 海侧岸边装卸机械

一、岸壁集装箱装卸桥(STS,QC)

现代集装箱码头普遍采用岸壁集装箱装卸桥进行船舶的装卸作业。岸壁集装箱装卸桥,简称“集装箱装卸桥”或“桥吊”(Gantry Crane,Quay Crane,QC)。它是集装箱码头装卸集装箱的专用机械。世界各集装箱专用码头均采用这种设备装卸集装箱。它同船用集装箱装卸桥(Shiptainer)是不同的。

集装箱装卸桥沿着与码头岸线平行的轨道行走。它主要由带行走机构的门架、承担臂架机构的拉杆和臂架等几部分组成。臂架又可分为海侧臂架、陆侧臂架、门中臂架三部分。海侧臂架和陆侧臂架由门中臂架连接。臂架的主要作用是承受装卸桥小车的重量,小车带有升降机构,而升降机构又用来承受集装箱吊具和集装箱的重量。海侧臂架一般设计成为可变幅式,当集装箱装卸桥移动时,为了船舶或航道的安全,一般将海侧臂架仰起。

1. 集装箱装卸桥形式和在码头上的配备

(1)集装箱装卸桥类别

①按桥吊框架结构的外形分类:集装箱装卸桥一般可分为 A 型和 H 型两种(见图 3-1)。两种装卸桥的海侧臂架都可用铰链进行俯仰。

A 型集装箱装卸桥(日本)

H 型集装箱装卸桥(印度)

图 3-1 集装箱卸桥(柜架)

A 型装卸桥的特点是:自重轻,轮压为 35 t 左右,但稳定性差。H 型装卸桥的特点是:稳定性好,抗风能力强,但自重大,轮压为 38 t 左右。从发展趋势看,集装箱码头大多采用 H 型装卸桥。

②从桥吊前大梁(臂梁,Outreach)形式上分类:集装箱装卸桥可分为俯仰式、梭动式和折叠式三种(见图 3-2)。目前,集装箱码头所用的集装箱装卸桥采用俯仰式较多。

美国新泽西港前臂折叠式

美国纽瓦特港臂梁梭动式

图 3-2 集装箱装卸桥(臂梁)

③从配备的小车(Trolley)数量上分类:集装箱装卸桥可分为单小车装卸桥和双小车装卸桥两种。

④从桥吊吊具(Spreader)形式上分类:可分为单吊具、双 20′吊具(Twin Spreader)、双 40′吊具(Tandem Spreader)和三 40′吊具等四种新型桥吊。

⑤从桥吊起升机构类型来分类:可分为单起升机构桥吊、多起升机构桥吊。

⑥从桥吊操控方式来分类:可分为人工驾驶桥吊、远程操控自动化桥吊(Remote Control QC,RC-QC)。目前全自动化集装箱码头都采用远程操控自动化桥吊(见图 3-3)。

青岛 QQCT 双小车双吊具桥吊

双 40′吊具桥吊(上海洋山盛东)

图 3-3　集装箱装卸桥(桥吊)

(2)集装箱装卸桥在码头上的配备

随着集装箱船舶的大型化,不同吨位吨级的集装箱码头泊位的长度也在不断变化。随着船舶吨级及长度、宽度的提高,每个泊位装卸桥配备数量和外形尺寸也不断提高。譬如一个长度为 400 m 的集装箱船舶泊位,平均配备集装箱装卸桥 4~5 台,桥吊前大梁长度一般为 65~70 m。

通常在一个单独的集装箱泊位,最好配备 2 台以上的装卸桥。而在连续泊位,为了提高装卸桥的利用率,以及节省码头的设备投资,平均一个泊位配备的装卸桥台数,随连续泊位数的增加而减少,如 2 个连续泊位一般配备 4 台,3 个连续泊位一般配备 5~6 台。在集装箱国际枢纽港的超大型集装箱专用码头,一般按每 80~100 m 配 1 台装卸桥进行配备。码头桥吊配置数量与外形尺寸参数,同泊位长度、泊位船舶核定靠泊吨级及码头通过能力有关。

2. 集装箱桥吊的操作过程(见图 3-4)

以卸船作业为例,集装箱桥吊(人工操控)的作业过程包括以下几个步骤:

(1)船靠码头前,将装卸桥运行至不影响船舶靠泊的安全尺码内。安全尺码一般在船舶靠泊尺码的两端以外,或驾驶台尺码与船头尺码中心位置。

(2)船靠码头后,将装卸桥移至具体的作业舱口位置。

(3)按照装卸顺序,将小车移至船上待卸箱的正上方,放下吊具,卸船顺序一般是从内档开始向外档,由上到下一层一层卸船;装船顺序相反,从外档开始向内档,由下到上一层一层装船。

(4)吊具上的扭锁装置将集装箱锁定后,吊起船上的集装箱。

(5)小车沿悬臂向陆侧方向移动,将集装箱直接吊至码头前沿的水平运输机械上。

(6)松开扭锁装置,吊具与集装箱分离。

(7)吊具起升,小车向海侧方向移动,进入下一个操作。

通常一个循环耗时 120 s 左右。目前随着集装箱码头专业化的发展,装卸桥的作业效率越来越被认定为码头管理水平高低和竞争能力大小的重要标志之一。集装箱码头发展初期,装卸桥的作业效率一般为 20 MPH (Moves Per Hour)。目前通过技术改进,装卸桥的作业效率最高已超过 60 MPH。从世界范围来看,欧美国家集装箱码头桥吊单机毛效率在 20~23 MPH,

中国沿海港口的集装箱码头,干线大型船舶,桥吊单机平均毛效率一般在 25～30 MPH。

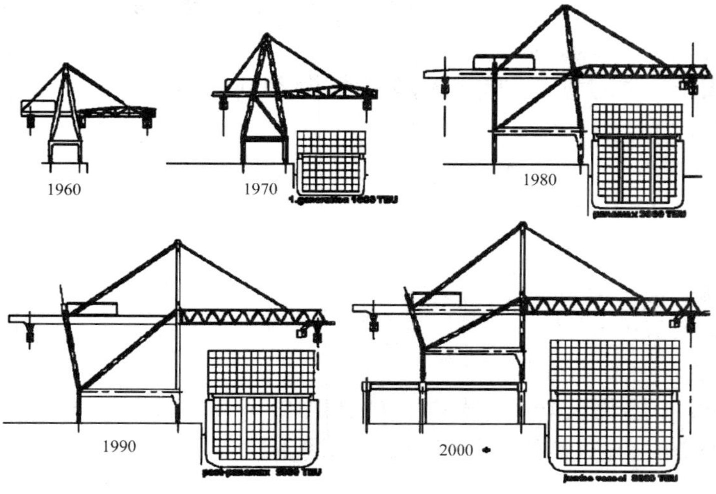

图 3-4　集装箱装卸桥吊(QC)的演变示意图

3. 集装箱装卸桥有关参数的确定

(1)起重量

起重量是表示装卸桥负载能力的指标,根据额定起重量和吊具自重确定。

其计算公式如下:

$$Q = Q_e + W \tag{3-1-1}$$

式中:Q——集装箱装卸桥的起重量,t;

Q_e——额定起重量,t;

W——吊具自重,t。

额定起重量,是指集装箱吊具下的起重量,以所能起吊的集装箱的最大总重量表示。根据 ISO 规定,大部分 40 ft 集装箱的最大总重量为 30. 5 t,大部分 20 ft 集装箱的最大总重量为 24 t。由于集装箱装卸桥的吊具种类繁多,吊具自重大小不一,加之作业条件的影响,目前世界各港口的集装箱装卸桥的起重量各不相同。早期配备的集装箱装卸桥额定起重量一般是 30. 5 t,目前配备双 20 ft 箱吊具的桥吊额定起重量为 65～70 t。在集装箱国际枢纽港中,新近配备的双 40 ft 箱吊具装卸桥额定起重量达 80 t 或 100 t。

确定装卸桥起重量要考虑下列作业条件:

①起吊船舶舱盖的需要;

②装卸非标准化集装箱的需要,非标准化集装箱的最大总重量可达 50 t 以上;

③兼顾装卸其他非集装箱重大件货物的需要;

④所配的吊具类型。

船舶舱盖的重量一般不超过 28 t,但随着超巴拿马型集装箱船舶的大量出现,有些舱盖重量超过 35 t,如我国 COSCO 公司载箱量为 5 250 TEU 的大型集装箱专用船“鲁河”轮,其舱盖的重量达 37. 5 t。

(2)尺寸参数

集装箱装卸桥的尺寸参数的确定,与所装卸的集装箱船型、箱型、码头作业条件以及堆场作业方式有关。

例如:设计代表船型的为 30 000 t 级,载箱量为 2 000 TEU。

船宽:$B = 32.2$ m

型深:$D = 19.5$ m

满载吃水:$d_1 = 11.0$ m

轻载吃水:$d_2 = 6.5$ m

横倾稳心高度:$M = 13.0$ m

舱盖高度:$t = 0.9$ m

舱口围板高度:$e = 0.8$ m

甲板上可堆放 4 层集装箱,集装箱的箱高取 2.59 m,甲板上堆放集装箱的总宽度取 31.6 m,在装卸作业时,允许船体向外倾斜 3°,如图 3-5 所示。

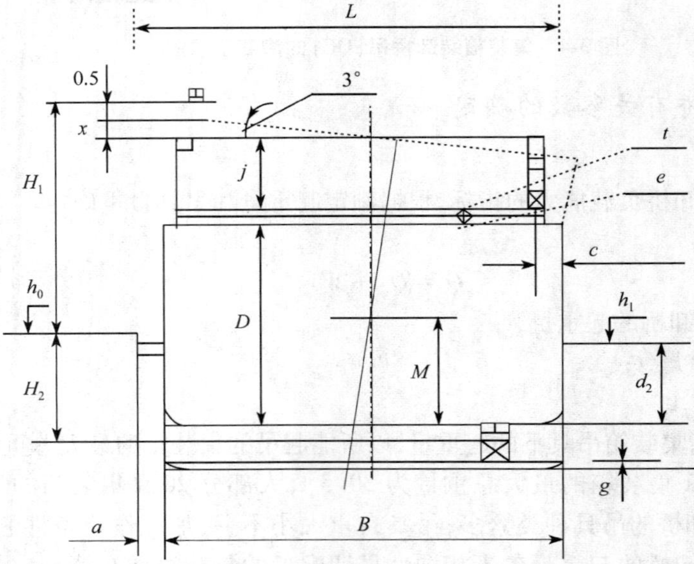

图 3-5　集装箱装卸桥的尺寸参数

①起升高度 H

集装箱装卸桥的起升高度由两部分组成,即轨顶面以上高度(H_1)、轨顶面以下高度(H_2)。轨顶面以上高度简称轨上高度;轨顶面以下高度简称轨下高度,它取决于船舶的型深、吃水、潮差、甲板集装箱层数、码头标高等因素。

在确定起升高度时,应保证吊具在船舶轻载高水位时,能通过甲板三层集装箱,堆高到四层集装箱;在船舶满载低水位时,能吊到舱底层的集装箱。

a. 轨上高度 H_1

轨上高度 H_1 是指装卸桥吊具上升到最高点时,吊具抓取集装箱面与轨道面之间的垂直距离,当船舶处于水平位置时:

$$H = D + e + t + j + 0.5 - d_2 - (h_0 - h_1) \tag{3-1-2}$$

式中：j——甲板上堆放四层集装箱的高度；

0.5——装卸作业安全系数；

h_0——码头标高；

h_1——高潮位（取 $h_0-h_1=1.4$ m）。

代入数据后，可得 $H_1=24.2$ m。

当考虑船舶向外倾斜3°时，高度的增加为：

$$X=0.5F\tan 3°=0.83\text{ m}$$

式中：F——甲板上堆放的集装箱的总宽，$F=31.64$ m。

经计算得到轨上高度 H_1 为：

$$H_1=24.2+0.83=25.03\text{ m}\approx 25\text{ m}$$

b. 轨下高度 H_2

轨下高度 H_2 是指装卸桥运行轨道面以下，到吊具所能抓取的舱底最下一层集装箱之间的垂直距离。该值应在船舶满载低水位时计算：

$$H_2=(h_0-h_2)+d_1-g-h \tag{3-1-3}$$

式中：h_2——低水位；

d_1——满载吃水；

g——船底厚度；

h——箱高。

若潮差为2.5 m，则 $h_0-h_2=3.9$ m。

经计算得到轨下高度 H_2 为：

$$H_2=11.5\text{ m}$$

c. 集装箱装卸桥的起升高度 H

集装箱装卸桥的起升高度为：

$$H=H_1+H_2=25+11.5=36.5\text{ m}$$

早期世界上集装箱码头所装备的装卸桥，其轨上高度以及轨下高度一般分别在25 m和12 m以上。2000年以后，其轨上高度以及轨下高度一般分别在35 m和20 m以上。在2002年交付使用，由上海振华港机厂为德国汉堡港（Container Terminal Altenwerder，CTA）码头制造的7台超巴拿马型装卸桥，其轨上高度达38.5 m，轨下高度达23.0 m。

②外伸距 L

外伸距是指集装箱装卸桥海侧轨道中心线，向外至集装箱吊具垂直中心线之间的最大水平距离。

外伸距主要取决于到港集装箱船舶最大船宽，是影响其适应作业的船舶大小的重要参数之一。该参数的确定取决于对船舶大型化的发展趋势和港口对本身发展条件、未来定位的认识。另外还要考虑，当船舶在装卸作业过程中，船体向外档倾斜3°左右时，仍能起吊外侧最高层的集装箱，以及码头岸壁宽度。

为研究方便，可以将在船舶水平时，从码头岸壁至船舶外舷侧最外一列集装箱中心线之间的距离，称为“最外档箱水平距”，用 L_1 表示；将在船舶向外档倾斜3°时，船舶最外档一列集装箱的外倾距离，称为“最外档箱倾移距”，用 L_2 表示；装卸桥海侧轨道中心线到码头岸壁橡胶靠垫平面间的垂直距离，称为“码头岸壁宽度”，用 b 表示。

最外档箱水平距 L_1、最外档箱倾移距 L_2 与码头岸壁宽度 b 之和,构成了集装箱装卸桥外伸距 L。其计算公式如下:

$$L = L_1 + L_2 + b \tag{3-1-4}$$

a. 最外档箱水平距 L_1 的计算

当船舶处于水平状态时,从码头前沿至船舶外舷侧最外一列集装箱中心线之间的最外档箱水平距 L_1 为:

$$L_1 = a + B - C \tag{3-1-5}$$

式中:a——码头前沿至船舶内舷侧之间的距离,a 的值一般取 0.7~1.0 m;

C——船舶外舷到甲板最外列集装箱的距离,C 的值取 1.5 m。

经计算得到最外档箱水平距 L_1 为:

$$L_1 = 1.0 + 32.2 - 1.5 = 31.7 \text{ m}$$

b. 最外档箱倾移距 L_2 的计算

当考虑船舶向外档倾斜 3°时,则船舶最外档一列集装箱的外倾距离,即最外档箱倾移距 L_2 为:

$$L_2 = (D + e + t + j - M)\tan 3° \tag{3-1-6}$$

式中:D——型深,$D = 19.5$ m;

e——舱口围板高度,$e = 0.8$ m;

t——舱盖高度,$t = 0.9$ m;

j——甲板上堆放四层集装箱的高度,$j = 10.36$ m;

M——横倾稳心高度,$M = 13.0$ m。

代入数据,经计算得到最外档箱倾移距 $L_2 = 0.975$ m。

c. 码头岸壁宽度 b 的计算

码头岸壁宽度 b,一般取决于装卸桥的供电方式,及其供电箱宽度、电缆沟的宽度和条数等;还要考虑到船舶系缆桩设在码头岸壁上时其系缆桩基座的宽度。一般为2~3 m,如采用电缆卷筒供电方式,可取7.0~8.5 m。

d. 集装箱装卸桥外伸距 L

$$\begin{aligned} L &= L_1 + L_2 + b \\ &= 31.7 + 0.975 + 2.5 \\ &= 35.175 \text{ m} \\ &\approx 35 \text{ m} \end{aligned}$$

目前,世界各地大型港口普遍使用或者订购适应甲板上积载 21~24 列集装箱船舶的岸边集装箱起重机,为更大型集装箱船舶的出现做好了准备。通常认为国际枢纽港对岸边集装箱起重机的外伸距大小,是要适应甲板上最多积载 24 列集装箱的船舶(载箱量 18 000 TEU);干线港桥吊外伸距大小,需要适应甲板上最多积载 22 列集装箱的船舶(载箱量 10 000 TEU)。

③内伸距

内伸距是指集装箱装卸桥陆侧轨道中心线,向内至集装箱吊具垂直中心线之间的最大水平距离。在确定装卸桥的内伸距时,主要考虑以下几个因素:

a. 当码头前沿的搬运机械不能及时运走从船上卸下的集装箱时,装卸桥的内伸距可用来暂时放置集装箱;

b. 在进行舱内装卸作业时,大多数集装箱船的舱盖板都必须从船上卸下,内伸距可用来暂时放置舱盖板;

c. 水平搬运机械的通道宽度和通道数量。

目前世界上的大型集装箱船舶的舱盖板的长度有的可达 14 m,则装卸桥的内伸距可取 11 m,如图 3-6 所示。

如果码头前沿所配备的搬运机械是跨运车,跨运车的宽度一般为 4. 7 m,若同时搬运两个集装箱,则所配备的装卸桥的内伸距需在 11 m 以上。

d. 轨距

集装箱装卸桥的轨距是指装卸桥两条行走轨道之间的距离。轨距的大小直接影响到装卸桥的稳性,并影响岸边的集装箱的疏运作业。一般来讲,集装箱装卸桥外伸距越长,起升高度越高,其轨距也随之增宽,如图 3-7 所示。

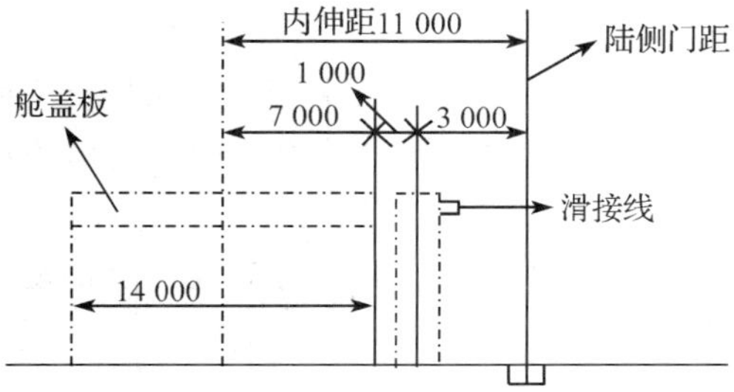

图 3-6　舱盖板

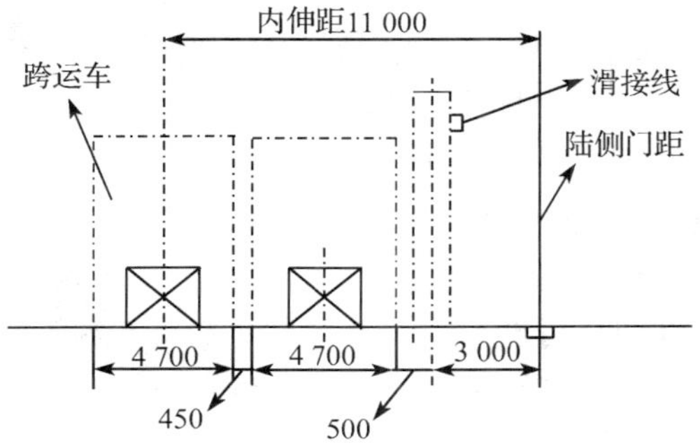

图 3-7　轨距

考虑到上述因素的关系,在集装箱码头发展初期,轨距内需能容纳 3 条以上的运输线。对几种集装箱搬运机械进行比较,当使用跨运车时,其 1 条作业线所占的宽度最大,如轨距内能容纳 3 条运输线,则轨距应在 16 m 左右。国内集装箱码头有 10. 5 m、16 m、20 m、22 m、24. 4 m、26. 5 m、30. 5 m、35 m 等多种,国外较多采用 30. 5 m 轨距,在轨距范围内的码头面上布置 5~6 条车道,舱盖板置于起重机后伸距范围内的码头面上。

e. 横梁净空高度

横梁净空高度指装卸桥的横梁最低点到轨道面之间的距离。该距离的确定与码头采用的水平运输方式相关。采用装一层箱的火车或拖挂车时,联系横梁下的净空高度只需要 6 m;采用跨运车作为水平运输车辆时,要求较高。一般 15. 2 m 可以满足使用堆三过四跨运车或者其他类似的在码头上进行二次起升的设备进行水平运输的空间需要。

汉堡港以及阿姆斯特丹港 CPT 码头的岸边集装箱起重机联系横梁下的净空高度达到 17. 6 m;奥克兰港 1999 年投入使用的 4 台岸边集装箱起重机联系横梁下的净空高度达到 18. 3 m。上海港外高桥二期码头采用装卸桥-轮胎吊工艺方案,岸边搬运机械采用集装箱牵引车和集装箱叉车,所配备的装卸桥的横梁净空高度在 14. 9 m。

f. 基距

装卸桥基距是指同一轨道上两主支撑柱中心线之间的距离。基距的大小应能通过所靠船舶的最大舱盖板以及 45 ft 集装箱,并留有一定的安全间隙,安全间隙大小一般为左右各约 1 m。

大型全集装箱船的舱盖板长度都在 10 m 以上,一个 45 ft 箱的长度在 12 m 以上,故装卸桥的基距一般大于 14 m。上海港外高桥二期码头所配备的装卸桥基距为 18.3 m。

(3)工作速度

①装卸桥工作速度选择原则

集装箱装卸桥工作速度的选择应根据下列原则:

a. 应满足整个集装箱码头的工艺效率要求。

集装箱装卸桥是集装箱码头装卸工艺系统的关键设备,它的工作效率的高低对集装箱码头的生产能力影响巨大。码头其他搬运机械的工作效率的选择往往根据集装箱装卸桥的能力来选配。

b. 对各种机构的工作速度进行合理的分配。

根据设计要求的生产率,求出装卸工作周期,然后再对各机构的工作速度进行合理的分配。

c. 工作速度的提高应和相应的技术措施相结合。

集装箱装卸桥的小车行走速度的提高,会增大吊具的摆动,这不但不利于生产的安全,而且也影响吊具对准集装箱的准确性。因此在提高小车运行速度的同时,必须有相应的措施以减少吊具的摇摆。

d. 与工作速度有关的动力设备的选型应考虑到维修的简便性。所选用的机电设备及其配件应尽可能与港口其他起重搬运机械通用,以便于维修。

②集装箱装卸桥的工作速度

集装箱装卸桥的工作速度通常有以下几种:

a. 起升速度

通常设计两种速度:起吊额定负荷量时的起升速度、空载起升速度。20 世纪 70 年代,集装箱装卸桥起升速度分别为 36 m/min、72 m/min;20 世纪 90 年代中期以后,集装箱装卸桥起升速度提升到 90 m/min、180 m/min。

b. 小车行走速度

集装箱装卸桥的小车的行程一般都大于 55 m,但在装卸作业时,小车的行走距离平均在 40 m 左右,小车行走的时间占整个工作循环时间的 25%,因此提高小车行走速度对缩短工作周期、提高装卸桥的效率很有作用。

20 世纪 70 年代,集装箱装卸桥小车行走速度一般为 120 m/min,20 世纪 90 年代达到 150 m/min。上海港外高桥二期码头所配备的装卸桥小车行走速度为 240 m/min,并配有电子防摇装置。

c. 大车行走速度

在进行集装箱装卸作业时,当完成了一个舱口作业后,装卸桥要移位(大车行走)至船舶的另一个舱口进行作业。大车的行走速度一般在 45 m/min 左右,这一速度是按人的行走速度确定的,以便在检修时检修人员可跟随装卸桥进行检查。

d. 臂架俯仰时间

臂架的俯仰属非工作性操作。船舶靠泊前,臂架仰起是为了船舶靠泊的安全。当作业过程中大车行走必须跨过船舶的驾驶台时,装卸桥的臂架也应仰起,以免与船舶驾驶台设施发生碰撞。臂架的一个俯仰周期约为 8 min。

4. 其他新技术项目

(1)大梁结构和小车型式

大梁结构型式有单箱梁、双箱梁、机架式和行架单箱梁组合式三种；小车型式有绳索牵引式、自行式和载重式三种。由于不同大梁结构和小车型式的差别不大，国内用户选用时宜从维护和使用的经验出发，优先选择双箱梁结构型绳索牵引式小车。

(2)双小车作业方式

虽然使用实践表明，双小车岸边集装箱起重机与常规单小车式岸边集装箱起重机相比较，可将作业效率提高约17%，但是由于投资和运营成本的增加，如果仅仅从单位集装箱的作业成本考虑，双小车岸边集装箱起重机几乎没有优势。不过，使用双小车岸边集装箱起重机，可以在不增加轨距和同时作业船舶的起重机数量的情况下，提高作业效率，有利于面临激烈竞争、扩展又受到制约的码头提高竞争力。

ZPMC 为汉堡港 CTA 自动化码头提供了 7 台双小车岸边集装箱起重机。起重机工作时仅需一名司机操作海侧小车，进行船上的集装箱装卸作业，在平台上的陆侧小车自动运转。这在岸边集装箱起重机双小车系统和自动化方面实现了局部突破，有效提高了起重机作业效率，增加了使用这类起重机的优势。

(3)远程起重机管理系统

集装箱码头管理信息化的迅速发展，使远程起重机管理系统成为码头生产管理系统必要的组成部分之一，除了实现设备的远程管理、故障诊断等功能外，系统还能实时提供码头生产管理必要的数据。因此，为远程起重机管理系统配备必要的设备和软件等，应该成为用户对起重机制造商的常规要求。

(4)双 20 ft 吊具和双 40 ft 吊具

双箱吊具的出现对起重机的作业效率产生显著影响。由于双箱吊具可同时作业纵向并列的 2 个 20 ft 箱，不需要改造原有的集装箱水平运输系统，因此，目前新投入实际使用桥吊几乎都使用了这类双箱吊具。

随着双 40 ft 箱吊具的试验成功，同时作业横向并列的 2 个 40 ft 箱成为现实，它的出现极大提高了桥吊作业效率。目前越来越多的大型集装箱码头在订购新桥吊时，几乎都选用双 40 ft 吊具系统。

另外作业上下 2 个并列集装箱的吊具目前正在研究，使用这两种双箱吊具均需要特制的水平运输系统与之相配套，同时起吊 3 个 40 ft 箱的吊具也开始出现。

(5)远程操控无人桥吊(Remote Control QC)

人工操作岸边集装箱起重机进行船舶装卸作业时，司机操作水平对作业效率影响很大。而要完全实现集装箱船舶装卸作业自动化，目前在船上集装箱的对位操作方面还有一些困难。不过，制造商可以提供一些技术性能先进的辅助手段，方便司机进行操作，提高作业效率，如性能先进的减摇装置、设置在司机室的码头作业状况电视监控系统、辅助对位操作的底盘车定位系统等。

欧洲港口面临激烈的枢纽港的竞争，比较注重采用新技术，自 1992 年鹿特丹 ECT Delt 码头首先采用自动化设备以后，2007 年汉堡港 CTA、鹿特丹港的 Euromax 等港口开始成功使用自动化设备。目前全球自动化码头不断发展。2017 年，中国青岛 QQCTN 和上海洋山四期

SDCT 全自动化码头投产,标志着远程操控无人桥吊技术完全成熟。

二、多用途门座起重机

多用途门座起重机是港口通用件杂货门座起重机的一种变形,它是为了适应船舶混装运输的需要而发展起来的,主要增加了装卸集装箱的功能。和通用门座起重机一样,它一般也是由起升机构、变幅机构、旋转机构和大车行走机构组成的(见图 3-8)。

图 3-8　多用途门座起重机

多用途门座起重机可按不同的需要配装不同的装卸工具(如集装箱专用吊具、吊钩、抓斗等),设置相应的附加装置,可进行集装箱、件杂货、重大件、散货的装卸作业。多用途门座起重机是多用途码头的一种理想的作业机型。

多用途门座起重机的工作覆盖面积大,与岸边集装箱装卸桥比,多用途门座起重机的自重较轻、轮压较低,对码头的负荷要求低,从而可安装在原有的门机码头上使用。集装箱吊具具有自动旋转装置,以保持装卸作业过程中集装箱的纵轴线与码头岸线平行。它具有吊具水平补偿装置,以保持变幅过程中吊具与集装箱的水平状态。吊具还装有偏重心调节装置,以防止集装箱偏载所产生的箱体倾斜。

多用途门座起重机的装卸效率很高,在装卸作业时,平均装卸效率可达 18~25 TEU/h。多用途门座起重机可方便地变更作业方式以及更换吊索具,在多用途码头得到了广泛的应用。

三、高架轮胎式起重机

高架轮胎式起重机是 20 世纪 70 年代末发展起来的新机型,是在轮胎式起重机的基础上发展起来的(见图 3-9)。

高架轮胎式起重机具有如下特点:调动灵活,码头不需要安装轨道,可像普通轮胎式起重

图 3-9　高架轮胎式起重机

机那样任意行走，机动灵活，既可在前方作业，又可在堆场作业，设备可得到充分利用；驾驶室离地面高，视野广；臂架的铰点高，不会出现因船舶干舷高而不能进行装卸作业的现象；通用性强，配置不同的吊索具，可装卸集装箱、件杂货、散货等，适用于多用途码头。

高架轮胎式起重机的自重虽然相对于大型的岸边装卸机械来说较轻，但其自重仍达 200 多吨，相对于多用途码头而言，对码头的承载能力要求较高，需要较大的码头建设投资。高架轮胎式起重机在西方多用途码头应用较多，但在我国港口应用较少，上海港外高桥一期码头目前有一台在运行。

第二节　水平运输机械

一、牵引车

集装箱牵引车（Truck）又称“拖头”，本身不具备装货平台，必须和集装箱挂车连接在一起，才能拖带集装箱进行码头内或公路上的运输。

一般说来，牵引车有两种分类方法：按司机室的形式分类法和按用途分类法。当然，在实际的业务操作中，也有其他分类方法，如按车速分类法（高速车、低速车）和按额定载重量分类法（轻车、重车）等分类方法。

1. 按司机室的形式分类

牵引车按司机室的形式可分为平头式（Cabover Type）和长头式（Bonnet Type）两种，如图 3-10 所示。

平头式牵引车的优点是：发动机在驾驶室下面，视线好，轴距和车长短，转弯半径小；缺点是：司机室的机械振动感明显，舒适性差。目前是集装箱运输较普遍采用的司机室的形式。

长头式牵引车的优点是：发动机装在司机室的前面，司机的舒适感和安全性较好，机器的

长头式　　平头单座式　　平头双座式

图 3-10　牵引车司机室的形式实例

维修和检查也比较方便;缺点是:司机室较长,车的回转半径较大。

牵引车单桥车头和双桥车头实例如图 3-11 所示。

图 3-11　牵引车单桥车头和双桥车头实例

2. 按用途分类

牵引车按用途分类可分为长途公路用车和短途堆场内部用车两种。

长途公路用车的特点是:功率大,速度快,运行性能好,平头驾驶室舒适,一般配有简易床,爬坡性能优。

短途堆场内部用车的特点是:除要满足牵引力大和需配备起升装置外,还需满足以下要求:

(1)较小的回转半径,操作方便,机动灵活。

(2)和挂车连接和摘除方便。

(3)司机在驾驶室视野开阔,座位舒适,盲区少,安全性能佳。

(4)制动和启动操作多,要有很好的发动机和制动系统。

二、挂车

挂车(Trailer)又称为“拖车”或“平板”,本身没有动力,仅仅是一个载箱的平台。随着集装箱运输的发展,其专业化和标准化程度不断提高,出现了各种能满足不同需要的挂车。

1. 挂车的种类

(1)按挂车底盘前后车轴的配置不同,可分为全挂车(Full Trailer)和半挂车(Semi Trailer)。

挂车底盘下前后两端都配有车轴的，称为全挂车；挂车底盘下前端没配有车轴，仅后端配有车轴的，称为半挂车。半挂车是集装箱码头堆场普遍采用的挂车，又称为底盘车。

（2）按挂车构成结构的不同，可分为骨架式挂车（Skeletal）和平台式挂车（Platform）（见图 3-12）。

挂车只有钢结构骨架，没有铺底板面的，称为骨架式挂车，是集装箱运输的专用设备。它仅由底盘骨架组成，结构简单，重量轻，维修方便，在集装箱运输中得到了广泛的应用。骨架式挂车由于仅由底盘骨架构成，故所载运的集装箱也作为强度构件，加入挂车的结构中予以考虑。

挂车不仅有钢结构骨架，而且在骨架上铺有底板面的，称为平台式挂车。除有两条承重的主梁外，还有若干横向的支撑梁，这些支撑梁上铺有钢板或木板。在固定集装箱的位置上，按集装箱的尺寸和角件规格，全部安装旋锁件。平板式集装箱挂车既能装载集装箱，又能装载普通货物。

图 3-12　骨架式挂车和平台式挂车实例

2. 挂车与牵引车连接方式

挂车本身没有动力，需同牵引车连接在一起构成整体，才能进行集装箱水平运输。其连接方式可分为如下几种：半拖挂车方式、全拖挂车方式和双（多）联拖挂车方式（Double/Multiple Trailer Combination）。

（1）半拖挂车方式

它是用牵引车直接同挂车相连的连接方式。其特点是：全长较短，回转半径小，倒车转向灵活；驱动力大；安全可靠。目前在采用牵引车完成水平运输的码头，大多采用半拖挂车方式。

（2）全拖挂车方式

它是用牵引车直接同全挂车相连的连接方式。其特点是：通过牵引杆架与挂车连接，箱重由挂车承担，牵引车本身不承担箱重。全拖挂车是仅次于半拖挂车的一种常用拖带方式，操作较半拖挂车略为困难。目前上海港外高桥一期码头部分水平运输是采用这种全拖挂车方式。

（3）双（多）联拖挂车方式

它是半拖挂方式后面在加上一节或多节全挂车的连接方式（见图 3-13）。这种方式虽然一次运输的集装箱多，效率高，但在高速行驶时的摆动较大，操纵性能差，故目前的应用不广。

码头堆场使用的拖挂车要求回转半径小、机动灵活、视线好，故一般采用平头式半拖挂车。

图 3-13　多联拖挂方式实例(荷兰鹿特丹港 ECT 自动化码头)

二、跨运车

集装箱跨运车(Straddle Carrier)是在 20 世纪 60 年代中期,随着集装箱运输的发展,为了与码头前沿的岸边集装箱起重机相配合,在搬运长大件和钢铁制品的基础上发展起来的。用于集装箱码头、集装箱中转站,从事集装箱的搬运、堆码等工作。

跨运车是以门形车架跨在集装箱上,由吊具的液压升降系统吊起集装箱进行搬运和堆码。它采用旋锁机构与集装箱结合或脱开,吊具能升降,以适应装卸堆码要求,吊具还能侧移、倾斜和微动,以满足箱对位的要求。

1. 跨运车在集装箱码头的主要任务

(1)集装箱装卸桥与前方堆场之间的装卸和搬运。

(2)前方堆场与后方堆场之间的装卸和搬运。

(3)对底盘车进行换装。

(4)后方堆场与货运站之间的装卸和搬运。

2. 跨运车的特点(其操作过程见图 3-14)

(1)跨运车自码头前沿载运集装箱后,可直接运到场地上进行堆垛,不需要其他机械的协助,快速灵活。

(2)由于无须换装,故可节省换装所需的场地。

(3)堆放的高度和宽度有限,适合堆场很大的码头。

3. 跨运车的技术性能

(1)专用性和通用性

专用型跨运车只能运载 20 ft 或 40 ft 的集装箱;通用型跨运车既能运载 20 ft 集装箱,又能运载 40 ft 的集装箱。

集装箱码头如果配备专用型跨运车,配机台数要多一些;如果配备通用型跨运车,配机台数可相应少一些,但通用型跨运车的价格比专用型的高。

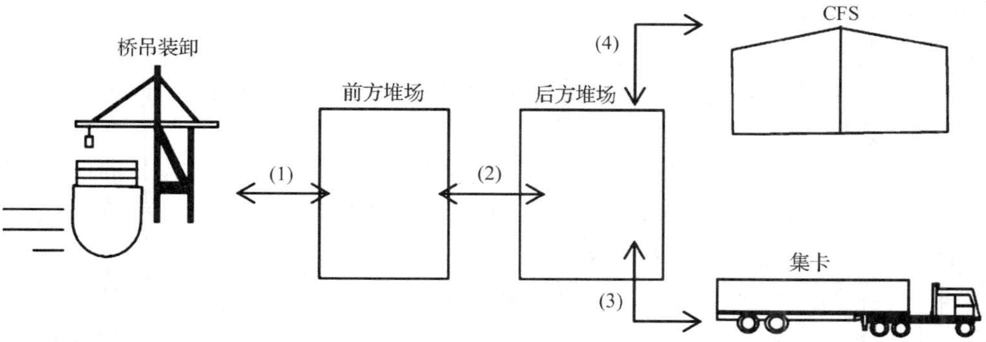

图 3-14　跨运车在码头操作过程示意图

(2)堆垛能力

跨运车种类很多,有的能堆 2 层,有的能堆 3 层,有的甚至能堆 4 层。在选择时,要与整个集装箱码头的面积大小结合起来考虑。提高堆箱层数,可提高单位面积的堆存量,并能缩短搬运距离,但提高堆箱层数,会提高堆场的翻箱率,增加提箱时翻箱的频率。

目前采用跨运车的集装箱码头堆场,通常只堆 2 层,即要求跨运车能吊着集装箱跨过 2 层集装箱(见图 3-15)。

(3)视野要求

跨运车的视野问题是提高其技术性能的关键因素。它与跨运车的安全性、迅速性、机动灵活性有着密切的关系。跨运车的视野要求,可包括如下三方面:

a. 在搬运途中:能看到前方和后方;能看到前车轮的外侧;借助反光镜,能看到司机室对面的车体外侧。

b. 通过箱位弄时:能看到车体与集装箱之间的空隙;能看到箱位弄的前方和后方。

c. 在场地作业时:能看到集装箱的箱号;能看到所装卸的集装箱的吊具位置线。

图 3-15　跨运车实例

以上几点中,最重要的是“能看到所装卸的集装箱的吊具位置线”和“能看到车体与集装箱之间的空隙”。

(4)起重能力

跨运车的起重量可按下列计算公式确定:

$$Q = Q_e + W \tag{3-2-1}$$

式中:Q——跨运车的起重量,t;

Q_e——额定起重量,t;

W——吊具重量,t。

额定起重量是按所能起吊的集装箱的最大重量来确定的。一般按 ISO 规定的 40 ft 标准集装箱的最大总重量 30. 5 t 来计算。此外还要考虑货物装卸过程中的偏心率,箱内所装货物的允许偏心率为 10%。

(5)工作周期

在采用跨运车进行作业的码头,跨运车往来于码头和堆场的过程有两种形式,即单循环方式和往复循环方式。

单循环方式,指跨运车从码头前沿搬运重箱到堆场卸下箱子后,跨运车从场地空车返回码头前沿。往复循环方式,指跨运车从码头前沿搬运重箱到后方堆场,卸下箱子后,从后方堆场空车行驶至前方场地,并从前方场地搬运集装箱至码头前沿。

跨运车的工作周期取决于跨运车的搬运距离、跨运车的车速和装卸箱子的时间。目前跨运车的行走速度一般为 10~15 km/h,最高可达 20 km/h 左右,但是在箱弄内的速度限制为 5~7 km/h。具体技术参数,如表 3-1 所示。

表 3-1　AGV 与跨运车基本规格技术参数对比表

比较项目	AGV/L-AGV(举升)	ASH 跨运车
驱动方式	油电 或 铅酸电池、锂电池或气电混合	油驱动/油电混合
设备自重	34 t/39 t	47 t
载重量	40 t/60 t	40 t/50 t
轮压	18.5 t/25 t	15.2 t/17 t
轮胎型号	21.00 R25 (4 个轮子)	480/95-25(6 个轮子)
外形尺寸(长宽高)	14 800×3 000×1 700 (mm)	9 350×5 000×10 445 (mm)
最高运行速度	前进/后退:6 m/s 转弯:3 m/s 横行:1 m/s	满载:30 km/h , 20 km/h 空载:30 km/h 转弯:5 km/h 起升(F/E):9 or 13/20 m/min
设备功率	120 kW/288 kW	77 kW、272/350 kW
能耗指标	柴电:7~8 L/h 电池:21 kWh/h	油:14.5 L/h
导航方式	地面磁钉	DGPS+现场定位雷达
定位精度	±25 mm	±500 mm
维护工作	与 SC 相比无起升机构和吊具,维护量较小;如采用电池 AGV,维护量更小	维护工作量较大,机构复杂,维护成本高
自动化程度	自动化程度高 实际应用广泛	人工驾驶案例多 自动化刚起步,案例不多
环保性能	使用电池 AGV 噪声低,无废气排放,环保条件好	使用柴油发电机驱动,环保条件较差;液压部件多,易漏油污染
岸桥衔接	需相互等待	箱直接落地,桥吊不需等待,相互不干扰
场桥衔接	通过 AGV 伴侣 或采用提升式 AGV 可形成缓冲	箱直接落地,不需等待,相互不干扰
需要辅助设施	需充电(气)设施	需加油设施(车)

跨运车还可用于在货场上装卸集装箱底盘车。它与龙门起重机相比,具有更大的灵活性,既可采用跨运车独立完成码头前沿至堆场的搬运和堆垛作业,也可与龙门起重机和底盘车配

合作业。

三、自动导引车

自动导引车 AGV(Automated Guided Vehicle,AGV),是自动化运转的水平运输设备,能够通过网络、无线或红外设备接受指令,自动导引、自动行驶、优化路线、自动作业、安全避碰、自动诊断,实现了智能化。

现代 AGV 都是由计算机控制的。1992 年在鹿特丹港的三角洲—海陆码头,50 台 AGV 无人驾驶集装箱装载车从装卸桥下驶往堆场起重机旁。一个计算机系统控制这批 AGV 和 25 台自动堆垛起重机。AGV 技术参数详见表 3-1。2007 年,汉堡港购置了 35 台 AGV,应用于 CTA 码头前沿与堆场之间的运输。汉堡港的半自动化集装箱码头前沿,安装有上海振华港口机械制造公司(ZPMC)生产的 7 台超巴拿马型集装箱装卸桥,在装卸桥上装备了西门子控制系统,将集装箱作业信息反馈给 Navis 码头操作系统。主吊小车在船舶和设在装卸桥高处的中继平台间运送集装箱,在那里交由第二台起重小车,可按设定的路线行驶,可以周期性地判断位置和方向,防止碰撞。

目前 AGV 技术非常成熟,其基本有三种驱动方式:油、电池和混合动力。结构形式有无举升和带举升两种。全电驱动 AGV 又有两种充电方式:换电池和机会充电。(见图 3-16)

(a)鹿特丹 APMT /MV2 换电 L-AGV

(b)青岛 QQCTN 机会充电 L-AGV

图 3-16　AGV 实例

第三节　场地装卸机械

一、叉车

集装箱叉车是集装箱码头常用的装卸机械,主要用于吞吐量不大的综合性码头进行集装箱的装卸、堆垛、短距离搬运和车辆的装卸作业,是一种多功能机械。它是由普通的叉车为适应集装箱作业的需要而发展起来的。集装箱叉车有正面叉和侧面叉两种。叉车除了配备标准的货叉以外,还配备有顶部起吊和侧面起吊的专用属具。另外,为了便于在装卸过程中对准集装箱,货叉还具有侧移和左右摆动的功能,如图 3-17 所示。

图 3-17　集装箱叉车实例

1. 集装箱叉车的性能需要

(1)起重量应保证能装卸所需的各种箱型。

(2)起升高度应符合码头堆垛层数的需要。

(3)货叉前壁至货物重心之间的距离(负荷中心)取集装箱宽度的 1/2,即 1 220 mm。

(4)为适应装卸集装箱的需要,除采用标准货叉外,还应备有顶部起吊的专用吊具。

(5)为了便于对位,货叉还具有侧移和左右摆动的功能。

2. 装卸空箱的叉车

ISO 规定了集装箱的最大总重量(箱重加货重),而集装箱的生产厂家在保证箱强度的前提下,力求减轻集装箱的自重,以增加集装箱的载货量。空箱既可采用顶部起吊方式起吊,也可采用侧面起吊方式起吊,故叉式叉车应备有顶部起吊和侧面起吊的附属装置。对于带叉槽的 20 ft 空集装箱,也可通过货叉插入叉槽举升。

集装箱码头应根据集装箱的自重、负荷中心和所需堆垛的集装箱层数,选用相应的集装箱叉车。

3. 装卸重箱的叉车

装卸重箱的叉车的起重量和负荷中心应与各种箱型的最大总重量和宽度相适应。根据公式:

$$Q = Q_e + W \tag{3-3-1}$$

式中:Q——负荷中心为 1 220 mm 时的集装箱叉车的起重量,t;

Q_e——额定起重量(集装箱叉车的最大起重量),t;

W——吊具重量,t。

当叉车采用货叉装卸时,由于不计货叉重量,因此起重量=额定起重量=集装箱的最大总重量。

4. 装卸轻载集装箱的叉车

因为目前集装箱所装载的货物重量通常都达不到箱额定重量，根据统计 20 ft 集装箱的平均重量为 12 t 左右，40 ft 集装箱的平均重量为 22 t 左右，所以从经济上考虑，20 ft 的轻载集装箱可选用 15 t 起重量的叉车，40 ft 的轻载集装箱可选用 25 t 起重量的叉车。

集装箱叉车虽然有很多优点，如机动灵活、通用性好、应用广泛、性能可靠、造价低廉等，但也有很多缺点，如作业时回转半径大、堆场面积利用率低、满载时前轴负荷大、轮压大、液压部件较多、维修复杂、集装箱在装卸时的损坏率较高等。

二、轮胎式龙门起重机

轮胎式龙门起重机（Rubber Tyre Gantry，RTG）是集装箱码头堆场进行装卸、搬运、堆垛作业的专用机械，如图 3-18 所示。轮胎式龙门起重机由前后两片门框和底梁组成门架，支撑在橡胶轮胎上。装有集装箱吊具的行走小车沿着门框横梁上的轨道运行，配合底盘车进行集装箱的堆码和装卸作业。

(a)新加坡 PSA 双排轮胎 RTG

(b)日本名古屋 TCB 码头自动化 RTG

图 3-18　轮胎式龙门起重机（RTG）实例

轮胎式龙门起重机的主要特点是机动灵活、通用性强。它不仅能前进、后退，而且还设有转向装置，通过轮子的 90°旋转，能从一个箱区转移到另一个箱区进行作业。

轮胎式龙门起重机的主要参数有起重量、跨距、起升高度、轮压、工作速度等几项。泰国曼谷港码头 RTG 参数设计图，如图 3-19 所示。

1. 起重量

轮胎式龙门起重机的起重量是根据额定起重量和吊具的自重来确定的。

$$Q = Q_e + W \tag{3-3-2}$$

式中：Q——轮胎式龙门起重机的起重量，t；

Q_e——额定起重量，t；

W——吊具重量，t。

额定起重量一般是按所吊集装箱的最大总重量来确定。根据 ISO 对集装箱载货重量的规定，目前轮胎式龙门起重机的起重量大多为 30. 5 t。

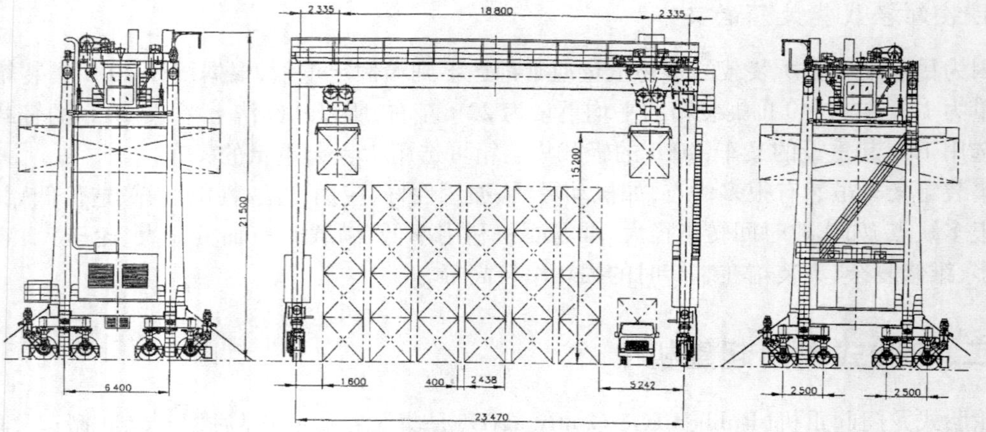

图 3-19　泰国曼谷港码头 RTG 参数设计图

2. 跨距

轮胎式龙门起重机的跨距是指两侧行走轮中心线之间的距离。跨距的大小取决于所需跨越的集装箱的列数和底盘车的通道宽度。根据集装箱堆场的布置,通常按跨 6 列集装箱和一条底盘车道考虑。

3. 起升高度

起升高度指吊具底部至地面的垂直距离,它取决于龙门起重机作业的堆码集装箱层数。如果堆场的集装箱堆高层数为 4 层,考虑起重机在作业时的方便,吊具需跨过集装箱,故吊具的最低点应大于 5 层集装箱的高度。目前轮胎式龙门起重机的起升高度一般都在 11~12 m。

4. 轮压

轮胎式龙门起重机的轮压分为最大工作轮压和最大非工作轮压。

最大工作轮压是指在工作风速为 16 m/s 的情况下,起吊额定起重量时,每个轮胎所承受的最大压力。最大非工作轮压是指在非工作风速的情况下,不起吊集装箱,且风向垂直于起重机的大梁方向,每个轮胎所承受的最大压力。最大轮压是设计起重机行走路面承载能力的依据。

5. 工作速度

工作速度的大小一般根据装卸工作周期的要求确定。速度过低,会影响码头堆场的作业进度,但如果速度过高,则会使集装箱摆幅过大,影响作业的安全性。

三、轨道式龙门起重机

轨道式龙门起重机(Rail Mounted Gantry,RMG)是在集装箱码头和集装箱中转站堆场进行装卸、搬运和堆码集装箱的专用机械。RMG 采用电力驱动,因其节能、环保和成本低,故障率低,是目前及今后新码头首选堆场作业机械。该机由两片悬臂的门架组成,两侧门腿用下横梁连接,门架支承在行走台上,并在轨道上运行。轨道式龙门起重机一般比轮胎式龙门起重机大,堆垛层数多。图 3-20 是轨道式龙门起重机示意图,照片是韩国釜山新港 PNCT 码头。

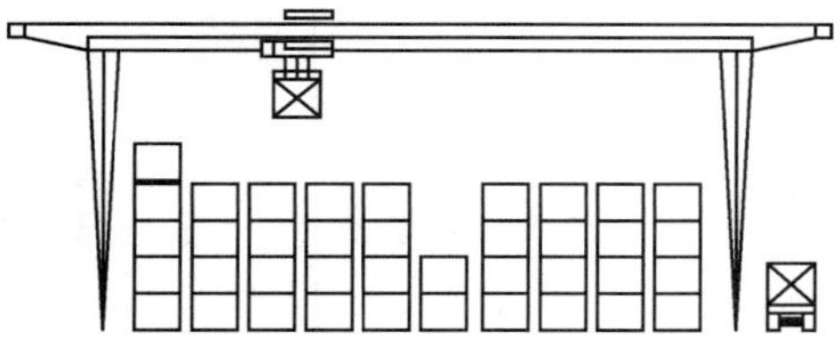

图 3-20　轨道式龙门起重机示意图及釜山新港 PNCT 码头实例

因为轨道式龙门起重机是沿着场地上铺设的轨道行走的,所以只能限制在所设轨道的某一场地范围内进行作业。轨道式龙门起重机自身定位能力较强,较易实现全自动化装卸,是自动化集装箱码头比较理想的一种机械。

轨道式龙门起重机的主要技术参数有起重量、跨距、悬臂伸距、起升高度、门框通过宽度和基距、工作速度等项。

1. 起重量

轨道式龙门起重机的起重量的确定与轮胎式龙门起重机相似。

$$Q = Q_e + W \tag{3-3-3}$$

式中:Q——轨道式龙门起重机的起重量,t;

Q_e——额定起重量,t;

W——吊具重量,t。

根据 ISO 对 40 ft 集装箱的最大总重量的有关规定,轨道式龙门起重机的额定起重量一般为 30.5 t。

2. 跨距和悬臂伸距(如图 3-21 所示)

轨道式龙门起重机的跨距是指起重机行走轨道中心线之间的距离。悬臂伸距是指外侧轨道中心线至悬臂吊具中心垂线之间的水平距离。

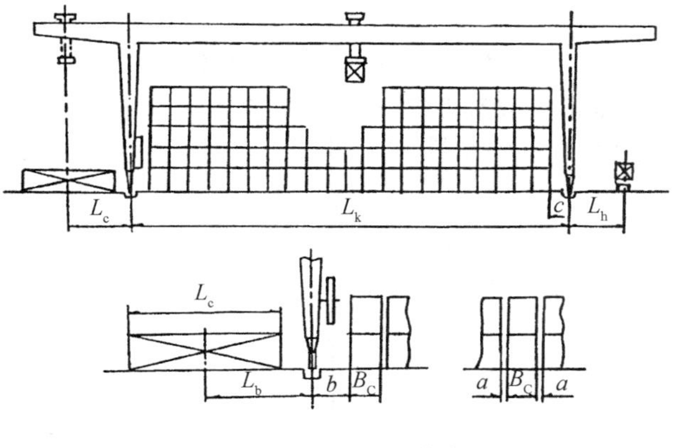

图 3-21　跨距和悬臂伸距

轨道式龙门起重机的跨距可按下式计算:

$$L_k = N \times B_c + (N - 1) \times a + b + c \quad (3\text{-}3\text{-}4)$$

式中:L_k——轨道式龙门起重机的跨距,m;

N——跨距范围内的集装箱列数;

B_c——集装箱宽度(一般为 2.438 m);

a——各列集装箱之间的间距(一般为 0.3 m);

b——最外一列集装箱至电缆卷筒一侧轨道中心线之间的距离(一般为 2 400 ~ 3 000 mm);

c——最外一列集装箱至另一侧轨道中心线之间的距离(一般为 1 200~1 400 mm)。

对于码头堆场而言,轨道式龙门起重机的跨距并非越大越好,跨距过大会产生下列问题:

(1)跨距过大则相应的起重机的金属结构提高,则堆场的建设规模增大,从而提高了基建费用。

(2)跨距过大则相应的小车行走距离增大,从而增加了装卸的工作周期,降低了装卸效率。

(3)跨距过大则起重机的大车行走不便,行走电机功耗大。

所以,轨道式龙门起重机的跨距一般在 20~60 m 的范围之内比较合理。

轨道式龙门起重机的悬臂伸距内,通常通过两条底盘车的作业线或两条铁路线,有时则堆放 3 列集装箱,在某些场合,为了配合底盘车作业,还要求能将集装箱回旋 90°。考虑以上因素,悬臂伸距应为:

$$L_b = b + (L_c/2) \quad (3\text{-}3\text{-}5)$$

式中:L_b——悬臂伸距,m;

b——内侧一列集装箱至带电缆卷筒门腿轨道中心线之间的距离(b = 2 ~2.5 m);

L_c—— 40 ft 集装箱的长度(L_c=12.19 m)。

根据上述计算公式,轨道式龙门起重机的悬臂伸距一般为 8 ~10 m。

3. 起升高度

轨道式龙门起重机的起升高度是指吊具底部平面至地面之间的垂直距离,起升高度与堆场上集装箱的堆放层数有关。如堆场的堆放层数为 n,则考虑吊具在吊着集装箱时须通过最上层堆箱,其计算公式如下:

$$H = (n + 1) \times H_c + C \quad (3\text{-}3\text{-}6)$$

式中:H——轨道式龙门起重机的起升高度,m;

n——集装箱的堆垛层数;

H_c——集装箱高度,m;

C——安全间隙(一般为 0.3~0.5 m)。

轨道式龙门起重机的起升高度一般在 16 m 以上。新加坡 PSA 码头的天车吊和轨道吊实例如图 3-22 所示。

图 3-22　新加坡 PSA 码头的天车吊和轨道吊实例

4. 门框通过宽度和基距

轨道式龙门起重机的门框通过宽度是指沿起重机轨道线门框通过集装箱的最小宽度。基距是指起重机同一轨道的两个主支撑中心线之间的距离。

轨道式龙门起重机的门框内侧须通过 40 ft 集装箱,故门框的通过宽度应为:

$$B_t = L_c + 2C \tag{3-3-7}$$

式中:B_t——门框通过宽度,m;

L_c——40 ft 集装箱长度,m;

C——安全间隙(一般为 0.8~0.9 m)。

根据上式,轨道式龙门起重机的门框通过宽度一般为 14 m。

轨道式龙门起重机的基距应考虑起重机的结构强度和稳性,基距应大于 0.25~0.3 倍的跨距。

5. 工作速度

轨道式龙门起重机的生产效率应与岸边集装箱装卸桥的生产效率相适应,以保证码头前沿不停顿地进行船舶的装卸作业。轨道式龙门起重机的装卸效率应稍高于岸边集装箱装卸桥的装卸效率,即

$$Q_{sg} \geqslant Q_{sa} \tag{3-3-8}$$

式中:Q_{sg}——轨道式龙门起重机的生产率,TEU/h;

Q_{sa}——岸边集装箱装卸桥的生产率,TEU/h。

四、正面吊运机

第一台集装箱正面吊运机(Reach Stacker,RS)是由 BELOTTI 公司于 1975 年研制成功并投放市场的,是场地作业机械中的一种新机型,如图 3-23 所示。

1. 正面吊运机的发展与生产

正面吊运机经过近 30 年的发展,其优越性得到了不断认识与提高,其技术和性能也得到了不断发展与提高。目前其市场份额基本同叉车持平。一般来说,其发展经历了三个阶段:

图 3-23 正面吊运机示意图

(1)20 世纪 70 年代到 80 年代中期,为推广应用阶段

大多数潜在用户没有认识到其优越性,仍然选择叉车作为集装箱装卸、堆码和水平运输的专用机械,其本身的技术发展也比较缓慢。

(2)20 世纪 80 年代中期到 90 年代初,进入稳定发展阶段

其优越性逐渐被认识,市场需求增加,一些知名叉车和轮胎吊生产商开始研制和批量生产正面吊运机,其本身性能也得到提高。

(3)20 世纪 90 年代以来,进入技术成熟和高速发展阶段

大批知名叉车和轮胎吊生产商进入正面吊运机市场,竞争以及规模经营的结果不断促进其技术的发展和提高。

到 2000 年,世界著名的正面吊运机生产商有十几家之多,他们是:Kalmar Industries AB、Terex Corp.、SMV Lifttrucks AB、Sisu Terminal Systems、Belotti SPA、Fantuzzi Reggiane SPA、Reggiane、Linde AG、Taylor Machine Works、Hyster、Ormig SPA、Boss、Dewanchand Ramsaran Industries Ltd. 和 CVS Ferrari 等。中国的研制机构主要是交通部水运科学研究所,生产商是广州港口机械制造厂和深圳招商局机械工程有限公司等,但批量很小,没有形成规模。

2. 集装箱正面吊运机的特点

与叉车比较,正面吊运机具有机动性强、稳定性好、轮压较低、堆码层数高、可隔箱作业、场地利用率较高等优点。

集装箱正面吊运机主要有以下特点:(1)有可伸缩和左右旋转 120°的吊具;(2)具有可带载变幅的伸缩式臂架;(3)能堆码多层集装箱,并可跨箱作业;(4)操作安全可靠;(5)轮压低;(6)换装吊具后,可进行非集装箱作业。

第四节 集装箱码头装卸工艺系统类型及其特点

一、港口装卸工艺过程及其组成

不同的货物载运工具有不同的工艺,如船舶装卸工艺、火车装卸工艺等,而整个工艺过程又是由不同的操作过程组成的。

1. 我国港口划分的操作过程

我国港口划分的操作过程有10种:

1、2 船⟷船(海船、江船、驳船)
3、4 船⟷车(汽车、火车)
5、6 船⟷库(场)
7、8 车⟷库(场)
9、10 库、场(前方)⟷ 库、场(后方)

前四个操作过程也就是工艺过程,而后六个操作过程只是工艺过程的一部分。

2. 码头常见的装卸工艺过程

码头常见的装卸工艺过程有5种:

车⟷库(场)⟷船
船⟷驳⟷车
车⟷库(场)⟷车⟷船
车⟷船
船 ⟷ 船(海船、江船、驳船)

二、集装箱码头装卸工艺类型

一般来说,不同的货物或不同的港口类型,其装卸工艺系统是不同的。集装箱码头的主要作业货物是集装箱,其装卸工艺系统按码头内集装箱堆场作业机械和方式不同,划分为不同的类型。同时,内河集装箱码头和海港集装箱码头,因码头类型不同,又有不同的工艺方式。本书仅针对岸壁式海港集装箱码头装卸工艺进行分析,通常来讲,主要有如下几种典型的方式:底盘车工艺方式、跨运车工艺方式、轮胎吊工艺方式、轨道吊工艺方式(电子龙)、混合型工艺方式、自动化工艺方式。

三、集装箱码头装卸工艺选择因素

对于一个集装箱专用码头来说,正确地选择一个合适的装卸工艺方式,是关系到提高码头生产效率、降低生产费用的大问题。一般情况下,我们在决定采用某种工艺时,要注意下列因

素对决策的影响:

(1)码头泊位装卸集装箱的能力和实际可靠泊集装箱船舶船型大小。

(2)码头场地面积的大小,泊位长度,前沿水深,堆场纵深。

(3)船舶的载箱量和到港频度。

(4)码头功能定位(中转型还是进出口型),与内陆运输的联系。

(5)码头的建造水平。

集装箱码头相对一般件杂货码头,其最突出的优点是作业的高效性,而装卸工艺是码头作业高效率的保证。合理地选择集装箱码头的工艺类型,是顺利开展生产的前提。

四、底盘车工艺系统及其特点

底盘车系统(Truck Chassis System,TCS)是美国海陆公司率先采用的一种装卸工艺方式,故又称"海陆方式"。码头的前沿采用岸边集装箱装卸桥承担船舶的装卸作业。底盘车承担码头前沿与堆场之间的水平运输,以及集装箱进、出码头作业。

1. 底盘车系统的作业流程(见图 3-24)

进口卸船时,集装箱由装卸桥直接卸到底盘车上,集装箱牵引车将载有集装箱的底盘车拖到堆场停放,出场时集装箱牵引车将载有集装箱的底盘车从堆场上直接拖出港区。

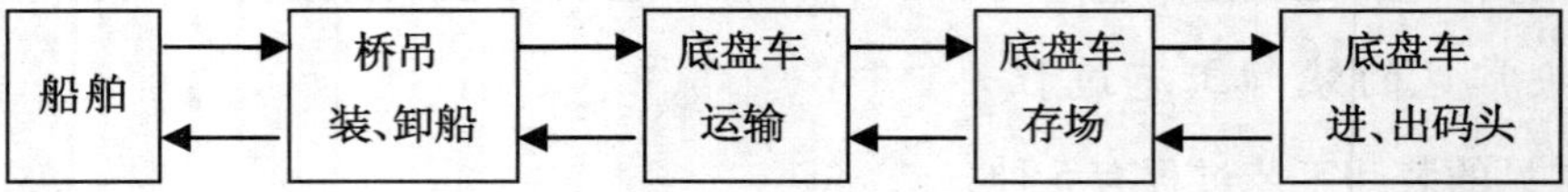

图 3-24　底盘车系统的作业流程图

出口装船时,集装箱由集装箱牵引车将载有集装箱的底盘车从港区外拖进港区停放在堆场上,装船时再由集装箱牵引车将载有集装箱的底盘车从堆场拖到码头前沿,由岸边集装箱装卸桥将箱吊装上船。

该系统的主要特点是:集装箱在码头堆场的整个停留期间均放置在底盘车上。

2. 底盘车系统的主要优点

(1)集装箱在港的操作次数减少,装卸效率高,集装箱的损坏率小。

(2)底盘车可直接用于陆运,特别适用于门到门运输。

(3)底盘车轮压小,对场地的承载能力要求低,节省场地的铺面投资。

(4)工作组织简单,对装卸工人和管理人员的技术要求低。

(5)场地不需要复杂、昂贵的装卸设备。

3. 底盘车系统的主要缺点

(1)为停放底盘车和拖挂作业的方便,要求有较大的场地,场地的利用率低。

(2)底盘车的需求量大,投资大。在运量高峰期可能会出现因底盘车不足而间断作业的现象。

(3)不易实现自动化。

(4)采用这种系统的大型码头拖运距离长,在高峰期容易造成港内道路的堵塞。

(5)底盘车不仅在码头堆场内使用,在堆场外也使用,故需频繁地修理和保养。

4. 底盘车系统的适用范围

(1)码头集装箱的通过量较小,场地大。
(2)集装箱码头的起步阶段,特别是整箱门到门货比例较大的码头。
(3)船公司特殊要求这种作业的码头,其陆路运输完全依赖于高效的公路运输。

5. 底盘车系统的平面布局图

图 3-25 是典型的底盘车系统的平面布局示意图。

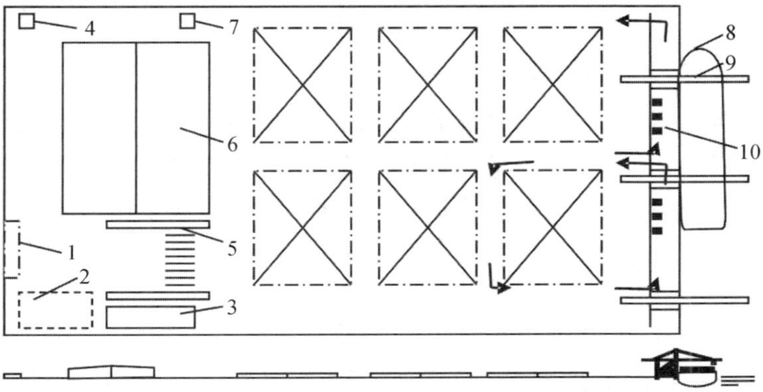

图 3-25　底盘车系统的平面布局示意图

1—门房;2—停车场;3—维修车间;4—电力站;5—闸口;6—CFS;7—加油站;8—船舶;9—桥吊;10—底盘车

五、跨运车工艺系统及其特点

跨运车系统(Straddle Carrier System,SC)又称为"麦逊公司方式"。码头前沿采用岸边集装箱装卸桥承担船舶的装卸作业。跨运车承担码头前沿与堆场之间的水平运输,以及堆场的堆码和进出场车辆的装卸作业。

1. 跨运车系统的作业流程(见图 3-26)

跨运车系统的作业流程是:卸船时,由装卸桥将集装箱从船上卸到码头前沿,再由跨运车将集装箱搬运至码头堆场的指定箱位;装船时,集装箱被从码头外送进码头堆场后,由跨运车将集装箱从堆场拖到码头前沿,由岸边集装箱装卸桥将箱吊装上船。

该系统的主要特点是:集装箱在码头内的水平运输,在堆场内收发箱和翻箱等作业均由跨运车承担。

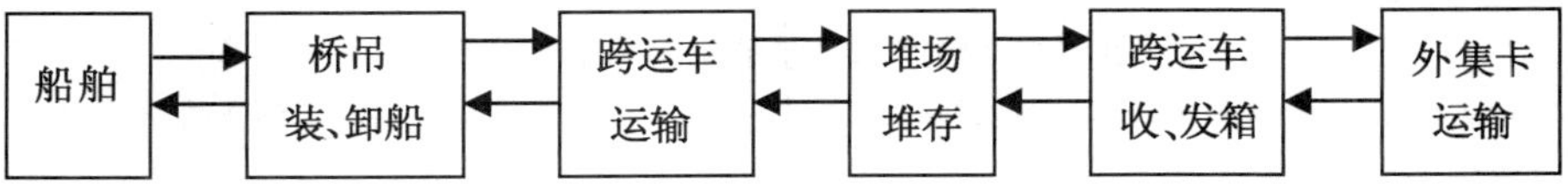

图 3-26　跨运车系统的作业流程图

2. 跨运车系统的主要优点

(1)跨运车一机完成多种作业(具有自取、搬运、堆垛、装卸车辆等),减少码头的机种和数量,便于组织管理。

(2)跨运车机动灵活、对位快,岸边装卸桥只需将集装箱从船上卸下后放在码头前沿,无须准确对位,跨运车自行抓取运走,充分发挥岸边集装箱装卸桥的效率。

(3)机动性强,既能搬运又能堆码,减少作业环节。

(4)跨运车是一种流动性机械,当某处的作业量相对较大时,可多配几台,使码头作业进度平衡。

(5)堆场的利用率较高,所需的场地面积较小。

3. 跨运车系统的主要缺点

(1)跨运车机械结构复杂,液压部件多,故障率高,对维修人员的技术要求高。

(2)跨运车的车体较大,司机室的位置高、视野差,操作时需配备一名助手。

(3)对司机的操作水平要求较高,司机对位不准容易造成集装箱损坏。

(4)场地翻箱倒垛困难。

(5)初始投资高。

另外,跨运车的轮压大,场地技术要求高,建造费用高。

4. 跨运车系统主要适用于下列情况

跨运车系统由于存在装卸桥卸箱无须对位,而装箱时跨运车和装卸桥需对位等原因,故该系统适用于进口重箱量大、出口重箱量小的集装箱码头。

5. 跨运车系统的平面布局图

图 3-27 是典型的跨运车系统的平面布局示意图。

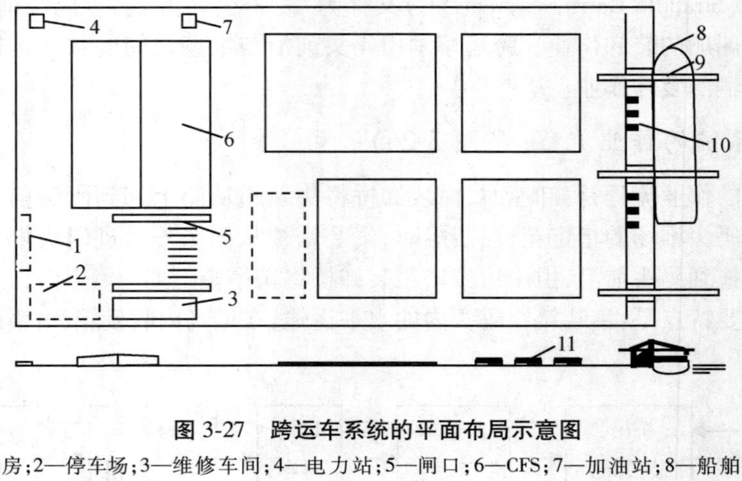

图 3-27　跨运车系统的平面布局示意图

1—门房;2—停车场;3—维修车间;4—电力站;5—闸口;6—CFS;7—加油站;8—船舶;9—桥吊;10,11—跨运车

六、轮胎吊工艺系统及其特点

轮胎式龙门起重机系统(Rubber-tired Gantry System,RTG),俗称轮胎吊,是目前世界上最常采用的系统,其码头前沿采用岸边集装箱装卸桥承担船舶的装卸作业。

1. 轮胎吊系统的作业流程(见图 3-28)

轮胎吊承担码头堆场的装卸和堆码作业,从码头前沿至堆场、堆场内箱区间的水平运输由集卡完成。轮胎吊的跨度一般可跨 6 列集装箱箱宽,外加 1 列集卡车道。堆高为 3~5 层集装箱箱高。轮胎吊设有转向装置,能从一个箱区移至另一个箱区进行作业。

该系统的主要特点是:轮胎吊机动灵活,堆场利用较高,适用性强,是一种普遍采用的工艺系统。

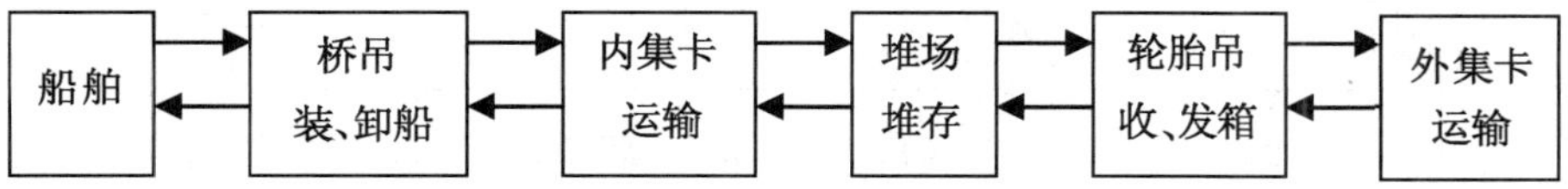

图 3-28　轮胎吊系统的作业流程图

2. 轮胎吊系统的主要优点

(1)场地的利用率高。轮胎吊可在一个箱区堆放 30 个集装箱,且箱与箱之间的间隙较小,使堆场面积得到有效的利用。

(2)堆场铺面费用较少。堆场除轮胎吊的通行道路需特殊加强外,其余只需满足集装箱半挂车轮压要求即可,相对跨运车系统,减少了场地铺面建造费用。

(3)设备操作较简单,工人只需中等技术水平的操作培训。

(4)相对于跨运车系统,对集装箱的损坏机会较少。

(5)轮胎吊采用 90°转向和定轴转向,占用通道面积小。

(6)与轨道式龙门起重机相比,不受轨道的限制,可从一个箱区转移至另一个箱区作业。

(7)可采用直线行走自动控制装置实现行走轨道自动控制,并可采用计算机控制,易于实现集装箱装卸作业自动化。

3. 轮胎吊系统的主要缺点

(1)相对于跨运车系统,该系统的灵活性不够。虽然可进行跨箱区作业,但移动的耗时较长。

(2)由于轮胎吊的跨距大,堆垛层数高,故提取集装箱较困难,倒垛率较高。

(3)轮胎吊需配备集装箱拖运车承担水平运输,增加了作业环节。

(4)初始投资也较高,每台岸边集装箱装卸桥需配备 4 台以上的轮胎吊,而轮胎吊的造价高,使码头的固定成本增加。

4. 轮胎吊系统适用情况

轮胎吊系统适用于陆地面积较小的码头。我国大部分集装箱码头采用这种工艺系统。

5. 轮胎吊系统的平面布局图

图 3-29 是典型的轮胎吊系统的平面布局示意图。

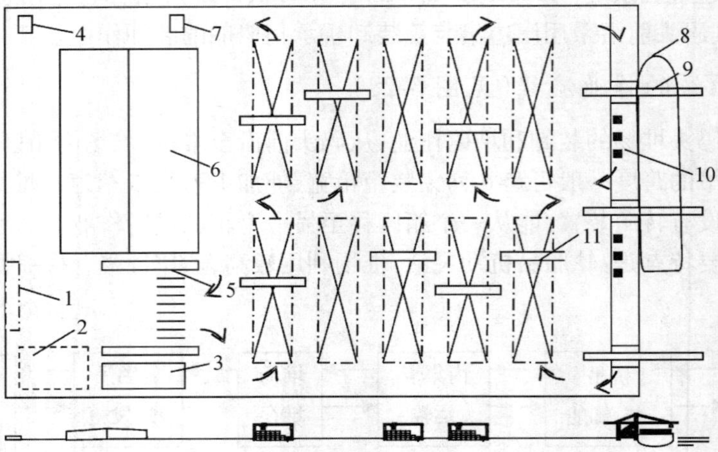

图 3-29　轮胎吊系统的平面布局示意图

1—门房;2—停车场;3—维修车间;4—电力站;5—闸口;6—CFS;7—加油站;8—船舶;9—桥吊;10—集卡

七、场地轨道吊工艺系统及其特点

1. 场地轨道吊系统的作业流程(见图 3-30)

轨道式龙门起重机系统(Rail Mounted Gantry System,RMG),俗称“电子龙”或轨道吊,与轮胎式龙门起重机系统相类似,是一种节能环保的工艺系统,目前新码头比较流行。其码头前沿也是采用岸边集装箱装卸桥承担船舶的装卸作业,作业流程和轮胎式龙门起重机系统完全相同。轨道式龙门起重机可堆积 4~5 层集装箱,可跨 14 列甚至更多列集装箱。轨道式龙门起重机设有专用轨道,不能进行跨轨道作业。

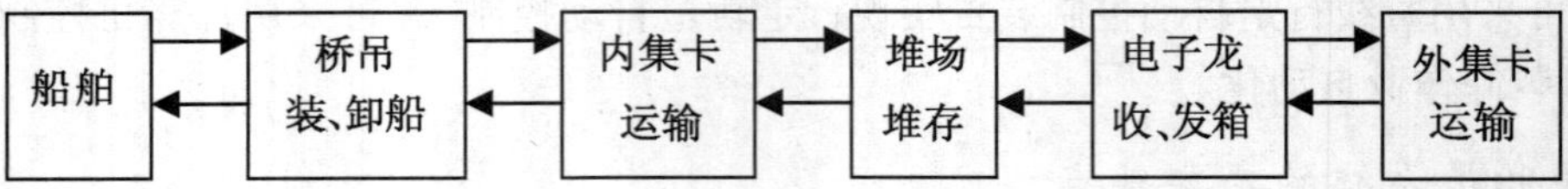

图 3-30　轨道式龙门起重机系统的作业流程图

该系统的主要特点是:与轮胎式龙门起重机系统相比,堆场机械的跨距更大,堆高能力更强。

2. 轨道吊系统的主要优点

(1)堆场面积利用率高。

(2)机械结构简单,维修方便,作业的可靠性高。

(3)机械设备的维修管理费用低,运营费用低。

(4)机械为电力驱动,节省能源,运行成本低。

(5)基本没有噪声，CO_2 排放少，符合环保和绿色港口发展要求。
(6)机械沿轨道运行，有利于实施计算机控制，易于实现集装箱装卸的自动化。

3. 轨道吊系统的主要缺点

(1)机动性差，轨道式龙门起重机只能沿轨道运行，作业范围受到限制。
(2)轨道式龙门起重机跨距大，提箱、倒箱困难。
(3)初始投资也较大。

4. 轨道吊系统适用的码头

轨道式龙门起重机系统适用于场地面积有限，集装箱吞吐量较大，计算机控制程度高的水陆联运码头。

5. 轨道吊系统的平面布局图

图 3-31 是典型的轨道吊系统的平面布局示意图。

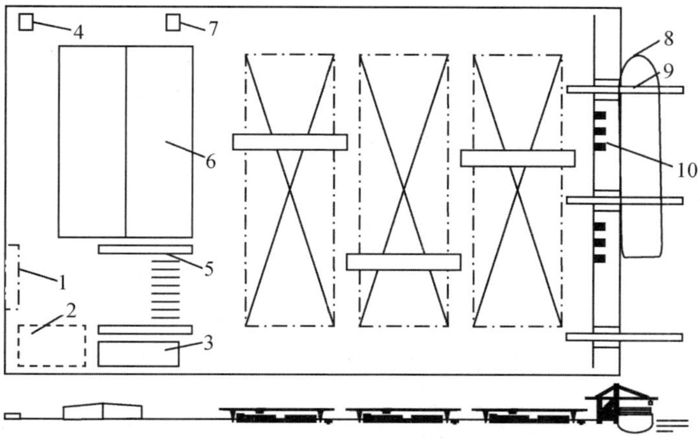

图 3-31　轨道式龙门起重机系统的平面布局示意图

1—门房；2—停车场；3—维修车间；4—电力站；5—闸口；6—CFS；7—加油站；8—船舶；9—桥吊；10—底盘车

八、叉车和正面吊工艺系统及其特点

1. 叉车系统(Forklift System)

叉车系统的码头前沿采用岸边集装箱装卸桥承担船舶的装卸作业。码头前沿与货场之间的水平运输以及堆场集装箱的堆码与装卸由叉车承担。叉车系统的作业流程如图 3-32 所示。

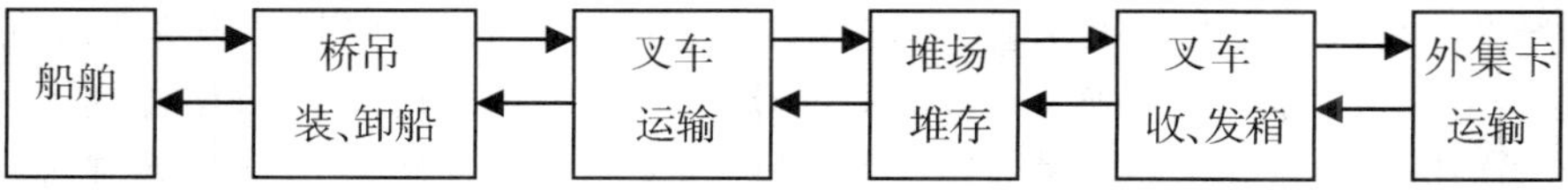

图 3-32　叉车系统的作业流程图

(1)叉车系统的主要优点

①叉车的通用性强,可适用于多种作业,机械在其寿命期内得到充分的利用。

②由于叉车的使用较普遍,司机和维修人员熟悉叉车,存在的技术问题少。

③机械价格便宜,成本低。

(2)叉车系统的主要缺点

①单机效率低,不适用于大吞吐量的码头。

②叉车的轮压大,对路面的磨损严重,增加了场地造价。

③叉车系统需要的通道宽,场地利用率低。

④装卸作业时,集装箱对位困难。

(3)叉车系统主要适用于吞吐量小的集装箱码头

2. 正面吊系统(Reach Stacking System,RS)

正面吊系统的码头前沿采用岸边集装箱装卸桥承担船舶的装卸作业,码头前沿与堆场的水平运输以及堆场的堆码和装卸车作业由正面吊来承担。正面吊系统的作业流程,如图 3-33 所示。

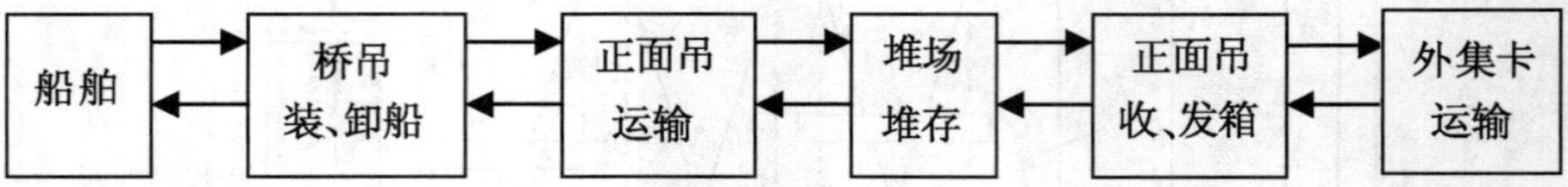

图 3-33 正面吊系统的作业流程图

(1)正面吊系统的主要优点

①正面吊可完成搬运、堆码、装卸车作业,减少码头配备的机种,便于机械的维修保养。

②正面吊可跨箱区作业,一般可堆 4 层箱高,有些可堆 8 层箱高。与叉车系统相比,场地的利用率较高。

③正面吊可加装吊钩或木材抓斗,用于吊运重件或木材,使机械在寿命期内得到充分的利用。

(2)正面吊系统的主要缺点

①正面吊运机只能跨 1 箱或 2 箱作业,因而要求箱区小,通道多,且正面吊在吊运集装箱时,箱体与正面吊横向垂直,因而需要较宽的通道,与龙门吊系统相比,场地的利用率较低。

②正面吊的单机效率低,需配备的机械台数多,故系统的初始投资较高。

③正面吊的轮压大,工作时转向轮胎的磨损和路面的磨损都较严重。

(3)目前正面吊的应用尚不广泛,仅在吞吐量较小的集装箱码头有所应用

九、混合工艺系统及其特点

从经济性和装卸性能的观点来看,上述各种工艺系统方案各有利弊,码头系统在实际选择中,一般是采用混合工艺系统(Mixed Handling Operation System)。通常的混合系统是“桥吊+集卡+轮胎吊(RMG)+叉车+正面吊”,即 RTG 或 RMG 用于码头堆场海侧重箱作业,空箱叉车(堆高机)用于空箱场地作业,而正面吊主要用于码头内陆侧 CFS 区域海关国查验区域的重箱作业,如图 3-34 所示。目前世界上有些小型港口,特别是内河码头,采用了混合系统——跨运

车/龙门吊混合系统。

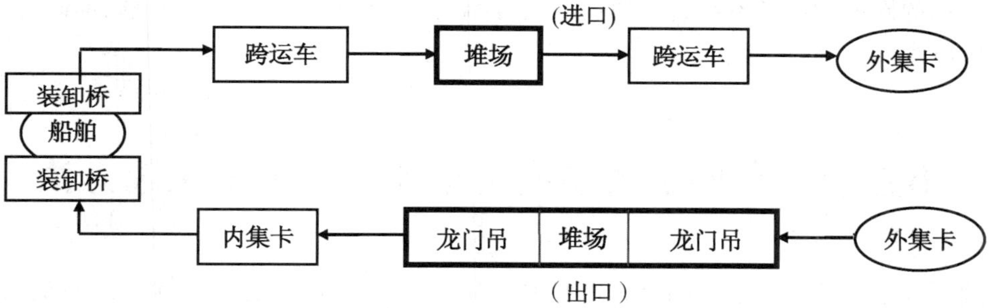

图 3-34　混合系统进出口箱作业简图

1. 跨运车—龙门吊混合系统(SC and RTG System)

跨运车—龙门吊混合系统的主要特点是:

(1)船边的装卸由岸边集装箱装卸桥承担。

(2)进口集装箱的水平运输、堆码和交货装车由跨运车负责完成。

(3)出口箱的货场与码头前沿之间的水平运输由集装箱半挂车完成,货场的装卸和堆码由轨道式龙门起重机完成。

由于混合系统能充分发挥各种机械的特点,扬长避短,使系统更加趋于合理和完善,目前世界上已有不少码头采用了这种方案。

2. 集装箱多用途码头的装卸工艺系统

由于港口生产的实际需要,一些码头建设成为集装箱多用途码头。集装箱多用途码头一般随着码头装卸货种构成的变化和集装箱吞吐量的增加,可逐步发展成为集装箱专用码头。所以,集装箱多用途码头具有过渡性码头的特点。但由于其适应性强、可变性强,故在集装箱码头发展初期和一些中小港口得到了广泛的应用和发展。

集装箱多用途码头在设计建造时,应考虑下列要求:不仅能高效率地装卸集装箱,而且能有效地进行其他类型货物的装卸作业;无须补充较多的投资便可适应装卸货种的变化;码头前沿和堆场都能达到集装箱专业化码头的水平。

根据以上要求,集装箱多用途码头的装卸工艺系统具有如下特点:

(1)码头前沿除了配备岸壁集装箱装卸桥外,还配有多用途门座起重机。有些码头则配备了多用途岸壁集装箱起重机,以便能同时满足集装箱货和非集装箱货的装卸作业要求。

(2)场地配有较多的流动机械,以便于码头前沿的船舶装卸机械,组成适用于不同货种的装卸工艺系统,高效率地对各种货物进行装卸作业。

(3)对集装箱吞吐量较大的码头,其堆场还需配置集装箱堆场专用机械,以形成完善高效的集装箱装卸线,提高装卸效率。对其他货种的堆场作业以配置通用机械(如叉车等)为主,使其具有较大的灵活性和通用性,减少机械的种类,便于维修和管理。

(4)堆场需配置起重量大的流动机械,不仅可承担场地重件货的作业,而且可对码头前沿装卸船舶作业起补充和应急作用。

集装箱多用途码头是一种适用性较强的装卸码头。在我国集装箱运输发展的初期,其集装箱码头的改/建造基本都是按集装箱多用途码头的工艺系统进行设计和建造的,为我国集装箱运输事业的发展做出了不可磨灭的贡献。目前在一些中小型港口,特别是内河码头,其发展前景仍然巨大。

第五节　常见工艺系统类型评估与系统优选方法

从前面关于装卸工艺系统的有关内容中可看出,集装箱码头各种装卸工艺系统均有自己的优缺点,在确定集装箱码头装卸工艺系统时,应根据港口的具体情况,通过调查研究及装卸工艺系统方案技术、经济论证后,选取适合本码头条件和要求的最佳装卸工艺系统方案。

一、集装箱码头各装卸工艺系统评价

比较和评价码头工艺系统,首先是要建立评估指标,然后根据各工艺系统的各自特点,给予优、好、中、差四个等级的评定。一般来讲,评价码头装卸工艺系统使用十项评价指标,即堆场堆存能力(储存能力)、总投资成本(费用)、作业效率、机动灵活性、设备维修成本、自动化适应性、可扩展性、工艺简单性、操作质量和与铁路衔接等,当然也有比较其运营成本构成,如能源消耗成本和劳动力成本等。表 3-2 就是根据各装卸工艺系统特点,按上述指标的评价分析表。

表 3-2　集装箱码头各装卸工艺系统类型对比评价分析表

系统 指标	底盘车系统	跨运车系统	轮胎吊系统	轨道式龙门起重机系统	叉车系统	正面吊系统	混合系统
储存能力	差	好	优	优	中	好	优
总投资成本	差	好	好	好	优	好	优
作业效率	优	好	好	好	差	中	优
机动灵活性	优	好	差	差	好	优	中
设备维修成本	好	差	好	优	好	好	中
自动化适应性	差	差	好	优	差	差	好
可扩展性	优	好	差	差	好	好	好
工艺简单性	优	好	差	差	优	优	中
操作质量	优	差	好	好	好	好	好
与铁路衔接	差	差	好	优	中	好	好

二、集装箱码头工艺系统优选方法

1. 码头主尺度的确定

码头长度和前沿水深与靠泊的船型和艘数有关，一般根据年吞吐量、设计船型及配船模式确定。

设计船型的确定，主要依据可能来往于本港的船型以及船舶大型化发展趋势等因素，经综合分析后确定。关于船舶大型化趋势，详见第一章内容。

对于专用集装箱码头，泊位岸线长为 300 m 以上，以满足第四、五代集装箱船的要求；码头陆域纵深一般为 500 m 以上，目前有的大型集装箱码头已高达 1 500 m，以适应集装箱船舶大型化，载箱量明显增加的趋势，满足各种设施对陆域面积的要求；码头前沿宽度一般为 60 m 左右；前沿水深应满足设计船型的吃水要求，一般为 15 m 以上。

2. 堆场规模确定

(1) 确定码头堆场规模的因素。其影响因素很多，但主要同码头设计最大年吞吐量、集装箱平均在堆场的堆存时间、中转箱比例、船舶和堆场作业不平衡性以及堆场作业工艺系统有较大关系。

(2) 确定堆场规模。堆存场地包括出入码头的集装箱中存放在码头上的那部分集装箱用地、空箱及要修理的箱中留存部分的存放场等。

集装箱码头各装卸工艺系统堆场平均箱占地面积对应，如表 3-3 所示。

表 3-3　集装箱码头各装卸工艺系统堆场平均箱占地面积对应表

堆场工艺系统	堆场层数	每标准箱占地面积(m^2)
底盘车	1	65
跨运车	1	30
	2	15
	3	10
龙门起重机	2	15
	3	10
	4	7.5
叉车	2	15

集装箱堆场所需面积与吞吐量、所采用的装卸工艺系统及集装箱在港停留时间有关，其计算公式如下：

$$E = (Q \cdot K_{堆} \cdot t_{停} \cdot S)/(365 \cdot K_{利}) \tag{3-5-1}$$

式中：E——所需堆场面积；

Q——年吞吐量；

$K_{堆}$——堆场工作不平衡系数；

$t_{停}$——集装箱平均在港停留时间,可根据实际统计资料分析确定;

S——在不同堆场机械作业条件下每标准箱占地面积,按表3-3选取;

$K_{利}$——堆场高度利用系数,一般为0.7~0.8。

3. 各生产环节所需机械数的确定

集装箱码头各生产环节所需机械数量与采用的装卸工艺系统、机械台时作业效率、机械利用情况、运营期内机械所能完成的操作量、运营期的长短及机械工作不平衡性有关。其计算公式为:

$$N = (Q_{操} \cdot K_{机}) / (P_{时} \cdot f \cdot T_{运}) \quad (3\text{-}5\text{-}2)$$

式中:$Q_{操}$——运营期内所能完成需要的操作量(TEU);

$P_{时}$——装卸机械作业台时效率(TEU/台时);

$T_{运}$——集装箱码头运营期,一般 $T_{运}=365\times24=8\ 760$ h;

f——装卸机械利用系数;

N——装卸工艺系统工序所需机械台数;

$K_{机}$——装卸机械工作不平衡系数。

$$K_{机} = q_{最大} / q_{平均} \quad (3\text{-}5\text{-}3)$$

式中:$q_{最大}$——月最大吞吐量(TEU);

$q_{平均}$——月平均吞吐量(TEU)。

在考虑各工序实际配机数时,还应增加运营期内正常维修保养所需的机械数。同时,为了使整个装卸工艺系统各工序装卸能力匹配,一般应以码头泊位生产能力(装卸能力)为基准,其他工序如水平运输工序、堆场作业工序的生产能力应适应泊位能力的要求。因而,其他工序的机械需要数量应符合下式要求:

$$N_{序} = P_{泊} / P_{序} \quad (3\text{-}5\text{-}4)$$

式中:$N_{序}$——其他工序所需机械台数;

$P_{泊}$——码头泊位装卸机械生产率(TEU/台时);

$P_{序}$——某工序装卸机械生产率(TEU/台时)。

4. 生产能力的确定

(1)集装箱码头泊位年通过能力,按下式计算确定:

$$P_{泊通} = P_{泊} \cdot N_{序} \cdot T_{运} \cdot u_1 \cdot u_2 \quad (3\text{-}5\text{-}5)$$

式中:$P_{泊通}$——年泊位通过能力(TEU);

$P_{泊}$——岸壁集装箱起重机生产率或作业台时效率(TEU/台时);

$N_{序}$——岸壁集装箱起重机台数;

$T_{运}$——集装箱码头运营期(年工作小时数),$T_{营}=365\times24=8\ 760$ h;

u_1——泊位利用系数(根据实际情况分析确定),建议取0.5~0.8;

u_2——装卸效率影响系数(从开始作业到结束,包括移机、开关舱等因素),建议取0.3~0.7。

(2)堆场年堆存能力的确定:

$$P_{堆} = (Q_{堆} \cdot \alpha \cdot T_{运}) / (t_{堆} \cdot K_{不}) \quad (3\text{-}5\text{-}6)$$

式中：$P_{堆}$——堆场年堆存能力(TEU)；

$Q_{堆}$——堆场一次堆存量(最大堆存量)(TEU)；

α——堆存高度系数(一般堆一层 $\alpha=1$，二层以上 $\alpha=0.8$)；

$T_{运}$——堆存运营期，$T_{运}=365$；

$t_{堆}$——堆场平均堆存期，可取 $t_{堆}=7\sim10$ d；

$K_{不}$——堆场工作不平衡系数，它反映堆场工作及出、入库集装箱保管不平衡情况，该数值与集装箱到、发，船舶到港、生产管理水平，堆存期的长短等因素有关，可按下式确定：

$$K_{不} = q_{最大} / q_{平均} \tag{3-5-7}$$

式中：$q_{最大}$——月最大堆存量(TEU)；

$q_{平均}$——月平均堆存量(TEU)。

5. 所需泊位数的确定

可按以下公式计算确定：

$$N = (T_{靠} / t_{作}) \times \alpha \tag{3-5-8}$$

式中：N——集装箱码头所需泊位数；

$t_{作}$——一个泊位全年作业天数；

α——泊位利用系数；

$T_{靠}$——全年靠泊总天数。

$$T_{靠} = t_{占} \times K$$

式中：K——全年计划来港船舶数；

$t_{占}$——每艘船占用泊位天数。

$$t_{占} = t_{装} + t_{非装}$$

式中：$t_{非装}$——每一艘船占用泊位的非装卸天数；

$t_{装}$——每一艘船装卸作业天数。

$$t_{装} = n / (h \times C \times t_{起})$$

式中：n——每艘船平均载箱量(TEU)；

h——集装箱岸壁起重机的台时效率(TEU/台时)；

C——集装箱岸壁起重机的台数；

$t_{起}$——集装箱岸壁起重机的作业时间。

所需泊位数也可参考以下公式确定：

$$N = Q / P_{泊位} \tag{3-5-9}$$

式中：N——集装箱码头所需泊位数；

Q——码头年作业量(TEU)；

$P_{泊位}$——一个泊位的年通过能力(TEU)。

三、集装箱码头装卸工艺系统方案技术经济论证

港口装卸工艺方案的确定，必须对两个或两个以上的方案进行比较，从中选取经济上合理、技术上先进、使用上方便的方案。方案比较应尽量按港航为一整体考虑，除应分析技术先

进性、设备来源、维修难易、装卸质量、作业安全、能源及环境影响等方面的优缺点外,还应计算以下主要技术经济指标。

1. 基建投资

基建投资包括土地、水工土建、机械设备和其他设施的投资。分别按不同装卸工艺方案所确定的码头建设规模和码头平面布置等计算码头的基建投资。

2. 单位装卸成本

单位装卸成本即每 TEU 的装卸费用,按下式计算:

$$S = (C_1 + C_2 + C_3 + C_4 + C_5)/Q \tag{3-5-10}$$

式中:S ——单位装卸成本(元/TEU);

Q——年设计吞吐量(TEU);

C_1——工资及附加费(元);

C_2——燃料、电力、照明及润物料消耗费(元);

C_3——基本折旧费及保修费(元);

C_4——大修理基金提成(元);

C_5——分摊的企业管理费(元)。

3. 船舶装卸作业停泊时间

船舶装卸作业停泊时间即装卸一艘设计标准船舶的时间,按下式计算:

$$T = (T_1 + T_2)/24 \tag{3-5-11}$$

式中:T ——装卸一艘设计标准船舶的时间(d);

T_1——纯装卸作业时间(h);

T_2——辅助作业时间(h)。

4. 平均年费用(Average Annual Cost,AAC)

$$AAC = Y + P \times CR \tag{3-5-12}$$

式中:Y——不含折旧的年运营费;

P——总投资;

CR——投资回收系数。

5. 必要装卸费率(Required Fee Rate,RFR)

$$RFR = AAC/Q \tag{3-5-13}$$

式中:RFR——必要装卸费率(元/TEU);

AAC——平均年费用(元);

Q——年装卸吞吐量(TEU)。

6. 净现值(Net Present Value,NPV)

$$NPV = \sum_{t=0}^{n} (B_t - C_t - I_t) \times (P/F \times i \times t) \tag{3-5-14}$$

式中:B_t——第 t 年的收入(元);

C_t——第 t 年的支出(元);

I_t——第 t 年的投资(元);

$P/F \cdot i \cdot t$——现值系数。

经方案技术经济分析后,选择技术上先进、经济上合理的集装箱码头装卸工艺方案,以实现投资少、单位装卸成本低、船舶装卸作业停泊时间短、年平均费用少、净现值高的最优方案。

第六节　国内外集装箱码头装卸工艺和平面布局典型实例

我国是一个拥有漫长海岸线的传统海运国家,90%的对外贸易是通过海运实现的。目前我国沿海港口共有近100个集装箱码头公司,分布于大连、营口、秦皇岛、天津、烟台、青岛、连云港、上海、张家港、南京、武汉、荆州、重庆、宁波、厦门、福州、深圳、广州、海口和湛江等地。我国的集装箱码头装卸工艺大都采用轮胎式龙门起重机(RTG)系统,少数采用轨道式龙门起重机(RMG)系统;国外半自动化码头采用跨运车+RMG 系统。

实例一　上海港外高桥二、三期全集装箱码头工艺系统

1. 码头自然条件和码头规模

上海港集装箱投资建设的外高桥港区二、三期码头,位于长江口南岸,码头前沿水深为14.5 m,码头岸线长度1 565 m,港区陆域纵深1 200 m,占地1.65 km^2,配备集装箱装卸桥15台,场地轮胎吊50台,堆存能力达2.23万TEU平面箱位,是我国国内第一个按国际标准设计和建设的超大型全集装箱船专业化码头,目前国内很多后建全集装箱码头都以该码头为设计和建设蓝本。同时当时其先进的机械设备、完善的生产指挥系统、优良的配套设施和优美的码头环境在国内首屈一指。上海港外高桥集装箱码头投入运营伊始,不断刷新中国港口集装箱装卸作业多项操作纪录。该码头采用的装卸工艺系统是典型的轮胎式龙门起重机工艺系统,即QC + RTG(C-RMG, FL ,RS) + Truck。

2. 机械配备

(1)集装箱桥吊(QC)

码头前沿共有5个集装箱泊位,配备有15台超巴拿马型岸边集装箱装卸桥,承担船舶的装卸作业。吊具下额定起重量都是50 t,起升高度:轨上36 m、轨下15 m,外伸距50 m、后伸距15 m,运行速度(m/min):起升60/150、小车240、大车45,轨距为30 m。

(2)轮胎吊(RTG)+自动化轨道吊(C-RMG)

码头堆场共有50台轮胎式龙门起重机。15台为高门架起重机,额定起重量为35 t,可"堆四过五"(最高5层);另外35台也为高门架起重机,额定起重量为40.5 t,可"堆四过五"(最高5层)。

在2017年,该码头对传统RTG堆场实施了自动化改造,采用了自动化双悬臂轨道吊,并在未来实施更多改造。

(3)集装箱拖挂车

码头共有集装箱拖挂车 125 辆,承担码头前沿与堆场以及堆场内不同箱区之间的集装箱水平拖运。

(4)叉车

由于码头前沿和后方堆场有些箱区为毛桩箱区,故码头还配备有集装箱叉车 11 辆,其中额定起重量为 36 t 的 2 辆,额定起重量为 25 t 的 4 辆,额定起重量为 16 t 的 5 辆。另外还配备有 2.5 t 小叉车 14 台。

3. 工艺流程(见图 3-35)

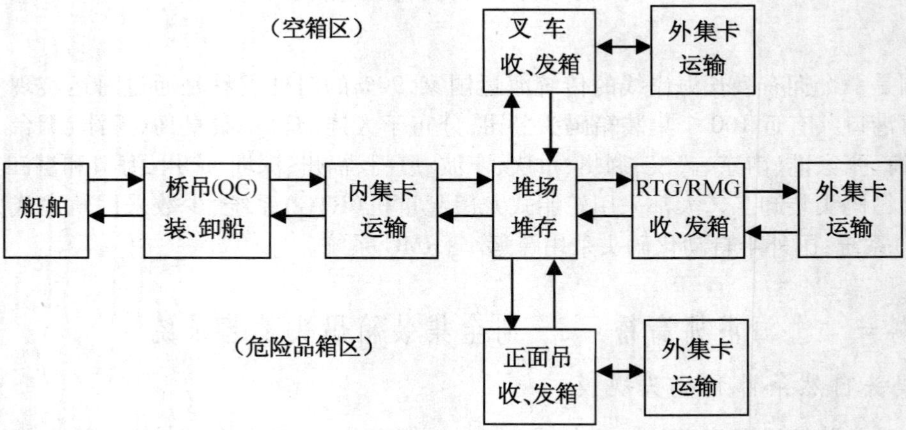

图 3-35　上海港外高桥二、三期全集装箱码头工艺系统流程示意图

实例二　香港 HIT 4、6、7、8 和 9 号全集装箱码头工艺系统

1. 码头概况

香港 HIT 经营葵涌货柜码头的 4、6、7、8 号(COSCO 合资)和 9 号共 5 个全集装箱码头,有 14 个大船泊位和 9 个驳船泊位,泊位长度分别为 3 292 m、1 088 m 和 700 m 共 5 080 m。码头前沿水深分别为 12.2~15 m、14.5 m 和 15.5 m。该码头采用的装卸工艺系统是轮胎式龙门起重机(轮胎吊)、轨道式龙门起重机(电子龙)和叉车混合系统。

2. 机械配备

(1)泊位装卸机械

码头前沿共 14(10+2+2)个大船全集装箱泊位,配备有 53(35+9+9)台岸边集装箱装卸桥(QC)承担船舶的装卸作业。

(2)堆场作业机械

码头堆场共有 130 台轮胎吊(RTG),电子龙共 28 台(Rail Mounted GC 24 台,Rail Mounted Jib Cranes 4 台),Harbour Cranes 1 台,Bridge Cranes 12 台。

(3)叉车

由于码头后方堆场有些箱区为毛桩箱区,故码头还配备有集装箱叉车 19 台,其中空叉 14

台、重叉 5 台。

3. 工艺流程（见图 3-36）

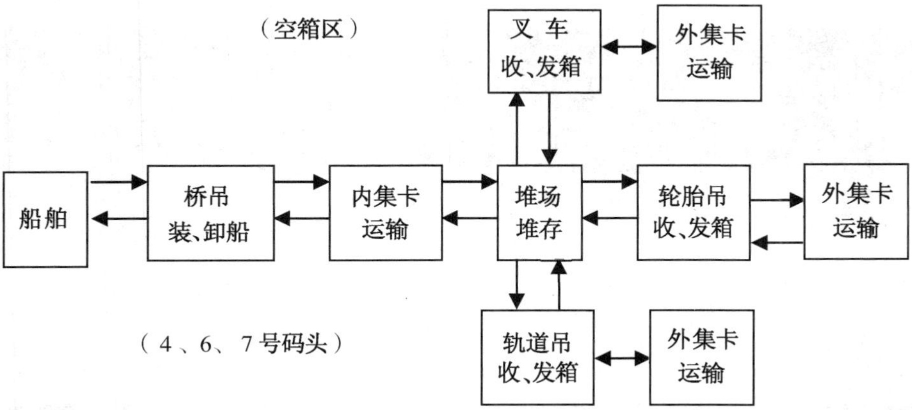

图 3-36　香港 HIT 全集装箱码头工艺系统流程示意图

思考题

1. 概念：额定起重量、工艺、码头装卸工艺。
2. 以卸船作业为例，简述集装箱桥吊的作业过程，并简要论述其未来发展趋势。
3. 以表 1-3 中马六甲海峡级集装箱船舶参数为基础，确定其作业桥吊的尺寸参数。
4. 简述集装箱牵引车和挂车的类型、特点及未来发展趋势。
5. 简述集装箱跨运车和叉车的特点及未来发展趋势。
6. 简述码头操作过程和工艺过程种类。
7. 简述集装箱码头常见工艺系统类型及工艺选择影响因素。
8. 简述常见工艺系统类型的特点。
9. 试以一个你熟悉的集装箱码头为例，对其进行工艺系统优选，论证其目前工艺系统是否合理，并提出你的改进建议。
10. 课程论文：自动化集装箱码头轮胎吊和轨道吊比较研究。

模块二 业务计划

第四章 集装箱码头船务(泊位)计划管理

概 述

集装箱码头船务计划管理,是集装箱码头物流系统中海侧物流系统的关键,是以集装箱码头核心业务——船舶装卸操作计划为对象的,因此码头船务计划管理是码头操作管理的龙头。

计划(Planning),是管理的首要职能,是指通过科学预测,运用科学方法为实现组织目标而提出的对未来行动的安排。在码头生产管理的决策、计划、组织、指挥、协调、监督等职能中,计划职能起关键的作用。计划是决策的体现,而生产组织、指挥、协调、监督等等,实质上都是在执行计划。

集装箱码头生产作业计划(Operations Planning)是集装箱码头企业计划的具体执行计划,它以企业计划为总目标,结合各阶段(季度、月度、近期、昼夜、工班)生产具体情况,规定了各阶段作业的具体任务和实施办法。

船务计划管理是码头运营操作管理中的核心内容。本章主要介绍集装箱码头船务计划室岗位设置和岗位职责、人员配置和工作流程,码头生产计划种类和计划(预算)体系构成,船舶航线操作协议和码头泊位窗口管理,以及码头年度、月度、五日、昼夜和单船计划的编制原则与方法,最后介绍作业时序原理和船务计划管理的关键指标。

第一节　集装箱码头船务计划室岗位设置和岗位职责

一、码头生产计划管理的任务

集装箱码头生产作业计划的基本任务是,根据集装箱运输市场的需求和企业的经营目标来确定其吞吐量,并在保证社会、经济效益的前提下,对集装箱码头的装卸、堆存等工作进行综合平衡,科学合理地配置和利用各生产要素,力争高效、低成本、优质和安全完成生产任务,确保船舶班期。

随着我国企业经营机制的转换、市场经济的发展,国家下达给集装箱码头的指令性任务将逐步减少,因此在确定集装箱码头生产计划任务时,除了国家下达任务外,还要发挥集装箱码头企业的积极性、主动性和创造性,将企业置身于市场竞争之中,根据市场的需求和企业的可能,吸引更多的集装箱经过码头,提高集装箱码头的服务水平和企业经济效益。

二、船务计划室岗位设置

船务计划室的组织结构和岗位设置,同码头规模和操作部门整体组织结构有关。一般设置方式如图 4-1 所示。

1. 非独立式设置

一般在中小型集装箱码头,其操作部门组织结构中只设立综合计划部门,下设船舶计划室和堆场计划室。船舶泊位计划员同配载(船舶)计划员和其他计划员在同一个组,非单独设立,具体如图 4-1 所示。

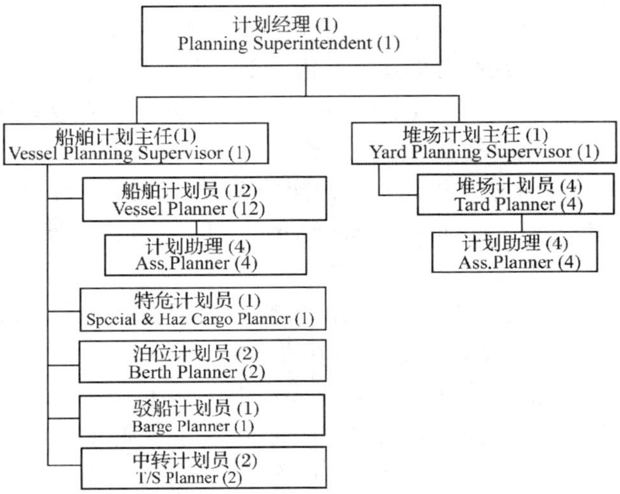

图 4-1　泊位计划室非独立机构设置图

2. 独立式设置

一般在大中型集装箱码头,其操作部门组织结构中,在计划部门下设单独的船舶泊位计划室。由于每天到港的船舶多,作业数量大,驳船运输和支线运输发达,有的码头还设有专门的驳船和支线船泊位(配置轻型桥吊),服务和分工细化,因此需要设立专职的驳船泊位计划员和支线船泊位计划员,共同配合干线船泊位计划员工作,具体如图 4-2 所示。

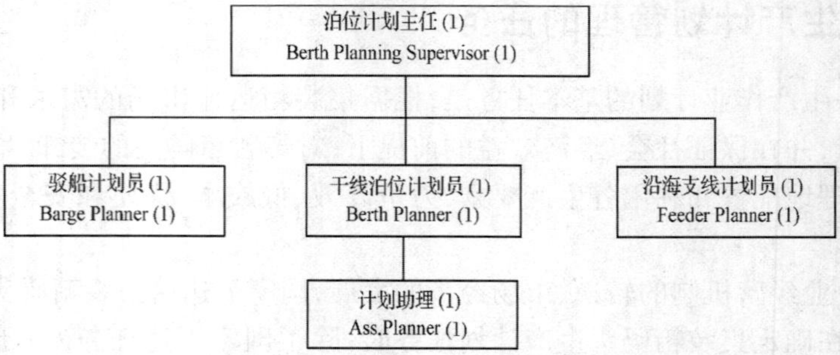

图 4-2　泊位计划室独立机构设置图

三、船务计划室岗位职责

1. 船舶泊位计划员职责

(1)泊位窗口管理。参与码头和船公司新航线的操作服务协议协调会议,确定船舶班期,编制码头泊位窗口排班表。

(2)船舶规范档案管理。根据船公司或代理提供的船舶资料,输入船舶代码、船舶中/英文名、船舶类型、船公司、国家代码、船舶长度、船舶宽度、总箱位、船舶总吨和净吨等数据。

(3)航线信息管理。负责管理船公司新开航线信息收集整理,经营船公司、船舶代理、航线名称和共用舱位或航线联盟合伙人、航线港序、挂靠港、目的港和投入船舶船名等。

(4)编制船舶月度计划表。收集整理船公司或代理提供的月度船舶船期表,根据上月各航线船舶进出口实际和历史数据、总体运输发展趋势、年度运输生产周期和操作服务协议,编制码头月度船舶计划表。内容包括:船公司、航线、船名、预计抵离港时间、进出口集装箱预计量等内容,以及全月预计进出口箱量、航班次数。

(5)编制船舶五日近期计划。每天及时同船公司或其代理联系,确定未来 5 天到港船舶的船名/航次、预计到港时间(Estimated Time Arrival,ETA)、到港吃水和预计装卸作业箱型和数量,滚动编制五日船舶泊位窗口计划表。

(6)及时同当地船舶引航站、拖船公司、海事交通管理中心、锚地和浮桶管理部门沟通和协调,确保船舶准时靠泊,或落实确定等泊船舶的临时待泊点。

(7)编制昼夜船舶作业计划。根据当日码头在泊船舶生产完成情况和船舶班期,安排编制下昼夜船舶靠泊作业计划表,确定靠泊泊位、系接缆缆桩尺码、靠泊时间、作业线路数和预计离港时间(Estimated Time Departure,ETD)、工班作业箱量,机械和工人数量和安全注意事项;"昼夜船舶作业计划表"在当天 15:00 前编制完并交控制室。

(8)与船舶计划和中控室协调,根据实际情况调整泊位计划确保船期,根据需要调整在泊船舶的 ETD。如果船舶的靠离泊时间变更,要及时通知船公司、船代。

(9)参加口岸联合办公会议,公布船箱时间信息。公布出口集装箱集港的截箱点、截单点和加急点;公布船舶开靠时间;受理特种箱和危险品箱的进箱计划;受理各类提空箱计划;受理直提、直装计划。口岸联办会议参加单位有:主要的场站、货代、船代、船舶公司、汽车运输公司和报关行等。

(10)汇总并制订当天有关船舶、驳船、特种箱作业和堆场作业、场地移箱的码头昼夜杂项作业计划表。

(11)公布台风警报给相关单位。

(12)总结经验,不断优化船舶靠泊泊位窗口计划表,提出合理化建议和实施方案。

2. 驳船泊位计划员职责

(1)根据支线驳船公司或其代理公司提供的月度船期表,编制码头月度驳船计划表。

(2)每天及时同驳船公司或其代理联系,确定未来 5 天到港驳船的船名/航次、预计到港时间(Estimated Time Arrival,ETA)和预计装卸作业箱型和数量,通知泊位计划安排泊位窗口,协调船舶计划员及堆场计划员,安排相应的装卸计划。

(3)根据船公司要求和实际情况,合理安排驳船集装箱卸驳计划。

(4)根据干线船进口箱的驳运计划,及时做驳船的装驳计划。

(5)过驳计划安排中出现无驳船或泊位紧张时,及时请示主管领导。

(6)对过驳集装箱各项数据进行统计。

(7)总结经验,找出可改进的地方,提出合理化建议和实施方案。

第二节　集装箱码头船务计划管理内容、作用和工作流程

一、集装箱码头日常生产计划内容

集装箱码头生产作业计划多是阶段性计划。集装箱码头日常生产计划管理通常涉及以下内容:

(1)安排船舶作业码头和泊位。这是生产作业计划的第一步,也是一个关键的环节。要根据各码头泊位条件以及在港作业船舶的进度,充分掌握抵港船舶的各种信息,科学合理地安排船舶作业的码头泊位,并布置各项船舶在港作业的准备工作。

(2)确定装卸工艺和流程。根据抵港船舶船型特点、集装箱类型特点和集装箱码头机械设备资源情况,选择最好的装卸工艺和流程。在同样条件下,先进合理的装卸工艺和流程能创造较高的生产效率和较好的经济效益,这是一项专业性、技术性较强的工作,无论集装箱专用码头还是多用途集装箱码头,都有潜力可挖。

(3)根据已确定的装卸工艺和流程,合理分配集装箱码头各生产要素,确定各项作业的进度要求、安全质量要求以及相应的责任者。

(4)根据船方、货方的有关要求,确定与作业有关的协作单位,向他们提出协作要求,保证

装卸作业连续顺利地进行。

二、集装箱码头日常生产计划管理的作用

集装箱码头日常生产计划实际上是集装箱码头企业计划的继续和具体化。企业计划一般是按年度分季度编制的,它不可能也无必要规定企业每月、近期(五日)、每日甚至每工班的计划任务,而这种细分化的工作由生产作业计划来承担。生产作业计划根据企业计划指标,结合生产实际情况,规定了月度、近期、昼夜、工班的具体生产任务和要求,从而日积月累地保证企业计划的完成和超额完成。集装箱码头生产作业计划的作用有:

1. 生产作业计划是科学合理地配置集装箱码头生产要素、协调集装箱码头内外关系、组织集装箱码头均衡生产的有力工具

集装箱码头生产作业既受集装箱码头内部条件,如人力、物力、财力的限制,也受集装箱码头外部条件的影响,如政治、经济、协作单位、运输市场、自然条件的影响。从内部来看,要指挥集装箱码头高度机械化、高连续性、高效率的生产,必须通过生产作业计划把所有员工、众多的机械设备和不同的劳动对象这三者有机地组织起来,使这三者之间以及各自内部之间、生产过程各个环节之间平衡地进行,否则,就会造成资源的浪费和企业经济效益的降低。从集装箱码头的外部环境来看,由于现代化集装箱码头生产的平衡关系,因此必须通过月度、近期、昼夜和工班等不同形式的分阶段作业计划,避免和控制不利于生产的因素,从变化中求得集装箱码头生产的稳定和平衡。

2. 生产作业计划是调动全体员工的责任感和创造性,组织全体员工实现企业目标的动员令和任务书

通过生产作业计划,可以使全体职工明确企业各阶段的总任务及其所在部门的分任务,也明确了本班组每日甚至每工班工作的具体任务和工作量。把企业目标与全体职工的责任及其日常工作紧密联系,有利于发挥每一职工的主动性、积极性和创造性,激发他们努力完成自己的工作任务。企业计划通过各阶段生产计划的层层分解,使得每个部门、每个班组甚至每个职工任务明确、目标具体,从而使企业计划落实到了实处。只要每个部门、每个班组都按时、按质、按量地完成自己的任务,就可以从根本上为完成和超额完成企业计划,为实现企业目标提供保证。

3. 生产作业计划是对集装箱码头日常生产进行指挥,并对阶段生产成果进行核算和对员工劳动进行考核的依据

集装箱码头日常的生产,没有强而有力的指挥,就不可能均衡、有节奏地生产。由于生产作业计划明确规定了企业各阶段生产的任务、进度、要求及其相应的措施办法,使得集装箱码头日常生产指挥有了可靠的依据。

企业是独立的法人,有必要对自己的生产经营成果进行核算,对职工劳动进行考核。通过核算,可以了解成果、总结经验、找出不足,从而可以采取措施更好地完成任务。通过考核,可以根据职工劳动的数量和质量来分配劳动成果,把职工的劳动与收益挂起钩来,真正体现“按劳分配”的原则,从而可以激发职工的劳动热情。企业成果的核算和职工劳动的考核,最重要

和最基本的依据之一,就是生产作业计划。

三、集装箱码头船务计划管理的工作流程

集装箱码头船务计划的工作流程如图 4-3 所示。

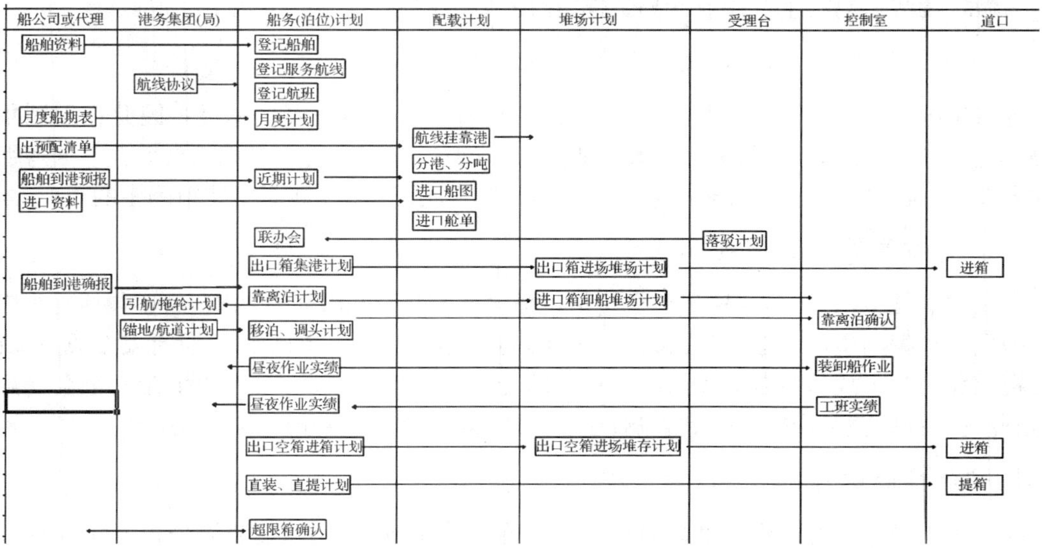

图 4-3　集装箱码头船务计划的工作流程图

第三节　生产计划种类及预算计划体系构成

一、集装箱码头生产计划种类

1. 长期吞吐量预算

长期计划是由码头公司管理层编制,报公司董事会(或上级主管部门)审核、批准和下达的,是公司决策层管理码头日常经营生产活动的主要手段和途径。它一般分为 10 年吞吐量预算、5 年吞吐量预算和年度吞吐量预算。

2. 中期吞吐量预算

中期吞吐量预算是由码头公司市场和操作部门共同编制,由码头公司管理层审核、批准和下达的,是码头公司各部门日常管理的基础。它一般分为季度吞吐量预算和月度生产计划。

3. 短期生产计划

短期生产计划是由码头操作部的计划部门编制,由码头操作部生产会议审核、批准和下达

的,是码头营运操作日常管理的龙头。它一般分为五日(周)、昼夜(24 小时)和工班(12 小时或 8 小时)等计划。

二、编制集装箱码头生产作业计划应遵循的原则

为做好集装箱码头生产作业计划工作,在编制计划时应遵循以下几个原则:

1. 企业经济效益与社会效益相结合的原则

港口是国民经济建设的重要部门,它直接影响着国民经济发展的速度。因此在编制集装箱码头生产作业计划时,既要考虑集装箱码头自身的经济效益,也要考虑社会效益。要遵循国家的方针、政策,讲究企业职业道德和协作精神,满足国民经济发展对集装箱码头的需要。

2. 安全质量第一的原则

安全质量既包括员工人身安全,也包括机械设备和集装箱及货物的安全,还包括码头服务工作的质量。编制生产作业计划时,要牢固地确立安全质量第一的观念。没有安全质量保证,集装箱码头将受事故的牵制而无法组织正常的和有效的生产活动,工人的生命安全会受到威胁,企业的经济效益和声誉会受到影响,还会给顾客(如货方、船方)带来损失。

3. 综合平衡的原则

编制集装箱码头生产作业计划时要掌握综合平衡的原则,×××集装箱公司五年计划预算表如表 4-1 所示。这是集装箱码头生产的多环节、多因素所要求的。综合平衡,首先要合理配置企业各生产要素,平衡各主要作业环节的能力,使各要素发挥最佳效益,使集装箱码头发挥最大通过能力;其次要综合考虑集装箱码头外部环境的影响,使生产作业计划既具先进性,又具合理性。

表 4-1 ×××集装箱公司五年计划预算表

		Actual		Budget	Five Year Plan				
		2002	2003	2004	2005	2006	2007	2008	2009
TEUs	- Main Liner	641 977	1 244 933	3 511 364	4 258 384	4 770 227	5 024 821	5 364 715	6 028 103
	- Barges	148 216	69 289	62 753	199 999	220 001	239 800	270 974	300 779
	Total	790 193	1 314 222	3 574 117	4 458 383	4 990 228	5 264 621	5 635 689	6 328 882
	% Inc.		66.32%	171.96%	24.74%	11.93%	5.50%	7.05%	12.30%
Units	- Main Liner	434 142	824 617	2 348 803	2 848 741	3 191 323	3 361 600	3 589 146	4 033 769
	- Barges	100 248	41 632	43 467	117 173	128 892	140 492	158 756	176 218
	Total	534 390	866 249	2 392 270	2 965 914	3 320 215	3 502 092	3 747 902	4 209 987
	Ratio	1.4787	1.5171	1.4940	1.5032	1.5030	1.5033	1.5037	1.5033
RMB'000									
Handling Revenue		163 380	322 951	1 066 809	1 466 898	1 612 234	1 827 913	1 909 644	2 303 805
	RMB Per TEU (excl. barges)	254.50	259.41	303.82	344.47	337.98	363.78	355.96	382.18
	% Inc.		1.93%	17.12%	13.38%	-1.88%	7.63%	-2.15%	7.37%
	RMB Per Unit (excl. barges)	376.33	391.64	454.19	514.93	505.19	543.76	532.06	571.13
Total Revenue		185 397	376 128	1 192 447	1 634 249	1 793 885	2 014 051	2 102 057	2 520 611
Operating Costs		66 088	108 050	339 136	407 314	471 221	525 696	586 355	680 306
Overheads		78 894	68 545	185 863	220 922	257 764	259 518	263 337	267 498
EBIT		34 020	185 931	628 012	952 567	1 006 273	1 163 487	1 184 208	1 491 596
	% Inc.		63.49%	213.87%	20.10%	15.69%	11.56%	11.54%	16.02%
ROCE%		2.37%	12.14%	11.89%	13.23%	14.14%	16.68%	16.56%	21.02%

4. 先进科学的原则

组织现代化集装箱码头大生产,需要扎实的专业知识和丰富的实践经验,既要善于应用现

代科学的管理方法,也要善于总结以往的工作经验。在编制生产作业计划时,要尽可能采用先进的工艺、流程和方法,提高设备利用率和工时效率;要尽可能充分挖掘和利用各生产要素的潜力,特别是发挥其中最活跃、最具决定性的要素——人的积极性,以最少的消耗争取最好的经济效益。

三、集装箱码头生产计划(预算)体系的构成(见表 4-2)

表 4-2　集装箱码头生产计划(预算)体系的构成

管理层次	预算(计划)项目	要点	批准
决策层	10 年、5 年吞吐预算	市场需求、能力平衡和财务预算	董事会
	年度吞吐预算	船公司、航线、船型和进出口量	董事会
管理层	季度船舶吞吐预算	船公司、航线、船型和进出口量	公司会议
	月度生产计划	船公司、航线、船名、船期、进出量	公司会议
操作层	五日(周)计划	船公司、航线、船名、吃水、进出量、预报靠离港时间、泊位窗口	每日生产会议
	昼夜计划(24 小时)	船公司、航线、船名、吃水、进出量、确报靠离港时间、泊位尺码、工班作业量	每日生产会议
	工班计划派工单(12 小时或 8 小时)	船名、进出量、靠离时间、泊位尺码,作业线数量、机械、人员配工、作业量	工班会议

第四节　集装箱码头船舶操作协议

集装箱码头船舶操作协议(或操作备忘录)是码头生产作业计划和船舶生产组织安排的基本框架。其一般是在船公司开通其新航线时,码头操作部门和船舶公司操作部门在双方商务合同签订后,为确保操作顺利进行,所共同协商确定的船舶在码头操作全过程中,各协作方责任和义务的约定。

集装箱码头船舶操作协议,一般包括四部分主要内容:航线及码头泊位窗口、进口操作、出口操作和账单及费用结算。在操作协议商定过程中,其关键点是五个方面的约定:数量、时间、单证信息传递、危险品箱作业和特种箱作业。航线码头操作协议,一般涉及船方、码头方、船代公司、理货公司等主要的四个直接关系方面,当然也涉及场站、货代、车队和报关行等间接关系方面。在码头操作环节,其间接方责任和义务由船方承担,并以其他协议形式由船方同各间接方另行约定。

因为各个船公司各航线的需求不同,所以船公司在操作协议商定过程中,所关心的侧重点也不尽相同。码头方要在国家政策和码头条件许可的前提下,尽可能满足船公司需要,为船方提供方便、快捷、高质和安全的服务。下面以一个码头操作协议实例,说明航线码头操作协议的主要内容和各方的职责和义务。

意大利邮船—欧洲航线码头操作备忘录

意大利邮船股份有限公司、长荣香港有限公司、立荣香港有限公司(以下简称“船公司”)与××××码头有限公司(以下简称“码头”)、×××船务代理有限公司(以下简称“船代”)、××外轮理货公司(以下简称“理货”)就××××年11月6日起欧洲航线的操作与费用结算事宜,于××××年10月23日经友好协商,达成如下操作备忘:

1. 航线及码头泊位安排

(1)船线及班期

船公司经中国相关部门批准,在×××港×××码头开通欧洲航线(航线代码AE2)。航线挂港及港序为:×××—香港—新加坡—费利克斯—安特卫普—鹿特丹—汉堡—安特卫普—费利克斯—新加坡—香港—×××。

本航线为周班,在×××港班期为:ETA周五18:00,ETD周六12:00。

其船舶代理为×××船务代理有限公司。

(2)船舶、箱量和舱位分配

本航线共投入8条3 500 TEU左右的集装箱船舶8艘,其中长荣3条、意邮4条和立荣1条。在×××港总舱位是进口800 TEU,出口800 TEU。其出口箱舱位分配是长荣300 TEU,意邮400 TEU,立荣100 TEU。如有总箱量和舱位分配变化,船公司将提前一月通知码头。

(3)码头泊位窗口

船方保证船舶按计划提前到港。码头保证在船舶按时到港时,安排3号泊位靠泊,并提供不少于3台桥吊的作业,确保船舶按船期开航。船舶晚到时,船方需提前24小时通知码头,码头尽可能修正泊位窗口计划,在不影响其他船正常班期的前提下,提供泊位靠泊。

2. 进口操作

(1)船期

每月20日船公司负责向船代和码头提供下月船期表。船舶到港前,船公司和船代分别向码头提供船舶“到港确报”。“到港确报”包括:船名、航次、箱量、到港时间、吃水、危险品、冷藏箱及特种箱情况。

(2)进口船图、舱单

船公司需提供书面和EDI方式的进口船图、舱单给船代,由船公司在船舶抵港前12小时负责将进口船图、舱单转发至码头及外轮理货;进口舱单的更改需由船代出具正本“进口舱单更改联系单”给码头。

(3)危险品进口申报及疏运

船公司应在船舶抵港前12小时将进口危险品资料送至船代,由船代向港监办理“船申报”,并在船舶靠港前提供给码头。

根据有关规定,码头危险品堆场只能存放《国际危规》中规定的3.3、4.1、5.1、6.1、8、9等类(级)别的危险品箱。其他类(级)别必须安排直提/直装(集卡到船边提箱/装船)。

需直提的进口危险品箱,如没有客户直提申请,码头将根据规定直接疏港。除直提箱外,其他危险品箱根据有关规定,可以堆放3天,超时箱码头将根据规定疏港。

(4)进口中转箱

如有进口中转箱,应在进口舱单上加盖"中转"或"国际中转"章,船代在提供的进口舱单上需显示国际中转与国内中转标记。

转二程船前,船代需将海关放行后的"中转通知书"正本直接送码头营业室,码头凭海关放行后的"中转通知书"落驳。

(5)进口空箱

船代负责进口空箱的报关事宜。

对船公司进口空箱,由船公司与码头直接安排"空箱调运计划";持箱人的更改,需在船代报关前,由船公司向码头提供正本联系单。"空箱调运计划"需注明费用结算对象和方式。

(6)进口特种箱、大件货物的操作

如有超过箱体负荷或毛重超过 30.5 t 的箱,船公司需事先向码头通报;如有进口大件货物,船公司应先向码头提供尺寸、重量、重心位置及接运方式。上述箱货在征得码头确认后,船方方可装船进口。相关费用由船公司直接与码头结算。

3. 出口操作

(1)提单号码格式

意大利邮船:LT××××××;长荣:EISU×××××××××××××;立荣:UGMU××××××××××××。

(2)出口预配

船公司周二(欧洲航线)向码头提供"船舶出口预配清单(L/L)",并注明冷藏箱、危险品及特种箱情况;如该航次港序调整,需在"船舶出口预配清单(L/L)"上一并注明。

在船舶靠泊前,船公司需提供"出口预配船图"给码头。

(3)进箱时间

欧洲航线周三 06:00 至周五 22:00。码头如变更进箱计划须事先在联办会上公告。

(4)集装箱设备交接单

意大利邮船使用船代设备交接单,其他船公司使用自己的设备交接单放箱。在码头提箱交接后的设备交接单,由码头分理后交设备交接单签发方签收。

(5)装箱单

装箱单上卸货港一栏,需填写直靠卸货港的三字母 EDI 港口代码。对各栏目如未标明或错填,码头可以不收该出口重箱。

进箱后,发生装箱单内容更改,码头凭船公司或船代提供的正本"更改联系单"更改,码头按规定收取相应费用,同时申请人需通知理货。

(6)场站收据签单

代理在签单前,将已收到的全部场站收据及时送至码头营业室,由码头营业室审核并签单放行。有问题的箱单和场站收据,由船公司或代理负责解决,若发生更改,船公司或代理需向码头提供正本"更改联系单"。

船靠泊前开始场站收据签单,具体时间由码头与代理商定。第一次签单结束后,由码头接收加急场站收据,并按有关规定收取加急费。

(7)退关和改配

退关:码头严格按船公司的正本"退关联系单"退关;场站收据签单结束后,码头提供"退关箱清单"给船公司确认。如退关箱需提离港区,应由客户填写"退关货物提取通知书"(一式三联),先后由船公司、外高桥海关盖章认可后方能在码头办理提箱手续。

改配需由船公司或代理出具正本联系单,并提供改配后的新装箱单。

(8)危险品箱作业

出口危险品货物由船代负责向港监进行船申报,完毕后在船舶靠泊前将正本准单传真送给码头。对于码头不能堆存的进出口危险品,由货代在靠泊前24小时向码头计划提出直装船申请。

(9)重大件、特种箱作业

在船舶靠泊前船方、货方、港方面议后作业,特殊情况凭船公司书面通知,并提供有关该大件的质量、尺码、重心和起吊点。

(10)出口空箱

船公司的出口空箱由船代负责报关,码头凭海关放行的空箱报关资料放关。

(11)截关、加载、超载与出口船图的配载

开装前6小时后需进场的出口箱,码头按有关规定收取加急费。截关后的出口箱进场,由码头根据具体情况决定。

加急场站收据下的集装箱和加急进场的出口箱,由码头和船公司商议,根据情况尽可能加载装船。

超载的出口箱配船,由码头会同该船舶的出船船公司协商后装船;出口装船优先保证中转箱,其次是特种箱及其他箱上船。

出口船图在考虑船舶稳性的前提下,参照船公司提供的预配船图,码头应根据船期、桥吊作业台数和快速装船的需要,进行出口船图配载。配载后的船图需经船方确认后装船。

(12)出口中转箱

出口中转箱转二程船前,船代需将海关放行后的"中转通知书"正本送码头营业室,码头据此配船。装船前出口中转箱一程船舱单由船代提供给理货。装船后出口中转箱的清洁舱单由船公司提供给船代。

一程船到港前,船公司提供载箱清单给码头,包括箱号、箱型、关单号、港口、箱重、持箱人等内容。

4. 费用结算及账单

费用结算按《码头服务及费用协议书》办理。装卸费按持箱人分别向船公司结算。意大利邮船出口港杂费向船代结算,立荣、长荣出口港杂费向×××公司结算。账单送达后,付费方需在30天内审核完毕并付清账款。

意大利邮船股份有限公司	长荣香港有限公司上海代表处
签字:	签字:
盖章:	盖章:
日期:	日期:
立荣香港有限公司上海代表处	×××外轮理货公司

签字:　　　　　　　　　　　　　　签字:
盖章:　　　　　　　　　　　　　　盖章:
日期:　　　　　　　　　　　　　　日期:
×××船务代理有限公司　　　　　　×××集装箱码头有限公司
签字:　　　　　　　　　　　　　　签字:
盖章:　　　　　　　　　　　　　　盖章:
日期:　　　　　　　　　　　　　　日期:

第五节　船公司船期表和集装箱码头泊位窗口计划管理

一、集装箱运输航线

自1966年4月美国海陆公司的“费尔兰德号”(Fairland)全集装箱船开辟北大西洋国际集装箱船线至今,国际海上集装箱船舶运输航线已经有几十年的历史了。随着国际集装箱运输的迅速发展,世界上主要的集装箱运输航线已达30多条。既有干线运输航线,如世界著名的三大集装箱航线:远东—北美航线,远东—欧洲、地中海航线,北美—欧洲、地中海、大西洋航线,也有形成网络化的支线运输航线,还有环球运输的环球航线;此外,有与之相关的陆桥运输等。

集装箱运输航线绝大多数是班轮航线,这就要求具有较稳定的适箱货源和固定的班期。由于开辟新航线涉及货、船、港等诸多因素,因此应进行航线系统规划和航线及船型方案经济、技术论证后,综合分析确定。

由于集装箱运输投资大、固定成本高,是一个资金密集及技术密集型的行业,因此在确定和组织集装箱船舶运输航线时,首先必须研究航线适箱货源情况,系统分析航线运输市场竞争情况,然后科学合理地确定航线配船、确定基本港及船期表。

二、船公司航线配船、基本港和船期表

1. 航线配船

航线配船就是研究集装箱船舶在各航线上的合理配置问题。要合理配置船型、船舶规模及其数量,使其满足航线的技术及营运要求。航线的营运效果关键在于航线配船的合理性和正确性。

2. 确定基本港

集装箱运输航线挂港的选择是否得当,是集装箱运输经营成败的重要因素。选择集装箱挂港时,一般应考虑以下条件:

(1)集装箱货源条件。选择工业发达、商业兴旺、进出口贸易量大的适箱货源稳定的地区和集装箱码头。

(2)集装箱运输经济条件。挂港码头的使用能否降低运输成本,能否提高运输服务和经济效益。

(3)内陆腹地的集疏运条件。为了加快车、船、箱周转,使集装箱码头与内陆运输紧密衔接,便于开展多式联运,这就要求集装箱码头应具有良好的集疏运条件。

(4)自然条件与气象条件。要求具有适应接纳大型集装箱船舶要求的航道水深、泊位水深、充足的船舶掉头回旋区域、良好的水文和气象条件。

(5)港口本身设备和软环境。主要是码头堆场纵深,码头专用设备桥吊技术参数、码头作业效率和管理状况,港口拖船和引航配置情况和运作成本,以及口岸单位协作状况等。

应该指出的是,随着集装箱船舶的大型化,对挂港选择提出了更高的要求。目前,在各集装箱主干航线上,载箱量 18 000 TEU 以上的第八代集装箱船已基本取代原有的集装箱船。为了接纳大型集装箱船舶,码头泊位常年水深应为 15 ~ 20 m,泊位岸线长至少要达到 350~450 m,每泊位至少有 4~5 台超巴拿马型集装箱装卸桥(外伸臂长 70 m 以上),以及配套的其他高效作业机械设备;后方堆场必须具备面积大、设备齐全(包括具有堆放冷藏箱的电源插座以及各种特种箱的加固装置)等条件。

航线挂港数的确定,关系到承揽航线港口集装箱量及船舶往返航次时间的长短。因此对集装箱运输主干航线,船舶规模越大,挂港数应越少;而对于一般航线,由于货源不是很充足,为了提高船舶载箱量利用率,可考虑适当增加挂港数,以提高船公司的经济效益。

3. 船期表

集装箱运输航线船期表的确定,应综合考虑航线上航运市场的竞争能力,提高运输服务质量,吸引货主扩大货源,以及船舶规模、数量、航程、挂港数等因素后确定。

集装箱运输航线中的世界三大集装箱航线,是构成全球范围的集装箱运输网络的主干线。这种干线运输的主要特点是:运程长,船舶大型化、高速化,适箱货源量大且较稳定,航线上的集装箱港口码头配备有数量足够的超巴拿马型集装箱装卸桥及其他配套的高效机械设施,集装箱码头管理现代化。

对于集装箱支线运输,它起到集装箱集散运输的作用,可节约港口投资和开支,保证干线运输有充足的货源,可减少大型船舶的挂港次数,节省了运输时间。因此,在全球集装箱化的进程中,发展支线运输网络,建设配套的支线船队,也是极为重要的环节。

对于陆桥运输,它是一种以陆运(铁路)连接两个不同海域的集装箱运输线。陆桥运输的主要优点在于缩短了运输距离,节省了运输时间,因而具有较大的吸引力。著名的陆桥运输线有北美大陆桥、北美小陆桥、北美微陆桥、西伯利亚陆桥、亚欧大陆桥以及南亚大陆桥等。

三、码头泊位窗口计划管理

1. 码头泊位窗口管理的意义

码头泊位窗口计划表(Berth Window Plan,BWP),是以码头泊位长度标尺每 20 m(或 50 m)为一单元格为空间横轴(标有泊位号和系缆桩号),以一周每 2 小时为一单元格为时间纵轴(标有星期和设备数量),共同构成的一个时间和空间二维坐标系,然后根据船舶班期、作业量和作业线数计算得出的在泊位作业时间为纵轴起止时间窗口,根据船舶长度、作业线密度布局和操作协议确定的作业泊位，为船舶靠泊的系缆桩横向起止空间窗口，共同构成的船舶计划靠泊作业计划表。

目前，很多常用的码头操作管理计算机系统也能自动制作该泊位窗口计划表，并且可以对现有窗口计划表提出优化建议，进行仿真模拟操作(见表4-3)。

表4-3　集装箱码头泊位窗口计划表(局部)

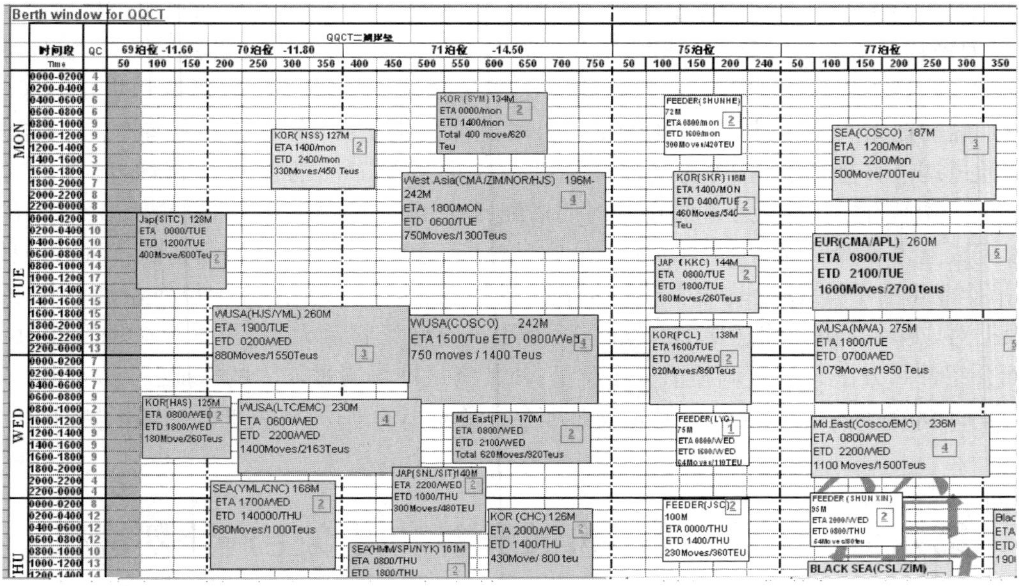

码头泊位窗口计划表是船务管理的基础和关键，是集装箱码头物流系统中，海侧作业分系统中的泊位作业子系统。其计划水平的高低，直接影响码头整体作业效率和效益，也直接影响码头海侧物流系统的通过能力。

目前国内外很多专家学者对该子系统做了大量的研究和优化工作，形成了很系统的理论和数学优化模型，也开发出了很多专用的计算机系统应用软件。

2. 码头泊位窗口管理的依据

在泊位窗口计划的定义中，不难发现其编制依据，主要平衡考虑如下几个方面资料：

(1)船舶操作协议中的信息

船舶操作协议中的信息主要是其船舶船型和长度、预计到港(ETA)和离港时间(ETD)、进口卸货量和出口装货量等。

(2)码头泊位资料

码头泊位资料主要包括泊位长度、水深条件、桥吊大小、电缆长度及在码头上分布、系缆桩位置等。

(3)码头堆场资料

码头堆场资料包括堆场大小、堆场容量和箱区整体平面布局、作业机械和工艺。

3. 码头泊位窗口管理的作用

泊位窗口计划主要有如下作用：(1)是评估泊位物流系统能力直观工具；(2)是日常昼夜船舶计划编制的依据；(3)是码头实施堆场计划管理的基础和依据；(4)是确定新增航班泊位

窗口的依据;(5)是组织实施平衡码头均衡生产的基础。

4. 码头泊位窗口计划的编制与优化

泊位窗口计划编制,可以考虑如下原则和步骤:(1)先远洋干线大船,再近洋和沿海支线,最后安排驳船;(2)对 300 m 左右且装卸量特别大的船舶,首先考虑安排桥吊覆盖最密集泊位区域;(3)同一船公司(或同一航线联盟)的各航线船舶,尽可能固定在同一泊位区域;(4)有固定互为中转的船舶尽可能放在相邻左右;(5)公共支线班轮,放入驳船和支线专用泊位作业区;(6)先满足航线船舶船期时间要求,再考虑满足其空间要求;(7)以班期和进出口量为基础,考虑船舶船型大小,安排作业线路数;(8)时间冲突优化:以离泊时间为前提,实际箱量为基础,通过调节作业线数来实现向前提前开航或向后晚靠泊的方式,压缩船舶在泊时间;(9)空间冲突优化:优化大小船搭配和时间搭配,解决空间冲突;(10)泊位和桥吊作业量的优化:在完成上述步骤后,测算各泊位和桥吊作业总量,通过优化时间和空间搭配,保持各泊位和各桥吊作业量的平均,满足均衡生产的要求;(11)堆场容量的优化:在泊位作业量平衡的基础上,根据对应箱平均堆存期(Dwell Time)长短和对应堆场容量大小,测算对应堆场通过能力(后面介绍计算方法),通过调整泊位作业量,使其满足堆场通过能力的需要。当然,也可以通过将箱平均堆存期短的航线船舶优先放在堆存容量较小的泊位,解决堆场容量不足的问题。

第六节　集装箱码头年度预算和月度生产计划管理

一、集装箱码头年度生产预算(计划)

1. 市场份额和吞吐量预算

集装箱码头吞吐量年度计划预算有三种方法,即统计预测法、客户调查法和市场份额法。

(1)统计预测法

统计预测法就是根据历年吞吐量数据,结合宏观经济发展趋势,采用一定的数学方法所计算得到的下一年度各月吞吐量预算的方法。关于统计预测的数学方法,将在后面章节专题介绍。

(2)客户调查法

客户调查法就是指根据上一年度最后一个月实际客户,了解可能的客户增加或减少,在确定下一年度码头客户数的基础上,通过对客户以问卷或直接走访形式进行调查,直接获得其下一年度生产任务或计划,累加后形成的码头各月吞吐量预算的方法。

(3)市场份额法

市场份额(Market Share),是指本码头吞吐量占整个港口同期吞吐量的比例,是衡量一个码头市场竞争力的关键指标。市场份额法是通过制定和调整一系列市场经营战略和策略,以上年度各月市场份额为基础,以预测下一年度市场份额和市场总量为依据,确定下一年度码头各月吞吐量预算的方法。

目前,对一个港口吞吐量的预算,通常采用第一种方法;而对港口内有多个码头同时存在和共同竞争的情况下,通常采用三种方法结合使用来制订年度吞吐量预算计划(见表 4-4)。

表 4-4 集装箱码头吞吐量年度计划预算表(局部)

		Jan-01				Feb-01				Mar-01				Apr-01			
		20	40	45	TEU	20	40	45	TEU	20	40	45	TEU	20	40	45	TEU
季节比率		0.0592				0.0491				0.0703				0.0720			
外轮	本地重箱	10987	14682	132	40648	9113	12177	109	33713	13047	17435	157	48270	13363	17857	160	49437
	本地空箱	3951	6588	136	17434	3277	5464	113	14460	4691	7824	162	20703	4805	8013	166	21204
	中转	2126	2617	21	7407	1763	2171	17	6144	2524	3108	25	8796	2586	3183	26	9009
	其中:干线	0	0	0	0	0	0	0	0	0	0	0	0	0	0	0	0
	其中:支线	0	0	0	0	0	0	0	0	0	0	0	0	0	0	0	0
	合计	17062	23890	291	65497	14151	19814	241	54323	20261	28370	346	77778	20751	29056	354	79659
国轮	本地重箱	17	32	0	81	14	27	0	68	20	38	0	97	20	39	0	99
	本地空箱	0	0	0	0	0	0	0	0	0	0	0	0	0	0	0	0
	中转	15	7	0	30	13	6	0	25	18	9	0	35	18	9	0	36
	其中:干线	0	0	0	0	0	0	0	0	0	0	0	0	0	0	0	0
	其中:支线	0	0	0	0	0	0	0	0	0	0	0	0	0	0	0	0
	合计	32	39	0	111	27	33	0	92	38	47	0	132	39	48	0	135
驳船	驳船重箱	44	12	0	67	36	10	0	55	51	14	0	79	53	14	0	81
	驳船空箱	669	1213	9	3115	555	1006	7	2584	794	1441	11	3700	813	1475	11	3789
	中转	1547	1808	24	5217	1283	1500	20	4327	1837	2147	28	6195	1882	2199	29	6345
	其中:干线	0	0	0	0	0	0	0	0	0	0	0	0	0	0	0	0
	其中:支线	0	0	0	0	0	0	0	0	0	0	0	0	0	0	0	0
	合计	2259	3033	33	8399	1874	2515	27	6966	2683	3602	39	9974	2748	3689	40	10215
总计		19351	26962	322	74000	16050	22362	267	61375	22979	32017	383	87875	23535	32792	392	90000
重箱总计		11004	14714	132	40729	9127	12204	109	33781	13067	17473	157	48367	13383	17896	160	49536

Rmb '000	Jan-96				Feb-96				Mar-96				Apr-96			
	20	40	45	Total	20	40	45	Total	20	40	45	Total	20	40	45	Total
装卸收入				21534				17860				25572				26190
堆成存收入				400				331				475				486
其它收入				215				178				255				261
港务费	275	8093	8	8376	228	6712	7	6947	327	9610	9	9946	335	9843	10	10188
营业收入合计				30525				25316				36248				37125
代收港建费	825	1619	15	2459	685	1342	12	2039	980	1922	17	2919	1004	1969	18	2991
收费合计				32984				27355				39167				40116

2. 码头能力预算

(1)泊位设计通过能力计算方法

按设计作业线(桥吊数量)计算通过能力,也就是泊位上装卸工艺设备系统具备的能力,是评价集装箱码头泊位能力的常用方法。这是在泊位设计时按照具体货种、作业线数确定的,即泊位理论上应具备的能力。它是提供运营能力的基础,当运营期货种、作业线数变化的时候,仍可以根据变化后的情况计算出设计通过能力。设计通过能力不受船型、船舶到达规律的直接影响。即使全年没有船来,它的能力仍然存在。按下列公式计算:

$$C_{ybd} = D_{yo} \times N_l \times P_d = D_{yo} \times N_l \times (24 \times U_e \times P_e) \tag{4-6-1}$$

式中:C_{ybd}——泊位年设计通过能力(TEU,Capacity of Year Berth Design)

D_{yo}——泊位年运营期(天);

N_l——泊位设计作业线数(条);

P_d——每条作业线的昼夜生产率(TEU/条·天);

U_e——装卸设备理论利用率(%);

P_e——装卸设备(系统)额定生产率(TEU/h)。

从上式中看出:运营期对于确定的港口是一个稳定的常数,故泊位通过能力仅与泊位上的作业线数以及相应的作业线生产率有关。码头通过能力(Capacity of Terminal Design, CTD)、港区通过能力(Capacity of Port Design,CPD)即为各泊位通过能力(Capacity of Berth Design,CBD)之和:

$$CPD = \sum CTD = \sum \sum CBD \tag{4-6-2}$$

(2)泊位实际通过能力和泊位能力利用率计算方法

理论上讲,由于船、车、集装箱的到达并不是均衡和稳定的,港口装卸机械设备、装卸工人所组成的装卸能力不可能在生产过程中组织、衔接得十分严密,以及其他多方面因素的影响,因此泊位设计能力不可能被完全利用。但实际操作中,由于用于计算泊位设计能力的设备额定生产效率 P_e 偏低,有时会出现实际运营吞吐量比设计能力大的现象。这就产生了泊位能力利用率(Utilization Rate of Berth Capacity,UBC)的指标。按下列公式计算:

$$UBC = TEU_a / CBD \tag{4-6-3}$$

式中:TEU_a——泊位年实际通过吞吐量(TEU);

UBC——泊位能力利用率(%)。

(3)集装箱码头年度实际通过能力预算

集装箱码头物流系统中,陆侧集疏运系统可以通过码头外部后期扩建来提高,但码头海侧船舶作业系统和堆场作业系统一般都是后期较难再提高的。因此,海侧作业系统和堆场作业系统两者间较小能力者,就是码头实际通过能力。以堆场能力确定码头实际通过能力的方法,将在后面章节中讲述。

以海侧船舶作业系统能力确定码头实际通过能力的方法,其计算公式与泊位设计能力计算方法相同,即以作业线(桥吊)能力为基础进行测算(见表 4-5)。

例如:A 码头有三个泊位共 766 m 岸线,配 7 台 55 t 双箱吊具桥吊,桥吊最大利用率 65%,效率是 25 Move/h,TEU 系数为 1.5,全年可作业天数为 358 天,问其年通过能力是多少?

解:根据公式 $CBD = D_{yo} \times N_1 \times (24 \times U_e \times P_e)$

则 $= 358 \times 7 \times 24 \times 0.65 \times 25 \times 1.5$

$= 209\ 430 \times 7$

$= 1\ 466\ 010$(TEU/y)

故,该码头年通过能力约为 146.6 万 TEU。

表 4-5　×××跨国码头公司年度设备和生产计划预算表(局部)

EQUIPMENT & OPERATIONS			Jan	Feb	Mar	Apr	May	Jun	Jul	Aug
01	Crane Moves per unit handled	2001	0.00	0.00	0.00	0.00	0.00	0.00	0.00	0.00
		Budget	0.00	0.00	0.00	0.00	0.00	0.00	0.00	0.00
		Reforecast 1	0.00	0.00	0.00	0.00	0.00	0.00	0.00	0.00
		Reforecast 2	1.03	1.03	1.03	1.03	1.03	1.03	1.03	1.03
		Reforecast 3	0.84	0.84	0.84	0.84	0.84	0.84	0.84	0.84
		2002 Actual	1.00	0.00	1.02	1.01	1.01	1.02	1.03	1.02
02	ITV Moves per unit handled	2001	0.00	0.00	0.00	0.00	0.00	0.00	0.00	0.00
		Budget	0.00	0.00	0.00	0.00	0.00	0.00	0.00	0.00
		Reforecast 1	0.00	0.00	0.00	0.00	0.00	0.00	0.00	0.00
		Reforecast 2	0.20	0.20	0.20	0.20	0.20	0.20	0.20	0.20
		Reforecast 3	0.35	0.35	0.35	0.35	0.35	0.35	0.35	0.35
		2002 Actual	0.00	0.00	0.00	0.00	0.00	0.00	0.00	0.48
03	Straddle / RTG Moves per unit handled	2001	0.00	0.00	0.00	0.00	0.00	0.00	0.00	0.00
		Budget	0.00	0.00	0.00	0.00	0.00	0.00	0.00	0.00
		Reforecast 1	0.00	0.00	0.00	0.00	0.00	0.00	0.00	0.00
		Reforecast 2	2.50	2.50	2.50	2.50	2.50	2.50	2.50	2.20
		Reforecast 3	1.60	1.60	1.60	1.60	1.60	1.60	1.60	1.60
		2002 Actual	0.00	0.00	0.00	0.00	0.00	0.00	0.00	2.36
04	Forklift / ECH Moves per unit handled	2001	0.00	0.00	0.00	0.00	0.00	0.00	0.00	0.00
		Budget	0.00	0.00	0.00	0.00	0.00	0.00	0.00	0.00
		Reforecast 1	0.00	0.00	0.00	0.00	0.00	0.00	0.00	0.00
		Reforecast 2	0.30	0.30	0.30	0.30	0.30	0.30	0.30	0.30
		Reforecast 3	0.40	0.40	0.40	0.40	0.40	0.40	0.40	0.40
		2002 Actual	0.00	0.00	0.00	0.00	0.00	0.00	0.00	0.58

3. 设备效率和泊位操作效率预算

年度计划操作指标预算很多,其预算是在去年基础上,根据码头发展,自己确定的一个可能到达的目标。通常下一年度各效率预算要比上年实际有合理的效率提高。效率预算是码头能力预算的基础。

4. 设备和人员需求预算

根据码头能力同吞吐量预算相比,提出生产线需要增加或减少的预算,同时按岗位配人要求,确定人员的增加或裁减的预算。

二、集装箱码头月度生产计划

1. 集装箱码头月度生产计划的概念及组成

月度生产计划(Monthly Plan of Process)是年度生产计划的分阶段计划,它是为了保证年度计划的完成而制定的,主要由集装箱码头月吞吐量计划和集装箱码头装卸工作计划组成(见表4-6)。

表4-6　×××码头公司月度船舶吞吐量计划表(局部)

NDE	F	Vessel Name	In Vo	Out V	Ser	Line	ETA	ETD	In V	Imp	Exp	Total Teu
1		JME/ JIN MAN HE/ 金满河	0530W	0531E	JP3	SYM/ 烟台国际海运	2005-8-1 07:00	2005-8-1 15:0	98	350	400	750
2		PDT/ PON NEDLLOYD DETROIT/ 铁	001W	002E	ECS	PON/ 铁行渣华	2005-8-1 08:00	2005-8-1 18:0	294	700	800	1500
3		RPG/ RONG PING/ 荣平	137	137	BBC	ZZZ/ 其它	2005-8-1 08:00	2005-8-1 13:0	72	150	150	300
4		AES/ ANL ESPRIT/ 澳航精神	016N	016S	ANA	ANL/ 澳大利亚国家	2005-8-1 09:00	2005-8-1 19:0	206	500	600	1100
5		NCS/ NSS CHINA STAR/ 中国之星	W064	E065	NKJ	NSS/ 南星	2005-8-1 10:00	2005-8-1 21:0	127	300	400	700
6		MRK/ MAREIKE/ 马瑞克	573W	573E	QPX	SKR/ 长锦商船株式	2005-8-1 12:00	2005-8-2 04:0	118	400	400	800
7		PRV/ PRETTY RIVER/ 秀河	150N	151S	NSE	COS/ 中远	2005-8-1 12:00	2005-8-2 00:0	188	700	800	1500
8		ACF/ ACCESS F/ 海丰联丰	136W	137E	KJS	SIT/ 山东海丰	2005-8-1 13:00	2005-8-1 23:0	126	300	400	700
9		YEL/ YE LAN/ 宜兰	515N	515S	TCH	TNC/ 台湾航业股份	2005-8-1 14:00	2005-8-2 00:0	173	300	400	700
10		BLI/ BELUGA INDICATION/ 玫瑰	0530W	0531E	JAP	SYM/ 烟台国际海运	2005-8-1 15:00	2005-8-2 00:0	134	300	400	700
11		GCH/ GAO CHENG/ 高城	604N	604S	DF4	COS/ 中远	2005-8-1 17:00	2005-8-2 02:0	147	700	800	1500
12		DHO/ DA HONG/ 达宏	530	531	JPA	ONT/ 安通海运	2005-8-1 20:00	2005-8-2 02:0	118	200	300	500
13		TRN/ TIAN RONG/ 天荣	012W	013E	LQJ	SIT/ 山东海丰	2005-8-2 00:00	2005-8-2 17:0	120	300	400	700
14		RYQ/ RU YI QUAN/ 如意泉	0522W	0523E	QJX	SYM/ 烟台国际海运	2005-8-2 00:00	2005-8-2 10:0	128	250	300	550
15		KBE/ PON NEDLLOYD KOBE/ 铁行	049E	049W	EU3	PON/ 铁行渣华	2005-8-2 07:00	2005-8-3 02:0	299	700	900	1600
16		MZT/ CMA CGM MOZART/ 达飞莫扎	143E	144W	NCX	CMA/ 法国达飞	2005-8-2 08:00	2005-8-2 22:0	277	1000	1100	2100
17		LMR/ LIMARI/ 北欧亚利马	526E	526W	AME	NOR/ 北欧亚	2005-8-2 08:00	2005-8-2 18:0	268	1000	1100	2100
18		DMN/ DUBAI DIAMOND/ 秋兰泉	0522W	0523E	JP4	SYM/ 烟台国际海运	2005-8-2 11:00	2005-8-2 22:0	148	300	400	700
19		MHA/ MOKIHANA/ 摩奇	094W	094E	GCX	APL/ 美国总统	2005-8-2 13:00	2005-8-3 05:0	262	800	900	1700
20		L15/ LI PENG 15/ 力鹏15	2535N	2535S	SNQ	PHS/ 浦海航运	2005-8-2 14:00	2005-8-2 23:0	118	150	150	300
21		SHA/ COSCO SHANGHAI/ 中远上海	027E	028W	NWE	COS/ 中远	2005-8-2 15:00	2005-8-3 06:0	280	1500	1600	3100
22		PER/ PANCON EXPRESS/ 泛洲快车	531W	531E	PCK	PCL/ 泛州(南韩)	2005-8-2 19:00	2005-8-3 11:0	137	200	300	500
23		APW/ APL CHIWAN/ 美总赤湾	034E	034W	WAX	APL/ 美国总统	2005-8-2 19:00	2005-8-3 10:0	299	1300	1400	2700
24		CHY/ CHANG YING/ 长英	459W	460E	EKR	EAS/ 达通国际航运	2005-8-2 21:00	2005-8-3 17:0	129	200	200	400
25		LCH/ LING CHANG HE/ 凌昌河	941S	942N	DF5	COS/ 中远	2005-8-3 00:00	2005-8-3 08:0	105	200	300	500
26		X51/ XING NING 51/ 兴宁51	0801	0802	CF4	ZHH/ 青岛顺和海运	2005-8-3 00:00	2005-8-3 08:0	72	100	100	200
27		HJ6/ HE JIE 6/ 和捷6	5702	5703	CF5	ZHH/ 青岛顺和海运	2005-8-3 00:00	2005-8-3 07:0	92	50	60	110

月度 / Veseels list / Monthly Throughput Budget

集装箱码头月吞吐量计划是依据年度生产计划,各码头综合通过能力和月度集装箱箱源组织落实情况而编制的。它反映月度进出码头集装箱的数量,并以此确定集装箱码头月度生产任务,所以它是集装箱码头组织生产的主要依据。

集装箱码头装卸工作计划是在吞吐量计划确定后编制的,它集中反映了集装箱码头装卸作业量以及与装卸工作有关的各项工作的数量与质量指标,其目的是为了确保吞吐量计划的完成。装卸工作计划既用以安排集装箱码头及其各部门月度工作,也是对月度工作考核的主要依据。

2. 月度吞吐量计划

(1)月度吞吐量计划的内容

集装箱码头月度吞吐量计划(Monthly Plan of Throughput),又称“集装箱码头月度船舶计划表”,是集装箱码头生产的基本计划。它由运营操作部门及市场开发部门根据各船公司提供的“航线船期表”(Monthly Sheet of Scheduled Service),结合集装箱码头通过能力,并参考有关历史资料编制而成。

其主要包括船舶作业码头安排、船舶预计抵离港日期、预计进/出口箱量、码头月度总进/出口箱量计划、码头月度吞吐量计划等内容,其中,码头计划吞吐量是衡量集装箱码头生产任务的主要指标,反映了集装箱码头的规模、能力以及集装箱码头在商品交流中所起的作用,同时也是集装箱码头规划、基本建设、计划管理、资源配置的主要依据。

目前,码头月度吞吐量计划表有不同的使用形式,即船舶清单形式、台历船舶密度表形式和日船期表形式等。前一种有进出口箱量和船期,严格来讲,是真正意义上的月度船期及吞吐量计划表,但后两种仅仅是一个船期表(见表 4-7、表 4-8)。

表 4-7　×××码头公司月度每日船舶船期表(局部)

青岛港QQCT集装箱船期表

日期	星期	船名													
1	四	MSC瑞士 530A 黑海	立昌 053S 东南亚	百合 056S 东南亚	安琪尔 518E 韩	马瑞克 582E 平泽	协和桥 67E 美西	集海钟山 156 上海	向安 2568 上海 连云港	清山 570 上海	远丰11 大连 青岛 宁波	和捷 内支线	天明 268E 釜	泰昌 507S 台	易进 523E 名东横
2	五	东泰葆润 005S 台	易兴 529S 香港	岷江 096E 福 高 木	高丽意志 512E 釜	比大拉 024 东南亚	玛丽安桥 012S 澳洲	中远樱花 205E 日	磐河 323S SHA DAL/QINLYG	集海洋山 156 上海	盛阳 连云港	新洲5 535 宁波 连云港	达飞忠诚 163E 釜	玛柯星 12E 美东	冬兰泉 536S 香港
3	六	东方荷兰 064 美西	易盛 536E 东 横 名	沱江 103E 伊万里 中关	松春 W046 中东	长锦联航 536E 韩	东方公平 024S 澳洲	泛洋仁川 514E 仁川	兰花香 051 博门	梅子 432E 横	中远兰花 193E 日	冉平 2296 上海大连	兴宁51 内支线		九州明星 501门 博
4	日	东神马士基 0510 欧	MSC尉芝 531A 欧洲	新海润 536E 韩	云吉 522E 神户 大阪	天燕 703 东横名	向阳 043 大阪 神户	中泰 504S 东南亚	向恒 047 东 横	傲星 04E 东 横 名	聪河 122E 美 东	和捷 内支线	雪兰泉 536S 东南亚	同德泉 536 门 博	桃园 518N 台
5	一	MSC巴塞尔 536A 美西	海陆战马 0516 美西	马瑞克 583E 平泽	宏安 S002 新	韩国之星 086E 韩日	莱克斯西 058E 加拿大	阿加拉斯 加班 南美							
6	二	达飞斯特劳 斯 154 欧	上海快航 023W 欧	粤河 128W 欧	美总赤湾 035 西亚	摩奇 095 美西	如意泉527E 大 神 名	美雅岛 146E 日	北欧亚1罗伊 531W 欧	加贺 013E 美西	兴宁51 内支线	丽河 160S 东南亚			海丰联丰 147E 博 釜
7	三	泛州快车 536E 釜	长英 470 釜	长明 178E 美 加	泛洋仁川 515E 仁川	达飞希腊 165 地中海	玉田 内支线	金茂富 2524S 上海 宁波	盛阳 连云港	天发 536 敦贺直江津	凌昌河 XIN 、YIN、QIN				
8	四	MSC玛雅 531A 黑海	阳明雅加达 23S 东南亚	多安 008S 东南亚	布里杰 518E 韩	马瑞克 584E 平泽	威康斯堡桥 71E 美西	集海钟山 158 上海	向安 2570 上海 连云港	清山 572 上海	远丰11 大连 青岛 宁波	和捷 内支线	天明 269E 釜	明春 S403 台	海丰联欣 139E 名东横
9	五	潮汕河 370S 台	易旺 503S 香港	沱江 104E 福 高 木	高丽香港 511E 釜	马可桥106W 东南亚	铁行塔拉那基 013S 澳洲	中远兰花 194E 日	磐河 324S SHA DAL/QINLYG	集海洋山 158 上海	盛阳 连云港	新洲5 536 宁波 连云港	新洋山 021E 釜	以星佛罗里达 18E 美东	明珠泉 537S 香港
10	六	东方美国 091 美西	易昌 537E 东 横 名	岷江 97E 伊万里 中关	千春 W048 中东	长锦联航 537E 韩	澳行精神 017W 澳洲	泛洋仁川 516E 仁川	兰花香 053 博门	梅子 433E 横	中远樱花 206E 日	冉平 2298 上海 大连	兴宁51 内支线	长荣 加班 欧洲	九州明星 503门 博

表 4-8　马士基航运公司(Maersk Line)远东—欧洲 AE7 航线船期表(局部)

Far East to Europe - AE7

Dates in blue reflect actual arrival/departure dates

Vessel	ELEONORA MAERSK	ESTELLE MAERSK	EVELYN MAERSK	MAERSK SYDNEY	MAERSK SURABAYA	MAERSK DUNDEE
Voyage Number	0706	0708	0704	0708	0710	0710
Kwangyang	-	-	-	-	-	23 - 24 Jul
Busan	-	-	-	-	-	27 - 28 Jul
Shanghai	-	-	-	-	-	30 - 30 Jul
Ningbo	-	27 - 28 Jun	04 - 04 Jul	11 - 12 Jul	18 - 18 Jul	31 - 31 Jul
Xiamen	-	29 - 29 Jun	06 - 06 Jul	13 - 13 Jul	19 - 20 Jul	-
Hong Kong	-	30 Jun - 01 Jul	07 - 08 Jul	14 - 15 Jul	22 - 22 Jul	-
Yantian	24 - 25 Jun	01 - 02 Jul	08 - 09 Jul	15 - 16 Jul	22 - 23 Jul	02 - 02 Aug
Tanjung Pelepas	28 - 28 Jun	05 - 06 Jul	12 - 13 Jul	19 - 19 Jul	26 - 26 Jul	-
Suez Canal	08 - 08 Jul	15 - 16 Jul	21 - 22 Jul	29 - 29 Jul	05 - 05 Aug	16 - 16 Aug
Algeciras	12 - 13 Jul	20 - 22 Jul	26 - 27 Jul	02 - 03 Aug	09 - 10 Aug	-
Port Tangier Mediter	-	-	27 - 27 Jul	-	-	-
Rotterdam	16 - 18 Jul	25 - 26 Jul	30 - 31 Jul	06 - 07 Aug	13 - 14 Aug	23 - 24 Aug
Bremerhaven	18 - 20 Jul	26 - 27 Jul	01 - 02 Aug	08 - 09 Aug	15 - 16 Aug	25 - 25 Aug
Vessel	EBBA MAERSK	MAERSK SANA	EMMA MAERSK	ELEONORA	ESTELLE MAERSK	EVELYN MAERSK
Voyage Number	0702	0710	0710	0708	0710	0706
Kwangyang	-	-	-	-	-	-
Busan	-	-	-	-	-	-
Shanghai	-	-	-	-	-	-
Ningbo	25 - 26 Jul	-	08 - 09 Aug	15 - 16 Aug	22 - 23 Aug	29 - 30 Aug
Xiamen	27 - 28 Jul	03 - 04 Aug	10 - 11 Aug	17 - 18 Aug	24 - 25 Aug	31 Aug - 01 Sep
Hong Kong	28 - 29 Jul	04 - 05 Aug	11 - 12 Aug	18 - 19 Aug	25 - 26 Aug	01 - 02 Sep
Yantian	29 - 30 Jul	05 - 06 Aug	12 - 13 Aug	19 - 20 Aug	26 - 27 Aug	02 - 03 Sep
Tanjung Pelepas	02 - 02 Aug	09 - 09 Aug	16 - 16 Aug	23 - 23 Aug	30 - 30 Aug	06 - 06 Sep
Suez Canal	12 - 12 Aug	19 - 19 Aug	26 - 26 Aug	02 - 02 Sep	09 - 09 Sep	16 - 16 Sep
Algeciras	16 - 17 Aug	23 - 24 Aug	30 - 31 Aug	06 - 07 Sep	13 - 14 Sep	20 - 21 Sep

(2)月度吞吐量计划的编制原则

要编制好吞吐量计划,计划人员必须熟悉本码头各生产要素的情况和生产规律,掌握计划月各船公司的船舶和航线安排情况及有关历史资料。要对上月计划执行和完成情况进行深入调查、仔细分析和认真总结,作为计划月吞吐量计划的编制依据之一。尤其要认真分析和预测计划月内集装箱码头各种主客观生产条件的状况及其变化,充分估计和认识各项生产的有利因素和不利因素影响,切实调动劳动者的主观能动性,使吞吐量计划既避免脱离实际,又防止保守不前。

(3)编制月度吞吐量计划的具体步骤

第一步,通过有关计划平衡会议,收集编制计划的资料。

计划平衡会议主要有交通运输部、市交办和港务局三个层次。交通运输部每月定期召开计划平衡会议,主要港口、航运、远洋、铁路等有关部门参加,经共同平衡后确定下一月度的中央物资运输计划。市交办也定期召开地方港口、航运、运输等部门参加的计划平衡会议,它依据中央物资运输计划,结合地方货源与运力情况加以平衡后,确定下一月度的地方物资运输计划。港务局也定期召开各港务公司、集装箱码头公司等局属生产企业参加的计划平衡会议,传达部、市计划平衡会议精神,平衡下达各码头公司生产计划任务。港务局下达各码头公司生产计划任务是编制集装箱码头吞吐量计划的重要依据。但随着运输市场经济体制的建立与完善,上述指令性计划逐渐减少,码头公司自主经营,自找货源的比例逐步增加。

第二步,根据船公司船期表,确定到港船舶及其班期。

根据港务集团(局)下达的生产计划任务,船务(泊位)计划员应主动同船公司(代理)取得直接联系,获取其下月各航线船舶班期表,了解配船情况、配箱情况及作业要求,作为编制码头集装箱船舶吞吐量计划中船舶到离港日期的根据(见表4-9)。

表4-9　×××码头公司月历船期密度表

外高桥码头						
星期日、Sun.	星期一、Mon.	星期二、Tues.	星期三、Wed.	星期四、Thurs.	星期五、Fri.	星期六、Sat.
			1. 智利古拉 005N- 伊朗科曼 463E-463W 美森威利 037W-037E 狮子岛 113W-113E 中外运上 0004W-0005E 中海汉堡 0078W-0079E 中海温哥 0017E-0018W 椰子岛 160W-160E	2. 中外运上 0004W-0005E 中海汉堡 0078W-0079E 中海温哥 0017E-0018W 椰子岛 160W-160E 向旺 2482W-2483E 林园 2498W-2499E 东方墨尔 028N-029S 向鹰 2349W-2350E	3. 向旺 2482W-2483E 林园 2498W-2499E 东方墨尔 028N-029S 向鹰 2349W-2350E 向湾 2134E-2315W 以星亚洲 036EE-036E 达飞腊特 AA069E-AA083W 北欧亚里 609E-609W	4. 金满湖 120W-121E 金满海 185W-186E 向兴 2235W-2236E 向珠 2347W-2348E 新日照 0008W-0009E 长美 059W-060E 以星牙买 033WW-033W 向洲 2245N-2246S
5. 北欧亚瓦 606E-607W 商船三井 3320A-3320A 第一天社 0208W-0208E 卢特杰恩 6404-6509 向明 2351W-2352E 长盟 075W-076E 圣信 006W-007E 智利横滨 4505N-0608S	6. 向明 2351W-2352E 长盟 075W-076E 圣信 006W-007E 智利横滨 4505N-0608S 意皇 017E-018W 长赐 110E-111W 中海大连 PX204W-PX221E 楚和 436W-437E	7. 楚和 436W-437E 向达 2325W-2326E 中海连云 0065W-0066E 向福 0407W-0408E 以星德州 003W-004E 向浦 2257N-2258S 长珠 0089N-0094S 天寿丸 6212W-6212E	8. 智利巴拉 -001S 伊朗赫姆 464E-464W 德利航海 SN016N-SN016S 美森汉娜 100W-100E 宇宙岛 125W-125E 中外运天 0004W-0005E 新北仑 0018W-0019E 新南通 0061E-0062W	9. 中外运天 0004W-0005E 新北仑 0018W-0019E 新南通 0061E-0062W 达飞斯朴 WX182E-WX193W 芙蓉岛 159W-159E 向兴 2237W-2238E 向鹏 2321W-2322E	10. 向兴 2237W-2238E 向鹏 2321W-2322E 中海热那 0098N-0099S 向鹰 2350W-2351E 新湛江 TBN-0001W 以星太平 036EE-036E 马鲁巴亚 610E-610W 北欧亚阿 610E-610W	11. 金满湖 121W-122E 金满海 186W-187E 向旺 2484W-2485E 向珠 2349W-2350E 新威海 0003W-0004E 长驰 059W-060E 中海青岛 054WW-054W 向津 2297N-2298S
12. 威斯特摩 025E-026W 商船三井 3403A-3403A 第一天社 0209W-0209E 渣华马斯 6405-6510 林园 2500W-2501E 长实 040E-041E 露珊 008W-009E 智利托尔 011N-0609S	13. 林园 2500W-2501E 长实 040E-041E 露珊 008W-009E 智利托尔 011N-0609S 达飞梅尔 017E-018W 哈尼河 080E-081W 达飞奥利 PX206W-PX223E 楚和 437W-438E	14. 楚和 437W-438E 向达 2327W-2328E 中海连云 0067W-0068E 向福 0408W-0409E 意秀 111W-112E 向宁 2237N-2238S 长力 0090N-0095S 以星马海 037E-038W	15. 智利贝克 010N-011S 伊朗布什 465E-465W 德利凯利 SC088N-SC088S 美森菲弗 311W-311E 富丽岛 211W-211E 中外运青 0004W-0005E 待定 CSCO-CPN 新苏州 0052E-0053W	16. 中外运青 0004W-0005E 待定 CSCO-CPN 新苏州 0052E-0053W 达飞艾伏 WX184E-WX195W 椰子岛 161W-161E 向旺 2486W-2487E 向明 2353W-2354E	17. 向旺 2486W-2487E 向明 2353W-2354E 东方悉尼 029N-030S 向鹰 2351W-2352E 待定 CSCO-AAT 以星大西 035EE-035E 马鲁巴勇 611E-611W 北欧亚天 611E-611W	18. 金满湖 122W-123E 金满海 187W-188E 向兴 2239W-2240E 向珠 2351W-2352E 中海鹿特 0070W-0071E 长展 055W-056E 北欧亚玛 103WW-103W 向浦 2259N-2260S
19. 达飞马尔 126E-127W 兴城 3504A-3504A 第一天社 0210W-0210E 马士基伊 6406-NIL 向鹏 2323W-2324E 圣耀 118W-119E 圣雅 005W-006E 智利上海 4723N-0610S	20. 向鹏 2323W-2324E 圣耀 118W-119E 圣雅 005W-006E 智利上海 4723N-0610S 达飞土耳 005E-006W 长资 105E-106W 中海天津 PX208W-PX225E 楚和 438W-439E	21. 楚和 438W-439E 向达 2329W-2330E 中海连云 0069W-0070E 向福 0409W-0410E 意雄 121W-122W 向洲 2247N-2248S 韩进瑞克 0091N-0096S 天寿丸 6214W-6214E	22. 智利马波 007N-008S 伊朗德黑 466E-466W 德利帕利 SR018N-SR018S 美森卡伊 063W-063E 宇宙岛 126W-126E 中外运大 0004W-0005E 新海口 0019W-0020E 中海墨尔 0006E-0007W	23. 中外运大 0004W-0005E 新海口 0019W-0020E 中海墨尔 0006E-0007W 芙蓉岛 160W-160E 向兴 2241W-2242E 林园 2502W-2503E 中海巴生 0085N-0086S 向鹰 2352W-2353E	24. 向兴 2241W-2242E 林园 2502W-2503E 中海巴生 0085N-0086S 向鹰 2352W-2353E 中海悉尼 0018E-0019W 以星香港 054EE-054E 达飞佳谷 AA070E-AA089W 北欧亚特 612E-612W	25. 金满湖 123W-124E 金满海 188W-189E 向旺 2488W-2489E 向珠 2353W-2354E 新南沙 0017W-0018E 长圣 037W-038E 待定 ZIM-MED 向宁 2239N-2240S
26. 中国之星 032E-033W 商船三井 3612A-3612A 第一天社 0211W-0211E 马士基伊 6407-NIL 向明 2355W-2356E 圣湫 108W-109E 意正 009W-010E 智利天津 0601N-0611S	27. 向明 2355W-2356E 圣湫 108W-109E 意正 009W-010E 智利天津 0601N-0611S 意卓 001E-002W 圣约 099E-100W 马士基德 PX210W-PX227E 楚和 439W-440E	28. 楚和 439W-440E 向达 2331W-2332E 中海连云 0071W-0072E 向福 0410W-0411E 以星亚得 115W-116E 向津 2299N-2300S 伊瑞斯女 0092N-0097S 待定 CSCO-BLA	29. 智利马罗 003N-004S 伊朗法罕 467E-467W 德利航海 SN017N-SN017S 美森兰妮 018W-018E 富丽岛 212W-212E 中外运上 0005W-0006E 待定 CSCO-CPN 中海纽约 0010E-0011W	30. 中外运上 0005W-0006E 待定 CSCO-CPN 中海纽约 0010E-0011W 达飞恩帕 WX186E-WX197W 达飞斯朴 184E-195W 椰子岛 162W-162E 向旺 2490W-2491E	31. 向旺 2490W-2491E 向鹏 2325W-2326E 中海雅加 0071N-0072S 向鹰 2353W-2354E 以星加拿 057EE-057E 中海福斯 0068E-0069W 北欧亚北 613E-613W	

第三步,以历史数据为依据,结合船公司舱位和航运市场变化,确定进出口箱量。

根据历年同期及上月吞吐完成实际情况,结合船公司提供的船期表,编制每条计划到港船舶的进出口箱量。根据船公司的要求,并按各码头能力情况,结合其年度生产计划和本年已累计完成情况,安排各船舶作业码头。

3. 月度装卸工作计划

(1)月度装卸工作计划的内容

月度装卸工作计划(Monthly Plan of Handling Rates)是为保证完成吞吐量任务而编制的具体执行计划。它由一系列关键操作指标组成,既有反映工作数量的绝对指标,又有反映工作效率的相对指标,还有反映装卸工作总体效率的指标。

(2)月度装卸工作计划的编制

首先,根据已确定的吞吐量计划任务,结合集装箱码头各具体作业码头的泊位、库场、专业化设备及劳动力状况,作为编制各具体作业码头装卸工作计划的依据。

然后,结合其历年同期及上月装卸工作实际完成情况,确定下月码头装卸工作计划。

第七节　集装箱码头五日计划、昼夜生产作业计划管理

一、集装箱码头近期生产计划

集装箱码头近期生产计划也称“五日计划”(Five-day Plan of Process)。基本同月度生产计划,仅是将船舶具体到港预报(预计到港船名、时间、箱量)、预靠泊位、靠泊起止尺码、预开靠时间进行了安排(见表4-10)。

表4-10　×××码头公司五日生产计划表(局部)

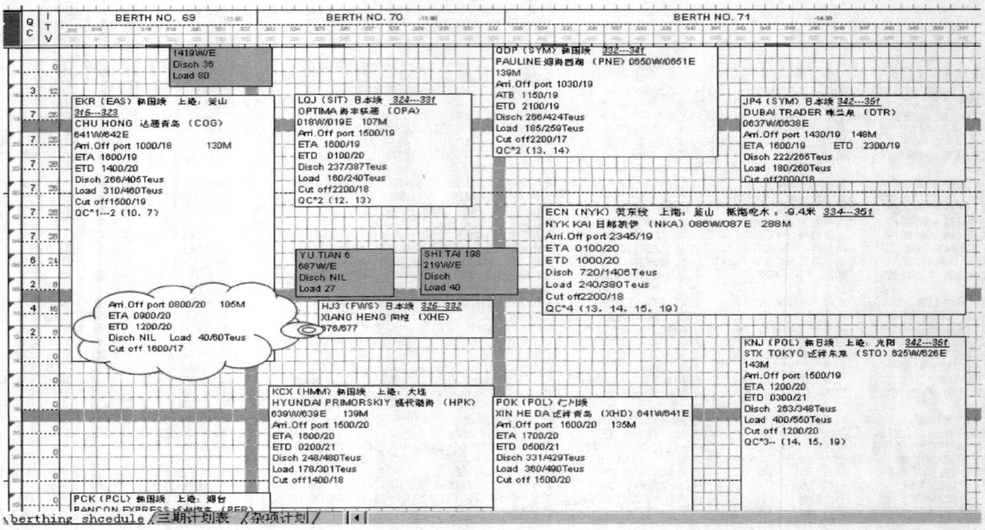

近期生产计划已将装卸作业任务分配到具体的作业泊位,但它还不是具体执行计划。这是因为:

(1)在编制近期计划时还有许多可变因素,如船舶实际到港确报时间、集装箱的实际种类数量、相关单位的协作情况、气象因素等,因此在操作时还须根据实际情况对近期计划进行修正。

(2)由于受变动因素的影响,近期计划不可能对集装箱码头所有作业做出具体安排。

二、集装箱码头昼夜生产计划

1. 集装箱码头昼夜生产作业计划及其作用

集装箱码头昼夜生产作业计划(24-hour Plan Process)就是依据近期计划,结合实际情况,对集装箱码头昼夜 24 小时连续不断的生产作业的具体安排,其在码头生产中发挥极其重要的作用。

(1)昼夜生产作业计划,是把码头装卸生产任务按时间的阶段性——昼夜班次组织均衡生产,它是码头生产过程按时间组织的基本计划。

(2)昼夜生产作业计划,是平衡港口能力与装卸任务的技术文件,是港口各生产部门组织生产过程的主要根据。

集装箱码头各级生产调度控制部门组织和指挥生产,主要依据昼夜生产作业计划实施和执行,通过昼夜生产作业计划,把每天的生产任务层层落实,明确具体。它也是协调集装箱码头内部各生产环节、协调集装箱码头与其他有关单位的配合,保证集装箱码头连续均衡生产的重要手段。它不但对车船的装卸顺序、作业地点、操作方法做了明确规定,而且对每艘船、每辆车的作业方法、使用机械设备、劳动力配备都做了合理安排,对昼夜各工班装卸的数量以及船舶、车辆作业开/完工时间等也做了规定。

(3)昼夜生产作业计划是制订工班计划任务书的基础和依据。

昼夜生产作业计划是集装箱码头生产计划体系中最基本也是最具体的计划,集装箱码头企业的月度、年度生产计划的完成,都依赖于每个昼夜计划的完成。由于集装箱码头生产具有多环节、多工序、涉及面广、情况多变的特点,编制好昼夜生产作业计划就显得更加重要。

(4)昼夜轮班作业计划是对生产过程进行控制的标准。在各班次交接班时,必须交接昼夜作业计划执行情况。

2. 编制昼夜生产作业计划的依据

由于集装箱码头生产具有复杂多变的特点,编制昼夜生产作业计划必须有可靠的资料作为依据(见表 4-11)。这些资料主要是:

(1)有关上级指示及协作单位要求的资料

①地方政府和上级调度部门对码头工作的指示、通知、命令。

②与有关协作单位签订的协议、合同及特殊要求及包干协议等。

③月度、近期船舶计划表。

(2)有关船舶动态和箱量的资料

①码头出口集装箱的动态,包括出口箱进箱情况、截止进港日期、堆场占用情况、特种箱和

危险品箱情况、出口集装箱预配船图、出口预配清单、船舶班期等。

表 4-11　×××码头公司昼夜船舶作业计划表(局部)

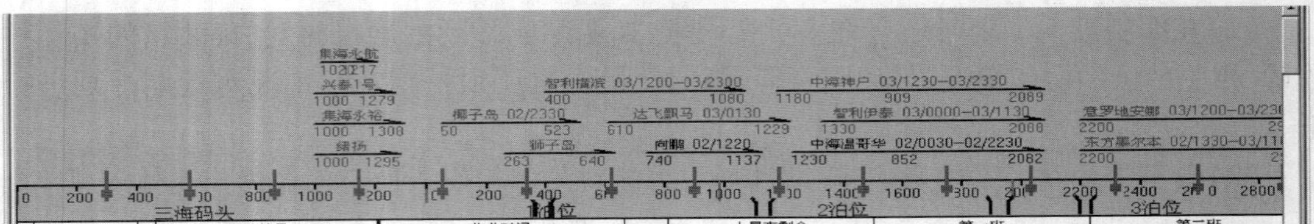

泊位	船名	航次	装卸	总箱量 20′ F/E	40′ F/E	45′ F/E	吨位	作业时间 靠泊时间	开工时间	完工时间	离泊时间	动态	上昼夜剩余 20′	40′	45′	吨位	第一班 20′	40′	45′	桥吊	吨位	第二班 20′	40′	45′	桥吊 吨
	绪扬	S609	I	47/0	6/0		590	03/01:00	03/01:20	03/02:20	03/02:30	进口	47	6		590	47	6		X	590				
	兴泰1号	0051	I	0/9	0/7		40	03/09:00	03/09:10	03/09:50	03/11:00	进口	9	7		40						9	7		X
	兴泰1号	0052	E	4/0	20/0		440	03/09:00	03/09:50	03/10:50	03/11:00	开船	4	20		440						4	20		'X
1	椰子岛	159W	I	21/84	7/69		790	02/23:30	03/00:00	03/06:00	03/11:30	进口	105	76		790	105	76		12	790				
1	椰子岛	160E	E	105/0	118/0		3410	02/23:30	03/02:00	03/11:00	03/11:30	开船	105	118		3410	30	70		12	1700	75	48		1 1
1	达飞飘马	MAS13W	E	90/0	90/0		2700	03/01:30	03/02:00	03/10:00	03/11:00	开船	90	90		2700	20	80		3	1800	70	10		3
2	智利伊泰	001S	E	470/0	280/0		10300	03/00:00	03/00:30	03/11:00	03/11:30	开船	470	280		10300	200	220		456	6400	270	60		456 3
3	东方墨尔本	28N	I	705/207	175/187		11710	02/13:30	02/14:00	03/04:00	03/11:00	进口	160	110		3080	160	110		789A	3080				
3	东方墨尔本	29S	E	420/0	480/0		13800	02/13:30	02/18:00	03/10:00	03/11:00	开船	270	380		10300	200	330		789A	8600	70	50		78 1

②进口集装箱的船舶动态,包括进口箱型和数量、特种箱和危险品箱情况、载运船舶进口集装箱积载图、进口舱单、接运方式和接运工具、收货人等。

③各类进出口集装箱的箱型、状态、装卸条件、中转计划、滞留期限及有关装卸的申请通知等。

④船公司(代理)提供的"五日到港船舶动态表"。

(3)有关船舶的技术资料

主要有船名、国籍、类别、尺码、进口吃水、满载吃水、干舷高度、舱口数量、舱口尺度、舱盖情况、绑扎情况、积载情况以及船吊的类型、性能、负荷等。

(4)有关接运工具的资料

①与本码头有关的火车线路、到港密度、车次和时间、接运集装箱类别、数量、车号、车皮负荷、集装箱流向、装卸车地点、收货人等。

②铁路运输组织的一般规律和特点,车辆在港作业程序,铁路对集装箱码头装卸作业的要求、有关规章制度及路港协议等。

③接运卡车的数量、载重、到码头时间、道路交通流量情况及有关作业程序等。

(5)有关水文气象的资料

①码头水深、各季节风力和风向、水流、潮差、锚地和浮筒情况,与码头有关的航道水深、水流、潮差、潮时及掉头区大小等情况。

②本码头以及与本码头有关地区的气象资料,当天和未来几天的天气、海浪预报。

(6)有关集装箱码头作业能力的资料

①码头的专业化程度、泊位数、泊位能力、水深、系船设备等情况。

②库场的平面图、专业化分工、库场设备、堆存能力、目前利用率等情况。

③机械设备的种类、数量、技术状况、配套情况和机械设备的性能、负荷、尺度、构造特点、工作条件以及"码头机械昼夜工班出勤表"上标明的数量,如表 4-12 所示。

表 4-12　集装箱码头作业机械出勤表(局部)

机种	在册数	编号	保养数	修理数	出勤数	修理类别	保养、修理期预报	
桥吊	22	101 102 103 104 105 106 107 108 109 110 111 112 113 114 115 116 117 118 119 131 132 133	0	2	20	101 托缆钢丝绳更换　9：00--17：00 102 倾转修理，变频器测试　9：00--16：00		
轮胎吊	80	201 202 203 204 205 206 207 208 209 210 211 212 213 214 215 216 217 218 219 220 221 222 223 224 225 226 227 228 229 230 231 232 233 234 235 236 237 238 239 240 241 242 243 244 245 246 247 248 249 250 251 252 253 254 255 256 257 258 259 260 261 262 263 264 265 266 267 268 269 270 271 272 273 274 275 276 277 278 279 280	3	6	71	204、252发动机故障修理 206、207 发动机保养，停用 213、235故障修理，停用	224A级保养 243 A级保养 270 A级保养 (三期保养场地，单号停海侧)	8：00--16：00
集卡	75	301 302 303 304 305 306 307 308 309 310 311 312 313 314 315 316 317 318 319 320 321 322 323 324 325 326 327 328 329 330 331 332 333 334 335 336 337 338 339 340 341 342 343 344 345 346 347 348 349 350 351 352 353 354 355 356 357 358 359 360 361 362 363 364 365 366 367 368 369 370 371 372 373 374 375	2	0	73		318 A级保养 326 D级保养	8：00--16：00
正面吊	3	501 502 503	0	0	3			
空箱堆高车	10	511 512 513 514 515 516 517 518 519 5	0	1	9	515 计划修理		
大铲车	3	521 522 523	0	0	3			
小铲车	17	531 532 533 534 535 536 537 538 539 540 541 542 543 544 545 546 547	1	0	16		539 A级保养	8：00--16：00
工程车	12	601 602 603 604 605 606 607 608 609 610 611 612	0	0	12			
交通车	14	623 624 625 626 627 628 629 631 632 633 634 635 636 637 620	1	0	13		627 D级保养	8：00--16：00
加油车	3	641 642 643	0	0	3			

④劳动组织和预计出勤情况,各作业工种出勤人员的技术特点、劳动纪律、体力状况等。

⑤工艺方案和装卸定额。熟悉码头作业线工艺方案和装卸定额,作为配工依据。

(7)有关实际作业情况的资料

已靠泊船舶的实际装卸情况,特别是重点船、货和重点作业线的情况,作业之中的码头、机械、仓库、道路和工班的变化情况,并预计下一昼夜作业情况和可能存在的问题。

上述资料都是编制昼夜生产作业计划的基本依据,这些资料要靠平时的逐步积累,有的要靠深入现场才能取得。作为一个昼夜生产作业计划管理人员,要做有心人,认真收集和积累各种有用的原始资料,逐渐成为这些方面的“万宝全书”。

(8)码头机械出勤表

机械出勤表是由码头工程技术部填制的下昼夜可投入使用的机械状况信息表,是码头计划部门编制“码头船舶昼夜作业计划表”安排昼夜生产的依据,也是码头控制室编制“工班任务书”安排工班生产的依据。表 4-12 是上海港集装箱码头目前使用的机械出勤表样张。

3. 编制昼夜生产作业计划应遵循的原则

昼夜生产作业计划是集装箱码头组织生产最基本的计划,这一计划编制得好坏,直接影响集装箱码头的生产组织和装卸任务的完成。因此,昼夜生产作业计划在整个集装箱码头企业管理中具有举足轻重的地位。要编制好昼夜生产作业计划,还需遵循以下基本原则:

(1)积极的原则

编制计划时要最大限度地发挥本码头的泊位、堆场、仓库、机械、设备和劳动力的能力,充分调动各方面的积极性,利用一切有利条件千方百计提高装卸效率,力争消灭人员和机械(特别是桥吊)的窝工待时,努力编制出一个充分发挥各要素效用的积极、先进的计划来。

(2)合理的原则

编制计划要尊重事实,既要发挥各种有利因素,也要充分考虑各种变动情况和不利条件,使得编制的计划合理可靠。要使计划合理,主要是应注意平衡协调,要符合工艺要求,要注意安全质量,同时要确保重点船、货和重点作业线的作业。

(3)留有余地的原则

由于影响集装箱码头生产的可变因素很多,码头生产情况瞬息万变,因此在编制计划时要有一定的灵活性,既要强调先进合理,也要注意留有余地,不把计划订得太满、太“死”,以致缺乏应变的机动能力,要使计划既“饱”又不“胀”,既忙又安全。

(4)局部服从全局的原则

从全局观点出发,凡是全局确定的重点船、重点车、重点货,应作为昼夜轮班计划的重点。

(5)重点优先的原则

凡是重点船、重点车、重点货,应优先安排计划,并确保作业时间按时完成;贯彻“车、船并重,合理的开头量比例,以车保船”的原则。港口生产活动的关键是车、船的衔接,衔接的关键是组织,因此掌握合理的开头量比例,是贯彻“车、船并重,以车保船”原则的核心,也是加速车、船、货周转的基础。

(6)能力与任务相适应的原则

既要充分利用港口的码头、泊位、机械设备、装卸工时等构成的能力,又要保证每一艘作业船舶有足够的开头量;既要加速车、船、货的周转,又要以最少的劳动完成更多的装卸任务。因此要考虑尽可能减少操作过程,减轻工人劳动强度,扩大直接换装比重。

(7)安全质量第一的原则

对特殊货物如长、重、大件及危险品等,做好装卸作业安排的同时,必须有确保安全、质量的措施。

4. 编制昼夜生产作业计划的程序

编制昼夜生产作业计划通常要经过四个过程:了解情况、接受任务、编制计划、布置落实。在具体编制计划时一般有以下一些步骤:

(1)了解情况

掌握车、船、货、箱等方面的有关资料和在港船舶装卸作业实际情况,详细了解下个昼夜的机械设备、人员出勤、堆场利用和集装箱集散情况。

(2)汇总资料信息

及时同船公司(代理)联系,取得下个昼夜到港船舶的预报、确报,包括船名、航线、航次、到港时间、箱型、数量、吨位、前后吃水及特种箱的箱型、数量、吨位、船箱位(场箱位)等动态。

(3)编制计划

根据上述资料和船公司要求,以及码头近期计划泊位窗口安排,按轻重缓急的不同要求,和上述计划编制原则,对车船各项作业全面平衡,进行预编,安排好离靠泊时间、泊位、起止尺码。

(4)口岸协调

向港口主管部门调度室汇报下个昼夜的生产作业预编计划,主要内容有泊位、船名、离靠泊时间、开工路数、计划吞吐量、具体工艺方案、各工班配备的机械和劳动力数量、装卸作业起讫时间等。下昼夜预编计划经港口各口岸协作部门协调,安排好引航员、拖船、港监等后,于下午13:00前,向码头下达船舶离靠泊时间、泊位确报。

(5)批准下达

码头计划按照船舶离靠泊时间、泊位确报,安排昼夜工班作业线、作业机械、劳动力、工班箱量、吨位等,经码头下午 15:00 生产调度平衡会议讨论和审核后,由操作部经理(或计划经理)批准,即作为正式昼夜生产计划下达给操作部现场作业部门(控制室或调度室)组织实施。

第八节　集装箱码头单船作业计划编制及优化方法

一、单船生产作业计划的内容及其作用

在集装箱码头生产作业计划体系中,月度、近期、昼夜等计划是以装卸对象编制的,而集装箱码头生产的特点之一就是围绕船舶展开作业,因此,以船舶为对象,从船舶进港靠岸起直至装卸结束出港为止的整个时间序列,编制一个流水生产作业计划——单船生产作业计划,对集装箱码头生产有着现实意义和重要作用。

按照船舶作业时间序列,单船生产作业计划的内容包括引船入港、靠泊、办理入港手续、开舱、卸货、装货、移泊、清舱、燃物料供应、办理货运文件、办理离港手续、引船出港等。单船生产作业计划就是对船舶在集装箱码头所要进行的全部作业的项目、程序、延续时间、相应责任者做出安排,并对港区各部门及港外协作单位提出具体协作要求。

单船生产作业计划是集装箱码头内外各方面做好船舶作业准备工作的依据,也是组织船舶在港作业的依据。

二、单船生产作业计划的任务

编制单船生产作业计划的目的就是要协调各方面的工作,科学合理地组织船舶在港的一系列作业,最大限度地压缩船舶在港停泊时间。编制单船作业计划的任务是:

(1)组织好船舶在港的各项作业,使这些作业能按顺序连续地进行,并尽可能缩短这些作业的延续时间。

(2)船舶高效率作业,就是缩短装卸时间。

其主要途径有:

①使用合理的装卸工艺,并根据装卸集装箱箱型的变化或装卸数量的变化及时更换。

②加强各方面的配合,尽量减少装卸作业过程中的中断时间。

③组织好舱口之间的平衡,尽可能地缩短重点舱的装卸时间。

多少年来,国内外专家学者和生产管理人员,在抓重点船(舱)方面积累了不少的经验,如优化船舶出口配载,减少重点舱作业量;优化桥吊结构设计,保证重点船多开作业线;为重点舱配备较强的工班及性能较好的装卸机械;为重点舱创造较好的工作条件(如道路、堆场计划位置等);尽量减少重点舱的中断时间等。这些都在缩短重点船(舱)的装卸时间方面起了很大的作用。

三、编制单船生产作业计划应掌握的有关资料

由于单船计划包括了船舶进港靠泊、完成装卸、离泊出港整个过程,需要集装箱码头内外各方面的实际配合协作,因此在编制单船计划时除了应掌握本港各生产要素的资料外,还应重点掌握与船舶作业有关的各种外部资料。这些资料主要有:

1. 船舶的资料

船舶的资料包括船舶到港时间、船舶主要性能、船舶在港作业定额、船舶对辅助作业的要求等。

2. 集装箱资料

集装箱资料包括积载图,各类集装箱的箱型、数量、货类、重量,危险品箱的级别和流向等。

3. 接运工具资料

接运工具资料包括水运、铁路、公路各类接运工具的有关资料。

4. 其他资料

其他资料包括水文气象资料、上级指示、有关方面对该船的特殊要求等。

四、单船生产作业计划的类型

目前单船作业计划还没有统一的格式,一般有图形法、表格法和计算机仿真模拟法三种(见图 4-4)。

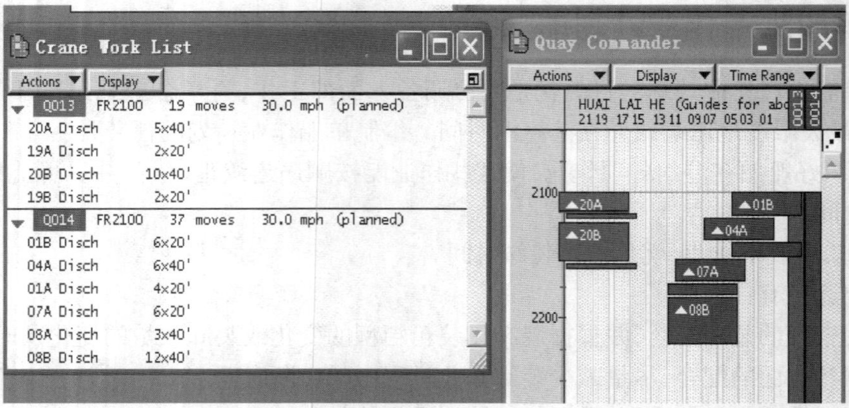

图 4-4　计算机系统简化的表格法和图形法实例

1. 表格形式

它以表格形式将船舶在港作业的每一项目起讫时间,作业地点、作业舱口、装卸箱型和数量及装卸班组准确、详细地反映出来,便于全面、准确地掌握单船在码头作业情况。

2. 图形法

主要是将港口装卸一条船舶的各倍位作业起讫时间用坐标的形式表示在直角坐标系上，横坐标表示各个作业的项目，纵坐标表示作业时间。

这种图形，能一目了然地了解一条船舶在港各倍位作业的时间，但从准确性上讲，它很难做到十分精确，与生产的结合不是十分紧密，仅给出一个总体作业过程概念。早先的图形法是手工绘制的，目前计算机系统基本实现将表格法和图形法简化后结合使用。

3. 计算机仿真模拟法

随着计算机技术、优化算法和仿真模拟技术的飞速发展，在安排单船作业计划时，可以使用计算机仿真模拟自动安排产生优选作业计划方案。目前很多专业船舶计划优化软件包括专业集装箱码头管理系统，都开始使用和提供这些工具。

五、单船生产作业计划的编制

单船生产作业计划详细规定了船舶从抵港到出港所有的作业项目、程序、时间和相应责任者，因此它是组织船舶作业，尤其是组织船舶最主要的作业——装卸作业的主要依据。但由于单船计划是流水计划，它只规定了作业者的程序和占用时间，并没有规定各项作业的具体起讫时间，同时由于集装箱码头生产的复杂性和多变性，使得计划与实际情况也不可能完全符合，这就有必要在贯彻执行单船计划时，发挥控制室各级控制指挥人员，尤其是船舶装卸指挥员的积极性和能动性，通过他们的再创造，把计划付诸实际。

船舶装卸作业是实施单船生产作业计划的主体，也是集装箱码头生产的核心。为做好装卸作业的组织工作，保证单船计划的贯彻执行，要注意以下几个方面：

1. 泊位的确定与调整

以五日计划为基础确定单船靠泊泊位。单船靠泊泊位，是以操作协议为基础相对固定的，同时又根据码头实施泊位作业情况、天气情况和班期情况，可以局部较小调整的。调整泊位窗口，分为一次性调整、永久性调整和作业中调整。

一次性调整，一般在船舶晚到或有突发的不可抗力因素影响(天气、桥吊故障等)时发生，船舶泊位窗口计划表不需变动，单船堆场计划要根据泊位变化而改变。

永久性调整，一般是船方船舶船型变化或箱量大幅改变时或者码头堆场布局或桥吊布局变化时采用，需经过港航双方共同商议后确定，并需变动船舶泊位窗口计划表。

作业中调整，一般发生在船舶作业过程中，如码头机械突然发生故障，且机械修复需要较长时间，为保证船舶班期而调整泊位。目前，由于设备可靠度提高，较少发生。

2. 重点舱(Key Hatch)的确定

重点舱一般是指装卸作业延续时间最长的舱口。因为全船装卸作业时间的长短，主要取决于重点舱的装卸作业时间，所以如果能够缩短重点舱的装卸作业时间，也就缩短了全船的装卸作业时间。

在件杂货码头，由于各舱所载货物种类不同、单件重量不同、装卸工艺不同，因此确定件杂货船舶的重点舱比较复杂。但集装箱船舶就相对容易得多，因为全船各舱都装载集装箱，作业

工艺相同,因此通常载集装箱箱量最大的舱就是重点舱。重点舱的装卸时间(Time of Key Hatch)可写为:

T_{kh}= 装卸箱总量(Boxes)/桥吊作业效率(P_{qc},Boxes Per Hour)

大型集装箱船舶一般按集装箱长度来划分舱口,有 20 ft 舱口,也有 40 ft 舱口。因此其舱口作业量,就是其舱内集装箱自然箱箱量。

3. 作业线数(Number of Operation Line)和机械数量的确定

以船舶装卸载箱量为基础,结合其在船舶各舱口的分布,为在规定时间内完成船舶装卸作业而使用的最少岸边作业机械数量,就是作业线数。

桥吊作业宽度,是指桥吊可作业的最小有效宽度对应的舱口数,通常用箱位数来表示。集装箱船舶岸边装卸机械是桥吊,其每次装卸的货物都是基本固定长度的集装箱,但桥吊的横向宽度(海侧两支腿间距离)比 40 ft 集装箱要长。因此在实际集装箱船舶作业中,是以桥吊作业的有效宽度对应的可作业舱口总数来确定作业线可作业舱口数。其作业线对应作业舱口内(倍位内)装卸总作业量,就是作业线作业总箱量。

一般来讲,桥吊作业宽度同其本身的海侧宽度有很大关系,海侧宽度越宽,作业箱位数就越多,其作业量也就越大,则其作业时间就越长。另外,同样一条船舶,桥吊海侧宽度越宽,桥吊作业宽度也越大,其同时投入作业的桥吊数量也就越少,同时开工的作业线数也就越少,船舶在码头停留时间也会越长。因此,目前窄宽度的桥吊是设备制造商们共同研发优化目标之一。目前桥吊作业宽度是 4 个 20 ft 箱倍位至 6 个 20 ft 箱倍位之间。

(1)桥吊台数的确定(作业线数确定)

桥吊台数,也就是船舶装卸作业所需最小桥吊数量。它是根据船舶的装卸作业时间要求计算求出的。

$$N_{qc} = \sum Q_m / (P_{qc} \times T_o) \tag{4-8-1}$$

式中:N_{qc}——桥吊数量;

Q_m——各倍位自然箱量(Box);

P_{qc}——桥吊效率(Box/h);

T_o——船舶要求作业时间(h)。

作业线数,是船舶总倍位数,除以桥吊作业宽度所得的商,就是船舶最多可开工线数。

$$N_{ol} = N_{bay} / B_{qc} \tag{4-8-2}$$

式中:N_{ol}——作业线数(台);

N_{bay}——船舶总倍位数量(Bay);

B_{qc}——桥吊作业宽度(Bay/台)。

在实际泊位计划安排中,实际使用桥吊台数或开工线数,将介于 N_{qc} 和 N_{ol} 之间。具体需比较 T_o 和 T_{kh} 的大小来确定:

如果 T_{kh} 等于或小于 T_o,则将总箱量扣除重点舱作业量后计算 N_{qc},得出最小开工桥吊数和作业线数。

如果 $T_{kh}>T_o$,则需要延长作业时间 T_o 到 T_{kh},按 N_{ol} 安排桥吊数和作业线数。

(2)辅助机械台数的确定

辅助机械是指集装箱码头船舶装卸作业线上同桥吊等主要机械配套作业的其他机械。辅机台数以保证主机最大效率为原则,因此辅助机械台数(N_{oe},Number of other equipment):

$$N_{oe} = P_{qc}/P_{oe} \tag{4-8-3}$$

式中:N_{oe}——辅助机械数量;

P_{oe}——辅助机械作业效率(Box/h)。

(3)案例

×××集装箱码头公司码头装卸工艺是 QC-ITV(拖车)—RTG 作业系统。其桥吊(QC)平均效率为 30 bph,拖车(ITV)效率为 5 bph,轮胎吊(RTG)效率为 15 bph。200×年×月×日夜班,该公司海侧船舶作业为满负荷作业,泊位计划员从工程部得知能投入船舶作业的设备数量是 7 台 QC、35 台 ITV、26 台 RTG,问:其辅助作业机械是否能满足生产需要?

解:

因为 $N_{oe}=P_{qc}/P_{oe}$

所以一台桥吊需要的

RTG 数量 $N_{rtg}=30\ \text{bph}/15\ \text{bph}$

$=2$(台)

ITV 数量 $N_{itv}=30\ \text{bph}/5\ \text{bph}$

$=6$(台)

又因为作业线数 $N_{ol}=N_{qc}=7$

所以需要辅机台数为:

轮胎吊 Nrtg = 7×2 = 14(台)< 26 富余 26-14 = 12

港内拖车 Nitv = 7×6 = 42(台)> 35 不足 35-42 = -7

答:辅助作业机械中 RTG 富余 12 台,但 ITV 需增加 7 台。

4. 作业线工人数的配备

工人的配备是满足机械生产率的要求。集装箱码头因为机械化程度很高,除箱顶和船甲板需配绑扎人员,桥吊下需配安摘集装箱锁钮人员外,其他几乎都是机械司机。其人员配置,在前面已经详细介绍,具体见前面相关章节。

5. 靠离时间的确定

船舶预计靠泊时间(Estimate Time of Berthing,ETB)有顺推算法和倒推算法两种算法。一般是以船舶预计到港时间(ETA),加上其候泊和候潮时间(Waiting Time,WT),再加上其在港内航道上航行时间(Sailing Time,ST),为其靠泊时间,称为顺推算法,即

$$ETB = ETA + WT + ST$$

以其船舶班期时间倒推计算,即班期时间(Schedule Time of Departure, STD),减离泊联检和准备时间(End-operations Preparing Time,EPT),再减去码头泊位作业时间(Berth Time,BT),减去靠泊联检和开工准备时间(Begin-operations Preparing Time,BPT),为其靠泊时间(ETB),这种算法称为倒推算法,即

$$ETB = STD-EPT-BT-BPT$$

船舶离泊时间(Estimate Time of Departure,ETD),也有顺推算法和倒推算法两种算法。顺推算法是在靠泊时间(ETB)基础上,加上靠泊联检和开工准备时间(Begin-operations Preparing Time,BPT),再加上码头泊位作业时间(BT)、完工准备及离泊联检和候潮时间(EPT)后为其

离泊时间。倒推算法就是其船舶班期时间。其计算公式同上式相反,具体如下:

$$ETD = ETB + BPT + BT + EPT$$

在有些河口港集装箱码头,因其主航道上有浅滩,航道水深不足,吃水较大的船舶靠泊和开航都必须在高潮位时,即航道浅滩的实际水深大于船舶航行需要水深时,才能进出码头。这时其船舶靠离时间,需根据当天的天文高潮时间点,推算其船舶开靠时间,这就出现了候潮时间。

对船舶在港时间和效率计算等内容,将在后面章节详细介绍。

六、集装箱码头单船船舶作业计划优化方法

1. 作业顺序的优化

集装箱船舶作业顺序主要有先卸后装法和边卸边装法。

(1)先卸后装法

这是目前普遍采用的传统的船舶装卸作业计划安排顺序,即按进口船图将全船卸空后,再按出口船图完成装船。

该方法的特点是,作业生产组织比较简单,所有作业机械和人员基本都固定在各自的作业线上,实施"一对一,点对点"作业模式。

(2)边卸边装法

这是目前大型集装箱码头正在试验和探索的新的船舶舱内装卸作业计划安排顺序(不适用于甲板装卸作业),特别是大型集装箱船舶,舱很深,舱内进出口装卸量集中且作业量很大时使用,提高效率和节约成本效果明显,即将舱内陆侧第一排所有箱首先卸空后,不要等全舱卸完,就在卸舱内第二排的同时,开始对第一排装船作业,且"一卸一装"同时交叉进行。

该方法的特点是,作业生产组织比较复杂,堆场内出口箱区和进口箱同时进行作业,配载计划在编制出口船图时,要安排好"一卸一装"箱子的配对,虽然作业机械和人员也可基本都固定在各自的作业线上,但其作业模式是至少堆场内两个点对岸边桥吊一个点作业,即"多对一"模式。

2. 辅助机械的配置优化

集装箱船舶作业辅助机械的配置方法主要有固定作业线配置法和非固定作业线配置法。如果岸边桥吊是主机,则其他机械就是辅助机械,如何用最少的辅助机械投入,来满足最大的桥吊作业效率,就是辅助机械的配置优化的目标。

(1)固定作业线配置法

以 QC-ITV-RTG 工艺系统为例,通常其主机与辅机的配比安排是 1×QC-5×ITV-2×RTG 构成一条作业线。如果一条船舶同时有三条作业线同时作业,每一台 QC 主机都固定 5 台 ITV 和 2 台 RTG 辅助机械跟随完成当天生产任务。

该方法的特点是,生产组织简单明了,对生产管理人员要求不高,一次计划就可实施到底,同一条生产线人员,长时间配合后,沟通方便,单作业线提高效率快。缺点是,机械安排柔性差,资源占用大,浪费大,可能是高效率,但作业成本也大。

(2)非固定作业线配置法

同样以 QC-ITV-RTG 工艺系统为例,配比安排也是 1×QC-5×ITV-2×RTG 构成一条计划作业线。但实际生产组织中,如果一条船舶同时有三条作业线同时作业,共有 15 台 ITV 和 6 台 RTG 辅助机械同时非固定跟随这 3 台 QC 主机,以哪个主机空就优先满足其辅机配置需要,来完成当天生产任务。有条件的码头,还可以实施两条相邻船舶的所有辅机混合随机配置。管理水平更高的码头,借助 RDT 无线终端管理系统,可实施全码头的辅机混合随机配置。

该方法的特点是,生产组织复杂,对生产管理人员和生产计算机系统要求高,对辅机的调度安排,是完全随机动态安排的,需借助强大的计算机系统。优点是,机械安排柔性化,灵活性强,机械效率高,利用率高,有利于降低作业成本和生产资源占用。本方法是集装箱码头生产组织的主要发展方向。

第九节　集装箱船舶作业时序原理及关键绩效指标

一、码头物流系统作业排序原理

集装箱码头物流系统中,船舶、车辆装卸作业的排序问题是港口生产过程控制的重要理论之一。但在实际集装箱码头生产组织中,除船舶单船作业计划能借助计算机系统严格安排作业顺序并严格执行外,在其他作业方面,如船舶靠泊安排、外来拖车集港和疏港作业等,该理论使用不多,往往还是凭计划人员和一线作业管理人员的经验来组织。这主要是由于在通常的情况下,船舶、车辆装卸作业的排队规则已经习惯于先计划内、后计划外,先重点、后一般,先干线、后支线,先到达先靠泊装卸的原则,然后再考虑季节性货物、节日物资、军用物资以及潮汐变化可能对船舶进出港的影响等适时列为重点。这样也就构成了一般的作业排序。

随着集装箱码头飞速发展,集装箱码头的规模也越来越大,单码头的吞吐能力也越来越多,吞吐量迅猛增长,当受气候(大雾、台风等)和经济政策(关税等)影响时,时常会出现大量车、船排队压港的情况。这时,作业顺序的不同排列,将产生不同的效果。作业排序理论的重要意义不仅是在船舶严重压港时的港口宏观指泊计划提供决策理论依据,而且也是编制近期作业计划和昼夜装卸作业计划、进行作业调整的理论基础。

目前,虽然我国集装箱码头船舶、车辆排序理论研究取得了很多成果,在一些集装箱码头计算机管理系统开发中也得到了初步应用,但同国外研究和应用相比,差距还很大。下面只介绍几种简单的作业排序原理。

集装箱码头物流系统中,对船舶和车辆作业排序理论问题的研究,通常借助数学方法,即一般是从某一个目标函数出发。码头生产管理和组织的目的,是追求使目标函数达到极值。船舶、车辆排序问题目标函数的极值问题,常见的有四种:船舶平均在港(泊)时间最短、船舶(车辆)在码头总延误时间最短、船舶在港(码头)总舱位(运力)损失最小和码头装卸吞吐量最大(总装卸收入或利润)最高。

1. 船舶平均在港时间最短

(1)问题描述

设一个泊位,有 n 艘船舶(或车辆)到达需要装卸。每艘船舶(或车辆)都可以从 $T_0=0$ 时刻开始,即 $r_i=0, i=1,2,3,\cdots,n$。第 i 艘船舶需要装卸的时间为 $T_{i装卸}$,需要排队等候的时间为 $T_{i排队}$。问:如何安排作业顺序才能使 n 艘船舶平均在港时间 $T_{平均}$ 最短?其目标函数可表示为:

$$T_{平均} = \text{Min} \sum (T_{i装卸} + T_{i排队})$$

(2)问题分析

求平均在港时间最短,也就是说当非装卸生产性停滞时间一定的条件下,平均装卸时间最短就是平均在港时间最短,而所有的船舶装卸时间都可以从 $T_0=0$ 时刻开始,所以当第一艘船进行装卸时,其余所有的船舶都必须等待这么长的时算,而最后一艘船至少要等到前面所有的船舶都装卸完之后,才能进入作业。因此总的在港时间等于排队等待时间加上装卸作业时间。后作业的船,其排队等待时间与先作业的船舶装卸作业时间直接相关。

(3)问题的解法

将所有船舶按照装卸时间的长短从短到长顺序排列,就是最佳船舶作业排序方案,这叫作 SPT(Shortest Processing Time)规则。本规则缺陷是同“先干线,后支线”的传统计划规则相矛盾的,因为干线船舶箱量大,总被派在最后。但当都是干线且船舶同等重要时,本规则就很适用。

2. 船舶(车辆)在码头总延误时间最短

(1)问题描述

设一个泊位,有 n 艘船舶到达需要装卸。所有船舶都可以从 $T_0=0$ 时刻开始,即 $r_i=0$, $i=1,2,3,\cdots,n$。第 i 艘船舶计划完成装卸生产时间(计划在港停泊天数)为 T_i,其容许在港停泊时间(最多容许停泊天数)为 d_i。问:如何安排作业顺序才能使最大的延期达到最小?(即 $\Delta T_{max}=\text{Min}$)。其目标函数可表示为:

$$\Delta T_i = \text{Min}(T_i - d_i)$$

(2)问题分析

本问题的解法也是直观的。既然要求最大的延期量尽可能小,则要求早完成的船舶应该先予安排。

(3)问题的解法

将所有需要装卸的船舶按照所需完成的时间先后进行排列,从先到后顺序排列,就是最佳的调度方案,这叫作 EDD(Earliest Due Date)规则。

3. 船舶在港(码头)总舱位(运力)损失最小

(1)问题描述

设一个泊位,有 n 艘船舶到达需要装卸。各船的舱位分别是 $S_1,S_2,S_3,\cdots,S_n$。所有船舶都可以从 $T_0=0$ 时刻开始,即 $r_i=0, i=1,2,3,\cdots,n$。第 i 艘船舶需要的装卸时间为 T_i,问:如何安排作业顺序才能使船舶在港总停泊箱天最小(即舱位损失最小)?其目标函数可表示为:

$$\sum T_i S_i = \text{Min}$$

(2)问题分析

船舶在港运力损失最少的作业排序原理,比前两种排序问题增加了船舶舱位这一因素的考虑,即在安排作业顺序时,既需考虑船舶装卸生产停泊时间的长短,又要考虑船舶舱位数量的大小。

问题可以进行如下简化变换,用船泊舱位 TEU 去除各自船舶在港装卸作业时间,即得到 T_i/S_i 的商,将 T_i/S_i 的商按大小进行排序,这样就使问题的求解又类同前述问题解法。

(3)问题的解法

将所有船舶按 T_i/S_i(它的含义是单位 TEU 的装卸作业时间)的大小从小到大进行排列,其排列次序就是最佳作业计划排列方案,这叫作 STS(Shortest Time Per Space)规则。

4. 船舶装卸吞吐量最大(总装卸收入或利润)最高

采用问题 3 同样的原理,可以对船舶装卸量最大,或船舶装卸总收入最高,或总利润最大等不同生产经营目标做出相应的生产作业计划排序安排。

二、船务计划管理关键绩效指标(KPI)

1. 吞吐量相关数量指标

(1)集装箱吞吐量(TEU)

吞吐量指经由水路运进、运出港区范围并经装卸的集装箱的数量。它是反映码头船舶装卸数量的指标。计算单位为"TEU"。

港区范围是指各港口港章中规定的或经港口当地政府机关划定的港口陆域、水域范围。

吞吐量的统计口径:

①自本港装船运出港区的货(箱)计算一次出口吞吐量。

②由水运运进港区卸下的货(箱)计算一次进口吞吐量。

③由水运运进港区,经装卸又由水运运出港区的转口货(箱)。不论是船到船直接转口,或是经过库场后再装船转口,均分别按进口卸船和出口装船,各计一次吞吐量。

④补给国内外运输船舶的燃物料和淡水,计算出口吞吐量。

⑤由水运运进港区的建港物资、人防物资和防汛物资,并在港内消耗的(包括港用机械、设备等),计算进口吞吐量。

⑥由水运运进、运出港区的邮件、行李、包裹,分别按进口或出口计算吞吐量。

对全集装箱专业码头上吞吐的件杂货,以每 10 t 为 1TEU 计算集装箱吞吐量。

下列情况不计算吞吐量:

①港区范围内的水上运输货(箱),如同港内不同码头间的过驳运输;

②船舶运载进港后,未经装卸又原船运载出港的货(箱),如退运进口箱;

③自船上卸下,继而又装到同一船上的货(箱),如翻倒箱、舱盖、锁钮箱等;

④装船后未运出港区,又卸入本港区范围内其他地方的货(箱),如退装出口箱。

吞吐量的计算公式:

$$\text{集装箱吞吐量(TEU)} = 20\ \text{ft 箱量} + 40\ \text{ft 箱量} \times 2 + 45\ \text{ft 箱量} \times 2.5$$

(2)集装箱吞吐自然箱量(Box)

其计算口径同上述吞吐量,只是集装箱量以其本身大小箱实际个数计算,公式如下:

集装箱吞吐自然箱(Box) = 20 ft 箱量 + 40 ft 箱量 + 45 ft 箱量

(3)集装箱操作量(Move)

集装箱操作量指完成一个完整操作过程的货(箱)数量。它是反映码头装卸工作量大小的指标。在集装箱码头实际作业中,由于装卸机械设备的飞速发展,特别是岸边作业机械,经过了两次历史性突破。第一次是桥吊双箱吊具的出现,使得一次可以起吊两个 20 ft 集装箱;第二次是 2005 年,出现了一次可以起吊并排两个 40 ft 箱(或 4 个 20 ft 箱及同 40 ft 的组合)的两双桥吊吊具。

这些变革,大大提高了桥吊作业效率,同时使以前的在单吊具下,桥吊操作量(Move)和其操作自然箱一样的情况,发生了变化。例如:当两双吊具一次起吊 2 个 20 ft 箱和一个 40 ft 箱时,则吞吐量是 4 TEU,吞吐自然箱是 3 Box,集装箱操作量是 1 Move。

集装箱操作量不仅包括桥吊操作量,还包括轮胎吊、叉车和集卡的操作量,所以集装箱操作量 (Move)的计算公式是:

集装箱操作量(Move) = $\sum$ 集装箱码头各操作过程数量

= QC 操作量 + RTG 操作量 + 叉车操作量 + 拖车操作量 + 其他操作量

操作量是码头核算各机种操作成本和操作效率的基础数据。在衡量司机操作水平时,其操作效率就是以单位时间的操作量来评估的。

当然,目前在各码头公司对外公布其桥吊作业效率时,虽然都使用 Move/h(MPH)的单位,但实际上很多是 Box/h(BPH),或者是 TEU/h(TPH)。其原因是对操作量 Move 的准确统计很困难,但对 Box 和 TEU 就容易和准确得多。

(4)集装箱操作自然箱量(Box,Unit)

其计算口径同上述操作量,只是集装箱量以其本身大小箱实际个数计算,公式如下:

集装箱操作量(Box) = $\sum$ 集装箱码头各操作过程自然箱数量

= $\sum\sum$ (20 ft 箱量 + 40 ft 箱量 + 45 ft 箱量)

(5)集装箱吞吐量 TEU 系数

TEU 系数是衡量码头集装箱吞吐量中大小箱比例的重要指标,比例越高,说明大箱越多。计算公式如下:

TEU 系数 = 吞吐量(TEU)/ 吞吐量自然箱(Box)

2. 同船务计划相关的数量指标

(1)计划兑现率

计划兑现率是指报告期内完成吞吐量计划的天数与工作天数之比。它是用于反映计划编制准确程度的指标。

计划兑现率(%)=(完成计划天数/工作日天数)×100%

(2)日不平衡系数

日不平衡系数是指报告期内吞吐量最高日吞吐量与日平均吞吐量之比。它是用于反映生产节奏情况的指标。

日不平衡系数 = 最高日吞吐量/日平均吞吐量

(3)船舶舱位利用率

船舶舱位利用率是指报告期内作业船舶进出口吞吐量(TEU)与其定额进出口舱位总箱位数(TEU)之比。它综合反映当地进出口船舶负载能力的平均利用情况。因为中国进出口不平衡,重箱进少出多,进口很多是空箱(增加船公司成本),所以一般比较关心出口舱位利用率。

出口舱位利用率(%)=(出口吞吐量/船舶出口额定舱位)×100%

(4)班轮始发准班率

班轮始发准班率指报告期内定期航线按公布的船期准班发航航次数与定期船舶总航次数之比。

班轮始发准班率(%)=(准班发航航次数/定期船舶总航班次数)×100%

3. 同泊位利用相关指标

(1)码头长度

码头长度指可用于停靠船舶进行装卸作业的总长度,计算单位为"米"。

(2)泊位个数

泊位个数指设有系靠船舶设施,可在同一时间供船舶停靠的数量,计算单位为"个"。泊位个数应按在港口低潮水位时,所能停靠最大吨位的船舶计算。目前集装箱码头一般使用码头在设计建造时,主管部门批准的项目设计书上申报的泊位个数为准,一般一个大型集装箱码头的泊位长度通常为300~350 m。

(3)靠泊能力

靠泊能力指泊位在当地水位零点时,所能靠泊进行装卸作业的最大满载船舶的载重吨级,以"吨级"表示。

(4)码头前沿水深

码头前沿水深指码头前沿当地水位零点以下的水深,可分为设计水深、维护水深、实际水深,计算单位为"米"。设计水深:指码头建设时设计文件上规定的水深。维护水深:指经疏浚应经常保持的水深。实际水深:指报告期末实际达到的水深。

(5)泊位占用率

泊位占用率指报告期内泊位占用小时数占泊位日历小时数的比重(或指报告期内实际停泊长度和时间占可供停泊长度和时间的比重),反映泊位综合利用程度:

泊位占用率(%)=(泊位占用小时数/泊位日历小时数)×100%

或:

泊位占用率(%)=[(船舶靠泊长度×停泊时间)之和/
(泊位长度×报告期运营时间)之和]×100%

公式中的船舶靠泊长度,除包括船舶停靠泊位本身的船长外,还应加上一定的间距(安全系数);靠泊时间还应加上一定的清档时间(开靠过程)。

(6)泊位作业率

泊位作业率指报告期内泊位作业小时数占泊位日历小时数的比重(或指报告期内实际停泊长度和作业时间占可供停泊长度和时间的比重)。它是反映码头泊位停靠船舶进行作业的利用情况的指标:

泊位作业率(%)=(泊位作业小时数/泊位日历小时数)×100%

或:

泊位作业率(%)=[(船舶靠泊长度×作业时间)之和/(泊位长度×报告期营运时间)之和]×100%

泊位占用率、泊位作业率指标并非越高越好,而要视船舶装卸量变化情况进行综合评价。一般来说,以上两项指标的提高幅度一般以低于或等于船舶装卸量的增幅为好。

(7)泊位相对作业率

泊位相对作业率指报告期内泊位作业小时数占泊位占用小时数的比重,说明泊位相对于占用情况的作业时间的利用程度:

泊位相对作业率(%)=(泊位作业小时数/泊位占用小时数)×100%

(8)每米码头泊位吞吐量

每米码头泊位吞吐量指报告期内平均每米码头泊位完成的吞吐量。它是综合反映码头泊位的利用程度和生产效率的指标,计算单位为"TEU":

每米码头泊位吞吐量(TEU)= 码头泊位完成吞吐量/码头泊位长度

泊位占用率和作业率是码头泊位时间的利用程度指标。为综合反映泊位的利用情况,还应考虑码头泊位长度的利用程度。当然每米码头泊位吞吐量也能反映泊位长度的利用,但这一指标仅反映了码头泊位的生产效率,如将泊位时间和泊位长度两者结合起来考虑,更能综合说明泊位的利用。

思考题

1. 概念:计划、码头生产作业计划、月度生产计划。
2. 简述船务计划室岗位设置类型、船务计划员的岗位职责以及日常生产计划管理的内容。
3. 简述码头生产计划的种类及生产计划体系。
4. 简述码头泊位窗口计划表的优化方法。
5. 简述月度吞吐量计划表和昼夜船舶计划表的编制步骤。
6. 试论提高集装箱码头泊位通过能力的有效途径。
7. 试论如何通过优化码头泊位窗口计划表来提高船舶作业效率。

第五章　集装箱码头船舶配载计划管理

概　述

配载(Stowage)通常指运输部门根据车、船和物资情况,合理调配货物装载位置和重量的一项组织工作。集装箱船舶在运输过程中,为保证船舶安全、集装箱及其货物的运输质量和良好的船舶营运经济效果,同时也为保证集装箱码头合理、有序、高效地组织生产,必须事先对集装箱在船上的配置与堆放做出正确合理的安排,此项工作即为集装箱码头船舶配载(Vessel Stowage Planning)。

集装箱码头船舶配载既有普通意义上的船舶配载的功能和要求,还有集装箱码头装船生产计划的功能。可以说,集装箱码头船舶配载,是由集装箱运输这种新的运输方式而导致的,反映在集装箱码头装船作业过程中的矛盾协调的产物。

在传统的件杂货散运方式中,一般的做法是由船公司或代理制作配载图,码头按配载图逐票装船,即根据船公司或代理提供的配载图具体实施货物的积载。由于出口货物集运进码头时,码头已分票堆存,除某些货物有其特殊的性质,不合理的配载次序可能会对码头装船作业造成影响外,其他货物的配载次序先后并不会对码头装船作业造成影响,因而,在实施件杂货船舶配载时,主要考虑的是船舶的因素而非码头的因素。

在集装箱运输方式中,码头集装箱堆场被充分利用,集装箱堆存密度高、周转速度快,集装箱在码头不再是根据货物提单号分票堆放,而是根据运载集装箱船舶的不同要求,分港口、分吨位码垛堆存。为保证集装箱堆场的合理使用,码头为此制定了一整套完整的集装箱堆场储存堆放原则。当某一艘集装箱船舶开始集运之前,码头须根据该船舶预期的作业方案合理安排集装箱堆存区位,以期尽可能避免装船作业过程中堆场取箱冲突而影响装船作业速度和效率。在船舶装载作业开始之前,码头还须根据可以预见的作业方案,计划、安排符合码头作业规律的集装箱装船作业流,也就是制订集装箱装船计划,以确保装船作业速度和效率。这个计划方案的最佳载体无疑就是集装箱船舶配载图。

一般来说,集装箱码头配载图的编制基本步骤是:船公司、船公司代理或船舶大副提供预配船图,码头配载业务员根据预配船图的要求,综合考虑码头单船作业计划(船舶作业线计划)、堆场堆垛原则、各种可预见的情况可能对作业的影响、特种集装箱(货)的作业要求和船舶装载要求等具体因素,制作符合船舶稳性、强度、吃水差等要求的配载图。这份配载图并非是简单的出口集装箱在船舶上的堆积计划,而是船方、码头方以尽可能加快船舶装卸作业速度、降低运输成本、保证船舶航行安全为目的的各类具体要求的综合体现。由此可见,集装箱码头船舶配载,其内涵已超出了传统意义上船舶配载的内涵,它既是保证装载后的集装箱船舶具有适度适航性的必要手段,也是集装箱码头组织生产的一个重要环节。

本章主要介绍集装箱码头船舶配载计划室岗位设置和职责、船舶配载计划作用和主要步骤、配载图及其编制过程、配积载业务相关计算、计算机配载系统实例和如何提高集装箱码头船舶配载计划管理等。

第一节　集装箱码头船舶配载计划室岗位设置和岗位职责

一、船舶配载计划室岗位设置

船舶配载计划室的组织结构和岗位设置,同码头规模和操作部门整体组织结构有关。一般有三种设置方式。

1. 独立式配载计划室

一般在超大型集装箱码头,其操作部门将计划和作业控制功能完全分开设立。其特点是日班计划员和三班计划员都有,向船舶配载计划主任负责。这种设置方式既能满足整体宏观管理需要,又能保证对码头不间断作业的跟班快速反应和支持。目前随着码头规模的不断扩大,采用这种结构的也越来越多,具体如图 5-1 所示。

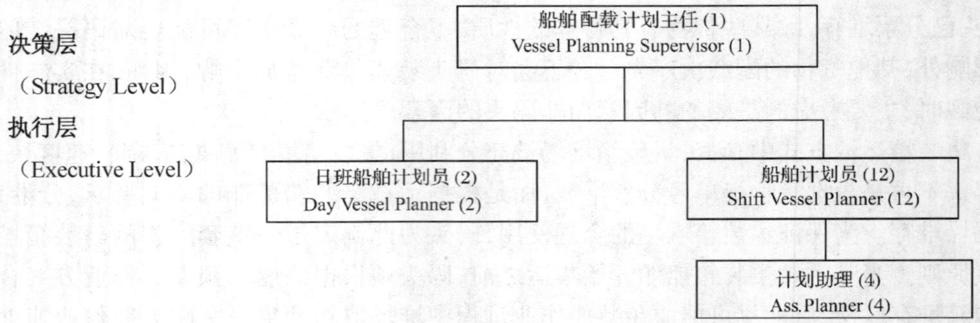

图 5-1　船舶配载计划室组织结构和岗位设置图

2. 日班配载计划员

一般在小型和多用途集装箱码头,其操作部门组织结构较简单,只在计划室内设立 3~5 名日班配载计划员,不设跟班计划员。集装箱码头发展初期就是使用这种设置方式。

3. 日班和三班配载计划员分开设置方式

一般在中型集装箱码头使用。日班配载计划员向计划室主任负责,收集、整理和更新船舶规范等重要的配载资料信息,同船公司预配中心保持良好沟通,并制定、优化和监督执行各船舶配载计划策略(预配总图)。三班计划员向值班经理(或控制室主任)负责,严格按日班配载计划员的预配总图制作预配图,并及时有效地同船方大副沟通完成实配图,并监督实施,在取得船方同意的情况下,可以根据作业情况变化在实际装船过程中进行局部微调。

4. 未来趋势

随着计算机技术的发展,目前出现了自动配载系统(Auto Stowage System),使船舶配载更加便捷和及时。同时由于集装箱码头业务人员基本素质不断提高,有些码头开始将跟班配载员和船舶控制员岗位合并,仅设少量日班配载计划员负责制作预配总图,由船舶控制员自己制作预配船图和实配图,自己直接指挥实施装船作业。这种设置方式,有效地解决了配载员和船舶控制员之间有效沟通的问题,同时又能提高作业效率和降低成本。

二、船舶配载计划室岗位职责

1. 船舶计划主任岗位职责

(1)监督本室各个岗位的工作质量,处理突发事件。

(2)负责安排计划员的排班工作,检查每日的工作完成情况。

(3)负责核对、定义和补充计算机系统中的港口代码、箱型代码,调整和增加各航线的挂靠港序。

(4)定义第一次挂靠船舶的特性及舱位结构的编辑,在靠泊后与船方进一步确认,并总结出该船的积载指导,传达给计划员。

(5)及时明确地将船公司、计费方面的最新要求及各种变更传达到计划员,及时地向上级反映和提供有关船期变更、船公司的信息等。

(6)负责将计划员配载中遇到的船舶最新积载特性加以总结、归纳,然后传达给每个计划员。

(7)需抢船期时,要及时与船公司、代理及船方协调,制定应变方案。

(8)负责同泊位计划、堆场计划和值班经理保持良好沟通,及时收集、发现、优化和反馈配置计划管理中的问题。

(9)总结经验,找出可改进的地方,提出合理化建议和实施方案。

2. 船舶计划员岗位职责

(1)联系船公司获取倍位图、电子舱单和船舶进出口动态,收集进/出口船舶资料、数据。

(2)负责将进口/中转数据传入系统,在系统中核对、修改、批改与系统定义不符的错误信息(如倍位图无进口箱的实际倍位,需手工输入倍位)。

(3)检查本航次出口箱的堆放,如有问题,通知堆场计划安排移箱。

(4)按照船舶的特性和船公司预配中心提供的预配总图,在计算机系统中制作船舶预配船图,并登船与船长、大副讨论修改船舶预配船图,按照船方的合理要求调整装船计划,并将调整情况及时通知船公司、预配中心。预配船图修订完毕后,需经船东或船方签字确认形成船舶积载实配船图,方可实施装船作业。

(5)安排装卸船顺序,分配桥吊,制订船舶作业计划并预计船舶最快离泊时间,通知泊位计划。

(6)与船公司、场站联系,确保加急箱准时放行。

(7)跟踪、监控作业的全过程,保持与中控室、现场的信息畅通,预见各条作业线的冲突并进行合理调整,确保作业畅通和船舶准时离泊。

(8)完船后将短、溢箱信息录入系统,核对进口箱信息。

(9)船舶开航后,及时为有关方准备、发送所需资料。

(10)负责完成船舶配载资料、单证的整理和归档。

(11)及时更新船舶资料,通过对计划和作业过程的总结,改进船舶的配载方法,提高预见和应变能力。

(12)总结经验,找出需改进的地方,提出合理化建议和实施方案。

第二节　集装箱码头船舶配载计划作用和主要步骤

一、船舶配载计划管理的任务和目标

码头船舶配载计划室的根本任务就是编制一份合理可行的集装箱码头船舶配载图。概括起来,主要有如下十大目标:

1. 充分利用船舶装载能力

船舶的装载能力是指船舶在具体航次中所能运输货物的种类和数量。船舶装载能力包括载重能力、容量能力和其他装载能力。

船舶的航次净载重量等于船舶总载重量减去燃料、淡水、粮食、船员、行李、备用品以及船舶常数的数量,计算公式如下:

$$NDW = DW - J - C(t)$$

式中:DW——总载重量;

J——航次燃料及行李等;

C——船舶常数。

船舶的配积载不但要充分利用船舶的净载重量,还要充分考虑船舶的载箱能力。在预配和配载时,注意轻重集装箱的合理搭配,尽量使船舶满舱满载。

2. 保证船舶具有适度稳性

船舶受外力作用离开平衡位置而倾斜,当外力消除后,能自行回复至原平衡位置的能力称为船舶稳性。船舶稳性按倾斜方向分为横稳性和纵稳性;按倾角大小分为小倾角稳性和大倾角稳性。其中,小倾角稳性即初稳性,是船舶稳性计算中最重要的数据,也是集装箱码头衡量其制作的配载图符合要求与否的主要标准之一。

3. 保证船舶强度

船体在各种负荷和水压力的作用下,保持不损坏和不发生很大变形的能力称为船体强度。船体强度分为总强度和局部强度。

集装箱码头在船舶配载过程中，通过对轻重集装箱在船舶各部位的合理配置，来保证船舶满足船体强度的要求。

4. 保证船体具有适度吃水差

船舶的吃水差就是艏吃水与艉吃水的差值。船舶的吃水差、艏吃水、艉吃水和平均吃水如何，与船舶的快速性、适航性、操纵性密切相关。船舶配载的质量如何，将直接影响这些数据。在研究船舶浮态时，吃水差是最重要的数据。

吃水差也是集装箱码头衡量其制作的配载图符合要求与否的主要标准之一。根据经验，万吨级货船的吃水差，一般情况下满载时应为 0.3～0.5 m，半载时为 0.6～0.8 m，空载时为 0.9～1.9 m。大吨位船舶满载通过浅水区时要求平吃水，以防搁浅。

5. 保证集装箱及其货物运输质量

一艘货船一个航次所运载的货物往往有几百种以上，货物特性各不相同，运输保管要求各不相同，而远洋运输的航行时间较长，外界自然条件变化大，因此要求有关工作人员必须有高度的责任感，慎重而细致地做好各项工作。产生货物运输质量事故的原因主要有以下五点：(1)积载不当；(2)货舱及设备不符合运输货物要求；(3)装卸工作不谨慎；(4)运输保管工作存在问题；(5)自然灾害。

对集装箱码头配载工作而言，为保证货物的运输质量，配载时应注意做到重不压轻、小不压大；先配远程后卸的集装箱，后配近程先卸的集装箱；先安排特殊集装箱和特殊货物集装箱的配载，后安排普通货物和普通集装箱的配载等。

6. 满足中途卸货港装卸集装箱的要求

船舶配载工作应注重中途卸货港卸载集装箱的合理积载，使船舶尽量缩短中途港装卸作业时间，提高船舶的营运经济效益。

7. 符合集装箱码头堆场取箱规则

集装箱码头堆场由于所使用的机械、条件不同，有其各自的堆、取箱规则。以上海集装箱码头有限公司为例，集装箱堆场采用的是轮胎吊系统，部分空箱区、不规则箱区采用集装箱叉车系统。这两种工艺形式堆场取箱规则各不相同，轮胎吊工艺形式要求尽可能按从外到内、从上到下的规则，特殊情况也可以从中间列开始取箱；集装箱叉车工艺形式则只能按从外到内、从上到下的规则取箱。

8. 符合集装箱码头单船作业计划要求

集装箱码头生产作业计划分月度计划、旬度计划、五日计划和昼夜计划等，昼夜计划中安排的船舶作业线和作业机械的数量，靠离泊、开完工时间等，即为单船作业计划。在配载制作过程中，要依据单船作业计划合理进行配载。

同一船舶航次，单船作业计划安排的作业线数量不同，配载方案也不同。如一船舶航次，单船作业计划安排一条作业线，集装箱实配时只需按船舶配载原则和堆场取箱原则，尽量减少堆场机械不合理的移动和取箱翻箱即可；如安排两条或两条以上作业线，除需考虑上述因素外，还需考虑各作业线堆场取箱的冲突和各类作业机械作业移动、行驶路线的冲突等。

9. 尽可能在时间和空间上避开干扰作业线作业的各种因素

影响作业线作业正常开展的因素主要有:(1)其他作业线以及其他船舶作业线的影响;(2)其他作业的影响,如装船作业堆场取箱时,同时该箱区内还有集装箱进出场的作业,外来集装箱卡车占用堆场箱区通道,严重时甚至会迫使作业线停工;(3)有特殊要求集装箱的影响,如直装船集装箱,若将其配置于正常作业集装箱之下,届时直装船集装箱不能按时到达,也会对作业线的正常作业造成影响。

做集装箱码头配载,事先应充分预计这些因素的发生,在制作装船作业计划(制作配载图)时,就尽可能从时间和空间上避免这些因素对码头装船(积载)作业过程造成的影响。

10. 确保作业机械装船作业时合理有序地移动

(1)确保码头堆场机械合理有序地移动

如表 5-1 所示,假定装船时须先装 A 类集装箱,后装 B 类集装箱,在制订装船计划(制作配载图)时,就必须确保使堆场轮胎吊作业时能按 $A_1, A_2, \cdots, A_n$ 和 $B_1, B_2, \cdots, B_n$ 的顺序依次取箱,这样可以使轮胎吊大车行走路线最短。

表 5-1　作业机械装船顺序

B_n	…	…	…	…	…	B_3	B_2	B_1
A_1	A_2	A_3	…	…	…	…	…	A_n

(2)确保船边作业机械合理有序地移动

如图 5-2 所示,假定装船时安排桥吊 A 和桥吊 B 同时作业,在安排装船桥吊分路计划时,就必须保证两台桥吊都按箭头所指的方向按序作业,使桥吊作业时始终保持有效间距。

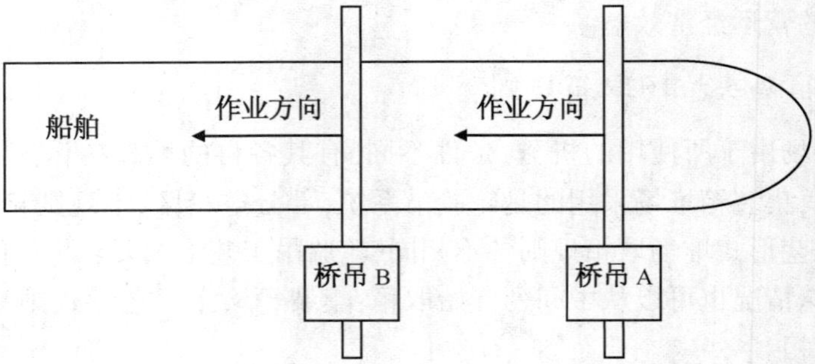

图 5-2　装船吊桥分路计划

二、船舶配载计划步骤

1. 收集核对配载单证资料

配载的单证资料,包括船舶资料和出口箱资料两大部分,这是配载作业的原始依据,必须尽量收集齐全。在收齐配载资料开始配载作业前,还应对这些资料进行校对,以免单证资料不符而造成配载不当或失误。

2. 制作配载船图

配载船图分为封面图和船箱位图两部分,其主要作业量是配置封面图。

配置封面船图要在满足船方运输要求的前提下,在船方和港方之间统筹兼顾,达到最佳平衡。此外,由于特种箱配置均有特殊要求,不具有普通箱在船箱位上的互换性,因此配载人员应掌握先配特种箱,后配普通箱的次序,而且特种箱一旦配载完成后,一般不要再行拉动。封面船图的箱位格子内,一般只标注卸港代码和特种箱标记。封面船图配置完成后,还应将所配箱子按卸港顺序列一统计表,以便核对配载是否正确。

船箱位图实际上是封面船图各个倍位的"放大",全船有多少个倍位,就应有多少个船箱位图。由于船箱位图被"放大",其箱位格子包含的信息更多,包括装港和卸港代码、集装箱箱号和持有人、箱重和箱型、特种箱标记和运输要求等。有的集装箱码头为便于堆场发箱,还将该箱子的堆场箱位进行标注。

3. 配载图的审核

配载船图完成后,配载人员应进行仔细审核,复核一遍配载图是否满足配载的基本要求,是否有配载的不当或失误,以便事先纠正,避免装卸作业的被动和不应有的损失。

4. 配载图的签发

经审核无误后,配载员应在封面船图上签名并签署配载日期,以明确责任,并将配载图送船方大副审阅,大副同意并在配载图上签字确认后,实配图方可发送船边、堆场、中控、外理等各部门,作为装船作业的依据和区分责任的有效文件。

5. 退关箱、复关箱的处理

由于船方或货方的原因,每一航次均会出现不同程度的退关箱,配载人员应及时统计和校对退关箱的数量、箱号、箱型、提单号、关封号等资料以及退关的原因,报送相关部门。对已复关的箱子,配载人员要认真仔细处理,切不可因疏忽大意而造成漏配事故。

上述仅仅是简要介绍其主要环节,具体细节和注意事项将在下一节详细介绍。

第三节　集装箱码头船舶配载图及其编制过程

一、船舶配载的基础知识

1. 集装箱船舶的船箱位表示法

集装箱船舶的船箱位是使用排(Bay)、列(Row)、层(Tier)共六位代码来表示的(见图5-3)。

(1)排位:从船首向船尾以序号表示:如01、03、05 …

(2)列位:从中间向右舷的列号为单数,如01、03、05…;从中间向左舷的列号为双数,如

02、04、06…;如列位总数为单数,则最中间列号为00。

(3)层位:层位分甲板层位和舱内层位。甲板层位由下至上用顺序号82、84、86…表示,也可用 D_1、D_2、D_3…表示;舱内层位由下至上用02、04、06…表示,也可用 H_1、H_2、H_3…表示。

大型集装箱船舶的船舱内一般都有隔槽,便于固定和装卸集装箱。因此集装箱船舶的箱位有的既能装载20 ft箱,又能装载40 ft箱,也能装载45 ft箱;有的能装载20 ft箱或40 ft箱;有的只能装载20 ft箱(一般称为20 ft全隔槽)。凡装载40 ft或45 ft集装箱的船箱位,排位用双数表示,例如:一个40 ft集装箱装载在09、11(Bay),则标准船箱位用10(Bay)表示。

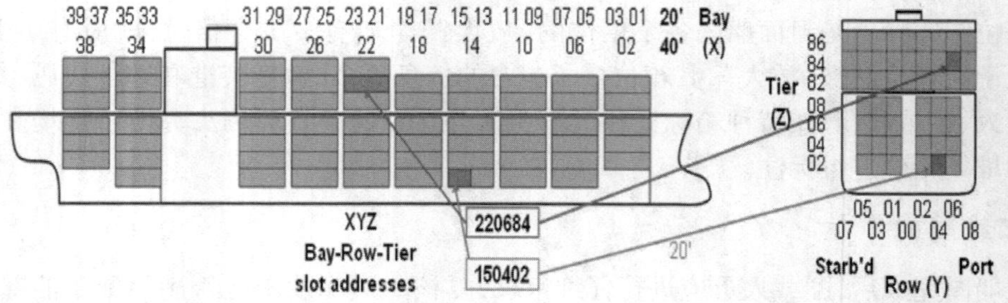

图 5-3　集装箱船舶的船箱位代码150402和220684位置示意图

2. 船箱位使用的注意事项

无论是在舱内还是甲板上,当两箱位之间的距离为75 mm时,两个20 ft集装箱上能配载一个40 ft箱(除非该船舱是20 ft全隔槽),如间距不为75 mm,则不能再配40 ft箱。但无论在舱内还是在甲板上,一个40 ft箱上方只能配载40 ft箱,不能再配两个20 ft箱。

集装箱船舶一般都设有冷藏箱专用插座,在通常情况下,冷藏箱插座设在甲板上,但也有设在舱内的。配载业务员在制作配载前,必须清楚地了解该船舶的冷藏箱插座数及其具体位置。

二、船舶配载图及其编制过程

1. 船公司预配总图编制

船公司的集装箱配载中心根据航次订舱情况,编制出该航次在某装卸港的集装箱预配总图(见图5-4),及时将此图送交相应的集装箱码头,作为集装箱码头配载员的主要配载依据。

(1)预配总图的编制原则

①充分利用船箱位

由于受到货源、船舶载重量和船舶稳性的制约,集装箱船舶并非每一航次都能达到它的最大箱容量。要使集装箱箱位接近满载,所承载的集装箱的箱重是关键因素。下面是计算船舶装载近最大箱量时,船舶所能承载的近似公式:

$$CDW = 1.15(DW - CBW)(t) \tag{5-3-1}$$

式中:CDW——船舶装载近最大箱量时的最大载重量,t;

DW——船舶总载重量,t;

CBW——船舶压载水的舱容量,m^3。

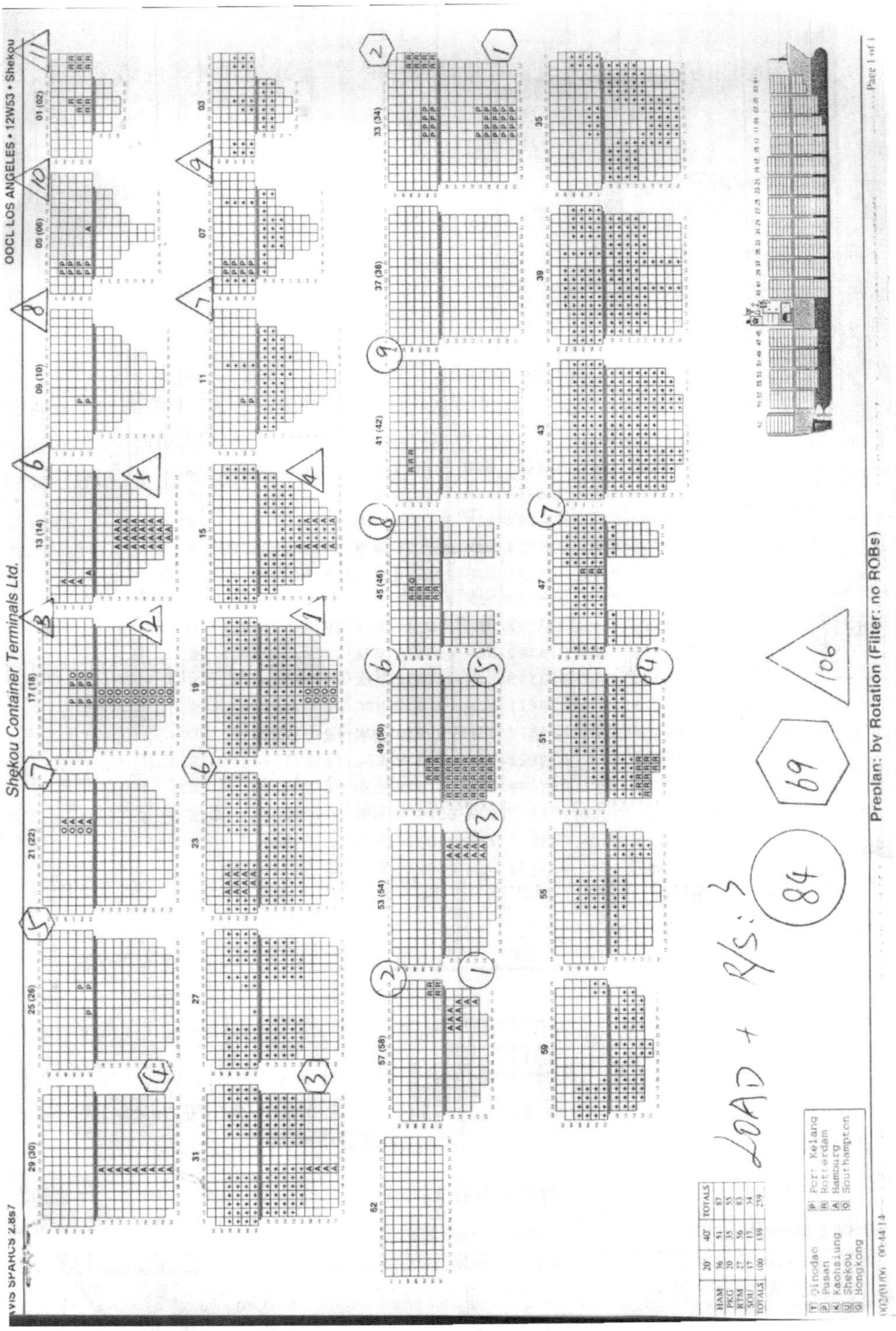

图5-4　集装箱船舶的配载图封面总图（总倍位图）实例

注:该公式所表示的最大载重量,是指甲板上的平均箱重是舱内平均箱重的 1/2 时,所允许的最大载重量。

如果该集装箱船舶的载重量较大而箱容量却较小时,按上述公式计算的结果误差较大,可用如下公式计算:

$$CDW = 1.5\,N \times W \tag{5-3-2}$$

式中:N——舱内集装箱容量(个);

W——舱内允许的每个集装箱的平均堆积负荷(t/个)。

②合理安排轻重箱的位置

根据每个卸货港订舱集装箱箱量及其吨位,合理安排轻重集装箱总体装船位置,保证船舶的纵向强度和适当的吃水差。

③避免"压港"现象,合理预配选港集装箱

"压港",是指先到港集装箱压住后到港集装箱,在预配时要从全航线考虑,将先到港集装箱配在上面,后到港集装箱配在下面。选港集装箱,是指在配积载时仍未明确具体卸货港的集装箱,对这类集装箱,预配时尽可能将其配于船舶航次最终卸货港集装箱之上,以免造成翻箱。

④尽量避免同一卸货港的集装箱过分集中

集装箱的装卸一般都使用岸边集装箱装卸桥,一台集装箱装卸桥的横跨度一般都在 25 m 以上,当船期较紧时,码头一般都使用几台装卸桥同时进行作业。在这种情况下,如果在装货港将同一卸货港的集装箱配置过分集中,会使几台装卸桥无法同时进行作业,从而影响码头的装卸效率,拖延船舶的停泊时间。因此,在预配船图时,就应将量比较大的同一卸货港的集装箱分开配置。

⑤合理安排各卸货港集装箱、特殊集装箱及特殊货物集装箱的预配位置

要正确配置冷藏箱、危险品箱、超宽箱、超高箱等非普通箱,如危险品箱要符合《国际海运危险货物规则》(以下简称《国际危规》)的装载要求和隔离要求。各卸货港集装箱预配位置安排要合理,要方便中途港加载集装箱。

预配总图经过审核无误后,送交集装箱码头配载计划室作为制作正式配载图的依据。

(2)集装箱船舶的预配图形式

集装箱船舶的预配图一般分为基本预配图和总预配图。其式样如图 5-4 所示。

①基本预配图

基本预配图是船公司的集装箱配载中心直接向集装箱码头堆场送交的集装箱预配图。船公司在收到订舱单后,由船舶代理或船舶调度按集装箱的卸货港、箱型、箱重等进行分类,然后送交船公司的集装箱配载中心。预配图的制作就是根据整理和分类的集装箱订舱单进行的。预配图一般都用彩色绘制,不同的颜色分别表示不同的卸货港。

②总预配图

船公司为了更好地做好集装箱的预配工作,在不少的集装箱班轮航线上,采取了制定总预配图的方法。例如:中远公司的中国—澳大利亚集装箱班轮航线上,船在抵达悉尼港前,悉尼港代理就将悉尼、墨尔本、布里斯班 3 个挂靠港的订舱箱量传真给船方,由船上的大副预配,制定好 3 个挂靠港的总预配图,经船长审核后,将预配图传真给悉尼港的代理,由悉尼港代理安排 3 个挂靠港的代理根据总预配图进行各挂靠港的集装箱配载。这个总预配图的制定使船舶在澳大利亚的 3 个挂靠港的积载得到很好的安排和控制,对船舶的积载是十分有利的。

2. 码头船舶配载计划实配船图的编制

集装箱码头配载计划室收到船公司的预配总图后，开始进行实配船图的编制。主要过程如下：

(1)对外签证场站收据

场站收据的标准格式是一套共十联，其各联名称、流转程序和填制注意事项等详见后面的章节。这里仅介绍其码头签证和签证后的流转。

①集装箱码头场站收据签证

场站收据第五、六、七联由货代(托运人)向海关报关，海关审核后在第五联上加盖海关放行章。集装箱码头配载员首先查验第五联的海关放行章，再核对场站收据所列载的集装箱箱号、箱数、货物总件数等，查核无误后在场站收据上加批实收箱数并签字，加盖场站收据签证章，场站收据所列集装箱即可被放行配船。

如场站收据第五联无海关放行章，或实收集装箱箱数、货物总件数大于场站收据所列载的数目，码头配载员不得签证该场站收据，该场站收据所对应的集装箱则不能被放行配船。

②签证后相关场站收据的流转

第五联：码头留底，归档保存；第五联附页：交码头收费部门，作为收取港务港建费的依据；第六联：随码头船舶配载图一起交外轮理货，如属加载集装箱则随加载船图交外轮理货；第七联：场站收据签证后，由货代(托运人)带回，货代(托运人)凭此联向船代换取待装船提单。

(2)确定船舶配积载的总体方案

集装箱码头配载员在制作配载船图之前，首先要整体了解出口集装箱在码头堆场的分布，开工作业线及作业机械的数量，结合船舶稳性、纵倾、强度以及集装箱配积载要求，形成总体的配船思路和堆场取箱方案。依照上述总体思路和方案，在配载过程中按以下原则进行集装箱实配：

①在配载过程中，始终注意船舶稳性、纵倾、强度的要求，有意识地合理分配轻重箱配积载位置。

②先配载有特殊配积载要求的集装箱，后配载无特殊配积载要求的集装箱。

③在配载过程中，要始终注意避免多条作业线同时开工堆场取箱及作业线机械行走路线的冲突。

④在配载时，尽可能预计可能影响作业线作业的因素及其发生时间，在配载时注意有意识地错开这些因素的影响。

⑤所制作的配载图，必须使码头各类机械在按图实施装船作业时合理有序地移动。

上述配载原则实际上并不是单列的，它们贯穿于配载制作过程的始终，为便于阅读者的理解而将其罗列在一起，详细内容在此不再展开。

配载船图的好坏与否，从配载的码头作业计划功能来讲，实际并没有一个统一的量化的衡量标准，但一份精心制作的合理的配载图，确实能使码头装船作业效率和速度大大提高，这完全取决于配载员的经验和素质。

(3)配载图的编制

集装箱的正式配载图主要由封面图和倍位图组成。

①封面图

配载封面图是一份与船舶倍位集装箱实配相对应的总倍位图,在这张总倍位图上的相应船箱位上标明所配集装箱的卸货港(一般用对应的字母或不同的颜色加以表示),如在该船箱位上所配的箱为危险品箱、冷藏箱或超高、超宽箱,则一般在船箱位上用符号标明。

②箱位图

每一张箱位图由甲板部分和船舱部分组成,不论是船舱还是甲板,每一个舱位图格内应标注下列内容(见图 5-5):

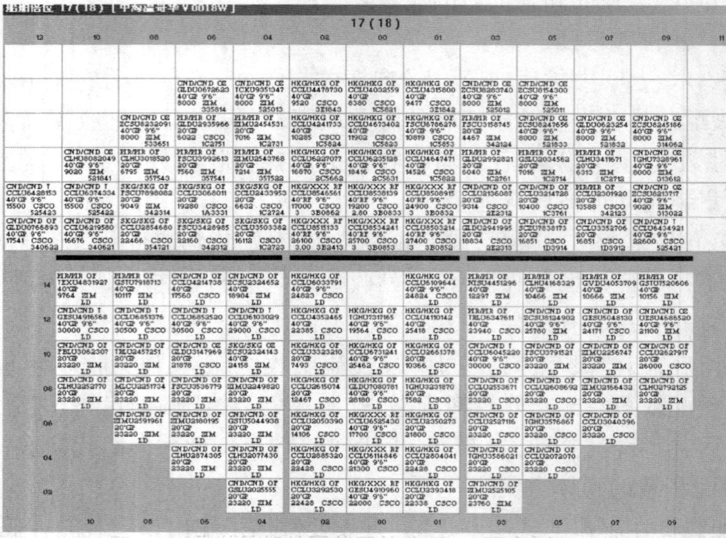

图 5-5 集装箱船舶配载图的分倍位图实例

a. 装货港、卸货港和目的港

装货港、卸货港和目的港一般用相应的英文缩写表示,如果整个倍位所配的集装箱的卸货港和目的港相同,也可在这张倍位图上只标明一次,有的倍位图当某倍位某层的卸货港和目的港相同时,也只在该倍位该层标注一次。

b. 集装箱重量;

c. 集装箱箱号;

d. 持箱人代码;

e. 集装箱箱型;

f. 箱状态;

g. 特殊箱标志

特殊箱标志主要有冷藏箱标志、危险品标志、超高超宽标志、冷藏箱必须标明指定温度,如“-10”;超高箱用“^”标志,超宽箱用“〈”、“〉”标志;危险品必须标明危险品的级别,如:“3.1”“5.2”等。

h. 集装箱进场堆存位置

不论是封面图还是倍位图,每一个小方格表示一个 20 ft 集装箱位,如所配集装箱为 40 ft 或 45 ft 箱,则用相邻的两个倍位中的同一列位同一层位的两个 20 ft 箱位表示一个 40 ft 箱位,并将箱信息标于小倍位中,在大倍位中用“×”表示。

有些箱位图上还注有每一层位的吨位小计(CW)、纵向力臂(VCG)、纵向力矩(VMT),用以计算船舶的强度、稳性，三者的关系为：

$$CW \times VCG = VMT$$

实际配载图的主要作用是向船方提供集装箱的具体船箱位、集装箱重量、冷藏箱的箱位、危险品的类别和其船箱位，使船方能有充分的时间对船舶的稳性、强度进行校核，并及时调整船舶的吃水差，使船舶适航（见图 5-6）。其次，实际配载图的另一主要作用，是作为集装箱码头装船作业实施的依据。

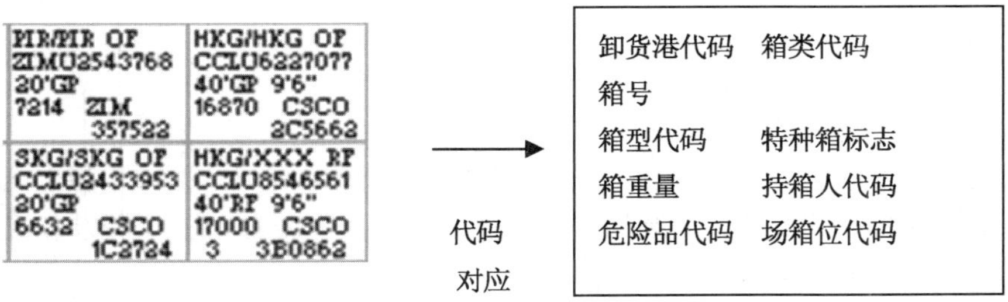

图 5-6　集装箱船舶配载图的甲板某四个箱位图内代码实例

（4）配载图的审核

集装箱码头实际配载船图制作完毕后，配载员须先进行自检，自检通过后再送交船舶大副，经大副审核确认后，码头方可按船图进行装船作业。配载员自检的内容主要有：

①检查轻重箱配置是否合理

当集装箱船舶的预配箱量与船舶的集装箱装载能力相近时，应尽量将重箱配在下方，轻箱配在上方，但如果该航次重箱较少而轻箱较多，则不宜将重箱全部配在下方，以免船舶的初稳性高度值过大，使船舶在航行中摇摆频率过高。

当然，在配载过程中，还应注意船舶的横向平衡，注意轻重箱的横向搭配。

②检查船舶纵向集装箱的配置是否满足船舶纵向强度要求

由于集装箱船船型的特殊性，集装箱船舶很容易产生中拱，故集装箱船舶的纵向强度一般较差。在配积载时要尽量减少船舶的中拱现象，在船舶的中部适当多配些重箱，保证船舶的纵向强度。尤其要考虑船舶在中途港的装卸情况，避免在中途港卸货后使船舶产生中拱，影响船舶的纵向强度，所以在配载制作中，如有可能，应尽量将在目的港卸下的较重的货物配在船中。

③检查船舶是否具备合理的稳性和吃水差

在配载过程中，要保证船舶具有合理的稳性和吃水差，注意轻重集装箱在船舶垂向及纵向的配置。如船舶进出的港口航道条件不佳，则要特别注意吃水差问题。例如，上海港是一个潮汐港，航道局部水位较浅，如船舶的吃水较深，则在配载时，应尽量使船舶接近平吃水，争取船舶顺利进出港口。

④检查是否有集装箱“压港”现象

由于配积载不当，使船舶在中途港卸货时须进行“倒箱”作业，即将其他卸货港的集装箱先卸下，再将被压在下面的实际需卸下的集装箱卸下，然后再将刚才卸下的其他卸货港的集装箱装上船，这一过程即为“倒箱”。倒箱严重影响码头的装卸效率，并增加费用。因此，在配载时，应从全航线考虑，将中途先到港的集装箱配在上面，将后到港的集装箱配在下面，避免“压港”。

⑤检查选港集装箱配载是否合理

选港集装箱,应尽量配置在所能选择的卸货港在装卸作业时都不需进行倒箱的船箱位上。如做不到这一点,则可将集装箱配在最终卸货港箱的上面,避免倒箱作业。

⑥检查“高箱”配载是否超出限制要求

在集装箱运输中,所使用的集装箱的高度通常是 8 ft 6 in,但也有一些集装箱的箱高度为 9 ft 6 in,对于这类集装箱,在配载过程中要特别注意。如果将高箱配在舱内,要注意舱内的净高,以免舱盖板无法盖上;如果配在甲板上,则要注意对集装箱进行有效的栓固,还要注意它的堆积高度不可有碍驾驶台的视线。

⑦检查超高、超宽箱的配载是否合理

很多框架集装箱和开顶集装箱内所装的货物都超过箱体高度,这类集装箱称为超高箱。由于超高箱的上方不能再配集装箱,所以这类集装箱不论是在舱内还是在甲板上,都只能堆放在最上方。超宽箱即是集装箱内所装的货物超过箱体宽度的集装箱,这类集装箱配船后,其超宽一侧的船箱位不能再配集装箱。

⑧检查冷藏箱、危险品箱的配载是否符合要求

船舶冷藏箱的装载有其固定的船箱位,因此冷藏箱不能随意配载。

危险品箱根据所装载的危险品货物类别,有不同的装载要求:有些危险品箱必须装载于船舱内,有些则必须装载于甲板,而有些则要求尽量远离机舱或生活区。另外,如果同船装载多种不同类别的集装箱,不同类别的集装箱之间还有不同的隔离要求。

⑨检查每摞集装箱累计重量是否超过船舶集装箱堆积负荷限定值

集装箱堆积负荷,是指堆放集装箱的四个箱脚底座所能承受的最大负荷。集装箱堆积负荷又分为舱底负荷和甲板负荷,其中甲板负荷又可分为舱盖负荷和平台负荷两种。集装箱堆积负荷除了按舱底负荷和甲板负荷分类外,又可分为 20 ft 箱负荷和 40 ft 箱负荷。在集装箱配积载工作过程中,应注意每摞集装箱的总重量不能超过规定的堆积负荷。

3. 理货公司船舶实装船图的编制

集装箱船舶在装船结束后,理货公司理货员根据实际装载的集装箱,以及每个集装箱实际船箱位,编制出船舶的最终积载图(Final Bay Plan)。最终积载图又称实装船图、主积载图(Master Plan),该图是集装箱船舶的主要装载文件之一,是船舶下一个挂靠港卸船以及加载集装箱配载的根据,也是集装箱船舶的稳性、吃水差、强度的数据来源。最终积载图一般由封面图、集装箱装船统计表和集装箱的积载倍位图三部分组成。

(1)封面图

船舶最终积载图的封面图格式与配载图的封面图格式基本上相同,但有些港口为了使封面图更加直观,将封面图分为三张来表示:第一张图标明港口(用港口代码表示);第二张图为所装集装箱的重量图;第三张图为船舶的冷藏箱和危险品货物图。

(2)集装箱装船统计表

集装箱装船统计表是船舶在该航次按装货港、卸货港、箱尺寸等统计的集装箱数量和吨位的统计表。其所记内容如下(见表 5-2):

表 5-2　船舶出口集装箱箱型数量统计汇总表(局部)

船代码	ORF	航次	274W															
港口	水线下	危险类别	超限箱	重箱												冷冻箱		
				20FR	20GP	20HG	20OT	20TK	40FR	40GP	40HC	40HG	40OT	40RH	45HC	20RF	40RH	Tota
DKK					0					2	3						1	6
HAM					91					55	44	1		4		2	12	209
		8			5													5
		9			1													1
	UAB				10					2	1							13
LEH					87		1			52	78			14		3	8	243
		6.1			4					0	0							4
MLA					19					6	72		6				24	127
			Y		0				1	0	0		0					1
OP3					175					30	224		4	1			10	444
			Y	5														5
		4.2			1													1
		9			4													4
	UAB				20					2	9							31
PKG					113					6	40					1	17	177
		3			1					0	0							1
		4.2			3					0	0							3
		8			1					0	0							1
		9			2					0	0							2
	UD				12					0	0							12
RTM					76					33	53						1	163
	UD				1					0	1							2
SOU					26	1				46	42	1			2		2	120
		2.1						1										1
ZEE					66					93	84	1		5	0	1	14	264
		3			1													1
		6.1			2													2
		9			1													1
	UAB				3					1								4
	UD				1						1							2
Total				5	726	1	1	1	1	328	652	3	10	24	2	7	89	1 850

①该航次船舶所装 20 ft 集装箱的数量和重量、40 ft 集装箱的数量和重量;全部集装箱的数量和总重量。

②各装货港所装各卸货港的 20 ft 集装箱的数量和重量、40 ft 集装箱的数量和重量;各装货港所装的 20 ft 集装箱的总数量和总重量、40 ft 的集装箱的总数量和总重量(扣除已卸下的集装箱的数量和重量)。

③各装货港所装各卸货港的 20 ft 危险品箱的数量和重量、40 ft 危险品箱的数量和重量;各装货港所装的 20 ft 危险品集装箱的总数量和总重量;40 ft 危险品集装箱的总数量和总重量。

④各装货港所装各卸货港的 20 ft 冷藏箱的数量和重量、40 ft 冷藏箱的数量和重量;各装货港所装的 20 ft 冷藏箱的总数量和总重量、40 ft 冷藏箱的总数量和总重量。

⑤空箱的数量和重量。

⑥选港货的数量和重量。

⑦所装载的集装箱的总数量和总重量。

(3)集装箱的积载倍位图

集装箱的积载倍位图的格式与前面所述的正式配载图的格式基本相同。但正式配载图并不能确切地反映集装箱在船舶上的装载位置,只有积载倍位图才能如实地反映所装集装箱的正确船箱位。

第四节　集装箱码头船舶配积载业务相关计算

一、船舶稳性计算

集装箱船舶的甲板上一般都装载有大量的集装箱,有时甲板上装载的集装箱比舱内装载的集装箱还要多,这一特点使集装箱船舶水线位置以上的受风面积比一般的杂货船大,并且使集装箱船舶的重心位置偏高。因此,对集装箱船舶的安全应更加重视。我国《海船稳性规定》(1986 年版)对集装箱船舶的稳性提出了特殊的要求。

1. 集装箱船舶对稳性的要求

根据我国海船稳性规范对集装箱船舶的稳性要求,可归纳为以下六条:(1)初稳性高度 h 不大于 0. 3 m;(2)船舶的最大静稳性力臂 l 不大于 0. 2 m;(3)船舶的最大静稳性力臂所对应的横倾角不小于 30°;(4)船舶静稳性曲线的消失角不小于 55°;(5)稳性衡准数应大于等于 1;(6)集装箱船舶在横风作用下,从稳性曲线上求得的静倾角,应不大于 1/2 上层连续甲板边缘入水角,且不大于 12°。

上述六条中的前四条的数值,都是在自由液面修正后的数值。另外,我国海船稳性规范规定:计算集装箱船舶的稳性时,每个集装箱的重心垂向位置,应取在集装箱高度的一半处;求风压静倾角的风压倾侧力矩时,取计算稳性衡准数所用的风压倾侧力矩值的一半。在集装箱船舶的稳性计算中要用到很多符号,常用符号请参阅表 5-3。

表 5-3　稳性计算常用符号表

符号	符号的名称	单位
GM	初稳性高度	m
G_0M	经自由液面修正后的初稳性高度	m
KM	横稳心距基线的高度	m
KG	船舶重心距基线的高度	m
GG_0	自由液面对初稳性高度的修正值	m
KG_0	经自由液面修正后的船舶重心高度	m
GZ	静稳性力臂(也称复原力臂)	m
GZ_{MAX}	最大静稳性力臂	m
q_{GZMAX}	最大静稳性力臂所对应的横倾角	(°)
$q_{GZ=0}$	静稳性曲线的消失角	(°)
K	稳性衡准数	
l_q	最小倾覆力臂	m

续表

符号	符号的名称	单位
l_f	风压倾侧力臂	m
A_f	船舶受风面积	m^2
Z	计算风力作用力臂	m
R	单位计算风压	9.8 Pa(kgf/m^2)
q_i	作图求 l_q 时,使用的横摇角	(°)
T_q	船舶自摇周期	s
B	不包括船壳板的最大宽度	m
A_b	舭龙骨总面积	m^2
C_1	横摇角计算公式中的系数	
C_2	横摇角计算公式中的系数	
C_3	横摇角计算公式中的系数	
q_j	船舶进水角	(°)
q_w	风压横倾角	(°)
q_d	上层连续甲板边缘入水角	(°)
l_d	动稳性力臂	m
D	船舶的排水量	t
$S_{0°\sim10°}$	横倾角 0°~10°静稳性曲线所包围的面积	m · rad
d	所核算装载情况下的型吃水	m
r	液体的比重	t/m^3
i_x	自由液面的惯性矩	m^4

2. 初稳性高度的计算及调整

初稳性高度是衡量船舶受外力作用而产生倾斜,当外力消失后,所能恢复到原来位置能力的一个主要数据。初稳性高度值越大,船舶倾斜后恢复到原来位置的能力越强,抵抗恶劣天气的能力也越强。但是,初稳性高度值越大,船舶的横摇周期就越小,船舶的摇摆频率就越高。因为集装箱船舶的甲板上所装载的货物比一般的杂货船多,如果船舶在航行中摇摆的频率过高,可能会使甲板箱的捆扎松动,造成事故,所以对于集装箱船舶的初稳性高度应有所控制。

(1)初稳性高度的计算

集装箱船舶的初稳性高度的计算过程与杂货船基本相同,也是先求出空船、集装箱、燃油、淡水、压载水等的合重心,再根据船舶装载下的排水量,从船舶稳性计算书中的静水力表或船舶的静水力曲线图上,查取横稳心距基线的高度,然后按下述公式计算初稳性高度值:

$$GM = KM - KG \tag{5-4-2}$$

式中:GM——船舶初稳性高度;

KM——船舶的横稳心距基线的高度;

KG——船舶的重心距基线高度。

以上述公式求出的初稳性高度值没有将自由液面的影响考虑在内,但是集装箱比普通的杂货船拥有较多的油舱和水舱,按照我国海船稳性规范的规定,只有当这些液体舱装满自由液面95%以上的液体或存有通常剩余液体的空舱时,自由液面对初稳性高度的影响可忽略不计,除此以外,液体舱必须计算其自由液面对初稳性高度的影响。

液体舱自由液面对初稳性高度值的影响,可用下列公式求出:

$$GG_0 = \sum r \times i_x / D$$

式中:GG_0——自由液面对初稳性高度的修正值;

r——液体比重;

i_x——自由液面惯性矩;

D——船舶的排水量。

自由液面惯性矩 i_x 可从船舶稳性计算书中查得,经过自由液面修正后初稳性高度值为:

$$G_0M = KM - KG - GG_0$$

(2)初稳性高度的合理调整

①初稳性高度调整的意义

集装箱船舶因其甲板上一般都装有大量的集装箱,其重心高度都比较高,为了能获得足够的初稳性高度,确保船舶的安全,在建造集装箱船舶时,设计的空船初稳性高度都比较高。当船舶载箱量少或甲板上所载的箱量较少时,船舶的初稳性高度值就会很大,过大的初稳性高度虽然能使船舶得到好的稳性,但也使船舶的横摇周期偏小,当船舶在遇到风浪时,会产生频率较高的摇摆,于安全航行不利,所以,对于过大的初稳性高度,应设法降低。

当集装箱船舶所载箱量接近满载时,或船舶载箱总重量较大时,船舶的初稳性高度则偏小,使船舶易产生较大的横摇周期,船舶在航行中易产生横倾,不利于船舶的安全,在这种情况下,应尽量提高船舶的初稳性高度。

②船舶初稳性高度的调整

对于一条船,如果没有合适的初稳性高度,就不可能获得良好的其他稳性条件。初稳性高度最好在配载时就进行核算,否则一旦积载完毕,对初稳性高度的调整就只能靠压载水进行了。在集装箱配载图制作完后,应进行稳性验算,在验算的基础上,根据情况进行必要的初稳性高度的调整。

如果船舶近满载时,发现初稳性高度过小,此时,可查一查20 ft集装箱配位的情况,如有可能,应尽量将20 ft集装箱调装舱内,40 ft集装箱调装甲板,因为除在特殊情况下,两个20 ft集装箱比一个40 ft集装箱要重。如果经过调整后,稳性仍不符合要求,则可根据情况退掉部分集装箱。

如果初稳性高度过大,此时集装箱的箱量一般都比较少。为了保证以后各挂靠港的加载,又要尽量降低船舶的重心高度,如有可能,将起航后船舶第一挂靠港的集装箱全部装在甲板上。

当船舶的实际排水量未达到满载排水量,且压载水舱的容积还有可调节的余地,可利用压载水的排灌来调整初稳性高度。当初稳性高度需要提高时,可对重心高度低的压载水舱灌注压载水,或将重心高度高的压载水舱的压载水排出一部分,以降低船舶的重心高度。当初稳性高度需要降低时,可将重心高度偏低的压载水舱的压载水排出部分,或在重心高度高的压载水舱灌注压载水,以提高船舶的重心高度。

在利用压载水来调节船舶的初稳性高度时,必须注意保持船舶的正浮、合理的吃水差以及足够的纵向强度。

利用压载水调整初稳性高度可通过以下的公式进行计算:

$$BW = D \times d_{GM}/(KG - KG_{BW} - d_{GM}) \tag{5-4-3}$$

式中:BW——需要调整的压载水量,正值表示灌入,负值表示排出;

D——调整前船舶的排水量;

d_{GM}——要求调整的初稳性高度值,提高为正,减少为负;

KG——调整前船舶的重心高度;

KG_{BW}——被调整的压载水舱的压载水重心高度。

上述公式是个近似公式,只有在灌入或排出的压载水量不大时才能使用。若灌入或排出的压载水量较大,则该公式的误差较大。

二、船舶吃水差计算

1. 集装箱船舶对吃水差的要求

(1)对集装箱船舶在进出港口时的吃水差要求

随着集装箱船舶不断向大型化发展,船舶的吃水也随着在增加,全集装箱船的满载平均吃水一般都在 10 m 以上,大型集装箱船满载平均吃水可超过 12 m。如果船舶航次挂靠港的水深条件有限,则在船舶进出港口时,对船舶吃水必须有所限制,合理调整吃水差,或在保证船舶稳性的前提下,排放一些压载水,使船舶保持平吃水,只有这样才能保证船舶进出这些港口时的安全。

如果船舶进出的港口航道较复杂,为了使船舶具有良好的操纵性,应使船舶具有一定的艉倾吃水。

(2)对集装箱船舶在航行时的吃水差要求

相对一般的杂货船而言,集装箱船舶的管理、装卸、航行的机械化和自动化程度较高,船舶的航速快,货物的运输时间短,船舶的燃油消耗率也较高,为了降低营运成本,要求船舶在航行过程中具有最佳的纵倾,即将船舶的吃水差调整到最佳状态,做到在不降低航速的前提下,既节省燃料,又能使船舶具有良好的操纵性。

2. 吃水差的计算和调整

(1)艏、艉吃水和吃水差的计算

根据实际经验,要使船舶具有适当的吃水差,应注意以下两点:

①根据船舶的实际情况,在各箱位中,合理分配货物的重量,各箱位积载货物的重量根据船舶的具体情况确定。

②对船舶吃水差有显著影响的艏舱、艏甲板和艉舱、艉甲板货物的配装留一定的余地,以备在吃水差的调整过程中能发挥作用。

a. 吃水差的计算

在集装箱船舶吃水差的计算过程中,常用的符号列表请参阅表5-4。

船舶吃水差的计算公式为:

$$T = D(LCG - LCB)/ MCT \tag{5-4-4}$$

式中:LCB——船舶浮心至艉柱的距离;

LCG——船舶重心至艉柱的距离;

MCT——米纵倾力矩;

D——总排水量。

如果计算的结果为负,说明船舶的重心在船舶的浮心之后,船舶呈艉倾状态;如果计算的结果为正,说明船舶的重心在船舶的浮心之前,船舶呈艏倾状态。

b. 艏艉吃水的计算

—艏艉吃水系数求艏艉作业线吃水

以D(总排水量)为引数,可以在吃水差计算书中查出艏艉作业线吃水差系数TCF、TCA,然后再以D(总排水量)为引数在吃水差计算书中查出平均吃水d_m,再通过下面两个公式,计算出船舶的艏吃水d_F、艉吃水d_A。

$$d_F = d_m + BG \times TCF \tag{5-4-5}$$

$$d_A = d_m + BG \times TCA$$

$$BG = LCB - LCG$$

式中:BG——浮心到重心的距离,BG的数值有正有负;

TCF——艏吃水差系数,数值为负;

TCA——艉吃水差系数,数值为正。

如果没有TCF和TCA的查询资料,则可通过下面的公式计算出TCF和TCA的值:

$$TCF = [-D \times (L - LCF)]/(L \times MCT) \tag{5-4-6}$$

$$TCA = (D \times LCF)/(L \times MCT)$$

式中:D——船舶排水量;

L——船舶的两柱间长;

LCF——船舶漂心至艉柱的距离。

—通过吃水差和船舶的漂心位置计算船舶的艏艉作业线吃水

先计算出船舶的吃水差T,再以D(总排水量)为引数在吃水差计算书中查出平均吃水d_m和漂心到艉柱的距离LCF,然后以下述公式计算出船舶的艏艉吃水:

$$d_F = T(d_m + L - LCF)/L$$

$$d_A = d_m - T(LCF/L)$$

—艏艉吃水的近似计算

艏艉吃水值还可通过下面的近似公式求得:

$$d_F = d_m + T/2$$

$$d_A = d_m - T/2$$

表 5-4　吃水差计算常用符号表

符号	符号的名称	单位
T	船舶的吃水差	m
d_m	船舶的平均吃水	m
d_F	船舶的艏吃水	m
d_A	船舶的艉吃水	m
L	船舶的两柱间长	m
LCG	船舶重心至艉柱的距离	m
LCB	船舶浮心至艉柱的距离	m
LCF	船舶漂心至艉柱的距离	m
L_{mom}	船舶的总纵向重量力矩（对尾柱的）	tf m
MCT	船舶的米纵倾力矩（或厘米纵倾力矩）	tf m/m(cm)
TPC	船舶的厘米吃水吨数	t/cm
TCF	艏吃水差系数	
TCA	艉吃水差系数	
BG	船舶浮心和重心间的距离 $BG = LCB - LCG$	m

(2)船舶吃水差的调整

经过计算求得吃水差后，如果吃水差不符合要求，就需要对船舶的吃水差进行调整。当然，在预配和配载时，就应充分考虑到船舶对吃水差的要求。在配载图出来后，可根据船舶的油、水等装载情况，计算出船舶的预计吃水差。如果发现吃水差不符合要求，而船舶的压载水有调节的余地，就可以通过灌入或排出一部分压载水来调整吃水差，但在调整压载水时，应充分考虑船舶的稳性和强度的要求，不可顾此失彼。如果通过压载水的调整后，吃水差仍不能满足要求，应马上调整船舶配载方案。

如果压载水的调整量不大，则可近似地认为船舶的浮心、漂心、米纵倾力矩等都没有变化，可通过下面的公式，计算调整压载水时的吃水差：

$$d_T = BW \times (L_{BW} - LCF)/MCT \tag{5-4-7}$$

式中：d_T——吃水差的改变量；

BW——调整吃水差所需的压载水，灌入为正，排出为负；

L_{BW}——所调整的压舱水的重心到艉柱的距离；

LCF——船舶的漂心到艉柱的距离。

如果压载水的调整量较大，则船舶的浮心、漂心、米纵倾力矩等的变化较大，上面公式的计算结果的误差就比较大，不能使用，这时应重新计算船舶的重心位置，并根据新的船舶总排水量，选用新的计算数据，重新计算船舶的吃水差，然后再计算出所需调整的压载水量。

三、船舶强度计算

船舶的强度包括剪切强度、横向强度、扭转强度、局部强度和纵向强度。对于集装箱船舶而言,最重要的是纵向强度的验算。

1. 集装箱船舶的强度

(1)剪切强度(Shear Strength)

集装箱船舶的剪力最大值,发生在距船首或船尾1/4船长附近。因为集装箱船舶在近船尾处的船体收缩,故此处的浮力相对较小,但此处却是船舶的动力设备以及上层建筑最集中的部位,所以此处的重力较大、浮力小,必然使该部位产生较大的剪力。在集装箱船舶的设计建造过程中,已经充分考虑这些因素,在集装箱积载后的剪切强度验算中,剪切强度超过允许值的情况很少发生。

(2)横向强度(Transverse Strength)

集装箱船舶在设计中都有强固的横向框架结构支持船壳板、甲板等,全集装箱船舶都设有边压载水舱,使船壳外板内又加了一层壳板,因此,在正常情况下,集装箱船舶的横向强度是足够的。

(3)扭转强度(Torsion Strength)

集装箱配载工作中有一条基本原则,就是在同一层中,尽量使左右集装箱的重量相等,对称配位,尽量减小由于左右舷配位不对称所产生的横倾。在集装箱船舶的设计建造过程中,还充分考虑了航行过程中受外力影响产生的扭转力矩,因此,在正常配载情况下,集装箱船舶的扭转强度是足够的。

(4)局部强度(Local Strength)

船舶的局部强度是指船体局部部位上承受载荷的能力。集装箱船舶的局部强度有单位面积的安全负荷和集装箱堆积负荷两种。

①单位面积的安全负荷

集装箱船舶的单位面积的安全负荷和其他船舶一样,是指舱底、甲板、平台甲板和舱盖每平方米所承受的最大负荷,这个负荷主要是供船舶在积载非标准化的货物时使用。

②集装箱堆积负荷

集装箱堆积负荷是集装箱船舶特有的,是指堆放集装箱的四个箱脚底座所能承受的最大负荷。集装箱堆积负荷又分为舱底负荷和甲板负荷,其中甲板负荷又可分为舱盖负荷和平台负荷两种。

集装箱堆积负荷除了按舱底负荷和甲板负荷分类外,又可分为20 ft箱负荷和40 ft箱负荷。

在集装箱配积载工作过程中,应注意每列集装箱的总重量不能超过规定的堆积负荷。

(5)纵向强度(Longitudinal Strength)

①船舶结构对纵向强度的影响

集装箱船舶的舱口面积与舱底面积基本相等,舱口面积比一般的杂货船大得多,这样大的舱口面积破坏了船体的纵向连续性,影响了船舶的纵向强度。

集装箱船舶的机械设备、油舱、淡水舱以及上层建筑主要集中在船首和船尾处,这使集装箱船舶很容易产生中拱(Hogging)现象,从而降低船舶的纵向强度。

②集装箱积载对纵向强度的影响

大型集装箱船舶的航线都很长,挂靠港比较多,各挂靠港的箱量不同,有的挂靠港装箱量大卸箱量小,有的挂靠港装箱量小卸箱量大,而集装箱又必须按港口积载在不同的倍位上,这种情况很容易造成集装箱在船舶上的积载分配不均,从而影响船舶的纵向强度。

③校核纵向强度

集装箱船舶在出厂时,厂方均提供一个最大允许的静水弯矩,或在不同肋位上所允许的最大静水弯矩。船舶纵向强度的校核,实际上是用计算方法算出船舶实际的最大允许的静水弯矩,或在不同肋位上所允许的最大静水弯矩,来和船舶设计允许的最大静水弯矩或不同肋位上所允许的最大静水弯矩进行比较。

2. 集装箱船舶的纵向强度校验

(1)最大静水弯矩的计算

船舶的最大静水弯矩一般用近似法求得。根据船舶的最大静水弯矩一般都发生在近船中部位的中剖面上,用公式来计算出船中部位的静水弯矩,作为船舶的最大实际静水弯矩,和船舶设计允许的最大弯矩进行比较,衡量船舶的纵向强度是否符合要求。

船体中剖面上静水弯矩的计算公式如下:

$$M_S = 1/2[(W_H \times M + W_m X + SP_i X_i) - D \times C \times L] \tag{5-4-8}$$

式中:W_H——船体重量;

M——船体前半体和后半体重量对中剖面的力矩的相当臂力;

W_m——机舱设备重量;

X——机舱设备重量重心距船中的绝对值;

SP_i——第 i 舱载荷的重量;

X_i——第 i 舱重心距船中距离的绝对值;

D——船舶在计算状态下的排水量;

L——船舶的两柱间长;

C——前半体和后半体浮力对中剖面的力矩和相当力臂系数。

(2)船舶的纵向强度要求

①合理积载

为了满足船舶纵向强度的要求,在集装箱配载时,应注意以下两点:

a. 在起始港集装箱预配时,应尽量在近船中附近的倍位中多配些较重的集装箱。

b. 对于卸箱量较大、装箱量较小的挂靠港,不宜在近船中附近的倍位中安排箱位,以防在中途港卸货后,船舶出现船中空舱现象。

②压载水的调整

如果条件允许,可通过调整压载水来调节船舶的纵向强度,主要是设法排出一些艏艉压载水和在船中附近的压载水舱注入一些压载水,以减少船舶中拱状态的静水弯矩。

第五节　集装箱码头船舶电子配载实例

随着电子计算机技术的不断发展,计算机在各领域的应用日益深入。现代化的集装箱运输速度快、效率高,很多集装箱船队和集装箱码头都已经采用电子计算机管理技术,实现了集装箱的高速运转,大大提高了企业的经济效益。

上海海渤物流软件公司开发的TOPS,是目前国内自主研发的比较先进的集装箱码头计算机管理系统,在国内外一些码头得到了较为广泛的应用。下面就以该系统中的船舶配载系统(Vessel Stowage System,VSS)为例,介绍船舶电子配载系统的实际应用。该VSS软件系统由配载计划和配载制作两部分构成。

一、配载计划

配载计划系统是整个配载系统的前期环节和收尾环节。

1. 制作船舶规范

船舶规范的制作是所有配载工作的前提,配载计划员在收到船公司的船舶规范图后,将船舶规范输入系统。船舶规范制作模块中共有四个MOOD,分别是船舶资料、船舶倍位、船舶舱盖、船舶机械。

(1)船舶资料

船舶资料屏幕的输入项包括:船舶代码、船舶长度、船舶宽度、船舶总吨位、净吨位、夏季载重吨、船舶吃水、船公司、船舶总倍位数、船舶总箱位数、甲板最大层数和排数、舱内最大层数和排数、舱口数、舱盖数、冷藏箱插座数、船舶吊杆数、驾驶台开始位置、驾驶台结束位置、两柱间长、船舶型深、原点位置等。(见图5-7)

(2)船舶倍位

船舶倍位屏幕可将每一船舶倍位的具体结构输入计算机,并可将某一倍位定义为20 ft全隔槽舱、40 ft全隔槽舱或20 ft和40 ft皆可积载的舱位。另外,该屏幕还可指定冷藏箱插座的具体数量和位置。(见图5-8)

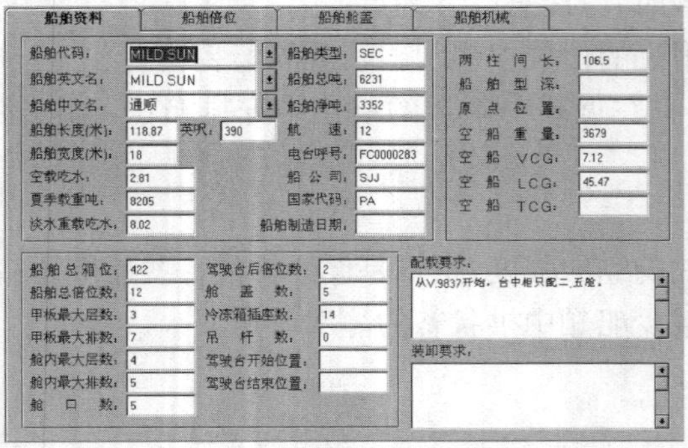

图5-7　船舶资料输入屏幕

图5-8　船舶倍位输入屏幕

(3)船舶舱盖

船舶的开舱类型、舱盖位置对码头装卸作业的安排和操作十分重要,配载员可用船舶舱盖屏幕(见图 5-9)将舱盖板的具体位置、尺寸输入系统。

(4)船舶机械

船舶机械主要是指船用的克令吊,配载员可将船舶克令吊资料输入计算机系统。如果船舶经过修整或改装,其舱位数据等有所变动,配载业务员可根据具体情况在船舶规范 MOOD 中进行修改(见图 5-10)。

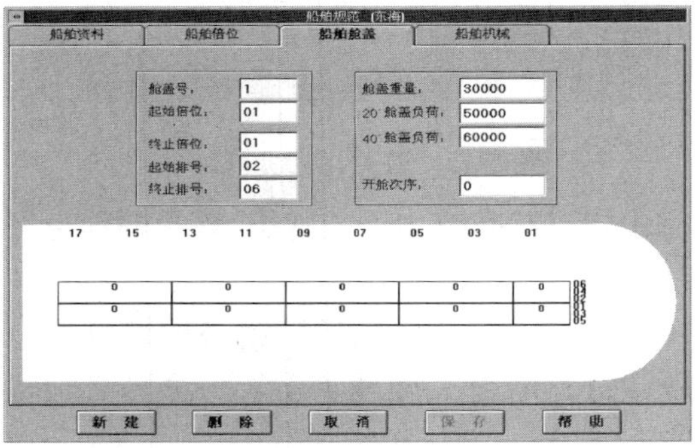

图 5-9 船舶舱盖输入屏幕

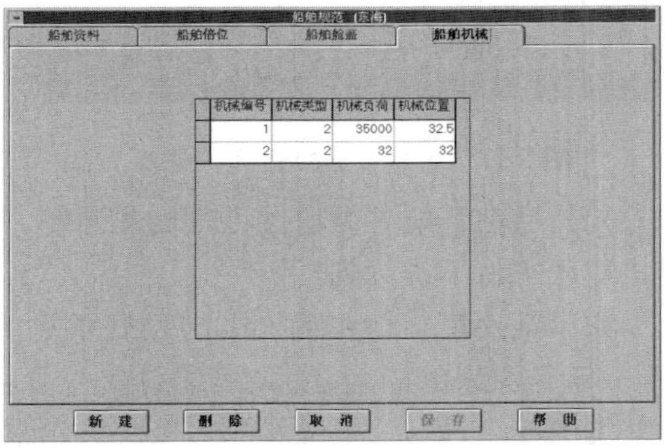

图 5-10 船舶机械输入屏幕

2. 确定航次挂靠港

集装箱码头堆场在收到船公司寄送的船舶航次挂靠港后,由配载计划员将挂靠港的代码输入计算机系统。航次挂靠港的输入是码头堆场计划员安排出口重箱进场堆存计划的前提。

3. 制定分港分吨要求

配载计划员在输入航次挂靠港后,按照挂靠港的先后顺序,逐一将挂靠港的出口重箱的分吨要求输入计算机。在输入时,可按箱尺寸的不同分别输入。

分港分吨要求在系统中的输入很重要,它是闸口出口重箱进场的前提,在配载输入航次挂靠港和分港分吨要求以及堆场计划员安排了出口重箱堆存计划后,闸口系统在集装箱进场时,根据输入的箱信息自动选定集装箱对应的场地位置。

4. 场站收据放关确认

在计算机系统中,这项工作所对应的模块名为"场站收据校验确认"(见图 5-11),其基本原理为配载业务员将海关放行的场站收据与系统中闸口业务员在集卡进场时输入计算机的装箱单资料进行核对,将其中没有疑问的场站收据在系统相应的提单号后加上放行标志"Y",凡是已有"Y"标志的提单号所对应的集装箱,在今后的正式配载中,可在系统中读到数据;凡是没有打上"Y"标志的提单号所对应的集装箱,在系统中读不到该数据。

5. 退关箱、复关箱处理

凡是没有打上"Y"标志的提单号所对应的集装箱,必须在系统中按箱号做退关处理,并输入退关原因,例如:无场站收据、货主要求、船方要求等。但在场站收据放关确认中已打上放关标志的集装箱,也有可能做退关处理,如在正式配载过程中发现该航次船舶已满载超配(见图

5-12)。

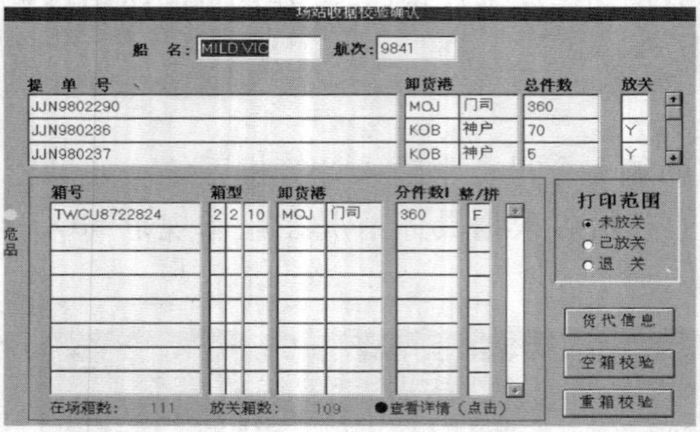

图 5-11　场站收据校验确认屏幕

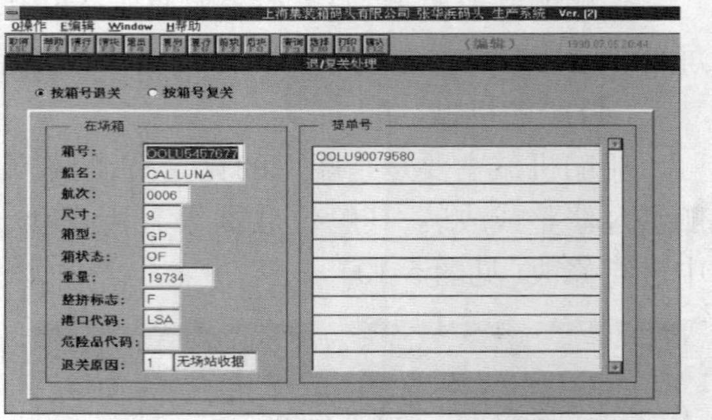

图 5-12　退关、复关屏幕

凡是已在系统中做退关处理的集装箱,其箱状态由出口状态改为退关状态,该箱的信息在正式配载中将不被读到。

如果某一集装箱在系统中已经做了退关处理,但由于各种原因,该集装箱必须恢复出口(不一定是原来的船名、航次),配载业务员可在系统中进行箱复关处理。箱复关屏幕必须输入复关的船名、航次、复关箱号以及集装箱复关的原因。

6. 出口箱整船换装

出口集装箱进闸口时,其箱信息便和某一船名、航次挂钩,但有时由于各种原因,原船名、航次取消,原出口箱必须换装另一船名、航次出口,配载业务员可在系统中利用整船换装功能,将这批集装箱改为由另一指定的船名、航次出口。该模块的操作只需在屏幕中输入原船名、航次、新船名和航次以及客户的联系单编号即可。(见图 5-13)

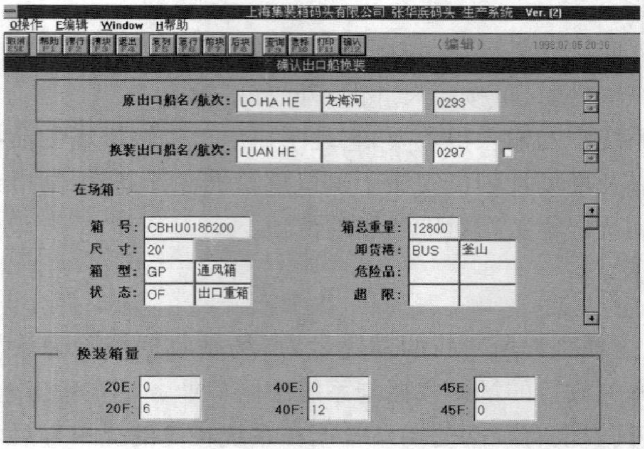

图 5-13　出口箱整船换装屏幕

二、配载制作

1. 预配制作(见图 5-14)

配载计划在收到船公司的预配信息后,在系统中的“预配制作”项内进行预配制作。

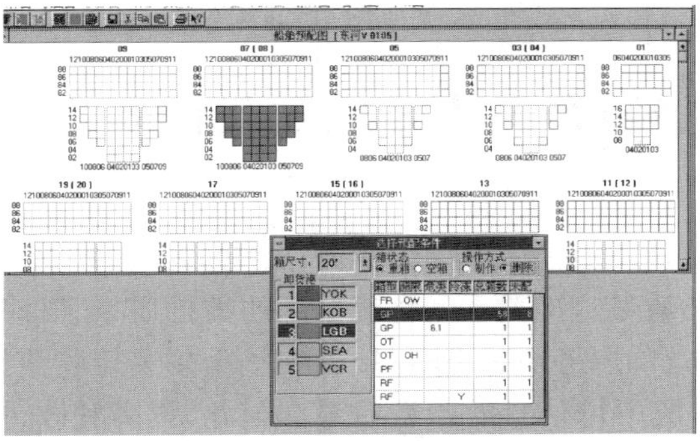

图 5-14　预配制作屏幕

在进行预配时,计算机屏幕上方显示该船名对应的船舶倍位,屏幕右下方显示出口箱的索引信息,包括每一卸货港按空重箱、箱尺寸、箱类型分类的箱量。系统对集装箱的具体箱号不做识别。配载员在预配制作时,在屏幕右下方选择出口箱的某一条索引信息,然后用鼠标在倍位上拉中区域存盘,预配即告完成。

2. 配载制作(见图 5-15)

预配制作结束后,配载员以预配制作为依据,进行实际配载制作。在"配载制作"项中,其界面与预配界面基本相同,但系统能显示集装箱的具体箱号以及集装箱堆场分布位置。配载制作的操作过程与预配制作也基本相同。

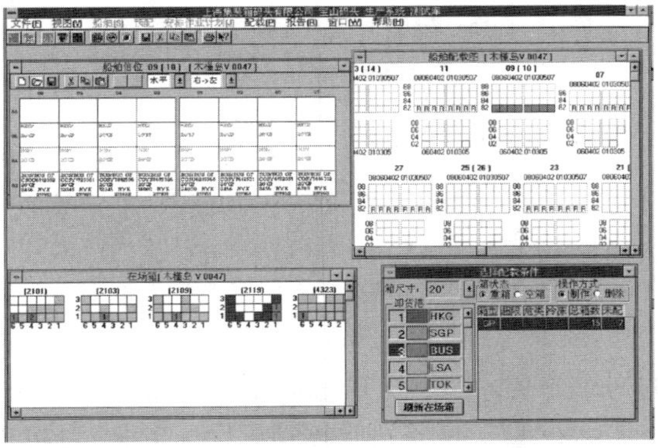

图 5-15　配载制作屏幕

系统为用户提供了配载校验功能,在配载制作结束后,配载员可利用系统中的"校验"项进行配载校验,包括船箱位校验、港序校验、漏配箱校验等项。系统自动显示校验结果,如有问题,配载计划员可在配载制作屏幕中进行修改。

3. 资料打印

在配载制作完成后,配载计划员将所制作的信息通过计算机网络传送给码头下一级用户,并利用系统中的"资料打印"项打印有关资料。主要打印内容包括配载封面图、配载倍位图、出口箱场地位置图、出口箱量汇总、出口吨位汇总等。

第六节　集装箱码头船舶配载计划管理优化方法

集装箱码头的配载工作是一项关键性的业务,目前世界上集装箱码头基本均已采用计算机配载系统。配载工作的质量直接关系到物流信息的数据质量,既影响码头作业效率和服务水平,又直接关系到船公司的服务质量,还直接影响整个集装箱物流系统的运行效率和质量。往往一个小的纰漏,会造成不可估量的严重后果。因此,提高和改进船舶计划管理质量和水平,是码头日常管理不可或缺的关键环节之一。

一、常见失误案例

配载工作较为复杂,技术性较强,稍有不慎就会给船方、货主或码头造成损失,有时是很大的损失,因此有必要强化配载人员的工作责任心,认真仔细地做好配载工作。下面是一些常见失误案例:

1. 错收箱

一货主进场提交的装箱单写明交货地为 GENAVA(瑞士日内瓦),该闸口人员在计算机中误输入为 GENOVA(意大利热内亚),配载人员未认真校验就将此箱配卸港热内亚,造成错装,而由码头赔偿货主损失。事实上,配载人员只要校验装箱单,即可发现出错。

2. 漏配箱

一货主托运两票货物出口,并送码头两份货运单证(装货单),这两份货运单证叠在一起,而配载人员以为只有一份货运单证,仅配了上面一份单证所列的集装箱,造成下面一份单证所列的 20 ft×2,40 ft×2 四只集装箱漏配。

3. 提单号输错

一货主托运出口箱的提单号为××××××117,而闸口人员误输入为××××××177,配载人员在签收时,没有提单号为××××××177 的场站收据,按工作要求,为防止闸口人员输错信息,配载人员应根据装箱单仔细校对与计算机数据是否一致,而该配载员未按规定操作,造成该票货物被退关。

4. 卸港情况不了解

一货主托运 20 ft×11 集装箱出口至菲律宾马尼拉港,运输单证注明:20 ft×10。目的港为马尼拉南港(MNS),20 ft×1 目的港为马尼拉北港(MNN),配载人员不清楚马尼拉港有南北之分,将 20 ft×11 集装箱全部配于 MNS,按航线要求 MNN 的箱子应在香港中转,由于配载人员的失误和船舶已驶离香港,该箱被迫在新加坡港中转,造成在新加坡港的翻箱费用和延误交货期的很大损失。

上述案例情况极为简单,主要原因都是配载人员工作责任心不强,给货主造成了不必要的损失,也使码头承担了不应有的赔偿责任,更重要的是影响了码头服务质量和声誉。目前通过

EDI 的应用,上述情况已基本避免。

二、提高船舶计划工作质量常用技巧

1. 对预配船图的妥善处理

(1)对船代/船公司提供预配船图的处理

一般船代/船公司在码头配载前会提供一份预配船图,要求码头兼顾整条航线挂靠港的装卸要求,对船代已提供预配船图的航次特别是作业时间紧、挂靠多、箱量大的航次,可以取消计算机预配作业,直接按船代预配原则要求进行配载。此外,由于预配船图是船代根据订舱资料制作,与码头实际进场的集装箱往往会有出入,有时是较大的出入,因此,按预配船图制作配船图时,配载人员不宜一味照抄,而应在遵循船代预配船图原则的基础上,综合考虑码头实际进场箱情况,否则将造成码头装船作业的很大困难和处于被动,延误船期。

(2)对船代/船公司不提供预配船图的处理

船代/船公司提供预配船图的目的是兼顾整条航线的装卸,在本港始发的航线,船代/船公司往往不提供预配船图,特别是一港货的航线更是如此,在这种情况下,配载作业相对较为简单,也不必在计算机系统中制作预配船图,但对一些航线长、挂港多、箱量大的航次,船代/船公司又未能及时送到预配船图,有必要由码头根据航线和箱量情况制作预配图,确定大致的配载原则和方案,有利于制定科学合理的配载船图。

2. 合理取箱,减少堆场机械的移动

例如某条船进箱场地:20 ft 有 6 个箱区,40 ft 有 5 个箱区,每箱区有 6 个箱位。配图规则先重后轻,有时场地紧张。一箱位同时堆放各类箱子,取箱时应同一箱区重箱先配,再在同一箱区取稍轻箱子,不要把该船所有重箱不分箱区集中配载,这样,机械来回移动,码头机械成本增大,也影响出口作业速度。表 5-5 是某船 LOS 港在 B02 堆场出口箱吨位分布,如何配图才能使作业效率最高呢?

表 5-5　某船 LOS 港 B02 堆场出口箱吨位分布

(1)B02 堆场 06 箱位 出口箱吨位分布

17	13	21	c23⑨	b25④	
18	15	22	d26②	16	a26①
8	19	f24⑥	e25⑤	21	17

(2)B02 堆场 10 箱位 出口箱吨位分布

15	17	14	20	h23⑧	
18	19	g26③	17	i24⑦	9
14	18	11	5	21	8

机械、绝对地重下轻上取箱,则从 26 t 至 23 t 的 9 个箱子取箱时,必须翻箱 5 次,轮胎吊大车移动 4 次。事实上,兼顾船舶和码头堆场情况,可将取箱次序从原来的①~⑨,改为 a~i,可

仅翻箱 3 次数和大车移动 1 次数,从而大大提高工作效率。

3. 根据作业线数,合理分布箱数,使各作业量平均

配载在配出口图时,应掌握所配船计划用几条路作业,并考虑到各作业线箱量平均,以保证船舶开航。

做封面图时,要注意 20 ft 箱和 40 ft 箱分布。每条船,船首舱和船尾舱比船中舱箱位数少,此时,船首舱多配 20 ft 箱,而船中舱配 40 ft 箱,这样从箱子数量上可以平均,当 20 ft 箱量多,40 ft 箱量少,一条路有些舱同时只能配 20 ft 箱,要特别注意场箱位和开路情况,例如 1,4,7 舱,2,5,8 舱,3,6,9 舱装船,而 5 舱和 8 舱全配 20 ft 箱,则场地上应与其他作业线箱区分开,否则装船时造成拥挤,反而减慢装船速度。

又如,1 舱 20 ft 箱,4 舱 40 ft 箱,7 舱部分 20 ft 箱,部分 40 ft 箱,配 1 舱 20 ft 箱,7 舱 20 ft 箱时,应取不同箱区,严禁三条路配同一箱区箱。

4. 满载船的配载方法

(1)按重下轻上原则

满载船因重心上移,因而对 *GM* 值要求较高,配载人员尤要仔细认真。合理分配每层箱重,以满足 *GM* 的要求。下面以“通联”轮 9999 航次加以说明:

该船共有 6 个舱,舱下 4 层 5 列,甲板 3 层,满载 420 TEU。首先,整理出 20 ft 箱,20 t 上有多少,15~20 t 有多少,40 ft 箱 20 t 上有多少。配载时,把 20 ft 箱 20 t 上箱子配舱下 02 和 04 层,而不要配舱下 06 层,20 ft 箱 15~20 t 箱配 06~08 层,或是 40 ft 箱 20 t 上箱配 08 层。

甲板配载时,如 20 ft 箱有 8~15 t 一挡,40 ft 箱有 10~20 t 一挡,那么先配 20 ft 箱在甲板 82 层,而甲板 84 层,20 ft 箱吨位不能超过 10 t,86 层不超过 8 t,40 ft 箱可略重,因一个 40 ft 箱所占船箱位是 2 个 20 ft 箱船箱位,即便是 20 t,也只及 2 个 15 t 20 ft 箱重的 2/3。

如图 5-16 所示,按“重下轻上”的原则配船,BAY 09 和 BAY 11 的 V-MT 为 8 771.6 t · m。

BAY 09

	06	04	02	00	01	03	05
86	×	×	×	×	×	×	×
84	×	×	×	×	×	×	×
82	12	11	11	10	12	13	11

	04	02	00	01	03
08	×	×	×	×	×
06	18	15	16	17	18
04	20	21	22	23	24
02	23	25	24	26	21

BAY 11

	06	04	02	00	01	03	0	WGT	VCG	V-MT
86	10	11	8	7	9	10	11	66	19.30	1273.8
84	20	18	17	14	16	18	19	122	16.60	2 025.2
82	11	12	11	10	11	12	11	79	14.00	1 106

04	02	00	01	03	WGT	VCG	V-MT
25	28	29	26	27	135	10.30	1390.5
15	19	18	17	16	169	7.70	1 303.3
18	19	20	24	25	216	5.10	1 101.6
23	24	26	23	25	238	2.40	571
					TOTAL		8 771.6

图 5-16 船舶出口配载图“重下轻上”箱重量分布图

(2)不要整舱配 40 ft 箱或整舱配 20 ft 箱,而应 20 ft 箱与 40 ft 箱夹花配位

除非特殊情况,一般不宜配 40 ft 箱和 20 ft 箱,因为一则易形成 20 ft 箱舱位的重点舱,二则对 GM 值不利。若 BAY 09 或 BAY 11 全配 20 ft 箱,这两个 BAY 的 V-MT 将达 11 374 t · m,比图 5-16 所示的配载大出 30%以上。

(3)配载时注意船舶吃水差满足船方要求

满载配载时,在满足 *GM* 值的同时,不可忽视船舶吃水差要求,尽管现代集装箱船压载水舱较大,但在满载情况下,应尽量使配载同时满足船舶吃水差要求,以让船方有较大的压载水余量,能对 *GM* 值和吃水差做适度调整,特别是当 *GM* 值和吃水差均不满足船方要求时,会使船方用足压载水舱也无法将之调整到适当的数值。

5. 坚持船方大副签名确认制度

配载人员在出口船图配好后,应及时到船上与大副讨论和核查出口船图,并告诉大副该航次有哪些特种箱及其配载分布,计算出 *GM* 值和前后吃水,如果满载,*GM* 值是否在开船允许值内。

码头配载计划员要积极主动同船方的大副保持良好沟通,彼此间应相互了解、互相信任,共同提高,相互支持。如船舶满载时,码头应满足船方的一切合理要求,配好图,多装箱,同时保证船舶安全;如不满载时,船方应考虑到码头的实际情况,尽量满足码头高效作业要求。

思考题

1. 概念:配载、集装箱船舶配载。
2. 简述船舶配载计划管理的任务和目标。
3. 简述船舶配载计划步骤。
4. 简述预配总图的编制原则。
5. 简述在船舶计划管理过程中进行出口集装箱配载图实配时应考虑的配载原则。
6. 简述实配图完成以后船舶配载计划员自检的主要内容。
7. 试论如何通过优化船舶计划管理来提高船舶作业效率。

第六章　集装箱码头堆场计划管理

概　述

随着集装箱运输和集装箱船舶大型化的飞速发展,集装箱码头堆场也越来越大,堆场作业系统成为集装箱码头物流系统的核心。在集装箱码头设计和建设初期,集装箱码头堆场作业系统的优选,堆场布局的优化和堆场设备的选型,都直接关系到码头工程项目的总投资、码头物流系统效率、设计能力和运营操作经济效益,是设计方案是否可行最关键的步骤和环节。

码头堆场是集装箱的集散点,集装箱在堆场周转的快慢,直接影响码头的作业效率和码头的效益。集装箱平均在码头堆场滞留时间的长短,不完全由码头控制,受到很多外部因素的制约,码头仅能通过提升管理水平来达到最佳的运作。提高装卸效率,减少拖车在码头的提箱时间,是所有码头自始至终追求的目标。合理的场地配置也是缩短集装箱在码头滞留时间的手段之一。

集装箱码头堆场计划管理(Yard Planning Management)是指集装箱码头的堆场堆垛规则(Yard Stock Rules)制定、堆场箱区(Yard Block)功能分类及堆场箱位(Yard Location)安排等与堆场作业系统有关的计划工作总和。堆场计划管理是码头生产的一个重要环节。码头要保证船舶如期开船,就必须提高码头装卸速度,而装卸速度的提高很大程度上取决于码头堆场箱区、箱位安排的合理性。合理安排箱区和箱位,不仅能减少翻箱率(Yard Re-stowage Rate),减少桥吊等箱的时间,提高码头装卸作业效率,而且还能最大限度地提高码头堆场利用率(Yard Utilization Rate)、码头通过能力(Throughput),降低码头生产成本。

本章主要介绍集装箱码头堆场计划室岗位设置和岗位职责、人员配置和工作流程、堆场总体计划策略、船舶装船和卸船堆场计划安排、堆场计划衡量指标等内容。

第一节　集装箱码头堆场计划室岗位设置和岗位职责

一、堆场计划管理的任务和目标

1. 集装箱码头堆场管理基本任务(Yard Management Tasks)

堆场计划管理的基本任务概括起来讲就是,有效利用码头堆存空间,合理计划堆场布局,满足船舶及堆场有效操作。主要有两个方面具体任务：

(1)确保集装箱船舶装卸作业畅通无阻和高效运转，最大限度地避免作业交叉；

(2)进出口集装箱在堆场内的收发、分类储存和保管。

2. 集装箱码头堆场管理目标(Yard Management Objectives)

堆场计划以管理任务为基础，其管理目标和衡量管理好坏关键指标(Key Performance Indication，KPI)如下：

(1)充分利用堆场的堆存能力，确保进出口装卸作业畅通无阻。对应衡量的关键指标是码头吞吐量(Throughput)、堆场机械的作业效率(Operation Productivity of Yard Equipment)和堆场利用率(Yard Utilization)。

(2)加速堆场周转，扩大堆场通过能力。对应衡量关键指标是码头集装箱堆存期(Dwell Time)、堆场周转次数(Yard Return Times)、堆场能力(Yard Capacity)。

(3)不断优化堆场总体规划，保证堆场内作业安全、高效和低成本。对应衡量的关键指标是码头集卡装卸作业单箱平均运输距离(ITV Distance)和堆场翻倒量(Yard Housekeeping Moves)。

(4)完善堆场计划管理制度和方法，建立良好的库场工作秩序。对应衡量的关键指标是堆场交通道路堵塞次数(Traffic Jam Times)和外来集卡平均在场作业时间(Truck Turn-around Time)。

(5)采取正确的保管措施，保证堆场内储存的集装箱完整无损。对应衡量关键指标是集装箱在堆场中的损坏量(Damaged Volume in Yard)。

当然也有人认为，堆场计划管理的目标可以简单概括为“三优三最(3O3M)”，即：

(1)优化集装箱箱型分隔(Optimize Container Separation)。

(2)优化集装箱箱区布局(Optimize Container Distribution)。

(3)优化集装箱堆场空间利用率(Optimize Yard Space Utilization)。

(4)最大化提高机械利用率(Maximize Equipment Utilization)。

(5)最小化堆场计划变更(Minimize Planning Input)。

(6)最大化堆场操作控制力和灵活性(Maximize Operational Control & Flexibility)。

如何有效地平衡上述六项管理目标，就是堆场计划管理的关键和灵魂。有关上述指标的计算方法，将在后面章节详细介绍。

二、堆场计划室岗位设置

堆场计划室的组织结构和岗位设置，同码头规模和操作部门整体组织结构有关。一般有三种设置方式。

1. 独立式堆场计划室

一般在超大型集装箱码头，操作部门将计划和作业控制功能完全分开设立。特点是日班计划员和三班计划员都有，向堆场计划主任负责。这种设置方式既能满足整体宏观管理需要，又能保证对码头不间断作业的跟班快速反应和支持。目前随着码头规模的不断扩大，以及码头操作管理重心逐渐向堆场管理转移，采用这种结构也越来越多，具体如图 6-1 所示。

图 6-1　堆场计划室组织结构和岗位设置图

2. 日班堆场计划员

一般在小型和多用途集装箱码头,其操作部门组织结构较简单,只在计划室内设立 1~2 名日班堆场计划员,不设跟班计划员。集装箱码头发展初期就使用这种设置方式。

3. 日班和三班堆场计划员分开设置方式

一般在中型集装箱码头使用。日班堆场计划员向计划室主任负责,编制堆场作业计划;三班计划员向值班经理(或控制室主任)负责,严格按日班计划员的堆场计划监督实施,可以根据作业情况变化进行堆场计划微调。

三、堆场计划室岗位职责

1. 堆场计划主任岗位职责

(1)对堆场进行布局和策划,划分场区功能。

(2)负责编制每周场地计划,做好集装箱场地位置的跟踪管理。

(3)协助计划经理的工作,并安排好场地计划员的各项工作。

(4)随时监督、检查场地计划员的工作,确保装卸船场地计划的合理、及时和不同属性集装箱的堆码。

(5)以船期为前提,为每条航线的出口及中转箱预留场地进行布局。

(6)通过每周对闸口及船舶进出箱量的分析,对提高装卸效率提出合理建议。

(7)为确保集装箱的及时收发,与部门内横向组室、有关政府部门和客户保持联系。

(8)协调集疏运计划的预定,提高堆场利用率和缩短集装箱堆存期。

(9)总结经验,提出合理化建议和实施方案。

2. 堆场计划员岗位职责

(1)掌握和了解船舶动态和集装箱进出口动态,合理制订出口箱入港堆场计划。

(2)合理制订进口箱卸船堆场计划,使之适合现场作业。

(3)协调集装箱集疏运工作,降低进口集装箱在场时间,缩短集装箱堆存期。

(4)按照闸口的进箱量及更新的船舶抵港时间,对出口箱的场地分配做出及时调整。

(5)合理制订场地计划,减少作业中的翻倒次数,提高作业效率。

(6)正确、及时做好堆码集装箱归、并、转工作,使其在定义的场区内,监督归、并、转计划的执行,提高堆场的利用率。

(7)按照不同的卸货港、箱型及重量等级,定义各航线船舶下一航次的出口箱区。

(8)按照危险品堆存规定和隔离管理规则,合理安排危险品的进、出场堆存或车船直取。

(9)跟踪、监控堆场作业,分析各条航线的特性,找出规律和可改进的地方,提出合理化建议和实施方案。

3. 堆场计划员助理岗位职责

(1)联系船公司获取船舶的出口预配和对以往出口箱量的搜集和整理。

(2)对近期船舶卸船数量的收集和整理。

(3)将已经或将要出口入箱计划的数量及时间段进行搜集和整理。

(4)负责将场地空箱提取的数量、位置及提取时间进行搜集和整理工作。

(5)负责对场地盘存量的整理工作。

(6)负责驳船计划制订,协助堆场计划员对各干线船舶装卸船堆场计划的制订。

(7)填写每日的工作日志,详细交接驳船的动态信息等。

(8)协助场地计划员正确并及时做好归、并、转工作,使其在定义的场区内。

(9)及时将本班已完成的船舶作业单证整理、归档。

(10)负责当班期间传真件的接收、分发工作。

(11)协助场地计划解答部门之间和外部电话咨询的业务问题。

(12)总结经验,找出可改进的地方,提出合理化建议和实施方案。

第二节　集装箱码头堆场计划室人员配置、工作内容及流程

集装箱码头计划室人员配置和工作流程是与码头规模和组织结构设置相对应的。下面以独立式堆场计划室为例,介绍其人员配置和工作流程。

一、堆场计划室人员配置

1. 人员数量的配置

人员数量的配置,同码头作业量、翻班班制、码头规模有关。码头规模越大,作业量越多,则人员配置也就越多;三班两运转和四班两运转的人员配制也不同。图 6-1 所示的人员配置数量,是以大型码头独立堆场计划室组织结构为例,实施四班两运转翻班班制时的人员数量配置,即日班两计划员,翻班的 4 个班每班 2 名计划员、1 名计划助理。

2. 人员配置要求

(1)堆场计划主任配置要求

①具有本科以上学历,有一定的英语阅读、写作、听说能力,能够熟练操作常用计算机办公软件。

②具有 5 年以上集装箱码头业务操作和管理工作经验。

③有效的客户服务,口头与书面的交流技巧以及计划、组织和协调能力。

④具备集装箱码头船舶和场地计划及控制作业计算机系统的知识和实践经验。

⑤掌握码头堆场、船舶操作和机械设备能力等方面的知识。

⑥熟悉海关和检疫方面的要求。

⑦掌握电话、传真、电子邮件、复印机操作知识。

(2)堆场计划员配置要求

①具有大专以上学历,有一定的英语阅读、写作、听说能力,能够熟练操作常用计算机办公软件。

②具有 3 年以上集装箱码头业务操作和管理工作经验。

③有效的客户服务,口头与书面的交流技巧和协调能力。

④具备集装箱码头船舶和场地控制作业计算机系统的知识和实践经验。

⑤掌握码头堆场、船舶操作和机械设备能力等方面的知识。

⑥掌握电话、传真、电子邮件、复印机操作知识。

(3)堆场计划助理配置要求

①具有大专以上学历,有一定的英语阅读、写作、听说能力,能够熟练操作常用计算机办公软件。

②具有 1 年以上集装箱码头业务操作和管理工作经验。

③具有有效的为客户服务的口头与书面的交流技巧和协调能力。

④掌握码头堆场、船舶操作和机械设备能力等方面的基础专业知识。

⑤掌握电话、传真、电子邮件、复印机操作知识。

二、堆场计划室工作内容

1. 堆场布局计划(日班)

根据船舶泊位窗口计划安排、集装箱的不同状态及操作上的要求,设计和优化整个堆场的布局,制作堆场计划各项指标预算管理,作为四班日常堆场计划管理的基础。

2. 堆场场位计划的安排(四班)

(1)按照装船的配载要求,合理安排各条航线不同卸港的出口重箱的场位分布。

(2)安排船舶卸箱及闸口收空箱的堆场场位。

(3)其他情况的场位安排。

3. 堆场场位的控制(四班)

(1)指定闸口优先提取空箱的场位,并控制不可用的空箱的场位。
(2)提供批量出口空箱及中转空箱的场位及箱号。
(3)根据具体情况,对场位或场位的安排进行即时的调整。

4. 堆场场位的及时调整(四班)

(1)为满足装船配载而进行的场位调整。
(2)为充分利用堆场、解决作业冲突和保证作业顺利、高效而进行的场位调整。
(3)为其他特殊和突发事件而做的堆场调整。

5. 堆场计划实施跟踪和统计分析(日班)

(1)跟踪、监督每天堆场计划执行情况,发现、分析和汇报堆场计划和运营中的问题,解决四班计划执行中反映出来的问题,编制堆场归并转计划。

(2)统计和分析每天堆场管理各项关键运营指标情况,汇总和编制堆场运行日报表。

(3)对内及时有效地同泊位计划、配载计划、中转计划、箱管计划和控制室沟通,对外同船公司和货运代理或场站沟通,发现和调整各船舶、各航线进出箱量变化和规律,调整优化堆场布局。

(4)提出堆场作业和计划管理过程中计算机系统、操作流程的改进和优化的建议和方案。

三、堆场计划管理步骤及工作流程(Yard Management Processes)

1. 堆场计划管理步骤

对于集装箱码头堆场计划管理流程,概括起来可以分为如下八个步骤:
(1)确定堆场管理目标(Identify Yard Management Objectives,IYMO)。
(2)分析环境及要求(Analyze Environment and Requirements,AER)。
(3)确立策略(Identify Strategies,IS)。
(4)设定方针、规则、指南及方向(Establish Policies, Rules, Guidelines, and Targets, EPRGT)。
(5)定义角色及责任(Define Roles and Responsibilities,DRR)。
(6)设定堆场计划(Set up Yard Plans,SYP)。
(7)跟踪监控(Monitor and Control,MC)。
(8)回顾改进 (Review and Refine,RR)。

2. 堆场计划管理工作流程(见图 6-2)

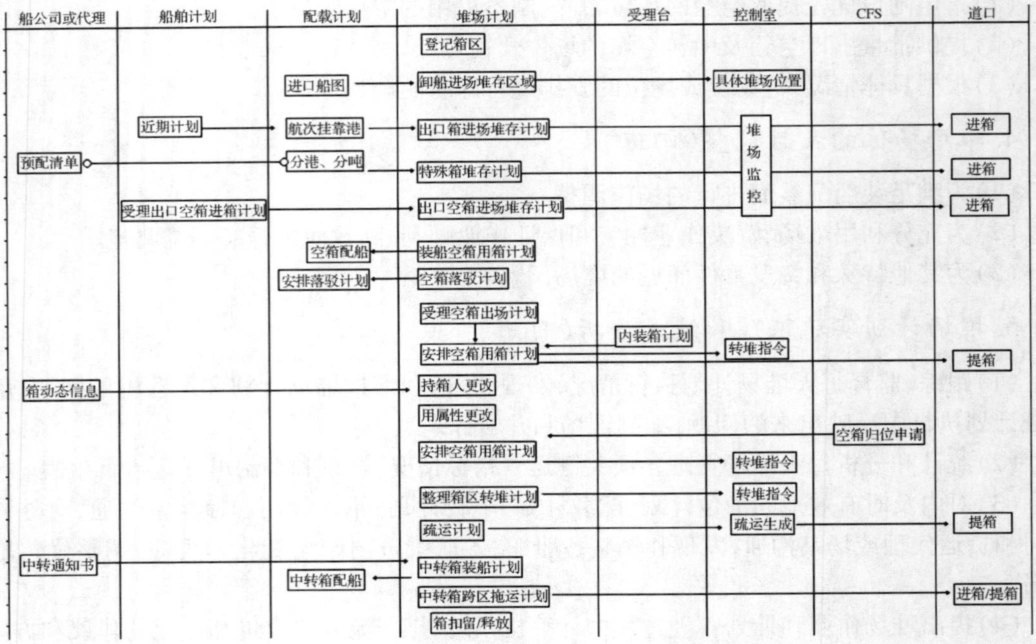

图 6-2 码头堆场计划管理工作流程图

第三节 集装箱码头堆场布局策略

一、码头堆场布局影响因素

集装箱堆场布局一般分为两个方面:一方面是指同码头堆场操作工艺系统相对应的码头区域布局和堆场使用方式布局;另一方面是指在堆场操作工艺系统和堆场区域确定完成后,实施码头运营操作时的堆场各功能区域的整体安排。前者是码头工程项目设计建设期在工艺设备选型中考虑的问题,后者是码头运营操作过程中考虑的问题。

在进行堆场布局计划前,必须进行因素分析(Factor Analysis),发现不足和操作瓶颈。一般来说,码头堆场布局影响因素主要分为堆场、工艺机械、陆侧作业系统、海侧作业系统和码头操作范围及惯例、操作环境六个方面。

1. 堆场(Yard)

地面箱位(Slots),堆存限制,工艺布局,交通。

2. 机械(Equipments)

数量,类型,能力,限制(桥吊、轮胎吊、叉车、轨道吊、跨运车、拖车等)。

3. 陆侧界面(Landside Interfaces)

收发箱窗口,收发箱方法。

4. 海侧界面(Quayside Interfaces)

船期泊位窗口,进出口装卸量,船舶积载箱量和港口分布,操作模式。

5. 码头操作范围及惯例 (Operation Scope & Practices)

码头内作业过程和活动、人力及机械配置数量。

6. 操作环境(Operation Environment)

人员素质、安全、环境、商务、规章制度等。

二、堆场箱区(Yard Block)功能分类与总体布局

集装箱码头堆场计划布局时,一般都根据上述因素分析结果,扬长避短,按照不同功能和操作特殊要求,对堆场进行功能分类和定位,划分为不同类型的箱区。

1. 集装箱码头堆场箱区类型

按不同的分类方法,集装箱码头堆场可分为不同的箱区。

(1)按集装箱流向分类

按集装箱货物进口和出口流向分类,集装箱码头堆场可分为进口箱区、出口箱区、中转箱区。

(2)按集装箱货物种类分类

集装箱码头堆场可分为普通箱区、危险品箱区、冷藏箱区、特种箱区、非标准集装箱箱区等。

(3)按集装箱空、重箱分类

集装箱码头堆场可分为空箱区和重箱区。

2. 堆场箱区总体布局基本规则

(1)重、空箱分开堆放。

(2)20 ft、40 ft 和 45 ft 集装箱分开堆放。

(3)冷藏箱、危险品箱、特种重箱应堆放在相应的专用箱区。

(4)进口箱和出口箱分开堆放。

(5)中转箱按海关指定的中转箱区堆放。

(6)出口重箱按装船要求分港、分吨堆放。

(7)空箱按不同的持箱人、尺码、箱型分开堆放,污箱、坏箱分开堆放。

(8)重箱按堆场载荷要求堆放。

3. 堆场箱区总体布局(Yard Layout)

按上述箱区分类和布局基本规则,集装箱码头堆场功能箱区可分为进口重箱箱区、进口空箱箱区、出口重箱箱区、出口空箱箱区、中转重箱箱区、中转空箱箱区、特种箱箱区、危险品箱

区、冷藏箱区共9种。当然上述9种箱区中还可按20 ft和40 ft箱型再细分。

集装箱码头的堆场总体布局六方面的影响因素中,堆场操作工艺系统布局,码头海侧和陆侧操作中货物流向类型(或码头在运输物流系统中的功能)起决定作用。堆场作业工艺系统和作业机械,以及堆场大小和形状,决定了堆场使用方式和集装箱的堆放朝向类型。码头船舶装卸集装箱货物流向,决定了码头在整个物流系统中的功能类型(中转类型还是进出口类型),同时也就决定了码头海侧和陆侧操作模式,最终也就决定了码头内各功能箱区在堆场中的位置。

就一个现成的集装箱码头而言,其集装箱的堆放朝向类型是静态的。它是在码头建设前的工艺方案设计期决定的。码头建成以后,集装箱的堆放朝向类型是不可改变的。但码头内各功能箱区在堆场中的位置和数量则是动态的,是可以不断优化和改变的。

由于冷藏箱区有电源插座,危险品箱区有喷淋装置及隔离栏,因此冷藏箱区和危险品箱区也是固定的、不可改变的。但其他箱区需要对堆场布局的六方面影响因素分析后,才能确定其在码头堆场内的位置和数量。这种根据码头堆场因素,以船舶泊位窗口为基础,标明了码头堆场各功能箱区位置和数量的堆场箱区平面图,就叫作堆场箱区总体布局。

堆场布局分类,主要因堆场工艺系统方式、集装箱朝向和码头功能不同而不同。堆场工艺系统方式,在"模块一基础知识"中已详细介绍,在此不再重复。下面分别介绍集装箱不同朝向和码头不同功能条件下,堆场不同的布局策略。

(1)集装箱不同朝向的堆场布局

按集装箱在堆场内堆放的朝向分类,分为平行布局方式、垂直布局方式。

①平行布局方式(见图6-3)

日本东京码头(跨运车系统)　　青岛前湾码头(RTG系统)

图6-3　码头堆场集装箱同泊位平行布局实例

水平方式比较适合码头堆场纵深较大,由拖车或跨运车负责堆场和船舶间水平运输的码头堆场。这种方式的优点是码头堆场容量较大。RTG和RMG系统通常是平行方式。

②垂直布局方式(见图6-4)

一般来讲,垂直方式比较适合码头堆场纵深较短,由跨运车或自动水平运输机负责堆场和船舶间水平运输的码头堆场。这种方式的优点是能缩短船舶和堆场间的水平运输距离,提高船舶作业效率。跨运车系统和自动化堆场系统通常采用垂直布局方式。

荷兰阿姆斯特丹 ECT 码头(自动化 RMG 系统)

英国南安普敦码头(跨运车系统)

图 6-4　码头堆场集装箱同泊位垂直布局实例

(2)按码头在集装箱运输的功能类型分类和布局

集装箱码头在集装箱运输中的功能不同,其码头物流系统内物流过程就有很大区别,则码头堆场各功能箱区的布局也就不同。集装箱码头按功能分主要有两种:中转型码头和进出型码头。

①中转型码头堆场布局(见图 6-5)

中转型码头所装卸的集装箱主要是中转集装箱,其物流作业过程主要是船舶装卸作业和码头内堆场整理作业,闸口和陆侧其他进出码头的作业很少。

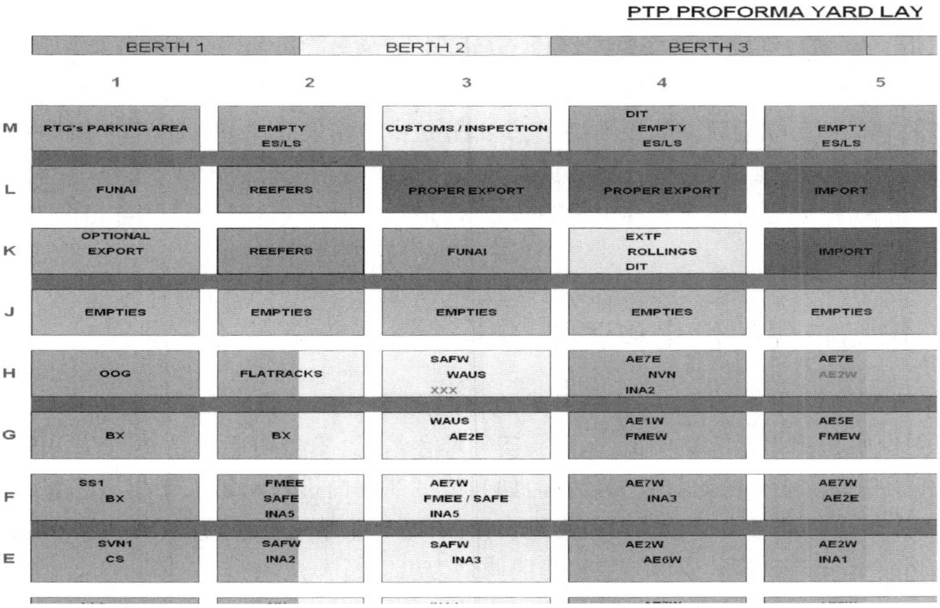

图 6-5　中转型码头堆场各功能箱区布局实例——马来西亚 PTP 码头堆场布局(局部)

因为是中转型码头,其进口箱和出口箱比例很少,故设置较少的出口箱区靠近泊位,较少的进口箱区靠近闸口。其大部分是按泊位、按航线固定的中转箱区。

马来西亚 PTP 码头,其 95%的集装箱是中转箱,其堆场布局实例中,堆场中转箱箱区的颜色同泊位颜色相对应,前沿设有少量的出口箱区,后方设有少量的进口箱区,J 箱区则是中转空箱箱区,中转箱箱区内标有对应的船公司航线代码。

②进出口型码头堆场布局(见图 6-6)

进出口型码头所装卸的集装箱主要是当地货物或需经过码头陆侧运输网络转其他陆上运输方式的集装箱,中转箱量很少,其物流作业过程主要是船舶装卸作业、码头内堆场整理作业、闸口和陆侧其他进出码头的作业。

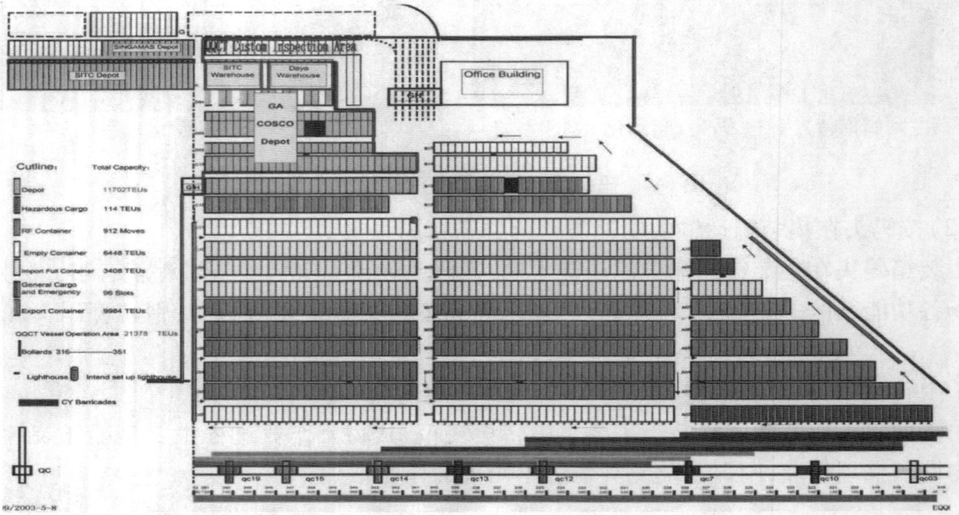

图 6-6 进出口型码头堆场各功能箱区布局实例——青岛前湾 QQCT 二期码头堆场布局

因为是进出口型码头,其进口箱和出口箱比例很大,所以设置较多的出口箱区靠近海侧泊位,较多的进口箱区靠近后方陆侧闸口,其少部分是中转箱区放在进口和出口箱区中间。

青岛前湾 QQCT 二期码头,其 90%的集装箱是进出口箱,其堆场布局实例中,前沿深色箱区是出口箱区,中间是进口箱区和少量中转箱区,最后方是进口空箱箱区,各箱区也按泊位同船舶泊位窗口相对应。

三、堆场布局的优化和调整

码头堆场计划管理人员在安排箱区时,原则上堆场总体布局是相对固定的,但也可以根据中转箱的比例、进出口箱的比例情况、码头实际堆存情况、船舶到港情况、船公司用箱情况,适当优化和调整各功能箱区的位置和数量。如当某一期间内进口箱量大于出口箱量,码头堆场计划管理人员可将部分出口箱区调整为进口箱区;而当船舶集中到码头,出口重箱箱量又大大增加时,可将部分进口箱区或部分空箱箱区调整为出口箱区。

总之,码头堆场计划管理人员在保持码头堆场总体布局不变的前提下,保持堆场计划最大的灵活性。特别是在船舶集中到港,进、出口箱有较大的不平衡时,适当调整和优化堆场总体布局,可以在原有条件下最大限度地提高码头堆场的使用率和码头堆场的通过能力。

第四节　堆场场箱位编码方法和堆垛规则

一、堆场场箱位(Yard Location Code)的编码方法

集装箱堆放在码头堆场,一般都要用一组代码来表示其在堆场内的唯一物理位置,这个位置就是堆场位置,又称场箱位(Yard Location Code,YLC)。它是组成集装箱堆场的最小单元。

集装箱码头的堆场通常被划分为多个块(Block),构成了堆场的箱区;在每个箱区内又划分多个倍位(Bays)、多个列(Slots)和多个层(Tiers)。一个集装箱在堆场内的位置,即场箱位是由箱区号(Block)、倍位号(Bay)、箱排号(Row)和箱层号(Tier)共同组成的。

箱区号的编码分为两种:一种是用英文字母表示,由一个或两个字母组成;另一种是用数字来表示。一般由两位数字组成,其中第一位表示码头的泊位号,第二位表示堆场从海侧到陆侧后方堆场的顺序号。国内码头普遍采用一位字母或两位数字作为箱区的编码。

倍位号的编码用两位数字表示,一个箱区有若干个位组成。由于一个 40 ft 箱占用 2 个地面 20 ft 箱格的位置,因此用偶数表示 40 ft 或 45 ft 箱的倍位号。同样,一个 20 ft 箱占用 1 个地面 20 ft 箱格的位置,因此用奇数表示 40 ft 或 45 ft 箱的倍位号。

箱层号用一位数字表示。集装箱堆场的堆高一般不可能超过 10 层高。当然,箱层号也有用英文字母表示的。从第一层到第六层,一次表示为 A、B、C、D、E、F。

箱排(列)号用一位或两位数字表示。轮胎吊作业堆场场箱位的排号,因其跨度一般是 6 排,因此通常只用一位。而叉车和轨道吊堆场,由于箱区宽度可超过 10 排,因此通常使用两位,如图 6-7 所示。

图 6-7　堆场集装箱箱区编码实例图—RTG

轮胎吊的集装箱堆场的场箱位一般由五位或六位表示,如“A0123”表示该箱在 A 箱区 01 倍位第二排第三层(见图 6-8);“210342”则表示 21 箱区 03 倍位第四排第二层。叉车或轨道吊堆场场箱位一般由六位或七位表示。

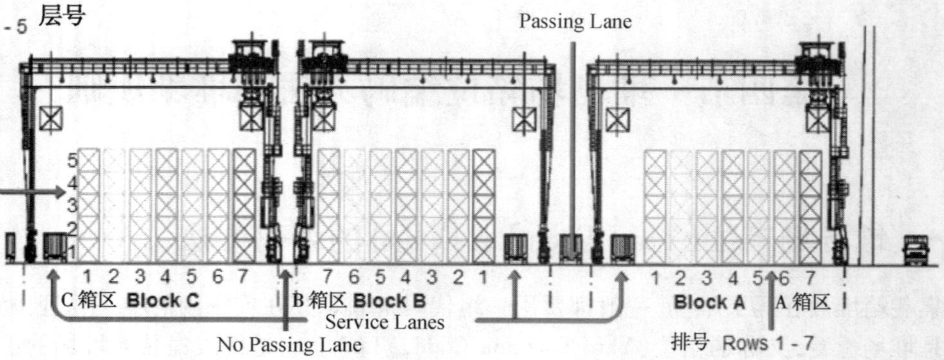

图 6-8 背靠背轮胎吊堆场场箱位 03 倍位箱区号、列号和层号编码方式示意图

二、常见堆场工艺系统的堆垛规则

不同的堆场操作工艺系统,不同的作业机械,集装箱的尺寸不同,集装箱内装载的货种不同,其堆场集装箱堆码垛方式和规则不同。

1. 轮胎吊作业堆场码垛方式

堆场堆垛的基本规则就是保证集装箱堆放安全,减少翻箱率。下面介绍几种 RTG 基本堆垛规则。

(1)箱区码垛宽度与轮胎吊作业宽度相适应

在码头设计建造时,RTG 箱区的长度往往与泊位的长度相对应,而宽度则应视轮胎吊的跨度而定。一般轮胎吊的跨度为 23.47 m,这样箱区的排数就是 6 排,如图 6-9 所示。

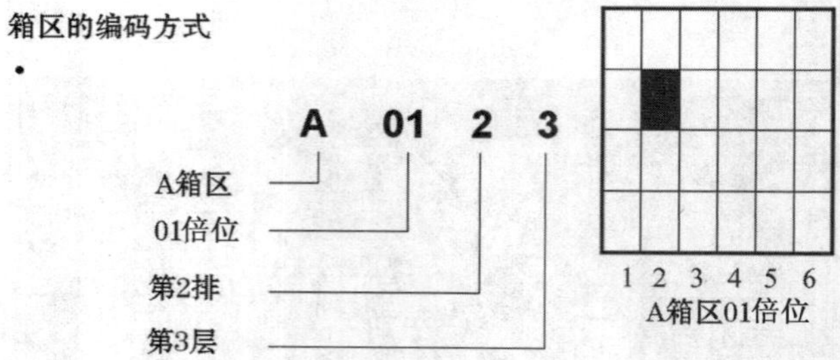

图 6-9 轮胎吊堆场 A 箱区 01 倍位第二排第三层的集装箱场箱位号编码方式示意图

(2)箱区码垛高度与轮胎吊的起吊高度相适应

堆箱层数是视轮胎吊的高度而定的,不同高度类型的轮胎吊系统,堆垛高度也不相同。“堆三过四”的轮胎吊,一般堆三层高,箱区最高限度堆四层;“堆四过五”的轮胎吊,一般堆四层高,箱区最高限度堆五层。原则上“堆三过四”的轮胎吊不能进入“堆四过五”的轮胎吊堆放的箱区作业,如图 6-10 所示。

(3)箱区码垛要满足集装箱在堆场中储存的安全要求

轮胎吊作业区域,若是“堆三过四”的轮胎吊箱区,第六排应比其他排少堆一层。若是“堆四过五”的轮胎吊箱区,则第六排应堆二层高,第五排应堆三层高。集装箱进场选位时,应充

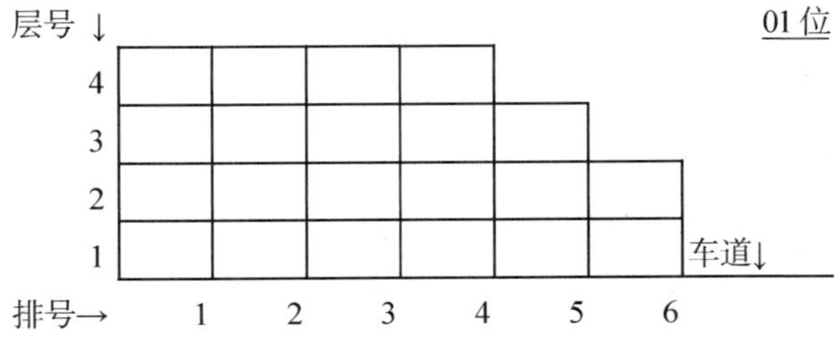

图 6-10　RTG 箱区"堆四过五"安全堆码方法示意图

分考虑堆放的安全系数,相邻排孤立的层高之差不大于 3,如图 6-11 所示。

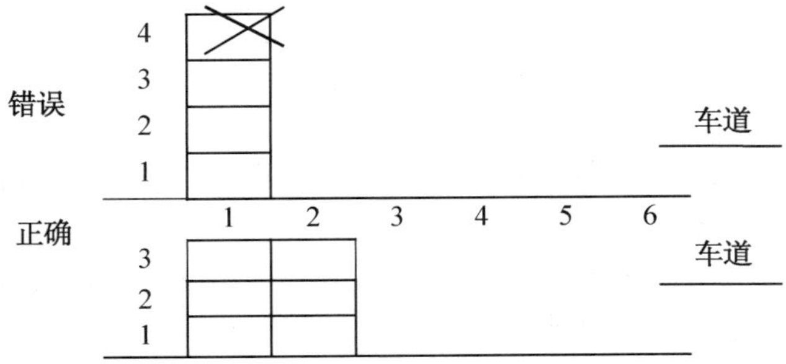

图 6-11　RTG 箱区安全堆垛方法比较图

(4)各箱区之间要留有合适的通道,使集卡、叉车等机械能在堆场内安全行驶。

2. 叉车作业堆场码垛方式(见图 6-12)

(1)箱区的高度

叉车作业箱区的层数应取决于机械的最高起吊点的高度。

(2)安全要求

叉车作业箱区的第一排为二层高,第二排为三层高。

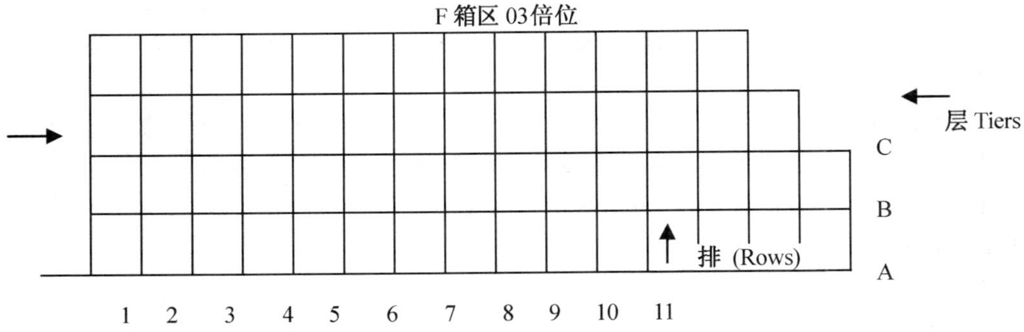

图 6-12　叉车集装箱堆场 F 箱区 03 倍位场箱位号编码方式示意图

三、各功能箱区的堆码规则

1. 出口箱箱区码垛规则

出口箱进码头堆场堆放时,必须遵循一定的原则,使出口箱在配载装船时,能减少翻箱,提高装船效率。一般有以下几个原则:

(1)按排堆放

同一排内,堆放同一港口、同一吨级的箱;但同一位内不同的排,可以堆放不同港口、不同吨级的箱。在进场堆存时,按空排选位。

(2)按位堆放

同一位内,堆放同一港口、同一吨级的箱。在进场堆存时,按空位选位。

(3)按位、排堆放

同一位内,堆放同一港口、不同吨级的箱;而该位的同一排内,堆放相同港口、相同吨级的箱。在进场堆存时,按空位选位。

(4)在同一位中,较重的箱堆放于靠近车道的第二排,较轻的箱堆放在最里面二排,中间等级的箱堆放于较中间的排。且重吨级的箱,可以压较轻吨级的箱。

(5)在多条路进箱时,有两种方式可选择:

①根据集卡的车号判别交替进箱,如第一辆车进 A 区,则第二辆车进 B 区,依次类推。

②先进完 A 区,然后再进 B 区。

2. 进口箱箱区码垛规则

进口箱卸船,其进口重箱在堆场进口重箱区,主要有三种堆存模式:全场混堆、半混堆和分票堆存。

(1)进口箱全场混堆

进口箱全场混堆即进口重箱不分船名、航次,将其随机卸至码头的进口箱区各块。场地机械和码头桥吊之间,形成多台桥吊对应多台场地作业机械的作业模式,极大地提高了作业灵活性,占用机械少,在场地机械不足时,能够较好地提高卸船作业的效率;但提箱时翻箱率较高。

(2)进口箱按船名航次半混堆

进口箱按船名航次半混堆即同一船名、航次下的进口集装箱,按照自然箱箱型集中堆存于对应的进口重箱区中。场地机械和码头桥吊之间,形成 1 台桥吊对应 1~2 台场地作业机械的作业模式。其灵活性较混堆要差,占用的轮胎吊较多。采用这种模式,造成箱区利用率略低,但可降低提箱翻箱率。

(3)分票堆存

分票堆存即按相同进口船名、航次集中堆放的基础上,再将相同进口提单号的集装箱集中堆放。这种方式,为满足严格分票的作业要求,场地机械和码头桥吊之间,形成 1 台桥吊至少配备 2 台以上场地作业机械的作业模式。其灵活性较前两种方式更差,占用的轮胎吊更多,比较适合进口量大、场地机械较多的码头,同时也特别适合中转型集装箱码头的卸船作业。

当然,目前也出现了以前两种为基础,结合第三种方法的改进型的办法,即在同一倍位中,将相同船名航次或相同提单号的进口箱,集中堆放在同一排中。

3. 空箱箱区码垛规则

对于进口空箱区，根据持箱人、箱型不同，将空箱箱区再划分为不同储存区。相同持箱人和相同箱型的空箱堆放在基本固定的空箱区域。空集装箱在进出场堆场作业时，按持箱人和箱型选定对应区域。空箱区一般使用空箱叉车作业，其堆码规则同叉车堆放规则。

对于出口空箱区，则是按同船名、同航次和同出口卸货港口的空箱堆放在一起。出口空箱区可以放在叉车作业区，也可以放在 RTG 或 RMG 作业区，其堆码规则同作业机械堆放规则。

4. 特种箱码垛规则

（1）危险品箱区

装有危险货物的集装箱称为危险品箱（Dangerous Cargo Container），根据国际危险品箱运输规则的隔离要求，按危险货物的不同类别分开堆放。主要是堆存高度和各等级箱之间的间隔距离。

（2）特种箱箱区

特种箱需与普通箱（General Cargo Container）分开堆放，一般按箱型分类堆放。对超大件集装箱（超长、超宽或超高），一般都使用平板集装箱、折叠框架集装箱、固定框架集装箱或开顶集装箱来装超大件货物，为保证作业和储存安全，一般堆放一层高。

平板空集装箱，则可以相互叠加成组堆放。折叠空框架集装箱，则将两头折叠挡板收起来后，如平板空集装箱一样，可以相互叠加成组堆放。固定框架空箱或空开顶集装箱，按持箱人分类用空箱堆放原则堆放。

台架箱（Platform Based Container）、平台箱（Platform Container）进特种箱堆场。

敞顶集装箱（Open Top Container）进场时，如果所装货物不超高，那么与普通集装箱堆放在一起；如果所装货物超高，那么堆放在特种集装箱堆场。

冷藏箱（Reefer Container）堆放在冷藏箱堆场。冷藏集装箱如果装载普通的货物，作为普通集装箱使用，应与普通集装箱堆放在一起。既是冷藏集装箱，又是危险品集装箱，进冷藏集装箱（Reefer Container）堆场。

罐状集装箱（Tank Container）堆放在普通集装箱堆场。若装有危险货物，与危险品集装箱一同堆放。

堆场堆垛规则是码头堆场管理中的一个重要内容，该规则在安全上能保证集装箱的堆放安全，在操作上能最大限度地减少翻箱。它是码头堆场计划管理人员经过长期的实践和不断优化才能得出的适合码头自身特点的堆场作业规则。

第五节　集装箱码头堆场箱区属性和堆场作业计划

一、集装箱码头堆场箱区属性

目前的集装箱码头堆场计划管理，基本都是借助计算机系统来实施的。其关键重要的手段和方法,就是将堆场计划策略通过设置每个箱区或每个场箱位的箱区属性来实现的。堆场箱区属性定义方式,按优先顺序排列有如下几种:

1. 场地作业机械属性

该属性主要是定义该箱区是用何种作业机械来作业的,以此来限定各作业机械的作业区域。比如,"堆四过五"的 RTG 作业箱区,其堆码集装箱宽度不能超过 6 排,高度不能超过 5 层。

2. 箱区功能属性

即按箱区功能类型,定义该箱区是进口重箱区还是出口重箱区等。如果作业中有出口重箱误入进口重箱区,此时计算机会在系统中提示出错。

3. 箱型类型属性

该属性即空、重箱属性和 20 ft、40 ft 属性。

4. 作业任务属性

卸船作业,定义其卸船船名、航次;出口集港作业,定义其出口船名、航次、港口和吨位等级等。

5. 码垛规则属性

该属性即在场地机械作业时,定义如何对作业集装箱分类码垛。

前三种属性定义,可以称为堆场箱区身份属性,构成了集装箱码头堆场计划平面布局。后两个属性,定义了其具体的作业属性,是日常堆场计划管理的主要工作内容之一。

二、堆场作业计划策略

1. 堆场作业类型

堆场作业主要有三类共六种作业类型:

(1)进场作业:主要分为海侧卸船作业进场和陆侧铁路、公路和 CFS 箱陆运拖车入箱卸车作业进场。

(2)出场作业:主要分为海侧装船作业出场和陆侧铁路、公路和 CFS 箱陆运拖车提箱装车作业出场。

(3)堆场内倒箱作业:主要分为同倍翻倒作业和异倍翻倒作业。

2. 堆场作业计划安排策略

这里主要介绍以进出口集装箱作业为主的集装箱码头堆场计划安排策略。

(1)出口箱入箱进场堆场作业计划

出口集装箱入箱堆场作业计划的目标是,应尽量减少装船时集装箱在集卡上的水平拖运距离和发箱时的同倍翻倒作业。这就要求在编制堆场作业计划时,根据不同航线、不同班期、不同的卸货港堆放。同时,在场地上的堆放要做到"集散有度",即同一航次的出口箱,既不能在场地上过分集中地堆放,也不能过分分散地堆放。过分集中堆放,在装船作业时会造成作业线拥堵和人员机械不能充分利用的弊端;过分分散堆放,由于作业点过多,在装船时会造成现场作业机械和人员的不足,使现场调度管理混乱。

通常情况下,同一箱区应尽量存放同一船名、航次的待装船箱;在场地资源偏紧时,也可在同一箱区堆放不同船名、航次的待装船箱。但要充分考虑不同船名、航次的班期,尽量避免把班期接近的待装船箱堆放在同一箱区,这样做可能导致在装船作业时相互冲突,造成现场瞬间的作业资源不足。不同箱尺寸、卸货港的待装船箱应间隔堆放,堆放时同样应考虑装船作业时作业线的通畅问题。

总的来说,待装船箱在码头的堆存并没有统一的模式,不同码头在不同的情况下,追求的目标不同,效率和效益的侧重点不同,造成码头生产运作的指导思想不同,最终产生不同的堆放模式。

(2)进口箱卸船进场堆场作业计划

进口卸船集装箱的堆放较为简单,普遍采用进口箱区半混堆的模式,但不同码头卸船箱区的管理模式仍有区别。如前面介绍主要有三种堆存模式:全场混堆、半混堆和分票堆存。

因为通常情况下,较早卸船的进口集装箱货主到码头提箱的时间,早于较晚卸船的进口集装箱,所以当货主到码头提箱时,码头堆场的场地翻箱相对较少,提高了码头提箱作业的效率。但同时进口箱区不间断的归并整理,需要投入一定的人力和物力,这也使码头日常生产组织的难度有所加大。当然,就作业成本来说,“全混堆”方式的箱区翻箱工作与货主提箱作业同时进行,码头基本无法控制翻箱量;“半混堆”方式的箱区翻箱整理工作在卸船前进行,码头对卸船箱区的整理相对显得有的放矢。

(3)中转箱进出场堆场作业计划(以进出口作业为主的码头)

中转箱场地的作业规划,在以进出口为主的码头一般采用“混堆”。因为进出口码头的中转箱比例偏低,所以码头堆场在中转箱一程船卸船作业时,一般并不按二程船的航线航次分别堆放,而是将中转集装箱集中堆放在指定的中转箱专用场地内,在二程船装船时,直接从中转箱专用箱区内装船。通常情况下,只有遇上批量较大的同属性中转箱,码头才考虑将其安排在二程船装船箱区,或单列某一箱区进行卸船作业,以方便随后进行的二程船装船作业。

(4)空箱箱区进出场作业计划

码头的空箱场地,在有条件的情况下,多数采用叉车或轨道式龙门吊作业,以充分利用码头场地资源。但如果是待装船的空箱,也可堆放在同一船名、航次的出口重箱场地内,或附近的场地,以方便装船作业。

(5)集装箱码头堆场内的归位、并位、转位作业计划

堆场内捣箱作业主要分为同倍翻倒作业和异倍翻倒作业,其中异倍翻倒作业又可分成归位、并位和转位三种作业方式,统称为“堆场内归并转作业”。

归位作业,是指码头堆场内箱状态发生变化后,从变化前的箱区,归入状态改变后的指定箱区的作业过程。如出口重箱退关后,箱状态由“出口重箱”变成“退关箱”,就需将该箱从出口重箱箱区归入退关箱区。

并位作业,一般指同一堆场箱区同一箱位内,将零星分散的集装箱整理合并在一起的作业过程。一般由一台场内作业机械就可完成作业。

转位作业,一般指同一堆场不同箱区间,或同箱区不同箱位间集装箱整理转移的作业过程。一般需两台场内作业机械及水平运输机械配合才可完成作业。

集装箱码头堆场内的归、并、转,主要是为了提高堆场利用率和提高箱区的作业效率,减少

码头作业出差错的可能性,减少翻箱。主要有以下几种情形:

①在装船结束后,应及时将退关的集装箱转入指定区域。

②箱区内进行过提箱作业后,对零星的集装箱进行归并。

③根据客户申请的下昼夜提箱计划,可将此类要作业的集装箱转入一个箱区。这样可以在客户提箱时减少轮胎吊频繁跨箱区移动,加快客户的提箱速度,合理使用轮胎吊。轮胎吊较少的码头应采取该办法。

④对完成拆箱提货作业后的空箱进行归并。

⑤提前进场的出口箱或中转箱,在装船前,按不同的卸货港进行归转作业。

第六节　堆场能力计算和关键绩效指标(KPI)

一、集装箱码头堆场能力计算方法

1. 堆场最大容量

$$YMC = \sum S_i \cdot H_i$$

式中:YMC——堆场最大容量(Yard Max Capacity—TEU)

S_i——i 箱区地面箱格数(Total Slots,TEU),i=1,2,3,…,n;

H_i——i 箱区对应工艺系统和箱区类型可以堆放高度(底盘系统1层,跨运车系统2~3,RTG系统4~5)。

2. 堆场年通过能力

$$YTC = YMC \cdot U_y \cdot (365/ADT)$$

式中:YTC——堆场年堆存能力(Yard Throughput Capacity,TEU/y);

U_y——堆场利用率(一般取55%,最大取70%);

ADT——箱平均堆存期(一般不同箱型,其ADT不同,天/TEU)。

3. 提高堆场通过能力的方法

从上面的计算公式可以看出,影响堆场通过能力的因素主要有堆场工艺系统、箱区箱格数、堆存高度、堆场利用率和平均堆存期等。

(1)改善堆场工艺系统

在堆场面积不变的情况下,通过改变堆场作业系统来提高堆场通过能力。目前在欧洲和美国的旧码头改造中,通常采用这种方式来提高老堆场通过能力。不同工艺系统单位面积的堆存量详见“工艺”一章。

(2)增加箱区箱格数

增加箱区箱格数主要有两种途径:一种是同前条,通过作业系统的改变,增加堆场地面箱格数;另一种是在堆场容量特别紧张时,充分利用码头内部所有可以利用的空地,如栅栏边、停车场、车间等空地，增加地面箱格数，提高堆场通过能力。

（3）提高堆存高度

主要是通过购置新的堆高机或对场地机械进行改造。如香港 HIT 在堆场能力不足时，将“堆三过四”的旧轮胎吊，通过加高改造成为“堆五过六”，来提高堆场通过能力。

（4）提高堆场利用率

主要是加强堆场内归并转作业量，提高堆场利用率。

（5）降低平均堆存期

主要是强化同船公司和货主联系，加快箱和货物同转，降低集装箱堆存期。

二、集装箱码头堆场关键绩效指标

1. 堆存总箱量

堆存总箱量指报告期堆场实际堆存集装箱物理数量的总和。它是反映堆存工作量的指标，但有一定的局限性，计算单位为“TEU”。

堆存箱数（TEU）= 期初结存数+本期进场数

2. 堆存箱天数

堆存箱天数指报告期堆场堆存箱数量与其堆存天数乘积之和。它是反映堆存工作量的综合指标，不仅反映箱堆存的数量，而且反映箱堆存的时间。为简便，可用报告期每天堆场结存数和每天出栈之和的累计数代替。计算单位为“TEU 天”。此方法有利于统计，而不利于库场的分析和管理工作。

堆存箱天数（TEU 天）= 报告期每天结存数之和+报告期每天出场

3. 平均堆存期

平均堆存期指报告期每箱平均在堆场堆存的天数。它是反映箱在场内的滞留时间，即集装箱堆存时间长短的平均指标，计算单位为“天”。

平均堆存期（天）= 堆存箱天数/堆存箱数

平均堆存期短，说明集装箱的流转快，滞留时间短，避免港口堵塞，扩大码头堆场通过能力。在实际工作中，按不同功能箱区，分别计算其平均堆存期。

4. 平均每天堆存箱数

平均每天堆存箱数指报告期平均每天堆存的集装箱数量，计算单位为“TEU/天”。

平均每天堆存箱数（TEU/天）= 堆存箱天数/日历天数

一般来说，平均每天堆存箱数越接近平均容量，说明堆场利用相对较好，但还需结合平均堆存期指标进行综合分析，如果平均堆存期长，则虽然利用率高，但有可能导致堆场积压，翻倒作业量大，降低效率，作业困难，影响码头通过能力。

5. 堆场平均容量

堆场平均容量指报告期内平均每天拥有的堆场堆存能力，计算单位为“TEU/天”。

堆场平均容量（TEU/天）= 报告期每日堆场容量总和/报告期日历天数

6. 周转次数

周转次数指报告期堆场容量平均堆存货物次数。它是反映堆场设备使用的频繁程度的指标,周转次数越多,集装箱的流转速度就越快。要提高周转次数,就应在一定的容量情况下,增加堆存数量,同时缩短集装箱的堆存时间,计算单位为"次"。

堆场周转次数(次)= 堆存总箱数/平均容量

7. 堆场利用率

堆场利用率指报告期平均每天堆存箱数与平均容量的比值。它是反映堆场容量利用程度的指标,计算单位为"%"。

堆场利用率(%)=(平均每天堆存箱数/平均容量)×100%

8. 堆场操作量(Move)

堆场操作量指报告期所有堆场作业机械操作量的总和。它反映堆场作业的繁忙程度,计算单位为"箱(Moves)"。

堆场总操作量(箱)= 船舶装卸作业量+外拖车收发作业量+堆场内倒箱作业量

9. 堆场操作系数

堆场操作系数指堆场操作量同船舶装卸操作量之间的比率。它是反映堆场计划管理水平高低的指标之一。RTG 系统,一般在 2.1~2.3 之间,系数越高,反映出堆场内无效作业越多。

堆场操作系数 = 堆场作业总操作量/船舶装卸作业操作量

10. 堆场机械作业效率

堆场机械作业效率指堆场内操作机械的作业效率,是单位小时内堆场机械平均操作量,计算单位为"箱/时"。

堆场机械作业效率(箱/时)= 作业总操作量/机械运行时间

11. 堆场操作翻倒率

堆场操作翻倒率指堆场内倒箱作业操作量同总堆场操作量之间的比率。它是反映堆场计划管理水平高低的指标之一。比例越高,反映堆场内无效作业越多。

堆场操作翻倒率 =(堆场内倒箱作业操作量/堆场作业总操作量)×100 %

思考题

1. 概念:堆场作业计划管理、堆场箱区总体布局、场箱位。
2. 简述堆场计划管理的基本任务、目标和堆场计划管理流程。
3. 简述集装箱码头堆场箱区类型及堆场箱区总体布局基本规则。
4. 简述轮胎吊堆场码垛方式以及进口和出口箱箱区码垛规则。
5. 简述集装箱码头堆场箱区属性和堆场作业类型。
6. 试论提高集装箱码头堆场通过能力的有效途径。
7. 如何通过优化堆场计划管理来提高船舶作业效率?

模块三 操作执行

第七章 集装箱码头船舶装卸作业过程控制

概 述

集装箱码头的船务调度管理，主要由作业计划和作业控制两部分组成。可以说管理的四大基本职能都在这里得到了充分体现。控制（Control），是按照计划标准衡量计划完成情况和纠正计划执行中的偏差，以保证计划目标的实现，或适当修改计划，使计划更加符合实际情况。

码头生产过程控制（Process Control，PC）是指对集装箱码头生产全过程进行统一的管理和指导。它是现代码头企业管理的重要手段，也是码头生产作业计划的有机连续。

由于在编制码头生产作业计划时，不可能把一切情况都考虑进去，因此在实施计划时，必然会出现某一生产环节或内部的不平衡，这就需要码头生产控制部门具体地、创造性地工作，以保证生产作业计划的顺利完成。

码头生产控制部门具体负责日常生产的组织、协调、平衡、控制、监督与检查。它的经常业务就是以昼夜生产作业计划为依据，把生产中的各部门、各环节有机地联系起来，进行有节奏的连续生产。它要解决的问题是如何根据船舶、箱源、运输工具、机械设备、仓库以及劳动力等情况，具体决定采用装卸操作方法、选用机械类型、配备劳动力和确定作业起讫时间，等等。

船舶装卸作业过程控制是码头业务管理中的核心内容之一。本章主要介绍码头控制作业部门组织结构和岗位职责、人员配置和工作流程、生产控制原理、船舶装卸作业控制和现场指挥管理、提高海侧操作系统效率与能力的途径和关键绩效指标（KPI）等内容。

第一节 集装箱码头中心控制室岗位设置和岗位职责

一、集装箱码头生产过程控制的作用、基本要求和具体任务

1.码头生产控制的作用

码头生产控制工作是执行生产作业计划的关键,它的主要作用就是依据生产作业计划,对码头生产经营活动进行连续的夜以继日的组织、指挥、衔接、协调和平衡,在安全优质的基础上保证生产作业计划的完成。

由于码头生产受诸多因素的影响,因此控制工作的可变性、机动性和创造性都比较大。发挥各级控制、指挥人员的主观能动性,控制工作做得越深入细致,考虑的情况越周到全面,对挖掘生产潜力、提高装卸效率和扩大码头通过能力的作用就越大,其创造的价值和财富难以用数量来表达。

2.码头生产控制的基本要求

码头生产控制工作总的要求是:依据码头生产作业计划和码头内外各种情况的变化,科学合理地调节、配置各生产要素,使码头生产持续、均衡地进行。进行码头生产控制工作,必须了解和掌握一些具体要求:

(1)预见性

码头装卸生产影响因素多,情况变化快,要对生产中可能产生的问题有预见。预见包括两个方面:一是采取预防措施,消除影响生产的不良因素;二是事先准备,能采取有效的应急措施。

(2)计划性

计划性是控制工作的基础和依据。控制部门要经常督促和检查计划的执行情况,围绕计划的目标,灵活机动地搞好控制指挥工作,保证码头生产作业计划的完成。

(3)集中性

码头控制部门是代表码头领导对全码头生产经营活动进行统一指挥的“司令部”,它具有高度的集中性。凡指示和会议的决议,均由控制部门集中统一布置和下达。同时,控制部门有关生产经营的重大问题,经汇报码头领导并由领导决定采取相应措施后,也统一由控制部门组织实施。

(4)及时性

码头控制工作的时间尤其重要,无论工时的利用、生产环节的衔接,还是装卸效率的提高、船舶停港时间的缩短,无一不体现了时间观念。控制工作具有即时性,发现问题要迅速,信息反馈要及时,解决问题要果断。

(5)经常性

码头控制是一项昼夜连续不断的日常工作,要随时检查和掌握各生产环节的进度、装卸机

械的运转情况、劳动力的配置及工作情况、安全操作和质量情况，要经常贯彻码头领导对生产活动的指示和调度会议的决定。控制工作的经常性实质上就是与生产活动的不可分离的联系和协调。

(6)全面性

码头控制既要全面掌握码头内部人力、物力的配置和生产作业计划的执行情况，又要全面掌握与码头生产有关的各协作单位的情况。

3. 码头生产控制工作的具体任务

(1)以昼夜生产作业计划表为主要依据，合理配置各生产要素，编制每工班作业任务书，努力提高装卸效率，压缩船舶、车辆在码头的作业时间。

(2)根据每工班的作业任务书，组织实施各项作业计划，统一指挥全码头与装卸有关的各个部门，协调港外有关单位的配合，预先控制和及时消除影响装卸生产正常进行的内外部不利因素，确保在泊船舶的船期。

(3)掌握各项作业的进度，安排好车、船、箱、货的衔接，组织好集装箱的进港、堆存、中转、疏运工作，努力扩大门到门直提比重。

(4)组织实施码头生产调度会议，做好调度分析，掌握各项生产计划的完成情况并分析其主客观原因，熟悉和掌握装卸生产的规律，提高工作质量。

(5)树立安全质量第一和为现场装卸生产服务的思想，严格执行安全质量规范和各项操作规程，机动、灵活、迅速、果断地解决与装卸作业有关的问题，保证装卸生产安全均衡地进行。

二、码头控制作业部门的组织结构和岗位设置

一线控制作业部门的组织结构和岗位设置，同码头规模和操作部门整体组织结构有关，一般有三种设置方式。

1. 传统直线制结构(见图7-1)

一般多用途码头或中小型集装箱码头，其操作部作业组组织结构和传统的件杂货码头一样，一线生产工人以同工种集中形成专业工种作业队，设立日班专职队长，下设四个轮班小班。各队负责设备操作和作业组织，控制室(调度室)负责生产指挥和横向工种间的协调。日常管理以专业队为核心的直线式管理为主。

该结构的优点是实施专业化工种集中管理，有利于技能提高和管理专业化；缺点是在生产组织时，容易出现各自为政的局面，横向协调难度大。

2. 混合团队式结构(见图7-2)

一般大型集装箱码头使用较多。在传统直线制结构的基础上，取消日班专职队长，四个专业工种轮班队长向值班经理负责，由值班经理统一指挥。日常管理以值班经理负责制下各工种组成的横向大队为核心进行管理。

该结构的优点是既实现了专业化工种集中管理，有利于技能提高和管理专业化，同时在生产组织时，由值班经理直接领导，便于生产协同作战；缺点是值班经理的要求高，既要懂生产管理，又要懂设备运行管理，管理难度大。

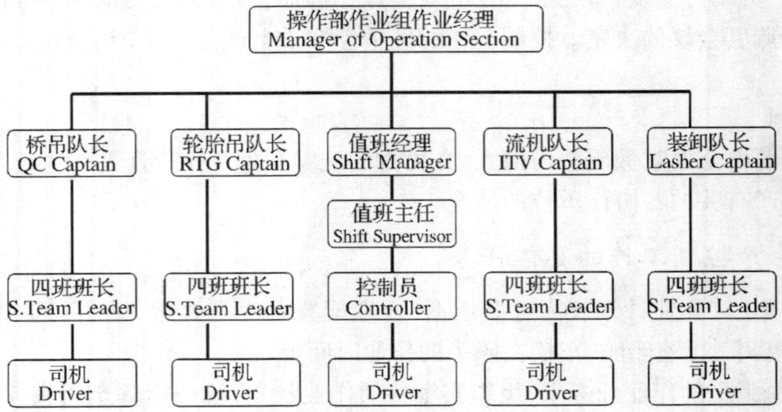

图 7-1　控制室及作业队组织结构和岗位设置图

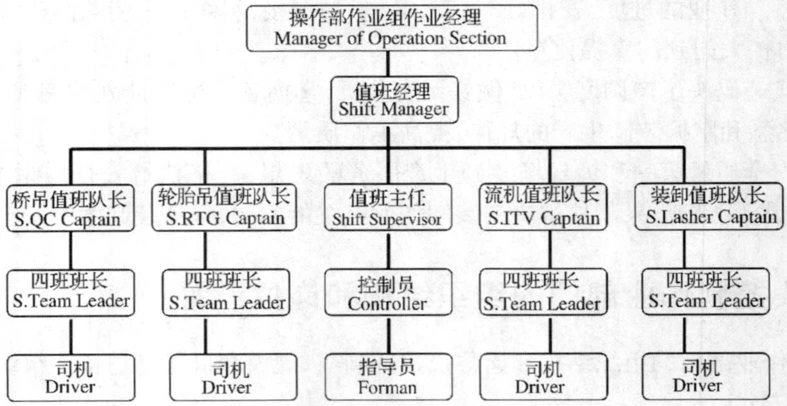

图 7-2　控制室及作业队组织结构和岗位设置图

3. 控制作业并列结构(见图 7-3)

一般中小型集装箱码头使用较多。在传统直线制结构的基础上,取消日班专职队长,只设立轮班队长,对一线司机和捆扎工以班为单位实施横向专业化管理。在码头规模较小时,还可将大型设备如桥吊和轮胎吊管理合并,将流动机械如拖车和叉车合并,形成新的司机班管理。轮班队长负责设备和装卸工在轮班期间的设备运行和人员管理,同负责生产指挥和协调的控制室并列设置。

该结构的优点是既实现了专业化工种集中管理,有利于技能提高和管理专业化,同时将同班各工种人员集中在一个轮班队长的管理之下,有利于横向交流和相互理解支持,对生产组织和安全管理十分有利;缺点是对轮班队长要求高,要懂不同设备运行管理,管理难度较大,也容易出现现场作业不听从控制室指挥的可能。

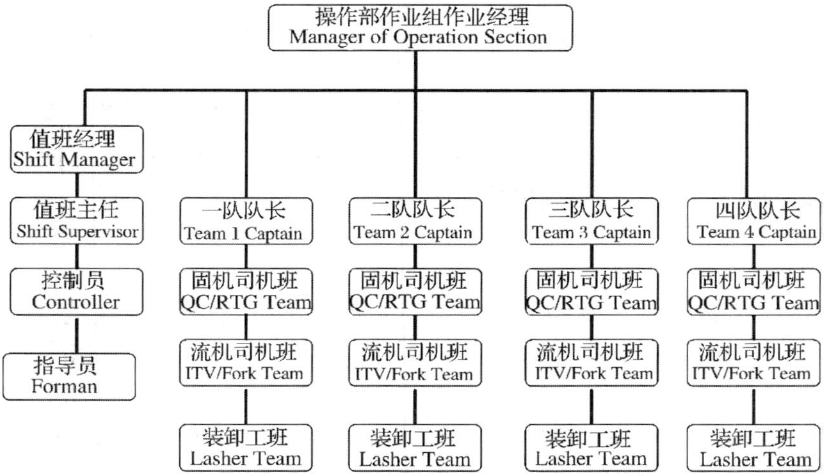

图 7-3　控制室及作业队组织结构和岗位设置图

三、现场作业部门各岗位工作职责

1. 操作部作业经理

(1)主要职责

配合操作部部门经理协调计划与作业之间的关系，确保码头生产安全，保证生产指标的完成。

(2)职责范围

①接受操作部经理的工作指令并予以贯彻执行，了解掌握昼夜综合作业计划内容，并对昼夜生产计划的编制提出修改意见。

②监督、检查码头昼夜生产计划的进度实施情况。

③协调解决现场生产作业中各班组反映出来的问题。

④对计算机操作中发生的问题安排应变措施，并及时与有关部门联系解决，保证计算机正常后数据输入的准确性、完整性。

⑤检查复核每条船舶的离港报告，确保数据准确。

⑥参加码头生产会，汇报当天计划与生产实绩情况。

⑦负责对困难作业、重点作业做出具体安排、部署及措施的落实。

⑧防台防汛季节负责传达汛期情况及上级布置的有关措施。

⑨负责内部考核，提出计算机、业务流程建议。

2. 控制室值班经理

(1)主要职责

协调当班控制室、现场作业班、闸口和 CFS 的工作关系，保证现场生产的正常进行，确保当班码头现场生产作业的进度。

(2)职责范围

①全面了解上一班的工作进度及变化情况,了解掌握当班工作的重点,参加码头生产会,汇报当班生产情况。

②了解掌握船舶靠离泊计划、作业计划、重点作业和困难作业,布置落实安全生产措施。

③对当班各类计划认真审核,并根据实际情况进行调整、补充,对当班临时计划进行编制,并将当班补充、修改的计划信息反馈给计划部门。

④掌握机械故障、出勤和使用情况,合理编制作业计划,负责安全生产及重点工作的措施落实。

⑤负责召开当班人员的工前会,协调当班作业系统出勤人数及出勤机械。

⑥对现场进行实时监控,调整当班生产作业,及时采取措施解决异常情况,保证各类生产正常进行。

⑦对当班各班组班长进行工作重点及安全生产布置,并负责检查、督促落实情况。

⑧负责检查当班各班组作业人员工作质量情况及劳动纪律。

⑨在夜班能行使码头管理的最高指挥权力,有权处理当班职责范围内生产中发生的一切问题,但必须向公司操作部部门经理汇报。

⑩负责当班期间防台、防汛工作的具体指挥,及检查、督促落实情况。

⑪协助及配合其他同事共同完成部门或公司的整体工作。

3. 控制室值班主任

(1)主要职责

根据生产作业计划安排机械、劳动力,积极同当班计划保持及时协调与良好沟通,并负责码头当班作业计划的实施。

(2)职责范围

①参加码头生产会,认真贯彻生产会上的各项决定。

②全面了解上一班的工作进度,掌握本班的工作重点。

③编制工班作业计划,合理安排机械、劳动力,负责安全生产及重点工作的措施落实。

④对现场进行实时监控,解决现场生产中发生的问题。

⑤做好当班各类作业的原始记录,严格审核现场生产实绩表。

⑥做好计算机操作质量的督促工作,确保当班处理信息准确。

⑦负责对班内员工工作质量的评定和考核。

⑧处理当班时间内生产中发生的一般事件,遇重大问题必须向值班经理汇报。

4. 现场堆场作业指导员

(1)主要职责

负责协调、指挥堆场作业的机械。

(2)职责范围

①严格按控制室的作业指令协调好堆场作业机械。

②保持同班各机械班长和司机、控制室的联系。

③负责收发箱的工作质量。

④负责作业区域的安全生产。

⑤负责堆场交通管理，保持道路的畅通。

5. 船舶作业指导员

(1)主要职责

负责船舶装卸作业的指挥、协调工作。

(2)职责范围

①负责船舶装卸作业前的安全生产布置。

②根据控制室作业指令，实施船舶装卸工作，及时反馈作业信息。

③督促、检查船舶装卸作业人员实施作业的情况及安全生产工作。

④保持同控制员的联系，对船舶装卸的进度及质量负责。

⑤负责与船方的协调及船舶装卸作业签证、系解缆签证、供水签证单的签证工作。

6. 控制员

(1)主要职责

负责现场生产作业计划的实施和对现场生产情况的监视与控制；负责当班各类作业计划的补充、调整及临时资料处理。

(2)职责范围

①负责交接清上一班船舶作业进度及装卸数据。

②负责交接清上一班堆场作业进度，了解当班堆场作业情况，及时控制、生成、发送各项堆场作业指令。

③准确及时地做好机械油量统计，安排、调整当班船舶作业和堆场作业机械。

④根据计划做好船舶靠离泊确认，负责特殊情况下的船(驳)计划补充。

⑤及时修改、补充进场、卸船堆存计划。

⑥对船舶作业线进行及时调整，控制并发送船舶作业指令，确保船舶作业进度。

⑦处理当班临时进口资料的输入，及时处理加载箱。

⑧单船作业完毕后，及时收集、汇总、整理各类资料，并及时向当班督导汇报。

⑨负责当班内的加载、退关、退装和复关箱的处理。

⑩负责对控制文员工作质量的督促与检查。

⑪了解进口箱残损情况并督促文员及时输入计算机。

⑫配合值班主任做好防台防汛的具体指挥。

7. 控制室控制助理(文员)

(1)主要职责

负责计算机数据处理操作和资料与实绩的校验工作。

(2)职责范围

①负责接清上一班在计算机操作中已处理的数据及未处理的数据。

②对接班时的资料与计算机数据进行检查核对，准确、及时地将当班期间收集到的资料输入计算机。

③负责监视现场作业进度，并及时将现场作业情况汇报给控制员，做好集装箱动态信息的计算机实时处理。

④及时将现场作业中各类集装残损信息反馈情况逐级进行汇报。做好各类计划资料与作业实绩的校验、复核工作,发现问题应逐级汇报。

⑤做好各类单证的收集、分类、处理、交接、登记工作。

第二节　船舶作业控制人员配置和工作流程

一、码头控制室人员配置

控制室全面负责码头昼夜生产的组织、协调和指挥调度工作,是码头操作部最重要的部门,如同军队作战前线的作战指挥室。一般在值班经理领导下实施四班制运作。在大型集装箱码头,因值班经理管理幅度大,一般在控制室内又设立控制室值班主任,由其负责控制室内部管理,下设若干名控制员和作业指导员。按船舶作业和堆场作业,又分成船舶作业控制员、堆场作业控制员和机械设备控制员,以及堆场作业指导员、船舶作业指导员。

1. 控制员人员配置

控制室船舶作业控制员有两种配置方式,即按泊位数配置和按船舶数配置。一般采用按泊位数配置(300 m 一个泊位),即如果码头有 5 个泊位,则每班设 5 名船舶作业控制员。

堆场作业控制员,要充分考虑码头业务类型,如:中型码头,外来拖车作业量较少,一般不设立专职堆场作业控制员;但对于进出口型码头,则需按作业量配置,通常按每 2.5 个泊位设立一名场地作业控制员。

机械控制员的设置要考虑码头大小和机械数量多少,一般小型码头将堆场控制员和机械控制员合并,中型或大型码头一般设立一名机械控制员。

2. 指导员人员配置

船舶指导员的设置同船舶控制员的设置,堆场指导员设置同堆场控制员设置。但对没有实施计算机管理或没有实施无线终端系统(RDT)指挥场地作业机械的码头,堆场指导员就变成堆场理货员,负责在堆场指挥 RTG 等场地机械按控制室指令作业。一般是每一台场地作业机械,配一名堆场理货员。

二、码头控制室工作内容及工作流程

现代化的集装箱专用码头,不仅在硬件设施上已高度机械化,而且在软件应用上也高度计算机化。其码头控制室(调度室)的工作内容和流程,虽然源自传统的件杂货码头,但有很大的不同。特别在利用计算机技术和 CCTV 监控系统等高科技设备辅助调度控制生产以后,其工作内容及工作流程发生了根本性的改变。

1. 船舶作业

(1)作业前的准备工作

①船舶控制员

a. 预审装、卸船图和单证,估算作业时间;

b. 在计算机中预先查询装卸箱子所在的场区、场位和箱量;

c. 准备好作业中所要做的记录表;

d. 预先安排好收、发箱机械(轮胎吊或叉车)。

②船舶指导员

a. 做好靠泊前的工作准备,协调指挥船舶安全准确靠泊;

b. 预审装、卸船图和单证,检查有无危险品箱、冷藏箱、超限箱及散大件需装卸,并做好安全措施的布置、准备和落实;

c. 检查现场作业人员和机械是否到位;

d. 与船舶控制员配合,安排好桥吊到位;

e. 负责与边检、船代、船方联系,交涉开工事宜。

③甲板/船边理货员

a. 检查装备是否符合现场作业的要求;

b. 检查现场作业区域是否有影响作业的障碍,及时汇报指导员处理;

c. 船边理货员开启无线终端。

④装卸工人

a. 检查装备是否符合要求;

b. 准备好合适、足够的绑、拆工具。

(2)作业中

①船业控制员

a. 合理调配机械,控制作业进度;

b. 与船舶和堆场计划员及时沟通,合理调整作业顺序;

c. 做好必要的作业记录;

d. 装船作业中用无线终端(RDT)给轮胎吊(叉车)司机发送工作指令;

e. 监督检查轮胎吊司机(叉车)收、发箱信息的确认。

②船舶指导员

a. 监督检查现场作业人员的工作质量;

b. 及时反映现场作业的实际情况;

c. 合理调配人员和机械车辆;

d. 与船方协调,及时解决装卸作业中的问题;

e. 亲自参与检查超限箱和散大件的装卸。

f. 在装卸船时对船舶倾斜、倾侧进行监控,及时与船方沟通,将可能的倾斜、倾侧情况反馈给中控员。

g. 当桥吊司机的视线受到影响或船上设备正在使用时,应给予桥吊操作员指挥和引导。

③桥吊司机

听从指挥人员的指挥,进行集装箱的装卸。

④甲板/船边理货员

a. 对照船图和单证,指挥桥吊司机按计划装卸;

b. 指挥拖车准确停位和拖运集装箱;

c. 核对箱号、箱型、尺寸、铅封,检查箱体状况;

d. 船边理货员用 RDT 确认装卸信息。

⑤轮胎吊司机

根据 RDT 系统提示,按要求完成收、发箱工作,并做信息确认,有特殊情况及时汇报给控制员,由其处理。

⑥堆场指导员

疏通堆场内的交通,确保场内作业顺畅。

⑦机械领班(固机、流机)

a. 监督检查工作人员的工作质量;

b. 机械故障及时联系技术部,并监督和协助其维修;

c. 协助指导员合理调配人员和机械。

(3)作业结束后

①船舶控制员

a. 整理作业记录;

b. 检查装、卸信息的确认结果,确保无遗漏。

②船舶指导员

a. 检查绑扎是否符合要求;

b. 与船方签署有关确认单证;

c. 检查、清理作业现场;

d. 准备离泊工作,协调指挥船舶安全离泊。

2. 堆场作业

(1)根据堆场收发箱作业计划和杂项作业计划,分配后方陆侧作业机械和人员。

(2)根据堆场计划号,认真复核转堆箱量及箱号,发送指令,确保堆场畅通。

(3)认真按转堆计划号复核反馈信息,进行转堆确认及移动确认。

(4)及时处理现场突发作业高峰,合理调配机械,提高设备利用率和效率。

(5)按时记录冷藏箱温度和故障情况并负责联系报修,同时记录故障时间段。

(6)负责杂项作业的组织、控制、调整及结果确认。

3. 作业机械控制

(1)当班工作人员应及时了解码头各类机械的出勤、使用、故障情况。

(2)安排堆场作业机械,根据船舶作业及场地作业区间位置安排轮吊及铲车作业范围、作业时间。

(3)安排船舶装卸作业机械,根据装卸船的实际情况安排、调动集卡,并记录作业起始、终止时间。

(4)根据作业要求和司机、机械的出勤情况进行合理安排。

(5)及时记录堆场机械及集卡的故障情况，并报工程部修理(记录故障类型、故障起始时间、修理位置及最后修复时间)。

4. 作业过程控制

(1)及时生成疏运计划，发送计划部门制订的各类计划。
(2)全面了解现场箱区作业状况，合理进行箱区作业的控制。
(3)及时记录桥吊停工、延时原因，发生故障及时报工程部修理。
(4)及时调整、补充、完善各类作业计划。

5. 作业过程监督

(1)船舶靠离泊时监视控制船舶靠离泊尺码、桥吊避让位置。
(2)根据配载制订的计划船图，调整确认实际装船方案。
(3)监视船舶及桥吊码头的周围环境，及时调整桥吊作业。
(4)对与装、卸船有关的作业箱区实行监控，以调整装、卸船的场地作业位置。
(5)监视场内各区位的作业情况，对进、出场作业进行作业指令控制。
(6)对于超过正常滞留时间的集卡，应及时联系现场指挥员，了解原因，并及时采取相应措施。
(7)密切注意天气情况，及时通知有关人员并采取相应措施。

第三节　生产控制原理

一、码头操作管理工作和生产控制系统

码头生产管理的手段主要是作业计划和过程控制。码头操作管理工作的实质是组织与控制。组织的职能前面已经讲述，这一节着重讨论生产控制的问题。

1. 生产控制的任务

生产控制(Operation Controlling)的任务是在生产计划、作业计划、作业实施之间进行调节的过程。生产计划按时间层次分解为作业计划，并通过作业安排下达。

2. 生产控制系统构成

生产控制系统(Operation Controlling System)，是以生产计划和作业计划为基础实施作业，由作业组织与作业进度产生的差距、变动，通过反馈对生产计划和作业计划进行修改和调整。(见图 7-4)

3. 生产控制的主要内容

(1)装卸作业安排；(2)作业进度控制；(3)辅助作业与技术作业安排与控制；(4)作业调整与计划修订。

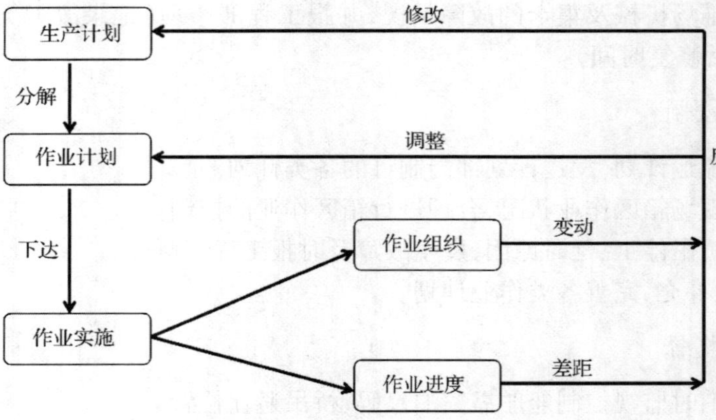

图 7-4　生产控制系统构成示意图

二、工班作业调度安排

作业安排是执行计划的开始,是通过工班任务计划书的形式下达实施的。在作业过程中,作业的变动、调整、分配新的任务也属于作业安排。

1. 工班任务计划书

工班任务计划书是由控制室值班经理(或主任),以“码头昼夜计划作业”为基础,结合上一工班作业的实际情况,及本工班机械出勤情况和人员出勤情况,编制的本工班各项具体工作安排的调度任务指令单。其主要内容包括:船舶作业情况、作业桥吊、控制员、机械保养修理情况、机械出勤情况、司机出勤情况、本工班作业重点等。图 7-5 是上海港目前使用的工班任务计划书。

2. 工班作业调度原则

(1)确保重点的原则

没有重点也就没有一般。装卸作业的重点是港口生产调度控制的关键,港口生产以船舶装卸为中心,一般重点船舶作业的类型有:(1)需要抢潮汐(俗称“抢吃水”)时间的船舶;(2)码头 VIP 客户和重点航线的船舶;(3)按码头合同严重脱班的船舶;(4)装载急需物资的船舶;(5)一次性作业量大,或有重点舱,或有作业困难的船舶;(6)泊位等用的船舶,如作业进入收尾的船舶。

确保重点就是必须保证重点船舶首先安排作业,配备足够的机械和人力资源,保证足够的作业线以满足船舶作业效率要求。

(2)贯彻作业顺序的原则

作业顺序就是根据船舶班期要求和装卸作业量分布,按作业顺序原理确定的船舶作业时间和作业先后次序。因此,船舶作业顺序计划一旦确定,就必须严格执行。在发生突发事件的情况下,除非得到当班计划员和值班经理的同意,否则不得任意改动。

(3)保证足够开工路数原则

海侧船舶作业同时开工路数,和堆场内作业、陆侧作业同时开工路数,是根据综合生产计

作业时间：27 日　白班　　　　**工　班　任　务　书**　　　　交班 4　　　　接班 3

船　舶　作　业

泊位	泊位尺码 起	泊位尺码 止	船名	靠离泊时间	卸船 20'/40'	装船 20'/40'	舱时量	重点箱 箱位	重点箱 台时量	指导员	控制员	作业桥吊
1	95	775	昌锦	27/18:00开	7/3	40/300/13	40					101 102
1	70	934	新苏州	27/19:00完	51/9	450/300	78			安仁祥	赵毅	101 102 103 104
				28/06:30开								
2	870	1431	金茂富	27/17:00开	150/40	288/177	75			周登权	余世毅	103 104 105
3	1530	2300	东方墨尔本	27/17:00开	260/418		100					106 107 108 109 110
3	2060	2457	向融	27/18:30完	35/78	70/110	28			历成刚	朱俊	108 109
				28/06:30开								
4	2400	2938	向艳	27/14:00开	188/167		65					111 112 113
4	2550	3040	威娜灵	27/18:00完	91/14	160/70	32			于江涛	陈铁圻	110 111
				28/06:30开								
4	3140	3972	以星美利坚	27/08:30完	937/461	400/320/25	103			戈丰兆	徐力涛	113 114 115 116
				28/06:30开								
5	4230	5017	以星黑海	27/17:30开	10	300/118	50			孙胜金	许实	117 118 119

设备状况

机械	时间
237/221	更换起升钢丝绳
252/263	故障修理
344/363	08:00-16:00
311/321	平故修理
514	故障修理
518	08:00-16:00

机械、司机配备

种类	数量	实出	应出	实出
桥吊	22	22	38	38
轮吊	70	66	84	83
集卡	130	126	125	124
堆高机	10	8	8	8
正面吊	3	3	3	3
司机人数			92	94

场地控制员	金伯
IPS调度员	张雄
冷藏箱管理员	朱京民

工　　作　　要　　点

1）船舶开靠系解缆人员、桥吊注意避让，作业人员要注意站立位置。

2）机械司机作业时要注意控制车速不要盲目操作。桥吊关臂下严禁站人。进入码头要戴好安全帽、严禁烟火。码头作业人员要注意做好各项安全工作。

3）码头上靠泊的大船进口箱较多，请桥边对进口箱要注意加强检查、封、箱型，单船上船后要仔细核对进口的特种箱。另新南沙系首次靠泊，请单船上船确认船舶规范及积载要求后再

4）昌锦出口有20FX9(D3涂料)，以星黑海出口有20FX15(D2.1打火机)确定于27日11：00直装船。威娜灵出口有20FX3(D3化工品)，20FX1(D4.3磷化锌)，20FX1(D2.2氧利昂)定于27日14：00直装船。

5）以星美利坚出口有一艘需起驳后装船的游艇，(船名：宏远846)游艇尺码：17.22X4.95X6.45米，重25吨，配2X40′平板箱，装船位置：55倍甲板。请安全质量工艺员到场指导作业。

6）工作重点：注意做好游艇装船及危险品装卸船的安全工作。

7）CSI截关船：（27日）16:00-以星美利坚。请中控，道口注意。

8）拆箱车辆：40FX48电解铜507件1200吨。

制表人：王旺

图 7-5　上海港集装箱码头工班任务计划书

划任务来确定的，其中影响总路数的交叉资源是场地作业机械数量和堆场作业区域空间、时间冲突。通过时间和空间的有序安排，可以最大限度地避免交叉和冲突，从而提高作业开工路数，提高码头单工班作业效率与能力。

(4)船舶作业、堆场作业和陆侧作业合理比重原则

码头生产虽然以船舶作业为中心，但同时也必须重视堆场内作业和陆侧其他作业，特别是进出口型码头，保证后方陆侧集疏运作业的顺畅，保证后方作业资源安排上的比重，也能保证船舶作业的顺畅。

三、作业控制

作业安排的结束就是生产的开始，生产管理便进入控制阶段，一直到作业结束，对生产过程的效率、产量、质量、作业时间、经济效益等进行全面控制。生产过程控制，一般分为事前控制、事中控制和事后控制。事中控制(又叫进度控制)是生产控制的核心。因此进度控制不仅在作业结束后完成作业效果的统计，也应在作业进行过程中不断检查计划与实际之间产生的差异，并采取积极措施进行纠正。图 7-6 是船舶作业过程控制实绩记录表。

1. 产量控制

装卸生产的产量是吞吐量、装卸量、操作量和装卸车数。产量控制标准一般有三个尺度：作业计划量、计划期平均完成量和计划累计完成量。通过计划与实际的比较，掌握产量进度、产生差异的原因以及决定调整的必要。

CRANE MOVEMENT SHEET No. ...2.. of ..3..

Vessel: CARDIFF BAY　　ETA: 0600 23/11/95　　ET Completion: 1130 24/11/95

Voyage No: 475　　Berth: 4　　Scheduled ETD: 1300 24/11/95　　DATE: 23/11/95

Crane No. 3							Crane No. 4							Crane No. 5						
Time	Bay	Dk Ud	D L	20'	40'	Remarks	Time	Bay	Dk Ud	D L	20'	40'	Remarks	Time	Bay	Dk Ud	D L	20'	40'	Remarks
1930	57	U	L	19		1 uncont								1930	09	D	D	5		5 restows
							1942	29	D	D	5		5 restows		07	D	D	6		6 restows
								31	D	D	6		6 restows		10	D	D		1	Restow, o/h, o/l
								33	D	D	2		2 restows		10	U	D		11	Reefers
								35	D	D	4		4 restows							
								34	D	D		2	2 restows							
2036	51	U	L	26		Part of 50														
														2048	07	U	L	11		2 IMDG
							2054	33	U	L	22		Part of 29							
														2124	13	U	L	12		Part of 62
2200						Shift Change	2200						Shift Change	2200						Shift Change
2212	51	U	L	22		Balance	2212	33	U	L	7		Balance	2212	13	U	L	50		Balance
							2236	35	U	L	54		16 reefers							
2324	49	U	L	27		10 reefers														
0054	59	U	L	40		2 IMDG														
														0058	15	U	L	60		18 reefers
							1030	29	U	L	88		2 O/H; 3 uncon							
0300	54	U	L		54	3a/w, 1 uncon														
														0404	14	D	L		34	3 high, part of 52
0600						Shift Change	0600						Shift Change	0600						Shift Change
0612	42	D	L		41	4 high	0612	30	D	L		36	4 high	0612	14	D	L		18	Balance
			Totals	136	95					Totals	188	38					Totals	144	64	
			BF	125	63					BF	133	69					BF	139	72	
			CF	261	158					CF	321	107					CF	283	136	

图 7-6　船舶控制员填制的单船作业实绩记录表

产量控制首先应该对重点船、重点车、重点货物的装卸进度进行重点控制。

2. 质量控制

码头操作的质量控制是指箱损船损率、单证和作业差错率、船舶装船作业到位率以及赔偿金额等指标,应控制在计划允许的范围内。

3. 效率与作业时间控制

作业时间控制就是保证船、车在港作业时间的要求。为此,一方面要不断提高装卸效率,保持较高的装卸速度;另一方面要适当集中装卸能力,按靠泊作业时间的要求,配备足够的开头路数。

作业时间控制对重点船舶有更重要的意义。重点的实质,主要是作业时间的限制。因此,作业时间控制往往是对重点船、重点舱或重点货的控制。

四、作业调整与计划修订

计划与实际的差异能够反映主观与客观的差异。缩小或消涂差异的唯一途径是进行调整与修订。调整是改变客观使其接近主观的要素,修订是改变主观要求使其向客观靠近。

实际与计划之间的差异,主要是由作业安排不当产生的,那么这种差异完全可以通过调整作业安排和生产组织得到解决。因此,调整往往是在作业过程中完成的。

修订是作业告一段落之后产生的,在实际与计划产生的差异已无法通过调整得到解决的情况下才进行计划修订。修订可以采取以下措施:

(1)重新安排作业计划,把差异修正量编入作业计划,加强能力配备,使差异在以后班次逐步得到补偿。

(2)调整作业顺序,把进度落后的船舶或舱口列入重点。

(3)修订计划指标,这是在前面的措施已无法解决的情况下才采取的。

第四节　集装箱码头船舶装卸作业控制和现场指挥管理

一、集装箱码头物流系统信息流及指挥系统构成

如前面章节所述集装箱码头物流系统,主要包括四大子系统,对应有四项作业(见图7-7):海侧船舶作业、堆场作业、水平运输作业和陆侧联运作业,其作业的指挥中心就是控制室。各作业子系统接收来自控制室的作业指令,同时将作业完成信息实时反馈给控制室,并在计算机系统中更新和记录完成作业信息。这种在物流系统中的信息交换就是信息流。

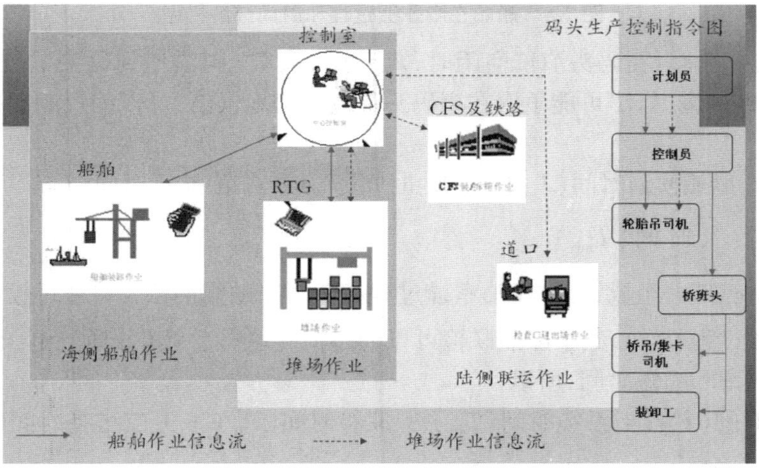

图 7-7　集装箱码头物流系统信息流和控制指令路径图

二、集装箱码头海侧船舶操作过程及时序构成

1. 船舶在港操作过程和时间构成模型

泊位计划在编制船舶作业计划时,就确定了船舶靠泊泊位、靠泊时间、开工时间、作业线数、完工时间和开船时间。船舶过程控制的目标就是充分提高作业效率,确保船舶按计划靠泊,按计划组织实施作业,按计划开船。但在船舶靠泊前,还有候泊时间和靠泊时间。为全面反映船舶到港口到离开港口全过程的时间和作业过程全貌,可以用下面船舶在港服务时间分解图表示。从图7-8不难发现,船舶在港总服务过程和时间可以分解成五部分,即候泊过程、靠泊过程、作业过程、离泊过程和离港过程。

2. 候泊过程及时间(T_{wb})

候泊过程由两部分组成,即在锚地抛锚等待泊位的过程(T_w)和起锚后由锚地航行到码头

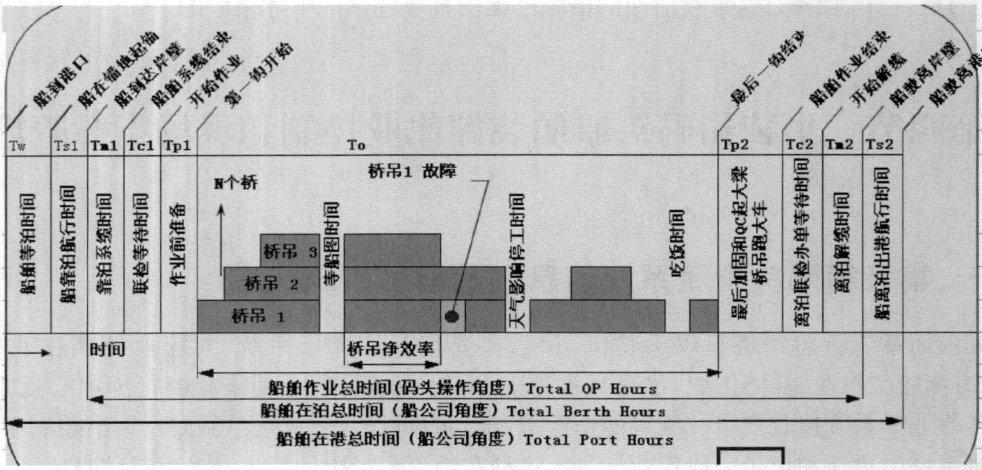

图 7-8　船舶在港作业过程和时间分解模型

泊位的过程(T_{s1})。前者在码头泊位空闲时,$T_w = 0$。但 T_{s1} 同锚地到码头泊位距离远近决定的。因此,在船舶到港时,尽可能争取在离码头最近的锚地候泊,可以缩短船舶在港停留时间,所以,

$$船舶候泊时间(T_{wb}) = 锚地时间(T_w) + 靠泊航行时间(T_{s1})$$

3. 靠泊过程及时间(T_{mb})

靠泊过程由三部分组成,即在靠泊系缆过程(T_{m1})、船舶靠泊联合检查过程(T_{c1})和作业前码头拆绑扎准备过程(T_{p1}),其中船舶联检可以通过简化联检手续(或通过电子联检)、优化口岸环境来提高效率和缩短时间,所以,

$$靠泊时间(T_{mb}) = 系缆时间(T_{m1}) + 联检时间(T_{c1}) + 开工准备时间(T_{p1})$$

4. 作业过程及时间(T_{op})

作业过程由两部分组成,即桥吊作业过程和非作业停工过程,其中桥吊作业过程时间可以通过躲开作业线、平衡各路作业量和提高桥吊作业效率等方式缩短;非作业停工时间,主要指天气、船方、货方和港方原因引起的停工,需根据具体情况缩短,所以,

$$泊位作业时间(T_{op}) = 桥吊作业时间(T_{qc}) + 非作业停时(T_{no})$$

5. 离泊过程及时间(T_{rb})

船舶离泊过程由三部分组成,即在离泊解缆过程(T_{m2})、船舶离泊联合检查过程(T_{c2})和作业后码头绑扎准备过程(T_{p2}),其中船舶联检可以通过简化联检手续(或通过电子联检)、优化口岸环境来提高效率和缩短时间,所以,

$$离泊时间(T_{rb}) = 解缆时间(T_{m2}) + 离泊联检时间(T_{c2}) + 开航准备时间(T_{p2})$$

6. 离港过程及时间(T_{sb})

离港过程,即船舶离开码头泊位后,驶离港口的过程。一般情况下,离港过程由船舶航速和航行距离决定,有时候也受航道条件和天气影响,需在锚地抛锚等待离港。

7. 几个关键时间指标

(1)船舶作业时间(T_{op})

它是码头作业过程控制的关键衡量指标。

(2)船舶在泊停时(T_{bh})

它是船公司计算码头泊位作业效率的关键指标,是衡量码头作业水平和口岸服务效率的重要指标。

$$T_{bn} = T_{mb} + T_{op} + T_{rb}$$

(3)船舶在港停时(T_{ph})

它是船公司计算船舶航次总时间的重要时间因素之一,也是衡量一个港口整体服务水平的关键指标。

$$T_{ph} = T_{wb} + T_{mb} + T_{op} + T_{rb} + T_{sb} = T_{wb} + T_{bh} + T_{sb}$$

三、船舶指挥员工作概述

1. 船舶指挥员工作的含义

船舶指挥员(Forman),亦称单船指挥员、装卸指挥员,或简称单船,是集装箱码头装卸生产现场的直接组织者和指挥者。

集装箱码头装卸作业的计划、控制、组织、实施,最终将与船舶装卸直接联系。从生产需要出发,必须有一个以船舶为中心的有秩序和有效率的劳动组合,这个劳动组合既包括机械、设备、堆场和劳动力,也包括装卸工艺和流程,这一多因素的劳动组合需要一个指挥中心,而船舶指挥员就是这个劳动组合的管理者和指挥者。

2. 船舶指挥员工作的任务

船舶指挥员工作的总任务是:在码头控制室督导和值班督导的领导下,以昼夜生产作业计划和控制室布置的任务为依据,具体负责所承担船舶装卸的劳动力和机械设备的配置,装卸工艺流程的落实,各装卸生产环节的平衡,合理有效地组织指挥单船装卸作业。在安全优质的前提下,充分发挥主要机械(通常为桥吊)的能力,最大限度地提高装卸效率,缩短船舶装卸时间,完成或提前完成所负责的单船装卸作业计划。

3. 船舶指挥员的条件

船舶指挥员应由事业心强、具有一定技术业务和领导能力、作风正派、敢于负责的人员担任。应逐步达到下列要求:

(1)了解本码头结构的特点、码头与驳岸的接合部位置及其荷载,了解码头停泊线水深,并能根据潮差对码头前沿水深做一般计算。

(2)了解本码头气候变化的一般规律及其对船舶装卸的影响,能采取相应措施。

(3)熟悉本码头现有机械和工属具的一般性能、负荷能力(包括桥吊吊具下和吊具拆除以后的安全负荷)、各类机械的安全操作规程和安全用电常识,并懂得各类船舶吊杆的一般性能、负荷和调整方法。

(4)熟知本码头集装箱装卸工艺标准和定额计算办法,能根据不同船舶的情况熟练运用装卸工艺标准,合理分配劳动力、机械和工具,协调各工种作业,解决疑难问题,并能准确、及时地审查或填报装卸作业表。

(5)熟知安全质量规章制度,能掌握装卸作业中的薄弱环节,及时采取必要的技术组织措施,防止事故的发生,对已发生的安全质量事故能采取紧急措施进行补救。

(6)了解装卸工作及现场有关人员(特别是桥吊司机)的特点,能合理使用力量,调动各类人员的积极性。

(7)懂得船舶吃水差、压载水、集装箱装卸对船舶的影响等常识,能根据船舶吃水、载重率曲线图计算出装卸集装箱的吨位,能根据生产需要协同船方调整出口船图。

(8)熟悉应向船方、货主收取的费用种类、费收标准和所需签证的内容,能及时、正确地做好现场码头装卸作业签证的签证工作。

(9)懂得本地港港章中有关的主要条款及本地港有关的港口信号。

(10)了解各航线集装箱班轮船舶的一般进、出口积载情况、箱型、箱量和要求,掌握危险品箱(需明确其国际危规等级)和"三超"特种箱的箱型、数量及在船上的分布位置,了解各种直提、直装运输工具的来源、去向和周转时间。

(11)集装箱码头的船舶指挥员还应了解卫检、商检、动检、海关、港监、边防等对集装箱货运的基本要求,并能使用英语进行装卸业务的简易会话。

4. 船舶指挥员工作内容和主要流程

随着计算机等高科技的运用,我国目前的现代集装专用码头的生产管理较 20 世纪 80 年代初期发生了较大变化,逐渐向规模化、集约化方向发展,码头生产已从劳动力密集型向资本、技术密集型转化。码头各项业务活动都借助强大的计算机网络系统,能实时(Real-time)监控、调整各项作业,形成了生产指挥由计划到控制室,由船业控制员、场业控制员到船舶指挥员、堆场指挥员的格局。船舶指挥员工作内容如下:

(1)交接班工作

①交接清当班的装卸作业的数量及剩余箱量,传达有关特种箱作业要求及其他作业中应注意的事项,以确保生产作业正常和安全,交接清当班作业已签与未签的各类情况。

②清楚、正确地掌握本班船舶开、靠时间,靠泊尺码,提前了解靠泊位置附近桥吊的行车、起落大梁是否正常,发现情况及时汇报,协助水手间清档,以保证开靠船安全。

③督促作业完毕的桥吊在不影响开靠船及其他桥吊作业的情况下,进行大车的锚定,小车拉到规定的锚定位置。

(2)船舶作业中

①合理利用和安排机械,提高装卸效率,督促并检查司机、工人的上岗定位情况,落实安全质量措施和执行作业要求,发现问题及时汇报。

②卸船作业中督促工人将紧固件按照要求统一堆放整齐,将卸船的有关要求布置到作业人员,督促工人加强卸船验残,原残箱加强与船方及理货的联系,做好残损箱清单、设备交接单的签证记录。

③装船作业中要认真地复剔船图,将装船有关要求通告轮吊司机及码头上工人,督促工人严格核对箱号和按船图位置装船,随时绑扎,保证船舶准时开航。

④摸清船舶规范，布置桥吊司机操作注意事项，布置工人做好绑扎。

⑤作业中桥吊在舱—舱的移动中，要认真监护，以防意外、过泊位的移动，要督促工人在码头进行监护。

⑥拆箱、驳作业，要督促工人做好“三生根”工作，做到随手清、班后清，对工、索具要加强检查，操作工艺要适当、合理，确保货运质量。

（3）船舶作业结束后

①船舶作业结束后认真复核箱区，核对退关箱，发现疑问应立即汇报控制室，杜绝漏装、错装、带装现象，转好退关箱。

②卸箱结束，认真检查每个倍位是否有漏箱、中转箱，与理货加强联系，保证不漏卸、错卸、多卸。

③开船前与外理认真复剔数字，认真、严格做好船舶作业签证，做到不漏签、不错签。

④装船结束，认真检查新装箱子是否有漏绑扎及不牢固现象，不符合要求应立即通知工人进行加固。

（4）开、靠船

①船舶指挥员要在码头上督促新靠船舶打好梯口安全网，对于首次靠泊的船舶，要让船方签收《码头靠泊须知》文件。

②船舶在靠泊中如有碰撞码头、码头机械等情况，要立即汇报控制室，做到发现及时、汇报及时。

四、单船生产作业计划的贯彻与执行

单船生产作业计划详细规定了船舶从抵港到发航为止所有的作业项目、程序、时间和相应责任者，因此它是组织船舶作业，尤其是组织船舶最主要的作业——装卸作业的主要依据。但由于单船计划是流水计划，它只规定了作业者的程序和占用时间，并没有规定各项作业的具体起讫时间，同时由于集装箱码头生产的复杂性和多变性，使得计划与实际情况也不可能完全符合，这就有必要在贯彻执行单船计划时，发挥控制室各级控制指挥人员，尤其是船舶装卸指挥员的积极性和能动性，通过他们的再创造，将计划付诸实际。

船舶装卸作业是实施单船生产作业计划的主体，也是集装箱码头生产的核心。为做好装卸作业的组织工作，保证单船计划的贯彻执行，要注意以下几个方面：

1. 做好充分准备

船舶装卸作业前的准备是多方面的，要重点抓好：

（1）思想准备

全体参加单船作业的人员应明确任务，落实责任，树立参与意识，在思想上为完成和超额完成该船的装卸任务做好充分准备。

（2）信息准备

信息准备即事先了解和掌握与船舶装卸作业有关的各种车、船、货以及其他有关信息资料。

（3）组织准备

组织准备即根据箱型、数量以及堆场情况，做好机械、设备、工具、劳动力的配备，以及重点舱、重点作业线机械行走路线等具体的安排。

2. 采取最佳工艺方案

在船舶作业组织既定的前提下,先进合理的装卸工艺是确保装卸安全质量、提高装卸工作效率的重要一环。在我国一些大中型集装箱码头中,许多装卸工艺已趋成熟,并有明确的规定和标准,可据此执行。对于新建集装箱码头或较小的集装箱码头,确定科学合理的装卸工艺是组织船舶装卸作业的重要工作。应该注意,在具体执行工艺方案时,也需灵活掌握,如抓好重点舱、重点作业线的进度,充分发挥桥吊的效率,避免交叉作业,尽量减少作业环节和中断时间等。

3. 集中力量打歼灭战和平衡各舱口装卸作业时间

集中力量打歼灭战是指把集装箱码头的机械设备、人力等装卸力量集中起来,用于一条或少数几条船舶作业,以充分发挥集装箱码头能力和航运能力的一种装卸方案。平衡舱口装卸作业时间是指在集中力量顺序装卸船舶时,在一条船各舱口作业中要把注意力放在缩短重点舱的装卸时间上,以便在最短时间内完成该船的装卸。在我国目前集装箱码头装卸力量尚不充裕的情况下,许多集装箱码头的工作实践证明,集中力量和平衡舱时是缩短船舶在港时间、提高经济效益的有效途径,已成为大中型集装箱码头组织船舶装卸作业的基本方法。

4. 组织好各项辅助作业

要缩短船舶在港停时,除精心组织好船舶装卸作业外,还须组织好各项辅助作业。因为装卸时间只是船舶停时的一个部分,此外还有船舶离靠码头、掉头、引航进出港、办理有关手续、燃物料和技术供应以及必要的移泊等辅助作业的时间,所有这些辅助作业,需要有关各方面配合协调才能完成。在实施单船生产作业计划时,对于可以与装卸作业同时进行的作业,如办理手续、燃物料供应等,要尽量在装卸作业过程中同时完成;对于不能与装卸作业同时进行的作业,如移泊、掉头、离靠码头等,要事先与有关方面加强联系,做好准备,使之与装卸作业紧密衔接,力求避免单船作业各项目的脱节和非生产性停泊。

第五节　提高海侧操作系统效率与能力的途径和关键绩效指标

海侧操作系统效率,主要包括两个关键效率:桥吊作业效率和船舶作业效率。这两个指标也是衡量船舶作业好坏的关键指标。提高桥吊作业效率,既能提高船舶作业效率,又能提高码头泊位通过能力。

一、桥吊作业效率计算、影响因素和提高途径

1. 桥吊作业效率计算

桥吊作业效率,是指单位时间内桥吊作业量,用“TEU/h”或“Box/h”表示。桥吊作业效率

又分为桥吊毛效率和桥吊净效率、桥吊单机平均效率和船舶桥吊平均效率。

(1)桥吊毛效率(Crane Gross Boxes Per Hour,CGBPH)

桥吊毛效率是指桥吊在作业船舶时,从开工作业第一个箱开始,到最后一个箱完成作业时止,其总作业时间内,每小时桥吊的作业量。

CGBPH = 桥吊作业量/桥吊毛作业时间

(2)桥吊净效率(Crane Net Boxes Per Hour,CNBPH)

桥吊净效率是指桥吊在作业船舶时,从开工作业第一个箱开始,到最后一个箱完成作业时止,其总作业时间内,扣除停机时间后,平均每小时桥吊的作业量。

CNBPH = 桥吊作业量/(桥吊毛作业时间- $\sum$ 桥吊停机时间)

(3)船舶桥吊平均效率(CGBPH-Vessel Average)

船舶桥吊平均效率是指船舶作业过程中,所有桥吊作业毛时间总和,同船舶总作业量相比后,得出的平均每小时桥吊的作业量。

CGBPH-VA = 船舶总作业量/ $\sum$ 桥吊毛作业时间

2. 案例 1:"MSC Greece" 12A 航次在青岛港作业过程实录

地中海航运公司(MSC)"MSC Greece" 12A ETA Qingdao 05:30 13th Dec 2003 直接到青岛 3 号锚地抛锚待泊,后接代理通知 10:30 引航起锚,12:30 到达 QQCT80 泊位抛下第一根缆绳,12:50 系缆结束,放下舷梯后边防和海关人员上船联检,13:20 联检结束,工人上箱顶和甲板拆绑扎,13:30 第一个箱子被卸下,5 台桥吊几乎同时开始卸船作业(其各作业量和时间见下)。本航次该船共卸货 20F×413,20E×57,40F×350,40E×180,装货 20F×430,40F×770,23:30 最后一个集装箱被装上船,23:55 绑扎完毕工人下船,边防和海关上船联检,00:05 联检结束,00:30 引航上船拖船到位,00:40 解缆结束,00:50 船离开码头,03:00 引航下船,该船驶向上海。

Way No	QC	Dis	Lod	开工	完工	停机	备注
1	QC33	50	349	13:00	23:30	18:00—18:30	修舱盖
2	QC34	50	171	13:30	20:00		
3	QC35	100	180	13:30	22:00	16:00—16:30	维修吊具
4	QC36	350	250	13:30	23:30		两双吊具
5	QC37	450	250	13:30	23:30		两双吊具

问:QC33 和 QC37 桥吊毛效率、QC35 和 QC36 净效率以及该船桥吊平均毛效率是多少?

解:

QC33 CGBPH = (50+349)/ 9.5 =42(BPH)

QC37 CGBPH = (450 + 250)/ 10 = 70(BPH)

QC35 CNBPH = (100 + 180)/(8.5-0.5)= 280/8= 35(BPH)

QC36 CNBPH = (350 + 250)/ 10 = 60(BPH)

CGBPH-VA = (1 000 + 1 200)/(9.5+6.5+8+10+10)

= 2 200/44

= 50(BPH)

答:QC33 和 QC37 桥吊毛效率分别是 42、70 BPH,QC35 和 QC36 净效率分别是 35、

60 BPH,该船桥吊平均毛效率是 50 BPH。

3. 桥吊作业效率影响因素和途径

在以 RTG 为场地机械的码头中,一条作业线由 1 台桥吊、2 台轮胎吊、5~8 台拖车和 5 个工人共同构成,同船和环境一起构成了一个系统。各个因素的状态,都直接影响桥吊效率。

(1)轮胎吊(RTG)因素:	—RTG 的运行时间	—RTG 操作的 MOVE 数
	—RTG 的运行距离	
(2)桥吊(QC):	—停顿次数和时间	—MOVE 数
	—翻倒数	—每台桥吊的运行时间
(3)拖车 (ITV):	—拖车的运行距离	—拖车的运行时间
	—拖车的 MOVE 数	
(4)指导员和捆扎工因素:	—人数	—技能
	—协调能力和提前量	
(5)船方因素:	—船图	—特种箱
	—船员配合	—船型和船况
(6)环境因素:	—天气因素(风、雨、雪、雾等)	—海况 (潮汐、海浪等)
	—照明	

二、船舶效率计算、影响因素和提高途径

1. 船舶效率计算

船舶效率,是指单位时间内整船装卸作业量,用“TEU/h”或“Box/h”表示。主要有两个衡量指标:泊位作业效率和船舶作业效率。

(1)泊位作业效率(Gross Boxes Per Hour of Berth,BGBPH)

泊位作业效率是指船舶在泊期间,船舶在泊总时间(从船舶靠泊时第一根缆绳上岸开始,到船舶离泊时最后一根缆绳解完时止)内,每小时船舶作业总量。

BGBPH = VB(船舶装卸作业总量)/BT(船舶在泊时间)

其中:VB = 卸船总自然箱 + 装船总自然箱

BT = 靠泊系缆时间 + 靠泊联检时间+ 拆捆扎时间+ 卸装船作业总时间+ 绑绑扎时间+ 离泊联检时间+ 等拖船引航时间 +离泊解缆时间

(2)船舶作业效率(Gross Boxes Per Hour of Vessel,VGBPH)

船舶作业效率是指船舶在泊作业期间,船舶在泊总作业时间(桥吊在作业船舶时,从开工作业第一个箱开始,到最后一个箱完成作业时止的),平均每小时船舶作业总量。

VGBPH = VB 船舶装卸作业总量/OT 船舶在泊时间

其中:VB = 卸船总自然箱 + 装船总自然箱

OT = 最后一个箱完成作业时间 - 第一个箱开始作业时间

2. 案例 2

以“MSC Greece” 12A 航次在青岛港作业过程实录为基础,试计算该船舶在港停留时间、

在泊停留时间和在泊作业时间，以及其泊位作业效率和船舶作业效率。

解：

船舶在港停留时间 = 船舶离开码头时间-船舶到港时间
= 24:50-05:30
= 24.83-5.5 = 19.33(h)

在泊停留时间(BT) = 离泊解缆结束时间-靠泊系第一根揽时间
= 24:40-12:30
= 24.67-12.5 = 12.17(h)

在泊作业时间(OT) = 装船结束时间-第一个箱卸下时间
= 23:30-13:30 = 23.5-13.5 = 10(h)

泊位作业效率 = 作业总箱量/BT
= [(413+57+350+180)+(350+180)]/ 12.17
= 2 200/12.17
= 180.77(Boxes/h)

船舶作业效率 = 作业总箱量/OT
= 2 200/10
= 220(Boxes/h)

答：该船舶在港停留时间为 19.33 h，在泊停留时间为 12.17 h，在泊作业时间为 10 h，泊位作业效率 180.77 Boxes/h，船舶作业效率为 220 Boxes/h。

3. 船舶效率途径

从船舶效率的计算公式中不难看出，在船舶装卸作业总量一定的条件下，缩短各种时间，减少时间浪费是主要途径。从上述案例分析中，可以将所有时间分成两类：在泊作业时间和非在泊作业时间。船舶效率影响因素及其代码如表 7-1 所示。

表 7-1　船舶效率影响因素及其代码

类别		在泊作业时间影响因素	非在泊作业时间影响因素
1	港方	11 机械故障　12 等机械 13 作业冲突　14 停船收发箱 15 交接班　16 移泊　19 其他	17 拆加固 18 等泊位、等拖船或引航员
2	船方	21 设备故障　22 加急箱 23 冷藏箱维修　24 船图确认 25 船方移泊　29 其他	26 等船员 27 补给、修船 28 加固件不足
3	自然因素	31 风　32 雨雪　33 雾　34 其他	
4	其他	43 工人吃饭　45 其他	41 等联检　42 等完船手续 01 靠码头　02 离码头 03 卸船作业　04 装船作业

三、压缩在泊作业时间影响提高效率措施

(1)加强司机技能培训,提高桥吊作业效率。

(2)确保设备稳定运行,减少设备运行故障。

(3)压缩工间时间浪费,如交接班、吃饭。

(4)强化生产组织,根据作业情况合理调配机械,关注重点舱和重点作业线。

(5)根据作业情况调整作业顺序,提前预见堆场作业、拖车运行路线和桥吊作业冲突。

(6)与船公司、船代协调,控制加急箱数量和时间。

(7)与船方协调,控制船图确认时间。

(8)对于特殊船要提前与船方协调,提供捆扎方法和工具。

(9)与船公司、船代协调,控制修船时间。

(10)压缩非在泊作业时间,提高效率。

(11)与口岸单位协调,尽可能压缩联检时间。

(12)抓好船舶靠离泊衔接,同拖船和引航保持良好协调,压缩等拖船和引航员时间。

(13)改进甲板箱捆扎工艺,尽可能使用自动锁钮,压缩拆绑捆扎时间。

(14)保证泊位合理占用率,减少船舶等泊时间。

四、海侧作业系统关键绩效指标

1. 船舶停泊总艘时

船舶停泊总艘时是指报告期船舶在港停泊时间的总和。它由生产性停泊时间、非生产性停泊时间、自然因素停泊时间三部分组成。计算单位为“艘时”。

(1) 生产性停泊时间

生产性停泊时间是指船舶在运输生产过程中必要的停泊时间。它包括装卸作业时间、船舶移泊时间和其他生产性停泊时间。

①装卸作业时间:包括装卸前后的准备时间,即纯装卸作业时间、补给燃物料及淡水时间、辅助作业时间(如扫舱等)。

②移泊时间:指装卸作业计划中规定或因码头泊位条件的限制,必须从一个泊位移至另一个泊位作业的时间。

③其他生产性停泊时间:指上述各种生产性停泊时间以外的其他生产性停泊时间。

(2) 非生产性停泊时间

非生产性停泊时间是指因装卸组织工作不完善、船舶到港不均衡、单证信息或货物不能按时集中等运输生产过程中非必要的停泊时间。它包括的港方原因、船方原因、物资部门原因等造成的非生产性停泊时间。

①港方原因:指因港口设备故障、劳动力不足或调度不当等属于港方责任而造成的船舶非生产性停泊时间。

②船方原因:指因船方责任造成的非生产性停泊时间,包括等单证信息、等船员、等运行调度命令、船上装卸机具和照明发生故障等造成的非生产性停泊时间。

③物资部门原因：指由于物资部门责任，如因货物不能按时集中或疏散、流向未定不能开工作业等原因所造成的非生产性停泊时间。

④其他非生产性停泊时间：指上述各种非生产性停泊原因以外的其他非生产性停泊时间，包括等联检、植检、商检、熏洗舱、工人换班、吃饭等造成的停泊时间。

(3)自然因素停泊时间

指因自然因素影响而造成的非生产性停泊时间，包括因风、雨、雪、雾等不能作业，高温季节工人工间休息，候潮进出港等所造成的停泊时间，船舶到指定地点避风的停泊时间及其往返的航行时间。

2. 港方因素停泊艘时

港方因素停泊艘时是指船舶停泊艘时中属于港方原因和责任的停泊时间。它等于生产性停泊时间与非生产性港方原因停泊时间之和。

3. 班轮航次数

班轮航次数是指报告期定期船舶的航次累计数。各定期航线的航次计算应以公布的班期为准。计算单位为“航次”。

4. 准班发航航次数

准班发航航次数是指报告期定期航线船的航次中，按公布的班期准班发航的航次数。

5. 港方因素停泊时间所占比重

港方因素停泊时间所占比重是指在报告期内属于港方原因和责任的停泊时间占船舶在港停泊时间的比重：

停泊时间所占比重(%)=(港方因素停泊艘时/船舶停泊艘时)×100%

6. 船舶平均每次在港停时

船舶平均每次在港停时是指船舶从进港时起至离港时止，平均每艘船在港停泊天数。计算单位为“天/艘次”。

船舶平均每次在港停时(天/艘次)=船舶停泊艘时/(船舶停泊艘次数×24)

7. 机械完好率

机械完好率是指在装卸机械日历总时间中机械完好时间所占的比重，反映装卸机械管理、使用、保养、维修工作的情况。

机械完好率(%)=(完好台时/日历台时)×100%

8. 机械利用率

机械利用率是指在装卸机械日历总时间中机械工作时间所占的比重，反映装卸机械的利用程度。

机械利用率(%)=(工作台时/日历台时)×100%

9. 劳动生产率

劳动生产率是指生产成果与活劳动消耗之比，它反映活劳动消耗的经济效益，其计算公

式为:

全员劳动生产率(UNIT/人)= 集装箱吞吐量/全部职工平均人数

装卸人员劳动生产率(UNIT/人)= 集装箱吞吐量/装卸人员(司机及工人)平均人数

思考题

1. 概念:机械利用率、生产性停泊时间、船舶作业效率、泊位毛作业效率、桥吊作业效率、船舶指挥员、生产控制系统、控制、生产过程控制。

2. 简述码头控制作业部门的作用、基本要求和具体任务以及控制部门组织结构设置方式。

3. 简述集装箱码头控制作业工作流程中的作业机械控制、作业过程控制和作业过程监督的主要内容。

4. 画出生产控制系统构成图,并简述生产控制的主要内容。

5. 画出船舶在港作业过程和时间分解模型图,并简述船舶指挥员的工作内容和主要流程。

6. 试论桥吊作业效率的影响因素和提高途径。

7. 试论船舶效率的影响因素和提高途径。

第八章　集装箱码头堆场作业管理

概　述

集装箱码头堆场作业管理，实际上是码头堆场计划的延续和执行，是码头堆场计划的具体执行和落实。目前随着集装箱船舶的大型化，集装箱码头的堆场也越来越大，码头的纵深也越来越大。堆场作业效率的高低，越来越成为集装箱码头提高船舶作业效率的关键和核心。由此可以看出，集装箱码头堆场作业管理是集装箱码头作业管理的核心，是码头物流系统中的关键系统和管理过程。

集装箱码头堆场作业管理(Yard Operations Management)是指以集装箱码头堆场计划为依据，结合码头堆场内海侧船舶集装箱装卸作业、陆测陆运集装箱入港和提箱作业以及堆内码头内部归并转作业具体实际，充分协调和调配堆场内作业机械和设备，完成各项堆场作业过程控制的总和。堆场作业管理是码头生产的一个核心环节。码头物流系统整体运行效率的高低，都直接同码头堆场运行效率高低有关。

本章主要介绍集装箱码头控制室内堆场作业管理岗位设置和岗位职责，人员配置和工作流程，堆场重箱收发作业、空箱收发作业和场内翻倒作业控制和现场指挥管理，提高堆场操作系统效率与能力的途径和关键绩效指标(KPI)等内容。

第一节　堆场作业人员岗位设置和职责

一、堆场作业管理的任务和目标

1. 集装箱码头堆场作业管理基本任务(Yard Operations Management Tasks)

堆场作业管理的基本任务概括起来讲就是，按照堆场计划安排，以及当班船舶作业和后方进出码头拖车作业的实际情况，充分、有效地调动码头作业机械设备，组织落实和执行堆场作业计划，满足船舶作业和外来拖车作业高效运行，最大限度地避免堆场内作业冲突。主要有两个方面具体任务：

(1)确保堆场内的入港和提箱外来拖车畅通无阻和高效运转，最大限度地避免在堆场内出现交叉作业。

(2)最大限度地压缩和减少外来拖车在堆场内的等待时间。

2. 集装箱码头堆场作业管理目标(Yard Operation Management Objectives)

以堆场计划管理任务为基础,其管理目标是:(1)确保收发、移箱、查验等作业的及时、准确;(2)外集卡收发时间控制在30分钟内;(3)有效监控堆场堆箱位置的准确;(4)高效控制和管理堆场内的人员和机械,确保作业安全顺畅进行;(5)维护通道交通秩序,确保RTG主通道行驶安全。

二、堆场作业控制岗位设置

堆场作业控制属于码头中心控制室的一部分,同船舶作业控制一起,构成完整的控制指挥调度功能。一般配有堆场作业控制员、控制助理、堆场作业指导员和看道工(堆场员)。其组织结构和岗位设置如图8-1所示。

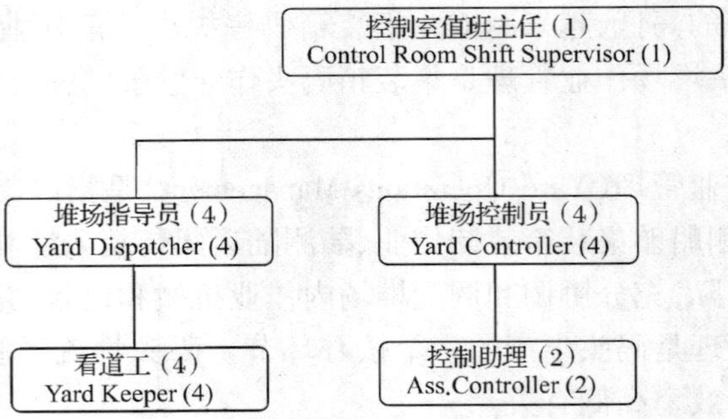

图8-1 控制室堆场作业控制组织结构和岗位设置图

三、堆场作业相关人员的岗位职责及其绩效指标

1. 堆场作业控制员

(1)熟练操作码头生产控制系统。

(2)负责外来集卡收发箱、内部翻倒箱作业控制,合理调配机械,确保收发及时、信息确认准确,发现问题及时修正。

(3)监控收、发进度和信息确认过程。

(4)注意特殊箱货的收发,如冷藏箱、危险品箱、超限箱等,并联系专人负责。

(5)有权控制和调配场内所有机械设备,发布作业指令。

(6)按堆场计划要求做好场内移箱,根据场内实际作业情况及时调整作业顺序和内容。

(7)协助海关做好查验箱工作,确保海关验箱及时、准确到位。

(8)协助船业控制员处理相关信息问题,如轮胎吊转场、无线信息跟踪、处理RDT死机等工作。

(9)核查计算机中堆场信息与实际堆存情况,发现不相符的,及时更改确认,确保信息准确。

(10)与船业控制员密切协调配合,合理安排作业顺序,兼顾船舶装卸与外拖收发作业。

（11）做好相关的作业记录，如超时原因、外拖提到残损箱返场换箱的处理结果等。

（12）做好当班的日常统计，如机械作业量、移箱及海关查验的箱量和整班的作业量等。

（13）做好交接班工作。

（14）绩效指标：作业量及作业效率，信息确认的准确性，作业记录的及时性，出勤率，协作性。

2. 堆场作业指导员

（1）执行控制室主任、控制员或其他指导员分配的任务，负责堆场内的交通疏通和问题处理。

（2）监督检查和反映堆场的作业和其他情况，并及时处理问题，重大问题汇报控制室主任。

（3）熟悉场地分布以及冷藏箱、危险品箱、超限箱的堆存区域和堆码装卸监护。

（4）检查堆场的作业环境，及时发现并排除事故隐患，确保场内机械安全行驶。

（5）检查堆场是否干净、平整，车道线是否清晰，标志牌摆放是否安全准确，负责堆场的清扫和铺垫工作。

（6）检查堆场内箱、货堆存情况，看箱子堆码是否整齐、准确，箱门朝向是否符合要求，是否有移位、错位情况，发现问题及时解决。

（7）清理堆场内与作业无关的人员和车辆，有权制止违章、违纪现象，并提出处理意见和整改措施。

（8）积极参加工前会、工后会，接听上级指示，了解当班堆场的整体运作情况，及时总结工作经验和不足。

（9）有一定事故处理能力。

（10）做好交接班工作和值班记录。

（11）绩效指标：堆场运作秩序，堆码质量，作业量及作业效率，事故和安全记录，及时性，出勤率，协作性。

3. 看道工的职责及绩效指标

（1）执行固机领班、轮胎吊司机分配的任务，负责通道的交通疏通和问题处理。

（2）监督检查和反映通道作业和其他情况，并及时处理问题，重大问题汇报固机领班和控制室主任。

（3）监护场地标志牌、隔离墩的完好，发现损坏立即报告。

（4）检查堆场的交通环境，及时发现并排除事故隐患，确保场内机械安全行驶。

（5）检查通道是否干净、平整，车道线是否清晰，标志牌摆放是否安全准确，负责通道的日常清洁维护工作。

（6）清理通道内与作业无关人员和车辆，有权制止违章、违纪现象，发现问题及时上报。

（7）积极参加工前会、工后会，接听上级指示，了解当班 RTG 运作情况，及时总结工作经验和不足。

（8）绩效指标：通道交通堵塞次数和累计时间，RTG 交通事故率，出勤率。

第二节　集装箱码头堆场作业人员配置、工作内容及流程

集装箱码头中心控制室堆场作业人员配置和工作流程是同码头规模和组织结构设置相对应的。下面以大型集装箱码头堆场作业控制人员结构为例,介绍其人员配置、工作内容及流程。

一、中控室堆场控制人员配置

1. 人员数量配置

人员数量的配置,同码头作业量、翻班班制、码头规模有关。码头规模越大,作业量越多,则人员配置也就越多;三班两运转和四班两运转的人员配制也不同。以 6 个泊位的大型码头中心控制的堆场作业控制的组织结构,其人员配置一般按“四班两运转”,每班的人员为:两名控制员负责出口收箱作业,两名控制员负责进口箱外来集卡提箱作业控制,一边配一名助理,每名控制员对应一名指导员,堆场内四名主通道配看道工。

2. 人员配置要求

(1)堆场指导员

具备集装箱码头堆场和船舶操作方面的知识和经验,能独立进行操作,从事五年作业以上,并能操作机械设备;具备大专以上学历;了解机械设备和设施的性能和安全常识;掌握危险品、特种箱操作规范,具备全面的相关工种知识;掌握全面的安全作业的政策和要求;具备计算机操作技能,熟悉码头调控系统和计划系统,并具备处理一般性事故的能力。

(2)堆场作业控制员

具备大专以上学历,30 周岁以下,有较好的英语基础和计算机操作技能;具备三年以上集装箱码头现场作业的经验,且绩效突出;掌握船舶配载知识以确保集装箱在船上的准确配载;通晓客户业务及海关检疫要求程序;熟练操作码头生产控制系统;了解集装箱操作机械性能和技术参数。

(3)看道工

具备一定的交通安全知识;了解交通安全法律法规;具备高中以上学历,能独立进行现场工作;了解 RTG 大车性能和安全常识;掌握 RTG 大车一般性、常见故障的排除;了解安全作业的要求,如安全衣帽的穿戴、事故报告和险情报告的程序。

二、工作内容

1. 堆场指导员

(1)工作概述

控制和管理堆场内的人员和机械,确保作业安全顺畅进行。

(2)工作流程

①参加交接班会议,掌握本班组作业信息和工作内容,并与上班堆场指导员交接好场地的安全注意事项。

②协助控制员、船舶指导员负责船舶作业的场地收发。

③指挥车辆,疏导交通,对重点船、重点线的堆场收发跟踪、监护、检查。

④监督、检查和反馈堆场作业的情况,及时处理场地机械拥挤的问题,堆场如有交叉作业应迅速汇报控制室主任。

⑤检查堆场作业环境,及时发现并排除事故隐患,疏导场内交通秩序。

⑥检查堆场是否干净平整、堆场内箱货堆存是否整齐、箱门朝向是否一致,及时联系控制员和机械整改不符合码存规定的箱货,对于场地的不安全因素和缺陷,要及时报告值班经理,以便联系维修和解决。

⑦监督并疏导堆场机械的安全移动,安排看道工监护 RTG 的大车行驶安全,确保场地机械的交通安全。

⑧指导巡逻车做好场地作业的巡检。

⑨危险品作业负责主通道的交通安全监护和疏导。

⑩与下班堆场指导员交接清楚场地的安全注意事项。

(3)安全管理

①制止一切不安全操作,及时发现并消除事故隐患。

②监督、检查日常安全工作。

③在监督、检查过程中发现安全隐患时及时提出整改意见。

④认真执行操作规程和操作工艺,对堆场作业进行监督检查,严格纠正违章作业,抓好特殊作业的每一个环节,保证作业现场的安全质量。

⑤发生事故如实上报,并协助部门进行调查。

(4)日常管理

①对乱扔杂物、乱放器材、在堆场大小便、车辆乱停乱放等行为进行制止与教育。

②负责看道工、巡逻车司机的日常管理。

③参加公司、操作部、班组组织的会议、业务培训和其他活动。

2. 堆场控制员

(1)工作概述

合理组织使用场地机械,及时完成堆场收、发作业。

(2)作业流程

①参加本班组交班会,了解本班作业内容。与上班交班人员交接好场地收发进度和归、并、转、直通、大列移箱计划及作业信息(危险品、超限箱、场地超时箱)。

②根据场地作业计划组织生产、使用机械,确保作业的顺畅及信息的准确。

③根据计算机系统作业提示,安排机械收发箱作业,监控收发效率,收发箱时间控制在30分钟以内,不得超过60分钟。

④收发冷藏箱时,需提前30分钟通知管理员接拆电源。

⑤调配 RTG 及流机作业,根据船舶作业情况,以避免交叉作业为前提,按照计划进行堆场

移箱和翻倒作业。

⑥协调设备控制主任,掌握场地船舶作业和收发箱情况,合理调配机械,协调船舶装卸与场地收发。

⑦与堆场指导员保持及时有效沟通,协调解决场地作业冲突。若堆场存在交叉作业情况要及时反馈设备控制主任和计划室,及时进行计划的优化,并将优化后的计划信息及时传达给现场作业人员和机械,保持场地作业顺畅,减少作业冲突。

⑧监督、检查轮胎吊和叉车信息,确认过程和结果,确保信息准确。

⑨利用计算机堆场作业监控调度系统检查场内集装箱的堆存情况,并及时核对更改,消除悬浮箱、重叠箱现象。

⑩与物流箱管计划员协调,接受海关调箱指令,及时调配 RTG 优先作业。

⑪与闸口协调,处理场地收发信息不准确或箱体破损的情况。

⑫与流机队长协调,安排集车进行直通、大列、中转、翻倒、海关查验作业。

⑬及时整理有关单证和记录,按照控制室堆场作业调度控制日志内容认真记录作业过程中的情况。

⑭认真做好交班工作,将场地收发进度,归、并、转、直通、大列移箱计划,作业信息(危险品箱、超限箱、场地超时箱),与接班场地控制员交接清楚。

(3)安全操作

①有权制止不安全操作,有权制止违章违纪现象,并提出建议。

②时刻提醒司机注意安全操作。

③发生事故如实上报,并协助部门进行调查。

(4)日常工作

①清洁并维持办公场所的卫生。

②维护计算机,按时清理垃圾文件,定期杀毒并与 IT 部门密切合作。

③参加公司、操作部、班组组织的会议、业务培训和其他活动。

3. 看道工

(1)工作概述

维护通道和场区交通秩序和作业安全。

(2)工作流程

①参加配工会,了解现场作业任务,掌握现场作业状况。

②现场交接班,与上班看道工交接无线设备,如有损坏报告堆场指导员。

③重点疏导主通道的交通秩序,负责 RTG 在主通道行驶的交通监护。

④维护堆场机械的交通秩序,协助堆场指导员管理外来车辆,制止乱停乱行现象。

⑤检查堆场的交通环境和作业环境,及时发现并排除事故隐患或上报上级领导。

⑥对违章车辆和不服从指挥的车辆要安全避让,同时要将车辆的违章情况汇报场地指导员或当班安全员。

⑦监护场地标志牌、隔离墩,保持完好,发现移位、损坏及时报告。

(3)安全操作

①遵守公司各项安全规章制度。

②遵守港内交通管理规定。

③密切注意堆场、通道上的来往车辆和机械(包括行进中的轮胎吊)的移动路线和运行方向,对来往车辆、机械安全避让。

④现场严禁烟火。

⑤发生事故如实上报,并协助部门进行调查。

(4)日常工作

①协助做好堆场的卫生保洁。

②参加公司、操作部、班组组织的会议、业务培训和其他活动。

三、堆场作业流程

码头内堆场作业控制主要涉及三大类作业:码头堆场内海侧船舶集装箱装卸作业、陆侧陆运集装箱入港和提箱作业,以及堆内码头内部归、并、转等翻倒作业。前一项作业主要由船舶作业控制员负责实施,后两项由堆场控制员组织实施。其流程如图 8-2~图 8-4 所示。

1. 陆侧陆运集装箱入港作业流程图

陆侧陆运集装箱入港作业流程如图 8-2 所示。

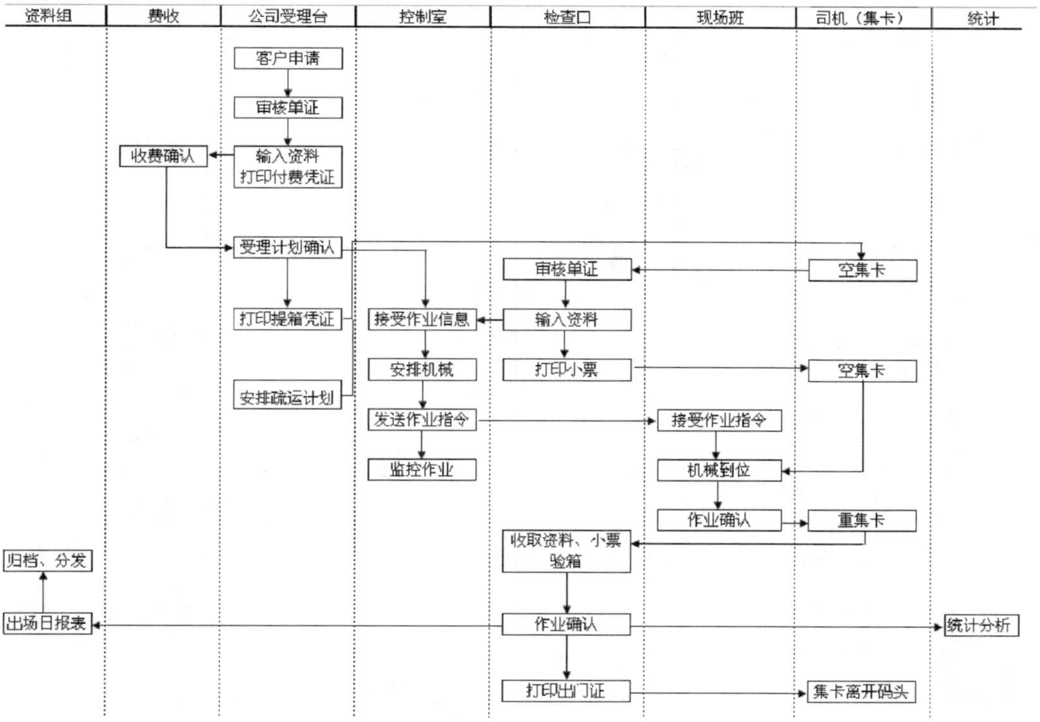

图 8-2　陆侧陆运集装箱入港作业流程图

2. 堆内码头内部归、并、转等翻倒作业流程图

堆内码头内部归、并、转等翻倒作业流程如图 8-3 所示。

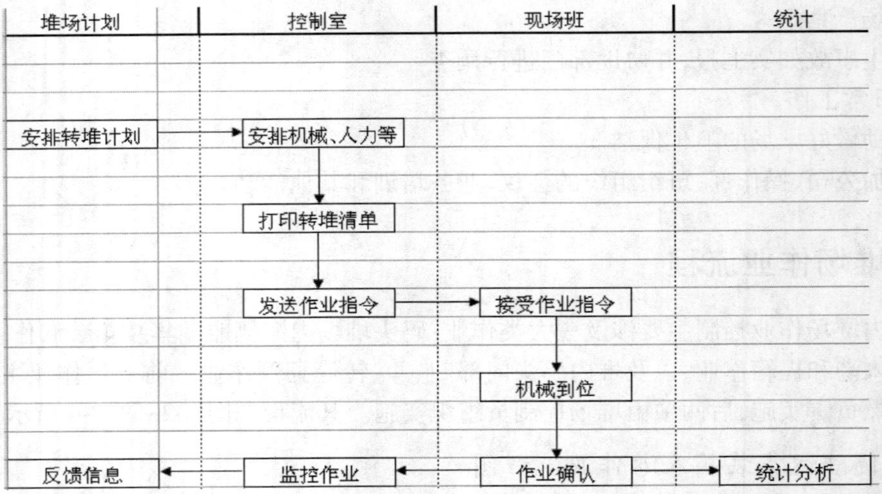

图 8-3　堆内码头内部归、并、转等翻倒作业流程图

3. 陆侧陆运集装箱入港和提箱作业流程图

陆侧陆运集装箱入港和提箱作业流程如图 8-4 所示。

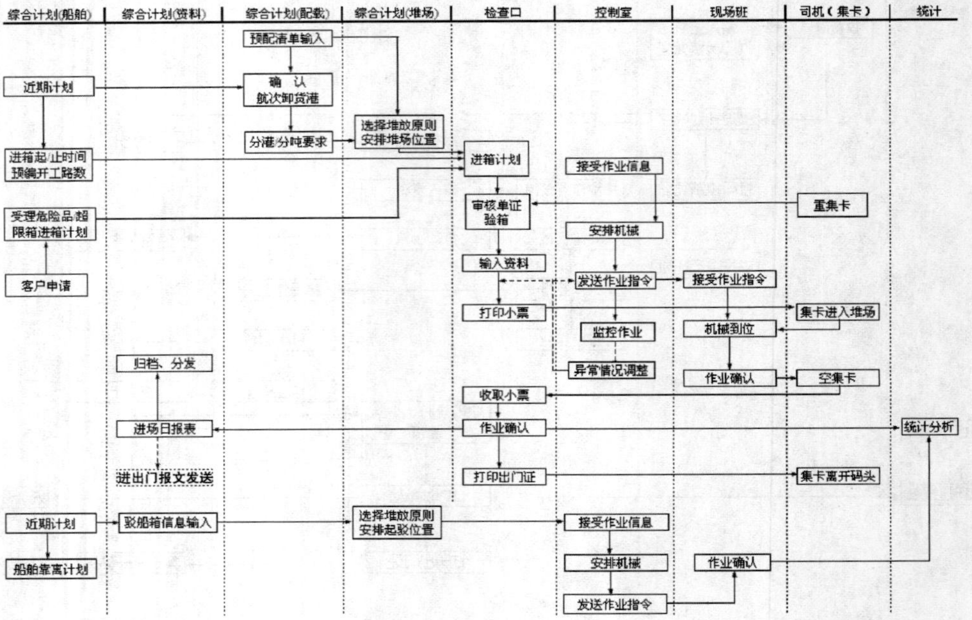

图 8-4　陆侧陆运集装箱入港和提箱作业流程图

第三节　集装箱码头堆场作业过程控制

一、船舶作业中的堆场作业控制

详见第八章第四节内容。

二、外车辆收发箱堆场作业控制

1. 检查桥

(1)用码头闸口系统录入外集卡车牌号和提箱、入箱的详细信息,传送给码头调度控制系统。

(2)码头调度系统根据闸口系统信息,自动发送工作指令给轮胎吊或叉车。

2. 堆场控制员

(1)合理调配轮胎吊或叉车,及时安排收发作业。

(2)控制作业时间。

(3)监督检查信息确认。

(4)更正错误信息。

3. 外集卡

(1)按照码头要求提供提送箱相关单证。按照入场打印小票提示场箱位信息要求,及时准确到位。

(2)严格遵守码头生产和安全规章制度作业。

(3)收发任务完成,及时出场。

4. 轮胎吊或叉车司机

(1)根据 RDT 提示,按要求完成收发箱工作,做好信息确认。

(2)发现特殊问题及时汇报。

三、空箱经闸口进出场中的堆场作业控制

集装箱码头的空箱堆场作业,主要分为空箱进场、出场作业和空箱堆场内作业。

1. 空箱进场作业

就码头而言,空箱进场有两种方式:空箱卸船进场和空箱通过闸口进场。

空箱卸船进场前,码头堆场计划员必须安排空箱堆存计划。该计划安排的原则为:空箱根据箱尺码的不同,箱型的不同,按不同的持箱人分开堆存。码头与船方必须在空箱卸船时办理

设备交接单手续。

通过闸口进场的空箱主要有:①船公司指定的用于出口装船的空箱;②进口重箱门/门拆箱后返回码头。在空箱进场前,码头堆场计划员必须安排空箱堆存计划。如为船公司指定用箱,根据不同的箱尺码、不同的箱型,按出口船名、航次堆放;如为进口箱拆箱后返回码头堆场的,则按持箱人的不同分开堆放。空箱进闸口时,码头闸口与承运人必须办理设备交接单手续。

2. 空箱出场作业

码头空箱出场主要有两种方式:空箱装船出场和空箱通过闸口出场。

(1)空箱装船出场

空箱主要有两种:船公司指定的用于出口装船的空箱;装驳船的空箱。码头箱务管理员应根据代理出具的工作联系单、空箱装船清单或船公司提供的"出口装船用箱指令"安排装船空箱的用箱计划,码头配载计划员根据箱务管理员的用箱计划以及代理提供的场站收据,结合该船名、航次的配载情况,选择全部计划空箱或部分计划空箱配船。凡该航次未能装船的空箱,箱务管理员应做好记录,以备下一航次装船之用。

(2)空箱通过闸口出场

主要有两种:门到门提空箱和单提空箱。门到门提空箱,主要是出口载货用空箱的提运,该空箱提运至集装箱装箱点进行装箱后,重箱即运回本码头用以装船出口。空箱门/门提离港区,货主或内陆承运人应向集装箱代理人提出书面申请。集装箱代理人根据出口集装箱预配清单向货主或内陆承运人签发出场集装箱设备交接单和进场集装箱设备交接单。货主或内陆承运人凭出场集装箱设备交接单向码头堆场提取空箱。

单提空箱,是指将空箱提运至码头外的集装箱堆场(CY)。单提空箱有多种情况,如船公司提空箱至港外堆场、提退租箱等。码头箱务管理员应根据船公司或其代理的空箱提运联系单发箱,联系单上一般应写明持箱人、承运车队、流向堆场等,并注明费用的结算方法。

另外,因检验、修理、清洗、熏蒸、转运等原因需向码头提空箱的,货代或内陆承运人应向集装箱代理人提出书面申请。集装箱代理人根据委托关系或有关协议向货方或内陆承运人签发出场集装箱设备交接单和进场集装箱设备交接单。货方或内陆承运人凭出场集装箱设备交接单向码头堆场提取空箱,码头凭代理的工作联系单发箱。

空箱出场时,码头应与船方或承运人做好集装箱设备交接单交接手续。

3. 存场空箱管理

码头堆场存场空箱的基本堆放原则是按持箱人和箱尺寸的不同分开堆放。码头设有专用的空箱堆存箱区,一般可堆放 4~5 层空箱。当码头内发生拆箱作业后,拆空的空箱应及时归并,并按堆垛要求堆放。

四、堆场内倒移箱作业控制

1. 码头堆场内倒移箱的种类及其影响

码头堆场内倒移箱作业,是一种不能向客户按实际作业收费的无效作业,因此很多码头都把如何减少和降低堆场翻倒率作为降低成本、提高效率和效益的重要管理手段。按导致码头堆场内产生翻倒作业的原因，可将其分为如下类别：

(1)查验移箱

海关或商检对部分集装箱进行查验，根据系统中的查验指令，将需要查验的集装箱由当前的场区移至专用的查验区。

(2)查验返回移箱

在系统中已做查验返回标志的集装箱，表明查验结束，出口箱根据出口船名和出口港归垛，进口箱由查验区移至进口箱区。

(3)熏蒸移箱

国检对来自疫区的部分集装箱进行消毒处理，其进口集装箱由当前场区移至专用的熏蒸场区。

(4)施封移箱

海关对进出口转关货物、直通箱施加海关封志，要求将待施封集装箱移至一层高。根据系统中的施封指令，对于场位上在二层以上的集装箱移至一层高。

(5)中转移箱

因为部分中转箱卸船时，二程船还不确定，只能放在中转场区，所以当中转箱确定二程船后就要将其按港口移至相应的出口场区。

(6)退关箱移箱

部分出口箱由于货主要求、报关、查验、换船等原因而办理退关，为方便下一航次的收箱和管理，对退关箱进行归垛整理。

(7)泊位调整移箱

由于大型集装箱码头泊位跨度空间很大，当船舶泊位变化后，为了保证船舶装卸船效率，需要将出口箱移至泊位相对应的出口场区。

(8)进口重箱归垛移箱(整理箱区)

因为进口重箱被货主不停地提走，造成场地集装箱的分散，所以要对这些场区进行归垛整理，便于提高场地的利用率和较少无用翻倒。

(9)箱站提箱移箱

根据箱管通知，在系统的箱管计划中做出计划组，将箱子倒入虚拟场区。

(10)船舶装船作业中的翻倒

因在出口重箱入港作业中出现堆场内出口箱“混港混等位等级”时，或造成堆场内发箱次序同装船次序不一致时，需将后装船的出口箱先移开，导致装船作业中的翻倒。

(11)进口箱提箱作业中的翻倒

当外来集卡所要提取的进口箱上面被别的箱压住时会产生翻倒。最好两种一般是在堆场内同倍位翻倒，不需要集卡协助；而其翻倒作业，需要占用两台堆场作业机械并使用水平运输设备。

2. 移箱作业流程

(1)控制员接受移箱作业指令后，安排轮胎吊、叉车和拖车，通过系统给发箱的轮胎吊或叉车发送工作指令，并监督检查收箱轮胎吊或叉车的信息确认，若无无线终端，则需手工确认，同时需要处理错误信息。

(2)拖车司机根据控制员指令,准确完成集装箱的搬运工作。

(3)轮胎吊或叉车司机根据无线终端提示,按计划完成集装箱的收发工作,并做好信息确认,发现特殊问题及时报告,由堆场控制员处理。

五、堆场作业机械的配置

1. 堆场作业机械的种类

目前港口中堆场起重机主要有五大类型,它们是跨运车、叉车、正面吊、轨道式龙门起重机和轮胎式龙门起重机。我国大多数港口堆场中使用的是轮胎式龙门起重机,目前新建的码头考虑成本因素,开始采用 RMG。

2. 堆场作业机械 RTG 数量的配置原则

随着集装箱运输业的快速发展,集装箱港口管理水平也相应有所提高。人们越来越认识到在装卸工艺基本确定后,装卸机械的合理配备对提高装卸效率、降低装卸成本的重要性。集装箱专业港口的装卸机械配备问题在港口建设和港口营运两个阶段均应研究考虑。港口建设设计阶段,设计单位根据预测的运量和建设项目的具体条件,按规范设置多个方案进行综合论证比较,提出推荐方案。港口投产初期经营或港口其他基础设施尚未完全到位时,考虑到集装箱专用机械价格较昂贵,为了避免机械闲置,通常是根据港口计划完成通过量所产生的机械操作量进行“按量配置”;而当港口达到设计能力后,由于生产发展的需要,必须进一步挖掘潜力时,应根据港口靠泊舱型和其他条件,按作业船型进行“按能配置”。

3. 码头建设期的 RTG 数量确定方法

考虑到堆场起重机价格昂贵,在港口建设期的计划投资金额内,购买合理数量的堆场起重机是港口企业管理者主要考虑的问题之一。

(1)堆场 RTG 配备量考虑因素

堆场 RTG 配备量主要受基础设施及设备、市场和管理三个因素影响。基础设施及设备主要包括港口、栈桥、道路和堆场等基础设施条件及各类堆场起重机性能;市场主要包括到港船舶密度、船型、船舶装载量、船舶积载分布、集装箱运量结构和流向等因素;管理主要包括船舶调度、港口装卸调度、集装箱堆场管理和验关、船舶配载、设备管理等因素。

(2)计算方法及公式

首先根据港口岸线长度、各代集装箱船舶的长度等,确定港口能够停靠的各种船型组合;再分析确定每种船型允许开工的作业线,从而得出港口的集装箱桥吊配备数量。在集装箱桥吊配备数量基础上,确定港口的通过量,然后以港口通过量分别计算出堆场起重机、集卡的操作量,从而得出堆场起重机、集卡的配备数量。

建设期 RTG 的配备原则:一是应满足完成堆场作业量的要求;二是确保前方装卸机械能力的发挥,堆场起重机装卸能力应适当大于完成堆场作业量的需要;三是按单一机械配备。其公式如下:

$$N = Q_1/(P \times K \times 24 \times 365)$$

式中：N——建设期轮胎式起重机配置台数（台）；

Q_1——堆场作业量（TEU/年）；$Q_1 = a \times Q$，Q 为港口吞吐量，a 为轮胎式起重机操作量系数；

P——轮胎式龙门起重机装卸效率（TEU/h）；

K——轮胎式龙门起重机利用率。

4. 码头运行期的 RTG 数量确定方法

码头在运行期，每天都要计划安排需投入的堆场起重机数量，该项工作是码头日常调度部门要考虑的关键问题之一。

（1）码头运营期堆场 RTG 数量的影响因素

在码头运营期，堆场起重机每天要运行的数量和码头每天的集装箱作业量和作业类型有关。由于港口每天工作箱量的不确定性，没有必要把港口全部的堆场起重机投入运行，否则会增加港口的营运成本；但是堆场起重机的运行数量又不能过少，否则完不成当天计划内的任务。

码头堆场内集装箱的操作方式主要有五种：装（出口箱装船 ）、卸（进口箱卸船 ）、进（出口箱运进堆场）、提（进口箱的提取）和堆场内翻倒操作。这些作业类型对应的作业箱量，决定了当天需要的堆场机械投入的数量和类型。

（2）计算公式和方法

由于堆场内集装箱作业量与船舶作业的桥吊相关，同时又与外来集卡作业量有关，因此，码头每天要运行的堆场起重机数量是采用“按量”和“按能”相结合的方法来确定的。

码头运营期堆场 RTG 数量配备原则：一是应满足完成每天的后方进、提、移箱任务；二是确保前方船舶作业装卸机械能力的发挥，完成船舶装卸任务。其计算公式如下：

$$N_1 = Q_2/(P \times K \times 24) + b \times N_{桥}$$

式中：N_1——运行期轮胎式起重机运行台数，台/天；

Q_2——堆场每天进、提、移箱操作自然箱量，箱/天；

P——轮胎式龙门起重机自然箱装卸效率，箱/小时；

K——轮胎式龙门起重机利用率；

$N_{桥}$——当天投入运行的桥吊台数，台；

b——比例系数，b = 桥吊装卸效率/轮胎式龙门起重机装卸效率。

六、堆场作业 RTG 调度优化方法

在堆场作业调度优化决策中，无论是集装箱的进场与出场，还是集装箱停在场内的移倒箱作业，所需考虑的主要问题就是堆场作业机械的调度问题。机械作业效率是堆场作业能力的综合反映，单个机械的高效率并不能有效提高整个堆场的作业效率；但单个机械的低效率又会降低整个堆场的作业效率。因此，协调堆场内各机械作业能力，如何使各机械作业量最大、平均作业时间最短是堆场机械调度优化的核心。

集装箱堆场机械调度优化问题可以分为设备数量配置、设备作业控制过程中的调度和设备运行路径优化等方面。目前国内外的堆场作业机械调度优化研究，其优化目标主要是：堆场内工作量延误最少，堆场内集卡的等待时间最少，堆场作业机械移动最少，堆场作业的翻倒量

最小,等等。这些优化目标及其优化算法,在大型集装箱码头,随堆场面积增加,其运算将变得很困难,很难投入实际应用中。

Borobits I. 等(1975)采用基于流水线概念和 Petri 网理论的启发式算法,分配和调度 AGVs,使 AGV 使用数目最少并且使岸桥闲置时间为最少。Lai 和 Lam(1994)使用仿真来比较堆场设备在不同调度策略下的吞吐量、设备使用率、等待时间。Ballis 和 Abacoumkin(1996)建立了一个包括由于设备不匹配而引起的交通堵塞和延迟的仿真模型,他们使用这个模型来评价一个码头的堆场设计、设备数量、集卡到达、运行规则。K. H. Kim 和 K. Y. Kim 等(1997,1999)讨论了出口箱装船时,最小化叉车和堆场起重机在堆场的取箱路径和时间的优化问题。Kozana 和 Preston(1999)使用整数规划决定优化的堆放策略和相应的堆场起重机分配,以减少用于一艘船的所有起重机的最大工作时间。瑞士的 Gambardella L. M. 等(2001)通过对码头的离散事件仿真,研究装卸桥和堆场龙门吊的配置问题以及每个分配的机械装卸进度安排问题。通过仿真和优化,降低成本、减少机械数量和集卡的平均排队时间。

国内集装箱码头资源配置问题主要研究运营各环节之间的配机比例及设备配置优化问题。林敦清,陶其钧(2001)给出了桥吊数量的“量能”配备法,即根据码头岸线长度、各代集装箱船舶长度,确定码头能够停靠的各种船型组合,然后分析确定每种船型允许开工的作业线,从而得到码头集装箱桥吊配备数量以确定码头的通过量,最后再分别计算出龙门吊、集卡的操作量,得到龙门吊、集卡的配备数量。张新艳(2002)在她的博士论文中,用基于生物进化策略对堆场上集装箱运送顺序进行优化,实现了基于生物进化策略的港口集装箱物流子系统的优化。李建忠(2005)通过建立一个多目标非线性数学规划模型,以各箱区总的未按计划完成工作箱量所需的龙门起重机时间和龙门起重机闲置时间的最小化为目标函数,研究了轮胎式龙门起重机的动态优化配置问题。刘义苍,孙小明(2005)针对国内目前大多数堆场在高峰作业期间门口排队等候作业的集卡车辆过多的现状,提出运用动态规划方法来调配堆场机械获得最小的集卡作业延迟惩罚,由于该算法实用性很差,提出路线搜索算法(就近服务规则),并通过仿真实验得出该算法明显优于目前实际操作中较常用的先到先服务规则。张维英,林焰等(2006)对集装箱堆场中出口箱取箱作业进行优化研究,建立了龙门式起重机取箱作业优化模型,以龙门式起重机取箱作业时倒箱数量最少为目标,以各个取箱阶段为节点、以取箱代价为边的权数,应用最小生成树和启发式算法对优化模型进行求解,获得倒箱数最少的优化装船顺序,提高装卸作业的效率。郭媚(2006)在其硕士论文中对堆场堆存空间和作业机械进行了配置优化研究。她提出了一个综合成本模型,考虑了堆场储存空间成本、龙门吊的固定成本、龙门吊的可变成本和集卡的运输成本之间的平衡,来决策堆场中每一行所存放的最优箱量以及所需配置的龙门吊的台数,并进一步建立了针对龙门吊的作业顺序建立 SAM 模型,充分考虑堆场、岸吊及船舶配载情况,根据箱子的预计提箱时间,进行龙门吊作业顺序的安排,运用遗传算法(GA)求得最优解。

实际业务操作管理中,堆场作业调度的首要任务是如何通过合理的机械分派,实现堆场有限数量机械完成作业量的最大化,而且其求解不受堆场大小和堆场容量的影响,目前此项研究还是空白。

目前大多数码头堆场 RTG 的调度主要靠堆场作业控制员,根据其工作经验,依靠计算机系统,对 RTG 实施人工调配。其人工调度规则是:(1)主要是采用“先到先作业”调度规则;(2)对出口进箱箱区,采用“分箱区分船名,固定作业箱区”调度规则;(3)对进口提箱作业,则采用“根据该时间段预约提箱箱区内作业量，分区集中作业”，即大提箱作业量的箱区，固定作业机械；作业量少的箱区，采取“就近共享”作业机械。

随着堆场机械调度优化仿真系统研究的不断深入，在不久的将来，根据不同的调度目标，完全可以实现计算机系统全自动实时智能优化调度。

第四节　提高堆场容量及其作业效率措施

集装箱码头堆场是集装箱码头重要的组成部分之一，在现代集装箱码头生产作业中占据极其重要的地位。近年来，随着国际集装箱运输的飞速发展，如何提高集装箱码头作业效率已成为集装箱码头研究所关注的焦点。任何一个码头要提升核心竞争力，打造成为世界一流的集装箱码头，必须提高装卸效率，而这在很大程度上取决于集装箱堆场作业效率的高低。合理组织实施堆场作业，不仅能降低翻箱率，提高码头装卸速度，而且还能最大限度地提高码头堆场利用率和码头通过能力。

从集装箱码头堆场的功能和作业内容来看，影响集装箱码头堆场作业效率的关键因素是堆场面积的大小、设施设备的配备等。显然在一定范围内，堆场面积越大，设施设备越齐全，作业的安排会更合理，效率也更高。但超过一定范围后，效率的提升会逐步下降，成本也大幅提高。一般在设计码头时就确定了堆场面积的大小和设施设备的配备。这里讨论的是在既定的码头堆场的设备设施条件下，有关堆场的生产组织方面的影响因素。

一、堆场作业中常见的瓶颈及冲突

堆场作业过程中发生作业冲突，会使堆场作业机械来回行车越来越频繁，集卡在箱区内等待时间过长，严重影响了集装箱码头堆场作业效率和公司的对外服务质量。堆场作业冲突主要表现在以下几个方面：

1. 进箱收箱与装船发箱之间的作业冲突

堆场计划在安排出口箱进场计划时，会根据船舶近期计划在同一箱区内安排不同船舶的进场堆存计划，但由于安排计划时考虑不周全或船舶未能按计划准时靠离泊，造成在某一时间段内某些箱区内既有装船作业又有出口箱进场作业，在出口箱进箱与装船发箱之间产生作业冲突。

2. 提箱发箱与卸船收箱之间的作业冲突

集装箱码头在受理进口箱提箱作业时，安排的计划作业时间一般为一昼夜。外集卡进行提箱作业时间上的不确定性，造成在某一时间段内某些箱区内既有卸船作业又有进口箱提箱作业，在进口箱提箱与卸船收箱之间产生作业冲突。此外，在安排内陆集装箱铁路输运过程中，也会形成场内同时作业的现象。

3. 进箱收箱与卸船收箱、提箱发箱与装船发箱之间的作业冲突

进箱收箱与卸船收箱、提箱发箱与装船发箱之间一般不会出现作业冲突的问题，但有些时

候由于人为或制度等因素,使得进箱收箱与卸船收箱或提箱发箱与装船发箱在同一堆场内同时进行,当堆场内的堆码设备数量安排不足或箱位安排较近时,就会出现等卸或等装的现象,从而产生作业冲突。

4. 中转箱卸船收箱与装船发箱时的作业冲突

中转箱在码头堆放时,一般会采取集中堆放的方式,但由于中转箱作业的特殊性,一条船上卸下来的箱子会由多条二程船装出去,一条船装出去的箱子会从多条船上卸下来,中转箱的卸船与装船作业相互交织、相互影响,造成在某一时间段内某些箱区内既有中转箱卸船作业又有中转箱装船作业,在进口箱提箱与卸船收箱之间产生作业冲突。

二、堆场内倒箱产生的原因

在出口箱、中转箱装船以及进口箱提箱作业中,存在着大量的翻箱作业,这些翻箱作业的存在,增加了堆场作业的操作量,影响了集装箱码头堆场作业效率。通过对翻箱作业进行分析,发现其中一部分翻箱作业是由于出口箱放关情况不理想、中转箱二程船信息滞后或者进口箱提箱时间的延后而造成的,这些是码头所不能控制的;但还有一部分翻箱作业则是因为码头在计划安排、生产组织方面的疏忽或失误造成的,这些是不合理的,也是码头作业中应该尽量避免的。这些翻箱作业主要表现在以下几个方面:

1. 卸船收箱形成的提箱倒箱问题

一般情况下,进口箱遵循“ 先进先出 ”的原则,最理想的情况是新卸下的箱子不压在堆场原有的在场箱上,但在实际作业中,由于堆场使用率较高,或是在卸船作业前未对卸船箱区进行合理的归、并、转工作,使得在卸船作业时没有空位或空排,一些轮胎吊司机图方便,便将新卸下的箱子压在堆场原有的在场箱上,造成进口箱提箱作业时的翻箱。

2. 进箱收箱形成的提箱倒箱问题

在进行船舶配载和装船作业时,要求重箱在上、轻箱在下,最理想的情况就是在堆场堆放时,重箱在下、轻箱在上,但由于出口箱进场可控性较弱,码头为提高堆场利用率,不可能按箱子的实际重量进行重压轻堆放,一般采取的做法是首先对出口箱进行分吨,然后安排堆存计划,指定堆放原则(重压轻堆放、按排堆放、按位堆放、按位排堆放),闸口进箱时会根据分吨情况、堆放原则进行选位。但有些船舶配载时对吨位要求较高,这样就与进箱时的选位原则不一致,造成出口箱装船作业时的翻箱。

3. 装船发箱形成的提箱倒箱问题

装船发箱形成的提箱倒箱问题主要表现在装船计划与执行之间的差异,当前很多码头采取由船舶控制员进行作业线调配(安排作业桥吊以及每部桥吊的作业倍位、作业次序),船舶配载员负责船舶配载的做法。在进行出口船舶配载时,当遇到堆场上某一排的箱子不能配在同一舱内的情况时,船舶配载员会根据自己理解的船舶装船作业次序将箱子配到不同舱内,但实际作业时,如果船舶控制员没有按这一思路进行装船作业,那么势必会造成发箱时的翻箱。

4. 提箱发箱形成的提箱倒箱问题

在提箱发箱过程中一般不会出现倒箱情况，但在提箱没有按时提取或后面的提箱人提前提箱的情况下，需要我们改变原来的提箱发箱计划，重新进行发箱安排，这时就会出现倒箱的问题。此外，如果在提箱出现倒箱情况下，没有对所倒集装箱进行归位或按计划重新堆放，则可能会形成再次倒箱。

三、堆场作业冲突的解决方法

1. 做好堆场策划

策划人员首先要对堆场情况充分了解，明确现有堆场的堆存能力，掌握堆场堆放的基本原则。对于出口箱，要根据未来出口箱的情况、泊位分配以及装卸桥的使用数量，预先给即将卸到堆场的集装箱配位。对即将靠泊的船舶，需检查装在该船上的集装箱在堆场的位置是否合理，还要根据客观实际随时更改集装箱位置。对于进口箱，预先与船公司核对并确认即将靠泊船舶的卸箱数量，以便在堆场预先留出足够的卸箱位。

2. 保证计划执行

在实际作业中，一方面要严格按照计划内容执行，另一方面要灵活机动，保证计划的可执行性和合理性。要紧密监控拖车在堆场提箱、交箱的作业秩序，合理安排拖车提箱、交箱的先后顺序。在同一位置作业的拖车应错开作业时间，以免发生拖车同时到某一堆场位置提箱或交箱的情况，影响码头作业效率，同时根据内部工作需要，适时对堆场用途变化做出调整，以免错误估计堆场的堆存能力。

3. 设立缓冲区域

为避免堆场内发生作业冲突，在进场闸口与集装箱码头堆场间设立缓冲区域。外部集卡在进场闸口办理提箱手续时，当所选箱区内有装卸船作业且待作业集卡总数超过设定值时，闸口指示外部集卡凭小票到缓冲区停车场等待，同时系统将进缓冲区停车场的集卡信息反馈堆场计划，堆场计划及时根据堆场实际作业情况调整出口箱进场或进口箱卸船堆存计划，计划调整后由缓冲区工作人员指示外部集卡到指定箱区进行作业。

4. 加强移箱整理

场地移箱包括出口装船前整理、中转箱场地整理、出口退关箱整理、其他场地整理等。通过场地移箱，可以有效利用堆场资源，降低装船翻箱率，提高装卸船效率。整理后的出口箱要求在场地按船名、航次、港口、重量等级原则整理堆放，并且每条船在每个箱区的箱量要控制在一定范围之内，以避免装船箱区太散或太集中而影响装船效率。

四、减少堆场倒箱的措施

1. 参照历史船图，编制堆场计划

集装箱码头堆场在接箱时，应以某一具体的班轮为参照对象，根据以往的经验，充分考虑和估计多个不同目的港的集装箱的大概数量、各装卸港的顺序等,估测船公司的预配方案和集装箱的装船顺序,以便在堆场中划定的区域内堆放多个不同目的港的集装箱。制订装卸船计划时,应根据堆场的具体情况,在不违反预配图的原则下,尽量弥补堆场计划的不足或不可避免的误差,从而减少船前倒箱,达到快速装船、节约成本的目的。

2. 以装船顺序为基础,优化堆场计划

船前制订堆场计划时,应将重点港与终点港的集装箱放在不同场地,因为重点港的箱量较大,在船上所占据的倍位较多,在装船作业时一般先取。终点港的集装箱一般放在舱底,也是先取。尽量避免船上后挂港集装箱压前挂港集装箱,否则会产生船上倒箱,降低挂靠港装卸效率,延误船期,产生不良影响。

3. 优化大票货和特种箱堆场计划

船前堆场集装箱的堆放应注意同一卸港的集装箱堆放不能过分集中而不便于装船和卸船,同一货主的集装箱应尽量堆放在一起。根据货物的重量,堆场中重箱在上、轻箱在下,内轻、外重,装船时重箱先装、轻箱后装,以保持船舶稳定性。对于特殊箱应单独堆放,特别是危险箱和高箱一般装在船舶甲板上,装船时间靠后,单独堆放,避免妨碍其他集装箱的装卸。

4. 降低平均堆存期和堆场堆箱高度

码头堆场根据制订的卸船计划、堆场计划,从船上卸下的集装箱堆放时应注意将重箱和空箱分开堆放,是否要安排中转运输,是码头交货还是货运站交货,集装箱码头应及时通知收货人、货运站或内陆运输的承运人,加快进口重箱的提货速度。压缩进口停港时间,将进口空箱堆放在指定位置。在堆放面积允许的情况下,堆放时多占用场地,减少堆放层数,尽可能减少倒箱。

五、提高码头堆场作业容量和效率的其他措施

1. 提高相关人员的业务水平

(1)堆场管理人员的业务水平和生产组织能力的提高对提高堆场作业效率起着极其关键的作用,为此必须对管理人员进行必要的业务知识培训,在公司内部形成互相学习的氛围。老师傅要做好"传帮带"工作,实行轮岗制度,加深管理人员对整个作业流程的理解,学会换位思考,从而使管理人员安排出的计划、配出的船图以及发出的作业指令都更趋合理。通过提高堆场管理人员的业务水平和生产组织能力,提高集装箱码头堆场作业效率,进而提高集装箱码头的整体效率。

(2)堆场设备操作人员的业务水平也是不容忽视的一个重要环节,根据其工作态度好坏与操作技能强弱,有效的方法是采取分层管理。对工作态度好、操作技能佳的操作人员应采取授权式的管理方法,让他们享受同岗位中最高的待遇。对工作态度好但操作技能欠佳的操作人员应以鼓励为主,多提供锻炼的机会、使他们尽快实现操作技能的提高。对工作态度不好但操作技能欠佳的操作人员应加强监控,多提醒,使他们能达到作业要求,同时通过与他们多沟通以及采取一定的奖惩措施使他们的工作态度向好的方向转变。对主动性差、积极性不高,而且操作不熟练,不能达到工作要求,不适合现有的工作岗位的操作人员,应根据"优胜劣汰"的

原则将他们调离。

2. 利用堆场管理系统软件和建立专家系统

集装箱码头堆场管理系统是集装箱码头管理系统的一部分，它的运用能使集装箱码头堆场各个作业环节的配合更顺畅，大大提高集装箱堆场利用率，从而提高整个码头的运作效率，减少集装箱乃至船舶的在港时间。我国的大部分集装箱码头基本上都实现了集装箱码头生产管理计算机化。通过管理专家系统软件的运用，港口集装箱码头正逐步向码头管理自动化的方向发展。目前，荷兰鹿特丹 ECT 码头、德国汉堡 CAT 码头等已实现了码头生产管理自动化。但由于技术原因，自动化生产管理系统缺乏灵活性和可靠性仍是这个系统目前为止最突出的内在缺点。不过自动化的实现将使集装箱码头提高资源利用率，减少劳动力费用，提高码头运作效率，极大解决船舶大型化带来的单船集装箱装卸的效率问题和对码头堆场空间的需求已经成为业界的共识。因此，大力发展堆场管理计算机化和自动化是集装箱码头堆场作业效率的有效手段。

思考题

1. 简述堆场作业管理的主要任务和目标。

2. 简述堆场控制员和堆场指导员的岗位职责和工作内容。

3. 试以某码头为例，测算其建设期堆场机械配置数量，以及其某一天的堆场机械需求数量。

4. 试论集装箱码头堆场倒箱作业产生的原因，以及减少进口箱区提箱作业过程中翻倒箱量的措施。

5. 讨论：如何解决大型集装箱码头堆场交通堵塞问题？

6. 讨论：物联网对外来集装箱码头堆场作业管理的影响。

7. 讨论：如何实现集装箱码头堆场作业控制自动化？

第九章　集装箱码头闸口操作管理

概　述

集装箱码头作为一个完整的物流系统,闸口(又称为检查口、检查桥或道口,Gate House),在其陆侧子系统中就如同人体的咽喉,占有极其重要的地位和发挥非常关键的作用。特别是在闸口进出型码头,因其所装卸的集装箱主要是当地货物或需经过码头陆侧运输网络转其他陆上运输方式的集装箱,中转箱量很少,其闸口的布局、通过能力及通过效率的高低,将直接影响整个码头物流系统的能力和效率。目前,随着集装箱运输量不断增长及码头大型化发展,闸口及其相关联的码头外集疏运系统堵塞问题,正成为影响码头能力提高的关键瓶颈之一。

闸口是码头的一个极其重要的部门。所有由集卡运输进出集装箱码头堆场的集装箱,都必须通过码头闸口。它不仅是码头与内陆承运人进行集装箱设备交接的主要交接点,还是国际贸易中发货人发运货物的交接点,收货人提取货物的交接点,而且是海关监管关境的监控出入点、码头履行港口保安职责的监控点。关于海关监控和码头保安内容,将在后面章节专题介绍,本章主要介绍前两项操作管理内容。

码头闸口操作管理(Operations Management of Gate House),主要是码头闸口工作人员同陆运承运人(通常是集卡司机)代表收发货人在码头闸口进行提取进口集装箱(货)、发送出口集装箱(货)进入码头堆场所进行的集装箱或货物的收发交接及相关单证手续交接等业务项目操作管理的总称。码头闸口设置位置在码头平面布局中是否合理,以及其进场车道和出场车道数量的配置、闸口内外停车场设立和车位数量等,都对码头陆侧系统作业效率的高低,码头堆场内车流的流向和流量,闸口进出车效率的高低等带来直接影响。

集装箱码头的闸口生产管理模式较多,国内外的多数港口已采用计算机管理。本章详细介绍码头闸口的职责、工作程序(SOP)、集装箱交接、闸口通道设置及计算方法、自动化闸口以及闸口能力计算和关键绩效指标(KPI)等。

第一节　闸口的组织结构设置和岗位职责

本节主要介绍闸口操作管理的任务和目标、组织结构形式、岗位设置和职责。

一、闸口操作管理的任务及目标

闸口操作管理的基本任务,概括起来主要有以下几点:

(1)执行有关安全生产劳动保护方面的方针政策,坚持安全第一。

(2)召开工前会,指派闸口各业务人员工作任务,落实码头生产会布置的工作。

(3)负责生产性车辆和集装箱经闸口进、出码头作业实施。

(4)负责审核进、出场集装箱的单证,办理相关手续。

(5)实施闸口进、出场集装箱的货运交接和签证。

(6)负责进、出场集装箱箱体和铅封检验,并做好设备交接单签署工作,及时完成残损登记。

(7)负责集装箱进、出场动态信息记录,编制集装箱进、出场日报。

(8)负责办理车/船直装、船/车直提箱作业码头内部及时协调联系。

(9)负责闸口作业区域交通流量控制和交通安全。

(10)负责闸口作业状态的统计分析,提出改进意见和建议。

(11)协助海关和国检单位,对需查验的进、出口集装箱实施布控。

闸口操作管理的目标概括起来讲就是,有效利用码头闸口通道能力,严格审核集装箱进出场单证资料,确保入箱和提箱手续完整、信息准确和交接清楚,最大限度地保证闸口操作的优质和高效。

二、闸口的组织结构和岗位设置

闸口的组织结构和岗位设置,同码头规模和操作部门整体组织结构有关。一般有三种设置方式。

1. 整体职能制设置

整体职能制设置一般在大中型集装箱码头,进场闸和出场闸分开设立时使用。其特点是闸口主管下,按照闸口工作的职能设立职能主任管理各职能班组,各职能班组按四班制(或三班制)设立班长负责日常运行管理。以进出闸为主体,设立当班值班主任,在日常生产组织、执行生产任务和横向协调上,各职能当班班长直接向当班值班主任负责和汇报。分工明确,职责清晰。

职能班组的设立,需根据操作部和码头具体业务范围和职能划分来设立。一般设有进口闸组、出口闸组和验箱组,有的码头还设有保安组、海关查验组、铁路闸口组和场站(CFS)闸口组等职能班组。

这种设置方式既能满足整体宏观管理需要,又能保证对码头不间断作业的跟班快速反应和支持。目前随着码头规模的不断扩大,闸口和外围道路堵塞问题日益突出,迫使码头操作管理重心逐渐由海侧系统向堆场及陆侧系统管理转移,闸口功能也在不断扩充和分工细化,采用这种组织管理结构也越来越多。具体如图 9-1 所示。

2. 分班混合制设置

分班混合制一般在中小型和多用途集装箱码头仅设立一个闸口时使用。特点是在日班闸

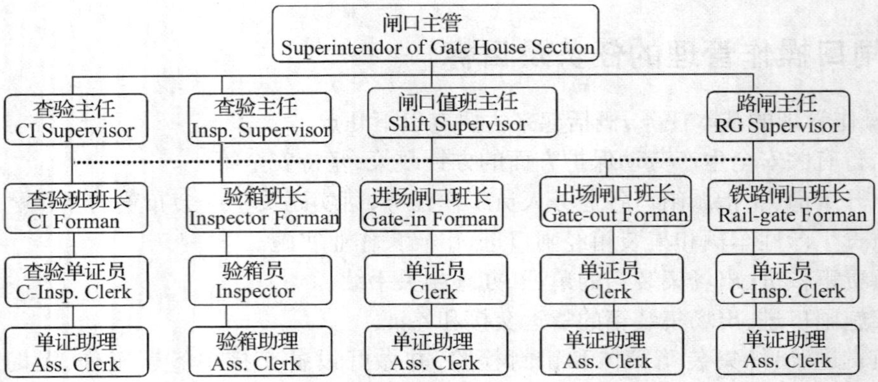

图 9-1　闸口组织结构设置方式——整体职能制

口主任下设当班值班长,负责管理当班各职能人员。由于码头规模不大,一般仅根据闸口功能岗位配置人员,但各员工并不需要按岗位固定工种,可以根据当班工作需要,随时进行岗位调配混合配工,即一个员工可以担任几个岗位的工作。人员精简,机动灵活。

这种结构比较适合小型码头,或中型码头运行初期工作量不大时,或以中转为主要业务的大型中转型码头。既能满足闸口基本职能需要,又能因工作量不大时最大限度地减少人员配置,同时也能满足出现闸口工作量不均衡时短暂作业高峰的结构性人员配工需要。具体如图 9-2 所示。

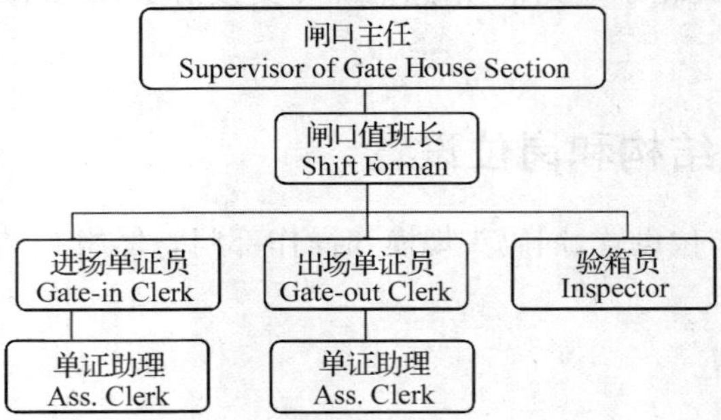

图 9-2　闸口组织结构设置方式——分班混合制

3. 分区域混合制设置或分区域职能制设置

分区域混合制或分区域职能制一般在超大型并配有多个闸口的集装箱码头使用。其特点是在闸口经理下,设立不同的职能主管进行专项垂直管理。闸口进出场职能以队为单位,由主管实施垂直管理,下设职能班组;海关查验或其他职能,在职能主管下设班实施专项管理;同时设立综合管理组,负责统计分析、日常行政事务和项目优化实施等。分工细化,结构完整。

超大规模码头,由于工作量大,人员配置也很多,人员分工细化彻底,必须实施专项管理,提高效率和严格分工协作。具体如图 9-3 所示。

三、闸口岗位职责

1. 闸口主任岗位职责

(1)确保闸口各项工作正常运行。

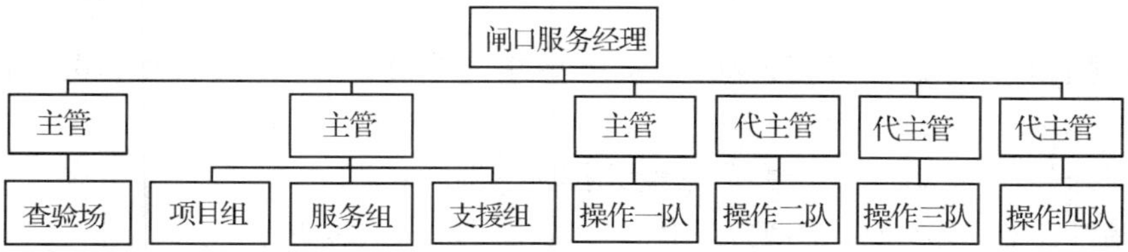

图 9-3　闸口组织结构设置方式——分区混合制

(2)对闸口员工的定期考评,及时、真实上报考勤结果,组织新来员工参加班组级的培训。

(3)做好与闸口业务相关的场站、船公司的协调、沟通工作,与公司各部门的协调、沟通工作。

(4)建立健全规章制度,定期修订完善,不断提高基础管理工作。

(5)在特殊情况下,处理问题及时果断。

(6)不断优化业务流程和完善岗位职责。

2. 闸口领班岗位职责

(1)确保闸口各项工作正常运行。

(2)对闸口员工的定期考评,及时、真实上报考勤结果,组织新来员工参加班组级的培训。

(3)在日常集装箱收发作业中,协调货主和集卡司机解决工作中出现的问题。

(4)保证闸口区域作业安全和交通顺畅。

(5)组织当班生产及人员任务分派。

(6)与公司各部门的协调、沟通工作。

(7)总结经验,找出可改进的地方,提出合理化建议和方案。

3. 闸口单证员岗位职责

(1)负责所有进场重车的进场集装箱和(或)单证信息审核,确保单证相符、单货(箱)相符。

(2)负责所有进场重车的进场集装箱和(或)单证信息采集、系统输入和打印入箱箱位单。

(3)负责及时同公司内部各部门班组(特别是堆场计划)的有效沟通与协调,确保信息及时准确。

(4)严格落实作业现场协调指令,调整入港车辆入箱区域。

(5)做好对外服务工作,满足货主、船公司等疑难问题的解答。

4. 单证助理岗位职责

(1)负责进场空车出示的提箱单证审核,信息采集、系统输入和打印提箱箱位单。

(2)负责出场重车所提集装箱的单证与箱子信息核对,系统确认和打印出场门证。

(3)负责出场空车信息的核对,出场系统确认。

(4)做好对外服务工作,满足货主、车队和司机、船公司等疑难问题的解答。

(5)总结经验,找出可改正的地方,提出合理化建议和实施方案。

5. 验箱工岗位职责

(1)负责对所有进、出场集装箱箱体的查验工作,核对铅封号和箱号,确保单箱相符。

(2)在相关单据(入港箱单或进场设备交接单)上核对或标明车号。

(3)对特殊箱(危险品、冷藏、超限等)根据具体要求做好查验工作,并在单据上做出明显标志。

(4)遇破损箱,根据破损程度,及时如实填写并会签设备交接单,通知相关部门做好台账登记工作。

(5)及时疏导车辆,确保等待办单车辆无排队、拥挤现象。

(6)总结经验,找出可改正的地方,提出合理化建议和实施方案。

第二节　闸口的工作内容及流程

闸口的日常工作,按集卡为对象分类,可分为集卡进场业务和集卡出场业务;集卡进场业务,主要包括送箱集卡进场(重车进场)、提箱集卡出场(空车进场)。集卡出场业务,主要包括提箱集卡出场(重车出场)、送箱集卡进场(空车出场)。码头闸口的进场闸口和出场闸口的分类,通常是以集卡为对象来设定的。

闸口的日常工作,以集装箱为对象分类,可分为集装箱进场业务和提箱业务。集装箱进场业务主要包括出口重箱进场、出口空箱进场、中转箱转码头进场。提箱业务主要包括提进口重箱、提空箱、提退关箱、提中转箱以及超期箱的疏运。

一、闸口工作业务内容

(1)对经闸口进、出码头的集装箱箱体,实施验箱、交接和签证。

(2)对进码头的重箱,检验其铅封并核对号码。

(3)审核进、出场集装箱的有关单证。

(4)将进出闸口的车、箱、货和司机的单证相关信息准确输入计算机。

(5)对进码头车辆,签发/打印发、收箱堆场箱位小票。

(6)对出码头车辆,签发/打印出门证。

(7)维持闸口及其周边交通秩序,保持畅通和安全。

(8)收集、分类、整理进出场集装箱的有关单证。

(9)编制/打印集装箱进出场日报表。

二、闸口各项作业的程序

由于码头闸口采用计算机管理,闸口的大多数业务由计算机完成,其各项业务模块的作业程序如下:

1. 办理集装箱进场手续

(1)办理出口重箱进场手续

闸口人员审核集卡司机提供的集装箱装箱单和集装箱设备交接单内容,并将箱号、箱型、车牌号、箱状态、出口船名、航次、卸货港、目的地、提单号、件数等内容输入计算机,计算机将自动选择一个计划箱位,同时打印有计划箱位的收箱堆场箱位小票交集卡司机。若是装有危险货物的集装箱进场,闸口还必须审核“危险货物集装箱装箱证明书”,并将危险货物的类别输入计算机。若是装有冷冻货物的集装箱进场,闸口还必须输入冷藏箱的设置温度,并制作冷藏箱记录卡。

(2)办理出口空箱进场手续

闸口人员审核集卡司机提供的“集装箱设备交接单”内容,并将箱号、箱型、车牌号、箱状态、出口船名、航次、集装箱经营人、卸货港、目的地等内容输入计算机,计算机将自动选择一个计划箱位,同时将打印有计划箱位的收箱堆场箱位小票交集卡司机。

(3)办理回空箱进场手续

回空箱是指收货人将进口集装箱提离码头堆场,经过拆箱(Unpacking)后,空箱仍然返回码头堆场储存。

闸口人员审核集卡司机提供的“集装箱设备交接单”内容,并将箱号、箱型、车牌号、箱状态、集装箱经营人等内容输入计算机,计算机将自动选择一个计划箱位,同时将打印有计划箱位的收箱堆场箱位小票交集卡司机。

(4)办理中转箱进场手续

中转箱进场有两种情形:一种是指一程船在其他码头卸船,二程船在本码头装船的中转集装箱进场;另一种是指海铁联运的中转集装箱进场。由于上海港除了上海集装箱码头有限公司下属有三个码头外,外高桥等码头也从事集装箱的装卸业务,中转箱在码头间的换装十分平常,加上海铁联运业务开展得较好,因此中转箱进场数量较多。

闸口人员在办理中转箱进场业务时,必须审核集卡司机提供的“中转动态表”和“集装箱设备交接单”内容,并将箱号、箱型、车牌号、箱状态、二程船船名、航次、卸货港、目的地、提单号、件数等内容输入计算机,计算机将自动选择一个计划箱位,同时将打印有计划箱位的收箱堆场箱位小票交集卡司机。

2. 办理提箱手续

(1)办理提进口重箱手续

审核集卡司机递交的由客户服务中心提供的提箱凭证,以及由船公司提供的“集装箱设备交接单”,将箱号、车牌号输入计算机,计算机打印发箱堆场箱位小票交集卡司机。

(2)办理提空箱手续

审核集卡司机递交的由客户服务中心提供的提箱凭证,以及由船公司提供的“集装箱设备交接单”,将集装箱经营人(Container Owner)(箱号)、箱尺寸、车牌号以及由客户服务中心制作的计划号输入计算机,计算机打印发箱堆场箱位小票交集卡司机。

在提空箱作业时,如果所提的空箱不适合装货,则可以调换。闸口可先取消原来的作业,再重新办理提箱手续。

(3)办理提中转箱手续

审核集卡司机递交的由客户服务中心提供的提箱凭证,将箱号、车牌号输入计算机,计算机打印发箱堆场箱位小票交集卡司机。

(4)办理提退关箱手续

审核集卡司机递交的由客户服务中心提供的提箱凭证,以及由船公司提供的“集装箱设备交接单”,将箱号、车牌号输入计算机,计算机打印发箱堆场箱位小票交集卡司机。

3. 办理集卡出场确认手续

重载集卡出场,在闸口办理出场手续,集卡司机领取出场的出门证,并将出门证交码头公司保安后,方可离开码头。

由于码头堆场管理采用图像监控,所有进场的集卡都能在监视屏幕上显示,能有效地控制外来集卡,因此,为了加强对外来集卡的管理,空载集卡出场,必须在闸口办理出场手续,集卡司机领取出场的出门证,并将出门证交码头公司保安后,方可离开码头。

许多码头对空载集卡出场并没有采取这么严格的管理措施,其后果就是对外来集卡管理的失控。

4. 取消作业

虽然已办理提箱或进场手续,但由于如集卡故障或者码头堆场的轮胎龙门吊故障等原因,未办理集卡出场确认手续的,闸口应收回发、收箱堆场箱位小票,取消该作业,并要注明取消作业的原因,输入计算机。

5. 计划与实绩查询

可查询进场或提箱计划以及计划完成的实绩。

6. 残损登记

闸口在检查集装箱箱体时,若发现箱体有异常情况,如箱体残损、铅封损坏或缺失、铅封号不对等,应在"集装箱设备交接单"上登记、注明,取得司机签字后,输入计算机。

三、闸口工作流程

闸口是集装箱码头业务管理的一个重要环节,它的通过能力直接影响码头堆场作业。因此,确保集卡在闸口快速通过就显得十分重要,必须制定一套作业相应的流程,在内外条件具备的情况下,保证集卡司机在闸口办理提箱或进场手续的顺利进行。

1. 闸口作业顺利进行的条件

(1)内部条件

码头内部事先需要做大量的计划准备工作。码头客户服务中心将收货人申请的提箱或者进场计划输入计算机,并打印提箱凭证交收货人。收货人将"集装箱设备交接单"和提箱凭证交内陆运输公司,由内陆运输公司的集卡司机随车带至闸口,作为提箱的交接文件。

首先,码头船舶计划员安排有关船舶的靠泊计划,并规定出口箱开始进场时间与截止进场时间。对于装载超高、超宽、超长或者超重,以及装载危险货物的出口集装箱进场,为了安全起见,还必须事先安排进箱计划。

其次,码头堆场计划员安排提箱所需要的用空箱计划,以及安排出口重箱或者空箱进场的堆放箱位。这些计划的安排,完全由计算机来完成。

配载计划员按照船舶停靠不同卸货港(Port of Discharging)的次序,在计算机上登记船舶的航次挂靠港,建立卸货港与目的地(Place of Delivery)的对应关系。配载计划员还要根据配载船图的需要,参照代理提供的出口预配清单(Loading List),将要进场的出口重箱,按不同的卸货港、不同的尺码,分成若干重量等级,并输入计算机。

除了安排相应的计划外,最重要的就是必须按照箱务管理的要求确立集装箱在堆场内的堆放原则,以及计算机的选位原则,建立一套自动选位或选箱系统,减少闸口人工操作引起的差错。

(2)外部条件

运输公司的集卡司机,必须提供在闸口进行提箱或者进场交接所需要的单证,并且交接单证各项内容必须清晰与完整。

2. 闸口作业流程图(见图 9-4)

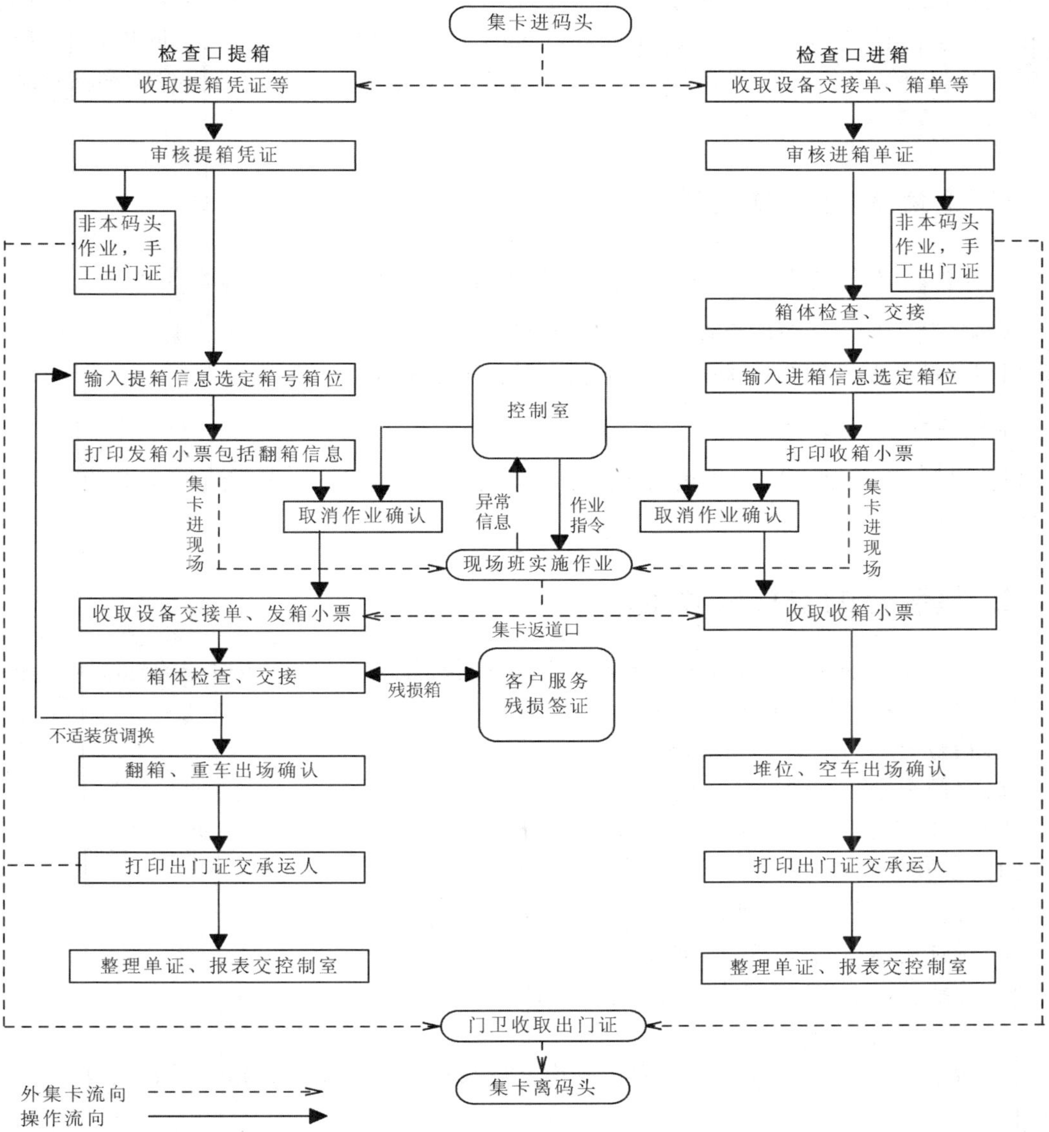

图 9-4　闸口工作流程图

第三节　闸口进出场集装箱交接、铅封检验及作业单证

由内陆承运人经过陆上运输进出码头堆场的集装箱,都必须在闸口办理交接手续。闸口人员除了审核有关的单证文件外,验箱员还应对集装箱箱体、铅封及集装箱设备进行交接验收。

集装箱交接是指内陆(公路)运输企业的集卡司机,在码头闸口与集装箱码头闸口业务员,按照“集装箱设备交接单(Equipment Inspection Report,EIR)”的内容,共同进行集装箱箱体、铅封及集装箱设备等检验和核对,在“集装箱设备交接单”上记录/注明检验和核对结果,并共同署名签字的过程。

一、集装箱的发放、交接

1. 集装箱及集装箱设备的发放、交接,实行“集装箱设备交接单”制度

从事集装箱运输业务的企业,必须凭集装箱经营人或代理签发的“集装箱设备交接单”办理进出口集装箱及集装箱设备的提箱、收箱、进场、出场手续。

2. 交接责任划分

码头与货方、内陆(公路)承运人的交接以码头闸口为界,以共同签注的“集装箱设备交接单”为责任划分依据。

二、集装箱的交接验收标准

根据码头操作流程、管理标准和跟客户之间的附加服务协议,箱体检查的标准可能不同,但一般来讲,主要包含如下验收标准:

(1)箱号清晰(以箱门上的为准)。

(2)箱门关紧无漏缝。

(3)箱体表面平整(凹损不超过内端面 3 cm,凸损不超过角配件外端面)。

(4)无破洞。

(5)门杆、手柄齐全,无弯曲。

(6)敞顶箱油布完好,横梁、钢丝绳安装完整。

(7)冷藏箱压缩机、控制箱表面完好,有“PTI”标贴。

(8)重箱铅封完好。

(9)台架箱装载超高、超宽或者超长货物,要检查超高、超宽或者超长尺码以及货物捆扎牢固状况。

(10)装载危险货物的集装箱,要检查危险货物标签。

在集装箱交接过程中,只要发现上述任一项有不合格的情况,需在“集装箱设备交接单”上加注,交接双方需签字确认。

三、"集装箱设备交接单(EIR)"的签证

"集装箱设备交接单"分进场设备交接单和出场设备交接单,各有三联,分别为船公司、代理留底联,码头、堆场联,用箱人、运箱人联。主要用于集装箱箱体设备的交接时箱体损坏状况的确认和记录,分清交接双方的责任。

1. 好箱的交接签收

集装箱箱体符合验收标准的,闸口人员和集卡司机双方应在"集装箱设备交接单"上签名。

2. 坏(烂)箱交接签证

集装箱箱体因发生残损而不符合验收标准的,应将残损类型、部位、程度等在"集装箱设备交接单"上注明,闸口人员和集卡司机双方应在"集装箱设备交接单"上签名。若因残损十分严重而影响箱内货物的,应通知船公司负责解决。

3. 单证保管

签证后的"集装箱设备交接单"的码头/堆场联留码头,其余的由集卡司机带回。有残损记录的"集装箱设备交接单",其残损情况按规定应输入计算机,并交码头管理部门保存。没有残损记录的"集装箱设备交接单",按规定统一保存。

四、集装箱铅封的作用、类型及核对交接检查

集装箱铅封的核对非常重要,因为铅封帮助确保货物的安全运输,有助于预防可能的偷盗、途中对货物的调换等,除陆地上以外,也包括在码头内或在船上。

目前有多种多样的铅封在使用,不同类型的铅封,所能提供的安全程度也不同。图 9-5 就是两种铅封实例。集装箱铅封主要有以下几种:(1)钢带(板)型;(2)螺栓型;(3)金属丝型;(4)塑料铅封;(5)电子型 (RFID)。(见图 9-5)

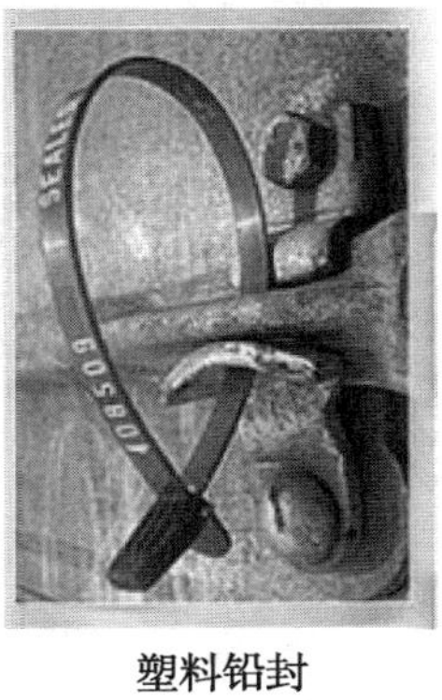

塑料铅封

螺栓型铅封（钢炮封）

图 9-5　两种常用铅封实例

装箱人(代理人、托运人)在集装箱装箱完毕后,负责确保其集装箱加好铅封,并在装箱单

上记录其铅封号码。进闸口时操作员检查铅封是否安装完好,并验证单证上的铅封号和实际铅封号是否相符。根据码头操作流程和工作标准、与客户签订的附加服务协议,可能需要额外的检查并记录铅封号码。空箱不需要铅封。

五、闸口集装箱交接的单证及其作用

对于每一个进入或离开闸口的集装箱,集卡司机持有的单证决定了该箱的类型。闸口在进行集装箱交接时,涉及的单证较多,可分为外部单证和内部单证两大类,并且不同业务的集装箱在进出场时,需具备的交接单证不同,同时单证的来源不同,其在形式上也不同,相同港口的相同单证,也有不同的格式和版本。

闸口业务员对纸面单证必须实施各种检查,需要识别关键标识、图章、代码等项目和要素,以确认这些单据是否合法并被授权。只要闸口业务员不确定单证的有效性,就需要进一步查明问题,消除疑问。

有些码头或港口,为简化复杂的进出闸口单证操作手续,提高闸口效率,在卡车到达闸口前,不需提供纸面的单据,其纸面单证的全部信息,已预先通过 EDI 网络,直接传输录入码头的计算机系统之中。这叫作闸口信息预录系统,通过该系统,各单证所包含的各种信息,可以以电话应答系统、客户端在线登录系统、电子邮件、电子报文(EDI)或传真等各种途径,在集卡达到码头前发送给码头。

无论是否有纸面单证,闸口业务员都需要确保系统中的信息与实际正在收、发箱的信息相匹配,然后将信息确认录入到码头操作系统中(TOS)。

1. 外部单证

由集卡司机随车提供。主要包括:

(1)“集装箱装箱单”,用于记录出口重箱装箱货物信息的单证,是闸口出口重集装箱进场时的最重要的单证之一。

(2)“集装箱设备交接单”,用于所有进、出码头闸口的集装箱箱体好坏交接。

(3)“集装箱装运危险货物装箱证明书”,用于出口危险品箱进场。

有些港口为简化单证,将“集装箱装箱单”和“集装箱设备交接单”合并使用,称之为出口箱“入港单”。

集装箱交接时发现的残损信息录入闸口计算机系统后,将以电子形式反馈给该箱的持箱人(箱站或船公司)。在发生保险索赔时,真实、准确的残损信息记录,对于保护码头利益有着至关重要的作用。对于自动化闸口,纸面的单据不是必需的,然而集装箱的任何残损都会以电子图像的形式留存,在必要时调用(例如发生索赔时)。码头有时也会开展一些修箱业务作为对客户的附加服务。

2. 内部单证

(1)提箱凭证由码头客户服务中心提供,交客户用于提箱业务。

(2)发箱小票由闸口提供,交集卡司机按发箱小票中指定的堆场箱位,进入码头堆场提箱。在未使用无线终端时,发箱小票可作为堆场人员发箱的依据和闸口出场确认的凭证。

(3)收箱小票由闸口提供,交集卡司机按收箱小票中指定的堆场箱位,进入码头堆场卸箱。在未使用无线终端时,收箱小票可作为堆场人员收箱的依据和闸口出场确认的凭证。

(4)中转动态表由码头计划部门提供,用于中转箱的进出场。

(5)出门证由闸口提供,交集卡司机作为出码头的通行证。

六、闸口单证的审核

在集装箱进、出场交接过程中,单证的审核工作很重要。需认真审核各项内容,确保单证提供的信息与集装箱的信息一致,与计算机提供的信息一致,即要求达到“单箱相符、单单相符、单证相符、单机相符和单货相符”。

1.“集装箱装箱单”的审核

(1)船名、航次是正确的,并是本码头计划内入港,没有过早或超过截港时限(单机相符)。

(2)箱型、箱号和车号与实际相符(单箱相符)。

(3)卸货港和目的港填写正确,与计算机系统中记录的该船挂港相符(单机相符)。

(4)提单号(舱单号)及重量填写清晰完整,并与地磅实际称重相符(单货相符)。

(5)车队和装箱仓库(场站或装箱点)签章完整。

(6)冷藏箱箱单上填写的温度,与设备设置温度及记录盘上实际显示温度相符(单货相符)。

(7)危险品箱箱单上填写的货物名称、IMO代码、UN编号是否完整,箱单上国际危规等级(IMO)与箱四周危险品标识等级相符(单证相符)。

(8)记录完整,没有缺项和涂改。

有些港口为提高信息准确性,提高闸口通过效率,实施了EDI“集装箱装箱单”预录系统。即在集卡车到码头闸口之前,由装箱点(场站/预录点)将完整的“集装箱装箱单”信息通过港航EDI网直接传送给码头闸口。当集卡到达码头闸口时,只需核对前(1)、(2)和(4)项后,在系统输入箱号就完成了入箱手续。

2.“集装箱设备交接单”的审核

(1)集装箱箱号箱属人、持箱人与“集装箱设备交接单”的出具人相符(单人相符)。

(2)EIR上箱型、箱号和车号与实际相符(单箱相符)。

(3)EIR上提、入箱堆场(场站)与计算机系统提箱计划(分箱计划)相符(单机相符)。

(4)出口重箱入港时,EIR和装箱单相同项目填写内容相同(单单相符)。

(5)记录完整,没有缺项和涂改。

3.“集装箱装运危险货物装箱证明书”的审核

(1)监管签发机关签章完整。

(2)同装箱单相同项目填写内容相同(单证相符)。

4.其他附加信息的审核

(1)冻柜需要如下附加信息:温度设定和许可的温度范围、插电电压。

(2)超限箱(OOG)和货物需要如下附加信息:超限尺寸(高度、长度、宽度)。

第四节　集装箱码头闸口设置策略、案例及优化方法

一、码头闸口作业系统的特点

大量研究资料表明,集装箱码头闸口作业系统具有如下特点:

1. 码头闸口作业系统为随机服务系统

(1)各集装箱卡车到达码头闸口的时间具有随机性。
(2)进闸口和出闸口的车辆到达总数量及其时间分布具有随机性。
(3)外来集装箱卡车在堆场内作业区域和装卸作业服务时间具有随机性。

2. 码头闸口作业系统是排队系统

因为卡车到达的随机性及闸口通道提供服务的随机性,使得闸口系统作业具有不平稳性。在闸口作业系统中,一个闸口通道在同一时刻只能为一辆卡车进行服务,所以当卡车到港的频度大于闸口通道作业的频度时,将发生卡车在通道前等待作业的现象。当这种情况发生时,就有一个卡车作业次序选择的问题。根据闸口生产作业的特点,以及实践中一般遵循的规则,一般按照"先到先服务"的服务规则。

3. 码头闸口作业系统是离散事件系统

闸口作业系统的状态变化只在时间的离散时刻发生,呈突变状态,是随机的离散事件系统。其动态特性可使用一组离散状态方程来描述。主要包括卡车到港、进入闸口进场通道排队、接受进场闸口服务、驶入码头堆场、进入堆场服务系统、进入闸口出场通道排队、接受出场闸口服务、作业结束、离开码头等事件,均发生在时间的离散时刻,并具有随机性。

二、集装箱码头闸口作业系统模型

集装箱码头闸口作业系统模型如图 9-6 所示。

三、码头闸口设置方法及其在整体平面布局中的位置

闸口在集装箱码头整体平面布局中的设置,主要取决于四个因素:码头吞吐能力、码头吞吐量中从闸口通过的比例、码头堆场平面布局及码头外集疏运道路网络布局。前两个因素决定闸口大小和通道数量,后两个因素决定闸口位置。一般来讲,集装箱码头闸口有两类设置方式:单闸口设置方式和多闸口设置方式。

1. 单闸口设置方式

单闸口设置方式比较适合中小型和多用途码头,以及以中转为主要业务的大中型全集装箱码头。它们的共同特点是闸口进出量不大。闸口一般设在码头堆场后方的中间,进场车道

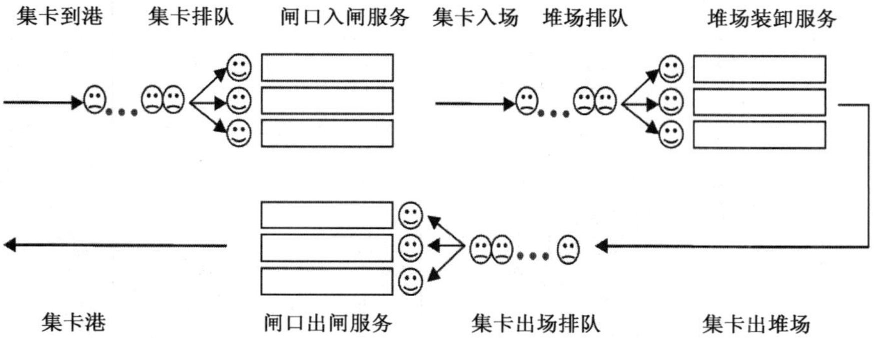

图 9-6　集装箱码头闸口作业系统模型

和出场车道在一起。中间车道可根据进出车流量灵活调节成进场或出场车道。在一些大中型码头，由于码头外围集疏运路网的限制，或码头陆域地形的局限，也采用单闸口设置方式。这种设置方式目前比较常见，是一种传统的设置方式。如图 9-7 所示深圳蛇口 SCT 码头闸口设置，具有代表性（SCT 码头平面图，参见前面章节）。

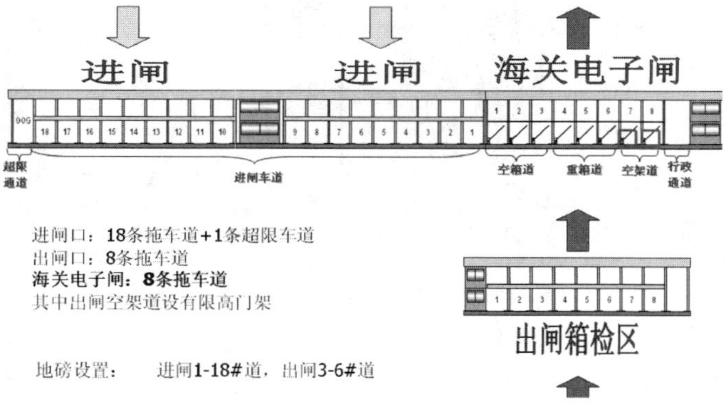

图 9-7　深圳蛇口 SCT 码头闸口布局设置图——单闸口

对单闸口根据其单证监控室的设置方式不同（分散监控或集中监控），又分为一道一室式（即一个通道一个监控室）、单闸中岛式和单闸边岛式三种，如图 9-8(a)(b)所示。当然，在装备有较完备自动化监控系统的集装箱码头（如美国 Los Angeles Pier 400 APM Terminals），也有将闸口单证监控室同生产中心控制室放在一起的真正意义上的无人闸口。

有些港口，由于海关监管要求不同，在码头进出场闸口基础上，再加上海关进场监管闸口或出场监管闸口，形成双进场闸，或双出场闸，如图 9-8(c)(d)所示。

2. 多闸口设置方式

多闸口设置方式，是指一个集装箱码头设置两个或两个以上闸口的布局方式。目前大中型集装箱码头都采用多闸口设置方式。其特点是码头进出口吞吐量中，后方集疏运方式主要以闸口进出陆运方式为主，中转比例不大，造成闸口通过量很大。（见图 9-9）

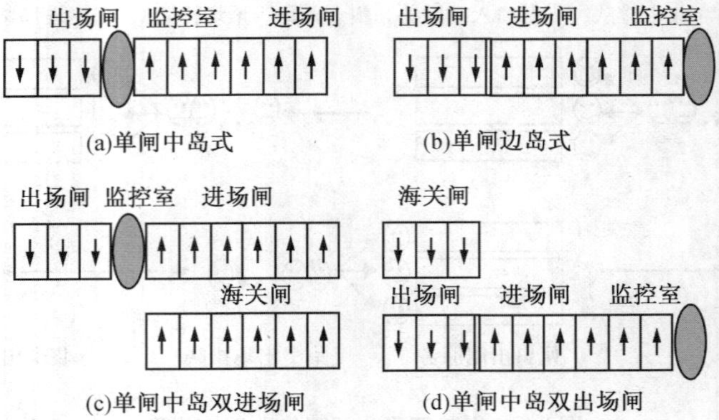

图 9-8 码头闸口设置方式

图 9-9 深圳盐田 YICT 码头闸口布局图—多闸口式

多闸口设置方式又有三种设立形式:进出分离式、一进多出式和多进多出式。主要是根据码头堆场形态和码头外道路网络情况来确定的。目前国内新建的 3~5 个泊位的中型码头(岸线长 1 200~2 000 m,年吞吐能力在 300 万~500 万 TEU),基本都采用进出分离双闸口设立形式,如图 9-10 所示。闸口在码头堆场的布局方式如图 9-11 所示。

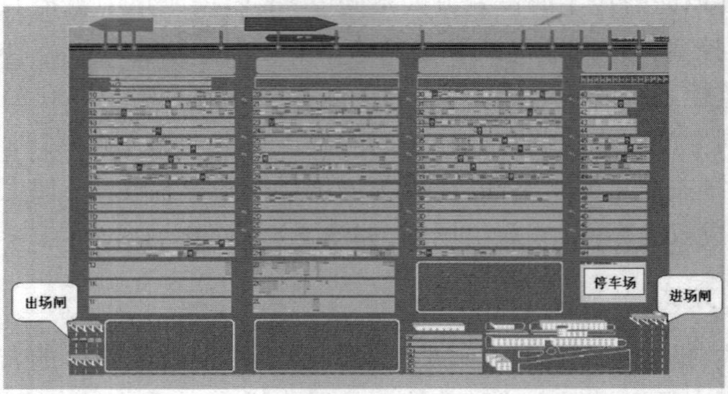

图 9-10 上海外高桥四期码头闸口布局——进出分离式

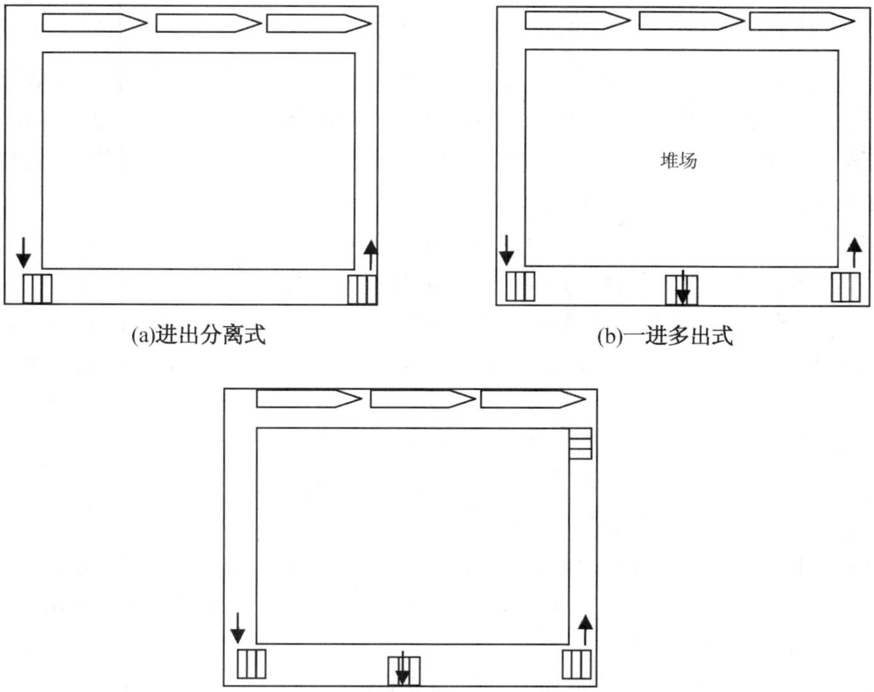

(a)进出分离式　(b)一进多出式　(c)多进多出式

图 9-11　闸口在码头堆场的布局方式

四、码头闸口车通道数量的确定

目前,集装箱码头闸口车道数量的确定有以下方法:规范经验公式、基于实践的经验公式计算法和运筹学 M/M/C 排队论计算法。

1. 闸口通道数量计算的规范经验公式

在交通部第一航务工程勘察设计院编制的《海港工程设计手册》中,规定了集装箱码头闸口通道数量的经验计算公式。在新码头规划设计,或没有以往本地港口集装箱码头的历史数据为参考时,可以采用。

$$N = \frac{Q_h(1 - K_b)K_{bv}}{T_{yk}T_dP_dq_c}$$

式中:N——码头闸口所需车道数;

Q_h——集装箱码头年运量(TEU/年);

K_b——水运和铁路的集装箱占码头年运量的百分比(%);

K_{bv}——集装箱车辆到港不平衡系数;

T_{yk}—— 闸口年作业天数(d);

T_d—— 闸口日工作时间(h);

P_d——单车道每小时通过车辆数量(辆/小时);

q_c——车辆平均载箱量(TEU/辆)。

2. 基于实践的经验公式计算法

该经验公式,其计算指标必须是基于港口自身特点,在总结以往实际操作数据分析的基础上,测算本港口某码头的闸口通道数量,具有明显的地域特点。在码头闸口扩建和码头扩建后的配套闸口新建设计中,可以使用。其计算原理是以大门车道数应与码头最大能力及相应的进出大门高峰车流量相适应为基础。其计算公式如下:

$$Ngl = TNa/TNpl$$

式中:Ngl——码头闸口通道数量(Number of Gate House's Lanes);

TNa——高峰时段内小时到达闸口的最大辆数(Truck Number Arrival in Peak);

$TNpl$——单车道平均每小时通过的车量数(Truck Number Passing Per Hour Per Lane)。

其中:

$$TNpl = 60/\mu$$

$$TNa = (TNmd \cdot Pvpd \cdot Fpkd)/Hpk$$

式中:μ——每车平均通过手续时间(分钟/辆);

$TNmd$——日最大通过大门车辆数(Highest Truck Number passing GH a Day);

$Pvpd$——日高峰时段内运量占全日运量百分比(Percent of the Volume of the Peak Period than Whole Day);

$Fpkd$——日不平衡系数(Factor of the Peak a Day);

Hph——日高峰时段内小时数(Hours in the Peak Period a Day)。

其中:

$$TNmd = ((((Cytd/Fteu) \cdot Pgh)/12) \cdot Fpkm)/Dpkm$$

式中:$Cytd$——码头年通过标准箱能力;

$Fteu$——标准箱换算率;

Pgh——出入大门占码头能力百分比(%);

$Fpkm$——月不平衡系数;

$Dpkm$——高峰月日历天。

3. 运筹学 M/M/C 排队论计算法

通过对目标码头吞吐量,各航线班期和其收箱和发箱作业量情况,推算出进场和出场外集卡的高峰出现的日期,并推算该天的外集卡平均到达率 λ(辆/分钟);然后再根据目标码头闸口操作模式,确定其闸口的入箱进场和提箱出场的平均操作效率 μ(辆/分钟);根据国内外大量研究资料表明,外集卡到达码头闸口是服从泊松分布的,闸口的服务时间是服从负指数分布的,运用运筹学中的排队论,得出合适的 M/M/C 排队模型,得到闸口通道数计算方法是:

$$C > \lambda/\mu$$

4. 系统建模和优化仿真方法

A 码头闸口有 X 条进场车道,Y 条出场车道。在第 j 天的第 i 时间段(通常 1 h 为一个时间段,1 d 共 24 个时间段),开通 x_{ij} 条进场车道,y_{ij} 条出场车道。在第 j 天的闸口日作业量为 Q_j,如何确定该工作日各时间段所开放的进场车道数,与开放的出场车道数的总和 N_j 为最小?假设一辆车只服务一次,且先到先服务。约束条件是:

(1)闸口在各时间段的车道利用率为 P,$20\% \leqslant P \leqslant 70\%$;
(2)时间段 $i, i \in D, D = (1,2,3,4,\cdots,24)$,为正整数;
(3)进场车道数 x_{ij},$1 \leqslant x_{ij} \leqslant X$,为正整数;
(4)出场车道数 y_{ij},$1 \leqslant y_{ij} \leqslant Y$,为正整数;
(5)各车道最大瞬间排队长度 L,$L_{max} \leqslant 6$。
系统目标方程如下:

$$N_j = \min\left(\sum_{i \in D} x_{ij} + \sum_{i \in D} y_{ij}\right)$$

根据上述系统优化模型,运用专业的仿真系统(如 WITNESS),基于进化优化算法(遗传算法、粒子群算法等),可以快速有效计算搜索出目标方程的最优解决方案,并能给出仿真结果。

5. 案例

A 码头有 3 个泊位共 766 m 岸线,码头通过标准箱能力 94.6 万 TEU/年,经闸口进出的箱量占码头吞吐能力的 95%,TEU 换算率 1.5,月不平衡系数 1.28,高峰月日历天数是 31 天,日高峰时段小时数为 6 h,日高峰时段内运量占全日运量百分比 60%,日不平衡系数 1.75,每车通过闸口办理手续的时间为 1.53 min,问 A 码头闸口需要设立多少个车道?

解:

①求解:日最大通过闸口车辆数 $TNmd$
根据公式 $TNmd = ((((Cytd/Fteu) \cdot Pgh)/12) \cdot Fpkm)/Dpkm$
则 $= ((((946\ 000/1.5) \cdot 95\%)/12) \cdot 1.28)/31$
故 $= 2\ 062$(辆)
②求解:高峰时段内小时到达闸口的最大辆数 TNa
根据公式 $TNa = (TNmd \cdot Pvpd \cdot Fpkd)/Hpk$
则 $= (2\ 062 \cdot 60\% \cdot 1.75)/6$
故 $= 361$(辆)
③求解:单车道平均每小时通过的车量数 $TNpl$
根据公式 $TNpl = 60/\mu$
则 $= 60/1.53$
故 $= 40$(辆)
④求解:码头闸口通道数量 Ngl
根据公式 $Ngl = TNa/TNpl$
则 $= 361/40$
得到 $= 9$(道)
答:该 A 码头需设立至少 9 个车道的闸口。
由于是经验公式计算方法,在实际工作中要注意如下几点:
(1)上述公式中,未考虑集装箱车辆空返率,故应考虑因空载而增加的车辆数。空返率 =(载箱车数+空车数)/载箱车数。无实际统计资料时,可取 1.1~1.3,即日高峰时段内高峰小时需通过大门的车辆数应乘以 1.1~1.3 系数的空返率。通常我们可取 1.2。
(2)标准箱换算率,建议使用历史数据,没有统计资料,可取 1.3。
(3)参照国内统计资料,建议日不平衡系数取 1.3 左右。

(4)闸口进出通过量占码头吞吐量能力百分比,当无水-水、水-铁中转,且全为整箱出入码头闸口时,该比例可取1.0。同时,也需要考虑码头内拆装箱发生的比例,一般比例可以忽略不计。

按上述参数调整后,A码头需进出大门总车道数为9.4个车道。如果考虑未来发展,建议取10个车道,平均每泊位约需3个车道,并留下4个车道的扩充空间;如果考虑未来箱量增长可能性不大,则取9个车道就能满足码头需要。

五、集装箱码头闸口进场车道数和出场车道数的分配与设置

上面仅介绍了码头闸口车道数的确定方法,但在具体集装箱码头闸口操作管理中,有时闸口进出车量会出现不平衡,白天进箱多,晚上提箱多。如何设定闸口进场和出场通道数量,就是一个比较关键的问题。主要有固定进出场通道和设立双向车辆通道两种分配设置方式。

1. 固定功能车道及分配设置方式

这种方式比较简单,即闸口的车道功能是固定的,一般比较适合将进场闸口和出场闸口分开设立的码头。进场闸口分成重箱进场、空箱进场和空车进场三种功能车道;出场闸口分成重箱出场、空箱出场和空车出场三种功能车道。

在车道数量确定上,仅在上述车道计算方法的基础上,将码头吞吐量分成进口吞吐量和出口吞吐量。以进口吞吐量为基础,计算出场车道数量;同样,以出口吞吐量为基础,计算出进场车道数量。

2. 双向多功能车道设置分配方式

双向多功能车道设置分配方式的关键是确定设立几条车道为双向多功能车辆通道。其方法是:

第一步,分别以进口吞吐量和出口吞吐量为基础,按固定进出场通道分配设置方式的计算方法,分别计算出最大的出场车道数量和最大的进场车道数量;

第二步,以总吞吐量为基础,计算闸口最大的总车道数量;

第三步,将最大的出场车道数量和最大的进场车道数量相加后,减去闸口最大的总车道数量,得到的差,就是双向车辆通道数量。

图9-12是日本横滨APMT码头闸口各车道功能分配图。图9-13是日本横滨APMT码头单闸口式布局设置图。

	闸口车道号										使用车道	
	1	2	3	4	5	6	7	8	9	10	Min	Max
空车入场/重空箱入场	○	◎	◎								1	3
重空箱入场		◎	◎	○	○	○	◎				3	6
重空箱出场							◎	○	○	○	3	4

备注:○—单功能车道　◎—多功能车道

图9-12　日本横滨APMT码头闸口各车道功能分配图

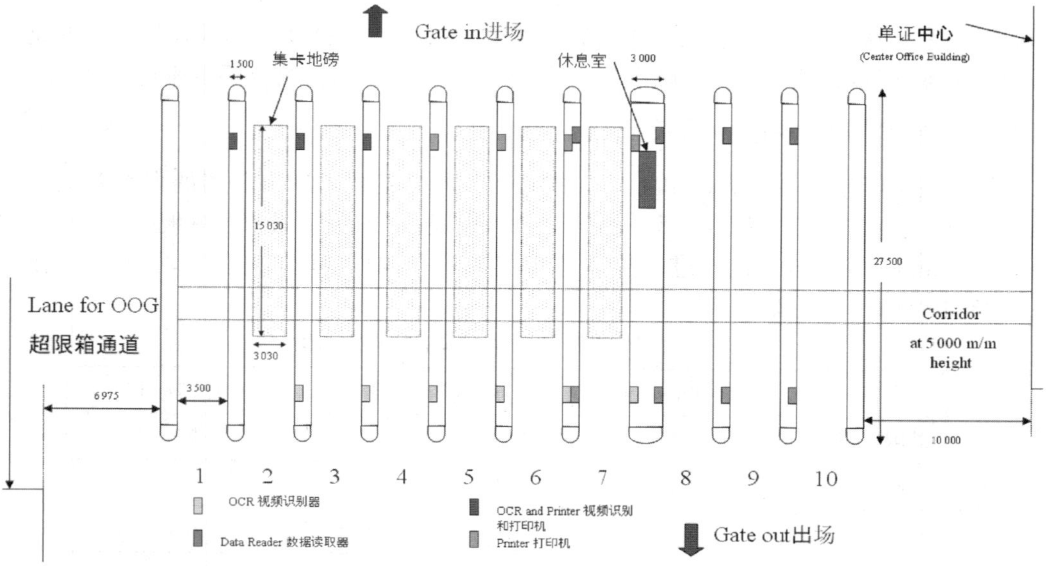

图 9-13　日本横滨 APMT 码头闸口布局设置图——单闸口式

六、码头闸口前停车场设置

1. 传统码头闸口无临时停车场面临的问题

目前国内很多集装箱码头是中小型的或者是由散杂货码头改扩建而成,因此其闸口相对简陋,功能也比较单一,没有较为先进的计算机系统、无线终端系统、箱号识别系统、CCTV 系统等,闸口一般没有设立临时停车场。

这种情况下,集装箱在进场时,需要在闸口对外拖集卡进行箱检、过磅、交换数据及集装箱的交接等闸口操作。随着码头吞吐量的发展,随之而来的问题是:

(1)拖车通过闸口时间长,大量集卡滞留在闸口。

(2)影响正常的陆侧作业系统的集疏运秩序,造成安全隐患。

(3)等待进出港的集卡排成长龙、进退两难,影响码头外社区和公路网畅通。

(4)交接完毕的外拖集卡一进入闸口就直奔堆场,严重干扰了码头堆场内的作业秩序,引起海侧船舶装卸作业系统和陆侧闸口进出场作业系统的冲突。

(5)严重危及码头堆场内的交通安全。

针对上述问题,很多码头的通常解决方案是:

(1)安排堆场协调员(堆场指挥员)进行疏导、协调,不仅使人工成本加大,也无法保障安全与效率。

(2)在作业发生冲突时,消极采取拒绝外集卡进入闸口,停止陆侧系统作业,优先保证海侧船舶装卸作业的被动措施。

其结果是,制约了陆侧集疏运系统的效率,增加了外集卡等待时间;在外拖车辆不足的情况下,容易引起出口箱不能及时集入码头堆场内,最终影响到海侧船舶作业,造成恶性循环。

显然,传统的集装箱码头闸口,由于其功能差、效率低,没能设立码头闸口内的临时停车,作为同码头堆场系统、海侧作业系统之间的缓冲区,在吞吐量迅猛增长的情况下,即便是增加闸口的通道数量,也无法有效解决陆侧物流系统效率低下的问题,堵塞不可避免。

2. 码头闸口临时停车场的设立案例

深圳盐田国际集装箱码头(YICT)于 2004 年 7 月份建成了进出分离的多个箱通道的闸口,使得其进出港的闸口通道达到 51 个(见表 9-1)。闸口采用了 CCTV 系统、无线终端、“港运通”IC 卡等科技含量较高的先进设备。同时,还在进场闸口内设立了停车场,形成了闸口与码头堆场间的缓冲区,总车位达到了 226 个。

表 9-1 深圳盐田 YICT 闸口车道数和停车位

项目	A 闸(Phase Ⅰ/Ⅱ)	B 闸(Phase Ⅲ)	合计(Total)
进闸车道	12	15	27
出闸车道	10	14	24
停车场车位	101	125	226

3. 有停车场的闸口入箱操作程序

(1)外拖集卡在闸口进行箱检完毕后,将相关单证交给闸口人员录入。有条件的码头,可以通过事先的预先信息录入,通过 EDI 网络、IC 卡或 RFID 卡,将相关资料直接读入系统中。

(2)外来集卡办理完结上述进入闸口手续后,并不能直接进入堆场,而是将集卡停在闸口与堆场之间的缓冲区。

(3)司机在缓冲区旁边的办证大厅等待进场指令。

(4)只有当大厅里的大屏幕上出现集卡进场的指令后,司机才能凭大厅提供的进场小票进入堆场。

4. 停车场设立后的效果

设立停车场这个缓冲区后,就有效避免了如前所述的装卸船与进出场作业系统的冲突。在司机进入闸口后的待命时间内,闸口将相关的信息包括进场的位置传送至计算中心,同装卸船的情况进行逻辑比较,进而选择可行的进场顺序。计算中心会考虑集卡进闸时间、司机等待时间、服务承诺时间等因素,按排序服务规则,做出科学合理的安排,从而既提高了闸口的效率,同时也提高了堆场及船舶作业的效率。图 9-14 为深圳蛇口 SCT 闸口(过停车场)进闸入箱作业流程;图 9-15 为深圳蛇口 SCT 闸口(过停车场)出闸提箱作业流程。

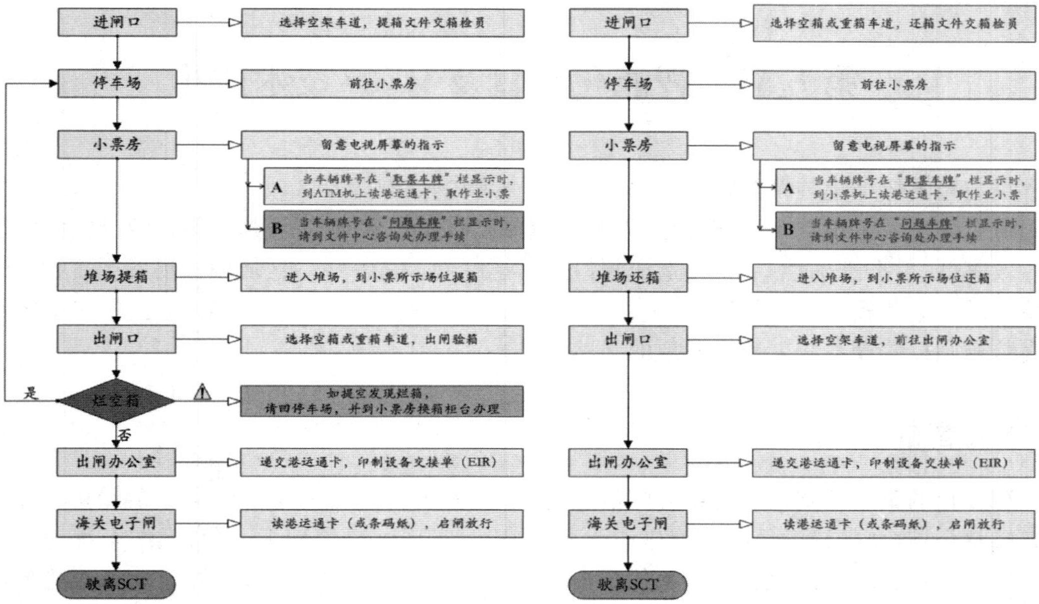

图 9-14　深圳蛇口 SCT 闸口(过停车场)进闸入箱作业流程

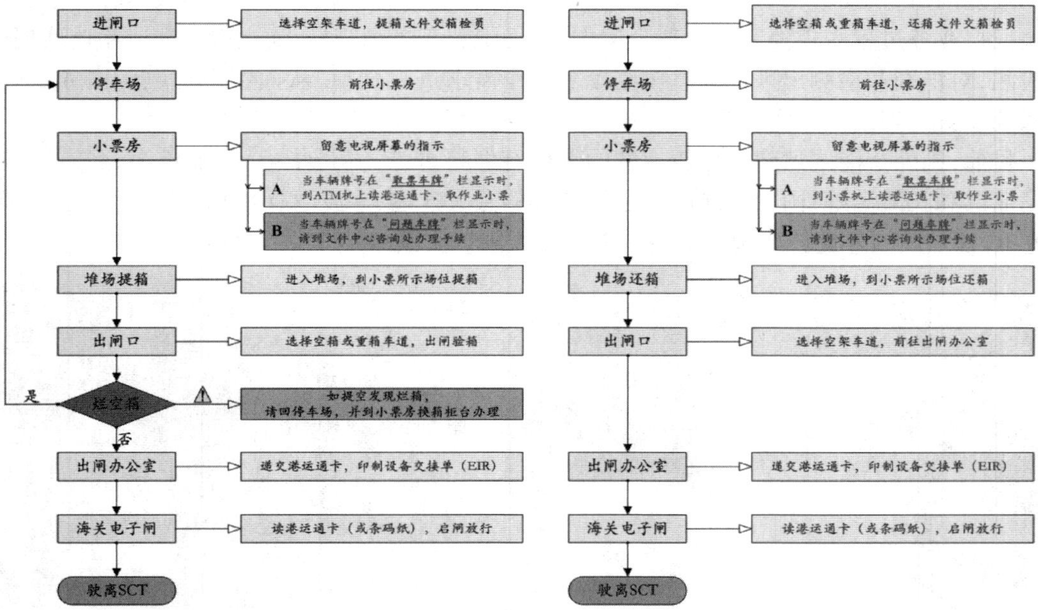

图 9-15　深圳蛇口 SCT 闸口(过停车场)出闸提箱作业流程

第五节　智能化闸口及 RFID 技术应用

集装箱闸口是集装箱车辆进出码头、场站、保税物流园区等区域的必经之处。传统的集装箱闸口有赖于人工识别车号和箱号、人工处理单证并录入数据、现场检查箱体等,劳动强度大、作业效率低、数据准确性差,直接造成闸口通过速度慢、差错率高,区域内极易发生货物丢失等现象。随着集装箱货运量的增长和整个社会信息化水平的提高,高效、准确、方便、可靠的智能化集装箱闸口管理系统就成为发展的必然趋势。

一、智能化闸口

智能化的集装箱闸口管理系统将信息技术、电子技术、自动控制技术与集装箱运输业务予以有机整合,改变传统的集装箱闸口作业方式,从而实现闸口管理无人化,系统全程记录和全程监控,实时采集并交互信息,避免传统方式下闸口与内部操作、闸口与海关监管等业务过程的脱节,大大提高集装箱车辆的通过效率,并杜绝人为因素产生的错误甚至作弊,而且,该系统可以实时精确地统计出集装箱车辆的通过流量,为管理部门指挥和决策提供了宝贵的第一手可靠数据。

智能闸口将 RFID、OCR、DVR、Internet 和实时控制等先进技术予以有机集成,由核心控制模块根据业务过程需求控制各个部分运作,自动识别车号和箱号,通过视频完成箱体残损的远程检测,对识别和检测出来的信息按监控及操作需求进行转换,从而实现与电子商务系统、操作系统以及管理系统的实时交互,完成集装箱闸口管理和监控的智能化。

目前,国外智能闸口建设比较成熟的港口有鹿特丹港、温哥华港、新加坡港、名古屋港、弗吉尼亚港和长滩港等;国内智能闸口建设较好的有大连港、宁波港、深圳港、青岛港、上海港等。图 9-16 就是国内外比较典型的大型智能化无人闸口实例。

美国长滩 APMT 码头智能化无人闸口

上海洋山港智能化无人闸口

图 9-16　美国长滩港及中国上海洋山港的大型智能化无人闸口

二、码头智能化闸口设置形式

国外的闸口一般采用两道闸口形式，第一道闸口检查进出港集装箱的箱体情况，第二道闸口办理交接手续和票据处理。国内的闸口采用一道闸口形式，将集装箱箱体检查、办理交接手续和票据处理等各项功能集中在一处完成，一般是传统的“一岛一道”式闸口，即一个车道一个门房。

三、智能化闸口的计算机系统架构

智能闸口不仅要实现各个系统与码头运营系统的良好衔接，同时要实现和后台数据库的良好衔接以及与海关数据的共享，如图 9-17 所示。

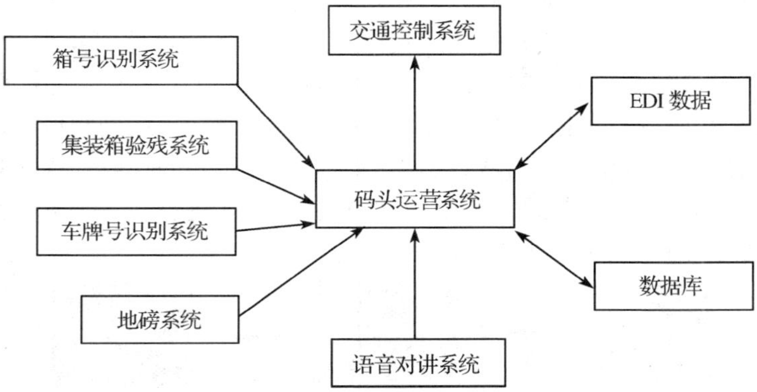

图 9-17 智能化无人闸口的管理系统模块框架

1. 箱号识别系统

箱号识别系统由高分辨率摄像机构成，一般每个车道配置 4 台摄像机，对进出大门的集装箱箱号进行自动图像采集，然后通过后台智能分析软件，提取集装箱的 ISO 编码，获得集装箱箱号。

2. 集装箱验残系统

操作员通过现场的高分辨率彩色摄像机远程观察集装箱箱体情况，同时通过数字硬盘录像机记录现场影像。

3. 车牌号识别系统

车牌号识别系统由 RFID 接收器和集卡上的 RFID 卡组成。司机持有的 IC 卡记录车牌、自重等信息，还可以嵌入司机信息，通过 RFID 技术对车牌号进行识别。

4. 地磅系统

地磅系统与码头运营系统互联，将集装箱重量信息直接录入码头运营系统，实现集装箱重量信息的自动采集与远程处理。

5. 语音对讲系统

语音对讲系统安装在安全岛的设备箱内,有特殊情况时,司机可直接与控制室管理人员进行双向语音交流。

6. 交通控制系统

交通控制系统包括车道挡车器和车道信号灯。车道挡车器采用自动工作模式,配合计算机联网触发信号及车道感应线圈协同工作,同时还可人工干预控制模式。各车道安装 LED 信号灯,与码头运营系统互联,接收系统发出的指令,引导车辆进出集装箱场区。

四、智能化闸口的工作方式及其流程

集卡驶入闸口时,识别系统侦测有无集装箱进入车道,判断是否需要进行箱号识别,如果有集装箱进入,则进行识别并将识别结果送到闸口应用服务器。此时集卡停在一体化人机交互机柜旁,地磅系统自动获得集卡重量信息,司机通过人机交互系统进行提箱和进箱操作,同时操作人员通过验残监测系统检查进港集装箱箱体,将验残结果送到闸口应用服务器内。

综合以上信息,闸口应用服务器从数据库中提取相应箱号的作业计划,将此信息送到人机交互系统输出,集卡根据打印出的小票信息进入相应场区进行进箱、提箱操作。图 9-18 和图 9-19 是智能化无人闸口车辆进场操作流程。

图 9-18　智能化无人闸口的空车进场操作流程

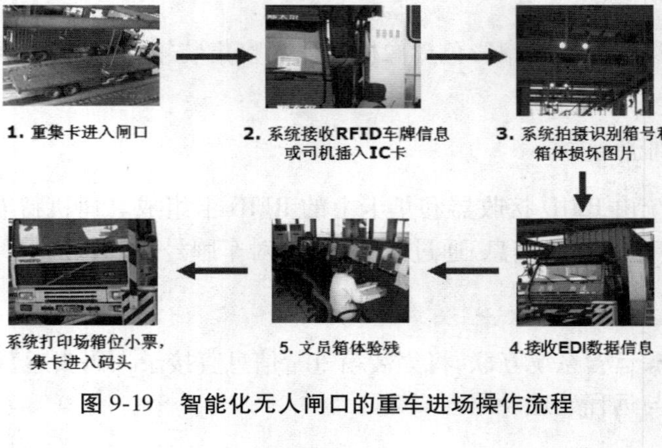

图 9-19　智能化无人闸口的重车进场操作流程

五、智能闸口与传统闸口的比较

相对于传统闸口，智能闸口具有很多长处，表 9-2 以码头提箱作业为例对两者进行比较。从表 9-2 不难发现，智能闸口的应用不仅可以减少闸口处的业务人员数量，提高闸口通过效率，缩短车辆在港区内的停靠时间，而且也为调度人员监控进出港车辆的分布情况以及适时调整机械设备和人力的配备提供更直接的手段，同时还能为码头管理提供客观的数据。

表 9-2　传统闸口同智能闸口比较表

比较项目	传统闸口	智能闸口
海关放行方式	纸面放行	EDI 放行
货主预约方式	持纸面单证到码头预约	网上预约
集装箱分配方式	空车至大门，业务人员检查纸面单证，分配集装箱位置	空车至大门，系统自动检查电子手续，自动分配最优位置的集装箱
空车进港时间	90～300 s	10～30 s
重车出港时间	90～180 s	15～30 s

六、射频识别（RFID）技术在码头智能化闸口中的应用及其发展

射频识别（RFID）技术一经出现，便在集装箱管理领域展现出巨大的应用潜力。集装箱全天候的作业环境决定了集装箱电子标签系统的技术指标、工艺指标、功能性需求要求高，技术难度大，而且将 RFID 技术应用到集装箱管理的过程，绝不是数据采集设备的简单应用，而是一次集装箱运输业务流程重构的过程。因此读取可靠、适合于集装箱恶劣运输环境、有稳定读写性能的电子标签和优化的集装箱业务流程是港口应用 RFID 技术的两个关键。

在集装箱码头闸口，利用 RFID 技术来实现码头计算机系统和集装箱卡车/集装箱之间进行进出闸口的自动信息交换。这样，集装箱卡车在通过码头闸口时，既没有繁杂的手工单证，又无须码头人工干预，就能够实现自动的数据采集、审核和放行，大大提高了数据的准确性和闸口通过效率。

1. RFID 种类

根据 RFID 标签能量来源来划分，分为有源和无源两种；根据行为方式来划分，分为主动式和被动式；根据标签内部存储器类型的不同来划分，分为可读写卡（RW）、一次写入多次读出卡（WORM）和只读卡（RO）；根据内存大小的不同，电子标签能储存从 512 字节到 4 兆不等的数据。

目前可供射频卡使用的几个标准有 ISO 10536、ISO 14443、ISO 15693 和 ISO 18000，国际上还没有形成统一的标准，各公司采用自己的标准，目前应用最多的是 ISO 14443 和 ISO 15693。在这些主流标准中还没有一个标准是特别适合集装箱应用的。集装箱行业有自己的 RFID 自动识别标准 ISO 10374（1991，1995，2005），该标准直接将集装箱箱号和用户信息写入，识别的时候将信息直接识别出来，避免了代码解析的过程，更适合目前的集装箱自动识别应用。

2. 集装箱 RFID 系统主要构成

(1)集装箱 RFID 信息录入设备

主要采用计算机或手持式 PDA 读写器,进行集装箱、货物、集卡车辆和司机的相关信息录入。通常手持式 PDA 读写器是用来在货源、码头港外堆场/场站、码头闸口、码头内堆场等场合信息录入,通过计算机系统完成对集装箱电子标签的识读、核对或信息交换。

(2)集装箱 RFID 基站式读写器

集装箱电子标签基站式读写器和天线安装在进出闸口等固定位置,以无线通信的方式与集装箱电子标签进行数据交换、采集和更新标签中的信息,并通过数据接口用有线或无线传输方式,与集装箱码头管理系统(TMS)进行数据交换,实现集装箱以及集卡的自动识别和实时管理。

3. 集装箱码头闸口 RFID 系统原理图

码头 RFID 系统信息交换示意图如图 9-20 所示。

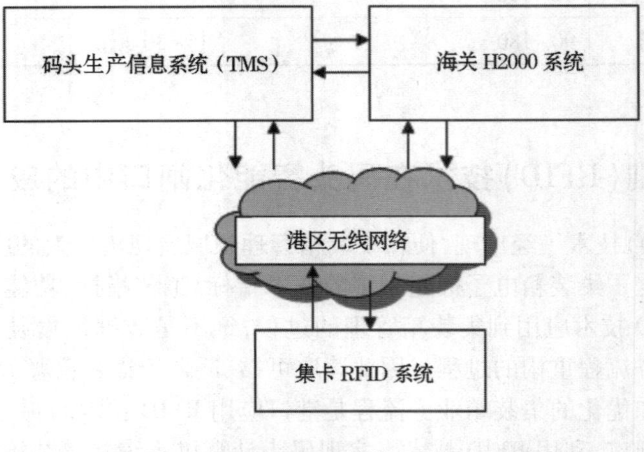

图 9-20　码头 RFID 系统信息交换示意图

4. RFID 在集装箱码头物流系统中的应用及其业务流程

码头在港区闸口所有通道和关键路线上,以及码头内外各个场站或堆场,配置 RFID 读写器,为每台进入港区的集疏港集装箱车辆登记注册并发放一个 RFID 卡(标签)。对没有事先登记的非注册集卡车辆,可在码头外区域设置公共性的 RFID 读写点,进行临时性或特殊业务的入港前数据处理。

RFID 系统在集装箱码头闸口业务流程中,可分为三个关键环节,即在码头闸口以外、进/出码头闸口时和码头闸口以内三个环节进行数据的读写处理,如图 9-21 所示。

下面以出口集装箱操作流程为例,说明 RFID 系统下物流系统业务流程:

(1)正常情况下,当一辆卡车离开场站进行集港作业的时候,场站的系统能够把相关的卡车和司机相关资料,以及所载集装箱和货物的全部资料信息写入集卡 RFID 卡。

(2)卡车抵达码头闸口时,闸口 RFID 系统可以自动读取集卡 RFID 卡内相关的数据。

(3)码头的生产信息系统(TMS)自动审核从集卡 RFID 卡内读取所得相关数据,并同海关

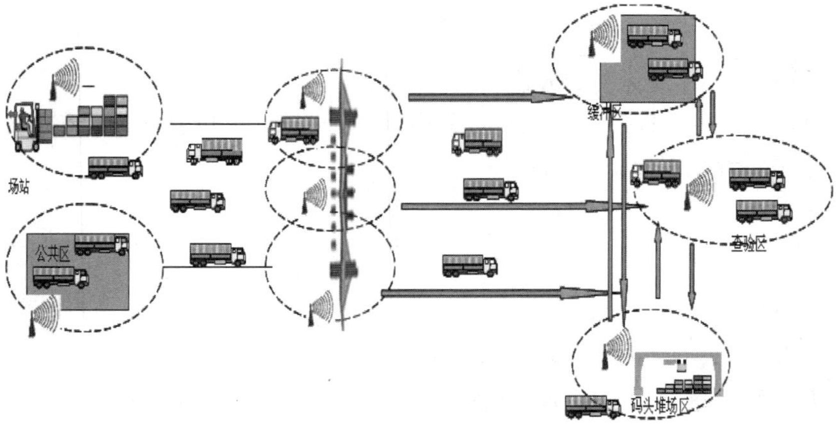

图 9-21　码头 RFID 系统及业务流程图

H2000 系统、集卡车辆管理系统、码头安保系统等进行校验审核。

(4)码头的生产信息系统(TMS)将审核结果写入集卡 RFID 内容,并自动打印相关的入场小票。

(5)司机取得入场小票后,根据小票指令,将集卡行驶到指定地点(缓冲区、查验区或码头堆场内)。

(6)卡车出场时,闸口 RFID 系统也要读取集卡 RFID 内,判断作业完成,并写入出场时间等信息。

(7)卡车在返回相关场站/车队后,可以读取并写入另外的集疏港作业指令信息。

第六节　闸口关键绩效指标(KPI)及通过能力和效率提高途径

一、集装箱码头 KPI 指标

1. 数量指标

(1)闸口通过箱量(Total Gate Moves Per Hour),MPH_{gh}

闸口通过箱量指在一定时间 T 内通过闸口进出码头所有集装箱的总和 M_{gh}。这个指标用于定义高峰时间、吞吐量计算、流程的再设计和预测,分为小时通过量、工班通过量、天通过量、周通过量和年通过量。

$$MPH_{gh}=\frac{M_{gh}}{T}$$

(2)闸口通过车量(Total Gate Trucks Per Hour),TPH_{gh}

闸口通过车量指在一定时间 T 内通过闸口进出码头所有车辆的总和 N_{otv}。

$$TPH_{gh} = \frac{N_{otv}}{T}$$

(3)闸口作业量不平衡系数,PK_{gh}

闸口作业量不平衡系数指在一定时间 T 内,码头闸口在单位时间内(通常是 1 h)最高通过量 M_{gh-max} 与最低通过量 M_{gh-min} 的比值。

$$PK_{gh} = \frac{M_{gh-max}}{M_{gh-min}}$$

2. 效率指标

(1)集卡进出码头周转时间(Gate Turnaround Time),TT_{gh}

这是指卡车经过进桥和出桥通道从进入时间 T_{gh-in} 到离开码头时间 T_{gh-out} 所用的时间。其计算方法是,在工班时间内,所有通过闸口车辆 TT_{gh} 总和除以闸口通过车辆总和 N_{otv}。TT_{gh} 是衡量码头对外来集卡服务水平的重要指标之一。根据以下不同情况,这个时间的长短也不同:

①是否进行多样化的处理。

②问题处理/解决问题的时间。

③在轮胎吊操作中卡车的位置。

$$TT_{gh} = \frac{\sum (T_{gh-out} - T_{gh-in})}{N_{otv}}$$

(2)集卡闸口平均停留时间(Minutes Per Truck in Gate),MPT_{gh}

集卡闸口平均停留时间指在一定时间 T 内,平均每辆集卡在闸口办理单证的处理时间,是衡量闸口服务效率水平的重要指标之一。其计算方法是,总时间 T(h)除以该时间段某条闸口通道通过的集卡车辆总数 N_{otv}。

$$MPT_{gh} = \frac{T \cdot 60}{N_{otv}}$$

3. 质量指标

(1)单证录入差错率,$R_{gh-date}$

单证录入差错率指在一定时间 T 内,手工输入系统数据的差错箱量 M_{gh-wd} 占总通过箱量 M_{gh} 的比率。

$$R_{gh-date} = \frac{M_{gh-wd}}{M_{gh}} \cdot 100\%$$

4. 效益指标

(1)单箱闸口操作成本(Cost Per Move in Gate House),CPM_{gh}

单箱闸口操作成本指在一定财务核算时间 T 内(通常为一个月),闸口通过箱量的平均总成本。其计算方法是,总成本 TC_{gh} 除以闸口通过总箱量 M_{gh}。

$$CPM_{gh} = \frac{TC_{gh}}{M_{gh}}$$

(2)单箱闸口操作能耗(Energy Cost Per Move),$KWPM_{gh}$

单箱闸口操作能耗指在一定财务核算时间 T 内(通常为一个月),闸口通过箱量的平均总电量消耗。其计算方法是,闸口总能源消耗(一般是电耗)KW_{gh} 除以闸口通过总箱量 M_{gh}。

$$KWPM_{gh} = \frac{KW_{gh}}{M_{gh}}$$

二、集装箱码头闸口通过能力及提高途径

1. 集装箱码头闸口作业中的主要问题

随着码头吞吐量的发展,影响集装箱码头闸口能力和效率的主要问题是:

(1)箱货车的单证信息录入内容太多,差错率高。

(2)箱体检验残损困难,时间长。

(3)堆场箱位的指定问题较多,需协调码头内部部门多,耗费时间太长。

(4)拖车通过闸口时间长,大量集卡滞留在闸口,秩序混乱,空气污染严重。

上述问题归纳起来,主要是三个根源引起的:一是信息的准确性;二是信息采集及时性;三是作业秩序。

2. 提高闸口能力和效率的主要途径

(1)采用专业闸口管理计算机系统,实施单证信息预先采集和 EDI 数据交换

对在闸口的计算机信息管理而言,主要解决信息采集和交换的准确性、及时性问题。主要包含三个方面的关键技术:闸口进出场预约系统,闸口堆场箱位指派技术,箱、货和车的信息采集交换技术。其中箱位指派技术,主要涉及码头内部的业务流程和计算机系统性能,可控性高,比较容易解决。其他两项技术,因涉及码头外部相关企业、客户和口岸监管环境,码头可控度低,解决方案较多。

①闸口进出场预约系统技术

闸口进出场预约系统技术,主要有三种方案:码头柜台申请、电话预约和网上申报。预约系统的应用,能有效消除一天中作业的不平衡性,较好地实现海侧船舶作业同陆侧堆场作业的协调与平衡,提高作业预控能力,降低码头堆场作业的运行成本,降低外来集卡在码头内的等候时间,提高服务水平,其中网上申报预约系统,是比较好的方法。

②箱、货和车的信息采集交换技术

箱、货和车的信息采集交换技术,主要有四种方案:纸面单证手工闸口人工录入、IC 卡或 RFID 卡预录闸口读取、码头计算机系统外部用户网络预录和港外场站(预录点)预录后 EDI 发送给码头。后三种方案主要是减少在码头闸口时的信息录入量,提高闸口效率。目前,第二种方案使用较多,但对一次性或长途外来无 IC/RFID 卡集卡,还需人工处理。第三和第四种是比较彻底和较好的方案。

箱、货和车的信息采集交换技术,在有效解决准确性问题的同时,最大限度地提高了信息录入效率,可从人工录入的 3 分钟缩短至 30 秒,甚至可实现不停车录入。

(2)配置先进的数据和信息采集设备,提高闸口实时信息采集的准确性

在通过减少闸口实时信息采集量,解决信息采集效率后,还需解决信息核对问题。闸口最

基本的信息核对主要有三种:箱号箱型核对、集卡车号核对、箱体损坏检验。特别对无人自动闸口来讲,如何实现对箱号、箱型、集卡车号和箱体损坏等信息实时自动采集,是其关键技术难点。目前比较成功的解决方案是基于 OCR 技术的自动识别系统。为提高系统识别的准确率,一般是闸口将摄像系统和图像抓拍系统结合使用,实现对箱号、箱型、集卡车号和箱体损坏等信息实时准确自动采集,有效提高了闸口信息的准确性。

(3)设置码头闸口临时停车缓冲区,改善闸口作业秩序,提高闸口安全性、通过效率和能力

在集装箱进出场交接过程中,单证的审核工作很重要。需认真审核各项内容,确保单证提供的信息与集装箱的信息一致,与计算机提供的信息一致。

思考题

1. 针对以下情景,选择正确答案并回答问题。

一辆集装箱卡车,其拖板上载有两个 20 ft 的集装箱到达码头闸口,要求送箱进码头堆场,其中一个是出口重箱,另一个是危险品箱。

问题 1:将对这些集装箱实施哪项初始检查?

①只需要检查出口重箱;

②两个集装箱都需要检查包括铅封在内的残损情况;

③只有危险品箱需要检查。

问题 2:如何记录检查的详细资料?

①两个集装箱的检查结果,都以 EIR 的形式记录;

②详细资料将记录在闸口工作人员的工作手册上;

③只记录装载危险品集装箱的资料,出口重箱不需要收集记录信息。

问题 3:除残损情况外,还会有对这两个集装箱进行额外的检查吗?

①所有的资料记录在 EIR 中,没有额外的检查;

②装载危险品的集装箱,还需要检查其装箱单的 IMO 代码、UN 编号及其他相关证明文件和单证是否相符;

③重箱需要检查其箱内货物,以确认其所装载的货物是否与其所声明的货物一致。

2. 简述集装箱的交接验收标准。

3. 简述码头闸口系统特点及其系统模型。

4. 简述智能化闸口的作业流程及其与传统闸口的区别。

5. 试论述 RFID 在码头闸口管理中的应用前景及其对物流系统的影响。

6. 试论述提高码头闸口通过能力和通过效率的途径。

模块四　箱货业务

第十章　集装箱码头箱务管理

概　述

集装箱进入码头堆场,码头就对集装箱负有了保管的责任。码头要对储存在码头堆场内的集装箱的安全负责,其中危险品箱、冷藏箱、中转箱、空箱、特种箱由于其箱体和箱内货物的特殊性,在管理上有其特殊的地方。

集装箱码头的箱务管理,包括对危险品箱(Dangerous Container,DC)、特种箱(Out of Gauge Container,OOG)、空箱(Empty Container,EC)、中转箱(Transshipment Container,TSC)的管理。

第一节　集装箱码头空箱管理

集装箱码头的空箱管理,一般是由专门的箱务管理组(室)的箱管人员负责完成的,主要分空箱进、出场管理和空箱管理。码头空箱管理主要包括如下工作内容:

(1)根据码头船期及机械情况安排空箱集疏港时间和顺序。

(2)跟踪码头空箱集疏港进度及实际作业情况,协调中控、计划、场站、车队优化调整。

(3)空箱管理涉及人员复杂,在正常业务的基础上协调各方做好特殊事务的处理。

一、箱务室组织结构和岗位职责

1. 码头箱务室组织结构

码头箱务室组织结构如图 10-1 所示。

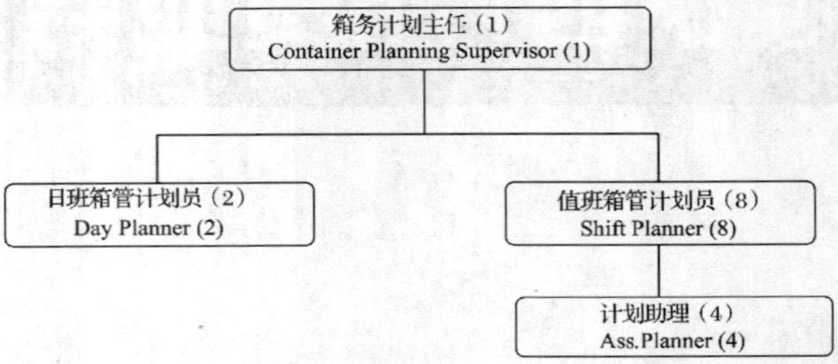

图 10-1　码头箱务室组织结构

2. 箱务室岗位职责

(1)日班箱管计划员

主要负责处理单证和信息,保证商品箱及退运箱在码头顺利作业。其岗位流程如下:

①根据申请业务处理商品箱、退运箱信息。

②根据船舶计划制订商品箱、退运箱入场计划。

③负责与计划室、外理间单据的转接。

④确保向船公司传送 EDI、邮件等装箱清单及时准确。

⑤协助值班箱管做空箱分箱处理。

⑥协助主任处理日常事务。

(2)值班箱管计划员岗位流程

主要负责处理单证和信息,保证进出口空箱的疏运和集港。其岗位流程如下:

①按照船公司空箱调拨指令、场地等因素在系统中进行分箱。

②根据箱管计划员制订的疏港计划协调、联系场站和车队,落实空箱疏港计划。

③协助箱管计划员处理各项业务。

④负责箱管窗口办理业务。

⑤根据船公司指令,进行空箱调拨、出口商品箱受理,协调船舶计划和场地计划,安排入港时间。

⑥确保向船公司传送 EDI、邮件等报文及时准确。

二、进口空箱提箱业务流程

码头进口空箱提箱出场主要有两种方式:空箱中转装船/驳出场和空箱通过闸口出场。

1. 空箱中转装船/驳出场

装船出场的空箱主要有两种：一种为船公司指定的用于出口装船的空箱；另一种为装驳船的空箱。

码头箱务管理员应根据代理出具的工作联系单、空箱装船清单或船公司提供的“出口装船用箱指令”安排装船空箱的用箱计划，码头配载计划员根据箱务管理员的用箱计划以及代理提供的场站收据，结合该船名、航次的配载情况，选择全部计划空箱或部分计划空箱配船。凡该航次未能装船的空箱，箱务管理员应做好记录，以备下一航次装船之用。

2. 空箱通过闸口出场

空箱通过闸口出场主要有两种：门到门提空箱和单提空箱。

门到门提空箱，主要是出口载货用空箱的提运，该空箱提运至集装箱装箱点进行装箱后，重箱即回运本码头用以装船出口。空箱门到门提离港区，货主或内陆承运人应向集装箱代理人提出书面申请。集装箱代理人根据“出口集装箱预配清单”向货主或内陆承运人签发“出场集装箱设备交接单”和“进场集装箱设备交接单”。货主或内陆承运人凭“出场集装箱设备交接单”向码头堆场提取空箱。

单提空箱，是指将空箱提运至码头外的集装箱堆场（CY）。单提空箱有多种情况，如船公司提空箱至港外堆场、提退租箱等。码头箱务管理员应根据船公司或其代理的“空箱提运联系单”发箱，联系单上一般应写明持箱人、承运车队、流向堆场等，并注明费用的结算方法。

3. 业务流程

（1）场站提进口空箱

①接船公司分箱指令。

②卸船完毕根据船公司分箱指令进行批改。

③场站以邮件或传真（盖场站业务章）申请提箱。

④根据码头生产情况安排疏港计划通知场站在规定时间提箱。

⑤场站根据疏港计划派车进场提箱。

（2）客户直提进口空箱

①船公司或承运人在进口空箱分箱单上明确注明为客户自提。

②客户持加盖船公司或承运人业务章的放箱确认办理提箱（注：如车队代为办理，需加盖车队业务章）。

③打印箱位顺序并在 EIR 右上角加盖箱管章。

④客户根据顺序至闸口办理提箱（注：客户提箱对存期超过 4 天需计费收取堆存费后放箱）。

（3）驳船调拨进口空箱提箱

①船公司下达驳船空箱配箱指令给码头箱务室。

②场站向码头箱管提出过驳空箱集港预约申请。

③箱管根据申请过驳的箱量、箱型尺寸在码头系统中的出口空箱受理中，做虚拟驳船名受理，并给出虚拟提单号及入港时间。

④场站按照虚拟驳船名及箱管提供的虚拟提单编制空箱入港 EIR，根据箱管安排的集港

时间入港。

⑤过驳箱入港后,驳船计划员根据实际驳船名,将系统中的虚拟状态转为实际驳船状态。

⑥中控室按系统中箱清单安排驳船装船作业。

图 10-2 为蛇口 SCT 空箱经闸口出场操作流程。

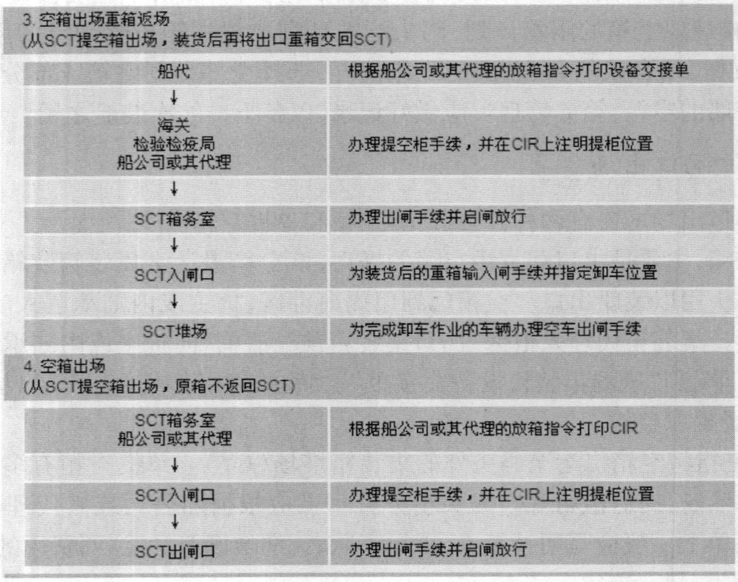

图 10-2 蛇口 SCT 空箱经闸口出场操作流程

三、出口空箱进码头业务流程

出口空箱在码头堆场的作业主要有两种类型:出口空箱经闸口进场和经驳船卸驳进场。

1. 出口空箱经闸口进场的集港业务流程

(1)船公司下达出口空箱配箱指令给码头箱务室。

(2)场站向码头箱管提出出口空箱集港申请,预约送箱入港时间。

(3)箱管根据场站申请进行受理,编制出口空箱集港计划(出口船名航次、出口提单、箱型尺寸、箱属公司、数量、是否商品箱、框架箱是否捆绑进港、是否特殊箱型尺寸)。

①明确框架箱是否为捆绑进场,如捆绑进场则需在受理时做出备注。

②特殊箱型尺寸需提前通知计划、作业、闸口做好收箱,提醒注意作业质量及配船。

(4)箱管计划员根据船舶出口箱计划收箱时间窗口,同重箱时间段错开,预约安排空箱集港作业时间段。

(5)场站根据受理集港时间,发送入港 EDI 信息后,安排空箱集港。

(6)配载计划员按系统中箱清单编制船图。

(7)中控室按船图和清单安排船舶装船作业。

2. 出口空箱经驳船卸驳进场业务流程

(1)船公司下达出口空箱配箱指令给码头箱务室。

（2）驳船公司或代理向码头计划室和箱管室提出卸驳申请。

（3）箱管根据申请过驳的箱量、箱号、箱型尺寸，在码头系统中的出口空箱卸驳船受理中，做驳船卸驳箱清单受理，录入箱号清单。

（4）码头泊位计划安排驳船卸船计划，堆场计划安排箱区计划。

（5）中控室按系统中箱清单，安排驳船卸船作业。

图 10-3 为上海洋山三期冠东集装箱码头（SGICT）空箱操作流程。

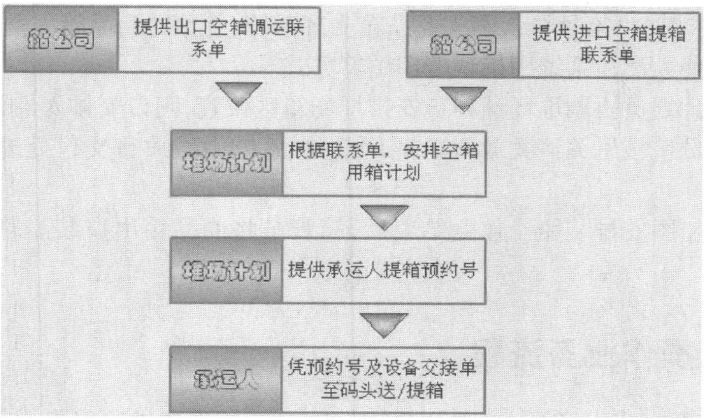

图 10-3 上海洋山三期冠东集装箱码头（SGICT）空箱操作流程

四、空箱中转调运业务流程

1. 空箱沿海支线中转调运（一程船转二程船）

（1）船公司及代理向箱管提出中转空箱调运申请。

（2）箱管对船公司及代理空箱调运要求进行确认，明确调运数量、箱型尺寸、二程船船名、航次、调运提单、卸港及是否为指定箱号。

（3）在码头系统进口空箱分箱受理中，对调运空箱做放行处理。

①随干线船调运国内外中转空箱，码头箱管需审核代理提供的加盖海关验讫章的空箱调运清单。

②调运空箱只指定箱型尺寸、数量，按照"先进先出"的原则及场地实际情况安排。

③对于已经分箱至场站的，船公司及代理先更改分箱计划单，再在系统中受理。

（4）箱管对已做放行处理的调运空箱做进口转出口操作，即配二程船。

（5）作业结束后，将调运中转空箱箱号清单传给船公司箱管。

2. 空箱港内过驳

（1）船公司及代理提出空箱过驳申请（场地堆存箱过驳）。

（2）确定箱型尺寸、数量、是否为指定箱号。

（3）根据申请过驳空箱数量、箱型尺寸，在码头系统中编制空箱过驳船名和箱号清单。

（4）驳船计划在码头系统中将需过驳空箱转为中转状态，并安排驳船过驳作业。

(5)作业结束后,将港内过驳空箱箱号清单,传船公司箱管。

五、商品箱出口装船操作业务流程

(1)船公司及代理向码头箱管下达商品箱出口作业指令。

(2)造箱厂向码头箱管室提出商品箱出运预约,并提供箱号清单。

(3)码头箱管计划员核对船公司和箱厂申请信息,包括出运船名、航次、卸港、提单号、数量、箱型和特殊要求等,将箱号导入码头商品箱受理系统,并预约商品箱集港车队和时间段。

(4)由码头计费人员在系统中确认费用结算方式。

(5)码头箱管计划员协调堆场计划员安排堆场箱区位置,闸口安排入港作业。

(6)码头配载员审核海关清关放行单证信息,在系统中做放行交付处理并编制装船船图位置。

(7)中控室按船图安排装船。作业结束后,箱管员将商品箱出口装船箱号清单发送船公司和箱厂。

六、退运箱操作业务流程

退运箱是指已经完成出口箱入港手续,在码头装船前,因各种原因取消其出口装船的出口箱,包括重箱和空箱。导致退运箱产生的原因较多,主要分为因船方原因导致的退运、因发货人原因导致的退运和其他原因。

(1)退运申请人持正本装箱单,到码头箱务室提出退运申请。

(2)箱管操作人员进行审单,在系统核对出运船名、航次、卸港、提单、件、重、尺、体积、铅封号等项,核对无误后在系统中做场站收据(下货纸)录入。

(3)退运申请人明确进口提单、交货记录、设备交接单是否齐全,如无设备交接单需船公司提前提供退运证明(盖船公司业务章)。

(4)退运申请人至计费押存支票

①退运箱在场地:申请人需至受理窗口办理进口费用押存,并将交货记录留计费备案。出口费用至计费室押存(均以支票押存)。

②退运箱在查验区:无须经过前台受理、计费,直接至出口费用处押存。

(5)计费确认押存支票后箱管操作人员配箱制单,并收取外理费

①退运箱在场地:受理后计费放行,箱管操作人员在系统内确认进口转出口,并根据联系单标明的件、重、尺、体积、铅封号进行配箱;冷藏箱需注意温度设定及是否有通风量。

②退运箱在查验区:箱管操作人员根据联系单制作码头入港单并加盖受理业务章。退运申请人持码头入港单及查验区出具的查验放行单在查验站交费后,自行安排入港,退运箱进场后箱管进行配箱处理。

(6)向海关发送运抵报告并在系统装箱清单处理模块中向外理发送清单。

(7)运抵报告发送成功,退运申请人至海关办理通关手续。

(8)海关通关后,退运申请人将盖有海关验讫章、商检章、船公司章的进口提货单及设备交接单交箱管保存。无设备交接单需船公司提前提供退运证明。

(9)在海关查验放行信息中查询,显示放行即在码头系统中标记,放行交付处理。

(10)向船公司传送装箱清单。

七、码头箱务管理报告

码头箱管必须跟踪在集装箱发生船舶装卸、CFS 拆装箱、闸口进出场、码头内维修和交接中的 EIR 等动态,准确按时传输给该箱的航线经营人或所属代理的箱管部门,满足船公司随时掌控其箱子在码头的状态,保证其内部的箱管系统中信息的准确性、及时性和完整性。下面以中远集团箱管系统报告格式,来说明码头箱管涉及的箱管报告种类、要求及其项目。

1. 集装箱装船报告(Container Loading List)

(1)报告要求

①在船舶离港后 24 小时内发往有关航线经营人/中集分部箱管部。

②首先按重、空箱状态分别排列。

③然后按卸港排列。

④最后按箱号顺序排列。

(2)报告应包括以下项目和内容:

①发生动态日期(Activity Date)。

②装港(Port of Loading)。

③船名/航次(Vessel/Voyage)。

④航线代码(Line Identity)。

a. 所装的船为干线船,则写该船所属的航线代码,代码参见《航线代码表》。

b. 所装的船为支线船,则在航线代码项下写接运的干线船所属航线的代码。

c. 若无法确定二程干线船的航线代码,则用“UNK”标志。

⑤集装箱号(Container Number)。

⑥状态(重/空)(Status, Full/Empty)。

⑦尺寸/箱型(Size/Type)。

⑧总重(公吨)(Gross Weight, In Metric Ton)。

⑨卸箱港/目的港(Port of Discharging/Destination);空、重箱如属选港卸应在“卸箱港”项下写明所选区域的地区代码,注意:“Option”是不允许的。

⑩接回重箱日期(Date of Receive Full Container from Shipper)。

⑪箱主(Owner):

a. 中远箱(ECC);

b. 货主自有箱(SOC);

c. 外公司箱(External Line Container)。

2. 集装箱卸船报告(Container Discharging List)

要求箱管代理在船离泊后 24 小时内发给航线经营人/当地中集分部箱管部。总计(TTL)中重箱和空箱应分别列出。报告应包括以下内容和项目:

(1)动态发生日期(Activity Date)。

(2)卸箱港(Port of Discharging)。

(3)船名/航次(Vessel/Voyage)。

(4)航线代码(Line ID)。

(5)集装箱号(Container Number):

①所卸箱应按空、重分列。

②所卸箱需按箱号顺序排列。

3. 发放空箱/装箱报告(Empty Release/Stuffing Report)

发货人到指定堆场提箱,或 CFS 装箱,动态发生后 24 小时内报告给有关航线经营人或所属中集分部箱管部。此报告应包括以下内容:

(1)堆场名称或 CFS 名称(Depot/CFS Name)。

(2)集装箱号(Container Number)。

(3)尺寸/箱型(Size/Type)。

(4)船名/航次(Vessel/Voyage)。

(5)航线代码(Line ID)。

(6)发箱日期/装箱日期(Empty Release Date/Stuffing Date)。

(7)动态地点(Activity Location)。

(8)运输单位(Trucker)。

4. 重箱放箱/拆空报告(Send to Consignee/Stripping Report)

此报告用于记录重箱卸船后,放箱给收货人动态或重箱拆空动态,本报告应于动态发生后 24 小时内发往有关航线经营人或所属地区中集分部箱管部。此报告应包括以下内容:

(1)船名/航次(Vessel/Voyage)。

(2)动态地点(Activity Location)。

(3)集装箱号(Container Number)。

(4)尺寸/箱型(Size/Type)。

重箱卸船后放给收货人的日期,当交付条款为 CFS 时则是拆箱日期。

5. 回空报告(Empty Return Report)

收货人将箱子拆空后还至指定中远堆场,此报告应于动态发生后 24 小时内报有关航线经营人或当地中集分部箱管部。此报告应包括以下内容:

(1)堆场名称(Depot Name)。

(2)船名/航次(Vessel/Voyage)。

(3)集装箱号(Container Number)。

(4)尺寸/箱型(Size/Type)。

(5)还空日期(Date of Empty Return)。

(6)动态地点(Activity Location)。

6. 集装箱移动报告(Container Movement Report)

当集装箱由卸货港送往内陆点或从一个地区调往另一个地区时,调出地代理和调入地代理必须在动态发生后 24 小时内将本报告送有关航线经营人或当地中集分部箱管部。

(1)集装箱移动报(出)告(Movement Report,Move-out)

由箱移出地代理完成此报告,包括以下项目:

①动态发生地点(Location)。

②动态日期(Transfer-out Date)。

③卸船所属航线(Line ID)。

④集装箱箱号(Container Number)。

⑤状态(重/空)(Status,Full/Empty)。

⑥尺寸/箱型(Size/Type)。

⑦接收地点(Receive Place)。

⑧运输方式(Transportation Mode)。

(2)集装箱移动报(进)告(Movement Report,Move-in)

由接收箱的代理完成此报告,报告以下项目:

①接收箱地点(Location)。

②接收箱日期(Transfer-out Date)。

③集装箱箱号(Container Number)。

④状态(重/空)(Status,Full/Empty)。

⑤尺寸/箱型(Size/Type)。

7. 集装箱周盘存报告(Weekly Steering Report)

代理必须在每周二将所控地区内的所有集装箱按下列格式送航线经营人(追踪)或所在地中集分部箱管部。此报告包括以下各项:

(1)可用空箱(Serviceable Empty Containers):已拆空的状态完好的货箱。

(2)堆存重箱(Full Import Containers):进口未拆空或仍在货主手中的货箱。

(3)破损箱(Damage):不能被直接用于装货的状态不良的货箱。

(4)在修箱(Containers Under Repair)。

(5)预出口重箱(Containers Stuffed for Current Voyage)。

(6)预进口箱(Containers to be in Bound from Next Vessel)。

(7)预出口箱(Containers Booked for Next Coming Vessel)。

8. 集装箱起租报告(On-hire Report or D/1 in)

因货物需求经箱管中心同意在当地起租箱,代理必须在提箱后 24 小时内将本报告送有关航线经营人(追踪)或所在地中集分部箱管部。此报告包括以下项目和内容:

(1)起租箱确认号(Lease-in Reference No.):此号由箱管中心传给代理。

(2)合同号(Supplier Contract No.):当中集分部箱管部/箱管部确认代理租箱时,会将此号码通知代理(指 EMS 中用合同号)。

(3)集装箱号(Container Number)。

(4)尺寸/箱型(Size/Type)。

(5)起租地点(Dick-up Location)。

(6)起租日期(Dick-up Date)。

(7)转租公司(Company from, in Case Order/I)。

(8)用箱航线代码(Line ID)。

9. 集装箱退租报告(Off-hire Report or D/1 Out)

代理应根据中集分部箱管部/箱管部指示,积极安排租箱退租并将本报告送有关航线经营人(追踪)或所属中集分部箱管部。此报告包括以下项目和内容:

(1)租箱箱号(Container Number)。

(2)尺寸/箱型(Size /Type)。

(3)还箱地点(Drop-off Location)。

(4)还箱日期(Drop-off Date)。

(5)转租公司(Company to,in Case of D/I)。

(6)用箱航线代码(Line ID):填入箱管部(ECC)。

10. 出卖箱报告(Sold Report)

当代理被授权将中远集装箱出卖,必须在出卖后 3 个工作日内将本报告送箱管中心,抄所属中集分部箱管部。此报告包括以下项目和内容:

(1)出卖箱箱号(Container Number)。

(2)尺寸/箱型(Size/Type)。

(3)出卖地点(Sold Location)。

(4)出卖日期(Sold Date)。

(5)买方(Sold to)。

(6)出卖前使用的航线(Line ID Before Sold)。

(7)单价(Price)。

11. 集装箱灭失报告(Container Lost Report)

当集装箱发生灭失后,代理必须在动态发生后 15 个工作日内将本报告送箱管部,抄所属中集分部箱管部。此报告包括以下项目和内容:

(1)集装箱箱号(Container Number)。

(2)尺寸/箱型(Size/Type)。

(3)灭失地点(Lost Location)。

(4)灭失日期(Lost Date)。

(5)集装箱灭失前被使用的航线(Line ID Before Lost)。

(6)说明(Remarks)。

12. 箱损报告(Damaged Container Report)

当集装箱因某些原因(破损、不洁、危险品标志未揭等)不能使用时,箱管代理必须将箱损报告及时送有关航线经营人或抄所属中集分部箱管部。此报告包括以下项目和内容:

(1)集装箱箱号(Container Number)。

(2)日期(Inspection Date):检验后发现箱损的日期。

(3)存箱地点(Location)。

(4)上述动态所属航线(Line ID)。

13. 月度修箱报告(Statistics of Monthly Repairing Report)

箱管代理必须根据中集分部箱管部的授权安排集装箱修理并根据每月修箱实况汇成本报告,并寄送所属中集分部箱管部。此报告包括以下项目和内容:

(1)修理箱号(Container Number)。

(2)卸自船名(Inbound Vessel/Voyage)。

(3)修理厂(Repairshop)。

(4)修理预估单号码(Referance Number of Repairing Estimate)。

(5)洗箱费(Cleaning Cost)。

(6)工时费(Labour Cost)。

(7)材料费(Material Cost)。

(8)总量(Total Quantity)。

(9)总费用(Total Amount)。

14. 集装箱滞期费报告(Demurrage/Detention Report)

代理应将当月集装箱滞期费收取情况报告所属中集分部箱管部。此报告包括以下项目和内容:

(1)收费地点(Location)。

(2)集装箱箱号(Container Number)。

(3)收费期限(Period)。

(4)付费方(Trucker,Shipper,Consignee)。

(5)滞期费(Demurrage/Detention Income)。

第二节　集装箱码头危险品箱管理

一、危险品货物定义及其分类

危险品集装箱是指箱内装有《国际海运危险货物规则》(以下简称《国际危规》)中列明的危险品货物的集装箱。

1. 危险货物的定义

凡具有燃烧、爆炸、腐蚀、毒害、放射射线等性质,在运输、装卸和贮存保管过程中,容易造成人员伤亡和财产毁损的货物,均属危险货物,主要有化工原料、化学试剂、农药、医药用品以及石油产品等。

在运输、装卸和保管危险货物时,管理人员应具有各类危险货物的安全储运知识,以科学态度采取正确的防护措施,确保危险货物完整、安全地运达目的地,如对危险货物的性质不熟悉,缺乏应有的科学知识,在运输装卸过程中,未能采取相应的防护措施或措施不当,甚至盲目蛮干,就会酿成危险事故,轻则货物遭受损失,重则码头、船舶、仓库毁坏,人员伤亡,给国家和人民造成重大损失。

2. 危险品的分类

为了避免品种繁杂、性质各异的危险货物在运输、保管过程中相互作用而发生危险,也为了一旦发生危险时,便于采取有效的消防措施,使危害降到最低限度,因此,对危险货物进行科学分类是极为重要的。《国际危规》按其主要危险类型分为九大类,各大类又分为若干小类,也可称作项。具体分类如下:

第 1 类——爆炸品

第 1.1 类　具有整体爆炸危险的物质和物品

第 1.2 类　具有抛射危险,但没有整体爆炸危险的物质和物品

第 1.3 类　具有燃烧危险、较小爆炸或较小抛射危险,或兼有两种危险,但没有整体爆炸危险的物质和物品

第 1.4 类　无重大危险的物质和物品

第 1.5 类　具有整体爆炸危险但极不敏感的物质和物品

第 1.6 类　没有整体爆炸危险的极不敏感的物品

第 2 类——气体:压缩、液化或加压溶解气体

第 2.1 类　易燃气体

第 2.2 类　不燃气体

第 2.3 类　有毒气体(有毒气体如果是易燃的,则归入 2.1 类)

第 3 类——易燃液体

第 3.1 类　低闪点类液体,即闭杯试验闪点低于-18 ℃的液体

第 3.2 类　中闪点类液体,即闭杯试验闪点为-18 ℃~23 ℃但不包括 23 ℃的液体

第 3.3 类　高闪点类液体,即闭杯试验闪点为 23 ℃~61 ℃且包括 61 ℃的液体

第 4 类 ——易燃固体或物质

第 4.1 类　易燃固体

第 4.2 类　易自燃物质

第 4.3 类　与水接触时放出易燃气体的物质

第 5 类——氧化物质和有机过氧化物

第 5.1 类　氧化物质(氧化剂)

第 5.2 类　有机过氧化物

第 6 类——有毒物质和感染性物质

第 6.1 类　有毒物质

第 6.2 类　感染性物质

第 7 类——放射性物质

第 8 类——腐蚀品

第 9 类——杂类危险物质和物品

3. 危险品集装箱在码头的操作

危险品集装箱在码头的进出口作业有两种形式:

(1)直装直提作业

直装直提作业是指集装箱的进口或出口采用船边直提或船边直装的方式。采用这种方式的货物一般都是相对码头堆场而言危险系数较大,不宜在码头堆存,如第7类放射性物质。

(2)通过码头内专用堆场作业码头箱管必须跟踪在集装箱发生船舶装卸、CFS拆装箱、闸口进出场、码头内维修和交接中的EIR等动态,准确按时传输给该箱的航线经营人或所属代理的箱管部门,满足船公司随时掌控其箱子在码头的状态,保证其内部的箱管系统中信息的准确性、及时性和完整性。下面以中远集团箱管系统报告格式,来说明码头箱管涉及的箱管报告种类、要求及其项目。

通过码头内专用堆场作业是指危险品箱可以在码头内专用堆场堆放。但不同的危险品类别的集装箱,其在堆场的堆放规则各有不同。

二、危险品集装箱管理法律和法规

集装箱码头根据各自的特点,如地区环境、码头堆场配备的设施,制定相应的危险品作业规则。危险品管理法律和法规主要分为国际规则、国家规则和地方政府管理条例、办法等。

1.《国际海运危险货物规则》(简称《国际危规》)

《国际海运危险货物规则》将包装危险货物分为9类,详见上文。

2.《水路包装危险货物运输规则》(简称《国内危规》)

依据国家标准《危险货物分类和品名编号》(GB6944—2005)和《危险货物品名表》(GB12268—2005),将危险货物分为9大类,细分为26项。《国内危规》根据危险货物的危险程度,又划分为一级和二级危险货物,而《国际危规》没有分级。《国内危规》将第1类爆炸品、第2类气体、第5.2类有机过氧化物、第6.2类感染性物质、第7类放射性物质均划为一级危险货物;第3类易燃液体、第4类易燃固体或物质、第5.1类氧化物质(氧化剂)、第6.1类有毒物质、第8类腐蚀品划分为一级和二级危险货物。凡是品名编号后三位小于500的为一级危险货物;凡是品名编号后三位大于500的为二级危险货物。

3. 地方性管理条例

如上海市制定的《上海码头货物运输管理条例》。

4. 当地港口行业管理办法

如上海港务管理局制定的《上海港进出口危险品集装箱管理暂行办法》;又如青岛港务管理局制定的《青岛港务局危险货物管理暂行规定》(2001年安字124号)。

三、集装箱码头危险品集装箱管理(以上海港为例)

集装箱码头危险品集装箱管理,是在上述国际、国家、地方政府和本港口行业等基础上制定的适用于本码头生产经营需要的管理程序和制度。不同港口的码头,其管理程序各不相同,有时同一港口内不同码头的,其管理要求也不尽相同。

下面根据上海集装箱码头有限公司制定的《危险货物集装箱管理规定》,对集装箱码头的危险货物作业方式做以简要的说明。

1. 危险货物确认

(1)凡经公司进出口的危险货物(除《国际危规》中列名第6类、第8类非冷冻危险货物外)都应由货主、船公司或船代理事先向上海国际港务集团业务部申报。获得同意后,属烈性危险货物的由上海国际港务集团(SIGP)业务处出具“上海国际港务集团(SIGP)集装箱船舶烈性危险品箱确认单”。营运操作部收到确认单后,立即书面通知有关码头,由码头负责联系收、发货人或承运人,商定接运地点、时间、方式。

(2)凡经公司进出口的危险货物都应由船代理事先向上海海上安全监督局申报。获得同意后,由上海海上安全监督局出具“船舶载运危险货物申报单”。营运操作部收到申报单后立即书面通知有关码头。码头凭“船舶载运危险货物申报单”中所列危险货物实施装卸。

2. 危险货物集装箱交接

(1)危险货物集装箱、卸船前,码头需仔细检查箱体及铅封,并仔细核对箱号,发现残损立即通知船方及理货做好残损记录。

(2)出口危险货物集装箱进入码头闸口,承运人需附送经上海海事安全监督局签署盖章的“集装箱装箱证明书”,码头要仔细检查箱体及铅封,发现残损应拒绝收箱。

3. 危险货物集装箱装卸

(1)凡《国际危规》中列名第1、2、4.2、4.3、5.1、5.2、7类及冷冻危险货物的集装箱均采用车—船、船—车直装直提方式接运。高温季节期间,第3.1、3.2类危险货物集装箱采用车—船、船—车直装直提方式接运。特殊情况按营运操作部的指令执行。

(2)出口危险货物集装箱装船时,申请港监的船公司,按港监指定位置放置,如未申请港监的,则按船代或船方指定位置放置。

(3)危险货物集装箱需舱内移动,对互有抵触的危险货物的集装箱要严格隔离。需出舱翻动、进场临时储存,除进入指定场地隔离以外,还需派专人看管监护。

(4)危险货物集装箱需要在码头装拆箱,码头要布置和落实安全和消防措施,作业时应由专人监护。

(5)危险货物装卸所使用的机械设备必须良好,负荷量降低25%。

(6)凡《国际危规》中列名1、2、7类危险货物的集装箱,装卸时间一般都安排在白天。高温季节期间,在北京时间10:00—16:00应停止一切易燃易爆危险货物作业。特殊情况按营运操作部的指令执行。

4. 危险货物集装箱中转

(1)《国际危规》中列名1、2、7类危险货物的集装箱未列入中转范围。特殊情况向港务局汇报,由港务局决定后再执行。凡《国际危规》中列名第4.2、4.3、5.1、5.2类危险货物在各码头中转,均采用直装、直提或运往港外堆场临时储存,也可现卸现装(船—船)。

(2)高温季节期间,凡《国际危规》中列名3.1、3.2类危险货物中转集装箱卸船时,采取船边直提转入港外堆场临时储存,待装船时船边直装,也可现卸现装(船—船)。

(3)在堆场存放的危险货物中转集装箱,按《国际危规》中的隔离要求隔离堆放。高温季节期间,如当气温超过 30 ℃(包括 30 ℃,以上海市中心气象台当时气象报告为准)时,对可喷淋的危险货物集装箱要每 2 小时进行一次喷淋降温。喷淋时间为当日 08:00—17:00。喷淋时要求箱体四周都要喷到。如有特殊情况,按营运操作部指令执行。

5. 危险货物集装箱储存

(1)各码头需在指定箱区堆存进出口危险货物集装箱,并按《国际危规》中的隔离要求隔离堆放。危险货物集装箱箱区周围要有明显的警示标志,并用障碍物与其他箱区隔离。各码头存箱位置如有变动,要事先报营运操作部备案。

(2)各码头需按危险货物集装箱堆场管理制度严格执行,建立危险货物集装箱进出场记录、交接班日志和喷淋记录。

(3)《国际危规》中列名 3.1、3.2 类危险货物的集装箱在场停留时间不得超过 24 小时;第 3.3、4.1、6、8、9 类危险货物集装箱从卸船次日起可堆存 7 天(中转箱除外)。

(4)高温季节期间,如当气温超过 30 ℃(包括 30 ℃,以上海市中心气象台当时气象报告为准)时,对可喷淋的危险品箱要每 2 小时进行一次喷淋降温。喷淋时间为当日 08:00—17:00。喷淋时要求箱体四周都能喷到。如有特殊情况,按营运操作部指令执行。

6. 危险货物集装箱疏运

(1)进口危险货物集装箱超过堆存期限,可疏往港外指定堆场,同时需向港外堆场提供进口货物舱单。

(2)出口危险货物集装箱进场后,如因种种原因不能装船,各码头应按各类危险货物集装箱堆存限制联系承运人提离码头,超过期限的应转往港外堆场储存,确保码头安全。

7. 其他

(1)高温季节为每年的 6 月 15 日至 9 月 15 日(上海地区,其他地区以当地气象部门公布日期为准)。

(2)加强高温季节危险货物集装箱的信息反馈工作。在高温季节期间,码头每天要填写码头危险品存场日报,并报营运操作部。

(3)要加强危险货物的催提和疏运工作,特别是在高温季节期间,要提高工作效率,防止危险货物积压在码头,避免事故的发生。

(4)各码头在危险货物的管理中发生特殊情况时,要立即向营运操作部汇报,营运操作部应协助码头及时解决。

四、危险品货物应急措施

危险货物运输是一项技术性、科学性强,涉及部门广,多环节的工作。要保障安全运输,首先必须从思想上重视,认真执行“安全第一”方针,从根本上采取措施,严格按规章制度办事。任何的疏忽、麻痹大意都可能导致危险事故的发生。对易燃、易爆的危险货物应特别注意防火,隔绝作业现场的火种、热源和电源等一切危险隐患。对有毒的物质要严密注意安全操作和个人防护,防止其蒸气扩散、液体泄漏和粉尘撒落而引起对其他货物污染和人身中毒事故。要以防为主,加强协作,共同把关,确保安全。

1. 危险品货物安全管理

码头应按《国际危规》的规则采取安全预防措施和应急行动措施。实际工作经验表明,在码头装卸阶段,尤其是在装卸条件差的码头作业最易发生危险事故。因此,做好码头危险货物的安全管理工作显得尤为重要,它直接影响到码头及周围地区人民群众的人身、财产安全。

码头在受理危险货物托运时,应严格审查托运人填写的红色专用危险货物单证,需要时还应提供其他特殊证书。对危险货物包装、标志,在作业现场派专人严格检查,不符合安全标准则不得承运。危险货物的装卸作业应由经培训过的人员组成固定班组承担。码头装卸部门还应会同船方、货主,联络、协调有关部门,配备合格的装卸机具和必要的消防、防护设备,指导装卸作业,监督装卸过程中可能发生落水、泄漏、残损等问题,及时处理事故隐患,保证作业和运输过程的安全。危险品货物安全管理统称为"三防",即防火、防爆和防毒。

2. 防火

《国际危规》中对每一类危险货物都规定有消防方法,其灭火方法见表 10-1。在危险货物作业现场,应严格隔绝以下几种火源。

表 10-1　危险货物灭火方法表

<table>
<tr><th colspan="3" rowspan="2">危险货物种类名称</th><th colspan="5">灭火材料</th><th rowspan="2">灭火注意事项</th></tr>
<tr><th>水</th><th>沙土</th><th>泡沫</th><th>二氧化碳</th><th>1211</th></tr>
<tr><td colspan="3">爆炸品</td><td>○</td><td>×</td><td></td><td></td><td></td><td></td></tr>
<tr><td colspan="2" rowspan="2">压缩、液化或加压溶解的气体</td><td>易燃</td><td>○</td><td></td><td></td><td>○</td><td>○</td><td></td></tr>
<tr><td>其他</td><td>○</td><td></td><td></td><td></td><td></td><td></td></tr>
<tr><td colspan="3">易燃液体</td><td>×</td><td>○</td><td>○</td><td>○</td><td>○</td><td></td></tr>
<tr><td rowspan="7">易燃固体或物质</td><td rowspan="3">易燃固体</td><td>闪光粉、铝粉、银粉、钛粉、钍粉、锰粉、氨基化钠、氨基化锂、氨基化钙、锆粉、铪粉</td><td>×</td><td>○</td><td>×</td><td></td><td></td><td>盖沙土后可用水</td></tr>
<tr><td>硝化棉、硝化纤维</td><td>○</td><td>×</td><td></td><td></td><td>×</td><td></td></tr>
<tr><td>其他易燃固体</td><td>○</td><td></td><td></td><td></td><td>○</td><td></td></tr>
<tr><td rowspan="2">易自燃物质</td><td>三乙基铝、铝铁熔剂</td><td>×</td><td></td><td></td><td>○</td><td>○</td><td></td></tr>
<tr><td>其他自燃物质</td><td>○</td><td></td><td></td><td></td><td></td><td></td></tr>
<tr><td rowspan="2">潮湿时放出易燃气体的物质</td><td>金属钠、钾、铷、铯、锂、钙、锶、钠汞齐、钾汞齐、镁铝粉</td><td>×</td><td>○</td><td>×</td><td>×</td><td>×</td><td></td></tr>
<tr><td>其他潮湿时放出易燃气体的物质</td><td>×</td><td>○</td><td>×</td><td></td><td></td><td></td></tr>
</table>

续表

危险货物种类名称			灭火材料：水	沙土	泡沫	二氧化碳	1211	灭火注意事项
氧化剂	无机	过氧化钠、过氧化钡、过氧化钾、过氧化钙、过氧化锶	×	○	×			
氧化剂	无机	其他无机氧化剂	○	○				盖沙土后可用水
氧化剂	有机氧化剂、有机过氧化物		×	○			×	盖沙土后可用水
毒害品	锑粉、铊化合物、磷化铝、磷化锌		×	○	×			盖沙土后可用水
毒害品	氰化物、砷化物、有机磷农药		○	○	×			盖沙土后可用水
毒害品	其他毒害品		○	○				盖沙土后可用水
放射性物品	锆英石、独居石、方钍石		○					
放射性物品	硝酸钍、硝酸铀、夜光粉			○				
腐蚀物品	酸性物品		×	○		○	○	盖沙土后可用水
腐蚀物品	碱性及其他腐蚀物品		○	○				

注：1. “×”表示不能使用的；2. “○”表示效果较好的；3. 空白表示可用，但效果较差。

①明火是指敞开的火焰、火星和灼热的物体等。它具有很高的温度和很大的热量，是引起火灾的最主要火源，如烟头、打火机、机械等喷出的火焰或火星和电焊作业的明火等。

②撞击火花是指物体相互碰撞或摩擦而产生的火花。如装卸金属工具与包装容器相撞、穿带铁钉的鞋子与甲板摩擦、装卸中使用撬棍或进行敲铲作业等所产生的火花。

③电气火花是指电气设备由于超负荷、短路、受潮、接触不良等引起的火花。如电动机械的非封闭式马达、闪电雷击、舱（库）内电源短路、接触不良、电线陈旧老化等所产生的电火花。

④化学火花是指因物质发生化学反应所产生的火花。如氧化剂接触易燃的液体或固体，以及遇水、遇空气、遇热能发生自燃的物质所产生的火花。

⑤聚焦日光是指因物品聚集日光所引起的聚焦作用而产生的高温。如在甲板上放置或使用蒸馏水瓶、放大镜、老花镜等玻璃制品会引起聚焦，遇到易燃气体导致燃烧。

⑥静电火花是指两种不同物质因相互摩擦引起静电荷积聚发生放电现象而产生的火花。如石油产品在装卸时因流动而产生的静电火花，工作人员穿着和更换化纤服装（如尼龙）而产生的静电火花等。

3. 防爆

在危险货物运输中，应注意防止如下几种爆炸类型：

（1）易分解的物质爆炸

有些危险货物由于性质极不稳定，在运输中遇到明火、高热、撞击、电火花等作用易引起成分分解而爆炸，如雷管、焰火、有机过氧化物等。

(2)不相容物质接触激发引起的爆炸

危险货物品种多,物理、化学性质各异,在配积载和保管时应严格遵循《国际危规》的隔离要求,防止相混接触引起化学反应而发生爆炸,如金属钠遇水、过氧化钠与铝粉、液氯与液氨接触等。

(3)容器爆炸

装在钢瓶中的气体和桶装液体及易产生气体的桶装固体,因受高热、撞击、跌落或容器质量问题造成内气压大于包装耐压强度而引起容器爆炸,如液氯钢瓶、汽油桶、电石桶等。

(4)与空气形成混合物的气体、蒸气或粉尘引起的爆炸

当易燃的气体、液体或粉尘的盛装容器发生破损或渗漏,泄漏出的气体、蒸气或粉尘易与空气形成混合物,当浓度达到该物质的爆炸临界点时,遇火星可引起爆炸,如乙炔、汽油、铝粉等。

4. 防毒

在运输装卸中,有毒物质主要是通过呼吸道、消化道和皮肤侵入体内而造成危害。作业中应注意个人防护,在作业前禁止喝酒,作业中不得吸烟或进食,操作时应穿好工作服、戴好防护手套等,不要用污手擦汗和赤膊作业。发现有毒物质撒漏时,应及时谨慎处理。作业完毕要淋浴、漱口、洗手、更换衣服后才可进食。

在作业现场一旦发生急性中毒事故时,必须迅速急救。在中毒原因不清楚时,一般应采用临时急救方法处理。

当发现有人中毒时,首先要将病人移至空气新鲜处,然后清除附着毒物。如口服毒物中毒,可用手指伸入中毒者的咽喉里进行催吐,使之大量呕吐。当毒物吐完后,可喂服牛奶、面粉糊,以清除胃内的残余毒物。但误服强酸或强碱,不能使用催吐方法,以免被腐蚀的食道或胃引起穿孔。对于中毒昏迷者,应将其身体向右侧,头部宜低,嘴张开,注意保温,并进行人工呼吸。对于皮肤中毒者,应迅速脱去其污染的衣服,将皮肤上黏着的毒物用大量的水冲掉,然后用肥皂水清洗。如毒物进入眼内,应立即用大量的温水或浓度低的食盐水冲洗(也可用水壶或用棉花蘸水冲洗),然后迅速送医院治疗。对于吸入毒气中毒者,应立即松开其上衣扣和裤带,若中毒者呼吸微弱,可进行人工呼吸(窒息性毒气如氰化氢、二氧化硫等不能用人工呼吸),一般采用仰卧式来回举臂法,并立即送医院抢救。

第三节　集装箱码头超限特种箱管理

特种集装箱,是指在平板式集装箱、台架式集装箱(框架箱、开顶箱)载有超高、超宽、超长和超重货物的集装箱。重大件货物是指水上运输的货物,当单件重量过重,以致不能使用一般的起货设备进行装卸,或当单件尺度过长、过高或过宽,以致在装载方面受到一定限制,称为笨重或长大货物,又称重大件货物,如钢轨、机车、高压容器等。

集装箱码头的重大件是指以散装形式进行船舶装卸的机器、设备、车辆等笨重长大货物;或因在特种集装箱上积载,使整箱的重量超过集装箱吊具、吊钩的额定负荷量和因货物物理特征不能连同特种集装箱一起装卸,而需进行分体装卸的货物。特种箱在作业时,应严格按照有

关的操作工艺规程操作。

由于特种箱作业具有特殊性，码头堆场在特种箱的堆存管理上有严格的规定。特种箱在堆场有专用的箱区，堆放限高一层，超限箱超宽超过 30 cm，相邻排不得堆放集装箱，超限箱长度超过 50 cm，相邻位不得堆放集装箱。

一、管理标准

目前集装箱码头在实施对超限特种箱管理时，主要使用《集装箱码头安全作业规程》（GB11602—1989）、《码头重大件装卸作业技术要求》（JT/T2028—1993）两个工艺操作标准。

二、确认与受理

1. 确认范围

超限特种箱、重大件属于下列情况之一者，均应事先予以确认：

（1）所装载的货物长度大于 12 m，或宽度大于等于 3 m，或高度大于集装箱端壁/端框锁孔平面高度 1.6m 的台架式集装箱（框架箱、开顶箱）。

（2）所装载的货物长度大于 12 m，或宽度大于等于 3 m，或高度大于集装箱锁孔平面高度 1.6 m 的平板式集装箱。

（3）集装箱整箱的重量超过集装箱的额定负荷量，或集装箱单箱重超过 45 t，或超过集装箱吊运机械的额定负荷量。

（4）积载偏心，其纵向和横向的重心偏心率达 10% 以上（40 ft 集装箱偏离重心大于 1.2 m，20 ft 集装箱偏离重心大于 0.6 m）的特种集装箱。

（5）以散装形式装载于船舶的设备、车辆等重大件。

2. 确认内容

（1）船名、航次。

（2）货物详细资料，包括提单号、尺码、重量、价值、运输条款、保险条款，以及有何特殊积载要求等。

（3）收、发货人或其代理的详细地址、联系人。

（4）接运、提货方式。

（5）对提单重量超过 65 t 需使用浮吊作业的，还需得到船方或货方申请浮吊作业的书面委托书。

3. 受理

（1）受理部门。操作部计划室船舶计划主任负责特种箱、重大件的装卸业务受理。

（2）受理回复。

（3）操作部计划室应在船方或货方提出申请后的 36 小时内做出是否受理的决定。

（4）不受理该业务的，由计划室即回复船方或货方。

（5）受理该业务的，计划室应及时与船方或货方联系，签订装卸协议和费收协议。

（6）凡需申请浮吊作业的，由计划室负责联系浮吊租用事宜。

4. 协议签订

(1)操作部负责签订装卸条款,市场部负责签订费收条款。

(2)市场部在收到操作部决定受理的通知后,要立即根据所装卸的超限特种箱、重大件的有关资料,以公司费率为基础确定费用和费收方式,并负责与船方或货方联系,签订费收条款。

(3)超限特种箱、重大件协议必须写清超限特种箱、重大件的承运船名、航次、预抵港日期、重量、尺码、收(发)货人、付款金额和方式,具体见"QQCT 超限箱、重大件码头作业申请确认表"。

(4)超限特种箱、重大件装卸协议签订后,码头有关部门要及时将协议书正本或副本送码头操作部,作为装卸作业计划安排的依据。

三、进口卸船和出口装船操作管理程序

1. 进口卸船

(1)核对进口资料所列内容有无变化,及时接洽船代或船公司,掌握保险条款。

(2)明确所卸超限特种箱、重大件的积载位置,落实接运/进场方案。

2. 出口装船

(1)核对出口单证所列内容有无变化,及时接洽船代或船公司,掌握保险条款。

(2)明确所装超限特种箱、重大件的积载位置。

(3)散件装船要落实捆扎栓固的承担者;整箱装船,应明确货主或其代理负责选用符合安全要求的集装箱,并确保有可靠的捆扎。

四、进口特种集装箱提货程序

1. 拆箱分体提货

受理时,要掌握货物运输条款和保险责任。若保险责任终止或保险期逾期,要求收货人或其代理办妥国内货物保险或加批后再受理。

掌握接运手段的情况。接运所用的驳船、车辆等必须满足所提货物的装载安全要求。

2. 整箱提货

受理时,要掌握货物保险责任情况。若保险责任终止或保险期逾期,要求收货人或其代理办妥国内货物运输保险后再受理。

掌握接运手段的情况。接运所用的驳船、车辆等必须满足整箱装载的安全要求。

3. 非集装箱化重大件提运

参照条款 1. 拆箱分体提货所述要求。

五、装卸工艺方案确定和安全作业措施

1. 根据进出口装卸船和提货所涉集装箱(或重大件)的装卸参数(如重量、外形尺寸、重心

位置、起吊位置），以及公司现有的装卸机械和装卸工属具的能力，确定对应的装卸工艺和配备相适应的装卸工属具。

2. 在装卸工艺方案中，对机械、工属具和人员的配备应具体明确，包括机械的车号、司机、操作人员均应事先明确，工具配备要明确具体的规格；安全措施应具体且针对性强，不能以一般安全要求来替代具体的工艺方案及安全措施。

3. 制定安全措施

工艺员负责编制“特重箱/重大件作业工艺方案及安全措施表”，并报操作主管审核、安全主管批准。必要时可实地了解货物情况再予以拟订。

装卸的特种集装箱（重大件）有特殊要求，或超越常规装卸时对装卸机械和工具技术性能有要求时，由安全室会同技术部和操作部在确保安全的前提下制定临时装卸工艺措施。所涉装卸机械的能力要在工程技术部确认后方可实施。

装卸超限特种箱、重大件要配备足够的操作人员，应确保每一个吊点有一个作业人员，并明确其分工和责任。船边装卸，3 件以内（含 3 件）应配备 4 名操作人员+1 名指挥手；3 件以上应配备 8 名操作人员+2 名指挥手；大型或精密设备可根据具体情况酌情增加相应的操作人员和指挥人员。场地轮胎吊作业应配备 4 名操作人员+1 名指挥手。

六、各项作业管理程序

1. 作业前的准备

工艺及安全措施的落实：

在作业前，应在工班会上详细布置工艺方案及安全措施，使所涉及的指挥和操作人员（包括司机）详细了解货物情况、操作工艺及安全要求。

①作业时间的确定

a. 疑难超限特种箱、重大件一般应安排在白天进行。情况特殊，需在夜间进行的，应事先由操作部经理决定，在确保能见度和安全的前提下方可进行。

b. 风速达到或超过六级，应停止吊运迎风面大的散装重大件；风速达到或超过七级，应停止吊运所有超限特种箱或一般重大件。

②指挥人员的确定

a. 所有特种箱（框架箱、平板箱和开顶箱）吊运的指挥，均不能由捆扎工担任。

b. 不超限的特种箱，应由船舶指挥员负责吊运指挥，安全员监督。

c. 一般超限的特种箱和一般重大件应由值班主管负责吊运指挥，安全员、工艺员监督。

d. 疑难超限特种箱或重大件，应由操作主管负责吊运指挥，安全主管监督。

e. 对装卸机械有特殊要求的（如拆吊架、采用吊钩或滑轮吊架），除了上述 a～d 款规定外，应在码头技术部机械主管的监控下进行吊运。

2. 作业前的检查

在作业前，根据所吊集装箱、重大件的性质，由负责指挥的人员指派相应人员，对各类吊具、集装箱的箱体和连接角件以及在集装箱上的重大件设备等进行检查。

3. 进口卸船

(1)集装箱上积载货物属捆扎不符合要求的,要求船方进行加固;集装箱箱体存有隐患,若整箱起吊危及安全,由船方申请拆箱分体吊运工艺,并承担所发生的费用。

(2)货物载于集装箱,使整箱重心偏离其几何中心,属下列情况之一者,应由船方申请拆箱分体吊运工艺,并承担所发生的费用。

①整箱重量接近装卸机械的额定载荷,而重心偏离率达 10%(50%长度内装载 70%货物的重量)及以上者。

②易燃易爆危险品,其重心偏离率达 5%(50%长度内装载 60%货物的重量)及以上者。

③整箱重量为装卸机械的额定负荷的 90%及以下者,其重心偏离率达 12%(50%长度内装载 75%货物的重量)及以上者。

(3)货物载于集装箱,在货物重心高度大于 1.8 m(或整体高度大于 3.6 m)时,视下列不同情况采取相应措施:

①整箱重心偏心率达 10%及以上者,应由船方申请拆箱分体吊运工艺,并承担所发生的费用。

②裸装货物支承底角没有采取固定措施或固定不佳,应由船方加固或申请拆箱分体吊运工艺,并承担分体吊运的费用。

③箱装货支承底面纵向或横向尺码为箱体高度尺码的 0.5 及以下者,按上述裸装货物要求实施。

4. 出口装船

(1)闸口要检查特种集装箱是否超负荷,即通过对装箱单的核对,以及对过磅所取得的重量与集装箱上所标的最大允许毛重(Gross Weight,GW)的核对;对有捆扎的集装箱要检查绑扎是否牢固,如有疑问,向操作部工艺员汇报,由工艺员负责处理。

(2)码头内装的集装箱,要选用满足安全负荷要求的集装箱。货物积载后,码头作业总监或督导要检查其捆扎是否符合要求。

(3)装船前对集装箱体、工属具、装卸机械和积载状况进行检查。

(4)若整箱起吊装船危及安全,属捆扎方面不符合要求的,要求货主进行加固;集装箱箱体存有隐患,由货主申请拆箱分体吊运工艺,并承担所发生的费用。

(5)整箱重心偏离其几何中心,应由货主申请分体吊运工艺。

5. 吊运作业过程

(1)吊具的连接

①置有吊具的装卸机械,在吊具提升至足够高度后,将大车行驶至装卸的集装箱箱位,行大车时应注意在大梁移动的范围内无船具等障碍物,然后将吊具移至所吊运的集装箱或重大件的上方,严防吊具(包括钢丝绳)碰撞或勾带所吊货物或相邻的货物。

②在吊具送落至离特种箱或重大件最高点 0.8 m 高度时,应暂停。由指挥人员指挥司机调整机械和吊具的位置,在吊具的四个转锁头对准集装箱四个角件孔后(使用吊钩时为吊钩垂直线对准货物重心),指挥人员应指挥司机以 1~2 挡缓速松放吊具,使转锁头准确地进入角件孔(使用钩头吊运应使钢丝绳达到勾挂位置),在进行连接时,司机应仔细听清指挥手的指

挥口令,不准盲目操作。在吊具晃动的情况下,不准随意松放,待停稳后方可松落连接。

③摘挂钩人员应在吊具的四角使用稳关绳等稳正吊架,确保吊具正确入位。

④重大件的工属具的连接应正确套在起吊标记处。

(2)起吊

①吊运超限特种集装箱应由操作熟练的正式司机担任,未经特种箱专项训练的正式司机亦不能单独操作。

②在确认吊具连接后,缓速起吊,离地 0.3 m 时应暂停,检查吊具的使用是否正常。重大件、车辆等结构件在起吊离地后,应停顿 1~2 分钟,检查被吊货物在停顿的时间内是否有异常情况发生(因为重大件等结构件如存在隐藏的原残,在动态和载重的情况下暴露的可能性较大),如有异常发生,应轻放着地,停止吊运,并通知船方、理货等有关方面,对被暴露的隐藏的原残予以确认。

③在暂停确认无疑后方可继续吊运。

(3)吊运

①吊运时,初速要缓,特别要注意重心偏移的集装箱在小车运行的起动或停顿动作时的加速度要小(因为偏移重心的集装箱在加速起动或急停时,会出现较大幅度的转动,这是很危险的)。

②吊运途经的区域应无障碍物,集装箱和重大件必经的集装箱箱顶面、船舷、舱口围板以及集装箱装卸桥的横梁等处,离开的高度应不小于 0.8 m。

(4)摘钩

①集装箱、重大件吊运至码头或接运车辆的上方后,应缓速下降,在离着落处 1~1.5 m 处应暂停。集装箱装集卡,应待集装箱的底角件对准集卡的转锁头或导位板后,再低速降落;重大件装接运车辆,应由作业人员通过牵拉稳关绳的方式,待扶正停稳后,低速轻放在接运车辆上。外来集卡装车,在松放装车时,应由外集卡司机认定位置后再进行装车,以明确装车的责任。

②摘除吊索等工属具,应在垫稳放平后方可进行。摘除吊索具,一般应用人力抽拉,如人力抽拉有困难而需要用机械抽拉,要特别注意防止勾带重大件的突出部位,以免损坏甚至倾翻被吊设备。

6. 拖运作业管理

(1)拖运前,应检查牵引车与拖挂车连接是否牢靠,车辆各轮胎的充气是否符合标准,装载是否符合要求(包括货物的重心是否偏侧),栓固是否牢靠,确认安全无误后,方可拖运。

(2)拖运前,应把吊运所用的工属具全部拆除,在超限特种集装箱上不得捎带超高集装箱吊架(过高排)、集装箱吊架、重大件吊架、卸扣除吊索等各类工属具和船用紧固件,也不准捎带任何物品,在对底面积小、重心高、稳性差的重大件或有特别要求的重大件进行拖运时,应安排专人在前面引导,并随时将行车所涉的环境情况反馈给司机。

(3)在拖运超高集装箱(在特种集装箱上所装载的货物超过集装箱顶角件高度时)、重大件直线行驶时,速度应不大于 10 km/h;在遇有转弯、上下坡以及路面不平时,速度应不大于 5 km/h。车辆在转弯时,转弯半径要大。

(4)载有重大件、超限特种集装箱的拖运车辆应按规定的行车路线行驶,不得在坡道上转弯或横向行驶。在十字路口及驾驶员视线不清、有障碍的场合,不得盲目行车,避免突然加速或紧急刹车。

(5)拖运时,应注意重大件和超限特种集装箱装载在拖运车辆上的稳定性,若发现有移动或偏侧等情况,应立即停车予以纠正,在经纠偏并确认栓固牢靠后,再继续拖运。

(6)积载在特种集装箱上的箱装重大件,如在拖运中发现货物在箱内发生位移,出现受载偏移的情况,应立即停车并通知货主等有关方面。在经货主等有关方面确认,由其提出相应的措施以及由其承诺承担装卸的风险和费用后,方可按其措施实施。在有关方面未到前,除了采取一定的稳固措施外,不得擅自操作。

7. 作业人员要求

(1)参加特种集装箱和重大件作业的工人须经专业培训,不得随意调换。

(2)参加特种集装箱和重大件作业的船舶指挥员除受过专业培训外,还要具备一定的工艺知识,包括掌握各类工属具的使用、检查要求和安全负荷等知识。

第四节　集装箱码头中转箱管理

中转箱包括国内中转箱和国际中转箱。国内中转箱指在境外装货港装船后,经国内中转港卸船后转运到境内其他码头的集装箱,以及在国内装货港已办理结关手续,船公司出具全程提单,经国内中转港转运至国外目的港的集装箱。国际中转箱是指由境外起运,经上海港换装国际航线船舶后,继续运往第三国或地区转运口岸的集装箱。

码头设有专职中转业务员,负责码头内中转箱的箱务管理,掌握中转箱的动态,做好中转箱单证资料的流转管理工作。

一、一程船卸船

一程船是指对某一中转箱而言,将该箱从起运港载运至中转港的船舶。

码头配载计划员在收到船公司资料后,将其中的中转资料交中转业务员处理。中转业务员将中转资料输入计算机。在船舶卸船后,应将中转资料与实卸情况进行核对,发现问题立即通知有关方面协调解决。如在卸船后代理要求更改、补充中转信息,中转业务员在收到代理的工作联系单后,应及时在计算机中更正有关信息。

对于一程船卸船后超过 14 天还没有出运的中转箱,码头中转业务员要主动与代理联系,及时安排二程船转运。

二、二程船装船

二程船是指对某一中转箱而言,将该箱从中转港载运至目的港的船舶。

码头中转业务员收到中转通知书后,将中转通知书(需有海关放行章)连同外区拖进本码头的中转箱的动态表一起交配载员处理。在装船结束后,中转业务员将经由配载员注明中转箱实际装船情况和卸船时间的中转通知书与已装船的动态表等单证一起交费收部门。外区拖进本码头的中转箱因故未能装上船的，中转业务员要妥善保管好动态表，以备下航次之用。

三、中转箱跨区拖运

如果中转箱一程船卸船与二程船装船不在同一码头，则在卸船后，该中转箱必须跨区拖运。

拖出地码头的中转业务员在安排出场计划的同时开具中转动态表（一式三联），附在作业申请单上交出场闸口。司机拖箱时与闸口文员办理设备交接，闸口文员自留动态表一联，附在出场报表上，其余交司机。

在拖进地码头，闸口业务员和司机办理设备交接，同时收下两联动态表，一联交中转业务员，另一联附在进场报表上交费收部门。其后的工作与卸船进场的中转箱作业类同。

四、危险品中转箱转存

凡不宜在码头堆存的危险品中转箱，码头中转业务员应严格把关，及时通知代理安排转运，确保码头生产的安全。转运前，代理应提供相关工作联系单，并注明费用结算方法。

危险品中转箱出场，中转业务员填写作业申请单和动态表（一式三联）交闸口。闸口自留一联附在出场报表上，其余交司机。司机进场后将动态表交堆场业务员，堆场业务员保留以备日后进场之用。作业结束后，中转业务员将工作联系单交费收部门。

五、中转箱码头的更改

国内中转箱码头的更改主要有两种情况，即本港货改为中转箱、中转箱改为本港货。代理必须向码头操作部提供改港通知书（需经海关确认盖章）和改港后的舱单各一份。但改港通知书和改港后的舱单提供得及时与否，将涉及费用的结算。如码头在一程船卸船前收到这些单证，则客户无须附加额外的费用。码头配载员及时更改卸船资料，卸船结束后，将改港通知书和改港后的舱单连同卸船单证一起交统计部门。如码头在一程船卸船后再收到这些单证，则客户必须附加额外的费用（改港通知书中必须注明费用的结算方法）。中转业务员必须及时更改相关信息，并安排转至相应的箱区，同时将改港通知书交码头费收作为费用结算的凭证。

六、中转箱倒箱

国际中转箱如因箱体损坏、用错箱等原因需要倒箱的，船代理应出具联系单给码头和海关（注明费用结算方法）。如在码头外倒箱，码头应根据海关许可证，安排出场计划和进场计划；如在码头内倒箱，则在倒箱时，要有海关、船代理、理货员在场，倒箱结束后，由海关加铅封。

集装箱码头的箱务管理是集装箱码头必不可少的重要部分，也是整个集装箱运输的重要环节，码头箱务管理水平的高低在一定程度上反映了码头管理素质。

思考题

1. 概念:国内中转箱、国际中转箱、一程船、二程船、特种箱。
2. 简述危险品的定义及其分类。《国际危规》同《国内危规》相比,有何异同点?
3. 简述码头空箱管理的主要工作内容及进出口空箱业务操作流程。
4. 简述OOG箱进口卸船和出口装船的管理程序。

第十一章　集装箱码头冷藏箱管理

概　述

冷藏集装箱（Reefer Container, RC）简称冷藏箱或冷冻箱，是一种具有良好隔热、气密性能，具备一定范围内温度调节功能，适用于各类易腐食品的运送、贮存的特殊集装箱。冷藏箱运输具有用途广、货物温度稳定、货物保管效果好、装卸灵活、便于联运等优点。伴随着保鲜货物跨国境物流的迅速增长，冷藏集装箱以其独特的优势发挥着越来越重要的作用。集装箱码头作为国际物流链上的重要一环，负有监控冷藏箱箱货状态并与相关方一起确保箱货安全的重要责任。

集装箱码头冷藏箱管理主要包括进口冷藏箱卸船入场、进口冷藏箱疏港发箱、出口冷藏箱集港收箱、出口冷藏箱出场装船、在场冷藏箱温度监控、在场冷藏箱翻倒六个方面。由于冷藏箱箱货价值高，在码头冷藏箱管理过程中还要注意内外交接环节，以便维护好码头的合法权益。

第一节　集装箱码头冷藏箱堆场和设施

一、集装箱码头冷藏箱堆场及其布局

1. 堆场技术条件

（1）堆场面层

堆场面层必须平整、无障碍，应保证集装箱堆放时四个底角件充分着地。

堆场面层及基础按装卸工艺要求，应能承受装卸及运输机械的工作载荷。

冷藏集装箱的堆高一般不超过两层，集装箱底角件着地处的堆场面层及基础应保证足够的承载能力。

堆场面层一般应留有3‰~5‰的排水坡度，可适当加大，但最大不得超过10‰。

（2）堆场照明

堆场一般采用高杆照明，照明器应选用高效节能型，并应符合防水防尘的要求。

堆场应具备足够的照度，水平平均照度不小于20 lx，垂直平均照度不小于10 lx，照明均匀

度为 0.4~0.6。

(3)堆场供电

堆场必须配备电源设施,电源设施应符合 GB 7392 第 7.7 条及有关国家标准的规定。

堆场供电为三相四线交流电,频率为 50 Hz,允许偏差为±0.5 Hz ,供电电源的额定电压是三相 380 V。当冷藏箱制冷机正常运行时,电源插座处电压允许偏移值为±5%。

堆场供电应采用地下电缆,铺设电缆时应考虑维修及以后发展集中监测增设电缆的需要。

为适应配备不同型号电源插头的冷藏箱插接电源,需要根据进入堆场冷藏箱的型号配备适当规格及数量的防水过渡插头(变换插头)。

2. 堆场布局

(1)冷藏箱堆场的位置应便于供电和管理。

(2)冷藏箱堆场必须画出箱位线及标明箱位编码。箱位线应明显画在每个平面标准箱位外,其自身的宽度为 100 mm ,画法参照图 11-1 中的(a)或(b)。

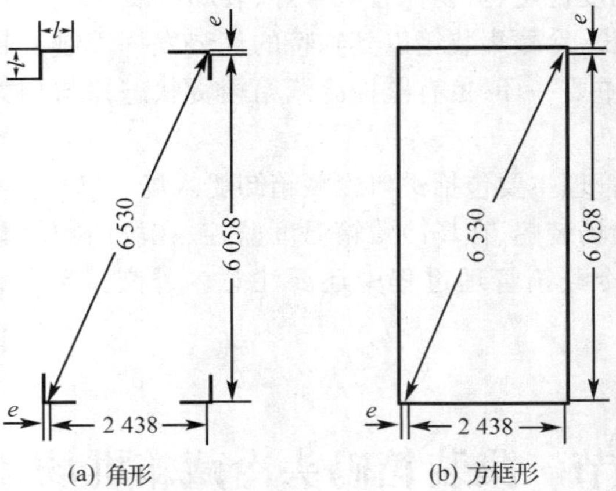

图 11-1 冷藏箱堆场箱位的画线参照图

(3)为装卸箱作业安全及查验箱号,平面标准箱位间应留有间距,在无机械通道和不设电源插座处,其横向和纵向间距均为 400 mm。

(4)装卸、运输机械通道处的纵向和横向箱位间距,应不小于机械正常作业所需的最小宽度。

(5)堆场画出的每个平面标准箱位可以平面堆放 1CC (1C)型集装箱 1 个;1AA (1A)型集装箱纵向应占用两个平面标准箱位。

(6)专用冷藏箱堆场的电源插座箱布局,纵向应每隔两个平面标准箱位设一排,冷藏箱的制冷机端应靠近电源插座箱。电源插座箱处的箱位间距可按以下公式计算:

$$h = c + d \times 2$$

式中:h ——电源插座箱处箱位间距,mm;

c ——插座设施最大宽度,指电源插座、电源开关箱及其他安装支架等在安装外形尺寸上的最大宽度,其尺寸由设计人员制订,mm;

d ——检修通道宽度,指工人插接电源及巡视所需的操作宽度,定为 1 000 mm。

冷藏箱堆场的箱位和电源插座设施的布置见图 11-2。

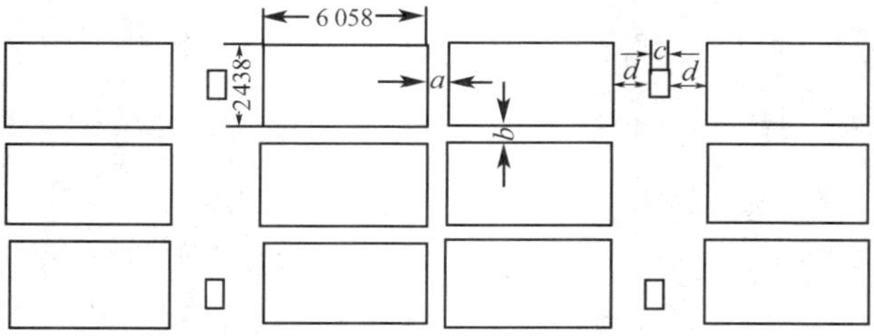

图 11-2　冷藏箱堆场的箱位和电源插座设施的布置

二、冷藏箱堆场的设施和设备

与普通集装箱相比，冷藏箱具有整箱重量大、有外部电源需求、有调节温度和湿度需求、有定时监控内置机组运行状态需求等特点，因此，在堆存保管冷藏集装箱时，对相应场地及其附属设施也有一定的要求。另外，冷藏箱管理过程中诸多环节属于特种作业，对作业人员也有特殊要求。

1. 冷藏箱堆场地面平整、承重力强、排水畅通

冷藏箱堆场地面必须平整无障碍，保证集装箱堆放时四个底角件充分着地。在承重方面，堆场应能承受冷藏箱堆存、装卸及运输机械的工作载荷。为了避免被积水长时间浸泡而导致内置机组运行故障乃至货损，堆场还要保证排水通畅，避免造成大量的积水。

2. 冷藏箱堆场应配备可靠的电源供应及照明设施

冷藏箱堆场必须配备电源设施，包含配套的电源插座（见图 11-3），插座的布局应方便集装箱的吊运和工人插接或拔断电源。为了保证夜间作业的质量，冷藏箱堆场还要配备适当的照明设施。电源设施和照明设施应尽量选用高效、节能、低碳型号，并符合防水、防风、防尘的要求。

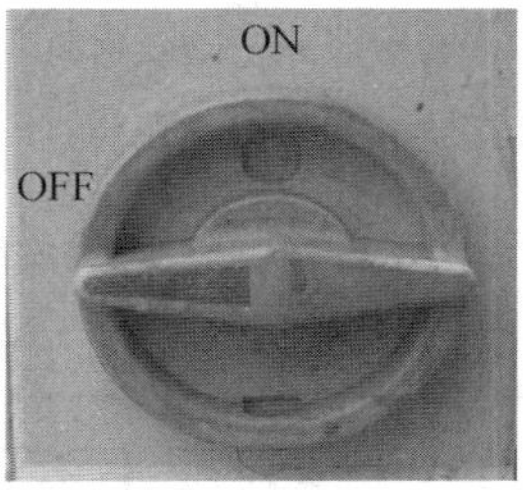

图 11-3　码头冷藏箱堆场内的专用电源插座及其开关

3. 冷藏箱堆场应配备供登高监控及接断电源专用架子

为便于对冷藏集装箱进行监控和插接或拔断电源，冷藏箱堆场应配备专用的架子，供工人上下开展作业。冷藏箱架子（见图 11-4）一般由钢筋固定焊接而成，在设计上同时考虑到坚固耐用、便于作业、上下安全。

图 11-4　码头冷藏箱堆场内通道及专用架子

4. 冷藏箱堆场应配备吊装机械和行走通道

冷藏箱堆场是冷藏集装箱临时堆存保管的场所,一般情况下会及时进行装船出运或疏港提走。因此冷藏箱堆场在配备吊装冷藏箱机械的同时,还要规划好供拖车进出送取箱的通道。

5. 冷藏箱堆场应配备合格作业人员

作业人员对冷藏集装箱插接或拔断电源、调整机组运行状态、收集并核对运行数据,均属于特种作业,需要按照国家法律和法规要求由合格人员进行。作业人员首先要具备电工资格,同时还要具备特种设备作业资格,并经过三级安全、业务、技能培训合格后,才能上岗作业。

第二节　码头冷藏箱管理室岗位设置及岗位职责

一、集装箱码头冷藏箱管理机构设置

集装箱码头一般设置冷藏箱室,负责码头对外冷藏箱的交接,实行 24 小时四班监控。在人员配置方面,冷藏箱室设主任、领班、冷藏箱管理员及冷藏箱助理若干人。(见图 11-5)

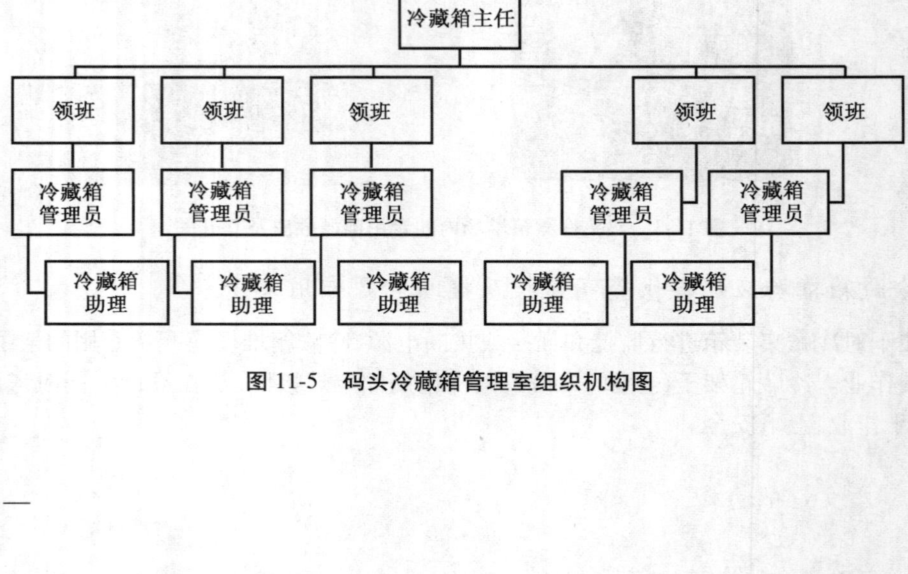

图 11-5　码头冷藏箱管理室组织机构图

二、冷藏箱室各岗位工作职责

1. 冷藏箱主任

冷藏箱主任在部门经理、主管的领导下，负责冷藏箱生产及日常管理工作。

(1)协助物流经理做好冷藏箱的管理，及时协调各部门和船公司、场站，解决好班组反映的问题，对于无法解决的应及时向部门经理、主管进行汇报。

(2)负责组织传达、学习上级有关政策，严格遵守相关法律、法规，确保冷藏箱室质量环境体系有效运行；做好窗口服务管理；收集冷藏箱相关信息并做好数据分析、整理和归档工作。

(3)负责抓好冷藏箱室人员的管理工作。

(4)负责抓好堆场冷藏箱监控工作，实现冷藏箱监控准确率、及时率100%。

(5)负责抓好窗口文明礼貌服务，实现客户服务质量持续改进，客户服务满意度不断提升，确保对外服务有效投诉为零。

(6)负责员工的考勤和劳动纪律管理，工作中注重解决实际问题。杜绝视而不见、推诿扯皮现象，为货主、客户服务好、把好关。

(7)负责监督检查冷藏箱领班和管理员的日常工作，查找不足，及时指正。与场站、船公司协调制定冷藏箱作业的管理规定，确保现场生产的流畅。

(8)及时保质保量完成领导交办的其他各项临时工作任务。

2. 冷藏箱领班

冷藏箱领班在冷藏箱主任的领导下，负责班组生产及管理工作。

(1)协助主任做好冷藏箱的管理，及时协调各部门和船公司、场站，将生产作业中出现的问题解决好并做好记录，无法解决的应及时汇报。

(2)负责对当班的安全质量工作，坚持把安全生产放在首位，并对当班大型机械的防风工作负总责。

(3)负责加强过程控制，严格按操作规程作业，加强现场动态危险源辨识，与现场管理人员、计划、中控等部门紧密协调，保障生产。

(4)负责抓好日常班组的冷藏箱监控工作，实现冷藏箱监控准确率、及时率100%。

(5)负责落实各项节能减排工作措施，加强考核管理，确保节能效果。

(6)负责对每个冷藏箱责任场区的工序管理进行检查，抓好班组建设和管理。

(7)及时保质保量完成领导交办的其他各项临时工作任务。

3. 冷藏箱管理员

冷藏箱管理员在冷藏箱主任、领班的领导下，负责冷藏箱监控、生产工作。

(1)协助主任、领班完成冷藏箱生产管理和班组建设工作任务，落实工作措施，确保冷藏箱生产顺利有序。

(2)负责本职工作中的冷藏箱监控、生产工作，及时解决生产作业中出现的问题并做好记录，无法解决的应及时汇报。

(3)负责本职工作中的安全质量工作，严格落实冷藏箱作业禁令，严格按操作规程进行作业。

(4)负责对责任区内的冷藏箱进行监控工作和通断电工作,认真检查箱体,正确记录并输入温度信息,及时发现和判断冷藏箱故障并及时联系、汇报,确保实现冷藏箱监控准确率、及时率、到位率100%。

(5)负责各项节能减排工作措施的具体操作,按责任区认真完成节能操作,确保节能效果。

(6)负责对责任区的设备、设施进行巡查,确保各项工作措施落实到位。

(7)及时保质保量完成领导交办的其他各项临时工作任务。

4. 冷藏箱助理

冷藏箱助理在冷藏箱主任、领班的领导下,负责冷藏箱监控、生产工作。

(1)负责本职工作中的冷藏箱监控、生产工作,及时解决生产作业中出现的问题并做好记录,无法解决的及时汇报。

(2)负责本职工作中的安全质量工作,严格落实冷藏箱作业禁令,严格按操作规程进行作业。

(3)负责对责任区内的冷藏箱进行监控工作和通断电工作,认真检查箱体,正确记录并输入温度信息,及时发现和判断冷藏箱故障并及时联系、汇报,确保实现冷藏箱监控准确率、及时率、到位率100%。

(4)负责各项节能减排工作措施的具体操作,按责任区认真完成节能操作,确保节能效果。

(5)负责对责任区的设备、设施进行巡查,确保各项工作措施落实到位。

(6)及时保质保量完成领导交办的其他各项临时工作任务。

第三节　集装箱码头进口冷藏箱管理

进口冷藏集装箱,指从船上卸到堆场短期堆存,然后由客户安排拖车将货箱提走的冷藏箱。进口冷藏箱管理,主要集中在进口冷藏箱卸船入场、进口冷藏箱疏港发箱两个环节,下面分别予以介绍。

一、进口冷藏箱卸船入场管理流程

(1)卸船前,计划部门在码头生产系统中引入并校对电子倍位图、电子舱单,确保信息完整准确。对于没有标示温度的冷藏箱或带有温度的干货箱,要查明原因、落实情况,避免出现差错,使其信息完整、准确。

(2)计划部门制订卸船计划,并做好卸船箱场地安排,确定进口冷藏箱预定堆存区域。冷藏箱作业人员从系统中打印卸船清单,做好收箱准备。

(3)中控部门通知冷藏箱作业人员到船上对待卸冷藏箱进行检查,检查内容包括机组装置是否完整、设备运转是否正常并记录箱号、设定温度、显示温度和船上位置等信息。

①对于机组运行正常的冷藏箱,予以拔断电源准备卸箱。

②对于机组运转有问题或温度达不到设定要求的冷藏箱,作业人员要联系单船指导员,会同外理,在卸船开始前,请船方予以签字确认;如果船方不予确认,要停止该箱作业并马上通知计划部门,计划部门联系船东或其代理确认。

③如船方在作业人员上船对冷藏箱运转情况确认前已断电,作业人员要联系单船指导员,会同外理,在卸船开始前,请船方予以签字确认:该冷藏箱如出现异常现象,一切后果由船方负责;如果船方不予以确认,要停止该箱作业并马上通知计划部门,由计划部门联系船东或其代理确认。

(4)对检查正常的冷藏箱,中控部门按卸船计划将进口冷藏箱卸到场地指定位置。

(5)冷藏箱堆场作业人员收箱时,需按要求核对箱号、检查设备有无残损、检查电缆线及插头是否齐全,确认正常后再收箱。

(6)作业人员收箱后应立即通电,核对设定温度、通风开度是否与清单一致,并仔细检查机组运转是否有异声,观察划盘运转是否正常。5 如机组运转不正常,应及时报告计划部门,由其联系船方出示证明以划清责任、尽快处理,并做好记录;如划盘不转,检查是否缺电或无线并及时处理。

(7)作业人员按照卸船清单核实设定温度,发现问题马上报告计划部门进行处理,同时做好记录。

(8)卸船完毕后,作业人员向计划部门提供冷藏箱卸船清单。

冷藏箱设定温度非常重要。对于卸船冷藏箱,如船公司要更改设定温度,必须以书面形式向计划部门申请,由计划部门通知冷藏箱作业人员更改设定温度,计划人员更改生产系统中设定温度。

二、进口冷藏箱疏港发箱管理流程

(1)客户办妥进口提箱手续后,持设备交接单到集装箱码头闸口,闸口核实提箱信息后生成发箱指令。

(2)冷藏箱作业人员接到发箱指令后,前往现场对应箱位记录冷藏箱温度、切断电源并盖好插座盖、填写断电时间及断电温度,撤盘并放好电缆。

(3)作业人员通知机械司机将冷藏箱装车。对于进行翻倒的冷藏箱,要及时插接或拔断电源。

(4)客户载有提冷藏箱的卡车到达闸口后,闸口与卡车司机做好设备交接,如有机组问题,及时与冷藏箱作业人员联系并做好交接手续。

第四节　集装箱码头出口冷藏箱管理

出口冷藏集装箱,指客户将冷藏集装箱集港并临时堆存,然后予以装船运走的冷藏箱。出口冷藏箱管理,主要集中在出口冷藏箱集港收箱、出口冷藏箱出场装船两个环节,下面分别予以介绍。

二、出口冷藏箱集港收箱流程

(1)送箱人根据码头收箱计划,发送出口 EDI 信息并制作纸质入港单。

(2)送箱人在规定时间内,持入港单到码头闸口入港。

(3)码头闸口人员首先要检查冷藏箱外表是否完好无损,电缆放置是否整齐有序,核对船名、航次、箱号、铅封号、尺寸、箱型是否一致,发现问题拒绝收箱。

(4)闸口人员将箱号录入生产系统,生成卸箱场位信息。

(5)冷藏箱作业人员收到集港信息后,在冷藏箱堆场暂不安排卸车,先在试电插头上进行通电检查,核对设定温度与实际温度是否正常、通风开度是否正常、机组是否完备。如无异常,作业人员联系机械卸箱,并在冷藏箱卸车后 10 分钟内完成通电,有划盘要求的检查划盘并签盘;如有异常,告知拖车司机原因,通知中控停止收箱,通知计划部门,由其联系有关单位处理。

(6)在堆场临时堆存的出口冷藏箱,如要更改设定温度,要由承运人或其代理人以书面形式向计划部门申请,由计划部门通知冷藏箱作业人员更改设定温度,计划员更改生产系统中设定温度。

二、出口冷藏箱出场装船流程

(1)冷藏箱作业人员从生产系统中打印待装船冷藏箱清单,掌握数量、箱型、位置等生产信息,提前做好拔电准备。

(2)作业人员根据中控通知,对照清单拔电并做好断电前温度记录。拔电时要防止漏拔、错拔,断电后要及时盖好插座盖,同时按要求整齐盘放电缆线,清理电缆框内的杂物。

(3)冷藏箱交装船后,要尽快接上电源,并由船舶大副在冷藏箱装船清单上签字确认。

(4)出口冷藏箱装船过程中要对长时间断电的冷藏箱做好监控,如翻倒箱、因故未能及时装船箱等。对需翻倒的冷藏箱要注意及时拔电和通电,对于断电后两小时未装船的冷藏箱,应与中控部门联系,一般需要恢复通电,同时做好记录和跟踪。

(5)装船过程中如有冷藏箱出现故障,应做好记录,通知有关方妥善处理。

第五节　冷藏箱及其常用品牌种类

一、冷藏箱常见机组种类

目前,在国际集装箱运输中常用的冷藏集装箱,其制冷主机机组主要为四大机组:CARRIER(开利)、THERMO KING(冷王)、DAIKIN(大金)和 MITSUBISHI(三菱)。区分的标志除英文名称外,其对应的图形标志如图 11-6 所示:

CARRIER(开利)　THERMO KING（冷王）　DAIKIN（大金）　MITSUBISHI（三菱）

图 11-6　常用冷藏集装箱主机机组图标

二、开利冷藏箱常用机组及其操作面板

1. 型号

69NT20-274、69NT40-441、69NT40-444、69NT40-454 等面板外形如图 11-7 所示。

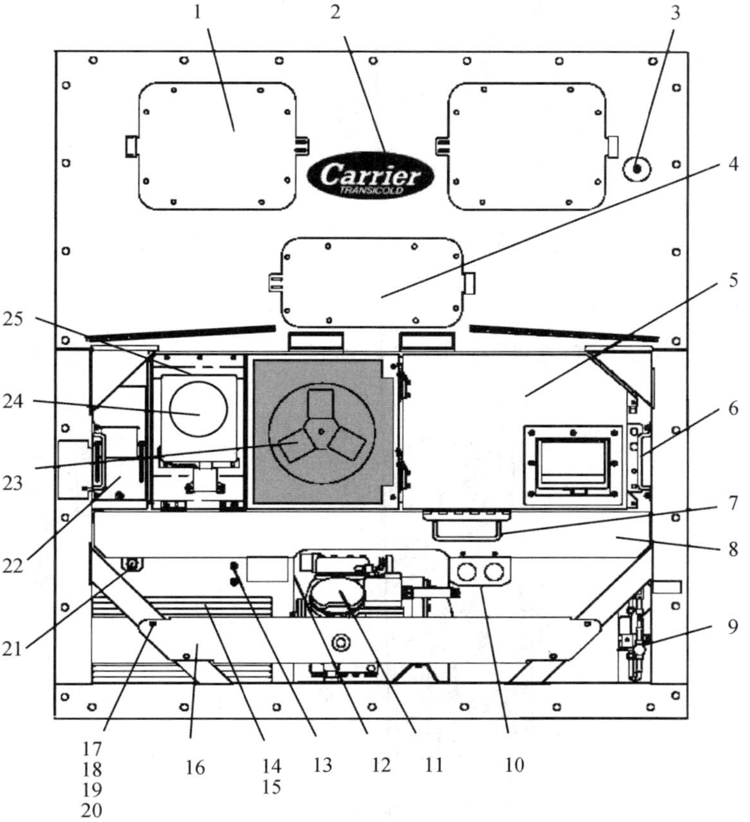

图 11-7　开利冷藏箱 69NT20-274 机组操作面板

1—蒸发器风扇电机和通道门板；2—标志；3—检查孔和盖；4—温度调节膨胀阀（位置）；5—控制箱；6—把手（可选件）；7—把手铰链（可选件）；8—冷凝器盘管；9—储液罐；10—压力表；11—压缩机；12—堵头（检测孔）；13—堵头（探头检测孔）；14—电源电缆框；15—电源插头；16—压缩机护板；17—螺丝；18—螺帽；19—垫片；20—平垫片；21—数据接口；22—通风装置盖；23—冷凝器风扇及电机；24—温度记录器（有划盘时）（可选件）；25—盖子（没有划盘时）

2. 型号

69NT40-489 面板外形如图 11-8 所示。

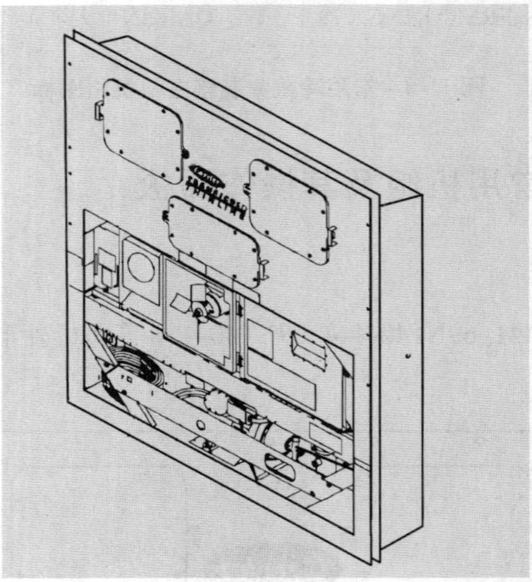

图 11-8　开利冷藏箱 69NT40-489 机组操作面板

3. 型号

69NT40-511、69NT40-521 面板外形如图 11-9 所示。

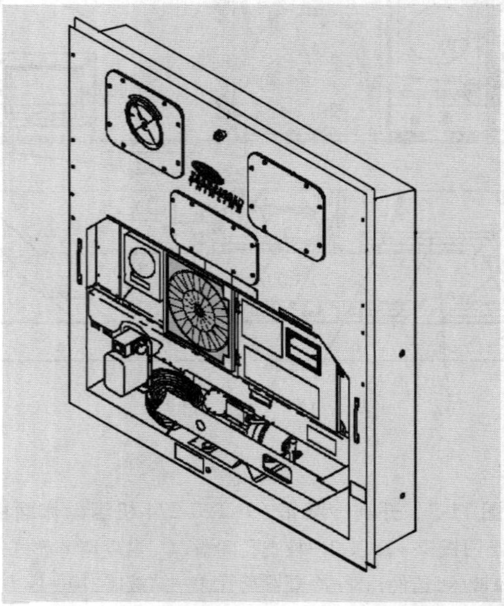

图 11-9　开利冷藏箱 69NT40-511 机组操作面板

注:图 11-8、图 11-9、图 11-11、图 11-12 仅为示意图。

4. 型号

69NT40-511-300 机组，同 69NT40-489-100 机组一样，也带有保鲜加湿控制系统（with Nature Fresh Humidity Management System）。其外形如图 11-10 所示。

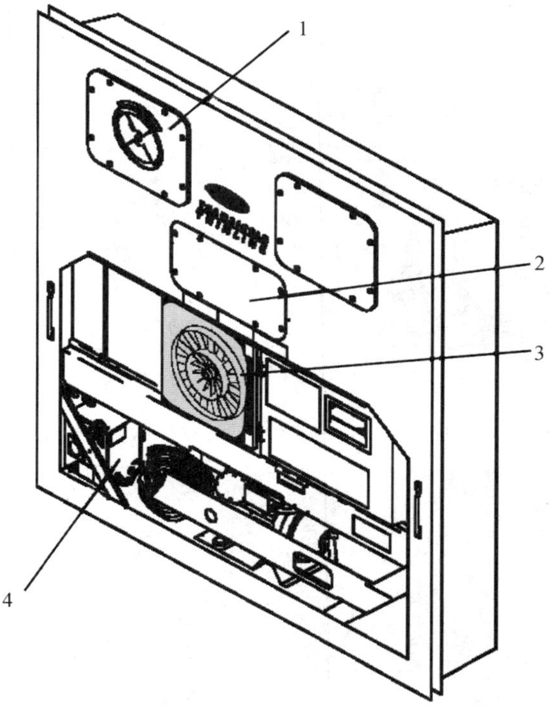

图 11-10 开利冷藏箱 69NT40-511-300 机组操作面板

1—蒸发器部件组合板—湿度传感器（HS）安装位置；2—加热器组合板—湿度喷雾器（HA）安装位置；3—冷凝风扇格子板—湿度水泵（HWP）安装位置；4—湿度水箱

三、冷王冷藏箱常用机组及其操作面板

1. 型号

CRR40（卧式往复压缩机）面板外形如图 11-11 所示。

2. 型号

MAGNUM（涡旋式压缩机），其为食品特殊设计型号，可以在任何环境（包括环境温度 50 ℃）工作，箱内最低可达-35 ℃。AFAM + Setting Guide（AFAM 高级新鲜空气管理器+设置向导），面板外形如图 11-12 所示。

图 11-11　卧式往复压缩机面板外形

图 11-12　涡旋式压缩机面板外形

四、大金冷藏箱常用机组及其操作面板

DAIKIN(大金)冷藏箱的主要型号有:LXE5、LXE5B、LXE5B-1、LXE8B、LXE8B-A LXE10C、LXE10C-A LXE10D、LXE10D-A LXE10E、LXE10E-A 等。

1. 型号

LXE10D、LXE10C-A 面板外形如图 11-13 所示。

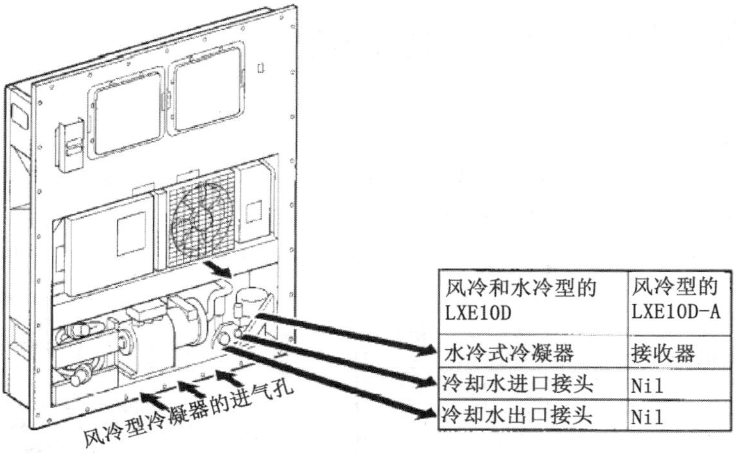

图 11-13 LXE10D、LXE10C-A 面板外形

2. 型号

LXE10E 面板外形如图 11-14 所示。

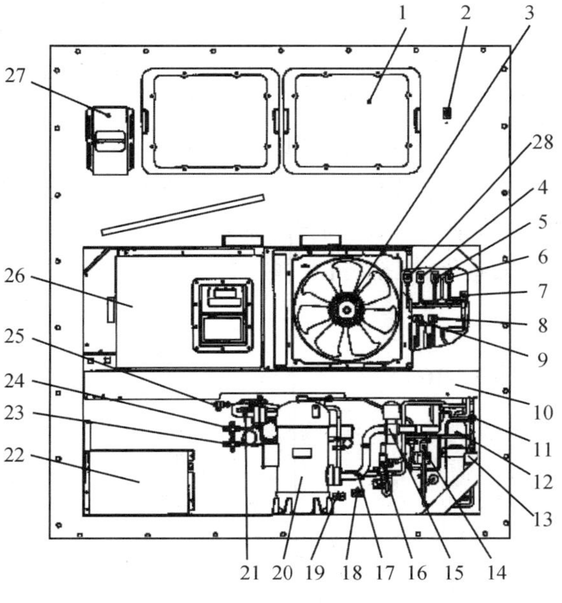

图 11-14 LXE10E 面板外形

1—检修面板;2—温度计检测口(回风);3—冷凝器风机马达(CFM);4—热气电磁阀(HSV);5—除霜电磁阀(DSV);6—排气旁路电磁阀(BSV);7—电子膨胀阀(EV);8—节能电磁阀(ESV);9—喷射电磁阀(ISV);10—风冷式冷凝器;11—视液镜;12—储液罐;13—干燥器;14—液体电磁阀(LSV);15—吸气调节阀(SMV);16—排气压力调节阀(DPR);17—压缩机吸气温度传感器(SGS);18—环境温度传感器(AMBS);19—温度计检测口(送风);20—压缩机(MC);21—排气管温度传感器(DCHS);22—电源电缆存放处;23—低压传感器(LPT);24—高压传感器(HPT);25—高压开关(HPS);26—控制箱;27—通风窗;28—加热盘管电磁阀(RSV)

五、三菱冷藏箱常用机组及其操作面板

1. 型号

CPEXX 是储藏(储液)罐,其箱面上涂有抗风化、抗盐和抗腐蚀涂料,其压缩机采用 R134a 制冷剂。其面板外形如图 11-15 所示。

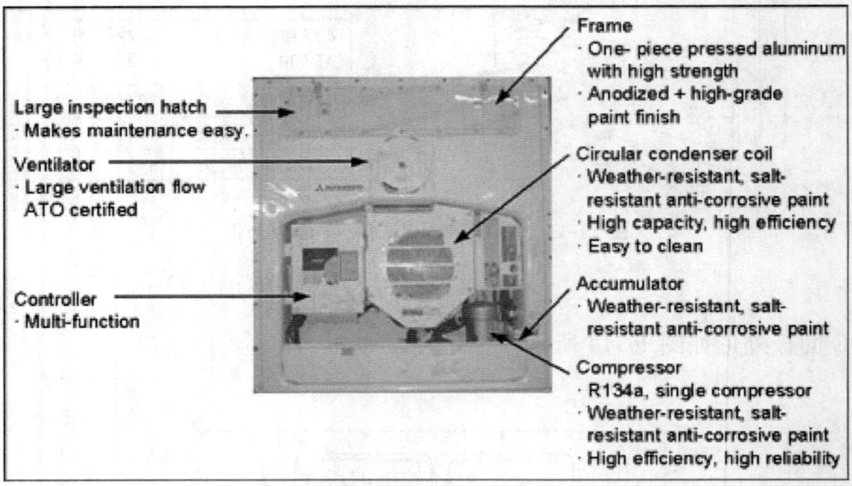

图 11-15　CPEXX 面板外形

该型号冷藏箱的特点是:(1)采用大面板,安装维修方便;(2)通风装置:高通风量,ATO 认可;(3)采用多功能控制器;(4)结构:采用高强度铝合金整体压制而成,表面氧化处理,加高级漆涂层;(5)圆形冷凝盘管:抗氧化、抗盐、抗腐蚀涂料,高功效,容易清洁。

2. 型号

CPE15V 的面板外形如图 11-16 所示。

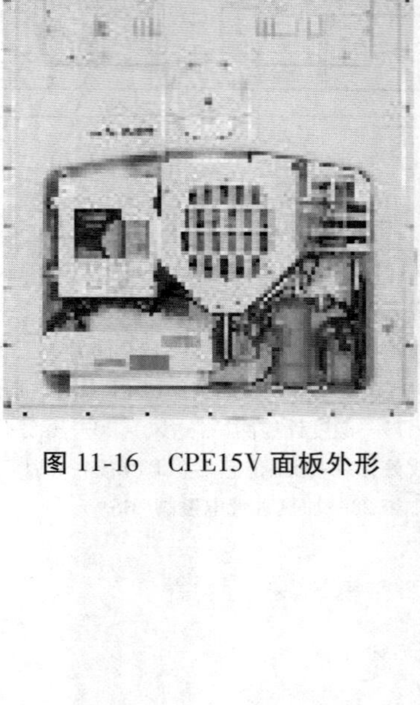

图 11-16　CPE15V 面板外形

3. 型号

CPE16V 的面板外形如图 11-17 所示。

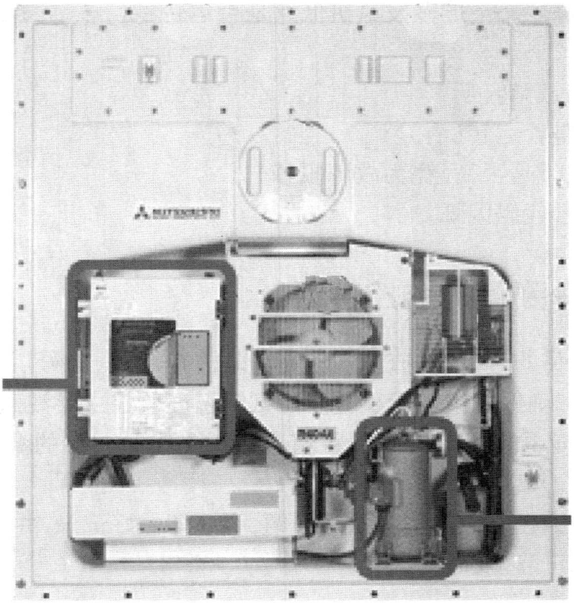

图 11-17　CPE16V 面板外形

第六节　集装箱码头冷藏箱监控管理

做好进出口冷藏箱监控是集装箱码头重要工作之一。在实际生产中,要注意抓好监控措施和安全措施。

一、冷藏箱重箱进场检查程序

1. 外观检查

(1)箱体检查:检查箱体各面有无碰撞、擦伤、割伤、变形、破洞、凹凸是否超标。
(2)检查 400 V 插头和电缆。电缆最小长度为 15 m。
(3)检查门封是否完好。
(4)观察机组面板机件是否有丢失、损坏。

2. 通电检查

(1)开机 5 s,看机组是否自检。
(2)带有相序检测的机组一般在 2 min 左右监测完毕。

(3)核对显示屏是否显示、亮灯(设定温度、显示温度、指示灯等)。

(4)设定温度在保鲜状态下的蒸发风机高速是否运转(听)。看蒸发风机高速接触器是否吸合。

(5)设定温度在冷冻状态下的蒸发风机低速是否运转(听)。看蒸发风机低速接触器是否吸合。

(6)压缩机马达是否运转(听)。

(7)冷凝风机马达是否运转(看)。

(8)ALARM(报警灯)是否亮(亮为故障报警)。

(9)显示屏有无报警代码闪烁。

二、码头在场冷藏箱的监控管理

冷藏箱温度监控的目的是"七核查、一确保",即核查场位、箱号、设定温度、表盘温度、显示温度、通风、报警记录,确保机组运行正常。冷藏箱温度监控主要注意以下几个方面:

1. 冷藏箱作业人员必须对所有在场冷藏箱进行每4小时一次的温度巡检,认真填写温度记录,同时将温度记录输入生产管理系统。

2. 冷藏箱作业人员如在监控过程中发现问题,要立即做好记录,并由当班作业人负责联系相关的场站、船公司或其代理及时处理。

三、冷藏箱监控及抄表技术

1. 核对设定温度及记录进场温度

通电自检完成后方能显示设定温度,根据机型不同,设定温度和显示温度分上下或左右窗口分别显示,有的机型交替显示,有的需按键显示。进场温度是指显示温度必须在机组启动、蒸发风机旋转后,回风带回货温显示的才是准确数据。

2. 核对通风开启度

查看通风开启度是否与要求一致。因为要求所注通风计算单位与机组标牌的通风计算单位可能不一致,要求换算后核对。下面列出通风计算单位之间的换算公式及常见机型的百分数开启度的列表(注:% 表示开度百分数,CMH=立方米/小时,CFM=立方英尺/分钟)。

(1)ARRIER(开利):机型:511 圆窗

CMH	26	51	76	175	240
CFM	15	30	45	100	141
%	6.5	13	19	44	100

(2)CARRIER(开利):机型:511 圆窗(刻度与上不同)

CMH	15	35	60	75	240
CFM	9	21	36	45	141
%	4	9	15	19	100

(3)CARRIER(开利):机型:489 方窗

CMH	26	51	76	127	175	255
CFM	15	30	45	75	100	141
%	6.5	13	19	32	44	100

%×4≈CMH　　CMH×0.6=CFM

(4)THERMOKING(老型号 CF-II M19 M31 M35)

CMH	26	51	76	127	170	255
CFM	15	30	45	75	100	141
%	6.5	13	19	32	44	100

%×2.5=CMH　　CMH×0.6=CFM

(5)THERMOKING(新型号 CRR。CSR 机组面板为倒三角形即 V 形)

m^3/H	15	35	50	75	100	125	150	225	280
CFM	9	21	30	45	60	75	90	135	165
%	5	10	20	25	35	45	55	80	100

%×2.8=CMH　　CMH×0.6=CFM

(6)DAIKIN(大金): 型号:LEX5A-LEX10A(最大通风量为 100 m^3/h)

CMH	30	45	60	75	85	Full Open
CFM	18	27	36	45	51	60
%	30	45	60	75	85	100

%×1=CMH　　CMH×0.6=CFM

(7)DAIKIN(大金):型号:LEX10D-LEX10C

最大通风量为 210 m^3/h　正常通风量为 130 m^3/h

%×2.8=CMH　　CMH×0.6=CFM

(8)MHI(三菱): 型号:CPEXX(最大通风量为 50 m^3/h)

%×0.5=CMH　　CMH×0.6=CFM

(9)型号:COXX(最大通风量为 80 m^3/h)

%×0.8=CMH　　CMH×0.6=CFM

(10)型号:CPEXX(最大通风量为 180 m^3/h)

%×1.8=CMH　　　　　　　　　　CMH×0.6=CFM

3. 划盘记录器操作

划盘记录器分电子式和机械式(俗称 PARTLOW),如图 11-18 所示。现在制造的机组微处理器都带有计算机记录功能,设定每小时记录一次能记录一年以上,可记录设定温度、送风温度、回风温度、PTI 检查报告、事故报告、除霜开始时间、除霜结束时间、通电和断电时间、故障报警时间、报警消除时间等,而且是只读芯片,可成为货损诉讼证据,所以划盘记录器是机组可选件。有一部分冷藏箱不带划盘记录器。

图 11-18　划盘记录器

电子式划盘记录器操作时,首先查看划盘是否旋转、电池是否失效(按压"电池检查"按钮);机械式划盘记录器操作时,首先查看划盘是否旋转,如果不转则检查发条是否上满。

核对划盘纸上的船名、航次、设定温度、箱号是否正确,日期/时间是否对准(按船公司要求采用格林尼治时间或当地时间),压盘螺帽是否旋紧,进场日期/时间是否做好记号。

4. 监控机组工作是否正常

抄表一定要按规定时间,一是因为要存档备查,二是因为按一定间隔时间观察,能够及时发现机组工作是否正常。以 CARRIER(开利)69NT40-511 为例,首先观察显示屏工作指示灯(见图 11-19),从左往右排列依次为:

图 11-19　显示屏工作指示灯

(1)COOL(制冷,白色灯):当制冷压缩机接通时,该灯也随之接通。

(2)HEAT(加热,橘黄色灯):当加热器接通时,该灯亮;同时该机组处于加热或除霜状态。

(3)DEFROST(除霜,橘黄色灯):当加热器接通时,该灯亮;同时该机组处于除霜状态。

(4)IN RANGE(范围内,绿色灯):当控制器温度传感器接近设定温度范围内时该灯亮。进风传感器用于控制在冷藏(保鲜)范围-10 ℃(或-5 ℃,可选)以上(包括等于-10 ℃)。送风传感器用于控制在冷冻(深冷货)范围-10 ℃(或-5 ℃,可选)以下。

(5)ALARM(警报,红色灯):当警报队列中有有效或无效停机警报时(AL20 至 AL27)该灯亮。

(6)SUPPLY(送风,黄色灯):显示温度设定为送风温度控制时该灯亮。若该机组的除湿或增湿功能启用,则该灯闪烁。

(7)RETURN(回风,黄色灯):显示温度设定为回风温度控制时该灯亮。

5. 监控有湿度要求的机组

以 CARRIER(开利)机组,控制器型号 LINK2 为例,如图 11-20 所示。

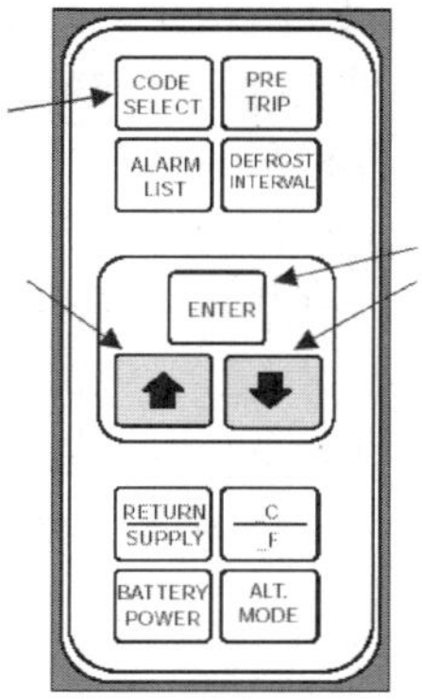

图 11-20　CARRIER 机组控制器

除湿方式启动方法是选择代码 Cd 33,该代码只适用于带有湿度传感器(HS)的机组。如图 11-20,按 CODE SELECT 键,按上下键,到 Cd 33,确定,再选择要设定的湿度值,再按 ENTER 键确定。控制传感器指示灯(送风)以每秒的通/断闪烁表示除湿的方式有效。

(1)按 CODE SELECT 键。

(2)如图 11-21 所示,用上下键↑↓选择 Cd 33,如果右窗口显示“-----”,则说明该机没有湿度控制配置,该方式无效;如果显示 OFF、TEST 或数字,则说明该方式有效。

(3)出现 OFF、TEST 或数字,按 ENTER 键,如图 11-22 所示。

(4)用上下键↑↓选择湿度百分数(65~95)%,或 OFF(关闭)。

(5)用 ENTER 键确定。

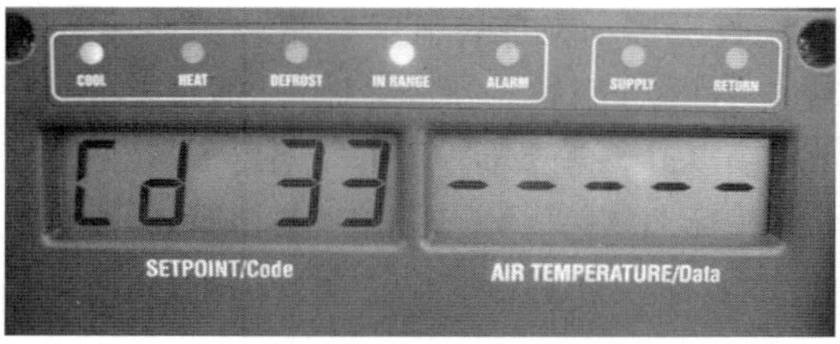

图 11-21　除湿方式启动操作(1)

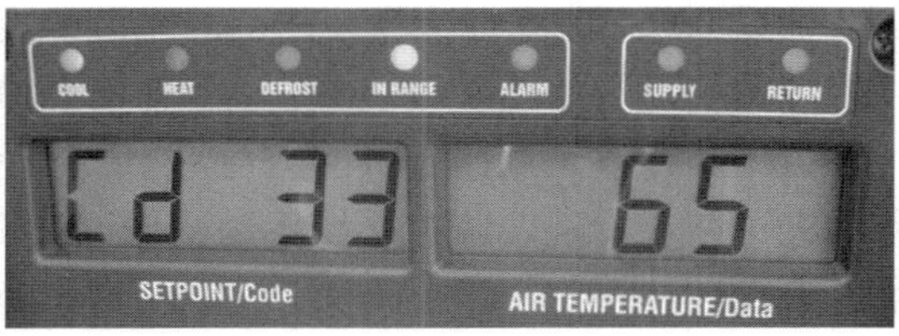

图 11-22　除湿方式启动操作(2)

四、冷藏箱监控的安全管理

冷藏箱监控作业属于室外、登高、带电作业,抓好安全管理非常重要。

(1)作业人员必须持电工证、操作证上岗,严禁无证作业。

(2)作业人员进入作业现场必须按要求统一着装,穿戴规范;进入作业现场要穿绝缘鞋、戴绝缘手套、安全帽系带生根。

(3)遵循插拔电要求。作业人员插电前要确认开关处于“OFF”状态方可插电,然后通电;拔电前要先将开关旋到“OFF”状态,然后拔电。

(4)作业人员在插座用完后要及时盖好,防止进水漏电。

(5)作业人员发现设备有缺损要立即报告,及时修复。

(6)作业人员进出现场,要观察是否有车辆通过,严禁与行驶中的车辆抢行。

(7)作业人员上下平台要手扶栏杆,避免滑落。

(8)作业人员收发箱时要站在两头,严禁在两箱中间、车箱中间和吊机吊具运行路线下站位,确保安全。

(9)雷雨天气,作业人员现场记录温度可提前或延后,但必须做好记录。

(10)现场设备要班班检查,做好交接,发现损坏要及时做好记录并及时汇报。

第七节　集装箱码头冷藏箱远程监控系统

随着我国进出口集装箱的货物品种越来越多,其中药品、血液制品、冷冻冷藏保鲜食品所占的比例呈几何级数增长。由于这部分货物在中转时均需要靠冷藏箱进行装运,在运输途中和堆放时冷藏箱内的温度监控显得日益重要。因为保存温度一旦超出规定的范围,货物变质所造成的损失将非常巨大,所以冷藏箱在运输和堆放时箱内温度的监控技术也越来越普及,由原先的集装箱船内小规模的冷藏集装箱监控系统,发展为现代化大型港口码头及物流中心内所使用的大规模、分布式冷藏箱堆场实时温度及工作状态监控系统。

冷藏箱内部一般由各生产厂家安装有温度控制板,为便于外部监控而逐步推出了几种数据通信接口协议。目前国际上与冷藏箱进行通信可以采用三种方式:四芯接口方式、串行通信接口方式和电力线载波(PCT)通信接口方式。

根据 ISO 10368 标准生产的冷藏箱装载有电力线收发器(辅助调制器),电力线收发器可以将冷藏箱上的制冷装置、温度等多种信息调制成电力网络回路上的高频信号或低频信号。这种数据的传输是双向的,即远程监控系统不仅可以接收冷藏箱数据,还可以对冷藏箱的温度点等进行修改。但该监控系统容易受电网冲击干扰,稳定性差。目前国外冷藏箱基本都配备了电力线载波调制器,利用 PCT 技术可建立起统一的远程监控系统,实现冷藏箱堆场的集中实时监控。

国际上使用的冷藏箱远程监控系统有丹麦 Lyngso Marine 公司的 CMS2100、丹麦 LANNG&STELMAN 公司的 REFCON 远距离测控系统、加拿大 ALITEK 公司的 RCMS 系统、美国 YORK 公司的 REFCON 系统、SteinSohn 公司的 VisTa 等,均采用 PCT 技术实现集中监控。

国内也有几个港口冷藏箱堆场配置了远程监控系统，如上海港、大连港、青岛港、南京龙潭港、福建漳州港等均为直接引进国外全套系统（采用电力线载波方式）。目前多数冷藏箱无PCT单元，基本处于闲置状态。现以南京曼奈柯斯电器公司开发的冷藏箱远程监控系统为例，说明其功能、结构。

一、系统简介

冷藏集装箱监控系统是专门用来对各种类型的冷藏集装箱进行实时温度及工作状态监控，完成由人到计算机集中管理的过程。南京龙潭港冷藏箱监控系统采用了目前国际上通用的传输方式并同时兼容了冷藏集装箱四芯监视的功能，系统可对所有规格的冷藏集装箱进行有效的实时监控，数据传输是双向的，即中心监控计算机不仅从冷藏集装箱接收数据，而且可按人为控制要求给冷藏集装箱发送指令。系统的使用将为集装箱船及港口码头冷藏集装箱安全可靠运行及实时信息化管理提供可靠的保证，同时还可以大大节约管理人员和提高工作效率。

二、系统实施方案

根据南京龙潭港冷藏集装箱堆场的供电方式，系统由多个PCT数据采集器（ACU）及四芯数据采集器（RCM6）分布式监测站和一个中央数据处理控制器（RCM Cabinet主调制器及单元）的模块结构组成。每个数据采集器可根据实际要求采集多台冷藏集装箱的输出状态信号，如某个时段内箱温和各设备运转情况。

根据电源系统配置的要求，每台冷藏箱电源供电屏给2层共12台冷藏箱供电，系统共有14台电源供电屏，根据此电源方案，12台电源供电屏中每台供电屏配置1个载波数据采集器（ACU）和2个四芯数据采集器，每个四芯采集器（RCM6）可采集6台冷藏箱的四芯信号，每个PCT数据采集器（ACU）可采集12个冷藏箱的状态及温度信号，采集器可安装在配电柜里，也可根据实际位置单独安装。考虑到码头堆场电源系统的不稳定性及可能出现的各种干扰源，为保证系统稳定可靠地运行及信号的正确采集，采集点直接靠近现场采集信号。

每个数据采集器根据监控计算机指令不断采集和监控自己下属各冷藏箱的输出状态，并将当前状态通过数据总线传输到中央数据处理器及计算机中。中央数据处理器和监控计算机可安装在用户所希望的控制室里，由于采用了分布式的采集方式，使得系统与电网的阻抗适配以最佳方式运行，并对信号进行前置耦合处理和放大，然后通过稳定可靠地数据总线传送给中央数据处理控制器，从而保证了信号稳定可靠地传输与解调还原。数据传输采用双向传输，稳定可靠。

三、系统结构

冷藏箱远程监控系统结构图如图11-23所示。

四芯信号用带有四芯插头的电缆直接插入冷藏集装箱的四芯插座来采集，PCT冷藏箱信号的采集可直接和供电电源连接完成，每台采集器之间对应用信号电缆连接。然后通过信号总线和主控器连接。

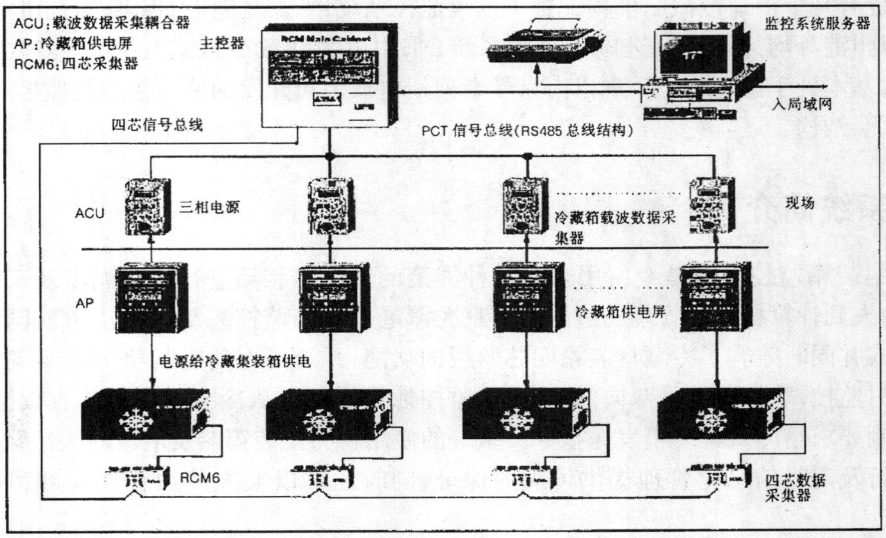

图 11-23　冷藏箱远程监控系统结构示意图

四、系统特点

本系统的特点为采用分布式结构,各冷藏箱数据点信号通过四芯及载波采集器,然后通过信号总线传送给主控器,载波数据采集器完成了信号从强电到弱电的间隔过程,即载波信号380 V 输入,信号总线弱电输出。同时对信号进行前期处理和放大,然后通过稳定的信号总线上传给主控器。由于是分布式,强电到弱电的信号采集是由下端的各载波数据采集器完成的,这样主控器就可在安全的弱电方式下运行。因此,即使在某个采集器发生故障时,也不会影响整个系统,因为主控器在强电信号输入方式下运行,一旦出现故障就会全线瘫痪,甚至通过总线对计算机系统造成破坏。

五、系统主要功能

(1)自动记录所有接入本系统的冷藏集装箱总数,各冷藏箱的箱号、位置、设置温度、实际温度数值(其中包括进风口温度、出风口温度以及温度随时间变化的过程),并可根据需要打印输出任意时间点的设置温度及实际温度的记录,实现计算机集中自动监视温度的信息化与自动化过程,以取代传统的现场人工测点记录。

(2)在监控中心的计算机上可直接对接入系统的冷藏集装箱输入箱(货主)公司所需要的数据,而不需要现场逐点输入。

(3)可对冷藏集装箱温度进行设置(如保鲜、冷冻等),并可任意设置温度报警范围,一旦反馈的实际温度超出温度范围,系统自动报警,并显示报警冷藏箱位置与箱号。

(4)根据需要,显示及打印输出所有连接到系统中的冷藏集装箱有关数据,包括:各温度的历史记录(其中包括设置温度、实际温度以及温度范围等),所有冷藏箱报警清单,所有未知报警清单,所有装载集装箱清单,所有冷藏集装箱相关的活动,详细的冷藏集装箱信息,详细的冷藏集装箱装箱位置图。

(5)可提供数据接口及常用的 TCP/IP 等通信协议，以便和货主或航运公司(货运公司)的局域网联结，从而达到数据资源共享。

(6)可对冷藏集装箱的各种运行状态的故障报警，包括制冷压力过高，温度超正常范围，压缩机油压过低，化霜/加热/ 过热，压缩机过载，控制器故障，传感器(供风传感器或回风传感器)故障，电源掉电，驱动电流过高/过低，化霜超时等报警。

(7)可根据用户需求提供中文版的监控系统软件，以便用户更快、更准确地掌握此系统的使用。

(8)可记录冷藏集装箱耗电数值及总耗电量，以便和船公司结算。

系统采用了分布式的采集器方式，并考虑到它们和冷藏箱电源插头、插座之间的衔接与配合，从而给整个系统的稳定运行及今后的系统维护提供了一个良好的保证。

随着近年来我国水运和公路交通的快速发展，大型的港口和物流中心在各城市的大量涌现，冷藏集装箱实时温度及工作状态监控系统的使用必将越来越普及，并将随着无线通信技术及其他科技技术的发展，真正实现冷藏箱货箱运输和堆存的集中实时远程监控。

思考题

1. 简述集装箱码头冷藏箱管理的职责。
2. 简述进口和出口冷藏箱的管理流程。
3. 简述冷藏箱进场的检查程序。
4. 简述远程冷藏箱管理系统的主要功能。

第十二章　集装箱码头物流及货运站管理

概　述

虽然随着现代集装箱码头大型化和专业化的发展,其码头内(On Dock)的货运站业务正在逐步由港内向港外专业化的场站(Depot)或物流公司(Logistics Company)转移,但在一些传统集装箱码头或中小型集装箱码头,码头内集装箱货运站(Container Freight Station,CFS)业务,仍然是码头陆侧操作功能区很重要的一部分。

集装箱码头货运站,是指把货物装进集装箱内或从集装箱内取出,并对这些货物进行分类、贮存、保管和收发交接的作业场所。在有些码头内 CFS 还有铁路直接连通,其业务功能还扩展到码头内的铁路联运业务;有些码头还提供修箱和洗箱业务功能。

本章主要介绍码头型货运站的岗位设置和职责、拆箱业务和仓库业务内容及流程、货物装箱技术以及港内铁路联运业务流程。考虑到篇幅,关于仓库的库存管理、海关通关流程、国检报检流程和集装箱卡车调度部分,这里不做介绍。

第一节　集装箱码头货运站(CFS)岗位设置和岗位职责

一、集装箱码头货运站的功能

集装箱码头货运站和传统的件杂货码头的库场有很大的区别。件杂货码头的库场和码头船舶装卸有直接的联系,相当于集装箱码头的箱区堆场;而集装箱码头货运站主要负责集装箱拆/装箱业务和仓库内货物的管理,规模、功能都要比件杂货码头的库场要小得多。集装箱码头货运站除要有完整的仓库外,还需有一定面积的拆箱区,以堆放需拆箱的集装箱及方便客户提货车辆的行走。

集装箱码头 CFS 的主要功能有:

(1)对进口是 CFS 交货条款交货的集装箱,安排拆箱进库、保管、发货。

(2)对进口是 CY 交货条款的集装箱,客户要求拆箱,进行车提、落驳、装火车提货的集装箱,安排拆箱装汽车、驳船、火车。

(3)客户要求出口货物在码头装箱出口的,安排货物的进栈、装箱。

(4)对库存的货物进行保管及有关统计管理。

集装箱码头CFS业务是码头装卸服务的一种延伸。从方便客户、吸引货源的角度来看，集装箱码头CFS是集装箱码头必不可少的一部分。集装箱码头CFS虽然也用来保管货物，但与储存性仓库不同。就其业务性质来说，集装箱码头CFS是运输过程中的临时性仓库，不用作中长期储存。

二、货运站岗位设置

集装箱码头货运站岗位设置如图12-1所示。

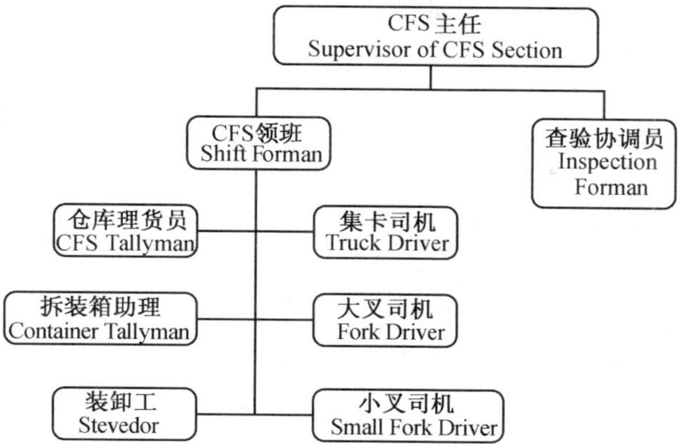

图12-1 集装箱码头货运站岗位设置图

三、货运站岗位职责

集装箱码头货运站岗位设置主要包括三个部分：仓库进出库作业、拆装箱作业和查验作业。与传统的件杂货码头的库场有很大的区别，件杂货码头的库场和码头船舶装卸有直接的联系，相当于集装箱码头的箱区堆场；而集装箱码头货运站主要负责集装箱拆/装箱业务和仓库内货物的管理，规模、功能都要比件杂货码头的库场要小得多。集装箱码头货运站除要有完整的仓库外，还需有一定面积的拆箱区，以堆放需拆箱的集装箱及方便客户提货车辆的行走。

1. CFS主任

（1）负责CFS整体日常管理工作，包括人员管理、生产管理、安全管理、设备及设施运行管理和各项规章制度的执行和落实。

（2）负责处理CFS领班汇报的各种问题，协调横向部门和科室，保证CFS各项作业顺利、高效、保质保量完成。

（3）负责同口岸单位（海关和国检）的日常协调和配合，处理突发事件和问题。

（4）做好月度小结，并提出不断优化的意见和建议。

（5）设立各岗位KPI指标，制定并实施日常考核管理。

2. CFS领班岗位职责

（1）严格落实作业计划，做好本班生产的人员和机械分配。

(2)根据作业布置、检查和落实各项安全措施,保证作业安全。
(3)做好本班作业实施过程中问题的协调解决。
(4)及时记录 CFS 生产日志,并向 CFS 主任汇报工作中出现的问题。
(5)确保各项作业严格按作业程序执行。
(6)负责 CFS 夜班的管理工作,做好交接班。

3. 理货员岗位职责

(1)与送货人做好货物交接。
(2)及时处理有关进出库或拆装箱报表。
(3)按照要求向理货领班提供报告。
(4)接货时应履行责任。
(5)检查码头是否接收指定货物:
①进行 ERA 步骤。
②检查危险货物情况,如有则执行危险货物法令。
③处理货物损坏情况。
④发货时应履行责任。
(6)执行进港货物订单程序:
①核实客户要求。
②确保货物已办理通关手续并达到检疫要求。
③按要求发放通行证。

4. 口岸协调员岗位职责

(1)负责日常同口岸单位的协调,保证各项查验作业顺利实施。
(2)处理查验作业过程中的突发事件。
(3)协调内部作业机械和人员,保证作业效率和客户满意度。
(4)及时处理有关查验报表。
(5)按照要求向理货领班提供报告。

第二节　集装箱码头货运站(CFS)工作内容及流程

集装箱码头货运站业务一般包括拆箱提货业务(拆箱车提、落驳、装火车)、拆箱进库、仓库提货业务、货运站库存管理业务四部分。

一、拆箱提货业务

拆箱提货业务按提货运输方式一般可分为车提(公路运输)、落驳(水上运输)、装火车(铁路运输)三种。其流程如图 12-2 所示。

拆箱车提是指舱单上的交货条款是 CY 条款,但由于客户没有整箱提货的能力或其他原因而向码头申请在码头拆箱,将箱内货物改装在由客户派来提货的散货卡车车皮上的作业过程。

拆箱落驳是指舱单上的交货条款是 CY 条款,但由于客户没有整箱提货的能力或其他原因而向码头申请在码头拆箱,将箱内货物改装在由客户派来提货的驳船上的作业过程。

拆箱装火车是指舱单上的交货条款是 CY 条款,但由于客户没有整箱提货的能力或其他原因而向码头申请在码头拆箱,将箱内货物改装在由客户派来提货的火车车皮上的作业过程。

拆箱提货业务步骤如下:

1. 申请计划

货主凭办完一关三检等手续的提货单来码头客户服务部(联办进口受理台)申请下昼夜拆箱提货的作业计划。码头客户服务部结清有关码头费用后,接受客户的申请,并制作拆箱提货作业申请单联,同交货记录联一起交货主。

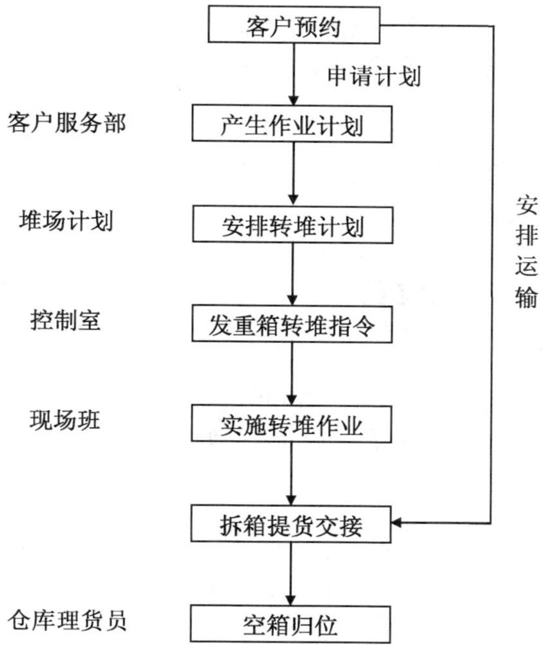

图 12-2　拆箱提货流程图

2. 发箱及机械、人员安排

码头中控室根据作业申请单安排机械,将受理过的要拆箱的集装箱从进口重箱区发运至指定的拆箱区。码头 CFS 根据作业申请单的指令,安排拆箱所需机械、搬运工人和仓库理货员。

3. 提货前审单

客户凭作业申请单和交货记录到码头指定拆箱区提货。仓库理货员在提货前核查交货记录是否有效、有关费用是否已全部付清、交货记录上有无加盖印鉴等。如发现交货记录无效、费用尚未支付、无交货记录则一律不予发货。

4. 货物交接和单证处理

提货完毕后,码头 CFS 仓库理货员根据外轮的理货清单填制出门证交给客户,并在提货单第三联(交货记录)上批注实际提货数量后,交客户服务部存档。如一票货物当天不能全部提完,仓库理货员在提货单第三联(交货记录)批注实际提货数量后交给客户,以备客户第二天再来提货。

出门证:又称货物码头放行证,它既是货物出码头大门的放行证,又是仓库与客户进行货物交接的一种原始单证。

出门证一式两联,应由仓库理员一次复写而成,一联作出门凭证用,一联作存根。存根联仓库应妥善保管。出门证应一车一开、一车一核,并应和收货人当面交接。

5. 报表

在当日作业结束后,仓库理货员应填制拆箱提货日报表。报表有三种:拆箱车提提货日报表、拆箱落驳提货日报表、拆箱装火车提货日报表。这些都是当日拆箱提货的汇总表。

6. 空箱归位

在当日作业结束后,仓库理货员应安排申请将拆箱区拆空后的空箱转运至码头专用的空箱箱区。

二、CFS 仓库拆箱进库业务

舱单上注明货物交货条款是 CFS 条款的,码头 CFS 仓库理货员根据仓库的库存情况,应在集装箱卸船后三天内安排拆箱进库,并将拆箱信息及时通知客户服务部受理台,以便客户服务部受理台能及时接受客户的提货申请。其流程图如图 12-3 所示。

拆箱进库的步骤如下:

1. 计划安排

CFS 业务员按要求安排下昼夜需拆箱进库的进口重箱计划清单,及相关机械、人员、仓库货位。码头中控室应根据计划清单安排机械和人员将有关集装箱转至 CFS 拆箱区。

2. 货物验收及进库

拆箱时 CFS 仓库理货员应根据舱单的货物信息会同外轮理货人员对拆箱的货物进行清点、检验,并将货物放置到指定的货位,按堆码标准进行堆码,堆码完毕后要在货垛上张贴桩脚牌。桩脚牌上应注明船名、航次、提单号、件数、重量、唛头等信息,以便识别。如发现货损、货差、货单不符,应及时要求外轮理货员签发货物残损记录,并妥善保管。

桩脚牌是挂(贴)在货堆正面易见的地方,标志货垛情况的单证。桩脚牌内容可分两部分:一部分是进库记录,记载货物进口船名、进库日期、仓单号、唛头、货名、总件数、仓库理货员签名等内容;另一部分是出库记录,记载出库日期、件数、剩余件数等内容。

3. 报表

在当日作业结束后,仓库理货员应根据桩脚牌填制拆箱进库日报表。拆箱进库日报表是

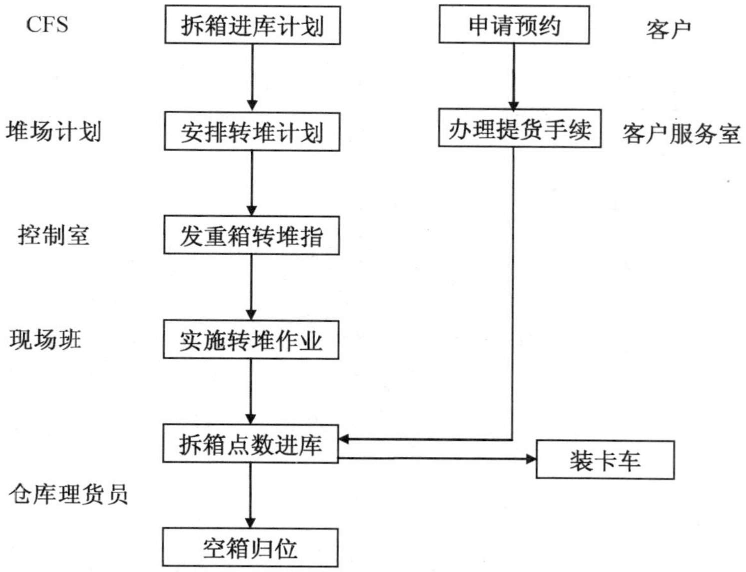

图 12-3　CFS 拆箱进库、提货流程图

当日拆箱后进入仓库货物的汇总表。它反映货物动态,是定期盘点货物的依据。实物必须与报表一致,做到货账相符。桩脚牌是填制进库报表的依据。

4. 空箱归位

在当日作业结束后,仓库理货员应申请将拆箱区的空箱转运至码头专用的空箱箱区。

三、CFS 仓库提货业务

CFS 仓库提货业务步骤如下:

1. 申请计划

货主凭办完一关三检等手续的提货单来码头客户服务部(联办进口受理台)申请下昼夜仓库提货计划;码头客户服务部同货主结清有关码头费用后,接受申请,并制作提货作业申请单,同交货记录联一起交货主。

2. 机械和人员的安排

码头 CFS 业务员根据作业申请单的要求,安排下昼夜的仓库发货机械、搬运工人、仓库理货员。

3. 审单

货主凭作业申请单和提货单第三联(交货记录)到码头 CFS 仓库提货。仓库理货员应仔细审交货记录是否有效,是否超过了免费保管期限,有关费用是否已全部付清,交货记录上有无加盖印鉴,如发现交货记录无效、费用尚未支付、无交货记录,则一律不予发货。

4. 发货前的检查

码头 CFS 仓库理货员在发货前要仔细核对交货记录与货物上的桩脚牌,做到票货相符。一旦发现票货不符的情况,则应查清后再发货。在发货时需清点数量,以免错发、多发、少发,造成货运事故。

5. 货物交接和单证处理

发货提货完毕后,码头 CFS 仓库理货员根据实际发货情况填制出门证交给客户,并在提货单第三联(交货记录)上批注实际提货数量,交客户服务部存档。如一票货物当天不能全部提完,仓库理货员在提货单第三联(交货记录)批注实际提货数量后交给客户,以备客户第二天再来提货,同时重新填制桩脚牌(要注明剩余数量)张贴在剩余货物上。发现短缺时,不能随便用同品种规格的货物抵补。发货完毕后,应检查仓库、道路注意是否有漏发、错发和掉落物件。

6. 报表

在当日作业结束后,仓库理货员应填制仓库出仓日报表。仓库出仓日报表是当日货物提离仓库的汇总表,反映当日货物提离码头的动态,由仓库理货员根据提货单编制。

第三节　集装箱装箱技术

一、装箱前的准备工作

为了保证集装箱运输工作的顺利进行,必须做好货物的装箱工作。在货物装箱前,应该做的准备工作有:

1. 明确货物的特性

为了保证集装箱运输中货物完整无损,应了解货物的种类、名称、性质和具体尺寸,以保证货物顺利装箱;应了解货物的重量,以保证货物重量不超过集装箱的额定载重,保证集装箱的局部强度不受损;还应了解货物的包装种类,以保证货物包装的强度和材料符合航线上运输条件和装卸条件的要求。

2. 了解集装箱的运输过程

应了解集装箱的运输航线、运输过程中的外界条件、集装箱货物的交接方式、拆装箱地点的设备和条件以及各国相关的法令和法规。

3. 选择集装箱

掌握了货物特性和运输过程以后,就应根据具体的货物种类的要求来选择最合适的集装箱。

杂货箱适宜装载的货物种类众多,除冷藏箱或低温箱的货物、需要特别通风的货物、活的动植物、散货或液货等，其他大多可用杂货箱装载。

敞顶箱适于装载的货物有：难以从箱门进行装卸而需要由箱顶上进行装卸作业的货物，如超高货物；只要利用侧壁就可以进行固定的货物，如玻璃板、胶合板、一般机械和长尺度货物等。

板架集装箱适宜装载的货物有：会产生集中负荷的重货、需要从箱顶或箱侧装载的货物、在集装箱内需要严格固定的货物、不怕风雨侵袭的货物、超尺度货物等。

冷藏集装箱适宜装载的货物有：冷冻货，如冷冻鱼、冷冻肉等；低温货，如低温肉、柑橘、干酪、禽蛋等；需要保持一定低温条件的货物，如胶片、药品等。

散货集装箱适宜装载的货物有：麦芽、大豆、大米等谷物类货物，干草块、原麦片等饲料，树脂、硼砂等化工原料。

通风集装箱适宜装载的货物有：兽皮以及其他在运输中会渗出汁液的货物、需要进行通风的食品类货物、可能会引起潮湿的货物。

罐状集装箱适宜装载的货物有：液货、酒类、化学液货及其他危险液货。

此外，在选用集装箱时还应考虑其他一些因素：运输线路上的外界条件和特殊要求；装卸作业上的要求；装卸机械上的要求；单向货流问题（即在货物不平衡的航线上，应尽可能选用回程时也能装载另一种货的集装箱，避免空箱回运）。

4. 注意装载和固定方法

在装箱前应根据具体条件来考虑其装载方法和固定方法。对于运输时间长、外界运输条件差的货物，要考虑箱内会不会产生水滴而发生水湿事故，货物的固定强度是否能满足运输形式技术状态的要求。在装载方法上，有时在装箱地点由于有较高的技术和良好的机械设备，货物能顺利地装入箱内，而在偏远地区卸货时，因无装卸设备又没有装卸经验，使箱内货物难以卸出，如强行取出，则可能损坏集装箱或损坏货物。在固定方法上，有时在装箱时可以较容易地固定货物，而在卸货地却无法拆卸固定工具。因此，装货时应周密、细致地考虑卸货地的条件，为在卸货地能顺利地卸出货物创造必要的条件。

5. 计算集装箱数量和装载量

在装箱前，首先应掌握集装箱的最大载货重量。集装箱的最大载重货重量等于总重减去箱子自重。集装箱的自重根据不同的集装箱种类和不同的制造厂是有一定差别的，而集装箱的总重是一个定值，按国际标准化组织的规定，除动物集装箱外，20 ft 集装箱的总重为 24 000 kg，40 ft 集装箱的总重为 30 480 kg，故每个集装箱的最大载货重量不是一个定值。在计算集装箱数量时，应根据货物重量以及包装形状和尺寸进行精确计算，按重货的重量或轻货的体积来决定使用集装箱的数量。

二、对集装箱的检查

为了保证货物运输安全，装货前应对集装箱进行检查。在检查时应注意的问题有：

1. 外部的检查

检查集装箱的外表面有无损伤。当发现外表面有弯曲、凹痕、褶痕、擦伤等痕迹时，应在损伤处的附近仔细察看,检查是否存在破口,如发现有破口,应在破口处的内侧仔细加以检查。外板连接处的铆钉若有松动或断裂,就会发生漏水现象。箱顶若有破孔,就容易发生货物湿损事故。对于已进行过修理的部分,检查时应特别注意现状如何,有无漏水现象。

2. 内部的检查

内部检查最简单的方法是人进入箱内,把箱门关闭,检查箱子是否有漏光处,此时能够很容易地发现箱顶和箱壁四周有无气孔、箱门能否严密关闭。

另外,检查时要注意箱壁内衬板上有无水湿痕迹,在箱壁或箱底板上是否有钉子或铆钉头突出,内衬板的压条是否有曲损等。

3. 箱门的检查

检查的项目包括箱门能否顺利关闭,关闭后是否密封,门周围的密封垫是否紧密、能否保证水密,箱门把手动作是否灵便,箱门能否完全锁上等。

4. 附件的检查

主要检查固定货物时用的系环、孔眼等附件安装状况是否良好;板架集装箱上的立柱是否备齐,立柱插座有无变形;开顶集装箱上的定扩伸弓梁是否缺少,有无弯曲变形。对于开顶集装箱和板架集装箱,还应把所使用的布篷打开,检查其有无破损,安装用的索具是否完整无缺;通风集装箱上的通风口能否顺利关闭,其贮液槽和放水龙头是否畅通;冷藏集装箱的通风管、通风口、通风轨是否堵塞,通风口的关闭装置是否完整。

5. 清洁状态的检查

检查集装箱内有无垃圾、恶臭、生锈,是否被污染弄脏,是否潮湿。

三、装箱作业的一般准则

集装箱的装箱作业一般有三种方法,即:全部用人力装箱;用叉车搬进箱内再用人力堆装;全部用机械装箱。

由于内陆区的装箱者往往不了解海上运输对装箱的要求,使内陆区装箱的集装箱经常发生货损事故。因此,有必要把装载时的一般注意事项加以说明,以引起装箱者的重视。

(1)在任何情况下所装载的货物重量不能超过集装箱的最大载货重量。集装箱的最大载货重量为集装箱的总重减去自重,总重和自重都标在集装箱的箱门上。

(2)每个集装箱的单位容重是一定的,因此,如装载单一货种时,只要知道货物密度,就能断定是重货还是轻货。及时明确区分这两种不同的情况对提高装箱效率是很重要的。

(3)装载时要使箱底的负荷均衡,不要使负荷偏在一端或一侧,特别是严格禁止负荷重心偏在一端的情况。

(4)要避免造成集中负荷,如装载机械设备等重货时,箱底应加木板等衬垫材料,尽量使负荷分散。

(5)装载货板货时要确切掌握集装箱的内部尺寸和货物的外部尺寸,用科学的方法计算出装载件数,尽量减少弃位、多装货物。

(6)用人力装货时要注意包装上有无“不可倒置”“平放”“竖放”等装卸指示标志。

（7）冷藏货或危险货物等特殊货物的装载，要严格按有关特殊货物的装载要求进行。

四、装载货物的重量分布

装载在集装箱内的货物的重量未能平均分布而形成集中负荷时，则对于集装箱本身的容许负荷有很大的影响。因此在货物装箱时，必须仔细研究重量的分布问题。

研究货物重量分布的假设前提条件为：（1）集装箱横向（宽度方向）装箱，其负荷为均布载荷；（2）集装箱纵向（长度方向）一定长度上的负荷也为均布载荷；（3）集装箱作简支梁计算；（4）局部负荷的重心在集装箱中心。

五、几种常见货物的装箱技术

1. 纸箱货的装箱技术

（1）一般注意事项

纸箱是集装箱货物中最常见的一种包装，一般用于包装比较精细和质轻的货物。

①如果集装箱内装的是同一尺寸的大型纸箱，则会产生空隙。当空隙为 10 cm 左右时，一般不需要对货物进行固定，但当空隙很大时，就需要根据具体情况加以固定。

②如果不同尺寸的纸箱混装，则应将大小纸箱合理搭配，做到紧密堆装。

③拼箱的纸箱货应进行隔票。隔票时可使用纸、网、胶合板、垫货板等材料，也可以用粉笔、带子等做记号。

④纸箱货不足以装满一个集装箱时，应注意纸箱的堆装高度，以满足使集装箱底面占满的要求。

（2）纸箱的装载和固定

①装箱时要从箱里往外装，或从两侧往中间装。

②在横向产生 250~300 mm 的空隙时，可以利用上层货物的重量把下层货物压住，最上层货物一定要塞满或加以固定。

③如所装的纸箱很重，在集装箱的中间层就需要适当地加以衬垫。

④箱门端留有较大的空隙时，需要利用方形木条来固定货物。

⑤装载小型纸箱货时，为了防止塌垛，可采用纵横交叉的堆装法。

2. 木箱货的装箱

木箱种类繁多，尺寸和重量各异。木箱装载和固定时应注意的问题有：

（1）装载比较重的小型木箱时，可采用骑缝装载法，使上层的木箱压在下层两木箱的接缝上，最上一层木箱必须加以固定或塞紧。

（2）装载小型木箱时，如箱门端留有较大的空隙，则必须利用木板和木条加以固定或撑紧。

（3）重心较低的重、大木箱只能装一层且不能充分利用箱底面积时，应装在集装箱的中央，底部横向必须用方形木条或木块加以固定。

（4）对于重心高的木箱，仅靠底部固定是不够的，还必须在上面用木条撑紧。

(5)装载特别重的大型木箱时，经常会形成集中负荷或偏心负荷，故必须有专用的固定设施，不让货物与集装箱前后端壁接触。

(6)装载框箱时，通常是使用钢带拉紧，或用具有弹性的尼龙带或布带来代替钢带。

3. 货板货的装箱

货板货(俗称货盘货)上通常装载纸箱货和袋装货，纸箱货在上下层之间可用粘贴法固定，袋装的货板货要求袋子的尺寸与货板的尺寸一致，对于比较滑的袋子也要用粘贴法固定。对货盘货，还可以以货盘为单位，使用塑料薄膜整体封装固定。货板在装载和固定时应注意的问题有：

(1)货板的尺寸如在集装箱内横向只能装一块时，则货物必须放在集装箱的中央，并用纵向垫木等加以固定。

(2)装载两层以上的货板时，无论空隙在横向或纵向，底部都应用档木固定，而上层货板货还需要用跨档木条塞紧。

(3)如货板数为奇数时，则应把最后一块货板放在中央，并用绳索通过系环拉紧。

(4)货板货装载板架集装箱时，必须使集装箱前后、左右的重量平衡。装货后应用带子把货物拉紧，货板货装完后集装箱上应加罩帆布或塑料薄膜。

(5)袋装的货板货应根据袋包子尺寸，将不同尺寸的货板搭配起来，以充分利用集装箱的容积。

4. 捆包货的装箱

捆包货包括纸浆、板纸、羊毛、棉花、棉布、其他棉织品、纺织品、纤维制品以及废旧物料等。其平均每件重量和容积常比纸箱货和小型木箱货大。一般捆包货都用杂货集装箱装载。

捆包在装载和固定时应注意的问题有：

(1)捆包货一般可横向装载或竖向装载，此时可充分利用集装箱箱容。

(2)捆包货装载时一般都要用厚木板等进行衬垫。

(3)用粗布包装的捆包货，一般比较稳定而不需要固定。

5. 袋装货的装箱

袋包装的种类有麻袋、布袋、塑料袋、纸袋等，主要装载的货物有粮食、咖啡、可可、肥料、水泥、粉状化学药品等。通常袋包装材料的抗潮、抗水湿能力较弱，故装箱完毕后，最好在货顶部铺设塑料薄膜等防水遮盖物。

袋装货在装载和固定时应注意的问题有：

(1)袋装货一般容易倒塌和滑动，可用粘贴剂粘固，或在袋装货中间插入衬垫板和防滑粗纸。

(2)袋包一般在中间呈鼓凸形，常用的堆装方法有砌墙法和交叉法。

(3)为防止袋装货堆装过高而有塌垛的危险，所以需要用系绑用具加以固定。

6. 滚动货的装箱

卷纸、卷钢、钢丝绳、电缆、盘元等卷盘货，塑料薄膜、柏油纸、钢瓶等滚筒货，以及轮胎、瓦管等均属于滚动类货物。滚动货装箱时一定要注意消除其滚动的特性，做到有效、合理地装载。

(1)卷纸类货物的装载和固定

卷纸类货物原则上应竖装,并应保证卷纸两端的截面不受污损。只要把靠近箱门口的几个卷纸与内侧的几个卷纸用钢带捆在一起,并用填充物将箱门口处的空隙填满,即可将货物固定。

(2)盘元的装载和固定

盘元是一种只能用机械装载的重货,一般在箱底只能装一层。最好使用井字形的盘元架。大型盘元还可以用直角系板、夹件等在集装箱箱底进行固定。

(3)电缆的装载和固定

电缆是绕在电缆盘上进行运输的,装载电缆盘时也应注意箱底的局部强度问题。

大型电缆盘在集装箱内只能装一层,一般使用支架以防其滚动。

(4)卷钢的装载和固定

卷钢虽然也属于集中负荷的货物,但是热轧卷钢一般都比电缆轻。装载卷钢时,一定要使货物之间互相贴紧,并装在集装箱的中央。对于重 3 t 左右的卷钢,除用钢丝绳或钢带通过箱内系环将卷钢系紧外,还应在卷钢之间用钢丝绳或钢带连接起来;对于重 5 t 左右的卷钢,还应再用方形木条加以固定。固定时通常要使用钢丝绳,而不使用钢带,因为钢带容易断裂。

(5)钢瓶的装载和固定

钢瓶原则上也要求竖装,但应注意不使其翻倒。如集装箱内全部装满,则不需要特别加以固定,只需把箱门附近的几个钢瓶用绳索捆紧。

(6)轮胎的装载和固定

普通卡车用的小型轮胎竖装横装都可以。横装时比较稳定,不需要特别加以固定。大型轮胎一般以竖装为多,应根据轮胎的直径、厚度来研究其装载方法,并加以固定。

7. 桶装货的装箱

桶装货一般包括各种油类、液体和粉末状的化学制品、酒精、糖浆等,其包装形式有铁桶、木桶、塑料桶、胶合板桶和纸板桶等五种。除桶口在腰部的传统鼓形木桶外,桶装货在集装箱内均以桶口向上的竖立方式堆装。由于桶体呈圆柱形,故在箱内堆装和加固均有一定困难,而且箱内容易产生较大的空隙。在桶装货装箱时,应充分注意桶的外形尺寸,并根据具体尺寸决定堆装方法,使其与箱型尺寸相协调。

(1)铁桶的装载和固定

集装箱运输中以 0.25 m^3 的铁桶最为常见。这种铁桶在集装箱内可堆装两层,每一个 20 ft 集装箱内一般可装 80 桶。装载时要求桶与桶之间要靠紧,对于桶上有凸缘的铁桶,为了使桶与桶之间的凸缘错开,每隔一行要垫一块垫高板,装载第二层时同样要垫上垫高板,而不垫垫高板的这一行也要垫上胶合板,使上层的桶装载稳定。

(2)木桶的装载和固定

木桶一般呈鼓形,两端有铁箍,由于竖装时容易脱盖,故原则上要求横向装载。横装时在木桶的两端要垫上木楔,木楔的高度要使桶中央能离开箱底,不让桶的腰部受力。

(3)纸板桶的装载和固定

纸板桶的装载方法与铁桶相似,但其强度较弱,故在装箱时应注意不能使其翻倒而产生破损。装载时必须竖装,装载层数要根据桶的强度而定,有时要有一定的限制。上下层之间一定要插入胶合板作衬垫,以便使负荷分散。

8. 各种车辆的装箱

集装箱内装载的车辆有小轿车,小型卡车,各种叉车、推土机、压路机和小型拖拉机等。用杂货集装箱装小轿车只能装一辆,因此箱内将产生很大的空隙。如果航线上有回空的冷冻集装箱或动物集装箱,则用来装小轿车比较理想,因为冷冻集装箱和动物集装箱的容积比较小,可以更有效地利用集装箱的箱容。而对于各种叉车、拖拉机、推土机及压路机等特种车辆的运输,通常采用板架集装箱来装载。

(1)小型轿车和卡车的装载和固定

小轿车和卡车一般都采用密闭集装箱来装载。固定时利用集装箱上的系环把车辆拉紧,然后再用方形木条钉呈井字形木框垫在车轮下面,防止车辆滚动,同时应在轮胎与箱底或木条接触的部分用纱头或破布加以衬垫。但也可按货主要求,不垫方形木条,只用绳索拉紧即可。利用冷藏箱装载时,可用箱底通风轨上的孔眼进行拉紧。

(2)各种叉式装卸车的装载和固定

装载叉车时通常都把货叉取下后装在箱内。装箱时,在箱底要铺设衬垫,固定时要用纱头或破布将橡胶轮胎保护起来,并在车轮下垫塞木楔或方形木条,最后要利用板架集装箱箱底的系环,用钢丝绳系紧。

(3)推土机和压路机的装载和固定

推土机、压路机每台重量很大,一般一个板架集装箱内只能装一台。通常都采用吊车从顶部装载,装载时必须注意车辆的履带是否装在集装箱下侧梁上,因为铁与铁相接触,很容易产生滑动,所以箱底一定要衬垫厚木板。

(4)拖拉机和其他车辆类货物的装载和固定

小型拖拉机横向装载时可使其装载量增加。但装载时也应注意集中负荷的问题,故箱底要进行衬垫,以分散其负荷,并要用方形木条、木楔以及钢丝绳等进行固定。

第四节 国际集装箱铁路货运站操作管理

在大型集装箱港口和内陆大型城市间开行整列集装箱直达列车,是发达国家集装箱运输组织的共同特点。各发达国家都非常重视集装箱中心站的建设,不断扩大、完善集装箱铁路中心站的规模。很多集装箱中心站与城市物流中心相结合,同时物流产业的发展促进了集装箱班列运输的发展。铁路运输发展的新趋势主要有:(1)新技术:普遍采用电子计算机系统;发展集装箱专用车;开发双层集装箱专用车。(2)先进的组织方式:发展国际集装箱多式联运;开展大陆桥运输;发展双层集装箱直达列车;发展固定编组的集装箱直达列车;发展驼背运输。

自20世纪50年代开始,我国铁路集装箱运输经历了起步、徘徊、创业和发展四个阶段,至90年代后期,随着国际海运集装箱运输的发展进入了高速发展时期,取得了显著成绩:运输系统初具规模;管理水平逐步提高;服务质量有所改善;运输数量快速增长。但与其他运输方式及国外铁路相比,还存在着很大差距。

一、集装箱铁路货运站的定义及其主要功能

集装箱铁路货运站一般分为两种，即内陆铁路货运站(Railway Depot)和港内铁路货运站(On Dock Railway CFS)。铁路货运站通常由车场(装卸编组站)和货场(货运站)两部分组成，有车站和货场分离式和连体式两种布局方式。

港口码头内的集装箱铁路货运站，俗称集装箱铁路港站，是专门办理集装箱班列、枢纽集装箱小运转列车到发和办理水路集装箱的承运、发送、装卸、中转、保管、到达、交付等铁路货物运输作业的港口码头内的集装箱货运站。

集装箱铁路货运站具备以下功能：①具有编发、接解成列集装箱列车的能力；②对周边地区集装箱运输具有较强的辐射作用，是区域内集装箱的集散中心；③具有很强的集装箱装卸储备能力和空箱调配能力；④设有功能齐全的集装箱检修、清洗设施；⑤具有办理国际集装箱海铁联运的相关功能。

二、集装箱铁路货运站的主要作用

(1)它是面向客户，受理集装箱托运交付作业的重要窗口之一。

(2)它是办理“门到门”运输中，铁路与公路/海运集装箱运输的衔接点。

(3)它担当集装箱班列编组、解体功能，是集装箱车流的集结、产地；是集装箱运输相关信息发送、接收、交换处理中心：集装箱进出、停留，其位置、状态等信息应能及时、正确地得到反映。

(4)它是集装箱装卸作业的指挥、实施场所。

(5)它是集装箱维修场所。

(6)它是集装箱统计数据的来源。

(7)它为客户及路内其他环节提供集装箱信息。

三、集装箱铁路港站业务操作流程(见图 12-4)

1. 到达重箱作业流程

到达重箱有以下三种作业流程，即直接提箱作业、非直接提箱作业及特种集装箱提箱作业。

(1)直接提箱作业。站外集卡与到达集装箱列车时间衔接好，到达重箱可以从集装箱列车直接装上站外集卡运送出站。

(2)非直接提箱作业。站外集卡与到达集装箱列车时间未衔接好，到达重箱，先卸到主箱场到达箱区分区堆码，取箱的站外集卡从到达箱区装车出站。

(3)特种集装箱提箱作业。货物性质特别的到达集装箱重箱，如国际海铁联运集装箱、冷藏箱、专用箱等，需要堆存时间长或需要进行相关作业或检查，由集装箱列车卸下直接装上站内拖挂车，分别送到辅助箱场的各箱区堆码，进行相关作业或检查后，在辅助箱场各箱区装站外集卡出站。

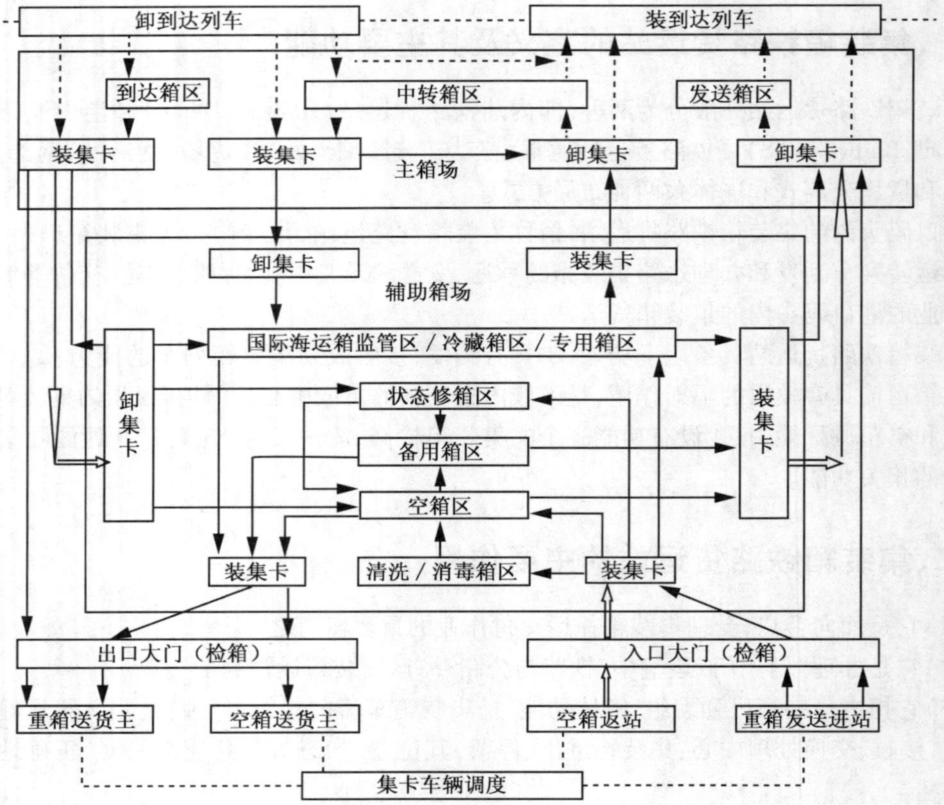

图 12-4 铁路集装箱货运站作业流程图

2. 重箱发送作业流程

发送重箱进站后分别进入以下三个作业流程,即直接提箱作业、非直接提箱作业及特种集装箱提箱作业。

(1)直接提箱作业。与发送集装箱列车时间衔接好的发送重箱,由站外集卡直接送到主箱场装卸作业区,从集卡卸下后直接装上待发的集装箱列车。

(2)非直接提箱作业。与发送集装箱列车时间未衔接好的集装箱,由站外集卡送到主箱场发送箱区,按发送方向分区堆码,发送时再装上待发的集装箱列车。

(3)特种集装箱提箱作业。货物性质特别的发送箱,如国际海铁联运集装箱、冷藏箱、专用箱等,需在站停留时间长或有其他检查和作业的,由站外集卡分别送到辅助箱场的国际箱监管区、冷藏箱区、专用箱区等分类堆码,并进行相关作业或检查,发送时再送至主箱场直接装上待发的集装箱列车。

3. 中转箱作业流程

中转箱有以下四个作业流程,即到发同区的直接换转作业、到发同区的非直接换转作业、到发异区的换转作业及特种集装箱中转作业。

(1)到发同区的直接换转作业。到达与发送在同一装卸作业区的中转箱,当到达与发送班列时间衔接好时，直接在两列车之间不落地换装，将中转箱装上待发的集装箱列车。

（2）到发同区的非直接换转作业。对到达与发送在同一装卸作业区的中转箱，但不能直接换装，或到达与发送班列时间未衔接好的中转箱，到达卸下后，按方向分别堆码在中转箱区，发送时再装上待发的集装箱列车。

（3）到发异区的换转作业。对到达与发送不在同一装卸作业区的中转箱，到达卸下后，按方向分别堆码在中转箱区；发送时，由站内拖挂车运到另一装卸作业区不落地直接装待发的集装箱列车；或到达后直接卸至站内拖挂车，送到另一装卸作业区，按方向分别堆码在装卸作业区中转箱区，发送时，直接装待发的集装箱列车。

（4）特种集装箱中转作业。对中转停留时间较长，或性质特别的集装箱到达后，不落地直接装站内拖挂车，再送到辅助箱场各箱区分类堆码，进行相关作业；运送时，从辅助箱场各箱区装站内拖挂车，运到主箱场装卸作业区不落地直接装上待发的集装箱列车。

4. 空箱作业流程

进入集装箱铁路货运站的空箱有三种状态：完好箱、损坏箱和污箱。在货运站内对到达或发送的空箱，分别分为六个流程：

（1）随集装箱列车到达中心站的空箱，不落地直接卸至站内拖挂车，或先卸到主箱场到达箱区，再装站内拖挂车，完好箱送到辅助箱场空箱区堆码，损坏箱送到辅助箱场状态修箱区堆码并修理。

（2）由货主返回中心站的空箱，办理还箱手续后，完好箱送到辅助箱场空箱区堆码，损坏箱送到辅助箱场状态修箱区堆码并修理，污箱送到辅助箱场清洗、消毒箱区进行处理。

（3）需要发送辅助箱场空箱区的空箱由站内拖挂车送到主箱场装卸作业区不落地直接装上发送列车；需要送货主空箱时，办理有关手续后，装站外集卡出站，送到货主指定的地点装箱；需要补充备用箱时，在辅助箱场空箱区装站内拖挂车，送辅助箱场备用箱区堆码。

（4）需要修理的空箱，站内能够修理的，经修理后装站内拖挂车，送到辅助箱场空箱区堆码，或直接补充回辅助箱场备用箱区堆码；站内修理不了的空箱，在辅助箱场状态修箱区装站外集卡，送到站外专门维修点修理后，再送回站内空箱区。

（5）根据运输需要使用备用箱时，由站内拖挂车或站外集卡将备用箱区的空箱送到指定的作业地点装箱。

（6）需要清洗、消毒的空箱，经过清洗、消毒等处理后，装站内拖挂车，送到辅助箱场空箱区堆码。

四、集装箱定期直达列车及其特点

（1）定点、定线、定期运行，要预报收发货人，预约箱位，准时发到，实行有计划的接去送达，实现"门到门"运输。

（2）固定车底，循环使用，一般不轻易拆解。有一种是"立等出发"列车。这种列车是白天等待装卸，晚上行车，第二天到达。有的甚至在编组站不解体，不通过驼峰，当晚始发，当晚到达，当晚返回原发站。

（3）对终端站装卸设备要求不高。

（4）列车与列车之间、各铁路公司之间密切衔接，相互换装快捷，这对加速易腐货物的运输十分有利。

(5)列车编组不长,一般以20辆专用车为一列居多,技术速度达每小时120 km。

(6)为了加速并简化列车到发作业,办理站有联络线或机车调头设备及其他相关作业设备。

通过编组站不解体的集装箱快运直达列车,大大减少了编组站调车作业量,亦缩短了途中运行时间,从而加速了车辆周转,提高了铁路综合运输能力,体现了快速、高效、安全的特点。可见,集装箱快运直达列车是一种先进的运输方式。

思考题

1. 集装箱码头CFS的主要功能有哪些?

2. CFS仓库要对货物的安全质量承担责任,为确保不发生货损、货差等事故,应做好哪些工作?

3. 集装箱货物在装箱前需要做哪些准备工作?如何实施集装箱的装箱前检查?

4. 简述拆箱提货业务流程。

5. 简述木箱货和货盘货的装箱技术。

6. 简述集装箱铁路货运站的作用及其重箱操作流程。

第十三章　集装箱码头客户服务中心管理

概　述

集装箱码头客户服务中心是对外办理空重箱、提入箱预约的业务管理部门，其业务范围包括进口箱提箱预约、出口箱进场预约以及其他特别要求业务的预约管理。

客户服务中心对内协调控制、计划、闸口、查验区等部门，对外协调“一关三检”、货主或其代理、船公司及其代理、场站、车队等部门。客户服务中心在按工作流程办理业务预约的同时，需要及时发现客户在办理业务过程中存在的问题，认真分析原因，及时妥善解决。客户服务中心在提高对外服务质量和效率、提升客户满意度、塑造码头良好形象方面发挥着极其重要的窗口作用。

第一节　集装箱码头客户服务中心职能

集装箱码头客户服务中心职能包括两个方面，即受理客户作业预约申请和内外协调。

一、受理客户作业预约申请

集装箱码头客户服务中心受理客户作业预约申请包括进口重箱提箱、进口空箱疏港、拆装箱业务（含倒箱业务）、查验施封业务、提退关箱业务、过港箱业务等。

（1）进口重箱提箱，指进口重箱货主或其代理携带提货单、设备交接单等有效单据到集装箱码头办理提箱，客户服务中心审核箱货信息和放行信息无误后，制订提箱计划并由机械发箱的业务。

（2）进口空箱疏港，指空箱箱主或其代理携带船公司放箱指令、设备交接单等有效单据到集装箱码头办理提箱，客户服务中心审核空箱有关信息，制订放箱计划并由机械发箱的业务。其中非承运人调运空箱需要箱主或其代理到海关办理备案。

（3）拆装箱业务（含倒箱业务）。拆箱业务，指码头应货主或其代理申请，将办结提箱手续的集装箱移至拆箱点，安排机械拆箱，然后将货物入库或提走的业务。装箱业务，指货主或其代理将货物和集装箱运至指定装箱点，由码头安排人员予以装箱的业务。倒箱业务，可以看作拆箱业务和装箱业务的叠加，指码头应客户申请，经相关方同意，安排机械将货物从一集装箱移至另一集装箱的业务。

(4)查验施封业务,指码头根据"一关三检"指令,将相关集装箱移至指定区域,由"一关三检"部门对货物进行查验的业务,查验结束后,一般要对相关集装箱重新施以铅封。施封业务,指码头应货主或其代理申请,对相关集装箱予以增补铅封的业务。

(5)提退关箱业务。退关箱,指出口箱因故未能装船出运,货主或其代理申请将相关集装箱提离码头的业务。

(6)过港箱业务,指货主或其代理向码头申请将误入码头的集装箱提离码头的业务。

二、内外协调

1. 对内协调

(1)协调计划部门。主要落实舱单等箱货信息。
(2)协调控制部门。主要落实相关集装箱实际箱信息情况。
(3)协调闸口。主要解决客户收发箱过程中进出闸口遇到的突发问题。
(4)协调查验区。主要解决客户办理查验施封过程中遇到的问题。
(5)协调码头货运站。主要解决客户办理拆装箱、倒箱业务过程中遇到的问题。

2. 对外协调

(1)协调"一关三检"。主要落实货物放行、查验等信息。
(2)协调货主或其代理。主要帮助客户解决办理提箱业务过程中遇到的问题。
(3)协调船公司及其代理。主要落实箱货有关信息及提货人有关情况。
(4)协调场站、车队等部门。主要落实提箱计划的执行情况,提高作业效率。

第二节　客户服务中心组织结构和岗位职责

一、客户服务中心组织结构

根据客户服务中心职能,一般分为空箱管理、重箱管理、单证管理三个部分。整个部门设主任 1 人;空箱管理负责人 1 人,箱管计划员、箱管助理若干人;重箱管理负责人 1 人,下设受理计划员、受理助理若干人;单证管理负责人 1 人,下设单证员、单证助理若干人。(见图 13-1)

二、客户服务中心岗位职责

1. 客户服务主任

客户服务主任在物流经理的领导下,按照相关程序,计划、组织并协调督促各岗位人员完成各项工作目标。

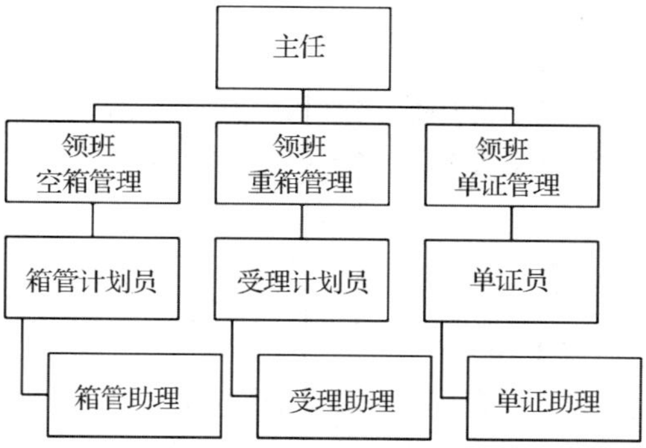

图 13-1　码头客户服务中心组织结构

(1)遵守国家政策法规,遵守公司卫生、安全、环保政策和规章制度及相关的工作场所协议条款。

(2)按照公司政策和程序履行所有责任和义务,保证上级各项规章制度在客服中心的贯彻落实。

(3)协助物流经理做好客户服务各项管理工作。

(4)与外部客户、公司各部门保持密切联系,为客户提供优质服务。

(5)直接向领班分配任务,监督、检查、指导其执行。

(6)管理所属各岗位人员,确保高效、合理地使用各种资源。

(7)协调公司内、外业务关系,确保工作顺利开展。

(8)根据监督服务质量及标准并按其要求提供相应报告。

(9)同外部客户进行联系,落实货物收发事宜、单证事宜。

(10)向物流经理提供业绩及统计报告。

(11)监督、评估员工的表现,并对下属人员进行相关的培训,提高他们的业务水平及各项能力。

(12)查找问题,总结经验,提出合理化建议和实施方案。

(13)及时完成公司领导交办的临时工作。

2. 客服领班

客服领班在客服主任领导下,按照各自分工,负责本班组员工的全面管理,监督员工的服务质量,处理本班组日常事务。

(1)遵守国家政策法规,遵守公司卫生、安全、环保政策和规章制度及相关的工作场所协议条款。

(2)按照公司政策和程序履行所有责任和义务。

(3)遵守部门的各项规章制度和管理规定。

(4)按照工作需要完成相关的工作任务和指标,并致力于不断改进工作。

(5)认真处理班组日常事务,监督并致力于提高员工的服务质量。

(6)与计划、控制、货运站、闸口等部门密切联系,确保信息传递的顺畅。

(7)做好与船公司、场站、车队、货主等外部关系的联系协调及业务往来,确保信息畅通,客户满意。

(8)每月及时总结班组工作情况,上报客服主任。

(9)向客户提供首问负责制服务。

(10)查找问题,总结经验,提出合理化建议和方案。

(11)及时保质保量完成领导交办的其他各项临时工作任务。

3. 箱管计划员

箱管计划员在客服主任和领班的领导下,按照公司的相关程序,处理相关单证和信息,协助客服主任、箱管领班做好各项工作。

(1)遵守国家政策法规,遵守公司卫生、安全、环保政策和规章制度及相关的工作场所协议条款。

(2)按照公司政策和程序履行所有责任和义务。

(3)遵守部门各项规章制度和管理规定。

(4)按照工作需要完成相关的工作任务和指标,并致力于不断改进工作。

(5)制订疏港计划并跟踪落实情况,协调解决存在的问题。

(6)同外部客户联系集装箱收发、堆存事宜。

(7)配合计划部门做好空箱集港计划。

(8)协调船公司制订空箱调拨计划,配合计划部门做好跟踪。

(9)检查码头堆场内空箱场位准确情况,发现问题协调部门纠正。

(10)与控制、计划、闸口及客服预约等作业密切联系,确保信息传递的顺畅。

(11)赶上节假日及夜班时,箱管计划员负责整个客服中心业务的协调及事务处理。

(12)总结经验,查找不足,提出合理化建议和方案。

(13)及时保质保量完成领导交办的其他各项临时工作任务。

4. 客服箱管助理

客服箱管助理在客服主任和领班的领导下,按照物流及场站的相关程序,处理相关单证和信息,保证空箱的疏运和集港。

(1)遵守国家政策法规,遵守公司卫生、安全、环保政策和规章制度及相关的工作场所协议条款。

(2)按照公司政策和程序履行所有责任和义务。

(3)遵守部门各项规章制度和管理规定。

(4)按照工作需要完成相关的工作任务和指标,并致力于不断改进工作工作。

(5)根据船公司空箱调拨指令,综合场地等因素进行分箱。

(6)根据箱管计划员制订的疏港计划协调、联系场站和车队落实空箱疏港计划。

(7)协助箱管计划员处理各项业务。

(8)负责箱管窗口办单业务。

(9)根据船公司指令进行空箱调拨、出口空箱受理,配合有关部门制订集港计划。

(10)向船公司发送各种报文。

(11)做好外部场站、车队执行空箱集疏港计划的监督。

(12)总结经验,查找不足,提出合理化建议和方案。

(13)及时保质保量完成领导交办的其他各项临时工作任务。

5. 客服受理计划员

客服受理计划员在客服主任和领班的领导下，按照公司规定的操作程序和“一关三检”要求受理相关业务，处理有关单据和信息。

（1）遵守国家政策法规，遵守公司卫生、安全、环保政策和规章制度及相关的工作场所协议条款。

（2）按照公司政策和程序履行所有责任和义务。

（3）遵守部门各项规章制度和管理规定。

（4）按照工作需要完成相关的工作任务和指标，并致力于不断改进工作。

（5）与计费员、单证员、外部客户保持密切联系，确保信息传递顺畅、准确。

（6）同外部客户如船公司、场站、运输代理商等客户联系集装箱相关事宜。

（7）受理客户进口重箱整提、进口重箱及大件货物拆提、退关箱提箱等相关业务。

（8）受理客户集装箱查验、施封、消毒、熏蒸、过磅以及冷藏箱修箱、移箱等相关业务。

（9）负责废纸数量核对统计和直通废纸消毒移箱受理及协调，并按照要求向客服主任提供报告。

（10）为客户提供首问负责制服务。

（11）总结经验，查找不足，提出合理化建议和方案。

（12）及时保质保量完成领导交办的其他各项临时工作任务。

6. 受理助理

受理助理在客服主任和领班的领导下，按照公司规定的操作程序和“一关三检”要求受理相关业务，处理有关单据和信息。

（1）遵守国家政策法规，遵守公司卫生、安全、环保政策和规章制度及相关的工作场所协议条款。

（2）按照公司政策和程序履行所有责任和义务。

（3）遵守部门各项规章制度和管理规定。

（4）按照工作需要完成相关的工作任务和指标，致力于不断改进工作和求实创新。

（5）向受理领班汇报，对受理领班负责。

（6）与计费员、外部客户保持密切联系，确保信息传递顺畅、准确。

（7）同外部客户，如船公司、场站、运输代理商等客户联系集装箱相关事宜。

（8）受理客户进口重箱整提、进口重箱及大件货物拆提、退关箱提箱等相关业务。

（9）受理客户集装箱查验、施封、消毒、熏蒸、过磅以及冷藏箱修箱、移箱等相关业务。

（10）为客户提供首问负责制服务。

（11）总结经验，查找不足，提出合理化建议和方案。

（12）及时保质保量完成领导交办的其他各项临时工作任务。

7. 客服单证员

客服单证员在客服主任和领班的领导下，按照公司的相关程序处理相关单证和信息：

（1）遵守国家政策法规，遵守公司卫生、安全、环保政策和规章制度及相关的工作场所协议条款。

(2)按照公司政策和程序履行所有责任和义务。

(3)遵守部门各项规章制度和管理规定。

(4)按照工作需要完成相关的工作任务和指标,致力于不断改进工作和求实创新。

(5)向单证领班汇报,为单证领班负责。

(6)与计划、货运站和外部客户保持密切联系,确保信息传递畅通。

(7)同船公司、船务代理等联系单证事宜。

(8)及时、正确处理单证,向海关、船公司发送信息。

(9)对于相应的单证要做好存档、保管工作。

(10)按照操作流程为客户提供优质查单服务。

(11)为客户提供首问负责制服务。

(12)总结经验,找出可改进的地方,提出合理化建议和方案。

(13)及时保质保量完成领导交办的其他各项临时工作任务。

8. 客服单证助理

客服单证助理在客服主任和领班的领导下,按照公司的相关程序处理相关单证和信息:

(1)遵守国家政策法规,遵守公司卫生、安全、环保政策和规章制度及相关的工作场所协议条款。

(2)按照公司政策和程序履行所有责任和义务。

(3)遵守部门各项规章制度和管理规定。

(4)按照工作需要完成相关的工作任务和指标,致力于不断改进工作。

(5)与堆场计划员、物流领班、仓库理货员、受理助理和外部客户保持密切联系,确保信息传递畅通。

(6)同船公司、船务代理等联系单证事宜。

(7)及时、正确处理单证,向海关、船公司发送信息。

(8)对于相应的单证要做好存档、保管工作。

(9)按照操作流程为客户提供优质查单服务。

(10)为客户提供首问负责制服务。

(11)总结经验,查找不足,提出合理化建议和方案。

(12)及时保质保量完成领导交办的其他各项临时工作任务。

第三节　客户服务中心进口箱业务预约管理

集装箱码头重箱业务预约,主要涉及三方当事人:货主及其代理、承运人及其代理所代表的箱货方;“一关三检”所代表的监控方;集装箱码头所代表的操作方。

集装箱码头重箱业务操作,一要有货主或其代理、承运人或其代理(箱主)的申请;二要经“一关三检”也就是监控方的批准,确保符合监管方要求;三要经码头等操作方的同意,必须要结清费用,划清关系。本节主要介绍进口重箱和空箱预约业务管理。

一、进口重箱提箱预约

（1）客户凭提货单、交货记录和设备交接单到客户服务中心办理进口重箱提箱。

（2）受理人员审核提货单是否盖有船代章，核对提货单船名航次、提单号、箱号、件重尺等是否与电子舱单信息一致；审核提货单是否具备“一关三检”放行手续；审核是否符合码头提箱要求。如经审核无误，业务人员将单据转交计费；如客户缺少手续，业务人员要告知具体的缺少项目，方便客户补齐。

（3）计费员对相关集装箱计费、收费并放行，将提箱单据回转给受理人员。

（4）受理人员制订提箱计划，告知客户手续已办妥，将盖章的设备交接单回转给客户。

（5）客户持加盖受理章的设备交接单到闸口提箱。

二、进口重箱拆箱预约

（1）客户所需单据及要求与进口重箱提箱业务相同。

（2）客户在办理提箱业务的同时，填写拆箱客户申请表。

（3）受理员将拆箱客户申请表转给计费员，计费员计费并收费，然后将拆箱客户申请表回转给受理员。

（4）受理员制订拆箱计划，将拆箱客户申请表第二、三联交客户办理拆箱，并留存拆箱客户申请表第一联。

（5）客户持拆箱客户申请表第二联到码头拆箱部门办理拆箱，同时留存第三联。

三、进口空箱提箱预约

（1）船公司向客服箱管员提供分箱明细，包括收箱人（场站）、收箱数量、收箱箱型，特殊情况下也可指定箱号。

（2）箱管员根据船公司分箱明细，结合堆场空箱布局，综合考虑疏港实际，具体实施分箱计划。进口空箱一般按箱属和箱型进行存放。

（3）收箱人持空箱设备交接单来客服中心办理提箱。如场站办理提箱，需到客户服务中心申请，也可通过邮件方式申请。如为其他客户自提箱，客户需持有承运人或其代理人的放箱确认，并携带盖有客户印章的设备交接单。

（4）箱管员根据场站申请、码头生产实际来制定提箱地点和提箱时间。对于客户自提箱，箱管员核对放箱确认和设备交接单后，在设备交接单上盖章。

（5）计费员对产生费用的空箱计费、收费。

（6）箱管员确定收费后，制订提箱计划。

（7）场站或自提人持设备交接单办理提箱。

（8）部分特殊通关类型的集装箱需要海关放行手续，具体以当地海关要求为准。

第四节　客户服务中心出口箱业务预约管理

集装箱码头出口箱预约业务主要包括出口重箱预约、冷藏重箱进场预约、危险品箱预约、空箱进场预约及退关箱提箱预约等。

一、出口重箱提前、延迟进场预约

(1)出口重箱提前、延迟进场必须经码头相关领导同意,同时堆场计划安排后方可受理。

(2)审核申请人提供提前、延迟进场传真件,并在计算机中输入相关信息。

(3)打印预约受理凭条,传真件必须留底保存。

二、出口冷藏重箱进场预约

(1)货代需持预配清单和中华人民共和国出入境检验检疫局的集装箱检验检疫结果单,单证内容包括出口船名、航次、箱号、尺寸、类型、设定温度、提单号、货名、件数、运输工具、重量等。

(2)受理台业务员审核货代填写并盖章的冷藏箱巡查记录表,内容包括出口船名、航次、箱号、尺寸类型、提单号、恒温温度、货代名称、联系人电话等,按单证记录内容,在计算机中输入相关信息,并打印预约受理凭条交申请人。

(3)预约后,预配清单、商检证书和冷藏箱巡查记录表留底保存。

(4)温控重箱在港堆存期间发生故障,由特种箱班通知受理台,受理业务员接到报告后,根据集装箱的进出口状态通知相关人员,其中出口箱通知货代,进口箱通知船公司或其代理,内容包括船名航次、箱号、提单号、货名、故障情况,同时做好当班记录,并时刻注意修理动态。

(5)如果是一票一箱的冷藏箱预约,货代申请退关,先在CTOS里把该箱的预约删除后,再把商检证书、预配清单和巡查记录还给货代。如果是一票多箱的冷藏箱预约,货代申请其中一个箱子退关,则在CTOS里把该退关箱的预约删除后,把商检证书交给货代,同时要求货代出具保函,保证在退关手续办完后,把商检证书还给港区。

三、出口危险品箱进场、直装预约

(1)严格按口岸核准的《国际危规》中列名的危险品和温控危险品箱的类别受理客户预约。

(2)申请人须向口岸危险品主管部门提出申报,在来码头预约时,出具主管部门批准的港口危险货物集装箱作业联系单、集装箱装运危险货物集装箱装箱证明、书装箱单等单证的正本。

(3)码头客服受理业务员审核单证的有效性,在计算机中输入相关信息。必须输入实际的联系人、联系电话和船名、航次、箱号、尺寸类型、中转港、目的港和危险品类别、联合国编号等信息。

(4)包装类货物出口,由申请人提供集装箱装运危险货物集装箱装箱证明书正本和装箱单办理预约。

(5)散装液态类货物(罐状箱)出口预约,由申请人提供海事处加盖危险货物专用章的危险货物安全适运申报单复印件和装箱单办理预约。

(6)预约后,打印预约受理凭条交申请人。

(7)将港口危险货物集装箱作业联系单、危险货物安全适运申报单、集装箱装运危险货物集装箱装箱证明书归档。

四、出口空箱进场预约

(1)受理台业务员审核船公司的书面传真,传真上写明出口的船名、航次、港口、尺寸类型、箱号或箱量等,并盖有船公司或船代章。

(2)在计算机中按申请人输入申请单位,再根据传真件上的出口船名、航次、中转港、箱号或箱数做预约,可按箱号申请或按箱主申请两种方式进行选择操作。

(3)预约完毕后,打印预约凭条,传真件留底存档。

(4)通知堆场计划员相关的信息(船名、航次、港口、尺寸类型及数量),以便其安排场地。

(5)危险品空箱出口需提供盖有宁波北仑海事处危险货物管理专用章的危险货物安全适运申报单复印件。计算机预约操作中,必须输入危险品的联合国编号和类别。

(6)空箱进场后,船代持出口报关单到受理台办理进场确认手续。受理台查询报关单上的箱号,如箱子都已进场,则在报关单上盖业务受理章。

五、出口退关箱提箱预约

(1)客户持移动货物通知单、承运人或其代理人证明到客户服务中心办理退关,并填写退关工作联系单。

(2)受理员对照系统核对是否为退关箱,并审核船名、航次、提单号、箱号及场站代码等是否准确,审核完毕后将退关工作联系单转交计费员。

(3)计费员按规定计费、收费并放行,将退关工作联系单转回给受理员。

(4)受理员将退关工作联系单第二、三联转回给客户,同时将移动货物通知单复印件盖章后交给客户。受理员留存移动货物通知单正本、退关工作联系单第一联和承运人或其代理人证明。

(5)客户持加盖受理章和计费章的退关工作联系单第二联和加盖受理章的移动货物通知单复印件到闸口提箱,同时留存退关工作联系单第三联。

第五节　客户服务中心其他特别业务预约管理

集装箱码头其他特别预约业务主要包括:海关和国检的查验,转运施封及熏蒸、消毒业务预约,内贸箱受理,超限箱(超重量或尺寸)及其他箱管业务预约。

一、海关查验预约

(1)客户持海关查验货物移动通知单(简称“移动证”)到客户服务窗口办理查验。

(2)受理员审核移动证单据信息是否正确、海关手续是否齐全,审核完毕后将单据转交计费员。

(3)计费员按规定计费、收费并放行,然后将有关单据回转给受理员。

(4)受理员制订查验计划,告知客户手续已办妥,将盖章的移动证第二、三联回转给客户,第一联由受理人员归档。

(5)客户持加盖受理章的移动证第二联到查验区办理查验手续,第三联由客户留存。

二、施封、熏蒸业务预约

(1)客户持承运人或其代理证明到客户服务中心填写进/出口工作联系单,并注明业务类型。

(2)受理员审核证明手续是否齐全、审核填写信息是否准确完整,审核完毕后将单据转交计费员。

(3)计费员按规定计费、收费并放行,然后将单据回转给受理员。

(4)受理员制订施封、熏蒸计划,将进/出口工作联系单第二、三联交客户办理业务,并将进/出口工作联系单第一联留存。

(5)客户持加盖受理章的进/出口工作联系单第二联到施封、熏蒸部门办理施封、熏蒸,并留存进/出口工作联系单第三联。

三、内贸箱提箱预约

内贸箱提箱业务与外贸箱提箱业务的最大不同点在于,内贸箱提箱不需要“一关三检”放行手续。但在内外贸公用码头,实际操作中识别内贸箱是很重要的。判断内贸箱主要通过两种方式:内贸船所卸集装箱;内外贸同船则需要海关纸面的确认,方可判断为内贸箱。其流程如下:

(1)客户凭沿海内贸航线提货单和设备交接单办理业务。

(2)受理员审核单据信息是否准确、印章是否齐全,审核无误后将单据转交计费员。

(3)计费员按规定计费、收费并放行,然后将有关单据回转给受理员。

(4)受理员制订提箱计划,将盖章的设备交接单回转给客户,同时留存沿海内贸航线提货单。

(5)客户持加盖受理章的设备交接单到闸口提箱。

四、超限箱进出场预约

(1)进出口超限箱需特殊作业的,船公司或货代必须在装箱前向受理台申报计划,提供书面的详细资料,如具体的超限尺寸及外表状况等。

(2)超限货物装载最大可超过集装箱的允许范围为长:两端各 1 m,宽:两侧各 0.7 m,高:0.6 m,重量:40 t。

(3)受理台业务员联系控制主管,同意接卸后,把受理信息反馈船公司或其代理。

五、场内存场空箱调运预约

在集装箱码头,船公司箱管部门在卸船前确定进口集装箱的分箱计划,他们会选择将集装箱临时堆存在码头,然后择机将集装箱发往目的港口。空箱调运,就是船公司将堆存在集装箱码头的进口空箱重新安排船舶运至其他港口的业务。

(1)船公司或其代理向箱管提出空箱调运申请,明确调运数量、箱型、尺寸、船名、航次、调运提单、卸港及是否为指定箱。

(2)客服箱管员对船公司及代理空箱调运要求进行审核。对于调运空箱只指定箱型、尺寸、数量,按照先进先出的原则及场地实际情况安排;对于已经分箱至场站的,船公司或其代理先更改分箱为堆存箱,然后箱管员再进行操作。

(3)箱管员将计划调运空箱做进口转出口操作,并设定船名、航次、提单号,系统做放行。

(4)箱管员将调运空箱箱号提供给承运人或其代理,同时提供给外轮理货单位一份,内贸船可不提供给外轮理货单位。

(5)某些情况下空箱调运可能需要部海关放行手续,具体以当地海关要求为准。

六、海铁联运箱预约

(1)海铁联运指内陆海关放行的集装箱,通过铁路运到(往)指定铁路港站,由海关监管集卡拖到(出)港区,最后装船出口,或者从船上卸下通过铁路运到内陆城市的运输方式。

(2)受理方式类同于转码头箱操作。对于从本港区进口转铁路出口的箱子,受理员根据船代申请的集装箱信息,在系统中核对船名、航次、空重箱、铅封号,数据一致后做码头审核确认。对于从铁路进口转到本港区出口的箱子则不需要审核。

(3)进场码头审核确认后,再在海关网上进行电子放行确认。

(4)船代持集装箱海铁联运申报单到海关做书面放行确认后,即可提箱。

七、进出口箱信息更改

(1)出口箱进场后,如需要更改船名、航次、卸货港,须由申请人先到配载做转船预约,然后凭预约凭条到受理台付费,费用确认后再做放行处理。

(2)如需要更改出口集装箱的提单号、重量、件数等内容,必须在海关出口放行前提出书面申请。如果是支线船的出口箱,必须有货代的书面确认。如果是干线船的出口箱,必须有船公司的书面确认。传真件须留底保存。

(3)如需要对在场集装箱进行重新施封,由申请人填写重新施封申请单,付清费用后把铅封和申请单交值班长安排人员加封,受理员在系统中箱信息修改里增添新的铅封号。

第六节　客户服务信息化及电子预约系统

随着集装箱码头建设进入白热化,码头竞争变得日益激烈,做好客户服务的重要性也日趋明显,只有给客户提供更快捷、更方便的服务,满足客户各方面的个性化需求,才能留住老客户,开拓出新的客户群来。

一、客户服务信息化及其发展

集装箱吞吐量快速增长,码头的生产作业越来越繁忙,加快港口信息化和网络化的进程变得日益重要起来。国外很多港口很早就实现了网上预约提箱等业务,当然这跟整个国家网络的环境、电子商务的发展水平都是有关系的。从集装箱码头信息化的应用中可以得到,基于因特网的客户服务从 1999 年就开始得以应用。在目前的码头操作中,码头信息技术在多方面得到应用,如:优化车辆工作分派和调度、自动船舶计划、优化堆场管理、电子数据交换和基于因特网的客户信息服务技术等,在港口业发展中,信息化对货物运输起着主导和控制的作用。因此,各个港口都很注重对信息的掌握、控制和处理,不断提升码头操作最优化、电子数据交换、客户跟踪等服务能力。目前,从国内电子商务发展的水平来看,国内大型集装箱码头都已实施和应用网上受理各种业务的预约系统。随着口岸通关电子化的实施以及 EDI 的发展,网上预约和直接付费系统在口岸环境方面已经具备条件。如上海港集装箱码头有限公司从 2006 年 7 月 1 日正式开通网上受理危险品、超限集装箱直装计划的业务;大连港集装箱码头实现了网上计费。

但要真正实现全程在网上为客户服务,整个口岸地区必须形成一个完整的物流电子信息链,实现电子信息在码头、口岸单位(海关、检验检疫等)、船公司、船代、货代、报关行、货主及各相关单位之间的交流共享。目前这些各个独立的单位都有适合自己的计算机操作系统,面向客户的服务信息也各不相同,虽然现在 EDI 发挥了很大的作用,但是只有 EDI 在更多的方面加以应用,这种局面才能有所改变。

二、网上受理的实现

目前,要实现集装箱码头网上受理,对各环节将有严格的要求:

1. 对船公司所传电子舱单的准确性提出要求

现在,有的船公司提供的电子舱单往往不是很准确,有时是因为传递的过程造成的,有时还会因特殊情况接收不到电子舱单。目前操作中,为了保障进口舱单数据的准确性,需要船公司提供纸面的舱单来与电子舱单进行核对,纸面舱单作为进口舱单校验的最终依据。要做到网上受理,码头要求船公司对提供的电子舱单的准确性要有保障,同时 IT 也要保障数据传输的稳定,不出现故障。这样,船公司可以不再提供纸面舱单,在网上受理时可直接核对系统里的数据。

2. 对提货单的审核和放行方式有新的要求

提箱时，需要审核纸面的提货单，同时审核海关放行章、三检章、船代章。要做到网上放行，需要对以下方面进行改进：

（1）提货单的电子化，取消纸面提单。纸面提单是船公司给货主的提货凭证，只有拿着提单，才有提货的权利。网上受理同样要有提货的凭证，才能提出提箱申请。这就需要提单的电子化。

（2）码头要得到海关和商检的放行信息，这就需要得到口岸单位的允许与支持，开放必要的系统互联接口，以便于实现双方系统信息的互联互通（或者有查看海关商检放行信息的权利），同时要保证信息传递的准确性（或查看到放行信息的准确性），码头得到海关和商检的放行信息后，才可以网上受理。要做好网上受理，口岸单位信息的准确性必须得到保证，分清责任，避免不必要的工作困扰。

例如：①冻柜放行查询，必须把箱子的放行信息打印处理，以备日后海关查找，分清责任，这就会给工作带来很大的不便。②现在进口提箱经常出现的一个问题就是司机回来复印提单，因为闸口海关系统没有查到被海关的放行信息，需要查看纸面的放行章。

3. 对费用的结算提出新的要求

受理完毕就是费用的结算，现在客户来交费，有协议的要提供盖有船公司代缴费用章的交货记录，实现网上计费，需要考虑的问题有船公司代缴费用的确认、资金到位率的保障等。

三、网上受理系统流程设计

上述基本问题都解决以后，才能试行网上受理，其流程为：

（1）客户来客服中心签订协议或留下相关资料，得到进入提箱申请界面的认证许可编号等，以便客户有网上提箱的认证许可。

（2）进入系统提供电子提单信息，受理核对各种信息（箱信息、放行信息等）无误后做计划提示缴费，系统显示缴费成功后，自动反馈给客户成功申请的信息，同时给客户提箱所需的回执，作为司机提箱的凭证。

四、目前有待解决的问题

码头运作非常重要，客户服务也非常重要，目前大部分的集装箱港口和码头已由着重码头运作转向更侧重为客户服务。但码头若得不到口岸单位、物流相关单位的支持，网上受理便很难实现，因为办理单据从头到尾环环相扣，并不是一个环节就可以独立能做好的。短期内，码头可以在以下方面进行改进，比如：利用互联网、声讯电话、短信等向客户提供更多的资讯；更新流程，给货主提供更便捷的服务等。具体分析如下：

1. 网上增加费用的查询功能

现在有相当一部分来办理单据的客户想提前知道自己的货柜在码头的费用，以备提前准备支票或充裕的现金，以免准备不足，给正常提箱带来不便。随着业务量的加大，高峰时客户非常多，一般都是先正常办理单据，查询费用的客户一般都不予接待，这样便会引起客户的不满。如果能在网站上开通费用查询,就可以分流前台一部分业务量,让客户得到更快捷准确的服务。同时,一些来办单交费的司机,不会利用网络来得到想要的资讯,可利用声讯电话来解决。

2. 首先实现网上计费与支付

实现网上计费与支付,需要财务、IT、用户、银行等各个部门之间的协商合作。随着信息化的加快,网上计费是一种必然趋势。在还不能网上受理的情况下,可以先开发网上计费的功能,这样可以为以后实现网上受理打下基础。据了解,目前国内大连港已经开始网上计费。

3. 改变目前受理计费协作操作模式

目前客服中心前台由受理、计费搭档来完成一票业务,这样的操作流程存在弊端,给公司内部的工作、管理都带来困扰,同时给客户办单也带来不便。短期内不能实现网上受理,可以在系统上把前台受理、计费两块业务合并一起,这样可以为货主提供更好的服务,同时也为以后的网上受理计费打下基础。

4. 完善进口提箱的预约功能

随着码头业务量的增大,码头要提高效率,必须要提前对每天的重箱发箱有一个全面的了解和监控,以便更合理地安排机械,提高机械的利用率,同时避开与卸船发生冲突,让堆场计划对堆场有一个更好的预控。目前大部分码头系统受理做计划时,有一个时间段的控制,并对应每一票受理有相应的受理号,本来的意图就是实现对进口箱的提箱有一个预约控制,但现在没有利用起来。提箱预约系统应有自动分析作业的功能,合理安排提箱的时间段。

五、电子预约系统案例

1. 上海港的口岸物流平台

上海电子口岸进口提货单电子化系统,从 2004 年就已经开始试运行。该系统将电子提货单信息通过上海电子口岸平台同时发送给海关、检验检疫、理货、陆管、船公司/船代、码头等相关单位,以电子签章取代各单位的纸面盖章,是对传统作业模式的创新。上海口岸海运进口集装箱提货单电子化系统在海关和检验检疫环节正式运行,上海电子口岸平台已建成连通包括海关、检验检疫在内的口岸监管单位业务网络的统一平台。洋山港区进口集装箱提货单将实现电子化操作。从流程来看,提货单的信息通过电子平台,同时发送给相关各方。用户只需在得到所有的 5 个电子放行信息的情况下,持纸面提货单到码头提货就可以了,而不必像原来那样在逐个部门间传递。按照流程,用户在前往海关申报时,对于盖有“电子提货单”章的申报企业不再加盖放行章,而直接给出电子查验信息(放行信息)。需要向检验检疫部门做相关申报的货物,在完成相关申报手续后,会在查验完毕通过后发出电子放行信息。

2. 香港国际货柜码头(HIT)预约系统

HIT 在信息网络、EDI 传递等方面都处于领先地位。香港国际货柜码头经营成功的要诀之一,就是资讯交换快捷、准确,他们发展了精密先进的计算机化资讯系统网络。客户服务部分,Custom Plus 和 One-stop-port 是其中两个例子,两者都是借助于互联网让客户来获得码头的资讯、传递文件等，其中一站式港口以封闭形式运作，只供已登记人士使用。香港国际货柜码头于2000年推出电子账单服务，取代传统的纸张账单，用户可通过这项服务索取电子账单。预约通系统是香港国际货柜码头创新的调度系统，它是闸口程序自动化的重要部分。通过预约通，客户能用电话或在网上通过Customer Plus进行预约。香港国际货柜码头和盐田国际集装箱码头成功地推出了电子发票服务，实现了发票无纸化，电子发票服务可以提高账单处理效率，降低依赖手工输入和核对资料方面的成本。

3. DTC网上计费与支付系统

DTC网上计费与支付系统是大连集装箱码头有限公司的J2EE设计架构的集装箱物流计费系统。该系统实现了货方、船方、空箱、加载、退关、提前入港的集装箱计费以及出入港控制等功能需求。大连口岸进口整提箱费用网上支付系统，是全国首个针对进口集装箱在码头所产生的堆存费、搬移费、港建费等口岸服务性收费项目的网上支付平台。借助该系统，大连集装箱码头此前曾为大连口岸的广大客户提供了网上账单明细及账户余额查询等相关服务，使其可在全国范围内用建设银行、工商银行等9家银行的银行卡实现各种口岸费用的支付，大大简化了港口运输费用结算流程，提高了口岸工作效率。该系统是基于B/S结构的网上计费系统，它提供货方计费系统和船方计费系统等相关计费功能，以WEB页面嵌入方式接入到网上支付系统。通过网上计费系统，结算单位或人员可以通过WEB形式查询到一票箱子或船在码头运作所产生的费用，并通过网上支付系统实现网上费用的支付处理。结算单位或人员在网上支付的结果将由网上支付系统以WEB的方式提示给付费者，同时转给计费系统，供计费人员查询使用。

思考题

1. 简述码头客户服务中心的主要职能和需要协调的各关系方。
2. 简述进口重箱提箱和出口重箱进场的预约流程。
3. 简述进口空箱提箱和出口空箱进场的预约流程。
4. 简述海关查验箱预约流程。

模块五 信息单证

第十四章 集装箱码头的主要单证及其流程

概 述

单证(Document)就是在进出口业务中应用的单据和证书,凭借这种文件来处理货物的交付、运输、保险、商检、结汇等,是信息的载体。单证工作贯穿于企业的外销、进货、运输、收汇的整个过程。

单证工作是进出口业务中的一个重要组成部分,是进出口贸易不可缺少的手段。从贸易合同签订开始,到发货地装运货物出口,目的地进口卸货,直到收货人提货的整个过程,每个环节都需要缮制、处理、交接和传达相应的单证,以满足商业、运输、银行、保险、海关以及政府机关处理对外贸易等多方面的信息需要。

就集装箱运输业务而言,单证是参与集装箱运输业务的有关各方权利、义务、责任转移和互通信息的凭证。现代集装箱运输单证同传统的件杂货运输单证相比,有如下特点:

(1)集装箱托运单、场站收据、设备交接单(EIR)、装箱单等单证在件杂货运输中都不曾有过,这些单证的使用充分体现了集装箱运输高效率和高效益的优越性,是集装箱运输特有的单证。

(2)由于集装箱运输不断向多式联运(Intermodalism)的方向发展,故在发达国家集装箱提单一般都是联运提单,即承运人的责任范围已延伸至码头或内陆交货地。

(3)集装箱船舶运输速度快,船舶在港停泊时间短,单证的工作量又大大地多于件杂货运输。

(4)计算机和 EDI 网络的发展,使集装箱运输单证无纸化运行成为可能。目前利用计算机处理单证在很多先进港口已广泛采用,自动识别技术(如 COR、RFID)和图像采集技术的发展,使单证信息的处理效率大大提高。特别是在涉及集装箱运输的各部门在计算机联网后,通过 EDI 网络实现信息数据的实时交换和共享，从根本上简化和加快了单证流转程序，甚至实现了无纸化单证信息流转。如场站收据被海关电子放行信息代替、EIR 无纸化等。

本章主要讨论与集装箱码头相关的单证。通过本章的介绍，可以将箱务、配载、船舶计划、闸口、调度（控制室）、堆场作业、商务等各章联系起来。

第一节　集装箱码头单证体系

集装箱码头运营管理是集装箱运输管理中的一个重要环节。作为港口物流服务性企业，所接触到的物流供应链中上下游客户和相关机构很多，包括船公司、船代、货代、报关公司、车队、物流公司、货运站、箱站、收/发货人等客户，以及海关、边防、检疫检验局、保险公司、银行、港务监督、引航、公安等机构和单位，涉及的业务单证也很多。

一、集装箱码头单证的作用

业务单证贯穿于集装箱码头的整个作业过程中，虽然不同单证记载的内容不同，但都在集装箱码头业务过程中起着重要作用。

（1）单证记载着货物的基本资料，是码头了解货物、进行货物安排的主要依据。

（2）作为货物交接和业务交接以及责任转移与界定的依据。

（3）单证是码头进行作业收费的依据。

（4）用以反映货运活动过程以及各业务环节状况。

（5）留存、进行保管以及业务跟踪。

（6）作为处理责任事件的依据。

二、集装箱码头单证的分类

集装箱码头单证种类繁多，可以从不同角度与要求进行分类：

（1）按单证的贸易属性分：进口业务单证、出口业务单证。

（2）按单证的缮制和流转分：外来单证、内部流转单证和对外单证。

（3）按单证的主体分：船舶作业单证和集装箱/货作业单证。

三、集装箱码头单证体系

1. 集装箱运输中的几种主要单证

集装箱运输单证中，主要的出口运输单证包括：集装箱货物托运单（Booking Note）、装箱单（Container Load Plan or Unit Packing List，CLP or UPL）、设备交接单（Equipment Interchange Receipt，EIR）、场站收据（Dock Receipt，DR）、提单（Bill of Lading，BL）、集装箱载货清单（Container List）、预配船图（Pre Bay Plan，PBP）、积载图（Stowage Plan）等。

集装箱运输单证中，主要的进口运输单证有：提单（Delivery Order）、货物舱单（Cargo Manifest)、积载图(Stowage Plan)、集装箱清单(Container List)、装箱单(Container Load Plan)、设备交接单、提货单(Delivery Order)、交货记录(Cargo Receipt)等。

2. 集装箱码头业务单证名称及体系

集装箱码头业务单证体系,按码头物流系统操作对象主体分类,由船舶作业单证和集装箱/货作业单证两大子系统构成。

(1)船舶作业单证子系统按作业过程分类,又可分为:

①新开航线时涉及的商务单证。

②船舶计划单证。

③船舶进出口都涉及的单证。

④船舶进口卸船单证。

⑤船舶出口装船单证。

船舶作业单证子系统详细内容如图 14-1 所示。

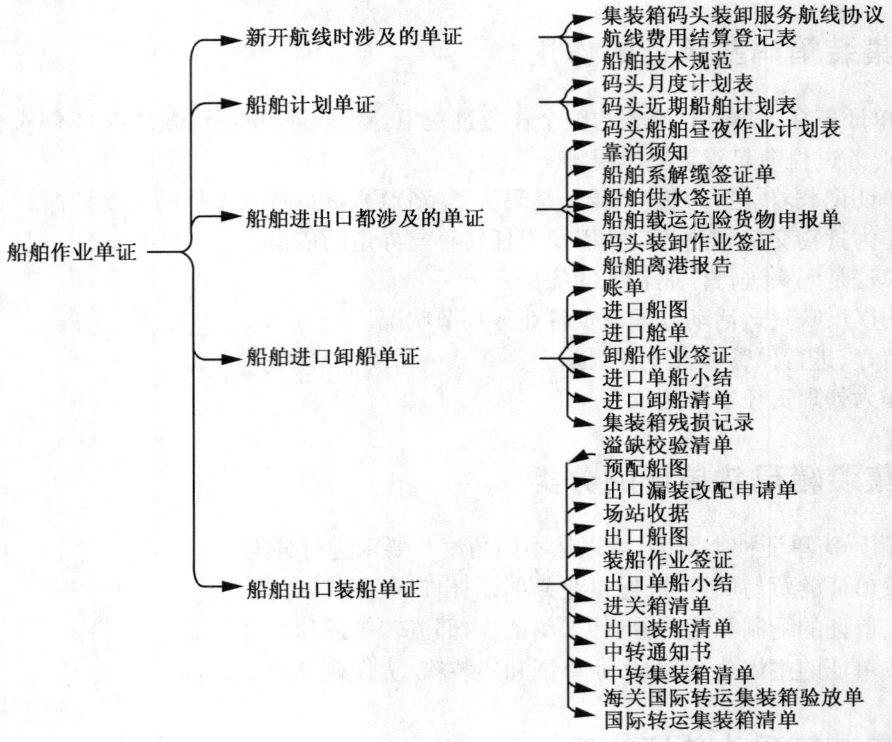

图 14-1　船舶作业单证子系统

(2)集装箱/货作业单证子系统,按作业过程分类,又可分为:

①集装箱进场作业单证。

②集装箱出场作业单证。

③集装箱查验作业单证。

④其他特种作业单证。

集装箱/货作业单证子系统详细内容如图 14-2 所示。

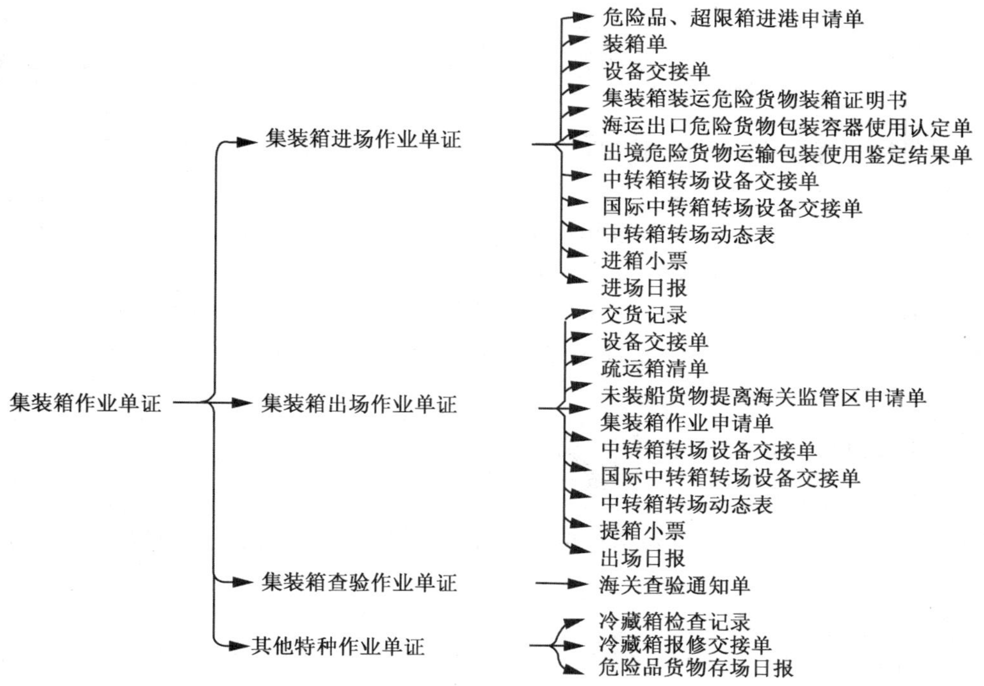

图 14-2　集装箱/货作业单证子系统

第二节　集装箱运输中的主要单证

一、提单

1. 提单概念与主要作用

提单(Bill of Lading, B/L),通常指海运提单,是用以证明海上货物运输合同、货物以及由承运人接管、装船,以及承运人保证据以交付货物的单证,是国际货运代理人处理的主要业务单证。提单的作用一般归纳为:

(1)承运人与托运人之间订立货物运输合同的依据。提单条款及其内容,通常载明了承运人与托运人之间各自享有的权利和承担的义务,是处理当事双方在运输过程中发生纠纷的依据。

(2)承运人接管货物或将货物装船后向托运人签发提单,表明承运人已收到并占有提单上所记载的货物,因此提单具有货物收据的作用。

(3)代表货物所有权的一种凭证,即物权转移凭证。转移提单也就转移了货物所有权。

2. 提单的分类

(1)按提单抬头分:记名提单(Straight B/L)、指示提单(Order B/L)、不记名提单(Bearer B/L)。

(2)按货物是否装船分:待运提单(Received for Shipment B/L)、已装船提单(Shipped on Board B/L)。

(3)按货运方式分:直达提单(Direct B/L)、转船提单(Transshipment B/L)、联运提单(Through B/L)、租船提单(Charter Party B/L)。

(4)按提单上有无批注分:清洁提单(Clean B/L)、不清洁提单(Unclean B/L)。

(5)按签发时间与使用要求分:倒签提单(Anti-Dated B/L)、预借提单(Advanced B/L)、过期提单(Stale B/L)。

3. 提单正面内容与背面主要条款

(1)提单正面内容与条款

提单正面格式填制内容一般包括提单关系人、船舶情况、货物相关资料;承运人关于声明性质的条款。

(2)提单背面主要条款

提单背面条款包括:一般合同条款;承运人责任与权利条款;货主或发货人的责任;营运相关条款;重要的保护性条款。

4. 提单的流转

(1)托运人持收货单(Ship's Receipt)到代理公司处支付运费(在预付运费情况下)提取提单(B/L)。

(2)代理公司审核无误后,留下收货单,签发提单(B/L)给托运人。

(3)托运人持提单(B/L)到议付银行结汇,议付银行将提单(B/L)邮寄开证银行。

(4)代理公司根据提单(B/L)副本编制出口载货运费清单,连同提单(B/L)副本送交船公司,并邮寄或交船代交卸货港的代理公司。

(5)收货人到银行付清货款,取回提单(B/L)。

(6)收货人向卸货港代理公司付清应付费用后,以正本提单换取交货记录(Delivery Order)。

二、海运单

海运单(Sea-way Bill),又称海上运单或海上货运单,指由承运人签发给托运人表明已收妥货物,以及承运人凭此单据在目的港交货给收货人的一种不可流转的单证。

20 世纪 70 年代以后海运单开始被银行接受。国际商会(International Chamber of Commerce,ICC)制定的 INCOTERMS 将海运单写入了运输单据之中。1990 年 6 月 29 日在巴黎举行的国际海事委员会第三十四届大会上通过了《国际海事委员会海运单统一规则》(CMI Uniform Rules for Sea-way Bill),使海运单的使用更具规范性。

1. 海运单的特点

与提单相比，海运单具有如下特点：

（1）使用海运单时收货人提货手续更简便、更及时。

（2）海运单具有收货凭证和海上运输合同证明的功能，但不作为物权凭证，不能流转。

（3）货物交付时，收货人并不出示海运单，仅凭提货通知、身份证明提货，承运人凭收货人出示到货、提货通知及身份证件放货。

2. 海运单使用范围

海运单主要运用在：跨国公司在不同地区的货运业务往来；近距离海运运输；长期、稳定、可信赖的客户；价值相对较低或无资金风险的货物运输等。

三、场站收据

场站收据（Dock Receipt，DR）是海上承运人委托集装箱装卸区货运站或内陆中转站，在收到整箱货或拼箱货后签发，国际集装箱运输专用出口运输的单证。我国在 20 世纪 90 年代初开始比较正规地使用场站收据。

1. 场站收据的格式

场站收据的标准格式（见图 14-3），一套共十联：

第一联：集装箱货物托运单（白色），货主留底；

第二联：集装箱货物托运单（白色），船代留底；

第三联：运费通知（1）（白色）；

第四联：运费通知（2）（白色）；

第五联：装货单——场站收据副本（白色，含副联出口货物港务费申请书）；

第六联：大副联——场站收据（粉红色）；

第七联：正本场站收据（淡黄色）；

第八联：货代留底（白色）；

第九联：配舱回单（白色）；

第十联：配舱回单（白色）。

2. 场站收据的流转流程

（1）托运人填制场站收据，船舶代理订舱签单，在装货单上盖签单章，留下船代留底和两联运费通知，其余七联退还托运人。

（2）托运人将货主留底联留下，将货代留底联交货代缮制其他单证。

（3）托运人凭两联配舱回单缮制提单和其他单证。

（4）托运人持场站收据、装货单和大副联、货物报关单送海关报关。

（5）海关在核单后，在装货单上盖放行章。

（6）托运人将场站收据、装货单（含副联）和大副联送交码头。

（7）在集装箱进入码头后，码头配载员签发场站收据，将场站收据正本（第七联，俗称“黄联”）退还给托运人，将大副联送交理货转交大副，留下装货单联作为日后查询的凭证，装货单

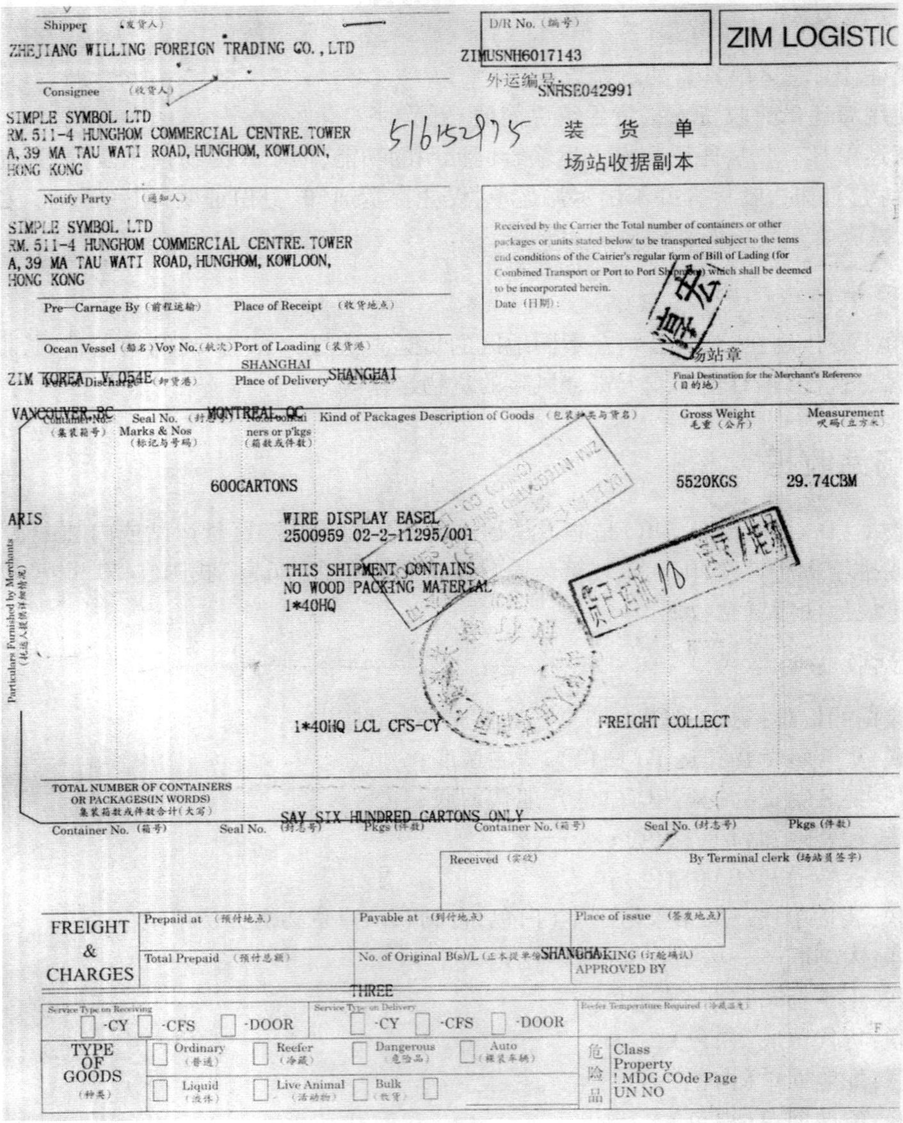

Shipper (发货人)
ZHEJIANG WILLING FOREIGN TRADING CO., LTD

D/R No. (编号)
ZIMUSNH6017143
外运编号 SNHSE042991

ZIM LOGISTIC

Consignee (收货人)
SIMPLE SYMBOL LTD
RM. 511-4 HUNGHOM COMMERCIAL CENTRE. TOWER
A, 39 MA TAU WATI ROAD, HUNGHOM, KOWLOON,
HONG KONG

516152975

装货单
场站收据副本

Notify Party (通知人)
SIMPLE SYMBOL LTD
RM. 511-4 HUNGHOM COMMERCIAL CENTRE. TOWER
A, 39 MA TAU WATI ROAD, HUNGHOM, KOWLOON,
HONG KONG

Received by the Carrier the Total number of containers or other packages or units stated below to be transported subject to the tems and conditions of the Catrier's regular form of Bill of Lading (for Combined Transport or Port to Port Shipment) which shall be deemed to be incorporated herein.
Date (日期):

场站章

Pre—Carnage By (前程运输)　Place of Receipt (收货地点)

Ocean Vessel (船名) Voy No. (航次)　Port of Loading (装货港)
ZIM KOREA V.054E　SHANGHAI

Port of Discharge (卸货港)　Place of Delivery (交货地点)　Final Destination for the Merchant's Reference (目的地)
VANCOUVER BC　MONTREAL QC　SHANGHAI

Container No. (集装箱号)	Seal No. (封志号) Marks & Nos (标记与号码)	No. of containers or p'kgs (箱数或件数)	Kind of Packages Description of Goods (包装种类与货名)	Gross Weight 毛重(公斤)	Measurement 尺码(立方米)
		600CARTONS		5520KGS	29.74CBM
	ARIS		WIRE DISPLAY EASEL 2500959 02-2-11295/001 THIS SHIPMENT CONTAINS NO WOOD PACKING MATERIAL 1*40HQ		
			1*40HQ LCL CFS-CY　FREIGHT COLLECT		

Particulars Furnished by Merchants (托运人提供详细情况)

TOTAL NUMBER OF CONTAINERS OR PACKAGES(IN WORDS) 集装箱数或件数合计(大写)
SAY SIX HUNDRED CARTONS ONLY

Container No. (箱号)　Seal No. (封志号)　Pkgs (件数)　Container No. (箱号)　Seal No. (封志号)　Pkgs (件数)

Received (实收)　By Terminal clerk (场站员签字)

FREIGHT & CHARGES	Prepaid at (预付地点)	Payable at (到付地点)	Place of issue (签发地点)
	Total Prepaid (预付总额)	No. of Original B(s)/L (正本提单份数) THREE	SHANGHAI BOOKING (订舱确认) APPROVED BY

Service Type on Receiving: □-CY □-CFS □-DOOR　Service Type on Delivery: □-CY □-CFS □-DOOR　Reefer Temperature Required (冷藏温度) °F °C

TYPE OF GOODS (种类): □ Ordinary (普通) □ Reefer (冷藏) □ Dangerous (危险品) □ Auto (裸装车辆) □ Liquid (液体) □ Live Animal (活动物) □ Bulk (散货) □

危险品: Class　Property　IMDG COde Page　UN NO

图 14-3　出口集装箱场站收据

副联作为结算港务港建费用的凭证。

(8)托运人将场站收据正本交船舶代理人,以换取提单。

(9)场站收据是托运人用以向船舶代理人换取提单的凭证,签发了场站收据以后的货物必须报关后出口,不报关的货物原则上不签发场站收据。

3. 场站收据填制时的注意事项

(1)场站收据的内容主要为:发货人、通知人、船名、航次、装货港、卸货港、目的港、收货人、集装箱箱号、铅封及标志,集装箱箱数或件数、货名、交货方式、收货方式等。

(2)场站收据由托运人使用打字机填制,在托运过程中,更改任何项目,应由提出更改的责任方编制更正通知单，及时送达有关主管部门，并由船代通知海关。

（3）场站收据的收货方式和交接方式应根据运输条款如实填写，同一单不得出现两种收货方式或交货方式。

（4）冷藏出运应正确填报冷藏温度，必须用摄氏度表示。

（5）危险品出运应正确填报类别、性能、危规页数和联合国编号，如国际危规规定主标以外还有副标，在性能栏目用"（主标）/（副标）"方式填报。

（6）需要特种箱运输的货物，托运人在填制场站收据时应注明货物所需箱型，如超高箱（O/H）、框架箱（F/R）、平板箱（D/F）、开顶箱（O/T）、冷藏箱（R/F）、超宽箱（O/W），以方便配舱装运。

（7）集装箱货在场站与货方交接时，如发现异常，应在批注栏内如实批注。

四、交货记录

交货记录（Delivery Record），是码头堆场或集装箱货运站在向收货人交付货物时，用以证明双方已完成货物的交接并记明交接状态的单证。

1. 交货记录标准单证格式

交货记录一共有五联：
第一联：到货通知书联（白色）；
第二联：提货单联（白色）；
第三联：费用账单联（蓝色）；
第四联：费用账单联（红色）；
第五联：交货记录联（白色）。

提货单（Delivery Order），又称"小提单"，是收货人或其代理据以向集装箱码头或集装箱货运站提取货物的凭证。提货单联实质上是交货记录的第二联，它与提单的性质不同，不具备流通性，不能买卖，只是船公司或其代理指令集装箱码头或集装箱货运站向指定的货主交付货物的凭证。进口集装箱提货单样张见图 14-4，交货记录样张见图 14-5。

2. 交货记录流转流程

（1）船舶代理人在收到进口货物单证资料后，在国外进口船舶联检后（支线船抵港后）72 小时内，向收货人发出到货通知书。

（2）收货人或其代理人在收到到货通知书后，凭正本提单向船舶代理换取交货记录，在提货单联上加盖进口提货章，连同费用账单、交货记录共四联交给收货人。

（3）收货人或其代理人持提货单、费用账单、交货记录共四联随进口货物有关资料，向海关申报。海关验放后在提货单的规定栏内加盖放行章。

（4）收货人或其代理人办妥其他有关手续，到卫检部门加盖放行章、商检部门加盖登记章、动植检部门加盖受理检疫章、陆管处加盖核准章、理货公司加盖受理章、船公司代理加盖放箱章。

（5）收货人及其代理人凭盖章放行的提货单及费用账单和交货记录向集装箱码头或集装箱货运站办理申请提货作业计划，集装箱码头或集装箱货运站核对船舶代理人签发的提货单

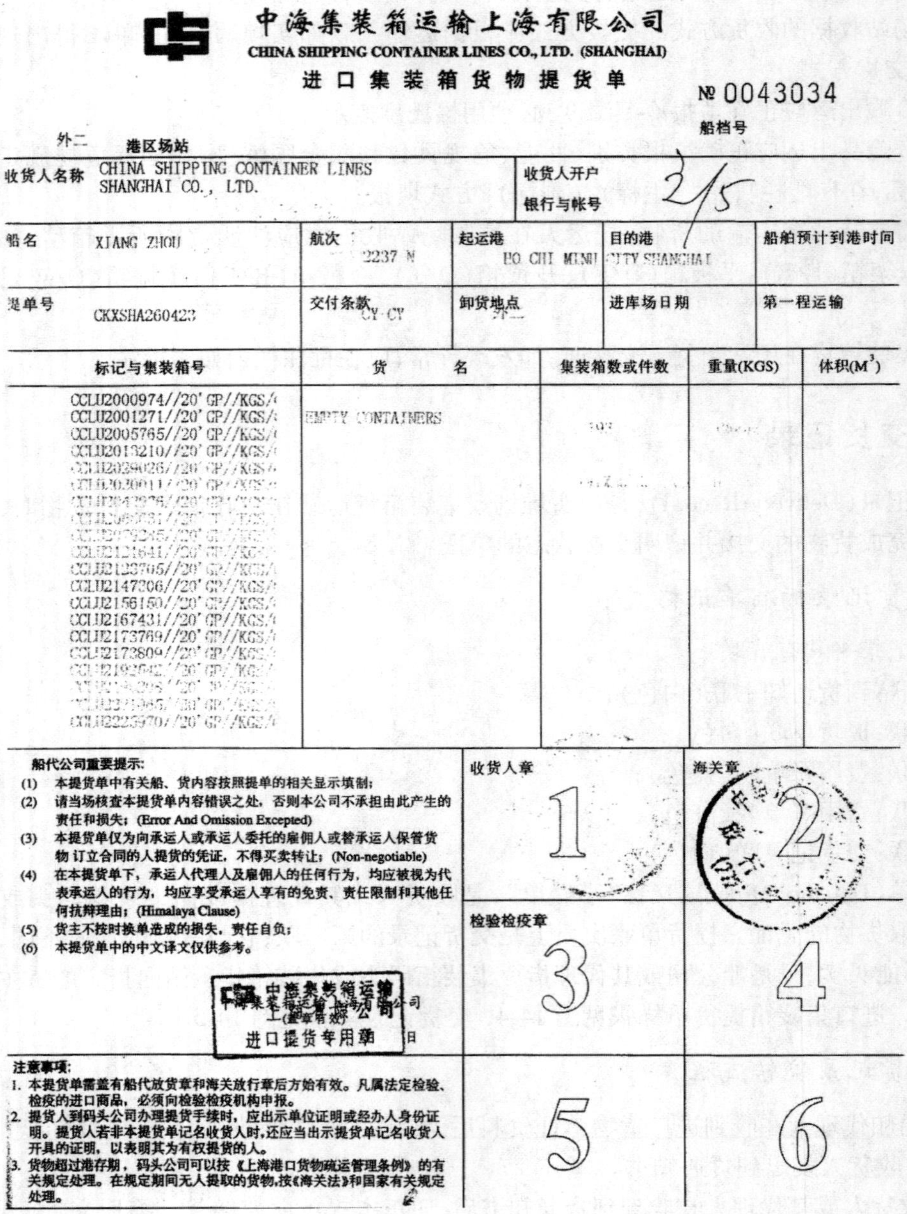
中海集装箱运输上海有限公司
CHINA SHIPPING CONTAINER LINES CO., LTD. (SHANGHAI)
进口集装箱货物提货单
№ 0043034

外二 港区场站　　船档号

收货人名称：CHINA SHIPPING CONTAINER LINES SHANGHAI CO., LTD.
收货人开户银行与帐号：2/5

船名	航次	起运港	目的港	船舶预计到港时间
XIANG ZHOU	2237 N	HO CHI MINH	CITY SHANGHAI	

提单号	交付条款	卸货地点	进库场日期	第一程运输
CKXSHA260423	CY-CY	外二		

标记与集装箱号	货名	集装箱数或件数	重量(KGS)	体积(M^3)
CCLU2000974//20' GP//KGS/ CCLU2001271//20' GP//KGS/ CCLU2005765//20' GP//KGS/ CCLU2013210//20' GP//KGS/ CCLU2029026//20' GP//KGS/ CCLU2030011//20' GP//KGS/ [illegible] [illegible] [illegible] CCLU2121641//20' GP//KGS/ CCLU2123705//20' GP//KGS/ CCLU2147306//20' GP//KGS/ CCLU2156150//20' GP//KGS/ CCLU2167431//20' GP//KGS/ CCLU2173769//20' GP//KGS/ CCLU2173809//20' GP//KGS/ CCLU2192042//20' GP//KGS/ [illegible] [illegible] CCLU2223970//20' GP//KGS/	EMPTY CONTAINERS			

船代公司重要提示:
(1) 本提货单中有关船、货内容按照提单的相关显示填制;
(2) 请当场核查本提货单内容错误之处，否则本公司不承担由此产生的责任和损失; (Error And Omission Excepted)
(3) 本提货单仅为向承运人或承运人委托的雇佣人或替承运人保管货物订立合同的人提货的凭证，不得买卖转让; (Non-negotiable)
(4) 在本提货单下，承运人代理人及雇佣人的任何行为，均应被视为代表承运人的行为，均应享受承运人享有的免责、责任限制和其他任何抗辩理由; (Himalaya Clause)
(5) 货主不按时换单造成的损失，责任自负;
(6) 本提货单中的中文译文仅供参考。

中海集装箱运输上海有限公司 进口提货专用章

收货人章　1
海关章　2
检验检疫章　3
4

注意事项:
1. 本提货单需盖有船代放货章和海关放行章后方始有效。凡属法定检验、检疫的进口商品，必须向检验检疫机构申报。
2. 提货人到码头公司办理提货手续时，应出示单位证明或经办人身份证明。提货人若非本提货单记名收货人时，还应当出示提货单记名收货人开具的证明，以表明其为有权提货的人。
3. 货物超过港存期，码头公司可以按《上海港口货物疏运管理条例》的有关规定处理。在规定期间无人提取的货物，按《海关法》和国家有关规定处理。

5　6

图 14-4　进口集装箱提货单样张

及所有签章(共计 9 枚)后，将提货单、费用账单、交货记录联留下作为放货依据，结算和收取费用，受理提货作业申请，打印作业申请单给收货人及其代理人。

(6)收货人及其代理人凭集装箱码头或集装箱货运站打印的作业申请单，到集装箱码头、集装箱货运站提取货物。

(7)集装箱码头或集装箱货运站凭收回的交货记录联核算费用，填制费用账单一式二联，结算费用。将第三联(蓝色)费用账单留存集装箱码头、集装箱货运站，第四联(红色)费用账单联作为向收货人收取费用的凭证。

（8）集装箱码头、集装箱货运站将提货单联及交货记录联留存归档备查。

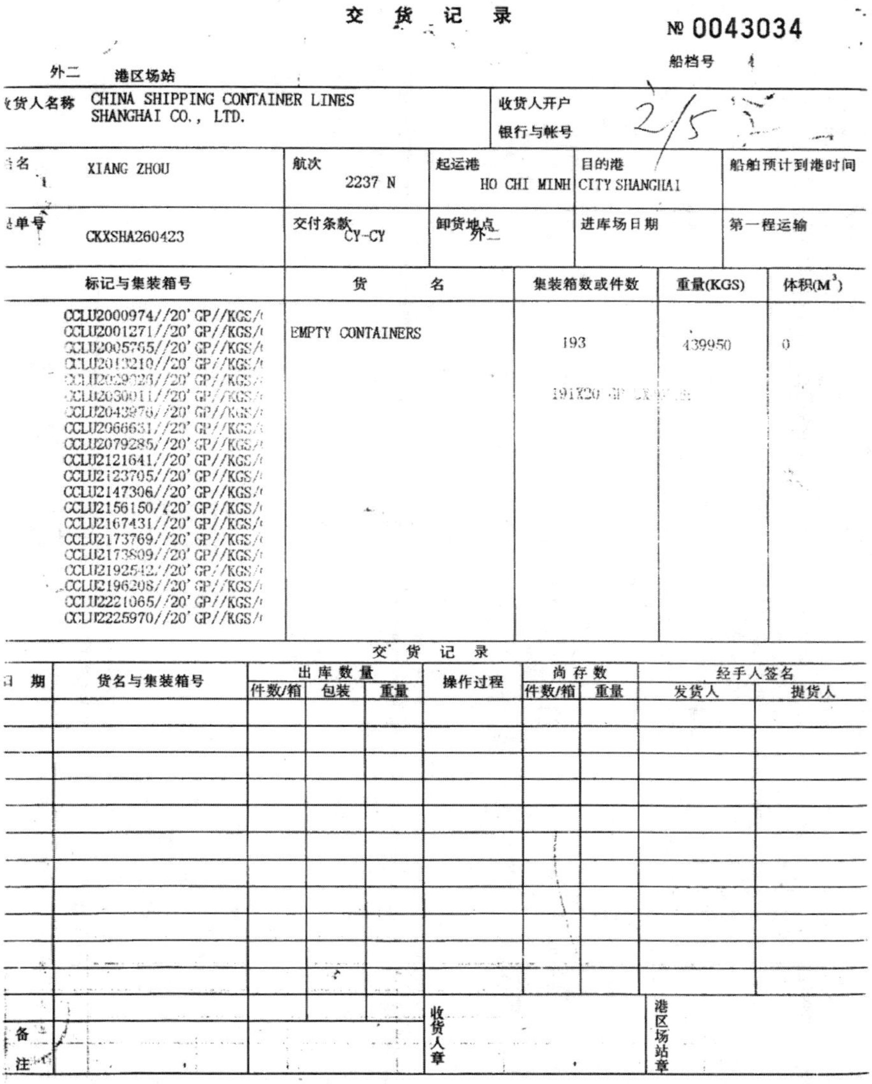

交 货 记 录

№ 0043034

船档号

外二 港区场站

收货人名称	CHINA SHIPPING CONTAINER LINES SHANGHAI CO., LTD.	收货人开户银行与帐号	2/5

船名	航次	起运港	目的港	船舶预计到港时间
XIANG ZHOU	2237 N	HO CHI MINH	CITY SHANGHAI	
提单号 CKXSHA260423	交付条款 CY-CY	卸货地点 外二	进库场日期	第一程运输

标记与集装箱号	货名	集装箱数或件数	重量(KGS)	体积(M^3)
CCLU2000974//20' GP//KGS/ CCLU2001271//20' GP//KGS/ CCLU2005765//20' GP//KGS/ CCLU2013210//20' GP//KGS/ CCLU2029026//20' GP//KGS/ CCLU2030011//20' GP//KGS/ CCLU2043976//20' GP//KGS/ CCLU2066631//20' GP//KGS/ CCLU2079285//20' GP//KGS/ CCLU2121641//20' GP//KGS/ CCLU2123705//20' GP//KGS/ CCLU2147306//20' GP//KGS/ CCLU2156150//20' GP//KGS/ CCLU2167431//20' GP//KGS/ CCLU2173769//20' GP//KGS/ CCLU2173809//20' GP//KGS/ CCLU2192542//20' GP//KGS/ CCLU2196208//20' GP//KGS/ CCLU2221065//20' GP//KGS/ CCLU2225970//20' GP//KGS/	EMPTY CONTAINERS	193 191X20' GP	439950	0

交 货 记 录

日期	货名与集装箱号	出库数量			操作过程	尚存数		经手人签名	
		件数/箱	包装	重量		件数/箱	重量	发货人	提货人

备注　　收货人章　　港区场站章

图 14-5 进口集装箱交货记录样张

五、设备交接单

设备交接单（Equipment Receipt），是集装箱所有人或其租用人委托集装箱码头堆场与用箱人交接集装箱与相关设备的凭证。目前很多港口已实现无纸化。

1. 设备交接单标准单证格式

设备交接单共有三联，分别为船代留底联（白色），码头堆场联（红色），用箱人、运箱人联（黄色）。设备交接单分进场与出场两种，格式相同。集装箱进（出）场设备交接单样张见图

14-6。

设备交接单主要内容有:船名、航次、持箱人、提单号、箱号、箱型、尺寸、提箱人、提箱地点、交接时的状况、进出场的目的、损坏记录等。

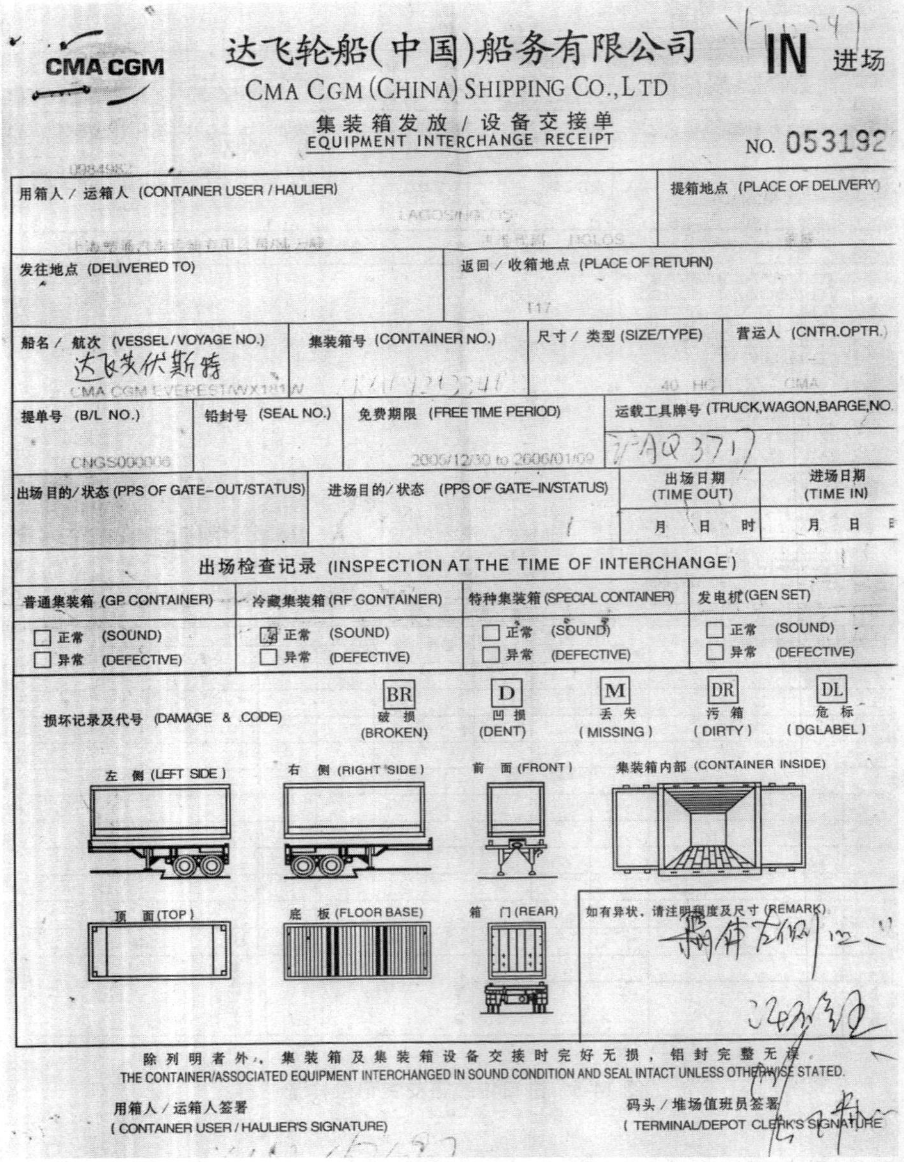
CMA CGM

达飞轮船(中国)船务有限公司

CMA CGM (CHINA) SHIPPING CO., LTD

IN 进场

集装箱发放/设备交接单

EQUIPMENT INTERCHANGE RECEIPT

NO. 053192

用箱人/运箱人 (CONTAINER USER / HAULIER)			提箱地点 (PLACE OF DELIVERY)
发往地点 (DELIVERED TO)		返回/收箱地点 (PLACE OF RETURN)	
船名/航次 (VESSEL/VOYAGE NO.) 达飞艾佛斯特 CMA CGM EVEREST/WX181W	集装箱号 (CONTAINER NO.)	尺寸/类型 (SIZE/TYPE) 40 HC	营运人 (CNTR.OPTR.) CMA
提单号 (B/L NO.) CNGS000006	铅封号 (SEAL NO.)	免费期限 (FREE TIME PERIOD) 2005/12/30 to 2006/01/09	运载工具牌号 (TRUCK,WAGON,BARGE,NO.)
出场目的/状态 (PPS OF GATE-OUT/STATUS)	进场目的/状态 (PPS OF GATE-IN/STATUS)	出场日期 (TIME OUT) 月 日 时	进场日期 (TIME IN) 月 日 时

出场检查记录 (INSPECTION AT THE TIME OF INTERCHANGE)

普通集装箱 (GP CONTAINER)	冷藏集装箱 (RF CONTAINER)	特种集装箱 (SPECIAL CONTAINER)	发电机 (GEN SET)
□ 正常 (SOUND) □ 异常 (DEFECTIVE)	☑ 正常 (SOUND) □ 异常 (DEFECTIVE)	□ 正常 (SOUND) □ 异常 (DEFECTIVE)	□ 正常 (SOUND) □ 异常 (DEFECTIVE)

损坏记录及代号 (DAMAGE & CODE)：BR 破损 (BROKEN)　D 凹损 (DENT)　M 丢失 (MISSING)　DR 污箱 (DIRTY)　DL 危标 (DGLABEL)

左侧 (LEFT SIDE)　右侧 (RIGHT SIDE)　前面 (FRONT)　集装箱内部 (CONTAINER INSIDE)

顶面 (TOP)　底板 (FLOOR BASE)　箱门 (REAR)

如有异状,请注明程度及尺寸 (REMARK)

除列明者外,集装箱及集装箱设备交接时完好无损,铅封完整无误。

THE CONTAINER/ASSOCIATED EQUIPMENT INTERCHANGED IN SOUND CONDITION AND SEAL INTACT UNLESS OTHERWISE STATED.

用箱人/运箱人签署 (CONTAINER USER / HAULIER'S SIGNATURE)

码头/堆场值班员签署 (TERMINAL/DEPOT CLERK'S SIGNATURE)

图 14-6　集装箱进(出)场设备交接单样张

2. 集装箱进场设备交接单的流转

(1)船公司签发设备交接单给用箱人或承运人。

(2)用箱人、承运人凭进场设备交接单在港区闸口办理交箱。

(3)闸口业务人员核查箱号、铅封号,检查箱体,如发现残损,则记入设备交接单,交接双方在设备交接单上签字。

（4）第三联交用箱人、承运人，第二联码头留底，第二天将第一联汇总交船代，一船一清。

3. 集装箱出场设备交接单的流转

（1）船公司签发设备交接单给用箱人或承运人。

（2）用箱人、承运人凭出场设备交接单在港区闸口办理提箱。

（3）闸口业务人员核查箱号、铅封号，检查箱体，如发现残损，则记入设备交接单，交接双方在设备交接单上签字。

（4）第三联交用箱人、承运人，第二联码头留底，第二天将第一联汇总交船代，一船一清。

第三节　集装箱码头船舶作业单证

一、新开航线时涉及的单证

1. 集装箱码头装卸服务航线协议

集装箱码头装卸服务航线协议是指新开航线时，船公司与码头就集装箱运输业务及有关事宜达成的协议，主要包括船期安排、双方责任、船舶速遣、费用结算与支付。

2. 航线费用结算登记表

航线费用结算登记表是船公司与码头签署集装箱码头装卸服务航线协议时，船公司填制的费用结算与支付明细表，内容包括：经营航线、船舶经营人、共用舱位船方、船舶代理、账单送达单位及地址、费目、付费单位、分别开账单依据（提单前缀号）等。航线费用结算登记表样张见图 14-7。

3. 船舶技术规范

船舶技术规范是船舶第一次靠码头时，由船公司（代理）在船舶到港前提供给码头的，主要包括船舶技术参数规范和集装箱集载技术规范。船舶技术数据规范主要包括中英文船名、船籍、呼号、制造厂名、制造年份、航速、船长、船宽、吃水、载重数据（总重、最大载重、净重）、主辅机资料、舱口盖数据等内容。集装箱船舶的集载技术规范，主要包括积载要求、冷藏箱设施情况、箱位图、甲板积载及绑扎要求等。船舶技术规范是码头配载制作出口船图的主要依据，也是码头安排泊位计划和配载计划的主要依据。集装箱船舶集载技术规范总图样张如图 14-8 所示。

二、船舶计划单证

1. 码头月度计划表

码头月度计划表是由码头船舶计划员根据各船公司提供的月度船期表汇集编制而成的码

头一个月作业船舶计划,由密度表和计划表组成。密度表反映月度总的船舶靠泊情况,可以按船舶抵港时间、在港时间或离港时间显示每天的船舶情况。计划表包括船名、航次、航线、经营人、代理、抵港时间、离港时间、进出口箱量等内容。

<table>
<tr><th colspan="6">航线费用结算登记</th></tr>
<tr><td>经营航线</td><td></td><td>船舶经营人</td><td></td><td>船舶代理人</td><td></td></tr>
<tr><td colspan="4">船舶使费账单送达单位及地址</td><td colspan="2"></td></tr>
<tr><td>结算情况</td><td>装卸费分单位</td><td colspan="3">分别开账单依据（提单前缀号）</td><td>账单送达单位</td></tr>
<tr><td rowspan="6">进口箱装卸费</td><td></td><td colspan="3"></td><td></td></tr>
<tr><td></td><td colspan="3"></td><td></td></tr>
<tr><td></td><td colspan="3"></td><td></td></tr>
<tr><td></td><td colspan="3"></td><td></td></tr>
<tr><td></td><td colspan="3"></td><td></td></tr>
<tr><td></td><td colspan="3"></td><td></td></tr>
<tr><td rowspan="6">出口箱装卸费</td><td></td><td colspan="3"></td><td></td></tr>
<tr><td></td><td colspan="3"></td><td></td></tr>
<tr><td></td><td colspan="3"></td><td></td></tr>
<tr><td></td><td colspan="3"></td><td></td></tr>
<tr><td></td><td colspan="3"></td><td></td></tr>
<tr><td></td><td colspan="3"></td><td></td></tr>
<tr><td rowspan="6">中转箱费用</td><td></td><td colspan="3"></td><td></td></tr>
<tr><td></td><td colspan="3"></td><td></td></tr>
<tr><td></td><td colspan="3"></td><td></td></tr>
<tr><td></td><td colspan="3"></td><td></td></tr>
<tr><td></td><td colspan="3"></td><td></td></tr>
<tr><td></td><td colspan="3"></td><td></td></tr>
<tr><td rowspan="6">出口箱港杂费用（托收）</td><td></td><td colspan="3"></td><td></td></tr>
<tr><td></td><td colspan="3"></td><td></td></tr>
<tr><td></td><td colspan="3"></td><td></td></tr>
<tr><td></td><td colspan="3"></td><td></td></tr>
<tr><td></td><td colspan="3"></td><td></td></tr>
<tr><td></td><td colspan="3"></td><td></td></tr>
<tr><td rowspan="6">空箱堆存及上下车费用</td><td></td><td colspan="3"></td><td></td></tr>
<tr><td></td><td colspan="3"></td><td></td></tr>
<tr><td></td><td colspan="3"></td><td></td></tr>
<tr><td></td><td colspan="3"></td><td></td></tr>
<tr><td></td><td colspan="3"></td><td></td></tr>
<tr><td></td><td colspan="3"></td><td></td></tr>
<tr><td colspan="6">备注：未列明关单前缀表示全船。</td></tr>
<tr><td colspan="6">说明：船舶经营人（或代理）填妥此表，经 SPCWT 确认后按上述约定开账。若有增加或变更，船舶经营人（或代理）需事先与 SPCWT 营业室联系，重新确认后方操作。若事先未确认则全部开给船舶经营人（或代理）。</td></tr>
</table>

填表人：　　　　　　　　　　　　　　　　　　联系电话：

填表单位：　　　　　　　　　　　　　　　　　填表日期：

图 14-7　共用舱位航线船舶费用结算登记表样张

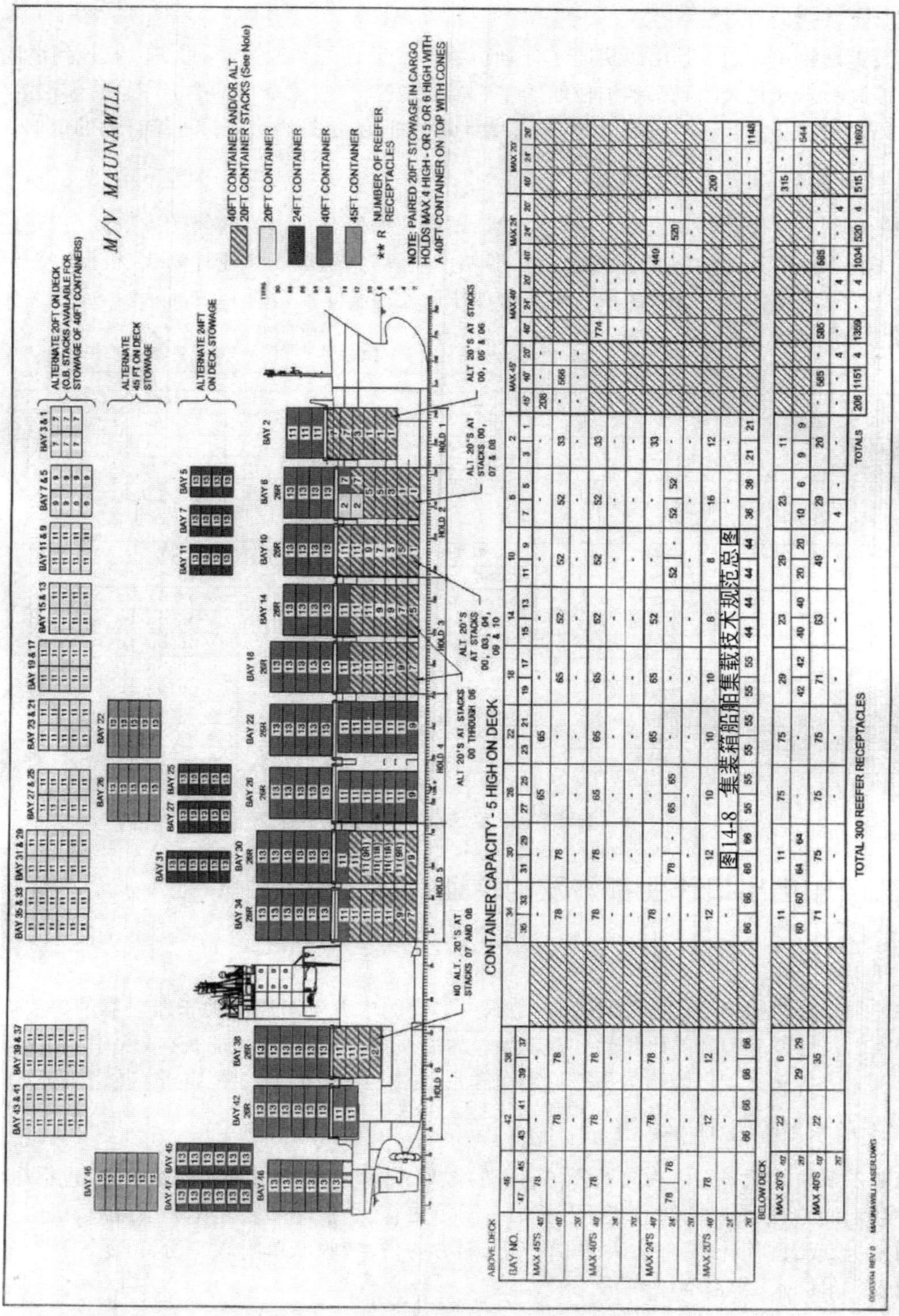

图14-8　集装箱船舶集载技术规范总图

2. 码头近期船舶计划表

码头近期船舶计划表是由码头船舶计划员根据月度计划和船公司(代理)五日到港船舶预报表编制的未来几天内码头各泊位船舶靠泊、离泊安排。它主要包括船名、航次、靠泊泊位、起始尺码、靠离泊时间、进出口箱量等,是月度计划的细化,也是码头安排进箱计划的依据。

3. 码头船舶昼夜作业计划表

码头船舶昼夜作业计划表是由码头船舶计划员根据船公司提供的船舶准确动态,受理台受理的提箱作业和其他杂项作业编制的,由船舶作业计划表、堆场作业计划表、机械出勤汇总表及安全注意事项等几个部分组成。堆场杂项作业计划表样张如图 14-9 所示。

上港集箱外高桥码头
SPC WAIGAOQIAO TERMINAL
外二期码头

打印时间: 2006.03.02 12:56

昼夜堆场作业计划表

计划日期: 2006.03.03 00:00-23:59

项目	操作过程	流向	20'	40'	45'
提进口重箱	场一车		19	61	0
疏运	船一车	港城危库	7	0	0
疏运	场一车	港城危库	3	0	0
疏运	场一车	上海港浦东集装箱物	122	65	0

船名	航次	进箱开始时间	截止时间
向荣	3531S	2006.03.01 12:00	2006.03.03 14:00
向旺	2483E	2006.02.27 12:00	2006.03.02 22:00
向兴	2236E	2006.02.28 12:00	2006.03.03 22:00
杨集1号	515W	2006.03.01 16:14	2006.03.08 16:14
杨集16号	6023	2006.02.24 15:45	2006.03.03 15:45
金满湖	121E	2006.02.28 12:00	2006.03.03 22:00
金满海	186E	2006.02.28 12:00	2006.03.03 22:00
向明	2352E	2006.03.02 11:00	2006.03.05 22:00
新通	196W	2006.02.28 12:25	2006.03.07 12:25
向珠	2348E	2006.02.28 12:00	2006.03.03 22:00

图 14-9 集装箱码头堆场杂项作业计划表样张

三、船舶进出口作业都涉及的单证

1. 靠泊须知

靠泊须知是船舶第一次靠泊码头时,由码头提供的中英文对照的关于船舶靠泊码头后的注意事项以及船方应遵守的码头的一些制度。靠泊须知一式两份,经船长(或大副)确认签字后,码头、船方各一份。集装箱码头靠泊须知样张如图 14-10(中文)、图 14-11(英文)所示。

2. 船舶系解缆签证单

船舶系解缆签证单是码头向船公司(代理)收取系解缆费、移泊费的原始单据,包括船名、航次、净吨、泊位、系缆时间、解缆时间、移泊时间等内容,是在船舶装卸作业结束后,由码头水手填制,船长或大副审核签字确认,一式三份,船方一份,费收账单附录一份,留底一份。船舶系解缆签证单样张如图 14-12 所示。

3. 船舶供水签证

船舶供水签证单是码头向船公司(代理)收取加水费的原始单据,包括船名、航次、日期、

船舶靠泊须知

________________轮：

欢迎贵船靠泊本公司，为了保证装卸安全和防止事故发生，请注意并做好下列工作：

一、在船靠妥泊位后，舷梯两旁栏杆必须配齐插妥，下端搁在码头上。如果舷梯下端悬在船体与护栏之间的空当中，则安全网必须通过下端梯口第一块踏板 1.5 m，同时要根据潮水涨落随时调整高度和下端梯口的安全网，以保证人员上岸时的安全。船舶值班人员必须加强对缆绳检查，对因潮水涨落所产生的船舶缆绳时紧时松现象，要及时调整。

二、船方起货机和各类装卸工索具必须符合安全技术规程，安全可靠。在起、落吊杆和开、关自动舱盖时，请预先通知现场人员离开不安全区域。

三、对货舱内、甲板上、舷梯等工人操作和人员行走处的危险品地脚及其污染物、油渍、废物、冬令积冰物等必须立即清除，以保证安全、畅通。

四、船员等在上下船需经过船上装卸区域时，应认真注意作业环境安全、在确认安全可靠的情况下，方能通过。

五、在装卸特种箱、重大件、危险品及贵重货物时，请派员加强监装、监卸和指导。桥吊作业时，任何人不得擅自动用船上起货机，如需动用，必须征得桥边指挥员的同意。

六、在装、卸易燃易爆货物等危险品时，请勿安排油船靠泊外档。

七、夜间作业时，在货舱内、甲板上、船舷边、舷梯、通道等处必须提供足够的灯光照明。

八、装在舱内或甲板上的过境货物，必须捆绑牢固，并不得影响工人操作和人员行走安全。

九、严禁自行车、助动车、摩托车等车种进入港区区域范围。

十、进入港区，严禁吸烟，请船员勿在甲板上、舱口边吸烟，发现他人吸烟，船员有责任阻止，未经上海海监局批准，请勿在船上进行电焊、气焊等明火作业。

上述十条，请予大力支持，如对我们的装卸工作有意见和建议，请及时向桥边指挥员提出，以便改进。

此致

敬礼

船长（或大副）签字：　　　　　　　　　　　　　　上海外高桥国际集装箱码头有限公司

年　月　日　　　　　　　　　　　　　　　　　　　　　年　月　日

图 14-10　集装箱码头靠泊须知(中文)样张

供水吨位等内容，是在供水结束后，由码头水手填制，船长或大副审核签字确认，一式三份，船方一份，费收账单附录一份，留底一份。船舶供水签证单样张如图 14-13 所示。

4. 船舶载运危险货物申报单

船舶载运危险货物申报单是船舶代理公司在船舶装卸危险品箱前，向海事监督部门提出危险货物进出港申报，经审核同意后，由海事监督部门加盖危险货物管理专用章，准许装卸船作业的专用凭证。

船舶载运危险货物申报单一式三份，海事监督部门留底一份，申报人留底一份，码头一份。船舶载运危险货物申报单包括船名、航次、进出港标志、货名、危险品等级、国际危规编号、装运形式、件数、重量、装货港、卸货港等内容。码头在进行危险品装卸作业前，必须审核是否有船舶载运危险货物申报单，还要审核船舶载运危险货物申报单的各项内容是否与进口舱单或装

NOTIFICATION
ON
VESEL BERTHING REQUIREMENTS

MS.________________________

Welcome to Shanghai Waigaoqiao International Container Terminals Ltd., for the sake of operations safety and prevention of accidents, please observe and prepare the followings:

1. Upon berthing of the vessel, stanchions of the gangway must be securely fasten safety net must be opened with 1.5 meters minimum clearance before the first lower step of the gangway. Both gangway and safety net must be adjusted according to the tide to ensure the safety of persons during boarding and unboarding. Duty officer must inspect the condition of the tied ropes while the vessel is at berth, and is responsible for the timely adjustment of the tied ropes caused by the tidal effect.

2. Ship's cranes and/or any other loading/unloading equipments must be reliable and meet the safety standards as set. All people on spot must be notified and removed before and during the position and ship's cranes and opening/closing of hatch covers.

3. All hazardous and polluted articles including but not only limited to grease, garbage, etc.lying on the catwalk, sidewalk, deck and gangway must be removed immediately at all time to ensure safety and maximum clearance.

4. All crew during unboarding and boarding must observe operations safety, they must make sure it is safe and clear before they enter any operations zones onboard the vessel.

5. When handing any out-of-gauge, oversized, overweight, dangerous & hazardous, and valuable cargoes, please send people to attend and assist in the supervision during the process. Whenever the quay crane is in motion, no one is allowed to move any cranes, loading/unloading equipment onboard the vessel without the prior approval of SWICT's pier Supervisor.

6. No bunkering, oil filling activity is allowed during the loading/unloading of explosives and inflammable cargoes.

7. Sufficient illumination must be provided mside cargo cabin, on deck, alongside catwalk, sidewalk, gangway etc. during night time operations.

8. All bicycles, motorcycles and mopeds are forbidden to enter the yard area.

9. All bicycles, motorcycles and mopeds are forbidden to enter the yard area.

10. Smoking is prohibited inside the yard area, on deck and by the side of cargo cabin, Ship's crew is also responsible to stop any persons from smoking if found. No welding, soldering work is allowed without the pror permission from smoking if found. No welding, soldering work is allowed without the pror permission from shanghai Jarbor Superintendency.

We appreciate your support on the above ten requirements. If you have any opinions or suggestions in regards to our services, please being it to the attention of our pier Supervisor timely for correction and improvement, thank you.

Regards

Master/Chief Officer of

On behalf of
Shanghai Waigaoqiao International Container Terminals Ltd.

Remarks: This document has two copies, terminal and vessel operators possess one copy respectively.
This document has both Chinese and English version, final interpretation is based on its Chinese version.

图 14-11　集装箱码头靠泊须知(英文)样张

SPC WTT

上海港集装箱股份有限公司外高桥码头分公司
Shanghai Port Container Co.,Ltd.Waigaoqiao Terminal Branch

船舶系解缆签证单
Certificate for Ship's Mooring/Unmooring

日期
Date__________

船名
Name of ship__________ 净吨
Net Tonnage__________

泊位
Berthed at__________ 航向 进
Voage Direction in__________ 出
out__________

系缆时间
Mooring Time______年______月______日______时______分

解缆时间
Unmooring Time______年______月______日______时______分

移泊时间
Shifting Time______年______月______日______时______分 到
To______时______分

备注
Remarks__________

第二联

OPSI004/15000/07/2005

船长或大副
Captain/Chief Officer__________

图 14-12 船舶系解缆签证单

上海港集装箱股份有限公司外高桥码头分公司
Shanghai Port Container Co.,Ltd.Waigaoqiao Terminal Branch

__________码头
Terminal

船舶供水签证单 №0001685

Certificate for Ship's Water Supply

船名
Name of ship__________ 停泊地点
Berthed at__________ 日期
Date__________

第一联 码头留存

供水
Fresh water 吨
Tons

时间:
Time__________ 到
to__________

船长或大副
Captain/Chief Officer__________

OPSI/003/6000/06/2003

图 14-13 船舶供水签证单

箱单、场站收据内容一致,不一致则按港务监督部门规定拒绝装卸。

船舶载运危险货物申报单样张见图 14-14。

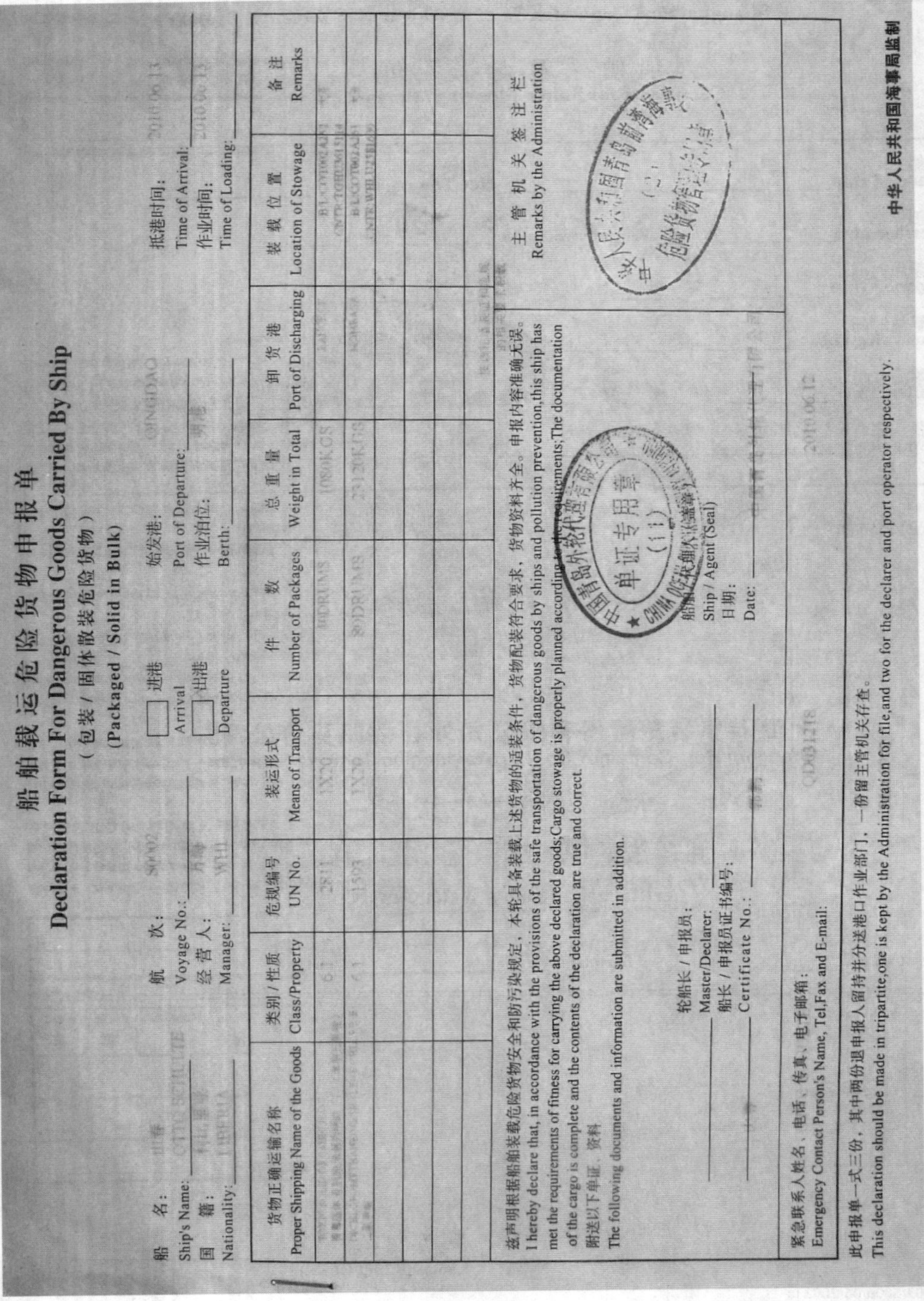

船舶载运危险货物申报单
Declaration Form For Dangerous Goods Carried By Ship
(包装/固体散装危险货物)
(Packaged / Solid in Bulk)

船　名: Ship's Name:　航　次: Voyage No.:　进港 Arrival　出港 Departure　始发港: Port of Departure:　抵港时间: Time of Arrival:
国　籍: Nationality:　经营人: Manager:　作业泊位: Berth:　作业时间: Time of Loading:

货物正确运输名称 Proper Shipping Name of the Goods	类别/性质 Class/Property	危规编号 UN No.	装运形式 Means of Transport	件　数 Number of Packages	总重量 Weight in Total	卸货港 Port of Discharging	装载位置 Location of Stowage	备注 Remarks

兹声明根据船舶装载危险货物安全和防污染规定,本轮具备装载上述货物的适装条件,货物配装符合要求,货物资料齐全。申报内容准确无误。
I hereby declare that, in accordance with the provisions of the safe transportation of dangerous goods by ships and pollution prevention,this ship has met the requirements of fitness for carrying the above declared goods;Cargo stowage is properly planned according to the requirements;The documentation of the cargo is complete and the contents of the declaration are true and correct.
附送以下单证、资料
The following documents and information are submitted in addition.

船长/申报员: Master/Declarer:
船长/申报员证书编号: Certificate No.:

船舶/代理(盖章) Ship / Agent (Seal)
日期: Date:

主管机关签注栏
Remarks by the Administration

紧急联系人姓名、电话、传真、电子邮箱:
Emergency Contact Person's Name, Tel,Fax and E-mail:

此申报单一式三份,其中两份退申报人留持并分送港口作业部门,一份留主管机关存查。
This declaration should be made in tripartite,one is kept by the Administration for file,and two for the declarer and port operator respectively.

中华人民共和国海事局监制

图14-14　船舶载运危险货物申报单

5. 码头装卸作业签证

码头装卸作业签证由装船作业签证和卸船作业签证组成。码头装卸作业签证样张见图 14-15。

SPC WT 上海港集装箱股份有限公司外高桥码头分公司
Shanghai Port Container Co., Ltd. Waigaoqiao Terminal Branch

码头装卸作业签证
TERMINAL STEVEDORE WORKING RECORD

船　名: Vessel________ 航次 Voy.No. ________ 靠泊时间 Arrival________ 年 Year ____ 月 Month ____ 日 Day　装 Loading □　卸 Discharging □

停靠泊位: Berthed at________ 船泊净吨: Nrt ________ 离泊时间 Departure________ 年 Year ____ 月 Month ____ 日 Day　移泊时间 Time of shifting ________

开关舱盖 Opening / Closing Hatches	日期 Date	日 Day		日 Day		日 Day		日 Day	
	时间 Time	2200-0600	0600-2200	2200-0600	0600-2200	2200-0600	0600-2200	2200-0600	0600-2200
	开(关)舱盖板数 Amount								
集装箱 Container	箱型 / 箱数 Kind of container / No. of container	20F	20E	40F	40E	45F	45E	备注 Remark	
	集装箱总计(不含翻装) Total No. of container								
	其中 In-cluding: 冷藏箱 Reefer								
	其中 In-cluding: 危险品箱 Dangerous								
	其中 In-cluding: 超限箱 Out-of-guage								
	出舱翻装 Restow out of ship								
	舱内翻装 Restow on board								
件杂货 General	作业时间 Operating time	重量Weight、件数Packages、尺码Measurement							
	日 Day　起 From　止 To								
	人数 No. of workers	指导员 人 Foreman		技术工 人 Technical		普通工 人 Ordinary		其他 Others	
	起 / 止时间 Starting and closing time								
待时 Stand-by	待时原因 Stand-by reason	人数 No. of workers		指导员 人 Foreman		技术工 人 Technical		普通工 人 Ordinary	
		起 / 止时间 Starting and closing time							
备注 Remark									

第一联(白)码头留存　第二联(红)费收凭证　第三联(黄)船方

桥边指挥员: Bridge Side Foreman ________　船长或大副: Captain/ Chief Officer ________

OPSI005/22500/08/2005

图 14-15　码头装卸作业签证样张

6. 船舶离港报告

船舶离港报告是在船舶装卸结束后,由码头配载制作提供给船公司的,有关船舶到港、靠离泊时间、作业效率、装卸箱量等内容的报告。船舶离港报告样张见图 14-16。

SHANGHAI CONTAINER TERMINALS LIMITED
Vessel Performance Report

VESSEL NAME : IRAN KERMAN　　VOYAGE : 463E / 463W

GROSS BERTH TIME　ATB: 06/03/01 15:30　ATD: 06/03/02 03:00　11.5　HRS
NET BERTH TIME　11.5

MOVES:　DISCHARGE　516
LOAD　544
RESTOW　2
TTL:　1062

GROSS CRANE WORKING	:	41.33	HRS
NET CRANE WORKING	:	41.33	HRS
GROSS CRANE PRODUCTIVITY	:	25.6956206	CNTR/HRS
NET CRANE PRODUCTIVITY	:	25.6956206	CNTR/HRS
ACTUAL CRANE USAGE	:	3.59391304	

Granes	Commence	Completion	Gross Time	Turn-Around Time	Gross Crane Working Time	Break-Time	Net Crane Working Time
W109	06/03/02 00:00	06/03/02 01:40	1.67		1.67		1.67
W109	06/03/01 16:35	06/03/01 22:10	5.58		5.58		5.58
W107	06/03/01 16:35	06/03/02 00:20	7.75		7.75		7.75
W111	06/03/01 16:30	06/03/02 00:35	8.08		8.08		8.08

图 14-16　船舶离港报告样张

7. 账单(发票)

账单是码头对外结算各项作业费用的账目清单,包括船名、航次、装卸箱量、作业时间,费用项目、计费数量、单价、折扣、汇率、金额、开账日期等内容。

账单由码头费收人员根据业务人员提供的船舶系解缆签证单、船舶供水签证、装卸船作业签证、装卸船小结等制作并审核,账单开具后送交船公司或其代理,确认无误后在双方约定的期间内进行付费。账单一式四联,码头财务部门留底两联,费收人员留底一联,船公司或其代理一联,具体样张见图 14-17。

四、进口卸船作业涉及的单证

集装箱码头在进行卸船作业前,由船公司或其代理提供进口船图、进口舱单;码头根据船图进行卸船作业;卸船作业结束后,码头与船方共同签署卸船作业签证、集装箱残损记录,码头向船公司提供进口单船小结、进口卸船清单、溢缺校验清单。

上海港集装箱股份有限公司　　2006.01.05.10:16:12　公司费收/账单

工商登记：
3100001005623
税务登记证：
310046631256168
开户银行：
银行账号：

存　根　联

外二期码头

发票代码：231000570346
发票号码：00774614　　060774614

户名：上海运星国际船务代理有限公司/以星综合航运（中国）有限公司
Customer:______________________________

船名/航次：以星香港（053E）/E　　箱　数：571.5　　TEU　　到期日期：2005.12.24
Vessel/Voyage:__________________　　Discharging__________　　Arrival Date:__________

费用项目 Itema	计费数量 Quantities	单价 Rate	金额 Amount
船舶开关舱费（节假）[开关舱费]	16/次块	112.50	1 800.00
停泊费[停泊费]	164.54/百净吨/日	23.00	3 784.40
>2 000NT（节假）[系解缆费]	2/次	319.50	639.00
20′普通重箱[装卸包干费]	66/箱	468.10×0.940 00	29 040.00
20′危险品重箱[装卸包干费]	23/箱	514.70×0.940 00	11 127.40
40′普通重箱[装卸包干费]	195/箱	702.20×0.940 00	128 719.50
40′危险品重箱[装卸包干费]	17/箱	772.20×0.940 00	12 340.30
45′普通重箱[装卸包干费]	25/箱	887.60×0.940 00	20 522.50
45′危险品重箱[装卸包干费]	1/箱	965.30×0.940 00	907.40
合计人民币：208 980.50 Total Amount 贰拾万捌仟玖佰捌拾元伍角整			
备　注 Remark			

收款单位 Recipient　　核算员 00955 Made By　　复核员 00522 Checked By　　制单日期 2006.01.05 Date

图 14-17　集装箱码头船舶费用账单(发票)

1. 进口船图

船舶靠泊码头前,船公司或其代理必须将船舶的进口船图送交码头。进口船图一般由封面图、箱位、危险品清单等组成。箱位图是进口船图的核心部分,按船舶倍位顺序记录了船舶所载集装箱的实际船箱位,并标明了每一个箱子的装货港、卸货港、目的港、尺寸、箱型、箱重、持箱人。危险品箱标有相应的危险品等级,冷藏箱标有温度、超限箱标有具体超限尺寸。

2. 进口舱单

进口舱单是由船长或船公司(代理)根据提单,根据装货港的出口舱单内容,在卸货港到港卸货前汇总编制而成。一般在卸货港由船舶代理一式五份,分送给海关、国检、海事、码头和理货。进口舱单内容大致包括:船名、航次、提单号、唛头、包装类型、货物重量、货物体积、箱号、尺寸、铅封号、危险品等级等。

进口舱单一般由船公司或其代理与进口船图一起送交码头,作为进口货物的原始资料之一,是集装箱码头核对收货人的交货记录,照单发货的原始法定依据。

3. 卸船作业签证

卸船作业签证是码头根据卸船作业实际发生作业内容,向船公司或其代理收取费用的凭证。船舶作业结束后,由码头单船指挥员填制。卸船作业签证主要内容包括:船名、航次、船舶净吨、靠离泊时间、开关舱盖数量、作业集装箱尺寸、数量以及出舱翻装、舱内翻装、危险品箱、冷藏箱和超限箱箱数等。在与船长或大副共同审核确认无误后,双方在卸船作业签证上签字。

卸船作业签证一式三份,第一联(白)码头留存,第二联(红)作为费收凭证,随账单交船公司或其代理,第三联(黄)交船方。

4. 进口单船小结

进口单船小结是在船舶卸船作业结束后,由船舶配载制作的单证,分箱型、尺寸汇总的进口、中转、国际中转、出舱翻舱箱量,以及对应的普通箱、危险品箱、冷藏箱、超限箱箱量。进口卸船小结送交费收部门供开账前与卸船作业签证核对,并交码头统计部门归档。

进口单船小结样张如图 14-18 所示。

上港集箱外高桥码头
SPC WAIGAOQIAO TERMINAL
外二期码头

进口单船小结

打印时间:2006. 03. 02 13:38

船名(中)	船名(英)	航次	船籍	船代	航线	经营人	船净吨	靠泊时间	离泊时间
伊朗科曼	IRAN KMA	463E	MT	NEHU	GUL	IRNL	19431	03.01 15:30	03.02 03:00

箱型	20' F	20' E	40' F	40' E	45' F	45' E
进口总数	390		4	122		
普通箱	38		4	122		
冷冻箱						
危品箱						
超限箱						

	进/出口	进口	出口	进口	出口	进口	出口	进口	出口	进口	出口	进口	出口
中转	普通箱	352											
	冷冻箱												
	危品箱												
	超限箱												

国际中转	普通箱	
	冷冻箱	
	危品箱	
	超限箱	

出舱翻箱	普通箱	1
	冷冻箱	
	危品箱	
	超限箱	

图 14-18 进口单船小结样张

5. 进口卸船清单

进口卸船清单是在船舶卸船结束后，由码头配载编制的该船名航次实际卸船集装箱的汇总单，进口卸船清单标明船名、航次、装货港、箱型和尺寸对应的箱数、危险品集装箱箱数、冷藏箱箱数、超限箱箱数、中转箱箱数等。进口卸船清单样张如图 14-19 所示。

上港集箱外高桥码头
SPC WAIGAOQIAO TERMINAL
外二期码头

打印时间：　2006.03.02 13:46

卸船清单

船名	中文	航次	国籍	泊位	船公司	航线	完工日期
JAX6	佳兴6	0608E	CN	WO	武汉长伟国际航运实业公司	长江内支线	2006.03.01 22:15

进口总箱量：	20'F	20'E	40'F	40'E	45'F	45'E	吨位	TEU	货重
	7		1				126.64	9	107.64
分目的港									
DC2 塔科马2	1						15.93	1	13.73
DUR 德班	1						14.77	1	12.57
SIN 新加坡	1						17.32	1	15.12
SYD 悉尼	3						44.72	3	38.12
TKY 德山			1				14.65	2	11.05
VEN 威尼斯	1						19.25	1	17.05
分装货港									
WHA 武汉	7		1				126.64	9	107.64
中转	6		1				111.87	8	95.07
分箱型									
GP	7		1				126.64	9	107.64
分危险品									
6.1	2						38.74	2	34.34
进口中转									
出口中转	2						35.19	2	30.79
国际中转									
运输方式									
外一	4		1				76.69	6	64.29

图 14-19　卸船清单样张

6. 集装箱残损记录

集装箱残损记录是指在装卸船作业中进行集装箱交接，发现有损坏的集装箱时，由外轮理货业务员填制，由船方、码头、理货三方共同签字确认的单据，内容主要有：船名、航次、箱号、铅封、空/重箱、尺寸、箱型、残损部位、残损代号、残损情况等。

集装箱残损记录一式三份，船方、码头、理货各一份。集装箱残损记录样张如图 14-20 所示。

7. 溢缺校验清单

溢缺校验清单是指船舶卸船作业结束后，由码头资料处理员根据实际卸船箱与进口舱单进行校验后编制的，包括溢卸清单与缺卸清单，溢缺校验清单交船公司或其代理进行进口舱单更正。溢卸清单样张如图 14-21 所示，缺卸清单样张如图 14-22 所示。

HEAD OFFICE
1.Bai Jia Zhuang Dong Li, Chaoyang
District, Beijing, P. R. China
Post code: 100026 Fax: (010)65920347
Tel:(010)65920349 65948760

SHANGHAI BRANCH

中国外轮理货总公司
CHINA OCEAN SHIPPING TALLY COMPANY

集装箱残损记录
CONTAINER DAMAGE RECORD
进口/出口
INWARD/OUTWARD

船名 /航次
VESSEL NAME/VOYAGE:

时间:
TIME:

编号:
NO.

箱号CONTAINER NO	铅封 SEAL	重/空箱FULL/EMPTY	尺寸/类型 SIZE/TYPE

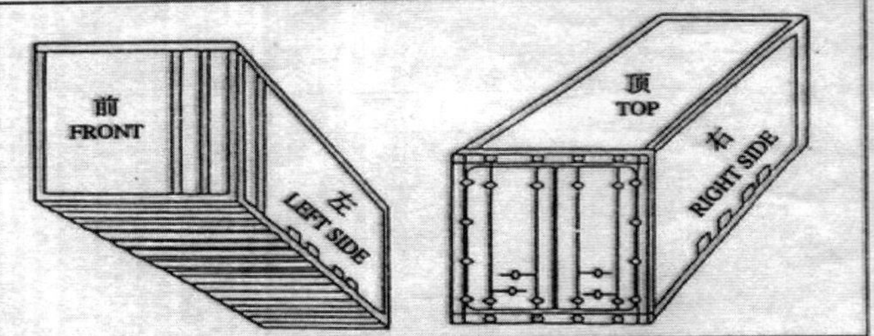

残损代号 (DAMAGE CODE)

代号	含义	代号	含义
B	破损 (BROKEN)	DE	变形 (DEFORM)
M	灭失 (MISSING)	H	洞 (HOLE)
D	凹损 (DENT)	BL	凸损 (BULGED)
S	刮伤 (SCRATCH)	O	其他 (OTHERS)

残损情况 (DAMAGE CONDITION):

备注 (REMARK):

理货员
TALLYMAN:

船方
VESSEL:

码头
TERMINAL:

CT-FORM-31

图 14-20 集装箱残损记录样张

五、出口装船作业涉及的单证

集装箱码头在进行装船作业前,码头配载进行放关确认,出口箱根据货主或其代理人提供的场站收据,中转箱根据船公司或其代理提供的中转通知书、中转集装箱清单、海关国际转运

上港集箱外高桥码头
SPC WAIGAOQIAO TERMINAL
外二期码头

溢缺清单

船名：PACIFIC　　航次：002W

溢卸箱

序号	箱号	尺寸	状态	危类	场箱位
1	FSCU9289336	40'	IF		3K1834
2	CLHU8306730	40'	IE		7226H3
3	FSCU6688800	40'	IE		7226I2
4	FSCU6773521	40'	IE		5F2612
5	ZCSU8068389	40'	IE		7226D1
6	ZCSU8100639	40'	IE		5D1444
7	ZCSU8155565	40'	IE		7226H4
8	ZCSU8173466	40'	IE		523814
9	ZCSU8244739	40'	IE		523823
10	ZCSU8247337	40'	IE		523833
11	ZCSU8255121	40'	IE		522234
12	ZCSU8292336	40'	IE		522234
13	ZCSU8389590	40'	IE		723011

20' F　　20' E　　40' F　1　40' E　12　45' F　　45' E

图 14-21　溢卸清单样张

上港集箱外高桥码头
SPC WAIGAOQIAO TERMINAL
外二期码头

溢缺清单

船名：PACIFIC　　航次：002W

缺卸箱

序号	箱号	尺寸	状态	危类	提单号
1	CLHU8108375	40'	IE		ZIMUKST12315
2	CLHU8233680	40'	IE		ZIMUKST12315
3	CLHU8756275	40'	IE		ZIMUKST12315
4	FSCU6048417	40'	IE		ZIMUKST12315
5	FSCU6538986	40'	IE		ZIMUKST12315
6	GESU4547731	40'	IE		PEVPAC02SHA
7	GSTU8719491	40'	IE		PEVPAC02SHA
8	TGHU7909441	40'	IE		ZIMUKST12315
9	ZCSU8084604	40'	IE		ZIMUKST12315
10	ZCSU8120281	40'	IE		ZIMUKST12315
11	ZCSU8313790	40'	IE		ZIMUKST12315
12	ZCSU8318066	40'	IE		ZIMUKST12315
13	ZCSU8361611	40'	IE		ZIMUKST12315
14	ZCSU8383950	40'	IE		ZIMUKST12315

20' F　　20' E　　40' F　　40' E　14　45' F　　45' E

图 14-22　缺卸清单样张

集装箱验放单、国际转运集装箱清单，船公司或其代理提供预配船图，码头配载根据预配船图制作出口船图，码头根据经船长或大副确认的出口船图进行装船作业；装船作业结束后，码头与船方共同签署装船作业签证、集装箱残损记录，码头向船公司提供出口单船小结、出口装船清单。危险品箱出口装船还需集装箱装运危险货物装箱证明书。

1. 预配船图

预配船图是装货港船公司或其代理根据订舱情况或在码头实际进箱情况，在码头进行装船作业前，送交码头配载有关出口集装箱在船上舱位预分配总图。预配船图一般包括四张封面图,一是装货港可以使用的分卸货港舱位图,一张标明高平箱位置,一张标明危险品箱、冷藏箱、超限箱位置,还有一张包含过境箱的总封面图。预配船图是码头配载制作出口船图的主要依据。

2. 出口漏装改配申请单

出口漏装改配申请单是由船公司或其代理填制,向海关申请出口箱漏装改配的单证,内容包括原船名航次、改配船名航次、提单号、箱号、箱型、申请单位等,加盖申请单位改配专用章后,提交海关,海关审核确认无误后加盖海关放行章。出口漏装改配申请单是码头配载进行出口箱改配的依据,也是费收部门向船公司或其代理收取费用的凭证。

出口漏装改配申请单样张如图 14-23 所示。

航华船代

出口漏装改配申请单

外高桥海关:

我司原配 IRENES MYTH V.0082S 于 2005 年 12 月 13 日出口的货物,

因漏装改配至 EVER PEACE V.0083S 于 2005 年 12 月 20 日出口。漏

装改配货物的情况如下:

提单号	分运单号	集装箱号	箱型
EISU142582588181	220920050595342672	EMCU9208034 UGMU8968061	2 X 40' HQ
TOTAL: 1 BILLS	TOTAL: 1 BILLS	TOTAL: 2X40'HQ	
以上申请无讹 申请单位:上海航华船代 盖印 年 月 日		出境地海关 盖印 年 月 日	

图 14-23　出口漏装改配申请单样张

3. 场站收据

详见二章第二节。

4. 出口船图

出口船图是码头配载根据船公司或其代理提供的预配船图编制的计划装船积载图,由封面图与倍位图组成。码头配载配好出口船图,交船长或大副确认后签字,一式数份,分别交码头控制室、理货员以及船方,签字后的船图码头留底,作为以后解决争议的依据。

出口船图封面图样张见图 14-24。

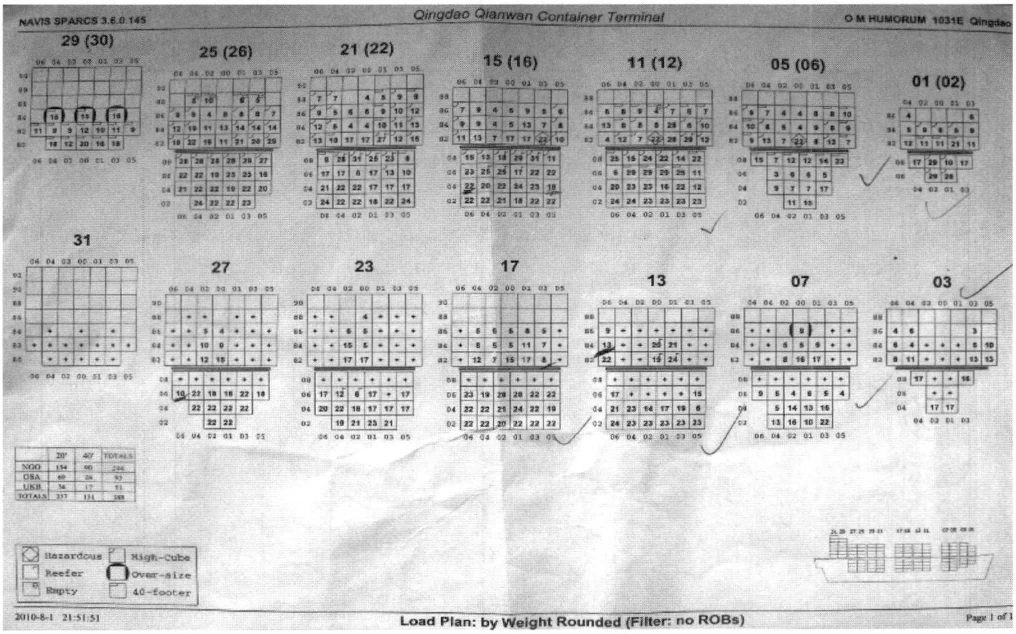

图 14-24　**出口船图封面图样张**

5. 装船作业签证

装船作业签证的填制要求、内容、作用、表式等同卸船作业签证。

6. 出口单船小结

出口单船小结的填制要求、内容、作用、表式等同进口单船小结。

7. 退关箱清单

退关箱清单是在船舶装船作业结束后，因海关没有放关或其他原因没能装上船的该船名、航次的所有在场出口箱的汇总清单。船舶离泊后，由码头提供退关箱清单给船公司或其代理。

退关箱清单样张见图 14-25。

8. 出口装船清单

出口装船清单是在船舶装船结束后，由码头配载编制的该船名、航次实际装船集装箱的汇总单，出口装船清单标明船名、航次、卸货港、箱型和尺寸对应的箱数、危险品集装箱箱数、冷藏箱箱数、超限箱箱数、中转箱箱数等。

9. 中转通知书

中转通知书是中转港代理签发的中转箱转运二程船的配船转运指令单证。中转通知书由中转港代理填制，内容包括：干线船船名航次、停靠地点、境内运输工具名称、起运港、卸货港、提单号、件数、重量、箱号、箱型等，加盖中转业务专用章后交海关报备，海关确认后加盖放行章，码头根据中转通知书安排一程船进口卸船转运二程船出口装船。中转通知书是中转箱转

上港集箱外高桥码头 打印日期 2006.01.05 10:01
SPC WAIGAOQIAO TERMINAL
外二期码头

退 关 箱 清 单 SINO SH(0003E)

运输方式	箱号	卸货港	箱型	整拼	箱放关	场箱位	关单号	卸货港	件数	货放关
本地	CAXU4197057	MLB	4201	L		340262	SNLDA6002001	MLB	420	Y
							SNLDA6002002	MLB	574	Y

运输方式	关单号	卸货港	总件数	货放关	箱号	卸货港	箱型	分件数	整拼	箱放关	场箱位	扣[illegible]
本地	SNLL60723004	LGB	20		CPIU8073623	LGB	2201	20	F		480933	
	WHLA0004	LGB	1911		WHLU5043644	LGB	4510	1011	F		342653	
					WHLU5075153	LGB	4501	900	F		342632	
	WHLA3281	LGB	1144		CRXU4452096	LGB	4201	1144	F		351022	

运输方式 本地

箱尺寸	状态	放关	数量
20'	CF	N	1
40'	CF	N	4

图 14-25 退关箱清单样张

运操作中主要的信息传递单证。中转通知书样张见图 14-26。

上海海关出口集装箱货物
中转通知书

至: 码头 14 (SCTFA)沪( )关( )第 SH605110245-0[illegible] 号

干线船舶名及航次: IRENES RELIANCE 圣信 6-003E 6-003E	停靠地点 外高桥2	离港日期	集箱货物总重量 12875	标箱总数 2005 1*40

境内运输工具名称		启运港	卸货港	提单号	件数	重量	集装箱箱号	箱型	港区	条形码 中转港
安华5号	2517E	南京		TCM LTNV858599295603	1694	12875.00	TCNU9126607	40F HC	外高桥2	DC1

预录入单位(盖章)	代理单位(盖印)	未经海关同意,以上内容不得更改。海关放行(盖印)
1-616 录入人: 王方 录入日期: 2005年11月03日	经办人: 经办日期: 年 月 日	经办关员: 放行日期: 年 月 日

图 14-26 中转通知书样张

10. 中转集装箱清单

中转箱集装箱清单，又称中转舱单，内容与进口舱单大致相同，由一程船船公司填制，加盖舱单专用章，与中转通知书一起交海关报备，海关确认后加盖放行章，码头根据中转通知书和中转箱集装箱清单安排转运。中转箱集装箱清单样张见图 14-27。

TO: QMCT
CC:
FM: APL/

一程船预计抵港日期：2010-8-1

APL　进口中转箱清单

（二程船名/航次：最快一班）

序号	启运港	提单号	箱号		箱型			铅封号	整箱重(公斤)	冷冻箱设定温度		中转港	目的港	一程船名/航次
1	FLORO	809009317	APLU694824	5	RFR	40	906	APL8226155	29543.304	-9	F	青岛	烟台	MAERSK GIRONDE V.015
2	BERGEN	809009326	APRU508412	4	RFR	40	906	APE0140424	27292.048	-9	F	青岛	烟台	MAERSK GIRONDE V.015
3	BERGEN	809009327	APRU508481	1	RFR	40	906	APE0140435	32076.048	-9	F	青岛	烟台	MAERSK GIRONDE V.015
4	BERGEN	809009389	APRU573127	8	RFR	40	906	APE0139932	26187.192	-9	F	青岛	烟台	MAERSK GIRONDE V.015
5	SITKA	98458213	APRU503573	1	RFR	40	906	338602	30034.412	-10	F	青岛	烟台	MAERSK GIRONDE V.015
6	SITKA	98458213	APRU503917	2	RFR	40	906	338603	29916.492	-10	F	青岛	烟台	MAERSK GIRONDE V.015
7	SITKA	98458213	APRU505128	6	RFR	40	906	338620	30016.268	-10	F	青岛	烟台	MAERSK GIRONDE V.015
8	SITKA	98458213	APRU572146	0	RFR	40	906	338832	18774.142	-10	F	青岛	烟台	MAERSK GIRONDE V.015
9	SITKA	98458213	APRU572897	3	RFR	40	906	338601	29916.382	-10	F	青岛	烟台	MAERSK GIRONDE V.015
10	SITKA	98458213	APRU574748	5	RFR	40	906	338531	28624.75	-10	F	青岛	烟台	MAERSK GIRONDE V.015
11	SITKA	98458213	APRU582793	4	RFR	40	906	338578	29819.51	-10	F	青岛	烟台	MAERSK GIRONDE V.015
12	SITKA	98458213	APRU583700	1	RFR	40	906	338538	29866.58	-10	F	青岛	烟台	MAERSK GIRONDE V.015
13	SITKA	98458213	GESU911833	9	RFR	40	906	338579	29594.53	-10	F	青岛	烟台	MAERSK GIRONDE V.015
14	SITKA	98458213	GESU946754	1	RFR	40	906	338580	29511.49178	-10	F	青岛	烟台	MAERSK GIRONDE V.015
15	SITKA	98458213	TRIU851415	9	RFR	40	906	338836	28337.15652	-10	F	青岛	烟台	MAERSK GIRONDE V.015
16	SITKA	98458213	TRLU180888	1	RFR	40	906	338705	29670.2716	-10	F	青岛	烟台	MAERSK GIRONDE V.015

图 14-27　中转箱集装箱清单样张

11. 海关国际转运集装箱验放单

海关国际转运集装箱验放单是国际中转操作中主要的信息传递单证。海关国际转运集装箱验放单由中转港代理填制，内容包括：二程船船名、航次、起运港、转运港、指运港、箱型、箱数、重量，加盖国际中转业务专用章后交海关报备，海关确认后加盖放行章，码头根据海关国际转运集装箱验放单安排一程船进口卸船转运二程船出口装船。海关国际转运集装箱验放单样张见图 14-28。

船名	ZIM KEELUNG	航次	098E	开航日期	2005-12-6
起运港	转运港	指运港	20 ft 箱数	40 ft 箱数	重量
HONG KONG	上海	COLON		1×40′	15 666.KGS
YANHAN	上海	COLON		2×40′	12 563.KGS
SHEKOU	上海	COLON	45×20′	24×40′	1 386 552.KGS
代理人（单） 经办人（签章） 2000 年 12 月 5 日		海关（章） 经办人（签章） 年　月　日		总箱数 45×20′ 27×40′	总重量 1 414 781.KGS

图 14-28　中华人民共和国海关国际转运集装箱验放单样张

12. 国际转运集装箱清单

国际转运集装箱清单与海关国际转运集装箱验放单一起流转，内容包括：进境船名、航次、呼号、进境时间、出境船名、航次、呼号、出境时间、转运港、承运人、箱号、封号、箱型、提单号、件数、重量、指运港等。国际转运集装箱清单样张见图 14-29。

进境船名	呼号	航次	进境日期	出境船名	呼号	航次	出境日期	转运港	承运人
ZIM ASIA	4XFB	035EE	2005-12-01	ZIM KEELUNG	9HXD6	098E	2005-12-06	上海	ZIM

序号	箱号	提单号	封号	箱型	箱类	货名		件数	体积	重量	启运港	指运港
						英文	中文		(M3)	(KGS)		
1	FSCU0313560	SSPHJKT27991	ZZD299047	20	OT	2 X 20'OT CONTAINERS S.L.A.C :-	PEV	10	17.5	22,179.00	JAKARTA	PORT EVERGLADES
2	TOLU4652415	SSPHJKT27991	ZZD299044	20	OT	2 X 20'OT CONTAINERS S.L.A.C :-	〃	10	17.5	22,179.00	JAKARTA	PORT EVERGLADES
3	ZCSU4007620	ZIMUSIN75495	ZZD209969	40	OT	S.L.A.C1 X 40'OT CONTAINER2 SET	〃	5		25,000.00	SINGAPORE	PORT EVERGLADES
						TTL:	2 x 20'	1 x 40'		25 P' KGS	69,358.00 KGS	

图 14-29　国际转运集装箱清单样张

13. 集装箱装运危险货物装箱证明书

本单证同船舶载运危险货物申报单(出港)一起,共同构成危险品箱出口装船前的口岸海事部门监管手续,由装箱单位填制,由现场危险品装箱检查人员签字确认。

第四节　集装箱码头的箱/货作业单证

集装箱码头涉及集装箱和货物作业单证,主要是在码头陆侧物流系统作业活动中使用。在码头闸口作业中,主要是集装箱进场作业和出场作业单证;危险品、超限箱进港前由发货人或其代理向码头提交危险品、超限箱进港申请单,码头受理进场计划;集卡司机凭装箱单、设备交接单、集装箱装运危险货物装箱证明书、海运出口危险货物包装容器使用认定单或出境危险货物运输包装使用鉴定结果单到码头闸口办理出口重箱进场手续。

一、集装箱进场作业单证

危险品、超限箱进港前由发货人或其代理向码头提交危险品、超限箱进港申请单,码头受理进场计划;集卡司机凭装箱单、设备交接单、集装箱装运危险货物装箱证明书、海运出口危险货物包装容器使用认定单或出境危险货物运输包装使用鉴定结果单到码头闸口办理出口重箱进场手续,凭中转箱转场设备交接单、国际中转箱转场设备交接单或中转箱转场动态表办理中转箱进场手续;码头闸口打印进箱小票交集卡司机,安排堆场机械收箱,每天打印进场日报提供给船公司或其代理。

1. 危险品、超限箱进港申请单

危险品、超限箱进港申请单是由发货人或其代理向码头(港口主管部门)提出危险品或超限箱进港申请的单证,内容主要包括:船名、航次、箱号、箱型、提单号、危险品等级、联合国编号、超限位置、尺寸等。码头计划员接收到危险品、超限箱进港申请单后,根据危险等级或具体超限情况,安排进场或船边直装计划,并反馈信息给客户。危险品、超限箱进港申请单样张见图 14-30。

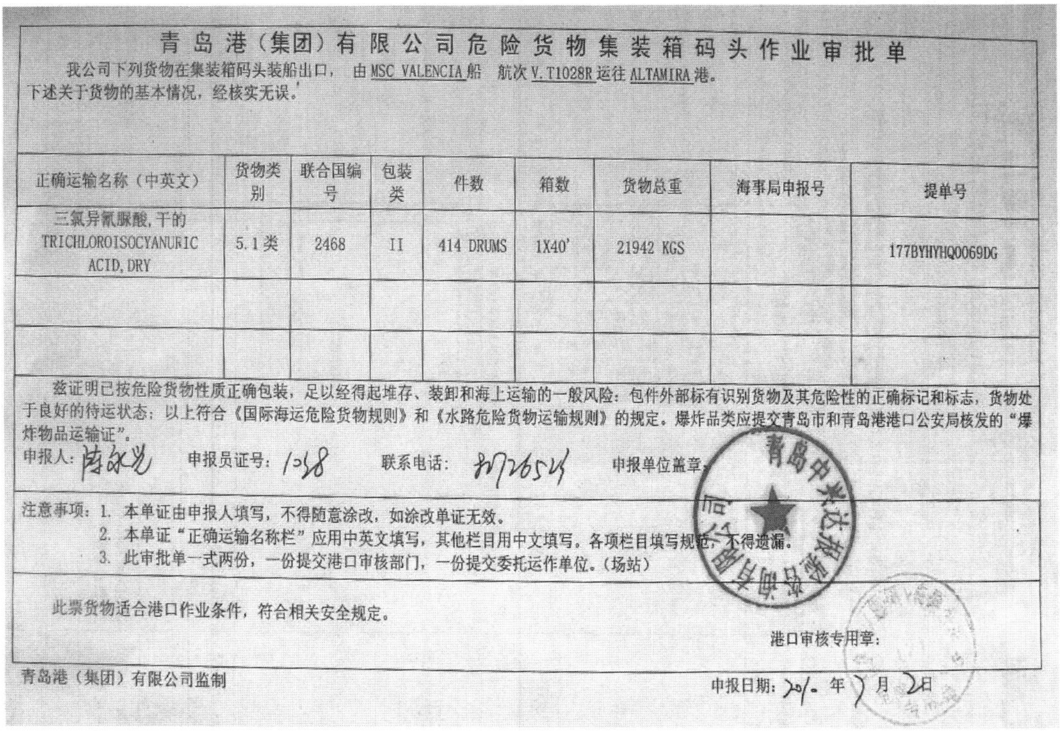

青岛港（集团）有限公司危险货物集装箱码头作业审批单

我公司下列货物在集装箱码头装船出口，由 MSC VALENCIA 船　航次 V. T1028R 运往 ALTAMIRA 港。
下述关于货物的基本情况，经核实无误。

正确运输名称（中英文）	货物类别	联合国编号	包装类	件数	箱数	货物总重	海事局申报号	提单号
三氯异氰脲酸，干的 TRICHLOROISOCYANURIC ACID, DRY	5.1 类	2468	II	414 DRUMS	1X40'	21942 KGS		177BYHYHQ0069DG

兹证明已按危险货物性质正确包装，足以经得起堆存、装卸和海上运输的一般风险；包件外部标有识别货物及其危险性的正确标记和标志，货物处于良好的待运状态；以上符合《国际海运危险货物规则》和《水路危险货物运输规则》的规定。爆炸品类应提交青岛市和青岛港港口公安局核发的“爆炸物品运输证”。

申报人：陈永光　申报员证号：1058　联系电话：8726524　申报单位盖章：

注意事项：1. 本单证由申报人填写，不得随意涂改，如涂改单证无效。
2. 本单证“正确运输名称栏”应用中英文填写，其他栏目用中文填写。各项栏目填写规范，不得遗漏。
3. 此审批单一式两份，一份提交港口审核部门，一份提交委托运作单位。（场站）

此票货物适合港口作业条件，符合相关安全规定。

港口审核专用章：

青岛港（集团）有限公司监制　　申报日期：2010 年 7 月 2 日

图 14-30　危险品、超限箱进港申请单样张

2. 装箱单

装箱单是记载集装箱货物的具体货运资料、交付方式以及箱内货物自内而外的积载次序的单证，是集装箱运输中特有的单证。装箱单每箱一张，由装箱人编制，整箱货由发货人或其代理编制，拼箱货由货运站经营人编制。

装箱单是最详细地表示箱内货物的唯一文件。主要内容包括：船名、航次、起运港、中转港、目的港、集装箱号、铅封号、尺寸、箱型、提单号、件数、重量、体积、包装、货名、装箱日期和地点等。对于特殊货物，装箱单还应加注特殊标注，如冷藏箱要标明温度、危险品箱要标明危险等级与联合国编号、超限箱标明具体超限尺寸。

装箱单的作用：在装箱地，用它向海关申请出口；在集装箱货运站或码头堆场间，用作货物交接；在集装箱码头，用它编制堆存计划和船舶积载图，在集装箱船舶上，用装箱单上记载的重量计算船舶吃水和稳性；在卸箱场地用作办理集装箱报税运输手续及拆箱作业等。

集装箱码头，装箱单主要用于出口业务中。装箱单随出口箱进场时，由集卡司机交码头闸口业务员，码头闸口业务员核对集装箱箱号、尺寸、箱型，审核船名、航次、中转港后，打印进箱小票给集卡司机确认收箱操作。

装箱单一式五联，第一联为码头联，第二联为理货联，第三联为承运人联，第四联为发货人/装箱人联，第五联为发货人/装箱人联。装箱单样张见图 14-31。

CONTAINER LOAD PLAN

装 箱 单

SINOTRANS

CHINA MARINE SHIPPING AGENCY
SHANGHAI COMPANY
上海中外运船务代理有限公司

(1) Terminal's Copy
码头联

Reefer Temperature Required. 冷藏温度 ℃. ℉.			
Class 等级	IMDG Page 危规页码	UN No. 联合国编号	Flashpoint 闪点

Ship's Name/Voy No. 船名/航次 PANAGIA TINOU V.0177-097E	Port of Loading 装港 SHANGHAI	Port of Discharge 卸港 USLAX	Place of Delivery 交货地 CHICAGO

SHIPPER'S/PACKER'S DECLARATIONS:We hereby declare that the container has been thoroughly cleaned without any evidence of cargoes of previous shipment prior to vanning and cargoes has been properly stuffed and secured.

Container No. 箱号: UGMU8460701

Seal No. 封号: 1818827

Cont.Size 箱型: 20' 40' 45'

Cont.Type. 箱类: GP=普通箱 TK=油罐箱 RF=冷藏箱 PF=平板箱 OT=开顶箱 HC=高箱 FR=框架箱 HT=挂衣箱

ISO Code For Container Size/Type. 箱型/箱类ISO标准代码: 20GP

Packer's Name/Address 装箱人名称/地址

TEL NO. 电话号码

Bill of Lading No. 提单号	Packages & Packing 件数与包装	Gross Weight 毛 重	Measurements 尺 码	Description of Goods 货 名	Marks & Numbers 唛 头
Front 前					
LTNV858591175412	25	13800	15		
LTNV858591175684	10	2270	10		
Door 门					

Packing Date. 装箱日期	Received By Drayman 驾驶员签收及车号	Total Packages 总件数	Total Cargo Wt 总货重	Total Meas 总尺码	Remarks:备注
Packed BY. 装箱人签名	Received By Terminals/Date Of Receipt 码头收箱签收和收箱日期		Cont.Tare Wt 集装箱皮重	Cgo/Cont Total Wt 货/箱总重量	

图14-31 装箱单样张

3. 设备交接单

同第二节介绍。

4. 集装箱装运危险货物装箱证明书

集装箱装运危险货物装箱证明书是装箱现场检查员根据《国际海上危险货物运输规则》，对集装箱和箱内所装危险货物以及货物在箱内的积载情况进行过检查的证明文件，由装箱现场检查员填制，内容包括：船名、航次、目的港、箱号、封号、货物名称、联合国编号、危险品等级、包装、件数、重量、箱型数量、装箱日期等。集装箱装运危险货物装箱证明一式两份，正本于集装箱装船三天前向港务监督部门提交，副本在集装箱进场时与装箱单一起交码头闸口业务员。集装箱装运危险货物装箱证明书样张见图 14-32。

集 装 箱 装 运 危 险 货 物
装 箱 证 明 书
CONTAINER PACKING CERTIFICATE

船名 Ship Name CSCL JAKARTA. 航次 Voyage V.0066S 目的港 Destination SYDNEY

集装箱编号 Container Serial No. CRWU2001145

箱内所装危险货物 Dangerous Goods Packed Therein FORANE22

品名 Proper Shipping Name	联合国编号 UN No.	危险货物类别 IMDG Gode Class	包装 Packing	件数 Package Quantity	箱数 Total of Container	总重 Total Weight (kgs)
FORANE22	1018	2.2	TANK	1	20'TKx1	18000KGS

兹证明：装箱现场检查员已根据《国际海上危险货物运输规则》的要求，对上述集装箱和箱内所装危险货物，以及货物在箱内的积载情况进行了检查。并声明如下：

1. 集装箱清洁、干燥，外观上适合装货；
2. 集装箱内未装有不相容物质；
3. 所有的包件都已经过外观破损检查，装入箱内的包件均系完好；
4. 所有包件装箱正确，衬垫、加固合理；
5. 集装箱及所装入的包件外表均已正确地进行了标记和标志、标牌。
6. 对集装箱内所装的每票危险货物，已经收到其根据《国际海上危险货物运输规则》总论第 9.4 段所要求的危险货物申报单。

以上准确无讹。

This is to certify that the above mentioned container, dangerous goods packed therein and their stowage condition have been inspected by the undersigned packing inspector according to the provisions of 《International Maritime Dangerous Goods Code》 and to declare that:

1. The container was clean, dry and apparently fit to receive the goods;
2. No incompatible goods have been packed into the container;
3. All packages have been externally inspected for damage, and only sound packages have been packed;
4. All packages have been properly packed in the container, dunnaged and secured;
5. The container and packages are properly marked and labelled and placarded;
6. The dangerous goods declaration required in subsection 9.4 of the General Introduction to the IMDG Code has been received for each dangerous goods consignment packed in the container; and

That all stated above are correct.

装箱现场检查员签字
Signature of packing inspector
装箱现场检查员证书编号
No.of certificate of packing inspector
装箱日期
Date of packing

检查地点
Place of inspection
装箱单位(签章)
Packing unit (stamp)
签发日期
Date of issue

此证明书应由装箱现场检查员填写一式两份，正本应于集装箱装船三天前向港务监督提交，副本应在办理集装箱移交时交付给承运人。

Two copies of the certificate should be filled by the packing inspector; The original one should be submitted. to Harbour Superintendency Administration three days prior to shipment and the copy should be given to the carrier on container delivery.

图 14-32　集装箱装运危险货物装箱证明书

5. 海运出口危险货物包装容器使用认定单

海运出口危险货物包装容器使用认定单是指发货人或其代理，在进行危险品箱出口操作时，向港务监督部门提出包装容器使用认定，港务监督部门根据《国际海运危险货物规则》的要求进行认定，确认后加盖危险货物包装单证审核专用章，海运出口危险货物包装容器使用认定单副本在集装箱进场时与装箱单一起交码头闸口业务员。海运出口危险货物包装容器使用认定单样张见图 14-33。

海运出口危险货物包装容器
使 用 认 定 单

副 本

沪港危认字第2728号

申请人：外运储运					
使用厂：外运储运					
危险货物名称：一氯二氟甲烷		类别：2.2		联合国编号：1018	
危险货物状态：液		包装类别：			
危险货物数量（件）：1		每件毛重：18000		每件净重：9400	
内容器名称、规格及编号：					
外包装名称、规格及编号：罐柜 CRNU2021145					
包装容器性能鉴定合格单编号：					
认定结果	上述危险货物所使用的包装容器，经抽样认定，其适用性及使用方法符合《国际海运危险货物规则》的要求。				
备注					
出运记录	序 号	日 期	出运数量	结余数量	记 事
					中海雅加达 V.0066S 外运 1TK 18000 KGS SYDNEY

顾传飚 认定人：

图 14-33　海运出口危险货物包装容器使用认定单样张

6. 出境危险货物运输包装使用鉴定结果单

出境危险货物运输包装使用鉴定结果单是指发货人向出入境检验检疫部门提交出境危险货物运输包装使用鉴定申请，检验检疫部门根据《国际海运危险货物规则》《海运出口危险货物包装检验规程——使用鉴定》，对危险货物所使用的包装容器进行鉴定，确认后加盖检验检疫专用章。出境危险货物运输包装使用鉴定结果单在集装箱进栈时与装箱单一起交码头闸口业务员。出境危险货物运输包装使用鉴定结果单样张见图 14-34。

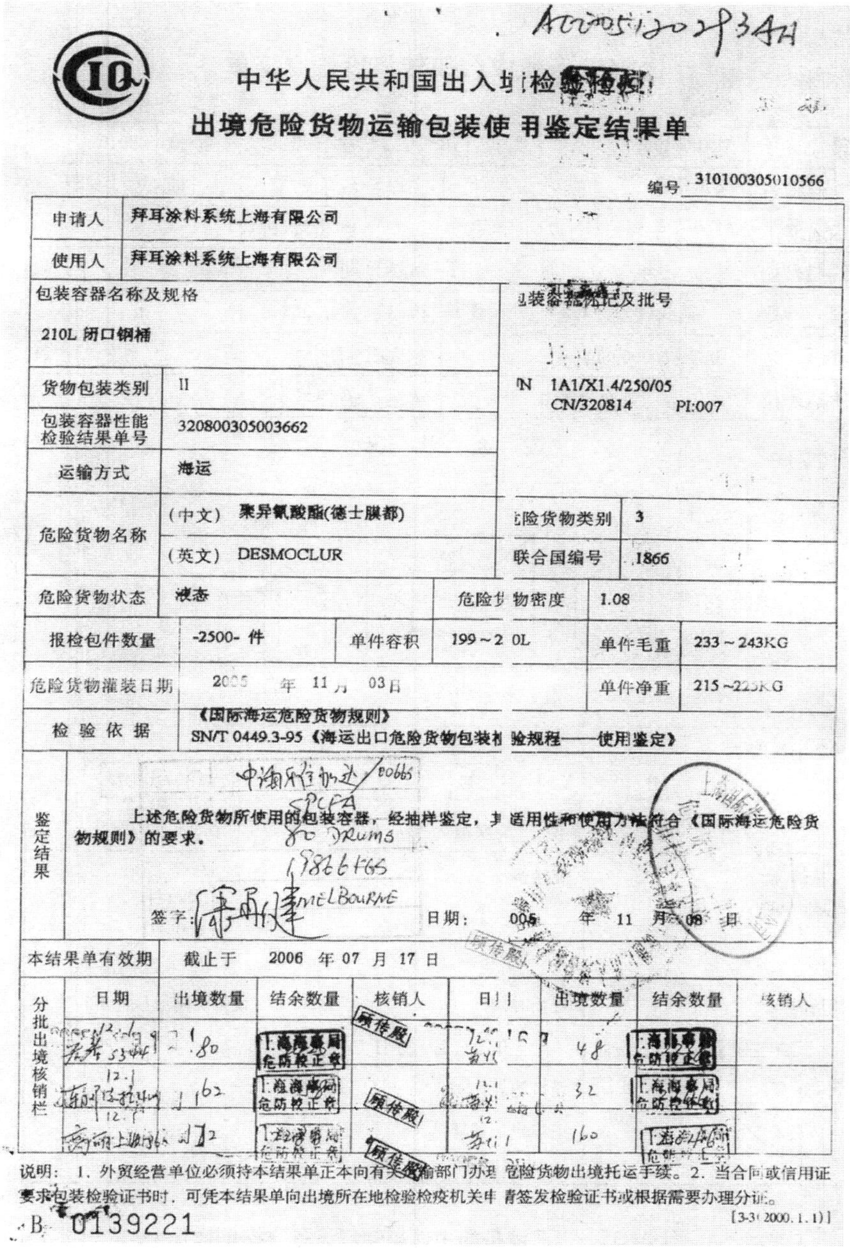

中华人民共和国出入境检验检疫局

出境危险货物运输包装使用鉴定结果单

编号　3101003050105 66

申请人	拜耳涂料系统上海有限公司				
使用人	拜耳涂料系统上海有限公司				
包装容器名称及规格	210L 闭口钢桶		包装容器标记及批号	UN 1A1/X1.4/250/05 CN/320814 PI:007	
货物包装类别	II				
包装容器性能检验结果单号	320800305003662				
运输方式	海运				
危险货物名称	(中文) 聚异氰酸酯(德士膜都)		危险货物类别	3	
	(英文) DESMOCLUR		联合国编号	1866	
危险货物状态	液态	危险货物密度	1.08		
报检包件数量	-2500- 件	单件容积	199～210L	单件毛重	233～243KG
危险货物灌装日期	200[illegible] 年 11 月 03 日			单件净重	215～225KG
检验依据	《国际海运危险货物规则》 SN/T 0449.3-95《海运出口危险货物包装检验规程——使用鉴定》				
鉴定结果	上述危险货物所使用的包装容器，经抽样鉴定，其适用性和使用方法符合《国际海运危险货物规则》的要求。 签字： 日期： 2005 年 11 月 08 日				
本结果单有效期	截止于 2006 年 07 月 17 日				

分批出境核销栏

日期	出境数量	结余数量	核销人	日期	出境数量	结余数量	核销人
	80				48		
	62				32		
					160		

说明：1. 外贸经营单位必须持本结果单正本向有关运输部门办理危险货物出境托运手续。2. 当合同或信用证要求包装检验证书时，可凭本结果单向出境所在地检验检疫机关申请签发检验证书或根据需要办理分证。

B 0139221　　[3-3(2000.1.1)]

图 14-34　出境危险货物运输包装使用鉴定结果单样张

7. 中转箱转场设备交接单

中转箱转场设备交接单是中转箱操作业务特有的单证,是中转集装箱发生跨码头拖运情况下进行集装箱交接的凭证。中转箱转场设备交接单内容包括:箱号、箱型、尺寸、重量、一程船名航次、二程船名航次、起运港、中转港、目的港、提单号、承运单位,承运车辆牌号、设备状况、残损记录代号等。中转箱转场设备交接单一式三份:第一联进场码头中转联(白色),第二联进场码头收费联(红色),第三联出场码头收费联(黄色)。中转箱转场设备交接单样张见图14-35。

上海港务局中转箱转场设备交接单 142623

箱　号	TRIU5319591	类型	GP	尺寸	40	重量	20169
一程船名	达贸宝婷	航次	537E	二程船名	向平	航次	2328N
启运港	SHA	中转港(出口)	天津	卸货港(进口)			
卸船日期＿＿＿年＿＿月＿＿日				转场日期＿＿＿年＿＿月＿＿日			
由 张散 码头转至 WG2 码头				持箱人	DMS		
提单号	DLXI1500009SDV			制表日期＿＿＿年＿＿月＿＿日			
承运单位	集祥货运			承运车辆牌号	沪AD7549		

设　备　状　况

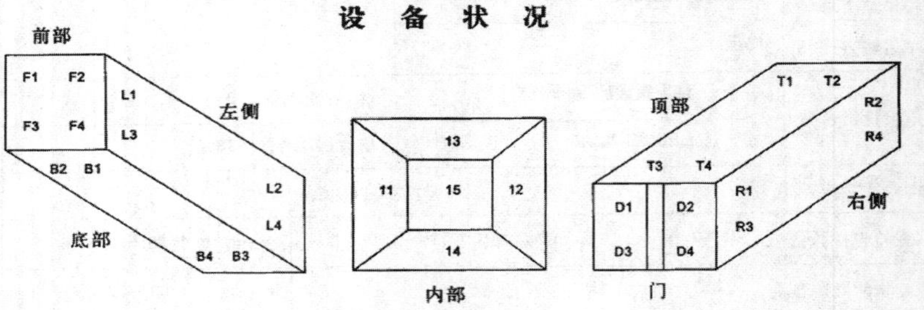

第二联　进场码头道口

残损记录代号

B	C	D	M	H	DR	DL
破损	割伤	凹损	灭失	洞	污	危标

交接情况: 出场时间: ＿年＿月＿日＿时 司机签署: 道口员工签署:	交接情况: 进场时间: ＿年＿月＿日＿时 司机签署: 道口员工签署:	设备交接单放行章 553834

图 14-35　上海港务局中转箱转场设备交接单样张

8. 国际中转箱转场设备交接单

国际中转箱转场设备交接单是国际中转箱操作业务特有的单证，是国际中转集装箱发生跨码头拖运情况下进行集装箱交接的凭证，内容同中转箱转场设备交接单。国际中转箱转场设备交接单一式两份，第一联出场码头闸口，第二联进场码头闸口。国际中转箱转场设备交接单样张见图 14-36。

上海国际港务集团调运中心中转箱转场设备交接单 142776

（国际中转箱）

箱　号	CCLU3371563	类型	GP	尺寸	20	重量	2721
一程船名	CMA CGM VERNET	航次	PP172W	二程船名	CSCL CHIWAN	航次	0070S
启运港	HOUSTON	中转港(出口)	HKG	卸货港(进口)	HONG KONG		
卸船日期____年____月____日				转场日期____年____月____日			
由 WG4 码头转至 WG2 码头				持箱人	CSC		
提单号	HOUHKG550970			制表日期____年____月____日			
承运单位	集祥货运			承运车辆牌号			

设备状况

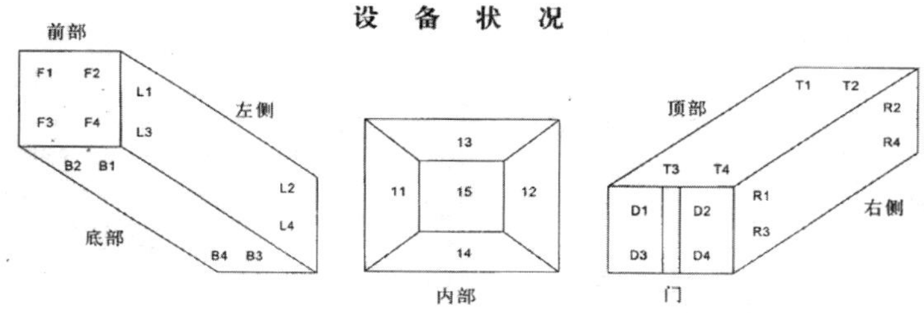

残损记录代号

B	C	D	M	H	DR	DL
破损	割伤	凹损	灭失	洞	污	危标

交接情况：	交接情况：	
出场时间： ____年____月____日____时	进场时间： ____年____月____日____时	设备交接单放行章
司机签署：	司机签署：	
道口员工签署：	道口员工签署：	

第二联　进场码头道口

图 14-36　上海国际港务集团调运中心中转箱转场设备交接单样张

9. 进出口集装箱中转动态表

进出口集装箱中转动态表是由中转港代理编制，中转集装箱发生跨码头拖运情况下进行集装箱交接的凭证。其内容和作用与中转箱转场设备交接单相同。进出口集装箱中转动态表样张见图 14-37。

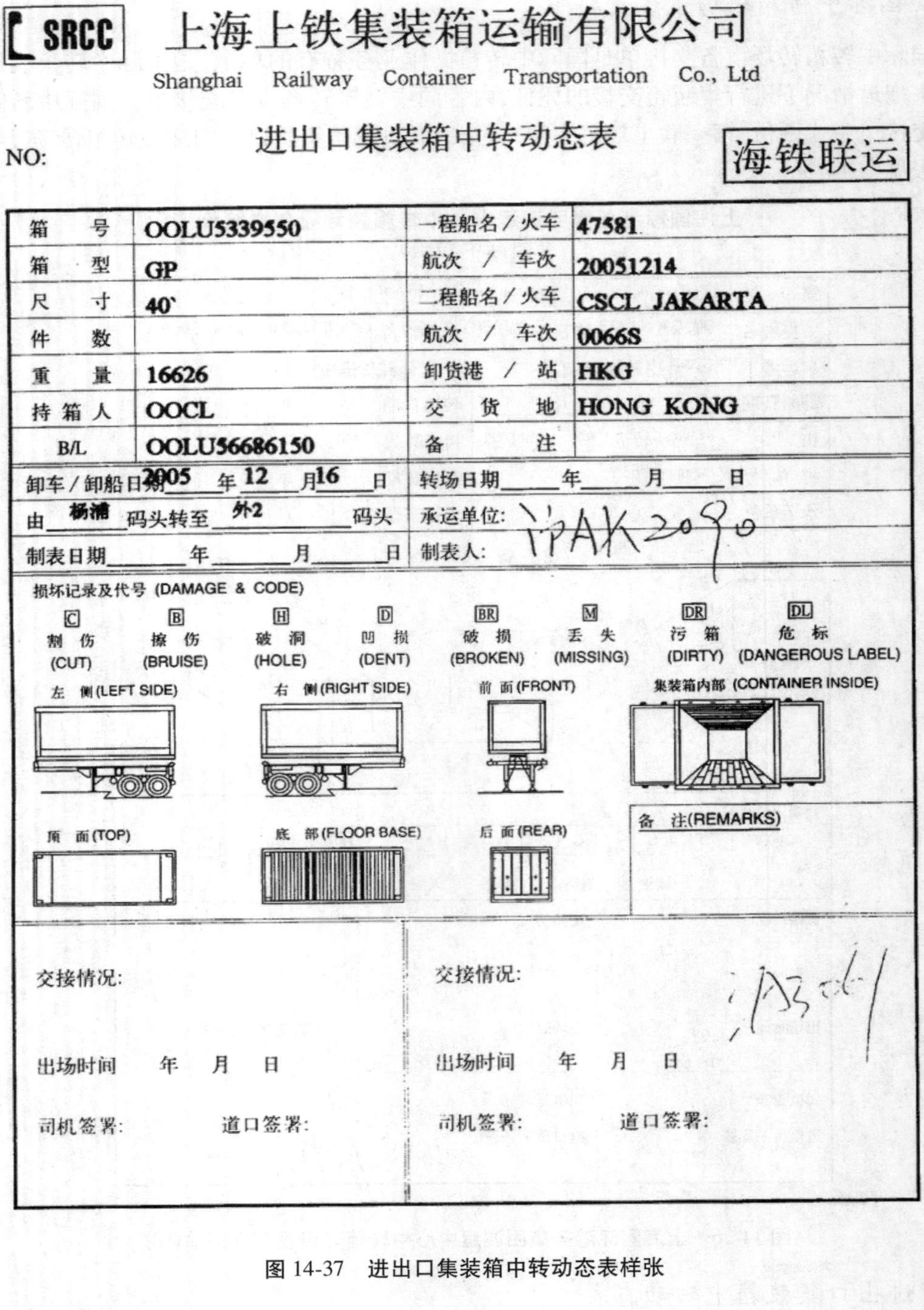

SRCC 上海上铁集装箱运输有限公司
Shanghai Railway Container Transportation Co., Ltd

进出口集装箱中转动态表

NO: 海铁联运

箱号	OOLU5339550	一程船名/火车	47581
箱型	GP	航次/车次	20051214
尺寸	40`	二程船名/火车	CSCL JAKARTA
件数		航次/车次	0066S
重量	16626	卸货港/站	HKG
持箱人	OOCL	交货地	HONG KONG
B/L	OOLU56686150	备注	

卸车/卸船日期 2005 年 12 月 16 日　转场日期____年____月____日

由 杨浦 码头转至 外2 码头　承运单位: PAK 2090

制表日期____年____月____日　制表人:

损坏记录及代号 (DAMAGE & CODE)

C 割伤 (CUT)　B 擦伤 (BRUISE)　H 破洞 (HOLE)　D 凹损 (DENT)　BR 破损 (BROKEN)　M 丢失 (MISSING)　DR 污箱 (DIRTY)　DL 危标 (DANGEROUS LABEL)

左侧(LEFT SIDE)　右侧(RIGHT SIDE)　前面(FRONT)　集装箱内部(CONTAINER INSIDE)

顶面(TOP)　底部(FLOOR BASE)　后面(REAR)　备注(REMARKS)

交接情况:　交接情况:

出场时间　年　月　日　出场时间　年　月　日

司机签署:　道口签署:　司机签署:　道口签署:

图 14-37　进出口集装箱中转动态表样张

10. 进箱小票

进箱小票是码头进场闸口业务员在接收集装箱进场时开具的堆放场箱位指令。主要内容包括:作业号、箱号、船名、航次、箱型、状态、车号、箱位等。

闸口业务员打印进箱小票后,交集卡司机。集卡司机根据小票上显示的箱位,将集装箱拖到指定的箱区位置。码头堆场员根据进箱小票核对箱号后，指挥轮胎吊进行收箱操作。集卡司机出场时，将进箱小票交出场闸口业务员，换取出门证。出场闸口业务员根据进箱小票上的实际位置确认进场箱实际场箱位。

11. 进场日报

进场日报是在工班结束以后，由闸口业务员填制的本工班进箱清单。进场日报包括箱号、箱型、尺船公司、空重状况、出口船名、航次、设备交接单号、备注等内容，一般按进箱的作业类型分类填制。进场日报样张见图 14-38。

上港集箱外高桥码头
SPC WAIGAOQIAO TERMINAL
外二期码头

打印时间: 2006.01.05 10:18

进场日报

船名/航次: CMA EVER/WX181W
船公司/代理: 达飞轮船(中国)有限公司(CMA)/上海华港国际船舶代理有作业时间:06.01.04 00:00-06.01.04 23:59

序号	箱号	箱型	持箱人	状态	重量	卸货港	提单号	备注
7	ECMU1351711	2201	CMA	OF	14996	LOS	CNQT000035	
8	CRXU9261723	4510	CMA	OF	30000	TEM	CNOM000027	

20: 1　　40: 1　　45: 0

序号	箱号	箱型	持箱人	状态	重量	卸货港	提单号	备注
9	CLHU2936834	2310	CMA	OZ	27100	LOS	WHG000135	
10	CRXU1919504	2210	CMA	OZ	27100	LOS	WHG000135	
11	ECMU1590803	2310	CMA	OZ	20104	ABJ	CMAWHJW0874	
12	ECMU1747981	2310	CMA	OZ	27100	LOS	WHG000135	
13	GESU2427531	2310	CMA	OZ	27100	LOS	WHG000135	
14	TRLU2666550	2210	CMA	OZ	27100	LOS	WHG000135	
15	TRLU2828795	2310	CMA	OZ	27100	LOS	WHG000135	
16	ECMU9102314	4510	CMA	OZ	12972	LOS	WHG000134	
17	ECMU9155130	4510	CMA	OZ	9172	LOS	WHG000134	
18	ECMU9396970	4510	CMA	OZ	12972	LOS	WHG000134	
19	ECMU9500344	4510	CMA	OZ	12972	LOS	WHG000134	
20	ECMU9568874	4510	CMA	OZ	12972	LOS	WHG000134	

20: 7　　40: 5　　45: 0

图 14-38　进场日报样张

二、集装箱出场作业单证

货主或其代理凭交货记录、未装船货物提离海关监管区申请单到码头受理台办理提箱计划，码头受理计划后打印集装箱作业申请单交申请人；集卡司机凭装箱作业申请单、设备交接单到码头闸口办理提箱手续，码头闸口打印提箱小票交集卡司机，安排堆场机械发箱，每天打印出场日报提供给船公司或其代理。

1. 交货记录

详见本章第二节。

2. 疏运箱清单

进口重箱在码头堆场堆放超过 7 天,为保证港口正常作业能力和秩序,有些口岸可以根据地方规章条例,码头可以将进口重箱疏运至码头外指定的海关监管箱站或物流公司。

疏运箱清单是由码头箱务管理员制作的在码头堆放超过 7 天的集装箱清单,内容包括:流向、作业时间、承运人、船名、航次、箱号、箱型、尺寸、场箱位等。疏运箱清单一式数份,分别交码头控制室、闸口、承运车队、外堆场。有些口岸称之为“进口箱分箱清单”。

集装箱疏运到港外箱站后,当货主凭提货单来提货时,码头受理台收存提货单,开具疏港凭单,指定货主到相应的外堆场凭疏港凭单提货。疏运计划清单样张见图 14-39。

上港集箱外高桥码头
SPC WAIGAOQIAO TERMINAL
外二期码头

疏运计划清单

打印日期　2006.01.05 10:19

承运人:　　　　　编号:　2035094

流向:　上海港浦东集装箱物流有限公司　　　　　作业时间:　01.04 17:00--05 19:00

序号	箱号	尺寸	箱型	状态	持箱人	重量	件数	超限	危类	船名	航次	提单号
1	BSIU2154065	20'	GP	IF	HLC	20813	10			CLAN AMZ	530E	HLCUPNG051150399
2	CARU2180553	20'	GP	IF	CMA	326172	164	OG		CLAN AMZ	530E	BR1045853
3	CAXU2441061	20'	GP	IF	HLC	105114	60			CLAN AMZ	530E	HLCUPNG051150461
4	CAXU2498391	20'	GP	IF	HLC	39000	20			CLAN AMZ	530E	HLCUPNG051150494
5	CAXU2508057	20'	GP	IF	HLC	105114	60			CLAN AMZ	530E	HLCUPNG051150461
6	CAXU2966424	20'	GP	IF	HLC	39000	20			CLAN AMZ	530E	HLCUPNG051150556
7	CAXU4393511	40'	GP	IF	MLB	35270	28			CLAN AMZ	530E	CLANSSZSHA050013
8	CAXU4842530	40'	GP	IF	MLB	207449	1053			CLAN AMZ	530E	CLANPNGSHA050055
9	CAXU6099810	20'	GP	IF	OOCL	111695	21			CSCL GEN	0094N	OOLU37195880
10	CAXU6757865	20'	GP	IF	OOCL	128313	20			CSCL GEN	0094N	OOLU34407160
11	CAXU9373821	40'	GP	IF	MLB	196948	352			CLAN AMZ	530E	CLANBUESHA050014
12	CAXU9588368	40'	GP	IF	MLB	27556	140			CLAN AMZ	530E	CLANPNGSHA050053
13	CAXU9588368	40'	GP	IF	MLB	207449	1053			CLAN AMZ	530E	CLANPNGSHA050055
14	CAXU9603591	40'	GP	IF	MLB	27556	140			CLAN AMZ	530E	CLANPNGSHA050053
15	CAXU9745322	40'	GP	IF	MLB	207449	1053			CLAN AMZ	530E	CLANPNGSHA050055
16	CAXU9753225	40'	GP	IF	OOCL	139130	107			CSCL GEN	0094N	OOLU33623550
17	CAXU9766602	40'	GP	IF	MLB	207449	1053			CLAN AMZ	530E	CLANPNGSHA050055
18	CAXU9855870	40'	GP	IF	OOCL	49550	2			CSCL GEN	0094N	OOLU43967360
19	CAXU9959345	40'	GP	IF	MLB	207449	1053			CLAN AMZ	530E	CLANPNGSHA050055

图 14-39　疏运计划清单样张

3. 未装船货物提离海关监管区申请单

未装船货物提离海关监管区申请单是指发货人或其代理,对因各种原因未能按期装船出运的出口货物,向海关提出提离海关监管区申请的单证。其内容主要包括:船名、航次、提单号、海关编号、报关日期、货名、数量、件数、集装箱号、申请理由等。发货人或其代理将申请单提交海关审核,海关确认后,加盖验讫章,发货人或其代理再凭申请单原件到码头受理提箱计划。未装船货物提离海关监管区申请单样张见图 14-40。

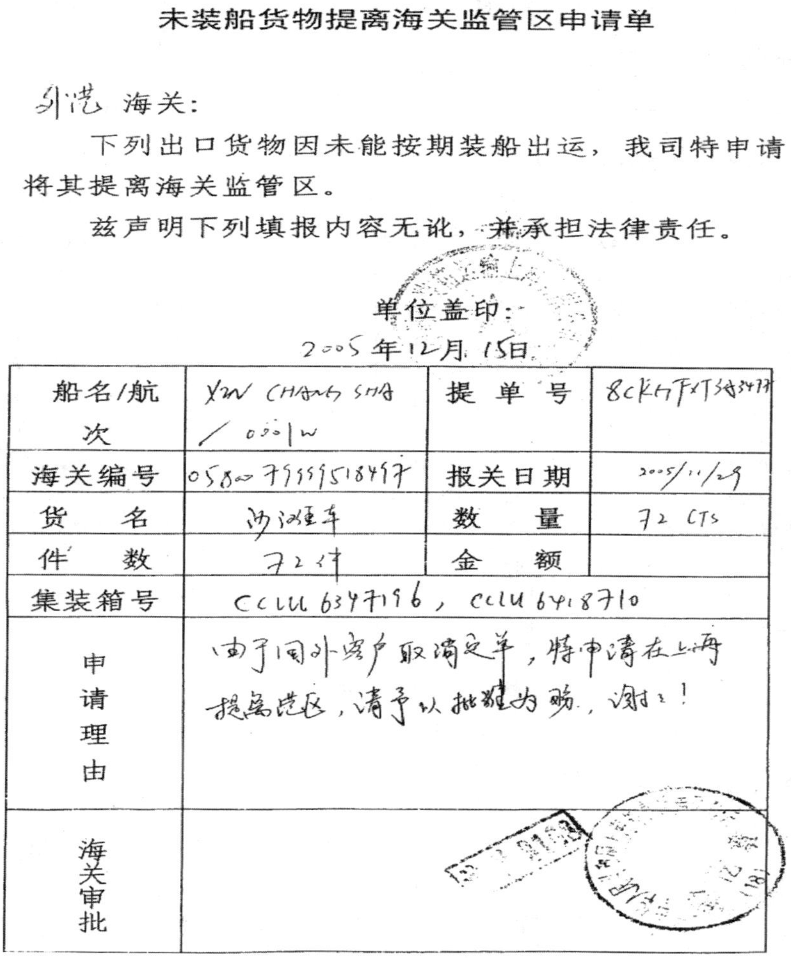

未装船货物提离海关监管区申请单

外港 海关：

下列出口货物因未能按期装船出运，我司特申请将其提离海关监管区。

兹声明下列填报内容无讹，并承担法律责任。

单位盖印：

2005年12月15日

船名/航次	XIN CHANG SHA / 0001W	提单号	8CKHTXT543477
海关编号	0580079559518497	报关日期	2005/11/29
货名	沙滩车	数量	72 CTS
件数	72件	金额	
集装箱号	CCLU6347196，CCLU6418710		
申请理由	由于国外客户取消定单，特申请在上海提离港区，请予以批准为盼，谢谢！		
海关审批			

图 14-40　未装船货物提离海关监管区申请单样张

4. 进口集装箱提箱作业申请单

集装箱作业申请单是码头受理台接受客户作业申请后签发的作业单证，是客户到码头办理提箱业务的凭证。其内容主要包括：申请单位、联系人、电话、船名、航次、箱号、场箱位、作业时间等。

5. 提箱小票

提箱小票是进场闸口业务员在集卡司机办理提箱作业时，审核集装箱作业申请单与设备交接单后，打印给集卡司机的码头堆场内作业凭证。其主要内容包括：作业号、箱号、船名、航次、箱型、状态、车号、箱位等。

6. 出场日报

出场日报是在工班结束以后由闸口业务员填制的本工班提箱清单。出场日报包括箱号、箱型、尺寸、船公司、空重状况、出口船名、航次、设备交接单号、备注等内容，一般按提箱的作业类型分类填制。出场日报样张见图14-41。

上港集箱外高桥码头
SPC WAIGAOQIAO TERMINAL
外二期码头

打印日期 2006.01.05 10:24

出场日报

船公司：马鲁巴航运(MAR)
船代理：上海舟商国际船舶代理有限公司(CMAG)

起始时间：06.01.04 00:00
终止时间：06.01.04 23:59

序号	箱号	船名	航次	提单号	箱型	状态	持箱人	流向	备注
1	CARU2180553	CLAN AMZ	530E	BR1045853	2200	IF	CMA	WL	
2	CLHU3036077	CLAN AMZ	530E	BR1045853	2200	IF	CMA	WL	
3	ECMU1211319	CLAN AMZ	530E	BR1045771	2200	IF	CMA	WL	
4	ECMU1642240	CLAN AMZ	530E	BR1045771	2200	IF	CMA	WL	
5	ECMU1756622	CLAN AMZ	530E	BR1045771	2200	IF	CMA	WL	
6	GLDU3258962	CLAN AMZ	530E	BR1045921	2200	IF	CMA	WL	
7	IPXU3056169	CLAN AMZ	530E	BR1045921	2200	IF	CMA	WL	
8	IPXU3199473	CLAN AMZ	530E	BR1045771	2200	IF	CMA	WL	
9	IPXU3363078	CLAN AMZ	530E	BR1045926	2200	IF	CMA	WL	
10	TGHU2784758	CLAN AMZ	530E	BR1045853	2200	IF	CMA	WL	
11	TGHU3533248	CLAN AMZ	530E	BR1045853	2200	IF	CMA	WL	
12	TRIU3940450	CLAN AMZ	530E	BR1045853	2200	IF	CMA	WL	
13	TRLU2282451	CLAN AMZ	530E	BR1045921	2200	IF	CMA	WL	

图14-41　出场日报样张

三、集装箱查验作业单证

海关查验通知单是指货主或其代理向海关申报货物进出口，海关通知货主或其代理申报货物需进行查验的单证。

其内容包括：海关编号、查验时间、提单号、存货地点、申报毛重、包装种类、申报件数、商品编号、货物价值等。海关查验通知单一式两联，第一联报关公司留存，第二联海关留存。货主或其代理凭海关查验通知单复印件到码头受理台办理查验计划。

海关查验通知单样张见图14-42。

四、集装箱其他作业单证

1. 冷藏箱检查记录

出口冷藏箱进入码头闸口时，闸口业务员根据装箱单内容，制作冷藏箱检查记录卡，并负责填写船名、航次、箱号、尺寸、设定温度、进场温度等。集卡司机将冷藏箱检查记录卡交码头冷藏箱管理员。冷藏箱管理员核对冷藏箱检查记录卡上的箱号与实际箱号无误后，接通电源，检查冷藏箱工作是否正常，如有问题应拒绝收箱，退回闸口，闸口取消作业指令。

进口冷藏箱由单船指挥员与船方核对进口资料后填制冷藏箱检查记录卡。

码头冷藏箱管理员应定时对存场冷藏箱进行检查，并在冷藏箱检查记录卡上进行记录，发现故障及时通知控制室报修。集装箱装船或提箱出场时，冷藏箱管理员在记录卡记录出场时间、出场温度，并将记录卡交控制室存档。

海关查验通知单

海关编号：　2209200505955O4214

上海外运聚运报关有限公司：

你单位于　2005年12月24日所申报货物，经审核现决定实施查验，请联系港务等相关部门作好准备，于　　月　　日派员配合海关查验。

特此通知。

运货方式	江海运输(2)	提运单号	HTML142590882947
存货地点	龙吴海关(2209)	申报毛重（KG）	4700
包装种类	其他(7)　　申报件数　4	申报净重（KG）	4150

序号	商品编号	商品名称	数量单位	总值
1	8301600000	锁零件(包括3PCS)25000套/SPA	1150千克	1,425.00美元
2	8301600000	锁零件(包括3PCS)32400套/SPA	1000千克	1,976.40美元
3	8301600000	锁零件(包括4PCS)60000套/SPA	1000千克	7,920.00美元
4	8301600000	锁零件(包括4PCS)25000套/SPA	1000千克	3,050.00美元

联系人：　223904　　　　联系电话：

经办关员：　223904

签收人：

龙吴海关(2209)

2005年12月24日

注：海关查验通知一式两联，第一联报关单位留存，第二联海关留存。

图 14-42　海关查验通知单样张

2. 冷藏箱报修交接单

冷藏箱报修交接单是详细记录每个存场冷藏箱发生故障时报修和修理过程情况的单证。其所记载的主要内容包括：冷藏箱箱号、尺寸、船名、航次、设定温度、报修温度、报修内容、报修时间、报修人、修理过程、修理时间、修理人等。

3. 危险品货物存场报告

高温季节，码头应每日填写危险品货物存场日报，并送交上级主管部门，以便妥善地管理存场的危险品集装箱。

第五节 集装箱码头单证管理

集装箱码头操作过程中涉及的单证很多,每天不仅要分发和缮制很多单证,也要接收、整理、归档很多单证。单证管理是码头操作管理非常基础的管理工作之一。特别是目前,很多集装箱码头都已通过了 ISO 质量保证体系的资格论证审核,码头的单证管理成为质量管理非常重要的组成部分。集装箱码头的单证管理主要包括:

一、单证缮制

集装箱码头作业过程中涉及的一些单证是由码头制作的,主要是一些对外单证和内部流转单证。缮制单证的基本要求是规范性、准确性、及时性、完整性。

(1)规范性,是指每种单证的格式、内容等都必须有明确的规定,必输内容与可选输内容也要有明确的规定;

(2)准确性,是指单证缮制人员在缮制单证时,必须保证单证上的内容正确与真实地反映作业情况,而且要保证不同单证间共同内容的一致性;

(3)及时性,是指单证缮制人员必须及时地缮制好相关单证,以保证各项后续工作能顺利地进行,当单证有错或实际情况发生更改时,在相关单证上及时做更改;

(4)完整性,是指码头各流转环节的单证具有连续性、整体完整性,各单证若是一式多份,则缺一不可。

二、单证交接与审核

单证交接,简单地讲就是指单证的交付与接收。单证交接一般采用清点、签收、确认方式,包括直接签收、确认与借助通信工具的签收与确认。签收与确认手续是单证交接过程与责任划分的重要依据。因此,在进行单证交接时必须做好单证的审核工作。单证审核的主要内容有:(1)审核不同单证相同内容是否一致;(2)审核单证上的内容与实际是否一致;(3)审核单证上的签章是否齐全;(4)审核操作所需单证是否齐全。

单证审核过程中,如发现问题,则拒绝进行交接或进行及时的更改以后再做交接,对单证内容进行更改时必须加盖专用的更改章,并对全套单证进行更改。

三、单证存档

单证是码头安排集装箱操作业务的依据,是码头进行作业收费的依据,是处理责任事件的依据,所以一定要对单证进行妥善保管。码头各项作业结束后,要对单证进行收集、归类、存档。

1. 船舶作业单证的存档

在船舶装卸作业结束后,与船舶作业商务计费有关的单证,如船舶系解缆签证单、船舶供水签证单、码头装卸作业签证、进口卸船清单、进出口单船小结、中转通知书、中转集装箱清单、海关国际转运集装箱验放单、国际转运集装箱清单、出口漏装改配申请单、退关箱清单等，由相关责任部门收集、核对后，交费收部门。码头费收部门，将根据这些单证开具账单给船公司或其指定的付费人，并将这些单证按进出口船名、航次分类存档。

其他一些同箱货有关的信息传递单证，如场站收据、预配船图、出口船图、进口船图、进口舱单等，则由相关责任部门按进出口船名、航次自行收集、整理后存档备查。

2. 集装箱作业单证的存档

集装箱进场作业单证，如装箱单、集装箱装运危险货物装箱证明书、海运出口危险品货物包装容器认定单、中转箱转场动态表、中转箱转场设备交接单等，由闸口每天按船名、航次分类整理后交配载部门。在船舶装船作业结束后，配载部门负责将整条船的集装箱进场作业单证按船名、航次进行存档备查。

集装箱出场作业单证中，如交货记录、未装船货物提离海关监管区申请单等，由码头受理台(或客户服务中心)在受理计划时收取，每天将这些单证按船名、航次进行存档。设备交接单、集装箱作业申请单、中转箱转场动态表等则由闸口每天将这些单证按船名航次进行存档。

四、未来发展

本章主要阐述了集装箱码头的单证系统，对于和集装箱码头联系不大的集装箱运输单证，如提单，未加阐述。所涉及的外部单证(对外单证和外来单证)为目前在我国集装箱码头中比较通用的单证。码头的内部单证，则以由上海海勃物流软件有限公司开发的集装码头生产管理控制系统(简称 MILE-TOPS)为平台的上海港各集装箱码头内部通用单证为依据。

由于国际贸易的不断发展，国际集装箱运输业得到了空前飞速发展，其相应的单证系统也在不断的发展之中。国外集装箱码头的单证体系与我国也有不尽相同之处，国内各口岸也有各自不同的单证，其码头内部单证也因使用的计算机系统的不同而各不相同，但信息传递的基本内容是一致的。发达国家自 20 世纪 60 年代末起就开始探索 EDI 的应用，而从 80 年代末开始，EDI 得到了迅猛的发展。我国自 20 世纪 90 年代初起开始逐步推广 EDI 的应用。目前，国内大型集装箱港口基本已实施 EDI 信息传输系统，基本实现了运输单证的无纸化；同时码头内部也实施了无纸化办公，也实现了内部单证的无纸化。本章所介绍的大部分单证内容，在码头各计算机系统中仍然以电子文档形式产生、传输及保存。

思考题

1. 单证的概念，简述集装箱码头单证的作用及其分类。
2. 简述设备交接单的概念及其作用以及进口集装箱 E/R 的流转流程。
3. 简述进口舱单和传图的作用。
4. 什么是预配船图和装箱单，简述其作用。
5. 简述单证缮制的原则及其审核内容。

第十五章　集装箱码头计算机及通信系统管理

概　述

现代化集装箱码头的效益取决于集装箱的吞吐速度,由于船舶和码头及码头岸边设备都是资本、技术密集设施,为提高码头的经济效益,各国大港如新加坡港、荷兰的鹿特丹港、美国的纽约港等都使用计算机作为信息处理中心,极大地提高了集装箱的吞吐速度,为其创造了可观的经济效益和树立了良好的国际形象。

管理信息系统(Management Information System,MIS),是一个由人、计算机及其他外围设备等组成的能进行信息的收集、传递、存储、加工、维护和使用的系统。管理信息系统基于组织职能划分为办公系统、决策系统、生产系统和信息系统。

与国外相比,国内的集装箱码头的计算机应用起步较晚,还存在着一定的差距。但在近十几年,随着国际贸易的快速发展,集装箱码头在大力推广计算机的应用、加速港口信息化建设方面做了大量的工作,积累了较丰富的经验,取得了较丰硕的成果。

本章主要介绍集装箱码头计算机系统及其发展过程、世界典型码头管理系统及港口通信系统等内容。

第一节　集装箱码头计算机系统及其发展

一、集装箱码头管理信息系统及其发展

集装箱码头管理信息系统(Container Terminal Management Information System,CTMIS)是指一个以数据库为中心的集装箱各类数据处理系统,能进行集装箱信息的收集、传输、加工、保存、维护和使用的系统,能实时处理码头的各种生产数据,能利用生产数据进行统计、分析,从而预测未来,能从码头的全局出发辅助决策,并能利用码头的现有信息,控制整个码头生产运作,借以实现码头决策者制定的规划和目标。码头集装箱管理信息系统是建立在管理科学、计算机和现代通信理论与技术基础上,为码头管理作业和管理决策活动提供综合性信息的系统。

集装箱码头管理信息系统的发展,正在对集装箱码头的作业和管理的变革产生深远的影响。因为 CTMIS 是可以辅助决策,预测码头的将来,其系统设计水平直接影响到码头作业效率、服务质量、运行成本、市场竞争实力,甚至关系到码头的生存和发展。过去,集装箱码头是

计划经济，缺乏竞争意识，开发的所谓的 CTMIS，实质上不能算真正的 CTMIS。因为它只具备了 CTMIS 层次结构中的第一、二层（即作业处理和管理控制层），有的仅仅停留在作业处理层，不能给码头的经营决策者提供分析、预测和决策支持。但是随着集装箱航运业的发展，竞争日趋激烈，这就需要一种把信息技术作为码头的竞争的武器以实现码头经营方针目标的信息系统，它就是我们说的真正的集装箱码头管理信息系统（CTMIS）。而一旦建立起这种 CTMIS，就会使集装箱码头能在竞争中处立不败之地。

二、码头管理信息系统的功能结构

为了实现对集装箱原始数据的加工处理，码头管理信息系统应包含以下几个方面的数据处理能力：

1. 集装箱业务活动的数据处理

对收集到反映集装箱整个业务活动过程情况的事务数据，进行编制作业单据和作业统计报表为中心的数据处理工作，以反映码头当前的成效，并为后续处理如统计、费收、决策、预测等提供各种动态数据。

2. 主数据文件的更新维护

利用集装箱在码头作业的适时输入的数据，对主数据文件中具有变动属性的数据项目进行修改、删除等维护工作，以保证主数据文件能适时反映集装箱生产经营活动的实际情况。

3. 集装箱信息的处理与输出

信息输出是码头管理信息系统提供给管理者和经营者的数据。码头管理信息系统的主要输出形式是定期报表，但它还应当对管理者和经营者随时提出的某类问题的查询请求予以响应。信息的处理与输出功能要满足系统对输出信息的各种要求。

4. 与用户的交互作用

借助于码头管理信息系统的人机交互功能，用户可以对不同条件下的计算机计划、决策模型给出的结果进行比较与选择，考虑各种条件对系统目标的影响，以期获得一个满意的决策方案。

三、码头管理信息系统的职能结构

1. 集装箱码头生产系统

该系统描述集装箱码头生产作业全过程的动态信息，包括船的动态信息、箱的动态信息、货的动态信息、机械的动态信息。

2. 集装箱码头统计、费收系统

该系统根据动态的集装箱基础数据、上级部门的统计要求和统计口径对码头的生产性的数据进行加工处理，并产出统计报表，供码头管理者和上级部门使用。按照码头公司制定的费率和费目及协议核算集装箱码头的经济效益和盈亏情况。

3. 集装箱码头预测、决策系统

该系统是面向高层决策者使用的系统,码头最高管理层对码头的运营和发展全面负责,但他们又不可能为每一项决策亲自收集足够的真实数据,所以该系统对高层管理的决策是十分有用和必要的。

四、集装箱码头计算机应用发展过程

中国集装箱码头计算机应用经历了从无到有、从国外引进到自主研发、从微机管理到数据库信息化管理、从信息批处理到实时处理等发展过程,是随着计算机技术和通信技术的发展而壮大起来的。上海集装箱码头有限公司(简称 SCT)计算机系统的发展过程,最能代表和说明我国集装箱码头计算机应用的发展过程。其应用大体分为三个阶段:替代手工操作 T 卡的批处理阶段、以箱务管理为中心的实时计算机跟踪阶段和集装箱码头管理信息系统发展阶段。该系统的发展,形成了目前国内主要港口物流信息系统软件开发和供应商之一的上海海勃物流软件有限公司(www. hb56. com)。

1. 替代手工操作 T 卡的批处理阶段(80 年代初)

在这个阶段中,最典型的系统是 PDP—1123,该系统仅仅是替代了原有的 T 卡的功能,对整个集装箱堆场上的集装箱跟踪是在事后批处理的,即由业务人员将堆场在某一时刻箱的变动情况抄写后一次性输入完成的,计算机中所反映的数据不是实时的,存在着滞后的现象,处理方式简单,数据的重复利用率较低。硬件方面往往采用一些微机或是一些不开放的小型机,是纯粹的主机—终端方式,采用的是字符界面。

2. 以箱务管理为中心的适时阶段(1987—1995 年)

在这个时期,最典型的系统是 NEC-ACOS430 中型机上的张华浜和军工路码头上使用的集装箱码头计算机管理系统(CTCMS)和后来开发的宝山码头使用的集装箱码头信息管理系统(CTMIS)。

(1)NEC-ACOS430 应用系统开发的背景和结构

①应用系统开发的背景

1987 年,上海港、天津港、黄埔港利用世界银行贷款联合招标,引进了日本 NEC—430 硬件设备,宝山、张华浜、军工路三码头各一套;同时引进了日本大阪三井公司集装箱码头计算机管理系统软件。1989 年 10 月,在此基础上,SCT 自行开发了中文联机集装箱码头计算机管理系统(CTCMS),这就是原张华浜(九区)、军工路(十区)二码头最初所运行的计算机系统。1992 年,在 CTCMS 基础上开发了集装箱码头信息管理系统(CTMIS),投入宝山码头(十四区)使用。这些系统对上海港集装箱码头由人工 T 卡管理向计算机管理的转化发挥了很大的作用。

②应用系统的结构

其应用系统主要包括:船舶管理子系统、堆场管理子系统、进出口计划受理、船舶配载计划子系统、作业管理子系统、闸口管理子系统、CFS 仓库管理子系统、查询子系统和系统维护子系统。

（2）NEC—430 应用系统适用条件

①NEC—430 上的系统在硬件设备及信息处理方式方面的不足之处

NEC—430 上的系统的性能，以现在的标准来看，已比较落后。其存储量、处理速度以及当初应用软件设计的方式已不能适应现在生产操作实时控制和信息实时跟踪的需要。该系统是一个封闭的系统，由于其不开放性，影响了它和其他异机种的联网及与外界的数据交换。

②NEC—430 上的应用系统的适用范围

由于该系统是一个面向基层的具体业务处理系统，不是面向管理决策层的管理信息系统，所以它只适用于中小型集装箱码头企业的生产和管理。随着码头生产力的大幅增长，机械设施的大量增加，码头及堆场的改造扩大，NEC—430 上的应用系统已远远不能满足码头生产和管理上的需要。因此 SCT 引进了 HP—9000K 硬件设备，开发了新的生产系统。

3. 集装箱管理信息系统的实施阶段（1995 年至今）

为了码头管理信息系统的顺利实施，整个系统的升级换代经历了三个阶段性工程：

第一期工程：建立起生产经营上集中管理与生产实施上分工负责的覆盖整个公司生产的新的生产系统（Operation System，OPS）。

本阶段是整个系统的基础工程。重点在于建立起完善的管理信息系统框架结构，理顺码头的生产关系，统一作业流程和单证，对条件成熟的部门进行机制转换，实施与外界的数据交换，利用计算机的先进科技手段，展示码头的良好形象。

第二期工程：建立公司以船舶调度为中心，码头以控制室为中心的生产作业实施的实时监控系统；建立以费收、统计为核心的生产经营分析决策系统雏形。

本阶段是整个系统的强化工程。强化码头生产数据的准确性，开发无线终端、闭路电视及图形工作站监察系统，重点在于加强公司船调中心、码头中控室对现场作业的实时动态监控管理，变事后的跟踪为事前的预控；同时，将信息管理系统从注重生产操作向生产经营管理偏移，开发费收、统计系统，为领导提供分析决策依据，进一步改善对外服务形象。

第三期工程：健全生产经营上集中管理与生产实施上分工负责的新的生产系统运作模式。

本阶段是整个系统的完善工程。重点在于优化各个作业过程（如优化配载系统），开发生产经营分析决策系统，建立生产过程管理辅助分析决策系统，实现新的生产系统目标。

4. 计算机系统发展实例——SCT 生产系统（OPS）

（1）OPS 开发的背景

1995 年，SCT 完成了大规模的码头改造工程，其设计吞吐能力达到了 180 万 TEU，然而 NEC 上的应用系统的种种局限已严重威胁到码头的整个装卸生产。于是 SCT 开始实施生产系统计算机设备的更新和生产系统（PS）的应用软件的开发。

SCT 的 OPS 系统在原有 NEC—430 上的应用系统流程基础上开发的更适合 SCT 集装箱装卸生产发展和满足客户需求的应用软件，逐步实现对生产过程进行全面的控制和优化，使集装箱运输的信息能在第一时间提供给客户。同时，该系统还具有与外界进行 EDI 的功能，使 SCT 在日常业务受理和船舶作业方面更方便、准确、安全和迅速。

（2）OPS 的发展方向

OPS 生产系统的发展方向是“创国内领先，赶国际一流，树服务观念，争效益新高”。

创国内领先：充分利用码头现有的机械、场地和人员的优势，理顺生产关系，优化生产组合,提高管理水准。

赶国际一流:借助计算机更新,使现有的生产系统由低级的业务处理系统向高级的管理信息系统转变。

树服务观念:统一作业流程,改善对外服务,实现 EDI,树立企业对外的良好形象。

争效益新高:改善管理模式,由分散型向集中-分散结合型转变,精简机构,减少岗位的重复,向管理要效益。

(3)OPS 更新的目标

体制方面:管理体制从分散逐步走向集中-分散的模式。为适应生产的需要,在管理手段提高的同时,分阶段完成对旧的 NEC—430 系统管理方式的改变。

管理方面:统一企业的作业流程及单证,完善岗位制度及工作标准,增强员工的工作责任心,树立员工的敬业精神。

计划方面:加强计划编制的严密性、合理性、科学性。利用计算机来辅助安排船期计划、靠离泊计划、装卸计划、堆场计划、进出场计划、集疏运计划、装拆箱计划、客户受理计划等。

实施方面:建立二级实时监控体系,即船舶调度中心和控制室对生产作业实施的实时控制。引进无线终端及监控系统,变事后的跟踪为事前的预控,提高现场作业的效率及安全质量。

质量方面:利用计算机对集装箱进行进场自动选位、出场自动选箱,提高作业效率和作业准确性,减少人为因素的影响。增强作业后的确认及检查。利用计算机来实施收费、统计、分析,减少误差,提高作业的精确度和时效性、经济性。

服务方面:建立服务公约,统一服务标准,合并客户受理台,强化企业整体观念。利用计算机网络,提供客户查询。建立与船公司、码头点对点通信或 EDI,实现电子数据交换。

(4)OPS 的主要关键量度指标

—集装箱吞吐量(TEU)
—船舶停泊艘时(艘时)
—平均船时量(TEU、UNIT/艘时)
—桥吊台时量(TEU、UNIT/台时)
—闸口通过箱量(UNIT/天、UNIT/小时)
—单箱成本(元/箱)
—桥吊利用率(%)
—平均堆存期(天)
—外集卡在港停时(小时)
—泊位占用率(%)
—堆场翻箱率(%)
—库场利用率(%)
—计划兑现率(%)

(5)OPS 发展的制约因素

要实现上述方向及目标并非轻而易举,应充分看到其艰巨性、复杂性、长期性。制约新的生产系统实现的潜在因素有来自内部的,也有来自外部的,只有正视现实、理性分析、制定措施和步骤,才能将理想变为现实。

外部限制存在着市场经济的发育、航运业的改革、运输链中的各企业的同步发展等因素。内部限制存在着新旧观念的抗衡、局部利益与整体利益的平衡及人员素质的提高等因素。

(6)OPS 的系统配置

主机:HP—9000K 系列;操作系统:HP—UNIX 10.10;数据库:ORACLE 7.3

网络:100M FDDI;软件开发工具:ORACLE Designer/2000、Developer/2000

形开发工具:Visual Basic 4.0

(7)OPS 的功能结构

OPS 包括公司管理系统、码头生产系统。

a)公司管理系统包括以下几个功能:A. 资料处理子系统;B. 船舶计划子系统;C. 计划受理子系统;D. 查询子系统;E. 系统初始化(包括各类代码、码头设施的输入、修改、删除等)

b)码头生产系统包括以下几个功能:A. 船舶计划子系统;B. 配载计划子系统;C. 堆场计划子系统;D. 闸口子系统;E. 作业监控子系统;F. 受理计划子系统;G. CFS 子系统;H. 查询子系统;I. EDI 子系统;J. 打印子系统;K. 系统维护子系统;L. 船舶积载子系统(图形化);M. 堆场查询监控子系统(图形化)。

(8)码头 OPS 系统业务流程,如图 15-1 所示。

(9)码头 OPS 生产系统结构,如图 15-2 所示。

五、集装箱码头的计算机应用发展前景

国际集装箱运输业的迅速发展要求集装箱码头的发展速度要与之相适应,在码头发展过程中,计算机的应用起着举足轻重的作用。未来现代化码头信息化发展主要表现在如下几个方面:

1. 物联网的兴起

码头是海运业中不可缺少的一环,因此必须采取各种通信手段保证码头与世界各地的船东及代理、货主、银行、海关、港监、保险、堆场等有关单位的联系不能中断。

2. 高新技术的不断发展和应用

计算机技术:码头内部使用电子数据处理(EDP),码头与外部采用电子数据交换(EDI)。通信技术:码头内部使用无线数据通信系统,码头外部使用分组交换网络通信系统、数字通信等。

3. 高效率

为充分发挥集装箱运输的作用,集装箱船舶在码头的停留时间应越短越好,要做到这些,码头只有通过 EDI 提供的电子数据来提前做好各种准备工作,在这些工作中计算机及先进的通信技术将会有更大的用武之地。

为达到上述的要求,集成化的码头信息管理系统将以全新的面貌出现,这就要求信息管理系统要有完整的中心数据库,还要有一些外围的子系统,如集卡的 IC 卡的使用,就可以在整个箱区中监控集卡的数量,便于外集卡的跟踪。由于计算机的发展,对网络和通信也提出了更高的要求,要求网络的吞吐量要大、速度要快、响应要快。今后码头也将使用多媒体技术,不仅仅是图像化的界面,同时还有语音系统以及 Internet&Intranet,以提高码头的服务质量,使码头的经营和服务更上一个新台阶。

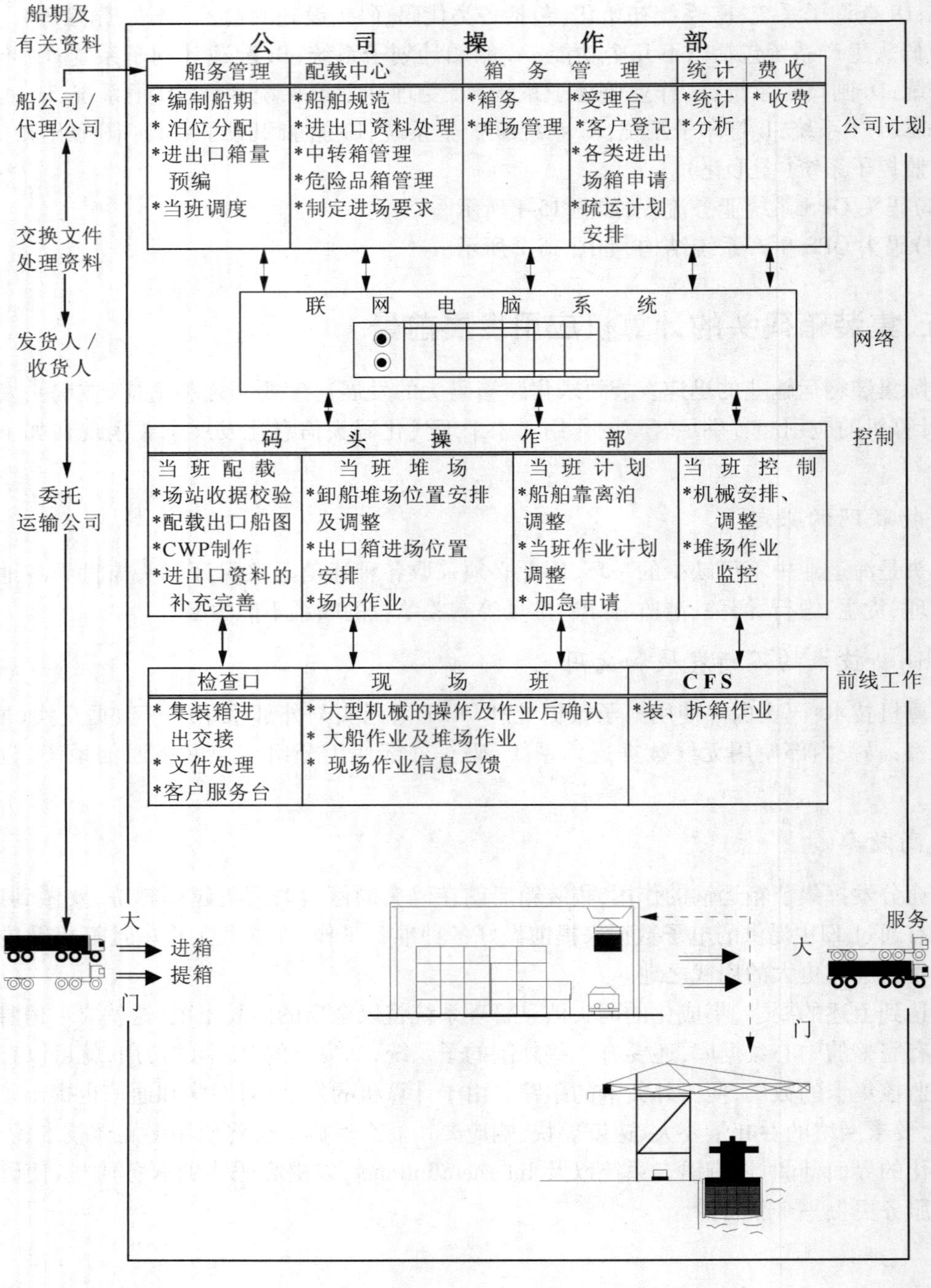

图 15-1　码头 OPS 系统业务流程

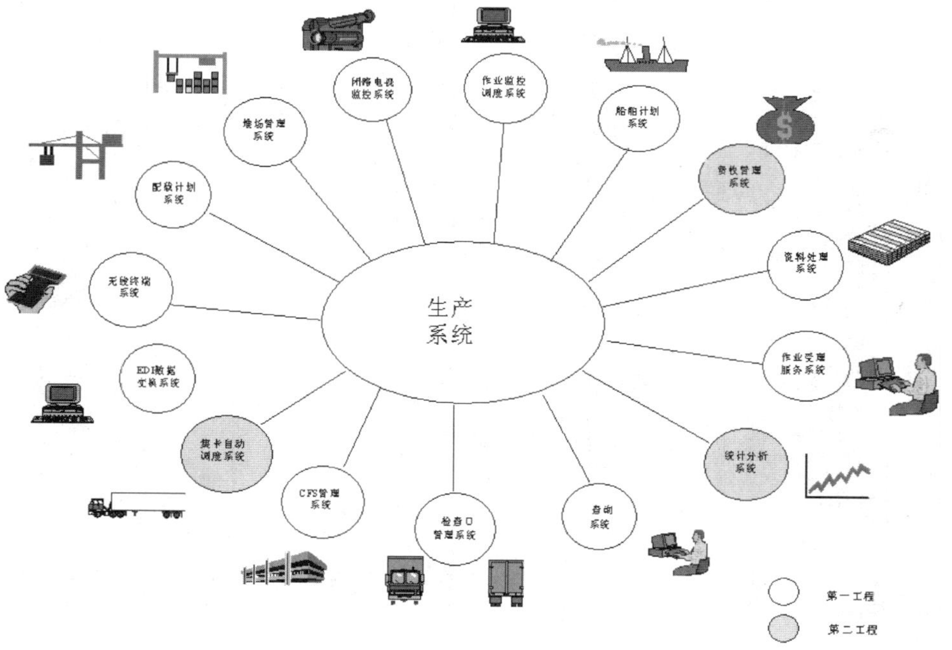

图 15-2　码头 OPS 生产系统结构

第二节　世界典型码头管理系统

全球范围内码头运营软件(Terminal Operation System,TOS)服务的龙头可分为两类:一类为大型码头运营商自行开发,如新加坡 PSA 下属 Portnet. com 公司的 CITOS、香港 HPH 下属的 HIT 和 YICT 开发的 nGen、上港集团下属上海海勃物流软件有限公司的 TOPS;另一类是由第三方提供,如美国 Navis 的 SPARCS 和 EXPRESS、比利时 COSMOS 的 CTCS、韩国 TSB 的 CATOS。

一、新加坡 PSA 的 CITOS 系统

计算机智能码头作业系统(Container Intelligent Terminal Operation System,CITOS),以堆场作业控制为中心,指挥和控制新加坡港内五个码头的高度复杂的转运业务。CITOS 是一种企业资源规划(ERP)系统,负责协调和整合各方面的港口运营,包括泊位规划、堆场规划、配载规划以及资源分配。CITOS 使 PSA 具有了一个强大的工具,可让码头规划、管理其设备及人员的实时无缝合作和灵活运营。

PORTNET 是世界上第一个全国范围的,企业对企业(B2B)的港口及航运电子社区,为班轮公司、货运公司、货代公司、托运人和政府机构提供综合服务。它能够高效和迅速地处理所有通过 PSA 新加坡码头的集装箱电子数据。运行在一个基于互联网的环境中,用户可以通过

因特网随时随地找到其集装箱的位置,而不需要通过其新加坡办事处。8 000 个用户平均每年处理 100 万宗交易。PSA 的 PORTNET 和 CITOS 系统如图 15-3 所示。

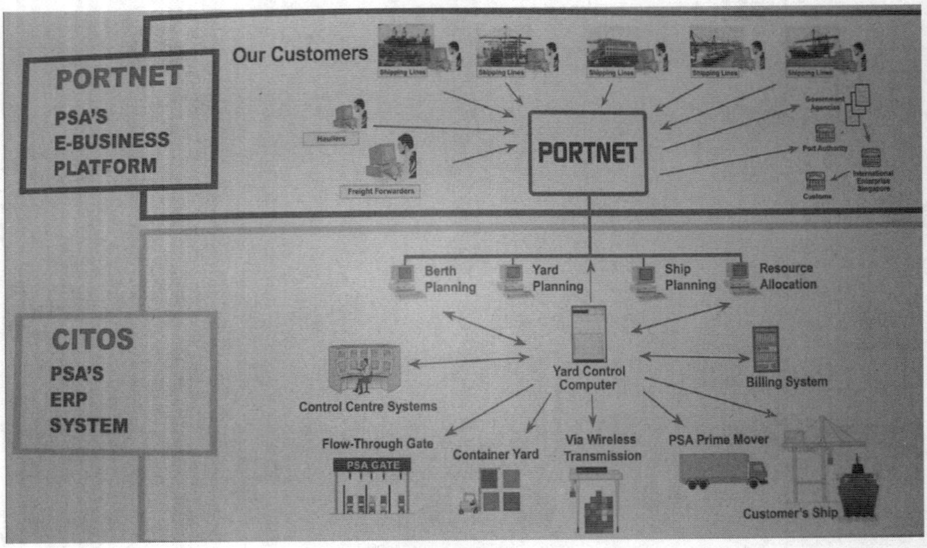

图 15-3　PSA 的 PORTNET 和 CITOS 系统

二、香港 HIT 的 nGen 系统

新一代码头管理系统 nGen 由 HIT 与盐田国际码头(YICT)共同研发,分别于 2006 年和 2003 年在两家码头公司上线实施。nGen 不仅有船务、堆场计划、闸口、船只运作协助及无线沟通,堆场及整体计划和生产的监控,还有管理各种设备的使用率和成本/回报的比率控制等。它在设计上体现了网络化、智能化等现代科技的最新发展,在堆场、船舶策划及操作的合理性、可视化等方面功能更强大。同时,nGen 在功能的可插换性、安全性以及与船公司、货主、海关等单位的数据交换均有所完善,为码头操作效率进一步提升奠定了基础。香港 HIT 的 nGen 系统结构如图 15-4 所示。

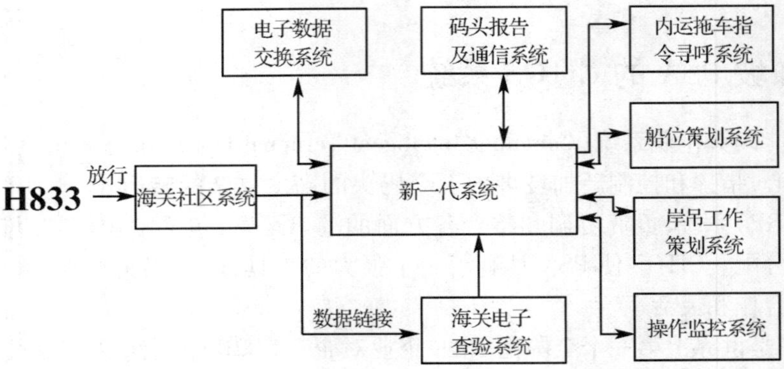

图 15-4　香港 HIT 的 nGen 系统结构

上述两个系统都极其庞大，并且都使用了 J2EE 架构，具有良好的扩展性。因为都服务于国际中转型港口，码头运营系统都强调了泊位利用率优先的策略。

(1)船位策划系统

操作员通过两个显示实时船舶和堆场情况的图表工作站，根据实际情况和船公司指令，策划最佳的货物装卸次序，确保船舶的稳定性，减少岸边停留时间。此外，还可储存停靠盐田的每艘船舶资料，并通过电子网络将策划安排传送给客户。

(2)操作监控系统

码头控制中心是盐田国际操作中心，它通过操作监控系统(OMS)监控堆场和船舶操作全部过程，协调各操作组别，迅速安排人力和设备，为客户提供快速而可靠的服务。

(3)电子数据交换系统

利用电子数据交换系统(EDI)，船公司和盐田国际可通过深圳电子数据交换中心进行电子数据交换。EDI 的主要功能包括提供船舶积载图，显示船舶内集装箱装载情况及集装箱动态信息；电子定舱系统预订船舶舱位；电子单据系统进行单据传送等。EDI 方便了码头同船公司之间的资料共享。

(4)码头报告和通信系统

盐田国际是中国大陆第一家采用了码头报告和通信系统的集装箱港口。码头控制中心通过全自动系统实时了解堆场操作情况，并通过无线操作系统向现场设备操作员发出调度指令，随时调整堆场与船舶作业，保证沟通顺畅。

(5)闭路电视监控系统

闭路电视监控系统(CCTV)总网包括边检、海关、港监和盐田国际四个局部网。边检局部网主要监控码头前沿堆场及泊位；海关局部网可全方位监控码头的进闸、出闸、西闸、候工楼各车道和停车场等地，部分工程已经完工；港监局部网可全方位监控堆场情况；盐田国际局部网可监控整个堆场及进出闸情况。

目前，CCTV 总网初步方案已完成，信息共享的联网工作正在加紧进行。各监管单位可通过该系统实现信息共享。该系统功能齐全，已达到国际先进水平。

(6)社区计算机系统“易行港”

社区计算机系统“易行港”是一个运用高科技、建立在互联网基础上的商业操作电子平台，它为码头以及与之有业务往来的相关单位提供一个有效的沟通渠道。

“易行港”第一期包括了港区物流跟踪、国际中转、运讯网、港区通关、进场 EIR 无纸化确认和进口舱单预申报(空箱)等六大功能。主要用户海关、海事、国检、边检、船公司、船代、外代、货主、拖车公司、报关行等可通过登录易行港网站 http://www.easyport.com.cn，在统一的电子数据平台上进行电子数据预申报、实时数据查询或操作，获得各种电子或书面报表，实现口岸通关的高效与快捷。

(7)内运拖车指令寻呼系统

盐田国际在码头作业堆场及桥边部署了内运拖车指令寻呼系统。该系统将码头作业中的拖车操作指令，通过无线寻呼系统自动地送达内运拖车操作人员，减少了拖车作业管理环节，提高了内运拖车运作效率。

(8)桥边理货系统

桥边理货系统(TPOS)是专门为外轮理货公司开发的。当集装箱货轮靠桥进行装卸作业时,外轮理货公司理货员可以通过操作无线终端,实时地将理货结果输入计算机,且所输入的数据将与码头生产系统提供的理货报表自动核对。该系统有效地提高了理货效率,缩短了船舶报关时间。

(9)海关电子查验系统

海关电子查验系统(CEIS)是通过设在大鹏海关、查验场以及码头控制中心等处的用户终端,实时传递海关查验通知和查验过程、结果等信息。CEIS 的运用取代了原来耗时较长的人工送单做法,使海关、报关行和码头之间实现了即时数据交换,并公开作业过程,从而有效地提高了查验效率。

三、上海海勃的 TOPS 系统

上海海勃物流软件有限公司是上海国际港务(集团)旗下的高科技企业,码头运营管理软件(Terminals Operation Process System,TOPS)是海勃公司的核心软件产品,其研发始于 2001 年,从 2002 年 TOPS v1.0 研发成功到 2010 年 TOPS v5.0 在上海盛东国际集装箱码头有限公司(上海洋山深水港三期码头)的成功实施,经历了 5 个版本的升级和发展,先后实现了对于无线应用模块、自动化无人闸口、双 40 尺桥吊工艺配套系统的研发和应用。

TOPS 软件采用模块化设计,其系统结构如图 15-5 所示。在世界范围内,该系统首次实现了对于双 40 尺桥吊作业工艺的集成化大规模支持。TOPS 系统在用户单位实施后,码头生产效率屡创新高。该系统的主要功能特点是:可视化的场地计划策划、可视化的船舶装卸策划、智能化的船舶配载和稳性计算、实时图形化的船舶和堆场作业监控、智能化的场地机械调度、作业的预测和预警、智能化的闸口管理、多维的统计分析和综合功能的客户服务。

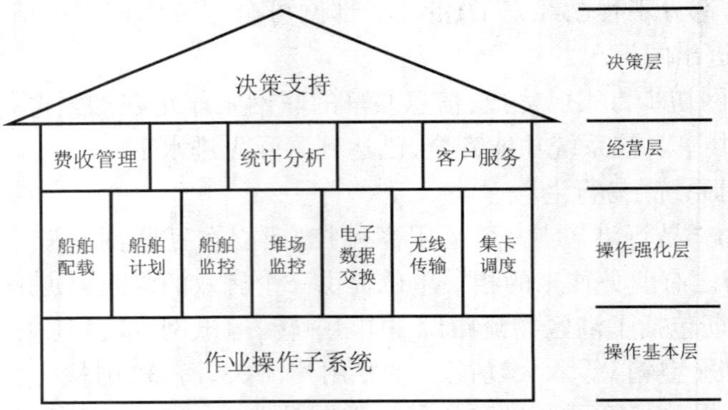

图 15-5　上海海勃 TOPS 系统结构

四、美国 Navis 的 SPARCS 系统

1988 年成立的 Navis 公司总部设在加利福尼亚州奥克兰,推出了世界上首个自动化 TOS。Navis 公司主要致力于提供物流供应链上节点内部或者节点之间货物流管理和优化成套信息技术解决方案,服务对象包括码头、配送中心、船公司和集装箱场站,在 41 个国家拥有 200 多个客户,包括鹿特丹、汉堡、萨拉拉、中国香港、弗吉尼亚等大型港口的集装箱码头和东方海外、

美国总统轮船、马士基等大型船公司，我国深圳港、宁波港和青岛港均有集装箱码头应用该公司的码头管理和控制软件产品。青岛 QQCT 应用 SPARCS+TMS 系统结构如图 15-6 所示。

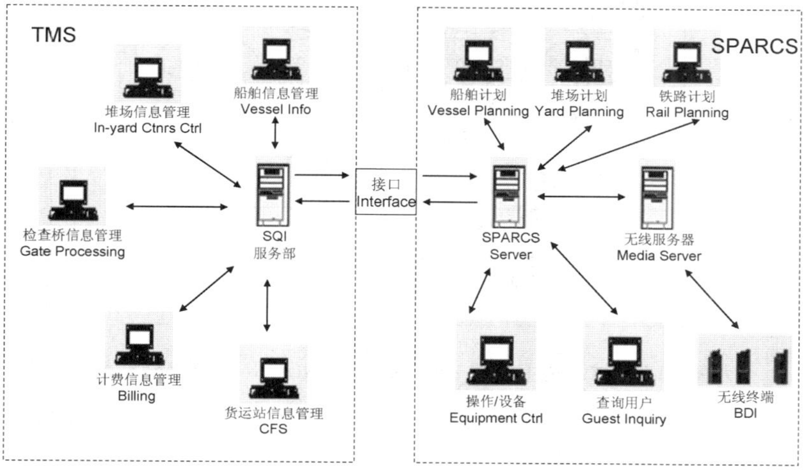

图 15-6 青岛 QQCT 应用 SPARCS+TMS 系统结构

Navis 公司提供的集装箱码头管理和控制软件有 SPARCS、Express、WebAccess 和 PrimeRute。SPARCS 是一个实时优化劳动力、堆场和设备的使用，实现码头的通过能力、作业效率和运营效益最大化的实时处理系统，能够满足集装箱码头堆场、船舶和设备的计划需要，可以与各种技术和工艺相衔接。Express 是一个管理和维持码头业务处理、数据处理并对各种码头操作和服务进行准确记录和计价的综合信息服务系统，该系统应用 Oracle 关系型数据库管理系统建立并可以与 SPARCS 无缝连接，具有自动完成预约、计费、数据交换和生成统计报表的功能，动态报告功能将重要的码头运作信息及时报告给码头管理人员以便他们关注码头性能、改善客户服务水平和提高码头运作效益。WebAccess 是一个基于 Internet 建立的网络平台，通过该平台能够实时获取集装箱信息，完成报告、预约管理和自动事件通知，与码头管理和控制软件 SPARCS 和 Express 连接，能够给供应链上各个客户提供信息访问平台。PrimeRoute 是一个通过估算优化每台拖车的堆场工作分派，自动调度拖车到合适的轮胎式集装箱门式起重机、火车装卸场或者岸边起重机处完成集装箱装卸的调度系统，能够有效降低劳动力、油料消耗和设备维护的费用。

目前 Navis 的 TOS 软件是以 Navis（tm）SPARCS N4 为核心组成，其图形化界面极为出色。SPARCS N4 强调实时控制和模块化设计，强调赋予客户构建行业最佳实践的能力。作为决策支持工具来帮助规划人员做出最佳决策；支持从基本到高级的任何自动化等级，确保实现完整的从出入口到码头的自动化。韩国釜山新港 PNC 码头 SPARCS N4 应用系统结构如图 15-7 所示。

五、比利时安特卫普港的 Cosmos 系统

Cosmos 前身为比利时码头运营商 Hessenatie 的 IT 部门，1992 年作为独立公司成立。CTCS（Container Terminal Control Systems）为 Cosmos 主打产品。该系统包括船舶计划系统 SHIPS、堆场计划及系统 SPACE、机械调度系统 TRAFIC、统计计费系统 COREBIS 及 EDI 数据

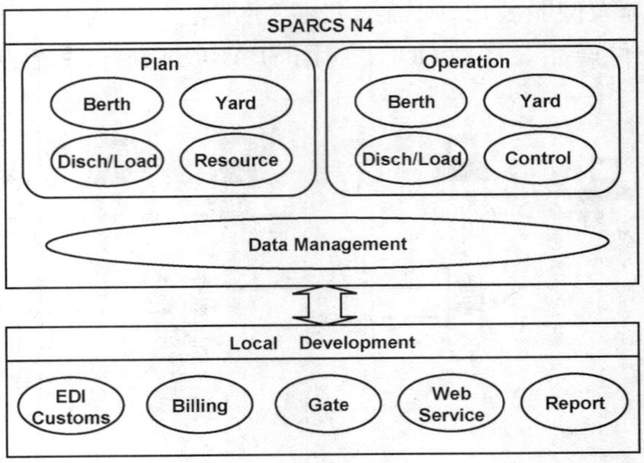

图 15-7 韩国釜山新港 PNC 码头 SPARCS N4 应用系统结构

交换系统 SIGNAL。CTCS 支持多种语言,能支撑和控制所有行政和码头业务,它与其他软件配合共同完成港口运营。该系统的设计核心思想是:通过码头资源的有效管理,提高码头运营收入和利润;认为码头的资源包括集装箱装卸设备、人和堆场三部分。该系统以实际作业过程为基础来设计安排各个子系统。其系统结构图如图 15-8 所示。

图 15-8 比利时 COSMOS 系统结构

六、韩国的 CATOS 系统

韩国海事物流解决方案供应商 Total Soft Bank Ltd. (TSB)成立于 1988 年,致力于提供航运、港口行业的解决方案。计算机集成的集装箱码头运营系统 CATOS(Computer Automated Terminal Operation System) 能够定制和流程优化,其有三个模块:Planning 进行泊位分配、人力资源分配、船舶操作和堆场操作;Operation 使用户能够实时监管整个运营情况;Management 则提供分析报表,帮助客户日后优化计划。这三个模块共享一个数据库,可有效地保证数据的完整性。系统以提高码头资源使用率和创造最大利益为目标。其设计概念包括 ERP&C3IT 概念(即最优化企业资源计划和最有效操作控制)、时间细分概念(以最大化堆场占用率为目标)、

PDS 概念(不断重复计划 PLAN、操作 DO 和 SEE 管理,实现最优化的计划功能)。其系统结构如图 15-9 所示。

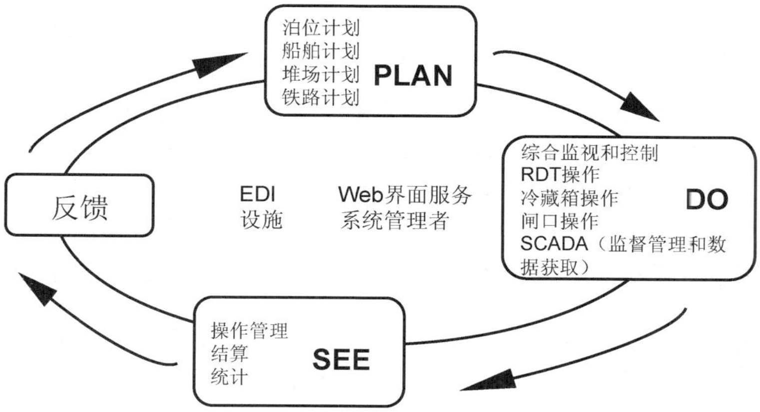

图 15-9　韩国 CATOS 系统结构

七、烟台华东电子的 CiTOS 4.5 系统

烟台华东电子软件技术有限公司是专门从事港口、航运、制造业、商业领域软件开发、系统集成、技术培训等全方位信息技术服务的专业公司,具有十几年从事港航 MIS 开发、系统集成的经验,是国内港航企业信息系统解决方案提供商之一。其计算机智能集装箱码头操作系统(Computer Intelligent Terminal Operations System,CiTOS 4.5),是在原先的 NS-CTMIS 系统基础上的换代产品,主要针对码头用户。其系统结构如图 15-10 所示。

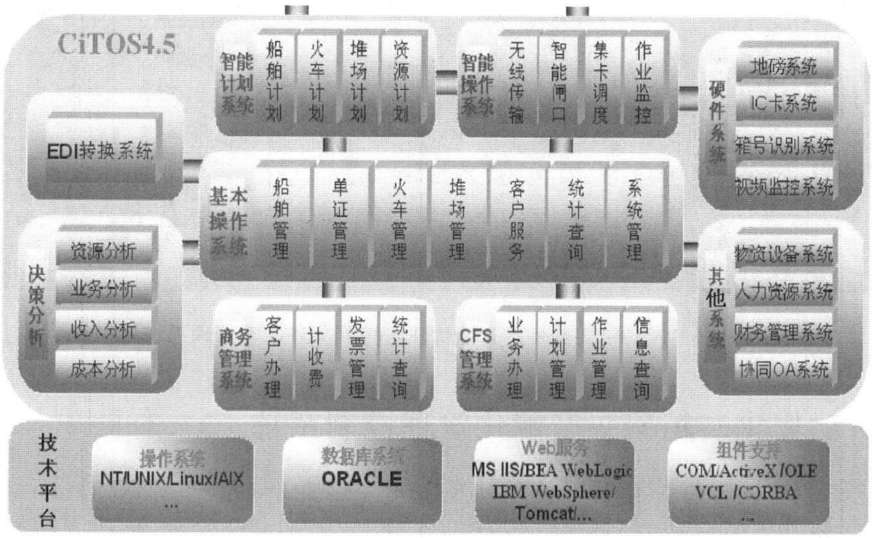

图 15-10　烟台华东电子的 CiTOS 4.5 系统结构

八、集装箱码头运营操作系统发展前景

集装箱码头运营操作系统以后的发展目标主要是:进一步提高作业效率,进一步提高服务质量。主要有如下三个方向:

(1)自动化:利用 OCR、RFID、PLC 等技术来提高实时性,减少人为因素;

(2)智能化:作业的均衡性、作业的可预见性、作业的高效性;

(3)数字化:减少纸质单证、客户服务的多样性、管理驾驶舱。

九、集装箱码头生产智能优化与控制集成实时管理系统实现

目前大多数集装箱码头基本已实现采用计算机信息管理系统来管理码头物流系统全过程,但这些系统基本只停留在代替手工作业的信息收集、传递和汇总等信息管理阶段,还不能提供对生产计划和作业计划方案的优化和仿真比较。将现有的码头生产管理信息系统同智能优化和仿真有机结合,并集成实时系统和网络系统,是码头生产管理计算机系统的方向。

综合码头生产管理要素,汇集码头生产作业规则,建立生产管理的关键指标体系,形成专家系统,采用建立各子系统的优化模型,利用智能优化算法和神经网络技术对关键业务环节进行分析处理,开发应用客户服务、泊位计划、船舶计划、堆场计划、设备控制、集装箱管理、闸口控制、中央监控等管理控制系统,实现系统同优化与仿真的结合。集装箱码头生产智能优化与控制集成实时管理系统框架如图 15-11 所示。

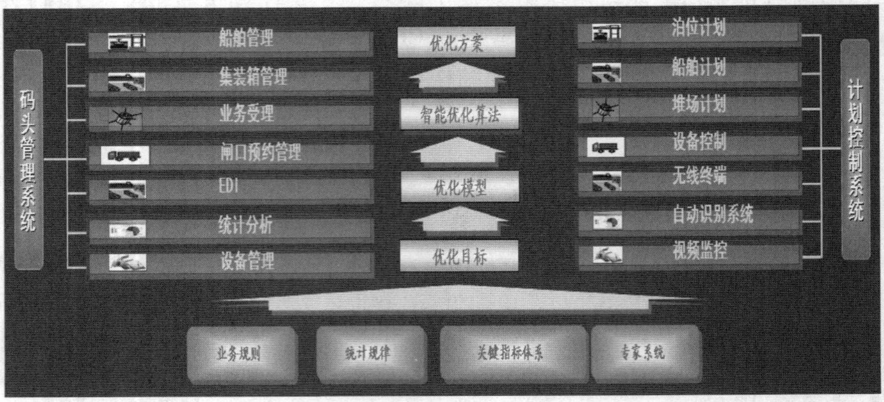

图 15-11　集装箱码头生产智能优化与控制集成实时管理系统框架

十、自动化集装箱码头智能化管理控制系统

自动化集装箱码头智能化管理控制系统主要由码头业务管理系统(Terminal Operations System,TOS)和设备控制系统(Equipment Control System,ECS)两部分组成。(如图 15-12 所示)传统码头只有 TOS 系统,没有 ECS 系统。

ECS 系统又由三个子系统构成,即桥吊 QC 控制系统、水平运输设备控制系统(如 AGV)、堆场自动化设备 ASC 控制系统,来对应码头的三大主要装卸设备。其中,由于水平运输设备

有 AGV、ASHC 和自动化集卡三种类型，因而其 ECS 系统又有三种类型。

就目前而言，自动化码头 TOS 系统有三个成熟应用厂家，Navis N4 系统、原韩进海运下属的 Cyberlogtec 系统和上港集团海博的洋山四期系统。

ECS 系统中，QC 和 ASC 会因整机电控厂家不同而不同，目前 QC 以 ABB 为主导，ASC 则有 ABB、西门子、TEMIC。而水平运输中，AGV 主要以荷兰 TBA 公司 TEAMS 为主，青岛振华 EZ 系统、上海洋山则是“海博+EZ”系统；自动化跨运车 A-SHC 主要以 Cargotec 集团下属 Navis 的 TLC 系统为主。

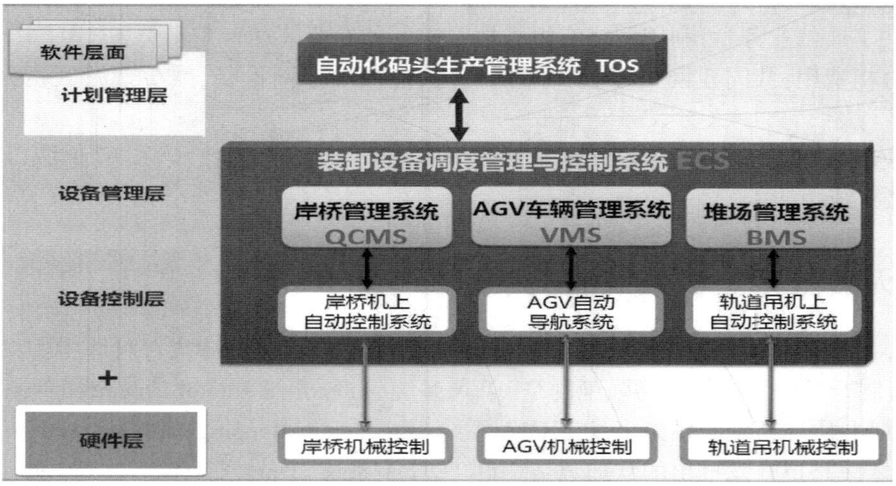

图 15-12　典型的自动化码头 IT 管控系统

第三节　集装箱码头的通信系统

集装箱码头的无线集群系统，是目前较为流行的一种语音通信系统。它与传统的对讲机系统的区别在于可以在有限的信道上开出更多的通话组，解决了因频道不足而产生的困难，它是随着集装箱码头生产作业的不断发展而产生的。为了满足港口集装箱装卸作业的生产调度控制需要，在较大程度上对进出港区及堆场的集装箱进行管理，建立港口的无线集群系统是必不可少的。

无线集群系统是近年来发展起来的经济、高效的无线通信技术。1992 年 8 月，经有关方面对上海港原张华浜集装箱公司的常规无线通信方式的现场技术测试，以及对港口集装箱作业采用 800 MHz 无线通信系统的技术进行测试，取得了可供分析的数据。经分析，在港口生产调度指挥系统中，采用无线集群系统技术是可行的，特别是集群系统的频率申请、等待时延及频率动态分配方式是能够满足港口作业的工艺要求的。

一、无线数字集群系统同传统系统的比较

同传统的专用业务通信系统频率利用率低、通信质量低相比较,无线数字集群系统的特点有:

(1)共用频率:将原来配给各部门专有的频率加以集中,供各家共用。

(2)共用设施:由于频率共用,就有可能将各家分建的控制中心和基站等设施集中合建。

(3)共享覆盖区:可将各家邻近覆盖区的网络互联起来,从而获得更大的覆盖区。

(4)共享通信业务:可利用网络有组织地发送各种专业信息为大家服务。

(5)分担费用:共同建网可以大大降低机房、电源等建网投资,减少运营人员,并可分摊费用。

(6)改善服务:多信道共用可调剂余缺、集中建网,可加强管理、维修,因此提高了服务等级,增加了系统功能。

二、无线数字集群系统制式的选择

目前,在国际上较为先进的具有一定容量的数字集群系统有三种,它们是:美国 MOTOROLA 公司研制开发的集成数字增强型网络 iDEN 系统(Integrated Digital Enhanced Networks)、以色列 RAFAEL 研究开发的跳频多址 FHMA 系统(Frequency Hopping Multiple Access)、欧洲电信标准协会(ETSI)开发推出的欧洲数字集群 TETRA 系统(Trans European Trunked Radio)。

中国国家无线电管理委员会和信息产业部已确定了中国数字集群通信标准,同时确定了 TETRA、iDEN 两种体制。

TETRA 是被国际普遍采用的一种新的数字集群移动通信体制,也是已被我国确定采用的数字集群通信标准之一。它有着其他无线电系统无可比拟的优势:

TETRA 采用时分多址(TDMA)技术,每个载频分为 4 个逻辑信道,载频间隔 25 kHz。与 GSM 技术相比,频率利用率要高 4 倍。它具有系统功能强大、通信质量卓越、保密性能更好、利用频率资源高效等特点,还可以提供一对一数字化全双工蜂窝移动电话服务以及信息分组数据服务。

由于 TETRA 系统的技术特点,在国内外港口尤其是集装箱港区应用很多。从我国已建设的数字集群通信专网来看,采用 TETRA 系统的占多数。

三、无线数字集群系统应用案例——青岛前湾四期码头

1. 码头规模

码头规模为 1 个 10 万吨级、2 个 7 万吨级和 1 个 3 万吨级集装箱专用泊位,码头岸线长度 1 320 m。码头结构按照 15 万吨集装箱船进行设计,设计年吞吐量为 240 万 TEU。陆域按功能可分为生产区和生产辅助区两个功能区。堆场采用轨道式龙门吊工艺方案,共配备 16 台岸桥、轨道场桥 34 台、空叉 12 台、正面吊 2 台、集装箱牵引拖挂车 80 台。生产区包括码头前沿作业地带和集装箱堆场,码头前沿作业地带宽 90 m,集装箱堆场陆域纵深 694 m。生产辅助区

按功能分为两个区：一是港区围网内的必要生产辅助设施布置在堆场后方；二是给水调节站、110 kV 变电站、消防站和加油站布置在南岸公用配套设施区。

2. 系统配置及其指标

根据前湾港区四期工程的装卸工艺作业要求及集装箱码头作业工作特点，结合装卸机械设备的配备数量，确定集群系统的终端数量为 500 台，其中车载终端为 70 台，手持终端为 430 台。

在信道呼损率不大于 5%、每用户忙时话务量 0.012Erl 的条件下，TETRA 数字集群系统要满足 500 个终端用户使用，采用 4 载频的单基站系统满足本工程的指挥调度需求。

TETRA 单基站可以提供完整的集群通信组呼及其附属功能，允许 2 000 个移动台同时注册。单基站支持集群组呼模式，呼叫建立时间小于 200 ms，话音延迟时间小于 150 ms。单站集群模式的组呼支持呼叫排队、紧急呼叫、新近用户优先、迟后加入、呼叫方显示等。

单基站集群系统的抗故障能力比较强，当基站控制器故障时，热备份的基站控制器会自动承担基站控制的功能。单基站集群系统能够保证任何故障情况下通信不会中断。

数字集群通信系统的覆盖范围包括前湾的南岸四期码头区以及前湾的北岸港区，覆盖范围不小于 5 km。

根据上述条件，在基站发射功率为 25 W、手台发射功率为 1 W、车台发射功率为 3 W，基站采用全向天线（二分集）的情况下，系统的覆盖范围如表 15-1 所示。

表 15-1　覆盖范围表（单位：km）

	郊区地形	城市地形（非闹市区）
手台下行	12	6.6
手台上行	16	9
车台下行	23	14
车台上行	29	19

3. 系统结构方案及其优选

（1）系统结构如图 15-13 所示。

（2）集群系统的设备配置方案

方案一：只考虑满足装卸机械和移动人员之间的调度通信。设备配置只包括上图的下半部分，即椭圆内的设备，不含有交换控制部分。实际上就是一个纯单基站的系统。

方案二：不但考虑装卸机械和移动人员之间的调度通信，而且增加了交换控制部分，使得集群系统设置了调度台和扩展到有线通信系统。设备配置包括上图的全部，是一个单基站加上交换控制设备的系统。

（3）设备配置方案比较

方案一比较简单，投资也省，但是运作覆盖面相对较小。方案二设备相对多一些，投资多，但是运作覆盖面比较大，尤其能够进入有线通信网络，大大拓宽了集群系统的业务范围，也可以弥补集群无线覆盖不到室内死角的缺陷。方案二还设置了调度台，加强了集群系统的集中调度的功能。方案二比较适宜要求严的复杂场合使用。

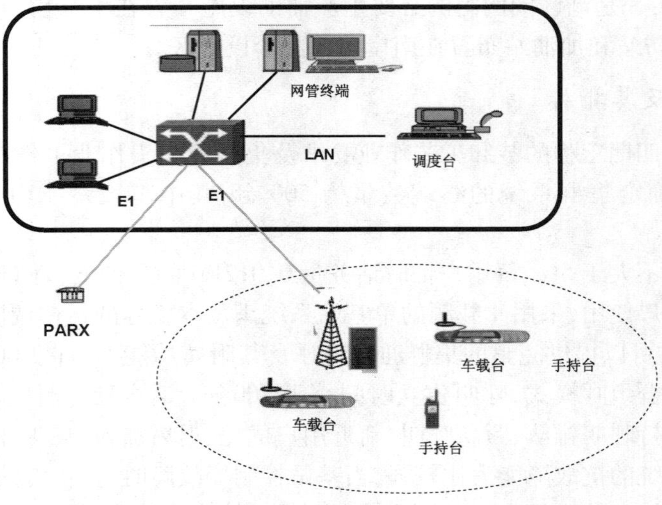

图 15-13　青岛前湾四期码头无线数字集群系统结构图

(4)实施方案推优

结合以上方案的比较,设计推荐方案二。但建议分两期实施,在前湾四期工程的投产前期,一期设备配置首先实现方案一,即上一个单基站,四期工程完全达产了,二期设备配置再增加交换控制设备和调度台,形成一个比较完善的集群通信系统。

第四节　区块链技术及未来发展

当今世界,信息技术发展日新月异,人工智能、大数据、云计算、区块链、物联网等数字化技术以前所未有的速度与力度,推动全球范围内社会形态、经济格局和竞争态势发生深层次变革,推动着人类社会由信息时代迈入以开放、兼容、共享为特征的数字化时代。

一、区块链技术及其起源

作为一项重要的"黑科技",区块链技术并非一种全新的、单一的技术,它是基于现有技术的组合与升级,融合了加密算法、P2P 文件传输机制、共识机制、智能合约等多项技术,利用基于时间顺序的不可篡改的区块形成链进行数据存储,利用共识机制实现各节点之间数据的一致性,利用密码学体制保证数据的存储和传输安全,利用自动化脚本建立的智能合约实现交易的自动判断处理,解决中心化模式存在的安全性低、可靠性差、成本高等问题。

关于区块链的技术思想最早可追溯到 2008 年由化名中本聪的人所撰写的《比特币:一种点对点的电子现金系统》一文,在该文中区块链被描述为用于记录比特币交易的账务信息。在比特币系统稳定的成功运行多年后,部分金融机构开始关注到支撑比特币系统稳定运行的底层技术的潜在价值,这个底层技术业界称之为区块链,因此比特币也被认为是目前区块链技术的第一个成熟应用。

二、区块链技术的特征

基于区块链的分布式记账技术，系统中的每个人都有机会参与记账，大家通过共同参与记账来建立信任关系，不同于传统的由一个中心化的机构或某个个人来进行记账的机制，这是区块链的重大创新所在。在这种机制下，区块链是不能被任何一个人或机构所操纵或垄断管理的，与中心化相比较而言区块链具有多方面的优势，主要表现在以下方面：

1. 自信任

参与整个系统中的每个节点间进行数据交换是无须互相信任的，整个系统的运作规则公开透明，所有数据内容也是公开的，因此在系统指定的规则范围和时间范围内，节点之间是不能也无法欺骗其他节点的。所以，这种信任关系是低成本的，是自动生成的信任关系。

2. 有效去中心化

整个网络没有中心化的硬件或管理机构，任意节点之间的权利和义务都是均等的，各参与方都可以自由地参与或退出体系，且任何一个节点的损坏或者失去都不会影响整个系统的稳定运作。因此区块链系统具有极好的稳定性和健壮性。

3. 集体维护

系统中的数据块由整个系统中所有具有维护功能的节点来共同维护，而这些具有维护功能的节点是任何人都可以参与的，极大地降低了整个系统的运行成本和公信力。区块链数据统一维护特性使系统中的不同参与者都能够使用统一的数据来源，而非分散的、需要不断验证和校正的数据库。

4. 安全可信

区块链的分布式网络有众多节点，每个参与节点都能获得一份完整数据库的拷贝。除非能够同时控制整个系统中大多数节点，否则单个节点上对数据库的修改是无效的，也无法影响其他节点上的数据内容。

5. 可追溯与不可篡改

区块链通过将存有交易信息的各个区块按照交易发生的时间先后顺序依次联结形成可以前溯验证的数据链并辅以 HASH 和时间戳等机制，保证信息的安全可靠、不可篡改和可追溯性，确保各参与方可以持续更新并保持数据完整。

6. 开放透明与多方共享

区块链系统是开放的，除了交易各方的私有信息被加密外，区块链的数据对所有人公开，任何人都可以通过公开的接口查询区块链数据获悉交易内容，因此整个系统信息高度透明。系统的各参与方都可以共享和查询最新发展状况、业务信息、其他信息及其观点，能够有效加强各方的协作和统筹安排。

7. 智能化与自治性

代码即法律，通过“脚本”的引入实现无须人为干预的自动执行程序；采用基于协商一致的规范和协议,使整个系统中的所有节点能够在信任的环境自由安全地交换数据。

正是基于这种机制,区块链通过数学算法建立的机器信任使得传递价值成为可能,让当前的信息互联网上升到价值互联网的新高度,同时也为当前数字化时代所面临的一些社会经济运行机制的优化提供了全新的解决思路。(见图 15-14)

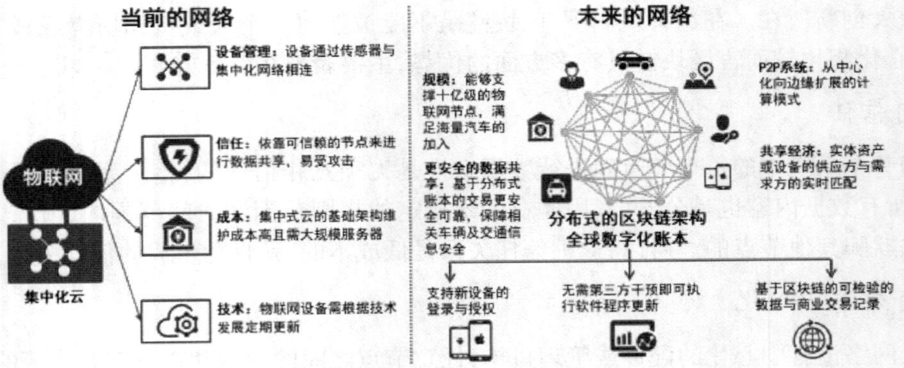

图 15-14 基于区块链技术的未来网络

三、区块链在数字化时代的未来发展

基于区块链的特性,它为当前社会经济运行机制中遇到的一些问题提供了一种全新的优化解决思路。

1. 区块链可以解决复杂环境下的多方协作和互信问题,催生新型商业模式

传统上商业信任是依赖法律条文而存在的,各方间的信任关系依赖于法律和权威机构而建立,区块链技术的出现是对现有商业模式的制度基础和参与者之间关系的重大挑战。

区块链运用一套基于共识的数学算法,在机器之间建立"信任"网络,从而通过技术背书而非中心化信用机构来进行信用创造,有效降低各方间的信任建立成本,同时对现有的第三方中介机构的角色和命运发展造成深层次的冲击。这种新型信用创造方式使得新的组织形态、商业模式和精简的商业流程成为可能。

2. 区块链通过赋能分布式处理和存储,提升社会资源配置效率

通过区块链可以创造匿名的点对点信任,同时提供低成本的分布式计算,使得未来设备之间可以安全地进行交流和管理,从而管理大型的复杂网络,而无须建立一个昂贵的数据中心来应对处理和存储负荷。有调查表明,设备自我管理比数据中心模式少花费 90%~95%的成本。目前业界已经出现了提供"分布式云存储"服务的企业,其模式可以让任何拥有空闲磁盘空间的人出租磁盘空间,同时这家企业的区块链基础设施可以管理在大量潜在的租用者设备之间分发文件和加密的过程。特别是随着物联网的崛起,未来将有数十亿高性能计算机被嵌入在各处,但并非终日进行大量工作。将这些计算机融入强大的分布式处理网络,是区块链的重大应用潜力之一。

3. 区块链可以有效应对未来智能化设备的大规模发展挑战，加速万物互联时代到来

目前物联网设备之间的互联性差，联结成本较高。随着物联网的智能设备规模的扩张，中心化的网络结构能够提供的运算速度将显著下降，中心化的网络结构很可能无法满足未来大规模的物联网设备的需求。当区块链技术被应用于物联网时，智能设备将以开放的方式接入到物联网中，设备与设备之间以分布云形式的网络相连接。在这个组织中，不再需要一个集中的服务器充当消息中介的角色。物联网中数以亿计的智能设备之间可以建立低成本、点对点的直接沟通桥梁，整个沟通过程在数学算法和共识机制之下建立设备之间的相互信任，从而能够有效应对物联网规模和集群的扩大所带来的挑战，同时有效解决物联网生态系统中合作伙伴之间的信任问题。区块链有可能成为未来许多物联网网络的重要基础设施。

4. 区块链为共享经济构筑更加安全可靠的平台，创造新的商业价值

共享经济是通过搭建技术平台来核实供需双方的真实身份背景，并通过平台提供交易信息实现零散资源和需求的聚合、重组与匹配，最终促成交易。其本质就是陌生人之间无缝、直接、不受时间地点和交易对手限制、有效率地分享信息和共享资源，从而创造有利于双方的价值。要达到这一目的，先决条件是具备一个受信任的交易环境以及交易双方间的信任关系的建立。但由于交易双方是陌生人，因此提供信任感和保证承诺兑现的平台便应运而生——Uber 和滴滴打车就是典型的代表。

在这种情况下，一个绝对中心化的大平台诞生了，虽然其发展理念是去中介化和去中心化，商业模式是开放共享的，但是在自己替代过去的旧中心后，却不可避免地成为一个更大的中心化平台。

区块链技术的出现可以从根本上改变这种格局并真正意义上实现构建一个去中心化的网络平台，让不同的交易主体和不同的交易资源类别自由参与其中，通过该网络充分地共享自己的资源并实现互信和价值转移，达成此前无法完成的交易。区块链技术无疑让已有的共享经济模式如虎添翼，并推动共享经济向更高阶段发展。

思考题

1. 概念：MIS、物联网、区块链。
2. 简述集装箱码头信息系统发展历程及其功能结构。
3. 试论目前典型码头管理信息系统的评价体系及其比较研究。
4. 试论区块链技术的发展与应用。
5. 课程论文：自动化码头 IT 系统比较与选择研究。

"十二五"普通高等教育本科国家级规划教材

大学计算机

（第6版）（微课版）

主　编　蒋加伏　李志刚　肖　婧

本书资源使用说明

北京邮电大学出版社
·北京·

内容提要

本书根据教育部高等学校大学计算机课程教学指导委员会编制的《大学计算机基础课程教学基本要求》，结合中学信息技术教育现状编写而成。全书共7章，主要内容包括计算机系统基础、操作系统基础（包括Windows 7及Windows 10操作系统）、文字处理软件Word 2016、电子表格处理软件Excel 2016、演示文稿制作软件PowerPoint 2016、网络通信与信息安全、多媒体技术。

本书内容丰富、层次清晰、图文并茂、通俗易懂，根据高等学校大学计算机基础教学现状，从新的视角提出大学计算机的入门教学要求和教学设计。本书在注重基础知识、基本原理和基本方法的同时，采用案例教学的方式培养学生的计算机应用能力，并在配套的实践教程中进一步加强能力训练，以便在教学中实现理论与实践的紧密结合。本书配置了许多微课视频资源。

本书可作为普通高等学校大学计算机基础课程的教材，也可供其他读者学习使用。

图书在版编目(CIP)数据

大学计算机 ：微课版 / 蒋加伏，李志刚，肖婧主编. 6版. -- 北京 ：北京邮电大学出版社，2024. -- ISBN 978-7-5635-7318-9

Ⅰ. TP3

中国国家版本馆CIP数据核字第2024LG1748号

策划编辑：韩　霞　　**责任编辑：**宋俊娥　　**封面设计：**广信达雅

出版发行：北京邮电大学出版社
社　　址：北京市海淀区西土城路10号(100876)
电话传真：010-82333010　62282185(发行部)　010-82333009　62283578(传真)
网　　址：www.buptpress3.com
电子信箱：buptpress3@163.com
经　　销：各地新华书店
印　　刷：鸿博睿特(天津)印刷科技有限公司
开　　本：787 mm×1 092 mm　1/16
印　　张：19.5
字　　数：485千字
版　　次：2003年8月第1版　2024年8月第6版
印　　次：2024年8月第1次印刷

ISBN 978-7-5635-7318-9　　　　**定价：**59.80元

前　言

国际学术界和教育界提出的先进教育理念——计算思维，被认为是近十年来产生的最具基础性、长期性的学术思想。计算思维是运用计算机科学的基础概念去求解问题、设计系统和理解人类行为。培养计算思维应成为计算机基础教育的核心任务。大学计算机基础是高等学校计算机基础教育中最基础的课程，是后续计算机相关课程的导引，应该担当起培养计算思维"第一课"的重任，发挥引领作用。

在这样历史性的重大使命和责任面前，大学计算机基础教学工作面临着难得的历史发展机遇与挑战。教育部高等学校大学计算机课程教学指导委员会确立了推进课程教学改革的总体目标：明确以计算思维为导向的改革方向、探索多元化的教学方案、推动以在线开放课程为代表的教学模式改革、完善课程教学成效评测方式，从而建设适应时代要求的新的大学计算机基础教学体系。

本书根据使用学校的反馈意见，在"十二五"普通高等教育本科国家级规划教材《大学计算机》(第 5 版)(微课版)的基础上修订而成。全书共 7 章。第 1 章介绍计算机的基本知识，主要内容包括计算机的发展、计算机的类型、计算机的基本工作原理及结构、计算机硬件系统的组成、数据在计算机中的表示、计算思维、计算机软件的类型等。此外，增加了对计算机先进技术的介绍，包括人工智能、云计算、区块链、大数据等技术的概念及发展趋势的相关介绍。第 2 章介绍操作系统基础知识及应用，主要内容包括操作系统的定义、类型、功能，以及 Windows 7、Windows 10 操作系统的安装、配置和使用。第 3 章主要介绍文字处理软件 Word 2016 的使用及高效排版功能。第 4 章主要介绍电子表格处理软件 Excel 2016 的使用。第 5 章主要介绍演示文稿制作软件 PowerPoint 2016 的使用及高级应用。第 6 章主要介绍网络通信与信息安全，内容包括网络的工作原理、因特网的服务、网络安全防护、信息加密技术。第 7 章主要介绍多媒体技术相关知识，内容包括多媒体的基础知识、音频处理技术、图像处理技术、视频处理技术、多媒体应用系统及创作工具等。

党的二十大报告强调"推进教育数字化"。教育数字化是教育教学活动与数字技术融合发展的产物，教材是教育教学的基本载体和关键支撑。本书是新形态教材，配套了丰富的数字化教学资源，利用信息网络技术，构建了方式更灵活、资源更丰富、学习更便捷的体系，以支持用书学校深化教育模式改革。

为便于教师使用本书教学和学生学习，本书配套的《大学计算机实践教程》也进行了同步修订。另外，本书有配套的电子教案、考试系统、网络教学平台、素材文件等。

本书由蒋加伏、李志刚、肖婧担任主编，由先瑜婷、秦怀斌、卫张亮、蔡文青、张永才、徐联华担任副主编，参加编写的人员还有郝者闻、周方、刘丽娟、王慧、罗云辰、孙正、朱远佼等。此外，苏文章、杨玉梅构思并设计了全书在线课程教学资源的结构与配置，赵梅、张展华编辑了教学资源的内容，范茹婷、邓凡参与了微课的录制及后期处理，马双武审查了全书配套的在线课程教学资源，李敏提供了版式和装帧设计方案。在此一并表示感谢。

由于本书涉及的知识面较广，要将众多的知识很好地贯穿起来，难度较大，不足之处在所难免。为便于以后教材的修订，恳请读者多提宝贵意见。

编　者

目　录

第 1 章
计算机系统基础

第2章

操作系统基础

第3章

文字处理软件 Word 2016

第 4 章

电子表格处理软件 Excel 2016

第 5 章

演示文稿制作软件 PowerPoint 2016

第 6 章

网络通信与信息安全

第 7 章

多媒体技术

第1章 计算机系统基础

本章导读

计算机是一种处理信息的工具，它能自动、高速、精确地对信息进行存储、传输和加工处理。计算机的广泛应用，推动了社会的发展和进步，对人类社会的生产和生活产生了极其深刻的影响。可以说，计算机文化已融入社会的各个领域，成为人类文化中不可缺少的一部分。在进入信息时代的今天，学习计算机知识，掌握计算机的应用已成为人们的迫切需求。

本章主要介绍计算机系统的基本知识，包括计算机的发展与应用、计算机系统的组成等内容。

知识列表

1.1 计算机的发展

计算技术发展的历史是人类文明史的一个缩影。在远古时代,人们采用石块、贝壳进行简单的计数,中国古代发明了算盘进行计算,欧洲中世纪发明了加法计算器、分析机等,直到今天诞生了电子计算机,这些发明记录了人类计算工具的发展历程。因此,计算机是人类对计算技术的继承和发展,是现代人类社会中不可缺少的基本工具。现代计算机是一种按程序自动进行信息处理的通用工具,它的处理对象是信息,处理结果也是信息。

1.1.1 早期计算工具的发展

人类最早的计算工具是手指,当然还可能包括脚趾,因为这种工具与生俱来,无须任何辅助设施,具有天然优势。在人类改造世界的能力较弱的时候,手指必然首先成为计数工具。但是利用手指和脚趾只能实现计数,不能进行存储,而且局限于0～20以内的计算。

中国在商代时已经有了比较完备的文字系统和文字记数系统。在商代甲骨文中,已经有了一、二、三、四、五、六、七、八、九、十、百、千、万这13个记数单字,如图1-1所示。

一　二　三　四　五　六　七　八　九　十　百　千　万

图1-1 中国商代甲骨文上的数字(约公元前1500年)

算筹可能起源于周代,虽然其具体的发明时间不能确定,但是它在春秋战国时使用得已经非常普遍了。根据史书记载和考古发现,古代的算筹实际上是一根根差不多长短和粗细的小棍子,一般长为13～14 cm,径粗为0.2～0.3 cm,多用竹子制成,也有用木头、兽骨、象牙、金属等材料制成的;大约270枚为一束,放在一个布袋里,可系在腰部随身携带。成语"运筹帷幄"中的"筹"就是指算筹。

根据史料记载,算盘可能起源于唐朝,流行于宋朝。其依据是宋代名画《清明上河图》中画有一家药铺,其正面柜台上放有一把算盘。1921年,在河北巨鹿县曾挖掘到一颗出土于宋人故宅的木制算盘珠,已被水土淹没了约800年,但仍可见其为鼓形,中间有孔,与现代算珠毫无两样。许多算学家认为,算盘的诞生还可上推到唐代。因为宋代以前的五代十国时期战乱不断,科技文化的发展较为滞缓,算盘诞生于此时的可能性较小,而唐代是中国历史上的盛世,经济文化都较发达,需要有新的计算工具,使用了约2 000年的筹算在此时演变为珠算是极有可能的。

1.1.2 早期计算机的发展

计算机的发展经历了机械式计算机、机电式计算机和电子计算机3个阶段。

在欧洲中世纪文艺复兴时期,人们被神权长期压抑的创造力得到了空前释放,自然科学技术也得到了很大的发展。制造一台能帮助人们进行计算的机器,成为很多科学家的理想,但限于当时的科技水平，几乎都失败了。

1625 年，英国数学家威廉・奥特雷德(William Oughtred)发明了能进行 6 位数加、减法的滑动计算尺。

1642 年，法国数学家布莱斯・帕斯卡(Blaise Pascal)采用与钟表类似的齿轮传动装置，设计出能进行 8 位十进制计算的加法器，如图 1－2 所示。

1822 年，英国数学家查尔斯・巴贝奇(Charles Babbage)制造出差分机，如图 1－3 所示，它由以前的每次只能完成一次算术运算，发展为自动完成某个特定的完整运算过程。之后，巴贝奇又设计了一种程序控制的通用分析机，它是现代程序控制方式计算机的雏形，其设计理论非常超前，但限于当时的技术条件而未能实现。

图 1－2 帕斯卡发明的加法器(1642 年)

图 1－3 巴贝奇发明的差分机(1822 年)

德国科学家康拉德・楚泽(Konrad Zuse)是最先采用电气元件制造计算机的。他于 1941 年制成的全自动继电器计算机 Z-3，已具备浮点计数、二进制运算、数字存储地址的指令形式等现代计算机的特征。

第 1 台现代电子数字计算机是阿塔纳索夫-贝瑞计算机(Atanasoff-Berry computer，ABC)，如图 1－4 所示。它是美国艾奥瓦州立大学物理系副教授约翰・文森特・阿塔纳索夫(John Vincent Atanasoff)和他的研究生克利福德・贝瑞(Clifford Berry)于 1939 年 10 月研制成功的，后来的 ENIAC(electronic numerical integrator and computer，电子数字积分计算机)仿制了 ABC。1990 年，阿塔纳索夫获得了美国国家自然科学奖。

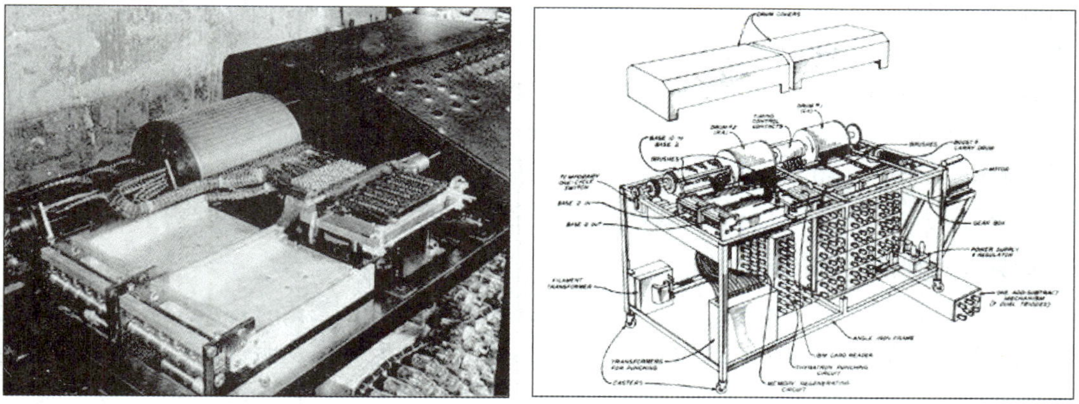

图 1－4 第 1 台现代电子数字计算机 ABC 及其设计示意图(1939 年)

阿塔纳索夫提出了现代计算机最重要的 3 个基本设计原则。

①以二进制的方式实现数字运算和逻辑运算，以保证运算精度。

②利用电子技术实现控制和运算，以保证运算速度。

③采用计算功能与存储功能相分离的结构，以简化计算机设计。

计算机结构的重大突破是由美籍匈牙利数学家约翰·冯·诺依曼(John von Neumann)领导的设计小组完成的。1945 年，他们发表了一个全新的“存储程序式通用电子计算机”设计方案，1946 年 6 月，冯·诺依曼等提出了更为完善的设计报告《电子计算机装置逻辑结构初探》。1949 年，英国剑桥大学数学实验室率先研制成功电子延迟存储自动计算机(electronic delay storage automatic calculator，EDSAC)。至此，电子计算机发展的萌芽时期宣告结束，进入现代计算机的发展时期。

1.1.3 现代计算机的发展

计算机的发展

在现代计算机诞生后的 70 多年中，计算机所采用的基本电子元件经历了电子管、晶体管、中小规模集成电路、大规模和超大规模集成电路 4 个发展阶段，如表 1－1 所示。

表 1－1 现代计算机的 4 个发展阶段

阶段	时间	基本电子元件	技术特点
1	1946—1957 年	电子管	采用穿孔卡片和磁鼓，使用机器语言和汇编语言
2	1958—1964 年	晶体管	主存储器采用磁心存储器，磁鼓和磁盘开始用于辅助存储器。使用高级语言，主要用于科学计算，开始大量生产中、小型计算机
3	1965—1970 年	中小规模集成电路	大型化，集中式计算，远程终端
4	1971 年至今	大规模和超大规模集成电路	超大型化，计算机化，嵌入式，图形用户界面，多媒体，网络通信，网格计算

1. 第 1 代计算机(1946—1957 年)

第 1 代计算机采用电子管作为基本电子元件，当时，主存储器有水银延迟线存储器、阴极射线示波管静电存储器、磁鼓和磁心存储器等类型。由于电子管体积大、耗电多，因而这一代计算机的运算速度低、存储容量小、可靠性差且造价昂贵。在这一代计算机中，几乎没有什么软件配置，编制程序使用机器语言或汇编语言。第 1 代计算机主要用于科学计算和军事应用方面，代表机型为 1952 年由冯·诺依曼设计的离散变量自动电子计算机(electronic discrete variable automatic computer，EDVAC)。这台计算机共采用 17 468 个电子管，运算速度比 ENIAC 提高了 10 倍，冯·诺依曼“程序存储”的设想首次在这台计算机上得到了体现。

2. 第 2 代计算机(1958—1964 年)

第 2 代计算机采用晶体管作为基本电子元件，其另一个很重要的特点是存储器的革命。1949 年，当时尚在美国哈佛大学计算机实验室的华人留学生王安发明了磁心存储器，这项技术彻底改变了继电器存储器的工作方式及其与处理器的连接方法，也大大缩小了存储器的体积，为第 2 代计算机的发展奠定了基础。

这一时期，计算机软件配置开始出现，一些高级语言相继问世，如科学计算用的 FORTRAN，商业事务处理用的 COBOL，符号处理用的 LISP 等高级语言开始进入实用阶段。

操作系统也初步成型，计算机的使用方式由手工操作改变为自动作业管理。

3. 第 3 代计算机（1965—1970 年）

第 3 代计算机采用中小规模集成电路作为基本电子元件，计算机的体积和耗电量有了显著减小，计算速度也显著提高，存储容量大幅度增加。这一时期，半导体存储器逐步取代了磁心存储器的主存储器地位，磁盘成了不可缺少的辅助存储器，并且开始普遍采用虚拟存储技术。

同时，计算机的软件技术也有了较大的发展，出现了操作系统和编译系统，出现了更多的高级语言，计算机的应用开始进入更多领域。1964 年，由国际商业机器（International Business Machines，IBM）公司推出的 IBM 360 计算机是第 3 代计算机的代表产品，如图 1-5 所示。

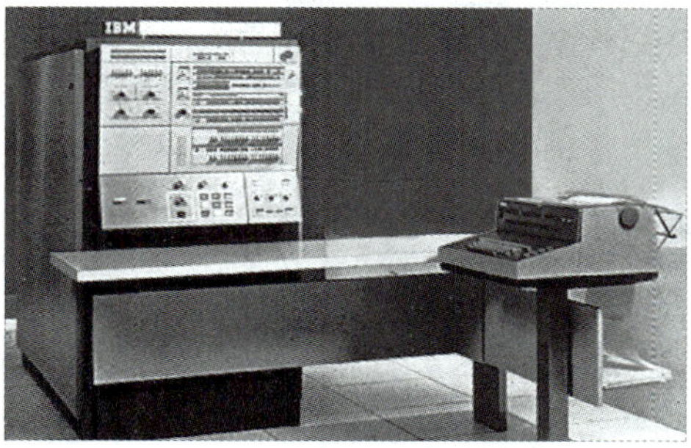

图 1-5　IBM 360 计算机（1964 年）

4. 第 4 代计算机（1971 年至今）

第 4 代计算机采用大规模和超大规模集成电路作为主要电子元件，主存储器使用了集成度更高的半导体存储器，运算速度高达每秒几亿次甚至数百万亿次。在这个时期，计算机的体系结构有了较大发展，并行处理、多机系统、计算机网络等都已进入实用阶段。在软件方面，软件品种更加丰富，出现了网络操作系统和分布式操作系统及各种实用软件。

1.1.4　微型计算机的发展

第 1 台微型计算机（microcomputer，简称微机）的发明人爱德华·罗伯茨（Edward Roberts）是美国业余计算机爱好者，他拥有电子工程学学位。罗伯茨在 1975 年 1 月出版的《大众电子》杂志的封面登出产品广告，介绍了他设计的“牛郎星”（Altair 8800）计算机，如图 1-6 所示。广告称 Altair 8800 包括一个 Intel 8080 处理器、256 B 的存储器（后来增加为4 KB）、一个电源、一个机箱和一个有大量开关与显示灯的面板。Altair 8800 的外观非常简陋，既没有输入数据的键盘，也没有输出计算结果的显示器。插上电源后，使用者需要用手按下面板上的开关，把二进制数“0”或“1”输入机器；计算完成后，面板上的几排小灯泡忽明忽灭，用发出的灯光信号表示计算结果。当时 Altair 8800 的市场售价为 375 美元，它更像一台简单的游戏机，但是，销售的反响却出人意料，订货单纷至沓来，购买 Altair 8800 的大都是初出校门的高中生或正在读书的大学生。正是这台简陋的 Altair 8800，掀起了一场改变整个计算机世界的革命，它的一些设计思想，如微型化设计方法、原厂委托制造（original equipment manufacture，OEM）生产方式、开放式设计思想、硬件与软件分离等，直到今天也具有重要的指导意义。

在微机兴起的初期,大型计算机公司对它不屑一顾,认为微机只是计算机爱好者的试验品而已。但是苹果公司的微机 Apple Ⅱ在市场上取得的巨大成功,以及由此而引发的巨大经济利益,使这些大型计算机公司开始坐立不安了。

1981 年 8 月 12 日,IBM 公司推出了第 1 台 16 位个人计算机 IBM PC 5150,如图 1-7 所示。这台微机采用英特尔(Intel)公司的 8088 CPU,工作频率为 4.77 MHz,内存为 16 KB,包括一个 160 KB、5.25 in[①] 的软盘驱动器和一个 11.5 in 的单色显示器,没有硬盘,操作系统为微软(Microsoft)公司的 DOS 1.0,价格为 3 045 美元。IBM 公司将这台计算机命名为个人计算机(personal computer,PC),现在 PC 已经成为微机的代名词。个人计算机突破了只供个人爱好者所使用的状况,迅速普及到工程技术领域和商业领域中。

图 1-6 Altair 8800(1975 年)

图 1-7 IBM PC 5150(1981 年)

1983 年 3 月,IBM 公司发布了改进机型 IBM PC/XT,它采用 Intel 公司的 8086 CPU,在主板上预装了 256 KB 的动态随机存储器(dynamic random access memory,DRAM,可扩展至 640 KB)和 40 KB 的只读存储器(read-only memory,ROM),总线扩展插槽从 5 个增加为 8 个。它还带有一个容量为 10 MB 的 5 in 硬盘,这是硬盘第 1 次成为微机的标准配置。IBM PC/XT 预装了 DOS 2.0 操作系统,DOS 2.0 操作系统支持"文件"的概念,并以"目录树"结构存储文件。

1984 年 8 月,IBM 公司推出了 IBM PC/AT 微机,它支持多任务、多用户。它采用 Intel 公司的 80286 CPU,工作频率为 6 MHz,操作系统为 Microsoft 公司的 DOS 3.0,并增加了网络连接功能。IBM PC/AT 在软件上第一次采用了与以前 CPU 兼容的设计思想。

1985 年 6 月,长城 0520 微机研制成功,这是我国第 1 台自行研制的 PC 兼容微机。

20 世纪 90 年代后,每当 Intel 公司推出新型 CPU 产品时,马上就会有新型的微机推出。

在微机发展的各个时期,为了满足市场的需求,都会推出一些相应的微机主流应用技术。早期的微机主要用于 BASIC 等简单语言的编程,解决了计算机普及化的问题。后来推出了 2D 图形技术,解决了微机只能处理字符的问题,而且采用的显示技术也得到了很好的应用。386 微机时代,随着音频处理技术的发展,又推出了多媒体技术,主要解决音频和视频播放问题。到 486 微机时代,推出了 Windows 操作系统,实现了图形化操作界面,普通用户也可以很简单地使用微机。随着微机性能的增强,不同开发商推出了越来越多的微机设备和接口卡,为了简化对这些设备的安装和配置,即插即用技术得到了很好的应用。近年来,微机的发展方向主要是不断加强 3D 图形处理技术和无线网络通信技术。

① in:英寸。1 in=2.54 cm。

微机经过几十年的发展，性能得到了极大的提高，功能也越来越强大，应用涉及各个领域。毫不夸张地说，微机已经成为人们工作和生活的重要组成部分。统计资料表明，微机自 20 世纪 70 年代中期问世以来，至今已售出 20 多亿台，其中，75%用于办公，25%用于个人用途，桌上型微机占了 81.5% 左右。

1.2 计算机的类型

计算机工业的迅速发展，促使计算机类型一再分化。从计算机的主要组成部件来看，目前计算机主要采用半导体集成电路芯片；从市场上的主要产品来看，计算机有超级计算机、微机、嵌入式系统等类型。

1.2.1 计算机系统的分类

计算机的分类与应用

早期人们按照运算速度将计算机进行分类，将每秒运行亿次以上的计算机划分为巨型计算机，这个速度以下的又划分为大型计算机、中型计算机、小型计算机和微机。但是这种划分是相对的，是随着时代的变化而改变的。例如，20 世纪 90 年代的巨型计算机并不比目前微机的计算能力强。如果根据运算速度对计算机进行分类，就必须根据运算速度的不断提高而随时改变计算机的分类，这显然是不合理的。随着技术的发展，计算机朝着大型化和微型化两个方向发展，大型计算机主要作为服务器(server)，微机主要用于客户机(client)。

从计算机结构的观点来看，只要符合冯·诺依曼体系结构的机器，都可以称为计算机。但是，从超级计算机到简单的计算器都具有输入设备、输出设备、控制器、运算器、存储器五大结构单元，而手机也具有这五大结构单元，因此，无法从系统结构的观点对计算机进行分类。

从计算机组成的观点来看，计算机最重要的核心部件是中央处理器(central processing unit，CPU)，以不同的 CPU 类型来划分计算机类型是否可行呢？生产 CPU 的厂商非常多，不同 CPU 厂商之间的产品逐步分化为两大阵营：复杂指令系统(complex instruction set computer，CISC)系列和精简指令系统(reduced instruction set computer，RISC)系列。在 CISC 系列产品中，主要包括英特尔(Intel)、超微(AMD)、威盛(VIA)生产的 x86 系列 CPU 产品，它们在硬件上虽然不完全兼容，但是在操作系统上是相互兼容的。也就是说，它们都可以运行 Microsoft的 DOS 或 Windows 操作系统。通常所说的微机，大部分是指这类微机。生产 RISC 系列 CPU 的厂商有 IBM、摩托罗拉(Motorola)、太阳(Sun)、惠普(HP)等，它们之间的 CPU 产品在硬件上互不兼容，在软件上也无法统一。因此，它们生产的计算机有些称为微机，如采用 PowerPC 芯片的苹果微机，它们的操作系统是苹果公司自己开发的 macOS；有些称为工作站，如 Sun 公司采用 UltraSPARC Ⅲ芯片生产的计算机，它们采用 Sun 公司设计的 Solaris 操作系统。无论采用 CISC 芯片，还是采用 RISC 芯片，都可以采用单个 CPU 芯片组成微机系统，或采用多个 CPU 芯片组成大型服务器计算机系统，甚至采用成千上万个 CPU 芯片组成超级计算机系统。因此，很难从计算机组成的观点对计算机进行分类。

自从现代计算机诞生以来，信息技术(information technology，IT)产业的发展一直非常迅速，各种新技术不断推出，计算机性能不断提高，信息技术应用范围扩大到各行各业，因此，很难对计算机进行一个精确的类型划分。如果按照目前计算机的市场分布情况,大致可以分为大型计算机、微机、嵌入式系统3类,如图1-8所示。

- 计算机的类型
  - 大型计算机
    - 超级计算机:如世界计算机500强“天河一号”等
    - 大型计算机集群:如曙光5000A等
    - 大型服务器:如IBM System z10系列等
  - 微机
    - 个人计算机:如Core i7桌面微机等
    - 苹果微机:如Mac Pro等
    - 笔记本计算机:如HP Pavilion dm3等
    - PC服务器:如IBM System x系列等
    - 其他微机:平板微机、HTPC、UMPC等
  - 嵌入式系统
    - 智能手机:如iPhone 15等
    - 工业控制计算机:如西门子工控机6AV788等
    - 单片机:如ARM 7/8/9、80C51系列单片机等
    - 其他:POS机(收款系统)、ATM(自动柜员机)等

图1-8 计算机的基本类型

1.2.2 大型计算机

大型计算机包括超级计算机、大型计算机集群、大型服务器等。超级计算机主要用于科学计算、军事领域及国家大型项目等。超级计算机有专用设计和集群设计两种方案,目前的市场主流是采用集群设计方案(占超级计算机的80%左右)。大型计算机集群是利用多台(几台到上万台)独立的计算机,组成一个计算机群,使多台计算机能够像一台超级计算机那样统一管理和并行计算。大型计算机集群一般采用专用操作系统(80%的大型计算机集群采用Linux操作系统)和集群软件实现并行计算,而价格只有专用大型计算机的几十分之一。大型计算机集群具有可增长的特性,也就是可以不断地向集群系统中加入新的计算机。大型计算机集群提高了系统的稳定性和数据处理能力。大型服务器通常采用专用的系统结构,通常用于通信、网络、工程计算等项目。

图1-9所示是由国防科技大学研制的“天河二号”(Tianhe-2)超级计算机,2014年其第4次蝉联全球超级计算机500强第1名。“天河二号”的峰值计算速度为54.9 PetaFLOPS(千万亿次浮点运算/秒),持续计算速度为33.86 PetaFLOPS。“天河二号”的造价达1亿美元,整个系统的占地面积达720 m^2,最大运行功耗为17.6 MW。

图1-9 “天河二号”超级计算机

“天河二号”共有 16 000 个计算节点，安装在 125 个计算机柜内；每个机柜容纳 4 个框架，每个框架容纳 16 个主板，每个主板有 2 个计算节点；每个计算节点配备 2 颗 Intel Xeon E5 12 核心的 CPU，3 个 Xeon Phi 57 核心的协处理器（运算加速卡）。累计 3.2 万颗 Xeon E5 主处理器和 4.8 万个 Xeon Phi 协处理器，共 312 万个计算核心。

“天河二号”的每个计算节点有 64 GB 主存，每个协处理器板载 8 GB 内存，因此每个计算节点共有 88 GB 内存，整体内存总计为 1.408 PB。硬盘阵列容量为 12.4 PB。“天河二号”使用光电混合传输技术，由 13 个大型路由器通过 576 个连接端口与各个计算节点互连。“天河二号”采用麒麟操作系统（基于 Linux 操作系统）。

1.2.3 微机

1971 年 11 月，Intel 公司推出一套芯片：4001 ROM、4002 随机存储器（random access memory，RAM）、4003 移位寄存器、4004 微处理器。Intel 公司将这套芯片称为 MCS-4 微机系统，这是最早提出的“微机”概念。但是，这仅仅是一套芯片而已，并没有组成一台真正意义上的微机。后来人们将装有微处理器芯片的机器称为微机。微机按产品范围大致可以分为个人计算机（PC）、苹果微机（Mac）、笔记本计算机、平板计算机、掌上电脑等类型，如图 1－10 所示。

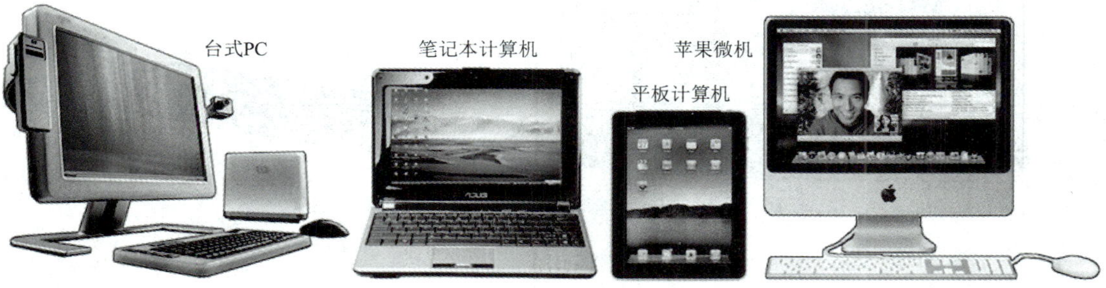

图 1－10 微机的类型

1. PC

1981 年，IBM 公司推出了 PC 系统，它采用 Intel 公司的 CPU 作为核心部件。之后，凡是能够兼容 IBM PC 系统的微机产品都称为 PC。目前，大部分桌面微机采用Intel 和AMD 公司的 CPU 产品，这两个公司的 CPU 产品往往兼容 Intel 公司早期的 80x86 系列 CPU 产品，因此，也将采用这两家公司 CPU 产品的微机称为 x86 系列微机。

从应用范围进行分类，PC 可以分为台式微机、笔记本计算机、PC 服务器等类型。

（1）台式微机

台式微机在外观上有立式和卧式两种类型，它们在性能上没有区别。台式微机主要用于企业办公和家庭，因此，要求有较好的图形功能和多媒体功能。由于台式微机应用广泛，它们的应用软件也是最为丰富的，因此这类微机有较高的性价比。

（2）笔记本计算机

笔记本计算机主要用于移动办公，因此，要求机器具有体积小、质量轻的特点。虽然笔记本计算机在硬件上按照 PC 设计规范制造，但是由于受到体积的限制，不同厂商之间的产品是不能互换的。在与台式微机相同的配置下，笔记本计算机的性能要低于台式微机，价格却要高于台式微机。笔记本计算机的屏幕大小有 10 in、12 in、14 in、15 in、17 in、20 in 等，质量有 1 kg

以下、1～2 kg、3 kg左右等几种类型。笔记本计算机一般具有无线通信功能。虽然笔记本计算机的尺寸小于台式微机,但它的软件系统与台式微机是兼容的。

(3)PC 服务器

PC 服务器往往采用机箱或机架等形式,如图 1-11 所示。机箱式 PC 服务器的体积较大,便于扩充硬盘等输入/输出(input/output,I/O)设备;机架式 PC 服务器的体积较小,尺寸标准,扩充时在机柜中增加一个机架式服务器即可。PC 服务器一般运行在 Windows 或 Linux 操作系统下,在软件和硬件上都与其他 PC 兼容。PC 服务器的硬件配置一般较高,采用高性能的 CPU,例如 Intel“至强”系列的 CPU 产品,甚至有时采用多 CPU 结构;内存容量一般较大,而且要求具有差错校验(error checking and correction,ECC)功能;硬盘也采用高转速和支持热插拔的小型计算机系统接口(small computer system interface,SCSI)硬盘。由于大部分服务器要求不间断工作,因此往往采用冗余电源。PC 服务器主要用作网络服务器的主机,因此对图形功能和多媒体功能几乎没有要求,但是对数据处理能力和系统稳定性有很高的要求。

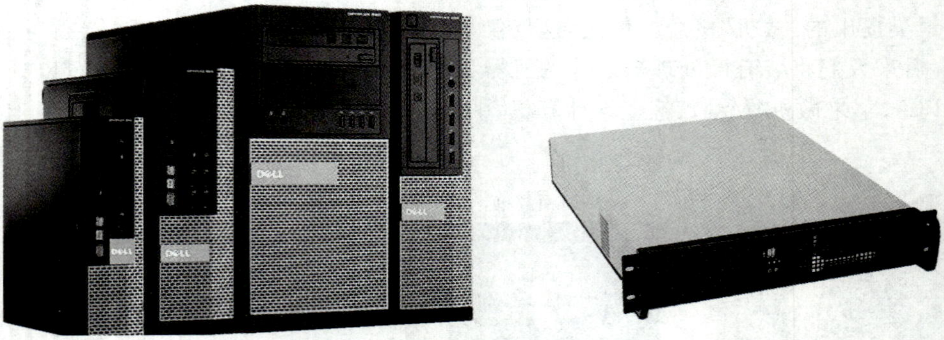

图 1-11 机箱式和机架式 PC 服务器

2. 苹果微机

苹果公司是早期微机生产厂商之一,其产品在硬件和软件上均与 PC 系列微机不兼容。苹果公司的 Power Mac 微机采用 Motorola 公司和 IBM 公司联合开发的 CPU 芯片——PowerPC,PowerPC 是一种 RISC 架构的 CPU。Power Mac G5 微机采用双 64 位 PowerPC G5 处理器,高端的型号拥有两块 2.5 GHz 处理器,而且配备先进的水冷系统。苹果微机采用基于 UNIX 的 macOS 操作系统。

苹果微机(见图 1-12)的图像处理速度快,但是,由于它与 PC 不兼容,大量 PC 软件不能在其上运行。另外,苹果微机没有兼容机,因此价格偏高,影响了它的普及。苹果微机在我国主要应用于美术设计、视频处理、出版等行业。

图 1-12 苹果微机

3. 平板计算机

平板计算机是一种小型的、方便携带的个人计算机，目前典型的产品有苹果公司的 iPad 等，如图 1-13 所示。平板计算机在外观上只有杂志大小，主要采用苹果操作系统(iOS)和安卓(Android)操作系统，它以触摸屏作为基本输入设备，所有操作默认使用手指或手写笔完成，而不是使用传统的键盘和鼠标(可以选配)。平板计算机一般用于阅读、上网等。平板计算机的应用软件专用性强，这些软件不能在台式微机或笔记本计算机上运行，普通微机上的软件也不能在平板计算机上运行。

图 1-13　平板计算机

1.2.4　嵌入式系统

20 世纪 70 年代，单片机(单个微处理芯片控制的计算机)的出现，使得汽车、家电、工业设备、通信设备等成千上万种产品，可以通过内嵌电子装置来获得更好的使用性能及更加低廉的产品成本。这些装置已经初步具备嵌入式的特点。目前，嵌入式系统已经发展了 50 多年。

1. 嵌入式系统的基本组成

嵌入式系统(embedded system)是一种为特定应用而设计的专用计算机系统，或者作为设备的一部分。嵌入是指将微处理器设计和制造在某个设备内部。嵌入式系统是一个外延极广的名词，凡是与工业产品结合在一起，并且具有计算机控制的设备都可以称为嵌入式系统。

嵌入式系统一般由嵌入式计算机和执行装置组成。嵌入式计算机是整个嵌入式系统的核心。执行装置又称为被控对象，它可以接收嵌入式计算机发出的控制命令，执行所规定的操作或任务。执行装置可以很简单，如手机上的一个微型电机，当手机处于振动接收状态时打开；执行装置也可以很复杂，如索尼(SONY)公司的智能机器狗，它集成了多个微型控制电机和多种传感器，从而可以执行各种复杂的动作和感受各种状态信息。

2. 嵌入式系统的主要特征

(1)系统内核小

由于嵌入式系统一般应用于小型电子装置，系统资源相对有限，因此内核软件比微机的操作系统要小得多。例如，谷歌(Google)公司的 Android 嵌入式操作系统的系统内核只有几兆字节，而 Windows 10 操作系统的内核数据占用的存储空间有 581 GB。

(2)专用性强

嵌入式系统的专用性强，软件与硬件结合得非常紧密。即使在同一品牌、同一系列的产品中,也需要根据系统硬件的变化,对软件进行增减或修改。针对不同的任务,往往需要对嵌入式系统的系统软件进行不同的更改。

(3)系统精简

嵌入式系统一般没有系统软件和应用软件的明显区分,要求其功能设计及实现上不要过于复杂,这样既有利于控制产品成本,也有利于实现产品安全。

(4)固态存储

为了提高嵌入式系统的运行速度和系统可靠性,操作系统和应用软件一般固化在嵌入式系统的 ROM 芯片中。在没有特殊设备的情况下,不能修改和删除这些核心软件。

3. 嵌入式系统的主要应用

嵌入式系统具有非常广阔的应用前景,其应用领域包括以下方面。

(1)工业控制

近年来,基于嵌入式芯片的工业自动化设备取得了长足的发展,嵌入式系统是提高生产效率和产品质量、减少人力资源的主要途径。嵌入式系统主要应用在工业控制计算机(见图 1-14)、工业产品设备(如汽车发动机控制器、智能机器人等)、工业过程控制、数字机床、电力系统、电网安全、电网设备监测、石油化工系统等方面。

图 1-14 工业控制计算机

(2)交通管理

在车辆导航、流量控制、信息监测与汽车服务方面,嵌入式系统获得了广泛的应用,内嵌全球定位系统(global positioning system, GPS)模块、全球移动通信系统(global system for mobile communications, GSM)、北斗导航模块的移动定位终端已经在各运输行业成功应用。如今,GPS 设备已经进入普通百姓的家庭,只需要数百元就可以购买一台 GPS 设备,实现随时随地定位。

(3)其他应用领域

嵌入式系统的其他应用领域主要包括军工设备(如飞机和导弹中的导航系统等)、商业自动化设备(如自动柜员机、自动售货机、收银机等)、通信设备(如手机、网络设备等)、办公自动化设备(如打印机、复印机等)、家用电器产品(如微波炉、洗衣机、电视机、空调等)。

1.3 计算机的基本工作原理及结构

计算机是一个复杂的系统,要详细地分析一台计算机的体系结构和工作原理,是一件十分困难的事情。但如果按照层次结构的观点来分析,则要简单得多。

1.3.1 计算机的基本工作原理

现代计算机的基本工作原理是由冯·诺依曼于 1946 年首先提出的。冯·诺依曼提出了“程序存储式通用电子计算机”设计方案，并确定了计算机硬件体系结构的 5 个基本部件：输入设备、输出设备、控制器、运算器和存储器。人们把冯·诺依曼的这个理论称为冯·诺依曼体系结构。从计算机的第 1 代发展至第 4 代，一直没有突破冯·诺依曼体系结构，目前绝大多数计算机都是基于冯·诺依曼体系结构的计算机模型而开发的。冯·诺依曼的主要设计思想可概括为以下 3 点。

计算机的工作原理

1. 冯·诺依曼体系结构的计算机模型

冯·诺依曼体系结构的计算机模型主要包括输入设备、输出设备、存储器、控制器和运算器 5 大组成部分，它们之间的关系如图 1－15 所示。

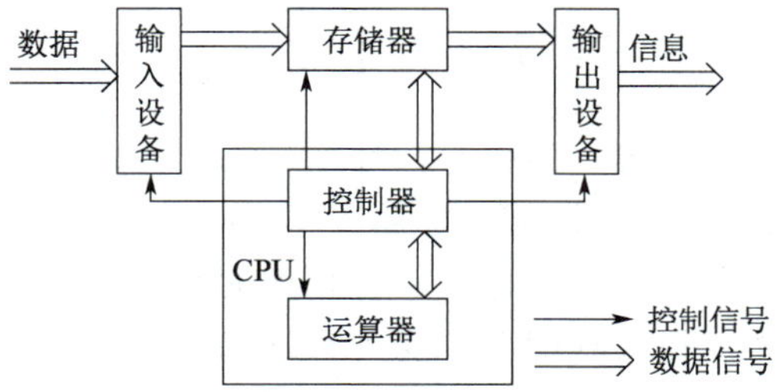

图 1－15 冯·诺依曼体系结构的计算机模型

(1)运算器

运算器又称为算术逻辑部件(arithmetic and logic unit，ALU)，是计算机进行算术运算和逻辑运算的部件。算术运算有加、减、乘、除等，逻辑运算有比较、移位、与运算、或运算、非运算等。在控制器的控制下，运算器从存储器中取出数据进行运算，然后将运算结果写回存储器中。

(2)控制器

控制器主要用来控制程序和数据的输入和输出，以及各个部件之间的协调运行。控制器由程序计数器、指令寄存器、指令译码器和其他控制单元组成。控制器工作时，根据程序计数器中的地址，从存储器中取出指令送到指令寄存器中，经译码单元译码后，再由控制器发出一系列命令信号，送到有关部件引起相应动作，完成指令所规定的操作。

(3)存储器

存储器的主要功能是存放运行中的程序和数据。在冯·诺依曼体系结构的计算机模型中，存储器是指内存单元。存储器中有成千上万个存储单元，每个存储单元存放一组二进制数据。对存储器的基本操作是数据的存入或取出，这个过程称为内存访问。为了便于存入或取出数据，存储器中所有的存储单元均按顺序依次编号，每个存储单元的编号称为内存地址。当运算器需要从存储器的某存储单元中取出或存入数据时，控制器必须提供存储单元的地址。

(4)输入设备

输入设备的第一个功能是将数据输入计算机，如输入数字、文字、图形、电信号等，并将它们转换成计算机熟悉的二进制代码;第二个功能是用户通过它对计算机进行操作控制。常见的输入设备有键盘、鼠标、数码相机等。还有一些设备既可以用作输入设备,也可以用作输出设备,如U盘、硬盘等。

(5)输出设备

输出设备的功能是将计算机处理的结果转换成用户熟悉的形式,如数字、文字、图形、声音、视频等。常见的输出设备有显示器、打印机、硬盘、U盘、音箱等。

在现代计算机中,往往将运算器和控制器制造在一个集成电路芯片内,这个芯片称为CPU。CPU的主要工作是与内存系统或I/O设备传输数据,进行算术和逻辑运算,通过逻辑判断控制程序的流向。CPU性能的高低,往往决定了一台计算机性能的高低。

2. 采用二进制形式表示数据和指令

指令是人们对计算机发出的用来完成一个基本操作的工作命令,它由计算机硬件来执行。指令在计算机中采用二进制形式,使信息数字化容易实现,并可以用二值逻辑元件进行表示和处理。指令和数据在代码形式上并无区别,都是由0和1组成的二进制代码序列,只是各自约定的含义不同。

3. 存储程序

存储程序是冯·诺依曼设计思想的核心。程序是人们为解决某一实际问题而设计的指令序列,指令设计及调试过程称为程序设计。存储程序意味着事先将编制好的程序(包含指令和数据)存入计算机的存储器(内存),计算机在运行程序时就能自动、连续地从存储器中依次取出指令并执行。计算机的功能很大程度上体现为程序所具有的功能。或者说,计算机的程序越多,计算机的功能越强。

1.3.2 指令和指令系统

1. 指令

指令是能被计算机识别并执行的二进制代码,它规定了计算机能完成某一种操作。指令的数量与类型由CPU决定。系统内存用于存放程序和数据,程序由一系列指令组成,这些指令在内存中是有序存放的,什么时候执行哪一条指令由CPU中的控制器决定。数据是用户需要处理的信息,包括具体数据和数据在内存系统中的地址。

一条指令通常由操作码和操作数两部分组成。

操作码	操作数

操作码指明该指令要完成的操作的类型或性质,如取数、做加法或输出数据等。操作码的位数决定了机器操作指令的条数,当使用定长操作码格式时,若操作码位数为N,则指令条数为2^N。

操作数指明操作对象的内容或所在的存储单元地址(地址码)。操作数在大多数情况下是地址码,地址码可以有多个。从地址码得到的仅是数据所在的地址,可以是原操作数的存放地址,也可以是操作结果的存放地址。

2. 指令系统

一台计算机的所有指令的集合称为该计算机的指令系统。不同类型的计算机的指令系统有所不同，但无论是哪种类型的计算机，指令系统都应包含以下指令。

①数据传送指令：将数据在内存与 CPU 之间进行传送。

②数据处理指令：对数据进行算术、逻辑或关系运算。

③程序控制指令：控制程序中指令的执行，如条件转移、无条件转移、调用子程序、返回、停机等。

④输入/输出指令：用来实现外部设备与主机之间的数据传输。

⑤其他指令：对计算机的硬件和软件进行管理等。

3. 指令的执行

对计算机来说，所有复杂的事务处理都可以简化成为两种基本的操作：二进制数据传输和二进制数据操作。因此，从软件运行层次来看，冯・诺依曼体系结构的计算机模型是一台指令执行机器。一条指令的执行可能包含许多操作，但是，任意程序指令的执行都主要由“取指令”“指令译码”“指令执行”和“结果写回”4 种基本操作构成，这个过程是不断重复进行的，执行过程如图 1 - 16 所示。

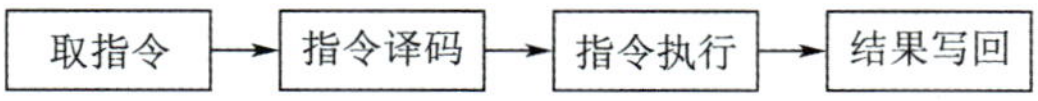

图 1 - 16　计算机中一条指令的执行过程

(1)取指令

在 CPU 内部有一个指令寄存器(instruction register，IR)，其中保存着当前处理指令的内存单元地址。当 CPU 开始工作时，便按照指令寄存器的地址，通过地址总线找到指令在内存单元中的位置，然后利用数据总线将内存单元的指令传送到 CPU 内部的指令高速缓存中。取指令的工作过程如图 1 - 17 所示。

(2)指令译码

CPU 内部的译码单元解释指令的类型和内容，判定这条指令的作用对象(操作数)，并将操作数从内存单元读入 CPU 内部的高速缓存中。译码就是将二进制指令代码翻译成特定的 CPU 电路微操作，然后由控制器传送给 ALU。指令译码的工作过程如图 1 - 18所示。

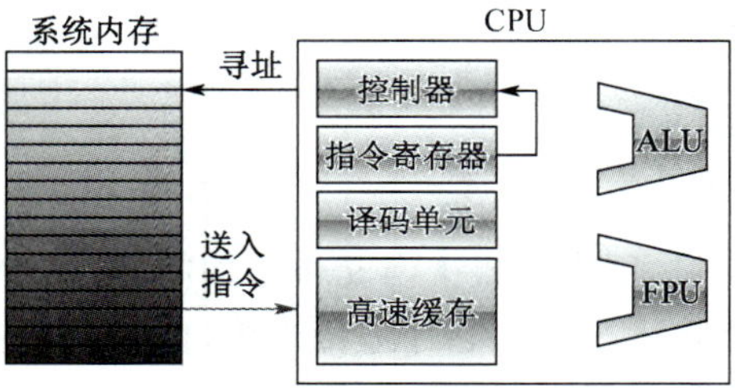

图 1 - 17　取指令的工作过程

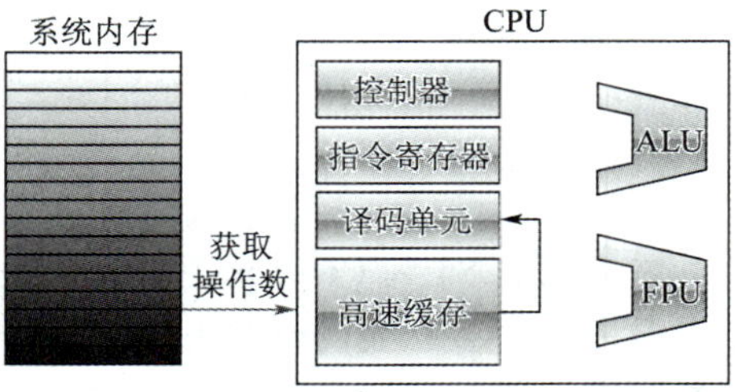

图 1 - 18　指令译码的工作过程

(3)指令执行

控制器根据不同的操作对象，将指令送入不同的处理单元。如果是整数运算、逻辑运算、内存单元存取、一般控制指令等，则送入 ALU 处理；如果操作对象是浮点数据(如三角函数运算)，则送入浮点处理单元(floating-point processing unit，FPU)进行处理。如果在运算过程中需要相应的用户数据，则 CPU 首先从数据高速缓存中读取相应数据。如果数据高速缓存中没有用户需要的数据，则 CPU 通过数据通道，从内存中获取必要的数据，运算完成后输出运算结果。指令执行的工作过程如图 1 - 19 所示。

(4)结果写回

结果写回是指将执行单元(ALU 或 FPU)的处理结果写回高速缓存或内存单元中。结果写回的工作过程如图 1-20 所示。

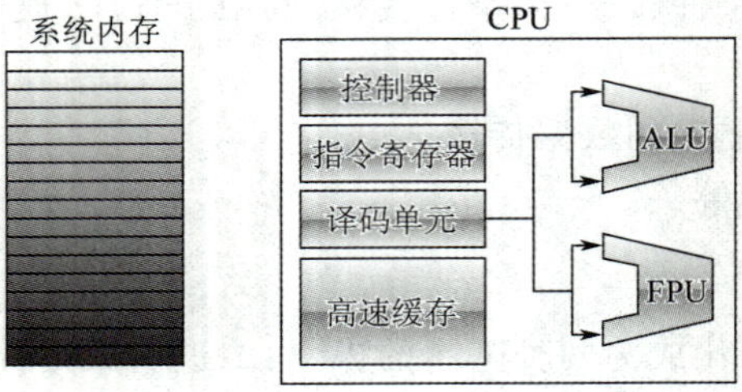

图 1-19 指令执行的工作过程

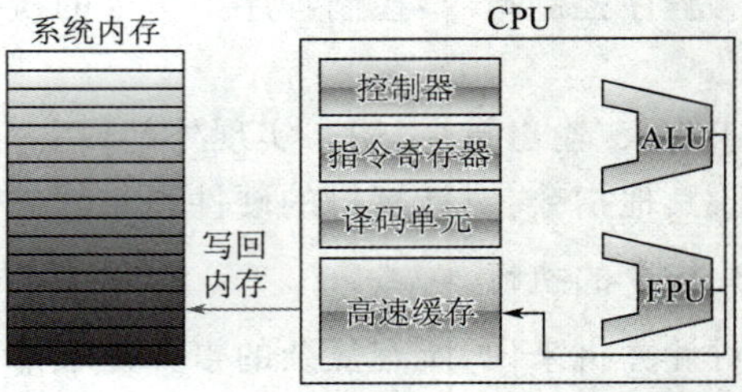

图 1-20 结果写回的工作过程

在 CPU 解释和执行指令之后,控制器告诉指令寄存器从内存单元中读取下一条指令。这个过程不断重复执行,最终产生用户在显示器上所看到的结果。事实上,各种程序都是由一系列指令和数据组成的,计算机的工作就是自动、连续地执行一系列指令,而程序开发人员的工作就是编制程序。

1.3.3 微机系统结构

1. 早期的微机系统结构

早期的 IBM PC/XT 微机采用工业标准体系结构(industry standard architecture,ISA)总线系统结构,如图 1-21 所示。这种结构是将所有设备都挂接在一条 ISA 总线上,这条总线由控制总线、数据总线和地址总线组成。这种结构的优点是设计简单,缺点是所有设备都使用同一条总线,容易产生系统瓶颈。

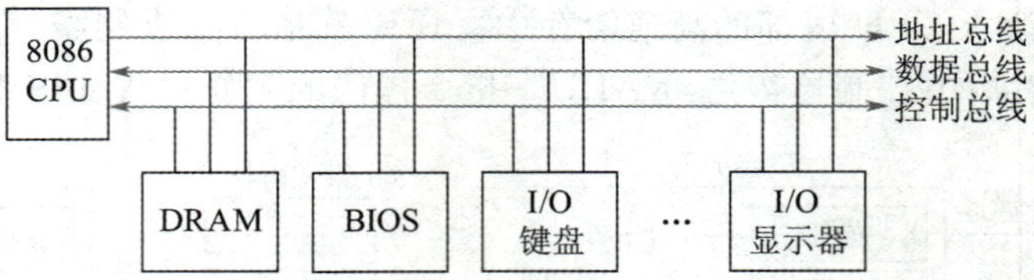

图 1-21 ISA 总线系统结构

之后,在 286 到 Pentium Ⅱ 微机的发展过程中,逐步形成了南北桥结构的设计方案。南北桥结构采用了多总线的设计方案,总线与总线之间通过桥接芯片进行连接,信号通过桥接电路逐级传输。这种结构的优点是系统易于扩充,缺点是结构过于繁杂。

2. 目前的微机系统结构

1998 年,Intel 公司推出了新一代微机系统结构,称其为控制中心结构。目前个人计算机和苹果微机仍采用以 CPU 为核心的控制中心结构。这种系统结构以 CPU 为中心,主要由 3 个集线器芯片组成:存储器控制集线器(memory controller hub,MCH)、I/O 控制集线器(I/O controller hub,ICH)、固件控制集线器(firmware controller hub,FWH)。控制中心结构如图 1-22 所示。

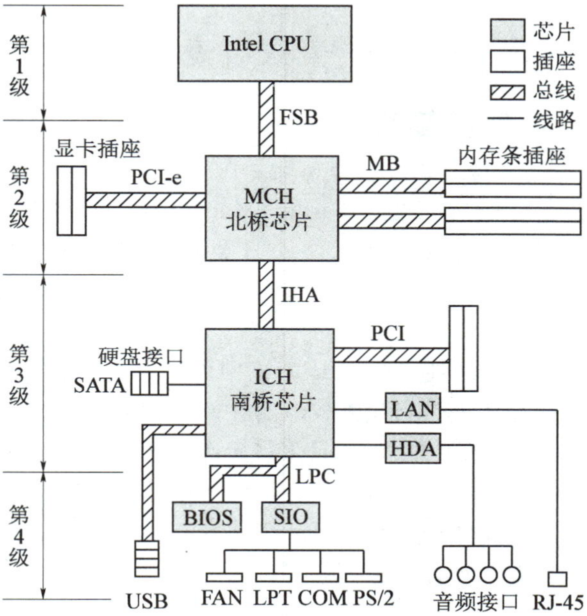

图 1－22　控制中心结构

3. 微机系统的"1-3-5-7"规则

控制中心结构可以用"1-3-5-7"规则来简要说明。

(1)1 个 CPU

CPU 处于系统结构的顶层(第 1 级),控制系统的运行状态,下层的数据必须逐级上传到 CPU 进行处理。从系统性能考察,CPU 的运行速度大大高于其他设备,各个总线上的设备,越往下走,性能越低;从系统组成考察,CPU 的更新换代将导致南北桥芯片组的改变和内存类型的改变;从指令系统考察,指令系统的改变,必然引起 CPU 结构的变化,而内存系统不一定改变。因此,目前微机系统仍然是以 CPU 为中心进行设计的。

(2)3 大芯片

在北桥芯片(MCH)、南桥芯片(ICH)和 BIOS 芯片 3 大芯片中,北桥芯片主要负责内存与 CPU 的数据交换及显示数据与 CPU 数据的交换,南桥芯片负责数据的上传与下送。北桥芯片虽然功能较少,但是所担负的数据传输任务繁重。对主板而言,北桥芯片的好坏,决定了主板性能的高低。南桥芯片连接着多种低速外部设备,它提供的接口越多,微机的功能扩展性越强。BIOS 芯片则关系到硬件系统与软件系统的兼容性。

(3)5 大接口

5 大接口包括串行先进技术总线附属接口(serial advanced technology attachment,SATA)、外部硬盘接口(eSATA)、超级输入输出接口(SIO)、以太网接口(LAN)、音频接口(HDA)等。

(4)7 大总线

7 大总线包括前端总线(front side bus,FSB)、内存总线(memory bus,MB)、外部设备互连总线(peripheral component interconnect,PCI)、南北桥连接总线(intel hub architecture,IHA)、外部设备互连扩展总线(PCI express,PCI-e)、少针脚总线(low pin count,LPC)、通用串行总线

(universal serial bus,USB)。

注意:"1-3-5-7"规则是指主要结构,实际产品中会有一些增减。

1.3.4 未来的新型计算机

Intel公司创始人之一的戈登·摩尔(Gordon Moore)于1965年在总结存储器芯片的增长规律时指出"微芯片上集成的晶体管数目每18个月翻一番"。这种表述没有经过论证,只是一种现象的归纳,但是后来集成电路工业的发展却很好地验证了这一说法,使其享有了"摩尔定律"的荣誉。

20世纪70年代,人们发现能耗会导致计算机中的芯片发热,极大地影响了芯片的集成度,从而限制了计算机的运行速度。当代集成电路在制造中采用了光刻技术,集成电路内部晶体管的导线宽度达到了几十纳米。然而,当晶体管元件尺寸小到一定程度时,单个电子会从线路中逃逸出来,这种单电子的量子行为(量子效应)将产生干扰作用,致使集成电路芯片无法正常工作。目前,计算机集成电路的内部线路尺寸即将接近这一极限。这些物理及经济方面的制约因素,促使科学家进行新型计算机方面的研究和开发。

1. 超导计算机

超导是指导体在接近绝对零度(−273.15 ℃)时,电流在某些介质中传输时所受的阻力为零的现象。1962年,英国物理学家约瑟夫森(Josephson)提出了"超导隧道效应",即由超导体—绝缘体—超导体组成的元件(约瑟夫森器件),当对两端施加电压时,电子就会像通过隧道一样无阻挡地从绝缘介质中穿过,形成微小电流,而该元件的两端电压为零。利用约瑟夫逊器件制造的计算机称为超导计算机,这种计算机的耗电量仅为用半导体元件制造的计算机的耗电量的几千分之一,它执行一个指令只需 10^{-9} s,比半导体元件快10倍。

由于超导现象只有在超低温状态下才能发生,因此,要在常温状态下获得超导效果,还有许多困难需要克服。

2. 量子计算机

与现有计算机类似,量子计算机同样由存储元件和逻辑门元件构成。在现有计算机中,每个晶体管存储单元只能存储一位二进制数据,非0即1。在量子计算机中,数据采用量子位存储。由于量子的叠加效应,一个量子位可以是0或1,即可以既存储0又存储1,因此,一个量子位可以存储两位二进制数据。也就是说,同样数量的存储单元,量子计算机的存储量比晶体管计算机的存储量大。量子计算机的优点:一是能够实现并行计算,加快计算速度;二是大大提高了存储能力;三是可以对任意物理系统进行高效率的模拟;四是发热量极小。

量子计算机也存在一些问题:一是对微观量子态的操作困难;二是受环境影响大,量子并行计算本质上是利用了量子的相干性,但在实际系统中,受到环境的影响,量子相干性很难保持;三是量子编码是迄今发现的克服量子消相干最有效的方法,但是它纠错较复杂,效率不高。

3. 光子计算机

光子计算机是以光子代替电子、光互连代替导线互连的计算机。和电子相比,光子具备电子所不具备的频率和偏振,从而使其负载信息的能力得以扩大。光子计算机的主要优点是光子不需要导线,即使在光线相交的情况下,它们也丝毫不会相互影响。一台光子计算机只需要一小部分能量就能被驱动,从而大大减少芯片产生的热量。光子计算机的并行处理能力强,具有超高的运算速度，目前超高速电子计算机只能在常温状态下工作，而光子计算机在高温状态下也可以工作。除此之外，光子计算机的信息存储量大，抗干扰能力强；光子计算机具有与人脑相似的容错性，当系统中某一元件损坏或出错时，不影响最终的计算结果。

光子计算机也面临一些困难：一是随着无导线计算机能力的提高，要求有更强的光源；二是光线要求严格对准，全部元件和装配精度必须达到纳米级；三是必须研制具有完备功能的基础元件开关。

4. 生物计算机

生物计算机的运算过程是蛋白质分子与周围的物理、化学介质相互作用的过程。生物计算机的转换开关由酶来充当，生物计算机的信息存储量大，能够模拟人脑思维。

利用蛋白质技术生产的生物芯片，信息以波的形式沿着蛋白质分子链中的单键、双键结构顺序改变，从而传递信息。蛋白质分子比硅晶片上的电子元件要小得多，生物计算机完成一项运算所需的时间仅为 10 ps。由于生物芯片的原材料是蛋白质分子，因此生物计算机有自我修复的功能。

蛋白质作为工程材料来说存在一些缺点：一是蛋白质受环境干扰大，在干燥的环境下不会工作，冷冻时会凝固，加热时又会使机器不能工作或者工作不稳定；二是高能射线可能会打断化学键，从而分解分子机器；三是脱氧核糖核酸(deoxyribonucleic acid，DNA)分子容易丢失和不易操作。

5. 神经网络计算机

神经网络计算机是模仿人的大脑神经系统，具有判断能力和适应能力，具有并行处理多种数据功能的计算机。神经网络计算机可以并行处理实时变化的大量数据，并得出结论。以往的信息处理系统只能处理条理清晰、脉络分明的数据，而人的大脑神经系统却具有处理支离破碎、含糊不清的数据的能力，神经网络计算机具有类似于人脑的智慧和灵活性。

神经网络计算机的信息不是存储在存储器中的，而是存储在神经元之间的联络网中的。若有节点断裂，神经网络计算机仍有重建数据的能力。它还具有联想记忆、视觉和声音识别能力。

未来的计算机技术将向超高速、超小型、并行处理、智能化方向发展。超高速计算机将采用并行处理技术，使计算机系统同时执行多条指令或同时对多个数据进行处理。计算机也将进入人工智能(artificial intelligence，AI)时代，它将具有感知、思考、判断、学习及一定的自然语言能力。随着新技术的发展，未来计算机的功能将越来越多，处理速度也将越来越快。

1.4 计算机硬件系统的组成

计算机硬件系统包括 CPU 系统、主板系统、内存系统、外存系统、显示系统、音频系统、网络系统、辅助系统等。在这些硬件设备中，CPU 系统是最重要的，它决定了一台计算机的基本规格与配置。计算机工业采用 OEM 生产方式。也就是说，每个计算机企业按照计算机标准和规范生产一部分计算机设备，然后由某个厂商将这些设备组装成一台完整的计算机，并且以这个组装厂商的品牌作为计算机的品牌。这种 OEM 生产方式大大降低了计算机的生产成本，而且能够更加灵活地满足用户的各种需求，但是，这种方式也造成了产品质量的良莠不齐。

1.4.1 计算机系统的组成

1. 计算机系统

一个完整的计算机系统由硬件系统和软件系统两部分组成。硬件系统是构成计算机系统的各种物理设备的总称,包括主机和外设两部分。硬件系统可以从系统结构和系统组成两个方面进行描述。软件系统是运行、管理和维护计算机的各类程序和文档的总称。通常把不安装任何软件的计算机称为裸机。计算机之所以能够应用到各个领域,是因为丰富多彩的软件能够出色地按照人们的意图完成各种不同的任务。一个完整的计算机系统的组成如图1-23所示。

- 计算机系统
  - 硬件系统
    - 主机
      - CPU系统:CPU、散热装置
      - 主板系统:主板、信号连接线
      - 内存系统:DRAM(如DDR SDRAM 1/2/3/4等)
      - 外存系统:硬盘、光盘、固态盘、U盘
      - 显示系统:显卡、显示器
      - 音频系统:声卡、音箱、话筒
      - 网络系统:网卡、Modem(调制解调器)、网线
      - BIOS系统:BIOS芯片、CMOS芯片
      - 常用外设:不间断电源、机箱、键盘、鼠标、散热装置等
    - 外设
      - 输出设备:打印机、刻录机、投影仪等
      - 输入设备:手写笔、触摸屏、扫描仪、数码相机、数码摄像机等
      - 其他设备:电源接线盒、净化电源等
  - 软件系统
    - 系统软件
      - 操作系统:如Windows、Linux、FreeBSD、macOS等
      - 网络服务:如IIS、Server-U、Exchange Server等
      - 数据库系统:如Oracle、MS SQL、Access等
      - 程序设计语言:如C++、Java、Visual Basic等
      - 语言处理程序:如Java语言虚拟机、语言编译程序等
    - 应用软件
      - 办公自动化软件:如Office、WPS等
      - 多媒体软件:如Photoshop、Flash、Premiere Pro等
      - 辅助设计软件:如AutoCAD、Visio、Protel等
      - 企业应用软件:如财务管理软件、企业管理软件、工程管理软件等
      - 网络应用软件:如QQ、迅雷、Dreamweaver等
      - 安全防护软件:如杀毒软件、防火墙软件、漏洞补丁等
      - 系统工具软件:如数据恢复软件、优化软件、磁盘工具等
      - 娱乐休闲软件:如游戏软件、电子杂志、图片查看器、音频播放器、视频播放器等

图1-23 计算机系统的组成

2. 微机硬件的基本组成

不同类型的计算机在硬件组成上有一些区别。例如,大型计算机往往安装在成排的大型机柜中,网络服务器往往不需要显示器,笔记本计算机将大部分外设都集成在一起。如图1-24(a)所示,台式微机主要由主机、显示器、键盘和鼠标组成。

机箱内的上部是符合ATX(advanced technology extended,高级技术扩展)规范的开关电

源，它的功能是将 220 V 的交流电压转换成微机工作需要的 +3.3 V、±5 V、±12 V 直流电压，电源功率一般为 200～450 W。电源的散热风扇是微机噪声的发生地。

机箱内的主板上安装有 CPU、内存条、显卡等设备，如图 1－24(b)所示。CPU 在机箱内主板的上部，它上面有一个铝质散热片和散热风扇。内存条在主板右侧的内存插座上，对双倍数据速率同步动态随机存储器(double data rate synchronous DRAM，DDR SDRAM)内存来说，可以插在其中任何一个内存插座上。显卡在机箱的中间位置，插在主板上的加速图形端口(accelerated graphics ports，AGP)插座或 PCI-e 插座上。有些机箱的内部可能看不到显卡，因为它们与主板集成在一起。大部分主板还集成了声卡、网卡等。

(a)

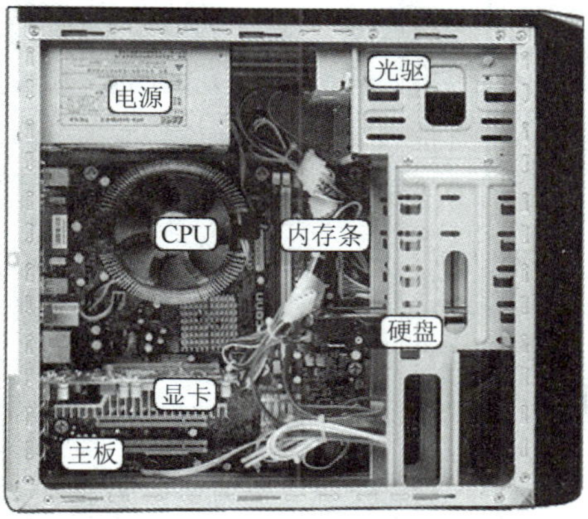

(b)

图 1－24 台式微机的硬件组成和主机内部结构

机箱内部靠右的位置是光驱、硬盘等设备，由于它们是机电一体化设备，因此工作时不能震动，尤其是当机箱面板上的硬盘灯闪烁时，不要震动主机，因为此时硬盘正在工作。

虽然机箱的外观各式各样，但其基本功能都是相同的。在机箱的外前端有光驱与电源开关、复位按键、电源灯、硬盘灯、前置 USB 接口、前置音频接口等。

1.4.2 CPU 系统

CPU 又称为微处理器(microprocessor)，它是计算机系统中最重要的一个部件。CPU 是计算机系统的控制中心，它严格按照规定的脉冲频率工作。一般来说，工作频率越高，CPU 工作速度越快，能够处理的数据量也就越大，功能也就越强。在 CPU 技术和市场上，Intel公司一直是技术领头人，其他的 CPU 设计和生产厂商主要有 AMD 公司、IBM 公司、安谋(ARM)公司等。

1. CPU 的组成

CPU 外观看上去是一个矩形块状物，中间的凸起部分是 CPU 核心部分的金属封装壳，在金属封装壳内部是一块指甲大小的、薄薄的硅晶片，称为 CPU 核心。在这块小小的硅晶片上，密布着上亿个晶体管，它们相互配合，协调工作，完成各种复杂的运算和操作。金属封装壳周围是 CPU 基板，它将 CPU 内部的信号引接到 CPU 引脚上。基板下面有许多密密麻麻的镀金引脚，它们是 CPU 与外部电路连接的通道。目前，大部分 CPU 底部中间有一些电容和电阻。无引脚栅格阵列(land grid array，LGA)封装的 CPU 外观如图 1－25(a)、(b)所示。

目前,CPU主要采用反转芯片引脚栅格阵列(flip chip pin grid array,FC-PGA)封装和LGA封装两种形式。LGA封装将CPU核心封装在有机基板之上,这样可以缩短连线,并有利于散热。CPU由半导体硅晶片核心、基板、引脚、电容、金属封装壳等部件组成,如图1-25(c)所示。

(a) CPU正面

(b) CPU背面

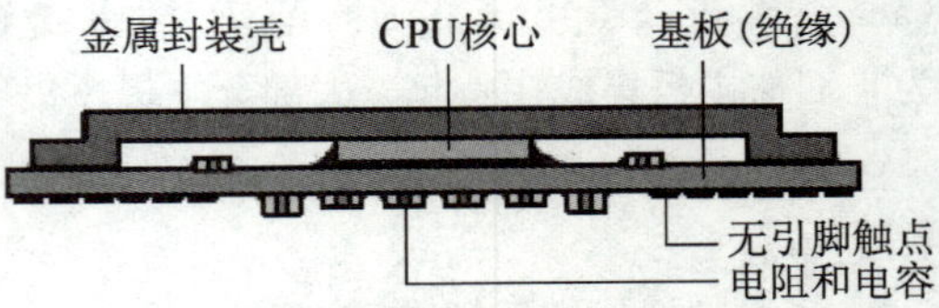

(c) CPU内部结构

图1-25 Intel公司CPU外观和基本结构图

Intel公司的Core(酷睿)i7是采用22 nm工艺制造的4核CPU,它在160 mm^2的CPU核心上集成了14.8亿个晶体管,平均每平方毫米约有900万个晶体管。对于CPU来说,更小的晶体管制造工艺意味着更高的CPU工作频率、更高的处理性能和更低的发热量。集成电路制造工艺几乎成了CPU每个时代的标志。

2. CPU的类型

由于Intel公司的CPU产品在市场中占据了主导地位,因此CPU按照Intel产品进行分类,一般将CPU产品分为8代,如表1-2所示。

表1-2 CPU的类型

CPU分代	CPU类型	CPU频率范围	首次推出日期
第1代	8088	4.77 MHz	1981年
	8086	5~8 MHz	1983年
第2代	80286	8~16 MHz	1984年
第3代	80386	16~50 MHz	1985年
第4代	80486	33~100 MHz	1989年
第5代	Pentium	60~233 MHz	1993年
第6代	Pentium Pro	150~200 MHz	1995年
	Pentium Ⅱ	233~450 MHz	1997年
	Pentium Ⅲ	450~1 300 MHz	1999年
第7代	Pentium 4	1.6~3.8 GHz	2000年
第8代	Core 2	1.6~3.0 GHz	2006年
	Core i3	1.2~3.4 GHz	2010年
	Core i5	1.0~3.8 GHz	2009年
	Core i7	1.0~3.9 GHz	2008年
	Core i9	最高6.2 GHz	2017年

目前，Intel公司的CPU产品有酷睿(Core)、至强(Xeon)、凌动(Atom)等系列，它们在设计技术上差异不大，在外观上也没有太大差别，用于不同的商业市场。

酷睿系列CPU是Intel公司的主流产品，其性能高于凌动系列CPU，低于至强系列CPU。酷睿系列CPU主要用于台式微机和笔记本计算机。

至强系列CPU主要面向PC服务器，产品性能优越，但价格较高。

凌动系列CPU主要用于平板计算机，产品性能比酷睿系列CPU低，但是发热量小，功耗非常低，并且支持无线通信。

3. CPU的技术性能

CPU始终围绕着速度与兼容性两个目标进行设计。CPU的技术指标很多，如系统结构、指令系统、处理字长、工作频率、高速缓存容量、线宽、工作电压、插座类型等参数。

CPU处理字长指CPU内部运算单元一次处理二进制数据的位数。目前，CPU通用寄存器的宽度有32位和64位两种类型，64位CPU的处理速度更快。由于x86系列CPU是向下兼容的，因此，16位、32位的软件可以运行在32位或64位的CPU中。目前，微机的CPU绝大部分是64位的产品。

CPU线宽指在硅晶片上内部各元件之间的连接线宽度，以nm为单位。线宽数值越小，生产工艺越先进，CPU内部功耗和发热量就越小。目前，CPU生产工艺已经达到14 nm的加工精度。

高速缓存(cache)可以极大地改善CPU的性能。目前，CPU的cache容量为1～10 MB，甚至更高。cache结构从一级发展到三级。

提高CPU的工作频率也可以提高CPU的性能，现在主流的CPU工作频率在2.0 GHz以上。继续大幅度提高CPU的工作频率会受到生产工艺的限制。由于CPU是在半导体硅晶片上制造的，硅晶片上的元件之间需要导线进行连接，在高频状态下要求导线越细越短越好，这样才能减小导线分布电容等杂散信号的干扰，保证CPU运算正确。

CPU的工作频率越高，它的工作功率越大。部分台式微机CPU的发热功率达到了90 W以上。CPU的发热会造成工作不稳定等一系列问题。对于笔记本计算机，则会造成电池消耗加快，工作时间缩短等问题。因此，降低CPU的工作功率一直是CPU设计、制造的技术难题。

目前，主要采用风冷散热和热管散热解决CPU的发热问题。风冷散热由散热片和风扇完成。一般来说，散热片的表面积越大，散热效果越好；表面积越小，散热效果越差。风扇吹出来的风力越强，空气流动的速度越快，越能加速热循环运动，迅速地将热量带走。

4. CPU技术的新发展

2004年以前，CPU技术的重点在于提升CPU的工作频率，但是CPU工作频率的提升遇到了一系列的问题，如能耗问题、发热问题、工艺问题、量子效应问题、兼容性问题等。近年来，CPU技术的发展重点转向了多核CPU、64位CPU、低功耗CPU、嵌入式CPU等技术。

(1)多核CPU

与传统的单核CPU相比，多核CPU带来了更强的并行处理能力，大大减少了CPU的发热和功耗。在大多数CPU厂商的产品中，双核、4核甚至8核CPU已经占据了主要地位。2007年2月，美国发布的万亿级计算速度的80核研究用CPU芯片，只有指甲盖大小，功耗只有62 W。1996年，同样性能的CPU大约需要1万个Pentium Pro芯片组成，功耗为500 kW。

多核 CPU 的内核拥有独立的 L1 缓存,共享 L2 缓存、内存子系统、中断子系统和外设,因此,系统设计师需要让每个内核独立访问某种资源,并确保资源不会被其他内核上的应用程序争抢。AMD 公司的 64 位双核 CPU 的外观与内核如图 1-26 所示。

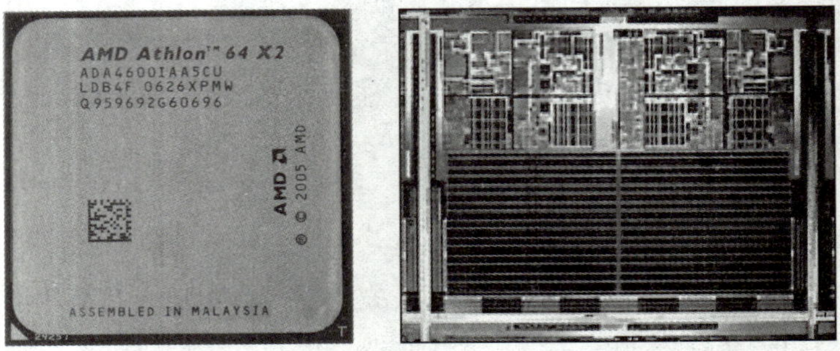

图 1-26　AMD 公司的 64 位双核 CPU 的外观与内核

为什么不能用单核的设计达到用户对 CPU 性能不断提高的要求呢?这是因为功耗和发热问题限制了单核 CPU 不断提高性能的途径。如果通过提高 CPU 的工作频率来提高 CPU 的性能,就会使 CPU 的功耗以指数(3 次方)的速度急剧上升,很快就会触及所谓"频率高墙"的阻挡。过快的功耗上升,使得 CPU 厂商采用多核架构来提高 CPU 的性能。

多核的出现让微机系统的设计变得更加复杂。例如,运行在不同内核上的应用程序为了互相访问、相互协作,需要进行一些独特的设计,如高效的进程之间的通信机制、共享内存的数据结构等。程序代码的迁移也是个问题,大多数厂商在针对单核 CPU 架构的程序设计上进行了大量投资,如何使这些代码最大限度地利用多核资源,也是一个急需解决的问题。

多核 CPU 与单核 CPU 很大的不同就是它需要软件的支持,只有在基于线程化的软件上应用多核 CPU,才能发挥出应有的效能。目前,绝大多数的软件都是基于单线程的,多核处理器并不能为这些应用带来任何效率上的提高,因此多核 CPU 面临的最大问题是软件问题。

(2)64 位 CPU

64 位 CPU 是指 CPU 通用寄存器的数据宽度为 64 位。也就是说,CPU 一次可以处理 64 位二进制数据。

64 位计算主要有两大优点:可以进行更大范围的整数运算和可以支持更大的内存。不能简单地认为 64 位 CPU 的性能是 32 位 CPU 的性能的 2 倍,实际上,在 32 位操作系统和 32 位应用软件的支持下,32 位 CPU 的性能甚至会比 64 位的 CPU 强。要实现真正意义上的 64 位计算,只有 64 位 CPU 是不够的,还必须有 64 位操作系统及 64 位应用软件的支持才行,三者缺一不可,缺少其中任何一种要素都无法实现 64 位计算。

在 64 位 CPU 方面,Intel 和 AMD 都发布了多个系列、多种规格的 64 位 CPU,而在操作系统和应用软件方面,目前的情况不容乐观。真正适合个人使用的 64 位应用软件并不完善,一个明显的例子就是各种硬件设备的 64 位驱动程序很不完善,而且现在 64 位应用软件还在开发之中。

注意:64 位 CPU 可以运行在 32 位操作系统上,32 位 CPU 也可以运行在 64 位操作系统上。

1.4.3　主板系统

▶ 主板与 CPU

1. 主板的功能

主板是微机的重要部件，微机的性能是否能够充分发挥，微机的硬件功能是否足够，微机的硬件兼容性如何等，都取决于主板的设计。主板的质量也决定了硬件系统的稳定性。主板与 CPU 的关系密切，CPU 的每一次重大升级，必然导致主板的更新换代。

主板由集成电路芯片、电子元件、电路系统、各种总线插座和接口组成。主板的主要功能是传输各种电子信号，部分芯片也负责初步处理一些外围数据。从系统结构的观点看，主板由芯片组和各种总线构成。目前，市场上主流主板的系统结构为控制中心结构。

主板有 XT 主板、AT 主板、ATX 主板、BTX 主板等类型，目前的市场主流为 ATX 主板。不同类型的 CPU，往往需要不同类型的主板与之匹配。主板的性能主要由北桥芯片决定，北桥芯片的性能对主板总体技术性能产生举足轻重的影响。主板的功能往往取决于南桥芯片与主板上的一些专用芯片。主板 BIOS 芯片决定主板的兼容性。芯片组确定后，主板上电子元件的选择和主板生产工艺决定主板的稳定性。如图 1－27 所示为 ATX 主板的组成图。

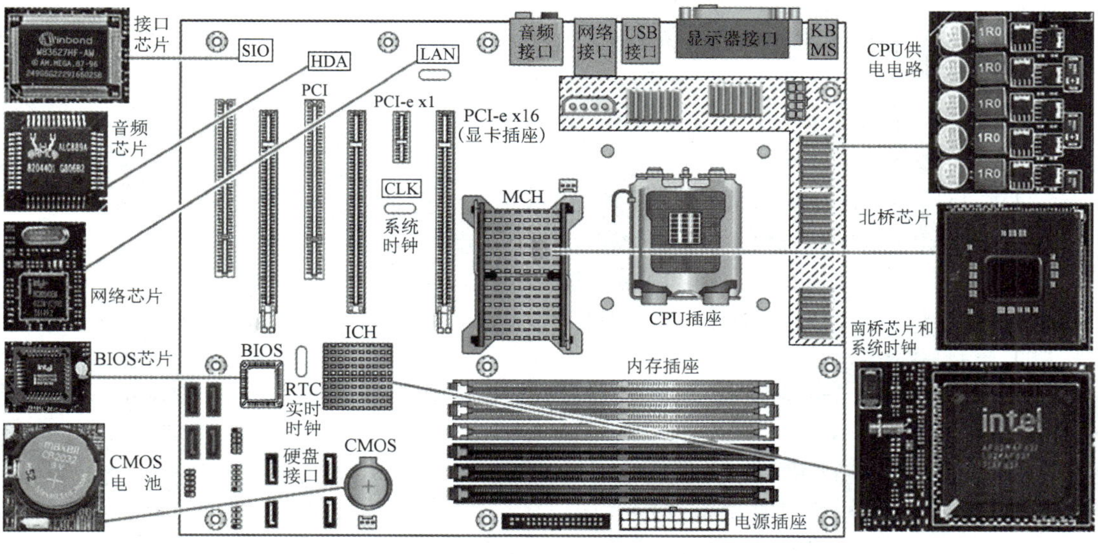

图 1－27　ATX 主板的组成图

2. CPU 插座

Intel 公司的 CPU 插座采用全金属制造，原因在于这种 CPU 插座机械强度较高，并且随着 CPU 功率的增加，CPU 的表面温度也增高，金属材质的插座比较耐得住高温。

Intel 公司采用 LGA 封装的 CPU 没有引脚，只有一排排整齐排列的金属圆点，因此，CPU 不能利用引脚进行固定，而需要在主板上安装扣架固定。由于主板上的 socket 插座内部的触针非常柔软和纤薄，如果在安装时用力不当，就非常容易造成触针的损坏。另外，引脚也容易变形，相邻的引脚很容易搭在一起，造成 CPU 内部电路短路，导致设备烧毁。此外，过多地拆卸 CPU 将导致触针失去弹性，进而造成硬件方面的彻底损坏，这是 socket 插座的最大缺点。

3. 芯片组

由于芯片组属于计算机核心技术，与 CPU 关系密切，且产品利润高，因此，往往由 CPU 厂商进行设计和生产。有时 CPU 厂商也发放生产许可证给其他厂商进行改进设计和生产。生产芯片组的厂商主要有 Intel、AMD、VIA、SIS 等少数公司。

1.4.4 存储器系统

1. 存储器的类型

随着计算机功能的增强，操作系统和应用软件占用的存储空间越来越庞大，对存储器容量的需求也成比例增长。不同存储器的工作原理不同，性能也不同。计算机中常用的存储器类型如图 1-28 所示。

- 存储器
  - 内存
    - DRAM
      - PMRAM(页模式 RAM，已淘汰)
      - FPRAM(快页 RAM，已淘汰)
      - EDORAM(扩展数据输出 RAM，已淘汰)
      - RDRAM(Rambus DRAM，已淘汰)
      - SDRAM(同步动态 RAM，已淘汰)
      - DDR SDRAM(双数据传输 SDRAM，已淘汰)
      - DDR2 SDRAM(第 2 代 DDR，趋于淘汰)
      - DDR3 SDRAM(第 3 代 DDR，常用产品)
      - DDR4 SDRAM(第 4 代 DDR，主流产品)
      - ZRAM(零电容 RAM，研究开发中)
    - SRAM(静态随机存储器，主要用于 CPU 内部的高速缓存)
  - 外存
    - 半导体存储器
      - EPROM(可擦可编程只读存储器，已淘汰)
      - EEPROM(电擦除可编程只读存储器，如内存条中的 SPD 芯片)
      - Flash Memory(闪存)
        - NAND Flash(与非型闪存，如 U 盘、SSD、SD 卡等)
        - NOR Flash(或非型闪存，如 BIOS、手机存储卡等)
        - 其他闪存类型(如 NV SRAM、FeRAM、OUM、MRAM 等)
    - 磁介质存储器
      - HDD(硬盘，市场主流外存产品)
      - FDD(软盘，已淘汰)
      - 磁带机(仅用于大型服务器系统，已淘汰)
    - 光介质存储器
      - CD-ROM(光盘)：CD-ROM、CD-R、CD-RW、CD-RAM 等(趋于淘汰)
      - DVD-ROM(光盘)：DVD-ROM、DVD-R、DVD-RW、DVD-RAM 等
      - BD-ROM(蓝光光盘)：BD-ROM、BD-R、BD-RW 等
      - 激光体全息存储光盘(研发中)

图 1-28 计算机中常用的存储器类型

计算机的存储器分为内部存储器(简称内存或主存)和外部存储器(简称外存或辅存)。能够直接与 CPU 进行数据交换的存储器称为内存，与 CPU 间接交换数据的存储器称为外存。

内存主要采用以互补金属氧化物半导体(complementary metal-oxide-semiconductor，CMOS)工艺制作而成的半导体存储芯片。根据工作原理，内存分为两类，一类是 DRAM，另一类是 SRAM。这两类存储器都可以进行随机读写操作，读写速度也高于其他类型的存储

器，但是这两类存储器在断电后都会丢失其中的数据。内存一般安装在计算机主板上。

外存采用的材料和工作原理更加多样化。由于外存需要保存大量数据，因此要求容量大、价格便宜，更为重要的是，要求外存中的数据在断电后不会丢失。外存的存取速度相对内存要慢得多，但存储的数据很稳定，断电后数据不会消失。根据外存的制作材料，外存主要有：采用半导体材料的闪存（flash memory），如固态盘（solid state disk，SSD）、U 盘（USB 接口的半导体存储器）、小型闪存（compact flash，CF）卡等；采用磁介质材料的硬盘等；采用光介质存储的 CD-ROM、DVD-ROM、BD-ROM（blu-ray ROM）光盘等。

2. 内存

内存又称为主存储器，用于存放计算机进行数据处理所必需的原始数据、中间结果、最后结果及指示计算机工作的程序。内存是微机的主要技术指标之一，其容量大小和性能直接影响系统的运行情况。内存的主要技术指标如下。

存储器

（1）内存的计量单位

内存由大量的半导体存储单元组成，每个存储单元可存放 1 位（bit）二进制数据，8 个存储单元称为 1 字节（B）。内存容量是指存储单元中的字节数，通常以 KB、MB、GB、TB 作为单位。其中，8 bit=1 B，1 024 B=1 KB，1 024 KB=1 MB，1 024 MB=1 GB，1 024 GB=1 TB。

（2）内存的类型

内存可分为 RAM 和 ROM。RAM 又分为 SRAM 和 DRAM。

SRAM 存储单元的电路工作状态稳定，速度快，不需要刷新，只要不掉电，数据就不会丢失。SRAM 一般应用在 CPU 内部作为缓存。

DRAM 中存储的信息以电荷形式保存在集成电路中的小电容中，由于电容漏电，因此数据容易丢失。为了保证数据不丢失，必须对 DRAM 进行定时刷新。

现在，微机内存均采用 DRAM 芯片安装在专用电路板上，称为内存条。内存条的类型有 DDR3 SDRAM 等，内存条的容量有 512 MB、1 GB、2 GB、4 GB 等规格。如图 1－29 所示，内存条由内存芯片（DRAM）、序列存在检测（serial presence detect，SPD）芯片、印制电路板（printed-circuit board，PCB）、金手指、散热片、贴片电阻、贴片电容等部分组成。不同技术标准的内存条在外观上并没有太大区别，但是它们的工作电压、引脚数量和功能不同，定位口的位置也不同，互相不能兼容。

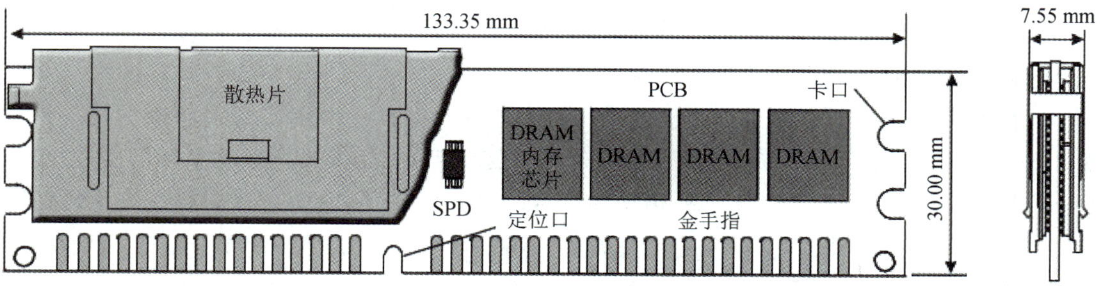

图 1－29　DDR SDRAM 内存条的组成

ROM 与 SRAM、DRAM 不同，ROM 中存储的数据在断电后能保持、不丢失。ROM 只能一次写入数据，多次读出数据。微机主板上的 ROM 用于保存系统引导程序、自检程序等。目前,在微机中常用的 ROM 为闪存,这种存储器可在断电的情况下长期保存数据,又能对数据进行快速擦除和重写。

cache 是一种高速缓存,为了提高 CPU 的运算速度,通常在 CPU 内部增设一级高速缓存(L1 cache)、二级高速缓存(L2 cache)、三级高速缓存(L3 cache)。cache 大大缓解了高速 CPU 与低速内存的速度匹配问题,它可以与 CPU 运算单元同步执行。

3. 外存

(1)闪存

闪存具备 DRAM 快速存储的优点,也具备硬盘永久存储的特性。闪存可以利用现有半导体工艺生产,其缺点是读写速度较 DRAM 慢,而且擦写次数也有限。

闪存中的数据擦除与写入不是以单个字节为单位,而是以固定的区块为单位进行的,区块大小一般为 8～128 KB。由于闪存不能以字节为单位进行数据的随机写入,因此闪存目前还不能作为内存使用。硬盘也是以区块(扇区)为单位进行数据读写的。

U 盘又名闪存盘,它是一种采用快闪存储器为存储介质,通过 USB 接口与计算机交换数据的可移动存储设备。U 盘具有即插即用的功能,使用者只需将它插入 USB 接口,计算机就可以自动检测到 U 盘。U 盘在读写、复制及删除数据等操作上非常方便。目前,U 盘的存储容量达到了 2 TB,可重复擦写达 100 万次。由于 U 盘具有外观小巧、携带方便、抗震性强、容量大等优点,因此,受到微机用户的普遍欢迎。U 盘的外观及内部结构如图 1-30 所示。

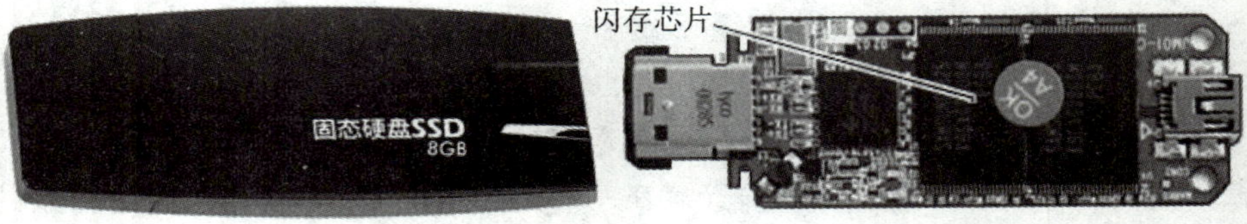

图 1-30 U 盘的外观及内部结构

(2)硬盘

硬盘(见图 1-31)是一种外存,它具有存储容量大、数据存取方便、价格便宜等优点,目前已成为保存用户数据的重要的外部存储设备。但是,硬盘也是微机中最脆弱的部件,容易因各种故障而损坏。如果硬盘出现故障,就意味着用户的数据安全受到了严重威胁。另外,硬盘的读写是一种机械运动,因此相对于 CPU、内存等设备,其数据处理速度要慢得多。从"木桶效应"来看,可以说硬盘是阻碍计算机性能提高的瓶颈。

硬盘是利用磁介质存储数据的机电式产品。硬盘中的盘片由铝质合金和磁性材料组成。盘片中的磁性材料没有磁化时,内部磁粒子的方向是杂乱的,不同方向的磁粒子的磁性相互抵消,对外不显示磁性。当外部磁场作用于它们时,内部磁粒子的方向会逐渐趋于统一,对外显示磁性。当外部磁场消失时,由于磁性材料的"剩磁"特性,内部磁粒子的方向不会回到从前的状态,因而具有了记录数据位的功能。每个内部磁粒子都有南(S)、北(N)两极,可以利用磁记录位的极性来记录二进制数据位。可以人为地设定磁记录位的极性与二进制数据的对应关系,例如,用磁记录位的南极表示数字"0",用北极表示数字"1"。这就是磁记录的基本原理。

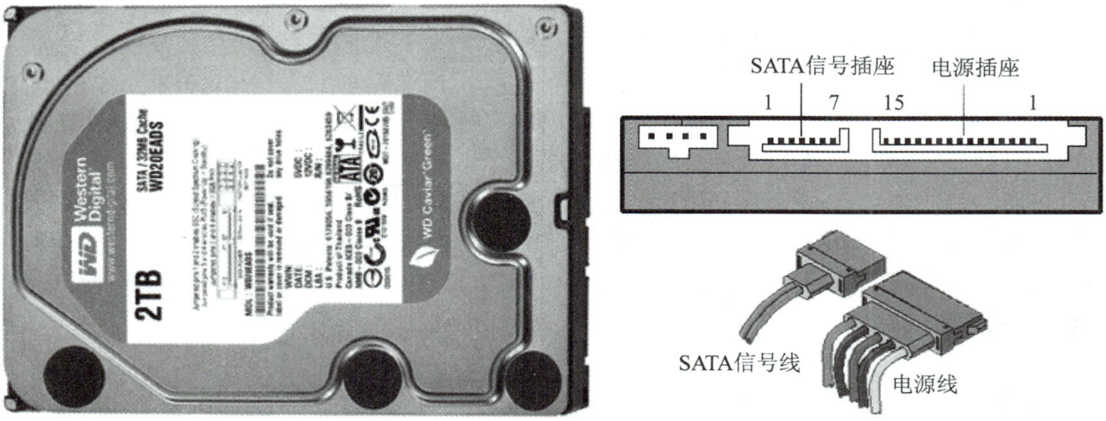

图 1－31 硬盘的外观与接口

硬盘的存储容量有 320 GB、500 GB、1 TB、2 TB 或更高。按照硬盘尺寸（磁盘直径）分类，有 3.5 in、2.5 in 等规格。市场以 3.5 in 硬盘为主流，2.5 in 硬盘主要用于笔记本计算机和移动硬盘。硬盘的接口有集成驱动电（integrated drive electronics，IDE）接口（已经淘汰）、串行先进技术总线附属接口（SATA）、SCSI 接口、USB 接口等。SATA 接口主要用于台式微机，SCSI 接口主要用于早期 PC 服务器，USB 接口主要用于移动存储设备。

（3）光盘和光盘驱动器

光盘驱动器（简称光驱）和光盘（见图 1－32）一起构成了光存储器。光盘用于记录数据，光驱用于读取数据。光盘的特点是记录数据密度高、存储容量大、数据保存时间长。

光盘由屏蔽层、反射层、记录层、保存层等组成。光盘中有很多记录数据的沟槽和陆地，当激光投射到光盘的沟槽时，盘片像镜子一样将激光反射回去。由于光盘沟槽的深度是激光波长的 1/4，从沟槽上反射回来的激光与从陆地上反射回来的激光经过的路程正好相差半个波长。根据光干涉原理，这两部分激光会产生干涉，相互抵消，即实际上没有反射光。如果两部分激光都是从沟槽或陆地上反射回来，就不会产生光干涉相消的现象。因此，光盘中每个沟槽的边缘代表数据“1”，其他地方则代表数据“0”，这就是光盘存储数据的基本原理。

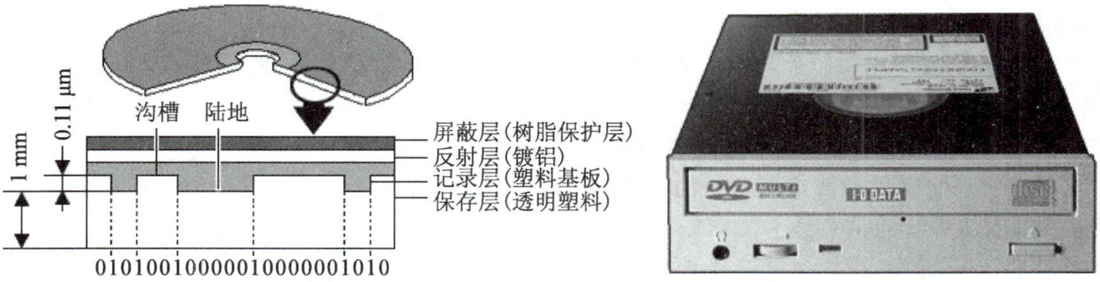

图 1－32 光盘和光驱

按照光盘的读写方式分类，有只读光盘（如 DVD-ROM）、一次性刻录光盘（如 DVD-R）、反复读写光盘（如 DVD-RW）。按照光盘的容量分类，有 CD-ROM（容量为 650 MB）光盘、DVD-ROM（容量为 4.7～17 GB）光盘、BD-ROM（容量为 23 GB 和 27 GB）光盘等。

CD-ROM 和 DVD-ROM 是只读型光盘，采用专用设备将数据一次性写入光盘。之后，数据只能读出,不能再写入。

CD-R 和 DVD-R 是一次性刻录光盘,可以利用光盘刻录机将数据写入光盘,数据写入后不能被修改。

CD-RW 和 DVD-RW 是一种可擦写光盘,可以利用光盘刻录机将数据写入光盘,这种光盘可以反复读写,但需要专用软件进行操作。

不同类型的光盘,需要用不同类型的光驱进行读写。只能读取光盘信息的设备称为光驱,能对光盘进行读写操作的光驱称为刻录机。光驱由激光头、电路系统、光驱传动系统、光头寻道定位系统和控制电路等组成。激光头是光驱的关键部件,光驱利用激光头产生激光扫描光盘盘面,从而读取数据。

1.4.5 总线和接口

1. 总线

总线是微机中各种部件之间共享的一组公共数据通信线路。

总线由多条信号线路组成,每条信号线路可以传输一位二进制的 0 或 1 信号。例如,32 位的 PCI 总线就意味着有 32 条数据通信线路,可以同时传输 32 位二进制信号。任何一条系统总线都可以分为 5 个功能组:数据总线、地址总线、控制总线、电源线和地线。数据总线用来在各个设备或者单元之间传输数据和指令,它们是双向传输的。地址总线用于指定数据总线上数据的来源与去向,它们一般是单向传输的。控制总线用来控制对数据总线和地址总线的访问与使用,它们大部分是双向传输的。

总线的性能可以通过总线宽度和总线频率来描述。总线宽度为一次并行传输的二进制位数。例如,32 位总线一次能传输 32 位数据,64 位总线一次能传输 64 位数据。微机中总线的宽度有 8 位、16 位、32 位、64 位等。总线频率则用来描述总线的速度,常见的总线频率有 33 MHz、66 MHz、100 MHz、133 MHz、200 MHz、400 MHz、800 MHz、1 066 MHz 等。

主板上有 7 大总线,它们是 FSB、MB、PCI-e、PCI、USB、IHA、LPC。总线的工作频率与位宽是非常重要的技术指标。下面简单介绍前 5 种总线。

FSB 总线由主板上的线路组成,没有插座。FSB 总线负责 CPU 与北桥芯片之间的通信与数据传输,总线宽度为 64 位,数据传输频率为 100～1 066 MHz。

MB 总线负责北桥芯片与内存条之间的通信与数据传输,总线宽度为 64 位,数据传输频率为 200 MHz、266 MHz、400 MHz、533 MHz 或更高。主板上一般有 4 个双列直插式内存组件(dual in-line memory modules,DIMM)插座,用于安装内存条。

PCI-e 总线是目前微机上流行的一种高速串行总线。PCI-e 总线采用点对点串行连接方式,与以前的并行通信总线大为不同。它允许和每个设备建立独立的数据传输通道,不用再向整个系统请求带宽,这样也就轻松地提高了总线带宽。PCI-e 总线根据接口对位宽要求的不同而有所差异,分为 PCI-e x1/x2/x4/x8/x16/x32,因此,PCI-e 总线的接口长短也不同,x1 最短,依次增长。PCI-e x16 图形总线接口包括两条通道,一条可由显卡单独到北桥芯片,而另一条则可由北桥芯片单独到显卡,每条单独的通道均拥有 4 GB/s 的数据传输带宽。PCI-e x16 总线插座用于安装独立显卡,有些主板将显卡集成在主板中北桥芯片内部,因此不需要另外安装独立显卡。

PCI 总线插座一般有 3～5 个,主要用于安装功能扩展卡,如声卡、网卡、电视卡、视频卡等。PCI 总线宽度为 32 位，工作频率为 33 MHz。

USB 总线是一个通用串行总线，一般在主板后部，支持热插拔。

2. I/O 接口

接口是指计算机系统中，在两个硬件设备之间起连接作用的逻辑电路。接口的功能是在各个组成部件之间进行数据交换。主机与外部设备之间的接口称为输入/输出接口，简称 I/O 接口。

计算机的外部设备多种多样，而系统总线上的数据都是二进制数据，而且外部设备的处理速度与 CPU 的处理速度相差很大，所以需要在系统总线与 I/O 设备之间设置接口，以进行数据缓冲、速度匹配和数据转换等工作。外部设备与主机之间相互传送的信号有 3 类：数据信号、状态信号和控制信号。接口中有多个端口，每个端口传送一类数据。从数据传送的方式看，接口可分为串行接口（简称串口）和并行接口（简称并口）两大类。在串行接口中，接口和外部设备之间的数据按位进行传送，而接口和主机之间则以字节或字为单位进行多位并行传送。串行接口能够完成“串→并”和“并→串”之间的转换。微机上的 USB 接口是一种常用的串行接口。在并行接口中，接口和外部设备之间的数据都按字节或字进行传送，其特点是多个数据位同时传送，具有较高的数据传输速率。早期微机上连接打印机的打印终端（line print terminal，LPT）接口就是一种并行接口。

主板上配置的接口有 SATA 串行硬盘接口和光驱接口、COM 串行接口、PS/2 键盘接口和鼠标接口、音箱接口 Line Out、话筒接口 MIC、RJ-45 网络接口、1394 火线接口等。

3. 微机线路连接

微机系统的接线可以分为信号线与电源线。信号线的布置应当尽量避免干扰信号源，如电视机、音响设备等。电源线应当注意安全性。所有接线都应当接触良好，便于维护。

微机设备的接线集中在主机后部，如图 1 - 33 所示。每个插座上都标记了不同的色彩，将插头插入相同颜色的插座上就行。那么会不会插反呢？一般不会，因为绝大部分接口都有防反插装置。按照微机设计规范 ATX 2.0，微机接口的形状、位置和色彩都有严格规定。

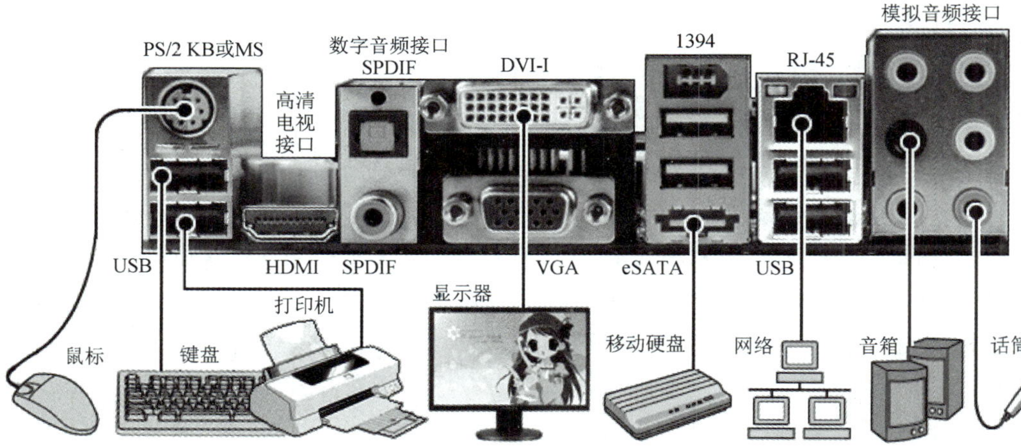

图 1 - 33　计算机 I/O 接口及连接设备

微机的各种外部接口的特征如表 1 - 3 所示。

表 1-3 微机的各种外部接口的特征

名称	标注	数量	色彩	接口说明
键盘接口	PS/2 KB	1	紫	圆形 6 孔
鼠标接口	PS/2 MS	1	绿	圆形 6 孔
通用串行接口	USB	6	黑	扁形 4 针
串行接口	COM	1	蓝	D形 2 排 9 针
音频输出	SPK	1	绿	圆形孔
音频线性输出接口	Line Out	1	天蓝	圆形孔
话筒音频输入接口	MIC	1	粉红	圆形孔
游戏口	MIDI/Game	1	黄	D形 15 孔
局域网接口	LAN	1	黑	梯形孔
显示器模拟信号接口	VGA	1	蓝	D形 3 排 15 孔
显示器数字信号接口	DVI	1	白	矩形 3 排 24 孔

1.4.6 输入/输出设备

常用的输入/输出设备

1. 键盘

键盘是向计算机输入数据的主要设备,由按键、键盘架、编码器、键盘接口及相应的控制程序等部分组成,如图 1-34 所示。微机使用的标准键盘通常为 107 键,每个键相当于一个开关。

图 1-34 键盘及鼠标

2. 鼠标

鼠标也是一个输入设备,广泛用于图形用户界面环境中。鼠标通过 PS/2 串行接口与主机连接。鼠标的工作原理是:当移动鼠标时,它把移动距离及方向的信息转换成脉冲信号送入计算机,计算机再将脉冲信号转换为鼠标指针的坐标数据,从而达到指示位置的目的。目前,常用的鼠标为光电式鼠标,上面一般有两三个按键。对鼠标的操作有移动、单击、双击、拖动等。

3. 扫描仪

扫描仪是一种光机电一体化的输入设备,可以将图形和文字转换成可由计算机处理的数字数据。目前使用的是电荷耦合器件(charge coupled device,CCD)阵列组成的电子扫描仪,其主要技术指标有分辨率、扫描幅面、扫描速度等。

4. 显示器

显示器用于显示输入的程序、数据或程序的运行结果等，它能以字符、图形和图像等形式显示运行结果或信息的编辑状态。

在微机系统中，主要有两种类型的显示器。一种是传统的阴极射线管(cathode ray tube，CRT)显示器，如图 1-35(a)所示。CRT 显示器采用模拟信号显示方式，因此显示效果好，色彩比较亮丽。CRT 显示器的外观尺寸较大，不便于移动办公，目前已被淘汰。

另外一种显示器是液晶显示器(liquid crystal display，LCD)，如图 1-35(b)所示。LCD 采用数字显示方式，显示效果比 CRT 显示器稍差。LCD 采用数字视频接口(digital visual interface，DVI)，也有些 LCD 采用视频图形阵列(video graphics array，VGA)显示接口，在 LCD 内部进行数模转换。LCD 的外观尺寸较小，适合移动办公，主要用于笔记本计算机、平板计算机等，是今后微机显示器的主要发展方向。

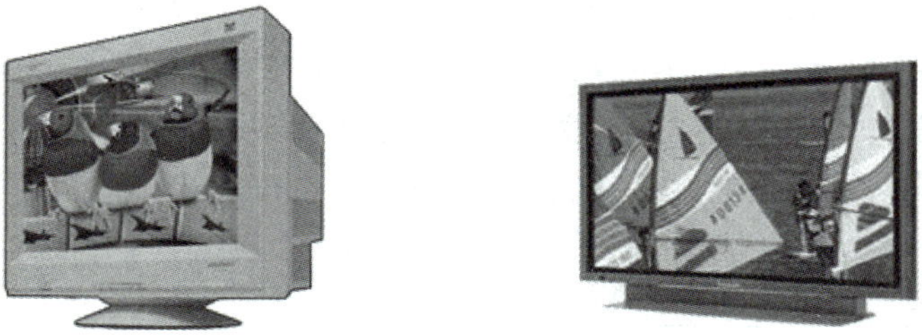

(a)　　(b)

图 1-35　显示器

显示器的主要技术参数如下。

(1)屏幕尺寸

屏幕尺寸指显示器屏幕对角线的长度，以 in 为单位，表示显示屏幕的大小，主要有 10～24 in 几种规格。

(2)点距

点距指屏幕上荧光点间的距离，它决定像素的大小，以及屏幕能达到的最高显示分辨率。点距越小越好，现有的点距规格有 0.20 mm、0.25 mm、0.26 mm、0.28 mm 等。

(3)显示分辨率

显示分辨率指屏幕像素的点阵，通常写成“水平像素点×垂直像素点”的形式。常用的有 640×480、800×600、1 024×768、1 024×1 024、1 600×1 200 等，目前 1 024×768 较普及，更高的显示分辨率多用于大屏幕图像显示。

(4)刷新频率

刷新频率指每分钟内显示器屏幕画面更新的次数。刷新频率越高，画面闪烁越不明显。刷新频率一般为 60 Hz。

5. 打印机

图 1-36　打印机

打印机是将输出结果打印在纸张上的一种输出设备，如图 1-36 所示。从打印机的工作原理上来说，市场上常见的打印机大致分为喷墨打印机、激光打印机和针式打印机。按打印颜色来分，打印机有单色打印机和彩色打印机。按工作方式来分，可分为击打式打印机和非击打式打印机。击打式打印机常为针式打印机，这种打印机正在从商务办公领域淡出；非击打式打印机常为喷墨打印机和激光打印机。

(1)激光打印机

激光打印机可以分为黑白激光打印机和彩色激光打印机两大类。尽管激光打印机的价格相对喷墨打印机要高，但是从单页打印成本及打印速度等方面来看，激光打印机具有绝对的优势，它仍然是商务办公领域的首选产品。

激光打印机的主要技术指标如下。

①打印速度。打印速度是指打印机每分钟打印输出的纸张页数，单位通常用 ppm(页/min)表示。标称打印速度指在使用 A4 幅面打印纸打印而各色碳粉覆盖率为 5%的情况下引擎的打印速度。ppm 标准可分为两种类型，一种类型是指打印机可以达到的最高打印速度，另一种类型是打印机在持续工作时的平均输出速度。需要注意的是，若只打印一页，计算打印速度时还需要加上首页预热时间。目前，在激光打印机市场上，打印速度可以达到 10～35 ppm。对于黑白激光打印机来说，打印速度与打印内容的覆盖率没有关系，而且标称打印速度基于标准质量模式，在标称打印速度下的打印质量完全可以满足用户需求。对于彩色激光打印机来说，打印图像和打印文本时的打印速度有很大不同，所以，厂商在标注产品的技术指标时会用黑白和彩色两种打印速度进行标注。

②打印分辨率。打印分辨率是指在打印输出时横向和纵向两个方向上每英寸最多能够打印的点数，通常以 dpi (点/英寸)表示。激光打印机的打印分辨率均在 600 dpi×600 dpi 以上。打印分辨率决定了打印机的输出质量，打印分辨率越高，其反映出来可显示的像素个数也就越多，可呈现出更多的信息和更好、更清晰的图像。对于文本打印而言，600 dpi 的打印分辨率已经可以达到相当出色的线条质量；对于照片打印而言，通常需要 1 200 dpi 以上的打印分辨率才可以达到较好的效果。

③硒鼓寿命。硒鼓是激光打印机最关键的部件，又称为感光鼓。硒鼓寿命是指打印机硒鼓可以打印的纸张数量，一般为 2 000～20 000 张。硒鼓不仅决定了打印质量，还决定了用户使用成本。硒鼓有整体式和分离式两种。整体式硒鼓在设计上把碳粉暗盒及感光鼓等安装在同一装置上，当碳粉被用尽或感光鼓被损坏时整个硒鼓就得报废。采用整体式硒鼓的主要有惠普(HP)和佳能(Canon)等公司的打印机。这种设计增加了用户的打印成本，且对环境有很大的污染，但却能给生产商带来丰厚的利润。分离式硒鼓的碳粉暗盒和感光鼓等各自安装在不同的装置上，其感光鼓寿命一般很长，通常能打印 20 000 张。当碳粉用尽时，只需换上新的碳粉，这样打印成本就降低了。更换硒鼓时有 3 种选择：原装硒鼓、通用硒鼓(又称兼容硒鼓)、重灌装的硒鼓。

④最大打印尺寸。一般为 A4(21.0 cm×29.7 cm)和 A3(29.7 cm×42.0 cm)两种规格。

(2)其他类型的打印机

点阵打印机的打印速度慢，噪声大，主要耗材为色带，价格便宜；喷墨打印机的噪声小，打印速度次于激光打印机，主要耗材为墨盒。

1.4.7 微机的主要技术指标

微机的主要技术指标有性能、功能、可靠性、兼容性等，技术指标的好坏由硬件和软件两方面因素决定。

1. 性能指标

微机的性能主要是指微机的速度与容量。微机运行速度越快，在某一时间片内处理的数据就越多，微机的性能也就越好。存储器容量也是衡量微机性能的一个重要指标，大容量的存储器一方面是海量数据存储的需要，另一方面是为了保证微机的处理速度，需要对数据进行预存放，这都加大了对存储器容量的要求。微机的性能往往可以通过专用的基准测试软件进行测试。微机的主要性能指标有以下 4 种。

(1)CPU 字长

CPU 字长是指 CPU 能够同时处理的二进制数据的位数，它直接关系到微机的运算速度、精度和性能。CPU 字长有 8 位、16 位、32 位、64 位之分，当前主流产品为 64 位。

(2)时钟频率

时钟频率是指在单位时间(s)内发出的脉冲数，通常以兆赫兹(MHz)为单位。微机中的时钟频率主要有 CPU 时钟频率(又称为 CPU 主频)和总线时钟频率两种。例如，Pentium 4 3.4 GHz 的 CPU，其 CPU 主频为 3.4 GHz。CPU 主频越高，微机的运行速度越快。微机的运行速度一般使用基准测试软件进行对比测试。

(3)内存容量

微机的内存容量越大，运行速度越快。一些操作系统和大型应用软件通常对内存容量有要求，如 Windows 98 操作系统的最低内存配置为 32 MB，建议内存配置为 64 MB；Windows 7 操作系统的最低内存配置为 512 MB，建议内存配置为 2 GB；Windows 10 操作系统的最低内存配置为 2 GB，建议内存配置为 4 GB。

(4)外部设备配置

微机外部设备的性能对系统也有直接影响，如硬盘的配置、硬盘接口的类型与容量、显示器的分辨率、打印机的型号与速度等。

2. 功能指标

微机的功能是指它提供服务的类型。随着微机的发展，3D 图形功能、多媒体功能、网络功能、无线通信功能等都已经在微机中实现，语音识别等功能逐渐完善，微机的功能将越来越多。微机硬件提供了实现这些功能的基本硬件环境，而功能的数量和实现的方法主要由软件决定。例如，网卡提供了信号传输的硬件基础，而浏览网页、收发邮件、下载文件等功能则由软件实现。对于微机的所有功能，用户可以通过软件或硬件的方法进行测试。

3. 可靠性指标

可靠性是指微机在规定的工作环境和恶劣环境下稳定运行的能力。例如，微机经常死机或重新启动，都说明微机的可靠性不好。可靠性是一个很难测试的指标，往往只能通过产品的工艺质量、产品的材料质量和厂商的市场信誉来衡量。在某些情况下，也可以通过极限测试的方法进行检测。例如，不同厂商的主板，由于采用同一芯片组，它们的性能相差不大，但是，由于采用不同的工艺流程、不同的电子元件材料、不同的质量管理方法，它们的产品的可靠性将有很大差异。为了提高主板的可靠性，有些厂商采用了 8 层印刷电路板、蛇行布线、大量贴片电容、高质量的接插件、高温老化工艺等措施。

4. 兼容性指标

“兼容”这个词在计算机行业中可以说是流行语了，但是要对“兼容”下一个准确定义，却是一件不容易的事情。软件兼容性是指软件运行在某一个操作系统下时，可以正常运行而不发生错误。例如，某一 DOS 软件可以运行在 Windows 98 操作系统下时，则称 Windows 98 操作系统与 DOS 软件兼容。硬件兼容性是指不同硬件在同一操作系统下运行性能的好坏。例如，A 声卡在 Windows 10 操作系统中工作正常，B 声卡在 Windows 10 操作系统中可能不发声，通常说 B 声卡的兼容性不好。因此，可以将“兼容”理解为产品符合某一技术规范的特定要求，如果两个不同厂商的产品能够在同一环境下应用，通常说它们是兼容的。硬件产品的兼容性不好，一般可以通过驱动程序或补丁程序解决；软件产品不兼容，一般可以通过软件修正包或产品升级解决。

1.5 数据在计算机中的表示

信息是丰富多彩的，有数值、文字、声音、图形、图像、视频等，但是计算机本质上只能处理二进制数“0”和“1”，因此，必须将各种信息转换成计算机能够接收和处理的二进制数据。这种转换往往由外部设备和计算机自动进行。进入计算机中的各种数据都要转换成二进制数存储，计算机才能进行运算和处理。同样，从计算机中输出的数据也要进行逆向转换。各类数据在计算机中的转换过程如图 1－37 所示。

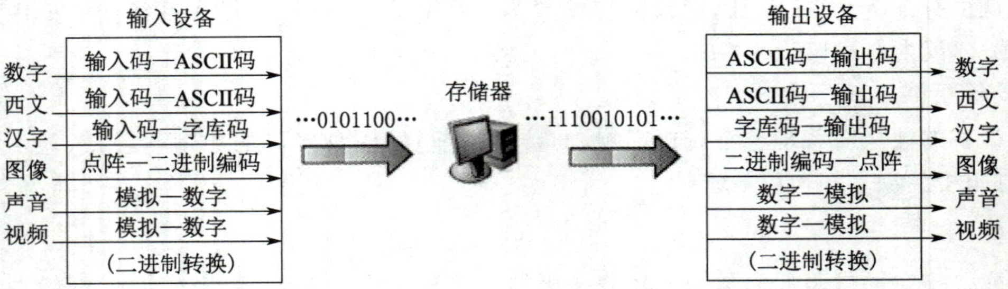

图 1－37 各类数据在计算机中的转换过程

原码、反码、补码

1.5.1 常用数制的表示方法

1. 十进制数

由于人通常有 10 个手指，十进制自然成为人类最早使用的数制。十进制数的运算规则是“逢 10 进 1，借 1 当 10”，需要用到的数字符号有 10 个，分别是 0，1，2，3，4，5，6，7，8，9。

十进制中各数字符号的权为 10 的整数次幂，个位的权为 1(10^0)，十位的权为 10(10^1)，百位的权为 100(10^2)……例如，十进制数 23 可以表示为“$2\times10^1+3\times10^0$”。

为了便于区分，十进制数用下标 10 或在数字尾部加 D 表示，如$[23]_{10}$或 23D。

2. 二进制数

计算机硬件电路若按十进制数设计，会导致计算机的设计和制造非常复杂，因此，在计算机内部采用二进制数进行存储、传输和计算。用户输入的各种信息，由计算机软件和硬件自动转换为二进制数，在数据处理完成后，再由计算机自动转换为用户熟悉的十进制数或其他信息。

二进制数的基本数字符号为 0 和 1。二进制数的运算规则是“逢 2 进 1，借 1 当 2”，各数字符号的权为 2 的整数次幂，分别为 2^0，2^1，2^2，…。例如，二进制数 10111 可以表示为“$1\times2^4+0\times2^3+1\times2^2+1\times2^1+1\times2^0$”。

为了便于区分，二进制数用下标 2 或在数字尾部加 B 表示，如$[10111]_2$ 或 10111B。

3. 十六进制数

当用二进制表示一个大数时，位数太多，计算机专业人员辨认困难，因此，经常采用十六进制数来表示二进制数。十六进制的数码有 0,1,2,3,4,5,6,7,8,9,A,B,C,D,E,F，其运算规则是“逢 16 进 1，借 1 当 16”。计算机内部并不采用十六进制数进行运算，引入十六进制数的原因是计算机专业人员可以很方便地将十六进制数转换为二进制数。

为了便于区分，十六进制数用下标 16 或在数字尾部加 H 表示，如$[18]_{16}$或 18H。

常用数制之间的对应关系如表 1－4 所示。

表 1－4　常用数制之间的对应关系

十进制数	十六进制数	二进制数
0	0	0000
1	1	0001
2	2	0010
3	3	0011
4	4	0100
5	5	0101
6	6	0110
7	7	0111
8	8	1000
9	9	1001
10	A	1010
11	B	1011
12	C	1100
13	D	1101
14	E	1110
15	F	1111

4. 任意进制数的表示方法

任何一种进制都能用有限的几个基本数字符号表示出所有的数，且称进制的基本数字符号个数为基数，如十进制的基数为 10，二进制的基数为 2；位于不同数位上的数字符号有不同

的位权,简称权。对于任意的 R 进制,其基本数字符号有 R 个,任意 R 进制数用十进制数都可以表示为

$$[A_n \cdots A_1 A_0 A_{-1} \cdots A_{-m}]_R = A_n R^n + \cdots + A_1 R^1 + A_0 R^0 + A_{-1} R^{-1} + A_{-2} R^{-2} + \cdots + A_{-m} R^{-m}$$

其中,A 为 R 进制的基本数字符号,R 为基数,整数有 $n+1$ 位,小数有 m 位。

例 1-1 十进制数 43.21 可以表示为 $4\times10^1+3\times10^0+2\times10^{-1}+1\times10^{-2}$。

例 1-2 二进制数 1101.11 可以表示为 $1\times2^3+1\times2^2+0\times2^1+1\times2^0+1\times2^{-1}+1\times2^{-2}$。

例 1-3 十六进制数 4D.25 可以表示为 $4\times16^1+13\times16^0+2\times16^{-1}+5\times16^{-2}$。

1.5.2 常用数制之间的转换

1. 二进制数与十进制数之间的转换

将二进制数转换成十进制数时,可以采用按权相加的方法,这种方法是按照十进制数的运算规则,将二进制数各位的数码乘对应的权再累加起来。

例 1-4 将 $[1101.101]_2$ 转换成十进制数。

解:$[1101.101]_2=[2^3+2^2+2^0+2^{-1}+2^{-3}]_{10}=[8+4+1+0.5+0.125]_{10}=[13.625]_{10}$

在二进制数到十进制数的转换过程中,要频繁地计算 2 的整数次幂。表 1-5 给出了 2 的整数次幂和十进制数值的对应关系。

表 1-5 2 的整数次幂与十进制数值的对应关系

2^n	2^8	2^7	2^6	2^5	2^4	2^3	2^2	2^1	2^0	2^{-1}	2^{-2}	2^{-3}
十进制数值	256	128	64	32	16	8	4	2	1	0.5	0.25	0.125

2. 十进制数与二进制数之间的转换

将十进制数转换成二进制数时,整数部分与小数部分必须分开转换。对于整数部分,采用除 2 取余法。就是将已知十进制数的整数部分反复除以 2,如果相除之后余数为 1,则对应二进制数的相应位为 1,如果余数为 0,则相应位为 0。第一次相除得到的余数是二进制数的低位(第 K_0 位),最后一次的余数是二进制数的高位(第 K_{n-1} 位)。从低位到高位逐次进行,直到商为 0。最后一次相除所得的余数为 K_{n-1},则 $K_{n-1},K_{n-2},\cdots,K_1,K_0$ 为所求二进制数的整数部分。

对于小数部分,采用乘 2 取整法。就是将已知的十进制纯小数反复乘 2,每次乘 2 之后,所得数的整数部分为 1,相应位为 1,如果整数部分为 0,则相应位为 0。从高位向低位逐次进行,直到满足精度要求或乘 2 后的小数部分为 0 为止。最后一次乘 2 所得的整数部分为 K_{-m}。转换后,所得的纯二进制小数为 $0.K_{-1}K_{-2}\cdots K_{-m}$。

例 1-5 将十进制的 18.876 5 转换为二进制数,运算过程如图 1-38 所示,运算结果为 $[18.8765]_{10}=[10010.1110]_2$。

整数部分除2取余

18÷2=9	余0	$[K_0]$
9÷2=4	余1	$[K_1]$
4÷2=2	余0	$[K_2]$
2÷2=1	余0	$[K_3]$
1÷2=0	余1	$[K_4]$

整数部分：$18=[10010]_2$

小数部分乘2取整

0.876 5×2=1.753	整数>1	K_{-1}
0.753×2=1.506	整数>1	K_{-2}
0.506×2=1.012	整数>1	K_{-3}
0.012×2=0.024	整数=0	K_{-4}

小数部分：$0.876\,5=[1110]_2$

图 1－38　十进制数转换为二进制数的运算过程

3. 二进制数与十六进制数之间的转换

对于二进制整数，只要自右向左将每 4 位二进制数分为一组，不足 4 位时，在左面添 0 补足 4 位，每组对应一位十六进制数；对于二进制小数，只要自左向右将每 4 位二进制数分为一组，不足 4 位时，在右面添 0 补足 4 位，然后每组对应一位十六进制数，即可得到十六进制数。

例 1－6　$[111101.010111]_2=[0011\ 1101.0101\ 1100]_2=[3D.5C]_{16}$。

0011	1101	.	0101	1100
3	D	.	5	C

4. 十六进制数与二进制数之间的转换

将十六进制数转换成二进制数非常简单，只要以小数点为界，向左或向右每一位十六进制数用相应的 4 位二进制数表示，然后将其连在一起即可完成转换。

例 1－7　$[4B.61]_{16}=[0100\ 1011.0110\ 0001]_2=[1001011.01100001]_2$。

4	B	.	6	1
0100	1011	.	0110	0001

1.5.3　字符数据的表示

1. 英文字符的 ASCII 编码

计算机除了用于数值计算外，还要处理大量的非数值数据，其中文本字符数据占有很大比重。字符包括西文字符（字母、数字和各种符号）和汉字字符，它们也需进行二进制编码后，才能在计算机中进行存储和处理。每个字符对应一个唯一的二进制数，这个二进制数称为字符编码。对于西文字符与汉字字符，由于形式不同，使用的编码方式也不同。

在计算机发展过程中，出现了多种字符编码，ASCII（American standard code for information interchange，美国信息交换标准代码）是目前使用最广泛的字符编码。1967 年，这一编码被国际标准化组织（International Organization for Standardization，ISO）确定为国际标准字符编码。ASCII 编码如表 1－6 所示。

表 1－6　ASCII 编码(可显示字符部分)

字符	ASCII 编码			字符	ASCII 编码			字符	ASCII 编码		
	二进制	十进制	十六进制		二进制	十进制	十六进制		二进制	十进制	十六进制
回车	0001101	13	0D	?	0111111	63	3F	a	1100001	97	61
Esc	0011011	27	1B	@	1000000	64	40	b	1100010	98	62
空格	0100000	32	20	A	1000001	65	41	c	1100011	99	63
!	0100001	33	21	B	1000010	66	42	d	1100100	100	64
"	0100010	34	22	C	1000011	67	43	e	1100101	101	65
#	0100011	35	23	D	1000100	68	44	f	1100110	102	66
$	0100100	36	24	E	1000101	69	45	g	1100111	103	67
%	0100101	37	25	F	1000110	70	46	h	1101000	104	68
&	0100110	38	26	G	1000111	71	47	i	1101001	105	69
'	0100111	39	27	H	1001000	72	48	j	1101010	106	6A
(	0101000	40	28	I	1001001	73	49	k	1101011	107	6B
)	0101001	41	29	J	1001010	74	4A	l	1101100	108	6C
*	0101010	42	2A	K	1001011	75	4B	m	1101101	109	6D
+	0101011	43	2B	L	1001100	76	4C	n	1101110	110	6E
,	0101100	44	2C	M	1001101	77	4D	o	1101111	111	6F
—	0101101	45	2D	N	1001110	78	4E	p	1110000	112	70
.	0101110	46	2E	O	1001111	79	4F	q	1110001	113	71
/	0101111	47	2F	P	1010000	80	50	r	1110010	114	72
0	0110000	48	30	Q	1010001	81	51	s	1110011	115	73
1	0110001	49	31	R	1010010	82	52	t	1110100	116	74
2	0110010	50	32	S	1010011	83	53	u	1110101	117	75
3	0110011	51	33	T	1010100	84	54	v	1110110	118	76
4	0110100	52	34	U	1010101	85	55	w	1110111	119	77
5	0110101	53	35	V	1010110	86	56	x	1111000	120	78
6	0110110	54	36	W	1010111	87	57	y	1111001	121	79
7	0110111	55	37	X	1011000	88	58	z	1111010	122	7A
8	0111000	56	38	Y	1011001	89	59	{	1111011	123	7B
9	0111001	57	39	Z	1011010	90	5A	|	1111100	124	7C
:	0111010	58	3A	[	1011011	91	5B	}	1111101	125	7D
;	0111011	59	3B	\	1011100	92	5C	~	1111110	126	7E
<	0111100	60	3C	]	1011101	93	5D				
=	0111101	61	3D	^	1011110	94	5E				
>	0111110	62	3E	_	1011111	95	5F				

ASCII 编码使用 7 位二进制数对 1 个字符进行编码，可以表示 $2^7=128$ 个字符的编码。由于计算机中存储器的基本单位是字节，因此以 1 B 来存放 1 个字符的 ASCII 编码，每个字节的最高位为 0。

例 1-8　“Hello.”的 ASCII 编码。

H	e	l	l	o	.
0100 1000	0110 0101	0110 1100	0110 1100	0110 1111	0010 1110

例 1-9　利用 ASCII 标准对字符“book”进行编码。

查 ASCII 编码表可知，字符“book”的 ASCII 编码为 01100010 01101111 01101111 01101011。

例 1-10　利用 ASCII 标准对字符“BOOK”进行编码。

查 ASCII 编码表可知，字符“BOOK”的 ASCII 编码为 01000010 01001111 01001111 01001011。

例 1-11　利用 ASCII 标准对字符“1+2”进行编码。

查 ASCII 编码表可知，字符“1+2”的 ASCII 编码为 00110001 00101011 00110010。

ASCII 编码定义了 33 个无法显示的控制码，它们主要用于打印或显示时的格式控制，对外部设备的操作控制，进行信息分隔，在数据通信时进行传输控制等。

2. 中文字符的编码

英文为拼音文字，所有的英文字均由 52 个英文大小写字母中字母组合而成，加上数字及其他标点符号，常用的字符仅 95 种，因此 7 位二进制编码已经够用了。而汉字数量庞大、构造复杂，这给计算机处理带来了困难。汉字是象形文字，每个汉字字符都有自己的形状，所以，每个汉字在计算机中都需要一个唯一的二进制编码。

1981 年，我国颁布了《信息交换用汉字编码字符集　基本集》(GB/T 2312—1980)，又称为国标码。GB/T 2312—1980 编码标准规定：一个汉字用两个字节表示，每个字节只使用低 7 位，最高位为 0。例如，“大”字的国标码为 0011 0100 0111 0011。

GB/T 2312—1980 共收录 6 763 个简体汉字和 682 个符号，其中一级汉字为 3 755 个，以拼音排序；二级汉字为 3 008 个，以偏旁排序。GB/T 2312—1980 编码的总体布局和局部编码表分别如表 1-7、表 1-8 所示。

表 1-7　GB/T 2312—1980 编码的总体布局

区号	位号
	1～94 位
1	常用符号(94 个)
2	序号、罗马数字(72 个)
3	GB 1900 图形字符集(94 个)
16…55	一级汉字(3 755 个)
56…87	二级汉字(3 008 个)
88…94	(空区)

表 1-8 GB/T 2312—1980 编码表(局部)

第1字节编码	区	第2字节编码							
		0100001	0100010	0100011	0100100	0100101	0100110	0100111	0101000
		位							
		01	02	03	04	05	06	07	08
0110000	16	啊	阿	埃	挨	哎	唉	哀	皑
0110001	17	薄	雹	保	堡	饱	宝	抱	报
0110010	18	病	并	玻	菠	播	拨	钵	波
0110011	19	场	尝	常	长	偿	肠	厂	敞
0110100	20	础	储	矗	搐	触	处	揣	川
0110101	21	怠	耽	担	丹	单	郸	掸	胆

由于国标码每个字节的最高位也为0,与国际通用的ASCII编码无法区分,因此,在计算机内部,汉字编码全部采用机内码表示。机内码就是将国标码两个字节的最高位设定为1,这样解决了国标码与ASCII编码的冲突,保持了中英文的良好兼容性,如"大"字的机内码为 1011 0100 1111 0011 。

除此之外,为了利用计算机系统中现有的西文键盘来输入汉字,还要对每个汉字编一个西文键盘输入码(简称输入码),主要的输入码有拼音码、字形码、区位码等。

1.5.4 多媒体数据的表示

在计算机中,数值数据和字符数据都是转换成二进制数据来存储和处理的。同样,声音、图形和图像、视频等多媒体数据也要转换成二进制数据后才能在计算机中存储和处理,但多媒体数据的表示方式是完全不同的。在计算机中,声音往往用波形文件、MIDI音乐文件或压缩音频文件的方式表示;图像的表示主要有位图编码和矢量编码两种方式;视频由一系列"帧"组成,每个帧实际上是一幅静态图像,需要连续播放才会变成动画(一般每秒要连续显示30帧左右)。多媒体数据的表示、存储和处理方法,将在第7章多媒体技术中介绍。

1.6 计算思维

计算思维通过广义的计算来描述各类自然过程和社会过程。

1.6.1 计算思维的定义与特征

理论科学、实验科学和计算科学作为科学发现的三大支柱,推动着人类文明进步和科技发展。与三大科学方法对应的是三大科学思维:理论思维、实验思维和计算思维。

1. 计算工具与思维方式的相互影响

计算机科学家埃德斯加·迪杰斯特拉(Edsger Dijkstra)说过:"我们使用的工具影响着我

们的思维方式和思维习惯，从而也深刻地影响着我们的思维能力。"计算的发展也影响着人类的思维方式，从最早的结绳计数，发展到电子计算机，人类的思维方式发生了相应的改变。例如，计算生物学改变着生物学家的思维方式；算法博弈论改变着经济学家的思维方式；计算社会科学改变着社会学家的思维方式；量子计算改变着物理学家的思维方式。计算思维已成为各个专业利用计算机求解问题的基本途径。

2. 计算思维的定义

计算思维是曾任美国卡内基梅隆大学(Carnegie Mellon University，CMU)教授的周以真(Jeannette M. Wing)提出的一种理论。周以真教授认为：计算思维是运用计算机科学的基础概念去求解问题、设计系统和理解人类行为的，它涵盖了计算机科学的一系列思维活动。

国际教育技术协会(International Society for Technology in Education，ISTE)和计算机科学教师协会(Computer Science Teachers Association，CSTA)于2011年给计算思维做了一个可操作性的定义，即计算思维是一个问题解决的过程，该过程包括以下特点。

①制定问题，并能够利用计算机和其他工具来帮助解决该问题。

②要符合逻辑地组织和分析数据。

③通过抽象，如模型、仿真等，再现数据。

④通过算法思想(一系列有序的步骤)，支持自动化的解决方案。

⑤分析可能的解决方案，找到最有效的方案，并且有效结合这些步骤和资源。

⑥将该问题的求解过程进行推广并移植到更广泛的问题中。

计算思维

3. 计算思维的特征

周以真教授在《计算思维》一文中，提出了计算思维的以下基本特征。

①计算思维是每个大学生必须掌握的基本技能，它不仅仅属于计算机科学家。每个学生在培养解析能力时，不仅要掌握阅读、写作和算术(3R)，还要学会计算思维。

②计算思维是人的思维方式，不是计算机的思维方式。计算思维是人类求解问题的思维方法，而不是要使人类像计算机那样思考。

③计算思维是数学思维和工程思维的相互融合。计算机科学本质上来源于数学思维，但是计算设备的限制，迫使计算机科学家必须进行工程思考，不能只进行数学思考。

④计算思维建立在计算过程的能力和限制之上。需要考虑：哪些事情人类比计算机做得好？哪些事情计算机比人类做得好？最根本的问题是：什么是可计算的？

⑤为了有效地求解一个问题，要进一步问：一个近似解是否就够了？是否允许漏报和误报？计算思维就是通过简化、转换和仿真等方法，把一个看起来困难的问题，重新阐释成一个人们知道要怎样解决的问题。

⑥计算思维采用抽象和分解的方法，将一个庞杂的任务或设计分解成一个适合计算机处理的系统。计算思维是选择合适的方式对问题进行建模，使它易于处理，在不必理解每一个细节的情况下，就能够安全地使用或调整一个大型的复杂系统。

根据周以真教授的分析，可以看到：计算思维以设计和构造为特征。

1.6.2 数学思维的方法

周以真教授认为：计算思维包含数学思维和工程思维两个部分。数学思维的基本概念有复杂性、抽象、数学模型、算法、数据结构、可计算性、一致性和完备性等。

1. 复杂性

大问题的复杂性包括二义性(如语义理解等)、不确定性(如哲学家就餐问题、混沌问题等)、关联(如操作系统死锁问题、教师排课问题等)、指数爆炸(如汉诺塔问题、密码破解问题等)、悖论(如罗素理发师悖论、图灵停机问题等)等概念。

(1)程序的复杂性

德国科学家弗里德里希·克拉默(Friedrich Cramer)在其经典著作《混沌与秩序——生物系统的复杂结构》一书中,给出了几个简单例子,用于分析程序的复杂性。

例 1-12 序列 A={ aaaaaaa…}。

这是一个简单系统,相应程序为:在每一个 a 后续写 a。这个短程序使得这个序列得以随意复制,不管多长都可以容易地写出程序。

例 1-13 序列 B={ aabaabaabaab…}。

与例 1-12 相比,该例要复杂一些,是一个准复杂系统,但仍可以很容易地写出程序:在两个 a 后续写 b 并重复这一操作。

例 1-14 序列 C={ aabaababbaabaababb…}。

与例 1-13 相似,该例也可以用短程序来描述:在两个 a 后续写 b 并重复;每当第 3 次重写 b 时,将第 2 个 a 替换为 b。这样的序列具有可定义的结构,可用对应的程序表示。

例 1-15 序列 D={ aababbababbbabaaababbab…}。

该例中信息排列毫无规律,如果希望编程解决,就必须将字符串全部列出。这就得出一个结论:一旦程序大小与试图描述的系统大小可相提并论,则编程变得没有意义。或者说,当系统结构不能描述,或描述它的最小算法与系统本身具有相同的信息比特数时,称该系统为根本复杂系统。在达到根本复杂之前,人们仍可以编写出能够执行的程序。

(2)语义理解的二义性

人们视为智力挑战的问题,计算机做起来未必困难;反而是一些人类觉得简单平常的脑力活动,计算机实现起来可能非常困难。例如,速算曾经是人类智力超群的象征,但是计算机无论在速度上还是在准确率上都毫无争议地超过了人类;但是,对"为我做一份西红柿炒鸡蛋"这样简单的问题,计算机理解起来就非常困难。因为这个问题存在太多的二义性,例如,西红柿要多大?成熟到什么程度?是否要全红色的?用什么品种?"一份"的含义是多少(1 个西红柿还是 1 斤西红柿)?"炒"的含义又是什么?需要用火炒吗?用什么火(柴火、煤火、液化气火、电磁炉等)?炒多长时间?等等。

二义性是语法的不完善说明,在计算机应用中应当避免这种情况。解决二义性的方法是:设置一些规则,在出现二义性的情况下利用该规则指出哪一个是正确的;将问题改变成一个强制正确的格式,这样就可以利用计算机编程处理了。

(3)CAP 理论

著名的布鲁尔(Brewer)猜想指出:对于分布式系统,数据一致性(consistency)、系统可用性(availability)、分区容错性(partition tolerance)3 个目标(合称 CAP)不可能同时满足,最多只能满足其中两个。CAP 理论给人们以下启示。

①事物的多个方面往往是相互制衡的。在复杂系统中,冲突是不可避免的。

②凡事都有代价,常常需要在各方面达成某种平衡。例如,分层会对性能有所损害,但不分层又会带来系统过于复杂的问题。很多时候,结构就是平衡的艺术。明白这一点,就不会为无法找到完美的解决方案而苦恼。

③复杂性是由需求决定的。既要求容量大,又要求效率高,这种需求本身就不简单,因此也无法简单地解决。

(4)大问题的不确定性

大型网站往往有成千上万台机器,在这些系统上部署软件和管理服务是一项非常具有挑战性的任务。大规模用户服务往往会涉及众多的程序模块和若干个操作步骤。简单性原则就是要求每个阶段、每个步骤、每个子任务都尽量采用最简单的解决方案。这是由于大规模系统存在不确定性,会导致系统复杂性增加。即使做到了每个环节最简单,但是由于不确定性的存在,整个系统还是会出现不可控的风险。

例 1-16 美国工程院院士杰夫·迪恩(Jeff Dean)介绍了在大规模数据中心遇到的难题:假设一台机器处理请求的平均响应时间为 1 ms,只有 1%的请求处理时间会大于 1 s,如果一个请求需要由 100 个节点机并行处理,那么就会出现 63%的请求响应时间大于 1 s 的情况,这是完全不可接受的。面对这个复杂的不确定性问题,迪恩教授和谷歌公司做了很多工作。

由于不确定性的存在,在计算机项目设计中,应当遵循 KISS(keep it simple and stupid,直译为事情越简单越傻瓜化越好)原则。KISS 原则推崇简单就是美,任何没有必要的复杂都需要避免(奥卡姆剃刀原则)。但是要做到 KISS 原则并不容易,人们遇到问题时,往往会从各个方面去考虑,其中难免包含了问题的各种细枝末节,这种方式会导致问题变得非常复杂。

2. 抽象

抽象是任何一门科学乃至全人类思维都具有的特性。

(1)艺术中的抽象

在美术范畴内,抽象的表现最简单、省力,也最复杂、费力。从理论上讲,抽象体现的是人为的主观意识,因此抽象画最好画,只要画得怪,都可以称为抽象画。有才华的画家视抽象艺术为最美但又最难,其中艺术内涵非常丰富。如图 1-39 所示,毕加索喜欢画牛,年轻时他画的牛体形庞大,有血有肉,威武雄壮;但随着年龄的增长,他画的牛越来越突显筋骨。到他 80 多岁时,他画的牛只有寥寥数笔,牛外在的皮毛、血肉全部没有了,只剩一副具有牛神韵的骨架。

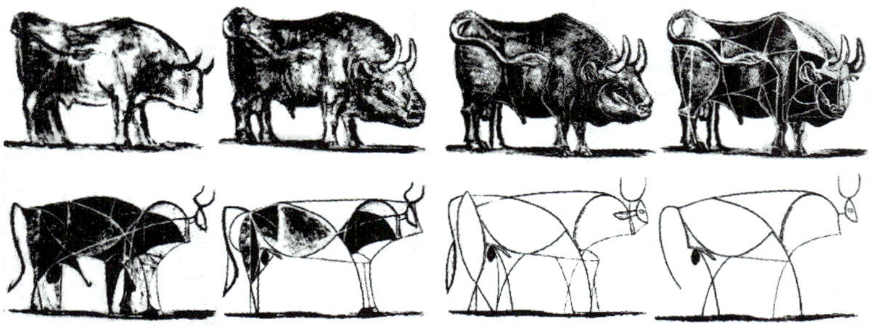

图 1-39 毕加索画牛的抽象过程

(2)计算思维中的抽象

计算思维的本质是抽象和自动化,计算的根本问题是什么能被有效地自动进行。自动化要求对所要计算的事物进行某种程度的抽象。

注意:计算思维中的抽象还与现实世界中的最终实施有关,因此,需要考虑问题处理的边界,以及可能产生的错误。在程序运行中,如出现磁盘已满、服务没有响应、数据类型错误,甚至出现导致设备损坏的严重状况时,计算机需要知道如何进行处理。

抽象层次是计算思维中的一个重要概念,它使人们可根据不同的抽象层次,有选择地忽视某些细节,最终控制系统的复杂程度。

计算思维中的抽象最终要能够利用机器一步步自动执行。为了确保机器的自动化,就需要在抽象过程中进行精确和严格的符号转换及建立数学模型。

为了实现程序的自动化计算,需要将问题抽象为一个数学模型。最典型的数学模型有牛顿第二定律 $F=ma$、爱因斯坦质能定律 $E=mc^2$、勾股定理(毕达哥拉斯定理)$a^2+b^2=c^2$ 等,这些数学模型都是对现实世界规律的高度抽象。

(3)抽象的基本原则

抽象是对实际事物进行人为处理,抽取所关心的、共同的、本质特征的属性,并对这些事物及其特征属性进行描述,从而大大降低系统元素的数量。计算思维的抽象方法有分解、简化、剪枝、替代、分层、模型化、公式化、形式化等。抽象的基本原则如下。

①有足够简单和易于遵守的规则。

②能从具体事物中抽象出可以理解的行为。

③可以预知的功能组合。

④可以实现模块化的部件设计。

⑤在现实工作环境下确保行为的有效性等。

为了确保机器的自动化,除了需要在抽象过程中对问题进行精确描述(如算法)和数学建模(如数学表达式)之外,还要求计算机系统能够提供各种不同抽象层次的翻译工具(如程序语言和编译程序)。

3. 分解

勒内·笛卡儿(René Descartes)在《方法论》一书中指出,如果一个问题过于复杂以至于一下子难以解决,那么就将原问题分解成一些足够小的问题,然后再分别解决。

(1)利用等价关系进行系统简化

复杂系统可以看成一个集合,要使集合的复杂程度降低,就要想办法使它有序。使集合有序的最好办法,就是按等价关系对系统进行分解。通俗地说,就是将一个大系统划分为若干个子系统,使人们易于理解和交流。这样子系统不仅具有某种共同的属性,而且可以完全恢复到原来的状态,从而大大降低系统的复杂程度。

(2)利用分治法思想进行分解

分治法是指把一个复杂的问题分解成若干个简单的问题,然后逐个解决。这种朴素的思想来源于人们生活与工作的经验,并且完全适用于技术领域。编程人员采用分治法时,应着重考虑:复杂问题分解后,每个问题能否用程序实现?所有程序最终能否集成一个软件系统?最后能否解决这个复杂的问题?

(3)模块分解原则

可以将一个复杂的大系统分解为不同的功能模块。模块分解原则是:既要使模块之间的连接尽可能地少,接口清晰;又要求模块规模合理,便于各个模块独立设计。一些功能相似的模块应当设计成共享的基本模块。对系统功能进行分解后,底层的逻辑模块应使用基本逻辑电路实现,或采用逻辑语言进行表达。

1.6.3 工程思维的基本概念

工程思维的基本概念有效率、资源、兼容性、硬件与软件、模型和结构、编码(转换)、模块化、复用、安全、演化、折中与结论等。下面介绍其中几个概念。

1. 效率

效率始终是计算机领域重点关注的问题。例如:为了提高程序执行效率,采用并行处理技术;为了提高网络传输效率,采用信道复用技术;为了提高 CPU 利用率,采用时间片技术;为了提高 CPU 处理速度,采用高速缓存技术;等等。但是,效率是一把双刃剑,美国经济学家阿瑟·奥肯(Arthur Okun)在《平等与效率》中断言:“为了效率就要牺牲某些平等,并且为了平等就要牺牲某些效率。”奥肯虽然讨论的是经济学问题,但是这个原则同样适用于计算机系统。

“优先级”技术中的系统进程优先、中断优先、数据存储局部性原理等,体现了效率优先的原则;而先进先出(first in first out,FIFO)算法、队列、网络数据包转发等,体现了平等优先的原则。效率与平等的权衡与选择,需要根据实际问题进行分析处理。绝大部分算法都采用效率优先原则,但也有例外。例如,在“树”的广度搜索和深度搜索中,采用了平等优先原则,即保证“树”中每个节点都能够被搜索到,因而搜索效率很低;而启发式搜索采用效率优先原则,它会对“树”进行“剪枝”处理,因此不能保证“树”中每个节点都会被搜索到。在实际应用中,搜索引擎同样不能保证因特网中每个网页都会被搜索到。

2. 兼容性

计算机硬件和软件产品遵循向下兼容的设计原则。在计算机领域,新一代产品总是在老一代产品的基础上进行改进。新设计的计算机软件和硬件,应当尽量兼容过去设计的软件系统,兼容过去的体系结构,兼容过去的组成部件,兼容过去的生产工艺,这就是向下兼容。计算机产品无法做到一些教科书中提出的向上兼容(或向前兼容),因为老一代产品无法兼容未来的系统,只能是新一代产品来兼容老一代产品。

例如,老式阴极射线管(CRT)显示器采用电子束逐行扫描的方式显示图像,而新型液晶显示器(LCD)没有电子束,原理上也不需要逐行扫描,一次就能够显示整屏图像,但是为了保持与显卡、图像显示程序的兼容性,LCD 不得不采用老式的逐行扫描技术。

经验表明,如果在产品开发阶段解决兼容性问题所需的费用为 1,那么产品定型后再想办法解决兼容性问题,费用可能会增加 10 倍;如果到批量生产后再解决,费用可能会增加 100 倍;如果到用户发现问题后才解决,费用可能达到 1 000 倍。

兼容性降低了产品成本,提高了产品可用性,同时阻碍了技术发展。各种老式的、正在使用的硬件设备和软件技术(如 PCI 总线、复杂指令系统、串行编程方法等)是计算机领域发展的沉重负担。如果不考虑向下兼容问题,要设计一个全新的计算机,可以是完全现代的、艺术性的、高性能的结构和产品,如苹果公司的 iPad 就是典型案例。

3. 硬件与软件

早期计算机中,硬件与软件之间的界限十分清晰,随着技术的发展,软件与硬件之间的界限变得模糊不清。安德鲁·S.特南鲍姆(Andrew S. Tanenbaum)教授指出:“硬件和软件在逻辑上是等同的。”“任何由软件实现的操作都可以直接由硬件来完成,……任何由硬件实现的指令都可以由软件来模拟。”某些功能既可以用硬件技术实现,也可以用软件技术实现。

(1)硬件软件化

硬件软件化是将硬件的功能由软件来实现,它屏蔽了复杂的硬件设计过程,大大降低了产品成本。例如,在x86系列CPU内部,采用了微指令的软件形式来代替硬件的逻辑电路设计。微指令技术增加了指令设计的灵活性,同时降低了逻辑电路的复杂性。另外,冯·诺依曼计算机结构中的控制器部件,目前已经由操作系统取代。目前流行的虚拟仪表、IP电话、软件无线电等,都是硬件软件化的典型案例。

(2)软件硬件化

软件硬件化是将软件实现的功能设计成逻辑电路,然后将这些电路集成到集成电路芯片中,由硬件实现其功能。硬件电路的运行速率要大大高于软件,因而,软件硬件化能够大大提升系统的运行速率。例如,实现两个符号的异或(如 $a\oplus b$)运算时,软件实现的方法是比较两个符号的值,再经过if控制语句输出运算结果;硬件实现的方法是直接利用逻辑门电路实现异或运算。视频数据压缩与解压缩、3D图形的几何建模和渲染、数据奇偶校验等,都是软件硬件化的典型案例。

可见,硬件与软件之间的界限是人为划定的,并且经常变化。

(3)软件与硬件的融合

在传输控制协议/互联网协议(TCP/IP)网络模型中,信息的比特流传输通过物理层硬件设备实现;而网络层、传输层和应用层的功能是控制比特流传输,实现传输的高效性和可靠性等。事实上,应用层的功能主要由软件实现,而传输层和网络层则是软硬件相互融合。例如,传输层的设备是交换机,网络层的设备是路由器,在这两种硬件设备上都需要加载软件(如数据成帧、地址查表、路由算法等),以实现对传输的控制。如果只用硬件设备,会使硬件复杂化,而且不一定能很好地实现控制功能;如果只使用软件,程序也就变得很复杂,而且某些接口功能实现困难,程序运行效率较低,这对具有实时要求的应用(如校园网数据中心)是致命的。交换机和路由器是软硬件相互融合、协同工作的例证。

一般来说,采用硬件实现某个功能时,具有速度快、占用内存少、灵活性差、成本高等特点;而采用软件实现某个功能时,具有速度慢、占用内存多、灵活性好、成本低等特点。具体采用哪种方案实现功能,需要对软件和硬件进行折中考虑。

4. 折中与结论

在计算机产品设计中,经常会遇到性能与成本、易用性与安全性、纠错与效率、编程技巧与可维护性、可靠性与成本、新技术与兼容性、软件实现与硬件实现、开放与保护等相互矛盾的设计要求。单方面看,每一项指标都很重要,在鱼与熊掌不可兼得的情况下,计算机设计人员必须做出折中与结论。

例1-17 计算机工作过程中,由于电磁干扰、时序失常等原因,可能会出现数据传输和处理错误。如果每个步骤都进行数据差错校验,则计算机设计会变得复杂无比。因此,是否进行数据差错校验,数据校验的使用频度如何,需要进行性能与复杂性方面的折中考虑。例如,在个人微机中,性能比安全性更加重要,因此内存条一般不采用奇偶校验和差错校验,以提高内存的工作效率;但在服务器中,一旦系统崩溃将造成重大损失(如股票交易服务器的崩溃),因此服务器内存条的安全性要求大于工作效率,奇偶校验和差错校验是服务器内存必不可少的设计要求。

例 1-18 在无线传感器网络设计中,微型化和电源供给之间彼此制约。一是微型化使节点通信距离变短,数据时延难以预期;二是电能(如太阳能)获取与设备体积成正比,充足的能源和微型化设备之间的矛盾难以调和;三是现有的技术很难做到可降解的绿色设计,给器件回收带来困难。这些相互矛盾的因素在设计中都需要折中考虑。

1.6.4 计算机解题方法

利用计算机解决一个具体问题时,一般需要经过以下几个步骤:一是界定问题,寻找解决问题的条件;二是对一些具有连续性质的现实问题进行离散化处理;三是根据问题抽象出一个适当的数学模型,然后设计或选择一个解决这个数学模型的算法;四是按照算法编写程序,并且对程序进行调试和测试,最后运行程序,直至得到最终解答。

1. 界定问题,寻找解决问题的条件

(1)界定问题

解决问题首先要对问题进行界定,即弄清楚问题到底是什么,不要被问题的表象所迷惑。只有正确地界定了问题,才能找准应该解决的“目标”,才能正确地执行后面的步骤。如果找不准“目标”,就可能劳而无获,甚至南辕北辙。

数学家乔治·波利亚(George Polya)指出:“问题可分为求解问题和求证问题。”求解问题的目的是寻找某个对象,即问题的未知量;求证问题的目的是判定某一个结论是对的或是错的,去证明它,或者去否定它。

(2)寻找解决问题的条件

在“简化问题,变难为易”的原则下,尽力寻找解决问题的必要条件,以缩小问题的求解范围。当遇到难题时,可以尝试从最简单的特殊情况入手,找出有助于简化问题、变难为易的条件,逐渐深入,最终分析、归纳出解题的一般规律。

例如,在需要进行搜索求解的问题中,一般可以采用深度优先搜索和广度优先搜索。如果问题的搜索范围太大(如棋类博弈),那么减少搜索量最有效的手段就是“剪枝”(删除一些对结果没有影响的分支问题),即建立一些限制条件,缩小搜索的范围。如果问题错综复杂,可以尝试从多个侧面分析和寻找必要条件;或者将问题分解后,根据各部分的本质特征,寻找各种必要条件。

2. 对象的离散化

计算机处理的对象一部分本身就是离散化的,如数字、字母、符号等;但是在很多实际问题中,信息是连续的,如图像、声音、时间、电压等自然现象和社会现象。凡是“可计算”的问题,其处理对象都是离散型的,因为计算机建立在离散数字计算的基础上。

注意:所有连续型问题必须转化为离散型问题后(数字化),才能被计算机处理。

例如,在计算机屏幕上显示一张图片时,计算机必须将图片在水平方向和垂直方向分解成一定分辨率的像素点(离散化);然后将每个像素点再分解成红(G)、绿(R)、蓝(B)3 种基本颜色;每种颜色的变化分解为 0～255 个色彩等级;这样计算机就会得到一大批有特定规律的离散化数字,计算机也就能够任意处理这张图片了,例如,对图片进行放大、缩小、旋转、变形、变换颜色等操作。

3. 设计或选择解决问题的算法

求解一个问题时,可能有多种算法可供选择,选择的标准首先是算法正确、可靠、简单,其次是算法所需要的存储空间更少和执行速度更快等。

(1)问题的抽象描述

遇到实际问题时,首先把它形式化,将问题抽象为一个一般性的数学问题。对需要解决的问题用数学形式描述,先不管是否合适;然后通过这种描述来寻找问题的结构和性质,看看这种描述是否合适,如果不合适,再换一种方式。通过反复的尝试和不断的修正来得到一个满意的结果。遇到一个新问题时,通常先用各种各样的小例子去不断地尝试,在尝试的过程中,不断地与问题进行各种各样的碰撞,然后发现问题的关键性质。

(2)理解算法的适应性

每一个实际问题都有它相应的性质和结构,需要观察问题的性质和结构。每一种算法的技术和思想,如分治算法、贪心算法、动态规划、线性规划、遗传算法、网络流等,都有其适宜解决的问题。例如,动态规划适宜解决的问题需要有最优子结构和重复性子问题。一旦观察出问题的结构和性质,就可以用现有的算法去解决它。

(3)建立算法

建立解决问题的算法,即确定问题的数学模型,并在此模型上定义一组运算,然后对这组运算进行调用和控制,根据已知数据导出所求结果。建立数学模型,即找出问题的已知条件、要求的目标,以及已知条件和目标之间的联系。算法的描述形式有数学模型、数据表格、结构图形、伪代码、程序流程图等。

注意:获得了解决问题的算法并不等于问题可解,问题是否可解还取决于算法的复杂性,即算法所需要的时间和空间在数量级上能否被接受。

4. 程序设计

阿兰·图灵(Alan Turing)在《计算机器与智能》一文中指出:"如果一个人想让机器模仿计算员执行复杂的操作,他必须告诉计算机要做什么,并把结果翻译成某种形式的指令表。这种构造指令表的行为称为编程。"

算法对问题求解过程的描述比程序粗略,用编程语言对算法进行细化编程后,可以得到程序,而执行程序就是执行用编程语言表述的算法。在设计一些较大程序的过程中,应当考虑以下问题。

(1)按功能划分程序模块

划分程序模块的原则是:每个模块要易于理解,模块的功能应当尽量单一,应当尽量减少模块之间的联系。这样,当修改某一程序功能时只涉及一个模块。而且,在程序设计过程中,应当充分利用已有的算法和模块。

(2)按层次结构组织模块

按层次结构组织模块时,主模块只需要指出总任务就可以了。一般由上层模块指出"做什么",而底层的模块精确地描述"怎么做"。

(3)采用自顶向下、逐步细化的设计过程

将一个复杂问题的求解过程分解和细化成若干个模块组成的层次结构;将一个模块的功能逐步分解,细化为一系列的处理步骤,直到分解为某种程序设计语言的语句或某种机器指令为止。

1.7 计算机软件的类型

计算机软件包括程序和程序运行时所需的数据，以及与这些程序和数据有关的文档资料。软件系统是计算机上可运行程序的总和。

计算机软件系统

1.7.1 计算机软件的分类

计算机系统由硬件和软件组成。硬件指可以看得见、摸得着的物理设备和元件的总称，如 CPU、存储器（内存与外存）、I/O 设备等。硬件就其逻辑功能而言，可以用来完成信息变换、信息存储、信息传输和信息处理，是计算机系统实现各种操作的物质基础。软件是计算机程序、数据及相关文档的总称。软件就其逻辑功能而言，主要是描述和实现数据处理的规则和流程。

没有安装软件的计算机称为裸机，而裸机是无法进行任何工作的，它不能从键盘、鼠标接收信息和操作命令，也不能在显示器屏幕上显示信息，更不能运行可以实现各种操作的应用程序。

计算机软件可以分为系统软件和应用软件，如图 1－40 所示。系统软件的数量相对较少，其他绝大部分软件是应用软件。软件也可以分为商业软件与共享软件。商业软件的功能强大，软件收费也高，售后服务较好；共享软件大部分是免费或少量收费的，一般来说不提供软件售后服务。

- 计算机软件系统
  - 系统软件
    - 操作系统：如 Windows、Linux、UNIX、macOS 等
    - 网络服务：如 IIS、Server-U、Exchange Server 等
    - 数据库系统：如 Oracle、MS SQL、MySQL 等
    - 程序设计语言：如 C＋＋、Java、Visual Basic 等
    - 语言处理程序：Java 语言虚拟机、语言编译程序
  - 应用软件
    - 办公自动化软件：如 Office、Lotus、WPS 等
    - 多媒体软件：如 Photoshop、Flash、COOL Edit 等
    - 辅助设计软件：如 AutoCAD、Visio、Protel 等
    - 企业应用软件：如财务管理、企业管理、工程管理等
    - 网络应用软件：如 QQ、FlashGet 等
    - 安全防护软件：如杀毒软件、防火墙软件、漏洞补丁等
    - 系统工具软件：如数据恢复软件、优化软件、磁盘工具等
    - 娱乐休闲软件：如游戏软件、电子杂志、图片查看器、音频播放器、视频播放器等

图 1－40　软件系统分类

1.7.2 系统软件的基本类型

系统软件是计算机软件系统中最靠近硬件的一层，其他软件一般都通过系统软件发挥作用。系统软件是用于计算机管理、监控、维护和运行的软件，通常包括操作系统、网络服务、数

据库系统、程序设计语言等。

1. 操作系统

操作系统是对计算机硬件资源和软件资源进行控制和管理的大型程序，它是最基本的系统软件，其他软件必须在操作系统的支持下才能运行。操作系统一般包括进程管理、作业管理、存储管理、设备管理、文件管理等功能。目前，常用的操作系统有 Windows 7/8/10/11、Linux、DOS 等，网络操作系统有 Windows Server、Linux、Free BSD 等。

2. 网络服务

操作系统本身提供了一些小型的网络服务功能，但对于大型的网络服务，必须由专业软件提供。网络服务程序提供大型的网络后台服务，它主要供网络服务提供商和企业网络管理人员所使用。个人用户在利用网络进行工作和娱乐时，就是由网络服务程序提供服务的。例如，提供网页服务的 Web 服务软件有 IIS、Apache、Domino 等，提供文件下载的网络服务软件有 Server-U 等，提供邮件服务的软件有 Exchange Server、Lotus Notes/Domino、Qmail 等。

3. 数据库系统

数据库系统(database system，DBS)主要由数据库(database，DB)和数据库管理系统(database management system，DBMS)组成。数据库可以简单地理解为数据仓库，是按一定方式组织起来的相关数据的集合。数据库管理系统是对数据库进行有效管理和操作的软件，是用户与数据库之间的桥梁，它提供了用户管理数据库所需的一套功能，包括数据库的建立、修改、检索、统计、排序等功能。数据库管理系统是建立信息管理(如财务管理、企业管理等)系统的主要软件工具。常用的数据库软件有 Oracle、MS SQL、MySQL 等。

4. 程序设计语言

程序设计语言是用来编写程序的语言，它是人与计算机交换信息的工具。程序设计语言一般分为机器语言、汇编语言、高级语言 3 类。

机器语言是以二进制代码表示的指令集合，是计算机唯一能直接识别和执行的语言。用机器语言编写的程序称为机器语言程序，其优点是占用内存少、执行速度快，缺点是难编写、难阅读、难修改、难移植。

汇编语言是将机器语言的二进制代码指令，用便于记忆的符号形式表示出来的一种语言，又称为符号语言。采用汇编语言编写的程序称为汇编语言程序，相比机器语言程序，汇编语言程序的优点是易阅读、易修改。

机器语言和汇编语言都是面向机器的语言，一般称为低级语言。低级语言对机器的依赖性强，所编程序的通用性差，用户较难掌握。

高级语言是一种比较接近于自然语言和数学表达的语言。用高级语言编写的程序便于阅读、修改及调试，而且移植性强。高级语言已成为目前普遍使用的语言，从结构化程序设计语言到广泛使用的面向对象程序设计语言，高级语言有上百种之多。表 1-9 所示为几种常用的高级语言。

表 1-9 几种常用的高级语言

语言名称	应用领域	语言特点
C	科学计算、数据处理	简单易学，但功能有限，常用于小型程序设计

续表

语言名称	应用领域	语言特点
C++	大型系统程序设计	功能非常强大,但过于复杂
C#	网络编程	功能强,简单易学,常用于网络脚本编程
Java	网络、通信编程	程序可以跨软件或硬件平台应用,但较为复杂
Visual Basic	面向对象程序开发	简单易学,但程序运行效率较低

5. 语言处理程序

用汇编语言和高级语言编写的程序称为源程序。源程序不能被计算机直接执行,必须把它们翻译成机器语言程序后才能被计算机识别和执行。这种翻译也是由程序实现的,不同的语言有不同的翻译程序,这些翻译程序统称语言处理程序。

通常,翻译有两种方式:解释方式和编译方式。解释方式是通过相应的语言解释程序将源程序逐条翻译成机器指令,每译完一句立即执行一句,直至执行完整个程序,如 BASIC 语言。解释方式的特点是便于查错,但效率较低。编译方式是用相应语言的编译程序将源程序翻译成目标程序,再用连接程序将目标程序与函数库等连接,最终生成可以在机器上运行的可执行程序。图 1－41 所示为解释方式和编译方式的过程示意图。

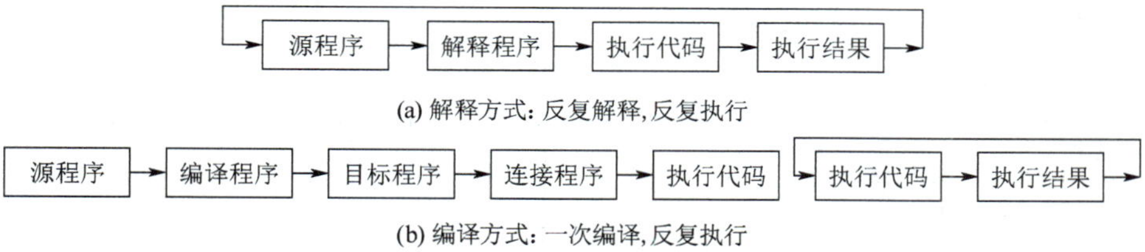

图 1－41　程序翻译的过程示意图

解释程序一般包含在开发软件或操作系统内,如 Internet Explorer(简称 IE)浏览器就带有动态服务器页面(active server pages,ASP)脚本语言解释功能;也有些是独立的,如 Java 语言虚拟机。编译程序一般附带在开发系统内,如 Visual C++开发系统就带有程序编译器。

1.7.3　应用软件的基本类型

应用软件也可以分为两类。第一类是针对某个应用领域的具体问题而开发的程序,具有很强的实用性、专业性。这类软件可以由计算机专业公司开发,也可以由企业人员自行开发。这类软件的应用使得计算机日益渗透社会的各行各业。但是,这类应用软件的使用范围小,导致开发成本过高,通用性不强,软件的升级和维护有很强的依赖性。

第二类是一些大型专业软件公司开发的通用型应用软件,这类软件的功能非常强大,适用性非常好,应用也非常广泛。由于这类软件的销售量大,因此,相对于第一类应用软件而言,其价格便宜很多,加之使用人员较多,也便于相互交换文档。这类应用软件的缺点是专用性不强,对于某些有特殊要求的用户不适用。

(1)办公自动化软件

应用较广泛的办公自动化软件有 Microsoft 公司开发的 MS Office 软件，它由几个软件组成，如文字处理软件 Word、电子表格软件 Excel 等。国内优秀的办公自动化软件有 WPS Office 等。IBM 公司的 Lotus 也是非常优秀的办公自动化软件。

(2)多媒体应用软件

多媒体应用软件主要有图像处理软件 Photoshop、动画设计软件 Flash、音频处理软件 Audition、视频处理软件 Premiere、多媒体创作软件 Authorware 等。

(3)辅助设计软件

辅助设计软件主要有机械和建筑辅助设计软件 AutoCAD、网络拓扑设计软件 Visio、电子电路辅助设计软件 Protel 等。

(4)企业应用软件

通用的企业应用软件有用友财务管理软件、统计分析软件 SPSS(statistical product and service solutions)等。

(5)网络应用软件

网络应用软件有网页浏览器软件 Microsoft Edge、即时通信软件 QQ、网络文件下载软件 FlashGet 等。

(6)安全防护软件

安全防护软件主要有 360 杀毒软件、360 防火墙软件等。

(7)系统工具软件

系统工具软件主要有文件压缩与解压缩软件 WinRAR、数据恢复软件 EasyRecovery、系统优化软件 Windows 优化大师、磁盘克隆软件 Ghost 等。

(8)娱乐休闲软件

娱乐休闲软件主要有各种游戏软件、电子杂志、图片查看器、音频播放器、视频播放器等。

1.8 计算机先进技术

1.8.1 人工智能

人工智能(AI)主要是研究、开发用于模拟、延伸和扩展人的智能的理论、方法及应用系统的一门技术。通常 AI 是通过普通的计算机程序来呈现人类智能的技术。

1. 概述

AI 指由人造系统表现出来的智能行为。这种智能行为通常需要通过计算机程序或机器学习算法来实现。简单来说，AI 就是让机器能够模仿甚至超越人类的思考和学习能力，从而执行各种复杂任务。AI 具有一定的自主执行任务的能力，而不是等待指令下达后才会执行。这是有本质区别的。

2. 发展历程

AI 的概念最早可以追溯到古希腊神话中自动机的概念。但在科学领域，AI 的正式诞生是在 20 世纪 50 年代。1956 年,美国达特茅斯学院举办了第一次关于 AI 的会议,标志着 AI 作为一个独立学科的诞生。

自诞生以来,AI 经历了几次发展的高潮和低谷。随着计算能力的提升和大数据的出现,AI 在 21 世纪迎来了爆发式的增长。

AI 的发展经历了几个重要的阶段。

(1)理论阶段

20 世纪 40—50 年代,这个阶段主要是提出了 AI 的构想和理论基础。图灵提出了图灵测试,这是最初衡量机器是否具备智能的标准,是 AI 发展的重要里程碑。

(2)初创阶段

20 世纪 50—70 年代,AI 开始走向实践,出现了第一代 AI 系统。这一时期的 AI 主要通过硬编码规则来模拟智能行为。

(3)发展阶段

20 世纪 80—90 年代,机器学习等新技术的提出,推动了 AI 的发展。AI 开始从规则制定向数据驱动转变。

(4)爆发阶段

21 世纪初至今,AI 进入爆发阶段。深度学习的提出,使得机器可以通过大量的数据进行学习,从而完成更复杂的智能任务。自然语言处理、图像识别、语音识别等领域取得了显著的成果。此外,AI 的商业应用也逐渐增多。

(5)未来阶段

未来,AI 会更加智能化、个性化和人性化。AI 不仅将对社会经济产生深远影响,也将使人类的生活方式发生重大改变。

总的来说,AI 正在逐渐从"人工"转向"智能",更多地模拟和扩展人类的思维、感知和创造力。同时,随着数据的增多和算法的改进,AI 的应用领域也在不断扩大,有很大的发展潜力。

3. 发展趋势

我国政府高度重视 AI 行业的发展。2017 年以来多次在政府工作报告中提及 AI 产业,2022 年提出加快发展工业互联网,培育壮大集成电路、AI 等数字产业,提升关键软硬件技术创新和供给能力。接下来,AI 项目会更加注重场景创新与应用,促进我国经济的高质量发展。我国是全球第二大 AI 市场,预计其增长速度将全球领先。根据沙利文的报告,2020 年中国 AI 市场规模为 295 亿元,预计 2025 年达到 1 671 亿元,年复合增速为 41.5%,其中软件市场规模占比将由 2020 年的 9%提升至 2025 年的 24.1%.

近年来,AI 发展趋势呈现出多元化和深入化的特点,具体有以下几点。

(1)多模态生成式 AI 的发展

多模态生成式 AI 能够处理文本、声音、旋律和视觉信号等多种输入信息,并进行综合理解。这种多功能融合不仅丰富了文艺作品的内容和层次,还为受众带来了多种感官体验。多模态技术的不断进步使得 AI 模型能够应对更加复杂多样的交互场景,有望在智能家居、智慧城市、医疗诊断、自动驾驶等领域发挥更大的作用。

(2)AI 成为人类的"左膀右臂"

随着技术的发展,AI 不再仅仅是一种工具,它正在日益深入地融入人们的日常生活和工作中。例如,外科医生可以在 AI 诊断结果的辅助下进行手术,律师可以在庭审过程中参考 AI 提供的相关案例,软件开发人员可以在写代码时得到 AI 的同步帮助。此外,AI 也在改变远程办公和在线教育的模式,优化课程设计并提升虚拟团队动态。

(3)AI大模型产业的发展

AI云侧与端侧的大模型开始满足人们的不同需求,C端用户成为端侧的主要客群。同时,AI大模型趋于通用化与专用化,垂直行业成为大模型的主战场。此外,AI高性能芯片不断升级,推动AI大模型产业生态体系的完善。小型软件开发者也可以通过调用广泛开源的AI大模型,提升开发效率。

(4)AI在特定任务上已超越人类

根据斯坦福大学AI研究所发布的《2024年人工智能指数报告》,AI在某些任务上已经超越了人类,如图像分类、视觉推理和英语理解等。然而,在更复杂的任务,如数学竞赛、视觉常识推理和规划等方面,AI仍然落后于人类。

(5)产业界主导AI前沿研究

沙利文的报告还指出,产业界在2023年产生了大量的著名AI模型,远超学术界的贡献。这表明产业界在AI前沿研究中的地位越来越重要。

(6)AI模型的训练成本增加

前沿模型的训练成本已经达到了前所未有的水平。例如,OpenAI的GPT-4(Generative Pre-Trained 4)和谷歌的Gemini Ultra等模型的训练成本极高。

此外,根据其他预测,自带AI(bring your own AI,BYOAI)也将成为一种新的工作场所的趋势,员工能够将自己的AI工具和应用程序带到工作中,从而提高工作效率。然而,AI的快速发展也带来了一些问题,如法律风险和版权争议等。这些问题需要随着技术的不断进步而得到妥善解决。综上所述,AI发展趋势呈现出多元化、深入化和产业化的特点,AI将在更多领域发挥重要的作用,同时也需要关注其带来的挑战和问题。

4. 研究价值

AI的研究具有广泛的价值,不仅涵盖了科学研究领域,还对社会、经济和技术领域产生了深远的影响。

AI可以解决许多复杂的问题,包括自然语言处理、图像识别、医学诊断、气象预测、交通管理等;AI技术可以自动化许多任务和流程,从而提高生产力和效率。例如,自动化机器人、AI系统管理物流和库存,自动化汽车改善交通流量;AI在医疗领域有巨大的潜力,可以帮助医生诊断疾病、制定治疗计划、监测患者的健康状况,并加速新药物的发现和研发;AI可以用于监测网络安全漏洞,预测犯罪和恐怖袭击,加强国家和个人的安全防御;AI可以加速科学研究的进程,帮助科学家处理和分析大规模的数据,模拟复杂的系统,并发现新的模式和关联;AI技术可以提供在线教育和个性化学习,帮助学生更好地理解和掌握知识;AI的不断发展鼓励了创新,激发了新的商业模式和应用领域的出现,有助于经济的增长和竞争力的提升。

AI的研究价值不仅在于解决实际问题,还在于推动科技进步、改善人类生活环境、加强安全防护和应对全球挑战。

5. 生成式AI模型的兴起

生成式AI(artificial intelligence generated content,AIGC)是指深度学习模型,它可以获取原始数据(例如,所有维基百科或伦勃朗的作品集),并在出现提示时"学习"生成统计上可能的输出。在较高的层次上,生成模型对所用的训练数据的简化表示进行编码,并从中提取内容来创建类似的新作品,但与原始数据不同。

多年来,统计学中一直使用生成模型来分析数值数据。然而,随着深度学习的兴起,现在可将它们扩展到图像、语音和其他复杂数据类型。实现这一跨界壮举的一流模型是2013年推出的变分自动编码器(variational auto encoder,VAE)。VAE是第一个广泛用于生成逼真图像和语音的深度学习模型。我们今天所认为的生成式AI大部分都是从VAE开始的。

生成式AI模型的早期示例已经展示了其可能性,例如,GPT-4、BERT或DALL-E 2。未来的模型使用大量未标记数据进行训练,这些数据可用于不同的任务,并且只需进行微调。在单一领域执行特定任务的系统正让位于广泛的AI,后者可以更广泛地学习并跨领域和跨问题工作。目前,基础模型是在大型、未标记的数据集上进行训练,并针对一系列应用程序进行微调,这些模型正在推动这一转变。

ChatGPT(chat generative pre-trained transformer)在国际上掀起热潮后,我国的生成式AI技术也迎来了蓬勃发展。国产AI模型的前景非常广阔,尤其是在我国国家战略的推动下,AI领域正在迅速发展。我国的公司和研究机构都在积极进行研发,并取得了一些重大进展,国产大语言模型有:阿里巴巴的通义千问、百度的文心一言、智源的"悟道"、微信的WeLM、360的360智脑、商汤的商量、昆仑万维的天工、清华的OpenBMB、科大讯飞的讯飞星火认知大模型。这些大模型通过细分行业,增强了AI技术的通用性,配合专业的工具和平台支持应用落地,能进一步开放生态,激发创新,形成良性循环,助力普惠AI的实现。

6. AI+

在2024年全国两会上,一个新的关键词——人工智能+(AI+)引发热议。从2023年的AI语言模型ChatGPT到2024年的视频生成模型Sora,一系列AIGC(人工智能生成内容)相继问世、更新迭代,AI的影响面越来越广,让人们直观地感受到未来已来。

2024年,AI+首次被写入《政府工作报告》,"开展'人工智能+'行动,打造具有国际竞争力的数字产业集群。"这不仅标志着AI技术在国家发展中的地位日益提升,也预示着人们的生活即将迎来更深层次的变革。

AI+的到来意味着日常生活将变得更加便捷、舒适和个性化。例如,在医疗领域,AI辅助诊断技术可以帮助医生更准确地识别疾病,提高诊疗效率;在教育领域,智能教学系统可以根据学生的个体差异定制个性化的学习方案;在出行领域,自动驾驶技术的进步将极大地提升交通安全性和出行便利性;在日常生活中,智能家居的应用使家庭生活自动化程度大大提高,可以节省人力,提升生活质量。值得注意的是,AI也给社会伦理和安全带来了新的挑战。隐私保护、数据安全、AI伦理等问题日益凸显。AI技术的广泛应用需要有严格的法律法规和道德标准,以确保技术发展不仅符合效率和效益的要求,更要兼顾公平、正义和人类福祉。

AI不仅改变了人们工作的方式,提高了生活的质量,而且不断拓宽着人类的想象边界。面对这一切,我们需要拥抱变化,积极适应新时代的要求,同时也要保持警觉,确保科技发展的方向能够真正造福人类。通过共同努力,我们有理由相信,AI+时代将是一个更加智能、更加人性化、更加美好的世界。

1.8.2 云计算

云计算(cloud computing)是分布式计算的一种,指的是通过网络"云"将巨大的数据计算处理程序分解成无数个小程序,然后通过多部服务器组成的系统来处理和分析这些小程序,得到结果并返回给用户。早期的云计算,就是简单的分布式计算,解决任务分发,并进行计算结果的合并。因此云计算又称为网格计算。通过这项技术,可以在很短的时间内(几秒)完成对数以万计的数据的处理,进而提供强大而安全的"计算力"。

1. 概述

很多人听说过或接触过云计算,但并没有真正理解云计算到底是什么。如百度智能云就是一种最基础的云计算服务产品。在没有百度网盘之前,存储资料主要的途径是本地存储。将资料移动到另一台计算机上,最常见的操作就是用U盘复制,或者通过QQ等聊天软件来传输资料。有了百度网盘这样的云存储应用程序(application,APP)之后,只需要在不同的设备上下载相应的APP,就能实现数据的上传、下载。百度网盘的工作原理就是将数据存储到云端,方便用户随时随地使用。

同样使用云计算功能的APP还有很多,如手机的云备份服务、云笔记等。从事剪辑、后期制作等工作的用户需要工作站拥有非常强劲的性能。中国电影《流浪地球》,它的特效可以说是比肩好莱坞的水准。该电影后期的制作用到了华为云平台的云渲染等相关服务。

美国国家标准及技术协会(National Institute of Standards and Technology,NIST)对云计算的定义:云计算是一种模型,它可以实现随时随地、便捷地、随需应变地从可配置计算资源共享池中获取所需的资源(如网络、服务器、存储、应用及服务等),资源能够快速供应并释放,使管理资源的工作量和与服务提供商的交互减小到最低限度。从其定义中也可以总结出云计算的优势,如表1-10所示。

表1-10 云计算的定义和优势

定义	优势
随时随地、便捷地	广泛的网络接入
随需应变、资源能够快速供应并释放	快速弹性伸缩
使管理资源的工作量和与服务提供商的交互减小到最低限度	按需自助服务

2. 服务类型

云计算的服务类型主要分为三类,即基础设施即服务(infrastructure as a service,IaaS)、平台即服务(platform as a service,PaaS)、软件即服务(software as a service,SaaS)。这三类服务通常称为云计算堆栈,主要原因是它们构建堆栈,位于彼此之上。下面简要介绍一下这三类服务以及三者之间的区别,如图1-42所示。

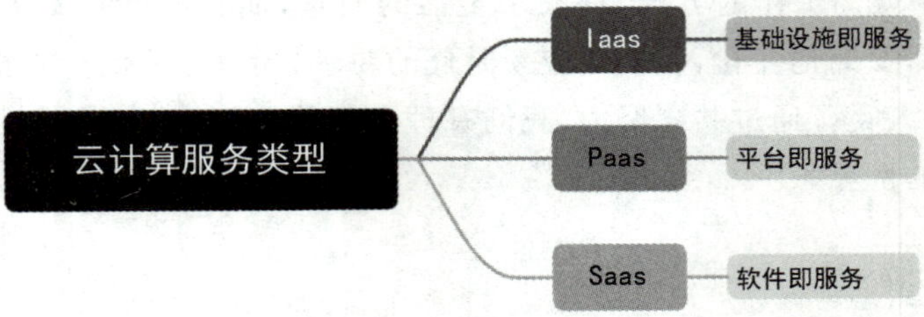

图1-42 云计算服务类型

(1)IaaS

IaaS是云计算主要的服务类型之一,主要向个人或者团体组织提供虚拟化计算资源,如存储、虚拟机及操作系统。

(2)PaaS

PaaS是指通过全球互联网构建应用程序和服务的平台提供给客户。它为开发、测试和管理应用程序提供按需开发环境。

(3)SaaS

SaaS和PaaS类似,通过互联网提供软件服务。它允许用户连接到应用程序并且通过全球互联网访问应用程序。

IaaS、PaaS、SaaS的区别如图1-43所示。

图1-43　IaaS、PaaS、Saas的区别

3.发展现状

近年来,我国云计算产业发展迅猛,保持30%以上的年均增长率,我国成为全球增速较快的市场之一。云计算应用正向制造、政务、金融、医疗、教育等领域延伸拓展。目前,云计算应用的普及促使开源技术广受关注,并逐渐成为产业发展的重要支撑。云计算仍将迎来下一个黄金十年,进入普惠发展期。

(1)全球云计算行业发展情况

根据Gartner统计,2021年以IaaS、PaaS、SaaS为代表的全球公有云市场规模达到了3 307亿美元,增速为32.5%。

(2)我国云计算行业发展情况

我国云计算市场规模持续高速增长。2021年我国云计算总体处于快速发展阶段,市场规模达3.229亿元,较2020年增长54.4%。其中公有云市场继续高歌猛进,规模增长70.8%至2.181亿元,有望成为未来几年我国云计算市场增长的主要动力。与此同时,私有云市场突破千亿元大关,同比增长28.7%至1.048亿元。

我国公有云IaaS及PaaS保持高速增长,SaaS稳步发展。2021年,公有云IaaS市场规模达1 614.7亿元,增速为80.4%,占总体规模的比例接近3/4;PaaS依然保持着各细分市场中最高的增长速度,同比增长90.7%至196亿元;SaaS市场继续稳步发展,规模达到370.4亿元,增速略微滑落至32.9%,预计在企业上云等相关政策的推动下,有望在未来数年内随着数字化转型重启增长态势。

4. 发展趋势

(1)云安全

在传统数据存储与云存储之间,很多企业更愿意将数据存储到公有云,企业的数据在云端不安全的想法已经不再是影响企业存储数据的主要因素。很多企业不能提供与领先的云服务提供商水平相匹配的安全知识。这表示企业不能依赖厂商来确保数据和服务的安全,企业的员工必须了解并且努力保障数据安全。为了确保企业的数据安全,专业人士必须学习如何使用云计算服务商提供的安全工具。

(2)云迁移和部署

互联网数据中心(internet data center,IDC) 的报告显示,企业向公有云的迁移在逐渐加速,企业更需要专业知识丰富的人员迁移他们的应用和服务。向云端迁移的同时也面临一些风险。如果没有熟悉这个过程的专业人员,企业会面临关键应用程序宕机的风险,在迁移过程中的错误会带来安全漏洞。在企业中,多云部署越来越普遍,企业希望根据性能和成本灵活选择不同的环境。因此,专业人员会考虑在多个平台上扩展自己的技能,如亚马逊云、百度智能云、阿里云、腾讯云及谷歌云平台。

未来,云计算的发展将会有一个较大的突破,云计算的产业和大数据产业将呈现规模化发展趋势,市场上的红利可观,创新、服务、合作、技术将推动互联网科技企业走得更高、更远。

1.8.3 区块链

1. 概述

区块链是一种分布式存储,是基于点对点传输、共识机制、加密算法等计算机技术的新型应用模式。区块链源于比特币(BTC),是为了实现比特币交易而发明的一种技术,本质上是一个去中心化的数据库,同时作为比特币的底层技术。它使用密码学的方法关联产生的数据块,每一个数据块中包含了一批比特币的交易信息,主要的目的是验证信息的有效性和生成下一个区块。

2. 发展现状

2009 年以来,世界上出现了各式各样的数据比特币,但是它们都是基于公有区块链的。如今,除了比特币,还出现了很多其他的数字货币,如以太币(ETH)、泰达币(USDT)、莱特币(LTC)等。

2016 年 1 月 20 日,中国人民银行在北京召开了数字货币研讨会,在会议中有关负责人表示对数字货币的研究取得了阶段性的成果,肯定了数字货币在降低传统货币发行等方面的价值,表示央行在探索发行新货币。区块链的应用有很多,如智能合约、证券交易、存在性证明、文件存储、身份验证、股权众筹等。2019 年 8 月 2 日,中国人民银行召开 2019 年下半年工作电视会议,提出要加快推出我国法定数字货币的研发步伐。

3. 发展历程

区块链 1.0——数字货币。

区块链 2.0——数字资产与智能合约。

区块链 3.0——区块链自治组织(DAO)、区块链自治公司(DAC)大量出现，逐渐演变为区块链大社会(科学、医疗、教育 ETC、区块链＋AI)。

4. 发展趋势

近年来，区块链技术的发展日新月异，从最初的比特币到现在的各种应用，区块链已经渗透众多领域。

(1)跨行业应用

随着区块链技术的不断成熟，其应用场景也越来越广泛。除了金融领域外，区块链还应用于供应链管理、物联网、医疗、版权保护等多个领域。例如，通过区块链技术可以实现供应链的透明化，提高效率，降低成本；在物联网领域，区块链可以用于数据存储和传输，保证数据的安全性和完整性。

(2)隐私保护和数据安全

区块链技术的一个重要特点是去中心化，这使得区块链上的数据具有很高的安全性。然而，这也带来了隐私保护的问题。在未来的发展中，如何平衡隐私保护和数据安全将成为一个重要的课题。解决方案包括使用零知识证明、同态加密等技术来保护用户数据的隐私。

(3)跨链技术

目前，市场上的区块链平台有很多，但它们之间的互操作性仍然是一个问题。为了解决这个问题，跨链技术应运而生。跨链技术可以实现不同区块链之间高效、安全的数据传输和互操作，从而推动区块链技术的广泛应用。未来，跨链技术的发展将为区块链生态的繁荣奠定基础。

(4)企业级应用

目前，区块链技术的主要应用还集中在个人和中小企业层面，但随着区块链技术的成熟和监管环境的改善，大型企业将更加积极地参与到区块链应用中来。这将推动区块链技术在供应链管理、财务管理、数据共享等方面的大规模应用。

(5)监管和合规

随着区块链技术的普及，各国政府也开始关注这一技术的发展。可以预见，政府将对区块链进行更加严格的监管，以确保其在合法合规的前提下发展。这将为区块链技术的健康发展提供保障。

1.8.4　大数据

随着数字化时代的到来，大数据已经成为各行各业的一项重要资源。它是指数据量巨大、复杂多样的信息集合，通常无法用传统的数据处理方法来管理和分析。大数据处理旨在有效地存储、管理、分析和应用这些庞大的数据集。

1. 概述

大数据(big data)本身是一个比较抽象的概念，从字面来看，它表示规模庞大的数据。但是仅仅数量上的庞大无法表示出大数据和以往的“海量数据”(massive data)、“超大规模数据”(very large data)等概念之间的区别。针对大数据，目前存在多种不同的理解和定义。

麦肯锡在其报告 *Big data: The next frontier for innovation, competition and produc-*

tivity 中给出的大数据的定义是:一种规模大到在获取、存储、管理、分析方面大大超出了传统数据库软件工具能力范围的数据集合。

维基百科对大数据的解读是:大数据或称巨量数据、海量数据、大资料,指的是所涉及的数据量规模巨大到无法通过人工,在合理时间内达到截取、管理、处理并整理成为人类所能解读的信息。

研究机构 Gartner 认为,大数据是需要新处理模式才能具有更强的决策力、洞察发现力和流程优化能力的海量、高增长率和多样化的信息资产。从数据类别上看,大数据指的是无法使用传统流程或工具进行处理、分析的信息。它定义了哪些是超出正常处理范围和大小、迫使用户采用非传统处理方法的数据集。

按照 NIST 发布的研究报告的定义,大数据是用来描述在网络的、数字的、遍布传感器的、信息驱动的世界中呈现出的数据泛滥的常用词语。大量数据资源为解决以前不可能解决的问题带来了可能性。

2. 特点

虽然大数据的定义没有统一,但是国际知名咨询公司 IDC 定义的大数据的 4 个特征被业界广泛接受,也就是 4V 特征——数据量大(volume)、数据种类多(variety)、数据价值密度低(value) 以及数据产生和处理速度快(velocity)。

第一,数据量大。传感器、物联网、工业互联网、车联网、手机、平板计算机等,无一不是数据来源或者数据承载体。在当今的数字时代,人们的日常生活(微信、QQ、网上搜索与购物等)都产生着数量庞大的数据。大数据不再以 GB 或 TB 为单位来衡量,而是以 PB(2^{10} TB)、EB(2^{20} TB)或 ZB(20^{30} TB)为计量单位,从 TB 跃升到 PB、EB 乃至 ZB 级别,这就是大数据的首要特征。

第二,数据种类多。大数据不仅体现为量的急剧增长,数据类型亦是多样,可分为结构化、半结构化和非结构化数据。在 IT 应用中,结构化数据存储主要由关系型数据库主导;半结构化数据包括电子邮件、文字处理文件及大量的网络新闻等,以内容为基础;而非结构化数据随着社交网络、移动计算和传感器等新技术的应用不断产生,广泛存在于社交网络、物联网、电子商务之中。有报告称,全世界结构化数据和非结构化数据的增长率分别是 32%、63%,网络日志、音视频、图片、地理位置信息等非结构化数据量占比达到 80%左右,并在逐步提升。

第三,数据价值密度低。大数据的重点不在于其数据量的增长,而是在信息爆炸时代对数据价值的再挖掘,即如何挖掘出大数据的有效信息才是至关重要的。价值密度的高低与数据总量的大小成反比。虽然价值密度低是大数据日益凸显的一个特性,但是对大数据进行研究、分析、挖掘仍然是具有深刻意义的,大数据的价值依然是不可估量的。毕竟,价值是推动一切技术(包括大数据技术)研究和发展的决定性内生动力。

第四,数据产生和处理速度快。美国互联网数据中心指出,企业数据正在以 55% 的速度逐年增长,互联网数据每年将增长 50%,每两年便将翻一番。IBM 研究表明,整个人类文明所获得的全部数据中,90%是过去两年内产生的。要求数据处理速度快也是大数据区别于传统数据挖掘技术的本质特征。有学者提出了"一秒定律",意思就是在这一秒有用的数据,下一秒就可能没有用。数据价值除了与数据规模相关,还与数据处理速度成正比关系,也就是说,数据处理速度越快、越及时,其发挥的效能和价值就越大。

3. 发展趋势

在信息量爆炸的时代，大数据技术的迭代速度加快，推动了大数据的快速发展。这种发展不仅改变了人们的生活方式和商业模式，还对各行各业产生了深远的影响。随着技术的不断进步，我们将看到更多的数据被收集、分析和利用，从而为决策提供更准确的依据。未来，大数据将继续发展，并引领新的趋势。

(1)数据管理成为核心竞争力

随着"数据资产是企业的核心资产"的理念深入人心，企业对数据管理有了更清晰的定义。数据管理也越来越被视为企业的核心竞争力、可持续发展、战略规划和有效利用数据资产的关键。数据资产管理的效率与主营业务收入、销售收入增长率之间存在显著的正相关关系。

(2)数据生态系统的复合化程度增强

大数据不再是一个巨大的依附在计算机网络上的数据，而是一个由许多活跃组件和多个参与者元素构成的生态系统。这个生态系统包括门户服务提供商、数据业务使能者、数据业务提供商、联络点服务和数据业务零售商等一系列参与者。它们共同构建了终端设备提供商、基础设施提供商、网络服务提供商和网络接口。

(3)数据泄露猖獗，企业需提前完善数据安全防范措施

未来，如果不从源头上保护企业数据，那么数据泄露几乎成为必然。可以说，未来每一家世界500强企业，无论是否采取了安全防范措施，都将面临数据攻击。所有企业也需重新审视自身对数据安全的定义，重视保护自身和客户数据，需要在创建时保护所有数据，而不是在数据存储的最终阶段才保护数据。

(4)与云计算的深度集成

云计算为大数据提供了弹性的、可扩展的基础设施，是生成大数据的平台之一。近年来，大数据技术开始与云计算技术紧密结合，预计二者的关系将更加紧密。此外，物联网、移动互联网等新兴计算形态也将推动大数据革命，让大数据营销发挥更大的影响力。

(5)从单域单模态分析到多域多模态融合，实现广谱关联计算

在传统的大数据分析技术中，通常只关注单一来源和单一模态的数据。然而，在实际应用中，常常要对不同来源和不同模态(如文本、图像、音视频等)的数据进行联合分析，以实现不同来源和不同模态的数据之间的信息互补。此外，许多领域的大数据具有重要的时空属性，但目前对这类信息的利用还不够充分。因此，研究能够跨模态关联和跨时空关联的广谱关联技术成为大数据分析处理的一个重要趋势。

(6)数据与应用进一步分离，实现数据要素化

依附于具体应用的数据在数据库技术出现后实现了第一次分离，数据存储在数据库中，不再依赖具体的应用。数据与应用进一步分离，使数据以独立的形式存在于数据库中，并通过数据服务向各种业务场景提供服务。这种数据的要素化需求推动了数据与应用的解耦，使数据成为独立的资源，能够更灵活地为不同的业务场景提供支持。

(7)大数据管理与处理系统体系结构异构化日趋明显

处理系统体系结构正处于创新的黄金时期，各种新型加速器[如图形处理单元(graphics processing unit，GPU)、张量处理器(tensor processing unit，TPU)、加速处理器(accelerated processing unit，APU)等]针对不同的数据处理特征不断涌现，存储器件也在快速发展，高速

固态盘、新型非易失内存以及新型计算机网络等成为大数据处理系统中重要的硬件配置。计算与存储的融合趋势也变得明显。为了充分发挥数据管理能力,大数据管理系统需要在存储、网络、计算等新型硬件上最大化挖掘它们的处理能力。因此,根据不同的数据处理需求,配置不同的计算与存储硬件已成为大数据处理系统的主流架构。此外,数据驱动的计算架构也在快速发展,从控制流到数据流再到系统设计,这种转变成为大数据处理系统从微观到宏观的重要体系结构设计理念。

(8)近数处理成为突破大数据处理系统性能瓶颈的重要途径

存算一体类体系结构技术的快速发展,使得新型存储设备,如固态盘等的功能更加丰富。同时,分布式计算系统的边缘能力也在迅速发展。这种体系结构技术的发展为大数据近数处理提供了良好的发展机会。近数处理体现在以下几个方面:首先是存储上移,即将存储设备如GPU、现场可编程门阵列(field programmable gate array,FPGA)等集成为高带宽存储器(high bandwidth memory,HBM),提高数据处理效率;其次是算力下沉,即将处理能力集成到动态随机存储器或固态盘等存储设备中,提高计算性能;最后是分布扩展,即在云、边、端等分布式环境中处理数据,减轻数据处理中心的压力。

1.8.5 虚拟现实与增强现实

1. 概要

(1)虚拟现实技术及应用场景

虚拟现实(virtual reality,VR)是一种能够使人置身于虚拟世界中的人机交互技术。通过运用仿真、电子信息、计算机、传感器等多种技术手段,营造出一个与现实世界完全隔离的虚拟世界,同时为用户模拟视觉、听觉、触觉等感官体验,使用户能够获得身临其境的沉浸感。

VR 通过头戴设备和手持控制器,创造出一个全方位、沉浸式的虚拟环境,让用户仿佛置身于另一个世界。在娱乐领域,如游戏和电影中,VR 提供了前所未有的体验,使用户能够全身心地融入虚拟故事和环境中。

此外,VR 在教育和培训方面的应用也日益增多。例如,在医学领域,VR 技术使学生能够在无风险的环境下进行手术练习,极大地提升了学习效率和安全性。在建筑和设计领域,通过 VR 技术,设计师能够以全新的视角审视作品,甚至在建造之前就能进行空间体验。

(2)增强现实技术及应用场景

增强现实(augmented reality,AR)是一种将虚拟信息和真实世界完美叠加的人机交互技术。通过运用 AR 光学显示、三维建模、实时定位、多媒体、智能交互等多种技术手段,将计算机生成的文字、图像、视频、三维模型等虚拟信息模拟仿真后,应用到现实世界中,从而实现对现实世界的“增强”。

与 VR 相比,AR 技术不需要完全沉浸在一个虚拟环境中,而是将虚拟信息叠加到现实世界中,为用户提供更加自然和直观的交互方式。在零售和商业领域,AR 技术正改变着消费者的购物体验。例如,顾客可以通过智能手机的 AR 应用,预览家具或服装在现实生活中的样式,从而做出更明智的购买决定。

在教育领域,AR 提供了互动式学习体验,例如,通过 AR 模型可以学习复杂的科学概念和历史事件。在医疗行业,AR 技术可以帮助医生在手术中实时查看患者的三维内部结构,提高手术的精确性和安全性。

此外，AR 在旅游和文化领域中的应用也日益增多，例如，通过 AR 技术，游客可以在历史遗迹现场看到古代文明的复原场景，增强文化体验的沉浸感。

由于 AR 技术通常只需要智能手机或平板计算机，因此比 VR 更易于普及和使用。随着智能设备性能的提升和 AR 技术的进步，AR 的应用前景也非常广阔。

2. AR 与 VR 的区别

通俗地讲，AR 就是为人赋能，使人们在现实世界中拥有“超能力”。VR 则是将人放到虚拟世界中，使人们体验幻境带来的感官刺激。

(1)设备上的区别

VR 设备：因为 VR 是纯虚拟场景，所以 VR 设备更多用于用户与虚拟场景的交互，更多使用位置跟踪器、数据手套(5DT 等)、动捕系统、数据头盔等。

AR 设备：由于 AR 是现实场景和虚拟场景的结合，因此基本都需要摄像头，在摄像头拍摄的画面的基础上，结合虚拟画面进行展示和互动，如谷歌眼镜(Google Project Glass)(严格来说，平板计算机、手机这些带摄像头的智能产品，都可以用于 AR，只要安装 AR 软件就可以。)

(2)用途区别

AR 主要应用于教学、广告、医疗、工业领域；VR 主要应用于游戏娱乐领域。

3. 发展趋势

我国 VR 和 AR 行业的发展趋势是技术创新持续推动、应用场景不断拓展、与其他技术融合发展、市场规模快速增长。随着技术的不断进步和应用场景的不断拓展，VR 和 AR 将继续保持快速发展的态势，并成为未来科技产业的重要组成部分。

(1)软硬件技术创新

随着技术的不断创新，VR 和 AR 的硬件和软件将继续进步。更高的分辨率、更快的处理速度、更轻便的设备等的实现将改善用户体验，使虚拟和增强现实更为逼真和实用。

(2)元宇宙构建

VR 和 AR 有望成为构建元宇宙的关键技术，从而形成一个巨大的数字空间，人们可以在其中创造、交互、共享，推动数字社会的发展。

(3)医疗和康复

在医疗领域，VR 和 AR 将发挥越来越大的作用，包括手术模拟、远程诊疗、康复治疗等方面。这将提高医疗效率，改善患者治疗体验。

(4)教育和培训

VR 和 AR 将在教育和培训中扮演重要角色。学生可以通过虚拟场景进行更实际的学习；而企业可以使用 AR 技术进行实地培训，提高员工的技能水平。

(5)文化和旅游体验

未来，人们能够通过 VR 和 AR 技术实现更为丰富的文化体验和虚拟旅游。这将改变人们参与文化活动和旅游的方式，而不受地理位置的限制。

(6)商业和营销

VR 和 AR 将在商业和营销中发挥创新作用。企业可以通过虚拟现实为消费者提供更丰富的购物体验，推动品牌推广和用户互动。

(7)智能眼镜和可穿戴设备

随着技术的进步,未来会有更多智能眼镜和可穿戴设备,这些设备将融合 AR 技术,提供更便捷、实用的增强现实体验。

总体而言,VR 和 AR 的未来发展前景非常广阔,将改变人们与数字世界互动的方式,推动数字化社会不断进步。

1.8.6 数字孪生

1. 概述

数字孪生(digital twin)又称为数字映射、数字镜像。数字孪生是充分利用物理模型、传感器更新、运行历史等数据,集成多学科、多物理量、多尺度、多概率的仿真过程,在虚拟空间中完成映射,从而反映相应的实体装备的全生命周期过程。数字孪生是一种超越现实的概念,可以视为一个或多个重要的、彼此依赖的装备系统的数字映射系统。简单来说,数字孪生就是在一个设备或系统的基础上创造一个数字版的"克隆体"。图 1-44 为世界最大客机空中客车 A380 实物图和 3D 模型图。

图 1-44 世界最大客机空中客车 A380 实物图和 3D 模型图

2. 发展历程

数字孪生技术的发展历程是新一代信息技术不断集成融合的过程。数字孪生技术的发展历程大致可以分 4 个阶段。数字孪生萌芽期,以模型仿真驱动为特征;数字孪生概念期,以模型与感知控制驱动为特征;数字孪生推广期,以模型、感知、空间位置等多技术融合驱动为特征;数字孪生壮大期,以模型、位置、感知、交互、AI 等技术全面融合驱动为特征。可以看出,每个阶段均呈现出多技术的集成与融合,并形成一种综合性更强的技术。

3. 应用领域

数字孪生可以用来解决现实中包括但不限于综合管理或工业制造过程中资源分配不合理带来的各种问题。数字孪生可以应用于多个领域,以下是一些常见的数字孪生应用领域。

(1)制造业

数字孪生可以被用于产品生产制造的全生命周期。比如,在正式生产之前,企业可以通过仿真模拟,在虚拟环境中验证生产线的排产、生产环节,加速产品优化;在产品正式投入使用后,企业可以通过工业互联网收集报错、产品更新等产品数据信息,进行针对性的、及时的闭环优化。例如,汽车制造商可以使用数字孪生来模拟汽车的设计和生产过程,以便更好地了解如何提高生产效率和质量。

(2)航空航天

作为科技前沿的应用领域,航空航天对数字孪生技术的应用最早。“孪生”的概念最早出现于1969年美国的阿波罗项目中,美国国家航空航天局(National Aeronautics and Space Administration,NASA)通过制造两个完全相同的航天器,形成“物理孪生”,这是早期数字孪生技术应用的雏形。随着技术的迭代发展,数字孪生技术在航空航天产品研发、故障检测、系统管控等方面都有着广泛的应用。例如,借助基于数字孪生的3D体验平台,利用用户在虚拟空间进行产品体验并反馈的信息来不断改进修正产品设计模型,进而对物理实体产品进行改进提升;或者借助数字孪生,结合传统故障分析方法,对飞行器的疲劳裂纹等故障进行分析并实现更准确的预测。

(3)建筑业

数字孪生技术在建筑业中也有着广泛的应用。数字孪生技术可以为建筑师和工程师提供一个可视化的平台,便于设计和模拟建筑项目。利用数字孪生技术可以模拟建筑物所能适应的各种环境参数,例如温度、湿度、风速等,以及模拟建筑物在不同天气条件下的性能;还可以通过模拟不同的建筑设计方案,为建筑师和工程师提供建议和优化方案,从而提高建筑物的质量和可靠性。

(4)医疗保健

从造物角度来讲,人体比机械要复杂得多。人体有40～60万亿个细胞,每一个细胞生命周期里又有4 200万的蛋白质。将基于人体相关的多学科、多专业知识全部注入人体的数字孪生体中,有利于降低各种手术风险,提高手术成功率,改进药物研发,提高药物的效用。随着数字孪生技术的发展,为患者提供个体化的诊断和治疗成为可能,数字孪生技术在医疗保健中的应用被认为是未来精准医学的一部分。

(5)能源

2023年,国家能源局印发了《关于加快推进能源数字化智能化发展的若干意见》,指出要探索AI及数字孪生在电网智能辅助决策和调控方面的应用,推动实体电网数字呈现、仿真和决策;推动面向能源装备和系统的数字孪生模型及智能控制算法开发。

2023年5月,在杭州亚运村,国网浙江省电力有限公司以环亚运村电网为核心,将能源互联网物理系统实时、完整地映射为数据,这是国内首次建成覆盖整个区域性电网、涵盖输变配全要素的数字孪生电网。数字孪生技术可以用于能源系统的设计、仿真和优化,提高能源生产效率和可持续性。

(6)农业

利用数字孪生技术可以使智慧农业的生产过程更加智能化和精准化。数字孪生技术可以对农业生产过程中的各种因素进行实时监控,如土壤温度、湿度、氧气含量、二氧化碳含量等,这些数据可以通过传感器实时采集,并反馈给数字孪生系统。数字孪生系统可以对这些数据进行分析,并通过数据可视化的方式呈现出来,以便人们更好地了解农作物的生长环境,从而更好地调整农业生产策略,提高农业生产效率和产量。

(7)城市规划

利用数字孪生技术可以对城市的地形、建筑、交通、市政设施等进行高精度的三维建模和模拟,为城市规划和设计提供决策支持。例如,利用数字孪生技术,可以模拟城市的开发空间、人口、交通流量等指标,分析城市的未来发展趋势和规划方向,制定可持续发展方案。还可以实现对城市各项建设和运营过程的数字化监控和管理。例如,可以利用数字孪生技术监测和管理城市供水、供电、供暖、供气等基础设施的运行状态和资源利用情况,通过数据分析和仿真模拟,优化资源配置和设备保养,提高基础设施的可靠性和服务质量。

(8)物流

在仓储物流领域,不少企业开始启用数字孪生技术,对货架、物料、托盘及各类自动化设备等仓库全景实现高质量孪生重建,实现数字世界与物理世界的映射,还原仓库实时运行状态。同时,与看板系统结合,对各项运营指标进行分析和实时监控,实现全链路数据管理,保证仓库有序、高效运行,最大化释放企业仓储潜能。

除典型应用场景外,数字孪生技术因其独特的技术优势在一些长尾市场也有广泛的应用,并且随着技术的不断成熟,其应用范围和深度也在持续递增。

总之,数字孪生技术在各个领域的应用已经成为不可忽视的趋势。数字孪生技术可以通过建立虚拟模型、收集大量的数据、进行分析和模拟等方式,为企业、医疗机构等提供重要的决策支持,从而提高效率、降低成本、提高质量,促进各个领域的发展和进步。

4. 发展趋势

首先,VR 和 AR 技术的发展正在加速数字孪生技术的应用。通过数字孪生技术,可以创建物理世界的"虚拟副本",使用户能够通过 VR 或 AR 设备与其进行交互。VR 和 AR 技术的发展使数字孪生技术在建筑工程项目的设计、施工和运维阶段的应用变得更加广泛和高效。在制造业中,工程师可以使用数字孪生技术进行生产线的设计和优化,从而大大提高生产质量和生产效率。其次,AI 的进步正在改变数字孪生技术的发展方向。将大数据和机器学习技术应用于数字孪生模型中,可以实现更精确和准确的预测和决策支持。例如,在城市规划和管理领域,数字孪生技术与 AI 相结合可以帮助智能城市系统识别并解决城市交通拥堵、能源消耗等问题。AI 的应用也使数字孪生技术能够更好地模拟和预测实时环境中的各种因素,从而为人们做出更准确、可靠的解决方案和决策提供依据。

数字孪生技术在可持续发展领域中发挥着重要作用。通过数字孪生技术,可以对资源利用、环境影响和碳足迹等方面进行实时监测和评估。例如,在能源行业中,数字孪生技术可以帮助企业更精确地预测能源消耗,从而优化能源使用并减少碳排放。

最后,随着 5G 技术的应用、推广,数字孪生技术也将进一步发展和普及。5G 技术的高速、低延迟和可靠性为数字孪生技术的实时交互和数据传输提供了更好的条件。这将促使数字孪生技术在智慧城市、智能制造、远程医疗等领域得到更广泛和深入的应用。

总体而言,数字孪生技术正处于快速发展阶段,与 VR、AR、AI 和 5G 技术的结合可使其应用范围更加广泛和深入。未来,数字孪生技术将继续推动各个行业的发展,并为人们创造出更智能、高效和可持续的生活方式。

1.8.7 智能制造

1. 概述

智能制造(intelligent manufacturing,IM)是一种由智能机器和人类专家共同组成的人机一体化智能系统,它在制造过程中能进行智能活动,如分析、推理、判断、构思和决策等。通过人与智能机器的合作共事,去扩大、延伸和部分地取代人类专家在制造过程中的脑力劳动,把制造自动化的概念更新,扩展到柔性化、智能化和高度集成化。智能制造源于 AI 的研究,一般认为智能是知识和智力的总和，前者是智能的基础，后者是获取和运用知识求解的能力。智能制造包含智能制造技术和智能制造系统，智能制造系统不仅能够在实践中不断地充实知识库，而且还具有自学功能，具有搜集与理解环境信息和自身信息，并进行分析判断和规划自身行为的能力。

2. 国内发展现状

随着科技的飞速发展，“中国制造”向“中国智造”转型的故事正在上演。随着5G时代的到来，众多中国科技企业迅速崛起，进一步推动了“中国智造”的发展进程。1993年，中国对智能制造系统关键技术进行了探讨研究。近几年，政府和企业更加注重智能制造的发展，一是国家持续颁布了一些关于智能制造的发展政策，如《智能制造装备产业“十二五”发展规划》和《智能制造科技发展“十二五”专项规划》。中国以《中国制造2025》为实施制造强国战略第一个十年的行动纲领，各地方出台相关政策，来支持智能制造。二是国家正在进行智能制造试点示范，按照《2015年智能制造试点示范专项行动实施方案》和《关于开展2015年智能制造试点示范项目推荐的通知》，已经确定了覆盖38个行业的46个试点示范项目，涉及智能装备和产品、智能服务、智能化管理等6个类别。

当前，我国已具备发展智能制造的基础与条件。我国已经取得了一大批相关的基础研究成果，掌握了长期制约我国产业发展的部分智能制造技术，如机器人技术、感知技术、复杂制造系统、智能信息处理技术等。以新型传感器、智能控制系统、工业机器人、自动化成套生产线为代表的智能制造装备产业体系初步形成。我国制造业数字化已具备一定的基础。2024年规模以上工业企业在研发设计方面应用数字化工具的普及率已经达到54%，生产线上数控装备比重已经达到30%。

3. 发展趋势

智能制造推动企业转型升级，先进制造技术的加速融合使制造业的设计、生产、管理、服务各个环节日趋智能化，智能制造正在引领制造企业全流程的价值最大化。归纳来看，智能制造至少能从以下6个方面推动企业转型升级。

(1)智能设计

智能设计指应用智能化的设计手段及先进的设计信息化系统(如CAX、网络化协同设计、设计知识库等)，支持企业产品研发设计各个环节的智能化提升和优化运行。例如，实践中建模与仿真已广泛应用于产品设计，使新产品进入市场的时间大幅压缩。

(2)智能产品

在智能产品领域，互联网技术、AI、数字化技术嵌入传统产品设计，使产品逐步成为互联网化的智能终端。例如，将传感器、存储器、传输器、处理器等设备装入产品，使生产的产品具有动态存储、通信与分析能力，从而使产品具有可追溯、可追踪、可定位的特性，同时还能广泛采集消费者对创新产品设计的个性化需求。

(3)智能装备

智能制造模式下的工业生产装备需要与信息技术和AI等技术进行集成与融合，从而使传统生产装备具有感知、学习、分析与执行能力。生产企业进行装备智能化转型，可以从单机智能化、单机装备互联形成智能生产线或者智能车间着手。但值得注意的是，单纯的生产装备智能化还不算真正意义上的装备智能化，只有将市场和消费者的需求融入装备升级改造，才算得上是真正实现全产业链装备智能化。

(4)智能生产

在传统工业时代,产品的价值与价格完全由生产厂商主导,厂家生产什么,消费者就只能购买什么,生产的主动权完全由厂家掌控。而在智能制造时代,产品的生产方式不再是生产驱动,而是用户驱动,即生产智能化可以完全满足消费者的个性化定制需求,产品价值与定价不再由企业完全决定,而是由消费者的需求决定。

(5)智能管理

随着大数据、云计算等互联网技术、移动通信技术以及智能设备的成熟,管理智能化也成为可能。在整个智能制造系统中,企业管理者使用物联网、互联网等实现智能生产的横向集成,再利用移动通信技术与智能设备实现整个智能生产价值链的数字化集成,从而形成完整的智能管理系统。此外,生产企业使用大数据或者云计算等技术可以提高企业搜集数据的准确性与及时性,使智能管理更加高效与科学。

(6)智能服务

智能服务作为智能制造系统的末端组成部分,起到连接消费者与生产企业的作用。服务智能化最终体现在线上与线下的融合(如O2O服务),即一方面生产企业通过智能化生产不断拓展其业务范围,提升市场影响力,另一方面生产企业通过互联网技术、移动通信技术将消费者连接到企业生产当中,通过消费者的不断反馈来提升产品服务质量,提高客户体验度。

智能制造已成为我国建设制造强国的主攻方向,加快发展智能制造解决方案是推动我国制造迈向高质量发展、形成国际竞争新优势的必由之路。我国制造企业必须通过数字化转型来提升产品创新与管理能力,提质增效,从而赢得竞争优势,实现从“制造”向“智造”的转变。

第 2 章 操作系统基础

本章导读

操作系统面对的是复杂的硬件系统，以及众多速度差异巨大、功能各不相同的外部设备，因此对硬件进行抽象是操作系统最本质的任务。本章主要从抽象、结构、并发、复杂性等计算思维概念出发，讨论操作系统的结构、基本功能和基本操作方法。

知识列表

2.1 操作系统概述
2.2 常用操作系统的结构
2.3 操作系统的基本功能
2.4 Windows 7 操作系统
2.5 Windows 10 操作系统

2.1 操作系统概述

操作系统(operating system,OS)是配置在计算机硬件上的第一层软件,是对硬件系统的首次扩充。操作系统在计算机系统中占据了特别重要的地位,其他系统软件和应用软件都依赖于操作系统的支持。操作系统已成为现代计算机最基本的必配软件。

2.1.1 操作系统的定义、作用与基本特征

1. 操作系统的定义

操作系统是控制计算机硬件和软件资源的一组系统软件。操作系统能有效地组织和管理计算机中的硬件和软件资源,合理地组织计算机工作流程,控制程序的执行,并向用户提供各种服务功能,使用户能够灵活、方便、有效地使用计算机,并使整个计算机系统能够高效地运行。简单地说,操作系统就是操作计算机的系统软件。

操作系统的功能不是无限的,实际上计算机的很多功能是由应用软件实现的。操作系统主要负责控制和管理计算机,使其正常工作,众多应用软件才能充分发挥作用。操作系统与计算机软件和硬件的层次关系如图 2-1 所示。

图 2-1 操作系统与计算机软件和硬件的层次关系

2. 操作系统的作用

操作系统是直接运行在“裸机”上的基本系统软件,任何其他软件都必须在操作系统的支持下才能运行。从用户角度看,操作系统具有以下作用。

(1)方便用户使用

在操作系统出现之前,只有计算机专业人员才懂得怎样使用计算机;操作系统出现之后,不管用户是不是计算机专业人员,只要经过简单的培训,就能很容易地掌握计算机的使用方法。有了操作系统,人们不需要直接对计算机硬件设备“发号施令”,只需要把要做的事情“告诉”操作系统,操作系统再把任务安排给计算机去做,等计算机做完工作之后,操作系统再将结果“告诉”人们,这样就省事很多。无论是对用户还是对开发者,操作系统都极大地简化了计算机的使用。操作系统从用户角度提供了交互功能,从开发者角度提供了底层设备的统一接口、公共程序库等。

(2)隔离硬件设备

操作系统为所有应用软件提供了一个运行环境,并将应用软件与硬件设备隔离。操作系

统是用户和计算机之间的接口，同时也是计算机硬件和应用软件的接口。操作系统就像计算机的“大管家”，管理着计算机的各种资源，如 CPU、内存、磁盘等。应用软件若要使用这些资源，必须经过操作系统同意，并且由操作系统统一安排运行时间；应用软件用完资源后，必须将资源交还给操作系统，以便其他应用软件使用。计算机在操作系统的管理下，以最高的效率有条不紊地工作。

(3)提高资源利用率

对操作系统而言，CPU、内存、外存等都是资源，操作系统要考虑如何最大限度地利用计算机的所有资源。

(4)增强扩展能力

在不妨碍系统运行的前提下，操作系统为计算机应用和开发提供扩展能力，支持程序的新功能(如支持最新版 OpenGL 图形库，提升游戏程序的用户体验)，支持增加新设备(如触摸屏操作、智能感应操作等)，支持新服务(如智能手机与 PC 的近场通信等)。

3. 操作系统的基本特征

(1)并发性

为了使程序能并发执行，操作系统分别为每个静态的程序建立进程。进程是运行中的程序，进程可以在系统中独立运行并作为资源分配的基本单位，它是一个活动的实体。多个进程之间可以并发执行和交换信息。一个进程在运行时需要一定的资源，如 CPU 处理时间、内存空间等。进程的大小不一(与程序大小相关)，因此操作系统需要将进程再细分为几个不同的线程。

并发性是指两个或者多个事件在同一时间发生。在多核 CPU 运行环境下，并发性是指在一段时间内有多道程序同时在多个 CPU 中运行。在单核 CPU 运行环境下，程序被分成多个不同的线程，轮流在 CPU 中运行。由于每个线程运行的时间极短(纳秒级)，因此从用户的角度看(宏观)，这些程序是并行运行的；但是从微观看，每个时刻仅能执行一个线程，因此微观上这些程序是交替执行的。

(2)共享性

共享性是指系统中的资源可供内存中多个并发执行的进程共同使用。由于资源的属性不同，因此多个进程对资源的共享方式也不同。互斥共享方式适用于具有“独享”属性的设备资源(如打印机、显示器等)，它们只能以互斥方式使用；同时共享方式适用于具有“共享”属性的设备资源(如内存、磁盘等)，它们允许在一段时间内由多个进程同时使用。

(3)虚拟性

虚拟性是将一个物理实体变成若干个逻辑上的对应物。通过虚拟技术可以实现虚拟处理器、虚拟存储器、虚拟设备等。虚拟性是操作系统对硬件的一种抽象。

(4)不确定性

在多道程序运行的环境下，由于系统的共享资源有限(如只有有限的内存)，通常进程的执行并非“一气呵成”，而是以“走走停停”的方式运行。因此，进程何时执行，何时暂停，以怎样的方式向前推进，每个进程需要多少时间才能完成，都是不确定的。尽管如此，只要运行环境相同，进程经过多次运行都会获得预期的结果。

2.1.2　操作系统的类型

根据操作系统的功能，可将操作系统分为批处理操作系统、分时操作系统、网络操作系统、实时操作系统、嵌入式操作系统等。

1. 批处理操作系统

批处理操作系统的主要优点是:用户可以脱机使用计算机,操作方便;成批处理,提高了CPU利用率。它的缺点是无交互性,即用户一旦将程序提交给系统,就失去了对它的控制。目前,批处理操作系统已经被淘汰。

2. 分时操作系统

分时操作系统是指多个程序共享CPU的工作方式。操作系统将CPU的工作时间划分为若干时间片。操作系统以时间片为单位,轮流为每个程序服务。为了使CPU为多个程序服务,时间片很短(几十纳秒),CPU采用循环方式将这些时间片分配给等待处理的每个程序。由于时间片很短,循环执行很快,每个程序都能很快得到CPU的响应,好像每个程序都在独享CPU。分时操作系统的主要特点是允许多个用户同时在一台计算机中运行多个程序,每个程序都是独立操作、独立运行、互不干涉的。现代通用操作系统采用了分时处理技术,如Windows、Mac OS X和Linux等都是分时操作系统,如图2-2所示。

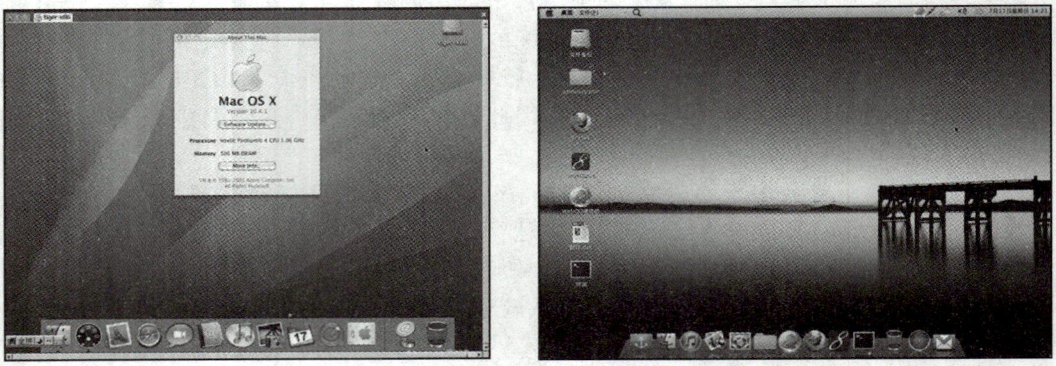

图2-2 Mac OS X操作系统和Linux操作系统桌面

3. 网络操作系统

网络操作系统的主要功能是为各种网络后台服务软件提供支持平台。网络操作系统主要运行的软件有:网站服务软件,如Web服务器、DNS(域名系统)服务器等;网络数据库软件,如Oracle、SQL Server等;网络通信软件,如聊天服务器、邮件服务器等;网络安全软件,如网络防火墙、数字签名服务器等,以及各种网络服务软件。常见的网络操作系统有Linux、FreeBSD、Windows Server等。

4. 实时操作系统

在操作系统理论中,实时性通常指特定操作所消耗时间(及空间)的上限是可预知的。例如,某个操作系统提供实时内存分配操作,即一个内存分配操作所用时间(及空间)不会超出操作系统所承诺的上限。实时操作系统主要用于工业控制、军事控制、语音通信、股市行情预测等领域。常用的实时操作系统有VxWorks、RTOS等,Linux经过一定剪裁后(定制),也可以改造成实时操作系统。

5. 嵌入式操作系统

(1)嵌入式操作系统的特征

嵌入式操作系统(embedded operating system,EOS)主要用于工业控制和国防领域。

EOS 负责嵌入系统全部软件和硬件资源的分配及任务调度、控制、协调等活动。目前，EOS 除了具备操作系统最基本的功能，如任务调度、同步机制、中断处理、文件功能等外，还具有以下特点。

①系统精简。EOS 一般用于小型电子设备，系统资源相对有限，所以系统内核比其他操作系统要小得多。例如，Enea 公司的 OSE 内核只有 5 KB 左右。EOS 中一般没有系统软件和应用软件的明显区分，要求功能设计及实现不要过于复杂，这样不仅利于控制成本，也利于实现系统安全。

②专用性强。EOS 与硬件的结合非常紧密，一般要针对硬件进行系统移植，即使在同一品牌、同一系列的产品中，也需要根据硬件的变化对系统进行修改。因此，EOS 需要根据不同设备对系统功能模块进行裁减和增加，这需要可伸缩的体系结构。

③实时性强。EOS 需要对各种设备进行实时控制，因此，系统软件和应用软件一般固化在 ROM 中，以提高运行速度。EOS 和应用软件很少使用辅助存储器。

④网络功能强大。支持 TCP/IP，为移动计算设备预留接口。

⑤稳定性强、交互性弱。

(2)常用 EOS

EOS 分为通用型 EOS 和专用型 EOS。通用型 EOS 主要有嵌入式 Linux、VxWorks(用于航空航天、军事、工业自动化等领域)、Android(用于智能手机等领域)等。专用型 EOS 主要有 μC/OS-Ⅲ(应用广泛的 EOS)、FreeRTOS(开源、轻量级实时 EOS)、Contiki(开源、可移植、TCP/IP 网络、多任务)、TinyOS(开源、基于元件、低能耗，主要用于无线传感器网络等)、QNX(最成功的微内核 EOS，用于车载信息娱乐系统等)、RS-RTOS(用于实时性强的工业控制、汽车电子设备等)、RT-Linux(用于航天飞机空间数据采集、科学仪器测控、电影特技等)、uClinux(用于路由器、机顶盒等)、Mbed OS(ARM 公司针对物联网低功耗设备开发的操作系统)、RTEMS(美国导弹与火箭控制实时系统)等。EOS 在工业控制领域的应用如图 2-3 所示。

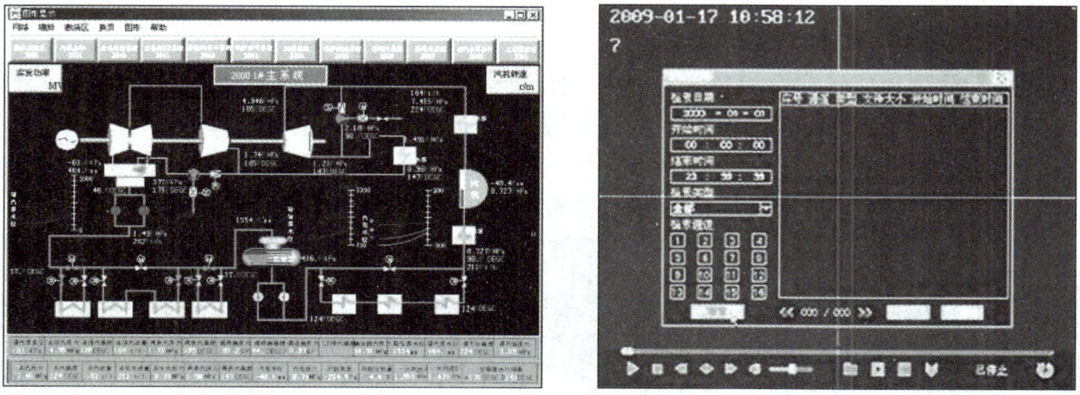

图 2-3　EOS 在工业控制领域的应用

2.1.3　人机界面

人机界面是指用户与机器之间相互交流和影响的区域。在计算机使用中，人机界面包括对数据和信息的输入和输出方法，以及用户对机器的操作和控制。以用户为中心的计算机操作方式更接近人类的自然交流形式,是未来人机界面的总体特征。

1. 控制台人机界面

20世纪50年代,汇编语言和高级语言的问世,改善了计算机的人机界面。如图2-4所示,早期程序员为了在计算机上运行一个程序,必须准备好一大堆穿孔纸带或穿孔卡片,这些穿孔纸带上记录了程序和数据。程序员将穿孔纸带装入输入设备,拨动控制台开关,计算机将程序和数据读入内存;接着,程序员在控制台启动汇编或编译程序,将源程序翻译成目标代码。如果程序不出现语法错误,程序员就可以通过控制台按键,设定程序执行的起始地址,并启动程序。程序执行期间,程序员要观察控制台上的各种指示灯,以监视程序的运行情况。如果发现错误,则可以通过指示灯检查存储器中的内容,并且在控制台上进行程序调试和排错。如果程序运行正常,而且计算机没有发生故障,则计算结果将通过电传打字机打印出来。

图2-4 早期的穿孔纸带上的程序和控制台人机界面

2. 命令行界面

1964年,IBM 360计算机采用键盘作为标准输入设备。20世纪60年代,CRT显示器开始作为数据和信息的输出设备。20世纪70年代,随着微机的流行,键盘和显示器逐渐成为标准的计算机操作设备。键盘和显示器的应用大大改善了计算机的人机操作界面,命令行界面应运而生,控制台人机界面逐渐被淘汰。

命令行界面通常不支持鼠标操作,用户通过键盘输入指令,计算机接收到指令后予以执行。在熟记操作命令的前提下,命令行界面的操作速度快,因此,在嵌入式计算机系统中,命令行界面用得较多。在图形用户界面的系统中,通常保留了可选的命令行界面,如Windows操作系统的“命令提示符”窗口及Linux操作系统的Shell界面等,如图2-5所示。

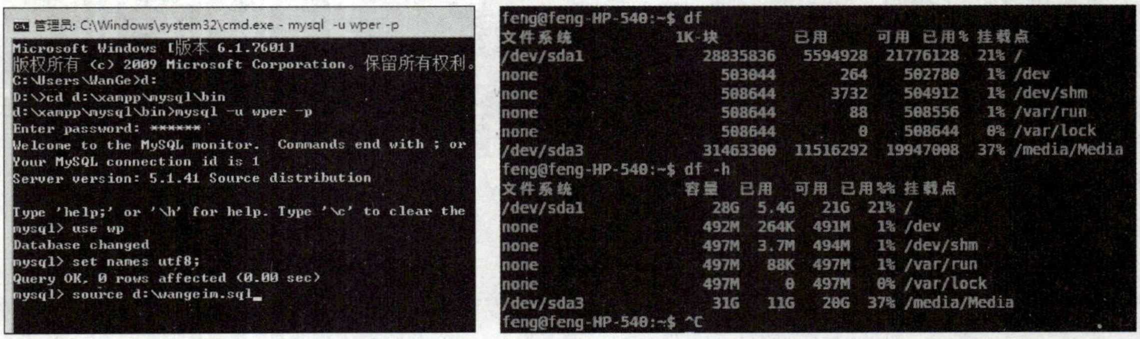

(a) 在Windows操作系统中进行数据库导入操作　　(b) 在Linux操作系统中进行设备挂接操作

图2-5 命令行界面

在命令行界面和编程语言中,经常用到"控制台"(console)一词,它通常是指在计算机屏幕上看到的字符操作界面。控制台命令就是通过命令行界面输入的可以操作计算机系统的命令。例如,dir 命令就是一条 Windows 操作系统的控制台命令。

3. 图形用户界面

20 世纪 80 年代以前,计算机用户主要以专业人员为主。80 年代以后,随着微机广泛进入人们的工作和生活领域,计算机用户发生了巨大的改变,非专业人员成了计算机用户的主体,这一重大变化使得计算机的易用性问题日益突出。

1975 年,施乐公司的 Alto 计算机第一次采用图形用户界面;1984 年,苹果公司的 Macintosh 微机开始采用图形用户界面;1986 年,X-Window System 窗口系统发布;1992 年,微软公司发布 Windows 3.1。如图 2-6 所示,目前计算机都支持图形用户界面。

图形用户界面(graphical user interface,GUI)是指采用图形方式操作计算机的用户界面。在图形用户界面中,鼠标和显示器是主要操作设备。图形用户界面主要由桌面、窗口、对话框、图标、菜单、按钮等元素组成,利用鼠标进行单击、双击、移动、拖动等操作。Windows 图形用户界面如图 2-6 所示。

图 2-6　Windows 图形用户界面

图形用户界面极大地方便了普通用户,使人们不再需要死记硬背大量的计算机操作命令,而且图形操作对普通用户来说在视觉上更易于接受,在操作上更简单易学,极大地提高了用户的工作效率。但是,图形用户界面的信息量大大多于字符用户界面,因此需要消耗更多的计算机资源来支持图形用户界面。

4. 触摸屏用户界面

当前,触摸屏用户界面(见图 2-7)广泛流行。触摸屏是一个安装在液晶显示器表面的定位操作设备,由触摸检测部件和控制器组成。触摸检测部件安装在液晶显示器的表面,用于检测用户的触摸位置,并且将检测到的信号发送到控制器。控制器的主要作用是从触摸检测部件接收触摸信号,并将它转换成触摸点的坐标。

触摸屏操作只需用手指或其他物体触摸操作,操作系统就能根据手指触摸的图标或菜单的位置来定位用户选择的输入信息。触摸屏的流行,使计算机的操作方式发生了很大变化。

计算机科学家正在努力使计算机能听、能说、能看、能感觉,语音和手势也许将成为主要人机界面操作方式。虚拟现实将实现以人为中心的人机交互方式。计算机将为用户提供光、声、力、嗅、味等全方位、多角度的真实感觉。虚拟屏幕和非接触式操作等新技术,将彻底改变人们使用计算机的方式,也将对计算机应用的广度和深度产生深远的影响。

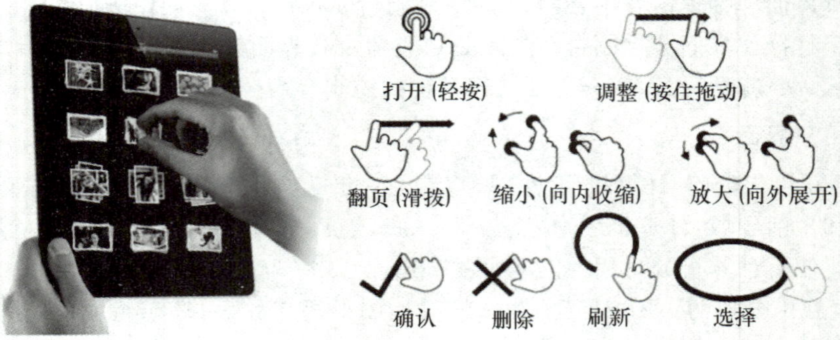

图 2-7 触摸屏用户界面及其操作方式

2.1.4 操作系统的基本操作

1. 鼠标操作

Windows 操作系统的绝大部分操作是基于鼠标设计的,因此使用鼠标操作 Windows 操作系统是最简便的操作方式。常见的鼠标有左、右两个按键和一个滚轮。鼠标的操作如图 2-8 所示。

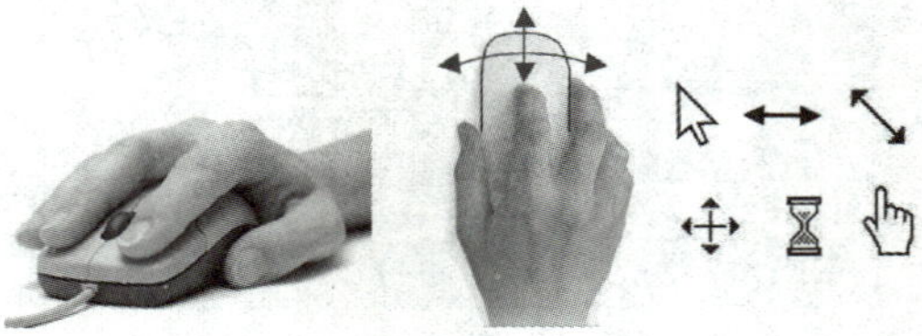
图 2-8 鼠标的操作

(1)握鼠标的基本姿势

手握鼠标时不要太紧,就像把手放在自己的膝盖上一样,使鼠标的后半部分恰好在掌下,食指和中指分别轻放在鼠标的左、右按键上,拇指和无名指夹住鼠标两侧。

(2)用鼠标移动鼠标指针

移动鼠标时,显示器上的鼠标指针也在移动,鼠标指针移动的距离取决于鼠标移动的距离,这样就可以通过鼠标来控制显示器上鼠标指针的位置。

(3)单击操作

单击是指用食指快速地按一下鼠标左键,然后马上松开。还有一种单击是用中指快速地按一下鼠标右键(简称右击),右击后,通常出现一个快捷菜单。利用快捷菜单操作是较方便的操作方式之一。

(4)双击操作

双击是指不移动鼠标,用食指快速地按两下鼠标左键,然后马上松开。

(5)拖动操作

先移动鼠标指针到选定对象,按下鼠标左键,不要松开,通过移动鼠标将选定对象移到预定位置,然后松开鼠标左键,这样就可以将选定对象由一处拖动到另一处。

2. 键盘操作

键盘操作有 3 种形式：输入操作、键盘快捷操作和命令操作。输入操作是用户通过键盘向计算机输入文字、数据等信息；键盘快捷操作是利用键盘的功能键或组合键，对系统进行操作；命令操作是在操作系统的“命令提示符”窗口下，向计算机发布操作命令，让计算机执行指定的操作。Windows 操作系统中常用的功能键或组合键如表 2－1 所示。

表 2－1　Windows 操作系统中常用的功能键或组合键

功能键或组合键	功能说明	功能键或组合键	功能说明
F1	显示帮助信息	Ctrl＋A	选中所有对象
F3	打开搜索栏	Ctrl＋X	剪切选中的对象
Alt＋F4	关闭当前窗口	Ctrl＋C	复制选中的对象
Alt＋Tab	切换到其他窗口	Ctrl＋V	粘贴对象
Shift＋Delete	直接删除对象，不放入回收站	Ctrl＋Z	撤销操作
Backspace	切换到上一级文件夹	Ctrl＋Home	回到文件或窗口的顶部
PrintScreen	复制屏幕图像到剪贴板	Ctrl＋End	回到文件或窗口的底部

3. 桌面和桌面图标

管理桌面图标

桌面是计算机登录到 Windows 操作系统之后看到的主屏幕区域，如图 2－6 所示。桌面主要由桌面图标、任务栏和桌面背景等部分组成。

（1）桌面图标及其使用

如图 2－9 所示，桌面图标由图像标志和文字组成，它是文件、文件夹、应用程序等项目的软件标识。文字描述桌面图标所代表的对象，这些对象代表一个文件、文件夹、应用程序或命令等。

图 2－9　桌面图标示例

桌面图标有助于用户快速执行命令和打开程序。双击桌面图标，可以启动对应的应用程序或打开对应的文件、文件夹等。右击桌面图标，可以打开相应对象的快捷菜单。

（2）在桌面上添加快捷方式图标

快捷方式图标是一个与某个项目链接的图标，而不是项目本身。双击快捷方式图标，可以打开该项目。如果删除快捷方式图标，则只会删除这个快捷方式图标，而不会删除原始项目。可以通过图标上的箭头来识别快捷方式图标，如图 2－9 所示。

对于一些常用的应用程序或文件，可将它们的快捷方式图标添加到桌面上，方法如图 2－10 所示：找到需要创建快捷方式图标的项目（程序或文件等）；右击该项目，在弹出的快捷菜单中选择“发送到”→“桌面快捷方式”命令，该项目的快捷方式图标就会出现在桌面上。

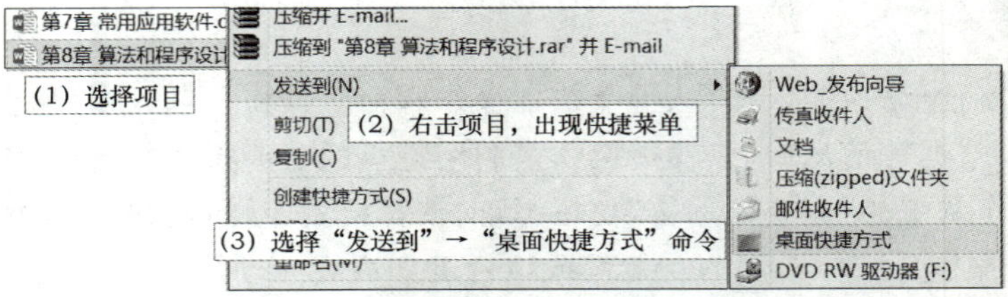

图 2-10 在桌面上添加快捷方式图标

4. 窗口操作

Windows 操作系统的界面由多个窗口组成。每当打开应用程序、文件或文件夹时，都会在屏幕上显示一个窗口，如图 2-11 所示。对一个窗口，可以执行最小化、最大化、关闭、移动、改变大小等操作。

窗口操作

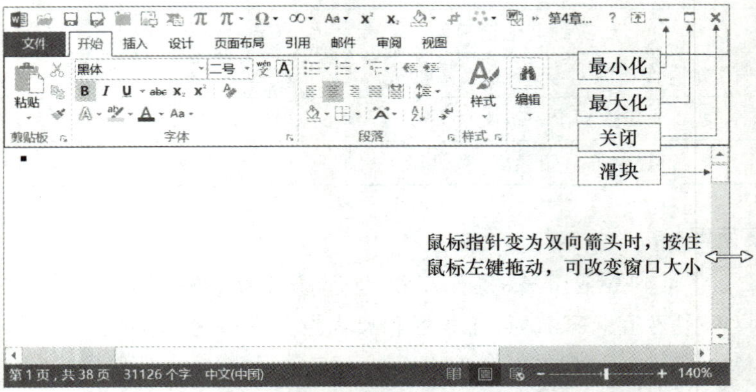

图 2-11 窗口

5. 对话框操作

如图 2-12 所示，对话框是特殊类型的窗口，它是 Windows 操作系统和用户进行信息交互的界面。系统用对话框向用户提问，用户可以通过回答问题或选择选项来完成对话或者提示信息。与常规窗口不同，多数对话框无法进行最大化、最小化或调整大小的操作，但可以被移动。

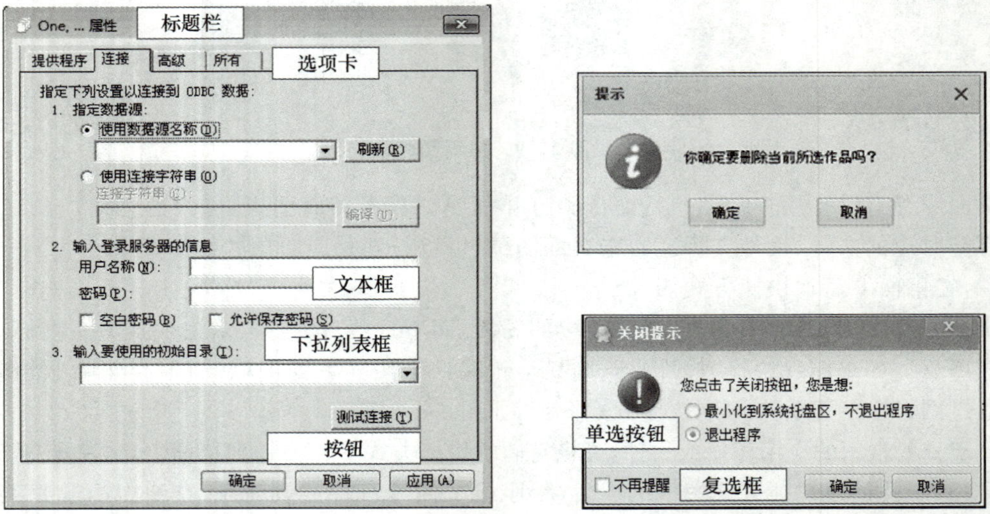

图 2-12 对话框

6. 菜单操作

如图 2－13 所示，菜单是一种将软件可执行命令以分层方式显示的操作界面。菜单一般位于窗口的最上方，应用程序使用的所有命令几乎都能放入菜单中。菜单的重要程度一般从左到右逐渐降低。菜单的层次根据应用程序的不同而不同，一般文件操作、编辑功能放在最左边，向右有各种设置操作，最右边往往是“帮助”菜单。

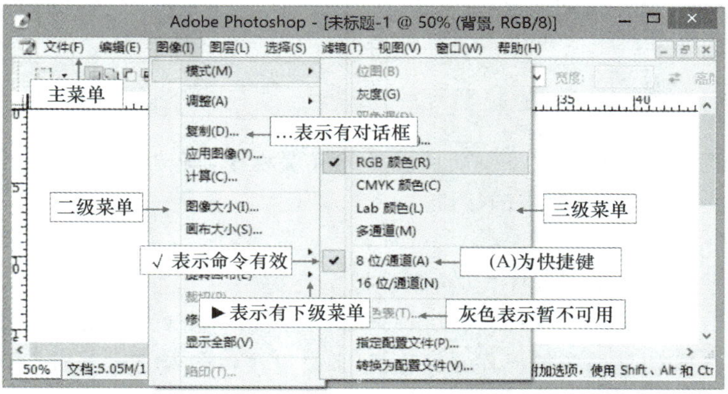

图 2－13 菜单

7. Windows 操作系统的启动和退出

开机后，操作系统可以自行启动，也可以从 U 盘或网络启动操作系统。

退出 Windows 操作系统的方法是：单击“开始”按钮，在弹出的“开始”菜单中，单击“电源”按钮，然后选择“关机”命令。关机也称为软件关机，这时软件全部停止运行，但是计算机内部的电源部件仍然有部分电路工作，因此关机后鼠标的发光二极管仍然有光亮，这时机器功耗为 3～5 W。除“关机”命令外，“电源”菜单中还有“睡眠”和“重启”等命令，其中“睡眠”命令表示关闭显示器和键盘，进入低能耗状态，按下键盘任意键或单击鼠标时，系统将退出睡眠状态，“重启”命令表示重新启动计算机。

8. 应用程序的启动

在 Windows 操作系统中启动应用程序有以下 3 种方法。

①如果应用程序在桌面上有快捷方式图标，直接双击快捷方式图标即可启动应用程序。

②单击“开始”按钮，在弹出的“开始”菜单中选择“应用程序”选项，单击应用程序名称即可启动该应用程序。

③不是所有应用程序都位于“开始”菜单中或桌面上。可以使用 Windows 的“文件资源管理器”浏览驱动器和文件夹，找到应用程序文件，然后双击运行或打开它。

2.2 常用操作系统的结构

2.2.1 操作系统的组成

操作系统理论上由内核、驱动程序、接口库、外围 4 大部分组成，但并不是所有操作系统都严格包括这 4 大部分。例如，早期 Windows 操作系统中，各部分的耦合程度很高，难以区分彼此；而在部分 EOS 中，没有驱动程序的概念。

（1）内核

操作系统往往将一些与硬件紧密相关的模块、运行频率较高的模块及一些公用的基本操作模块安排在靠近硬件的层次中，并使它们常驻内存，通常将这部分称为操作系统的内核（kernel）。内核是计算机的核心程序。内核有很多基本功能，如 CPU 管理、存储器管理、文件系统、网络通信、中断处理等。内核部分通常运行在最高特权级，操作系统启动时，首先会启动内核。

（2）驱动程序

驱动程序是直接控制和监视各类硬件设备的底层程序，其功能是隐藏硬件的具体细节，并向其他部分提供一个抽象的、通用的接口。

（3）接口库

接口库是一系列特殊的子程序，其功能是把系统提供的基本服务包装成应用软件能够使用的应用程序接口（application program interface，API）。接口库是最靠近应用软件的部分。例如，GNU C 运行库就是把各种操作系统的内部编程接口包装成 ANSI C 和 POSIX 编程接口的形式。

（4）外围

外围是指操作系统中除以上三部分之外的其他部分，通常是用于提供特定高级服务的部件。例如，微内核中的大部分系统服务及 Linux 中各种守护进程都属于外围。

2.2.2 Windows 微机操作系统

尽管 Windows 操作系统的运行稳定性不理想，但不能否认它是当今优秀的操作系统之一。目前使用的 Windows 操作系统属于 NT 系列，它的基本结构如图 2－14 所示。在硬件层次结构之上，有一个由微内核直接接触的硬件抽象层（hardware abstraction layer，HAL），不同的驱动程序以模块的形式挂载在内核上。微内核具有输入/输出管理、文件系统、网络系统、信息安全机制与虚拟内存管理等功能。系统服务层提供统一规格的函数调用库，用于所有子系统的实现。在系统服务层之上的子系统，全部工作在用户模式，避免用户程序对系统的破坏行为。

<table>
<tr><td rowspan="3">用户模式</td><td rowspan="2">OS/2 应用程序</td><td>Win32 应用程序</td><td>DOS 程序</td><td>Win16 应用程序</td><td rowspan="2">POSIX 应用程序</td></tr>
<tr><td>其他 DLL 库</td><td>DOS 系统</td><td>Windows 3.1 模拟系统</td></tr>
<tr><td>OS/2 子系统</td><td colspan="3">Win32 子系统</td><td>POSIX子系统</td></tr>
<tr><td rowspan="3">内核模式</td><td colspan="5">系统服务层</td></tr>
<tr><td>输入/输出管理、
文件系统、
网络系统</td><td colspan="3">对象管理系统、安全管理系统、进程管理、对象间通信管理、
进程间通信管理、虚拟内存管理、中断管理等
（微内核）</td><td>图形接口子系统
窗口管理子系统</td></tr>
<tr><td>驱动程序</td><td colspan="3">硬件抽象层（HAL）</td><td>图形驱动</td></tr>
<tr><td colspan="6">硬件（CPU、内存、外存、I/O 设备等）</td></tr>
</table>

图 2－14 Windows NT 操作系统的基本结构

(1)硬件抽象层

硬件抽象层是一个独立的动态链接库(dynamic linked library,DLL),通过硬件抽象层可以隔离不同硬件设备的差异,使系统上层模块无须考虑下层硬件之间的差异。上层模块不能直接访问硬件设备,而是通过硬件抽象层来访问硬件设备。由于硬件设备并不一致,所以操作系统有多个硬件抽象层。例如,有些计算机的 CPU 为 Intel 产品,而有些计算机的 CPU 为 AMD 产品;有的 CPU 为 2 核,有的 CPU 为 4 核,这些差异会造成硬件不一致。为了解决这个问题,Windows 操作系统的安装程序附带多个硬件抽象层,系统安装时会自动识别 CPU 是 AMD 产品还是 Intel 产品,然后自动选择一个合适的硬件抽象层进行安装。

(2)系统内核

Windows 操作系统的内核文件为 ntoskrnl. exe,安装在 C:\Windows\System32 目录下。在 Windows 7 操作系统下内核文件的大小为 3.73 MB。而在 Windows 10 操作系统下,内核文件的大小为 9.22 MB。因为 Windows 操作系统版本不同,内核文件的大小略有差异。

(3)OS/2、POSIX 和 Windows 子系统

Windows 最初的设计支持 3 个环境子系统:OS/2、POSIX 和 Windows(或称为 Win32)子系统。其中,Windows 子系统是必须要运行的,没有它,Windows 操作系统就无法运行,而其他两个子系统则被配置成按需启动。OS/2 和 POSIX(IEEE 定义的可移植操作系统接口)是为了兼容而保留的子系统,由于在实际中极少应用,到 Windows XP 以后,就只有 Windows 子系统随 Windows 操作系统一起发行了。

Windows 子系统中既有用户模式部分,也有内核模式部分。内核模式部分的核心是 win32k. sys,虽然它的形式是一个驱动程序,但实际上它并不处理 I/O 请求,相反,它向用户提供了大量的系统服务。从功能上讲,win32k. sys 包含两部分:窗口管理和图形设备接口(graphics device interface,GDI)。其中,窗口管理部分负责收集和分发消息,以及控制窗口显示和管理屏幕输出;图形设备接口部分包含各种形状的绘制及文本输出功能。

(4)动态链接库

用户模式部分包括 Windows 子系统进程(csrss. exe)及一组动态链接库。csrss. exe 进程主要负责控制台窗口的功能,以及创建或删除进程和线程等。动态链接库被直接连接到应用程序进程中,包括 kernel32. dll、user32. dll、gdi32. dll 和 advapi. dll 等。

(5)图形设备接口

Windows 子系统中也提供图形引擎,它有两方面的特点:一是它提供了一套与设备无关的图形设备接口,使应用程序可以适应各种底层显示设备的差异;二是应用软件与图形设备驱动程序之间的通信足够高效,从而在频繁输出和刷新图形元素的情况下,Windows 操作系统也能为用户提供良好的视觉效果。

win32k. sys 的图形引擎实现了基于标准格式位图的图形绘制功能。显示驱动程序既可以管理图形表面(surface),也可以直接使用图形引擎管理的图形表面。另外,显示驱动程序可以有选择地截取图形设备接口的图形绘制操作,也可以将图形绘制操作转交给图形引擎。因此,显示驱动程序在实现功能方面有很大的灵活性。

注意:Windows 操作系统的图形系统除了支持图形设备接口,还提供了对 DirectX 显示的支持,从而允许游戏、多媒体播放器等应用程序绕过图形设备接口的图形引擎,直接操纵显示器硬件,以获得更快的显示速度,并避免屏幕图像的抖动。

2.2.3 Linux 网络操作系统

计算机网络中的服务器、路由器、交换机、防火墙等设备，大部分采用 Linux 操作系统。

1. 类 UNIX 操作系统的发展

20 世纪 60 年代中期，国际上开始研制一些大型的通用操作系统，这些操作系统试图达到功能齐全、可适应各种应用范围和操作方式的目标。但是，这些操作系统过于复杂和庞大，研究者不仅付出了巨大的研发代价，而且在解决可靠性、可维护性等方面遇到了很大困难。

1969 年，美国电话电报公司(AT&T)的贝尔实验室开发了 UNIX 操作系统。UNIX 是一个通用的多用户分时交互式操作系统，它具有一个精干的内核，其功能足以与当时许多大型操作系统相媲美。在内核层以外，UNIX 支持庞大的软件系统。由于 UNIX 早期版本完全免费，而且用户可以轻易获得并随意修改，因此它很快得到了广泛的应用和不断完善。UNIX 对现代操作系统的设计和应用有着重大影响。UNIX 的设计原则是简洁至上，提供机制而非策略。

如图 2-15 所示，UNIX 包含部分商业 UNIX 操作系统，如 UNIX Ware、macOS、AIX、HP-UX、Solaris 等，以及众多的开源 UNIX 操作系统，如 BSD(伯克利软件套件)、Linux、Android 等。由于 UNIX 是注册商标，人们将其他从 UNIX 发展而来的操作系统称为类 UNIX 操作系统。

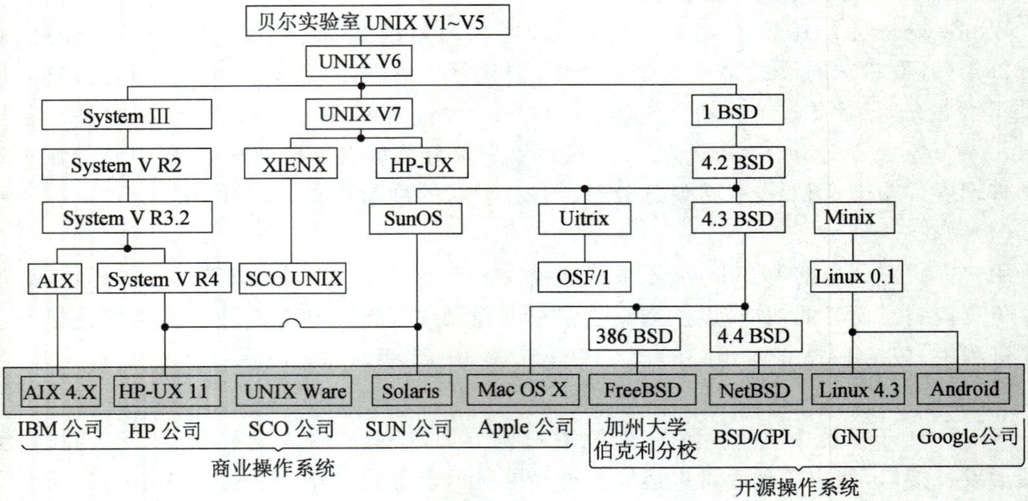

图 2-15 类 UNIX 操作系统的发展

2. Linux 操作系统的基本特征

1991 年，芬兰学生林纳斯·托瓦尔兹(Linus Torvalds)根据 Minix(用于教学的小型操作系统)编写了 Linux 操作系统内核。Linux 操作系统包含 Linux 内核和桌面图形环境，是遵循 GNU(自由软件项目)和通用公共许可协议(general public license，GPL)规范的操作系统。

Linux 操作系统上最流行的桌面图形环境有 KDE(K 桌面环境)和 GNOME(GNU 网络对象模型环境)。桌面图形环境由大量的各类工具软件和应用软件组成，为 Linux 操作系统提供了一个更加完善的用户界面。

Linux 操作系统有许多不同版本，它们可安装在各种计算机设备中，如手机、平板计算机、路由器、防火墙、游戏机、台式计算机等。Linux 操作系统由于具有完备的网络功能、较好的安全性和稳定性，而且是自由免费软件，被广泛应用于网络服务器和大型计算机系统。

3. Linux 操作系统的基本结构

Linux 操作系统的基本设计思想有两点：一是一切都是文件；二是每个应用程序都有确定的用途。也就是说，系统中所有的事物都可以归结为一个文件，包括命令、硬件设备、应用程序、操作系统、进程等，且都被视为拥有各自特性的文件。Linux 操作系统的基本结构如图 2－16 所示。

<table>
<tr><td rowspan="2">用户模式</td><td colspan="3">应用程序（如 sh、vi、OpenOffice 等）</td></tr>
<tr><td>shell（壳）</td><td>C 库函数</td><td>X-Window 图形界面</td></tr>
<tr><td rowspan="3">内核模式</td><td colspan="3">系统调用接口（SCI）</td></tr>
<tr><td colspan="3">内核（内存管理、进程管理、文件系统、网络接口、中断管理等）</td></tr>
<tr><td colspan="3">驱动程序</td></tr>
<tr><td colspan="4">硬件（处理器、内存、各种设备等）</td></tr>
</table>

图 2－16　Linux 操作系统的基本结构

2016 年发布的 Linux 4.9 版本包含 56 233 个文件，由 22 345 566 行代码组成（不包含 X-Window），其中 2/3 的代码由驱动程序组成。

4. Linux 操作系统的内核层

Linux 操作系统的内核层由驱动程序、内核、系统调用接口（SCI）等组成。

（1）驱动程序

每一种硬件设备都有相应的设备驱动程序。驱动程序运行在高特权级环境中，与硬件设备相关的具体操作由设备驱动程序完成，因此，任何一个设备驱动程序的错误都可能导致操作系统崩溃。

（2）内核

Linux 操作系统采用单内核、多模块设计。Linux 操作系统汲取了微内核设计思想，采用模块化设计；内核调度机制支持实时抢占；支持内核线程及动态装载内核模块的能力；所有模块全部运行在内核模式下，直接调用函数，无须消息传递；支持对称多处理机（symmetric multiprocessor，SMP）机制等。

Linux 内核由内存管理、进程管理、文件系统、网络接口、中断管理等部分组成。

①内存管理。对任何计算机而言，内存及其他资源都是有限的。为了让有限的物理内存满足应用程序对内存的大量需求，Linux 采用了“虚拟内存”的管理方式。Linux 将内存划分为容易处理的内存页，内存管理以 4 KB 内存页为基数分配内存，并跟踪内存页的使用情况，如哪些内存页是满的，哪些内存页没有完全使用，哪些内存页为空。这样就可以根据系统需要动态调整内存的使用。系统有时会出现可用内存被消耗光的情况，因此内存页可以移出内存并存入硬盘。

②进程管理。Linux 通过按时间片轮流运行进程来实现多任务。进程轮流运行的方法称为进程调度，进程调度实际上是控制进程对 CPU 资源的使用（称为 CPU 访问）。Linux 使用了比较简单的基于优先级的进程调度算法。Linux 中常见的进程之间的通信机制有信号、管道、共享内存、信号量和套接字（socket，进程之间的通信方法）等。内核通过系统调用接口提供了一个应用程序接口，应用程序接口可以用来创建进程（如 fork、exec 等）和停止进程（如

kill、exit 等),或在进程之间进行通信和同步(如 signal 等)。

③文件系统。如图 2-17 所示,Linux 文件系统是一个层次化的树形结构。Linux 文件系统中只有一个根目录(与 Windows 不同),可以将另一个文件系统或硬件设备通过挂载操作挂装到某个目录上,从而让不同的文件系统成为一个整体。

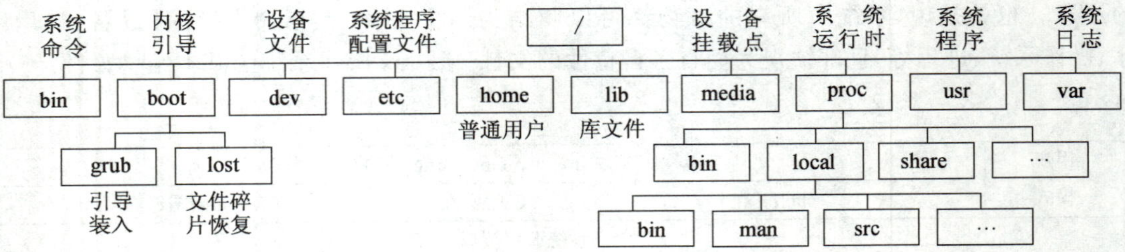

图 2-17 Linux 文件系统结构

Linux 将不同类型的文件系统组织成统一的虚拟文件系统(virtual file system,VFS)。Linux 普遍使用的文件系统是 Ext2,但也支持 FAT、VFAT、FAT32、MINIX 等不同类型的文件系统,通过 VFS 可以与其他文件系统交换数据。虚拟文件系统隐藏了不同文件系统的具体细节,为所有文件提供了统一的接口。用户和进程不需要知道文件所属的文件系统类型,只需要像使用 Ext2 文件系统中的文件一样使用它们。

④网络接口。网络部分由网络协议、网络设备驱动程序和 BSD 套接字组成。Linux 支持全部 TCP/IP,网络设备驱动程序负责与硬件设备的通信,网络接口支持 BSD 套接字编程接口。

⑤中断管理。计算机系统对大部分 I/O 设备采用中断控制方式,要启动某个 I/O 设备时,由 CPU 向相应设备发出 I/O 命令,然后 CPU 返回继续执行原来的任务。设备控制器按照该命令的要求去控制 I/O 设备。此时,CPU 与 I/O 设备处于并行工作状态。中断控制方式在 I/O 设备处理数据过程中无须 CPU 干预。当 I/O 设备处理完数据后,才需要 CPU 花极短的时间进行中断处理。这大大提高了系统资源的利用率及吞吐量。

(3)系统调用接口

系统调用接口就像是函数,可以在应用程序中直接调用。Linux 操作系统中有 200 多个系统调用接口。系统调用接口给应用程序提供了一个内核功能接口,隐藏了内核的复杂结构。一个操作可以看作是系统调用的结果。

5. Linux 操作系统的用户层

(1)shell(壳)

shell 是一个命令解释器,实际上命令行就是 shell。在没有运行图形用户界面时,shell 是用户的操作界面。用户要运行应用程序时,需要在 shell 中输入操作命令。shell 可以执行符合 shell 语法的文本文件,这样的文本文件称为 shell 脚本。shell 脚本向下可以执行系统调用,向上可以执行各种应用程序,这些特性让 shell 脚本可以实现非常强大的功能。shell 有很多种,最常见的是 bash,另外还有 sh、csh、tcsh、ksh 等。

(2)库函数(C 语言)

由于系统调用使用起来很麻烦,Linux 操作系统定义了一些库函数将系统调用组合成某些常用操作,以便用户编程。例如,分配内存操作可以定义成一个库函数。

注意:使用库函数对计算机来说并没有效率上的优势,但可以将程序员从程序细节中解脱出来。当然,程序员也可以完全不使用库函数,而直接调用系统函数(system function)。

(3)X-Window 系统

X-Window 系统是麻省理工学院(Massachusetts Institute of Technology,MIT)研发的类 UNIX 操作系统下的窗口系统。通常使用的 X-Window 系统是 XFree86 Project 公司研发的 XFree86。X-Window 系统的界面类似于 Microsoft 公司的 Windows 操作系统和苹果公司的 macOS 操作系统的界面,但是它们在控制机制上截然不同。例如,X-Window 系统提供的基本窗口管理器可能只是一个框架(如 twm),也可能提供了全套的桌面环境(如 KDE)功能。绝大多数用户在使用 X-Window 系统时,多是使用已经高度集成化的桌面环境。桌面环境不仅有窗口管理器,还有各种应用程序及协调一致的界面。目前,最流行的桌面环境是 GNOME 和 KDE,两者已普遍应用于 Linux 操作系统。

(4)应用程序层

Linux 应用程序可以通过以下方法运行:一是直接调用系统调用接口;二是调用库函数;三是运行 shell 脚本;四是运行 X-Window 系统。

由此可见,Linux 操作系统利用内核实现软件与硬件的对话;通过系统调用接口,将上层的应用与下层的核心完全隔离,为程序员隐藏了底层的复杂性,同时也提高了上层应用程序的可移植性。当升级系统内核时,可以保持系统调用的语句不变,从而让上层应用感受不到下层的改变。库函数利用系统调用接口创造出模块化的功能,而 shell 提供了一个用户界面,让用户可以利用 shell 的语法编写脚本,以整合程序功能。

2.2.4　Android 手机操作系统

1. Android 系统概述

Android 一词本义为机器人。Android 由谷歌公司和开放手机联盟共同开发,是一种基于 Linux 内核的开放源代码操作系统。自 2008 年 HTC 和谷歌联合发布了第一部 Android 智能手机后,Android 逐渐扩展到平板计算机、电视、数码相机、游戏机等领域。2019 年,Android 平台的手机全球市场份额达到了 87%,全世界采用 Android 系统的设备超过 25 亿台。

2. Android 系统结构

如图 2-18 所示,Android 系统采用分层结构,共分为 4 层,分别是应用程序、应用程序框架、系统运行库和 Linux 内核。

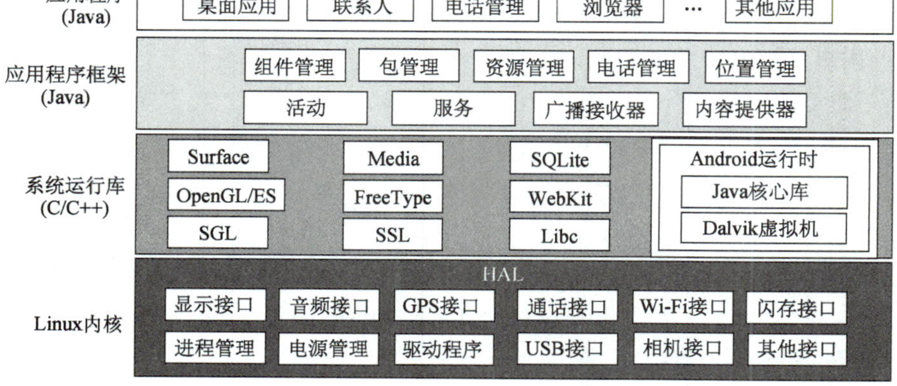

图 2-18　Android 系统结构

(1)应用程序

应用程序层由运行在 Android 设备上的所有应用(APP)共同构成,不仅包括通话、短信、联系人等系统应用(随 Android 系统一起预装在移动设备中),还包括其他后续安装到设备中的第三方应用,如浏览器、微信、导航地图等。

Android 应用程序采用 Java 语言开发,但在某些应用(如游戏)中,需要进行大规模运算和图形处理,以及使用开源 C 和 C++类库,如果通过 Java 实现,可能会有执行效率过低和移植成本过高等问题。因此,在 Android 开发中,开发者可以使用 C 和 C++来实现底层模块,并通过 Java 本地接口(Java native interface,JNI)与上层 Java 实现交互,然后利用 Android 提供的交叉编译工具生成类库并添加到应用程序中。但是,开发者只能使用 C 和 C++编写功能类库,而不是编写整个应用程序。因为 Android 的界面显示、进程调度等核心机制都是通过 Java 实现的,应用程序只有按规定模式编写 Java 模块和配置信息,才能够被识别和执行。

(2)应用程序框架

Android 应用程序框架包括:活动,指前台运行的进程(功能服务);服务,指后台运行的进程,不提供用户界面;广播接收器,用于接收广播信息;内容提供器,支持在多个应用中存储和读取数据,相当于数据库。应用程序框架的功能是简化程序组件的调用,任何应用程序都可以调用这些功能模块,这种程序重用机制使用户可以方便地替换程序组件。

①活动(activity)。在 Android 系统中,所有应用程序都运行在活动(进程)中,活动一般代表手机屏幕的一屏。如果把手机比作一个浏览器,那么活动就相当于一个网页,在活动中可以添加按钮、对话框等控件。一般一个 Android 应用由多个活动组成,多个活动之间可以相互跳转。例如,按下一个按钮后,可能会跳转到其他的活动。当打开一个新屏幕时,之前的屏幕会设置为暂停状态,并且压入历史堆栈中。用户可以通过回退操作回到之前打开的屏幕。

②服务(service)。服务是 Android 系统的一种组件,只能在后台运行,但是可以和其他组件进行交互。服务也是一种进程,可以长时间运行,但是没有用户界面。例如,用户运行音乐播放器时,如果同时打开浏览器上网,虽然已经启动浏览器程序,但是音乐并没有停止播放,而是在后台继续播放。这个播放进程由播放音乐的服务进行控制。

③广播接收器(broadcast receiver)。广播接收器是对发送的广播进行过滤并响应的组件。在 Android 系统中,广播是一种应用程序之间传输信息的机制,可以使用广播让应用程序对一个外部事件做出响应。例如,当电话呼入这个外部事件到来时,可以利用广播进行处理;当下载完一个文件时,也可以利用广播进行处理。广播并不生成用户界面,而是通过通知管理子系统告诉用户某些事情发生了。

④内容提供器(content provider)。它是 Android 系统提供的第三方应用数据访问方案。在 Android 系统中,对数据的保护很严密,除了存放在 SD 卡中的数据,一个应用程序所具有的数据、文件等内容都不允许其他应用程序直接访问。

(3)系统运行库

系统运行库是操作系统与应用程序沟通的桥梁,分为两层:库函数和 Dalvik 虚拟机。Android 包含一些 C、C++库,这些库能被 Android 系统中的不同组件使用,通过 Android 应用程序框架为开发者提供服务。

①Surface:用于显示子系统的管理,为应用程序提供 2D 和 3D 图形并显示到物理设备。

②Media：是基础多媒体库，支持多种常用的音频、视频格式的回放和录制，同时支持静态图像文件。其编码格式包括 MPEG-4、H.264、MP3、JPG 等。

③SQLite：是轻量级嵌入式数据库，数据库又分为公用数据库和私用数据库。

④OpenGL/ES：是 3D 图形的专业图形函数库。

⑤FreeType：是字体引擎，提供点阵字体和矢量字体的渲染。

⑥WebKit：是 Web 浏览器引擎，支持 Android 浏览器和一个可嵌入的 Web 视图。

⑦SGL：是底层 2D 图形函数库，包含坐标转换、点阵图等函数处理功能。

⑧SSL(安全套接字层)：提供安全通信和数据完整性检测。

⑨Libc：是从伯克利软件套件(Berkeley software distribution，BSD)继承的标准 C 函数库，是专门为嵌入式 Linux 设备定制的。

(4)运行时机制

和 Java 程序运行平台一样，为了实现 Java 程序在运行阶段的二次编译，Android 为它们提供了运行时(runtime)机制。Android 运行时机制由 Java 核心库和 Dalvik 虚拟机共同构成。Java 核心库涵盖了 Android 应用程序框架层和应用程序层所要用到的基础 Java 库，包括 Java 对象库、文件管理库、网络通信库等。

Dalvik 是为 Android 量身打造的 Java 虚拟机，负责执行应用程序、分配存储空间、管理进程生命周期等工作。Dalvik 没有采用基于栈的虚拟机结构，而采用了基于寄存器的虚拟机结构。一般来说，基于栈的虚拟机对硬件依赖程度低，生成的代码更节约空间，可以适配更多的低端设备；而基于寄存器的虚拟机对硬件要求更高，编译出的代码可能会耗费更多的存储空间，但它的执行效率更高，更能够发挥高端硬件(主要是 CPU)的能力。

Dalvik 没有用 Java 字节码(Java bytecode)作为一次编译的中间文件，而是采用了新的二进制码文件(*.dex)。在 Android 应用程序编译过程中，编译程序会先生成若干个.class 文件，然后统一转换成.dex 文件。在转换过程中，Android 会对部分.class 文件中的指令进行转义，使用 Dalvik 指令集(OpCodes)来替换原指令，以提高执行效率。同时，.dex 文件能够整合多个.class 文件中的重复信息，并对冗余部分进行全局优化和调整，合并重复的常量定义，以节约常量存储空间。这使得.dex 文件通常会比.class 文件更精简。

(5)Linux 内核

Android 搭建在 Linux 内核之上，Android 的 Linux 内核包括进程管理、电源管理、驱动程序等。从运行角度看，它们只是运行在 Linux 操作系统上的一些进程，并不是一个完整的 Linux 操作系统。

硬件抽象层是 Android 为设备厂商定义的一套接口标准，设备厂商需要根据定义的接口实现相应功能。Android 的硬件抽象层是以封闭源码形式提供的硬件驱动模块。硬件抽象层的目的是将 Android 框架与 Linux 内核隔离，使 Android 不过度依赖 Linux 内核，让 Android 框架的开发能在不考量驱动程序的前提下进行。

3. Android 应用程序安装包

Android 应用程序安装包是扩展名为.apk 的文件。可以将 APK 文件传送到安装 Android 系统的手机中，执行它即可安装程序。通过 Android SDK 编译器将程序编译后打包成一个 APK 文件。APK 文件其实是 ZIP 格式的文件，并非 Java 字节码文件。

在Android文件系统中，有几个非常重要的文件夹：一是存放系统文件的/system文件夹；二是存放配置文件的/dev文件夹；三是SD卡中存放程序和数据的/sdcard文件夹。

4. Android进程管理

(1)内存管理机制

Android内存管理机制与Java的垃圾回收(回收已经不使用的内存空间)机制类似，系统用一个规则来回收内存。Android内存调度有一个阈值，低于这个值时系统就会按列表来关闭用户没有使用的进程。Android系统有6类进程：前台进程、可见进程、次要服务、后台进程、内容供应节点和空进程。对高级用户而言，可以用一些工具软件进行进程管理，分别为这6类进程设定不同的阈值来改善系统的内存分配机制；对一般用户而言，Android系统默认的分配机制已经可以满足使用需要，不需要人为关闭进程。

(2)后台进程处理

一个Android应用在后台处理任务(如音乐播放、QQ等)时，会开启一个进程，这个进程的标签是service。服务在后台持续运行(如播放背景音乐)时，会消耗一定的电力；但是，没有带服务的应用在后台几乎不耗电(如时钟、日期、后台运行的照相机等)，没有必要关闭这些进程。Android应用切换到后台时，大部分应用已经暂停，并不会消耗CPU资源，只保留了运行状态。这是一个非常好的设计，因为不需要读取界面资源，下次再启动这个应用时会更快。当系统内存不够用时，Android会自动清理长时间不用的进程，同时将空出的内存分配给新运行的程序。

(3)资源消耗

为什么Android应用看起来很耗内存呢？因为Android上的应用采用Java开发，且带有独立虚拟机，也就是每打开一个应用就会打开一个独立的虚拟机。这样设计是避免由于虚拟机崩溃而导致整个系统崩溃，但代价是需要更多内存(以空间换时间)。这些设计确保了Android系统的稳定性，一般最多单个程序崩溃，但整个系统不会崩溃，也永远没有内存不足的提示出现。Android系统的这种设计不仅非常适合移动终端的需要，而且大大减少了系统崩溃的可能，确保了系统的稳定性。

如果Android系统里有很多进程，可以关闭全部进程；如果是系统必须启动的进程，系统会自动重新启动。

2.3 操作系统的基本功能

2.3.1 进程管理

简单地说，进程是程序的执行过程，进程是对程序的抽象。程序是静态的，仅仅包含描述算法的代码；进程是动态的，包含程序代码、数据和程序运行的状态信息。进程管理的主要任务是对CPU资源进行分配，并对程序运行进行有效的控制和管理。

1. 进程的组成

为了跟踪所有进程，操作系统在内存中建立了一个进程表。每当有程序请求执行时，操作系统就在进程表中添加一个新的表项，这个表项称为进程控制块（process control block，PCB）。PCB 中包含进程的描述信息和控制信息。进程结束后，系统回收 PCB，该进程便消亡。在 Windows 操作系统中，每个进程都由程序段、数据段及 PCB 三部分组成。

2. 进程的运行过程

如图 2－19 所示，进程的执行分为就绪、运行、等待三个循环进行的状态。

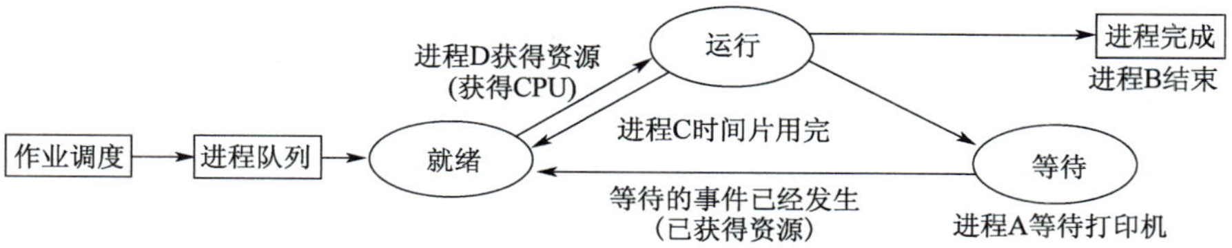

图 2－19　进程的状态和转换

（1）就绪状态

当进程获得除 CPU 外的所有资源，做好运行准备时，就可以进入就绪队列。

当操作系统有多个进程请求运行时（如打开多个网页），各个进程都进入就绪队列，操作系统按算法（如先来先服务、优先级等）选择下一个要执行的进程，并给进程分配一个几十纳秒（与操作系统有关）的时间片，同时为它分配内存空间等资源。

（2）运行状态

上一个进程退出运行状态后，进程按就绪队列的顺序进入运行状态。进程进入运行状态后，在 CPU 中运行进程。

每个进程在 CPU 中运行的时间很短，一般为几十纳秒，这个时间片由 CPU 进行分配和控制。目前，CPU 的工作频率为 GHz 级，因此在几十纳秒的时间片里，CPU 可以执行数百条指令。

CPU 通过内部硬件中断信号来指示时间片的结束，时间片用完后，进程将控制权交还操作系统，进程暂时退出运行状态，进入就绪、等待或完成状态。

注意：在单核 CPU 中，只能有一个进程处于运行状态；在多核 CPU 中，可能有多个进程同时处于运行状态（在不同 CPU 内核中并行运行）。

（3）等待状态

进程运行结束后，如果不需要再次运行，则进入完成状态；如果进程还没有结束，只是由于时间片已经用完而退出运行状态，则进程再次进入就绪队列，等待下次的运行机会。

如果进程因等待某个数据或事件而暂停执行（如等待键盘输入数据），则进程进入等待状态，当进程等待的数据或事件准备好时，进程再次进入就绪队列。

进程结束（如关闭某个应用程序或窗口）后，操作系统就会立即撤销该进程，并及时回收该进程占用的软件和硬件资源。

3. 进程检查

在 Windows 操作系统环境下，将鼠标指针移动到屏幕下方的任务栏空白处并右击，从弹出的快捷菜单中选择“任务管理器”命令，在打开的“任务管理器”窗口中就可以查看进程的运行状态，如图 2－20 所示。

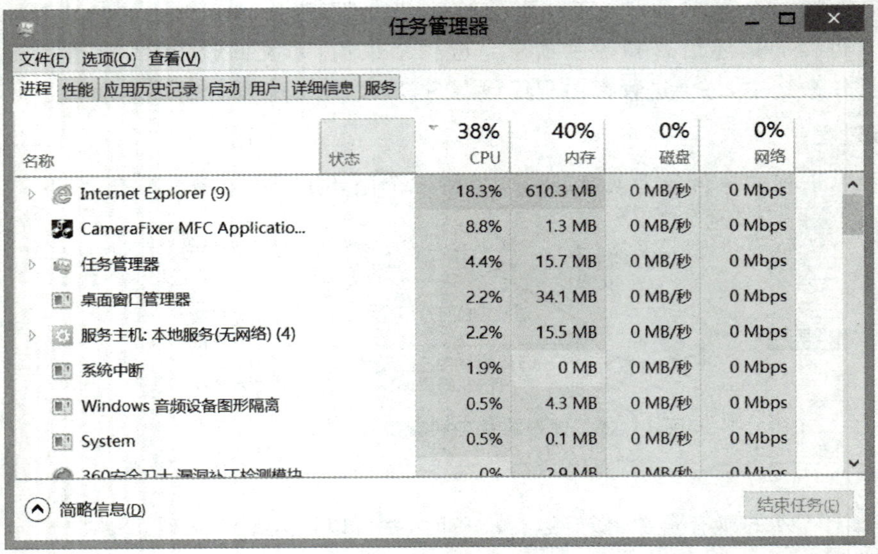

图 2-20　查看进程的运行状态

任务管理器

2.3.2　存储管理

1. 存储管理的主要工作

存储资源通常包括内存和外存。外存通过标准的 I/O 通道来管理,而内存是 CPU 直接通过系统总线进行访问的。

内存是 CPU 执行任务的物质基础,CPU 内部的寄存器具备存储的能力,但存储的数据从哪里来呢?除了寄存器(本身也是一种存储资源)外,数据的来源是系统内存。在现代操作系统中,每个任务都有独立的内存空间,从而避免任务之间产生不必要的干扰,所以操作系统有责任为每个任务提供相对独立的内存空间。把连续编址的物理内存划分成独立的内存空间,典型的做法是段式内存寻址和虚拟内存映射。不同的硬件体系结构可能支持不同的内存管理方案。Intel x86 体系结构同时支持段式内存寻址和虚拟内存映射,但是,在 Intel x86 上运行的操作系统几乎都选择了虚拟内存映射作为内存管理的硬件基础,Windows 和 Linux 操作系统就是典型的例子。

在支持多任务的操作系统中,如果所有任务的内存需求的总量超过了当前系统的物理内存总量,系统要么停掉一些任务,要么把一些任务转换到外存(如磁盘)中,当内存空闲时再把这些任务转换回来;或者系统有选择地把部分不常用的内存转换到外存,并且根据适当的规则将来再慢慢地转换回来。虚拟内存映射和物理内存不足时的换出和换入操作,都是操作系统管理内存资源的重要任务。前者依赖于硬件提供的机制,而后者更多地由操作系统来控制。

存储管理的主要工作:一是为每个应用程序分配内存和回收内存空间;二是地址映射,就是将程序使用的逻辑地址映射成内存空间的物理地址;三是内存保护,就是当内存中有多个进程运行时,必须保证内存中的进程不会相互干扰,以免影响整个系统的稳定性和可靠性;四是当某个程序的运行导致系统提供的内存不足时,给用户提供一个比实际内存大得多的虚拟内存(硬盘空间),使程序能顺利地执行。

2. 虚拟内存技术

虚拟内存就是将硬盘空间拿来当内存使用，硬盘空间比内存大许多，有足够的空间作为虚拟内存；但是硬盘的运行速度（毫秒级）大大低于内存的运行速度（纳秒级），所以虚拟内存的运行效率很低。这也反映了计算思维的一个基本原则——以时间换空间。

虚拟内存的理论依据是程序局部性原理：程序在运行过程中，在时间上，经常运行相同的指令和数据（如循环指令）；在存储空间上，经常运行某一局部空间的指令和数据（如窗口显示）。虚拟内存技术是将程序所需的存储空间分成若干页或若干段，然后将常用页和常用段放在内存中，将暂时不用的程序和数据放在外存中。当需要用到外存中的页和段时，再把它们调入内存。

3. 虚拟地址空间

如图 2－21 所示，32 位 Windows 操作系统的虚拟地址空间为 4 GB，这是一个线性地址的虚拟内存空间，用户看到的和接触到的都是该虚拟内存地址，无法看到实际的物理内存地址。利用虚拟地址不但能起到保护操作系统的作用（用户不能直接访问物理内存），更重要的是用户程序可以使用比实际物理内存更大的内存空间。

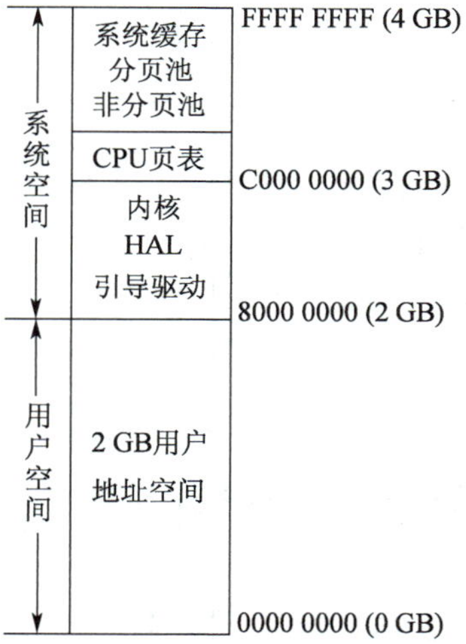

图 2－21　32 位 Windows 操作系统的虚拟地址空间（线性地址）

双击一个应用程序的快捷方式图标后，Windows 操作系统就为该应用程序创建一个进程，并且为每个进程分配 2 GB（范围：0～2 GB）的虚拟地址空间，这 2 GB 的虚拟地址空间用于存放程序代码、数据、堆栈及作为自由存储区；另外 2 GB（范围：2～4 GB）的虚拟地址空间由操作系统控制。由于虚拟内存大于物理内存，因此它们之间需要进行内存页面映射和地址空间转换。

2.3.3　文件管理

文件是一组相关信息的集合。在计算机系统中，程序和数据都以文件的形式存放在计算机外存（如硬盘、U 盘等）上。例如，一个 C 源程序、一个 Word 文档、一张图片、一段视频等都是文件。

文件管理

1. 文件系统

在操作系统中，负责管理和存取文件的程序称为文件系统。在文件系统下，用户可以按照文件名查找文件和访问文件(如打开、执行、删除等)，而不必考虑文件如何保存、硬盘中哪个物理位置有空间可以存放文件、文件目录如何建立、文件如何调入内存等问题。文件系统为用户提供了一个简单、统一的文件管理方法。

2. 文件名、文件类型及操作

(1)文件名

在计算机中，任何一个文件都有文件名，文件名是文件存取和执行的依据。一般情况下，文件名分为文件主名和扩展名两个部分。

文件主名由程序设计员或用户命名，一般用有意义的英文、中文或数字命名，以便于识别。例如，Windows 操作系统中的 Internet 浏览器的文件名为 iexplore. exe。

不同操作系统对文件的命名规则有所不同。例如，Windows 操作系统不区分文件名的英文大小写，所有文件名的字符在操作系统中执行时都会转换为大写字母，如 test. txt、TEST. TXT、Test. TxT，在 Windows 操作系统中都被视为同一个文件；而有些操作系统是区分文件名的英文大小写的，如在 Linux 操作系统中，test. txt、TEST. TXT、Test. TxT 被认为是 3 个不同的文件。

(2)文件类型

在大多数操作系统中，扩展名表示文件的类型。不同类型文件的处理方法不同。用户不能随意更改文件的扩展名，否则将导致文件不能执行或打开。在不同的操作系统中，表示文件类型的扩展名并不相同。Windows 操作系统虽然允许文件的扩展名为多个英文字符，但是大部分文件的扩展名习惯由 3 个英文字母组成。Windows 操作系统中常见的文件扩展名的类型和意义如表 2-2 所示。

表 2-2 Windows 操作系统中常见的文件扩展名的类型和意义

文件类型	扩展名	说明
可执行程序	. exe,. com	可执行程序文件
文本文件	. txt	通用性极强，往往作为各种文件格式转换的中间格式
源程序文件	. c,. bas,. asm	程序设计语言的源程序文件
Office 文件	. doc,. docx,. ppt	Office 中由 Word 与 PowerPoint 创建的文档
图像文件	. jpg,. gif,. bmp	图像文件，不同的扩展名表示不同格式的图像文件
视频文件	. avi,. mp4,. rmvb	通过视频播放软件播放，视频文件格式不统一
压缩文件	. rar,. zip	压缩文件
音频文件	. wav,. mp3,. mid	不同的扩展名表示不同格式的音频文件
网页文件	. htm,. html,. asp	一般来说，前两种是静态网页，最后一种是动态网页

(3)文件操作

文件中存储的内容可能是数据，也可能是程序代码，不同格式的文件通常会有不同的应用和操作。文件的常用操作有建立文件(需要专门的应用软件，如建立一个电子表格文档需要 Excel 软件)、打开文件(需要专用的应用软件，如打开图片文件需要 ACDSee 等看图软件)、编辑文件(在文件中写入内容或修改内容称为编辑,需要专用的应用软件,如修改网页文件需要 Dreamweaver 等软件)、删除文件(可在操作系统下实现)、复制文件(可在操作系统下实现)、更改文件名称(可在操作系统下实现)等。

3. 目录管理

计算机中的文件成千上万,如果把所有文件存放在一起会有许多不便。为了有效地管理和使用文件,大多数文件系统允许用户在根目录下建立子目录(又称为文件夹),在子目录下再建立子目录,如图 2-22 所示。

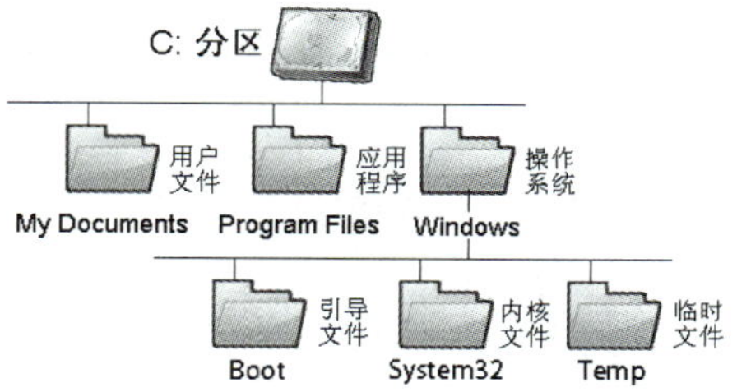

图 2-22 Windows 操作系统中的树形目录结构

目录(文件夹)由文件和子目录组成,目录也是一种文件。操作系统将目录按树形结构管理,用户可以将文件分门别类地存放在不同目录中。这种目录结构像一棵倒置的树,树根为根目录,树中每一个分枝为子目录,树叶为文件。在树形结构中,用户可以将相同类型的文件放在同一个子目录中,将同名文件存放在不同的目录中。

在 Windows 操作系统中,每个硬盘分区(如 C 盘、D 盘、E 盘等)建立一棵独立的目录树,有几个分区就有几个目录树(与 Linux 操作系统不同)。

用户可以对自行建立的目录进行移动、删除和修改名称等操作。在安装操作系统和应用软件时,也会建立一些子目录,如 C:\Windows、C:\Program Files\Microsoft Office\Office16 等。对于这些目录,用户不能进行移动、删除和修改名称等操作,否则将导致操作系统或应用软件不能正常使用。

2.3.4 设备管理

设备管理的主要任务是控制设备和内存之间的数据传送。由于设备种类繁多,功能和传输速率差异巨大,因此需要用多种方法进行设备控制。设备管理系统提供的服务主要有设备调度、数据缓冲与高速缓存、设备分配与回收、设备保护和差错处理等。

1. I/O 设备的类型

设备管理是操作系统设计中最凌乱也最具挑战的部分,它包含很多不同领域的设备,以及与设备相关的应用程序,因此很难有一个通用的设计方案。计算机系统中的 I/O 设备有以下类型。

(1)人机交互设备

人机交互设备是计算机与用户之间用于交流的设备,如打印机、显示器、鼠标、键盘等。这类设备的数据交换速度相对较慢,通常以字节为单位进行数据交换。

(2)外部存储设备

外部存储设备是用于存储程序和数据的设备,如电子硬盘、磁盘、存储卡、U 盘、光盘等。

这类设备的数据交换速度较快，通常以多字节组成的块为单位进行数据交换。例如，硬盘以簇(1簇=4 KB)为单位与操作系统交换数据。

(3)网络通信设备

网络通信设备是用于计算机与远程设备通信的设备，如各种网络接口、调制解调器等。网络通信设备的速度介于前两类设备之间，在使用和管理上与前两类设备也有很大不同。

2. 检查设备驱动程序

在 Windows 操作系统中，设备管理器是管理计算机硬件设备的工具，可以借助设备管理器查看计算机中安装的硬件设备、设置设备属性、安装或更新驱动程序、停用或卸载设备。如图 2-23 所示，“设备管理器”窗口显示了本地计算机安装的所有硬件设备，如 CPU、硬盘、显示器、显卡、网卡等。

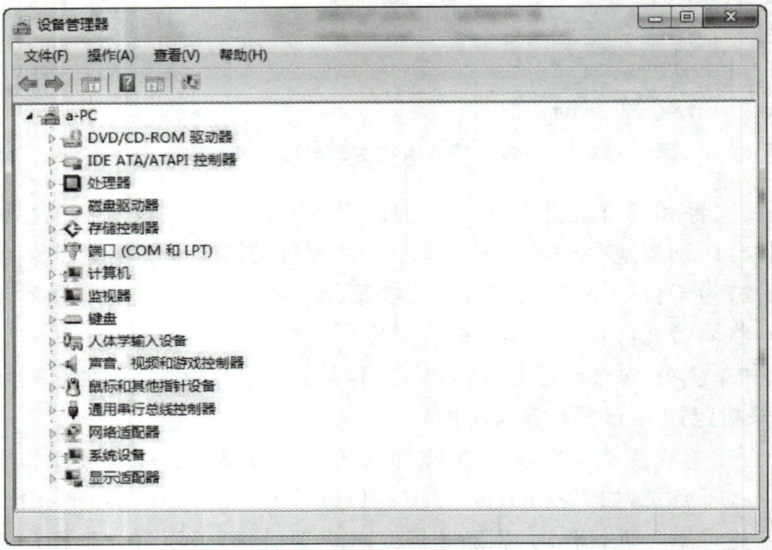

设备管理

图 2-23 “设备管理器”窗口

(1)查看计算机的设备驱动程序

从“开始”菜单中选择“控制面板”命令，打开“控制面板”窗口，单击“硬件和声音”超链接，打开“硬件和声音”窗口，然后单击“设备与打印机”下的“设备管理器”超链接，打开“设备管理器”窗口，如图 2-23 所示。该窗口中列出了所有的硬件设备，通过功能菜单可以对它们进行相应的管理。

(2)“设备管理器”窗口中一些符号的意义

如果设备图标上显示红色的叉号(×)，说明该设备已被停用。如果有不经常使用的设备(如 1394 设备和 PCMCIA 卡等)，禁用这些设备可以节省系统资源和提高启动速度。如果需要重新启动设备，右击该设备的图标，在弹出的快捷菜单中选择“启用”命令就可以了。

如果设备图标上显示黄色的问号(?)或感叹号(!)，问号表示该设备未能被操作系统识别，感叹号表示该设备未安装驱动程序或驱动程序安装得不正确。解决方法是：右击该设备的图标，在弹出的快捷菜单中选择“卸载”命令，然后重新启动系统。如果是 Windows 操作系统的最新版本，大多数情况下会自动识别硬件并安装驱动程序。某些情况下可能需要插入驱动程序盘，并按照提示进行操作。

2.4　Windows 7 操作系统

Windows 的演变

Windows 操作系统是由 Microsoft 公司开发的一种图形用户界面的操作系统，是目前世界上非常成熟和流行的操作系统之一。本节介绍 Windows 7 操作系统的常用功能和基本操作。

2.4.1　Windows 7 操作系统的基本操作

在计算机中安装 Windows 7 操作系统后，就可以登录该操作系统进行操作了。

1. 桌面及桌面图标

桌面是打开计算机并登录 Windows 7 操作系统之后看到的主屏幕区域，用于显示屏幕工作区域上的窗口、图标、菜单和对话框。如图 2－24 所示，Windows 7 操作系统的桌面主要由桌面图标、任务栏和桌面背景等部分组成。

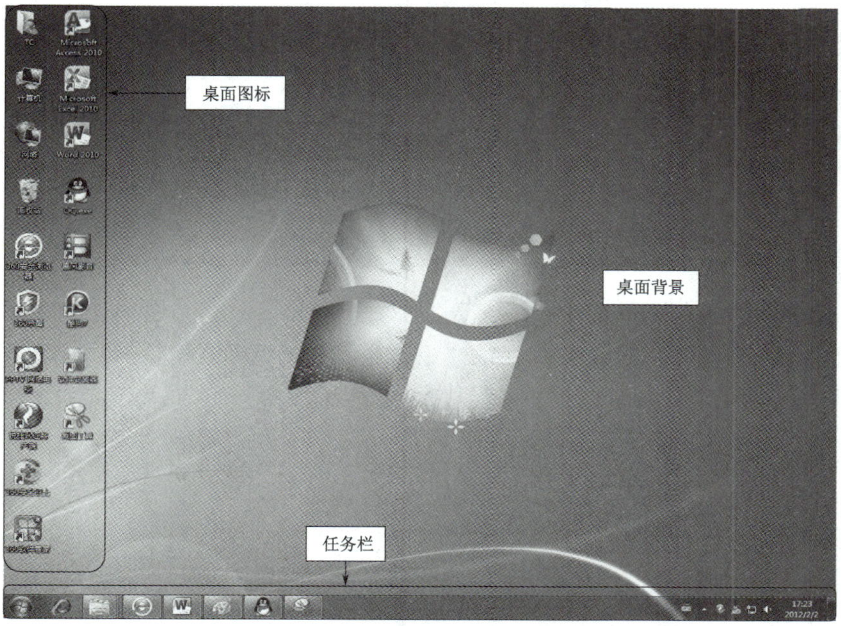

图 2－24　Windows 7 操作系统的桌面

(1)桌面图标及使用

桌面图标由图片和文字组成，是代表文件、文件夹、应用程序和其他项目的软件标识。文字用于描述图片所代表的对象。

首次启动 Windows 7 操作系统时，在桌面上至少有“回收站”图标。图 2－25 为桌面图标示例。

图 2－25　桌面图标示例

桌面图标有助于用户快速执行命令和打开程序文件。双击桌面图标,可以启动对应的应用程序或打开文件、文件夹;右击桌面图标,可以打开对应对象的快捷菜单。

(2)管理桌面图标

将图标放在桌面上,可以快速访问经常使用的应用程序、文件和文件夹,但过多的桌面图标会使桌面显得凌乱,影响工作效率。

①添加或删除系统图标。用户可以选择要显示在桌面上的图标,也可以随时添加或删除桌面上的图标。

将计算机、个人文件夹、回收站和网络图标添加到桌面上的操作步骤如下。

a. 右击桌面上的空白区域,在弹出的快捷菜单中选择"个性化"命令,打开"个性化"窗口,如图2-26所示。

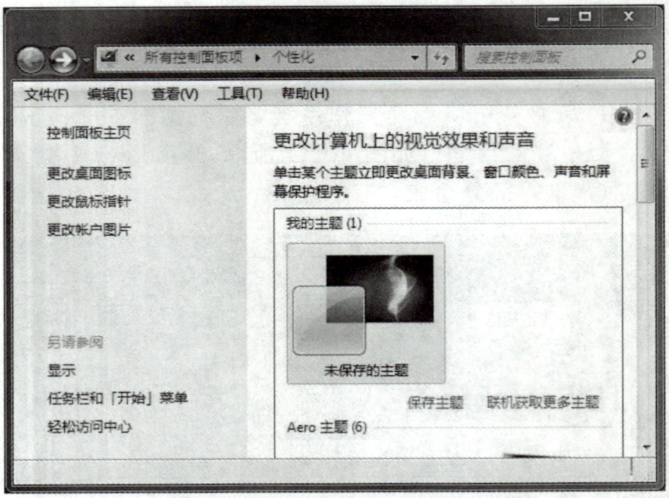

图2-26 "个性化"窗口

b. 在"个性化"窗口的左侧窗格中,单击"更改桌面图标"超链接,弹出"桌面图标设置"对话框,如图2-27所示。

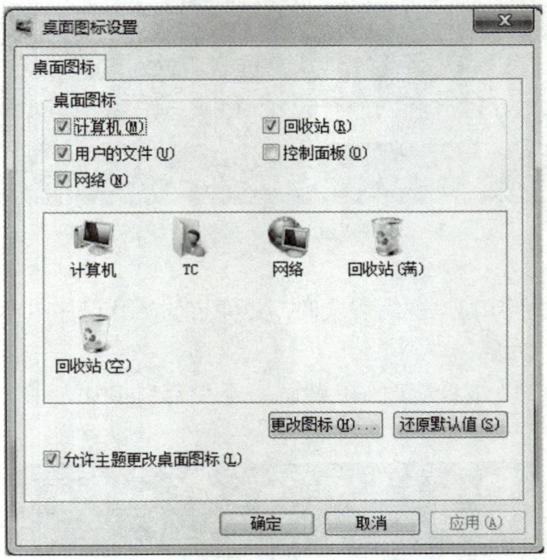

图2-27 "桌面图标设置"对话框

c. 在“桌面图标”选项卡中，勾选想要添加到桌面上的图标的复选框，或取消勾选想要从桌面上删除的图标的复选框，然后单击“确定”按钮。

②添加其他快捷方式图标。如果想要从桌面上轻松访问某些文件或应用程序，可创建其快捷方式。

快捷方式图标是表示与某个项目链接的图标，而不是项目本身。双击快捷方式图标便可以打开该项目。删除快捷方式图标，只会删除这个快捷方式，而不会删除原始项目。可以通过图标上的箭头来识别快捷方式图标，如图 2－28 所示。

图 2－28　原始项目图标与快捷方式图标

除了常用的系统图标，对一些常用的应用程序或文件，如视频播放器、游戏软件等，可将其快捷方式图标添加到桌面上，具体方法如下。

a. 找到要创建快捷方式的项目（应用程序或文件）。

b. 右击该项目，在弹出的快捷菜单中选择“发送到”→“桌面快捷方式”命令，该项目的快捷方式图标便出现在桌面上。

③从桌面上删除桌面图标的操作步骤如下。

a. 右击要删除的桌面图标。

b. 在弹出的快捷菜单中选择“删除”命令。

④排列桌面图标。Windows 将桌面图标排列在桌面左侧的列中，并将其锁定在相应位置上。若要对桌面图标解除锁定并重新排列，可右击桌面上的空白区域，在弹出的快捷菜单中选择“查看”→“自动排列图标”命令。若“自动排列图标”命令前有选择标记“√”，则表示由系统自动排列桌面图标，否则用户可以拖动桌面图标改变其位置。

⑤移动或删除多个桌面图标。若要一次移动或删除多个桌面图标，必须先选中这些桌面图标，操作步骤如下。

a. 在桌面上拖动鼠标指针选中桌面图标，然后松开鼠标，如图 2－29 所示。

b. 执行相应的命令，将这些被框选的桌面图标作为一组来移动或删除。

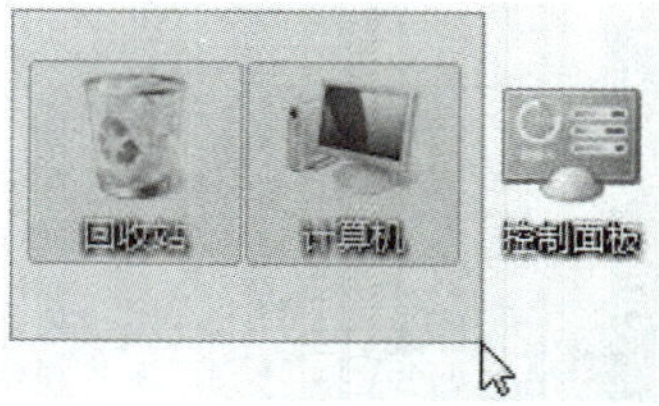

图 2－29　框选多个桌面图标

⑥隐藏桌面图标。如果想要临时隐藏所有桌面图标，而不删除它们，可右击桌面上的空白区域，在弹出的快捷菜单中选择“查看”→“显示桌面图标”命令，以清除该命令前的选择标记“√”，此时桌面上不再显示任何桌面图标。可以再次选择“查看”→“显示桌面图标”命令来显示桌面图标。

2. 任务栏及其基本操作

任务栏是位于屏幕底部的水平长条。与桌面不同的是，桌面可以被打开的窗口覆盖，而任务栏几乎始终可见。任务栏提供了整理所有窗口的方式，每个打开的窗口都在任务栏上显示相应的图标。任务栏有 4 个主要部分，如图 2－30 所示。

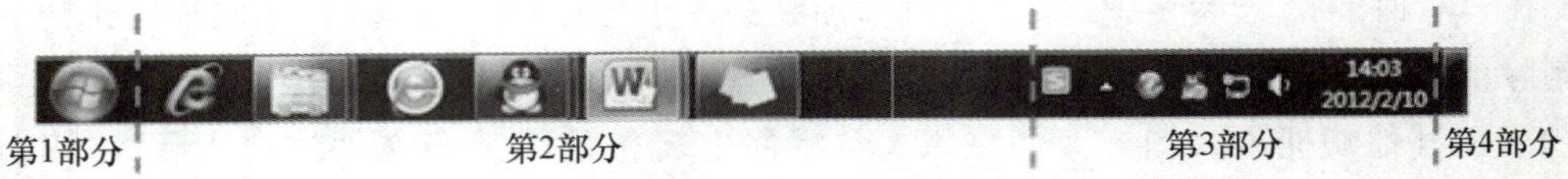

图 2-30　任务栏的 4 个主要部分

第 1 部分仅包含“开始”按钮，用于打开“开始”菜单。

第 2 部分即中间部分，显示已打开的程序和文件的图标，单击相应图标可以快速切换窗口。

第 3 部分是通知区域，包括时钟图标及一些告知特定程序和计算机设置状态的图标。

第 4 部分仅包含“显示桌面”按钮，单击该按钮可立即显示桌面。

(1)跟踪窗口

用户可以利用任务栏的中间部分跟踪窗口。

如果一次打开了多个程序和文件，则这些打开的窗口将快速堆叠在桌面上。由于窗口经常相互覆盖或者某一个窗口占据整个屏幕，因此有时很难看到它下面的其他内容，或者不记得已经打开了哪些窗口。这种情况下使用任务栏操作会很方便。无论何时打开程序、文件或文件夹，Windows 操作系统都会在任务栏上创建对应的图标。

如图 2-31 所示，打开了“计算器”和“扫雷”两个程序，每个程序在任务栏上都有各自的图标。其中，“计算器”图标是高亮突出显示的，这表示“计算器”窗口是活动窗口，意味着它位于其他已打开窗口的前面(当前窗口)，可以与用户进行交互。若要切换到另一个窗口，可单击任务栏上对应的图标。例如，单击“扫雷”窗口对应的图标会使该窗口位于前面，如图 2-32 所示。

图 2-31　打开的程序及任务栏上对应的图标

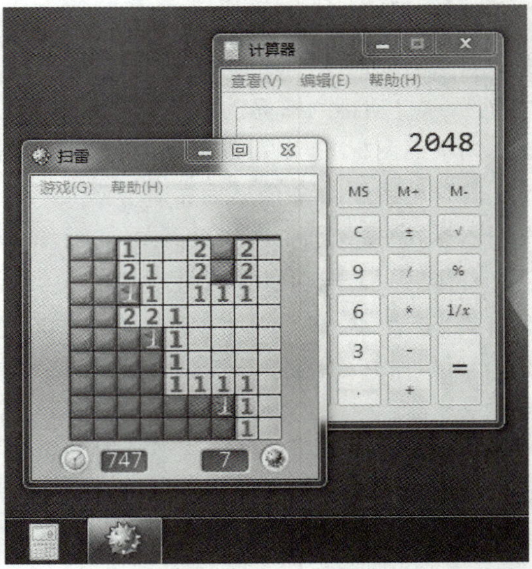

图 2-32　单击任务栏上对应的图标切换活动窗口

(2)最小化窗口和还原窗口

当窗口处于活动状态(窗口是当前窗口，且突出显示其任务栏图标)时，单击任务栏上对应的图标会最小化该窗口。这意味着该窗口从桌面上消失。最小化窗口并不是将窗口关闭或删除其内容，只是暂时使该窗口从桌面上消失。

如图 2－33 所示，“计算器”窗口被最小化，但是没有被关闭。“计算器”程序仍然在运行，因为在任务栏上有“计算器”图标。

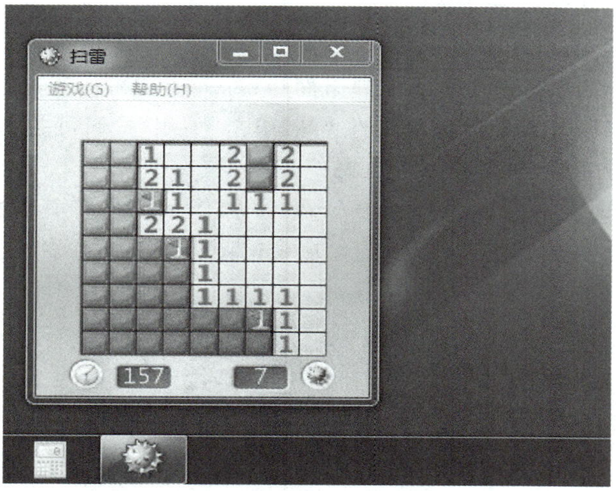

图 2－33　最小化“计算器”窗口

若要还原已最小化的窗口（使其再次显示在桌面上），可单击任务栏上对应的图标。

也可以通过单击窗口右上角相应的按钮来设置窗口显示大小。图 2－34 所示为窗口右上角的 3 个按钮，依次为“最小化”、“最大化/向下还原”和“关闭”按钮。

图 2－34　窗口右上角的按钮

（3）查看所打开窗口的缩略图

将鼠标指针指向任务栏上的图标时，会出现一个小图片，上面显示缩小版的相应窗口，称为缩略图或预览图。图 2－35 所示为资源管理器对应的缩略图。

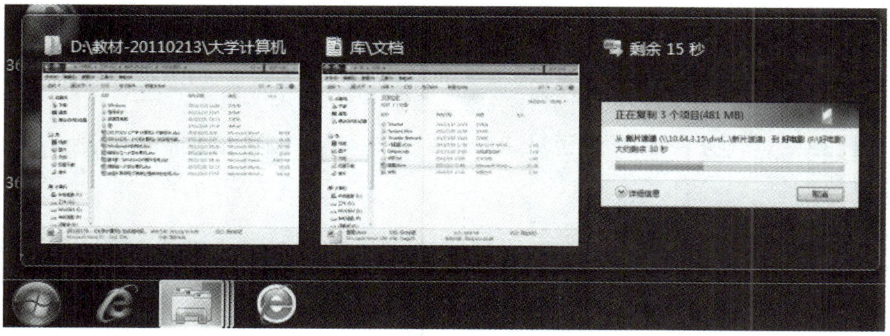

图 2－35　资源管理器对应的缩略图

（4）通知区域

通知区域位于任务栏的右侧，包括一组图标。这些图标或者表示计算机上某个程序的状态，或者提供访问特定设置的途径。通知区域显示的图标取决于已安装的程序或服务，以及计算机制造商设置计算机的方式。在图 2－30 中，图标从左至右依次为输入法（搜狗五笔）图标、显示隐藏的图标、网络认证客户端图标、QQ 图标、网络图标、音量图标、日期和时间图标，最右边还有一个“显示桌面”按钮。

将鼠标指针指向特定图标时，会看到该图标的名称或某个设置的状态。例如，指向音量图标，将显示计算机当前音量的级别；指向网络图标，将显示是否连接到网络、连接速度及信号强度等信息。

单击通知区域中的图标，会打开与其相关的程序或设置。例如，单击音量图标，会打开音量控件；单击网络图标，会打开网络和共享中心。

有时，通知区域中的图标会显示小的弹出面板(称为通知)，向用户通知某些信息。例如，添加新的硬件设备之后，可能会看到相应的通知，单击“关闭”按钮可关闭该通知。如果没有执行任何操作，则几秒钟之后，通知会自行消失。

如果在一段时间内没有使用某图标，Windows 操作系统会将其隐藏在通知区域中。如图 2－36 所示，如果图标被隐藏，则单击“显示隐藏的图标”按钮，可临时显示隐藏的图标。

图 2－36　任务栏的通知区域

(5)自定义任务栏

可以自定义任务栏来满足用户个性化的需求。例如，可以将整个任务栏移向屏幕的左边、右边或上边；可以使任务栏的尺寸变大；在用户不使用任务栏时可以设置自动将其隐藏；也可以在任务栏上添加工具栏。

①锁定任务栏和解除任务栏锁定。锁定任务栏可防止无意中移动任务栏或调整任务栏大小。具体方法如下。

a. 右击任务栏空白处。

b. 在弹出的快捷菜单中选择“锁定任务栏”命令，勾选或取消勾选标记。

②移动任务栏。任务栏通常位于屏幕底部，也可以将其移动到屏幕两侧或顶部(未锁定时)。具体方法如下。

a. 解除任务栏锁定。

b. 拖动任务栏到桌面的 4 个边缘之一。

c. 当任务栏出现在所需的位置时，松开鼠标。

③更改图标在任务栏上的显示方式。可以自定义任务栏上图标的外观及打开多个项目时这些项目对应的图标组合在一起的方式。具体方法如下。

a. 右击任务栏空白处。

b. 在弹出的快捷菜单中选择“属性”命令，弹出“任务栏和「开始」菜单属性”对话框，如图 2－37所示。

c. 单击“任务栏”选项卡，在“任务栏外观”区域的“任务栏按钮”下拉列表中选择“从不合并”选项。任务栏图标的显示效果如图 2－38 所示。

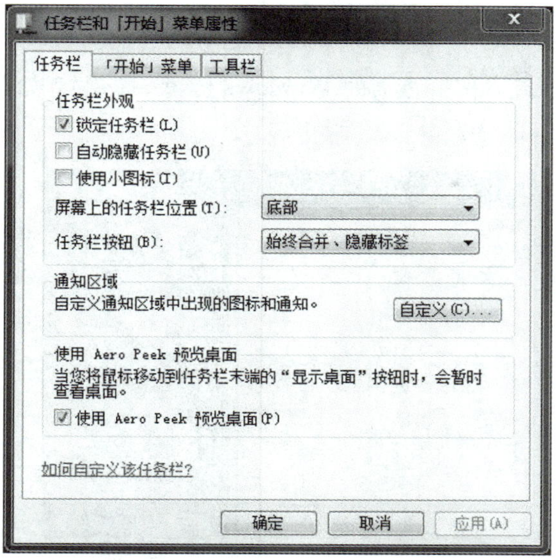

图 2－37　"任务栏和「开始」菜单属性"对话框

图 2－38　任务栏图标的显示效果(1)

若选择"始终合并、隐藏标签"选项，则任务栏图标的显示效果如图 2－39 所示(这是默认设置)。每个程序显示为一个无标签的图标，即使打开某个程序的多个项目也是如此。

图 2－39　任务栏图标的显示效果(2)

若选择"当任务栏被占满时合并"选项，则表示将每个项目显示为一个有标签的图标，但当任务栏变得非常拥挤时，具有多个打开项目的程序将折叠成一个程序图标。

d. 若要使用小图标，可勾选图 2－37 中的"使用小图标"复选框；若要使用大图标，则取消勾选该复选框。

e. 单击"确定"按钮。

3. 使用"开始"菜单

"开始"菜单是 Windows 桌面的一个重要组成部分，用户对计算机进行的各种操作，如打开窗口、运行程序等，基本上都是通过"开始"菜单进行的。使用"开始"菜单可执行以下常见的操作。

①启动程序。

②打开常用的文件夹。

③搜索文件、文件夹和程序。

④调整计算机设置。

⑤获取有关 Windows 操作系统的帮助信息。

⑥关闭计算机。

⑦注销 Windows 或切换到其他用户账户。

(1)认识“开始”菜单

单击“开始”按钮，或者按键盘上的 Windows 键，打开“开始”菜单，如图 2-40 所示。“开始”菜单分为 3 个基本部分。

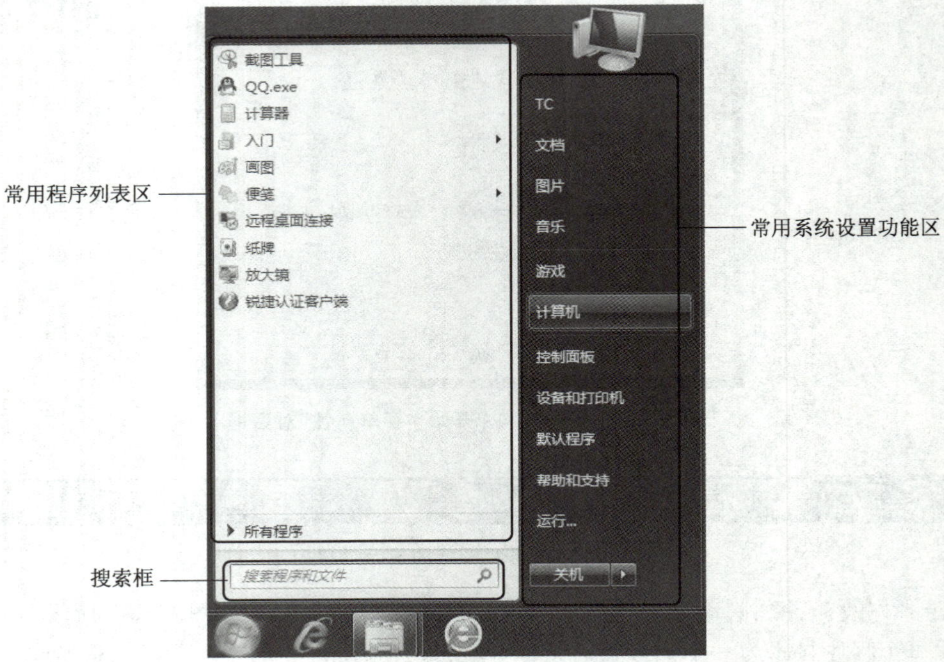

图 2-40 “开始”菜单

①常用程序列表区。左边的大窗格是“开始”菜单的常用程序列表区，Windows 操作系统会根据用户使用程序的频率，自动把常用的程序罗列在此处。选择“开始”菜单中的“所有程序”命令，可显示程序的完整列表。

②搜索框。左边窗格的底部是搜索框，通过输入关键字可在计算机上查找程序或文件。

③常用系统设置功能区。右边窗格是“开始”菜单的常用系统设置功能区，主要显示 Windows 操作系统经常用到的系统功能。该区域顶部的图标是与当前系统功能相对应的图标。该区域的最下边有一个“关机”按钮，用于注销或关闭计算机。

(2)从“开始”菜单打开程序

“开始”菜单最常见的一个用途是打开计算机上安装的程序。

选择“所有程序”命令会按字母顺序显示程序的完整列表，后跟一个文件夹列表，每个文件夹中包含更多的程序。

单击某个程序的图标可启动该程序，单击某个文件夹会罗列出其中的程序或子文件夹，同时“开始”菜单随之关闭。单击“返回”按钮将返回“开始”菜单的初始状态。

随着时间的推移，“开始”菜单中的程序列表会发生变化。出现这种情况有两种原因：一是安装新程序时，新程序会添加到“所有程序”列表中；二是“开始”菜单会检测常用的程序，并将其置于左边窗格中以便用户快速访问。

(3)搜索框

使用搜索框是在计算机上查找项目的便捷方法之一，用户无须在“所有程序”列表中层层检索就能很方便地找到所需程序。此外，使用搜索框还可遍历用户的程序及个人文件夹(包括“文档”“图片”“音乐”“桌面”文件夹及其他常见位置)中的所有文件夹，因此，只需在搜索框中输入项目名称或部分名称即可，是否提供项目的确切位置并不重要。

打开“开始”菜单并输入搜索项，搜索结果将显示在搜索框的上方。

对于以下情况，程序、文件和文件夹将作为搜索结果显示。

①标题中的任何文字与搜索项匹配或以搜索项开头。

②文件实际内容中的任何文本(如文字处理文档中的文本)与搜索项匹配或以搜索项开头。

③文件属性中的任何文字(如作者)与搜索项匹配或以搜索项开头。

单击任一搜索结果可将其打开，或者单击搜索框的“清除”按钮 ×，清除搜索结果并返回常用程序列表。还可以选择“查看更多结果”命令以搜索整个计算机的相关项目。

除了可搜索程序、文件和文件夹外，搜索框还可用于搜索 Internet 收藏夹和访问网站的历史记录。如果这些网页中的任何一个包含搜索项，则该网页会出现在“收藏夹和历史记录”标题下。

(4)常用系统设置功能区

“开始”菜单的右边窗格是常用系统设置功能区，其中包含用户经常使用的部分 Windows 链接。从上到下依次如下。

①个人文件夹：是根据当前登录到 Windows 操作系统的用户账户命名的，其中包含特定用户的文件，如“我的文档”“我的音乐”“我的图片”“我的视频”文件夹。

②文档：是以“文档”命名的文件夹，可以存储和打开文本文件、电子表格、演示文稿及其他类型的文档。

③图片：是以“图片”命名的文件夹，可以存储和查看数字图片及图形文件。

④音乐：是以“音乐”命名的文件夹，可以存储和播放音乐及其他音频文件。

⑤游戏：是以“游戏”命名的文件夹，可以访问计算机上的所有游戏。

⑥计算机：是以“计算机”命名的文件夹，单击将打开一个窗口，可以访问磁盘驱动器、照相机、打印机、扫描仪及其他连接到计算机的硬件。

⑦控制面板：是以“控制面板”命名的文件夹，可以自定义计算机的外观和功能，安装或卸载程序，设置网络连接和管理用户账户。

⑧设备和打印机：是以“设备和打印机”命名的文件夹，单击将打开一个窗口，可以查看打印机、鼠标和计算机上安装的其他设备的信息。

⑨默认程序：是以“默认程序”命名的文件夹，单击将打开一个窗口，可以选择让 Windows 操作系统运行诸如 Web 浏览活动的程序。

⑩帮助和支持：单击将打开“Windows 帮助和支持”窗口，可以浏览和搜索有关使用 Windows 操作系统和计算机的帮助主题。

常用系统设置功能区底部是“关机”按钮。单击“关机”按钮将关闭计算机；单击“关机”按钮旁边的箭头，将弹出一个下拉菜单，可用来切换用户、注销、重新启动或关闭计算机。

(5)设置“开始”菜单

用户可以设置在“开始”菜单上显示的项目。例如，可以将喜欢的程序的图标添加到“开始”菜单以便于访问，可以从常用程序列表中移除程序，还可以在右边窗格中隐藏或显示某些项目。具体方法如下。

①右击任务栏空白处。

②从弹出的快捷菜单中选择“属性”命令，弹出“任务栏和「开始」菜单属性”对话框，如图2-41所示，在“「开始」菜单”选项卡中，单击“自定义”按钮，弹出“自定义「开始」菜单”对话框，如图2-42所示。

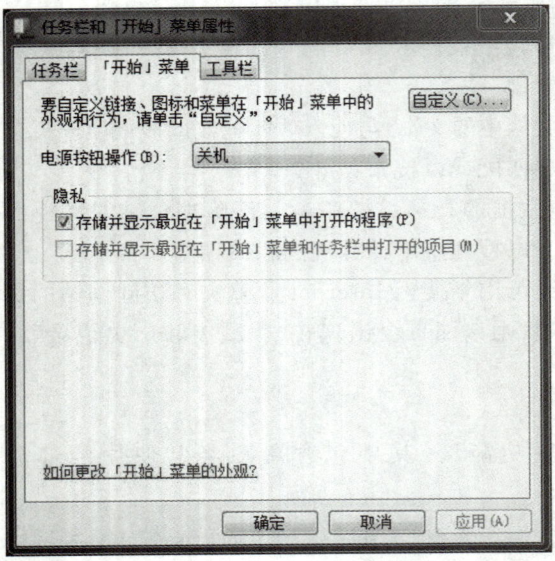

图2-41 “任务栏和「开始」菜单属性”对话框

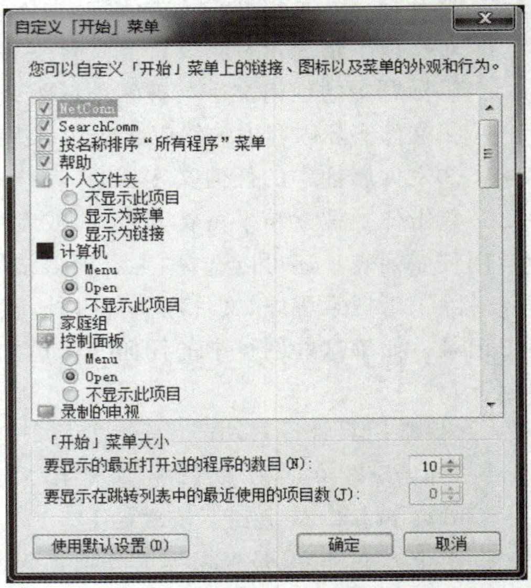

图2-42 “自定义「开始」菜单”对话框

③通过“自定义「开始」菜单”对话框中的选项，可自定义“开始”菜单。

4. 使用窗口

Windows 操作系统是由一个个窗口组成的操作系统。每当打开程序、文件或文件夹时，它们都会在窗口中显示，所以，对窗口的操作是 Windows 操作系统中最频繁的操作。

(1)认识窗口的布局

虽然每个窗口的内容各不相同，但各个窗口有一些共同点。一方面，窗口始终显示在桌面(屏幕的主要工作区域)上；另一方面，窗口具有相同的组成部分。图2-43所示为“记事本”窗口。

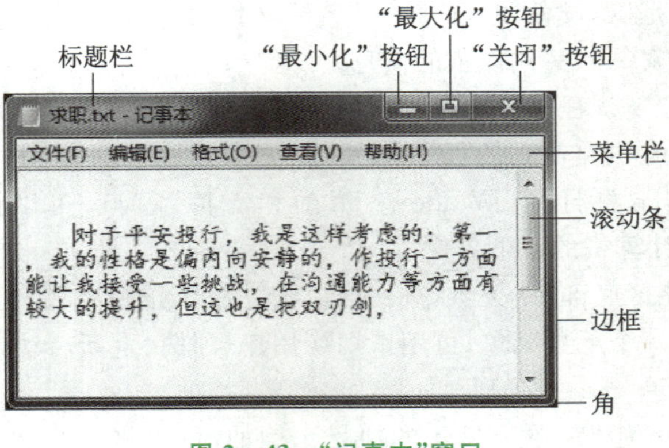

图2-43 “记事本”窗口

①标题栏：显示程序、文件或文件夹的名称。

②“最小化”“最大化”“关闭”按钮：分别可以用于隐藏窗口、放大窗口使其填充整个屏幕及

关闭窗口。

③菜单栏：包括对窗口进行各种操作的命令。

④滚动条：包括水平滚动条和垂直滚动条，用于滚动窗口显示的内容，查看当前视图之外的信息。

⑤边框和角：拖动这些边框和角可以更改窗口的大小。

窗口可能还具有其他的按钮、框或栏，但是通常都具有以上几部分。下面通过“文档”窗口介绍 Windows 窗口的结构与组成。

(2)窗口的结构与组成

选择“开始”→“文档”命令，打开“文档”窗口，如图 2-44 所示。

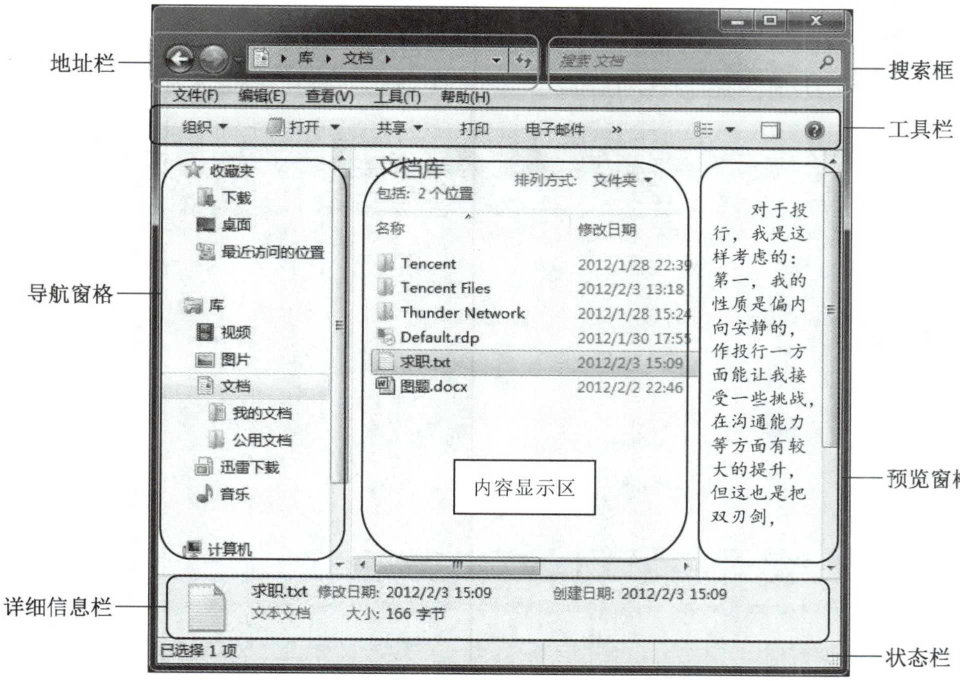

图 2-44　“文档”窗口

①地址栏。地址栏在每个文件夹窗口的顶部，将当前位置显示为以箭头分隔的一系列链接。图 2-44 中地址栏的显示方式为。可以通过单击某个链接或输入新位置的路径导航到其他位置。

例 2-1　通过单击超链接进行导航。

a. 单击地址栏中的超链接直接转至某位置。例如，单击地址栏中的“库”超链接，直接转至“库”文件夹窗口。

b. 单击地址栏中超链接右侧的箭头，然后单击列表中的某项以转至某位置。如图 2-45 所示，单击地址栏中“库”超链接旁的右箭头按钮，该按钮就会变成下拉按钮，同时弹出下拉菜单，选择下拉菜单中的选项，就会转至相应的文件夹窗口。

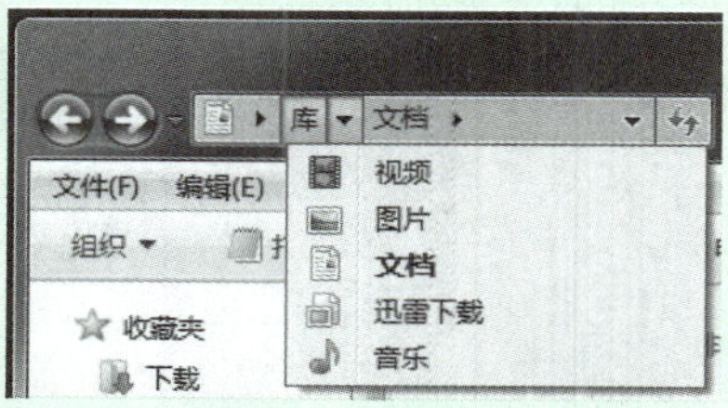

图 2-45　显示一系列位置的地址栏

例 2-2 通过输入新路径进行导航。

操作步骤如下。

a. 单击地址栏左侧的图标，地址栏将显示当前位置的路径。例如，单击地址栏左侧的文档图形，则地址栏将更改为。

b. 对于大多数位置，输入完整的文件夹名称或新位置的路径（如 C:\Users\Public)，然后按 Enter 键，即可打开相应窗口；对于常用位置，输入名称后按 Enter 键，即可打开相应窗口。例如，在地址栏中输入“游戏”后按 Enter 键，打开“游戏”窗口，如图 2-46 所示。

可以在地址栏中直接输入的常用位置名称如表 2-3 所示。

表 2-3 在地址栏中直接输入的常用位置名称

计算机	联系人	控制面板	文档	收藏夹
游戏	音乐	图片	回收站	视频

在地址栏中还有两个导航按钮。单击“后退”按钮和“前进”按钮，可导航至已经访问的位置，就像浏览 Internet 一样。此外，也可以通过在地址栏中输入网址来浏览 Internet。

图 2-46 “游戏”窗口

②搜索框。在 Windows 操作系统的各种窗口中，都可以看到搜索框，用户可以在搜索框中输入关键字进行搜索。搜索结果与关键字相匹配的部分会以黄色高亮显示，以便让用户更加容易地找到需要的结果。

③工具栏。Windows 操作系统的工具栏位于菜单栏下方。当打开不同类型的窗口或选中不同类型的文档时，工具栏中的按钮会相应地发生变化，但“组织”下拉按钮、“视图”下拉按钮及“显示预览窗格”按钮始终是不变的，如图 2-47 所示。

图 2-47 工具栏及典型按钮

单击“组织”下拉按钮和“视图”下拉按钮，将分别打开相应的下拉菜单。通过图 2－48 所示的“组织”下拉菜单中所提供的命令，可实现对文件的大部分操作，如“剪切”“复制”“文件夹和搜索选项”等命令；通过图 2－49 所示的“视图”下拉菜单中所提供的命令，可以更改窗口内容显示区中图标的大小。

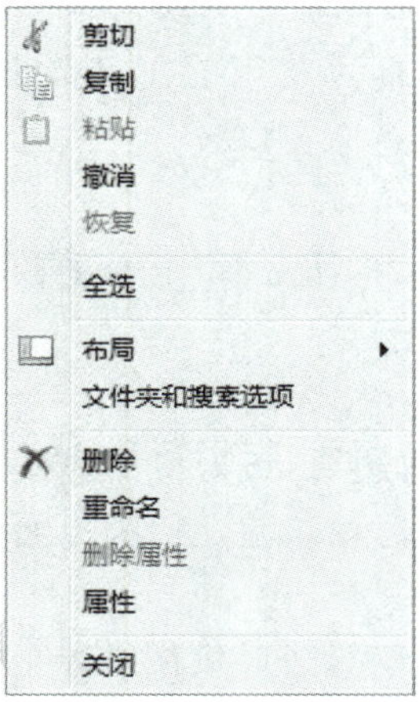

图 2－48　“组织”下拉菜单

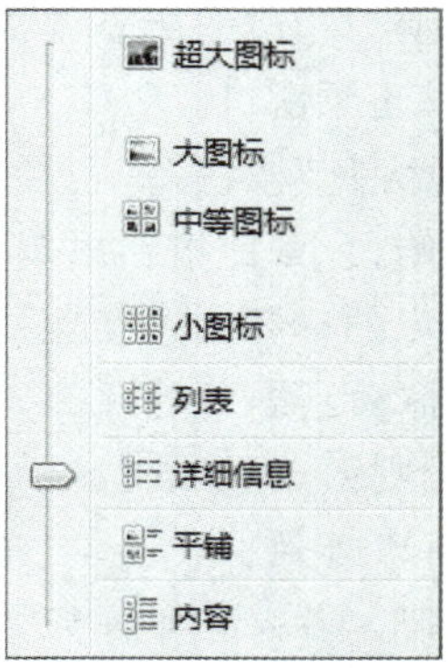

图 2－49　“视图”下拉菜单

④导航窗格。在 Windows 操作系统中，文件夹窗口左侧的导航窗格提供了“收藏夹”“库”“计算机”“网络”等选项，用户可以单击任意选项快速跳转到相应的文件夹窗口。

例如，导航窗格中的“收藏夹”选项，允许用户添加常用的文件夹，从而实现快速访问，这相当于定制了一个文件夹的跳转列表。

“收藏夹”选项中预置了几个常用的文件夹选项，如“下载”“桌面”“最近访问的位置”等。当需要添加自定义文件夹到收藏夹时，只需将相应的文件夹拖入收藏夹图标下方的空白区域即可，如图 2－50 所示。

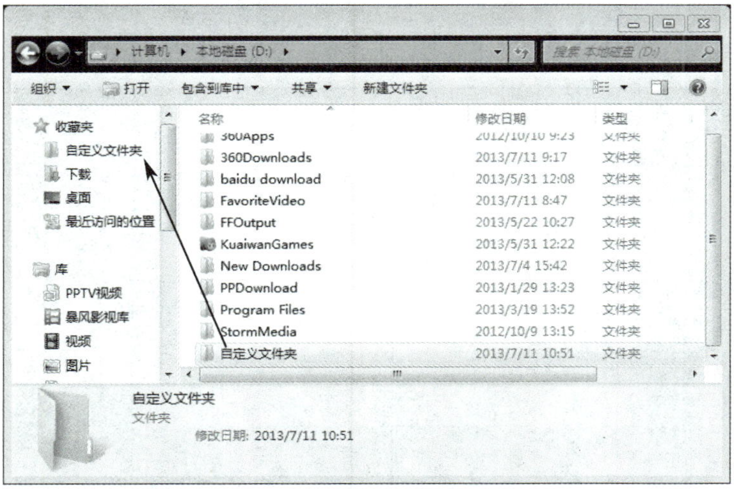

图 2－50　添加自定义文件夹到收藏夹的示意图

⑤详细信息栏。详细信息栏显示了当前文件夹窗口中所选文件或文件夹的相关信息。如图 2－44 所示，详细信息栏显示的是所选文件“求职. txt”的属性信息。

⑥预览窗格。预览窗格会调用与所选文件相关联的应用程序进行预览，如图 2－44 所示("文档"窗口)，预览窗格中显示的就是所选文件"求职.txt"的内容预览。

(3)更改窗口的大小

①用鼠标拖动。若要调整窗口的大小(使其变小或变大)，可将鼠标指针指向窗口的任意边框或角，当鼠标指针变成双箭头⇕或⤡时，拖动边框或角可以缩小或放大窗口。

②最小化/还原窗口。单击窗口的"最小化"按钮▬，即可将当前窗口最小化到任务栏，在任务栏上显示为相应图标。单击任务栏上的相应图标将还原窗口。

③最大化/还原窗口。

a. 单击"最大化"按钮▣可使窗口填满整个屏幕；单击"向下还原"按钮⧉可将最大化的窗口还原到原始大小(此按钮出现在"最大化"按钮的位置上)。

b. 双击窗口的标题栏可使窗口最大化或还原。

c. 将窗口拖动到屏幕的顶部，直到鼠标指针接触到屏幕边缘，该窗口的边框即扩展为全屏显示，松开鼠标则窗口最大化显示。将窗口拖离屏幕的顶部，窗口将还原为原始大小。

(4)调整窗口排列

①移动窗口。若要移动窗口，可将鼠标指针指向其标题栏，然后按住鼠标左键将窗口拖动到目标位置。

②自动排列窗口。可以在桌面上按层叠、纵向堆叠或并排模式自动排列窗口。

(5)使用"对齐"操作排列窗口

"对齐"操作将在移动窗口的同时自动调整窗口的大小，或将这些窗口与屏幕的边缘对齐。可以使用"对齐"操作并排排列窗口、垂直展开窗口或最大化窗口。

①并排排列窗口。

a. 如图 2－51 所示，将窗口拖动到屏幕左侧或右侧，直到鼠标指针接触到屏幕边缘，此时会出现已展开窗口的轮廓。

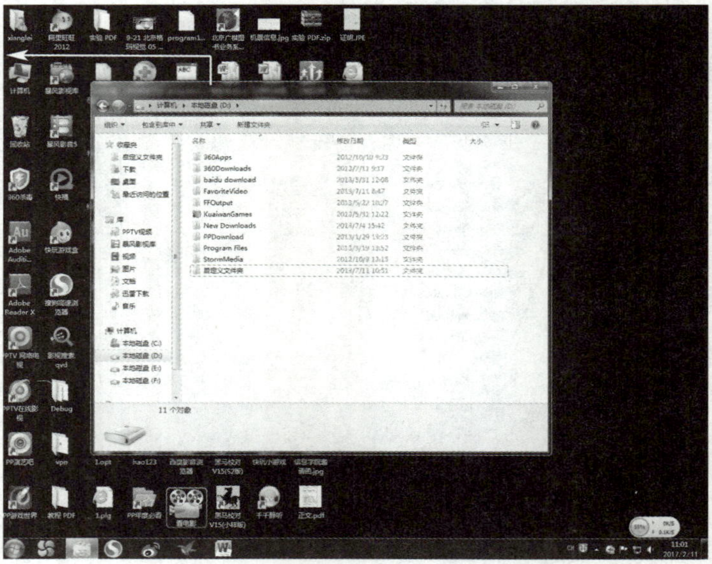

图 2－51 将窗口拖动到屏幕的一侧

b. 松开鼠标即可展开窗口，如图 2－52 所示。

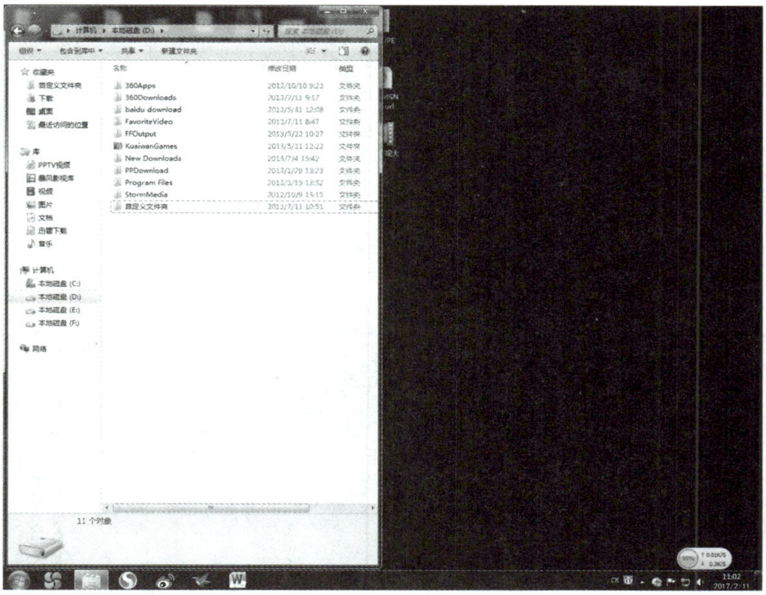

图 2－52 将窗口扩展为屏幕大小的一半

c. 对其他窗口重复步骤 a 和 b，以并排排列这些窗口。

②垂直展开窗口。

a. 将鼠标指针指向窗口的上边缘或下边缘，直到鼠标指针变为双箭头⇕。

b. 按住鼠标左键，将窗口的边缘拖动到屏幕的顶部或底部，使窗口扩展为整个桌面的高度，窗口的宽度不变，垂直展开窗口。

(6)在窗口间切换

如果打开了多个程序或文档，桌面会布满杂乱的窗口。此时，不容易跟踪已打开了哪些窗口，因为一些窗口可能部分或完全覆盖了其他窗口。Windows 操作系统提供了以下几种方法帮助用户识别并切换窗口。

①使用任务栏识别窗口。当用鼠标指针指向任务栏上的图标时，可以显示相应窗口的缩略图(该窗口的内容可以是文档、照片，甚至是正在播放的视频)，如图 2－53 所示。

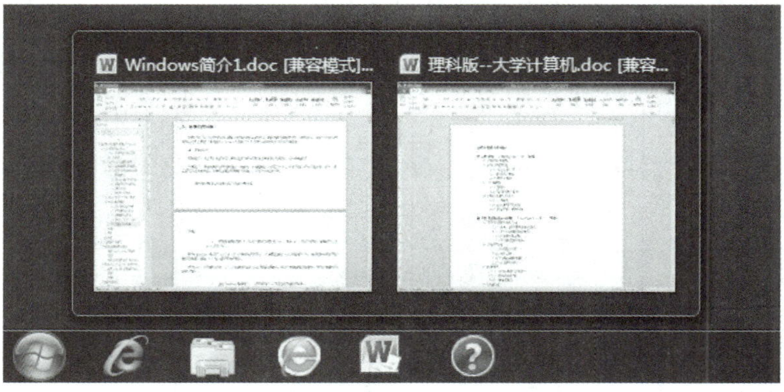

图 2－53 显示相应窗口的缩略图

②使用任务栏切换窗口。单击任务栏上的图标，其对应窗口将出现在其他窗口的前面，成

为活动窗口。

③使用 Alt＋Tab 组合键切换窗口。按 Alt＋Tab 组合键将弹出一个缩略图面板，按住 Alt 键不放，并重复按 Tab 键，将循环切换所有打开的窗口和桌面，松开 Alt 键可以显示所选窗口。

④使用 Aero 三维窗口切换。Aero 三维窗口切换以三维堆栈形式排列窗口，如图 2－54 所示，用户可以快速浏览这些窗口。具体方法如下：按住 Windows 键的同时按 Tab 键，打开 Aero 三维窗口切换；重复按 Tab 键或滚动鼠标滚轮，可以循环切换打开的窗口；释放 Windows 键，可以显示堆栈中最前面的窗口，或者单击堆栈中某个窗口的任意部分来显示该窗口。

图 2－54　Aero 三维窗口切换

(7)隐藏及关闭窗口

①隐藏窗口。隐藏窗口也就是最小化窗口。如果要使窗口临时消失而不将其关闭，可以将窗口最小化。若要使最小化的窗口重新显示在桌面上，则可单击其任务栏图标，窗口会按最小化前的样子显示。

②关闭窗口。关闭窗口，会将窗口从桌面和任务栏中删除。单击窗口的“关闭”按钮可关闭窗口。

如果关闭文档，而未保存对其进行的更改，则会弹出一个消息对话框，提示用户是否保存更改，如图 2－55 所示。

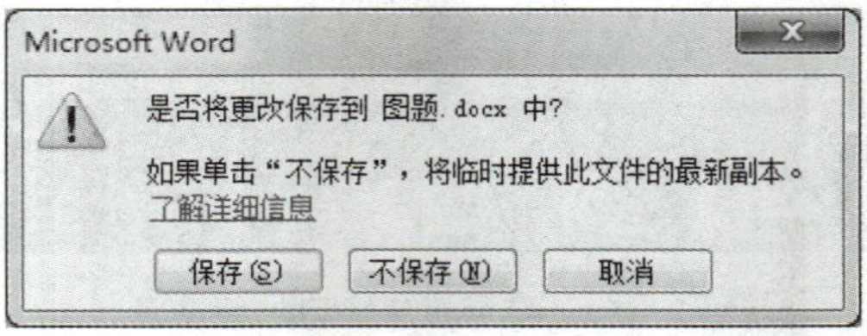

图 2－55　退出 Word 但未保存时弹出的消息对话框

(8)对话框

对话框是特殊类型的窗口,可以提出问题,允许用户选择选项来执行任务,也可以用于提示信息。当程序或 Windows 操作系统需要用户进行交互时,经常会看到对话框。

与常规窗口不同,多数对话框无法进行最大化、最小化或调整大小等操作,但是可以被移动。

(9)显示桌面

①临时预览或快速查看桌面。只需将鼠标指针指向(非单击)任务栏中通知区域旁的"显示桌面"按钮,即可临时预览或快速查看桌面。此时,原本打开的窗口并没有最小化,只是淡出视图以显示桌面。若要再次显示这些窗口,只需将鼠标指针移开"显示桌面"按钮。

②查看或使用桌面。若要在不关闭已打开窗口的情况下查看或使用桌面,单击"显示桌面"按钮,可最小化所有窗口。

2.4.2　Windows 7 操作系统的文件和文件夹管理

安装的操作系统、各种应用程序及编排的信息和数据等,都是以文件形式保存在计算机中的。文件和文件夹的管理是学习计算机必须掌握的基础操作。

1. 文件管理概述

(1)文件属性

文件除了文件名外,还有位置、大小、占用空间、创建时间等信息,这些信息称为文件属性。图 2-56 所示是 Windows 操作系统中文件的属性示例。

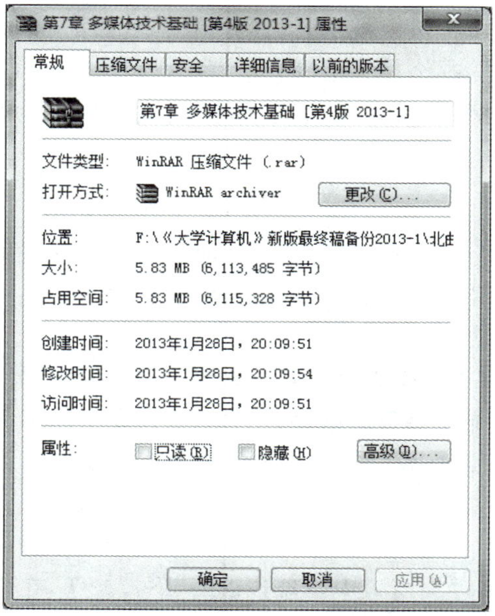

图 2-56　Windows 操作系统中文件的属性示例

(2)文件路径

文件路径是文件存取时需要经过的子目录的名称。目录结构在建立后,所有文件分门别类地存放在所属目录中,计算机在访问这些文件时,依据要访问文件的不同路径进行文件查找。

文件路径有绝对路径和相对路径之分。绝对路径指从根目录开始，到该文件之前的子目录名称；相对路径是从当前目录开始，到某个文件之前的子目录名称。

(3)文件查找

在 Windows 7 操作系统中查找文件或文件夹非常方便。右击“开始”按钮，在弹出的快捷菜单中选择“打开 Windows 资源管理器”命令，打开“资源管理器”窗口(又称为计算机窗口)，然后单击窗口右上角的搜索框，输入需要查找的文件的部分文件名即可，如图 2-57 所示。

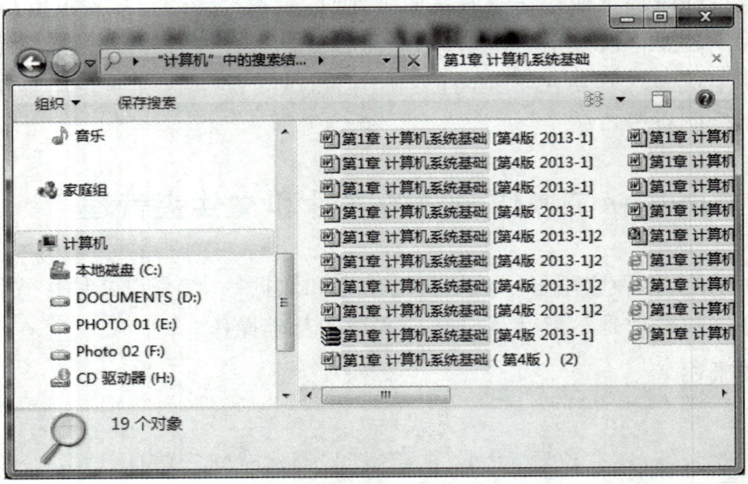

图 2-57 “资源管理器”窗口

需要注意的是，通过搜索框进行搜索时，首先需要进入相应的搜索范围窗口。例如，打开“计算机”窗口直接进行搜索，那么搜寻范围为所有磁盘；进入 D 盘进行搜索，则搜索范围为整个 D 盘；同理，如果进入某个子目录进行搜索，则搜索范围仅为该子目录及其下属各层子目录。

2. 查看文件和文件夹

对文件进行任何管理操作之前，必须打开相应的文件浏览窗口。在 Windows 操作系统中，是通过资源管理器打开各个文件夹窗口，在文件夹窗口中浏览、管理文件和文件夹的。

(1)查看计算机中的磁盘

计算机中的文件和文件夹都是保存在各个磁盘分区中的。选择“开始”→“计算机”命令，打开“计算机”窗口，该窗口显示所有磁盘分区、分区容量及可用空间等信息，如图 2-58 所示。

打开“计算机”窗口后，双击某个磁盘图标，即可进入磁盘浏览其中的文件和文件夹，如图 2-59所示。

(2)调整查看方式

①设置视图模式。在文件夹窗口中，单击“视图”下拉按钮，在打开的下拉菜单中可以对查看方式、排列顺序等进行设置，方便用户的管理。图 2-58 所示是以“平铺”模式显示的窗口，图 2-59 所示是以“详细信息”模式显示的窗口。

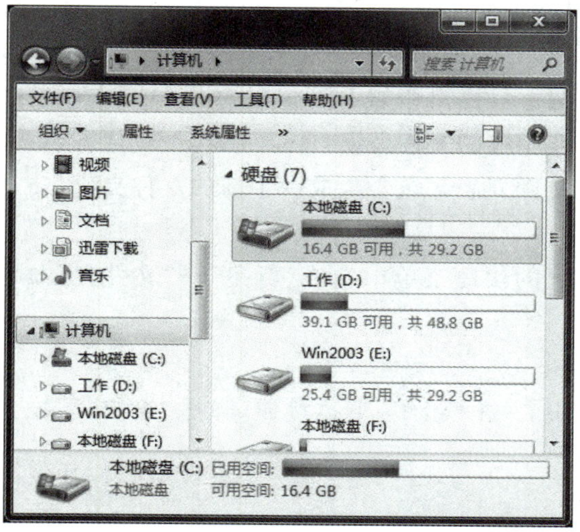

图 2-58　查看计算机中的磁盘（“平铺”模式）

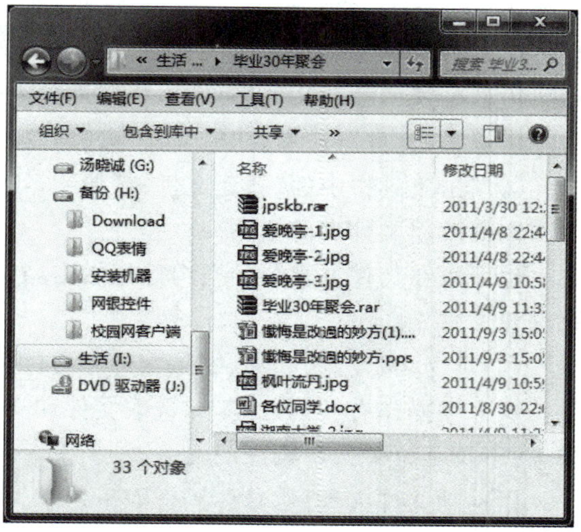

图 2-59　查看文件和文件夹（“详细信息”模式）

②排序文件和文件夹。当窗口中的文件和文件夹较多时，可按照一定的规律对窗口中的文件和文件夹进行排序，以便浏览。具体方法如下。

a. 设置窗口中文件和文件夹的显示模式为“详细信息”。

b. 如图 2-60 所示，单击文件列表上方相应的标题按钮，或单击标题按钮旁的下拉按钮，打开下拉菜单，从中选择排序依据，可对文件和文件夹进行排序。

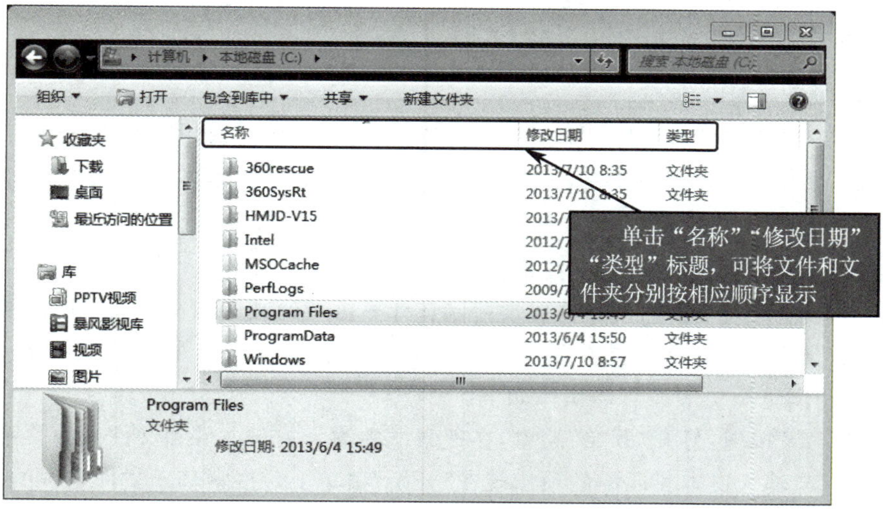

图 2-60　按照用户选择的排序依据显示文件和文件夹

3. 管理文件和文件夹

管理文件和文件夹包括新建文件夹，重命名、复制、移动、删除文件和文件夹。

在对文件和文件夹进行任何操作之前，都需要先进行选取操作。选取操作有如下几种。

①单选：在窗口中单击所需的文件和文件夹。

②多选（连续）：在窗口中单击，拖动鼠标指针进行框选。

③多选（不连续）：按住 Ctrl 键，再在窗口中单击所需的文件和文件夹。

④全选:按 Ctrl+A 组合键,可选中当前窗口的全部文件和文件夹。

(1)新建文件夹

可根据需要新建文件夹,然后将文件分类放置。具体操作如下。

①选择"文件"→"新建"→"文件夹"命令,打开相应的文件夹窗口。

②单击工具栏中的"新建文件夹"按钮,则在文件列表区域会生成一个新的文件夹。

③修改新文件夹的名称。

也可以在文件夹窗口的空白区域右击,在弹出的快捷菜单中选择"新建"→"文件夹"命令来创建文件夹。

(2)重命名、复制、移动、删除文件和文件夹

这几项操作有共同之处,即选取文件和文件夹,单击"组织"下拉按钮,弹出"组织"下拉菜单,在下拉菜单中选择相应的命令。

以移动文件夹为例,具体操作如下。

①选中要移动的文件夹。

②单击"组织"下拉按钮,打开"组织"下拉菜单。

③在下拉菜单中选择"剪切"命令。

④打开目标磁盘或文件夹窗口。

⑤单击"组织"下拉按钮,在弹出的下拉菜单中选择"粘贴"命令。

也可以使用与命令对应的组合键完成相应操作。按 Ctrl+X 组合键相当于选择"剪切"命令;按 Ctrl+C 组合键相当于选择"复制"命令;按 Ctrl+V 组合键相当于选择"粘贴"命令;按 Delete 键相当于选择"删除"命令。

4. 搜索文件和文件夹

如果用户不记得文件和文件夹的名称和位置,则可以利用搜索功能迅速定位。

Windows 操作系统提供了多种搜索文件和文件夹的方法。在不同的情况下可以使用不同的方法。

(1)使用"开始"菜单中的搜索框搜索文件和文件夹

可以使用"开始"菜单中的搜索框搜索存储在计算机上的文件和文件夹。该搜索框的默认搜索范围包括"开始"菜单中的程序、Windows 中库和索引的用户文件(图片、文档、音乐、收藏夹等)、Internet 浏览历史等。具体操作如下。

①单击"开始"按钮,打开"开始"菜单,在搜索框中输入关于文件和文件夹的关键词。

②输入后,与输入文本相匹配的项出现在"开始"菜单上。搜索基于文件名中的文本、文件中的文本和标记及其他文件属性显示结果。

(2)在文件夹或库中使用搜索框查找文件和文件夹

有时用户可能不知道要查找的文件位于哪个特定的文件夹或库中。要找到文件可能意味着要搜索数百个文件和文件夹,为了节省时间和精力,可使用已打开窗口的搜索框进行查找。

搜索框位于每个文件夹窗口的顶部,根据输入的文本筛选当前视图,搜索操作将查找文件名和文件中的文本,以及文件属性中的文本。搜索范围包括当前视图中的所有文件夹及这些文件夹中的子文件夹。具体操作如下。

①在搜索框中输入关于文件和文件夹的关键词。

②输入时立即筛选文件夹或库的内容，以反映输入的每个连续字符，当看到需要的文件和文件夹后，即可停止输入。

(3)组合筛选文件和文件夹

如果要进行更为全面、细致的搜索，则可以通过高级搜索进行操作。

如图 2－61 所示，在 Windows 文件夹窗口中单击搜索框，然后单击“修改日期”链接，选择日期或日期范围，可以搜索修改过的文件和文件夹。

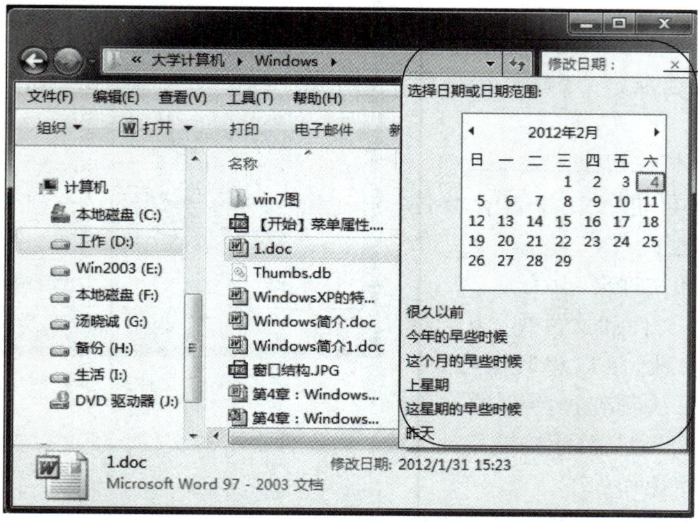

图 2－61　组合筛选文件和文件夹

5. 文件和文件夹的高级管理

文件和文件夹的高级管理包括查看文件和文件夹信息、显示或隐藏文件扩展名，以及显示或隐藏文件和文件夹等。

(1)查看文件和文件夹信息

在管理计算机中的文件和文件夹的过程中，经常需要查看文件和文件夹的详细信息，进一步了解其详情。例如，对于文件，需要查看文件类型、打开方式、大小、存放位置及创建与修改时间的信息；对于文件夹，则需要查看其中包含的文件和子文件夹的数量。具体操作如下。

①右击要查看的文件或文件夹图标，弹出快捷菜单。

②选择“属性”命令，打开其属性对话框。

③在“常规”选项卡中查看文件和文件夹的详细属性信息，如图 2－62 所示。

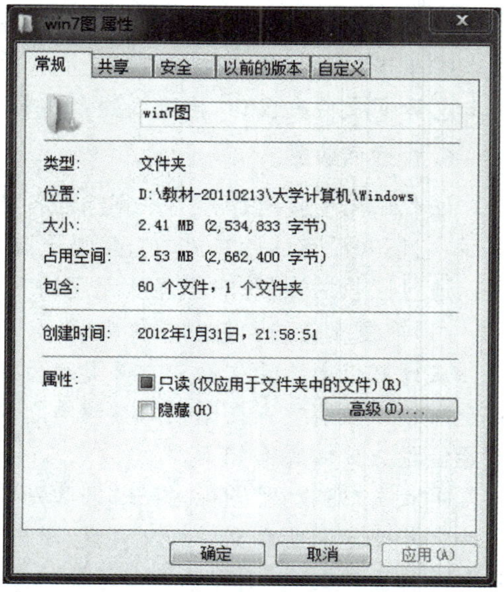

图 2－62　“常规”选项卡

(2)显示或隐藏文件扩展名

每种类型的文件都有各自的文件扩展名，可以根据文件的图标辨识文件类型。Windows 操作系统默认是不显示文件扩展名的，这样可防止用户误改文件扩展名而导致文件不可用。如果需要查看或修改文件扩展名,可以通过相应设置将文件扩展名显示出来。具体操作如下。

①在任一文件夹窗口中单击“组织”下拉按钮,弹出下拉菜单(见图 2-48)。

②选择“文件夹和搜索选项”命令,打开“文件夹选项”对话框,选择“查看”选项卡,如图 2-63 所示。

③在“高级设置”列表框中取消勾选“隐藏已知文件类型的扩展名”复选框(勾选该复选框则隐藏扩展名)。

④单击“应用”或“确定”按钮。

⑤返回文件夹窗口,再进入磁盘查看文件时,就可以看到文件扩展名了。

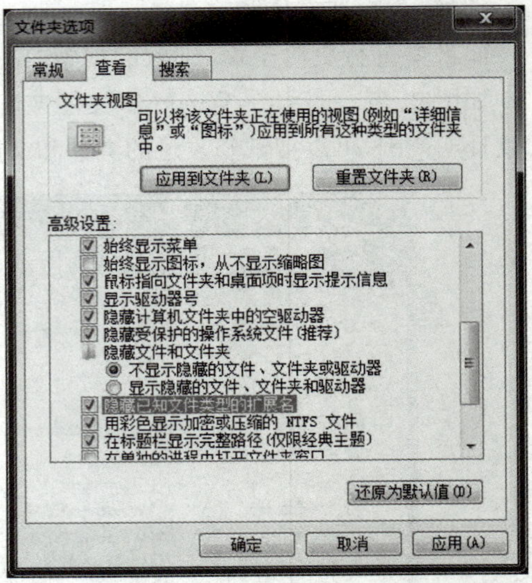

图 2-63 “文件夹选项”对话框

(3)显示或隐藏文件和文件夹

对于计算机中的重要文件和文件夹,为了防止其被其他用户查看或修改,可以将其隐藏,隐藏后所有计算机用户都无法看到被隐藏的文件和文件夹。隐藏文件夹时,可以选择仅隐藏文件夹或者将文件夹中的文件与子文件夹一同隐藏。

以隐藏文件为例,具体操作如下。

①在文件夹窗口中,右击要隐藏的文件,弹出快捷菜单。

②选择“属性”命令,打开其属性对话框。

③在“常规”选项卡中勾选“隐藏”复选框,单击“确定”按钮。

④返回文件夹窗口,单击“组织”下拉按钮,在弹出的下拉菜单中选择“文件夹和搜索选项”命令,弹出“文件夹选项”对话框。

⑤在“查看”选项卡的“高级设置”列表框中单击“不显示隐藏的文件、文件夹或驱动器”单选按钮(单击“显示隐藏的文件、文件夹和驱动器”单选按钮,则显示隐藏的文件或文件夹)。

⑥单击“应用”或“确定”按钮。

⑦返回文件夹窗口,再进入磁盘查看文件时,就看不到具有隐藏属性的文件了。

6. 管理回收站

回收站用于临时保存用户删除的各类文件和文件夹。当用户对文件和文件夹进行删除操作后,它们并没有从计算机中直接被删除,而是保存在回收站中。对于误删的文件和文件夹,可以通过回收站恢复;对于确认无用的文件和文件夹,可以从回收站彻底删除。

(1)恢复删除的文件和文件夹

从计算机中删除文件和文件夹时,文件和文件夹实际上只是移动并暂时存储在回收站中,直至回收站被清空。在回收站被清空之前,用户可以恢复被删除的文件和文件夹,将其还原到原始位置。具体操作如下。

①双击“回收站”图标,打开“回收站”窗口,如图 2-64 所示。

②若要还原所有文件和文件夹,单击“还原所有项目”按钮,如图 2-64 所示,即可还原所有文件和文件夹;否则先选中要还原的文件和文件夹(一个或多个),再单击“还原选定的项目”按钮,如图 2-65 所示,文件和文件夹将恢复到它们在计算机上的原始位置。

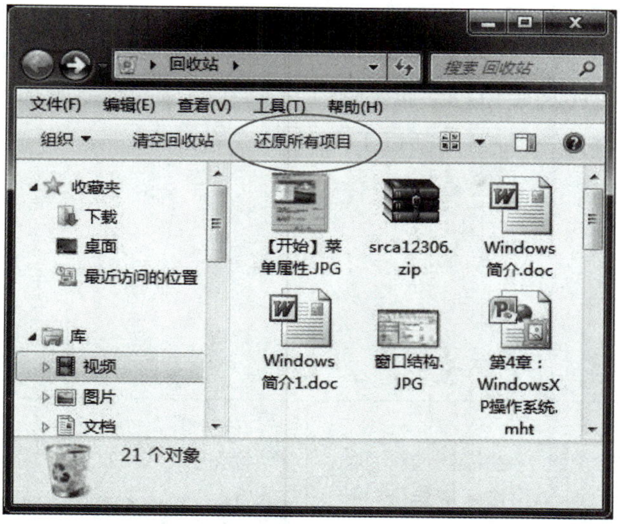

图 2－64　“回收站”窗口(1)

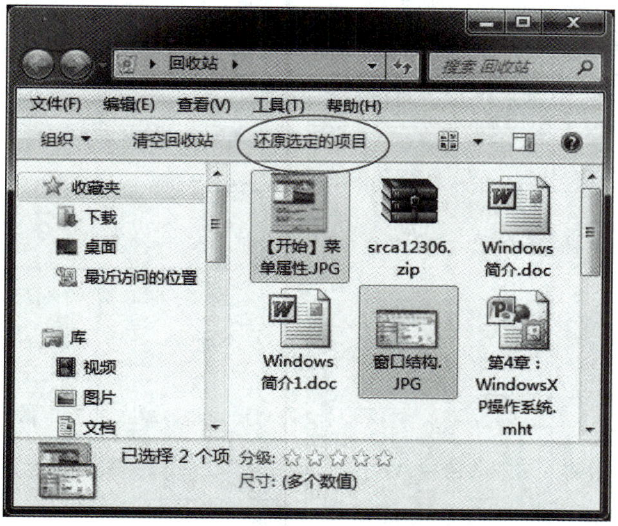

图 2－65　“回收站”窗口(2)

(2)彻底删除文件和文件夹

将回收站中的文件和文件夹彻底删除的具体操作如下。

①打开“回收站”窗口。

②选中要删除的文件和文件夹，右击，弹出快捷菜单，选择“删除”命令；或者不选择任何文件和文件夹，单击“清空回收站”按钮。

③在弹出的“删除文件”对话框中单击“是”按钮，即可完成删除操作。

2.4.3　Windows 7 操作系统的软硬件管理

本节介绍 Windows 7 操作系统在应用程序和硬件设备管理方面的常用功能。

1. 应用程序的安装与管理

(1)安装应用程序

Windows 7 操作系统的应用程序非常多,每款应用程序的安装方式各不相同,但是安装过程中的几个基本环节都是一样的,包括以下几项。

①选择安装路径。

②阅读许可协议。

③设置附加选项。

④选择安装组件。

例 2-3 安装搜狗拼音输入法。

操作步骤如下。

①从搜狗输入法官方网站下载并运行搜狗拼音输入法的安装程序,Windows 7 操作系统弹出“用户账户控制”对话框,询问用户“是否允许应用对此计算机进行更改?”,单击“是”按钮,继续安装程序。

②弹出搜狗拼音输入法安装向导,如图 2-66 所示,单击“下一步”按钮。

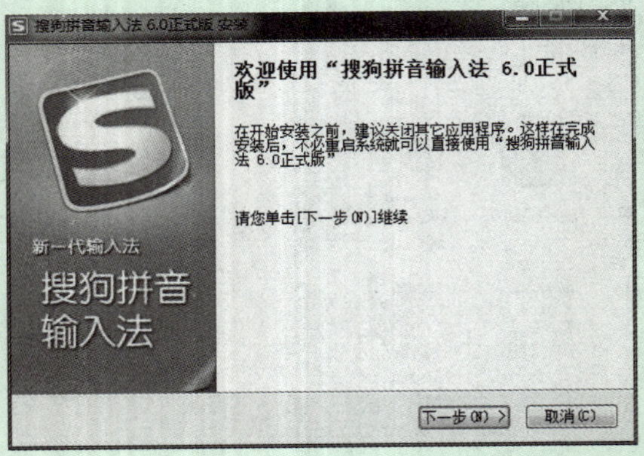

图 2-66 搜狗拼音输入法安装向导(1)

③如图 2-67 所示,阅读授权协议后单击“我接受”按钮。

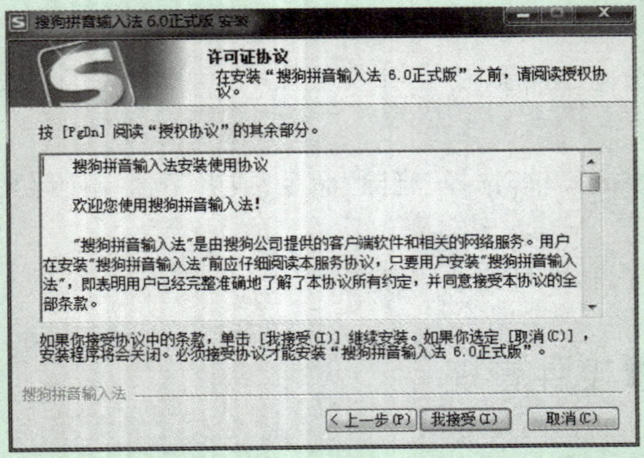

图 2-67 搜狗拼音输入法安装向导(2)

④如图 2-68 所示,设置安装路径后单击“下一步”按钮。

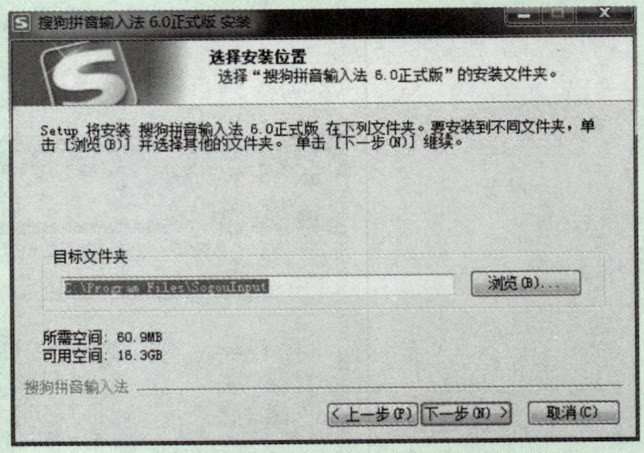

图 2-68 搜狗拼音输入法安装向导(3)

⑤如图 2-69 所示,此处所创建的文件夹将显示在“开始”→“所有程序”列表中,默认文件夹名称为“搜狗拼音输入法”,单击“下一步”按钮。

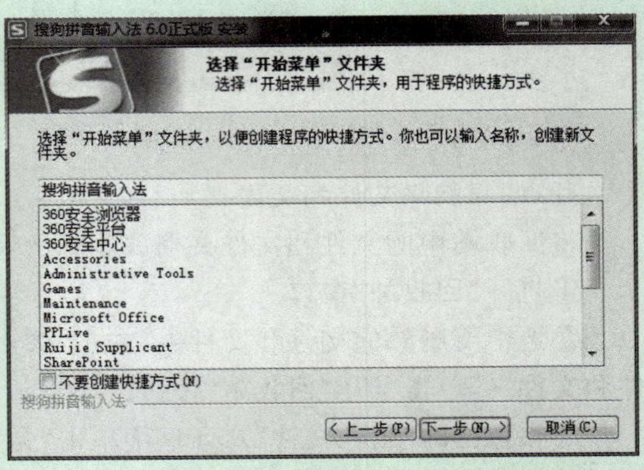

图 2-69 搜狗拼音输入法安装向导(4)

⑥如图 2-70 所示,选择是否安装“附加软件”后单击“安装”按钮。

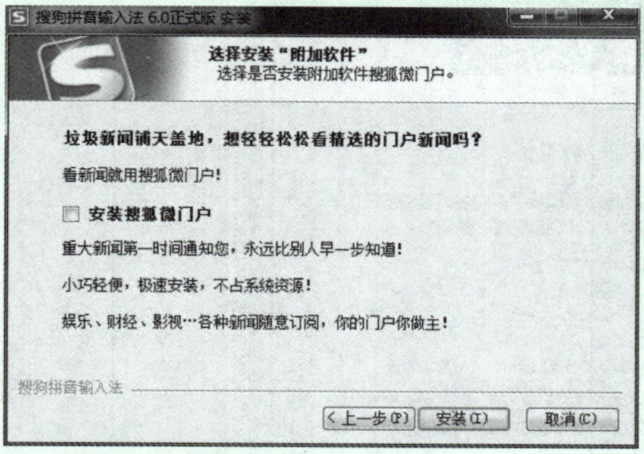

图 2-70　搜狗拼音输入法安装向导(5)

⑦程序开始安装并显示安装进度，如图 2-71 所示。

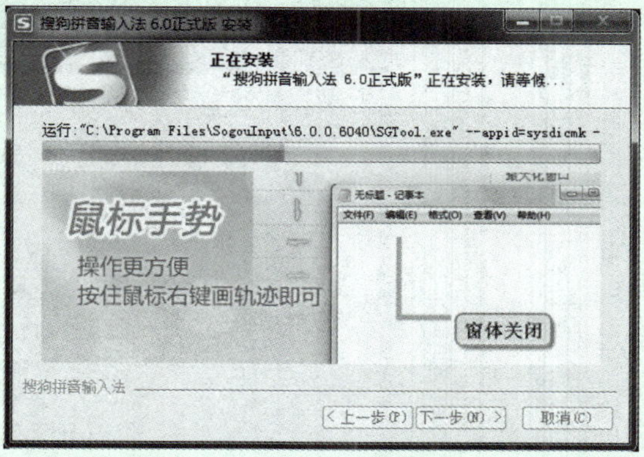

图 2-71　搜狗拼音输入法安装向导(6)

⑧安装完成后，单击"退出向导"按钮。

(2)运行应用程序

应用程序安装完毕就可以运行了。运行应用程序通常有以下几种方法。

①自动运行。如果安装过程中选择或默认应用程序"安装(或开机)后自动运行"，则应用程序将自动运行。

②双击桌面快捷方式图标。应用程序安装后，通常会自动在桌面上创建一个快捷方式图标，双击该图标即可运行相应的应用程序。

③通过在"开始"菜单中选择来运行。应用程序安装后，通常会自动在"开始"菜单中创建一个文件夹，用户可以在"开始"菜单中单击该文件夹，然后单击应用程序的名称运行该程序。

④通过在搜索框中搜索来运行。打开"开始"菜单，在搜索框中输入应用程序的名称(部分文字即可)，在搜索结果中单击相应的应用程序即可运行该程序。

(3)管理已安装的应用程序

通过 Windows 操作系统的"程序和功能"窗口，可以查看当前系统已经安装的应用程序，同时可以对它们进行修复和卸载操作。

例 2-4　查看并卸载搜狗拼音输入法。

操作步骤如下。

①选择"开始"→"控制面板"命令，打开"控制面板"窗口。

②如图 2-72 所示，单击"卸载程序"超链接。

③在打开的"程序和功能"窗口中可以浏览已安装的应用程序，如图 2-73 所示，本例选择"搜狗拼音输入法 6.0 正式版"，然后单击"卸载/更改"按钮。

④在搜狗拼音输入法卸载向导的指引下完成应用程序的卸载。

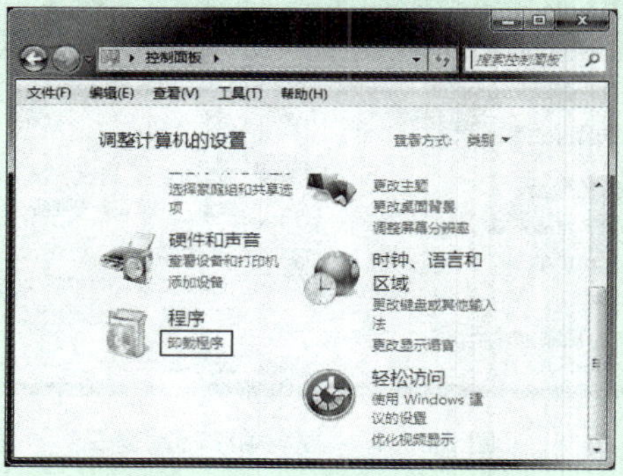

图 2-72　"控制面板"窗口

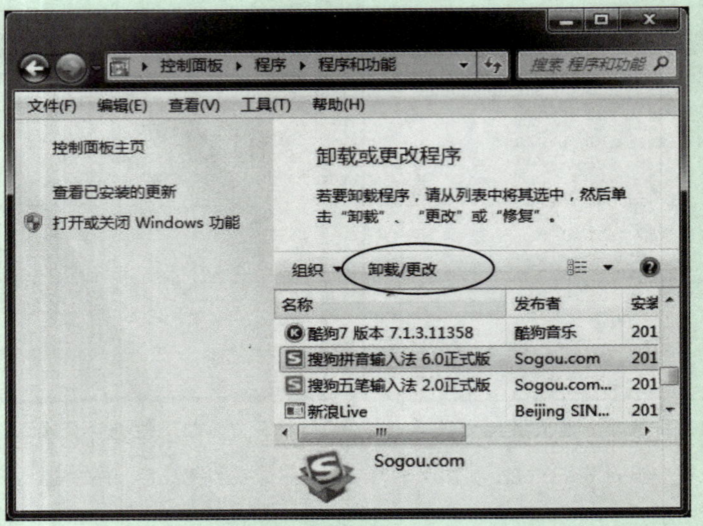

图 2-73 “程序和功能”窗口

根据所选应用程序的不同，列表框上可能出现不同的功能按钮，如“卸载”“更改”“修复”等。

2. 设备管理

设备管理包括添加或删除打印机和其他硬件设备、更改系统声音、自动播放 CD、节省电源、更新设备驱动程序等。

(1)设备管理器

使用设备管理器可以查看和更新计算机上安装的设备驱动程序，查看硬件是否正常工作及修改硬件设置。

连接到网络或计算机上的任何设备(包括打印机、键盘、外置磁盘驱动器或其他外围设备)要在 Windows 操作系统下正常工作，均需专门的软件(设备驱动程序)支持。

在“控制面板”窗口中，单击“硬件和声音”选项，打开“硬件和声音”窗口，如图 2-74 所示。然后单击“设备管理器”超链接，打开“设备管理器”窗口，如图 2-75 所示，该窗口中列出了本机所有的硬件设备，通过菜单栏的命令可以对它们进行相应的管理。

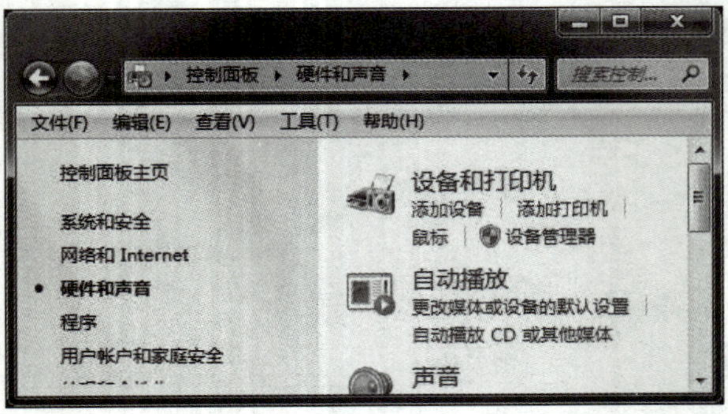

图 2-74 “硬件和声音”窗口

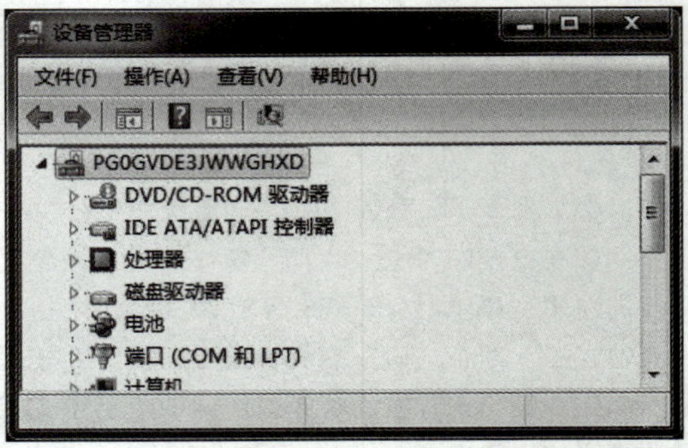

图 2-75 “设备管理器”窗口

(2)调整屏幕显示效果

调整屏幕显示效果,主要是指调整显示器的分辨率和刷新率,是操作系统的重要操作之一。

分辨率是指屏幕上显示的像素数。例如,分辨率 160 像素×128 像素的意思是水平像素数为 160 个,垂直像素数为 128 个。分辨率越高,像素的数目越多,图像越精密。在屏幕尺寸一样的情况下,分辨率越高,显示效果就越精细和细腻。

刷新率是指屏幕上的画面每秒被刷新的次数。刷新率越高,显示图像(画面)的稳定性越好。刷新率直接决定显示器的价格,但是由于刷新率与分辨率相互制约,因此只有在高分辨率下达到高刷新率的显示器才能称其性能优秀。

①使用显示器的最佳分辨率。安装好操作系统后,Windows 操作系统会自动为显示器设置分辨率,如果需要检查或者手动更改当前分辨率,具体操作如下。

a. 右击桌面空白处,在弹出的快捷菜单中选择"屏幕分辨率"命令,打开"屏幕分辨率"窗口,如图 2-76 所示。

b. 单击"分辨率"下拉列表,可以查看当前显示器支持的分辨率,选择需要的分辨率后单击"确定"按钮即可。

②设置显示器的最佳刷新率。对于液晶显示器而言,刷新率一般保持在 60 Hz 即可。但是对于一些运动类或动作类 3D 游戏而言,游戏的最高帧数往往会高于液晶显示器的标准刷新率,因此,可以适当提高显示器的刷新率,以保证游戏能流畅运行。具体操作如下。

a. 右击桌面空白处,在弹出的快捷菜单中选择"屏幕分辨率"命令,打开"屏幕分辨率"窗口。

b. 单击"高级设置"超链接,打开显示器属性设置对话框,选择"监视器"选项卡,如图 2-77 所示。

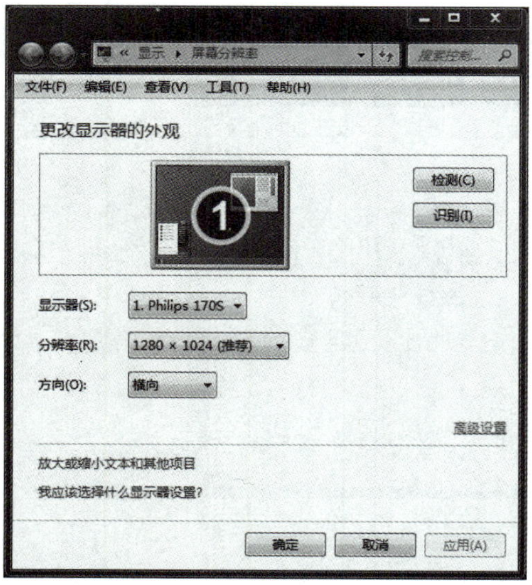

图 2-76　"屏幕分辨率"窗口

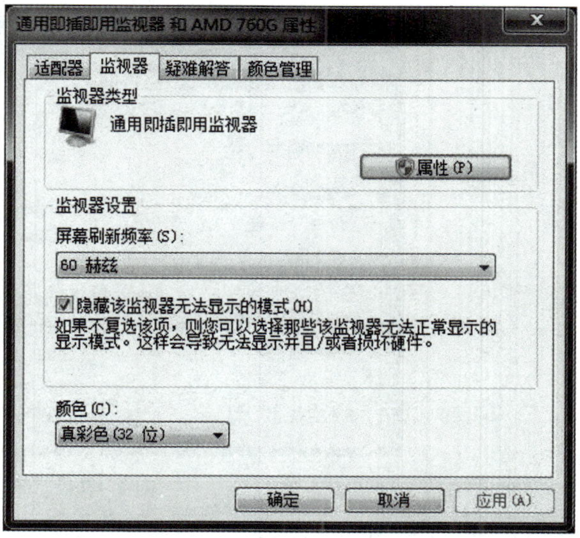

图 2-77　显示器属性设置对话框的"监视器"选项卡

c. 在"屏幕刷新频率"下拉列表中选择最高刷新频率的值,单击"确定"按钮即可。

2.4.4 Windows 7 操作系统的系统管理

本节介绍系统账户管理、网络基本设置及系统优化与备份。

1. 账户的配置与管理

为操作系统设置多个账户,可以给每个系统用户提供单独的桌面及个性化的设置,避免相互干扰。

Windows 操作系统有 3 种类型的账户,每种类型的账户对应不同的计算机控制级别。

①标准账户(用户创建的账户)。标准账户适用于日常使用计算机,默认运行在标准权限下。标准账户在尝试执行系统关键设置的操作时,会受到用户账户控制机制的阻拦,可以避免管理员权限被恶意程序利用,也可以避免初级用户对系统的错误操作。

②管理员(administrator)账户。管理员账户可以对计算机进行最高级别的控制。

③来宾(guest)账户。来宾账户主要针对需要临时使用计算机的用户,其用户权限与标准账户相比,受到更多的限制,只能使用常规的应用程序,无法对系统设置进行更改。

(1)账户的配置

①创建新账户。安装并设置 Windows 操作系统时所创建的用户账户,是允许用户设置计算机、允许用户安装所有应用程序的管理员账户。完成计算机设置后,应该使用标准账户进行计算机的日常使用。

创建用户账户需要通过控制面板进行,具体操作如下。

a. 单击“开始”按钮,打开“开始”菜单。

b. 单击用户头像图标,打开“用户账户”窗口,如图 2-78 所示。该窗口也可以通过“控制面板”窗口逐层打开。

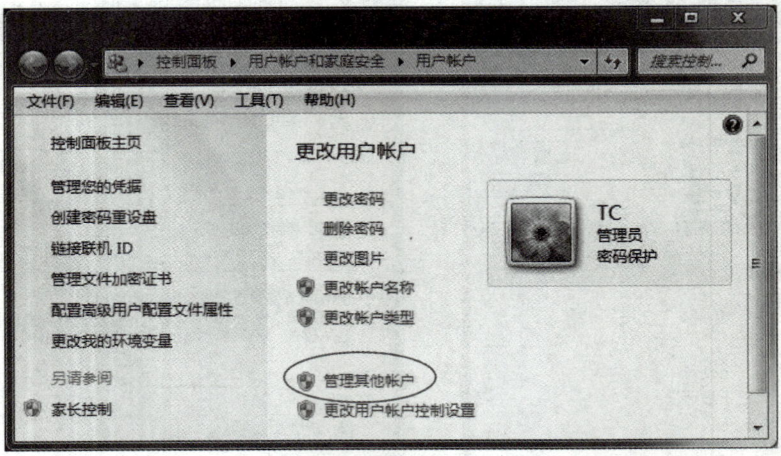

图 2-78 “用户账户”窗口

c. 单击“管理其他账户”超链接,弹出“管理账户”窗口,如图 2-79 所示。

d. 单击“创建一个新账户”超链接,弹出“创建新账户”窗口,如图 2-80 所示。

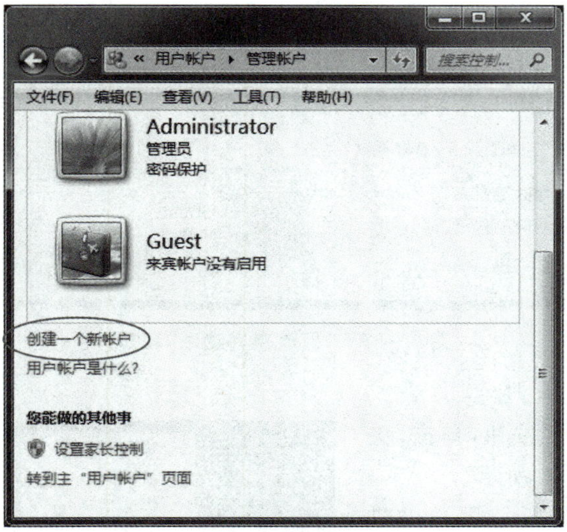

图 2-79　“管理账户”窗口

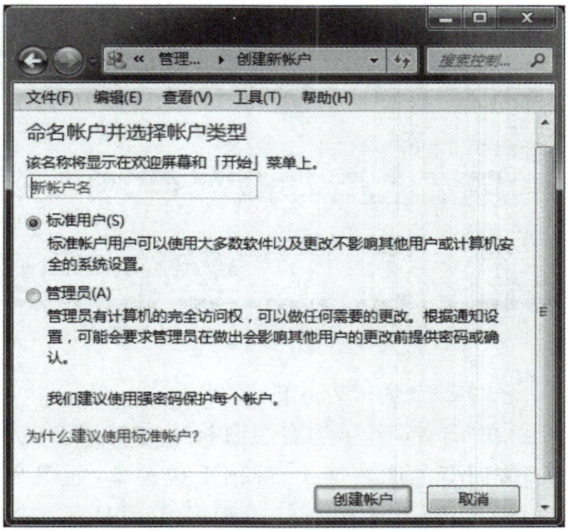

图 2-80　“创建新账户”窗口

e. 在文本框中输入新建的用户账户名称，选择用户权限，单击“创建账户”按钮，完成创建。

②更改账户类型及更改或删除密码。管理员账户才能进行此操作，具体操作如下。

a. 在如图 2-79 所示的“管理账户”窗口中，单击要更改的用户账户图标，弹出“更改账户”窗口，如图 2-81 所示(此处选择账户“TC”)。

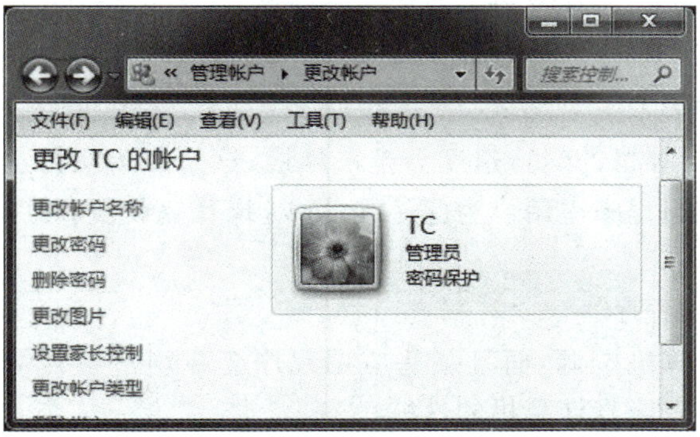

图 2-81　“更改账户”窗口

b. 根据需求，单击“更改账户类型”超链接或其他超链接，逐步按照提示操作即可。

③启用或禁用账户。由于 Windows 操作系统默认禁止了系统内置的来宾账户，因此用户需要手动启用或禁用这个账户。具体操作如下。

a. 在如图 2-79 所示的“管理账户”窗口中选择来宾账户。

b. 若来宾账户的当前状态是“未启用”，则会打开“启用来宾账户”窗口，如图 2-82 所示，单击“启用”按钮即可启用这个账户；否则会打开“更改来宾选项”窗口，如图 2-83 所示，单击“关闭来宾账户”超链接即可禁用这个账户。

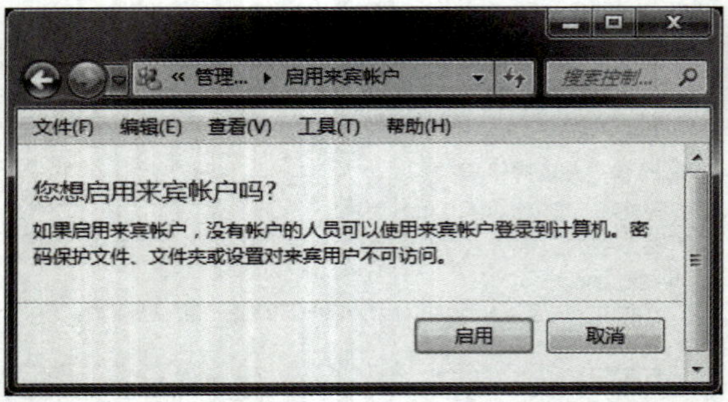

图 2-82 “启用来宾账户”窗口

图 2-83 “更改来宾选项”窗口

(2)账户登录方式的控制

在“开始”菜单的右边窗格下方有一个“关机”按钮，单击“关机”按钮旁的向右箭头，弹出下拉菜单，如图 2-84 所示。

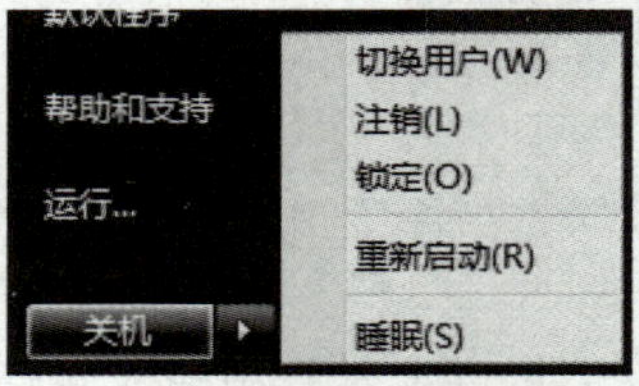

图 2-84 “关机”下拉菜单

①注销当前账户。注销的作用是结束当前所有用户的进程，退出当前账户的桌面环境。当遇到无法结束的应用程序时，可以选择“注销”命令强行退出。

②锁定当前桌面。如果用户需要暂时离开计算机，既不打算退出当前应用，又不希望其他人使用计算机，那么可以选择“锁定”命令，锁定当前用户桌面，在不注销账户的情况下返回登录界面。

③多账户切换。如果一台计算机上有多个用户账户，可以选择“切换用户”命令，在多个用户账户之间进行切换。

2. 磁盘的清理与维护

随着时间的推移，计算机的运行速度会越来越慢，这是因为文件会逐渐变得杂乱无序，并且资源会被不必要的应用程序占用。为此，Windows 操作系统提供了可以清理计算机并恢复计算机性能的工具。

(1)删除不用的应用程序

应用程序会占用计算机资源，而且某些应用程序会在用户不知情的情况下在后台运行。删除不用的应用程序可以恢复计算机的性能。

具体方法可参见 2.4.3 节中的“管理已安装的应用程序”。

(2)释放浪费的空间

在计算机的使用过程中，会产生一些临时文件，这些临时文件会占用一定的磁盘空间并影响系统的运行速度。因此，当计算机使用一段时间后，用户应当对系统磁盘进行清理，将这些临时文件从系统中彻底删除。使用磁盘清理工具是释放浪费的磁盘空间的方法之一。

清理磁盘的具体操作如下。

①打开“计算机”窗口，右击要清理的磁盘(如 C 盘)，弹出快捷菜单。

②选择快捷菜单中的“属性”命令，弹出“本地磁盘(C:)属性”对话框，如图 2-85 所示。

③在“常规”选项卡中，单击“磁盘清理”按钮(此时系统会花一点儿时间检查磁盘)。

④磁盘检查完毕，会打开如图 2-86 所示的“(C:)的磁盘清理”对话框，在“要删除的文件”列表框中勾选所有复选框，然后单击“确定”按钮。

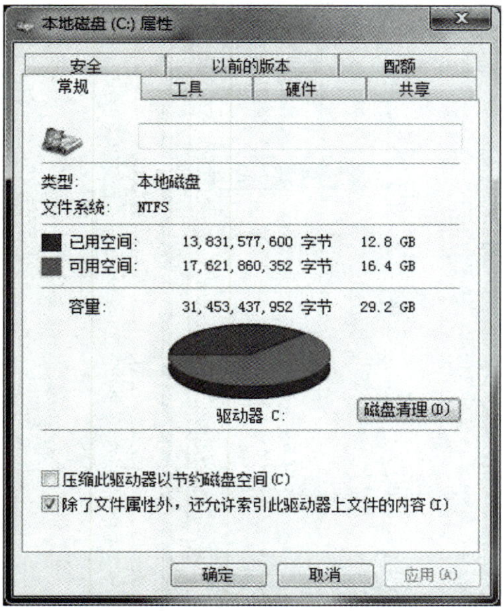

图 2－85　“本地磁盘(C:)属性”对话框

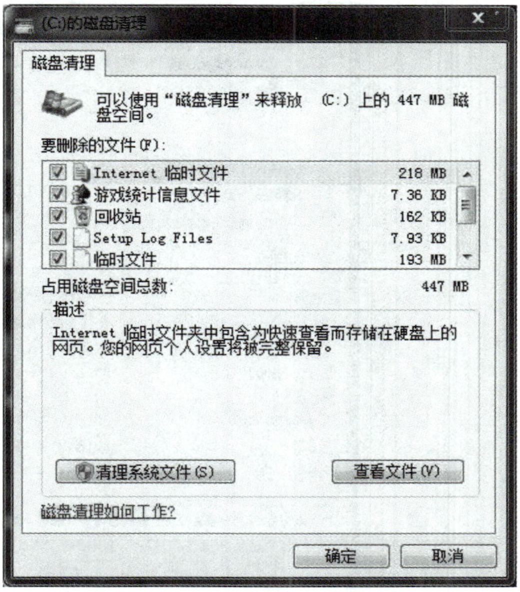

图 2－86　“(C:)的磁盘清理”对话框

⑤在弹出的“磁盘清理”对话框中单击“删除文件”按钮，删除这些文件。

如果有多个磁盘驱动器，则可以对“计算机”窗口中列出的每个磁盘驱动器重复此操作。

(3)整理磁盘驱动器碎片

在使用计算机的过程中，用户经常要备份文件、安装和卸载应用程序，这样会在磁盘上残留大量的碎片文件。当文件变得零碎时，计算机读取文件的时间便会增加。

碎片整理通过重新组织文件来改进计算机的性能，具体操作如下。

①打开“计算机”窗口，右击要整理的磁盘(如 F 盘)，弹出快捷菜单。

②在快捷菜单中选择“属性”命令，弹出“本地磁盘(F:)属性”对话框，单击“工具”选项卡，如图 2－87 所示。

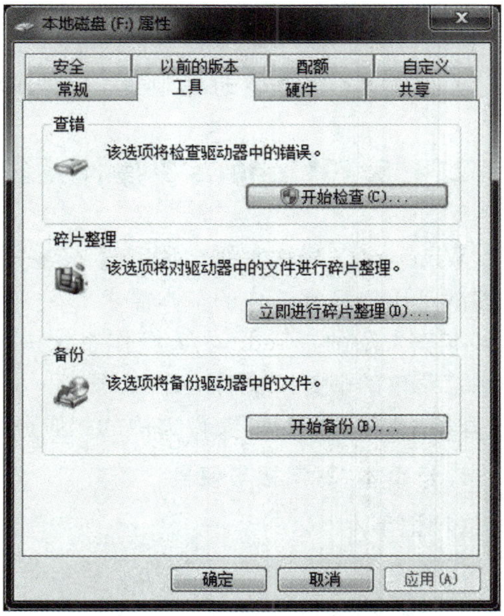

图 2－87　“本地磁盘(F:)属性”对话框

③单击“立即进行碎片整理”按钮，弹出“磁盘碎片整理程序”窗口，如图 2－88 所示。

④选中需要整理的磁盘驱动器，然后单击“分析磁盘”按钮。系统开始对所选磁盘进行分析，主要分析磁盘中文件的数量及磁盘的使用频率。分析完成后在磁盘信息的右侧显示磁盘碎片的比例，若碎片比例较高，就会影响系统性能，可以进行下一步操作。

⑤单击“磁盘碎片整理”按钮，系统开始对磁盘进行碎片整理。整理完毕后单击“关闭”按钮即可。

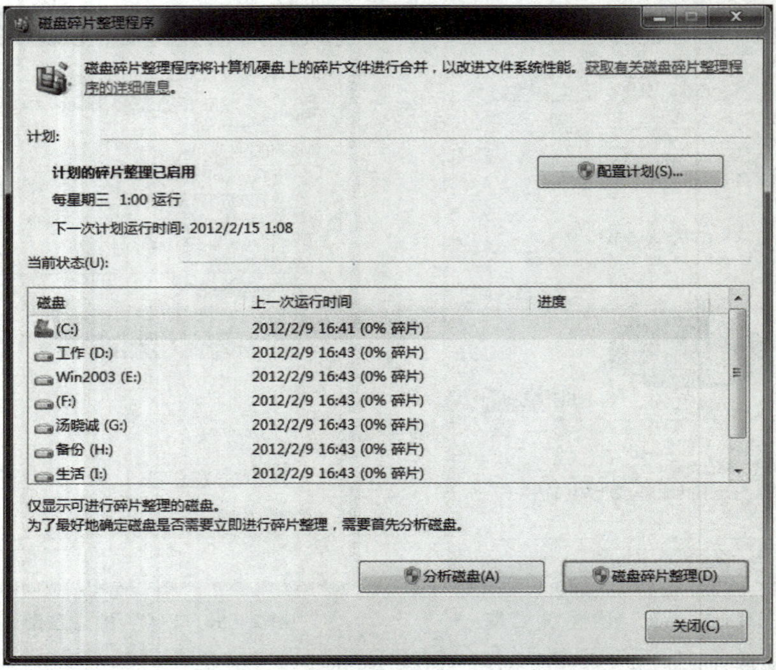

图 2-88 “磁盘碎片整理程序”窗口

如果有多个磁盘驱动器，则按以上步骤对每个磁盘驱动器重复清理磁盘操作。

2.4.5 Windows 7 操作系统的实用工具

Windows 7 操作系统中附带了很多实用工具，这些工具能够满足用户日常工作的基本需求。

本节介绍的 Windows 7 操作系统中的实用工具均位于“开始”菜单的“附件”文件夹中，如图 2-89 所示，可以通过选择“开始”菜单的“附件”文件夹中的相应命令打开它们。

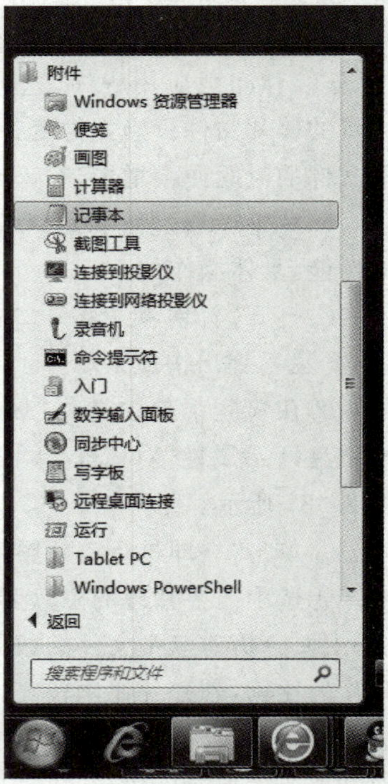

图 2-89 “附件”文件夹

1. 记事本、写字板与便笺

(1)记事本

记事本是 Windows 7 操作系统自带的一款文本编辑工具，用于输入和记录各种文本内容。

(2)写字板

写字板是 Windows 7 操作系统自带的一款文字处理软件，除了具有记事本的功能外，还可以对文档的格式、页面排版进行调整，从而编排出更加规范的文档。

(3)便笺

便笺是为了方便用户在使用计算机的过程中临时记录一些信息而提供的工具，与现实生活中便笺的功能类似。计算机中的便笺只用于临时记录信息，无须保存，所以便笺窗口中仅有“新建便笺”按钮 + 和“删除便笺”按钮 ×。右击便笺会弹出快捷菜单，其中的颜色命令用于设置便笺的底色。

2. 画图工具与截图工具

(1)画图工具

画图工具是 Windows 7 操作系统自带的一款简单的图形绘制工具。使用画图工具，可以绘制各种简单的图形，也可以对计算机中的图片进行简单处理，包括裁剪图片、旋转图片及在图片中添加文字等。另外，通过画图工具，还可以转换图片格式，例如，用画图工具打开.bmp 格式的图片，然后将其另存为.jpg 格式。

单击“开始”按钮，在“开始”菜单中选择常用程序列表区中的“画图”命令，打开画图工具。

(2)截图工具

截图工具是 Windows 7 操作系统自带的用于截取屏幕图像的工具，使用该工具能够将屏幕中显示的内容截取为图片，并保存为文件或将图片直接粘贴到其他文件中。

单击“开始”按钮，在“开始”菜单中选择常用程序列表区的“截图工具”命令，打开截图工具。也可以通过选择“附件”文件夹中的“截图工具”命令来启动截图工具。

例 2－5　截取网页上有关凤凰古城的图片，并将其保存为.jpg 格式，命名为“凤凰古城”。

操作步骤如下。

①打开网页，如图 2－90 所示。

②打开“截图工具”窗口，如图 2－91(a)所示。

③单击“新建”下拉按钮，在弹出的下拉菜单中选择“矩形截图”命令，如图 2－91(b)所示。

④在图 2－90 中框选所需图片，效果如图 2－92 所示。

⑤单击“保存”按钮，弹出“另存为”对话框，选择保存格式为.jpg，并命名为“凤凰古城”。

图 2－90　示例网页

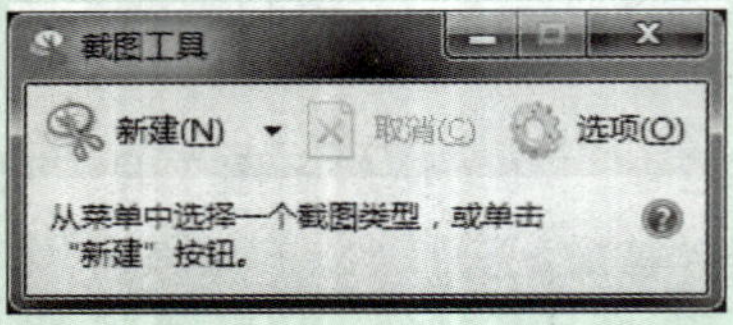

(a)

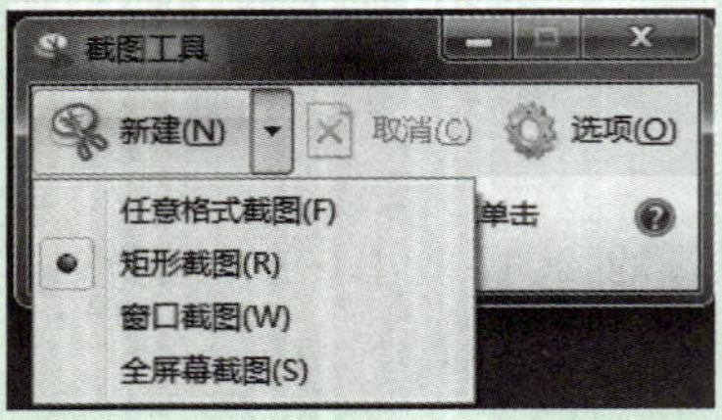

(b)

图 2-91 “截图工具”窗口

图 2-92 完成截图后的窗口

3. 其他工具

(1)计算器

利用 Windows 7 操作系统自带的计算器(见图 2-93),除了可以进行简单的加、减、乘、除运算外,还可以进行各种复杂的函数与科学计算。这些计算对应不同的计算模式,不同模式的转换是通过单击“计算器”窗口中的“查看”菜单实现的。

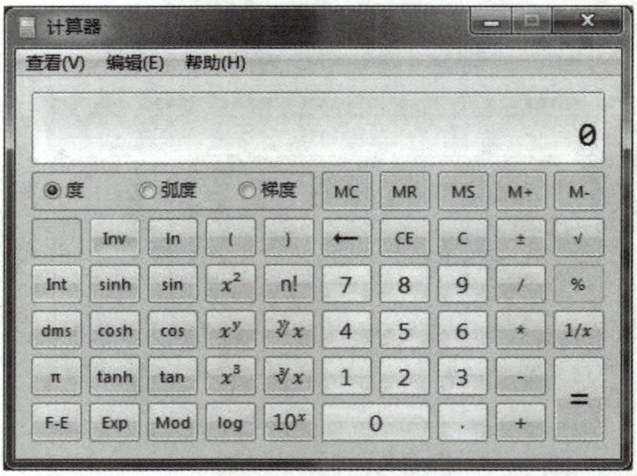

图 2-93 “计算器”窗口

①标准型模式。标准型模式下的计算器与现实生活中常见的计算器的使用方法相同。

②科学型模式。科学型模式提供了各种方程、函数与几何计算功能,用于进行较为复杂的公式计算。在科学型模式下,计算结果可以精确到 32 位小数。

③程序员模式。程序员模式提供了程序代码的转换与计算功能,以及不同进制数的快速计算功能。程序员模式只是整数模式,小数部分会被舍弃。

④统计信息模式。使用统计信息模式时,可以同时显示要计算的数据、运算符及计算结果,便于用户直观地查看与核对结果,其他功能与标准型模式下相同。

(2)放大镜

Windows 7 操作系统自带的放大镜工具,用于将计算机屏幕显示的内容放大若干倍,从而使用户更清晰地查看内容。单击“开始”按钮,在“开始”菜单中选择“所有程序”→“附件”→“轻松访问”→“放大镜”命令,打开“放大镜”窗口,如图 2－94 所示,同时当前屏幕的内容会按放大镜的默认设置倍率(200%)显示。在“放大镜”窗口中,可以对放大镜的倍率和放大区域进行设置。

图 2－94 “放大镜”窗口

2.5 Windows 10 操作系统

Windows 10 操作系统是由 Microsoft 公司开发的一种图形用户界面的操作系统,于 2015 年 7 月 29 日正式发布。本节介绍 Windows 10 操作系统常用的基本功能和实用的简单操作。

2.5.1 Windows 10 操作系统的不同版本介绍

Windows 10 操作系统经过几年的发展,其稳定性不断增强,已经逐渐被广大用户接受并成为常用的操作系统之一。由于 Windows 10 操作系统融合了 PC 微机、平板计算机以及智能手机三大平台,因此 Windows 10 操作系统的版本明显比 Windows 7/8 操作系统的复杂。下面介绍 Windows 10 的各个版本以及各版本的不同特性。

根据 Microsoft 公司的正式公布,Windows 10 共分为 7 个版本,具体如下。

①Windows 10 家庭版(Windows 10 Home)。

②Windows 10 专业版(Windows 10 Pro)。

③Windows 10 企业版(Windows 10 Enterprise)。

④Windows 10 教育版(Windows 10 Education)。

⑤Windows 10 移动版(Windows 10 Mobile)。

⑥Windows 10 企业移动版(Windows 10 Mobile Enterprise)。

⑦Windows 10 IoT 核心版(主要针对物联网设备)。

Windows 10 家庭版的功能最少,有 Windows 10 应用商店、Microsoft Edge 浏览器、平板模式、Cortana(小娜)助理、虚拟桌面等,现在绝大多数的 PC 厂家出厂的计算机预装的都是 Windows 10 家庭版。这个版本主要面向消费者和 PC 用户,可以满足个人或者家庭计算机用户玩游戏、播放影音等娱乐需求。

Windows 10 专业版比 Windows 10 家庭版增加了安全类和办公类的功能,让用户能有效地管理设备和应用设备,保护敏感的企业数据;支持远程和移动办公,使用云计算技术;面向大屏平板计算机、笔记本计算机、PC 平板二合一变形本等桌面设备。技术爱好者和企业技术人员可以选择安装 Windows 10 专业版。

Windows 10 企业版在 Windows 10 专业版的基础上主要增添了专门为大中型企业开发的高级功能,具有防范针对设备、身份、应用和敏感企业信息的现代安全威胁的先进功能。这个版本适用于企业用户。

Windows 10 教育版主要基于 Windows 10 企业版并专门为学校职员、教师、管理人员和学生开发。这个版本通过面向教育机构批量许可计划提供给客户,可将学校的家庭版和专业版升级成教育版。这个版本适用于学校和学术机构。

Windows 10 移动版面向配置触控屏的小尺寸移动设备,支持通用应用,如智能手机和小尺寸平板计算机等移动设备,包含与 Windows 10 家庭版相同的针对触控操作优化的 Office,支持用户把智能手机当作 PC 端使用。这个版本适用于小型移动设备。

Windows 10 移动企业版与 Windows 10 移动版不同的是,它可以通过批量许可方式授权,主要面向使用智能手机和小尺寸平板计算机的企业用户,提供最佳的操作体验并增加了新的安全管理选项,允许用户控制系统更新过程。这个版本适用于需要管理大量 Windows 10 移动设备的企业。

Windows 10 IoT 核心版主要面向低成本的物联网设备。物联网是物物相连的互联网。这有两层意思:其一,物联网的核心和基础仍然是互联网,是在互联网的基础上延伸和扩展的网络;其二,其用户端延伸和扩展到了物品,即物品与物品之间进行信息交换和通信,也就是物物相息。

2.5.2 Windows 10 操作系统的基本操作

在计算机中安装 Windows 10 操作系统后就可以登录 Windows 10 操作系统进行各种操作了。

桌面是打开计算机并登录 Windows 10 操作系统之后看到的主屏幕区域,用于显示屏幕工作区域上的窗口、图标、菜单和对话框。Windows 10 桌面主要由桌面图标、任务栏和桌面背景等部分组成。

1. 桌面图标及使用

桌面图标由图片和文字组成,是代表文件、文件夹、应用程序和其他项目的软件标识。文字用于描述图片所代表的对象。

首次启动 Windows 10 时,在桌面上至少有"回收站"图标。

桌面图标有助于用户快速执行命令和打开程序文件。双击桌面图标,可以启动对应的应用程序或打开文件、文件夹;右击桌面图标,可以打开对应对象的快捷菜单。

管理桌面图标与 2.4.1 节介绍的 Windows 7 操作系统的相应操作相同,可以扫描二维码查看相关操作视频。

管理桌面图标

本节着重讲解 Windows 10 操作系统新增的窗口并排显示功能和快速查找应用程序功能及 Cortana。

(1)Windows 10 操作系统新增的窗口并排显示功能

很多时候用户需要同时打开多个窗口进行操作,这时如果窗口可以并排显示就能方便地操作。以 Word 窗口和 Photoshop 窗口并排显示为例,说明如何实现窗口并排显示。

①Word 窗口在左侧,Photoshop 窗口在右侧。先将 Word 窗口拖动到屏幕最左侧,鼠标指针接近屏幕左侧边缘时,屏幕中间和屏幕左侧将会显示两条比较淡的线,此时松开鼠标。

②Word 窗口会自动铺满左侧屏幕,右侧屏幕会显示所有当前已打开窗口的缩略图,这时单击想要打开的 Photoshop 窗口。

③单击完成之后,Photoshop 窗口就会铺满右侧屏幕,两个窗口就并排显示了,如图 2-95 所示。两个窗口的默认宽度各为屏幕宽度的一半,如果需要自定义宽度,可以拖动两个窗口中

间的重合线调整窗口大小。

图 2－95　窗口并排显示

（2）快速查找应用程序

单击“开始”按钮，打开“开始”菜单，在应用程序列表中单击英文字母，例如，单击字母 H，便能快速找到以字母 H 为首字母的应用程序，如图 2－96 所示。这就是 Windows 10 操作系统提供的首字母索引功能，便于快速查找应用程序，应用起来非常方便。当然，这需要对应用程序的名称和所属文件夹比较了解。

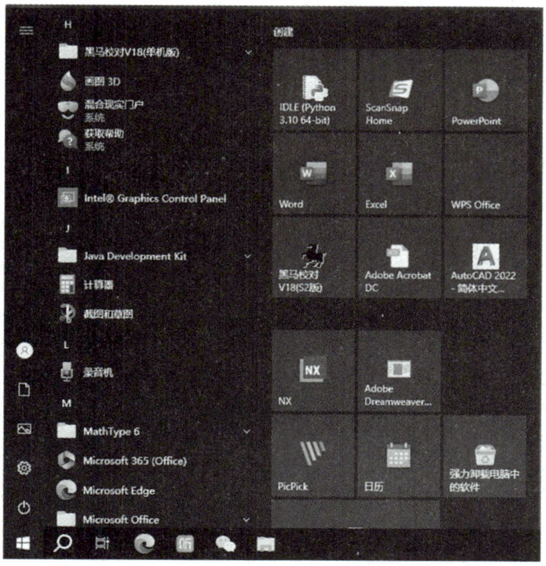

图 2－96　快速查找应用程序

（3）Cortana

这个来自移动平台的虚拟助手如今占据搜索栏的位置，并带来了更加强大的功能。Cortana 不仅能帮助用户搜索本地文件和应用程序，还能进行网络搜索。作为一款虚拟个人助手，Cortana 还能通过微软的云服务为用户设置日历事项。

2. 使用窗口

窗口的布局、窗口的结构与组成、更改窗口的大小、调整窗口排列、使用“对齐”操作排列窗口、在窗口间切换、隐藏及关闭窗口、对话框、显示桌面等操作都与2.4.2节Windows 7操作系统的相应操作相同，可以扫描二维码查看相关操作视频。

2.5.3 Windows 10操作系统的软硬件管理

Windows 10 窗口操作

本节主要介绍Windows 10在应用程序和硬件设备管理方面的常用功能。

应用程序的安装与管理与2.4.3节Windows 7操作系统的相应操作基本相同，具体可以扫描二维码查看相关操作视频。

应用程序的安装与管理

通过设备管理器，可以查看和更新计算机上安装的设备驱动程序，查看硬件是否正常工作及修改硬件设置。

连接到网络或计算机上的任何设备(包括打印机、键盘、外置磁盘驱动器或其他外围设备)要在Windows操作系统下正常工作，均需专门的软件(设备驱动程序)支持。

在Windows 10桌面上右击“此电脑”图标，在弹出的快捷菜单中选择“属性”命令，在打开的“系统设置”窗口中，单击“设备管理器”超链接，打开“设备管理器”窗口，该窗口中列出了本机的所有硬件设备，通过相关命令可以对它们进行相应的管理，如图2-97所示。

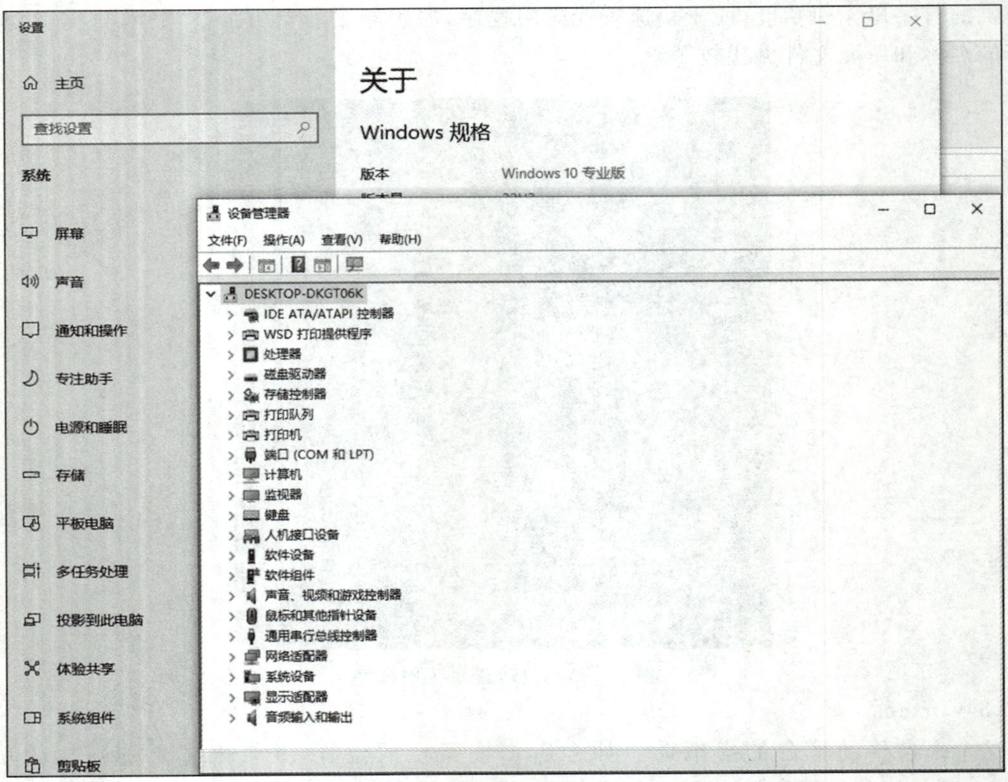

图2-97 “设备管理器”窗口

2.5.4　Windows 10 操作系统的系统管理

本节介绍系统账户管理、网络基本设置及系统优化与备份。

账户的配置与管理与 2.4.4 节 Windows 7 操作系统的相应操作相同，可以扫描二维码查看具体操作视频。

账户的配置与管理

本节着重讲解磁盘的清理与维护。随着时间的推移，计算机的运行速度会越来越慢，这是因为文件会逐渐变得杂乱无序，并且资源会被不必要的应用程序占用。为此，Windows 10 操作系统提供了可以清理计算机并恢复计算机性能的工具。

在计算机的使用过程中，会产生一些临时文件，这些临时文件会占用一定的磁盘空间并影响系统的运行速度。因此，当计算机使用一段时间后，用户就应当对系统磁盘进行清理，将这些临时文件从系统中彻底删除。使用磁盘清理工具是释放浪费的磁盘空间的方法之一。清理磁盘的具体操作如下。

①双击桌面上的“此电脑”图标，弹出“此电脑”窗口。

②右击要进行清理的磁盘，在弹出的快捷菜单中选择“属性”命令，弹出所选磁盘的属性对话框。

③在“常规”选项卡中，单击“磁盘清理”按钮（此时系统会花一点儿时间检查磁盘）。

④磁盘清理完毕，会打开“磁盘清理”对话框，根据需要在“要删除的文件”列表框中勾选复选框，然后单击“确定”按钮。

⑤在弹出的“磁盘清理”对话框中单击“删除文件”按钮，即可删除所选文件。

如果有多个磁盘驱动器，可对每个磁盘驱动器都重复以上操作。

使用 Windows 10 操作系统自带的“碎片整理和优化驱动器”工具可以优化磁盘文件，让硬盘更加快速、有序地运行，具体操作如下。

a. 在搜索栏中输入“碎片整理”并按 Enter 键，弹出“优化驱动器”对话框。

b. 单击选择想要优化的磁盘，然后单击“优化”按钮，即可优化该驱动器，如图 2－98 所示。

c. 单击“更改设置”按钮，可以设定计划，让计算机自动优化，以保持良好的硬盘状态。

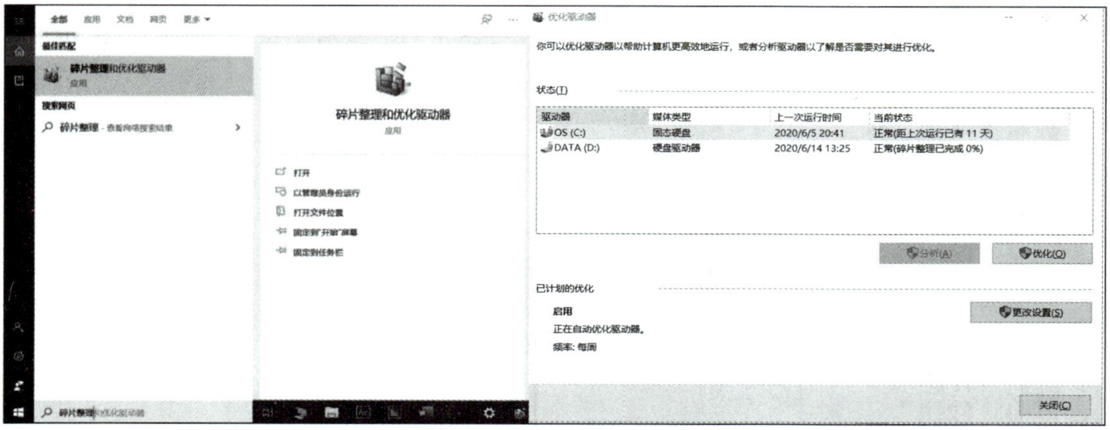

图 2－98　碎片整理和优化驱动器

2.5.5 Windows 10 操作系统的实用工具

Windows 10 操作系统附带了很多实用工具,这些工具能够满足用户日常工作的基本需求。

1. 步骤记录器

单击“开始”按钮,在“开始”菜单中选择“Windows 10 附件”→“步骤记录器”命令,启动步骤记录器工具。

步骤记录器可以记录用户在计算机上的每一步操作,并自动配以截图和文字说明,便于用分享操作步骤和使用方法。

2. Math Input Panel(数学输入面板)

使用前述类似方法启动 Math Input Panel 工具,在打开的界面中写入公式,Math Input Panel 工具会自动进行辨认和识别,并可自动将公式转化为文本格式插入文档中。

3. 远程桌面连接

使用前述类似方法启动远程桌面连接工具。远程桌面连接工具可以用来连接服务器远程桌面。连接前需进行相关设置。

4. 截图工具

使用前述类似方法启动截图工具。截图工具是 Windows 10 操作系统自带的一款用于截取屏幕图像的工具,使用该工具能够将屏幕中显示的内容截取为图片,并保存为文件或将图片直接粘贴到其他文件中。

5. 快速助手

使用前述类似方法启动快速助手工具。类似于 QQ 的远程协助功能,快速助手工具可以让两个用户通过远程连接共享计算机,以便一个用户控制另一个用户的计算机,帮忙他解决计算机上的一些问题。

提供协助的用户单击“协助他人”按钮,在“登录”界面输入账户名称,单击“下一步”按钮,输入密码,单击“登录”按钮,获取 6 位安全码,对方将安全码输入后单击“共享屏幕”按钮即可实现远程连接。

6. 屏幕录制工具

Windows 10 操作系统自带了屏幕录制工具,该工具支持截图、录制(后台录制)、裁剪等。

7. 虚拟桌面

按 Windows+Tab 组合键可以新建或管理虚拟桌面。Windows 10 操作系统的虚拟桌面是一个十分强大的工作助手,每个虚拟桌面都可以当成一个独立的工作空间使用。在各个虚拟桌面中可以开启不同的程序,可以有效地改善窗口排列杂乱且切换不方便的状况。

第 3 章　文字处理软件 Word 2016

本章导读

Word 是使用非常广泛的文字处理软件之一，利用它可以方便地进行文本输入、编辑和排版，实现段落的格式化处理、版面设计和模板套用，生成规范的办公文档和可供印刷的出版物等。

本章以 Word 2016 为例，介绍文字处理软件的基本功能和使用方法。

知识列表

3.1　Word 2016 的工作环境
3.2　文档的基本操作
3.3　文档排版
3.4　制作表格
3.5　图文混排
3.6　文档打印
3.7　高效排版

3.1 Word 2016 的工作环境

利用 Word 2016 可以快速、规范地生成公文、信函和报告，完成内容丰富、制作精美的各类文档。要做到这一点，首先需要熟悉 Word 2016 的工作环境。

3.1.1 启动 Word 2016

启动 Word 2016，可采用以下 3 种方法。

①常规启动：单击“开始”按钮，在“开始”菜单的应用列表中选择“Word”命令。

②快捷启动：双击桌面上的“Word 2016”快捷方式图标。

③通过已有文档启动 Word 2016：在文件夹窗口中，双击需要打开的 Word 文档，就会在启动 Word 2016 的同时打开该文档。

3.1.2 退出 Word 2016

退出 Word 2016，可采用以下两种方法。

①单击 Word 2016 窗口的“关闭”按钮。

②按 Alt+F4 组合键。

在退出 Word 2016 之前，如果没有保存文档，系统会提示用户是否将编辑的文档保存。

3.1.3 Word 2016 的工作窗口

Word 操作界面

1. 工作窗口的组成

Word 2016 的工作窗口如图 3-1 所示，包括快速访问工具栏、功能区、编辑区等部分。

(1)快速访问工具栏

快速访问工具栏用于放置一些常用按钮，默认情况下包括“保存”“撤销”“重复”3 个按钮，用户可以根据需要进行添加。其中，单击“撤销”按钮进行撤销操作后，“重复”按钮会变为“恢复”按钮。

(2)标题栏

标题栏显示了当前文档名和应用程序名。首次进入 Word 2016 时，默认打开的文档名为“文档 1”，其后创建的文档依次是“文档 2”……“文档 n”。Word 2016 文档的扩展名是“.docx”。

(3)窗口控制按钮

窗口控制按钮包括“功能区显示选项”“最小化”“最大化/向下还原”“关闭”4 个按钮，用于对功能区和选项卡的显示或隐藏、文档窗口的大小和关闭等进行相应控制。

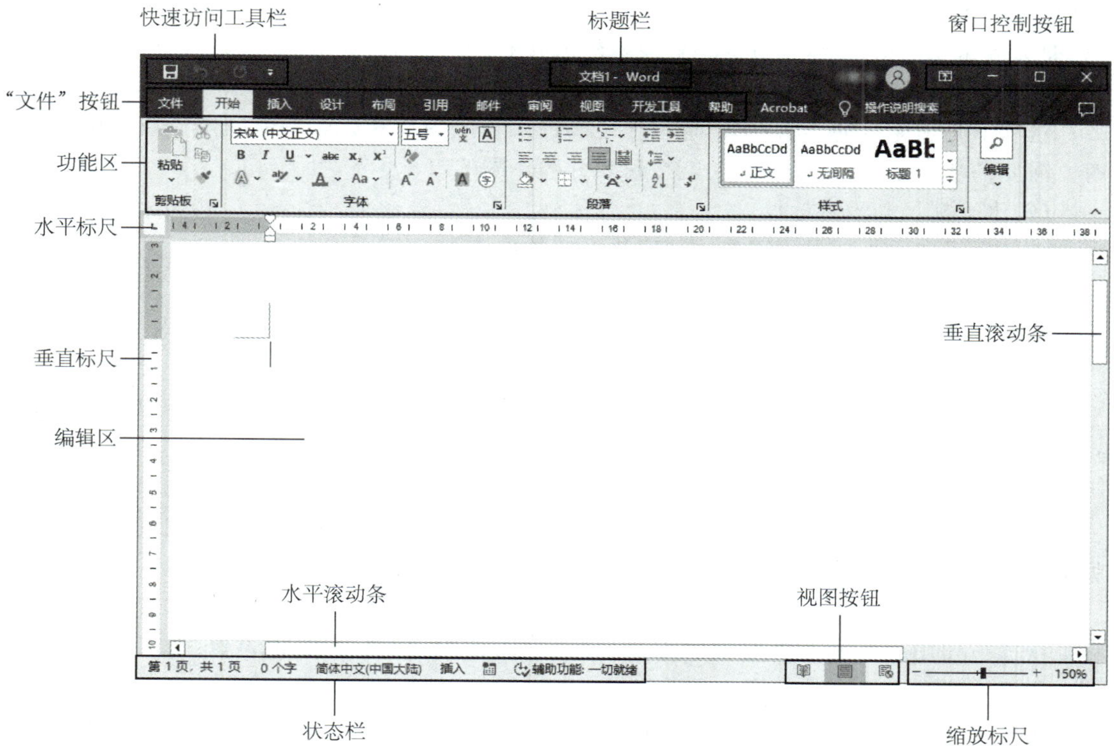

图 3－1　Word 2016 的工作窗口

(4)"文件"按钮

"文件"按钮位于 Word 2016 窗口的左上角。单击"文件"按钮，可以打开"文件"窗口(见图 3－2)，其中包括"信息""新建""打开""保存""另存为""打印""共享""导出""关闭"等命令。

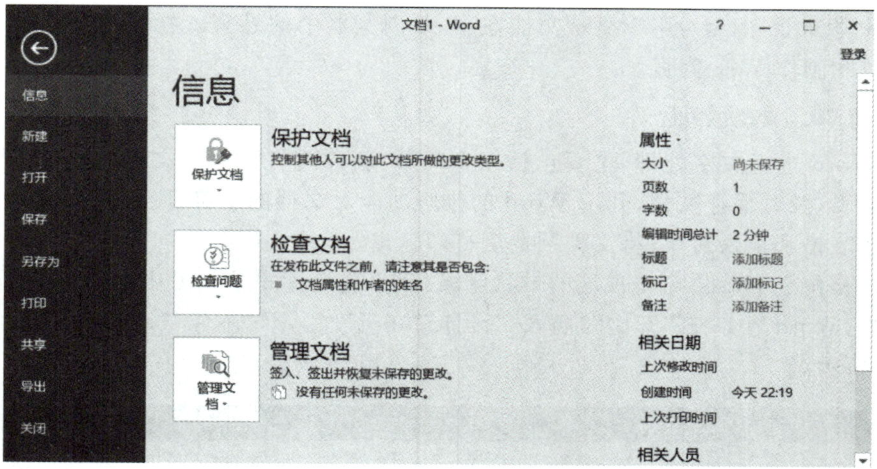

图 3－2　Word 2016 的"文件"窗口

"文件"窗口分为 3 个区域。左侧区域为命令选项区，该区域列出了与文档操作有关的命令选项。

在左侧区域选择某个命令后，中间区域将显示该命令可用的选项。在中间区域选择某个选项后,右侧区域将显示其下级命令按钮或操作选项。右侧区域也可以显示与文档有关的信息,如文档属性信息、打印预览或预览模板的内容等。

(5)选项卡和功能区

选项卡是功能区的索引,单击选项卡可以进入相应的功能区。功能区用于放置编辑文档时所需要的功能按钮,程序将各功能按钮划分为不同的组。

(6)水平标尺和垂直标尺

水平标尺和垂直标尺用于显示或定位文档的位置。

(7)水平滚动条和垂直滚动条

拖动滚动条可向上、向下或向左、向右查看文档中未显示的内容。

(8)编辑区

编辑区是用于显示或编辑文档内容的区域。编辑区中闪烁着的垂直条称为光标或插入点,代表文字当前的插入位置。

(9)状态栏和缩放标尺

状态栏用于显示当前文档的页数、字数、使用的语言、输入状态等信息。缩放标尺用于对编辑区的显示比例和缩放尺寸进行调整,其左侧会显示出具体的缩放值。

(10)视图按钮

视图按钮用于切换文档的查看方式,分别以阅读视图、页面视图、Web 版式视图查看文档。用户可以在各视图间切换。

①阅读视图(…):用于阅读和审阅文档。该视图以书页的形式显示文档,页面被设计为正好填满屏幕,可以在阅读文档的同时标注建议和添加注释。

②页面视图(…):是 Word 默认的视图,也是制作文档时常使用的一种视图。在这种视图下,不但可以显示各种格式化的文本,页眉、页脚、图片和分栏排版等格式化操作的结果也将出现在合适的位置上,文档在屏幕上的显示效果与文档的打印效果完全相同,真正做到了"所见即所得"。

③Web 版式视图(…):用于显示文档在 Web 浏览器中的外观。在这种视图下,用户可以方便地浏览和制作 Web 网页。

2. Word 2016 的功能区

利用 Word 进行文字处理,主要包括以下环节:新建或打开一个文档,输入文档的文字内容并进行编辑;及时保存文档;利用 Word 的排版功能对文档的字符、段落和页面进行排版;在文档中制作表格和插入对象;将文档预览后打印输出。

功能区是位于 Office 窗口顶端的带状区域,几乎包含用户使用 Office 程序时需要的所有功能。例如,Word 2016 有"开始""插入""设计""布局""引用""邮件""审阅""视图"等选项卡,如图 3-3 所示。

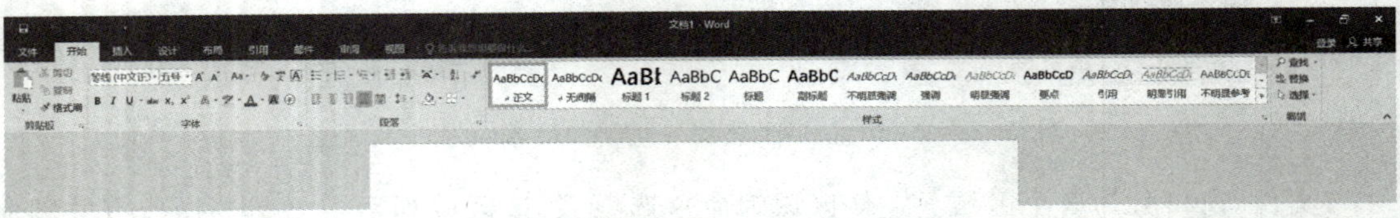

图 3-3 Word 2016 的功能区

(1)“开始”选项卡

其中包括“剪贴板”“字体”“段落”“样式”“编辑”组，主要用于帮助用户对文档进行文字编辑和格式设置，是用户最常用的选项卡。

(2)“插入”选项卡

其中包括“页面”“表格”“插图”“文本框”“媒体”“链接”“批注”“页眉和页脚”“文本”“符号”等组，主要用于在文档中插入各种元素。

(3)“设计”选项卡

其中包括“文档格式”和“页面背景”组，主要用于文档的格式以及背景设置。

(4)“布局”选项卡

其中包括“页面设置”“稿纸”“段落”“排列”组，主要用于帮助用户设置文档页面样式。

(5)“引用”选项卡

其中包括“目录”“脚注”“引文与书目”“题注”“索引”“信息检索”“引文目录”等组，主要用于实现在文档中插入目录等比较高级的功能。

(6)“邮件”选项卡

其中包括“创建”“开始邮件合并”“编写和插入域”“预览结果”“完成”组，该选项卡的作用比较专一，用于在文档中创建信封、进行邮件合并等方面的操作。

(7)“审阅”选项卡

其中包括“校对”“语言”“中文简繁转换”“批注”“修订”“更改”“比较”和“保护”等组，主要用于对文档进行校对和修订等操作，适用于多人协作处理长文档。

(8)“视图”选项卡

其中包括“视图”“页面移动”“显示”“缩放”“窗口”“宏”等组，主要用于帮助用户设置 Word 2016 操作窗口的视图类型。

3.2 文档的基本操作

使用 Word 可以创建多种类型的文档，其基本操作是类似的，主要包括新建文档、输入正文、编辑文档、保存和保护文档及打开文档等。这些操作可以通过单击“文件”按钮，在打开的“文件”窗口中选择相应的命令，或者通过单击“开始”选项卡中的相应按钮来实现。

3.2.1 新建文档

新建文档

要对文字进行处理，首先需要输入文字，在哪里输入呢？这就需要新建一个文档，这与写字应先准备好纸是一样的道理。

新建 Word 空白文档有两种常用方法。

①在快速访问工具栏中添加“新建”按钮，然后单击“新建”按钮。

②单击“文件”按钮，在打开的“文件”窗口中选择“新建”命令，在“可用模板”栏中选择“空白文档”。

方法①是建立空白文档最快捷的方法;方法②的功能要强一些,可以根据模板新建文档,模板包括书法字帖、样本模板、联机模板等。所谓模板,就是一种特殊文档,具有预先设置好的、最终文档的外观框架,用户不必考虑格式,只要在相应位置输入文字,就可以快速建立具有标准格式的文档。模板为某类形式相同、内容不同的文档的建立提供了便利。当计算机内置模板不能满足用户的实际需要时,在 Word 2016 文档中连接到网络,可以下载合适的文档模板供用户使用。

利用模板可以方便、快速地完成某一类特定的文字处理工作,但是新建空白文档应用得更普遍、更广泛。

3.2.2 编辑文档

对于输入的内容经常要进行插入、删除、移动、复制、替换、拼写和语法检查等编辑操作,这些操作都可以通过单击“开始”选项卡“剪贴板”组或“编辑”组中的相应按钮来实现。编辑文档遵守的原则是“先选定,后执行”。被选定的文本一般以高亮显示,用来区分未被选定的文本。

1. 选定文本

选定文本有两种方法,即基本的选定方法和利用选定区的方法。

(1)基本的选定方法

①鼠标选定:将光标移到要选取的段落或文本的开头,拖动光标经过需要选定的内容后松开鼠标。

②键盘选定:将光标移到要选取的段落或文本的开头,同时按住 Shift 键和方向键来选定内容。

(2)利用选定区

在文本区的左边有一垂直的长条形空白区域,称为选定区。当鼠标指针移动到选定区时,鼠标指针变为右向箭头,在该区域单击,可选中鼠标指针所指的一整行文字;在该区域双击,可选中鼠标指针所在的段落;在该区域三击,整个文档全部被选中。另外,在选定区中拖动可选中连续的若干行。

用鼠标操作选定文本的常用技巧如表 3-1 所示。

表 3-1 用鼠标操作选定文本的常用技巧

选取范围	鼠标操作
字和词	双击要选定的字和词
句子	按住 Ctrl 键,单击该句子
行	单击该行的选定区
段落	双击该行的选定区,或者在该段落的任意位置三击
垂直的一块文本	按住 Alt 键的同时拖动
一大块文字	单击所选内容的开始处,然后按住 Shift 键,单击所选内容的结束处
全部内容	在选定区三击

Word 2016 还提供了可以同时选定多块区域的功能，可通过按住 Ctrl 键再加选定操作实现。

若要取消选定，在文本窗口的任意位置单击或按方向键即可。

2. 编辑文本

（1）插入

将光标移动到想要插入字符的位置，然后输入字符即可（注意要确保此时文档的输入状态是插入状态）。如果要插入一个空行，只需要将光标定位在需要产生空行的行首位置，按 Enter 键即可。

（2）删除

对于单个字符，按 Backspace 键或 Delete 键删除；对于大量文字，可以先选定要删除的内容，然后采用下面任何一种方法删除。

①按 Backspace 键或 Delete 键。

②右击，在弹出的快捷菜单中选择“剪切”命令，或单击“开始”选项卡“剪贴板”组中的“剪切”按钮（或按 Ctrl+X 组合键）。

要将两个段落合并，将光标定位在第一段的段落标记前，然后按 Delete 键即可。

3. 移动或复制

在编辑文档时，可能需要把一段文字移动到另外一个位置。这时，可以根据移动距离的远近选择不同的操作方法。

（1）短距离移动

短距离移动时，可以采用拖动的简捷方法。选定文本，移动鼠标指针到选定内容上，当鼠标指针变成左向箭头形状时拖动。此时，箭头右下方出现一个虚线小方框，随着箭头的移动，箭头方向会出现一条竖虚线，此虚线表明移动的位置。当虚线移到指定位置时，松开鼠标，完成文本的移动。

复制、移动与删除

（2）长距离移动（如从一页到另一页，或在不同文档间移动）

长距离移动时，可以利用剪贴板进行操作。选定文本，右击，在弹出的快捷菜单中选择“剪切”命令，或单击“开始”选项卡“剪贴板”组中的“剪切”按钮，然后将光标定位至要插入文本的位置，右击，在弹出的快捷菜单中选择“粘贴选项”命令，或单击“开始”选项卡“剪贴板”组中的“粘贴”按钮（或按 Ctrl+V 组合键）。执行粘贴操作时，Word 2016 提供了 3 种粘贴方式：保留源格式（默认方式）、合并格式及只保留文本，用户可以根据需要自行选择。

剪贴板是 Windows 操作系统在内存中专门开辟的一块存储区域，作为移动或复制的中转站。它功能强大，不仅可以保存文本信息，也可以保存图形、图像和表格等信息。Word 2016 的剪贴板可以存放多次移动（剪切）或复制的内容。通过单击“开始”选项卡“剪贴板”组中的对话框启动器按钮，打开“剪贴板”任务窗格，可显示剪贴板的内容。只要不破坏剪贴板上的内容，连续执行粘贴操作可以实现一段文本的多处移动和复制。

复制文本和移动文本的区别在于：移动文本，选定的文本在原处消失；复制文本，选定的文本仍在原处。

在使用拖动的方法复制文本时，要同时按下 Ctrl 键；在利用剪贴板复制文本时，应单击

“复制”按钮（或按 Ctrl+C 组合键）。

注意：应灵活使用文档之间的复制功能，Word 的复制功能不仅仅局限于一个 Word 文档或两个 Word 文档之间，用户还可以从其他程序，如浏览器、其他文本、某些图形软件，直接复制文本或图形到 Word 文档中。

4. 查找和替换

查找和替换

如果想在一篇长文档中查找某段文字，或者想用新输入的一段文字代替文档中已有的且出现在多处的特定文字，可以使用 Word 2016 提供的查找和替换功能。

查找和替换功能既可以将文本的内容与格式完全分开，单独对文本或格式进行查找和替换处理，也可以把文本和格式看成一个整体统一处理。除此之外，该功能还可作用于特殊字符和通配符。

从网络获取文字素材时，由于网页制作软件排版功能的局限性，文档中经常会出现一些非打印字符，此时，可利用查找和替换功能进行处理。例如，当文档中空格比较多的时候，单击“开始”选项卡“编辑”组中的“替换”按钮，弹出“查找和替换”对话框，在“查找内容”文本框中输入空格符，在“替换为”文本框中不进行任何字符的输入，单击“全部替换”按钮，可以将多余的空格删除。再如，当要把文档中不恰当的手动换行符替换为段落标记时，可以在“查找内容”文本框中通过单击“特殊格式”按钮来选择“手动换行符”命令（^l），在“替换为”文本框中通过单击“特殊格式”按钮来选择“段落标记”命令（^p），如图 3-4 所示，再单击“全部替换”按钮即可。

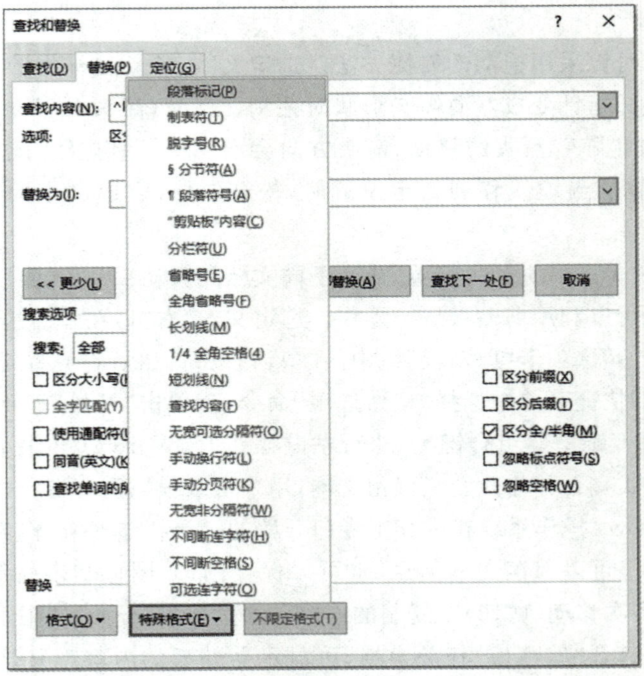

图 3-4 将手动换行符替换为段落标记

5. 检查拼写和语法

输入文本时难免会出现拼写和语法上的错误，如果自己检查，会花费大量时间。Word

2016 提供了自动拼写和语法检查功能，分别是由拼写检查器和语法检查器来实现的。

单击“审阅”选项卡“校对”组中的“拼写和语法”按钮，拼写检查器就会使用拼写词典检查文章中的每一个词。如果该词在拼写词典中，拼写检查器就认为它是正确的，否则就会加红色波浪线来报告错词信息，并根据拼写词典中能够找到的词给出修改建议。如果 Word 2016 指出的错误不是拼写或语法错误（如人名、公司或专业名称的缩写等），可以单击“忽略”或“全部忽略”按钮忽略错误提示，继续文档其余内容的检查工作。也可以把它们添加到拼写词典中，避免以后再出现同样的问题。语法检查器会根据当前语言的语法结构，指出文章中潜在的语法错误，并给出参考解决方案，帮助用户校正句子的结构或词语的用法。

目前，文字处理软件对英文的拼写和语法检查的正确率较高，对中文校对的作用不大。

3.2.3　保存和保护文档

用户输入和编辑的文档是存放在内存中并显示在屏幕上的，如果不执行保存操作的话，一旦死机或断电，所做的工作就可能因为得不到保存而丢失。只有外存（如硬盘）上的文件才可以长期保存。完成文档的编辑工作后，应及时把工作成果保存到外存中。

文档的保存

保存文档的常用方法有两种。

①单击快速访问工具栏中的“保存”按钮。这是使用频率最高的一种保存方法。

②单击“文件”按钮，在打开的“文件”窗口中选择“保存”或“另存为”命令保存文档，如图 3－5 所示。

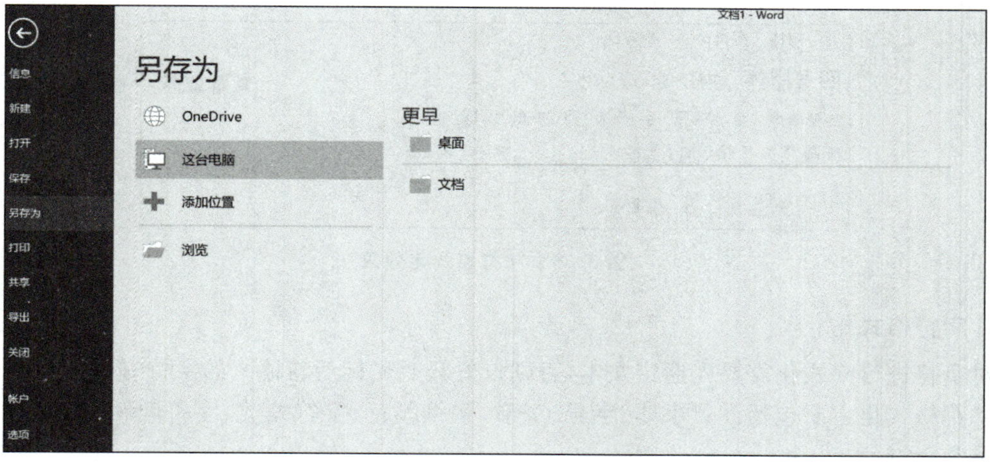

图 3－5　选择“保存”或“另存为”命令保存文档

3.2.4　打开文档

在进行文字处理时，往往难以一次性完成全部工作，需要对已输入的文档进行补充或修改，这就要将存储在外存上的文档调入 Word 工作窗口，也就是打开文档。

打开文档有两种常用方法。

①在快速访问工具栏中添加"打开"按钮,然后单击"打开"按钮。

②单击"文件"按钮,在"文件"窗口中选择"打开"命令。在 Word 2016 中,如果想打开最近使用过的文档,"打开"命令的右侧区域会显示出最近可用的文件列表。

Word 2016 允许同时打开多个文档,实现多文档之间的数据交换。

3.3 文档排版

文档编辑完成后,可以按要求对文档进行修饰,使其变得美观易读、丰富多彩,这就是文档排版。按照操作对象从小到大的顺序,文档排版包括字符排版、段落排版和页面排版。文档排版一般在页面视图下进行(可以"所见即所得"),与文档编辑一样,同样需要遵守"先选定,后执行"的原则。

3.3.1 字符排版

字符是指文档中输入的汉字、字母、数字、标点符号及其他符号。字符排版有两种:字符格式化和设置中文版式。字符格式化包括设置字符的字体、字号、字形(加粗和倾斜)、字符颜色、下画线、着重号、删除线、上下标、文本效果、字符缩放、字符的间距、字符和基准线的上下位置等,其效果如图 3-6 所示。对于中文字符,还可以设置中文版式。

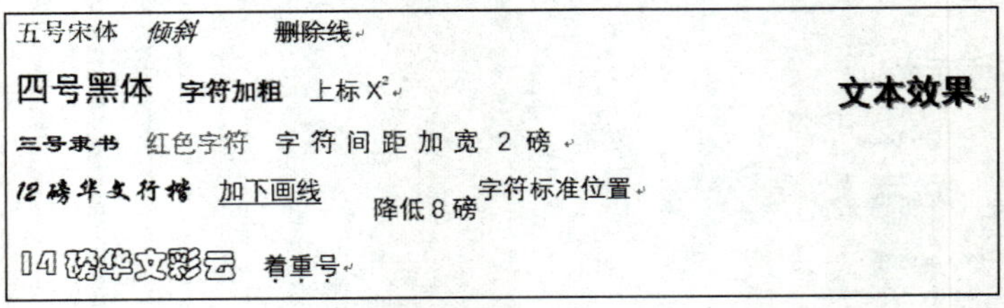

图 3-6 字符格式化效果

1. 字符格式化

对字符进行格式化需要先选定文本,否则设置只对光标后新输入的字符有效。

字符格式化主要包括设置字体、字号、字形、字符颜色、字符缩放、字符间距、字符位置、特殊效果几个方面。

字符格式化一般通过"开始"选项卡"字体"组中的相应按钮(见图 3-7)及"字体"对话框来实现。单击"字体"组右下角的对话框启动器按钮,打开"字体"对话框,其中有"字体"和"高级"两个选项卡。

①"字体"选项卡:用于设置字体、字号、字形、字符颜色、下画线、着重号和静态效果。

②"高级"选项卡:用于设置字符的缩放比例、字符间距、字符位置等内容。

注意:选中文本后,文本右上角会出现"字体"浮动工具栏,字符格式化也可以通过单击相应按钮快速完成。

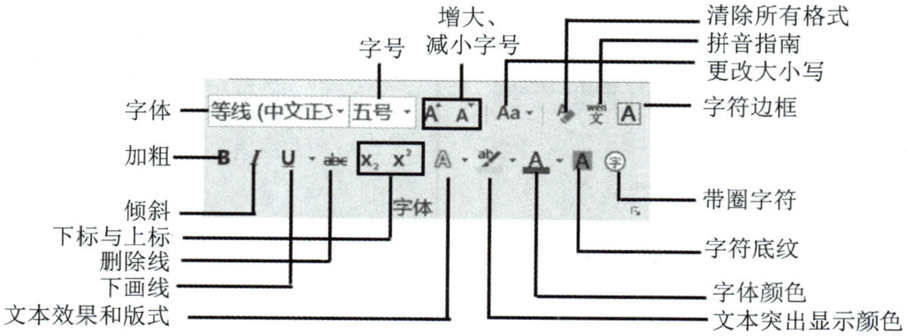

图 3－7　“字体”组中各按钮的功能

例 3－1　打开“开启 5G 未来已来”文档，进行字符排版。

①将标题“开启 5G 未来已来”设为华文琥珀、三号、倾斜，字符缩放 150%，加宽 2 pt。

②使用喜欢的文本效果预设样式设置标题“开启 5G 未来已来”，并添加阴影和发光效果。

③给正文第 2 段加波浪线。

最后的效果如图 3－8 所示。

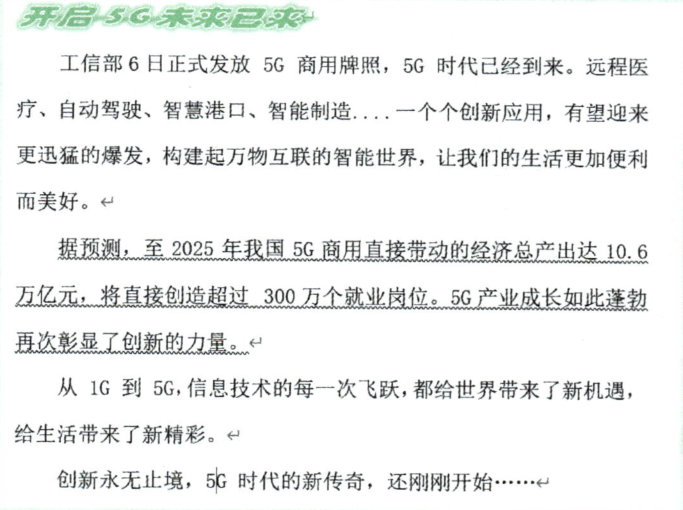

开启 5G 未来已来

工信部 6 日正式发放 5G 商用牌照，5G 时代已经到来。远程医疗、自动驾驶、智慧港口、智能制造....一个个创新应用，有望迎来更迅猛的爆发，构建起万物互联的智能世界，让我们的生活更加便利而美好。

据预测，至 2025 年我国 5G 商用直接带动的经济总产出达 10.6 万亿元，将直接创造超过 300 万个就业岗位。5G 产业成长如此蓬勃再次彰显了创新的力量。

从 1G 到 5G，信息技术的每一次飞跃，都给世界带来了新机遇，给生活带来了新精彩。

创新永无止境，5G 时代的新传奇，还刚刚开始……

图 3－8　“开启 5G 未来已来”字符排版效果

操作步骤如下。

①打开文档，选中标题“开启 5G 未来已来”，单击“开始”选项卡“字体”组中“字体”下拉按钮，在弹出的下拉列表中选择“华文琥珀”，然后单击“字号”下拉按钮，在弹出的下拉列表中选择“三号”，再单击该组中的“倾斜”按钮 *I* 。设置字体、字号、字形后，单击该组右下角的对话框启动器按钮，弹出“字体”对话框，在“高级”选项卡的“缩放”下拉列表中选择“150%”选项，在“间距”下拉列表中选择“加宽”选项，在“磅值”数值框中输入“2 磅”，如图 3－9 所示，单击“确定”按钮。

②选中标题“开启 5G 未来已来”，单击“开始”选项卡“字体”组中的“文本效果和版式”下拉按钮 ，在弹出的文本效果库中选择“填充：青色，主题色 5；边框：白色，背景色 1；清晰阴影：青色，主题色 5”按钮，如图 3－10 所示；再次单击“文本效果和版式”按钮，指向“阴影”命令，在弹出的子菜单中单击“透视”区的“透视：右上”按钮，如图 3－11 所示；再次单击“文本效果和版式”下拉按钮，指向“发光”命令，在弹出的子菜单中单击“发光变体”区的“发光：

11 磅;青色,主题色 5”命令,如图 3-12 所示。

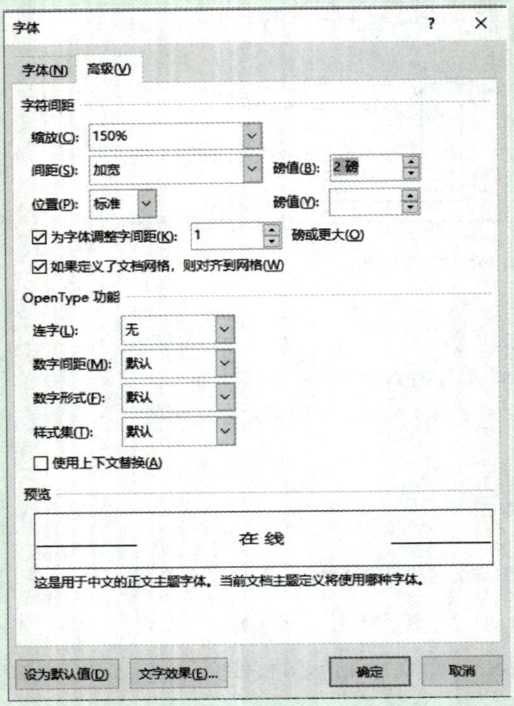

图 3-9 “字体”对话框的“高级”选项卡

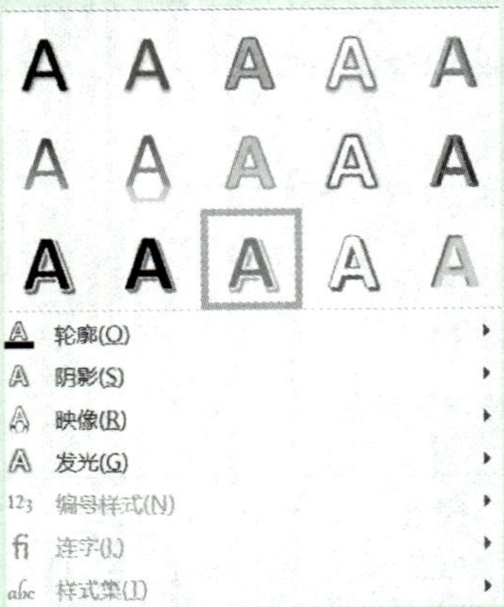

图 3-10 选择文本效果预设样式

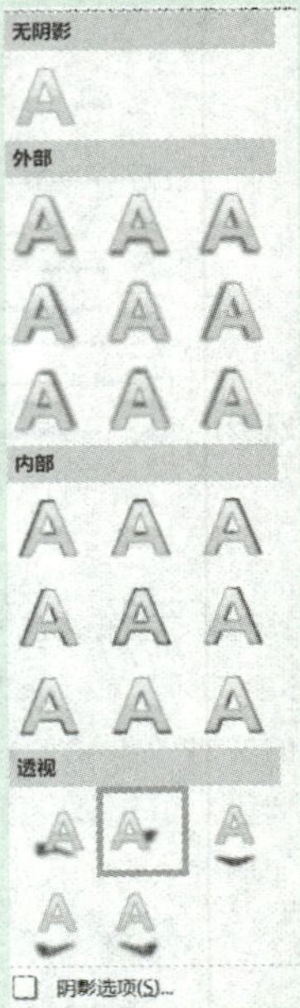

图 3-11 选择文本的阴影效果

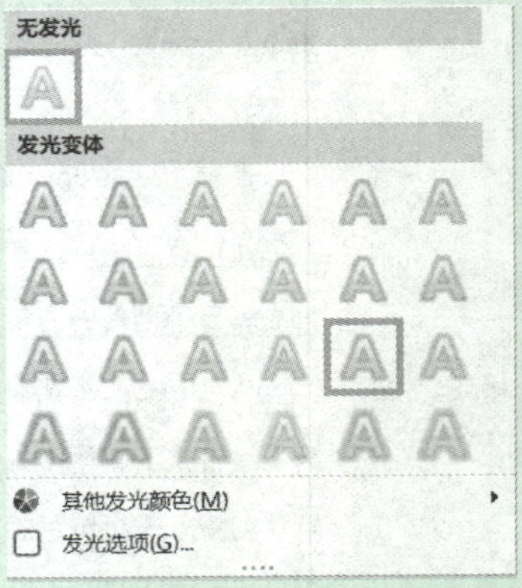

图 3-12 选择文本的发光效果

③选中正文第 2 段“据预测……”(区分正文第 2 段可以通过段落标记来选择,标题段落除外),单击“开始”选项卡“字体”组中的“下画线”下拉按钮 **U** ▾,在弹出的下拉列表中选择波浪线“~~~~~~~~”选项。

2. 设置中文版式

对于中文字符,Word 2016 提供了具有中文特色的特殊版式,如简体和繁体的转换、加拼音、加圈、纵横混排、双行合一、合并字符效果等,如图 3-13 所示。

其中,简体和繁体的转换可以单击“审阅”选项卡“中文简繁转换”组中的相应按钮;加拼音、加圈则通过单击“开始”选项卡“字体”组中对应的按钮 wén字 和 ㊫ 来实现;其他功能则通过单击“开始”选项卡“段落”组中的“中文版式”按钮 ，在弹出的下拉菜单中选择相应的命令来完成。

图 3-13　中文版式效果

3.3.2　段落排版

完成字符排版后，可以对段落进行排版。段落由一些字符和其他对象组成，最后是段落标记（↵，按 Enter 键产生）。段落标记不仅标识段落结束，而且存储了这个段落的排版格式。段落排版是指整个段落的外观，包括对齐方式、段落缩进、段落间距、行距等，同时可以添加项目符号和编号、边框和底纹等。

段落排版一般通过单击“开始”选项卡“段落”组中的相应按钮（见图 3-14），或单击“段落”组右下角的对话框启动器按钮，打开“段落”对话框（见图 3-15）完成。

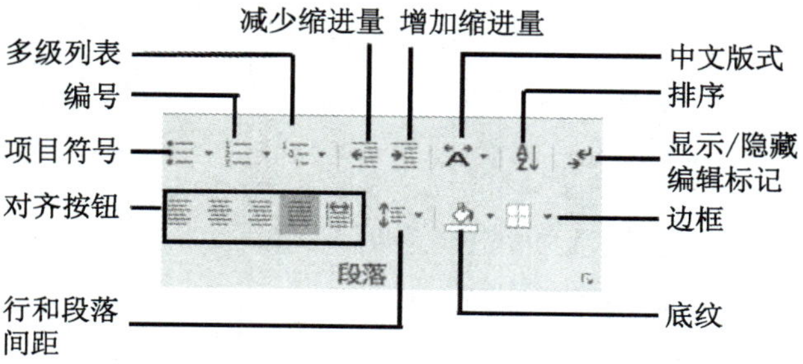

图 3-14　“段落”组中各按钮的功能

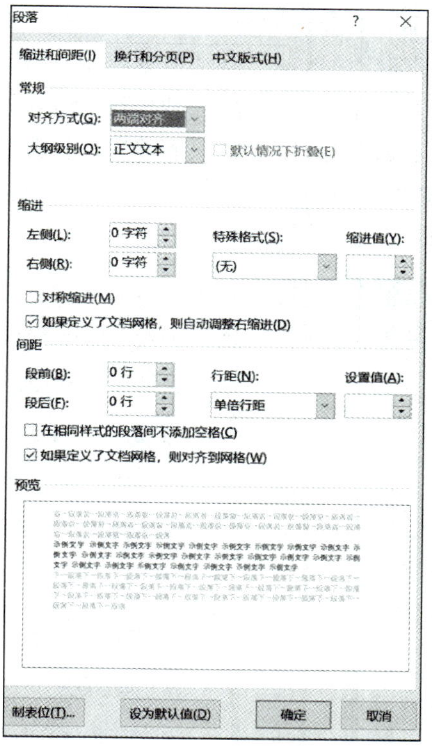

图 3-15　“段落”对话框

段落排版主要是从以下几个方面进行设置的。

1. 对齐方式

在文档中对齐文本可以使文本清晰易读。对齐方式一般有 5 种：左对齐、居中、右对齐、两端对齐和分散对齐。

2. 段落缩进

段落缩进是指段落各行相对于页面边界的距离。一般段落都规定首行缩进两个字符；为了强调某些段落，可以适当地进行缩进。Word 2016 提供了 4 种段落缩进方式。

①首行缩进：段落第一行的左边界向右缩进一段距离，其余行的左边界不变。

②悬挂缩进：段落第一行的左边界不变，其余行的左边界向右缩进一段距离。

③左缩进：整个段落的左边界向右缩进一段距离。

④右缩进:整个段落的右边界向左缩进一段距离。

可以使用标尺快速缩进段落,具体方法是:将插入点放在要缩进的段落中,然后将标尺上的缩进符号拖动到合适的位置,被选定的段落随缩进标尺的变化而重新排版。要显示标尺,需要在"视图"选项卡"显示"组中勾选"标尺"复选框。

注意:最好不要按 Tab 键或空格键设置段落缩进,这样做可能会使文档各段的对齐效果不尽如人意。

3. 段落间距与行距

段落间距指当前段落与上下相邻两个段落之间的距离,即段前间距和段后间距。设置段落缩进和段落间距时,单位有"磅""厘米""字符""英寸"等。可以通过单击"文件"按钮,在"文件"窗口中选择"选项"命令,打开"Word 选项"对话框,然后单击"高级"选项,在"显示"栏中进行度量单位的设置。一般情况下,如果度量单位选择"厘米",而"以字符宽度为度量单位"复选框也被勾选的话,默认的缩进单位为"字符",对应的段落间距和行距单位为"磅";如果取消勾选"以字符宽度为度量单位"复选框,则缩进单位为"厘米",对应的段落间距和行距单位为"行"。

例 3-2 将【例 3-1】"开启 5G 未来已来"中的正文第 2 段设置为左、右各缩进 1 厘米,首行缩进 0.8 厘米,行距为最小值 15 磅,段后间距为 8 磅。段落排版效果如图 3-16 所示。

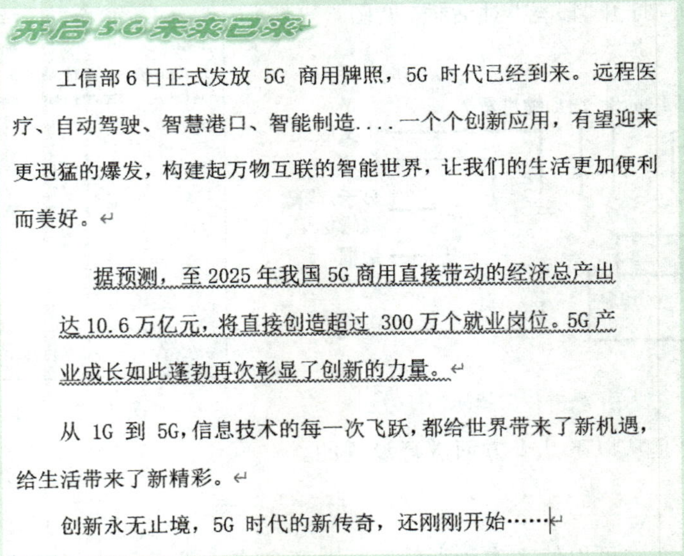
开启5G未来已来

工信部6日正式发放 5G 商用牌照,5G 时代已经到来。远程医疗、自动驾驶、智慧港口、智能制造....一个个创新应用,有望迎来更迅猛的爆发,构建起万物互联的智能世界,让我们的生活更加便利而美好。

据预测,至 2025 年我国 5G 商用直接带动的经济总产出达 10.6 万亿元,将直接创造超过 300 万个就业岗位。5G 产业成长如此蓬勃再次彰显了创新的力量。

从 1G 到 5G,信息技术的每一次飞跃,都给世界带来了新机遇,给生活带来了新精彩。

创新永无止境,5G 时代的新传奇,还刚刚开始……

图 3-16 "开启 5G 未来已来"段落排版效果

操作步骤如下。

①单击"文件"按钮,在"文件"窗口中选择"选项"命令,打开"Word 选项"对话框。如图 3-17 所示,单击"高级"选项,在"显示"栏中确保度量单位为"厘米",注意不要勾选"以字符宽度为变量单位"复选框。

②选中正文第 2 段(要将段首的空格删除,否则特殊格式的度量单位是字符而不是厘米),单击"开始"选项卡"段落"组右下角的对话框启动器按钮,打开"段落"对话框,进行相应设置,然后单击"确定"按钮。

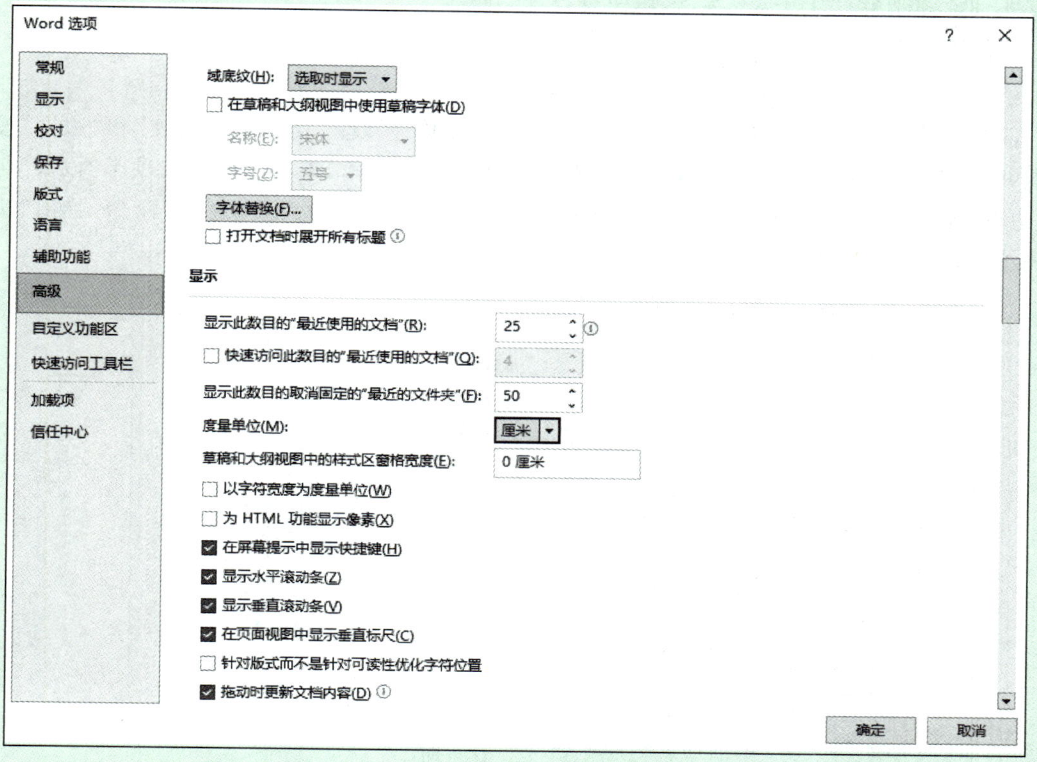

图 3-17　设置段落缩进和间距的度量单位

4. 项目符号和编号

在文档处理中，为了准确、清楚地表达某些内容之间的并列关系、顺序关系等，经常要用到项目符号和编号。项目符号可以是字符，也可以是图片；编号是连续的数字或字母。Word 具有自动编号功能，当增加或删除段落时，系统会自动调整相关编号的顺序。

创建项目符号或编号的方法是：选择需要添加项目符号或编号的若干段落，然后单击"开始"选项卡"段落"组中的"项目符号"按钮或"编号"按钮或"多级列表"按钮。

（1）"项目符号"按钮

"项目符号"按钮用于对选中的段落加上合适的项目符号。单击该按钮右边的下拉按钮，弹出项目符号库，可以选择预设的项目符号，也可以自定义新的项目符号。

（2）"编号"按钮

"编号"按钮用于对选中的段落加上需要的编号样式。单击该按钮右边的下拉按钮，弹出编号库，选择需要的编号样式，或选择"定义新编号格式"命令，打开"定义新编号格式"对话框，可以设置编号的字体、样式、起始值、对齐方式和位置等。

（3）"多级列表"按钮

"多级列表"按钮用于创建多级列表，多级列表可以清晰地表明各层次的关系。创建多级列表时，需要先确定多级格式，然后输入内容，再通过单击"段落"组中的"减少缩进量"按钮和"增加缩进量"按钮来确定层次关系。

要取消项目符号、编号和多级列表，只需要再次单击相应按钮的下拉按钮，在项目符号库、编号库和多级列表库中单击“无”按钮即可。

5. 边框和底纹

给段落加上边框和底纹,可以起到强调和美观的作用。

简单地添加边框和底纹,可以分别单击“开始”选项卡“段落”组中的“底纹”和“边框”按钮设置,较复杂的则通过“边框和底纹”对话框来完成。选定段落,单击“开始”选项卡“段落”组中的“边框”按钮右边的下拉按钮,在弹出的下拉菜单中选择“边框和底纹”命令,弹出“边框和底纹”对话框,如图 3－18 所示,其中有“边框”“页面边框”“底纹”3 个选项卡。

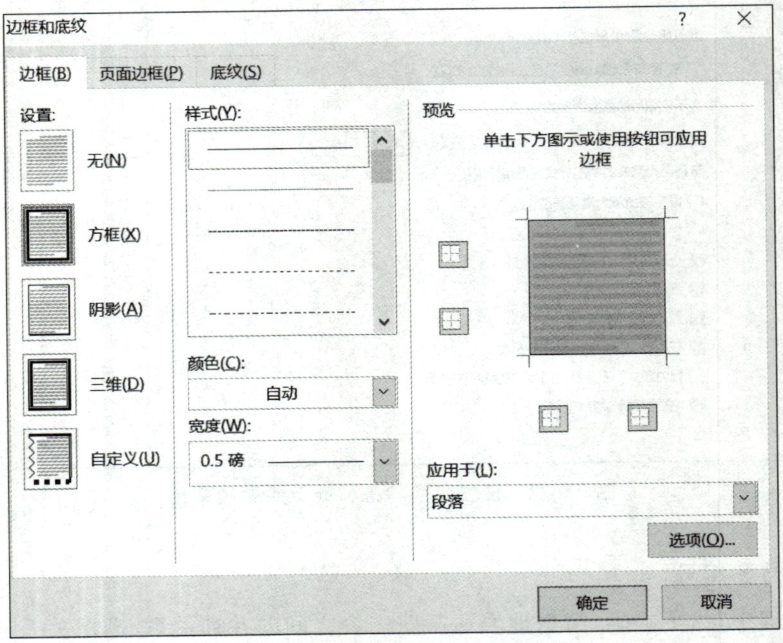

图 3－18 “边框和底纹”对话框

(1)“边框”选项卡

“边框”选项卡用于对选定的段落或文字加边框,可以选择边框的类别、样式、颜色和线条宽度等。如果需要对某些边设置边框线,例如,只对段落的上、下边框设置边框线,可以单击“预览”栏中的左、右边框按钮,将左、右边框线去掉。

边框和底纹

(2)“页面边框”选项卡

“页面边框”选项卡用于对页面或整个文档加边框。它的设置与“边框”选项卡的类似,但增加了“艺术型”下拉列表框。

(3)“底纹”选项卡

“底纹”选项卡用于对选定的段落或文字加底纹。其中,“填充”下拉列表框用于设置底纹的背景色;“样式”下拉列表框用于设置底纹的图案样式(如浅色上斜线);“颜色”下拉列表框用于设置底纹图案中点或线的颜色。

注意:在设置段落的边框和底纹时,要在“应用于”下拉列表中选择“段落”;设置文字的边框和底纹时,要在“应用于”下拉列表中选择“文字”。

例 3－3　给【例 3－2】“开启 5G 未来已来”中的正文第 3 段添加细边框，给第 4 段文字添加“灰色－25%”底纹，给整个页面添加“椰树”页面边框。添加边框和底纹后的效果如图 3－19 所示。

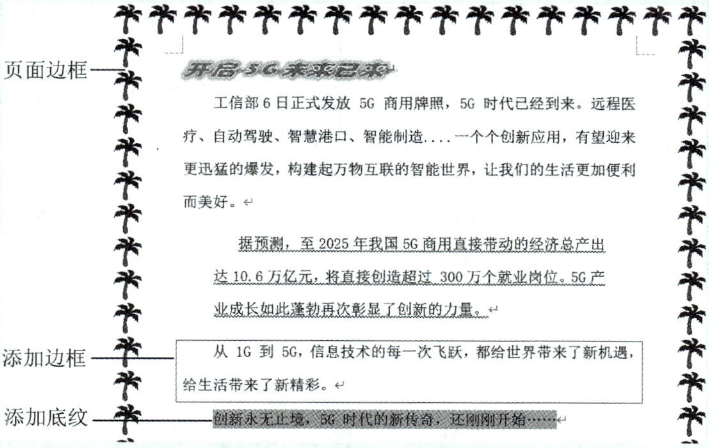

图 3－19　添加边框和底纹后的效果

操作步骤如下。

①选中正文第 3 段，单击“开始”选项卡“段落”组中的“边框”按钮的下拉按钮，在弹出的下拉列表中选择“边框和底纹”命令，弹出“边框和底纹”对话框。在“边框”选项卡的“样式”下拉列表中选择细实线，在“应用于”下拉列表中选择“段落”选项（见图 3－18），然后单击“确定”按钮。

②选中正文第 4 段，如前所述打开“边框和底纹”对话框，如图 3－20 所示，在“底纹”选项卡的“样式”下拉列表中选择“25%”选项，在“应用于”下拉列表中选择“文字”选项，然后单击“确定”按钮。

③将光标置于文档中的任意位置，如前所述打开“边框和底纹”对话框，在“页面边框”选项卡的“艺术型”下拉列表中选择“椰树”边框，然后单击“确定”按钮。

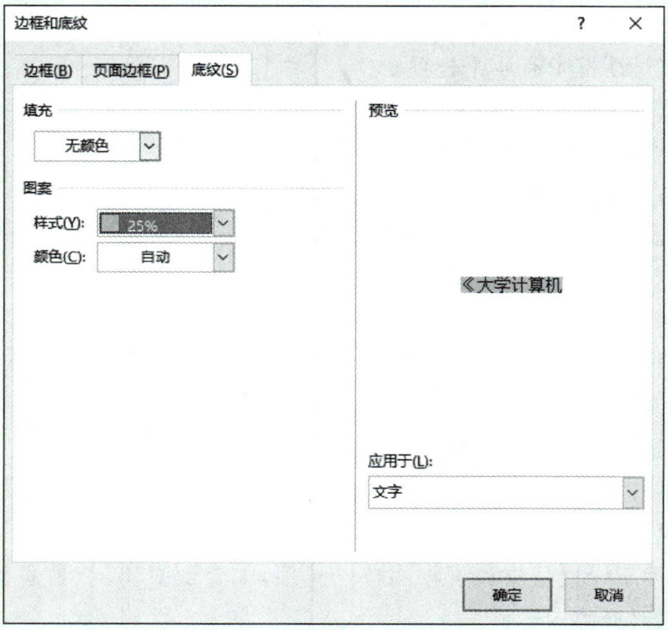

图 3－20　设置“25%”底纹

6. 格式刷

有时候需要对多个段落使用同一格式,利用"开始"选项卡"剪贴板"组中的"格式刷"按钮,可以快速地复制格式,提高效率。该按钮也可用来实现字符格式的快速复制。格式刷的使用方法如下。

①选定要复制格式的文本或段落(如果是段落,在该段落的任意处单击即可)。

②单击"开始"选项卡"剪贴板"组中的"格式刷"按钮。

③在要应用此格式的文本或段落上拖动。

如果要多次复制同一格式,可在第二步操作时双击"格式刷"按钮。若需要退出多次复制操作,可再次单击"格式刷"按钮或按 Esc 键。

3.3.3 页面排版

页面排版反映了文档的整体外观和输出效果,页面排版主要包括页面设置、页眉和页脚、脚注和尾注、特殊格式设置(分栏、首字下沉、文档竖排、页面背景)等。

1. 页面设置

页面设置通常包括设置页边距、纸张大小、页眉和页脚的位置、每页容纳的行数和每行容纳的字数等。可以通过"布局"选项卡"页面设置"组中的相应按钮或"页面设置"对话框来实现。

"页面设置"对话框可通过单击"布局"选项卡"页面设置"组中右下角的对话框启动器按钮打开,如图 3-21 所示,该对话框中有 4 个选项卡。

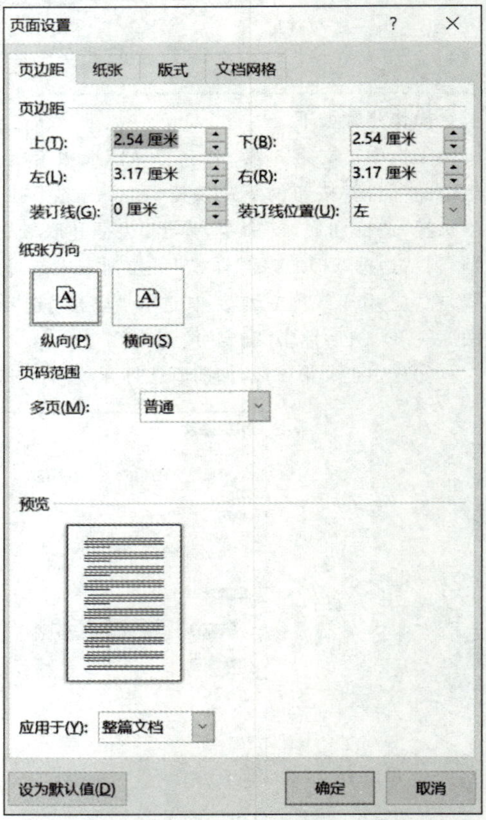

图 3-21 "页面设置"对话框

(1)"页边距"选项卡

"页边距"选项卡用于设置文档内容与纸张四边的距离,从而确定文档版心的大小。页边距包括"上""下""左""右"数值框。通过"页面设置"对话框设置页边距的同时,还可以设置装订线的位置或选择纸张方向等。

(2)"纸张"选项卡

"纸张"选项卡用于选择纸张的大小,一般默认为 A4 纸。如果当前使用的纸张为特殊规格,可以选择"自定义大小"选项,并通过"宽度"和"高度"数值框定义纸张的大小。

(3)"版式"选项卡

"版式"选项卡用于设置页眉和页脚的特殊选项,如奇偶页不同、首页不同、距边界的尺寸、垂直对齐方式等。

页面设置

(4)“文档网格”选项卡

“文档网格”选项卡用于设置每页容纳的行数和每行容纳的字数,以及文字排列方向和行、列网格线是否要打印等。

通常,页面设置作用于整个文档,如果要对部分文档进行页面设置,应在“应用于”下拉列表中选择范围。

例 3-4 对【例 3-3】中的“开启 5G 未来已来”文档进行页面设置:上边距为 2.5 厘米,下边距为 3 厘米,页面左边预留 2 厘米的装订线,纸张方向为纵向,纸张大小为 16 开,设置页眉和页脚奇偶页不同,文档中每页 35 行,每行 30 个字。

操作步骤如下。

①打开文档,单击“布局”选项卡“页面设置”组右下角的对话框启动器按钮,弹出“页面设置”对话框。在“页边距”选项卡中调整“上”“下”数值框的微调按钮,分别调整为“2.5 厘米”和“3 厘米”(或直接输入相应数字);调整“装订线”数值框的微调按钮,调整为“2 厘米”,选择装订线位置为“左”;单击选中“纸张方向”栏中的“纵向”按钮。

②在“纸张”选项卡的“纸张大小”下拉列表中选择“16 开”选项。

③在“版式”选项卡的“页眉和页脚”栏中勾选“奇偶页不同”复选框。

④如图 3-22 所示,在“文档网格”选项卡的“网格”栏中选中“指定行和字符网格”单选按钮,在“每行”数值框中调整数字为“30”,在“每页”数值框中调整数字为“35”。

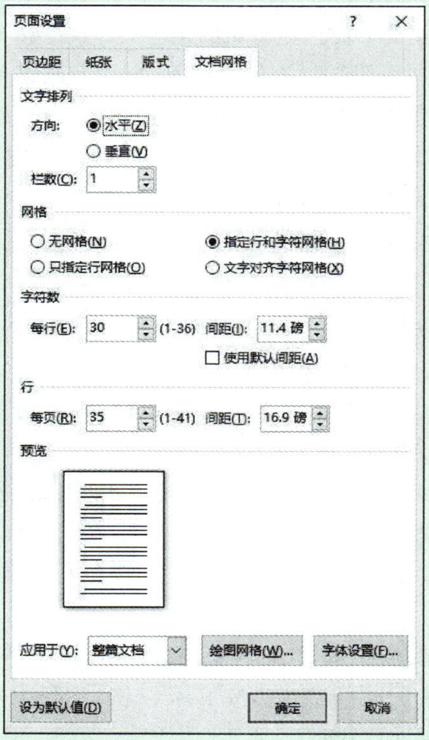

图 3-22 设置每页的行数和每行的字数

2. 页眉和页脚

在文档打印时,有时需要在每页的顶部和底部加入一些说明性信息,这些信息称为页眉和页脚。这些信息可以是文字、图形、图片等,还可以是用来生成各种文本的域代码(如日期、页码等)。

Word 2016 中内置了多种页眉和页脚样式,可以直接应用于文档中。可以通过单击“插入”选项卡“页眉和页脚”组中的相应按钮来完成。选择样式并输入内容后,可以双击正文返回文档。

插入页眉的时候,选好样式,进入页眉编辑区,此时正文呈浅灰色,表示不可编辑。页眉内容输入完成后,双击正文部分完成操作。页脚和页码的操作方法与此类似。

编辑页眉或页脚时,双击页眉、页脚或页码,窗口中会出现“页眉和页脚工具”选项卡,如

图 3 - 23 所示。

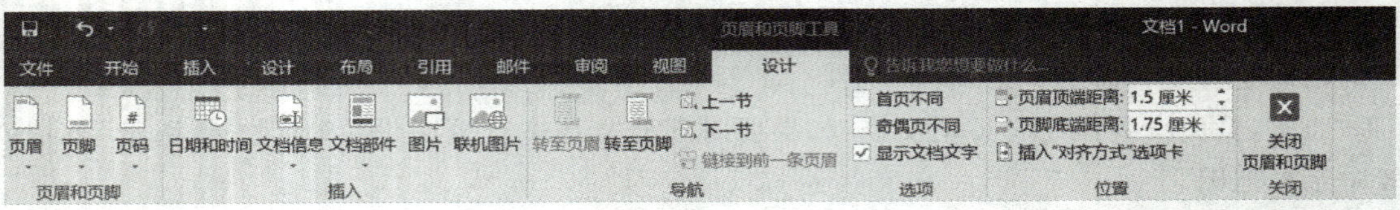

图 3 - 23 "页眉和页脚工具"选项卡

可以根据需要插入图片、日期或时间、域(单击"插入"选项卡"文本"组中的"文档部件"下拉按钮,在弹出的下拉菜单中选择"域"命令)等内容。如果要关闭页眉和页脚的编辑状态回到正文,直接单击"关闭"组中的"关闭页眉和页脚"按钮即可。如果要删除页眉和页脚,先双击页眉和页脚,选定要删除的内容,按 Delete 键,或者单击"插入"选项卡"页眉和页脚"组中的"页眉"或"页脚"下拉按钮,在弹出的下拉菜单中选择相应的"删除页眉"或"删除页脚"命令。

在文档中可自始至终使用同一个页眉和页脚,也可以在文档的不同部分使用不同的页眉和页脚。例如,首页不同、奇偶页不同,这需要在"页眉和页脚工具"选项卡"选项"组中勾选相应的复选框。如果文档被分为多个节,也可以设置节与节之间的页眉和页脚互不相同。

3. 脚注和尾注

脚注和尾注用于给文档中的文本加注释。脚注对文档某处内容进行注释说明,通常位于页面底端;尾注用于说明所引用文献的来源,一般位于文档末尾。在同一个文档中,可以同时包括脚注和尾注,一般在页面视图下可见其效果。

设置脚注和尾注可通过单击"引用"选项卡"脚注"组中的相应按钮,或单击"脚注"组右下角的对话框启动器按钮,在弹出的"脚注和尾注"对话框中操作,如图 3 - 24 所示。

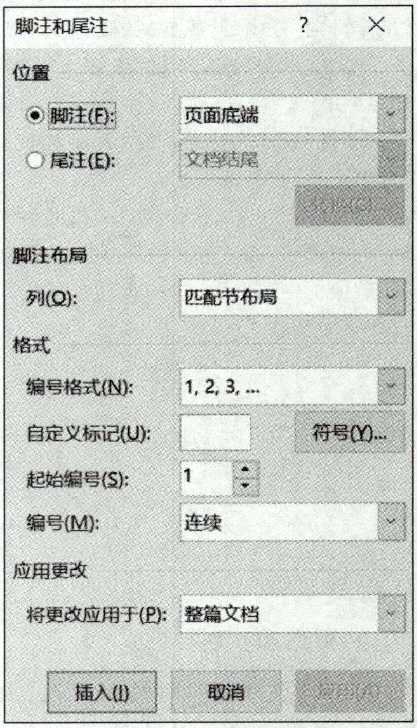

图 3 - 24 "脚注和尾注"对话框

要删除脚注和尾注,只要将鼠标指针定位在脚注和尾注的引用标记前,按 Delete 键,注释引用标记和注释文本同时被删除。

4. 特殊格式设置

(1)分栏

分栏是指将一页纸的版面分为几栏,使页面更生动和更具可读性。这种排版方式在报纸、杂志中经常用到。

分栏排版是通过单击"布局"选项卡"页面设置"组中的"栏"按钮来操作的。如果分栏较复杂,需要在该按钮的下拉菜单中选择"更多栏"命令,打开"栏"对话框进行设置。

注意:分栏操作只有在页面视图下才能看到效果。当分栏的段落是文档的最后一段时,为使分栏有效,必须在分栏前在文档最后添加一个空段落(按 Enter 键产生)。

(2)首字下沉

首字下沉是将选定段落的第一个字放大数倍来引导阅读,也是报纸、杂志中常用的排版方式。

(3)文档竖排

通常情况下,文档都是从左至右横排的,但是有时需要特殊效果,如古文、古诗需要竖排。这时,可以单击“布局”选项卡“页面设置”组中的“文字方向”下拉按钮,在弹出的下拉菜单中根据需要选择竖排样式。

注意:如果把一篇文档中的部分文字竖排,竖排文字会单独占一页显示。如果想在一页上既出现横排文字,又出现竖排文字,则需要利用竖排文本框来实现。

(4)页面背景

可以通过为文档添加文字或图片水印、设置文档的颜色或图案填充效果、为页面添加边框等使页面更加美观。其操作可通过单击“设计”选项卡“页面背景”组中的相应按钮实现。

3.4 制作表格

文档中经常需要使用表格来组织有规律的文字和数字,有时还需要利用表格将文字段落并行排列(如履历表)。表格具有分类清晰、简明直观的优点。Word 2016 提供的表格功能可以方便地处理各种表格,特别适用于制作简单表格(如课程表、作息时间安排表、成绩表等)。如果要制作大型、复杂的表格(如年度销售报表),或是要对表格中的数据进行大量、复杂的计算和分析,Excel 是更好的选择。

对表格的操作可以通过单击“插入”选项卡“表格”组中的“表格”按钮来完成。

3.4.1 创建表格

1. 建立表格

建立规则表格有两种方法。

①单击“插入”选项卡“表格”组中的“表格”下拉按钮,在弹出的下拉菜单的虚拟表格中移动鼠标指针,滑过需要插入的表格的行和列,确定后单击即可。

②单击“插入”选项卡“表格”组中的“表格”下拉按钮,在弹出的下拉菜单中选择“插入表格”命令,在弹出的对话框中输入所需的列数和行数,单击“确定”按钮。

建立不规则表格的方法:单击“插入”选项卡“表格”组中的“表格”下拉按钮,在弹出的下拉菜单中选择“绘制表格”命令,此时,鼠标指针呈铅笔状,可直接绘制表格,对多余的线段可单击“橡皮擦”按钮,利用鼠标沿表格线拖动或单击即可。

2. 将文本转换成表格

按规律分隔的文本可以转换成表格,文本的分隔符可以是空格、制表符、逗号或其他符号。要将文本转换成表格,需先选定文本,再单击“插入”选项卡“表格”组中的“表格”下拉按钮,在弹出的下拉菜单中选择“文本转换成表格”命令即可。

对于表格中的斜线表头,可以利用“插入”选项卡“插图”组中的“形状”下拉菜单中“线条”区的“直线”和“基本形状”区的“文本框”共同完成。

3.4.2 输入表格内容

建好表格后,可以在表格的任意一个单元格中定位光标并输入文字,也可以插入图片、图形、图表等内容。

在表格中输入内容时,按 Tab 键使光标往下一个单元格移动,按 Shift+Tab 组合键使光标往前一个单元格移动,也可以将鼠标指针直接指向所需的单元格后单击。

例 3-5 创建一个带斜线表头的表格,如图 3-25 所示,表格中文字的对齐方式为水平居中对齐(水平方向和垂直方向上都是居中对齐)。

科目↵ 姓名↵	数学↵	英语↵	计算机↵
张三↵	89↵	71↵	92↵
李四↵	97↵	87↵	88↵
王五↵	84↵	73↵	95↵

图 3-25 带斜线表头的表格

操作步骤如下。

①新建一个文档,单击“插入”选项卡“表格”组中的“表格”下拉按钮,在弹出的下拉菜单的虚拟表格中移动鼠标指针,在 4 行 4 列处单击。在表格中任意一个单元格中单击,将鼠标指针移至表格右下角的符号□处,当鼠标指针变成箭头↘时,拖动调整表格大小。

②单击第一个单元格,单击“插入”选项卡“插图”组中的“形状”按钮,在“线条”区单击“直线”按钮＼。在第一个单元格中,从左上角顶点处拖动至右下角顶点,松开鼠标绘制出斜线表头。然后单击“插入”选项卡“插图”组中的“形状”下拉按钮,在弹出的下拉菜单的“基本形状”区中单击“文本框”按钮,在单元格的适当位置绘制一个文本框,输入“科”字。选中文本框,右击,在弹出的快捷菜单中选择“设置形状格式”命令,打开“设置形状格式”任务窗格。在“填充”和“线条”栏中分别选中“无填充”和“无线条”单选按钮,如图 3-26 所示,用同样的方法制作出斜线表头中的“目”“姓”“名”文本。

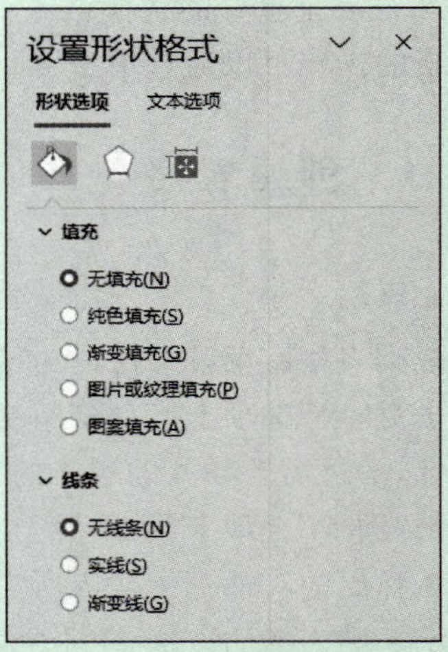

图 3-26 设置形状格式

③在表格的其他单元格中输入相应内容,然后选定整个表格中的文字,单击“表格工具”→“布局”选项卡“对齐方式”组中的“水平居中”按钮(见图 3-27)。

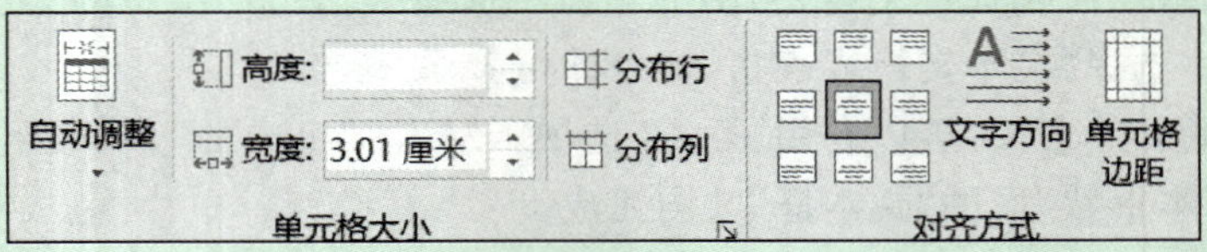

图 3-27 设置表格对齐方式

3.4.3 表格操作

1. 表格编辑

表格的编辑同样遵守“先选定，后执行”的原则。

表格的编辑主要通过单击“表格工具”→“布局”选项卡（见图 3－28）中的相应按钮或选择快捷菜单中的相应命令来完成。

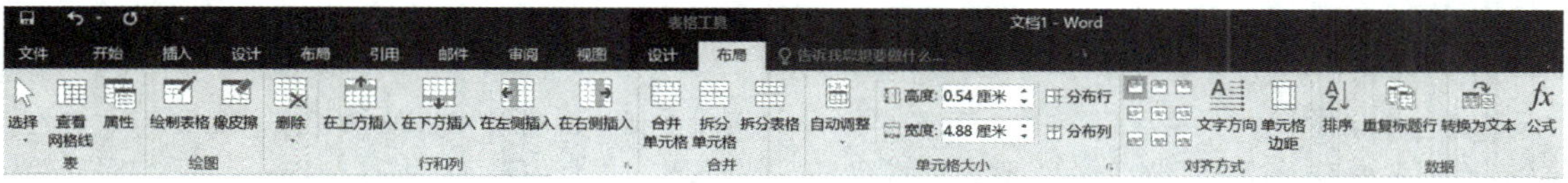

图 3－28 “表格工具”→“布局”选项卡

例 3－6 对【例 3－5】中的表格设置行高为 2 厘米，列宽为 3 厘米，然后在表格的底部添加一行并输入“平均分”，在表格的最右边添加一列并输入“总分”。

操作步骤如下。

①选定整个表格。

②在“表格工具”→“布局”选项卡“单元格大小”组中的“高度”数值框中，将其值调整至“2 厘米”或者直接输入“2 厘米”。同样，在“宽度”数值框中输入“3 厘米”，按 Enter 键，并适当调整斜线的长短和位置。

③选中最后一行，单击“表格工具”→“布局”选项卡“行和列”组中的“在下方插入”按钮，或者将光标置于最后一个单元格并按 Tab 键，或者将光标置于最后一行段落标记前按 Enter 键，然后在新插入行的第一个单元格中输入“平均分”。

④选中最后一列，单击“表格工具”→“布局”选项卡“行和列”组中的“在右侧插入”按钮，然后在新插入列的第一个单元格中输入“总分”。设置新增加的行和列中文字的对齐方式为水平居中对齐。

2. 表格计算和排序

在 Word 表格中可以完成一些简单的计算，如求和、求平均值、统计等。但是，与 Excel 电子表格相比，Word 表格计算的自动化能力差，当不同单元格进行同种功能的统计时，必须重复编辑公式或调用函数，效率低。此外，Word 表格计算的最大问题是，当单元格的内容发生变化时，不能自动重新计算结果，必须选定结果，然后按 F9 功能键方可更新结果。

除了表格计算外，Word 还可以根据数值、笔画、拼音、日期等方式对表格数据按升序或降序排列。表格排序的关键字最多有 3 个：主要关键字、次要关键字和第三关键字。如果按主要关键字排序时遇到相同的数据，则可以根据次要关键字排序；如果按次要关键字排序时出现相同的数据，则可以根据第三关键字继续排序。

例 3－7 对【例 3－6】中的表格计算每位学生的总分及每门课程的平均分（要求平均分保留 2 位小数），并对表格进行排序（不包括“平均分”行）。首先按总分降序排列，如果总分相同，再按计算机成绩降序排列。表格计算和排序结果如图 3－29 所示。

科目/姓名	数学	英语	计算机	总分
李四	97	87	88	272
王五	84	73	95	252
张三	89	71	92	252
平均分	90.00	77.00	91.67	258.67

表格计算、排序

图 3-29 表格计算和排序结果

操作步骤如下。

①计算总分。计算总分即求和，选择的函数是SUM。单击第一位学生的总分单元格，然后单击“表格工具”→“布局”选项卡“数据”组中的“公式”按钮，弹出“公式”对话框，如图3-30所示。此时，Word自动给出的公式是正确的，可以直接单击“确定”按钮。继续单击第二位学生的总分单元格，重复相同的步骤，但这次Word自动提供的公式“=SUM(ABOVE)”是错误的，需要对括号中的内容进行更改。最简单的方法是用“LEFT”替换“ABOVE”，也可以输入“B3,C3,D3”或“B3:D3”(注意其中的标点符号必须是英文的)，还可以不使用SUM函数，直接在“公式”文本框中输入“=B3+C3+D3”(其中的字母大小写均可)。用同样的方法计算出第三位学生的总分。

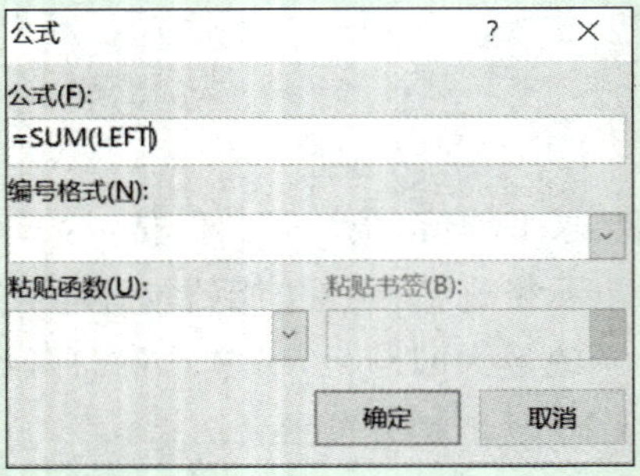

图 3-30 计算总分

②计算平均分。计算平均分与计算总分类似，区别在于选择的函数是“AVERAGE”。单击数学平均分的单元格，单击“表格工具”→“布局”选项卡“数据”组中的“公式”按钮，弹出“公式”对话框。在“公式”文本框中保留“=”，删除其他内容，然后在“编号格式”下拉列表中选择“0.00”(小数点后有几个0就是保留几位小数)选项，在“粘贴函数”下拉列表中选择“AVERAGE”选项，然后在“公式”文本框的括号内输入“ABOVE”，如图3-31所示。也可以在括号内输入“B2,B3,B4”或“B2:B4”，或者在“公式”文本框中输入“=(B2+B3+B4)/3”，最后单击“确定”按钮，第一个保留2位小数的平均分就计算好了。用同样的方法计算出英语、计算机和总分的平均分。

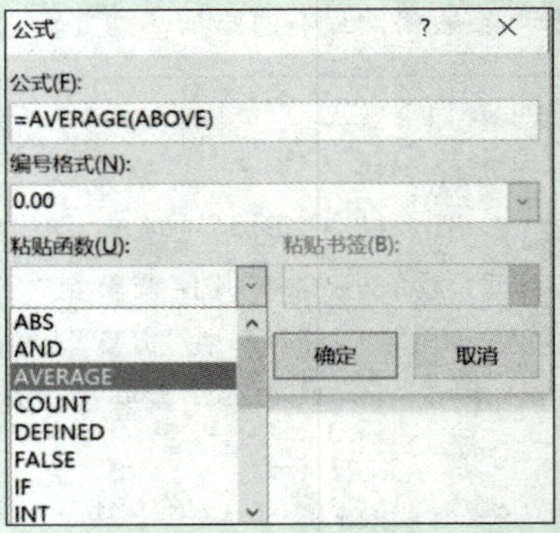

图 3-31 计算平均分

③表格排序。选定表格前4行，单击“表格工具”→“布局”选项卡“数据”组中的“排序”按钮，在弹出的“排序”对话框中设置主要关键字和次要关键字及相应的排序方式，如图3-32所示，单击“确定”按钮。

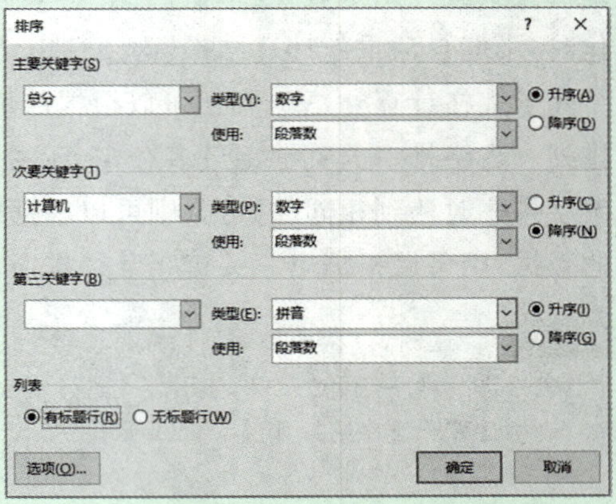

图 3-32 “排序”对话框

3. 拆分和合并表格与单元格

拆分表格是指将一个表格分为两个表格的情况。首先将光标移到表格将要拆分的位置，然后单击“表格工具”→“布局”选项卡“合并”组中的“拆分表格”按钮，此时在两个表格中产生一个空行。删除这个空行，两个表格又合并成为一个表格。

拆分单元格是指将一个单元格分为多个单元格，合并单元格则恰恰相反。拆分和合并单元格可以分别利用“表格工具”→“布局”选项卡“合并”组中的“拆分单元格”按钮、“合并单元格”按钮完成。

4. 表格跨页操作

当表格很长或表格正好处于两页的分界处时，表格会被分割成两部分，即出现跨页的情况。

表格跨页操作可以单击“表格工具”→“布局”选项卡“表”组中的“属性”按钮，弹出“表格属性”对话框，在“行”选项卡中勾选“允许跨页断行”复选框。跨页分断表格还可以通过单击“表格工具”→“布局”选项卡“数据”组中的“重复标题行”按钮来实现。

3.4.4　格式化表格

1. 自动套用表格样式

Word 2016 为用户提供了 90 余种表格样式，这些样式包括表格边框、底纹、字体、颜色等的设置，使用它们可以快速格式化表格。这通过单击“表格工具”→“设计”选项卡“表格样式”组中的相应按钮来实现。

2. 边框和底纹

自定义表格外观，最常见的是为表格添加边框和底纹。使用边框和底纹可以使每个单元格或每行、每列呈现出不同的风格，使表格更加清晰、明了。这通过单击“表格工具”→“设计”选项卡“边框”组中的“边框”下拉按钮，在弹出的下拉菜单中选择“边框和底纹”命令，弹出“边框和底纹”对话框进行操作。其设置方法与段落的边框和底纹的设置方法类似，只是在“应用于”下拉列表中选择“表格”选项。

3.5　图文混排

目前的文字处理软件不仅仅局限于对文字的处理，还能插入各种各样的媒体对象，使文档的可读性、艺术性和感染力大大增强。在 Word 2016 中，可以插入的对象包括各种类型的图片、图形对象（如形状、SmartArt 图形、文本框、艺术字等）、公式和图表等，文档可以实现图文混排效果，如图 3 - 33 所示。

要在文档中插入这些对象，通常单击“插入”选项卡“插图”组中的相应按钮实现，例如，单击“文本”组中的“文本框”按钮、“艺术字”按钮和“符号”组中的“公式”按钮 π 。

如果要对插入的对象进行编辑和格式化操作，可以利用各自的快捷菜单及对应的选项卡进行操作。图片对应的是“图片工具”选项卡,图形对象对应的选项卡分别是“绘图工具”“SmartArt 工具”“公式工具”“图表工具”等。分别选定这些对象,相应的工具选项卡就会出现。

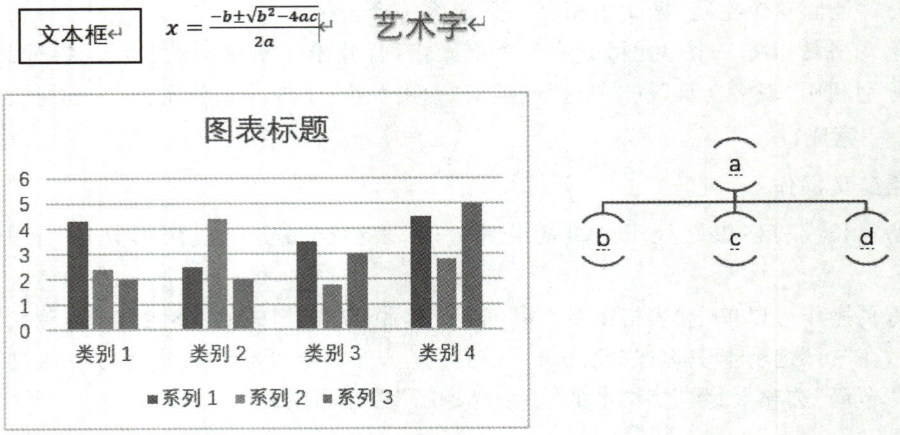

图 3－33 文档的图文混排效果

3.5.1 插入图片

图片、图形的插入和编辑

通常情况下,在文档中插入的图片主要来源于 3 个方面。

①通过扫描仪获取出版物上的图片或一些个人照片。

②来自数码相机。

③从网络下载所需图片。上网搜索到所需图片后,右击图片,在弹出的快捷菜单中选择“图片另存为”命令,将图片保存到本地计算机上。

在文档中插入图片,可以通过单击“插入”选项卡“插图”组中的相应按钮进行操作。

例 3－8 新建一个空白文档,插入一幅剪贴画、一张图片、一个程序窗口图像(截取整个程序窗口)及搜狗拼音输入法状态栏图标(截取窗口中的部分内容)。

操作步骤如下。

(1)插入剪贴画

①将光标移到文档中需要放置剪贴画的位置,单击“插入”选项卡“插图”组中的“联机图片”按钮,弹出“联机图片”对话框。

②在“搜索 必应”文本框中输入剪贴画的关键字,如“信封”,按 Enter 键,显示搜索结果,如图 3－34 所示。

③选中合适的剪贴画后单击“插入”按钮,将剪贴画插入指定位置。

(2)插入图片文件

①将光标移到文档中需要放置图片的位置。

②单击“插入”选项卡“插图”组中的“图片”按钮,在弹出的下拉菜单中选择“此设备”命令,弹出“插入图片”对话框,选择图片所在的位置和图片名称,单击“插入”按钮,将图片插入文档中。

(3)插入一个程序窗口图像(截取整个程序窗口)

①打开一个程序,如“画图”程序,然后将光标移到文档中需要放置图片的位置。

②单击“插入”选项卡“插图”组中的“屏幕截图”按钮,在弹出的下拉菜单中选择“屏幕剪辑”命令,单击需要截取的“画图”窗口即可。也可以打开“画图”程序后,按 Alt＋PrintScreen 组合键将其复制到剪贴板,然后粘贴至文档。

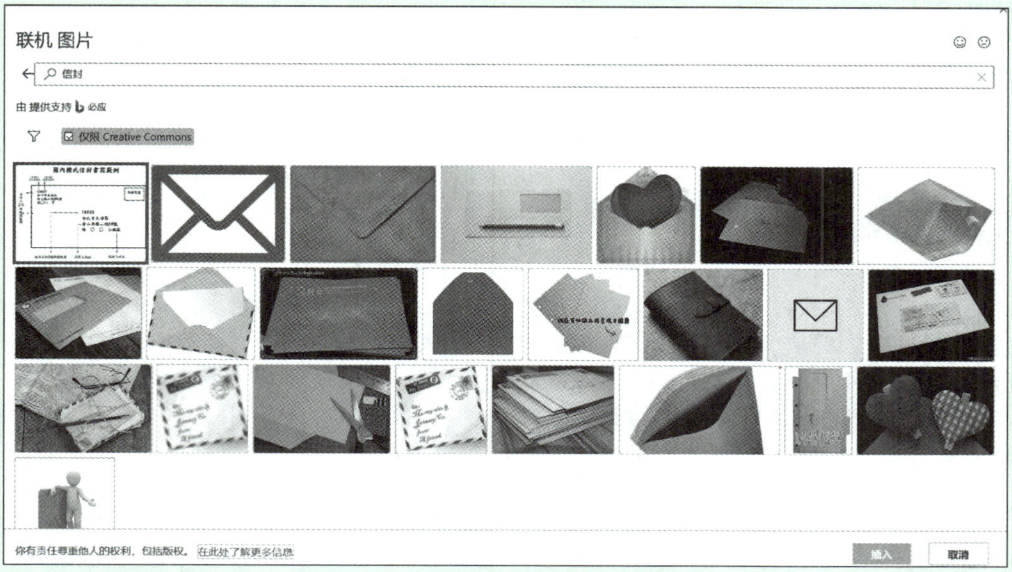

图 3－34　插入联机图片

(4)插入图标

①单击输入法按钮，显示搜狗输入法状态栏，将其移到屏幕上的空白区域(方便截取)。

②单击“插入”选项卡“插图”组中的“屏幕截图”按钮，在弹出的下拉菜单中选择“屏幕剪辑”命令，在要截图的位置(搜狗拼音输入法状态栏)拖动鼠标，选中要截取的范围，然后松开鼠标完成截图操作。

插入文档中的图片，除了进行复制、移动和删除等常规操作外，还可以进行调整图片的大小、裁剪图片(按比例或形状裁剪)等操作，通过“图片工具”选项卡和快捷菜单中的相应命令来实现。“图片工具”选项卡如图 3－35 所示。

图 3－35　“图片工具”选项卡

3.5.2　插入图形对象

图文混排

图形对象包括形状、SmartArt 图形和艺术字等。

1. 形状

在插入的形状中可以添加文字，以及设置阴影、发光、三维旋转等各种特殊效果。插入形状是通过单击“插入”选项卡“插图”组中的“形状”按钮完成的。需要对形状进行编辑和格式化时，先选中形状，然后在“绘图工具”选项卡(见图 3－36)或快捷菜单中操作。

图 3－36　“绘图工具”选项卡

例 3-9 绘制一个如图 3-37 所示的流程图,要求将流程图的各个部分组合为一个整体。

图 3-37 流程图

操作步骤如下。

①新建一个空白文档,单击"插入"选项卡"插图"组中的"形状"下拉按钮,在弹出的形状库的"流程图"栏中选择相应图形。本例第一个图形是圆角矩形,将其画到文档中的合适位置,并适当调整大小。右击图形,在弹出的快捷菜单中选择"添加文字"命令,在图形中输入文字"开始"。

②在形状库的"线条"区中选择箭头按钮↘,画出向右的箭头。

③重复第①步和第②步,继续插入其他形状,直至完成全部图形。

④按住 Shift 键,依次单击选中所有图形,在图形中间右击,在弹出的快捷菜单中选择"组合"→"组合"命令,将多个图形组合在一起。

注意:形状库的"基本形状"区中包括文本框和竖排文本框,使用它们可以方便地将文本放置到文档中的任意位置。制作无边框的文本框时,右击文本框,在弹出的快捷菜单中选择"设置形状格式"命令,在弹出的"设置形状格式"任务窗格的"填充"选项卡和"线条"选项卡中分别选中"无填充"和"无线条"单选按钮即可。在文本框中输入文字时,若文本框中的部分文字不可见,可以通过调整文本框的大小来解决。

2. SmartArt 图形

SmartArt 图形是 Word 中预设的形状、文字及样式的集合,包括列表、流程、循环、层次结构、关系、矩阵、棱锥图和图片 8 种类型,每种类型下有多种图形样式,用户可以根据文档的内容选择需要的样式,然后对图形的内容和效果进行编辑。

3. 插入艺术字

艺术字是以普通文字为基础,通过添加阴影、改变文字的大小和颜色,把文字变成多种预定义的形状等来突出和美化文字。艺术字可以使文档产生艺术效果,常用来创建醒目的标志或标题。

在文档中插入艺术字,可以通过单击"插入"选项卡"文本"组中的"艺术字"按钮来实现。生成艺术字后,会出现"绘图工具"选项卡,可在其中的"艺术字样式"组中进行编辑操作,如改变艺术字样式、增加艺术字效果等。

如果要删除艺术字,只要选中艺术字,按 Delete 键即可。

例 3-10 制作如图 3-38 所示的艺术字效果。

图 3-38 艺术字效果

操作步骤如下。

①单击"插入"选项卡"文本"组中的"艺术字"按钮,在弹出的艺术字样式库中选择"填充-金色,着色 4,软棱台",输入文字"开启 5G 未来已来"。

②选中文字,单击"绘图工具"→"形状格式"选项卡"艺术字样式"组中的"文本效果"按钮,在弹出

的下拉菜单中指向“发光”命令，在“发光变体”区中单击“金色，18 pt 发光，个性色 4”按钮。继续在“艺术字样式”组中单击“文本效果”按钮，在弹出的下拉菜单中指向“转换”命令，在“弯曲”区中单击“正三角”按钮。

3.5.3　创建公式

在编写论文或一些学术著作时，经常需要处理数学公式。利用 Word 2016 的公式编辑器，可以方便地制作具有专业水准的数学公式。对于数学公式，可以像编辑图形一样对其进行编辑操作。

要创建数学公式，单击“插入”选项卡“符号”组中的“公式”下拉按钮，在弹出的下拉菜单中选择预定义好的公式，也可以在下拉菜单中选择“插入新公式”命令来自定义公式。此时，出现公式输入框和“公式工具”选项卡（见图 3－39），帮助用户完成公式的输入。

图 3－39　“公式工具”选项卡

注意：在输入公式时，光标的位置很重要，它决定了当前输入的内容在公式中的位置，可通过单击改变光标位置。

3.6　文档打印

打印文档

如果想把计算机中编辑排版后的文档变成书面文档，为计算机添加打印机后就可以将其打印输出。在打印输出文档前，可以对文档进行预览和进行页面布局、打印份数、纸张大小、打印方向等设置。单击“文件”按钮，选择“打印”命令，在“打印”窗口中进行设置，如图 3－40 所示。

图 3－40　“打印”窗口

3.7 高效排版

为了提高排版效率,Word 2016 提供了一些高效排版功能,包括样式、自动生成目录、宏等。

3.7.1 样式的创建及使用

样式是字符格式和段落格式的组合。例如,一篇文档有各级标题、正文、页眉和页脚等,它们分别有各自的字符格式和段落格式,并以其样式名存储以便后续使用。

使用样式有如下两个好处。

①可以轻松、快捷地编排具有统一格式的段落,使文档格式严格地保持一致,而且样式便于修改字符或段落格式。如果文档中多个段落使用了同一样式,只要修改样式,就可以修改文档中带有此样式的所有段落的格式。

②样式有助于在长文档中构造大纲和创建目录。

Word 2016 不仅预定义了很多标准样式,还允许用户根据自己的需要修改标准样式或新建样式。

1. 使用已有样式

选定需要使用样式的段落,在"开始"选项卡"样式"组的快速样式库(见图 3-41)中选择已有的样式。或单击"样式"组右下角的对话框启动器按钮,打开"样式"任务窗格,根据需要选择相应的样式,如图 3-42 所示。

图 3-41 快速样式库

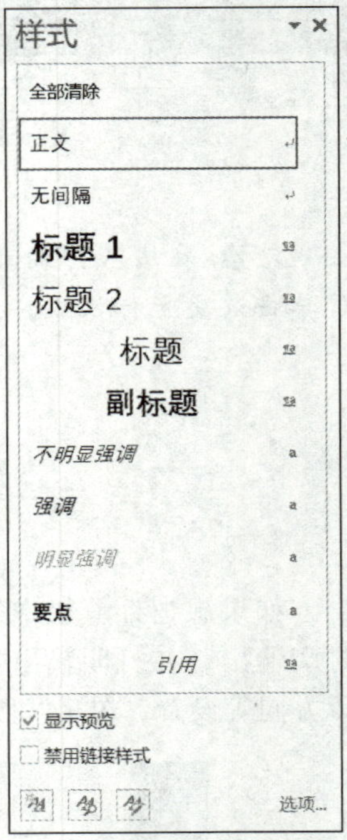

图 3-42 "样式"任务窗格

2. 新建样式

当 Word 提供的样式不能满足需要时,用户可以创建新样式。

单击"样式"任务窗格左下角的"新建样式"按钮,弹出"根据格式设置创建新样式"对话框,如图 3-43 所示。在该对话框中输入样式名,选择样式类型、样式基准,设置该样式的格式,再勾选"添加到样式库"复选框,单击"确定"按钮。建立新样式后,就可以像使用已有样式一样直接使用它了。

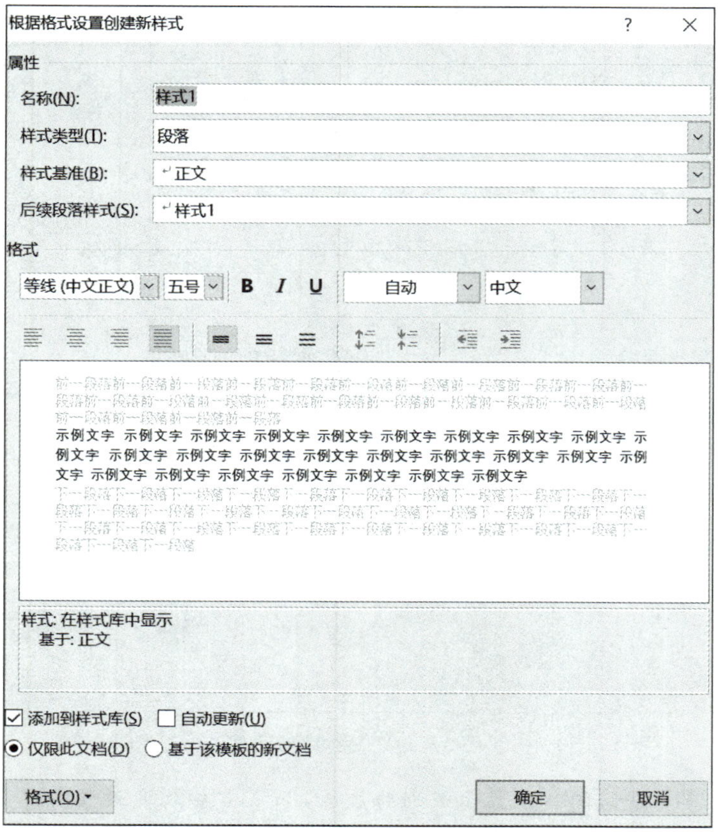

图 3-43　“根据格式设置创建新样式”对话框

3. 修改和删除样式

如果对已有的样式不满意，可以对其进行更改或删除。更改样式后，所有应用了该样式的文本都会随之改变格式。

修改样式的方法是：在“样式”任务窗格中，右击需要修改的样式名，在弹出的快捷菜单中选择“修改”命令，在弹出的“修改样式”对话框中设置所需的格式即可。

删除样式的方法与修改样式的类似，不同的是在快捷菜单中选择“删除样式”命令，此时，带有此样式的所有段落自动应用“正文”样式。

3.7.2　自动生成目录

编写完书籍或长文档后，需要为其制作目录，方便读者阅读和大概了解文档的层次结构及主要内容。除了手工输入目录外，Word 2016 还提供了自动生成目录的功能。

要自动生成目录，前提是对文档中的各级标题用快速样式库中的标题样式统一进行格式化处理。一般情况下，目录分为 3 级，可以使用相应的 3 级“标题 1”“标题 2”“标题 3”样式，也可以使用其他几级标题样式或者使用自己创建的标题样式来格式化。然后单击“引用”选项卡“目录”组中的“目录”下拉按钮，在弹出的下拉菜单中选择“自动目录 1”或“自动目录 2”命令。如果目录列表中没有需要的格式，可以在弹出的下拉菜单中选择“自定义目录”命令，打开“目录”对话框进行自定义操作,如图 3 - 44 所示。

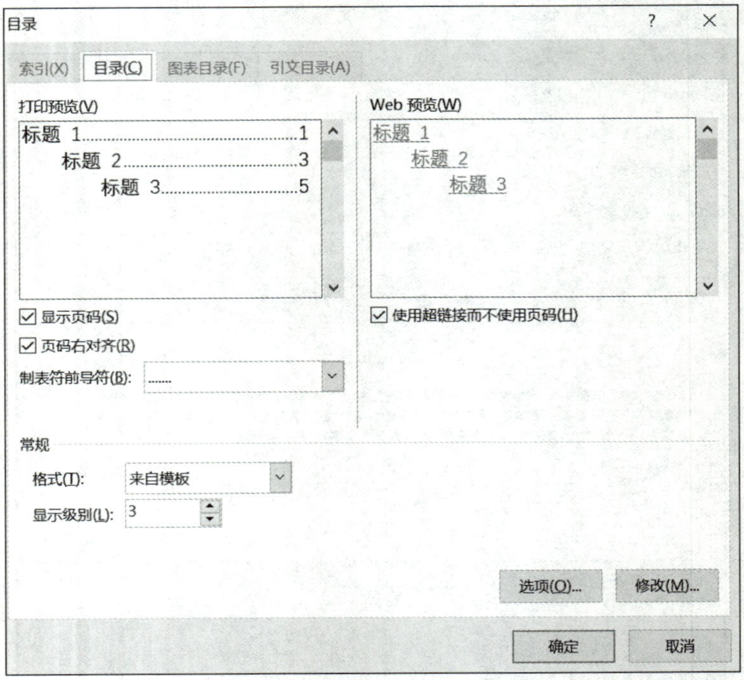

图 3 - 44 “目录”对话框

注意: Word 2016 默认的目录显示级别为 3 级,如果需要改变设置,在“显示级别”数值框中利用微调按钮调整或直接输入相应级别的数字即可。

3.7.3 宏

在文字处理时,可能经常要重复某些操作,这时,使用宏来自动执行这些操作会提高工作效率。宏将一系列的操作命令和指令组合在一起形成一个总的命令,用来达到任务自动执行的效果。创建宏可以通过单击“视图”选项卡“宏”组中的按钮实现。

1. 录制宏

录制宏就是将操作过程录制下来。在“视图”选项卡中单击“宏”组中的“宏”下拉按钮,在弹出的下拉菜单中选择“录制宏”命令,打开“录制宏”对话框,指定宏名和运行方式(将宏指定到按钮或键盘),然后记录在宏内包含的操作。

2. 停止录制

停止录制就是关闭宏录制。

3. 查看宏

可以对宏进行运行、编辑、创建、删除、管理等操作。

第 4 章　电子表格处理软件 Excel 2016

本章导读

电子表格处理软件是用来帮助人们处理在工作和生活中所遇到的各种计算问题的工具，它能够帮助人们高效率地对各类数据进行运算、统计与分析，如进行销售统计、报表分析、实验数据处理等。目前，流行的电子表格处理软件有 Microsoft Office 办公集成软件中的 Excel 和 WPS Office 金山办公组合软件中的 WPS 表格。

本章以 Excel 2016 为例，介绍电子表格处理软件的基本功能和使用方法。

知识列表

4.1 Excel 2016 的工作环境

Excel 2016 的启动和退出与 Word 2016 的类似,这里不再赘述。Excel 2016 的工作窗口如图 4-1 所示。

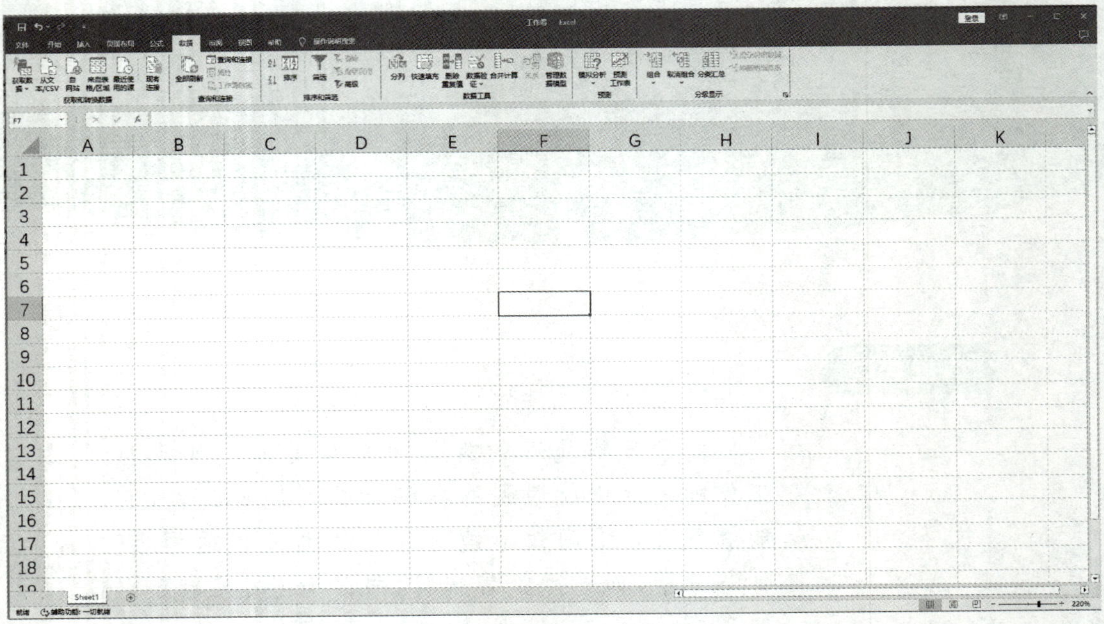

图 4-1 Excel 2016 的工作窗口

Excel 2016 的工作窗口在选项卡及功能区的设置上与 Word 2016 的基本相同,但因为 Excel 2016 要进行数据的输入和统计而有所不同,不同的方面主要有以下几个。

1. 工作簿

Excel 2016 中用来存储和处理数据的文件是工作簿,扩展名为“.xlsx”,在 Excel 工作区中显示的就是当前打开的工作簿。工作簿中的每张表格称为工作表。工作簿像是一个活页夹,而工作表像是活页夹中的纸。一个工作簿可以由一张或多张工作表组成,工作表的名称显示在工作表标签上,默认名为 Sheet1,可根据需要修改工作表的名称。工作表最多可以有 255 个,由用户决定工作表的增加和删除。Excel 2016 可以在工作区中同时打开多个工作簿。

2. 工作表

Excel 2016 中的工作表是实际存储和处理数据的重要部分,其中包含排列成行和列的单元格。工作表又称电子表格,是工作簿的一部分。

工作表是一个由 65 536 行和 256 列组成的表格,行号自上而下依次为 1~65 536,列标从左到右依次为 A,B,C,…,X,Y,Z,AA,AB,AC,…,AZ,BA,BB,BC,…,BZ,…。每一个工作表都有一个工作表标签,单击工作表标签可以实现工作表之间的切换。

使用工作表,可以对数据进行组织和分析。可以同时在多张工作表上输入和编辑数据,并且可以利用公式对来自不同工作簿或不同工作表的数据进行汇总。在创建图表后，既可以将图表存放在源数据所在的工作表上，也可以将图表单独放置在新的工作表上。

3. 单元格

Excel 工作表中行和列的交叉部分称为单元格，单元格是 Excel 中存放数据的最小单元，也是组成表格的最小单位。可以拆分和合并单元格，表格中单个数据的输入和修改都是在单元格中进行的。单元格中的内容可以是字符、数字、公式、日期、图形及声音文件等。每个单元格都有名称，即单元格的固定地址，单元格的名称用列标和行号作为唯一标识，如 C3 指的是第 3 列第 3 行交叉位置的单元格。为了区分不同工作表的单元格，需要在单元格名称前加上工作表的名称，如 Sheet1!A1 表示 Sheet1 工作表的 A1 单元格，工作表名称和单元格名称之间用“!”连接来表示单元格的从属关系。当前正在使用的单元格称为活动单元格，用黑框线包围，如图 4-1 中的 F7 单元格。

单元格类型定义了在单元格中呈现的数据的类型，以及这种数据如何被显示出来，用户如何与数据交互。用户可以使用两种不同的单元格类型对工作表中的单元格进行设置：一种是可以简单地关联于单元格的文本格式，另一种就是显示控件或者图形化信息。Excel 中内置的数据类型有常规、数值、货币、百分比、文本、日期等类型。

4. 编辑栏

编辑栏是 Excel 特有的，用来显示和编辑数据、公式，编辑栏在录入数据方面起到非常便利的作用。编辑栏由 3 部分组成，分别是名称框、“插入函数”按钮以及编辑框。名称框位于最左端，当有单元格或单元格区域被选中时，被选中区域的地址或区域名称会显示在该框中。编辑框是编辑栏中位于右端的长矩形框，在单元格中编辑的数据，其内容会同时出现在编辑框中。对于较长的数据，通常在单元格的默认宽度中显示不下，而编辑框中可以完整地显示需要编辑的全部数据。编辑栏中位于中间的是“插入函数”按钮，单击“插入函数”按钮，弹出“插入函数”对话框，可以插入系统中自带的各种函数，同时在它的左边会出现“取消”按钮和“输入”按钮，单击“取消”按钮，代表保持单元格中原有内容不变，即所编辑的函数将不被应用到单元格中，单击“确认”按钮，代表用现有内容替换单元格中原有内容，即确认当前的输入有效。

4.2 Excel 2016 的基本操作

Excel 2016 的基本操作主要是对工作表的操作，包括创建、编辑和格式化工作表。

4.2.1 创建工作表

启动 Excel 2016 时，系统自动打开一个新的空白工作簿，也可以通过以下两种方法创建新工作簿。

①在快速访问工具栏中添加“新建”按钮，然后单击该按钮。

②单击“文件”按钮，选择“新建”→“空白工作簿”命令即可。

一个新的空白工作簿默认包含一个工作表，创建工作表的过程就是在工作表中输入数据，并使用公式或函数计算数据的过程。

在工作表中输入数据一般有 3 种方式。

1. 直接输入数据

单击某一单元格,可直接在单元格或编辑框中输入数据,结束时按 Enter 键、Tab 键或单击编辑栏中的“输入”按钮。如果要放弃输入,则按 Esc 键或单击编辑栏中的“取消”按钮。输入的数据可以是文本型、数值型、日期和时间型数据。默认情况下,文本型数据左对齐,数值型、日期和时间型数据右对齐。

①文本型数据的输入。文本是指键盘上可输入的任何符号。对于数字形式的文本型数据,应在数字前加英文单引号(′)。例如,要输入编号 202,应输入“′202”。

当输入的文本长度超出单元格宽度时,若右边单元格无内容,则文本扩展显示到右边单元格中,否则文本将截断显示。

②数值型数据的输入。数值除了由数字(0～9)组成的字符串外,还包括+、−、/、E、e、$、%及小数点(.)和千位分隔符(,)等特殊字符。对于分数的输入,为了与日期的输入相区别,应先输入“0”和空格。例如,要输入 1/6,应输入“0 1/6”,如果直接输入“1/6”的话,那么系统会自动将其处理为日期。

Excel 中数值输入与数值显示并不总是相同的,计算时以输入的数值为准。当输入的数字太长(超过单元格的列宽或超过 15 位)时,Excel 自动以科学记数法表示,如输入 0.000 000 000 06,显示为“6E−11”。

输入数值时,有时会发现单元格中出现符号“＃＃＃”,这是因为单元格宽度不够,不足以显示全部数值,此时加大单元格宽度即可。

③日期和时间型数据的输入。Excel 内置了一些日期和时间格式,当输入的数据与这些格式相匹配时,Excel 将自动识别它们。

图 4−2 给出了 3 种类型数据的输入示例。

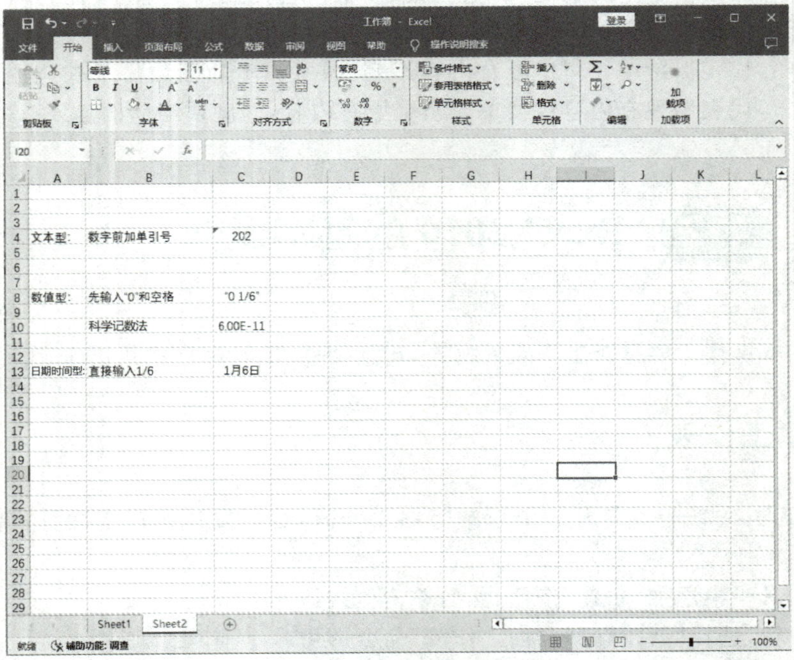

图 4−2　3 种类型数据的输入示例

手动输入数据

注意：如果需要在不连续的多个单元格中输入同一文字，可以先选中这些单元格，然后在编辑框中输入数据，按 Ctrl+Enter 组合键即可。

2. 快速输入数据

要在工作表的某一列输入相同的数据，可以使用 Excel 提供的快速输入方法——记忆式输入和下拉列表输入。

①记忆式输入。当输入的字符与同一列中已输入的内容相匹配时，系统将自动填写其他字符。如图 4－3 所示，在 A4 单元格中输入的“火锅”和 A2 单元格中的内容相匹配，系统自动显示了后面的字符“锅”。这时按 Enter 键，表示接受提供的字符，也可以不采用提供的字符，继续手工输入。

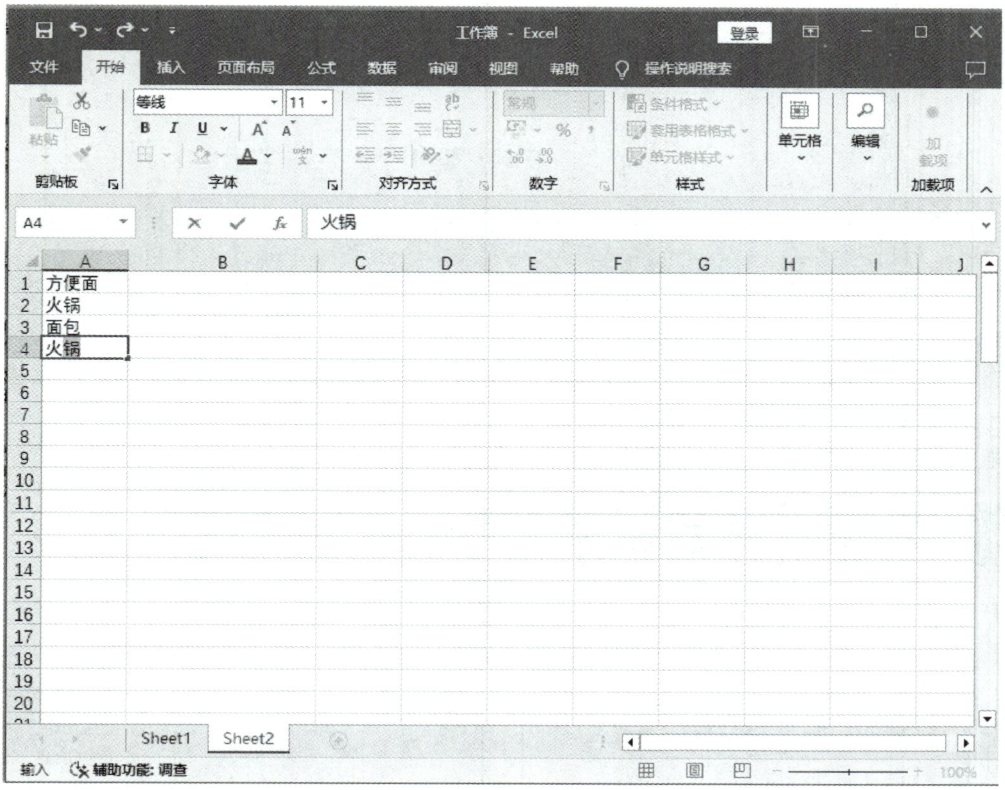

图 4－3　记忆式输入示例

②下拉列表输入。用手工方法输入数据，可能会使输入的内容不一致。例如，可能给同一种商品输入了不同的名字（如空调、空调器或空调机），这会使统计结果不准确。为了避免发生这类事情，可以在选取单元格后右击，在弹出的快捷菜单中选择“从下拉列表中选择”命令，或者按 Alt+↓组合键，都会显示一个输入列表，从中选择需要的输入项即可，如图 4－4 所示。

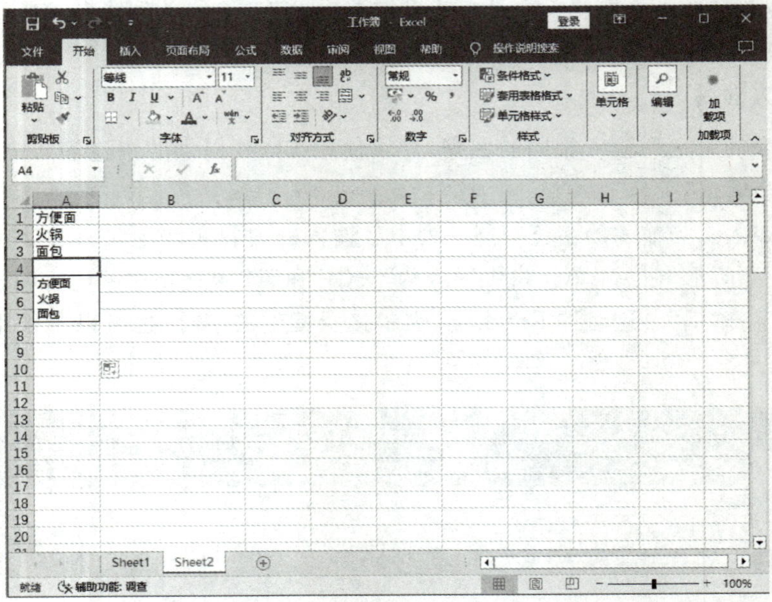

图 4-4 下拉列表输入示例

3. 利用自动填充功能输入有规律的数据

当某行或某列为有规律的数据时，可以使用 Excel 提供的自动填充功能。

自动填充功能根据初始值来决定以后的填充项。将鼠标指针指向初始值所在单元格右下角的小黑方块(称为填充柄，见图 4-5)，此时鼠标指针变为黑十字形，然后向右(行)或向下(列)拖动至要填充的最后一个单元格，即可完成自动填充。

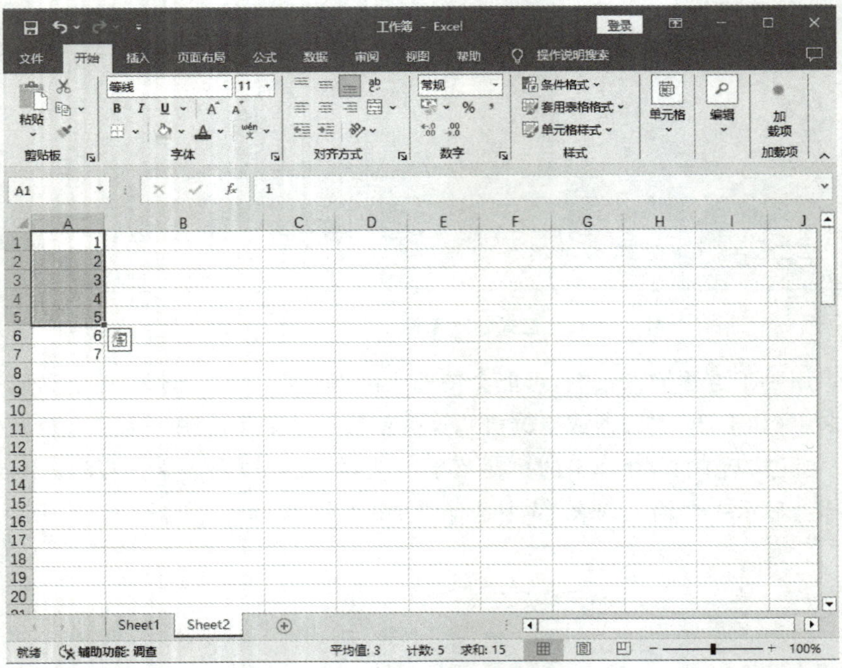

图 4-5 自动填充示例

数据的自动填充

自动填充分 3 种情况。

①填充相同数据(复制数据)。单击该数据所在的单元格,沿水平方向或垂直方向拖动填充柄,便会填充相同数据。

②填充序列数据。如果是填充日期型序列,则只需要输入一个初始值,然后直接拖动填充柄。如果是填充数值型序列,则必须输入前两个单元格的数据,然后选定这两个单元格,拖动填充柄,系统默认为等差关系,在拖动到的单元格内依次填充等差序列数据。如果需要填充等比序列数据,则可以在拖动生成等差序列数据后,选定这些数据,单击“开始”选项卡“编辑”组中的“填充”下拉按钮,在弹出的下拉菜单中选择“序列”命令,在弹出的“序列”对话框中选中“等比序列”单选按钮,并设置合适的步长值(如 2),如图 4－6 所示。

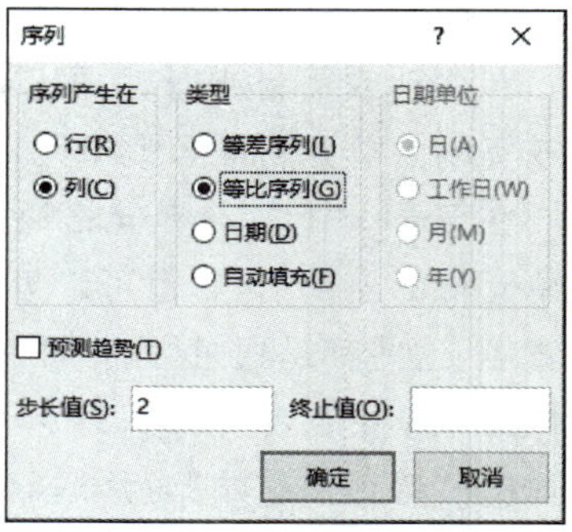

图 4－6　“序列”对话框

③填充用户自定义序列数据。通过单击“文件”按钮,在菜单中选择“选项”命令,在弹出的“Excel 选项”对话框中进行设置。具体的操作步骤在此略去,请读者自行查阅。

4.2.2　编辑工作表

工作表的编辑主要包括工作表中数据的编辑,单元格、行、列的插入和删除,以及工作表的插入、移动、复制、删除、重命名等。工作表的编辑遵守“先选定,后执行”的原则。

工作表中常用的选定操作如表 4－1 所示。

表 4－1　工作表中常用的选定操作

选取范围	操作
单元格	单击或按方向键(←、→、↑、↓)
多个连续单元格	从单元格区域的左上角拖动至右下角,或单击单元格区域的左上角单元格,按住 Shift 键,再单击单元格区域的右下角单元格
多个不连续单元格	按住 Ctrl 键的同时,用鼠标进行单元格选择或单元格区域选择
整行或整列	单击工作表相应的行号或列标
相邻行或列	用鼠标拖动行号或列标
整个表格	单击工作表左上角行和列交叉的按钮,或按 Ctrl+A 组合键
单个工作表	单击工作表标签
多个连续工作表	单击第一个工作表标签,然后按住 Shift 键,再单击要选择的最后一个工作表标签
多个不连续工作表	按住 Ctrl 键,分别单击要选择的工作表标签

1. 工作表中数据的编辑

在向工作表中输入数据的过程中,经常需要对数据进行清除、移动和复制等编辑操作。

Excel 中有清除和删除两个概念,它们是有区别的。

①清除。清除针对的是单元格的内容,单元格本身仍保留在原位置。可以清除单元格格式、内容、批注和超链接中的任意一种,或者全部清除它们。

②删除。删除针对的是单元格,是把单元格连同其中的内容从工作表中删除。

在移动或复制数据时,可以替换目标单元格的数据,也可以保留目标单元格的数据,将移动或复制的单元格插入该单元格之前。

在 Excel 中,一个单元格通常包含很多信息,如内容、格式及批注等。复制数据时可以复制单元格的全部信息,也可以只复制部分信息,还可以在复制数据的同时进行算术运算、行列转置等,这些都是通过"选择性粘贴"命令实现的。具体操作方法是:先选中数据,右击,在弹出的快捷菜单中选择"复制"命令,再右击目标单元格,在弹出的快捷菜单中选择"选择性粘贴"命令,打开"选择性粘贴"对话框(见图 4-7)进行相应设置。在该对话框的"粘贴"栏中列出了可以粘贴单元格中的哪些信息,其中常用的是"公式""数值""格式"单选按钮。

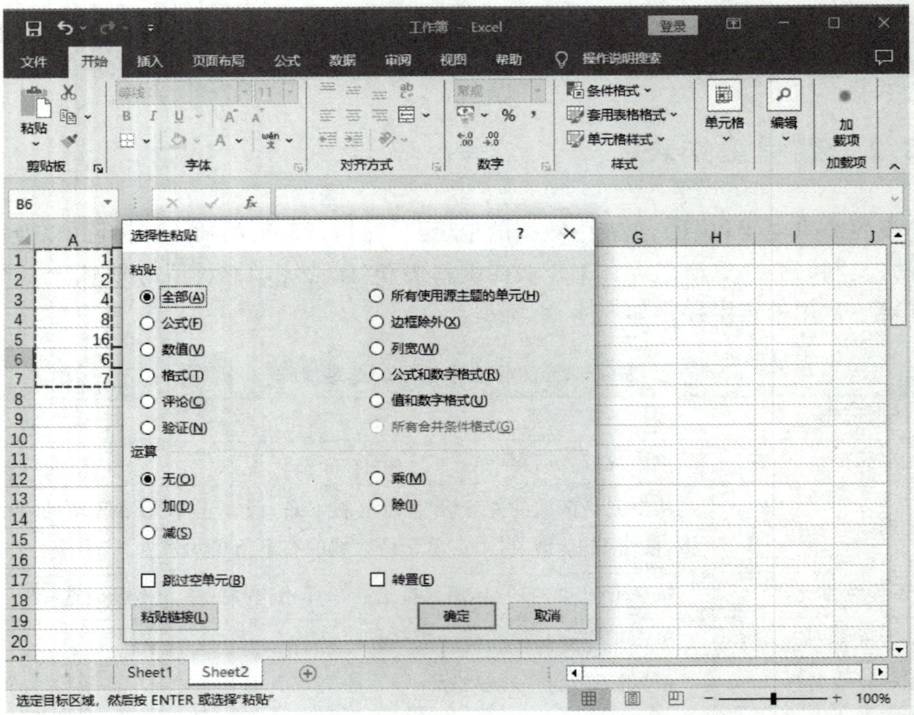

图 4-7 "选择性粘贴"对话框

2. 单元格、行、列的插入和删除

在输入数据时难免会出现疏漏,有时是漏掉一个数据,有时可能漏掉一行或一列。单元格、行、列的插入操作可以通过单击"开始"选项卡"单元格"组中的"插入"下拉按钮完成。删除操作类似。

3. 工作表的插入、移动、复制、删除、重命名、隐藏和显示

如果一个工作簿中包含多个工作表,可以使用 Excel 提供的工作表管理功能进行管理。常用的方法是:在工作表标签上右击,在弹出的快捷菜单中选择相应命令。Excel 允许将某个工作表在同一个或多个工作簿中移动或复制。单击该工作表标签，将它直接拖动到目标位置实现移动，在拖动的同时按住 Ctrl 键实现复制。如果是在多个工作簿中操作，首先应打开这些工作簿，然后右击工作表标签，在弹出的快捷菜单中选择“移动或复制”命令，打开如图 4－8 所示的“移动或复制工作表”对话框。

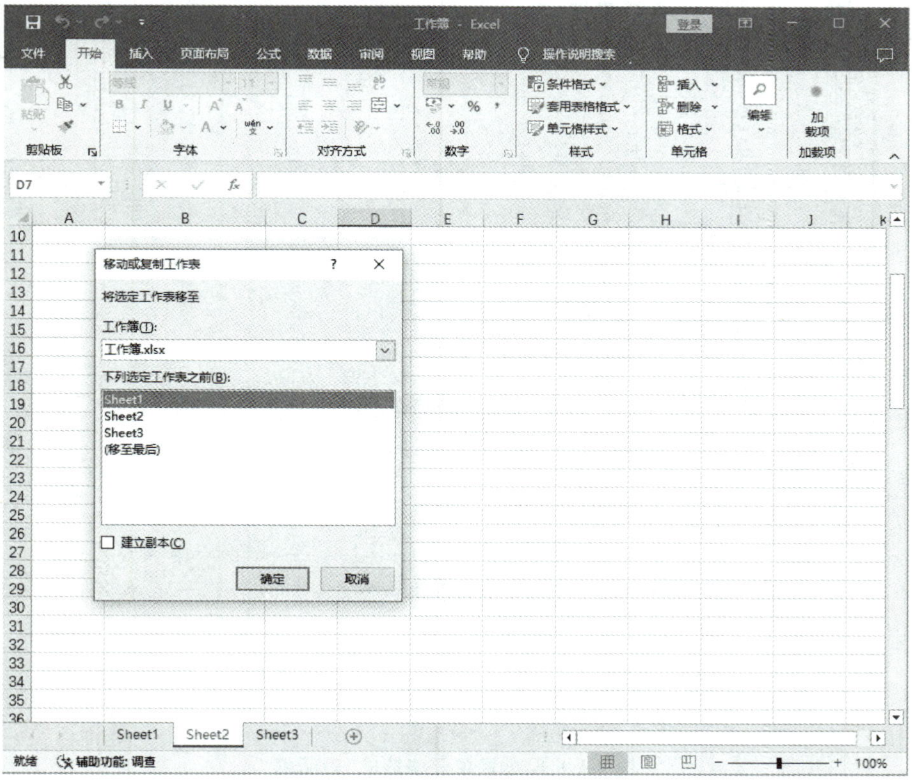

图 4－8　“移动或复制工作表”对话框

注意：在删除工作表的时候一定要慎重，工作表一旦被删除后将无法恢复。如果工作簿中的工作表太多，为了更加清楚地区分工作表，可以利用快捷菜单中的相应命令设置工作表标签的颜色，使之显示得更醒目。

4.2.3　格式化工作表

一个好的工作表除了保证数据正确外，为了更好地显示工作表中的内容，还应对工作表进行修饰（格式化），以达到整齐、鲜明和美观的目的。

工作表的格式化主要包括格式化数据、调整工作表的列宽和行高、设置对齐方式、添加边框和底纹、使用条件格式及自动套用格式等。

1. 格式化数据

（1）设置数据格式

在 Excel 中，可以设置不同的小数位数、百分号、货币符号。屏幕上的单元格显现的是格式化后的数字，编辑框中显示的是系统实际存储的数据。

Excel 提供了大量的数据格式,并将它们分成常规、数值、货币、会计专用、日期、时间、百分比、分数、科学记数、文本、特殊等类别。其中,常规是系统的默认格式。

单元格格式设置

要设置数据格式,可以单击“开始”选项卡“数字”组中的相应按钮,或单击该组右下角的对话框启动器按钮,打开“设置单元格格式”对话框,在“数字”选项卡中完成,如图 4-9 所示。也可以通过选择快捷菜单中的“设置单元格格式”命令打开该对话框。

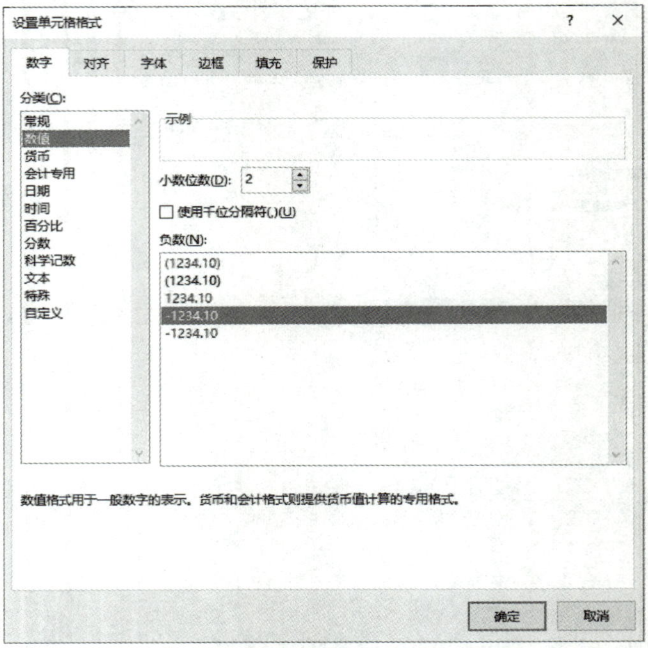

图 4-9 “设置单元格格式”对话框

(2)对数据进行字符格式化

在 Excel 中,为了美化数据,经常会对数据进行字符格式化,如设置数据的字体、字形和字号,为数据加下画线、删除线、上下标及改变颜色等。

2. 调整工作表的列宽和行高

设置每列的宽度和每行的高度是改善工作表外观经常用到的手段。对于数值数据,以一串“#”提示用户该单元格列宽不够,无法完整显示该数值数据。

调整列宽和行高最快捷的方法是利用鼠标来完成,将鼠标指针指向要调整的列宽(或行高)的列标(或行号)之间的分隔线上,当鼠标指针变成一个双向箭头的十字形时,拖动分隔线到需要的位置即可。

如图 4-10 所示,要精确调整行高或列宽,可以单击“开始”选项卡“单元格”组中的“格式”下拉按钮,在弹出的下拉菜单中选择“行高”或“列宽”命令,在弹出的“行高”或“列宽”对话框中,用户可以输入需要的高度值或宽度值。

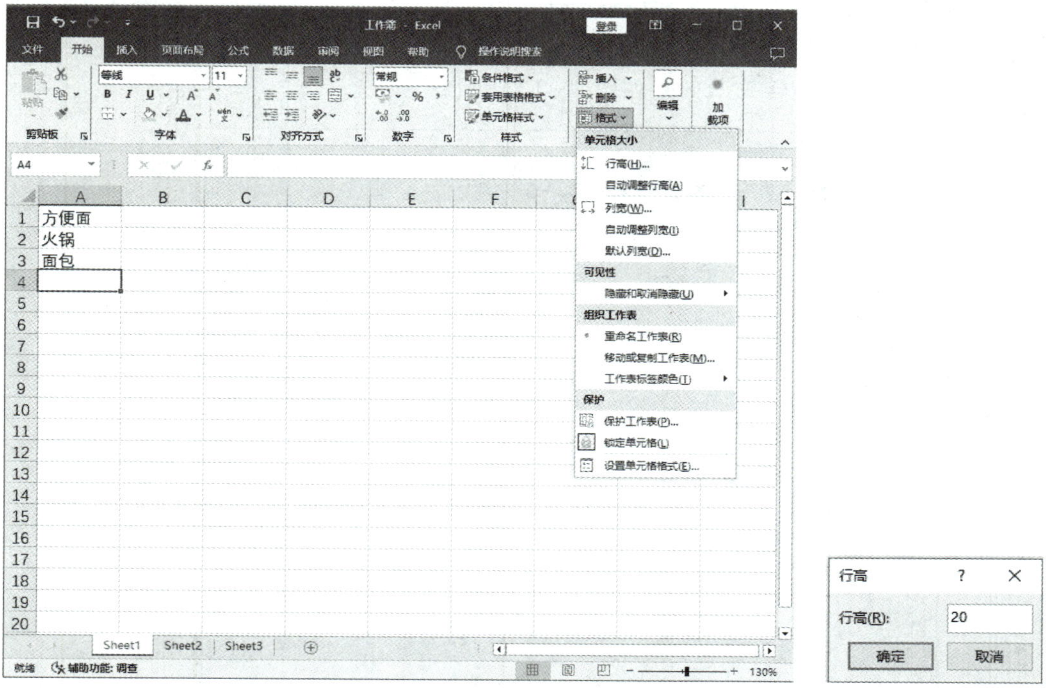

图 4－10 “格式”下拉菜单与“行高”对话框

3. 设置对齐方式

单元格中的数据通常具有不同的数据类型，在 Excel 中，不同类型的数据在单元格中以某种默认方式对齐。如果对数据默认的对齐方式不满意，可以改变数据的对齐方式。

数据对齐方式通过单击“开始”选项卡“对齐方式”组中的相应按钮来设置。如果有更高的要求，则单击该组右下角的对话框启动器按钮，弹出“设置单元格格式”对话框，在“对齐”选项卡中进行设置，如图 4－11 所示。

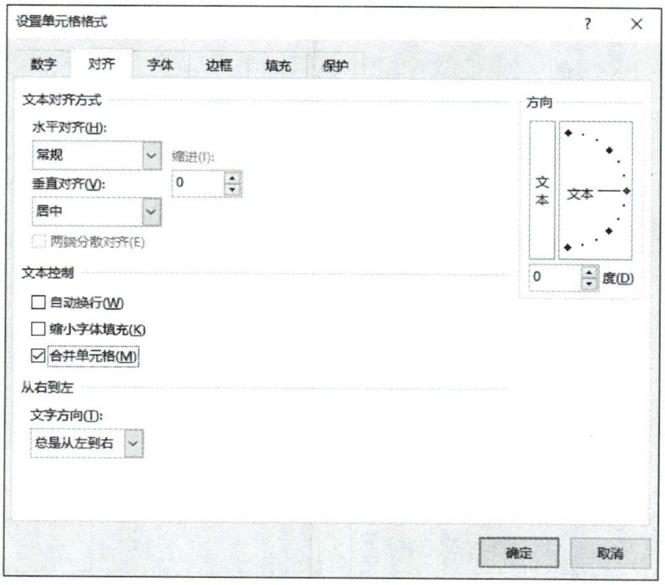

图 4－11 “设置单元格格式”对话框的“对齐”选项卡

除了设置对齐方式,在“对齐”选项卡中还可以对文本进行显示控制,有效地解决文本的显示问题,如自动换行、缩小字体填充、将选定的区域合并为一个单元格、改变文字方向和旋转文字角度等,例如让字体旋转19°,效果如图4-12所示。

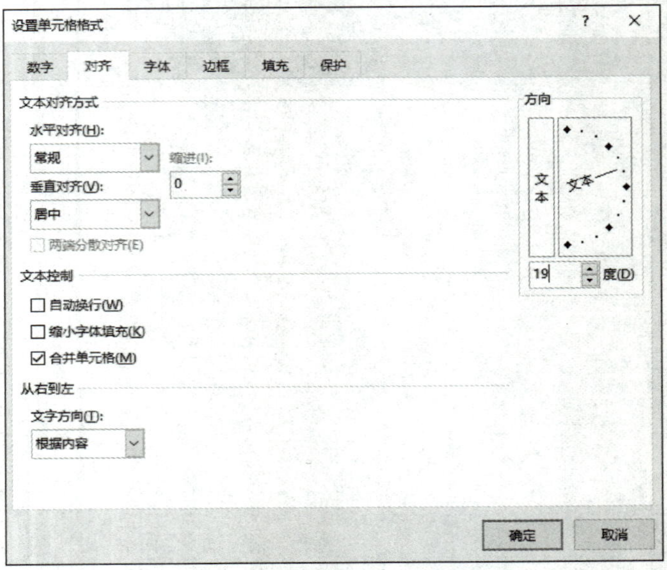

图4-12 对文本进行显示控制

4.添加边框和底纹

为工作表添加各种类型的边框和底纹,不仅可以达到美化工作表的目的,还可以使工作表更加清晰、明了。

如果要给某一单元格或某一单元格区域增加边框,首先选择相应的区域,然后右击,在弹出的快捷菜单中选择“设置单元格格式”命令,弹出“设置单元格格式”对话框,在“边框”选项卡中进行设置,如图4-13所示。

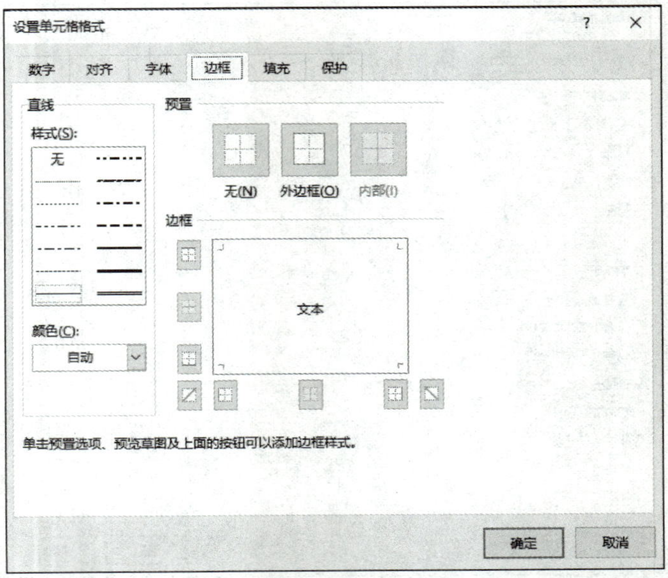

图4-13 “设置单元格格式”对话框的“边框”选项卡

5. 使用条件格式

条件格式可以使数据在满足不同的条件时显示不同的格式。

例 4－1　对“某院校学生成绩表”(见图 4－14)设置条件格式:将学生总分大于 250 分的单元格设置成绿填充色深绿色文本的效果,将总分小于 220 分的单元格设置成浅红填充色深红色文本的效果。

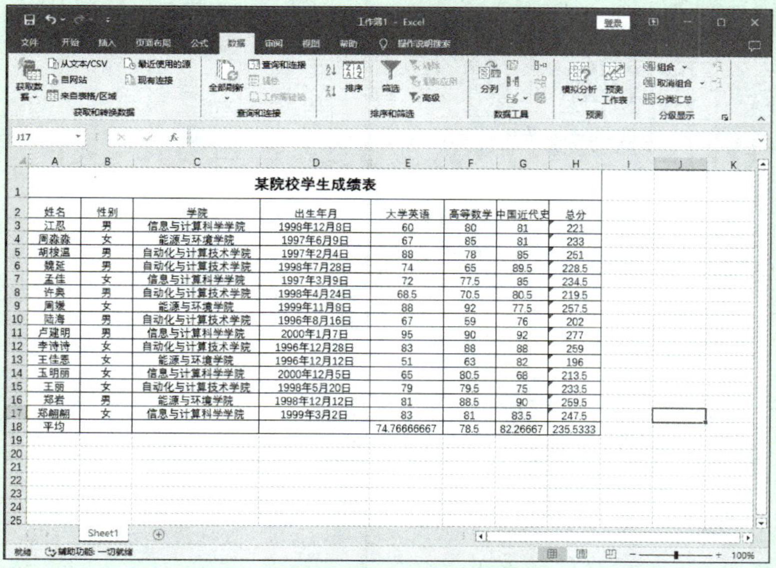

图 4－14　某院校学生成绩表

操作步骤如下。

①选定要设置格式的 H3:H17 单元格区域(注意不要选中“总分”单元格)。

②单击“开始”选项卡“样式”组中的“条件格式”下拉按钮,在弹出的下拉菜单中选择“突出显示单元格规则”→“大于”命令,在打开的“大于”对话框进行设置,如图 4－15 所示,单击“确定”按钮。

③用同样的方法选择“小于”命令,在打开的“小于”对话框中进行设置,如图 4－16 所示,单击“确定”按钮。

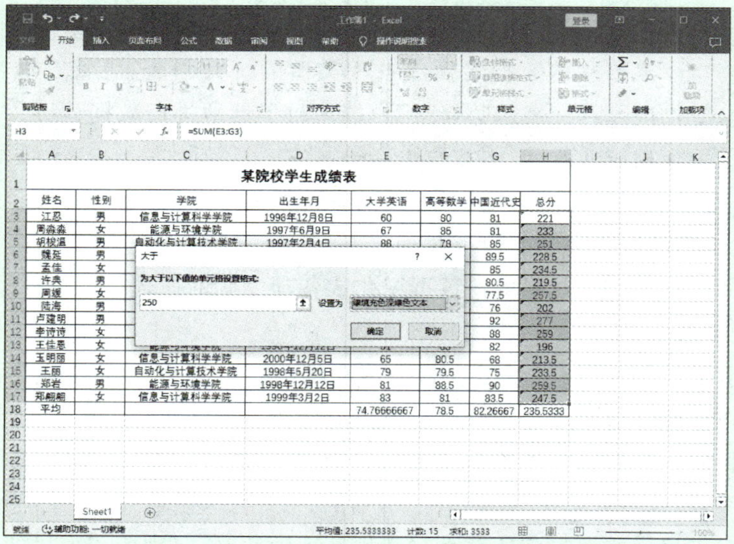

图 4－15　“大于”对话框及设置结果

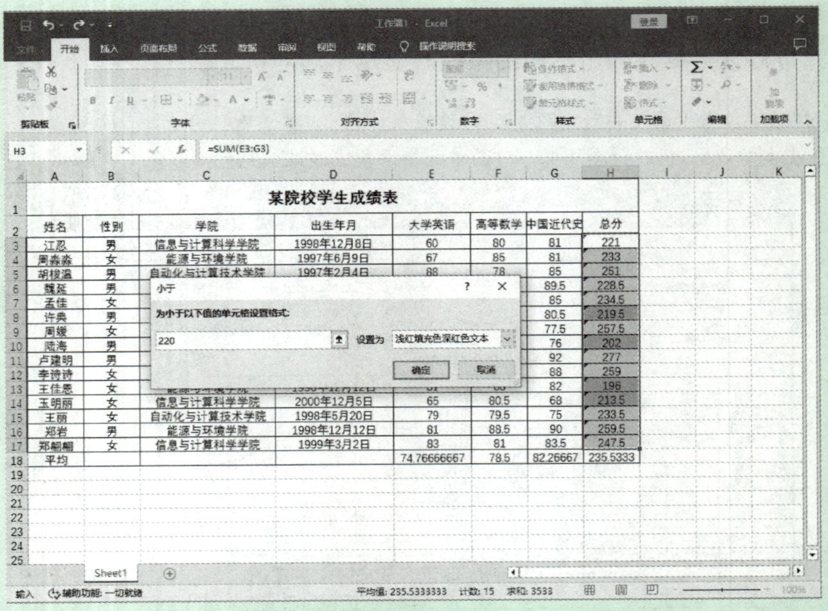

图 4-16 “小于”对话框及设置结果

6. 自动套用格式

自动套用格式是一组定义好的格式的组合,包括数字、字体、对齐、边框、颜色、行高和列宽等格式。Excel 提供了许多种漂亮、专业的表格样式,可以快速实现工作表格式化,通过单击“开始”选项卡“样式”组中的“套用表格格式”按钮来实现。

4.3 制作图表

Excel 能够将电子表格中的数据转换成各种类型的统计图表,更直观地揭示数据之间的关系,反映数据的变化规律和发展趋势,使用户能一目了然地进行数据分析。当工作表中的数据发生变化时,图表会相应地改变,不需要重新绘制它。

Excel 2016 提供了多种图表类型,每一类又有若干种子类型,并且有很多二维和三维图表类型可供选择。常用的图表类型有以下几种。

①柱形图:用于显示一段时间内的数据变化或各项之间的比较情况。柱形图简单易用,是最受欢迎的图表形式。

②条形图:可以看作是横放的柱形图,是用来描绘各个项目之间数据差别情况的一种图表,它强调的是在特定的时间点进行分类和数值的比较。

③折线图:将同一数据系列的数据点在图中用直线连接起来,以等间隔显示数据的变化趋势。

④面积图:用于显示某个时间段总数与数据系列的关系,又称面积形式的折线图。

⑤饼图：能够反映出统计数据中各项所占的百分比或某个单项占总体的比例，使用该类图表便于查看整体与个体之间的关系。

⑥XY 散点图：通常用于显示两个变量之间的关系，利用散点图可以绘制函数曲线。

4.3.1　创建图表

在 Excel 2016 中，创建图表快速、简便，只需要选择数据源，然后单击“插入”选项卡“图表”组中对应图表类型的下拉按钮，在弹出的下拉菜单中选择具体的类型即可。

例 4－2　根据【例 4－1】工作表中学生的大学英语、高等数学、总分生成一个三维簇状柱形图，如图 4－17 所示。

制作图表

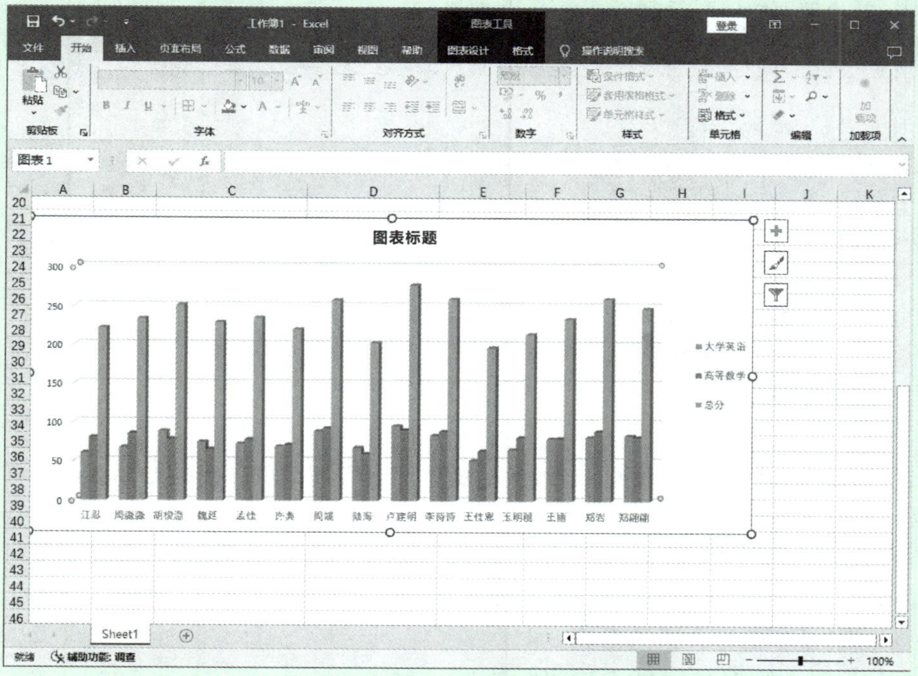

图 4－17　三维簇状柱形图

操作步骤如下。

①选定建立图表的数据源，这一步非常重要，方法如下：先选定“姓名”列（A3：A17 单元格区域），按住 Ctrl 键，再选定“大学英语”列（E3：E17 单元格区域）、“高等数学”列（F3：F17 单元格区域）和“总分”列（H3：H17 单元格区域），如图 4－18 所示。

②单击“插入”选项卡“图表”组中的“插入柱形图或条形图”按钮，在“三维柱形图”栏中单击“三维簇状柱形图”按钮，然后将图表调整至合适大小。

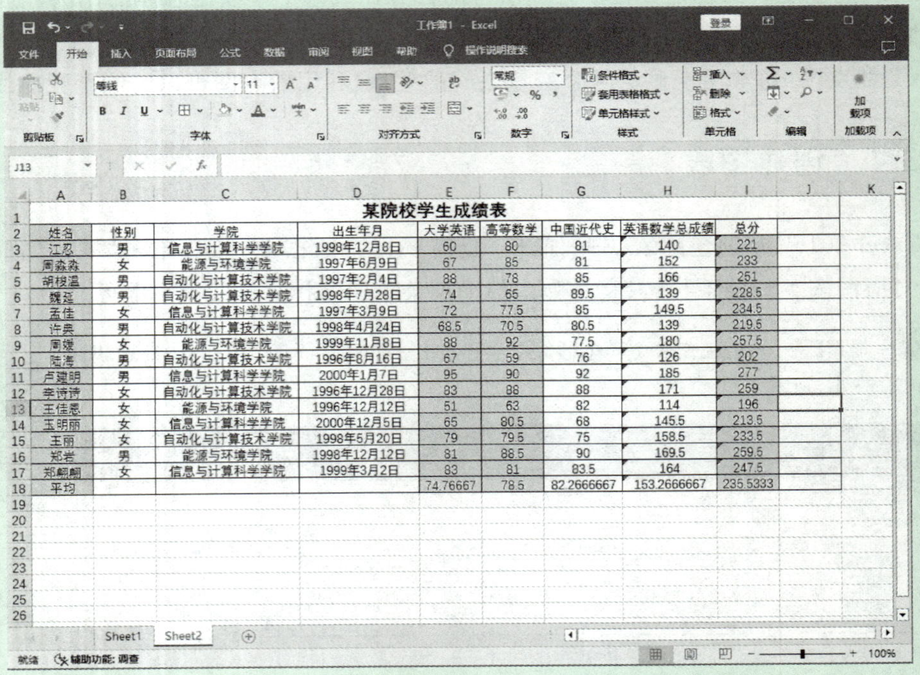

图 4－18 选定建立图表的数据源

4.3.2 编辑图表

在创建图表之后，还可以对图表进行编辑，包括更改图表类型及选择图表布局和图表样式等。这通过选择“图表工具”选项卡中的相应功能来实现。该选项卡在选定图表后会自动出现，且包括两个部分，分别是“图表设计”和“格式”选项卡。其中，在“图表设计”选项卡中可以进行如下操作。

①更改图表类型：重新选择合适的图表。

②切换行/列：将图表的 X 轴数据和 Y 轴数据进行交换。

③选择数据：打开“选择数据源”对话框，可以编辑、修改系列和分类轴标签。

④图表布局：其中有个快速布局，可以快速套用集中内置的布局样式。

⑤更改图表样式：给图表应用内置样式。

⑥移动图表：在本工作簿中移动图表或将图表移动到其他工作簿。

⑦编辑图表元素：添加或修改图表标题、坐标轴标题、图例、数据标签和数据表等。

⑧设置坐标轴与网格线：显示或隐藏主要横坐标轴与主要纵坐标轴，以及显示或隐藏网格线。

⑨图表分析：添加趋势线、误差线等。

在“格式”选项卡中可以进行如下操作。

①设置图表背景：设置绘图区格式，为三维图表设置背景墙、基底或三维旋转格式。

②设置所选内容格式：在“当前所选内容”组中快速定位图表元素，并设置所选内容的格式。

③编辑形状样式：套用快速样式，设置形状填充、形状轮廓及形状效果。

④插入艺术字：快速套用艺术字样式，设置文本填充、文本轮廓或文本效果。

⑤排列图表：排列图表元素的对齐方式等。

⑥设置图表大小：设置图表的宽度与高度、裁剪图表。

例 4－3　为【例 4－2】中的图表添加图表标题“某院校学生成绩表”，*X* 轴标题为“学生姓名”，*Y* 轴标题为“分数”，效果如图 4－19 所示。

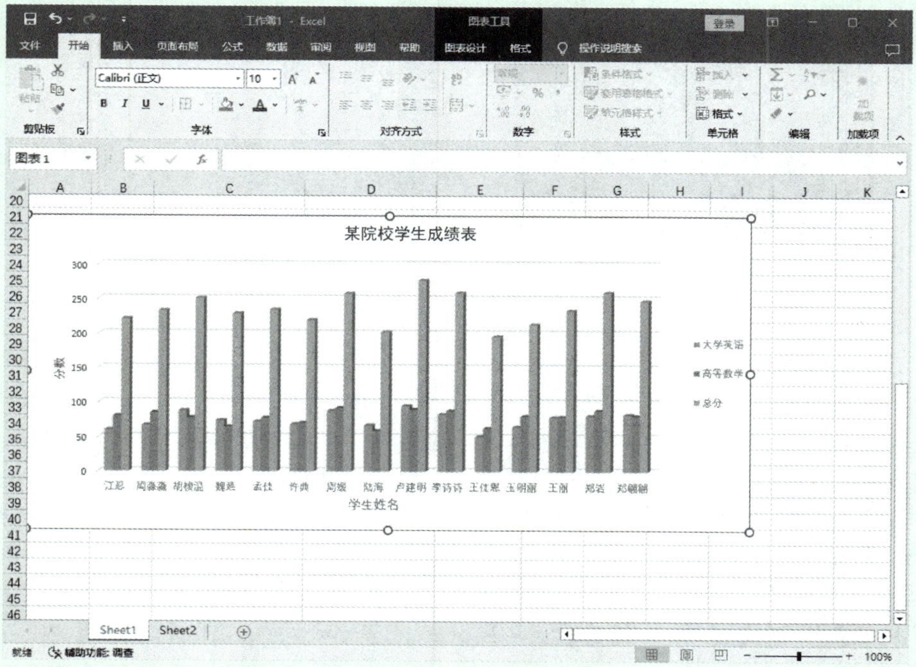

图 4－19　编辑图表的效果

操作步骤如下。

①在图 4－17 的图表中单击“图表标题”文本框，在其中输入“某院校学生成绩表”。若图 4－17 的图表中未显示“图表标题”文本框，则选定图表，在“图表工具”→“图表设计”选项卡“图表布局”组中单击“添加图表元素”下拉按钮，在弹出的下拉菜单中选择“图表标题”→“图表上方”命令。此时，在图表上方添加了“图表标题”文本框，在其中输入“某院校学生成绩表”。

②同样单击“添加图表元素”下拉按钮，在弹出的下拉菜单中选择“坐标轴标题”→“主要横坐标轴”命令，在“坐标轴标题”文本框中输入“学生姓名”。

③同样单击“添加图表元素”下拉按钮，在弹出的下拉菜单中选择“坐标轴标题”→“主要纵坐标轴”命令，在“坐标轴标题”文本框中输入“分数”。

4.3.3　格式化图表

生成一个图表后，为了获得更理想的显示效果，可以对图表的各个对象进行格式化。这通过单击“图表工具”→“格式”选项卡中的相应按钮来完成。也可以双击要设置格式的图表对象，在打开的任务窗格中进行设置。

例 4－4　为【例 4－3】中的三维簇状柱形图的图表标题“某院校学生成绩表”设置一个喜欢的快速样式，改变绘图区的背景为“白色大理石”。其效果如图 4－20 所示。

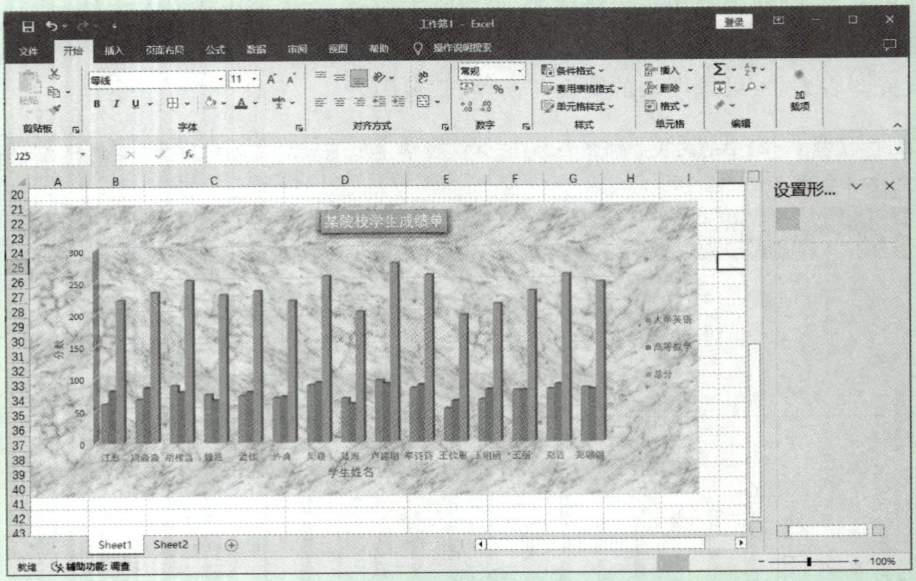

图 4-20　格式化图表的效果

操作步骤如下。

①选中图表标题，在“图表工具”→“格式”选项卡“形状样式”组的快速形状样式库中选择最后一排中的“强烈效果-金色，强调颜色 4”形状样式。

②将鼠标指针移至绘图区，右击，在弹出的快捷菜单中选择“设置绘图区格式”命令，或直接在绘图区双击，打开“设置绘图区格式”任务窗格，在“填充”栏中选中“图片或纹理填充”单选按钮，然后在下面的“纹理”下拉列表中选择“白色大理石”选项。

4.4 数据管理和分析

Excel 不仅具有数据计算处理功能，而且具有一些数据管理功能。利用 Excel，可以方便、快捷地对数据进行排序、筛选、分类汇总、创建数据透视表等统计分析工作。

4.4.1 建立数据清单

要使用 Excel 的数据管理功能，首先必须将电子表格创建为数据清单。数据清单又称数据列表，是由 Excel 工作表中的单元格构成的矩形区域，即一张二维表。数据清单是一种特殊的表格，必须包括两部分，即表结构和表记录。表结构是数据清单的第一行，即列标题（又称字段名），Excel 将利用这些字段名对数据进行查找、排序及筛选等操作。表记录是 Excel 实施管理功能的对象，该部分不允许有非法的数据内容出现。要正确创建数据清单，应遵循以下准则。

①避免在一张工作表中建立多个数据清单，如果在工作表中还有其他数据，要在它们与数据清单之间留出空行、空列。

②通常在数据清单的第一行创建字段名，字段名必须唯一，而且每一字段的数据类型必须相同，如果字段名是部门，则该列存放的必须全都是部门名称。

③数据清单中不能有完全相同的两行记录。

4.4.2 数据排序

在实际应用中，为了方便查找和使用数据，用户通常按一定顺序对数据清单进行排列。其中，数值按大小排序，时间按先后排序，英文字母按字母顺序（默认不区分大小写）排序，汉字按拼音字母排序或按笔画排序。

用来排序的字段称为关键字。排序方式分为升序（递增）和降序（递减），排序方向有按行排序和按列排序。此外，还可以采用自定义排序。

数据排序有两种形式：简单排序和复杂排序。

1. 简单排序

简单排序指对一个关键字（单一字段）进行升序或降序排列。可以单击“数据”选项卡“排序和筛选”组中的“升序”按钮、“降序”按钮快速实现，也可以通过单击“排序”按钮，在弹出的“排序”对话框中操作。

2. 复杂排序

复杂排序指对一个以上的关键字（多个字段）进行升序或降序排列。当排序的字段值相同时，可按另一个关键字继续排序，最多可以设置 3 个排序关键字。这必须通过单击“数据”选项卡“排序和筛选”组中的“排序”按钮来实现。

例 4-5 对“某大学教职工薪资表”（见图 4-21）排序，按主要关键字“学院”升序排列，学院相同时，按次要关键字“基本工资”降序排列，学院和基本工资都相同时，按第三关键字“津贴”降序排列。

数据排序

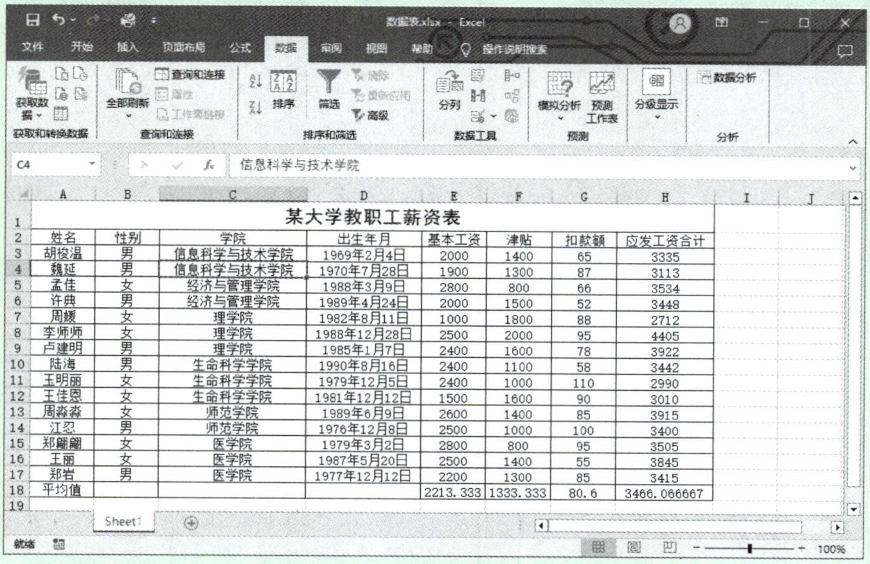

某大学教职工薪资表							
姓名	性别	学院	出生年月	基本工资	津贴	扣款额	应发工资合计
胡俊温	男	信息科学与技术学院	1969年2月4日	2000	1400	65	3335
魏延	男	信息科学与技术学院	1970年7月28日	1900	1300	87	3113
孟佳	女	经济与管理学院	1988年3月9日	2800	800	66	3534
许典	男	经济与管理学院	1989年4月24日	2000	1500	52	3448
周媛	女	理学院	1982年8月11日	1000	1800	88	2712
李师师	女	理学院	1988年12月28日	2500	2000	95	4405
卢建明	男	理学院	1985年1月7日	2400	1600	78	3922
陆海	男	生命科学学院	1990年8月16日	2400	1100	58	3442
玉明丽	女	生命科学学院	1979年12月5日	2400	1000	110	2990
王佳恩	女	生命科学学院	1981年12月12日	1500	1600	90	3010
周淼淼	女	师范学院	1989年6月9日	2600	1400	85	3915
江忍	男	师范学院	1976年12月8日	2500	1000	100	3400
郑翩翩	女	医学院	1979年3月2日	2800	800	95	3505
王丽	女	医学院	1987年5月20日	2500	1400	55	3845
郑岩	男	医学院	1977年12月12日	2200	1300	85	3415
平均值				2213.333	1333.333	80.6	3466.066667

图 4-21 某大学教职工薪资表

操作步骤如下。

①建立工资表数据清单。在工作表中选中 A2:H17 单元格区域，右击，在弹出的快捷菜单中选择“复制”命令，然后新建一个工作表 Sheet2，在 A1 单元格中右击，在弹出的快捷菜单中选择“选择性粘贴”命令，在弹出的“选择性粘贴”对话框的“粘

贴”栏中选中“数值”单选按钮,单击“确定”按钮,创建数据清单。

注意:对日期型数据需要进行处理,方法是选择D列,在“开始”选项卡“数字”组的“数字格式”下拉列表中选择“长日期”命令。

②选择数据清单中的任意单元格,单击“数据”选项卡“排序和筛选”组中的“排序”按钮,打开“排序”对话框。选择主要关键字为“学院”、排序依据为“单元格值”、次序为“升序”;单击“添加条件”按钮,选择次要关键字为“基本工资”、排序依据为“单元格值”、次序为“降序”;单击“添加条件”按钮,选择第三关键字为“津贴”、排序依据为“单元格值”、次序为“降序”,如图4-22所示,单击“确定”按钮。复杂排序结果如图4-23所示。

在“排序”对话框中,勾选“数据包含标题”复选框是为了避免字段名也成为排序对象;单击“选项”按钮,可以打开“排序选项”对话框,进行一些与排序相关的设置,如按字母排序时区分大小写、改变排序方向(按行)或汉字按笔画排序等。

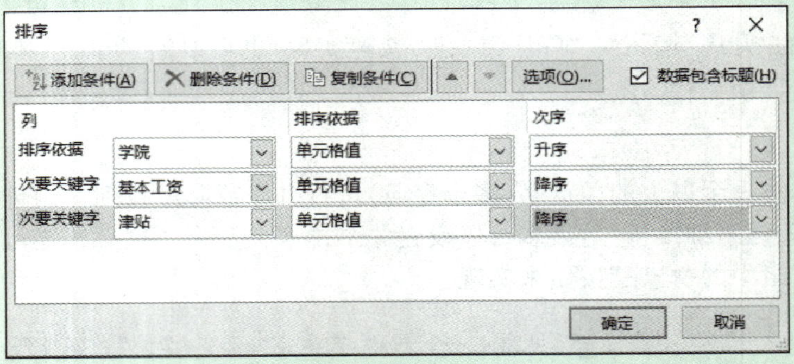

图4-22 “排序”对话框

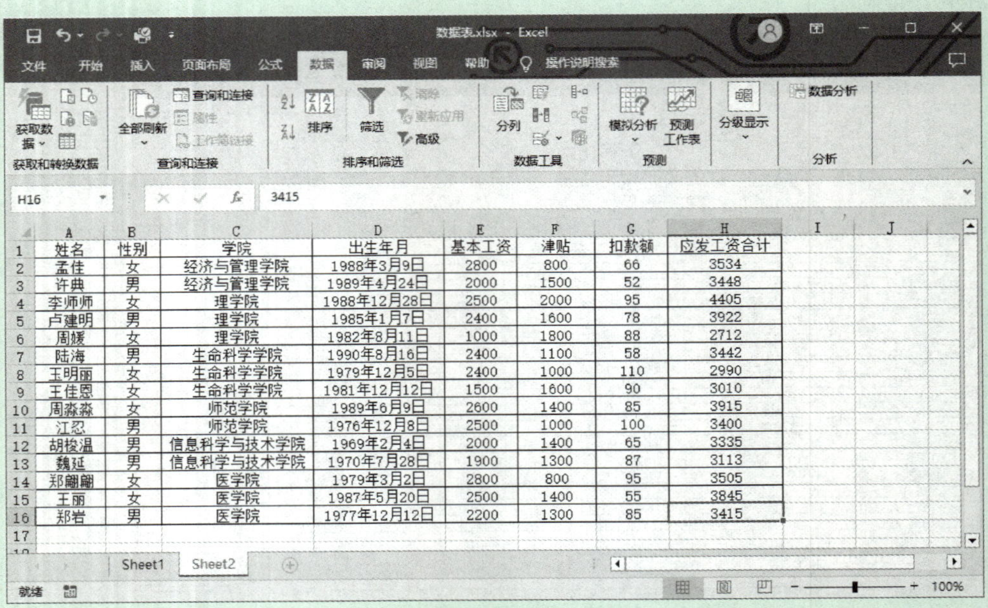

	A	B	C	D	E	F	G	H
1	姓名	性别	学院	出生年月	基本工资	津贴	扣款额	应发工资合计
2	孟佳	女	经济与管理学院	1988年3月9日	2800	800	66	3534
3	许典	男	经济与管理学院	1989年4月24日	2000	1500	52	3448
4	李师师	女	理学院	1988年12月28日	2500	2000	95	4405
5	卢建明	男	理学院	1985年1月7日	2400	1600	78	3922
6	周媛	女	理学院	1982年8月11日	1000	1800	88	2712
7	陆海	男	生命科学学院	1990年8月16日	2400	1100	58	3442
8	王明丽	女	生命科学学院	1979年12月5日	2400	1000	110	2990
9	王佳恩	女	生命科学学院	1981年12月12日	1500	1600	90	3010
10	周淼淼	女	师范学院	1989年6月9日	2600	1400	85	3915
11	江忍	男	师范学院	1976年12月8日	2500	1000	100	3400
12	胡梭温	男	信息科学与技术学院	1969年2月4日	2000	1400	65	3335
13	魏延	男	信息科学与技术学院	1970年7月28日	1900	1300	87	3113
14	郑翩翩	女	医学院	1979年3月2日	2800	800	95	3505
15	王丽	女	医学院	1987年5月20日	2500	1400	55	3845
16	郑岩	男	医学院	1977年12月12日	2200	1300	85	3415

图4-23 复杂排序结果

4.4.3 数据筛选

当数据列表中的数据非常多,用户却只对其中一部分数据感兴趣时,可以使用Excel的数据筛选功能将用户不感兴趣的数据暂时隐藏起来，只显示用户感兴趣的数据。当筛选条件被清除时，隐藏的数据又恢复显示。

数据筛选有两种：自动筛选和高级筛选。自动筛选可以实现单个字段筛选及多字段筛选的“逻辑与”关系（同时满足多个条件），操作简便，能满足大部分应用需求；高级筛选可以实现多字段筛选的“逻辑或”关系，较复杂，需要在数据清单以外建立一个条件区域。

1. 自动筛选

选中数据表，单击“数据”选项卡“排序和筛选”组中的“筛选”按钮，在所需筛选的字段名下拉列表中选择符合的条件，若没有，则在下拉列表中选择“文本筛选”或“数字筛选”子菜单中的“自定义筛选”命令，在打开的“自定义自动筛选”对话框中输入条件。如果要使数据恢复显示，则单击“排序和筛选”组中的“清除”按钮。如果要取消自动筛选功能，则再次单击“筛选”按钮。

自动筛选

例 4－6　在“某大学教职工薪资表”（见图 4－23）中筛选出生命科学学院基本工资大于或等于 1 800 元且津贴大于或等于1 100 元的记录。自动筛选结果如图 4－24 所示。

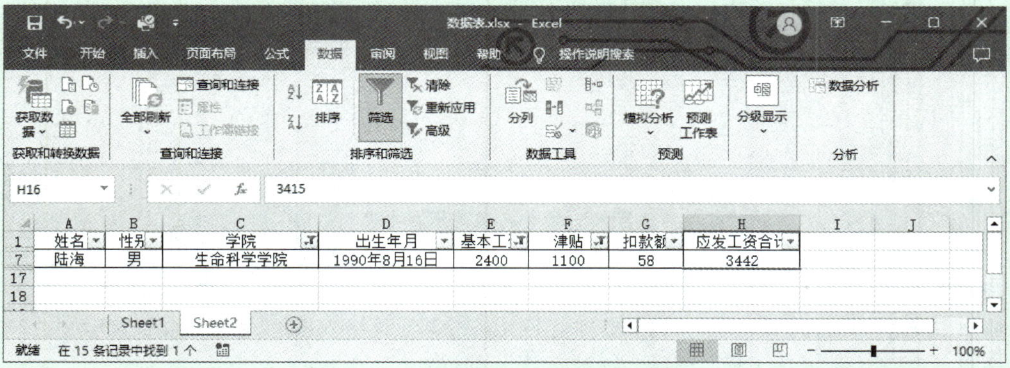

图 4－24　自动筛选结果

操作步骤如下。

①选择数据清单中的任意单元格。

②单击“数据”选项卡“排序和筛选”组中的“筛选”按钮，在各个字段名的右边会出现筛选按钮，单击“学院”列的筛选按钮，在下拉列表中仅勾选“生命科学学院”复选框，使筛选结果只显示生命科学学院的教师记录，单击“确定”按钮。

③单击“基本工资”列的筛选按钮，在下拉列表中选择“数字筛选”→“大于或等于”命令，打开“自定义自动筛选”对话框。在“大于或等于”下拉列表框右边的文本框中输入“1800”，如图 4－25 所示，单击“确定”按钮，此时筛选结果只显示生命科学学院中教师基本工资大于或等于 1 800 元的记录。

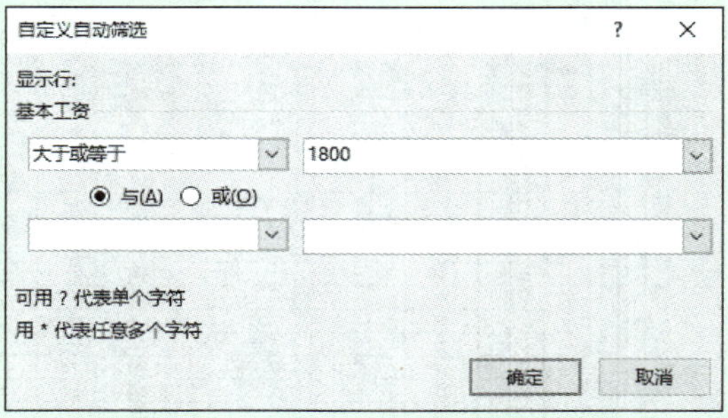

图 4－25　“自定义自动筛选”对话框

④用同样的方法进行“津贴”列的筛选。

2. 高级筛选

当筛选的条件较为复杂或筛选过程中出现多字段间的“逻辑或”关系时，单击“数据”选项卡“排序和筛选”组中的“高级”按钮更为方便。

在进行高级筛选时，字段名的右边不会出现筛选按钮，而是需要在条件区域输入条件。条件区域应建立在数据清单以外,用空行或空列与数据清单分隔。输入筛选条件时,在首行输入条件字段名,从第2行起输入筛选条件,输入在同一行上的条件关系为“逻辑与”,输入在不同行上的条件关系为“逻辑或”。单击“数据”选项卡“排序和筛选”组中的“高级”按钮,在打开的“高级筛选”对话框内进行数据区域和条件区域的选择。筛选结果可以在原数据清单处显示,也可以在数据清单以外显示。

高级筛选

例 4-7 在“某大学教职工薪资表”(见图4-23)中筛选生命科学学院基本工资大于2 000元或理学院基本工资小于2 000元的记录,并将筛选结果显示在原有区域。高级筛选结果如图4-26所示。

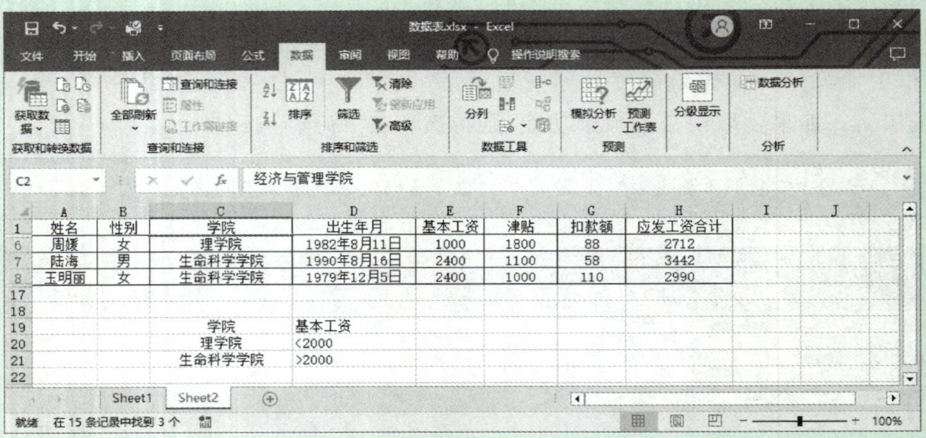

	A	B	C	D	E	F	G	H
1	姓名	性别	学院	出生年月	基本工资	津贴	扣款额	应发工资合计
6	周媛	女	理学院	1982年8月11日	1000	1800	88	2712
7	陆海	男	生命科学学院	1990年8月16日	2400	1100	58	3442
8	玉明丽	女	生命科学学院	1979年12月5日	2400	1000	110	2990
17								
18								
19			学院	基本工资				
20			理学院	<2000				
21			生命科学学院	>2000				
22								

图 4-26 高级筛选结果

操作步骤如下。

①在数据清单以外选择一个空白区域,在首行输入字段名“学院”和“基本工资”,在第二行对应字段下面输入条件“理学院”和“<2000”,在第三行对应字段下面输入条件“生命科学学院”和“>2000”,如图4-27所示。

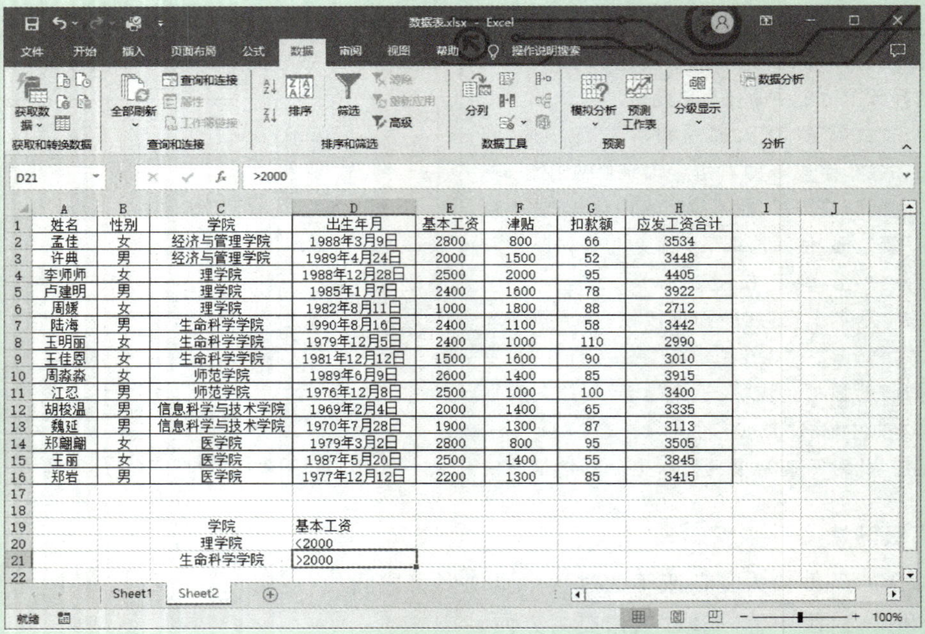

	A	B	C	D	E	F	G	H
1	姓名	性别	学院	出生年月	基本工资	津贴	扣款额	应发工资合计
2	孟佳	女	经济与管理学院	1988年3月9日	2800	800	66	3534
3	许典	男	经济与管理学院	1989年4月24日	2000	1500	52	3448
4	李师师	女	理学院	1988年12月28日	2500	2000	95	4405
5	卢建明	男	理学院	1985年1月7日	2400	1600	78	3922
6	周媛	女	理学院	1982年8月11日	1000	1800	88	2712
7	陆海	男	生命科学学院	1990年8月16日	2400	1100	58	3442
8	玉明丽	女	生命科学学院	1979年12月5日	2400	1000	110	2990
9	王佳恩	女	生命科学学院	1981年12月12日	1500	1600	90	3010
10	周淼淼	女	师范学院	1989年6月9日	2600	1400	85	3915
11	江忍	男	师范学院	1976年12月8日	2500	1000	100	3400
12	胡桉温	男	信息科学与技术学院	1969年2月4日	2000	1400	65	3335
13	魏延	男	信息科学与技术学院	1970年7月28日	1900	1300	87	3113
14	郑翩翩	女	医学院	1979年3月2日	2800	800	95	3505
15	王丽	女	医学院	1987年5月20日	2500	1400	55	3845
16	郑岩	男	医学院	1977年12月12日	2200	1300	85	3415
17								
18								
19			学院	基本工资				
20			理学院	<2000				
21			生命科学学院	>2000				
22								

图 4-27 建立条件区域

②选择数据清单中的任意单元格，单击“数据”选项卡“排序和筛选”组中的“高级”按钮，弹出“高级筛选”对话框。选中“在原有区域显示筛选结果”单选按钮，再确认给出的列表区域是否正确。如果不正确，可以单击“列表区域”文本框右侧的“折叠对话框”按钮，在工作表中重新选择后再单击“展开对话框”按钮返回。然后单击“条件区域”文本框右侧的“折叠对话框”按钮，在工作表中选择条件区域后再单击“展开对话框”按钮返回，设置结果如图 4－28 所示，单击“确定”按钮。

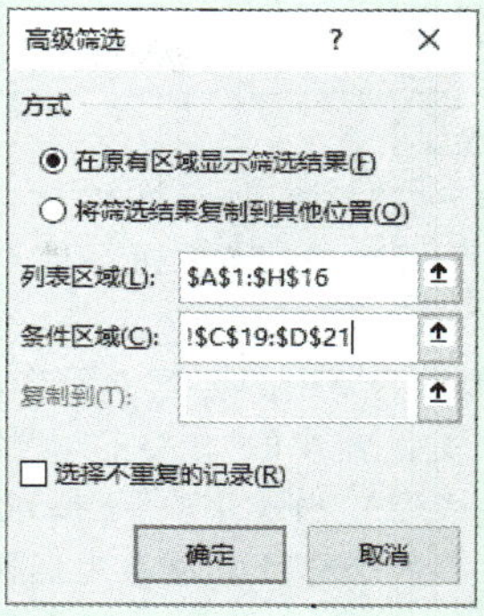

图 4－28　“高级筛选”对话框的设置结果

4.4.4　分类汇总

在日常工作中，人们常用 Excel 的分类汇总功能统计数据。Excel 可自动计算表格中的分类汇总值和总计值。当插入自动分类汇总时，Excel 将分级显示列表，以便为每个分类汇总显示和隐藏明细数据。若要插入分类汇总，首先必须对分类字段排序，否则将得不到正确的分类汇总结果；其次，在分类汇总时要清楚对哪个字段分类，对哪些字段汇总及汇总方式，这些都需要在“分类汇总”对话框中逐一设置。

分类汇总有两种形式：简单汇总和嵌套汇总。

简单汇总是指对数据清单中的一个或多个字段仅进行一种方式的汇总。

嵌套汇总是指对同一字段进行多种不同方式的汇总。

分类汇总

例 4－8　在“某院校学生成绩表”中，求各个学院学生的大学英语、高等数学和中国近代史成绩的平均值。分类汇总结果如图 4－29 所示。

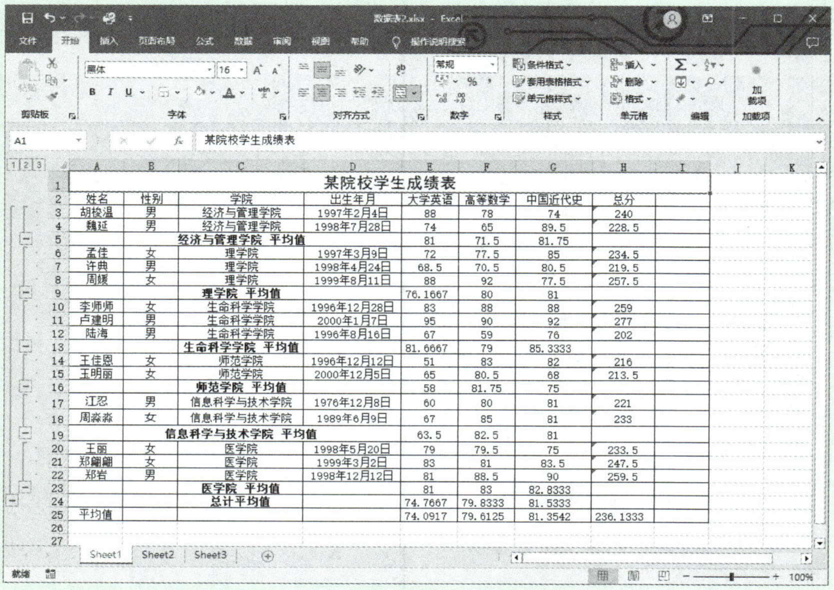

某院校学生成绩表							
姓名	性别	学院	出生年月	大学英语	高等数学	中国近代史	总分
胡梭温	男	经济与管理学院	1997年2月4日	88	78	74	240
魏延	男	经济与管理学院	1998年7月28日	74	65	89.5	228.5
		经济与管理学院 平均值		81	71.5	81.75	
孟佳	女	理学院	1997年3月9日	72	77.5	85	234.5
许典	男	理学院	1998年4月24日	68.5	70.5	80.5	219.5
周媛	女	理学院	1999年8月11日	88	92	77.5	257.5
		理学院 平均值		76.1667	80	81	
李师师	女	生命科学学院	1996年12月28日	83	88	88	259
卢建明	男	生命科学学院	2000年1月7日	95	90	92	277
陆海	男	生命科学学院	1996年8月16日	67	59	76	202
		生命科学学院 平均值		81.6667	79	85.3333	
王佳恩	女	师范学院	1996年12月12日	51	83	82	216
王明丽	女	师范学院	2000年12月5日	65	80.5	68	213.5
		师范学院 平均值		58	81.75	75	
江忍	男	信息科学与技术学院	1976年12月8日	60	80	81	221
周淼淼	女	信息科学与技术学院	1989年6月9日	67	85	81	233
		信息科学与技术学院 平均值		63.5	82.5	81	
王丽	女	医学院	1998年5月20日	79	79.5	75	233.5
郑翩翩	女	医学院	1999年3月2日	83	81	83.5	247.5
郑岩	男	医学院	1998年12月12日	81	88.5	90	259.5
		医学院 平均值		81	83	82.8333	
		总计平均值		74.7667	79.8333	81.5333	
平均值				74.0917	79.6125	81.3542	236.1333

图 4－29　分类汇总结果

根据分类汇总的要求,实际是对“学院”字段分类,对“大学英语”“高等数学”“中国近代史”字段进行汇总,汇总方式是求平均值。

操作步骤如下。

①选择 C 列(“学院”列),单击“数据”选项卡“排序和筛选”组中的“升序”按钮,对“学院”列升序排列。

②选择数据清单中的任意单元格,单击“数据”选项卡“分级显示”组中的“分类汇总”按钮,打开“分类汇总”对话框。在“分类字段”下拉列表中选择“学院”选项,在“汇总方式”下拉列表中选择“平均值”选项,在“选定汇总项”列表框中勾选“大学英语”“高等数学”“中国近代史”复选框,并取消勾选其余默认汇总项,如图 4-30 所示,单击“确定”按钮。

分类汇总后,默认情况下,数据会分 3 级显示,可以单击分级显示区上方的 1 2 3 按钮控制,如图 4-30 所示。单击 1 按钮,只显示数据清单中的列标题和总计结果;单击 2 按钮,显示各个分类汇总结果和总计结果;单击 3 按钮,显示全部的详细数据。

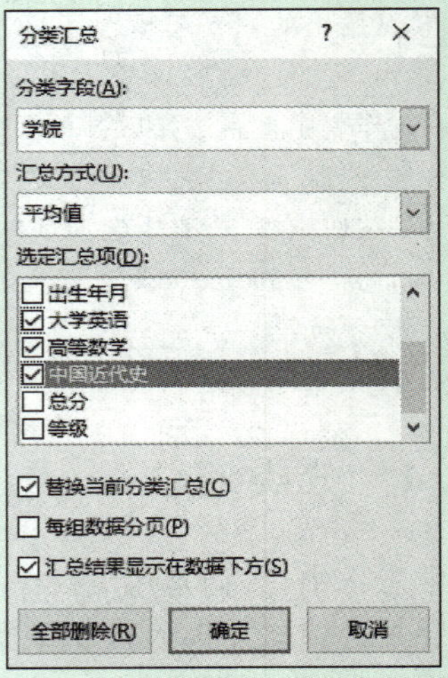

图 4-30 “分类汇总”对话框的设置

4.4.5 数据透视表

数据透视表

分类汇总适合按一个字段分类,对一个或多个字段汇总。如果要对多个字段进行分类并汇总,就需要利用数据透视表这个工具来解决问题。数据透视表是一种交互式的表格,可以进行某些计算,如求和与计数等,能够进行的计算与数据透视表的设置有关。

例 4-9 在“某院校学生成绩表”中,统计各个学院男生和女生的人数,其统计结果如图 4-31 所示。

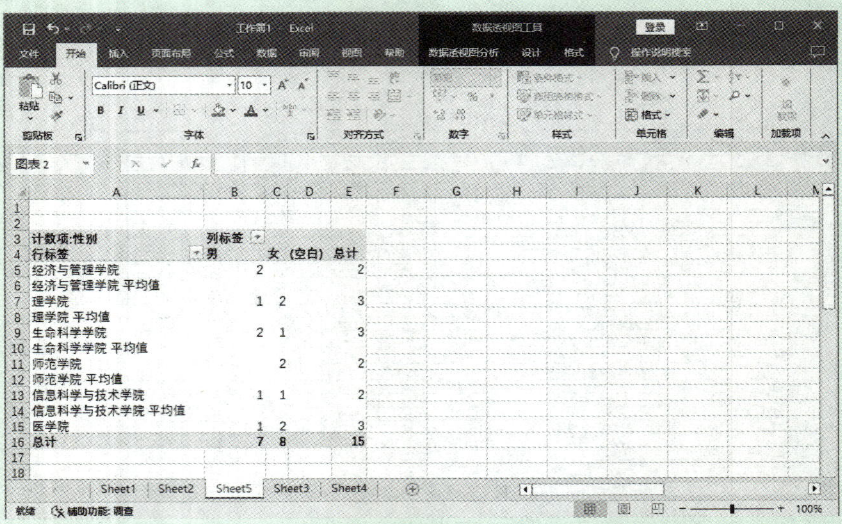

计数项:性别	列标签			
行标签	男	女	(空白)	总计
经济与管理学院	2			2
经济与管理学院 平均值				
理学院	1	2		3
理学院 平均值				
生命科学学院	2	1		3
生命科学学院 平均值				
师范学院		2		2
师范学院 平均值				
信息科学与技术学院	1	1		2
信息科学与技术学院 平均值				
医学院	1	2		3
总计	7	8		15

图 4-31 数据透视表的统计结果

本例既要按“学院”分类，又要按“性别”分类，这时需要使用数据透视表。

操作步骤如下。

①将图 4－29 中的数据表复制到 Sheet3 工作表中，删除分类汇总，选择数据清单中的任意单元格。

②单击“插入”选项卡“表格”组中的“数据透视表”按钮，打开“创建数据透视表”对话框，如图 4－32(a)所示。确认选择要分析数据的范围(如果系统给出的单元格区域选择得不正确，用户可自己选择单元格区域)及数据透视表的放置位置(可以放在新工作表中，也可以放在现有工作表中)，然后单击“确定”按钮。此时出现“数据透视表字段”任务窗格，把要分类的字段分别拖入“行”区、“列”区，使之成为数据透视表的行、列标题，将要汇总的字段拖入“值”区。本例将“学院”字段作为行标签，将“性别”字段作为列标签，统计的数据项是“性别”，如图 4－32(b)所示。默认情况下，数据项如果是非数值型字段则对其计数，否则求和。

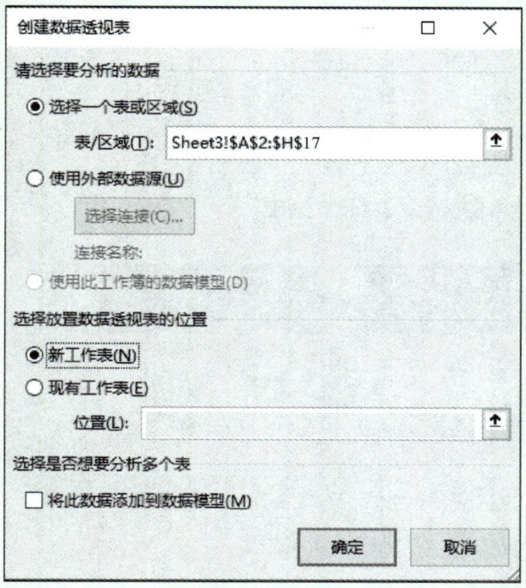

(a)

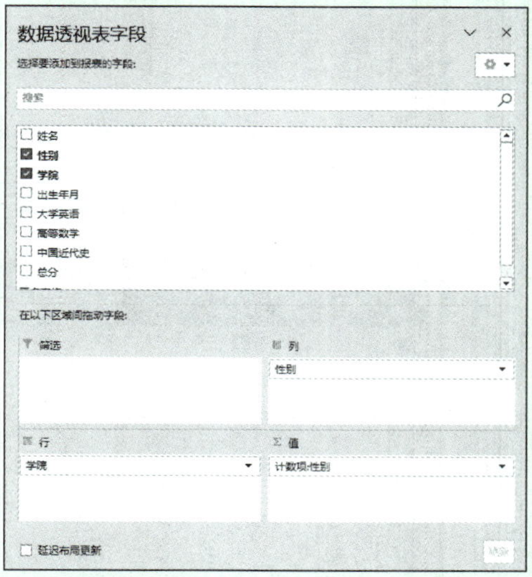

(b)

图 4－32　数据透视表的设置

4.4.6　合并计算

Excel 中的合并计算能够帮助用户将指定的单元格区域中的数据按照项目匹配，对同类数据进行汇总。数据汇总的方式包括求和(SUM)、求平均值(AVERAGE)、求最大值(MAX)、求最小值(MIN)、计数(COUNT)、求标准差(STDEV)等。Excel 支持将不多于 255 个工作表中的信息合并到一个主工作表中，这些工作表可以在同一个工作簿中，也可以来自不同的工作簿。

在合并计算中，用户只需要使用鼠标选择单个或者多个单元格区域，将需要汇总的数据选中并添加到引用位置中，就可以对这些数据进行合并计算。

例 4－10　假设某销售公司对各个型号的手机进行第一季度西北地区和东北地区的销售情况汇总，西北地区第一季度手机销售统计工作表如图 4－33 所示，东北地区第一季度手机销售统计工作表如图 4－34 所示。

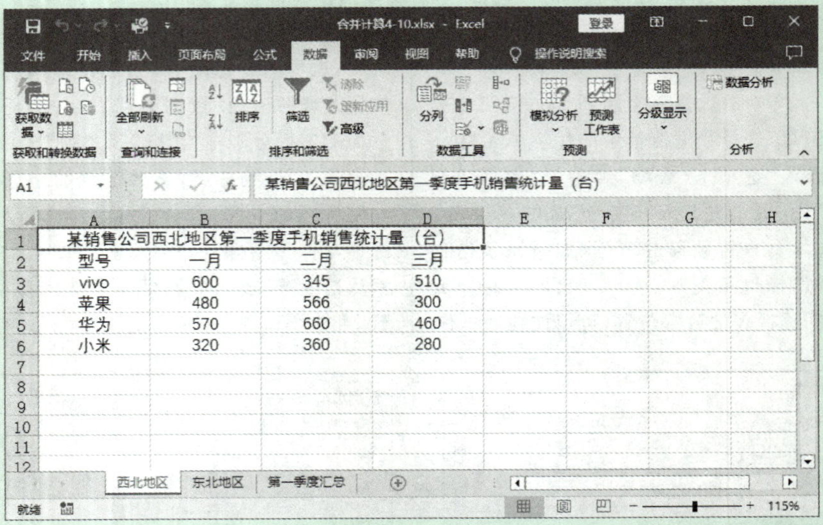

图 4-33　西北地区第一季度手机销售统计工作表

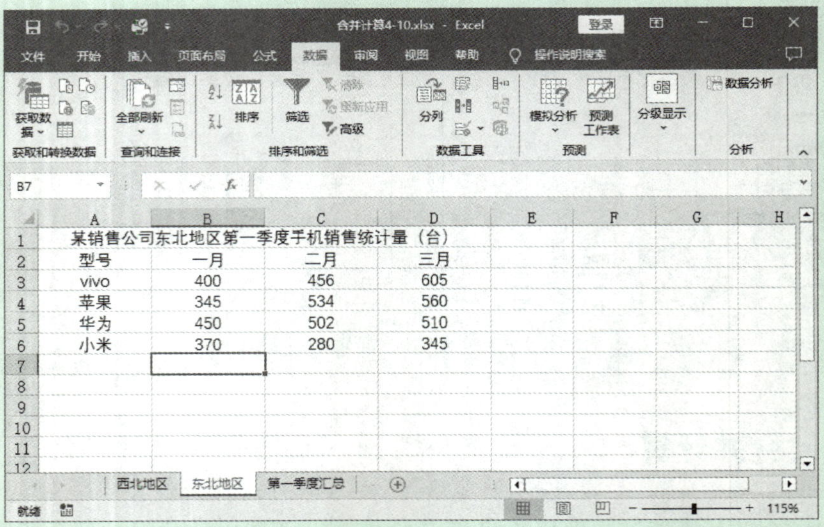

图 4-34　东北地区第一季度手机销售统计工作表

现在要统计第一季度两个地区的手机销售汇总,可以采用合并计算完成。

操作步骤如下。

①打开西北地区和东北地区的手机销售统计工作表。

②建立第一季度的手机销售汇总工作表“第一季度汇总”。

③单击“数据”选项卡“数据工具”组中的“合并计算”按钮,弹出“合并计算”对话框。在“函数”下拉列表中选择“求和”,然后选取“西北地区”工作表中的B3:D6单元格区域作为第一个引用位置,如图4-35所示。

④用同样的方法把东北地区的统计单元格区域添加到“所有引用位置”列表框中,同时勾选“创建指向源数据的链接”复选框,单击“确定”按钮。创建了指向源数据的链接的合并结果如图4-36所示。

勾选“创建指向源数据的链接”复选框,可以查看合并计算的明细数据,单击图4-36中的 + 按钮即可。若不想显示明细数据,可以单击行前的 - 按钮。合并计算的明细数据如图4-37所示。

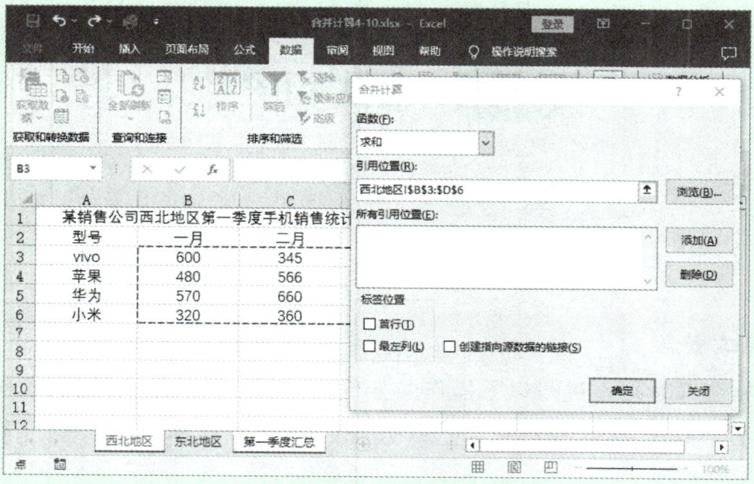

图 4－35　“合并计算”对话框

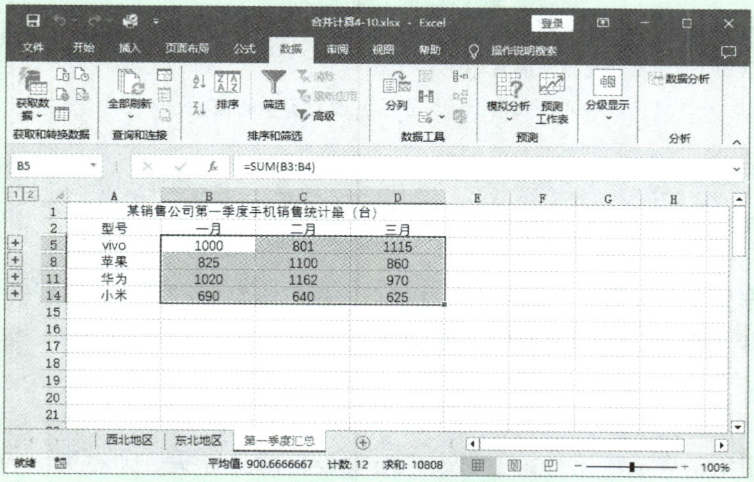

图 4－36　创建了指向源数据的链接的合并结果

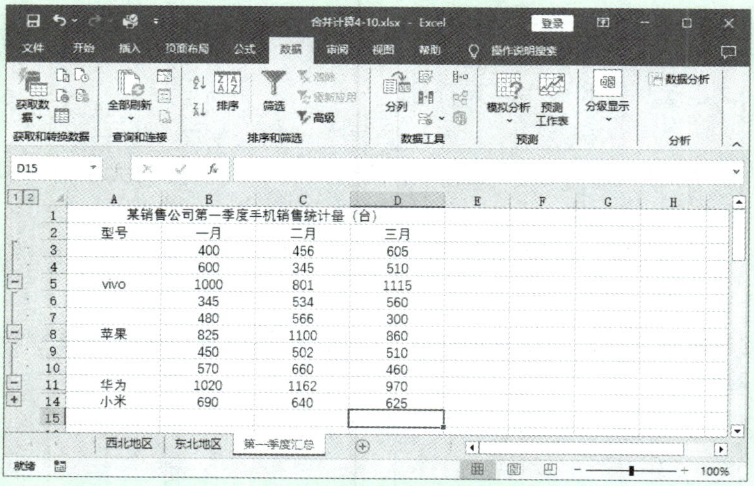

图 4－37　合并计算的明细数据

4.5 公式和函数

4.5.1 公式的使用

1. 公式的基本概念

在 Excel 中，公式是可以进行以下操作的方程式：执行计算、返回信息、操作其他单元格的内容、测试条件等。其中，公式始终以“＝”开头，相当于公式的标记，之后的字符串是参与运算的元素和运算符。

例如：

＝B1＋B2＋B3	将单元格 B1、B2 和 B3 中的值相加
＝TODAY()	返回当前日期
＝IF(B1＞0)	测试单元格 B1 中是否包含大于 0 的值

2. 公式的组成部分

公式可以包含下列的部分内容或全部内容。

(1)函数

函数是预先编写的公式，可以对一个或多个值执行运算，并返回一个或多个值。函数可以简化和缩短工作表中的公式，尤其是在用公式执行复杂的计算时，如 PI()函数的返回值为 3.141 592 6…。

(2)单元格引用

单元格引用用于表示单元格在工作表中所处位置的坐标集。如在第 B 列和第 1 行交叉处的单元格的引用形式为“B1”。

(3)运算符

运算符是一个标记或符号，指定表达式内执行计算的类型，公式中的运算符包括算术运算符、比较运算符、文本运算符和引用运算符等。

(4)常量

常量是一个固定的值，从字面上就能知道该值是什么或该值的大小是多少。公式中的常量有数值型常量、文本型常量和逻辑型常量。

数值型常量可以是整数、小数、分数、百分数，不能带千位分隔符和货币符号，如 500、3.7、1/2、28%等都是数值型常量。

文本型常量是由英文双引号括起来的若干字符，但不能包含英文双引号，如"总分"、"平均分"等都是文本型常量。

逻辑型常量只有 TRUE(真)和 FALSE(假)两个值。

3. 运算符

算术运算符、比较运算符、文本运算符和引用运算符的表示形式及其优先级如表 4－2

所示。

表 4－2　运算符的表示形式及其优先级

类型	表示形式	优先级
算术运算符	＋(加)、－(减)、*(乘)、/(除)、%(百分比)、^(乘方)	从高到低分为 3 个级别：百分比和乘方、乘和除、加和减。优先级相同时，按从左到右的顺序计算
关系运算符	＝(等于)、>(大于)、<(小于)、>＝(大于或等于)、<＝(小于或等于)、<>(不等于)	优先级相同
文本运算符	&(文本的连接)	
引用运算符	:(区域)、,(联合)、空格(交叉)	从高到低依次为区域运算符、联合运算符、交叉运算符

算术运算符用于完成基本的数学运算，如加法、减法和乘法，连接数字和产生数字结果等。

比较运算符用于比较两个数字或字符串，结果是一个逻辑值(TRUE 或 FALSE)。比较结果为真时显示 TRUE，否则显示 FALSE。对西文字符串进行比较时，采用其内部 ASCII 码进行比较；对中文字符进行比较时，采用汉字内码进行比较；对日期和时间型数据进行比较时，采用“后者为大”的原则。

文本运算符(&)用于连接一个或多个字符串以产生一大段文本，它也可以连接数字。连接字符串时，字符串两边必须加引号，否则公式将返回错误值；连接数字时，数字两边的引号可有可无。文本运算符还可以将两个或多个单元格中的字符连接为一个组合字符串。

引用运算符对单元格区域进行合并运算，如表 4－3 所示。

表 4－3　引用运算符

引用运算符	含义	示例
:(区域)	包括两个引用在内的所有单元格的引用	SUM(A1:C3)
,(联合)	将多个引用合并为一个引用	SUM(A1,C3)
空格(交叉)	产生同时隶属于两个引用的单元格区域的引用	SUM(A1:C4 B2:D3)

4. 运算符的优先级

Excel 对运算符的优先级做了严格的规定，公式中运算符的优先次序从高到低依次为：冒号、逗号、负号、模运算符(%)、乘方、乘和除(* 和/)、加和减、文本运算符(&)和比较运算符。若公式中多个运算符的优先级相同，则遵从“从左到右”的原则。若要改变某个运算符的运算次序，可以使用括号。公式中括号的优先级最高。

5. 输入和编辑公式

输入公式时首先选中要显示公式运算结果的单元格，使其成为活动单元格。再输入“＝”，然后输入常量、单元格引用等。输入结束后按 Enter 键，计算结果会显示在单元格和编辑框中。

编辑公式和编辑普通的数据一样，可以进行复制和粘贴。

(1)修改公式

双击公式所在的单元格,进入编辑状态,在单元格及编辑框内均会显示公式,在单元格或编辑框内进行修改即可,修改完毕后按 Enter 键确认。如果要删除公式,只需单击单元格,然后按 Delete 键即可。

(2)复制公式

先选中一个含有公式的单元格,选择"复制"命令(或按 Ctrl+C 组合键),再选择目标单元格进行粘贴(按 Ctrl+V 组合键),公式就会被复制到目标单元格中。复制的公式会根据目标单元格与源单元格的位置,自动调整原始公式的相对引用地址或混合引用地址中的相对引用地址部分,并且目标单元格内会显示公式的计算结果。

(3)自动填充公式

公式可以和数据一样使用填充柄进行复制,从而实现自动填充。自动填充时复制的不是数据,而是公式。

4.5.2 单元格的引用

Excel 的主要功能不是输入、显示和存储数据,而是对数据的计算能力。它可以对工作表中某一区域的数据进行求和、求平均值、计数、求最大值、求最小值及其他更为复杂的运算。在 Excel 中,修改数据后,公式的计算结果也会自动更新,这是手工计算无法比拟的。

在输入公式时,之所以不用数字本身而是用单元格的引用地址,如 A1、B1、C1 等,是为了使计算分析的结果始终准确地反映单元格的当前数据。只要改变数据单元格中的内容,公式单元格中的结果也随之改变,方便快捷。而在公式中直接书写数据,一旦数据单元格中的数据发生变化,公式的计算结果不会自动更新。

在 Excel 的工作表中,所有的计算工作都是通过公式和函数完成的。单元格的引用分为绝对引用、相对引用和混合引用。

1. 绝对引用

绝对引用是指引用工作表中固定位置的单元格,如"位于第 A 列第 1 行的单元格"。复制公式时绝对引用的单元格不随公式位置变化而改变。在行号和列号前加上"$",代表绝对引用,如$A$1。例如,在统计学生某一门课的总成绩时,平时成绩、考勤成绩、作业成绩、最终卷面考试成绩所占的比例都被锁定。符号"$"就像一个锁,锁住了参加运算的单元格,使它们不会随着公式位置的变化而变化。

2. 相对引用

相对引用是指引用相对于公式所在单元格相应位置的单元格,如"本单元格上一行的单元格"。这是 Excel 中默认的单元格引用格式,如 A1、B1 等,它的特点是在公式复制或移动时,该地址会根据公式的移动位置自动调节,常用来快速实现大量数据的同类运算。

3. 混合引用

混合引用是指在单元格地址的行号或列标前加上"$",如$A1 或 B$1 就是相对引用地址和绝对引用地址的混合引用。$A1 是列不变,行变化;B$1 是列变化,行不变。

单元格的引用

例 4-11　绝对引用地址示例。在“某院校学生成绩表”表格的最后添加一列“等级”，当该学生的总分大于所有学生总分的平均值时，才会显示为“优秀”，否则什么也不显示，如图 4-38 所示。

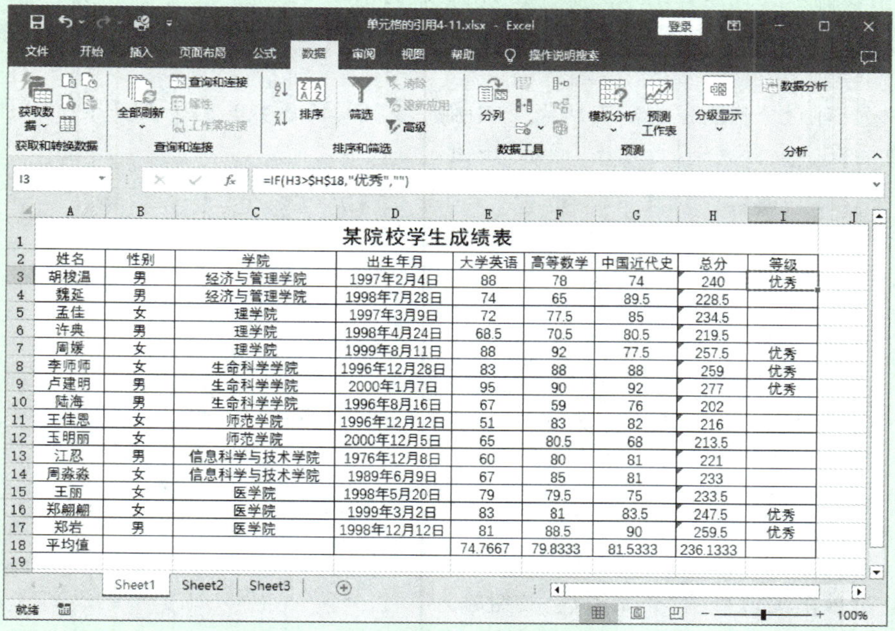

某院校学生成绩表								
姓名	性别	学院	出生年月	大学英语	高等数学	中国近代史	总分	等级
胡梭温	男	经济与管理学院	1997年2月4日	88	78	74	240	优秀
魏延	男	经济与管理学院	1998年7月28日	74	65	89.5	228.5	
孟佳	女	理学院	1997年3月9日	72	77.5	85	234.5	
许典	男	理学院	1998年4月24日	68.5	70.5	80.5	219.5	
周媛	女	理学院	1999年8月11日	88	92	77.5	257.5	优秀
李师师	女	生命科学学院	1996年12月28日	83	88	88	259	优秀
卢建明	男	生命科学学院	2000年1月7日	95	90	92	277	优秀
陆海	男	生命科学学院	1996年8月16日	67	59	76	202	
王佳恩	女	师范学院	1996年12月12日	51	83	82	216	
玉明丽	女	师范学院	2000年12月5日	65	80.5	68	213.5	
江忍	男	信息科学与技术学院	1976年12月8日	60	80	81	221	
周淼淼	女	信息科学与技术学院	1989年6月9日	67	85	81	233	
王丽	女	医学院	1998年5月20日	79	79.5	75	233.5	
郑翩翩	女	医学院	1999年3月2日	83	81	83.5	247.5	优秀
郑岩	男	医学院	1998年12月12日	81	88.5	90	259.5	优秀
平均值				74.7667	79.8333	81.5333	236.1333	

图 4-38　绝对引用地址示例

操作步骤如下。

①在“某院校学生成绩表”表格中单击 I2 单元格，输入“等级”。

②单击 I3 单元格，输入“=IF(H3>$H$18,"优秀","")”，按 Enter 键确认。这是一个条件函数，其含义是如果 H3 单元格的数据大于 H18 单元格的数据(总分的平均值)，就在当前单元格中显示“优秀”，否则不显示任何信息。

③利用公式的自动填充功能完成对其他学生成绩的等级判定。

4.5.3　常用数据统计分析函数及其应用

1. 函数的使用

Excel 提供了很多用于计算的函数。函数是预先定义好的内置公式，一般形式为：函数名(参数 1，参数 2，参数 3，……)。

不同的函数需要的参数个数和类型不同。参数有许多种，可以是常量、逻辑值、单元格引用、已定义好的名称和其他函数等。与输入公式相同，输入的函数必须以“=”开始。

2. 函数的分类

Excel 按照功能把函数分为数学和三角函数、统计函数、文本函数、多维数据集函数、数据库函数、日期与时间函数、工程函数、财务函数、信息函数、逻辑函数、查找与引用函数及与加载项一起安装的用户自定义的函数。Excel 将经常使用的函数放在“常用函数”类别中。

3. 函数的输入

函数的输入和公式的输入类似，可以通过单击“公式”选项卡或编辑栏的“插入函数”按钮来完成。

(1)单击“公式”选项卡的“插入函数”按钮输入

①选中要显示公式运算结果的单元格,使其成为活动单元格。

②输入“=”,然后单击“公式”选项卡“函数库”组左侧的“插入函数”按钮,打开“插入函数”对话框。

③在“选择函数”列表框中单击所需要的函数(如SUM函数),打开如图4-39所示的“函数参数”对话框。设置完毕后,单击“确定”按钮。

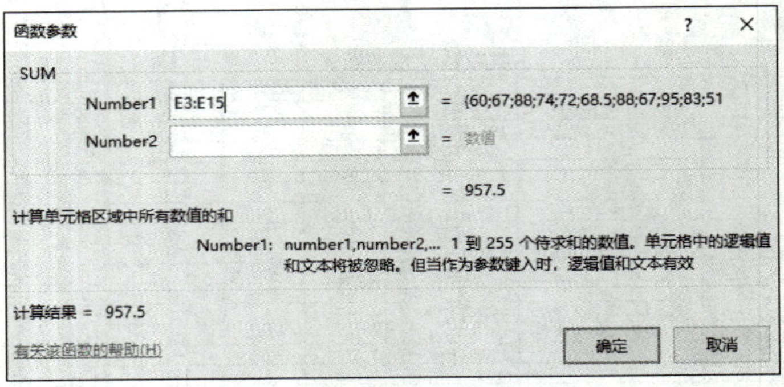

图4-39 设置函数参数

(2)通过单击编辑栏的“插入函数”按钮输入

①选中要显示公式运算结果的单元格,使其成为活动单元格。

②输入“=”,然后单击编辑栏的“插入函数”按钮。

③弹出“插入函数”对话框,如图4-40所示。

④在对话框中选择需要的函数,单击“确定”按钮,再在弹出的“函数参数”对话框中进行设置。

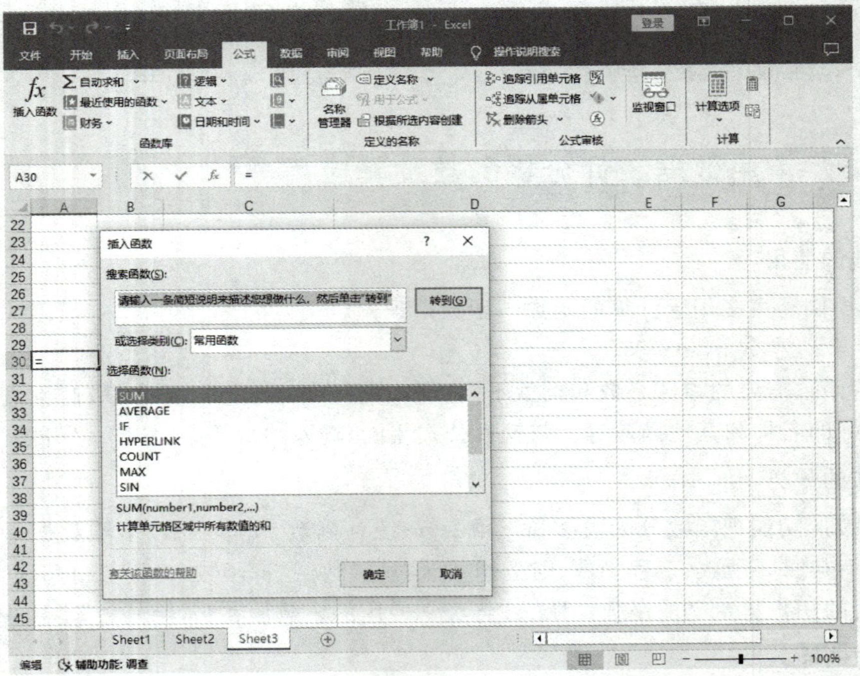

图4-40 “插入函数”对话框

4. 常用函数

(1) YEAR() 函数

功能：返回某日期对应的年份，返回值为 1900～9999 的整数。

格式：YEAR(serial_number)。

说明：serial_number 是一个日期值，也可以是格式为日期格式的单元格名称。

(2) TODAY() 函数

功能：返回当前日期。

格式：TODAY()。

例 4－12　使用日期函数计算“学生基本信息表”中“年龄”字段的结果，结果如图 4－41 所示。

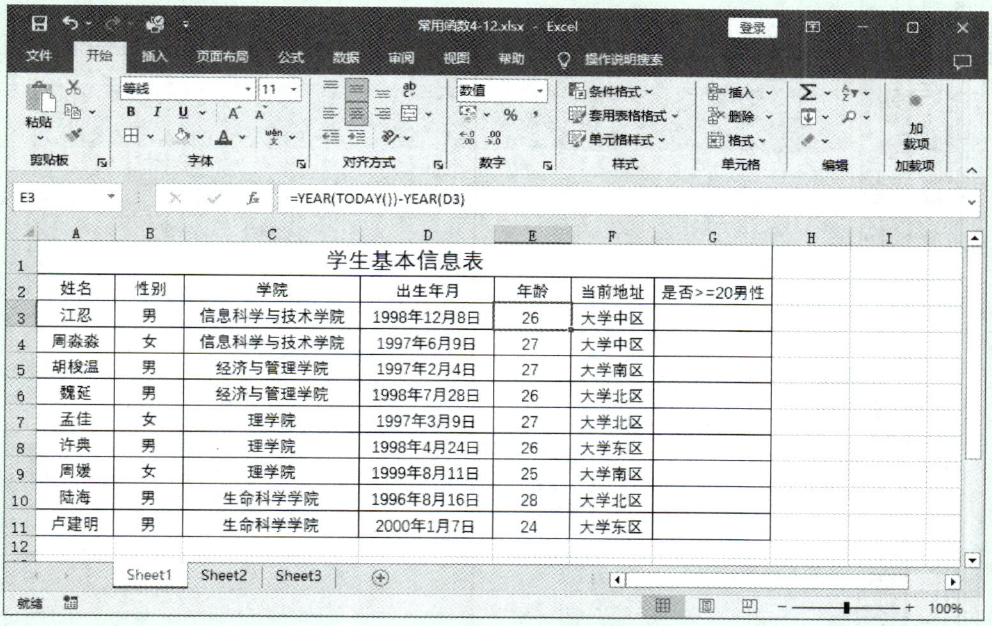

	A	B	C	D	E	F	G
1	学生基本信息表						
2	姓名	性别	学院	出生年月	年龄	当前地址	是否>=20男性
3	江忍	男	信息科学与技术学院	1998年12月8日	26	大学中区	
4	周淼淼	女	信息科学与技术学院	1997年6月9日	27	大学中区	
5	胡桉温	男	经济与管理学院	1997年2月4日	27	大学南区	
6	魏延	男	经济与管理学院	1998年7月28日	26	大学北区	
7	孟佳	女	理学院	1997年3月9日	27	大学北区	
8	许典	男	理学院	1998年4月24日	26	大学东区	
9	周媛	女	理学院	1999年8月11日	25	大学南区	
10	陆海	男	生命科学学院	1996年8月16日	28	大学北区	
11	卢建明	男	生命科学学院	2000年1月7日	24	大学东区	

图 4－41　学生基本信息表

操作步骤如下。

①单击工作表中的 E3 单元格。

②输入公式“＝YEAR(TODAY())－YEAR(D3)”，然后按 Enter 键。

③拖动 E3 单元格右下角的填充柄至单元格 E11，利用公式的自动填充功能（拖动复制公式）得到其他人的年龄。

(3) MINUTE() 函数

功能：返回时间值中的分钟数，即一个 0～59 之间的整数。

格式：MINUTE(serial_number)。

说明：serial_number 是一个时间值，也可以是时间格式的单元格名称。

(4) HOUR() 函数

功能：返回时间值的小时数，即一个 0～23 之间的整数。

格式：HOUR(serial_number)。

说明：serial_number 是一个时间值，也可以是时间格式的单元格名称。

5. 逻辑函数

(1)AND()(与)函数

功能:在其参数组中,所有参数的逻辑值为 TRUE,就返回 TRUE。

格式:AND(logical1,logical2,…)。

说明:logical1,logical2,… 为需要进行检验的 1~30 个条件,结果分别为 TRUE 或 FALSE。

(2)OR()(或)函数

功能:在其参数组中,任何一个参数的逻辑值为 TRUE,就返回 TRUE。

格式:OR(logical1,logical2,…)。

说明:logical1,logical2,… 为需要进行检验的 1~30 个条件,结果分别为 TRUE 或 FALSE。

例 4-13 使用逻辑函数计算"学生基本信息表"中"是否>=20 男性"字段的结果,如图 4-42 所示。

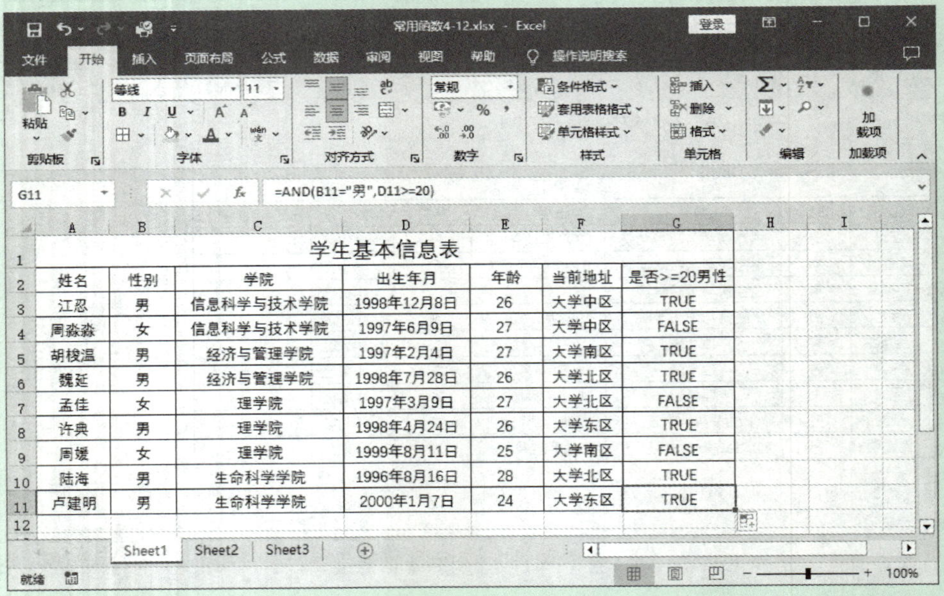

学生基本信息表

姓名	性别	学院	出生年月	年龄	当前地址	是否>=20男性
江忍	男	信息科学与技术学院	1998年12月8日	26	大学中区	TRUE
周淼淼	女	信息科学与技术学院	1997年6月9日	27	大学中区	FALSE
胡梭温	男	经济与管理学院	1997年2月4日	27	大学南区	TRUE
魏延	男	经济与管理学院	1998年7月28日	26	大学北区	TRUE
孟佳	女	理学院	1997年3月9日	27	大学北区	FALSE
许典	男	理学院	1998年4月24日	26	大学东区	TRUE
周媛	女	理学院	1999年8月11日	25	大学南区	FALSE
陆海	男	生命科学学院	1996年8月16日	28	大学北区	TRUE
卢建明	男	生命科学学院	2000年1月7日	24	大学东区	TRUE

图 4-42 学生基本信息表的计算结果

操作步骤如下。

①单击工作表中的 G3 单元格。

②输入公式"=AND(B3="男",D3>=20)",然后按 Enter 键,利用公式的自动填充功能得到计算结果。

6. 算术与统计函数

(1)MOD()函数

功能:返回两数相除的余数。

格式:MOD()(number,divisor)。

说明:number 为被除数;divisor 为除数。

(2)MAX()函数

功能:返回一组值中的最大值。

格式:MAX(number1,number2,…)。

说明：number1，number2，…是要从中找出最大值的 1～255 个数值参数。

(3)RANK()函数

功能：为指定单元格的数据在其所在行或列数据区所处的位置排序。

格式：RANK(number，ref，[order])。

说明：number 是被排序的值；ref 是排序的数据区域；order 是升序或降序方式，其中 order 取"0"按降序排列，order 取"1"按升序排列。

例 4－14　有"大学英语成绩表"需要进行统计分析，如图 4－43 所示。需要在右边增加一列，显示排名情况。

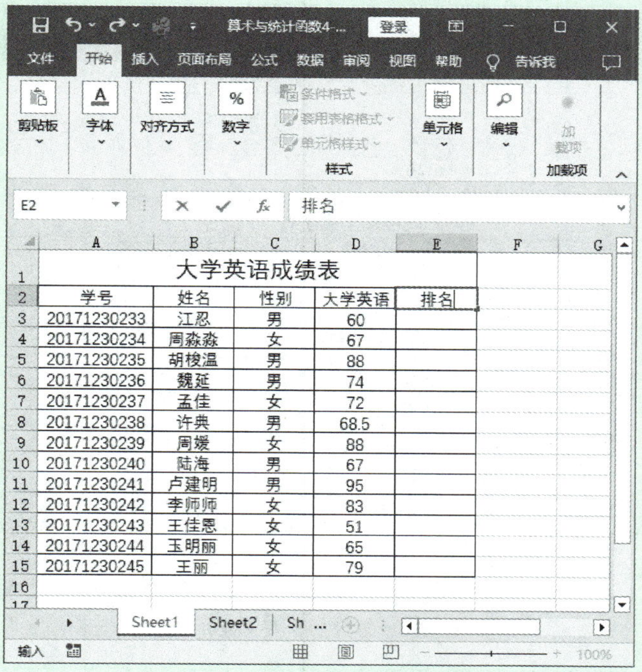

学号	姓名	性别	大学英语	排名
20171230233	江忍	男	60	
20171230234	周淼淼	女	67	
20171230235	胡梭温	男	88	
20171230236	魏延	男	74	
20171230237	孟佳	女	72	
20171230238	许典	男	68.5	
20171230239	周媛	女	88	
20171230240	陆海	男	67	
20171230241	卢建明	男	95	
20171230242	李师师	女	83	
20171230243	王佳恩	女	51	
20171230244	玉明丽	女	65	
20171230245	王丽	女	79	

图 4－43　大学英语成绩表

操作步骤如下。

①单击工作表中的 E2 单元格，输入"排名"。

②单击 E3 单元格，输入公式"＝RANK(D3，$D$3：$D$15)"，D3 为第 1 个学生英语成绩所占的单元格，$D$3：$D$15 为所有学生英语成绩所占的单元格区域，没有第 3 个参数则排名按降序排列，即分数高者名次靠前。绝对引用是为了保证复制公式的结果正确。按 Enter 键，得到第 1 个学生的名次是"12"。

③利用公式的自动填充功能得到其他学生的名次。结果如图 4－44 所示。

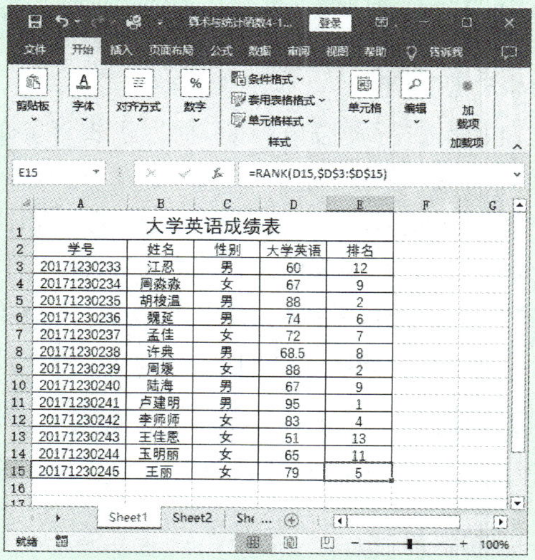

学号	姓名	性别	大学英语	排名
20171230233	江忍	男	60	12
20171230234	周淼淼	女	67	9
20171230235	胡梭温	男	88	2
20171230236	魏延	男	74	6
20171230237	孟佳	女	72	7
20171230238	许典	男	68.5	8
20171230239	周媛	女	88	2
20171230240	陆海	男	67	9
20171230241	卢建明	男	95	1
20171230242	李师师	女	83	4
20171230243	王佳恩	女	51	13
20171230244	玉明丽	女	65	11
20171230245	王丽	女	79	5

图 4－44　RANK()函数的应用结果

(4)AVERAGE()函数

使用格式:AVERAGE(numberl,[number2],…)

参数说明:numberl,number2 代表要求平均值的数值或引用单元格(区域),参数不超过 255 个。

提示:如果引用区域中包含“0”值单元格,则计算在内;如果引用区域中包含空白或字符单元格,则不计算在内。

例 4-15 在“某院校学生成绩表”中算出大学英语、高等数学、中国近代史以及总分的平均分,计算结果如图 4-45 所示。

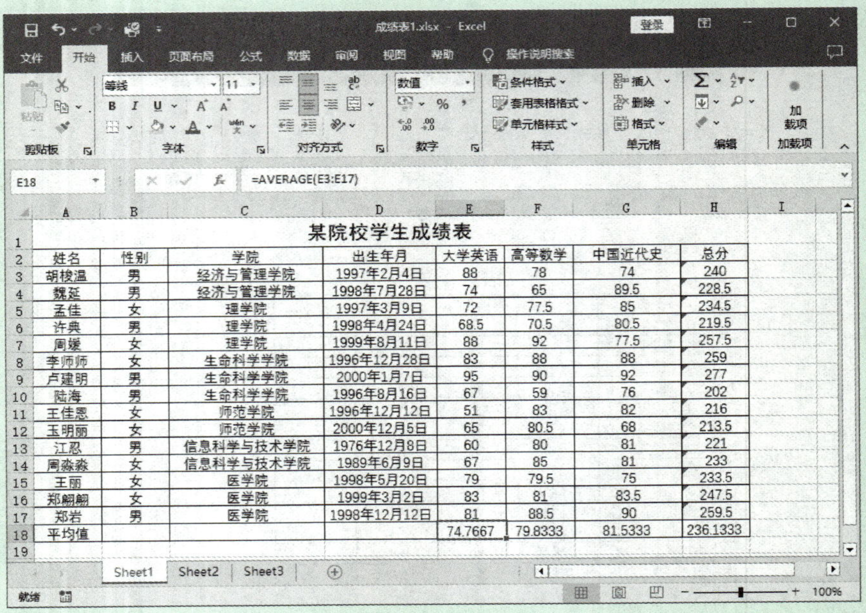

=AVERAGE(E3:E17)

某院校学生成绩表

姓名	性别	学院	出生年月	大学英语	高等数学	中国近代史	总分
胡梭温	男	经济与管理学院	1997年2月4日	88	78	74	240
魏延	男	经济与管理学院	1998年7月28日	74	65	89.5	228.5
孟佳	女	理学院	1997年3月9日	72	77.5	85	234.5
许典	男	理学院	1998年4月24日	68.5	70.5	80.5	219.5
周媛	女	理学院	1999年8月11日	88	92	77.5	257.5
李师师	女	生命科学学院	1996年12月28日	83	88	88	259
卢建明	男	生命科学学院	2000年1月7日	95	90	92	277
陆海	男	生命科学学院	1996年8月16日	67	59	76	202
王佳恩	女	师范学院	1996年12月12日	51	83	82	216
玉明丽	女	师范学院	2000年12月5日	65	80.5	68	213.5
江忍	男	信息科学与技术学院	1976年12月8日	60	80	81	221
周淼淼	女	信息科学与技术学院	1989年6月9日	67	85	81	233
王丽	女	医学院	1998年5月20日	79	79.5	75	233.5
郑翩翩	女	医学院	1999年3月2日	83	81	83.5	247.5
郑岩	男	医学院	1998年12月12日	81	88.5	90	259.5
平均值				74.7667	79.8333	81.5333	236.1333

图 4-45 计算结果

操作步骤如下。

①单击工作表中的 E18 单元格。

②在 E18 单元格中输入公式“=AVERAGE(E3:E17)”,然后按 Enter 键,大学英语的平均分就计算出来了,利用公式的自动填充功能得到其他科目的平均分。

(5)IF()函数

功能:执行真假值判断,根据逻辑计算的真假值,返回不同结果。

格式:IF(logical_test,value_if_true,value_if_false)。

说明:logical_test 表示计算结果为 TRUE 或 FALSE 的任意值或表达式;value_if_true 是 logical_test 为 TRUE 时返回的值;value_if_false 是 logical_test 为 FALSE 时返回的值。当要对多个条件进行判断时,需嵌套使用 IF 函数,IF 函数最多可以嵌套 7 层。用 value_if_false 和 value_if_true 参数可以构造复杂的检测条件。一般直接在编辑框中输入函数表达式。

例 4-16 在“大学英语成绩表”中,在右边增加一列“等级”,将分数转换为等级,转换规则为 90～100(优秀),80～89(良好),70～79(中等),60～69(及格),60 以下(不及格)。

操作步骤如下。

①单击工作表中的 F2 单元格,输入“等级”。

②单击 F3 单元格,输入公式“=IF(D3>=90,"优秀",IF(D3>=80,"良好",IF(D3>=70,"中等",

IF(D3>=60,"及格","不及格"))))"，然后按 Enter 键，得到第 1 个学生的成绩等级是“及格”。

③利用公式的自动填充功能（拖动复制公式）得到其他学生的成绩等级。结果如图 4－46 所示。

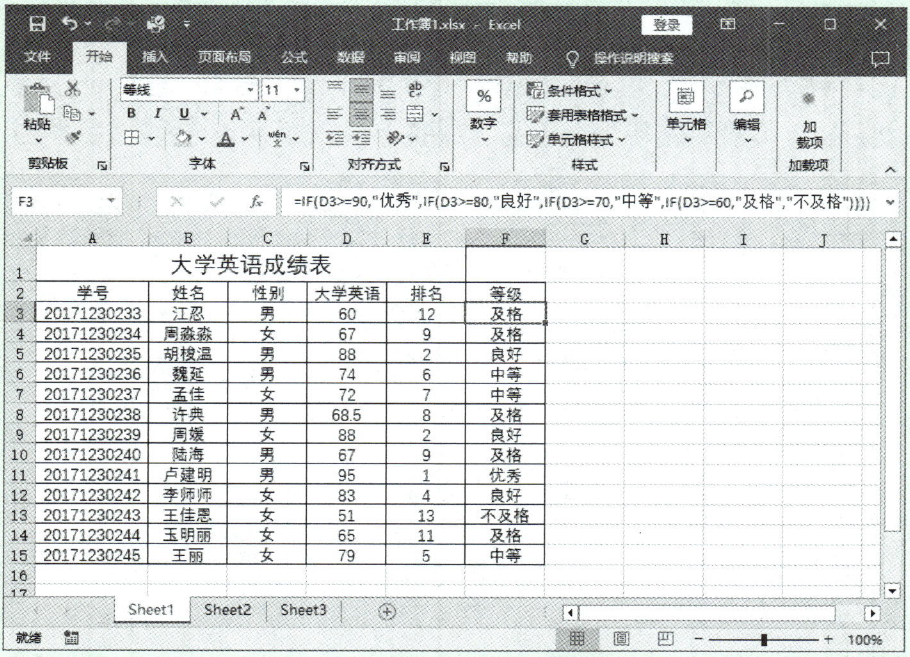

大学英语成绩表					
学号	姓名	性别	大学英语	排名	等级
20171230233	江忍	男	60	12	及格
20171230234	周淼淼	女	67	9	及格
20171230235	胡梭温	男	88	2	良好
20171230236	魏延	男	74	6	中等
20171230237	孟佳	女	72	7	中等
20171230238	许典	男	68.5	8	及格
20171230239	周媛	女	88	2	良好
20171230240	陆海	男	67	9	及格
20171230241	卢建明	男	95	1	优秀
20171230242	李师师	女	83	4	良好
20171230243	王佳恩	女	51	13	不及格
20171230244	玉明丽	女	65	11	及格
20171230245	王丽	女	79	5	中等

图 4－46　IF()函数的应用结果

(6)SUMIF()函数

功能：根据指定条件对若干单元格求和。

格式：SUMIF(range,criteria,[sum_range])。

说明：range 为用于条件判断的单元格区域；criteria 为单元格被相加求和的条件，可以是数值、表达式或文本；sum_range 为实际的求和区域。

(7)COUNTIF()函数

功能：计算单元格区域中满足给定条件的单元格的个数。

格式：COUNTIF(range,criteria)。

说明：range 为需要计算单元格数目的单元格区域；criteria 为单元格被计算在内的条件，可以是数值、表达式、单元格引用或文本。

例 4－17　在“大学英语成绩表”中，统计男生和女生的大学英语成绩总分，其结果如图 4－47 所示，并且统计各个分数段（如 90～100，80～89，70～79，60～69，<60）的学生人数，其结果如图 4－48 所示。

操作步骤如下。

①按图 4－47 所示建立男、女生总分数表格和各分数段的人数表格。

②单击 I3 单元格，输入公式“=SUMIF($C$3:$C$15,H3,$D$3:$D$15)”，表示在 C3:C15 单元格区域中查找 H3 单元格中的内容，即在 C 列查找“男”所在的单元格，找到后，返回 D 列同一行的单元格（因为返回的结果在 D3:D15 单元格区域），最后对所有找到的单元格求和。按 Enter 键后，在 I3 单元格中得到男生大学英语成绩的总分数。用拖动复制公式的方法得到女生大学英语成绩的总分数。

③在 I8:I12 单元格区域依次输入公式“=COUNTIF(D3:D15,">=90")”、“=COUNTIF(D3:D15,">=80")-COUNTIF(D3:D15,">=90")”、“=COUNTIF(D3:D15,">=70")-COUNTIF(D3:D15,">=80")”、“=COUNTIF(D3:D15,">=60")-COUNTIF(D3:D15,">=70")”、“=COUNTIF(D3:D15,"<60")”,然后按 Enter 键得到各分数段的人数。

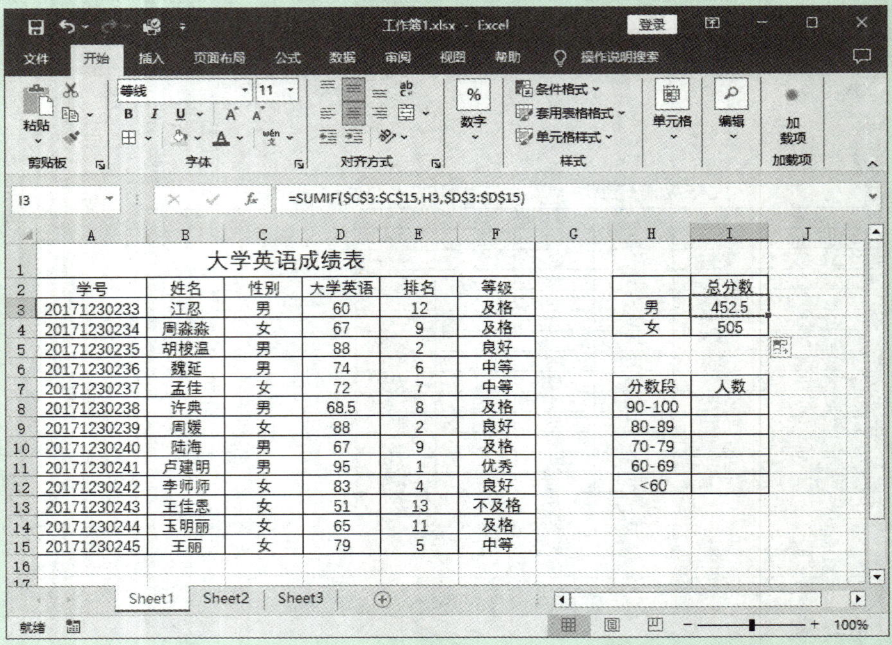

图 4-47 SUMIF()函数的应用结果

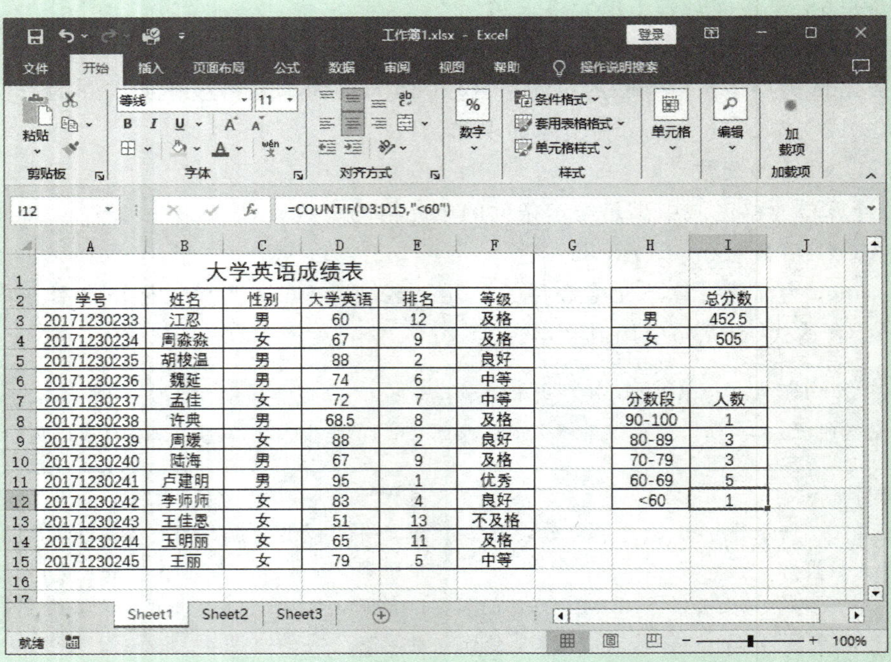

图 4-48 COUNTIF()函数的应用结果

第5章 演示文稿制作软件 PowerPoint 2016

本章导读

演示文稿制作软件已广泛应用于会议报告、课程教学、广告宣传、产品演示等方面，成为人们在各种场合进行信息交流的重要工具。常用的演示文稿制作软件有 Microsoft Office 办公集成软件中的 PowerPoint 和 WPS Office 金山办公组合软件中的 WPS 演示。

本章以 PowerPoint 2016 为例，介绍演示文稿制作软件的基本功能和使用方法。

知识列表

5.1 PowerPoint 2016 的工作环境
5.2 制作一个多媒体演示文稿
5.3 定制演示文稿的视觉效果
5.4 设置演示文稿的播放效果
5.5 打印演示文稿
5.6 PowerPoint 2016 高级应用实例

5.1 PowerPoint 2016 的工作环境

PowerPoint 2016 的启动和退出与 Word 2016 及 Excel 2016 的类似。

最常用的启动方法是单击“开始”按钮,在“开始”菜单的应用列表中选择“PowerPoint”命令,进入 PowerPoint 2016 的工作窗口,如图 5-1 所示。

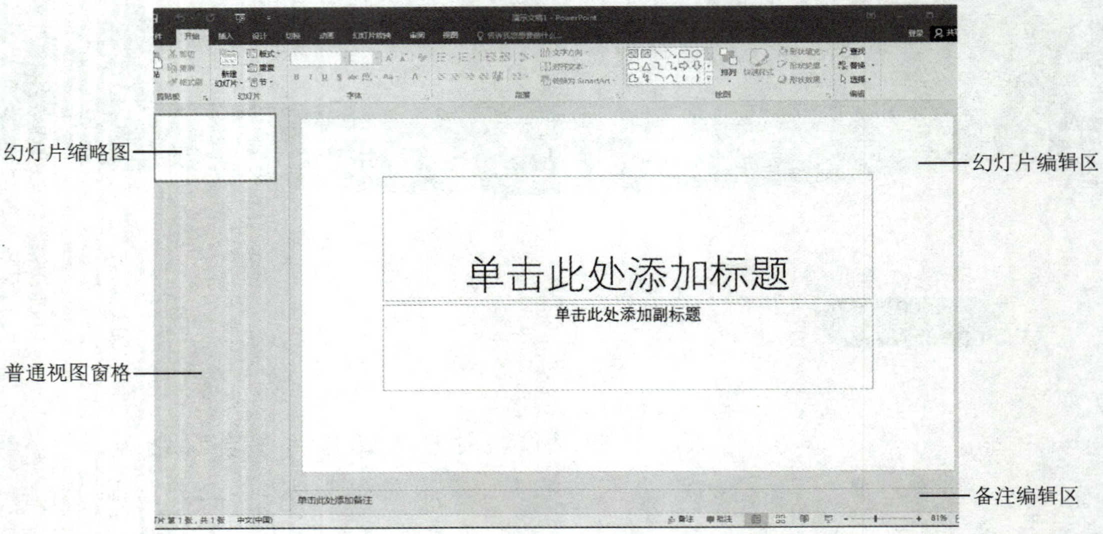

图 5-1 PowerPoint 2016 的工作窗口

PowerPoint 2016 根据建立、编辑、浏览、放映幻灯片的需要,提供了 4 种视图:普通视图、幻灯片浏览视图、阅读视图和幻灯片放映视图。视图不同,演示文稿的显示方式不同,对演示文稿的编辑也不同。各个视图间的切换可以通过“视图”选项卡“演示文稿视图”组中的相应按钮或单击窗口底部的 4 个视图按钮  来实现。

1. 普通视图

如图 5-1 所示的就是普通视图,它是系统的默认视图,只能显示一张幻灯片。在普通视图中,可以查看每张幻灯片的文本外观,也可以在单张幻灯片中添加图形、影片和声音,并创建超链接及添加动画,按幻灯片的编号顺序显示演示文稿中的全部幻灯片。

(1)“批注”窗格

单击状态栏的“批注”按钮,出现“批注”窗格,单击其中的“新建”按钮,输入相关的注释信息,在幻灯片上就会添加批注标记。可以在一张幻灯片上添加多条批注。

(2)“备注”窗格

备注是演讲者对每一张幻灯片的注释,可以在“备注”窗格(单击状态栏的“备注”按钮后出现)中输入,该注释内容仅供演讲者使用,不在幻灯片上显示。

2. 幻灯片浏览视图

在幻灯片浏览视图下,可以同时显示多张幻灯片,方便用户对幻灯片进行移动、复制、删除等操作。

3. 阅读视图

如果用户希望在一个方便审阅的窗口中查看演示文稿，而不想使用全屏的幻灯片放映视图，可以使用阅读视图。如果要更改演示文稿，可随时从阅读视图切换至某个其他视图。

4. 幻灯片放映视图

在幻灯片放映视图下，幻灯片按顺序全屏幕放映，可以观看动画和超链接效果等。按 Enter 键或单击显示下一张幻灯片，按 Esc 键或放映完所有幻灯片后恢复原样。幻灯片放映时，右击或单击幻灯片左下角的⋯按钮，在弹出的快捷菜单中选择命令进行操作。

5.2 制作一个多媒体演示文稿

5.2.1 新建演示文稿

在 PowerPoint 中新建演示文稿，常用的方法有利用模板新建演示文稿、根据现有内容新建演示文稿和新建空白演示文稿。

1. 利用模板新建演示文稿

模板包括各种主题和版式。可以利用 PowerPoint 提供的内置模板自动、快速地形成每张幻灯片的外观，以节省格式设计的时间，专注于具体内容的处理。除了利用内置模板外，还可以联机在 Office.com 上搜索和下载更多的 PowerPoint 模板以满足要求。

2. 根据现有内容新建演示文稿

如果用户对所有模板的设计都不满意，而喜欢某一个现有演示文稿的设计风格和布局，可以直接在现有演示文稿上修改内容来新建演示文稿。

3. 新建空白演示文稿

如果用户希望建立具有自己风格和特色的幻灯片，可以从空白演示文稿开始设计。

在 PowerPoint 工作窗口单击“文件”按钮，在“文件”窗口中选择“新建”→“空白演示文稿”命令，会创建一张空白的标题幻灯片。按照占位符中的文字提示输入内容，还可以通过单击“插入”选项卡中的相应按钮插入需要的各种对象，如表格、图像、插图、链接、文本、符号、媒体等。

一个完整的演示文稿往往由多张幻灯片组成，其默认扩展名为“.pptx”。新建幻灯片时，单击“开始”选项卡“幻灯片”组中的“新建幻灯片”下拉按钮，在弹出的幻灯片版式库中单击需要的版式，然后制作新的幻灯片。PowerPoint 2016 中预设了“标题幻灯片”“标题和内容”“节标题”“两栏内容”等 11 种幻灯片版式以供选择。修改幻灯片的版式时，选择幻灯片，单击“开始”选项卡“幻灯片”组中的“版式”下拉按钮，在弹出的幻灯片版式库中重新选择即可。

5.2.2 编辑演示文稿

编辑演示文稿包括两部分：一是对每张幻灯片中的对象进行编辑操作；二是对演示文稿中

的幻灯片进行移动、复制、删除等操作。

1. 编辑幻灯片中的对象

在幻灯片中添加对象有两种方法:新建幻灯片时,通过选择幻灯片版式为对象提供占位符,再输入需要的对象;或通过单击“插入”选项卡中的相应按钮,如“图片”“表格”等按钮来实现。

用户在幻灯片上添加的对象除了文本框、图片、表格、形状、图表等外,为了丰富演示文稿的内容,还可以包含视频、音频、屏幕录制和超链接等。

(1)插入视频、音频和屏幕录制

在幻灯片中插入视频和音频,可以通过单击“插入”选项卡“媒体”组中的相应按钮来实现。视频包括文件中的视频、联机视频和 PC 上的视频;音频包括文件中的音频、PC 上的音频和录制音频。屏幕录制是录制计算机屏幕和相关音频,然后将录制的内容插入幻灯片中。

(2)插入超链接

用户可以在幻灯片中插入超链接,利用它能跳转到同一文档的某张幻灯片,或者跳转到其他的演示文稿、Word 文档、网页或电子邮件地址等。超链接只能在幻灯片放映视图下起作用。

设置超链接

超链接有两种形式。

①以下画线表示的超链接:单击“插入”选项卡“链接”组中的“链接”按钮来实现。

②以动作按钮表示的超链接:单击“插入”选项卡“插图”组中的“形状”按钮,在弹出的下拉菜单的“动作按钮”栏中选择动作按钮来实现。

在幻灯片上添加对象后,可以对其进行缩放、修改、移动、复制、删除等编辑操作,其操作方法与 Word 文档的相同。

幻灯片的基本操作

2. 编辑幻灯片

幻灯片的删除、移动、复制等操作,通常在幻灯片浏览视图或普通视图的普通窗格中,通过选择编辑命令或按快捷键实现。

例 5-1 新建“科教兴国”演示文稿。共 3 张幻灯片。第 1 张幻灯片如图 5-2 所示,其中包含插入的图片(“科教兴国.jpg”)、音频(“科教兴国人才强国.mp3”);第 2 张幻灯片如图 5-3 所示,第 1 行文本内容是以下画线表示的超链接,右下角的▶按钮是以动作按钮表示的超链接,均链接到第 3 张幻灯片,第 3 张幻灯片是由第 2 张幻灯片复制而成的。

图 5-2　第 1 张幻灯片

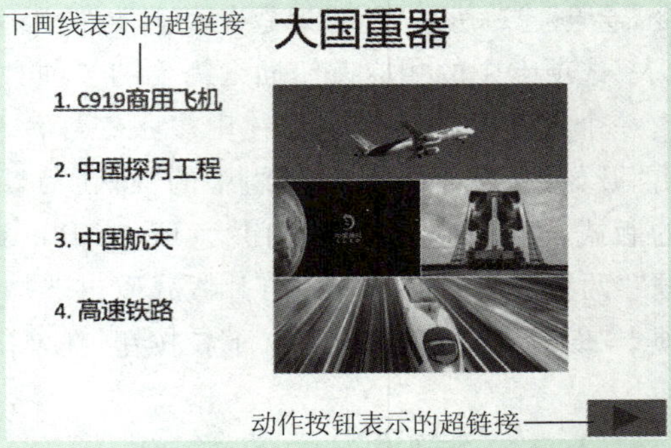

图 5-3　第 2 张幻灯片

操作步骤如下。

①在 PowerPoint 中单击“文件”按钮，在“文件”窗口中选择“新建”→“空白演示文稿”命令。

②在幻灯片上单击标题占位符，输入“科教兴国”。单击“插入”选项卡“媒体”组中的“音频”按钮，在弹出的下拉菜单中选择“PC 上的音频”命令，在弹出的“插入音频”对话框中找到音频文件“科教兴国人才强国.mp3”，将其插入幻灯片。插入音频文件后，幻灯片中出现一个声音图标。

③单击“插入”选项卡“图像”组中的“图片”按钮，在弹出的下拉菜单中选择“此设备”命令，在弹出的“插入图片”对话框中找到图片文件“科教兴国.jpg”，将其插入幻灯片，并适当调整其大小和位置。

④单击“开始”选项卡“幻灯片”组中的“新建幻灯片”下拉按钮，在弹出的幻灯片版式库中单击“标题和内容”按钮，插入一张幻灯片，输入标题和文本内容。选定“1. C919 商用飞机”文字，单击“插入”选项卡“链接”组中的“链接”按钮，弹出“插入超链接”对话框。单击“链接到”列表框中的“本文档中的位置”选项，在“请选择文档中的位置”列表框中选择“下一张幻灯片”选项，如图 5-4 所示，单击“确定”按钮，创建超链接。

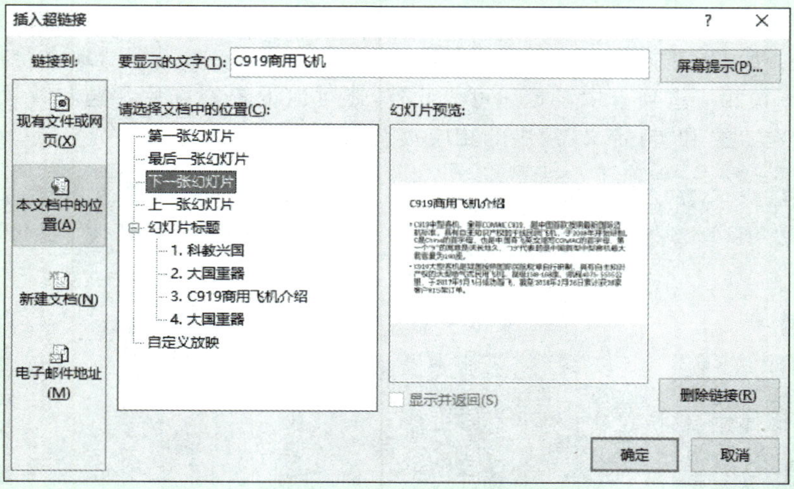

图 5-4　“插入超链接”对话框

⑤单击“插入”选项卡“插图”组中的“形状”按钮，在弹出的下拉菜单中单击“动作按钮：前进或下一项”按钮，然后在幻灯片右下角的合适位置绘制按钮，在弹出的“操作设置”对话框中确认超链接到“下一张幻灯片”，单击“确定”按钮，如图 5-5 所示。

⑥按照前面所述的方法插入图片“大国重器.jpg”，并适当调整其大小和位置。

⑦在普通视图的普通窗格中，单击第 2 张幻灯片，按 Ctrl+C 组合键复制幻灯片，然后按 Ctrl+V 组合键创建第 3 张幻灯片。

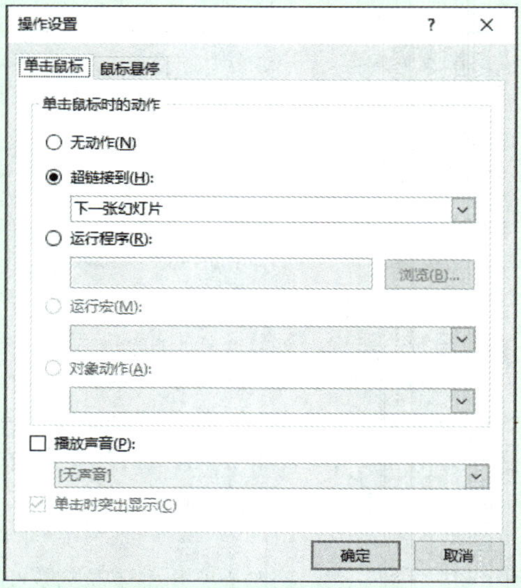

图 5-5　“操作设置”对话框

5.3 定制演示文稿的视觉效果

演示文稿制作好后，接下来的工作就是修饰演示文稿的外观，以求达到最佳的视觉效果。

美化演示文稿包括两部分：一是对每张幻灯片分别进行美化；二是统一设置演示文稿中幻灯片的外观。

5.3.1 美化幻灯片

用户在幻灯片中输入标题、文本后，为了使幻灯片更加美观、易读，可以设定文字和段落的格式。这通过单击“开始”选项卡“字体”和“段落”组中的相应按钮来实现。除了对文字和段落进行格式化外，还可以对插入的文本框、图片、自选图形、表格、图表等对象进行格式化。只要单击这些对象，在相应选项卡中设置即可。此外，还可以设置幻灯片主题和背景等，通过单击“设计”选项卡“主题”和“自定义”组中的相应按钮来完成。

例 5-2 将【例 5-1】演示文稿中第 1 张幻灯片的标题设置为华文行楷、66 号、居中对齐；将第 2 张幻灯片的背景设置为预设颜色“浅色渐变-个性色 1”；将第 3 张幻灯片的主题设置为“丝状”。美化效果如图 5-6 所示。

图 5-6 幻灯片的美化效果

操作步骤如下。

①在普通视图中单击第 1 张幻灯片，选中标题，在“开始”选项卡“字体”组中设置字体为“华文行楷”，字号为“66”，在“段落”组中设置对齐方式为“居中”。

②选中第 2 张幻灯片，单击“设计”选项卡“自定义”组中的“设置背景格式”按钮，打开“设置背景格式”任务窗格。选中“填充”栏的“渐变填充”单选按钮，单击“预设渐变”下拉按钮，在打开的预设颜色库中选择“浅色渐变-个性1”，如图 5-7 所示。直接关闭任务窗格，当前设置就作用于选定的幻灯片；单击“全部应用”按钮，当前设置则作用于所有幻灯片。

③选中第 3 张幻灯片，在“设计”选项卡“主题”组中单击“主题”下拉按钮，在弹出的下拉列表中右击“丝状”主题，在弹出的快捷菜单中选择“应用于选定幻灯片”命令。

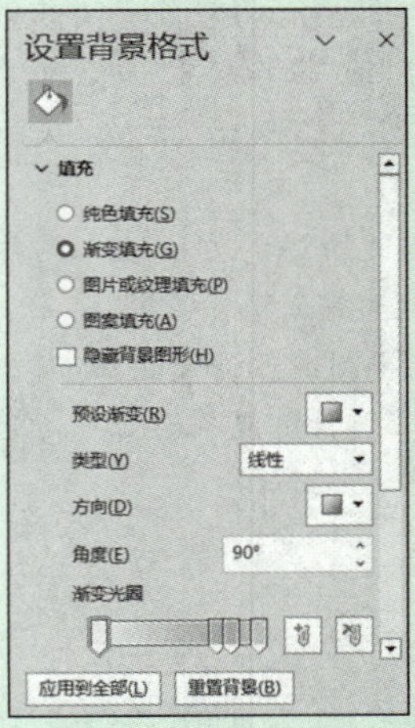

图 5-7 “设置背景格式”任务窗格

5.3.2　统一设置幻灯片外观

一个演示文稿由若干张幻灯片组成，为了使幻灯片保持风格一致和布局相同，提高编辑效率，可以通过 PowerPoint 提供的母版功能来设计一张母版，将之应用于所有幻灯片。母版包括可出现在每一张幻灯片上的显示元素，可以对整个演示文稿中的幻灯片统一进行调整，避免重复制作。

PowerPoint 的母版分为幻灯片母版、讲义母版和备注母版。

幻灯片母版是最常用的，它可以控制当前演示文稿中相同幻灯片版式上输入的标题和文本的格式与类型，使它们具有相同的外观。如果要统一修改多张幻灯片的外观，只需在相应幻灯片版式的母版上修改即可。如果用户希望某张幻灯片与幻灯片母版的效果不同，直接修改该幻灯片即可。

单击"视图"选项卡"母版视图"组中的"幻灯片母版"按钮，进入幻灯片母版视图。在左侧窗格列出了 12 种版式，选择其中的"标题和内容"版式，其母版如图 5－8 所示。

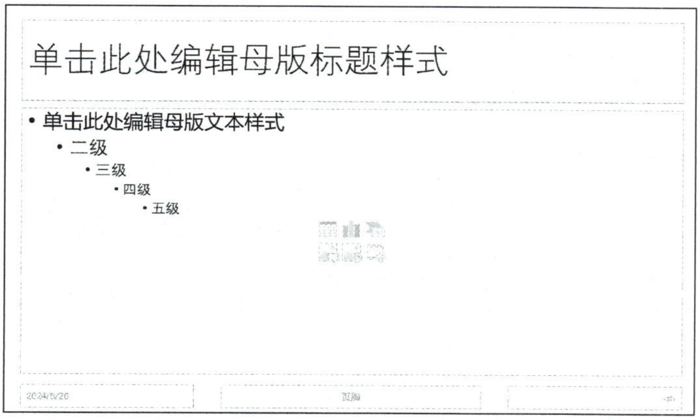

图 5－8　"标题和内容"版式的母版

母版通常有 5 个占位符：标题、文本、日期、页脚和幻灯片编号。在母版中可以进行以下操作。

①更改标题和文本样式。

②设置日期、页脚和幻灯片编号。

③在母版中插入对象。

在幻灯片母版中操作完成后，单击"幻灯片母版"选项卡"关闭"组中的"关闭母版视图"按钮返回。

讲义母版用于控制幻灯片以讲义形式打印的格式，备注母版主要提供演讲者备注使用的空间及设置备注幻灯片的格式。它们的操作可以通过单击"视图"选项卡"母版视图"组中的相应按钮来实现。

例 5－3　在【例 5－2】演示文稿中每张幻灯片的右下角加入幻灯片编号，在下方正中间加入页脚"科教兴国"，并在标题版式母版中设置页脚的字号为 24 号。

操作步骤如下。

①单击“插入”选项卡“文本”组中的“页眉和页脚”按钮，弹出“页眉和页脚”对话框。勾选“幻灯片编号”和“页脚”复选框，并在“页脚”文本框中输入“科教兴国”，如图5-9所示，单击“全部应用”按钮。

②单击“视图”选项卡“母版视图”组中的“幻灯片母版”按钮，进入幻灯片母版视图。在左侧窗格中单击“标题幻灯片”按钮，在页脚区选中“科教兴国”，在“开始”选项卡“字体”组中的“字号”下拉列表中选择“24”，再单击“幻灯片母版”选项卡“关闭”组中的“关闭母版视图”按钮返回。此后，添加的标题幻灯片版式中页脚的字号均为24号。

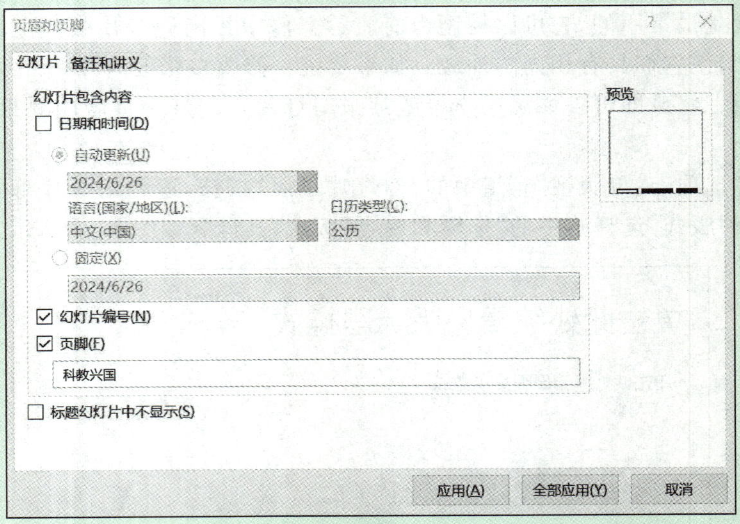

图5-9 设置幻灯片编号和页脚

5.4 设置演示文稿的播放效果

5.4.1 设计动画效果

设计动画效果包括两部分：一是设计幻灯片中对象的动画效果；二是设计幻灯片切换的动画效果。

1. 设计幻灯片中对象的动画效果

动画设置方法

在为幻灯片中的对象设计动画效果时，可以分别对它们的进入、强调、退出及动作路径进行设置。

①进入动画效果是对象进入幻灯片时产生的效果，包括基本型、细微型、温和型及华丽型4种。

②强调动画效果可以让对象突出显示，引人注目，一般选择较华丽的效果。

③退出动画效果包括百叶窗、飞出、轮子、棋盘等多种效果，可根据需要进行设置。

④动作路径用于自定义动画运动的路线及方向，也可以采用 PowerPoint 中预设的多种路径。

(1)添加动画

添加动画可以通过单击“动画”选项卡“动画”组中动画库的相应按钮来完成，PowerPoint 将一些常用的动画效果放置于动画库中。也可以单击该选项卡“高级动画”组中的“添加动画”按钮，在弹出的下拉菜单中选择相应的效果。如果想使用更多的效果，可以选择“更多进入效果”“更多强调效果”“更多退出效果”“其他动作路径”命令。例如，选择其中的“更多进入效果”命令，弹出“添加进入效果”对话框，如图 5 - 10 所示。

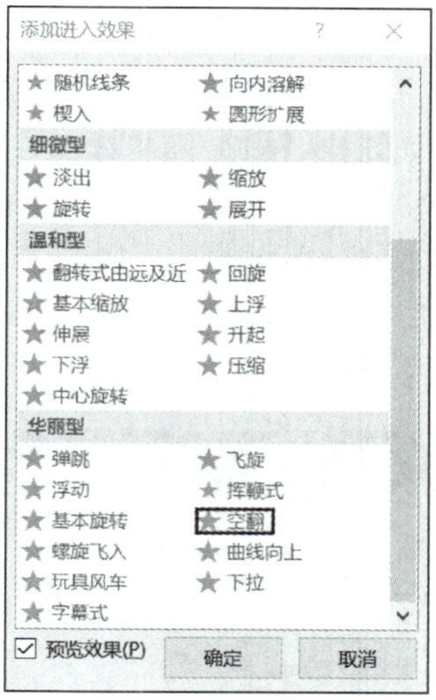

图 5 - 10　“添加进入效果”对话框

(2)编辑动画

设置好动画效果后，还可以对动画方向、运行方式、顺序、声音、动画长度等内容进行编辑，让动画效果更加符合设计意图。有些动画可以改变方向，这通过单击“动画”选项卡“动画”组中的“效果选项”按钮来完成。动画运行方式包括“单击时”“与上一动画同时”“上一动画之后”3 种，在“动画”选项卡“计时”组中的“开始”下拉列表中选择。

改变动画顺序可以先选定对象，再单击“动画”选项卡“计时”组中的“向前移动”或“向后移动”按钮，此时对象左上角的动画序号会相应地发生变化。

给动画添加声音可以先选定对象，再单击“动画”选项卡“动画”组右下角的对话框启动器按钮，弹出动画效果对话框，在“效果”选项卡的“声音”下拉列表中选择“风铃”选项，如图 5 - 11 所示。在“效果”选项卡中，还可以将动画文本设置为按字母、按字/词或整批发送。

设置动画属性

动画运行的时间包括非常快、快速、中速、慢速、非常慢 5 种，可以在“动画效果”对话框的“计时”选项卡中设置，如图 5 - 12 所示。在该选项卡中，还可以设置动画运行方式和延迟。

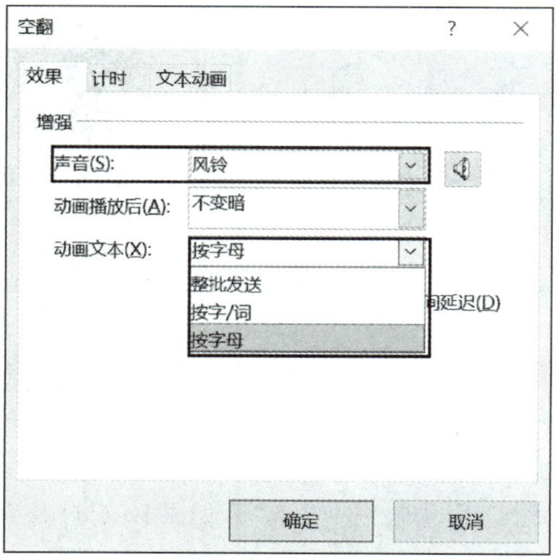

图 5 - 11　声音和动画文本的设置

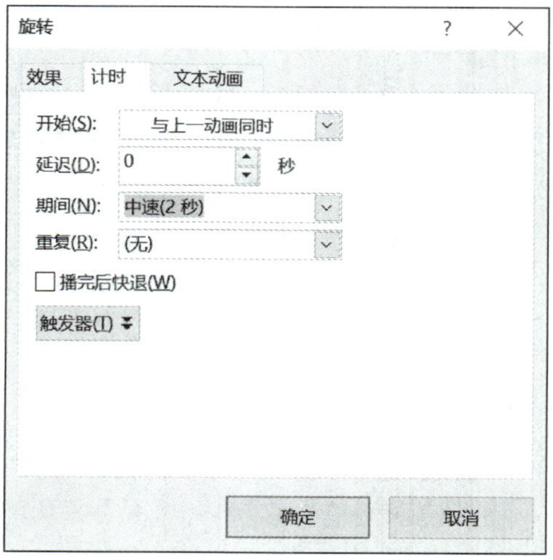

图 5 - 12　动画运行的时间的设置

2. 设计幻灯片切换的动画效果

幻灯片切换的动画效果是指移走屏幕上已有的幻灯片，并以某种效果开始新幻灯片的显示，如切出、推进、随机线条、闪光等。对幻灯片切换效果的设置中，包括切换方式、切换方向、切换声音和换片方式等。这通过单击“切换”选项卡“切换到此幻灯片”组和“计时”组中的相应按钮来实现，如图5-13所示。其中，可以用鼠标单击进行人工切换，也可以设置时间间隔来自动切换。如果要将所选的动画效果应用于其他幻灯片，则单击“计时”组中的“全部应用”按钮即可。

图5-13 “切换”选项卡

5.4.2 播放演示文稿

在放映幻灯片前，一些准备工作是必不可少的，例如将不需要放映的幻灯片隐藏、排练计时、设置幻灯片的放映方式等。

1. 隐藏幻灯片

在普通视图中选定幻灯片，右击，在弹出的快捷菜单中选择“隐藏幻灯片”命令。或选定幻灯片，单击“幻灯片放映”选项卡“设置”组中的“隐藏幻灯片”按钮。

2. 排练计时

排练计时是对幻灯片的放映进行排练，对每个动画使用的时间进行控制。整个演示文稿播放完毕后，系统会提示用户幻灯片放映需要的时间并询问是否保留排练时间，单击“是”按钮后，PowerPoint自动切换到幻灯片浏览视图下，并且在每个幻灯片下方显示放映所需要的时间。幻灯片排练计时是通过单击“幻灯片放映”选项卡“设置”组中的“排练计时”按钮来实现的。

3. 设置幻灯片的放映方式

放映与输出

在播放演示文稿前，可以根据用户的不同需要设置不同的放映方式。单击“幻灯片放映”选项卡“设置”组中的“设置幻灯片放映”按钮，在弹出的“设置放映方式”对话框中进行操作，如图5-14所示。

幻灯片有3种放映方式。

①演讲者放映(全屏幕)：以全屏幕形式显示，演讲者可以控制放映进程，可用绘图笔勾画，适用于大屏幕投影的会议、讲课。

②观众自行浏览(窗口)：以窗口形式显示，观众可编辑和浏览幻灯片，适用于人数少的场合。

③在展台浏览(全屏幕)：以全屏幕形式在展台上显示，幻灯片按事先预定的或通过“排练计时”按钮设置的时间和次序放映，不允许现场控制放映进程。

播放演示文稿有多种方式：按F5功能键；单击“幻灯片放映”选项卡“开始放映幻灯片”组中的“从头开始”按钮；单击“从当前幻灯片开始”按钮等。其中，除了最后一种方法是从当前幻灯片开始放映外，其他方法都是从第1张幻灯片放映到最后一张幻灯片。

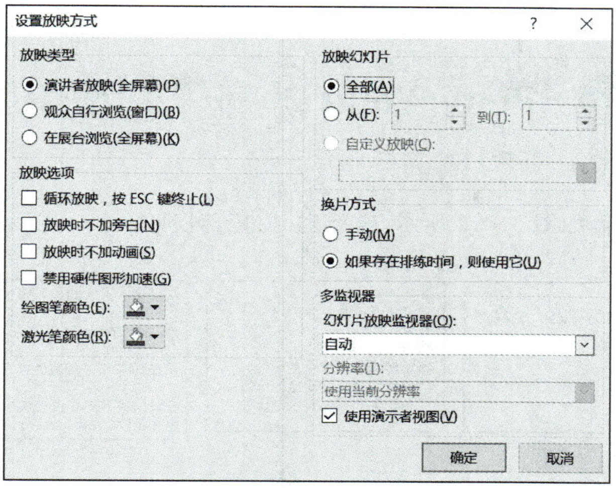

图 5－14　“设置放映方式”对话框

例 5－4　为【例 5－3】演示文稿中第 2 张幻灯片的标题设置“空翻”动画效果，速度为“中速”，声音为“风铃”，从上一动画之后延迟 1 s 发生；设置全部幻灯片的切换效果为“形状”，换片方式为单击鼠标时换页或每间隔 8 s 换页。

操作步骤如下。

①在普通视图中，单击第 2 张幻灯片，选定该幻灯片的标题，单击“动画”选项卡“高级动画”组中的“添加动画”按钮(因为“空翻”动画效果不在动画库中)，在弹出的下拉菜单中选择“更多进入效果”命令，在打开的“添加进入效果”对话框的“华丽型”栏中选择“空翻”选项(见图 5－10)，单击“确定”按钮。

②选定标题，单击“动画”选项卡“动画”组右下角的对话框启动器按钮，打开“空翻”对话框，在“效果”选项卡中设置“声音”为“风铃”(见图 5－11)；然后单击“计时”选项卡，在“开始”下拉列表中选择“上一动画之后”选项，在“延迟”数值框中输入“1”秒，在“期间”下拉列表中选择“中速(2 秒)”选项，单击“确定”按钮。

③选定任意幻灯片，单击“切换”选项卡“切换到此幻灯片”组中幻灯片切换库中的“形状”按钮，在“计时”组中进行相应设置(见图 5－13)，并单击“全部应用”按钮。

④按 F5 功能键，观看动画播放效果。

5.5 打印演示文稿

可以打印演示文稿，通过单击“文件”按钮，在弹出的“文件”窗口中选择“打印”命令来实现。

例 5－5　将【例 5－4】演示文稿以讲义形式用 A4 纸打印出来，每张纸打印 3 张幻灯片。

操作步骤如下。

①打开演示文稿。

②单击“文件”按钮，在弹出的“文件”窗口中选择“打印”命令，在“设置”栏单击“整页幻灯片”按钮，在弹出的下拉菜单中单击“讲义”栏中的“3 张幻灯片”按钮，在预览区域内即可看到打印效果。预览满意后单击“打印”按钮。

演示文稿制作完毕后，可以输出为不同格式的文件，可以创建 PDF/XPS 文档，创建视频，将演示文稿打包成 CD 等。

5.6 PowerPoint 2016 高级应用实例

本实例的演示文稿如图 5－15 所示,需要对其进行处理。

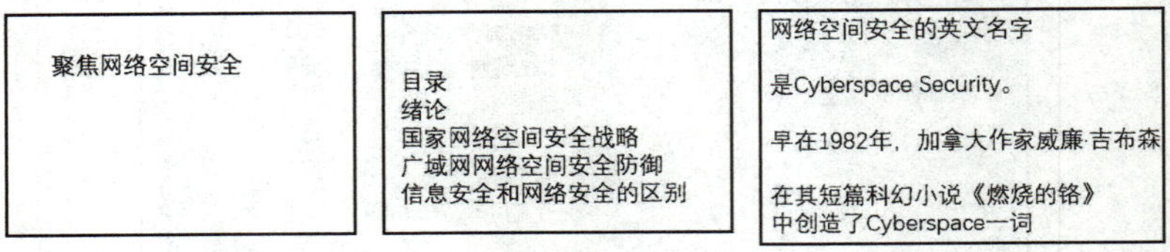

图 5－15 演示文稿

5.6.1 实例要求

1. 使用主题与更改主题颜色、字体

(1)设置主题

将第 1 张幻灯片的主题设置为“木材纹理”,将其他幻灯片的主题设置为“平面”。

(2)更改主题颜色

①新建一个自定义的主题颜色。其中,文字/背景-深色 1 为红色;文字/背景-浅色 1 为白色;文字/背景-深色 2 设置红色(R)为 50,绿色(G)为 100,蓝色(B)为 255;文字/背景-浅色 2 为浅蓝;强调文字颜色 1～6 分别为“红色”“橙色”“黄色”“绿色”“深蓝”“紫色”;超链接和已访问的超链接分别为“红色”和“绿色”。

完成后,保存此主题颜色为“自定义主题颜色 1”。

②修改创建的主题颜色,将其中的文字/背景-深色 1 改成绿色,其他不变,完成后保存此主题颜色为“自定义主题颜色 2”。

③将修改前的主题颜色应用于第 1 张幻灯片,将修改后的主题颜色应用于其他幻灯片。

(3)更改主题字体

新建一个自定义的主题字体,西文标题字体为“Constantia”,西文正文字体为“Franklin Gothic Book”,中文标题字体为“黑体”,中文正文字体为“楷体”,保存此主题字体为“自定义主题字体 1”,并应用于其他幻灯片。

2. 设置并应用幻灯片母版

①对于第 1 张幻灯片所应用的标题母版,将其中的标题样式设为黑体、54 号。

②对于其他幻灯片所应用的幻灯片母版,在日期区中插入当前日期(格式标准参照“2024/1/4”),在页脚区插入幻灯片编号(第 2 张幻灯片的编号为 1,第 3 张幻灯片的编号为 2,以此类推)。

3. 设置幻灯片动画效果

针对第 2 张幻灯片,设置以下动画效果。

①将标题内容“目录”的进入效果设置成“棋盘”。

②将文本内容“绪论”的进入效果设置成“缩放”，并且在标题内容出现 1 s 后自动开始放映，而不需要单击。

③按顺序依次将文本内容“国家网络空间安全战略”“广域网网络空间安全防御”“信息安全和网络安全的区别”的进入效果设置成“曲线向上”。

④将文本内容“绪论”的强调效果设置成“波浪形”。

⑤将文本内容“国家网络空间安全战略”的动作路径设置成“循环”。

⑥将文本内容“广域网网络空间安全防御”的退出效果设置成“收缩并旋转”。

⑦在页面中添加“前进”与“后退”动作按钮，单击动作按钮时分别跳转到当前页面的前一页与后一页，并设置这两个动作按钮的进入效果为同时飞入。

4. 设置幻灯片切换效果

①设置所有幻灯片之间的切换效果为“随机线条”。

②设置每隔 5 s 自动切换幻灯片，也可以单击手动切换幻灯片。

5. 设置幻灯片放映效果

①隐藏第 3 张幻灯片，在播放时直接跳过隐藏页。

②选择前两张幻灯片进行循环放映。

6. 输出演示文稿

将演示文稿打包成 CD，将 CD 命名为“我的 CD 演示文稿”，复制到 E 盘下，文件名与 CD 的名称相同。

5.6.2　操作步骤

1. 使用主题与更改主题颜色、字体

实例要求(1)的操作步骤如下。

①在普通视图中，选中演示文稿中的第 1 张幻灯片，右击“设计”选项卡“主题”组中主题库的“木材纹理”主题，在弹出的快捷菜单中选择“应用于选定幻灯片”命令。

②同时选中演示文稿中的其他幻灯片，右击“设计”选项卡“主题”组中主题库的“平面”主题，在弹出的快捷菜单中选择“应用于选定幻灯片”命令。

实例要求(2)的操作步骤如下。

①在普通视图中选中第 1 张幻灯片，单击“设计”选项卡“变体”组中的下拉按钮，在弹出的下拉菜单中选择“颜色”→“自定义颜色”命令，弹出“新建主题颜色”对话框。单击“文字/背景-深色 1”下拉按钮，在弹出的颜色库的“标准色”区选择“红色”。用同样的方法设置其他颜色，并在“新建主题颜色”对话框的“名称”文本框中输入“自定义主题颜色 1”。需要注意的是，在设置“文字/背景-深色 2：红色(R)为 50，绿色(G)为 100，蓝色(B)为 255”时，在弹出的下拉菜单中选择“其他颜色”命令，弹出“颜色”对话框。单击“自定义”选项卡，在“红色”数值框中输入“50”，在“绿色”数值框中输入“100”，在“蓝色”数值框中输入“255”，如图 5－16 所示，单击“确定”按钮。设置完成的“新建主题颜色”对话框如图 5－17 所示，单击“保存”按钮。此时，选中的第 1 张幻灯片被应用为新创建的主题颜色。

②在普通视图中同时选中其他幻灯片，单击“设计”选项卡“变体”组中的下拉按钮，在颜色库的“自定义”栏中选择“自定义主题颜色 1”选项。再次单击“变体”下拉按钮，在弹出的下拉

菜单中选择“颜色”→“自定义颜色”命令，弹出“新建主题颜色”对话框。这里只需要将“文字/背景-深色1”改为绿色，其他不变，在“名称”文本框中输入“自定义主题颜色2”，单击“保存”按钮。此时，选定的幻灯片都被应用为新修改的主题颜色。

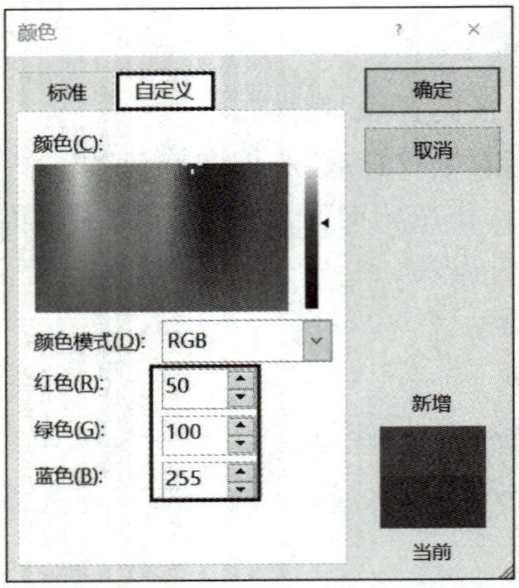

图5-16　设置“文字/背景-深色2”颜色

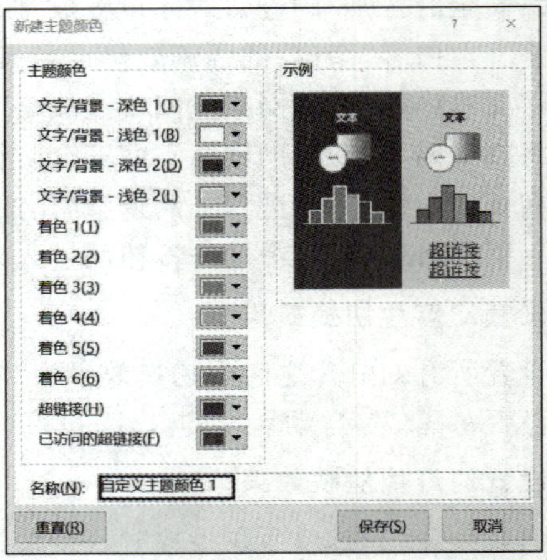

图5-17　新建“自定义主题颜色1”

实例要求(3)的操作步骤如下。

在普通视图中同时选定其他幻灯片，单击“设计”选项卡“变体”组中的下拉按钮，在弹出的下拉菜单中选择“字体”→“自定义字体”命令，弹出“新建主题字体”对话框。在“标题字体(西文)”下拉列表中选择“Constantia”选项，在“正文字体(西文)”下拉列表中选择“Franklin Gothic Book”选项，在“标题字体(中文)”下拉列表中选择“黑体”选项，在“正文字体(中文)”下拉列表中选择“楷体”选项，在“名称”文本框中输入“自定义主题字体1”，如图5-18所示，单击“保存”按钮。此时，选定的幻灯片都被应用为新建的主题字体。

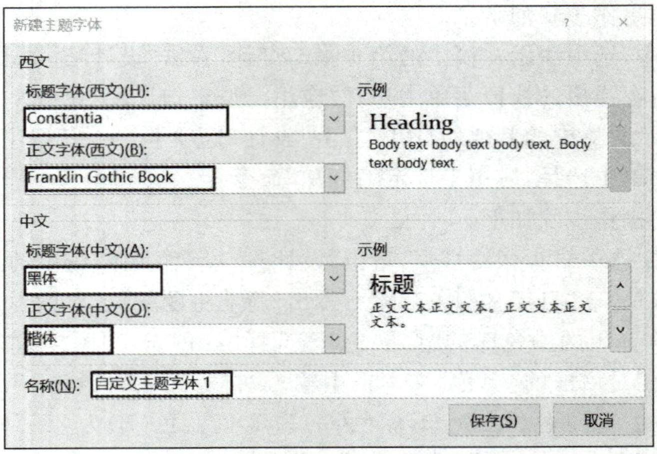

图5-18　新建“自定义主题字体1”

2. 设置并应用幻灯片母版

实例要求①的操作步骤如下。

①在普通视图中选中第1张幻灯片。

②单击“视图”选项卡“母版视图”组中的“幻灯片母版”按钮，进入幻灯片母版视图。单击

“标题幻灯片”母版，单击“单击此处编辑母版标题样式”占位符，在“开始”选项卡“字体”组中设置字体为“黑体”，字号为“54”，单击“幻灯片母版”选项卡“关闭”组中的“关闭母版视图”按钮返回。

实例要求②的操作步骤如下。

①在普通视图中同时选中除第 1 张幻灯片之外的幻灯片。

②单击“设计”选项卡“自定义”组中的“幻灯片大小”按钮，在弹出的下拉菜单中选择“自定义幻灯片大小”命令，弹出“幻灯片大小”对话框。在“幻灯片编号起始值”数值框中输入“0”，如图 5－19 所示，单击“确定”按钮。单击“插入”选项卡“文本”组中的“页眉和页脚”按钮，弹出“页眉和页脚”对话框。勾选“日期和时间”复选框，选中“自动更新”单选按钮，勾选“幻灯片编号”复选框，如图 5－20 所示，单击“应用”按钮。

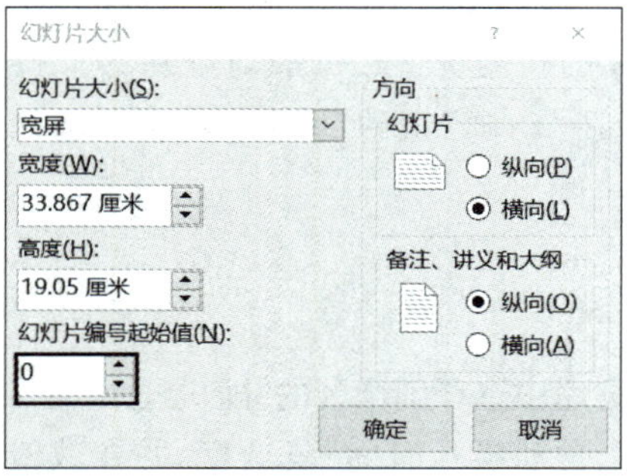

图 5－19　设置幻灯片编号起始值

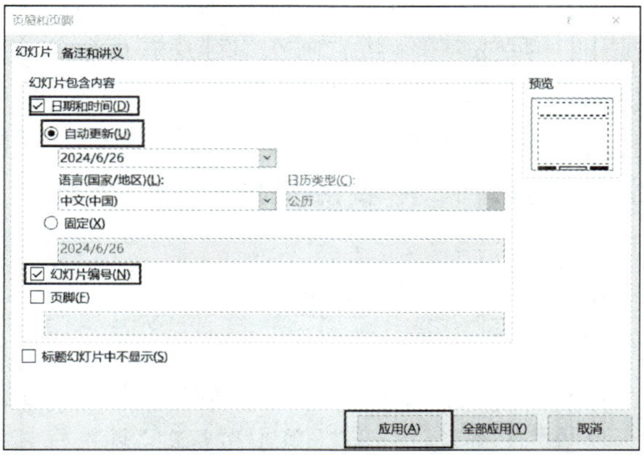

图 5－20　设置日期和幻灯片编号

3. 设置幻灯片动画效果

操作步骤如下。

①在普通视图中单击第 2 张幻灯片，选中标题内容“目录”，单击“动画”选项卡，在“动画”组的动画样式库中选择“更多进入效果”命令，弹出“更改进入效果”对话框。在“基本型”区选择“棋盘”选项，如图 5－21 所示，单击“确定”按钮。

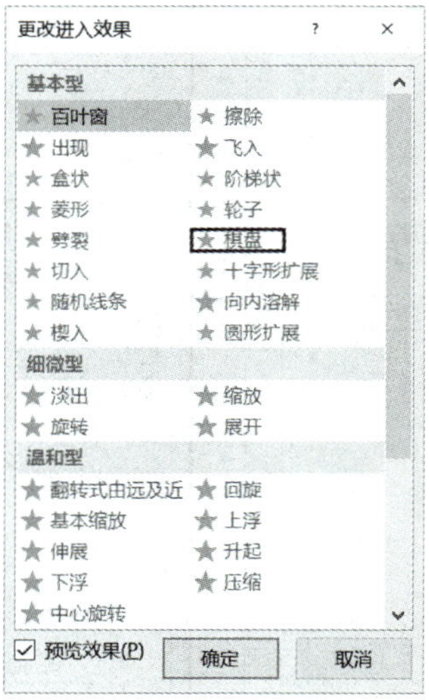

图 5－21　设置进入效果“棋盘”

②选中文本内容“绪论”,在“动画”选项卡“动画”组的动画样式库中选择“缩放”选项,在“计时”组中的“开始”下拉列表中选择“上一动画之后”,在“延迟”数值框中输入“01.00”(1 s)。

③用与①相同的方法依次将文本内容的进入效果设置成“曲线向上”。

④选中文本内容“绪论”,在“动画”选项卡“动画”组的动画样式库中选择强调区的“波浪形”选项。

⑤选中文本内容“国家网络空间安全战略”,在“动画”选项卡“动画”组的动画样式库中选择动作路径区的“循环”选项。

⑥选中文本内容“广域网网络空间安全防御”,在“动画”选项卡“动画”组的动画样式库中选择退出区的“收缩并旋转”选项。

⑦单击“插入”选项卡“插图”组中的“形状”下拉按钮,在“动作按钮”区选择“动作按钮:前进或下一项”选项▷,将它画在幻灯片右下角的合适位置,在弹出的“操作设置”对话框中选中“超链接到”单选按钮,在下方的下拉列表中选择“下一张幻灯片”选项,单击“确定”按钮。用同样的方法插入“动作按钮:后退或前一项”◁(注意超链接的位置是“上一张幻灯片”)。按住Shift键将这两个动作按钮同时选中,单击“动画”选项卡,在“动画”组的动画样式库中选择进入区的“飞入”选项。

4. 设置幻灯片切换效果

操作步骤如下。

①单击“切换”选项卡,在“切换到此幻灯片”组的切换方案库中选择细微区的“随机线条”选项。

②在“计时”组中勾选“单击鼠标时”复选框,勾选“设置自动换片时间”复选框,并在数值框中输入“00:05.00”,单击“全部应用”按钮。

5. 设置幻灯片放映效果

操作步骤如下。

①在普通视图中右击第3张幻灯片,在弹出的快捷菜单中选择“隐藏幻灯片”命令,此时能够看到其左上角的编号上多出了一条斜线(表示该幻灯片在放映时不显示)。

②单击“幻灯片放映”选项卡“设置”组中的“设置幻灯片放映”按钮,弹出“设置放映方式”对话框,进行如图5-22所示的设置。

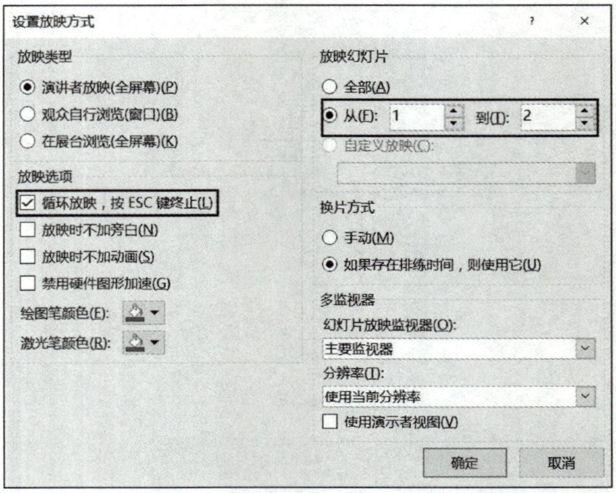

图5-22 “设置放映方式”对话框

6. 输出演示文稿

操作步骤如下。

①单击“文件”按钮，在“文件”窗口中选择“导出”命令，在“导出”栏中选择“将演示文稿打包成 CD”命令，如图 5－23 所示，再单击“打包成 CD”按钮，弹出“打包成 CD”对话框。在“将 CD 命名为”文本框中输入“我的 CD 演示文稿”，如图 5－24 所示，单击“复制到文件夹”按钮，弹出“复制到文件夹”对话框。单击“浏览”按钮，选择“E:\”文件夹，如图 5－25 所示，单击“确定”按钮，然后单击“关闭”按钮。

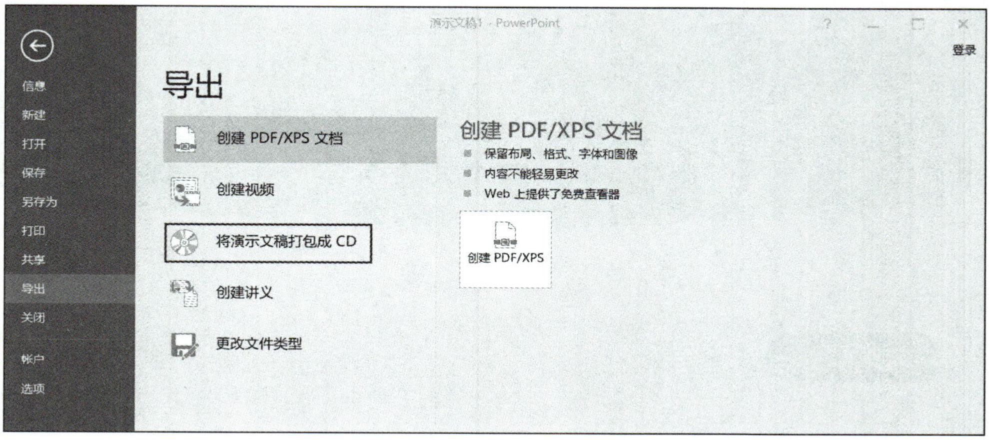

图 5－23　将演示文稿打包成 CD

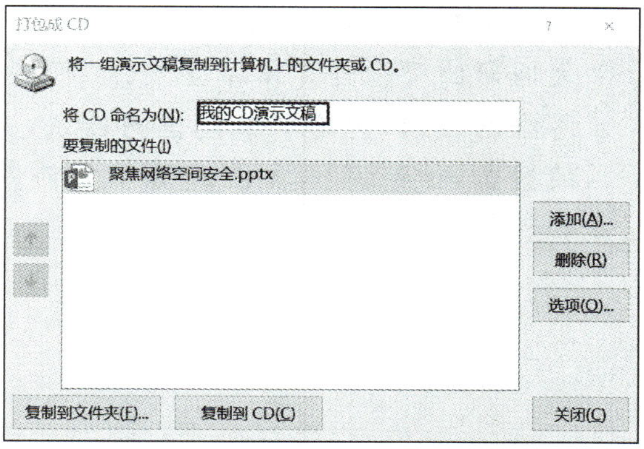

图 5－24　“打包成 CD”对话框

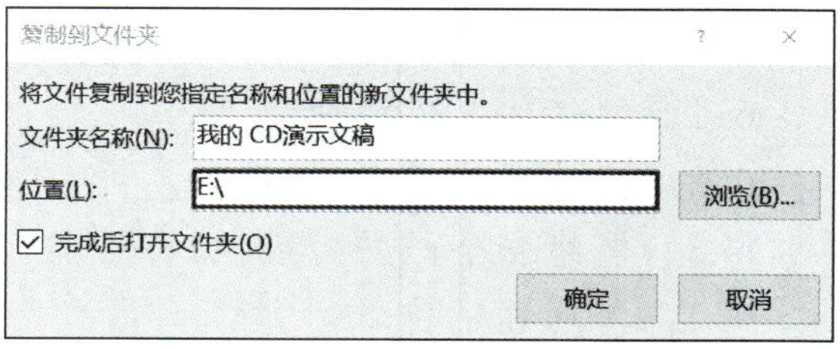

图 5－25　“复制到文件夹”对话框

②运行该演示文稿的 EXE 文件，检查是否正确，有问题及时解决。

第6章　网络通信与信息安全

本章导读

机器之间的通信是一个复杂的过程，体现了大问题的复杂性。本章主要从“模型和结构”计算思维的概念，讨论网络通信的方法，并且用“安全”的概念，讨论网络攻击的防护方法及信息的加密和解密。

知识列表

6.1 网络的工作原理

6.1.1 网络的基本类型

1. 互联网的发展

1969 年，美国国防部高级研究计划局（Defense Advanced Research Projects Agency, DARPA）制定了一个计划，将美国的加利福尼亚大学洛杉矶分校（University of California, Los Angeles, UCLA）、加州大学圣巴巴拉分校（University of California, Santa Barbara, UCSB）、斯坦福研究院（SRI）和犹他大学（University of Utah, U of U）的 4 台计算机连接起来，搭建一个 ARPANET（阿帕网）。1969 年 9 月 3 日，UCLA 的 L. 克兰罗克（L. Kleinrock）教授在实验室内，将两台计算机成功地用一条长 5 m 的电缆连接起来并互通数据。1969 年 10 月 29 日 22:30，在克兰罗克教授的指导下，阿帕网第一节点 UCLA 与第二节点 SRI 连通，虽然第一次实验只传输了“LO”两个字符（计划传输“LOGIN”）就宕机了，但是实现了分组交换技术（包交换）的远程通信，这标志着互联网的正式诞生。

全球互联网已经成为当今世界推动经济发展和社会进步的重要信息基础设施。根据百度百科的数据，全球互联网用户数量持续增长，2023 年超过 53 亿，占全球人口数量的 65.4%，中国的互联网用户最多，其次是印度和美国。增长主要由智能手机和移动数据普及推动的，电子商务、流媒体视频和社交媒体普及率日益提高。全球超过 60% 的互联网流量来自手机用户，用户每天平均使用手机时间为 6 小时 40 分钟。我国互联网发展稳中有进，数字技术和实体经济加速融合，5G 应用融入 97 个国民经济大类中的 71 个。中国互联网络信息中心 2024 年 3 月发布的第 53 次《中国互联网络发展状况统计报告》显示，2023 年全年移动互联网用户接入流量 3 015 亿 GB，固定互联网宽带接入用户 63 631 万户，其中 100 Mbps 速率及以上的宽带接入用户 60 136 万户，蜂窝物联网终端用户 23.32 亿户，互联网上网人数 10.92 亿人，其中手机上网人数 10.91 亿人，互联网普及率为 77.5%，其中农村地区互联网普及率为 66.5%，如图 6-1 所示。

互联网的发展趋势

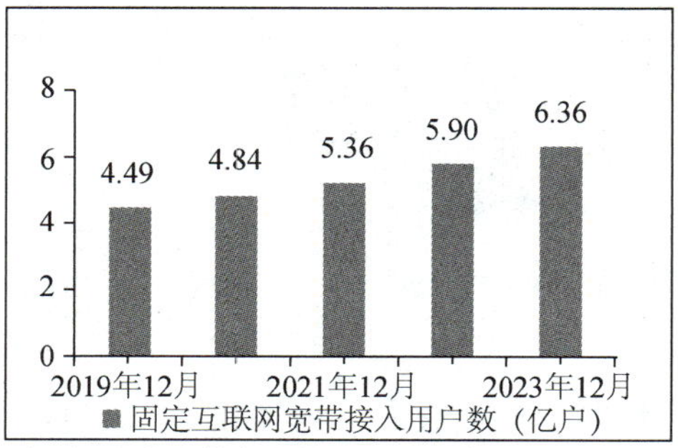

来源：工业和信息化部

(a) 固定互联网宽带接入用户数

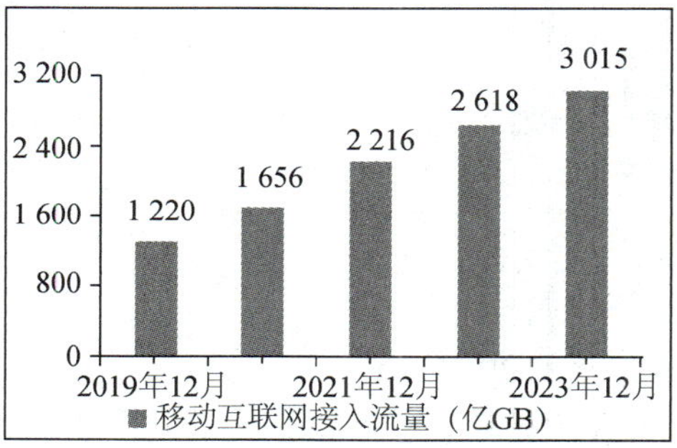

来源：工业和信息化部

(b) 移动互联网接入流量

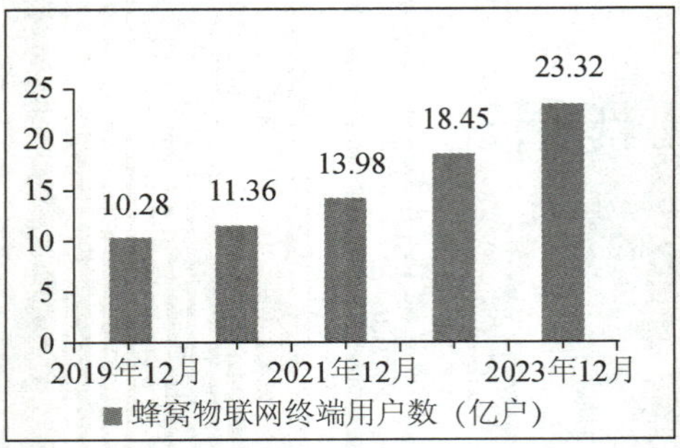

来源：工业和信息化部

(c) 蜂窝物联网终端用户数

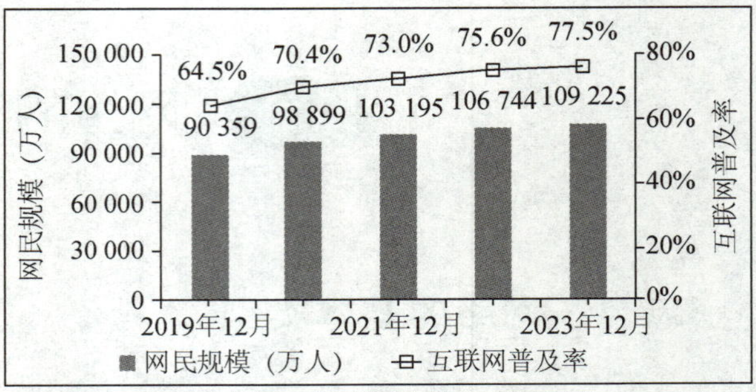

来源：CNNIC中国互联网络发展状况统计调查

(d) 2019.3-2023.12手机网民规模及其占网民比例

图 6－1　2023 年中国互联网发展情况相关数据

2. 计算机网络的定义

计算机网络是利用通信设备和传输介质，将分布在不同地理位置上的具有独立功能的计算机相互连接，让它们在网络协议的控制下进行信息交流，实现资源共享和协同工作。

3. 计算机网络的主要类型

计算机网络的分类方法有很多种，最常用的分类方法是根据计算机网络地理范围的大小，将网络分为局域网、城域网和广域网。

注意：尽管局域网是结构最简单的网络，但它并不一定是小型网络。由于光通信技术的发展，局域网的覆盖范围越来越大，往往将直径达数千米的一个连续的园区网(如大学校园网、智能小区网)也归到局域网中。

(1)局域网(LAN)

局域网的覆盖范围通常为一幢建筑物内或相邻几幢建筑物之间，如图 6－2 所示。局域网是结构复杂度较低的计算机网络，也是应用最广泛的计算机网络。

计算机网络概述

分类与入网方式

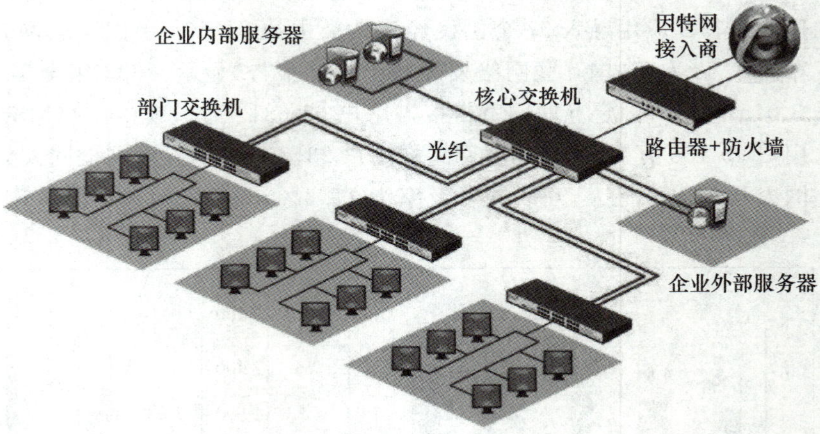

图 6－2　局域网应用案例

(2)城域网(MAN)

城域网的覆盖区域为数百平方千米的一座城市内，城域网往往由许多大型局域网组成。城域网主要为个人用户、企业局域网用户提供网络接入，并将用户信号转发到因特网中，其结构示意图如图 6－3 所示。城域网的信号传输距离比局域网的长，信号更加容易受到环境的干扰，因此其网络结构较为复杂，往往采用点对点、环形、树形等混合结构。由于数据、语音、视频等信号可能都采用同一城域网传输，因此城域网的组网成本较高。

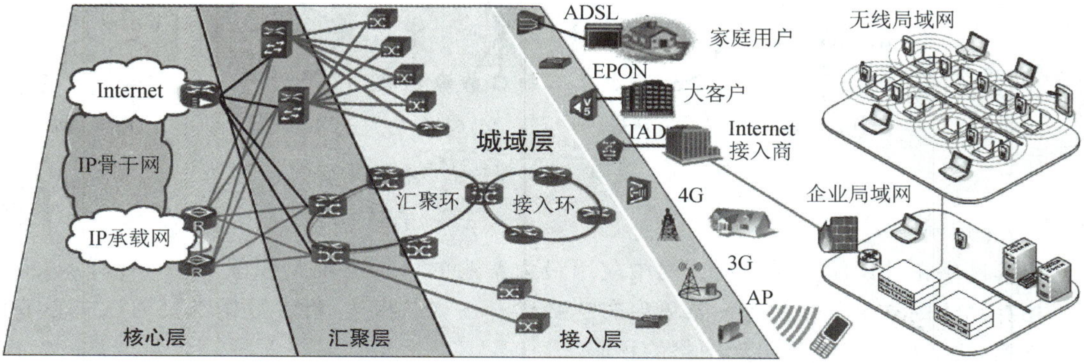

图 6－3　城域网结构示意图

(3)广域网(WAN)

广域网的覆盖范围通常在数千平方千米以上，一般为多个城域网的互联(如 ChinaNET，中国公用计算机互联网)，甚至是全世界各个国家之间网络的互联，因此广域网能实现大范围的资源共享。广域网一般采用光纤进行信号传输，网络主干线路的数据传输速率非常高，网络结构较为复杂，往往是一种网状网或其他拓扑结构的混合模式。广域网由于需要跨越不同城市、地区、国家，因此网络工程最为复杂。图 6－4 所示为第 2 代中国教育和科研计算机网(China Education and Research Network 2，CERNET2)的结构示意图。

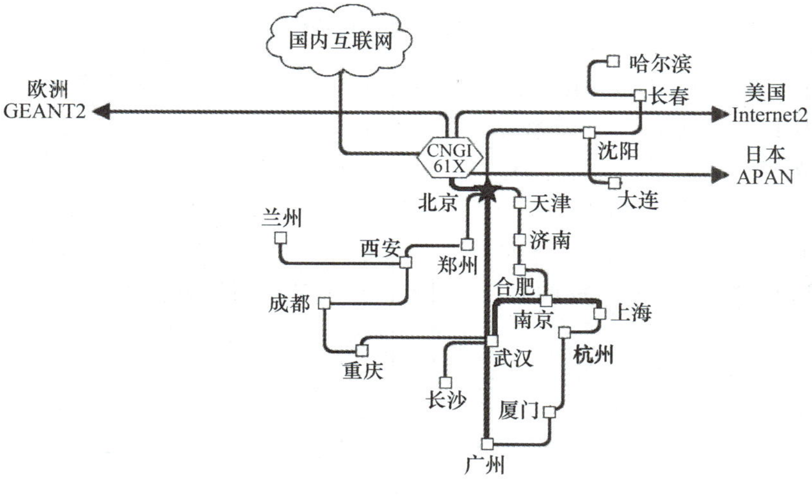

图 6－4　CERNET2 的结构示意图

4. 网络拓扑结构的类型

在计算机网络中，如果把计算机、服务器、交换机、路由器等网络设备抽象为点，把网络中的传输介质抽象为线，这样就可以将一个复杂的计算机网络系统抽象成由点和线组成的几何图形，这种图形称为网络拓扑结构。

如图 6-5 所示,基本的网络拓扑结构有总线型结构、星形结构、环形结构、树形结构、网状结构和蜂窝形结构。大部分网络是这些基本网络拓扑结构的组合形式。

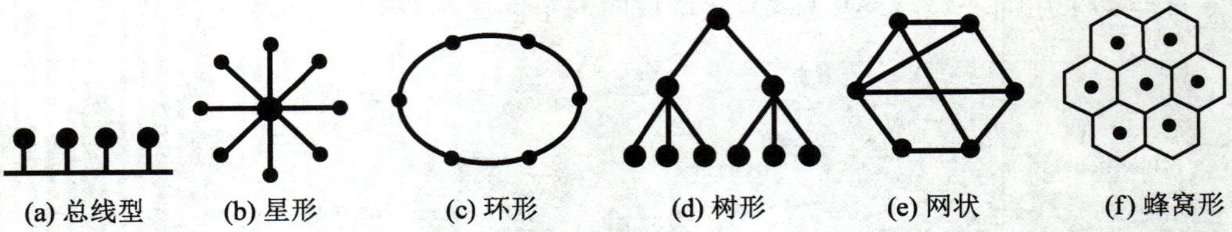

图 6-5 基本的网络拓扑结构示意图

(1)星形网络

星形网络拓扑结构是目前局域网中应用最为普遍的一种结构。如图 6-6(a)所示,星形网络拓扑结构的每个节点都有一条单独的链路与中心节点相连,所有数据都要通过中心节点进行交换,因此中心节点是星形网络的核心。

星形网络采用广播通信技术,星形局域网的中心节点设备通常采用交换机。如图 6-6(b)所示,在交换机中,每个端口都挂接在交换机内部背板总线上,因此,星形以太网虽然在物理上呈星形结构,但逻辑上仍然是总线型结构。

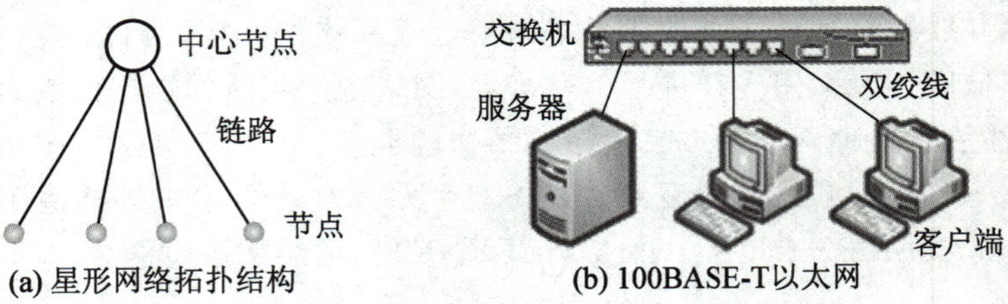

图 6-6 星形网络拓扑结构和以太网

星形网络结构简单,建设和维护费用少,一般采用双绞线作为传输介质,中心节点一般采用交换机,这样集中了网络信号流量,提高了链路利用率。

(2)环形网络

如图 6-7 所示,在环形网络拓扑结构中,各个节点(如交换中心)通过环接口,连接在一条首尾相接的闭合环形通信线路中。环形网络分为单环、多环、环相切、环内切、环相交、环相连等结构。在环形网络中,节点之间的信号沿环路顺时针或逆时针方向传输。

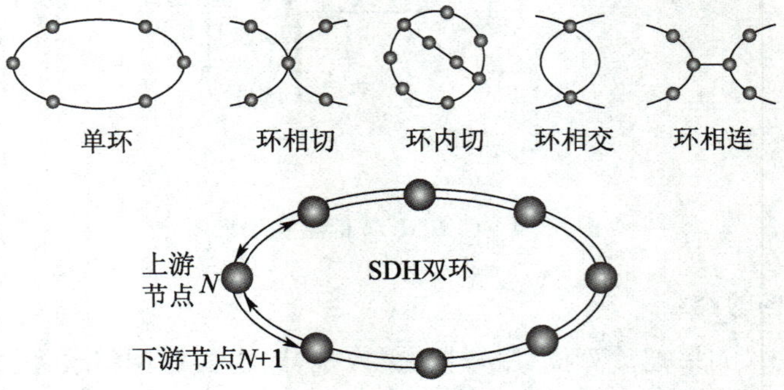

图 6-7 环形网络拓扑结构

环形网络的特点是每个节点都与两个相邻的节点相连，因而是一种点对点通信模式。环形网络采用信号单向传输方式，如图 6－7 所示，如果 $N+1$ 节点需要将数据发送到 N 节点，几乎要绕环一周才能到达 N 节点，因此环形网络在节点过多时会产生较大的信号时延。

环形网络的建设成本较高，也不适用于多用户接入，环形网络主要用于城域传输网和国家大型骨干传输网。

6.1.2　网络的体系结构

1. 通信过程中的计算思维方法

人类通信是一个充满智能化的过程。如图 6－8(a)所示，以一个企业技术讨论会为例，说明通信的计算思维方法。技术人员在开会时必须进行很多智能化的通信（这些通信不一定是以语言方式进行的）：参加会议的人员都必须知道在哪里开会（目的地址）；如何到会议室（路由）；会议什么时候开始（通信确认）；会议主讲者通过声音（传输介质为声波）和视频（传输介质为光波）表达自己的意见（传送信息）；主讲者必须关注与会人员的反应（监听），其他人员必须关注主讲者发言（同步）；有时主讲者会受到会议室外的干扰（环境噪声），以及会议室内其他人员说话的干扰（信道干扰）；如果与会者同时说话，就会造成谁也听不清对方在说什么（信号冲突）；主讲人保持恒定语速（通信速率）；等等。

计算机之间的数据传输是一个复杂的通信过程，如图 6－8(b)所示。计算机的通信过程与人们开会的情况类似，需要解决的问题很多。例如，本机与哪台计算机通信（本机地址与目的地址）？通过哪条路径将信息传送到对方（路由）？对方开机了吗（通信确认）？信号传输采用什么传输介质（微波或光纤）？通信双方如何在时钟上保持一致（同步）？信号接收端怎样判断和消除信号传输过程中的干扰（检错与纠错）？通信双方发生信号冲突时如何处理（通信协议）？如何提高数据传输效率（复用技术）？网络通信虽然有许多工作要做，但是网络处理速度以毫秒计，这些工作计算机瞬间就可以完成。

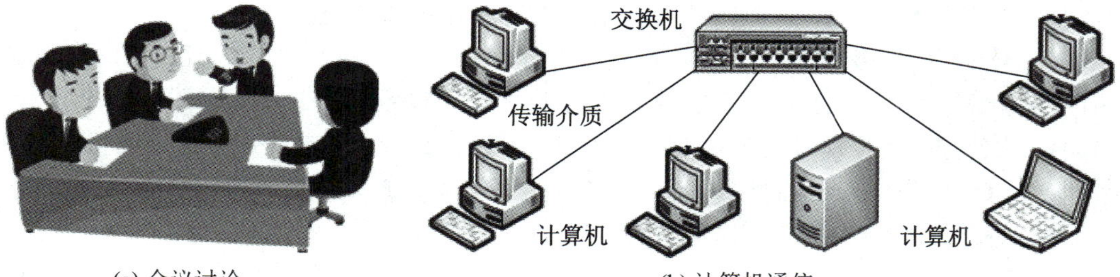

(a) 会议讨论　　(b) 计算机通信

图 6－8　会议讨论和计算机通信的比较

注意：人类通信与计算机通信的共同点在于都需要遵循通信规则。不同点在于，人类在通信时，可以随时灵活地改变通信规则，并且智能地对通信方式和内容进行判断；而计算机在通信时，不能随意改变通信规则，计算机以高速处理和高速传输来弥补机器智能的不足。

2. 网络协议的三要素

在计算机网络中，用于规定信息格式及如何发送和接收信息的一系列规则或约定称为网络协议。简单地说，网络协议就是机器之间交谈的语言。网络协议的三个组成要素是语法、语义和时序。

语法规定了进行网络通信时数据的传输和存储格式,以及通信中需要哪些控制信息。语法主要解决"怎么讲"的问题。

语义规定了控制信息的具体内容,以及发送主机或接收主机所要完成的工作。语义主要解决"讲什么"的问题。

时序规定计算机网络操作的执行顺序,以及通信过程中的速度匹配。时序主要解决"顺序和速度"的问题。

3. 三次握手与协议安全性

网络通信过程分为建立连接、数据传送、关闭连接三个步骤。三次握手是指网络通信过程中信号的三次交换过程,这个过程发生在建立连接阶段。三次握手的目的是解决在不可靠信道上可靠地传输信息这一需求,因为在不可靠信道中,通信双方需要就某个问题达成一致时,三次握手是理论上的最小值。如图6-9所示,一个完整的三次握手过程是请求、应答、确认。

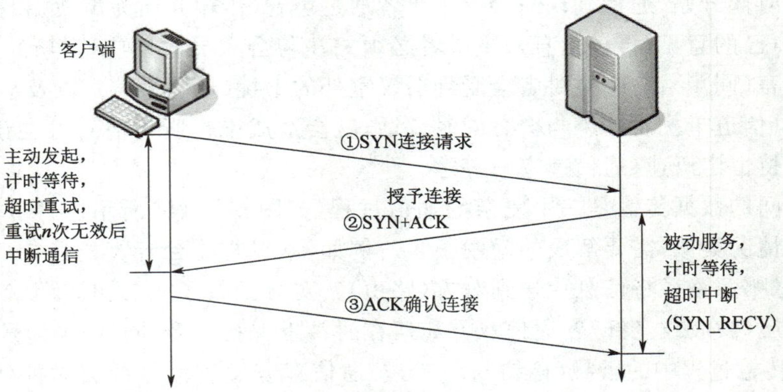

图6-9 TCP建立连接时的三次握手过程

①第一次握手:建立连接时,客户端发送同步序列编号(synchronize sequence numbers, SYN)数据包到服务器,并进入等待计时状态,等待服务器确认请求。

②第二次握手:服务器收到SYN数据包,并且确认是客户的SYN数据包,同时自己也发送一个SYN+ACK数据包作为应答,然后服务器进入计时等待状态(SYN_RECV)。

③第三次握手:客户端收到服务器的SYN+ACK数据包后,向服务器发送确认(acknowledge character, ACK)数据包,此数据包发送完后,客户端和服务器进入连接状态,完成三次握手过程。这时客户端与服务器可以开始传送数据了。

在以上过程中,服务器发送完SYN+ACK数据包后,如果未收到客户端的ACK数据包,服务器进行首次重传;若等待一段时间仍未收到客户端的ACK数据包,进行第二次重传;如果重传次数超过系统规定的最大重传次数,服务器将该连接信息从半连接队列中删除。

在以上讨论中可以看到TCP存在一些安全隐患,如三次握手连接需要消耗的资源包括数据包信息、条件状态、序列号等。如果客户端是攻击者(黑客),故意发送大量伪造源地址的SYN数据包,这样ACK数据包永远不会送达服务端,这会造成服务器忙于应付,连接队列很快被填满,服务器最终因资源耗尽而崩溃。

4. 网络协议的计算思维特征

为了减少网络通信的复杂性,专家们将网络通信过程划分为许多小问题,然后为每个小问题设计一个通信协议，这样使每个协议的设计、编码和测试都比较容易。这样网络通信就需要许多协议，如TCP/IP网络就包含了数千个网络协议(如协议标准RFC 6455)。为了减少复杂性，专家们又将网络功能划分为多个不同的层次，每层都提供一定的服务，使整个网络协议形成层次结构模型。网络协议的层次结构模型具有以下特征。

①完整性。将一个复杂的网络通信过程分解为几个层次进行处理，大大降低了每个层次的复杂性。网络协议的分层不能模糊，每一层都必须明确定义，而且不能引起误解。网络协议必须是完整的，对每种可能出现的情况必须规定相应的具体操作。

②独立性。网络协议分层后，各层之间相互独立，高层不必关心低层的实现细节，做到每层各司其职。每个网络层次内部的具体操作方式，其他层次不必了解。只要网络服务和接口不变，层次内的实现方法可灵活改变。

③标准接口。每个网络协议层次都提供标准的服务，使不同层次之间易于合作。网络协议的每一层都必须提供标准接口，使开发商易于提供网络软件和网络设备。

④灵活性。只要网络协议结构不变，某个网络层次内部的变化不会对其他层次产生影响，因此每个层次的软件或设备可以单独升级或改造，这有利于网络的维护和管理。

⑤统一性。网络通信中的每台机器和设备都必须遵循同一网络协议。

层次结构的计算思维，大大简化了很多复杂问题的处理过程。

5. OSI-RM

网络层次模型和通信协议的集合称为网络体系结构。常见的网络体系结构有开放系统互连参考模型(open system interconnection reference model, OSI-RM)、TCP/IP参考模型等。如图6-10所示，ISO提出的OSI-RM将网络体系结构划分为7个层次，分别为物理层、数据链路层、网络层、传输层、会话层、表示层和应用层。OSI-RM还规定了每层的功能，以及不同层之间进行通信协调的方法。由于各方面的原因，OSI-RM并没有在计算机网络中得到实际应用，往往作为一个理论模型进行网络分析。

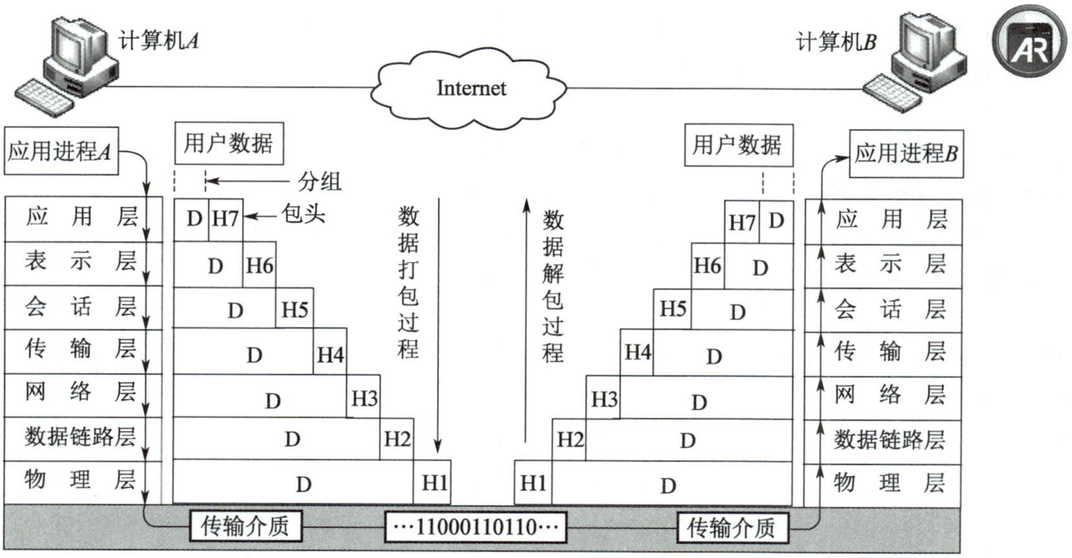

图6-10 OSI-RM与信号传输过程

6. TCP/IP 参考模型

TCP/IP 参考模型是由因特网工程任务组(Internet Engineering Task Force,IETE)定义的网络体系结构,它规范了主机之间通信的数据包格式、主机寻址方法和数据包传送方式。如图 6-11 所示,TCP/IP 模型定义了 4 个层次:网络接口层、网络层、传输层和应用层。

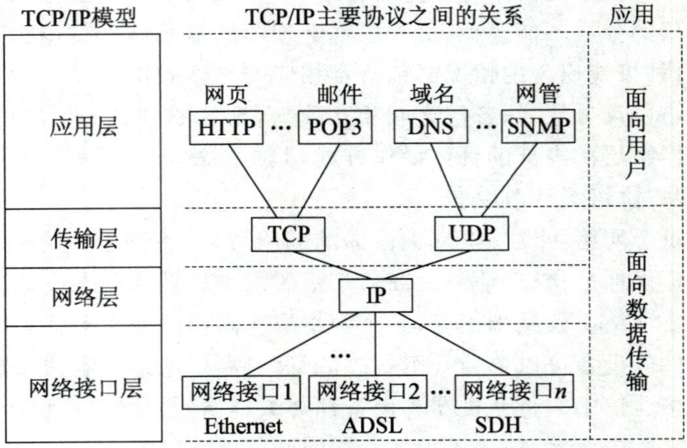

图 6-11　TCP/IP 模型和主要协议

(1)网络接口层

网络接口层的主要功能是建立网络的电路连接和实现主机之间的比特流传送。电路连接工作包括传输介质接口形式、电气参数、连接过程等。比特流传送工作主要是指通过计算机中的网卡和操作系统中的网络设备驱动程序,将数据包按比特从一台主机(计算机或网络设备)通过传输介质(电缆或微波)送往另一台主机。

注意:由于因特网设计者注重的是网络互联,所以针对网络接口层没有提出专门的协议,并且允许采用当时已有的通信子网(如 X.25 交换网、以太网等)及将来的各种网络通信协议。这一设计思想使得 TCP/IP 可以通过网络接口层连接到任何网络中,如 100 GB 以太网、密集波分复用(DWDM)光纤网络、无线局域网(WLAN)等。

(2)网络层

网络层的主要功能是为网络内主机之间的数据交换提供服务,并进行网络路由选择。网络层接收到分组后,根据路由协议(如 OSPF)将分组送到指定的目的主机。

网络层主要有 IP 和路由协议等。IP 提供不可靠的传输服务。也就是说,IP 只是尽可能快地把分组从源节点送到目的节点,但是并不提供任何可靠性保证。

(3)传输层

传输层的功能是报文分组、数据包传输、流量控制等。传输层主要由 TCP 和用户数据报协议(user datagram protocol,UDP)组成。

分组是将较长的报文(如网页)按固定长度分解成若干个分组,每个分组按规定格式加上相关信息,如分组序号、控制信息和差错校验信息等。

(4)应用层

应用层的主要功能是为用户提供各种网络服务和解决各种系统之间的兼容性问题。

应用层提供了各种网络服务,因此这层的网络协议非常多,如网页服务(HTTP、HTTPS 等)、电子邮件服务(SMTP、POP3)、文件传输服务(FTP)、域名服务(DNS)、即时通信服务等。

TCP/IP 工作在各种不同的计算机平台中,这造成了大量不兼容问题。例如,不同文件系统有不同的文件命名规则;不同的系统采用不同的字符编码标准;不同的系统之间传输文件的方式各不相同;等等。这些兼容性问题都由应用层协议来处理。

6.1.3　分组交换技术

在网络通信中,数据通过网络节点的某种转发方式,实现从一个端系统到另一个端系统之间的数据传输技术称为数据交换技术。数据交换技术分为电路交换、报文交换和分组交换,计算机网络采用分组交换技术。

1. 分组交换的工作原理

如图 6-12 所示,分组就是源主机(如服务器)将一个待发送的长报文(如网页内容)分割为若干个较短的分组(分组 1,分组 2,…,分组 n),每个分组(又称数据包)除报文信息外,分组首部还携带了源主机地址、目的主机地址、分组序号、通信协议等信息,然后源主机把这些分组逐个发送出去。节点之间数据的相互传送过程称为交换。

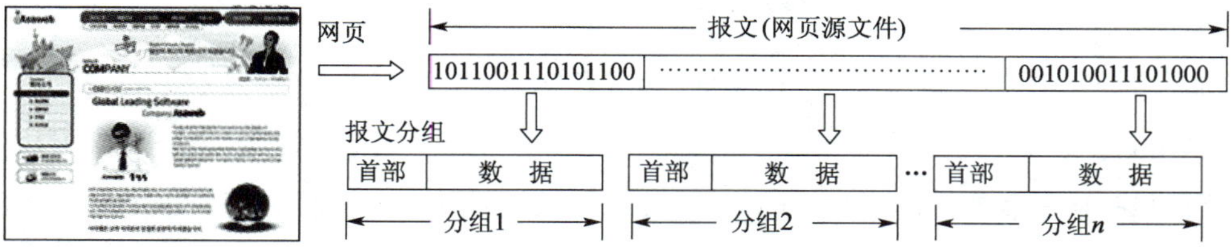

图 6-12　发送报文的分组

分组交换采用存储-转发的数据传送模式。如图 6-13 所示,网络节点(A,B,C,…)收到分组(a1,a2,…)后,先将分组存储在节点缓冲区,再根据分组的目的地址和网络节点存储的路由信息进行分析,找到分组下一跳节点的地址(查看路由表),然后将分组转发到下一个节点。经过数次网络节点的路由转发后,最终将分组传送到目的主机(如客户端)。分组交换和存储-转发是计算机网络数据传输的基本方法。

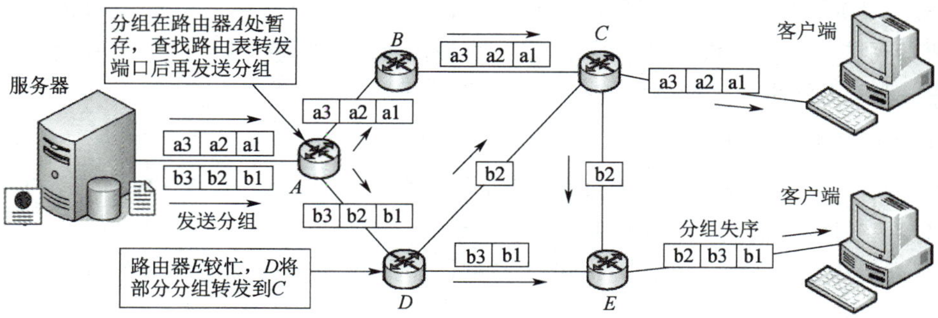

图 6-13　网络数据包分组交换和存储-转发工作原理示意图

在传输过程中,分组可能会出现数据包丢失、失序、重复、损坏及路由循环等问题,需要一系列网络协议来解决这些问题。分组到达目的主机后,需要对分组按序号重新进行编排等工作,这也增加了处理时间。

2. 网络信号的传输模式

按照信号的发送和接收模式,可以将信号传输分为点对点传输和广播传输。

(1)点对点传输

点对点传输是将网络中的主机(如计算机、路由器等)以点对点的方式连接起来,如图 6-14 所示,网络中的主机通过单独的链路进行数据传输,并且两个节点之间可能会有多条单独的链路。点对点传输主要用于城域网和广域网中。点对点传输的优点是网络性能不会随数据流量增加而降低。但网络中任意两个节点通信时,如果它们之间的中间节点较多,就需要经过多跳后才能到达,这加大了网络数据传输的时延。

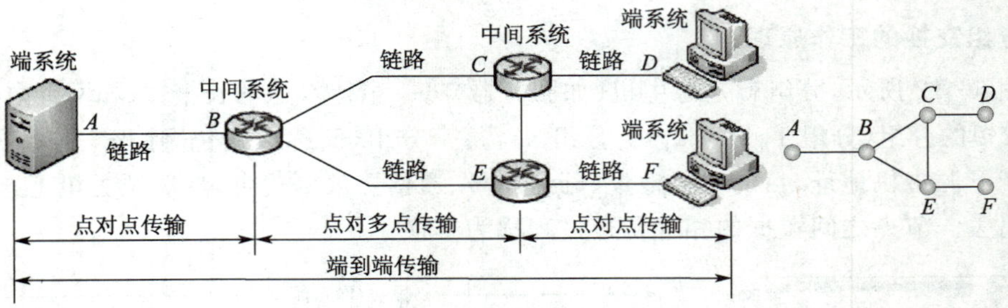

图 6-14 点对点传输示意图

(2)广播传输

广播传输中有多条物理线路(如连接交换机与多台计算机之间的双绞线电缆),但是只有一条信道(所有线路在某个时间片内只能传输一个广播信号)。这类似于有线广播,虽然有多条广播线路,但是只能传输一个广播信号。以太网(Ethernet)是应用最广泛的一种局域网技术,采用广播的形式发送和接收数据。绝大部分企业网络、校园网和部分城域网都采用以太网技术。

6.1.4 无线网络技术

无线网络的最大优点是让人们摆脱了有线网络的束缚,可以自由地进行移动通信和移动计算。无线网络的数据传输速率目前达到了数百 Mbps,有线网络的数据传输速率达到了数 Tbps,两者相差了三四个数量级。因此,无线网络作为有线网络的补充,将与有线网络长期并存,最终实现无线网络覆盖的区域连接至主干有线网络。

1. 无线局域网的发展

无线通信的历史起源于第二次世界大战,当时美军利用无线电信号结合高强度加密技术,实现了文件资料的传输,并在军事领域广泛应用。

1971 年,夏威夷大学的研究人员设计了第一个基于数据包技术的无线通信网络 ALOHANET,它包括 7 台计算机,采用双向星形网络结构,横跨 4 座夏威夷岛屿,中心计算机放置在瓦胡岛上,这标志着 WLAN 的诞生。

1990 年,IEEE 启动了无线网络标准 IEEE 802.11 系列项目的研究和标准制定,提出了 IEEE 802.11a、IEEE 802.11b、IEEE 802.11g、IEEE 802.11n 等 WLAN 标准。1999 年,无线以太网兼容性联盟(Wireless Etherent Compatibility Alliance,WECA)成立,后来更名为无线保真(Wi-Fi)联盟,Wi-Fi 联盟建立了用于验证 IEEE 802.11 的产品兼容性系列的一套测试程序。

从 2004 年起，经过 Wi-Fi 联盟认证的 IEEE 802.11 系列产品，就使用 Wi-Fi 这个名称。

2. 无线网络的类型

如图 6－15 所示，IEEE 按网络的覆盖范围，将无线网络分为无线广域网（WWAN）、无线城域网（WMAN）、WLAN、无线个域网（WPAN）等。

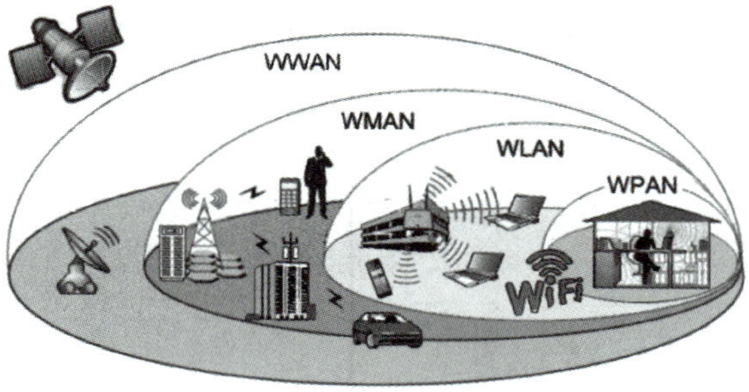

图 6－15　无线网络的类型

（1）WWAN 和 WMAN

WWAN 和 WMAN 在技术上并无太大区别，只是信号覆盖范围不同，因此往往将 WWAN 与 WMAN 放在一起讨论。WWAN 又称宽带移动通信网络，是一种高速数字移动通信蜂窝网络。WWAN 需要使用移动通信服务商（如中国电信）提供的通信网络（如 4G、5G 网络）。计算机只要处于移动通信网络服务区内，就能保持移动宽带网络接入。

（2）WLAN

WLAN 可以在单位或个人用户家中自由创建，这种无线网络通常用于接入 Internet。WLAN 的传输距离最远可达 100～300 m，无线信号覆盖范围视用户数量、干扰和传输障碍（如墙体和建筑材料）等因素而定。在公共区域中提供 WLAN 的位置称为接入热点，接入热点的范围和速度视环境与其他因素而定。美国星巴克（Starbucks）连锁店于 2001 年成为第一个提供免费 Wi-Fi 接入服务的零售业主。

（3）WPAN

WPAN 是指通过短距离的无线电波，将计算机与周边设备连接起来的网络，如无线 USB（WUSB）、超宽带无线技术（UWB）、蓝牙（Bluetooth）、紫蜂（Zigbee）、射频识别（RFID）、红外数据组织（IrDA）等网络。

无线网络的基本技术参数如表 6－1 所示。

表 6－1　无线网络的基本技术参数

网络类型	网络技术	通信标准	工作频率	传输速率	覆盖范围	应用领域
5G	LPWAN/ Network Slicing/ 5G Core/ mmWave/ NR/OFDM/ FDMA/MIMO/ SND/NFV	ITU/3GPP Release15	3.3～3.6 GHz/ 4.8～5.0 GHz/ 24.75～27.5 GHz/ 37.0～42.5 GHz	2.5 Gbps	300～500 m	移动通信、移动互联网、工业互联网、自动驾驶、智慧城市、智能家居等

续表

网络类型	网络技术	通信标准	工作频率	传输速率	覆盖范围	应用领域
4G	TLLTEGTDD	ITU/IEEE	1.8～2.6 GHz	100 Mbps	2～5 km	移动通信、移动互联网
3G	CDMA2000	ITU	1.9～2.1 GHz	3.1 Mbps	2～3 km	移动通信、移动互联网
2.5G	GPRS	ITU	800/1 800 MHz	115 kbps	2 km	移动通信、移动互联网
2G	GSM	ITU	800/1 800 MHz	9.6 kbps	35 km	移动通信、移动互联网
1G	AMPS	ITU	450/800 MHz		50 km	移动通信(模拟信号)
WLAN	Wi-Fi	IEEE 802. 11n	2.4/5 GHz	270 Mbps	300 m	无线局域网
WPAN	WUSB	IEEE 802.15.3	2.5 GHz	110 Mbps	10 m	数字家庭网络
	Bluetooth	IEEE 802.15.1	2.4 GHz	1 Mbps	10 m	语音和数据传输
	Zigbee	IEEE 802.15.4	2.4 GHz	250 kbps	75 m	无线传感网络、工业检测
WWAN	WiMax2	IEEE 802.16m	10～66 GHz	300 Mbps	50 km	无线 Mesh 网络、4G 标准
	LTEG Advanced	IEEE 802.20	<3.5 GHz	1 Gbps	2～5 km	高速移动接入、4G 标准

3. 5G

5G是第5代移动通信技术，是一种具有高速率、低时延和大连接特点的新一代宽带移动通信技术。与2G、3G、4G不同的是，5G并不是独立的、全新的无线接入技术，而是对现有的无线接入技术(包括2G、3G、4G和Wi-Fi)的演进，以及一些新增的补充性无线接入技术集成后的解决方案总称。5G不会像3G、4G那样有制式标准的区别，5G是融合统一的网络，为用户提供灵活、强大、统一的网络应用。用户不用关心自己所处的网络，不用手动连接到Wi-Fi网络等，系统会自动根据现场网络质量情况连接到最佳的网络之中，实现无缝切换。

5G通信设施是实现人、机、物互联的网络基础设施，ITU定义了5G的三大类应用场景，即增强移动宽带、超高可靠低时延通信和海量机器类通信，用户体验速率达1 Gbps，时延低至1 ms，用户连接能力达每平方千米100万连接。5G采用全新的服务化架构，支持灵活部署和差异化业务场景。

从物理逻辑来看，频率越高，波长越短，穿透能力越差，覆盖范围越小。可以说频谱决定了技术路径和建网成本，因此频率更高的5G需要更好的传输设备以及更密的网络，通信网络结构也因此大有改变。5G核心的4项新技术包括大规模多天线阵列(Massive MIMO)、网络切片、超密集组网和边缘计算。

(1)Massive MIMO

Massive MIMO 是 5G 中一种先进的技术,它通过增加天线数量来提高系统容量和数据传输速率。Massive MIMO 扩展和延伸了传统的 MIMO 技术。传统时分双工(time disivion duplexing,TDD)网络的天线数量通常较少,如 2 天线、4 天线或 8 天线。而 Massive MIMO 的通道数可以达到 64 个、128 个甚至 256 个。此外,传统的 MIMO 又称 2D-MIMO,其信号在水平方向移动,而在垂直方向保持不动。相比之下,Massive MIMO 在信号的水平维度空间的基础上引入和利用了垂直维度空间,因此又称 3D-MIMO。Massive MIMO 技术通过大规模天线阵列和信号处理算法的优化,实现了更高的数据传输速率、更低的时延和更好的频谱效率,它是 5G 网络中的关键技术之一。

(2)网络切片

网络切片技术是 5G 中一种将物理网络资源按照特定需求划分成多个虚拟网络的技术。每个虚拟网络拥有独立的逻辑和性能特征,使得不同的用户、应用或业务可以在同一网络环境下享受个性化的网络服务。

网络切片技术的实现离不开软件定义网络(software defined network,SDN)和网络功能虚拟化(network functions virtualization,NFV)的支持。SDN 利用集中式控制器对网络资源进行灵活动态的管理,而 NFV 将网络功能从传统的专用硬件中解耦,并通过虚拟化技术部署在通用硬件上。通过 SDN 和 NFV 的结合,网络切片技术可以在不改变物理网络结构的情况下,实现对网络资源的灵活配置和管理。

在 5G 网络中,利用切片技术可以根据不同应用场景和服务需求建立不同的切片,能够更加灵活地分配和协调网络资源,从而适应各种业务场景,提供定制化服务。例如,对于低功耗的传感器类设备,可以分配较小的带宽和资源,而对于高清视频传输设备,可以分配更大的带宽和资源。

(3)超密集组网

超密集组网技术是 5G 中一种关键的技术方案,旨在满足热点高容量场景的需求。超密集组网通过大量增加基站数量,以空间换取性能,从而提高系统容量和数据传输速率。

超密集组网中的基站非常密集,基站之间的距离可能只有几十米甚至几米。这种密集的基站部署可以提供更高的频谱效率和更大的系统容量。同时,超密集组网还可以利用基站之间的协作和干扰协调技术进一步提高系统性能。

超密集组网技术还涉及一些关键的技术挑战,如基站的同步和协作、干扰管理和优化、能耗控制等。为了解决这些挑战,研究者们提出了多种技术方案,如基于自组织网络(self-organizing network,SON)的动态自组织网络技术。SON 技术可以在 5G 蜂窝网络的授权和控制下,将基站、终端以及各种新型的末端节点动态组建成网络,从而弥补传统蜂窝网架构在组网灵活方面的不足。

此外,超密集组网技术还可以与其他 5G 关键技术相结合,如 Massive MIMO 和新型网络架构等,从而进一步提高系统性能和数据传输速率。

(4)边缘计算

边缘计算技术是 5G 中的一种将计算和数据存储能力从中心化的数据中心推向网络边缘的架构。这意味着数据处理和分析可以在离用户更近的设备或服务器上完成,从而大大减少了数据传输的延迟,提高了应用性能和用户体验。

在 5G 时代,随着物联网、大数据和 AI 等技术的快速发展,对计算能力和数据传输速度的需求也在不断增加。传统的云计算模型可能无法满足这些需求，因为数据需要在用户和数据中心之间进行长距离的传输，会导致延迟增加和带宽压力增大。而边缘计算技术可以在网络边缘提供计算和存储能力，从而解决这些问题。边缘计算技术具有以下优点。

①低延迟。由于数据处理和分析在网络边缘完成，大大减少了数据传输的延迟，这对于需要实时响应的应用来说非常重要。

②高带宽。5G 网络提供了高带宽的连接，这使大量数据可以快速传输到边缘节点进行处理，从而提高了数据处理的效率。

③大规模连接。5G 支持大规模设备连接，而边缘计算可以处理这些连接并提供相应的计算和存储能力。

④安全性。通过将数据处理和分析推向网络边缘，可以减少对中心化数据中心的依赖，从而降低数据泄露的风险。

在 5G 技术中，边缘计算技术可以被应用于多种场景，如智能家居、智慧城市、自动驾驶、工业自动化等。在这些场景中，利用边缘计算技术可以处理和分析大量的数据，从而提供实时的响应和决策支持。

我国 5G 技术的发展取得了全球领导地位。根据工业和信息化部的统计，我国已建成全球规模最大、技术领先的 5G 网络。截至 2023 年 9 月底，我国累计建成并开通 5G 基站 318.9 万个，5G 移动电话用户达 7.37 亿户，5G 行业虚拟专网超过 2 万个，5G 标准必要专利声明数量全球占比达 42%。据全球移动通信系统协会（Global System for Mobile Communications Association，GSMA）的报告，预计到 2024 年底，我国 1/2 以上的移动连接将使用 5G，5G 连接数将达到 10 亿个。到 2030 年，我国的 5G 连接数预计将增至 16 亿个，占全球总连接数的近 1/3。

2024 年被视为 5.5G（5G-Advanced）的商用元年，5.5G 技术预计将在速度、连接密度和能效方面提升 10 倍。有理由相信，在不久的将来，5G 技术将引领我们走向更加美好的未来。

4. WLAN 的基本组成

IEEE 802.11 标准定义的 WLAN 基本模型如图 6-16 所示。WLAN 的最小组成单元是 BSS（basic service set，基本服务集），它包括使用相同通信协议的无线站点。一个 BSS 可以是独立的，也可以通过一个 AP（接入点，市场称为无线路由器）连接到主干网络。

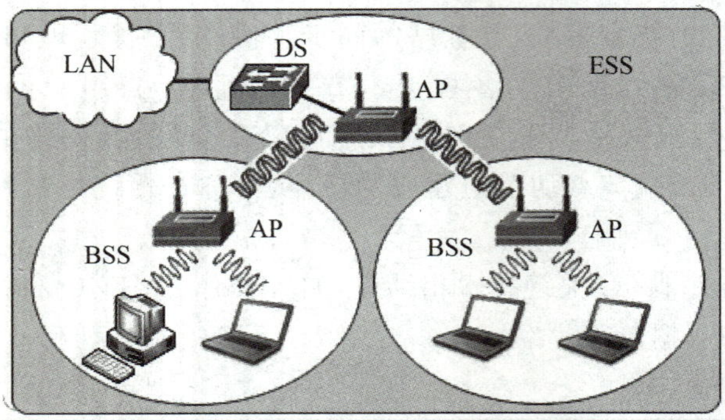

(a) WLAN模型

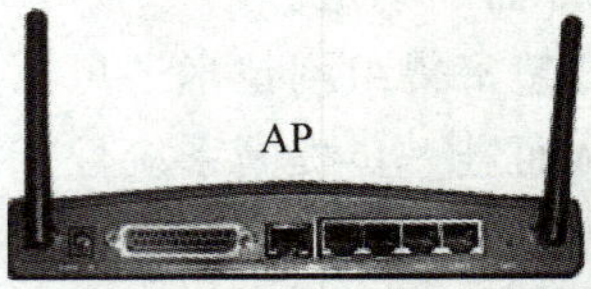

(b) 接入点

图 6-16　IEEE 标准定义的 WLAN 模型和接入点

如图 6-16 所示，ESS（extended service，扩展服务区）由多个 BSS 单元及连接它们的

DS(distributed system，分布式系统)组成。DS 结构在 IEEE 802.11 标准中没有定义，它可以是 LAN，也可以是 WLAN。DS 的功能是将 WLAN 连接到骨干网络(园区局域网或城域网)。

AP 的功能相当于局域网中的交换机和路由器，它是一个无线网桥。AP 也是 WLAN 中的小型无线基站，负责信号的调制与收发。AP 的覆盖半径为 20～100 m。

6.2 因特网的服务

因特网是一种全球信息资源的发布和存储形式，对信息资源的交流和共享起到了不可估量的作用，甚至改变了人类的一些工作和生活方式。

6.2.1 网络服务模型

1. 客户端-服务器模型

用户访问因特网获得的信息绝大部分存放在网站的某个服务器主机上，当用户访问某些网络资源时，本机通过因特网向服务器发出请求，服务器运行相应的程序以获取数据，并发送到客户端。客户端-服务器(client/server，C/S)模型是大部分网络服务的基本模型。客户端和服务器是指通信中所涉及的两个应用进程，客户端指网络服务请求方，服务器指网络服务提供方。如图 6-17 所示，客户端主动发起通信，服务器被动等待通信的建立。

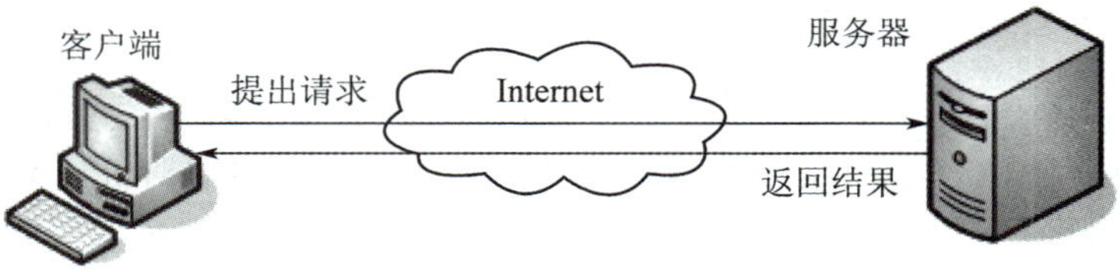

图 6-17　客户端-服务器模型

客户端-服务器模型采用主从式网络结构，每一个客户端软件都可以向服务器或服务器应用程序发出请求。有很多不同类型的服务器，如网站服务器、聊天服务器、邮件服务器、办公服务器、游戏服务器等。虽然它们提供的功能不同，服务器的规模大小也相差很大，但是它们的基本构架是一致的。

例如，当用户在某一网站阅读文章时，用户的计算机和网页浏览器就是一个客户端，网站的多台计算机、数据库和应用程序都被看作服务器。当用户使用网页浏览器并单击网站中某篇文章的超链接时，网站服务器从数据库中找有该文章需要的所有信息，结合成一个网页，再发送回用户的网页浏览器。

服务器软件一般运行在强大的专用商业计算机上，客户端一般运行在普通 PC 上。服务器端的工作特征是：被动等待来自客户端的请求，并将请求处理结果传回客户端。客户端的工作特征是：主动向服务器发送请求，然后等待服务器的回应。在因特网中，客户端与服务器的交互过程使用 TCP/IP 来完成。

2. 对等网络模型

对等网络(peer-to-peer,P2P)又称端到端技术。如图 6-18 所示,P2P 网络的所有参与者都提供和共享一部分资源,这些资源包括网络带宽、存储空间、计算能力等。这些共享资源能被 P2P 网络中的其他节点直接访问,无须经过中间服务器,因此,P2P 网络中的参与者既是资源提供者(服务器),又是资源获取者(客户端)。

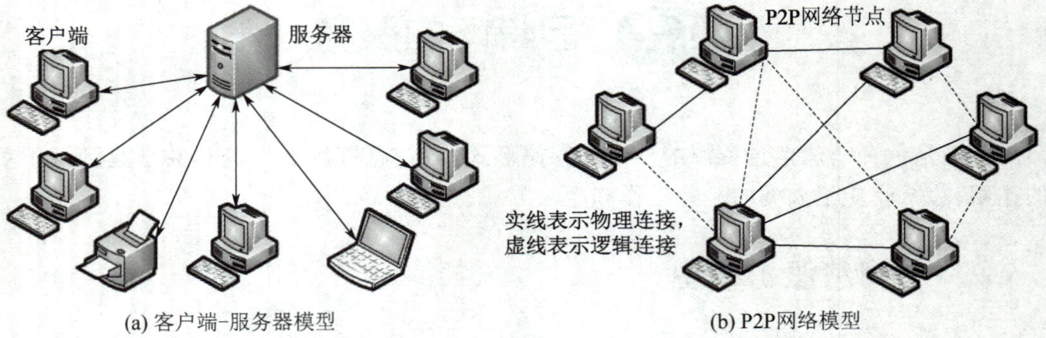

图 6-18 客户端-服务器模型和 P2P 网络模型

例如,多个用户采用 P2P 技术下载同一个文件时,每个用户只需要下载这个文件的一个片段,然后用户之间互相交换不同的文件片段,最终每个用户都得到一个完整的文件。P2P 网络中参与进来的用户数量越多,单个用户下载文件的速度就越快。

P2P 网络中的任意两个节点都可以建立一个逻辑连接,它们对应物理网络上的一条 IP 路径。P2P 网络节点在行为上是自由的,用户可以随时加入和退出网络,而不受其他节点的限制。网络节点在功能上是平等的,不管是大型计算机还是微机,它们实际计算能力的差异并不影响服务的提供。

技术上,一个纯 P2P 的应用只有对等协议,没有服务器和客户端的概念。但这样的纯 P2P 应用和网络很少,大部分 P2P 应用和网络实际上包含了一些非对等单元,如 DNS 等。同时,实际应用也采用了多个协议,使节点可以同时或分时作为客户端和服务器。

P2P 有许多应用,如文件下载(BitTorrent、eMule、迅雷等)、多媒体应用(Skype 语音、PPLive 视频等)、实时通信(QQ 等)。

注意:P2P 这种无中心的管理模式,给了用户更多的自由,但是,缺乏管理的 P2P 网络很容易成为计算机病毒、色情内容及非法交易的温床。

6.2.2 因特网地址

IP 地址与域名

在计算机网络中,将信息正确地传送到对方的计算机并不是一件容易的事情,其中一项非常重要的工作是数据包寻址。如果信息传输仅在两台计算机之间进行,而且传输距离非常短,传输内容基本固定,计算机的寻址工作也许比较简单。但是,互联网中计算机数量巨大(数亿台),传输距离变化很大(几米到数万千米),网络结构复杂(网状结构、环形结构、星形结构等),提供的服务繁多(网页、即时通信、邮件、在线视频等),使用方法灵活(多业务、突发性、实时性等),这给网络中信息的寻址带来了挑战。网络地址是解决网络寻址的基本方法之一。

1. 计算机的物理地址

每台计算机内部都有一个全球唯一的物理地址,这个地址又称为媒体访问控制(media

access control,MAC)地址。IEEE 802.3标准规定的MAC地址为48位,这个MAC地址固化在计算机网卡中,用以标识全球不同的计算机。MAC地址由6个字节的数字串组成,如00-60-8C-00-54-99。

2. IP地址

因特网中的每台主机,都分配有一个全球唯一的IP地址。IP地址是通信时每台主机的名称(hostname),它是一个32位的标识符,一般采用“点分十进制”的方法表示,如192.168.10.60。

国际互联网工程任务组(Internet Engineering Task Force,IETF)早期将IP地址分为A、B、C、D、E五类,其中A、B、C是主类地址,D类为组播地址,E类地址保留给将来使用。IP地址的分类如表6-2所示。

表6-2　IP地址的分类

类型	IP地址格式	IP地址结构				段1取值范围	网络个数	每个网络中最多的主机数
		段1	段2	段3	段4			
A	网络号.主机.主机.主机	N.	H.	H.	H	1～126	126	1 677万
B	网络号.网络号.主机.主机	N.	N.	H.	H	128～191	1.6万	6.5万
C	网络号.网络号.网络号.主机	N.	N.	N.	H	192～223	209万	254

说明:表中的N由NIC指定,H由网络所有者的网络工程师指定。

例6-1　某大学中的一台计算机分配到的IP地址为202.201.166.135,该IP地址的第一个字节在192～223范围内,因此它是一个C类地址。按照IP地址分类的规定,它的网络地址为202.201.166,它的主机地址为135。

3. IPv6网络地址

目前,使用的TCP/IP为IPv4(TCP/IP第4版)。在IPv4中,全部32位IP地址大约有42亿(2^{32})个,这几乎可以为地球上2/3的人提供网络地址。由于因特网的迅速发展,IPv4暴露了一些问题,为了解决因特网中存在的问题,IETF推出了IPv6(TCP/IP第6版)。我国电信网络运营商已于2005年开始将IPv4向IPv6过渡,中国教育科研网的大部分网络节点也采用了IPv6。

IPv6具有以下特点。

①IPv6的每个地址为128位,地址空间约为3.4×10^{38},是IPv4的2^{96}倍。

②IPv6采用了一种全新的分组格式,它简化了报头结构,减少了路由表长度,但是也导致了它与IPv4不兼容。

③IPv6还简化了协议,提高了网络服务质量。

④IPv6的其他改进有安全性、优先级、支持移动通信等。

IPv6采用“冒分十六进制”的方式表示IP地址。它将IP地址中每16位分为一组,写成4位十六进制数,两组间用冒号分隔(如x:x:x:x:x:x:x:x),IP地址中的前导0可不写,如69DC:8864:FFFF:FFFF:0:1280:8C0A:FFFF。

由于IPv6与IPv4协议互不兼容,因此从IPv4升级到IPv6是一个逐渐过渡的过程,而不是一蹴而就的过程。要实现全球IPv6的网络互联,仍然需要很长一段时间。

6.2.3 因特网服务

1. 网页服务

万维网(world wide web,WWW)的信息资源分布在全球数亿个网站(website)上,网站的服务内容由互联网内容提供者(Internet content provider,ICP)进行发布和管理,用户通过浏览器软件就可浏览网站上的信息。网站主要采用网页(webpage)的形式进行信息描述和组织,网站是多个网页的集合。

(1)超文本

网页是一种超文本(hypertext)文件。超文本有两大特点:一是超文本的内容可以包括文字、图片、音频、视频、超链接等(见图6-19);二是超文本采用超链接的方法,将不同位置(如不同网站)的内容组织在一起,构成一个庞大的网状文本系统。超文本普遍以电子文档的方式表示,网页都采用超文本形式。

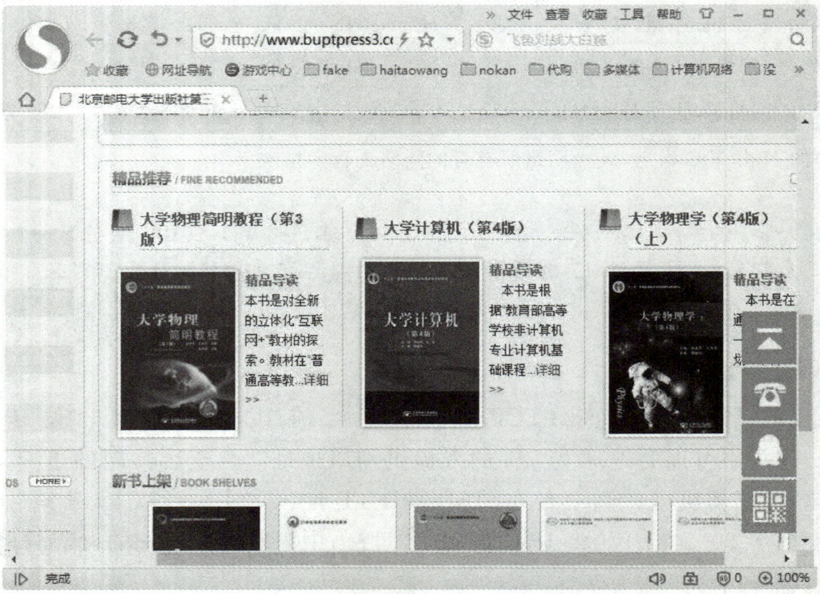

图6-19 网页的超文本形式

(2)超链接

超链接是指向其他网页的一个"指针"。超链接允许用户从当前阅读位置直接切换到网页超链接所指向的位置。超链接属于网页的一部分,是一种允许与其他网页或站点之间进行链接的元素。各网页链接在一起后,才能构成一个网站。超链接是指从一个网页指向一个目标的链接关系,这个目标可以是另一个网页,也可以是相同网页上的不同位置,还可以是一张图片、一个电子邮件地址、一个文件或一个应用程序。当浏览者单击已经链接成功的文字或图片后,链接目标将显示在浏览器上,并且根据目标的类型打开或运行。网页的超链接访问过程如图6-20所示。

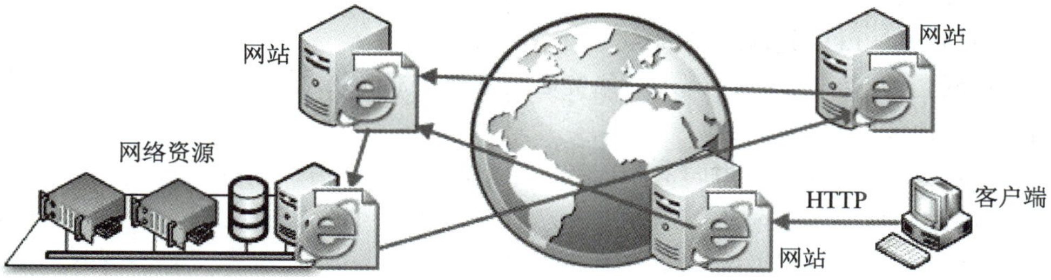

图 6-20　网页的超链接访问过程

浏览器通常会用一些特殊的方式来显示超链接，如不同的文字色彩、大小或样式。而且，光标移动到超链接上时，会转变为“手形”标记指示出来。超链接在大部分浏览器里显示为加下画线的蓝色字体，当这个超链接被选取时，文字变为紫色。用户单击超链接时，浏览器将调用超链接目标。如果超链接目标不是超文本标记语言(hyper text markup language，HTML)文件(如下载一个 RAR 压缩文件)，浏览器将自动启动外部程序打开这个文件。

(3)网页的描述和传输

网页文件采用 HTML 进行描述，采用超文本传输协议(hypertext transfer protocol，HTTP)在因特网中传输。

HTTP 是网站服务器与客户端之间的文件传输协议。HTTP 以客户端与服务器之间相互发送消息的方式进行工作，客户端通过应用程序向服务器发出服务请求，并访问网站服务器中的数据资源，服务器通过公用网关接口程序将数据返回给客户端。

2. 用户访问 Web 网站的工作过程

从用户在浏览器中输入域名，到浏览器显示出页面，这个工作过程如图 6-21 所示。

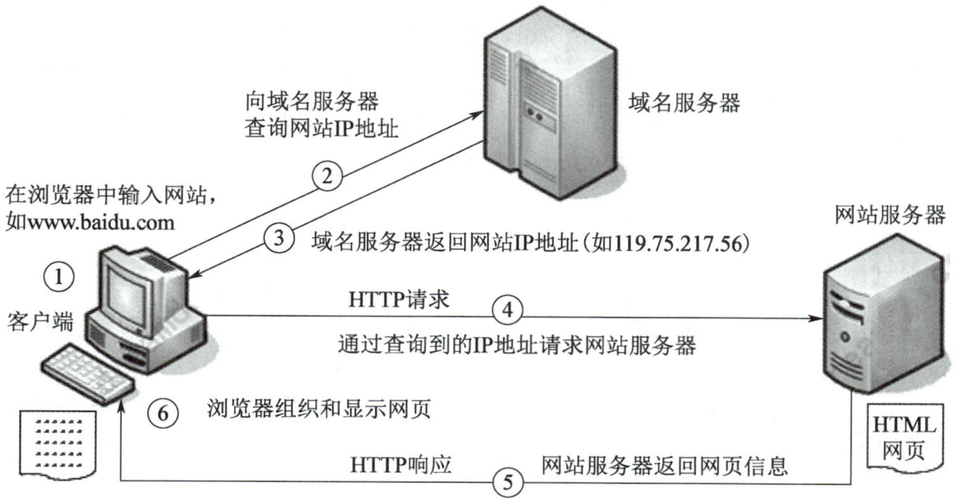

图 6-21　用户与网站之间的访问过程

①用户采用的浏览器通常有 Microsoft Edge 和 Firefox 等，或者是客户端程序(如 QQ)。

②连接到因特网中的计算机都有一个 IP 地址，如 210.43.10.26。由于连接到因特网中的计算机的 IP 地址都是唯一的，因此可以通过 IP 地址寻找和定位一台计算机。

网站所在的服务器通常有一个固定的 IP 地址,而浏览者每次上网的 IP 地址通常都不一样,浏览者的 IP 地址由 ISP 动态分配。

域名服务器是一组(或多组)公共的免费地址查询解析服务器,它存储了因特网上各种网站的域名与 IP 地址的对应列表。

③浏览器得到域名服务器指向的 IP 地址后,浏览器会把用户输入的域名转化为 HTTP 服务请求。例如,用户输入"www. baidu. com"时,浏览器会自动转化为"http://www. baidu. com/",浏览器通过这种方式向网站服务器发出请求。

由于用户输入的是域名,因此网站服务器接收到请求后,会查找域名下的默认网页(通常为 index. html、default. html、default. php 等)。

④网站返回的请求通常是一些文件,包括文字信息、图片、Flash 动画等,每个网页文件都有一个唯一的网址,如 http://www. csust. com/abc. html。

⑤客户端浏览器将这些信息组织成用户可以查看的网页形式。

3. 电子邮件服务

电子邮件(e-mail)是一种利用计算机网络交换电子信件的通信手段,是因特网中受欢迎的服务之一。电子邮件服务可以将用户邮件发送到收信人的邮箱中,收信人可随时读取。电子邮件不仅能传送文字信息,还可以传送图像、声音等多媒体信息。

电子邮件系统采用客户端-服务器工作模式,邮件服务器包括接收邮件服务器和发送邮件服务器。发送邮件服务器一般采用 SMTP。当用户发出一份电子邮件时,发送邮件服务器按照电子邮件地址将电子邮件送到收信人的接收邮件服务器中。接收邮件服务器为每个用户的电子邮箱开辟了一个专用的硬盘空间,用于存放接收的电子邮件。当收信人将计算机连接到接收邮件服务器(一般为登录邮件服务器的网页),并发出接收操作后(用户登录后,邮件服务器会自动发送邮件目录),收信人通过邮局协议第 3 版(post office protocol 3,POP3)或交互式邮件存取协议(Internet mail access protocol,IMAP)读取电子邮箱内的邮件。当用户采用网页方式进行电子邮件收发时,用户必须登录电子邮箱后才能收发电子邮件;如果用户采用邮件收发程序(如 Microsoft 公司的Outlook Express),则邮件收发程序会自动登录电子邮箱,将电子邮件下载到本地计算机。图 6-22 显示了电子邮件的收发过程。

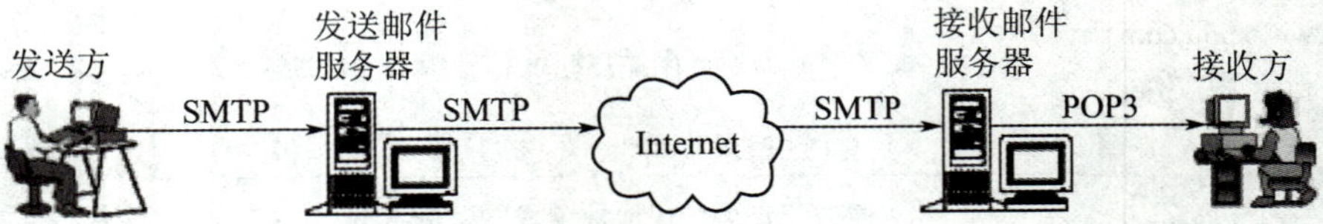

图 6-22 电子邮件的收发过程

4. 即时通信服务

即时通信服务又称聊天服务,利用它用户可以在因特网上进行即时的文字信息、语音信息、视频信息、电子白板等交流,还可以传输各种文件。在个人用户和企业用户网络服务中,即时通信起到了越来越重要的作用。即时通信软件分为服务器软件和客户端软件,用户只需要安装客户端软件。即时通信软件非常多,常用的客户端软件有腾讯公司的 QQ 和微信。

5. 搜索引擎服务

搜索引擎是某些网站免费提供的用于网上查找信息的程序，是一种专门用于定位和访问网页信息，从而获取用户希望得到的资源的导航工具。搜索引擎通过关键词查询或分类查询的方式获取特定的信息。搜索引擎并不即时搜索整个因特网，它搜索的内容是预先整理好的网页索引数据库。为了保证用户搜索到最新的网页内容，搜索引擎的大型数据库会随时进行内容更新，得到相关网页的超链接。用户通过搜索引擎的查询结果，得到信息所处的站点，再通过单击超链接，就可以转接到用户需要的网页上。

当用户在搜索引擎中输入某个关键词（如计算机）并单击"搜索"按钮后，搜索引擎数据库中包含这个关键词的所有网页都将作为搜索结果列表显示出来，用户可以自己判断需要打开哪些超链接的网页。常用的搜索引擎有百度、谷歌、必应等。

6.2.4 HTML

1. 利用 HTML 建立简单网页

HTML 是一种制作网页的标准化语言，是构成网页的最基本元素，它消除了不同计算机之间信息交流的障碍。人们很少直接使用 HTML 制作网页，而是通过 Adobe 公司的 Dreamweaver 和 Microsoft 公司的 SharePoint Designer 等工具软件完成网页设计与制作工作。

一个网页对应一个 HTML 文件，HTML 文件以".htm"或".html"为扩展名。可以使用任何文本编辑器（如记事本）来编辑 HTML 文件。HTML 文件本身是一种文本文件，通过在文本文件中添加标记符，告诉浏览器如何显示其中的内容，如文字如何处理、画面如何安排、图片如何显示等。浏览器按顺序阅读网页文件，然后根据标记符解释和显示其标记的内容。

例 6-2 利用 HTML 建立一个简单的测试网页。

打开 Windows 操作系统自带的"记事本"程序，编辑如图 6-23 所示的代码，注意"<!-- -->"内的注释内容不需要输入。编辑完成后，选择"文件"→"另存为"命令，设置文件名为"test.html"，保存类型为"所有文件"，单击"保存"按钮，一个简单的网页就编辑好了。

```
<HTML>                              <!--标记 HTML 文档开始-->
<HEAD>                              <!--标记页面首部开始-->
<TITLE>测试</TITLE>                 <!--定义页面标题为"测试"-->
</HEAD>                             <!--标记页面首部结束-->
<BODY>                              <!--标记页面主体开始-->
<font size="8" >                    <!--设置文字大小为 8 号字-->
<P>这是我的测试网页</P>             <!--主体部分，显示具体内容-->
<P>这是第 2 行信息</P>              <!--P 为段落换行-->
</font>                             <!--字体设置结束-->
</BODY>                             <!--标记页面主体结束-->
</HTML>                             <!--标记 HTML 文档结束-->
```

图 6-23 HTML 文件基本结构实例

双击"test.html"文件，就可以在浏览器中显示"测试"的网页信息了。

2. 脚本语言

HTML主要用于文本的格式化和链接文本,但是HTML的计算和逻辑判断功能非常差,如HTML不能进行"1+2"这样简单的加法计算,因此,有时需要在网页文件中加入脚本语言。

脚本(script)是一种简单的编程语言,它由程序代码组成。网页脚本语言一般嵌入在网页的HTML语句之中,完成一些判断和计算工作,增强对网页的控制功能。

常用的网页脚本语言有JavaScript和VBScript。脚本语言与编程语言非常相似,但是它的编程方式、语法规则更加简单。

注意:脚本语言是一种解释型语言,不需要编译,但是需要有相应的脚本引擎来解释执行。脚本程序分为客户端脚本程序和服务器端脚本程序,分别运行在客户端和服务器中。

6.3 网络安全防护

信息系统的安全一直是计算机专家努力追求的目标,目前在理论上还无法消除病毒和黑客对计算机的攻击,最好的方法是尽量减少这些攻击对系统造成的影响。

6.3.1 安全问题

信息系统不安全的主要原因是程序设计漏洞、用户操作不当和外部攻击。外部攻击的形式主要有计算机病毒、恶意软件、黑客攻击等。信息安全具有不可证明的特性,只能说系统在某些已知攻击下是安全的,对于将来新的攻击是否安全仍然很难断言。

1. 程序存在的安全问题

(1)程序安全问题

由于程序的复杂性和编程方法的多样性,容易留下一些不容易发现的程序漏洞。程序漏洞包括操作系统、数据库、应用软件、网络协议等的安全漏洞,这些漏洞平时看不出问题,但是一旦遭到病毒和黑客攻击就会带来灾难性后果。随着软件系统越做越大,越来越复杂,系统中不可避免地存在安全漏洞或"后门"。程序设计中的安全漏洞包括溢出、边界检查和程序授权。

溢出是指在数据存储过程中,超过数据结构允许的实际长度造成的数据错误。例如,黑客将一段恶意代码通过各种方法插入正常的程序代码中(入侵),这会导致两种后果:首先,由于代码长度是固定的,插入恶意代码后就会有一部分正常代码溢出,这会导致程序执行时崩溃;其次,插入的恶意代码会被当作正常代码执行,黑客可以修改函数返回地址,让程序跳转到任意地址执行一段恶意代码,以达到攻击的目的。

大部分编程语言(如C、Java等)没有数据边界检查功能,当数据被覆盖时不能发现问题。如果程序员总是假设用户输入的数据是有效且没有恶意的,那么就会造成很大的安全隐患。大多数攻击者会向服务器提供恶意数据,信任任何输入可能会导致缓冲区溢出和跨站点脚本攻击等问题。

程序最小授权原则认为:要在最短的时间内授予程序代码所需的最低权限。除非必要,否则不允许使用管理员权限运行应用程序。部分程序员在编制程序时,没有注意程序代码的运行权限，长时间打开系统核心资源，会导致用户有意或无意地对操作系统造成严重破坏。在程序设计中，应当使用最少且足够的权限去完成任务。在不同的程序或函数中，不同时间只给出必要的权限。

注意：对于外部输入的数据，永远要假定它是任意值，安全的程序设计应当对输入数据的有效性进行过滤。

(2)操作系统漏洞

Windows 操作系统一贯强调易用性、集成性、兼容性，在设计时对系统安全性考虑不足。在安全的操作系统(如 FreeBSD)中，最重要的安全概念是权限。每个用户有一定的权限，一个文件有一定的权限，特别是可执行代码，权限控制更为严格，只有系统管理员才能执行某些特定程序。例如，微软公司在 Windows 操作系统中捆绑了许多额外服务，这些额外服务大多数是以默认的访问权限进行安装的，关闭或者使用更低的权限运行这些服务会使系统更加安全。

(3)网页中的脚本程序

大多数 Web 服务器都支持脚本程序，以实现网页的交互功能。黑客可以利用脚本程序来修改 Web 页面，为未来攻击设置"后门"等漏洞。例如，用户在浏览网站、阅读电子邮件时，通常会单击其中的超链接；攻击者在超链接中插入恶意代码，黑客网站在接收到包含恶意代码的请求后，会生成一个包含恶意代码的页面，而这个页面看起来是一个合法页面。

注意：假设黑客发布了一个包含恶意脚本的网页，那么用户在浏览这篇网页时，恶意脚本程序就会被执行，黑客可以盗取用户的账户、修改设置等。

2. 用户操作存在的安全问题

①操作系统默认安装。大多数用户在安装操作系统和应用软件时，通常采用默认安装方式，这样带来了两方面的问题：一是安装了大多数用户不需要的组件和功能；二是默认安装的目录、用户名、密码等容易被黑客利用。

②激活软件的全部功能。大多数操作系统和应用软件在启动时激活了尽可能多的功能，这种方法虽然方便了用户，但产生了很多安全漏洞。

③没有密码或弱密码。大多数操作系统和应用软件都把密码作为唯一的防御，弱密码或没有密码是一个很严重的问题。安全专家通过分析泄露的数据库信息，发现用户弱密码的重复率高达 93%。根据某网站对 600 万个账户的分析，其中采用弱密码、生日、电话号码、QQ 号码作为密码的账户有 590 万个。图 6－24 所示是我国常见的弱密码。很多企业中的信息系统也存在大量弱密码，这为黑客攻击提供了可乘之机。

简单数字组合	顺序字符组合	临近字符组合	特殊含义组合
000000	abcdef	123qwe	admin
111111	abcabc	qwerty	password
11111111	abc123	qweasd	p@ssword
112233	a1b2c3		passwd
123123	aaa111		iloveyou
123321			5201314
123456			
12345678			
654321			
666666			
888888			

图 6－24　常见的弱密码

建议选取一首歌中的一个短语或一句话，用这些短语的第 1 个或第 2 个字母(第 1 个或第 2 个汉字的拼音首字母)加上一些数字来组成密码，在密码中加入一些符号将使密码更难破解。

6.3.2 计算机病毒

1. 计算机病毒的定义

计算机病毒(简称病毒)是一段人为编制的程序代码,它寄生在计算机程序中,破坏计算机的功能或数据,给信息安全带来危害。病毒具有自我复制能力,其感染能力很强,可以很快地蔓延,且有一定的潜伏期,往往难以根除,这些特性与生物意义上的病毒非常相似。

我国颁布实施的《中华人民共和国计算机信息系统安全保护条例》第二十八条中明确指出:"计算机病毒,是指编制或者在计算机程序中插入的破坏计算机功能或者毁坏数据,影响计算机使用,并能自我复制的一组计算机指令或者程序代码。"

病毒具有传染性、寄生性、隐蔽性、破坏性、未经授权性等特点,其中最大的特点是具有传染性。病毒可以侵入计算机的软件系统中,而每个受感染的程序又可能成为一个新的病毒,继续将病毒传染给其他程序。因此,传染性成为判定一个程序是否是病毒的首要条件。

2. 计算机病毒的特点

(1)破坏性

无论何种病毒,一旦侵入系统,都会造成不同程度的影响:有些病毒破坏系统运行(见图6-25),有些病毒蚕食系统资源(如争夺CPU资源,大量占用存储空间),有些病毒删除文件、破坏数据、格式化磁盘,甚至破坏系统BIOS等。

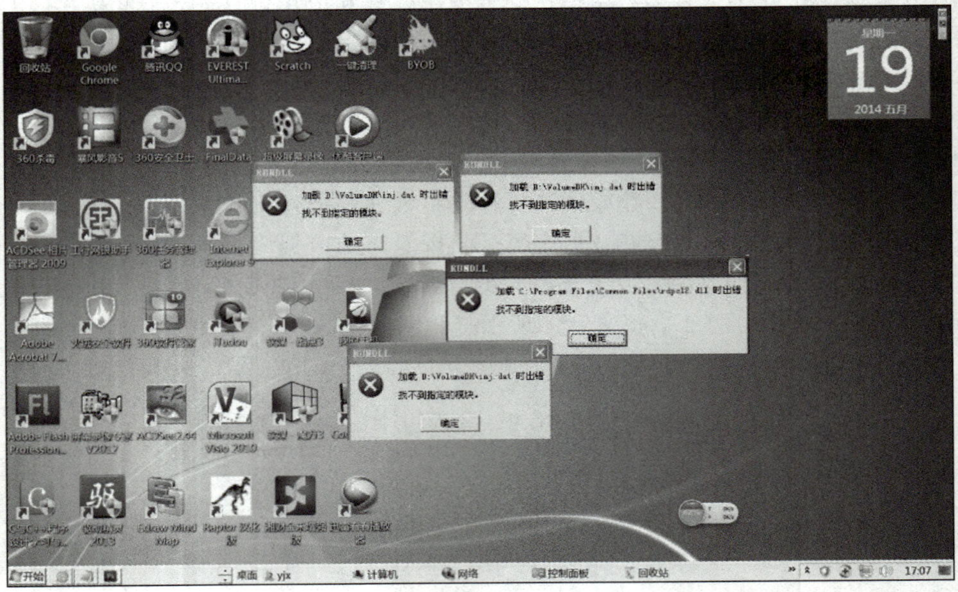

图6-25 病毒破坏系统运行

(2)传染性

病毒不但本身具有破坏性,更有害的是具有传染性,传染性是病毒最本质的特征。病毒借助非法复制进行传染,其中一部分是自我复制,并在一定条件下传染给其他程序;另一部分则是在特定条件下执行某种行为。病毒传染的渠道多种多样,如光盘、移动硬盘、网络等。

注意：一旦病毒被复制或产生变种，若不加以控制，其传染速度之快令人难以预防。

(3)隐蔽性

病毒具有很强的隐蔽性，为了逃避被觉察，病毒制造者总是想方设法地使用各种隐藏术。病毒一般都是一些短小精悍的程序，通常依附在其他可执行程序中或隐藏在磁盘中较隐蔽的地方，因此用户很难发现它们。

有些病毒像定时炸弹，具有潜在的破坏力。病毒感染系统后一般可以潜伏一定时间，等条件具备的时候爆发，给系统带来严重的破坏。病毒的潜伏性越好，在系统中存在的时间就越长，病毒传染的范围也就越广。

(4)可触发性

病毒在潜伏期内一般是隐蔽地活动（“繁殖”），当病毒的触发机制或条件满足时，就会以各自的方式对系统发起攻击。病毒触发机制和条件是五花八门的，例如，指定日期或时间、文件类型、文件名、一个文件的使用次数等。

(5)不可预见性

不同种类病毒的代码千差万别，病毒的制作技术也在不断提高，就病毒而言，它永远超前于反病毒软件。新的操作系统和应用软件的出现，软件技术的不断发展，为病毒提供了新的发展空间，对未来病毒的预测将更加困难，这就要求人们不断提高对病毒的认识，增强防范意识。

3. 计算机病毒的防护

病毒防护的关键是做好预防工作。从用户的角度看，要做好病毒的预防工作，应从以下方面着手。

计算机信息安全与道德

(1)安装病毒防护软件

在计算机中安装杀毒软件，可降低病毒的入侵率，也可减少病毒造成的危害。病毒防护软件通过监视、跟踪系统内的操作，提供对系统的保护，能最大限度地避免各种病毒的传染和破坏。

(2)采取切实可行的预防措施

新购置的计算机可能携带病毒，因此，在条件许可的情况下，用户要用检测病毒软件对其进行检查，证实没有病毒感染和破坏迹象后再使用。

注意：对新安装的计算机软件也要进行病毒检测。有些软件商发布的软件，可能有意或无意地被病毒感染，用户在使用前需要用杀毒软件对其进行病毒检测。

(3)备份重要数据文件

针对硬盘分区表、引导扇区等关键数据应做备份工作，并妥善保管，在进行系统维护和修复工作时可将备份作为参考。应定期进行重要数据文件的备份工作，将数据文件和应用软件分别保存。

(4)网络的安全使用

不随便运行或打开电子邮件中的附件文件，不随意下载软件，尤其是一些可执行文件。文件下载后，先用病毒防护软件对其进行检查。在网络病毒流行期间，减少接收电子邮件，避免来自其他电子邮件病毒的感染。

6.3.3 黑客攻击

1. 黑客攻击的类型

美国国家安全局(National Security Agency,NSA)制定的信息保障技术框架(information assurance technology framework,IATF)标准认为有5类攻击类型:被动攻击、主动攻击、物理邻近攻击、内部人员攻击和分发攻击。

(1)被动攻击

被动攻击是指对信息的保密性进行攻击,包括分析通信流、监视没有保护的通信、破解弱加密通信和获取口令等。被动攻击会造成在没有得到用户同意的情况下,将用户信息或文件泄露给攻击者,如泄露个人信用卡卡号等。

(2)主动攻击

主动攻击是指篡改信息来源的真实性、信息传输的完整性和系统服务的可用性,如图6-26所示。主动攻击包括试图阻断或攻破安全保护机制、引入恶意代码、偷窃或篡改信息等。主动攻击会造成数据资料的泄露、篡改和传播,或导致拒绝服务。

图6-26 黑客对网络安全的攻击

(3)物理邻近攻击

物理邻近攻击是指未被授权的个人,在物理意义上接近网络系统或设备,试图改变和收集信息,或拒绝他人对信息的访问。例如,未经授权使用计算机,复制U盘数据,电磁信号截获后的屏幕还原等。

(4)内部人员攻击

内部人员攻击分为恶意攻击和非恶意攻击。前者是内部人员对信息的恶意破坏或不当使用,或使他人的访问遭到拒绝;后者是因为粗心、无知及其他非恶意的原因造成的破坏。

(5)分发攻击

分发攻击指在工厂生产或分销过程中,攻击者对硬件和软件恶意地进行修改。这种攻击可能是在产品中引入恶意代码,如手机中的后门程序等。

2. 分布式拒绝服务(DDoS)攻击

黑客常见的攻击形式有DDoS、SPAM和钓鱼网站。DDoS攻击由来已久,DDoS攻击造成的经济损失已经跃居第一位。

(1)DDoS攻击过程

DDoS攻击是一种最常见的网络攻击手段,攻击的主要目的是让目标无法提供正常服务。通俗地说,每一个网络应用(网站、APP、游戏等)就好比一个线下的商店,而DDoS攻击就是派遣大量故意捣乱的人去一个商店,占满这个商店所有的位置,和售货员聊天,在收费处排队,让真实顾客无法正常购物。

如图 6－27 所示，DDoS 攻击方会使用大量的傀儡机（被黑客程序控制的计算机）对目标服务器进行攻击，让目标应用无法正常运行。例如，2013 年，欧洲反垃圾邮件公司 Spamhaus 的网站遭遇到史上最大流量的 DDoS 攻击，攻击流量峰值高达 300 Gbps。

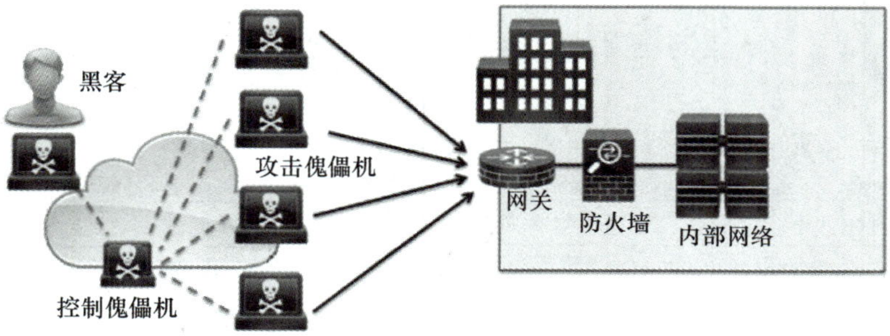

图 6－27　DDoS 攻击过程示意图

（2）DDoS 攻击技术

从技术角度分析，DDoS 攻击针对网络通信协议的各层，攻击手段大致有：TCP 类的 SYN Flood（同步洪水）攻击、ACK Flood（确认洪水）攻击，UDP 类的 Fraggle 攻击、Trinoo 攻击、DNS Query Flood（DNS 查询洪水）攻击、ICMP Flood（ICMP 洪水）攻击等。DDoS 攻击和木马、病毒等不同，病毒必须是最新代码才能绕过杀毒软件，而 DDoS 攻击不需要新技术，一个 10 年前的 SYN Flood 攻击就可以让 90％以上的网站瘫痪。这也是 DDoS 攻击难以防范的原因。

（3）DDoS 攻击的预防

从理论上讲，不能百分之百地防御 DDoS 攻击。如果用户网络正在遭受攻击，能做的防御工作非常有限。因为在用户没有准备好的情况下，巨大流量的数据包冲向用户主机，可能在用户还没回过神之际，网络已经瘫痪。

对于这种灾难性的攻击，需要进行以下预防工作。

①屏蔽假 IP 地址。通常黑客会通过很多假 IP 地址发起攻击，可以使用专业软件检查访问者的来源，检查访问者 IP 地址的真假，如果是假 IP 地址，应该予以屏蔽。

②关闭不用端口。使用专业软件过滤不必要的服务和端口。例如，黑客从某些端口发动攻击时，用户可以关闭这些端口，阻击入侵。

③利用网络设备保护网络资源。网络设备有路由器、防火墙、负载均衡设备等，利用它们将网络有效地保护起来。如果被攻击时最先宕机的是路由器，其他机器没有宕机，宕机的路由器重启后会恢复正常，而且启动很快，没有损失。如果服务器宕机，其中的数据会丢失，而且重启服务器是一个漫长的过程，网站会受到无法估量的重创。

3. 钓鱼网站攻击

如图 6－28 所示，钓鱼网站是指伪装成银行及电子商务的网站，窃取用户提交的银行账号、密码等私密信息。钓鱼网站欺骗的原理是：黑客先建立网站的一个副本，使它具有与真正网站相似的页面和链接；由于黑客控制了钓鱼网站，用户与钓鱼网站之间的所有信息交换全都被黑客获取，如用户访问网站时提供的账号、密码等信息；黑客可以假冒用户给服务器发送数据，也可以假冒服务器给用户发送消息，这样攻击者就可以监视和控制整个通信过程。

(a) 相似度极高的钓鱼网站　　(b) 真实网站

图 6－28　相似度极高的钓鱼网站和真实网站

6.3.4　防火墙技术

现实生活中的防火墙是防止火势蔓延而设置的防火障碍，网络系统中的防火墙是用于隔离本地网络与外部网络之间的一道防御系统。客户端用户一般采用软件防火墙；服务器端用户一般采用硬件防火墙，关键性的服务器一般都放在硬件防火墙之后。

1. 防火墙的功能

防火墙原理

防火墙用来在两个网络之间实施访问控制策略，解决内部网络和外部网络之间的安全问题。防火墙应具备以下功能。

①所有内部网络和外部网络之间交换的数据必须经过防火墙。例如，学生宿舍的计算机既接入校园网，同时又接入电信外部网络时，就会产生一个安全后门，攻击信息会由此绕过校园网中的防火墙，攻击校园内部网络。

②只有防火墙安全策略允许的数据，才可以出入防火墙，其他数据一律禁止通过。例如，可以在防火墙中设置内部网络中某些重要主机(如财务部门)的 IP 地址，禁止这些 IP 地址的主机向外部网络发送数据包。

③防火墙本身受到攻击后，仍然能稳定、有效地工作。例如，设置防火墙对外部突然增加的巨大数据流量进行数据包丢弃处理。

④防火墙应当能有效地过滤、筛选、屏蔽一切有害的服务和信息。例如，在防火墙中检测和区分正常邮件与垃圾邮件，屏蔽和阻止垃圾邮件的传输。

⑤防火墙应当能隔离网络中的某些网段，防止一个网段的故障波及整个网络。例如，在防火墙中对外部网络访问区和内部网络访问区采用不同的网络接口，一旦外部网络崩溃，不会影响到内部网络的使用。

⑥防火墙应当能有效地记录和统计网络的使用情况。

2. 防火墙的类型

硬件防火墙可以是独立的硬件设备，也可以在路由器上进行软件配置，使其成为具有安全功能的防火墙。防火墙还可以是一个纯软件，如 360 个人防火墙软件等。一般来说，软件防火墙的功能强于硬件防火墙，硬件防火墙的性能高于软件防火墙。

防火墙按技术类型可分为包过滤型防火墙、代理型防火墙和混合型防火墙。

硬件防火墙大部分采用PC服务器结构，这些服务器运行经过裁剪和简化的操作系统，如Linux、FreeBSD等。这类防火墙采用开源的操作系统内核，因此会受到操作系统本身安全性的影响。国外硬件防火墙产品有美国Cisco的PIX、美国Juniper公司的NetScreen等，我国防火墙设备生产公司主要有天融信、深信服、绿盟、联想等。

3. 防火墙的局限性

防火墙技术存在以下局限性：一是防火墙不能防范网络内部的攻击，例如，防火墙无法禁止内部间谍将敏感数据复制到U盘上；二是防火墙不能防范已经获得超级用户权限的黑客，黑客会伪装成网络管理员，借口对系统进行升级维护，询问用户个人财务系统的登录账户名称和密码；三是防火墙不能防止传送已感染病毒的软件或文件，不能期望防火墙对每个文件进行扫描，查出潜在的病毒。

6.4 信息加密技术

6.4.1 加密原理

1. 加密技术的基本原理

加密技术的基本原理是伪装信息，使非法获取者无法理解信息的真正含义。伪装就是对信息进行一组可逆的数学变换。一般将伪装前的原始信息称为明文，将伪装后的信息称为密文，将伪装的过程称为加密，将对信息进行加密的一组数学变换方法称为加密算法，将某些只被通信双方所掌握的关键信息称为密钥。密钥是一种参数，密钥长度以二进制数的位数来衡量，在相同条件下，密钥越长，破译越困难。数据加密过程如图6-29所示。

图6-29 数据加密过程

荷兰密码学家柯克霍夫(Kerckhoffs)于1883年在《军事密码学》中提出了密码学的基本原则：密码系统中的算法即使为密码分析者所知，也对推导出明文或密钥没有帮助。也就是说，密码系统的安全性不应取决于不易被改变的事物(算法)，而应只取决于可随时改变的密钥。简单地说，加密系统的安全性基于密钥，而不是基于加密算法。很多优秀的加密算法都是公开的，所以密钥管理是一个非常重要的问题。

2. 古典密码算法

古典密码算法尽管大都比较简单，但仍有参考价值。较为经典的古典密码算法有棋盘密码、凯撒密码(循环移位密码)、代码加密、替换加密、变位加密等算法。

例 6-3 公元前2世纪,希腊人波利比乌斯(Polybius)设计了一种表格并称其为棋盘密码,他将26个字母放在一个5×5的表格里(I和J放在一起),如图6-30所示。

	0	2	4	6	8
1	A	B	C	D	E
3	F	G	H	I/J	K
5	L	M	N	O	P
7	Q	R	S	T	U
9	V	W	X	Y	Z

图 6-30 棋盘密码示意图

在棋盘密码中,每个字母由两个数构成,如C对应14,S对应74等。例如,如果接收到的密文为"38 18 96",则对应的明文为"KEY"。

3. 对称密钥加密

对称密钥加密(简称对称加密)是信息的发送方和接收方使用同一个密钥去加密和解密数据,而且通信双方都要获得密钥并保密。对称加密的优点在于加密、解密的高速度和使用长密钥时难以破解。常见的对称加密算法有数据加密标准(data encryption standard,DES)、三重数据加密标准(triple DES,3DES)、国际数据加密算法(international data encryption algorithm,IDEA)等。

(1)对称加密案例

采用替换加密算法,说明对称加密的过程。

例 6-4 假设明文为"good good study,day day up.",密钥为"google"(密钥必须与明文无关,长度为替换符号的5倍),替换加密算法为"将明文中所有字母'd'替换成密钥"。

加密过程是将明文"good good study,day day up."中的所有字母"d"替换成"google",于是得到的密文为"googoogle googoogle stugoogley,googleay googleay up."。

解密过程就是将密文中所有与密钥"google"相同的字符串替换成"d",替换后的明文为"good good study,day day up."。

以上加密和解密过程中,必须使用相同的密钥"google",这种替换加密算法称为对称加密算法。对称加密如图6-31所示。

图 6-31 对称加密(加密、解密使用同一密钥)

(2)对称加密存在的问题

采用对称加密时,如果企业与 n 个用户进行通信,则企业共需要 $n\times(n-1)/2$ 个密钥。例如,若企业有10个用户,就需要45个密钥,因为每个用户都需要知道其他9个用户的密钥才能相互通信。密钥的管理将是一件非常困难的事情。如果整个企业共用一个密钥,则整个企业文档的保密性无从谈起。

对称加密最大的弱点是"密钥分发",即发送方必须把加密规则告诉接收方,否则接收方无法解密，这样传递密钥就成了最大的问题。密钥分发实现起来十分困难，发送方必须安全地把密钥护送到接收方，不能泄露其内容。如果密钥能够被安全地送到接收方，那为何不把通信内容（明文）用同一方法安全地送达呢？

4. 一次性密码

大众普遍误认为所有加密算法都可以被破解。信息论创始人香农（Shannon）曾经证明：只要密钥完全随机，不重复使用，对外绝对保密，与信息等长或比信息更长的一次一密是不可能被破解的（简称一次性密码）。除了一次性密码外的多数加密算法都可以用暴力攻击法破解，但是破解所需的时间可能随密钥长度的增长呈指数级增长。

一次性密码需要频繁地更换密钥，如何安全地将密钥传送给接收方是一个非常困难的问题。在理论或实际中，如果有一种方法可以将密钥安全地传送给接收方，则一次性加密变得毫无意义，直接将明文安全地传送给接收方即可。

6.4.2 非对称加密

1. 非对称密钥加密

1976 年，美国斯坦福大学的迪菲（Diffie）和赫尔曼（Hellman）提出了公钥密码的新思想，把密钥分为加密的公钥和解密的私钥，这是密码学的一场革命。

非对称密钥加密（简称非对称加密、公钥加密或公开密钥加密）是加密和解密使用不同密钥的加密算法。非对称加密的特征是：密钥为一对，一把密钥用于加密，另一把密钥用于解密。用公钥（公共密钥）加密的文件只能用私钥（私人密钥）解密，而用私钥加密的文件只能用公钥解密。公钥可以公开，而私钥必须保密存放。发送一份保密信息时，发送方使用接收方的公钥对数据进行加密，一旦加密，接收方用私钥才能解密，如图 6－32 所示。与之相反，用户也能用私钥对数据进行加密处理。换句话说，密钥对可以任选方向。

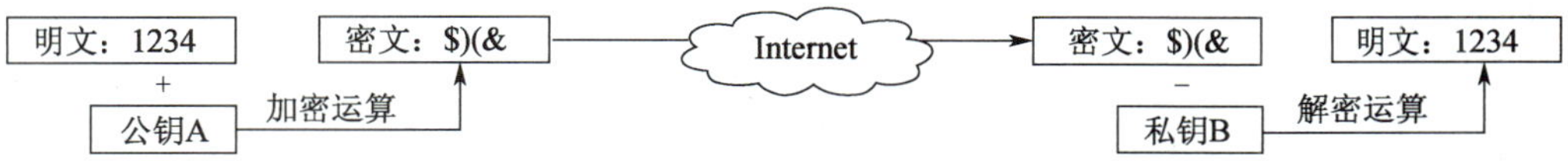

图 6－32　非对称加密（加密、解密使用不同密钥）

非对称加密机制灵活，如果企业有 n 个用户，企业需要生成 n 个密钥对，并分发 n 个公钥。由于公钥可以公开，用户只要保管好自己的私钥即可，因此密钥分发变得十分简单。同时，每个用户的私钥是唯一的，其他用户可以通过信息发送者的公钥来验证信息来源是否真实（用于用户认证），还可以确保发送者无法否认曾发送过该信息（用于数字签名）。

常见的非对称加密算法有 RSA（Ron Rivest、Adi Shamir 和 Leonard Adleman，发明者名字）、传输层安全套接字层（secure sockets layer，SSL）、移动设备安全标准（ECC）、电子邮件安全标准（S-MIME）、电子交易安全标准（secure electronic transaction，SET）、数字签名安全标准（digital signature algorithm，DSA）等。

2. RSA 算法的特征

在数论中，反运算问题往往极难求解。例如，给出两个素数 p 和 q，求两者乘积 N，即使 p 和 q 很大，计算它们的乘积仍然是可行的；但反过来，给出 N，要求出素数 p 和 q 就极为困难了。非对称加密算法就利用了数论上的反运算难度原理。

1977年,美国麻省理工学院的 Ron Rivest、Adi Shamir 和 Leonard Adleman 提出了一个较完善的非对称加密算法 RSA。RSA 算法的安全性建立在大数因子分解的困难性(反运算原理)上。RSA 是人们研究得最广泛的非对称加密算法,经受住了各种攻击的考验,逐渐为人们接受,是目前非常优秀的非对称加密算法之一。

1994年,一个采用 RSA-129(129位)的著名密码被一个由一些密码破译志愿者组成的松散性国际小组,动用 1 600 台计算机和 600 多名志愿者,耗费 8 个月才被破译。统计数据表明,目前使用 512 位的密钥已不安全,需要采用 1 024 位的密钥。

3. RSA 算法的密钥生成原理

选择一对不同的、足够大的素数 p 和 q,计算

$$n=p\times q \tag{6-1}$$

计算 n 的欧拉函数:

$$\varphi(n)=(p-1)(q-1)$$

同时对 p 和 q 严加保密。 (6-2)

找一个与 $\varphi(n)$互质的数 e,且 $1<e<\varphi(n)$。计算

$$d=e^{-1} \bmod \varphi(n) \tag{6-3}$$

即 $d\times e\equiv 1 \bmod \varphi(n)$。

说明:"≡"是同余运算符号,表示"≡"符号两边运算的余数相同。

公钥:KU=(n,e);私钥:KR=(n,d)。

4. RSA 加密、解密过程案例

(1)加密、解密算法模型

加密时,先将明文变换成 $0\sim(n-1)$的一个整数 M。若明文较长,可先分割成适当的组,再进行加密。

设密文为 C,加密过程为

$$C\equiv M^e \pmod n \tag{6-4}$$

设明文为 M,解密过程为

$$M\equiv C^d \pmod n \tag{6-5}$$

(2)明文的公钥加密过程

如果鲍勃要与爱丽丝进行加密通信,鲍勃应当怎样进行明文加密?爱丽丝应当怎样进行密文解密呢?

首先通过 RSA 算法进行大量计算,假设得到的公钥为($n=3\ 233$,$e=17$),私钥为($n=3\ 233$,$d=2\ 753$)。

有了公钥和私钥,就能进行加密和解密了。

如果鲍勃要向爱丽丝发送信息 M(明文),他就要用爱丽丝的公钥(n,e)对明文 M 进行加密。这里需要注意,M 必须是整数(字符串可以取 ASCII 码值),且 M 必须小于 n。鲍勃知道爱丽丝的公钥是$(n,e)=(3\ 233,17)$,假设鲍勃的明文 M 是 65(字母 A 的 ACSII 码值),那么鲍勃根据加密公式(6-4),计算出密文 C 为

$$C\equiv M^e \pmod n=65^{17} \pmod{3\ 233}=2\ 790$$

鲍勃把密文 2 790 发给爱丽丝。

(3)密文的私钥解密过程

爱丽丝收到鲍勃发来的密文 2 790 后，用自己的私钥$(n,d)=(3\ 233,2\ 753)$进行解密。爱丽丝根据解密公式(6－5)，计算出明文 M 为

$$M \equiv C^d (\bmod\ n) = 2\ 790^{2\ 753} (\bmod\ 3\ 233) = 65$$

由此爱丽丝知道鲍勃明文的 ASCII 码值是 65，即字母 A。至此加密和解密过程完成。

从以上案例可以看到，如果不知道 d，就没有办法从 C 求出 M。而知道 d 就必须分解 n，这是极难做到的，所以 RSA 算法保证了通信安全。

公钥 KU(n,e)只能加密小于 n 的整数 M。例如，密钥 n 为 512 位时，加密数据的长度必须小于 64 字节。如果要加密大于 n 的信息怎么办？有两种解决方法：一是把长信息分割成若干段短消息，每段分别加密；二是先选择一种对称加密算法(如 DES)，用这种算法的密钥对大量数据加密，再用 RSA 加密对称加密系统的密钥。

5. RSA 加密技术的缺点

RSA 加密技术的缺点如下：一是安全性依赖于大数的因子分解，但并没有从理论上证明破译 RSA 的难度与大数分解的难度等价，而且多数密码学专家倾向于认为因子分解不是非确定多项式问题，即无法从理论上证明它的保密性能；二是产生密钥很麻烦，受到素数产生技术的限制，难以做到一次一密；三是密钥长度太大，密钥 n 至少要在 512 位以上，这使得运算速度较慢，在某些极端情况下，它的运算速度是对称加密速度的千分之一。

6.4.3　密码破解

不是所有密文破译都有意义，当破译密文的代价超过加密信息的价值，或破译密文所用时间超过信息的有效期时，密文破译工作就变得没有价值。从黑客角度来看，主要有 3 种破译密码获取明文的方法：密钥搜索、密码分析、社会工程学方法。

1. 密钥搜索

(1)暴力破解

登录系统时一般要求输入密码，如果随便输入一个密码就猜对了，这个概率就和买 2 块钱彩票中 500 万元大奖一样低；但是如果我们连续测试 1 万个、10 万个甚至 100 万个密码，那么猜对的概率是不是就大大增加了呢？当然不能人工进行密码猜测，可以利用程序进行密码自动测试。这种利用计算机连续测试海量密码的方法称为暴力破解。

密码或密钥的暴力破解虽然可以用计算机进行，但效率很低，甚至达到不可行的程度。例如，PGP 加密软件使用 128 位密钥，密钥存在约 3.4×10^{38}(2^{128})种可能的组合。即使计算机能每秒尝试 1 亿个密钥，每天 24 h 不停计算，可能也需要 10^{14} a(年)才能完成密钥破解。

从实用角度看，采用单台高性能计算机进行密钥破解时，破译 40 位的密钥需要 3 h，破译 41 位的密钥需要 6 h，破译 42 位的密钥需要 12 h，每增加 1 位，破译时间增加 1 倍，如表 6－3 所示。

表 6－3　不同密钥长度的暴力破解时间

密钥长度/位	穷举搜索 1%时(最好情况)	穷举搜索 50%时(平均情况)
56	1 s	1 min

续表

密钥长度/位	穷举搜索1%时(最好情况)	穷举搜索50%时(平均情况)
57	2 s	2 min
64	4.2 min	4.2 h
72	17.9 h	44.8 d
80	190.9 h	31.4 a
90	535 a	32 100 a
128	1.46×10^5 a	8×10^{16} a

如果用户对密码设置的概率分布不均匀,如有些密码的符号组合根本不会出现,而另一些符号组合经常出现,那么密码的有效长度会减小很多,破译者就能大大加快搜索进度。例如,用户采用8位数字作密码时,可能的密码组合有10^8种;如果用户采用8位数字的生日作密码,则年的时间可以控制在1900～2024之内,月的时间为1～12之内,日的时间在1～31之内,这样就大大减少了计算工作量。

(2)字典式破解法

密码字典是用来穷举密码的字典文件,当字典中包含潜在密码时,就可能破解成功。提高密码破解效率的方法是建立一个包含所有可能密码的字典,可以利用字典生成器软件(见图6-33)生成一个高效的密码字典。如果每个密码的长度不超过8个英文字符,那么有100万个密码的字典文件不会超过8 MB。假设黑客偷到了有密码的文件,就可以用密码字典对文件进行密码匹配破解,它的成功率令人吃惊。

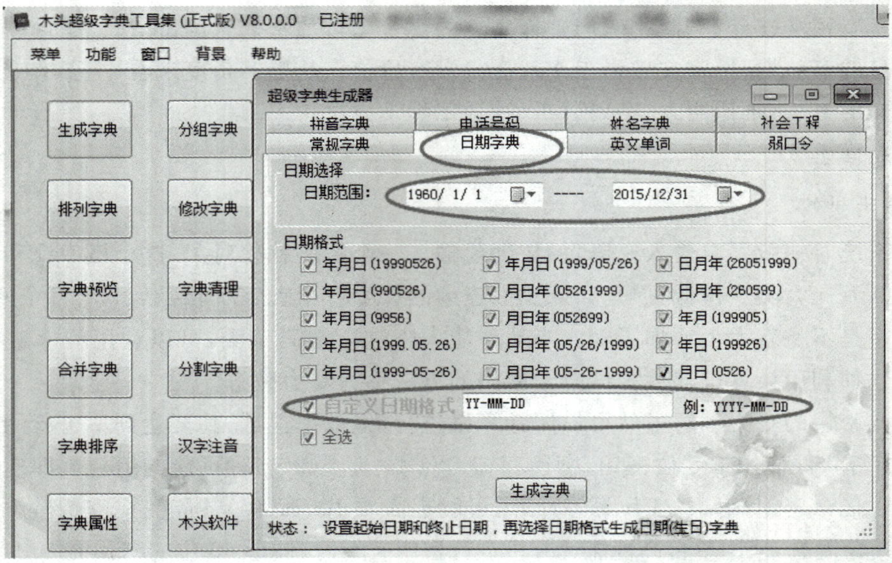

图6-33 利用"木头超级字典工具集"生成日期密码

(3)密码破解工具

L0phtCrack是Windows平台使用的密码破解工具,它能通过保存在操作系统中的密码列表破解用户密码。通常为了安全起见,用户密码都是加密之后保存在Hash列表中的。这些敏感信息如果被攻击者获得,他不仅可能得到用户的权限,也可能得到系统管理员权限,后果将不堪设想。L0phtCrack可通过各种不同的破解方法对用户密码进行破解。

另一个常用工具是协议分析器，又称网络嗅探器（如Sniffer Pro或Etherpeek等），它能够捕获连接网段上的数据包。运行这种工具，可以"嗅探出"该网段上发生的每一件事。例如，通过捕获用户登录和数据传输的数据包，黑客就可以捕获用户密码和敏感数据。

2. 密码分析

如果密钥长度是决定加密可靠性的唯一因素，就不需要密码学专家钻研这门学问，只要用尽可能长的密钥就足够了，但实际情况并非如此。在不知道密钥的情况下，利用数学方法破译密文或找到密钥的方法称为密码分析。密码分析有两个基本目标：一是利用密文发现明文；二是利用密文发现密钥。

（1）密码词频分析

在一份给定的文件里，词频指某一个给定的词语在该文件中出现的次数。经典密码分析学的基本方法是词频分析。在自然语言里，有些字母或汉字比其他字母或汉字出现的频率更高。由计算机对庞大的文本语料库进行统计分析，可得出字母或汉字出现的平均频率。统计表明，英语中使用最多的12个字母占了字母总使用次数的80%左右；字母e是文本中出现频率最高的字母，如表6-4所示；th是最有可能出现的字母对。例如，假设密文没有隐藏词频统计信息，在字母替换加密中，每个字母只是简单地替换成另一个字母，那么在密文中出现频率最高的字母就最有可能是e。

表6-4 英语文本中字母出现的频率（%）

字母	首字母	平均	字母	首字母	平均	字母	首字母	平均	字母	首字母	平均
a	11.602	8.167	h	7.232	6.094	o	6.264	7.507	v	0.649	0.978
b	4.702	1.492	i	6.286	6.966	p	2.545	1.929	w	6.753	2.361
c	3.511	2.782	j	0.597	0.153	q	0.173	0.095	x	0.037	0.150
d	2.670	4.253	k	0.590	0.772	r	1.653	5.987	y	1.620	1.974
e	2.007	12.702	l	2.705	4.025	s	7.755	6.327	z	0.034	0.074
f	3.779	2.228	m	4.374	2.406	t	16.671	9.056			
g	1.950	2.015	n	2.365	6.749	u	1.487	2.758			

说明：首字母指单词中第一个字母出现的频率。统计语料库不同，频率值会有所差别。

（2）现代密码分析学

密码分析技术有线性密码分析、差分密码分析及通用攻击方法研究等。

3. 社会工程学方法

除了对密钥的穷尽搜索和进行密码分析外，黑客经常利用社会工程学破译密码。社会工程学是由美国著名黑客米特尼克（Mitnick，他是第一个被美国联邦调查局通缉的黑客）在《欺骗的艺术》中提出的攻击方法。在社会工程学中，黑客针对人机系统弱点进行攻击，而不是攻击加密算法本身。例如，可以欺骗用户，套出密钥；在用户输入密钥时，应用各种技术手段"偷窃"密钥；利用软件设计中的缺陷或漏洞，将用户使用的加密系统偷梁换柱；从用户工作和生活环境的其他方面获得未加密的保密信息（如"垃圾分析"）；让通信的另一方透露密钥或信息；胁迫用户交出密钥；等等。虽然这些方法不是密码学研究的内容，但对于每一个使用加密技术的用户来说，都是不可忽视的问题，甚至比加密算法更为重要。

6.4.4 数字认证

1. 单向函数

(1)单向函数案例

单向函数本身并不是安全密码协议,但对大多数密码协议来说是基本的结构模块。单向函数的原理是计算起来相对容易,但求逆却非常困难。例如,把盘子打碎是很容易的事情,然而,要把所有碎片再拼成一个完整的盘子,却是非常困难的事情。

(2)单向函数假设

单向函数严格地按数学定义,并不能证明单向函数的存在性,同时也没有实际的证据能够构造出理想的单向函数。即使这样,还是有很多函数看起来像单向函数:我们能够有效地计算它们,且至今还不知道有什么办法能容易地求出它们的逆,因此我们假定单向函数是存在的。

(3)单向陷门函数

单向陷门函数是一类特殊的单向函数,它在一个方向上易于计算而在反方向上却难于计算;但是,如果知道那个秘密,就能很容易地在另一个方向计算这个函数。也就是说,已知 x,易于计算 $f(x)$,而已知 $f(x)$,却难于计算 x;然而,如果有一些秘密信息 y,一旦给出 $f(x)$ 和 y,就很容易计算出 x。例如,很容易把钟表拆成数百个小零件,而把这些小零件组装成能够工作的钟表非常困难;然而,通过秘密信息(如钟表装配手册)就能把钟表还原。

2. Hash 函数

(1)Hash 函数的原理

Hash(哈希,又称散列)就是把任意长度的输入,通过 Hash 算法,变换成固定长度的输出(Hash 值)。Hash 值的空间通常远小于输入的空间。不同的输入可能会产生相同的输出(冲突),但是不能从 Hash 值唯一确定输入值。

Hash 函数的数学表达式为

$$\text{Hash} = H(m)$$

其中,$H(\ )$是单向哈希函数;m 是任意长度的明文;Hash 是固定长度的哈希值。

例 6-5 假设明文为 2 500,为了便于理解,用简单的除法来构造一个 Hash 函数:Hash$=H(2\,500\div 500)=5$。那么 Hash 值 5(实际要求为 128 位)就可以作为明文 2 500 的消息摘要。如果改变明文 2 500 或消息摘要 5,都会无法得到 500。只给出消息摘要 5,而不给出其他信息,就无法追溯到明文信息。

最常见的 Hash 算法是 MD5(消息摘要,RSA 公司的 Hash 函数)等。MD5 将任意长度的字符串映射为一个 128 位的 Hash 值,但是无法通过 128 位的 Hash 值反推出原始字符串。从数学原理上说,Hash 值不可逆,因为从小集合到大集合的映射是一对多的关系。

(2)Hash 函数的应用

①数据存储和查找。Hash 表是一种高效的数据结构,可以用于数据存储和查找,以及巨型字符串的匹配等。Hash 表大大降低了数据查找的时间,而代价是消耗较多的内存。在当前可用内存越来越多的情况下,用空间换时间的做法是值得的。

②文件校验。基于 Hash 函数的 MD5 算法具有“数字指纹”特性,MD5 是目前应用最广泛的文件完整性校验算法。

③数字签名。由于非对称加密算法的运算速度较慢，所以在数字签名协议中，可以采用 Hash 值（又称数字摘要）进行数字签名。

3. 身份鉴别

（1）传统密码身份鉴别

登录计算机（或自动柜员机等终端）时，用户先输入密码，然后由计算机确认密码是否正确。用户和计算机都知道这个密码，这种密码存储方式存在很大的安全隐患，如果黑客窃取了密码，将对计算机安全带来危害。

（2）Hash 函数身份鉴别

其实，计算机没有必要知道用户的密码，计算机只需要区别有效密码和无效密码，就可以用 Hash 函数来鉴别用户身份。现在大部分网站的数据库存储的密码都不是明文，而是密码的 MD5 值。当用户登录时，系统将用户输入的密码进行 MD5 运算，然后再与系统中保存的密码的 MD5 值进行比较，从而确定用户输入的密码是否正确。系统在不知道密码的情况下，就可以确定用户的合法性。

4. 数字签名

实现数字签名有多种方法，如非对称加密数字签名、Hash 函数数字签名等。

（1）用非对称加密进行数字签名

在非对称加密系统中，公钥和私钥可以反过来使用，即用私钥加密，用公钥解密。因为公钥是公开的，所以用私钥加密不是为了保密，而是用于数字签名。数字签名的理论依据是：只要是公钥能解密的信息，一定是用私钥加密的，而私钥只由一个人保存，如同个人手写签名，不可能有人仿造出来。

思考：*黑客是否能够将数字签名解密后，再对签名进行修改呢？*

（2）用 Hash 函数进行数字签名

Hash 函数数字签名的原理是：发送方首先用 Hash 函数将需要传送的报文转换成消息摘要，消息摘要是一个 128 位（MD5）或 160 位（SHA）的单向 Hash 函数值，并且发送方用自己的私钥对这个 Hash 值进行加密，形成发送方的数字签名；然后，将这个数字签名作为报文的附件和报文一起发送给接收方（见图 6－34）；接收方用 Hash 函数将接收到的报文转换成消息摘要，并计算出 Hash 值，接着用发送方的公钥对报文附加的数字签名进行解密。如果这两个 Hash 函数值相同，那么接收方就能确认该数字签名是发送方的；如果两个 Hash 函数值不相同，则可以判断报文在传送过程中已被第三方修改或替换。

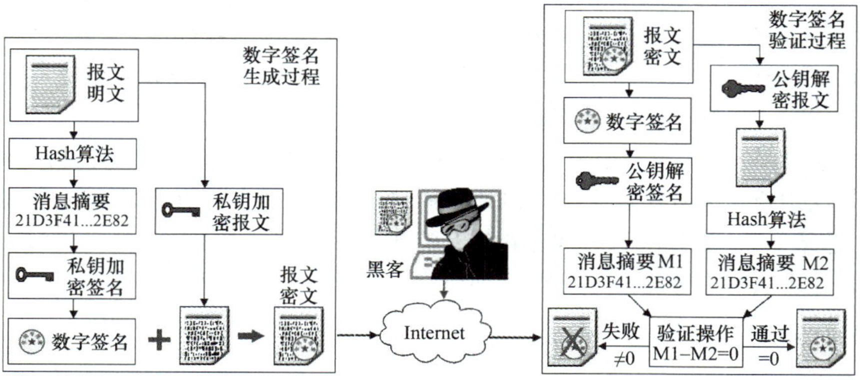

图 6－34　数字签名的生成和验证过程

(3)数字签名的应用

数字签名算法主要有 Hash 签名、RSA 签名和 DSS 签名。这三种算法可以单独使用,也可以综合使用。在实际应用中,采用 RSA 算法对长文件签名的效率太低,为了节约时间,数字签名协议经常和 Hash 函数一起使用。用户并不对整个文件签名,只对文件的 Hash 值签名。在这个协议中,单向 Hash 函数和数字签名算法是事先协商好的。

通过数字签名能够实现对原始报文的鉴别与验证,保证报文的完整性和发送方对所发报文的不可抵赖性。数字签名机制普遍用于银行、电子贸易等领域,解决数据文件的伪造、复制、重用、抵赖、篡改等问题。

5. 数字认证中心

(1)中间人攻击

非对称加密虽然难以破解,但是应用中存在一个问题,就是通信方必须是用户确认的对象。例如,登录银行网站查询自己账户的资金余额时,假设用户不慎登录的是一个冒名顶替的钓鱼网站,用它给的公钥对报文进行加密,并发送给假"银行"网站,黑客就可以根据报文破解私钥,从而获取用户的银行账号和密码。如图 6-35 所示,这个过程称为中间人攻击。

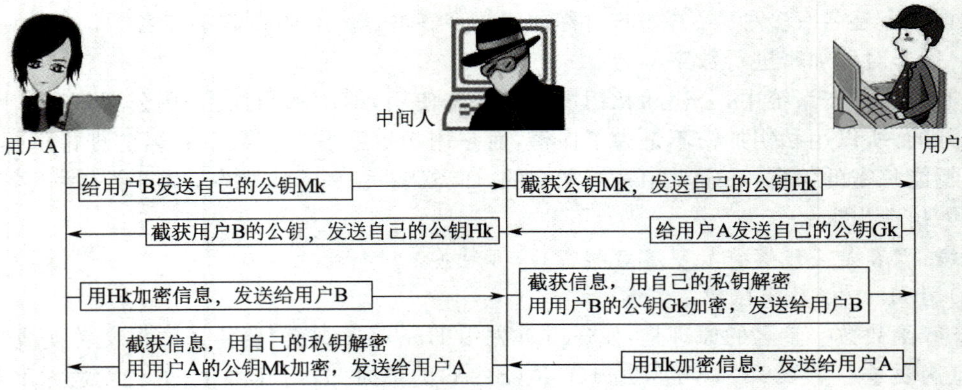

图 6-35 中间人攻击过程

(2)数字认证中心

解决中间人攻击的方法是建立一个通信双方都信任的第三方网站,这个网站称为数字认证中心(certificate authority,CA)。CA 的任务是维护合法用户的准确信息(如用户名、身份证号码等)和其公钥。这些信息用数字证书(digital certificate,DC)的形式进行发放和管理,类似于生活中的居民身份证。CA 是负责发放和管理数字证书的权威机构,并承担公钥体系中公钥合法性检验的责任。CA 有以下类型:行业性 CA,如中国工商银行 CA、电信 CA 等;区域性 CA,如上海市 CA 等;独立 CA,如天威诚信 CA 等。

CA 的主要工作是:对申请公钥加密的用户材料进行审核;为用户生成密钥;给用户签发数字证书;证明用户拥有数字证书中列出的公钥;检查数字证书持有者的身份合法性,以防数字证书被伪造或篡改;对数字证书和密钥进行管理;等等。CA 发放的数字证书是一种安全分发的公钥,也是个人和企业在网上进行信息交流及电子商务活动的身份证明。

6. 数字证书

(1)数字证书的生成

数字证书的生成步骤是:生成密钥→注册→验证→生成数字证书。

①生成密钥。用户可以通过软件自己生成密钥。例如，用户可以利用鼠标移动等随机信息生成密钥，这种方法很安全，但是CA验证操作很麻烦。也可以由CA统一生成密钥，这种情况下CA机构知道用户的私钥，但是验证操作很简单。

②注册。用户可以通过远程操作，在CA网站生成密钥。如果是用户自己生成的密钥，则用户需要向CA发送公钥。用户还需要向CA传送自己的所有证明材料，证明材料有可能是纸质的，如身份证复印件，在办理网上银行时提交这些材料。

③验证。CA验证用户提交的材料，保证它们是真实可信的。如果是由用户生成的密钥，CA还需要验证用户发送给CA的公钥对应的私钥，并且CA要求用户对私钥进行数字签名。

④生成数字证书。CA用程序生成X.509格式的数字证书，发给用户一份，CA留一份。留存的数字证书放在数字证书数据库中，类似于电话簿。

(2)数字证书的形式

数字证书实际上是一串很长的数字编码，包括数字证书申请者的名称和相关信息(如用户姓名、身份证号码、有效日期等)，申请者的公钥，数字证书签发机构的信息(如CA名称、序列号等)，签发机构的数字签名及数字证书的有效期等内容，如图6-36所示。

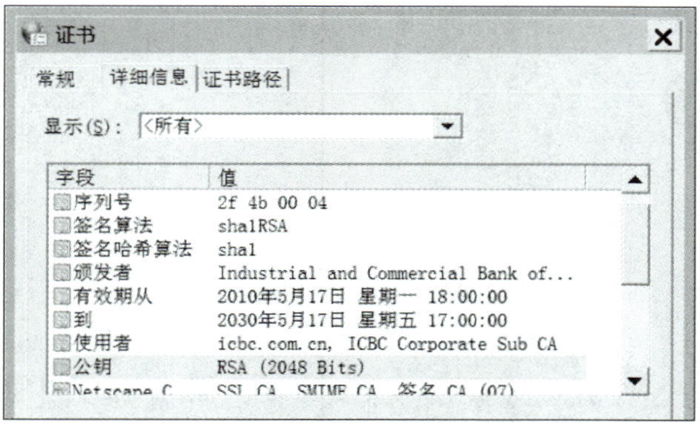

图6-36 中国工商银行数字证书

第7章　多媒体技术

本章导读

多媒体技术是一门迅速发展的综合性信息技术，把电视的声音和图像功能、出版业的出版能力、计算机的人机交互能力和因特网的通信技术有机地融于一体，对信息进行加工处理后，再综合地表达出来。多媒体技术改善了信息的表达方式，使人们可以通过多种媒体得到实体化的形象。

本章主要介绍多媒体技术的基本概念，多媒体信息的数字化，多媒体信息的处理和制作技术。

知识列表

7.1　多媒体的基础知识

7.2　音频处理技术

7.3　图像处理技术

7.4　视频处理技术

7.5　多媒体应用系统及创作工具

7.1 多媒体的基础知识

7.1.1 多媒体的表现形式与定义

1. 媒体的表现形式

媒体一词是人们在日常生活和工作中经常用到的词汇，例如，把报纸、广播、电视等机构称为新闻媒体，报纸通过文字、广播通过声音、电视通过图像和声音来传播信息。信息需要借助于媒体进行传播，所以说媒体是信息的载体。但这只是狭义上的理解，媒体的概念和范围相当广泛，根据国际电信联盟的定义，媒体可分为感觉媒体、表示媒体、显示媒体、存储媒体和传输媒体 5 大类，如表 7－1 所示。

表 7－1　媒体的表现形式

媒体类型	媒体特点	媒体形式	媒体实现方式
感觉媒体	人类感知环境的信息	视觉、听觉、触觉等	文字、图形、声音、图像、视频等
表示媒体	信息的处理方式	计算机数据格式	图像编码、音频编码、视频编码等
显示媒体	信息的表达方式	输入和输出信息	数码相机、显示器、打印机等
存储媒体	信息的存储方式	存取信息	内存、硬盘、光盘、U 盘、纸张等
传输媒体	信息的传输方式	网络传输介质	电缆、光缆、电磁波等

人类利用视觉、听觉、触觉、味觉和嗅觉感受各种信息。其中通过视觉得到的信息最多，其次是听觉和触觉，通过三者一起得到的信息，达到了人类感受到的信息的 95％。因此，感觉媒体是人们接收信息的主要来源，而多媒体技术则充分利用了这种优势。

2. 多媒体的定义

多媒体（multimedia）一词产生于 20 世纪 80 年代初，狭义上的多媒体是指信息表示媒体的多样化。计算机技术和信息处理技术的发展，使人们拥有了处理多种媒体信息的能力。多媒体是利用计算机对文本、声音、图形、图像、动画和视频等多种媒体进行综合处理，使多种信息建立逻辑连接，集成为一个具有交互性的系统。广义上的多媒体可以视为多媒体技术的同义词，这里的多媒体不是指多种媒体本身，而是指处理和应用它们的一整套技术。

从以上定义可得出以下结论。

①多媒体是信息交流和传播的工具。在这点上，多媒体与报纸、杂志、电视等媒体的功能相同。

②多媒体是一种人机交互式媒体。这里的“机”，主要是指计算机，或由微处理器控制的其他终端设备。因为计算机具有良好的交互性，能够实现人机交互功能。从这个意义上说，多媒体与目前的电视、报纸、广播等媒体存在区别。

③多媒体技术以数字信号的形式进行信息的存储、处理和传输。

④从字面上看，任何两种以上的媒体就可以称为多媒体。但通常认为，多媒体中的连续媒

体(声音和视频)是人与机器交互最自然的媒体,多媒体必须包含它们。

⑤计算机对自然状态下的文本、声音、图形、图像、视频等信息进行处理时,必须先对这些信息进行采样、量化、编码等处理,将它们转换成计算机能够接收的二进制信号。而以上处理的数据量非常大,因此,多媒体技术目前主要研究和解决的问题是表示媒体的数据编码、压缩与解压缩。

7.1.2 多媒体技术的主要特性

1. 多样性

20 世纪 90 年代以前的计算机以处理文本信号为主,而目前的计算机大多是多媒体计算机。多媒体计算机不仅能输入多媒体信息,而且还能处理和输出多媒体信息,这大大改善了人与计算机之间的界面,使计算机变得越来越符合人的自然需求。

2. 交互性

交互性指用户可以与计算机进行对话,从而为用户提供控制和使用信息的方式。用户在多媒体系统中不只是被动地接收信息,而是参与数据转变为信息、信息转变为知识的过程。通过交互过程,用户可以获得信息,可以对某些事物的运动过程进行控制,从而满足用户的要求,例如影视节目播放中的快进与倒退,图像处理中的人物变形等。对一些娱乐性应用(如游戏),用户甚至还可以介入到剧本编辑、人物修改之中,增加了用户的参与性。

3. 集成性

集成性包括三个方面的含义。一是指多种信息形式的集成,即文本、声音、图像、视频信息形式的一体化。二是多媒体将各种单一的技术和设备集成在一个系统中。例如,将图像处理技术、音频处理技术、电视技术、通信技术等,通过多媒体技术集成为一个综合的系统,实现更高的应用目标,如电视会议系统、视频点播系统、虚拟现实系统等。三是对多种信息源的数字化集成。例如,可以将用摄像机获取的视频图像,存储在硬盘中的照片及利用计算机产生的文本、图形、动画、伴音等,经编辑后,输出到屏幕、音响、打印机、硬盘等设备,也可以通过因特网进行远程输出。

4. 实时性

实时性是指视频图像和声音必须保持同步和连续。例如,视频播放时,画面不能出现马赛克等现象,声音与画面必须保持同步等。

7.1.3 多媒体信息的数字化

计算机对文本、图形、图像、声音、动画、视频等信息进行处理时,首先需要将这些来源不同、信号形式不一、编码规格不同的外部信息,转换成计算机能够处理的信号,然后按规定格式对其进行编码,这个过程称为多媒体信息的数字化。

1. 多媒体文件的存储格式

多媒体文件的存储格式是按照特定的算法,对文字、音频或视频信息进行压缩或解压缩形成的一种文件。如图 7-1 所示,多媒体文件包含文件头、数据和文件尾等部分,文件头记录了文件的名称和大小、文件采用的压缩算法、文件的存储格式等信息，只占文件的一小部分。数据是多媒体文件的主要组成部分，往往有特定的存储格式。

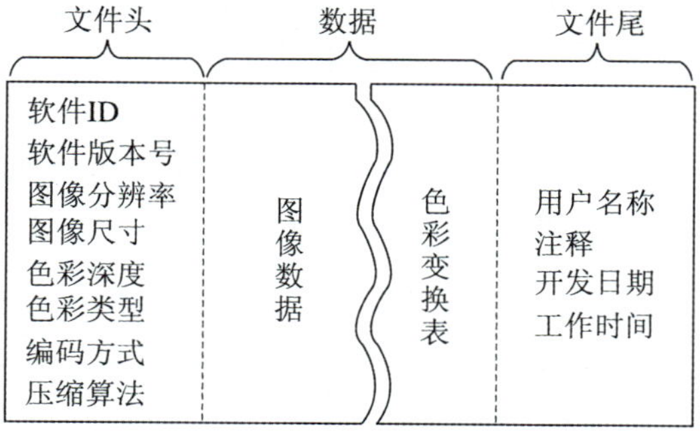

图 7－1 多媒体文件的存储格式

不同的文件存储格式，必须使用不同的编辑或播放软件，这些软件按照特定的算法还原某种或多种特定格式的文字、音频或视频文件。

2. 流媒体文件

多媒体文件可分为静态多媒体文件和流式媒体(简称流媒体)文件。静态多媒体文件无法提供网络在线播放功能。例如，要观看某个影视节目，必须先将这个节目的视频文件下载到本地计算机。简单地说，就是先下载，后观看。这种方式的缺点是占用了有限的网络带宽，无法实现网络资源的优化利用。

流媒体是指在因特网中采用流式传输技术的媒体。流媒体视频在播放时并不需要下载整个文件，只需将文件的部分内容下载到本地计算机，就可以实现即时传送、随时播放。实现流媒体的关键技术是数据的流式传输。

3. 多媒体信息的数据量

数字化的图形、图像、视频、音频等多媒体信息的数据量很大，下面分别以文本、图像、声音和视频等数字化信息为例，计算它们理论的数据存储容量。

(1)文本的数据量

设屏幕分辨率为 1 024 像素×768 像素，屏幕显示字符大小为 16 像素×16 像素点阵，每个字符用 2 个字节存储，则满屏幕字符的存储空间为

$$[1\ 024/16\times768/16]\times2(\mathrm{B})\approx6\ \mathrm{KB}。$$

(2)点阵图像的数据量

如果用扫描仪将一张 11 in×8.5 in(相当于 A4 纸张大小)的彩色照片输入计算机，扫描仪分辨率设为 300 dpi(300 点/in)，扫描色彩为 24 位 RGB 彩色图，经扫描仪数字化后，未经压缩的图像的存储空间为

$$11(\mathrm{in})\times300(\mathrm{dpi})\times8.5(\mathrm{in})\times300(\mathrm{dpi})\times[24(\mathrm{b})/8(\mathrm{b})]\approx24\ \mathrm{MB}。$$

(3)高质量数字化音频的数据量

人们能够听到的声音频率最高为 22 kHz，制作 CD 音乐时，为了达到这个指标，采样频率为 44.1 kHz，量化精度为 32 位，存储一首 1 min 未经压缩的立体声数字化音乐需要的存储空间为

$$[44\ 100(\mathrm{Hz})\times32(\mathrm{b})\times2(\text{声道})\times60(\mathrm{s})]/8(\mathrm{b})\approx20.2\ \mathrm{MB}。$$

(4)数字化视频的数据量

如果美国国家电视系统委员会(National Television System Committee,NTSC)制式的视频图像分辨率为640像素×480像素,每秒显示30幅视频画面(帧率为30 fps),色彩采样精度为24位,则存储1 min未经压缩的数字化NTSC制式视频图像需要的存储空间为

$$[640\times480\times24(b)\times30(fps)\times60(s)]/8(b)\approx1.5\ GB。$$

由以上分析可知,除文本信息的数据量较小外,其他多媒体信息的数据量都非常大,因此,多媒体信息的数据编码和压缩技术非常重要。

7.2 音频处理技术

7.2.1 声音的基本特性

1. 声音的物理特性

声音是由振动产生的,例如,敲一个茶杯,茶杯振动发出声音;拨动吉他的琴弦,吉他就发出声音。但是仅仅有振动还产生不了声音,如果把一个闹钟放在一个密封的玻璃罐子里,抽掉罐子里的空气,那么无论闹钟怎么振动,都没有声音,因为声音要靠介质(如空气)来传播。声音是一种波,通常称为声波。声波传进人们的耳朵,使耳朵中的鼓膜振动,触动听觉神经,人们才感觉到了声音。

声音不仅可以在空气中传播,也可以在水、土、金属等介质中传播。声音在空气中的传播速度约为340 m/s(15 ℃时)。

2. 声音的三要素

声音分为乐音和噪声。乐音的振动比较有规则,有固定音高;而噪声的振动则毫无规则,无法形成音高。决定声音的不同有三个元素:音高、音量和音色。

(1)音高

为什么钢琴上每个琴键的声音都不一样呢?打开钢琴盖可以看到钢琴的弦是由粗到细排列的,由于琴弦的粗细不同,琴弦的振动频率也不同,粗的琴弦不如细的琴弦振动得快。不同音高的产生是由于振动频率不同,振动频率越高,音高就越高。

声音频率的单位是Hz(赫兹),1 Hz就是每秒振动一次。例如,音乐中的标准音A的频率是440 Hz,也就是每秒振动440次,这是乐器定音的标准,而钢琴中央标准音C的频率是261.63 Hz。C调下唱名与频率之间的关系如表7-2所示。

表7-2 C调下唱名与频率之间的关系

基本音级的唱名	do	re	mi	fa	so	la	xi
简谱的唱名	1	2	3	4	5	6	7
十二平均律频率/Hz	261.6	293.7	329.6	349.3	392.1	440	493.9
纯音频率/Hz	264	297	330	352	396	440	495

(2)音量

音量就是声音的强弱,音量由声波的振幅决定。例如,轻轻拨动吉他的琴弦,琴弦的振动幅度很小,发出的声音也很小;如果用力拨动琴弦,琴弦的振动幅度就会很大,发出的声音也越大。在振动中,振动的物理量偏离中心的最大值称为振幅。

声源的振幅越大,声音越响。声波的幅度能量按高于或低于正常大气压来度量,这个变化部分的压强称为声压,单位为帕斯卡(Pa)。为了方便计算,通常采用分贝(dB)表示,0 dB 是声压的基准,以人耳刚刚能听到的声音为标准(大约 3 m 外一只蚊子在飞的声音)。3 dB 内的音量变化,人是难以察觉的。

(3)音色

音色是人耳对某种声音的综合感受。音色与多种因素有关,但主要取决于声音的频谱特性和包络。同样是标准音 A,振动频率都是 440 Hz,但钢琴和二胡的声音相差很远。即使都是二胡,一把好的二胡与一把一般的二胡相比,音色也相差很大。例如,钢琴的声音都有一个音头(“当…”)然后逐渐衰减,而弦乐就不同,由图 7-2 可以看到它们的声音波形包络不同。

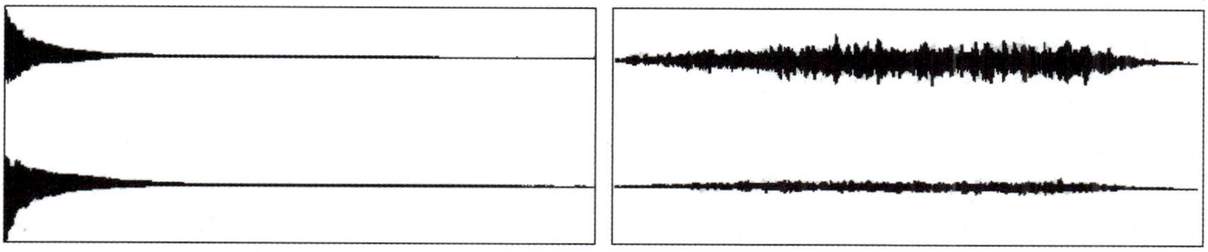

(a) 钢琴的声音波形包络　　(b) 弦乐的声音波形包络

图 7-2　同一个标准音 A 时,钢琴与弦乐的声音波形包络

3. 声音的数字化过程

自然界中的声音是连续变化的模拟量。例如,对着话筒讲话时,话筒根据周围空气压力的变化,输出连续变化的电压值。这种变化的电压值是对讲话声音的模拟,称为模拟音频。将模拟音频的电压值输入录音机时,电信号转换成磁信号记录在录音磁带上,因而记录了声音。但这种记录声音的方式不利于计算机存储和处理,要使计算机能存储和处理声音信号,就必须将模拟音频数字化。音频信号的数字化过程如图 7-3 所示。

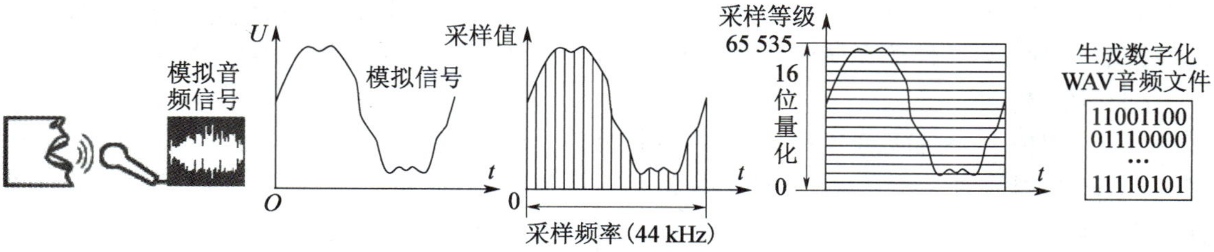

(a) 话筒录音　(b) 模拟音频信号　(c) 信号采样　(d) 信号量化　(e) 信源编码

图 7-3　音频信号的数字化过程

(1)采样

将模拟音频信号转换成数字音频信号,必须经过采样。采样是在每个固定时间间隔内对模拟音频信号截取一个振幅值,并用给定字长的二进制数表示,将连续的模拟音频信号转换成

离散的数字音频信号。截取模拟音频信号振幅值的过程称为采样,得到的振幅值称为采样值。单位时间内采样的次数越多(采样频率越高),数字音频信号就越接近原声。根据奈奎斯特(Nyquist)采样定理,采样频率只要达到信号最高频率的2倍,就能精确描述被采样的信号。一般人耳的听力频率在20 Hz~20 kHz范围之间,因此,采样频率达到40 kHz(20 kHz×2)时,就可以满足人们的听力要求。目前,大多数声卡的采样频率都达到了44.1 kHz或更高。

(2)量化

另一个影响音频数字化的因素是对采样信号进行量化的位数。例如,声卡采样位数为8位,就有256(2^8)种采样等级;如果采样位数为16位,就有65 536(2^{16})种采样等级;如果采样位数为32位,就有4 294 967 296(2^{32})种采样等级。目前,大部分声卡为24位或32位采样量化。

(3)编码

对模拟音频信号采样、量化完成后,计算机得到一大批原始音频数据,将这些信源数据(采集的原始数据)按文件类型(如WAV和MP3等)进行编码后,再加上音频文件格式的头部,就得到了一个数字音频文件。这项工作由计算机中的声卡和音频处理软件(如Adobe Audition)共同完成。

4. 声音信号的输入与输出

数字音频信号可以通过光盘、乐器数字接口(musical instrument digital interface,MIDI)等设备输入计算机中。模拟音频信号一般通过话筒和音频输入接口(line in)输入计算机中,然后由计算机的声卡转换为数字音频信号,这一过程称为模数转换。当播放数字音频文件时,可以利用音频播放软件将数字音频文件解压缩,然后通过计算机的声卡或音频处理芯片,将离散的数字信号再转换成连续的模拟信号(如电压),这一过程称为数模转换。

7.2.2 音频文件格式

音频文件可分为波形文件(如WAV和MP3音乐)和音乐文件(如MIDI音乐)两大类,由于它们对自然界的声音记录方式的不同,所以文件大小和音频效果相差很大。波形文件通过录入设备录制原始声音,直接记录了真实声音的二进制采样数据,通常文件较大。

目前,较流行的音频文件有WAV、MP3、WMA、RM、MIDI等格式。

(1)WAV格式

WAV 文件是由Microsoft公司和IBM公司共同开发的PC标准音频格式,具有很高的音质。未经压缩的WAV文件的存储容量非常大,1 min CD音质的音乐大约占用10 MB存储空间。

(2)MP3格式

MP3文件是一种符合MPEG-1音频压缩第3层标准的文件。MP3压缩比高达10∶1~12∶1。MP3是一种有损压缩,由于大多数人听不到16 kHz以上的声音,因此,MP3编码器便剥离了频率较高的所有音频。一首50 MB的WAV格式的歌曲用MP3压缩后,只需4 MB左右的存储空间,而音质与CD相差不多。MP3格式是因特网的主流音频格式。

(3)WMA格式

WMA格式是由Microsoft公司开发的一种音频格式。在低比特率解码时(如48 kbps),相同音质的WMA文件比MP3文件小了许多,这是它的优势。

(4)RA、RM和RAM格式

RA、RM和RAM格式是由RealNetworks公司开发的一种流式音频格式,主要用于在低速率的因特网上实时传输音频信息。

(5)MIDI格式

MIDI格式是电子合成乐器的统一国际标准。在MIDI文件中,只包含产生某种声音的指令,这些指令包括使用什么MIDI乐器、乐器的音色、声音的强弱、声音持续时间的长短等。计算机将这些指令发送给声卡,声卡按照指令将声音合成出来。MIDI音乐可以模拟上万种常见乐器的发音,唯独不能模拟人的声音,这是它最大的缺陷。在不同的计算机中,由于音色库与音乐合成器的不同,MIDI音乐会有不同的音乐效果。MIDI音乐缺乏重现真实自然声音的能力,电子味太浓。MIDI音乐主要用于电子乐器、手机等多媒体设备。MIDI音乐的优点是生成的文件非常小,一个10 min的MIDI音乐文件只有几千字节。

由于MIDI文件存储的是指令,而不是声音数据,因此,可以在计算机上利用音乐软件随时谱写和演奏电子音乐,而不需要聘请乐队,甚至不需要用户演奏乐器。MIDI音乐大大降低了音乐创作者的工作量。

7.2.3 音频处理软件

1. 多媒体音乐工作站的基本组成

在多媒体技术出现之前,作曲家在创作音乐时,不可能一边写乐谱一边听乐队演奏的实际效果。作曲家只能凭感觉在谱纸上写作,写完后交给乐队试奏,听了实际效果后再修改,直至定稿。作曲家一般借助钢琴来试听和声的效果,但这需要很高的钢琴演奏水平,而且在钢琴上无法试出乐器合奏的效果。例如,长笛和中提琴一起演奏是什么效果?贝斯加上一支长号再加一支英国管重叠起来是什么效果?而有了计算机音乐系统后,只需要将各声部通过MIDI键盘或者话筒依次输入计算机中,然后利用多媒体音乐工作站软件就可以创作和演奏一部交响乐了。

多媒体技术的出现,给音乐领域带来了一场深刻的变革。多媒体技术在音乐、电影、电视、戏剧等方面都发挥着极其重要的作用。音乐软件在很多方面已经取代了过去那些笨重、庞大且昂贵的音乐硬件设备。如果用户只是进行一些非音乐专业的音频处理工作(如企业联欢晚会音频处理),使用一台普通的计算机和一个普通的话筒就可以了。如果用户需要进行专业的音乐创作,使用一台几千元的计算机接上一个MIDI键盘,再安装一些音乐制作软件,就可以进行计算机音乐的学习和创作了。一个简单的多媒体音乐工作站如图7-4所示。

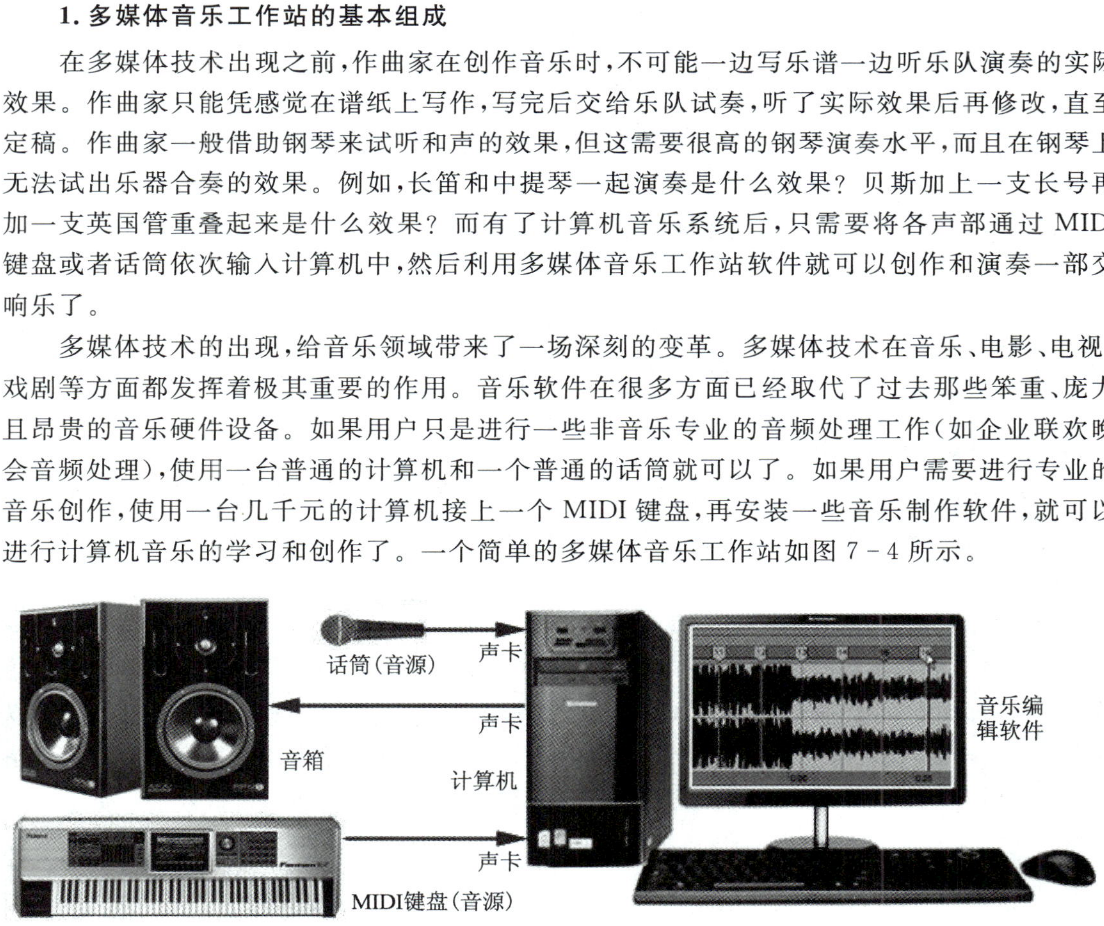

图7-4 一个简单的多媒体音乐工作站

2. 音频软件

音频软件大致分为两大类:一类是音乐工作站,另一类是音频处理软件。

音乐工作站除了具有音频处理软件的所有功能外,在音色选择、音量控制、力度控制、速度控制、节奏控制、声道调整、感情控制、滑音控制、持音控制等方面也具有相当强大的功能。此外,音乐工作站还具有 MIDI 音乐输入、输出和编辑功能,强大的软件音源或硬件音源的处理功能,五线谱记谱、编辑、打印等功能。音乐工作站主要适用于音乐专业人员。常用的音乐工作站有 Cakewalk Sonar、Cubase SX 和作曲大师。

音频处理软件的主要功能有:音频文件格式转换,通过话筒现场录制声音文件,多音轨(一个音频一个声道)的音频编辑,音频片段的删除、插入、复制等,音频的消噪、音量的加大和减小、音频的淡入和淡出、音频特效,对多音轨音频的混响处理等。音频处理软件的音频编辑功能很强大,但是音乐创作功能很弱,主要适用于非专业人员。

常用的音频处理软件如表 7-3 所示。

表 7-3 常用的音频处理软件

类型	软件
Cool Edit	功能强大的音频处理软件。具备音频格式转换、现场录音、多音轨音频编辑、混响、特效等功能
GoldWave	简单易用的音频处理软件。具备音频格式转换、现场录音、双音轨音频编辑功能
Accord CD Ripper	CD 音轨抓取工具。可以将 CD 碟片上的音乐抓取出来,并保存为 MP3 等音频格式
Free Audio Converter	音频格式转换软件。支持 MP3、WAV、M4A、AAC、WMA、OGG 等多种格式之间的相互转换

3. Cakewalk Sonar 音乐工作站

Cakewalk Sonar(俗称声纳)音乐工作站几乎包括了音乐人需要的所有计算机音乐制作功能。它主要适用于既懂英文,又懂五线谱的专业人员。Cakewalk Sonar 音乐工作站的界面如图 7-5 所示。

Cakewalk Sonar 具有强大的 MIDI 制作、音频录制、编辑、混音、伴奏和操控等功能,是一个综合性的音乐工作站。利用 Cakewalk Sonar,可以设计和制作音乐,以达到计算机作曲的目的。Cakewalk Sonar 可以实现 MIDI 信号与数字音频信号(WAV)的同步,使人们不但可以利用计算机作曲,也可以同时录制声音,甚至是制作 MIDI 设备无法发出的声音。音乐工作站的发展方向是 MIDI、音频、音源(合成器)一体化制作,而 Cakewalk Sonar 很好地具备了这些功能。

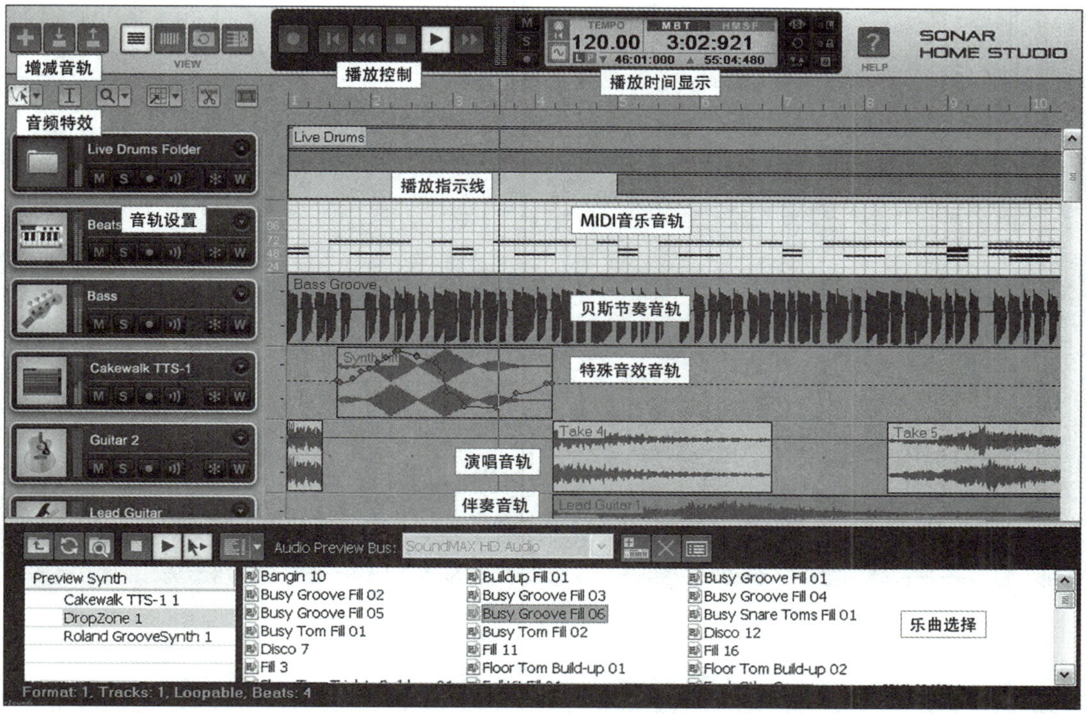

图 7－5 Cakewalk Sonar 8 Producer Edition 音乐工作站的界面

4. Cool Edit 音频处理软件

在多媒体的制作领域，音频是不可或缺的部分。音频的处理通常包含声音的编辑、特殊效果的添加及文件格式的转换等操作。常见的音频处理软件有 Windows 操作系统中的 Sound Recorder（通常称为录音机）、Sound Blaster 系列音频卡附带的 Wave Studio 及一些专门的多媒体音频处理软件，如 GoldWave、Cool Edit 等。本节以 Cool Edit Pro 2.1 为例，介绍声音录制和编辑的基本技能以及一些特殊的处理方法。

Cool Edit Pro 是由美国 Syntrillium 公司开发的一款功能强大、效果出色的多轨录音和音频处理软件。Cool Edit Pro 2.1 为该软件的最高版本，之后该软件被 Adobe 公司收购，随即推出 Adobe Audition。Adobe Audition 与 Cool Edit Pro 2.1 在功能和界面上十分相近。

Cool Edit Pro 2.1 的主要功能有录制和采集音频文件；对音频文件进行剪切、粘贴、合并、重叠声音等操作；提供多种特效（如放大或降低噪声、扩展、回声、延迟、失真、调整音调等）；可以生成噪声、低音、静音、电话信号等声音；可以实现自动静音检测和删除、自动节拍查找等功能；可以在多种音频文件格式之间进行转换；等等。

（1）Cool Edit Pro 2.1 界面

Cool Edit Pro 2.1 有两种编辑状态，即波形编辑状态和多音轨编辑状态，这两种状态可以通过按 F12 功能键或单击默认工具栏的第一个按钮进行切换。波形编辑窗口（见图 7－6）主要用来对音频进行编辑，多音轨编辑窗口（见图 7－7）主要用来进行音频合成。

Cool Edit Pro 2.1 波形编辑窗口从上到下共分为标题栏、菜单栏、工具栏、资源管理区、波形显示区、操作区、状态栏显示区 7 个部分。

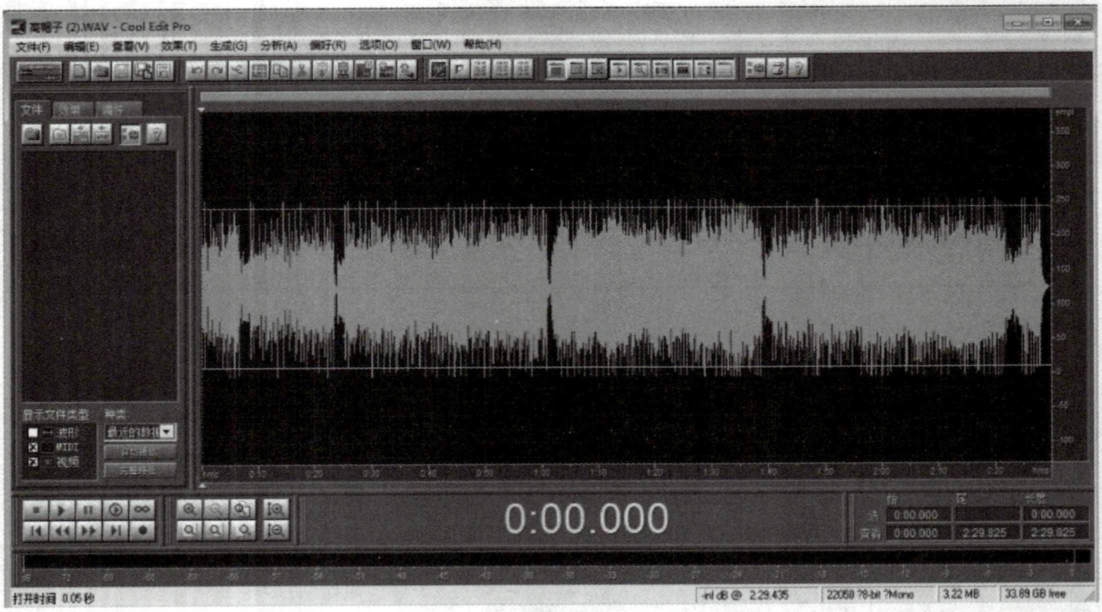

图 7-6　波形编辑窗口

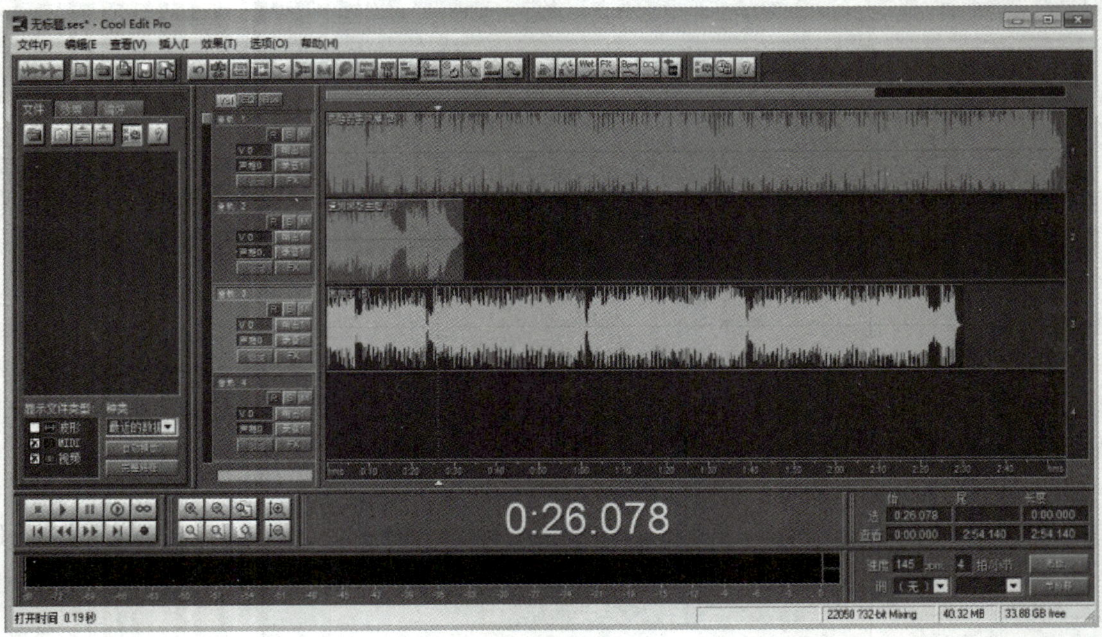

图 7-7　多音轨编辑窗口

(2)Cool Edit Pro 2.1 功能菜单

Cool Edit Pro 2.1 在波形编辑窗口中共有 10 个一级菜单,包括文件(file)、编辑(edit)、查看(view)、效果(effects)、生成(generate)、分析(analyze)、偏好(favorites)、选项(options)、窗口(window)、帮助(help)。菜单栏下有 30 多个操作命令。下面对几个重要的菜单进行简单介绍。

①文件：此菜单主要包括对音频文件的一些操作命令，如新建、打开、关闭、存储等。同时包括如下专为文件设计的操作命令。

a. 追加(open append)：将一个音频文件连接在一个已打开的文件的尾部。

b. 从文件中提取声音(extract audio from video)：可以从视频文件中把声音提取出来，主要是 AVI、MPG 等格式的视频文件。

c. 保存选取区域(save selection)：允许将当前选中的部分波形文件单独保存。

d. 清理硬盘空间(free hard drive space)：利用 Cool Edit Pro 2.1 进行音频编辑时，会随时产生一些临时文件并存储在指定的临时文件夹中，在硬盘中占了很大空间，使用该操作命令可以清空这些临时文件。

②编辑：此菜单包含一些常用的剪贴板操作命令，如复制、粘贴、删除等。其中属于音频文件的特有操作命令如下。

a. 混合粘贴(mix paste)：将剪贴板中的波形内容混合到当前波形文件中。

b. 插入多轨工程(insert in multitrack)：将当前文件或当前文件的被选中部分在多轨窗口中插一个新轨，要事先在多轨模式下选择好轨道和音频块的开始位置。

c. 删除静音(delete silence)：删除波形文件中分贝极小的信号，可以使当前文件变短。

d. 零点定位(zero crossings)：将选中区域的开头和结尾自动调节到无声的状态。

e. 确定节拍(find beats)：自动查找音乐中完整拍子的起止点。

f. 调整采样率(adjust sample rate)：改变声卡播放当前音频文件时所用的采样频率。

g. 转换音频格式(convert sample type)：改变当前文件的采样频率和量化位数等参数。

③查看：此菜单中大多为一些打开、关闭各子窗口及快捷工具栏的命令，其中比较常用的和音频操作相关的命令如下。

a. 多轨窗口切换(multitrack view)：切换到多轨编辑状态。

b. 波形编辑窗口(waveform view)：显示波形编辑状态。

c. 光谱显示窗口(spectral view)：显示光谱。

④效果：通过此菜单可以为音频增加很多特效。

a. 反向(invert)：将波形的上半周和下半周互换。

b. 倒置(reverse)：将被选中的波形的开头和结尾反向。

c. 静音(silence)：将被选中的波形变成零振幅的信号。

d. 波形振幅(amplitude)：对音频信号振幅的处理，即改变声音信号的音量。此菜单项下有 8 个子菜单，可以通过对声音信号音量的改变获得一些特殊效果。

e. 延迟效果(delay effects)：对延迟混响效果的处理，有 11 个子菜单，可以制作出一些场地声音、合唱效果等。

f. DirectX：列出所支持的 Direct 的效果器插件。

g. 滤波器(filters)：可以对音频信号进行各种滤波处理。

h. 特殊(special)：产生一些特殊效果。

i. 噪声消除(noise reduction)：消除选中音频的噪声。

⑤生成：通过此菜单可以生成一些特殊的声音。

a. 静音(silence)：生成静音。

b. 音调(tone)：根据用户的选择，生成一些标准信号音。

c. 噪声(noise)：生成噪声信号。

d. DTMF 信号(signals):生成类似电话拨号音的信号。

⑥分析:此菜单自动对声音信号内部信息进行分析,并给出一些可视化的结果。

a. 显示频谱分析器(show frequency analyze):显示音频信号的频谱分析图像。

b. 显示相位分析器(show phase analyze):显示音频信号的相位分析图像。

c. 波形统计(statistics):显示音频信号的波形统计数据。

⑦偏好:此菜单用于显示曾经使用过的效果编辑命令。

7.3 图像处理技术

7.3.1 图像的数字化

1. 图像的数字化

数字图像(image)可以由数码相机、数码摄像机、扫描仪、手写笔等多媒体设备获取。这些多媒体设备按照计算机能够接收的格式,对自然图像进行数字化处理,然后通过多媒体设备与计算机之间的接口将其传输到计算机,并且以文件的形式存储在计算机中。多媒体设备或计算机对一幅自然图像进行数字化时,首先必须把连续的自然图像进行离散化处理,离散化的结果就产生了数字图像。当然,数字图像也可以直接在计算机中生成或由人工设计,或由网络、U 盘等设备输入。

当计算机将数字图像输出到显示器、打印机、电视机等模拟设备时,又必须将离散化的数字图像合成为一幅模拟设备能够接收的自然图像。

2. 图形的编码

图形由像素点阵构成,又称位图。点阵图采用点阵表示和存储。黑白图形只有黑、白两个灰度等级,如果每一个像素用一位二进制编码(0 或 1)表示,就可以对黑白图形的信源进行编码。图形的信源编码与分辨率有关,分辨率越高,图形细节越清晰,图形的存储容量也越大。黑白图形的信源编码如图 7-8 所示。

	1							8	二进制编码
1	0	0	0	0	0	0	0	0	0000 0000
	0	0	1	1	1	1	0	0	0011 1100
	0	0	1	0	0	0	0	0	0010 0000
	0	0	1	0	0	0	0	0	0010 0000
	0	0	1	1	1	1	0	0	0011 1100
	0	0	1	0	0	0	0	0	0010 0000
	0	0	1	0	0	0	0	0	0010 0000
8	0	0	1	0	0	0	0	0	0010 0000

(a) 分辨率为8像素×8像素的图形编码

(b) 分辨率为128像素×128像素的图形编码

图 7-8 黑白图形的信源编码

如果图形为灰度图,图形中每个像素点的亮度值用 8 位二进制数表示,则亮度表示范围有

256(2^8)个灰度等级(0～255)。

如果是彩色图像，R(红)、G(绿)、B(蓝)三种基色分别用8位二进制数表示，色彩深度为24位，那么可以表达超过1 670万(2^{24})种色彩。

例7-1　对一个分辨率为1 024像素×768像素、色彩深度为24位的图片进行编码。

如图7-9所示，对图片中的每一个像素点进行色彩取值，其中某一个橙红色像素点的色彩值为"R=233,G=105,B=66"，如果不对图片进行压缩，则将以上色彩值进行二进制编码就可以了。形成图片文件时，还必须根据图片文件的格式加上文件头。

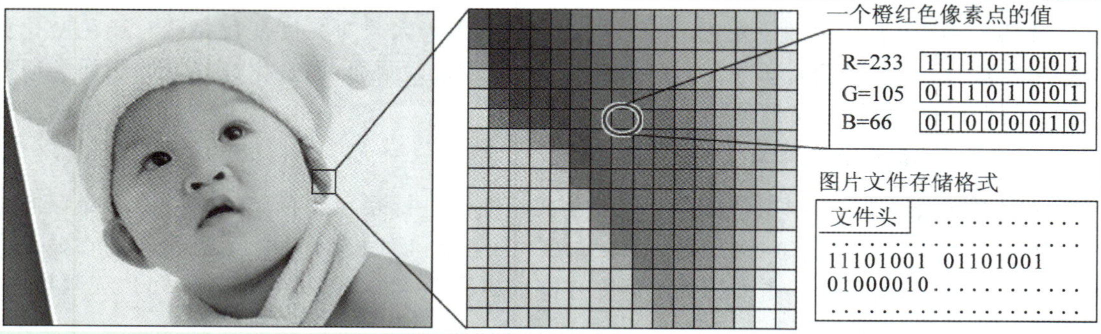

图7-9　24位色彩深度的图形编码方式(无压缩)

位图的效果逼真，但是文件较大，处理高质量彩色图像时对硬件平台的要求较高。因为像素之间没有内在联系而且它的分辨率是固定的，所以位图缺乏灵活性。将图像缩小后，如果再将它恢复到原始尺寸时，图像就会变得模糊不清。

3. 分辨率

分辨率是数字化图像的重要技术指标，分辨率越大，图片文件越大，能表现更丰富的图像细节；如果分辨率较低，图片就会显得相当粗糙。分辨率有以下几个方面的含义。

(1)图像分辨率

数字化图像的分辨率是水平方向与垂直方向像素的总和。例如，800万像素的数码相机，图像最高分辨率为3 264像素×2 448像素。

(2)屏幕分辨率

一般用显示器屏幕水平像素×垂直像素表示，如1 024像素×768像素等。

(3)印刷分辨率

印刷分辨率是指在打印图像时，每英寸像素的个数，一般用dpi表示。例如，普通书籍的印刷分辨率为300 dpi，精致画册的印刷分辨率为1 200 dpi。

(4)分辨率之间的关系

例如，使用数码相机拍摄一幅380万像素的数码图片，图像分辨率为2 272像素×1 704像素。在屏幕分辨率为1 024像素×768像素的显示器中输出该图片时，如果图片按100%的比例显示，则只能显示图片的一部分，因为图像分辨率大于屏幕分辨率；如果将图片满屏显示，则屏幕只显示了图片45%左右的像素。如果在打印机中输出该图片，当打印画面尺寸为3.5 in×5 in(5寸相片)时，打印出的图片的分辨率为450 dpi左右；如果打印画面尺寸扩大到8 in×12 in(12寸相片，相当于A4纸张大小)时，则打印出的图片的分辨率将降为190 dpi左右。

4. JPEG 静止图像压缩标准

ISO 和 ITU 共同成立的联合图像专家组(Joint Photographic Experts Group,JPEG),于1991 年提出了“多灰度静止图像的数字压缩编码”(简称 JPEG 标准)。JPEG 标准适合对彩色和单色多灰度等级的图像进行压缩处理。

JPEG 标准支持很高的图像分辨率和量化精度。它包含两个部分:第一部分是无损压缩,采用差分脉冲编码调制(differential pulse code modulation,DPCM)的预测编码;第二部分是有损压缩,采用离散余弦变换(for discrete cosine transform,DCT)和哈夫曼(Huffman)编码,通常压缩比达到 20∶1～40∶1。

JPEG 标准主要存储颜色变化,尤其是亮度变化,因为人眼对亮度变化要比对颜色变化更为敏感。JPEG 标准的设计思想是:恢复图像时不重建原始画面,而是生成与原始画面类似的图像,丢掉那些没有被注意到的颜色。

5. 矢量图形的特点

矢量图形(graphics)采用特征点和计算公式对图形进行表示和存储。矢量图形保存的是每一个图形元件的描述信息,例如,一个图形元件的起始和终止坐标、半径、弧度等。在显示或打印矢量图形时,要经过一系列的数学运算才能输出图形。矢量图形在理论上可以无限放大,图形轮廓仍然保持圆滑。

矢量图形用一组指令来描述图形的内容、形状(如直线、圆、圆弧、矩形、任意曲线等)、位置(如 x,y,z 坐标)、大小、色彩等属性。例如,line($x1$,$y1$,$x2$,$y2$)表示点 1(x_1,y_1)到点 2(x_2,y_2)的一条直线;circle(x,y,r)表示圆心位置为(x,y)、半径为 r 的一个圆;用 $y=\sin x$ 来描述一个正弦波的图形;等等。

如图 7-10 所示,矢量图形只记录生成图形的算法和图形上的某些特征点参数。矢量图形中的曲线是由短直线逼近(插补)得到的。通过图形处理软件,可以对矢量图形进行放大、缩小、移动和旋转等操作,可以任意改变矢量图形的尺寸而不会损失图形的质量。由于构成矢量图形的各个部件(图元)是相对独立的,因此,在矢量图形中可以只编辑和修改其中的某一个部分,而不会影响图形中的其他部分。

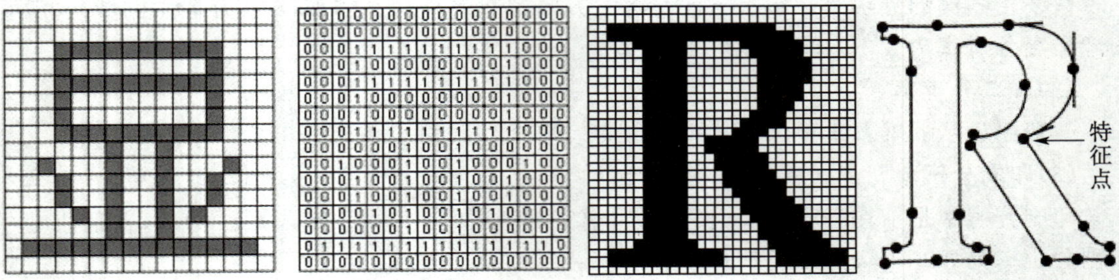

(a) 点阵字形　　(b) 矢量字形

图 7-10　点阵字形和矢量字形

由于矢量图形只保存算法和特征点参数,因此占用的存储空间较小,打印输出和放大时图形质量较高。但是,矢量图形也存在一些缺点:一是显示图形时计算时间较长;二是无法使用简单、廉价的设备将图形输入计算机中并且矢量化,矢量图形基本都需要人工设计和制作,当需要设计一个三维的矢量图形时,工作量特别大;三是矢量图形目前没有统一的标准和格式,大部分矢量图形的格式存在不开放和知识产权问题,造成了矢量图形在不同软件中难以交换,也给多媒体应用带来了极大的不便。

矢量图形主要用于表示线框型图片、工程制图、二维动画设计、三维物体造型、美术字体设计等。大多数计算机绘图软件、计算机辅助设计软件、三维造型软件等，都采用矢量图形作为图形的基本存储格式。矢量图形转换为点阵图像的效果很好，但是，点阵图像转换为矢量图形的效果很差。

7.3.2 图像和图形文件格式

1. 点阵图像文件格式

点阵图像文件有很多通用的标准存储格式，如 BMP、TIF、JPG、PNG、GIF 等，这些图像文件格式的标准是开放和免费的，这使图像在计算机中的存储、处理、传输、交换和使用都极为方便。以上图像格式也可以相互转换。

(1)BMP 格式

BMP(bitmap，位图)是 Windows 操作系统中最常用的图像文件格式，有压缩和无压缩两类，常用的为无压缩文件。BMP 文件结构简单，形成的图像文件较大，它最大的优点是能被大多数软件接收。

(2)TIF 格式

TIF(tagged image file，标记图像文件)格式是一种工业标准图像格式，也是图像文件格式中最复杂的一种。TIF 格式的存放灵活多变，它的优点是独立于操作系统和文件系统，可以在 Windows、Linux、UNIX、macOS 等操作系统中使用，也可以在某些印刷专用设备中使用。TIF 格式分为压缩和无压缩两大类，它支持所有图像类型。TIF 文件存储的图像质量非常高，但占用的存储空间也非常大，信息较多，有利于图像的还原。TIF 文件主要应用于美术设计和出版行业。

(3)JPG 格式

JPG 是一个适用于彩色、单色和多灰度静止数字图像的压缩标准。JPG 对图像的处理包含两部分:第一部分是无损压缩，第二部分是有损压缩。JPG 格式将不易被人眼察觉的图像颜色删除，从而达到较大的压缩比。JPG 图像可显示的颜色数为 16 777 216 种，可将图像文件的大小缩小到原图的 2%～50%，在保证图像质量的前提下，获得较高的压缩比。大多数利用数码相机拍摄的图像都经过了 JPG 格式压缩处理。JPG 格式因其优异的性能，应用非常广泛，JPG 格式也是因特网的主流图像格式。

(4)PNG 格式

PNG(portable network graphic，便携式网络图形)格式采用无损压缩算法，其压缩比高于 GIF 格式，支持图像透明。PNG 是一种点阵图像格式，网页中有很多图片都是这种格式的。PNG 格式的色彩深度可以是灰度图像的 16 位，也可以是彩色图像的 48 位，可显示约 4.3 亿种色彩。

(5)GIF 格式

GIF(graphics interchange format，图像互换格式)是一种压缩图像存储格式，采用无损 LZW(Lempel-Ziv-Welch)压缩方法，压缩比较高，文件很小。GIF 是作为一种跨平台图像标准而开发的、与硬件无关的格式。GIF 包含 GIF87a 和 GIF89a 两种格式。GIF89a 文件格式允许在一个文件中存储多个图像,因此可实现 GIF 动画功能。GIF 还允许图像背景为透明属性。GIF 格式是目前因特网上使用得最频繁的文件格式,网络上的很多小动画都是 GIF 格式的。GIF 图像可用的颜色数为 16 777 216 种,但是 GIF 使用 8 位调色板,因此在一幅图像中只能使用 256 种颜色,这会导致“色滩”现象,色彩层次感差,因此它不能用于存储大幅的真彩色图像文件。

2. 矢量图形文件格式

①CDR 格式:矢量图形设计软件 CorelDRAW 的专用格式。

②AI 格式:Adobe 公司矢量图形设计软件 Illustrator 的专用格式。

③DWG 格式:计算机辅助设计软件 AutoCAD 的专用格式。

④3DS 格式:三维动画设计软件 3ds max 的专用格式。

⑤FLA 格式:动画设计软件 Flash 的专用格式。

⑥VSD 格式:Microsoft 公司的绘图设计软件 Visio 的专用格式。

⑦WMF 格式:Windows 操作系统中的图元文件格式,它具有文件短小、图案造型化的特点,整个图形由多个独立的部分拼接而成。其图形往往较粗糙,并只能在 Microsoft Office 中调用和编辑。

⑧EMF 格式:是由 Microsoft 公司开发的 Windows 32 位扩展图元文件格式。目的是弥补 WMF 格式的不足,使得图元文件更加易于使用。

⑨SVG 格式:是由万维网联盟(World Wide Web Consortium,W3C)组织研究和开发的矢量图形标准。SVG 格式最大的优点在于它的易用性,它可以自由缩放图形,文字独立于图形,文件尺寸小,并且支持透明效果、动态效果、滤镜效果,有强大的交互性等。SVG 是基于可扩展标记语言(extensible markup language,XML)的应用。作为标准开放的 SVG 格式,意味着它并不属于任何个人专利,正是因为这点,使 SVG 格式得到迅速开发和应用。目前,已经有不少公司推出了支持 SVG 创作、编辑和浏览的工具或软件。

点阵图像与矢量图形的区别如图 7-11 所示。

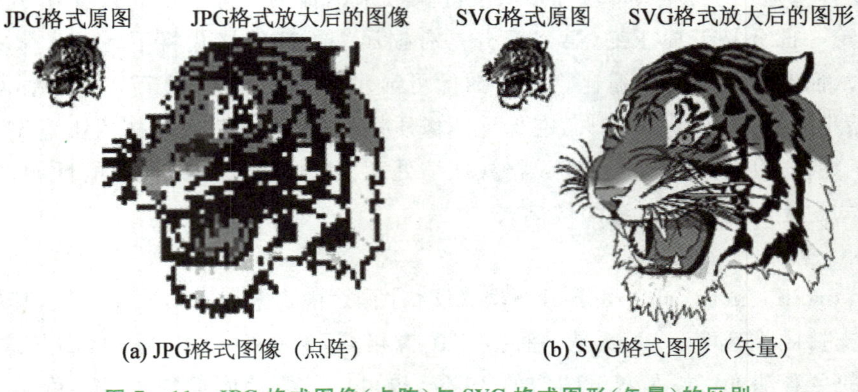

图 7-11 JPG 格式图像(点阵)与 SVG 格式图形(矢量)的区别

3. 矢量图形设计软件

常用的矢量图形设计软件有 CorelDRAW(平面设计)、Adobe Illustrator(平面设计)、Microsoft Office Visio(办公和企业图形设计)、AutoCAD(机械、建筑图形设计)、Protel DXP

（电路图设计）、3ds max（三维动画设计）等。

CorelDRAW 是由加拿大 Corel 公司开发的矢量图形设计软件。CorelDRAW 除了可以进行矢量图形设计外，还集成了图像编辑、图像抓取、位图转换、动画制作等一系列的实用程序，构成了一个高级矢量图形设计和编辑的软件包。CorelDRAW 被广泛用于平面设计、包装装潢、彩色出版与多媒体制作等领域。

4. 点阵图像处理软件

Photoshop 是图像处理软件中功能非常强大、应用广泛的专业软件之一。

PhotoImpact 图像处理软件具有界面友好、操作简单等特点，它在图像处理和网页制作方面的能力也相当不错。该软件中提供了大量的模板和组件，适用于非专业的多媒体设计者。

Fireworks 图像处理软件可以直观地创建和优化用于网页的图像，并可以对图像进行精确控制。

7.3.3 Photoshop 图像处理软件

1. 基本操作

（1）Photoshop 的应用

Adobe 公司出品的 Photoshop 是使用非常广泛的专业图像处理软件之一，主要用于印刷排版、艺术摄影和美术设计等领域。随着计算机的普及，需要对越来越多的文档中的图片进行处理。例如，办公人员需要对报表中的图片进行处理和制作，工程技术人员需要对工程图纸和效果图进行处理，大学生需要对课程论文中的图片进行处理，个人用户需要对数码相片进行处理等。这些市场需求极大地推动了 Photoshop 图像处理软件的普及，使它迅速成为继 Office 软件后的又一大众型普及软件。

Photoshop 在平面设计中应用得最为广泛，店铺的广告牌、散发的传单、超市的商品价格图、书籍封面设计等，基本上都是利用 Photoshop 进行处理的；利用 Photoshop 可以修改数码照片上人物的皮肤、斑点、发型，更改照片上的背景，制作合成图片等；利用 Photoshop 可以制作各种艺术化文字，处理后的文字为图像增加了效果；利用 Photoshop 可以制作出非常精美的图标，如按钮图标、软件图标等；Photoshop 具有良好的绘画与调色功能，许多插图设计者巧妙地应用 Photoshop 的填色功能来绘制插图。

（2）菜单栏

Photoshop CS5 的菜单栏中包括“文件”、“编辑”（实现图像的复制、粘贴、删除、描边、填充、变形、旋转等功能）、“图像”（实现图像的色彩和亮度调整等功能）、“图层”、“选择”（对选区进行反选、羽化、扩展、收缩、旋转、变形等操作）、“滤镜”（实现图像特殊效果处理，如浮雕、变形等）、“视图”（实现设置图像的尺寸、对齐等功能）、“窗口”（实现面板的打开、关闭等功能）和“帮助”等菜单。在 Photoshop 中，可以选择菜单操作，也可以按快捷键操作。

（3）面板

面板是 Photoshop 的主要操作界面，可以用多种方法对面板进行调整。一是打开“窗口”菜单，可以选择打开或关闭某个面板；二是单击“面板切换”区域中的图标，选择不同的面板。如图 7－12 所示，单击面板上部的白色双三角形按钮，可以展开或折叠面板。

Photoshop CS5 提供了 20 多个面板，其中常用的有“导航器”“色板”“图层”“通道”“历史记录”和“字符”等面板。

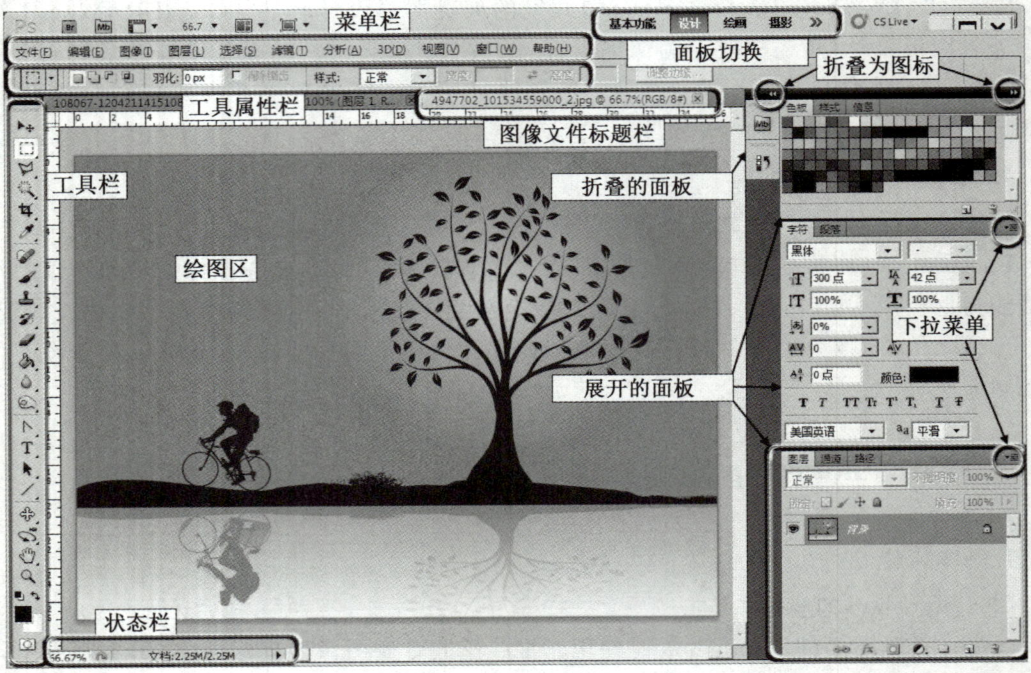

图 7-12　Photoshop CS5 工作界面

“导航器”面板用来控制绘图区显示图像的缩放比例,也可以通过按 Ctrl++组合键来放大图像,或者通过按 Ctrl+-组合键来缩小图像。在设计和制作图像时,一般将图像比例调整为 100%,使用户在设计图像时有一个准确的比例;在预览高分辨率图像时,由于计算机屏幕有限,一般将图像按比例缩小到能够在屏幕上看到全部图像;对图像进行修改时,为了减少操作失误,一般将图像按比例放大到 200%以上。

“图层”面板用来控制图层操作,它是 Photoshop 中最为精华的功能,也是使用最频繁的工具。“图层”面板使图像处理工作变成了一个简单的拼图游戏。

“通道”面板用来记录图像的颜色数据和保存选区的内容。

“历史记录”面板用于进行还原和重做操作,在默认状态下,可以恢复前 20 步的操作。在图像编辑过程中,只要没有保存图像,按 F12 功能键即可将图像恢复至打开时的状态。

“字符”面板用来设置文字的字体和大小,以及字符的行距和颜色等参数。

(4)工具栏

如图 7-13 所示,Photoshop CS5 包含 70 多种工具,单击工具图标或按快捷键即可选择工具。将光标移到工具图标上稍作停留后,Photoshop CS5 会自动显示工具名称。有些工具图标的右下角有一个三角符号,它表示还有与该工具相关的其他工具。打开这些工具的方法是:把光标移到含有三角符号的工具上,右击即可打开隐藏的工具,或者按住鼠标左键不放,放在工具上稍等片刻也可打开隐藏的工具,然后选择工具即可。

当用户选择某个工具后,工具属性栏就会显示这个工具的选项和参数。用户可以对工具进行功能选择和参数调整等操作。例如,选择画笔工具后(见图 7-14),单击画笔工具属性栏右边的下拉按钮,就可以选择画笔的各种形状和大小,如圆点、草、枫叶、流星等。还可以对画笔的不透明度、画笔大小、画笔色彩的流量等参数进行设置，以达到满意的效果。

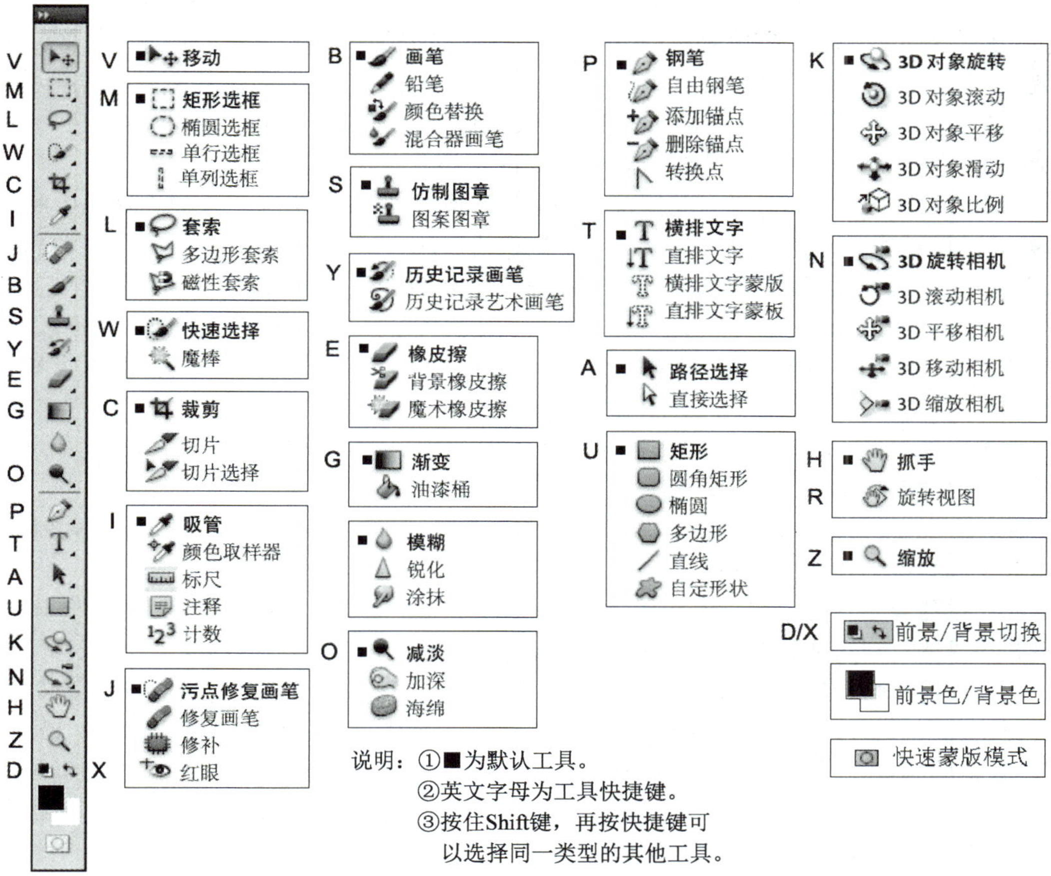

图 7－13　Photoshop CS5 工具一览图

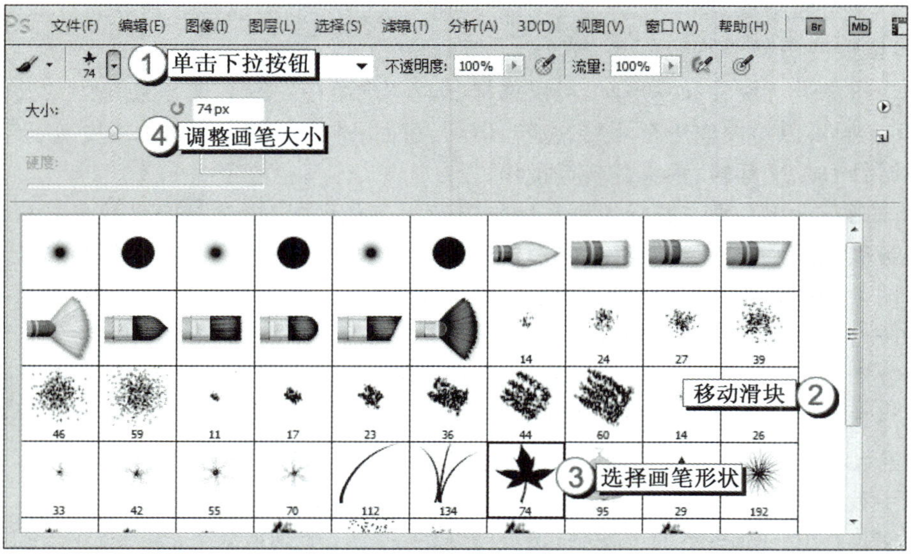

图 7－14　Photoshop CS5 中画笔形状和参数调整

(5)图像编辑的常用操作

①图像的复制和粘贴。在“图层”面板中选择需要复制图像的图层，按 Ctrl＋J 组合键复制原图层。如果只需要复制局部区域，则利用选区工具(见图 7－13 中的 M)选取图像的局部区域，然后按 Ctrl＋C 组合键复制，再按 Ctrl＋V 组合键粘贴。

注意：一是要复制的选区是否在需要的图层上；二是如果选区是透明的，没有图像，则执行复制命令时会出现对话框，提示用户选取的范围是空的。

②图像的清除。要清除某一个图层中的全部图像时，按 Ctrl＋A 组合键选择图层所有区域，按 Delete 键删除，然后再按 Ctrl＋D 组合键取消选区。如果需要删除某一个图层的局部图像，则利用选区工具选取图像的局部区域，然后按 Delete 键删除，再按 Ctrl＋D 组合键取消选区。

注意：一是删除某一区域后，这个区域会变成透明的，下一图层的图像将会显示出来；二是在背景图层中删除局部区域时，被删除图像的部分会填入背景色(一般为白色)；三是不管剪切、复制还是删除，都可以配合使用羽化功能。

③图像的移动。移动图像时，先选择需要移动的图层；然后选择工具箱中的移动工具(见图 7－13 中的 V)；最后在绘图区按住鼠标进行移动。

注意：如果移动的对象是图层中的某一区域，那么必须在移动前先选取图层范围，然后再使用移动工具进行移动。

④图像的填充。使用填充工具(见图 7－13 中的 G)对选取范围进行填充，是制作图像的一种常用手法。利用填充工具可以在指定区域内填入指定的颜色，也可以填充图案。

⑤选区的描边。使用“描边”命令可以对选取的范围绘制边框，方法是：按 Ctrl＋Shift＋N 组合键增加一个空白图层；选择选区工具，在新图层中绘制一个选区；选择“编辑”→“描边”命令，在弹出的“描边”对话框中设置描边的宽度(单位为像素)和颜色，单击“确定”按钮即可。

⑥图像的旋转和变换。在 Photoshop CS5 中，可以对各种对象进行旋转和变换操作。例如，可以对图像的选取范围、图层、路径和文本内容等进行旋转和变换，也可以对整个图像或局部图像(选取范围中的图像)进行旋转和变换。

对图像进行自由变换的操作方法是：选择需要变换的图层，按 Ctrl＋T 组合键，这时图像边框会出现 9 个控制点，移动控制点可以改变图像的大小；将光标移动到控制点外面，按住鼠标移动，可以改变图像的旋转角度；按 Enter 键确定。

对整个图像进行旋转和变换时，可以选择“编辑”菜单中“变换”级联菜单中的其他命令来完成，利用它们可以对图像进行缩放、旋转、斜切、扭曲、透视、变形、旋转 180 度、旋转 90 度(顺时针或逆时针)、水平翻转、垂直翻转等操作。

⑦修改画布大小。画布是指绘制和编辑图像的工作区域，也就是图像的显示区域。调整画布大小可以在图像四周增加空白区域，或者裁切不需要的图像边缘。调整画布大小的方法是：选择“图像”→“画布大小”命令，在弹出的“画布大小”对话框中设置宽度和高度。改变画布大小不会改变图像的形状和分辨率。

⑧修改图像尺寸和分辨率。图像质量的好坏与图像的分辨率和尺寸大小相关，同样大小的图像，分辨率越高，图像越清晰。当固定图像尺寸而增加分辨率时，Photoshop 必须在图像中增加像素数目；反之，当固定图像尺寸而减少分辨率时，则会删除部分像素。这时，Photoshop 会在图像中重新取样，以便在失真最少的情况下增减图像的像素。

改变图像尺寸和分辨率的方法是：选择“图像”→“图像大小”命令，在弹出的“图像大小”对话框中设置图像的宽度、高度和分辨率。

2. 图层处理

(1)图层的功能

图层是 Photoshop 重要的功能之一,因为在图像处理过程中,很少有一次成型的作品,常常是经历若干次修改之后才能得到比较满意的效果。将图像分解成多个图层,然后分别对每个图层进行处理,最后组成一个整体的效果,这样的成品在视觉效果上与在一个图层上编辑的视觉效果是一致的。

Photoshop 允许在一个图像中创建多达 8 000 个图层。可以将一个图像利用抠图技术分解成多个图像并放入不同的图层中,这样修改其中的某一个图层时,就不会对另外的图层造成破坏。

在 Photoshop 中,每个图层都是独立的。可以对图层进行选择、命名、增加、删除、复制、移动、打开、关闭、合并、锁定等操作。

图层操作必须牢记:只有对被选中的图层才可以进行操作。这个原则很重要,例如,使用画笔工具绘制图形时,必须先明确要画在哪个图层上,选错图层是初学者常犯的错误。初学者也容易忘记图层的概念,把应该分层处理的图像放在同一个图层上,这会给图像处理带来不便。

(2)图层的类型

如图 7－15 所示,Photoshop 中图层的类型主要有背景图层、不透明图层、透明图层、效果图层、文字图层、形状图层等。

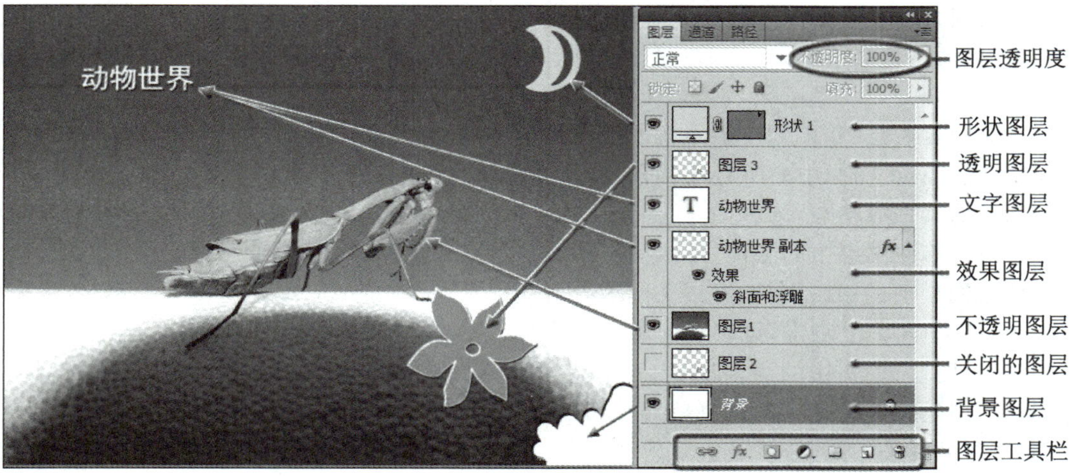

图 7－15　Photoshop 中不同的图层类型

①普通图层。普通图层是用一般方法建立的图层,是一种常用的图层,几乎所有的 Photoshop 功能都可以在这种图层上得到应用。

②背景图层。背景图层是一种不透明的图层,它以背景色为底色。在背景图层中,不能进行图层不透明度和色彩混合模式的控制。用户无法移动背景图层的叠放次序,无法对背景图层进行锁定操作。如果一定要更改背景图层的不透明度,可以先将它转换成普通图层。

③文字图层。文字图层是用文本工具建立的图层,一旦在图像中输入文字,就会自动产生一个文字图层。文字图层的特点是:文字图层可以被反复修改和编辑;在文字图层上不能使用工具(如画笔、铅笔等)进行着色和绘图操作;Photoshop 中的许多命令不能直接在文字图层上应用。文字图层可以转换为普通图层,但是转换后,将无法还原为文字图层。

④形状图层。当使用矩形工具、圆角矩形工具、椭圆工具、多边形工具、直线工具或自定形

状工具等在图像中绘制图形时，就会在“图层”面板中自动产生一个形状图层，并自动命名为“形状1”。形状可以被反复修改和编辑。在形状图层中，不能直接执行色调和色彩调整及应用滤镜等操作，所以必须先将其转换成普通图层。

(3)图层的基本操作

①选择图层。选择图层时，先单击工具箱中的移动工具，然后在“图层”面板中单击某一个图层。选中的图层以蓝色显示，如图7-15中的背景图层为蓝色，表示当前图层是背景图层。

②复制图层。可以将某一图层复制到同一图像中，或者复制到另一幅图像中。在同一图像中复制图层时，最快的方法是按Ctrl+J组合键，或者将图层拖动到“图层”面板的“创建新图层”按钮上，复制后的图层将出现在被复制图层的上方。

③删除图层。选中要删除的图层，然后单击“图层”面板中的“删除图层”按钮，也可以直接用鼠标将图层拖动到“删除图层”按钮上。

④调整图层的叠放次序。初学者要特别注意图层的层次关系，因为不同的图层次序会导致图像遮挡。当图层不透明时，上层的图层会遮挡下层的图层。在“图层”面板中，选中某个图层后，按住鼠标上下拖动，可以改变图层的次序。

⑤图层的链接与合并。利用图层的链接功能可以方便地移动多个图层中的图像，同时对多个图层中的图像进行旋转和自由变形，以及对不相邻的图层进行合并。

可以将一些不需要的图层合并，这样操作既可以减少文件占用的磁盘空间，也可以提高操作速度。图层合并功能有以下几种。

a. 向下合并：将当前图层与下一图层合并，其他图层保持不变，可以按Ctrl+E组合键进行图层的向下合并。

b. 合并可见图层：将图像中显示的所有图层合并，隐藏的图层则保持不变。

c. 拼合图像：将图像中的所有图层合并，并在合并过程中丢弃隐藏的图层。

⑥图层的其他操作。

a. 如果要移动图层中的图像，可以使用移动工具完成。

b. 单击图层前的眼睛图标，可以关闭或打开图层。

c. 在图层的名称上双击，可以对图层进行重命名。

d. 右击“图层”面板中的当前图层，可以进行删除图层、合并图层、栅格化图层(如将文字图层或形状图层转换为普通图层)等操作。

(4)设置图层的不透明度

图层不透明度的数值越大，图层的透明性越差。降低不透明度数值后，图层中的图像会呈现出半透明效果。如果各个图层的不透明度数值均为100%，那么各图层彼此之间不存在重叠效果。当各图层处于半透明(不透明度数值低于100%)时，图层之间的重叠区域就会呈现色彩重叠的效果，如图7-16所示。

(a) 正常图层关系　(b) 图层遮挡关系　(c) 云彩不透明度=70%

图7-16　图层之间的遮挡关系

7.4 视频处理技术

视频是指以电信号的方式捕捉、记录、处理的影像信息，如有线电视中的画面信息。对于快速播放的一系列单个图像，当变化速率超过 24 fps 时，根据视觉暂留原理，看上去是连续运动的视觉效果，这样连续的画面叫作视频。视频技术最早应用于电视领域，但随着计算机技术和通信技术的发展，已经促生各种不同的格式以便各类消费群体将视频记录下来，例如，因特网中可被计算机接收与播放的流媒体的形式。

7.4.1 视频扫描方式

视频扫描方式是指显示器、电视机等在视频播放时所采用的播放方式。显示器等是以电子枪发射高射速电子扫描显示管来显示图像的，在这一过程中，根据电子枪扫描方式的不同，可以将视频扫描方式分为隔行扫描和逐行扫描。

1. 隔行扫描

隔行扫描将电视画面分成奇数场和偶数场两部分，电子枪首先扫描画面的奇数行（或偶数行），当所有的奇数行（或偶数行）都扫描完之后，再运用相同的方式扫描偶数行（或奇数行），即分两部分显示一幅画面，如图 7－17 所示。

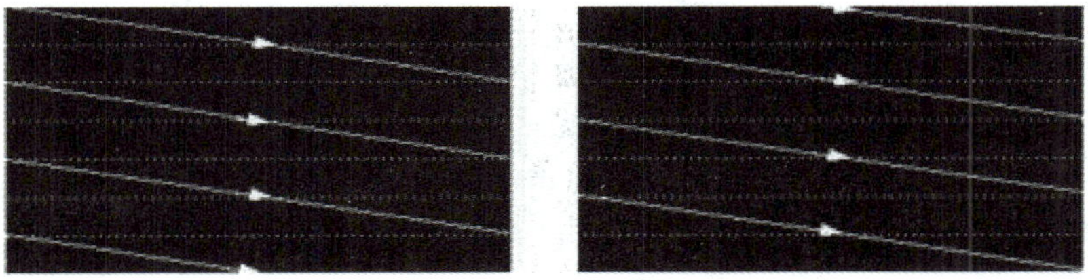

图 7－17 隔行扫描

2. 逐行扫描

逐行扫描是从画面的左上角开始从左往右逐行扫描，既扫描奇数行又扫描偶数行，以线成面，一次完成整幅画面的显示，如图 7－18 所示。

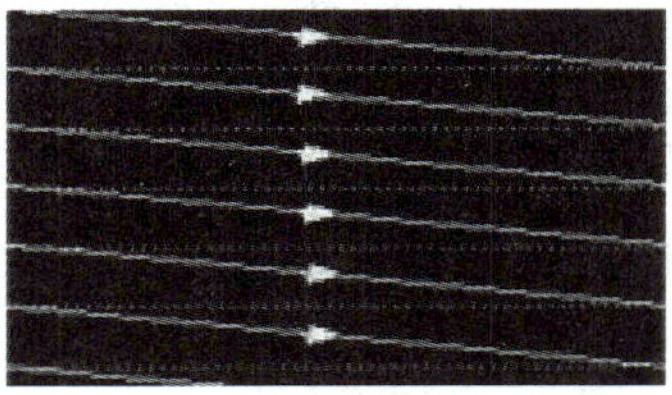

图 7－18 逐行扫描

隔行扫描分别扫描画面的奇数行和偶数行两部分，所以行间闪烁比较明显，会造成锯齿现象,而逐行扫描与隔行扫描相比,图像画面更平滑、无闪烁,因此逐行扫描的效果优于隔行扫描。

7.4.2 帧和帧率

帧是影片的最小单位,是影片播放中一幅幅静态的画面。由于人眼有视觉滞留的特性,将这一幅幅画面按照顺序快速播放出来,就会让人们以为这些画面中的元素动了起来。每秒播放的画面数量就是帧速率,简称帧率,它的大小决定了影片播放的流畅程度。通常电影播放的帧率为 24 fps,而电视播放的帧率要稍高一些,为 25 fps 或 30 fps。

7.4.3 电视制式

电视制式即电视信号的标准,它使视频、电视机和其他相关设备之间所用标准的统一及兼容得到了保证。目前,常用的电视制式有三种:PAL(phase alter line)、NTSC 和 SECAM。我国大部分地区使用 PAL 制式,这种制式的帧率为 25 fps,分辨率为 720 像素×576 像素,采用隔行扫描方式。日韩及东南亚地区与美国等欧美国家使用 NTSC 制式,这种制式的帧率为 29.97 fps,分辨率为 720 像素×480 像素,采用隔行扫描方式。法国、中东和俄罗斯等国家使用 SECAM 制式,它与 PAL 制式的帧率相同,抗干扰、颜色效果好,但兼容性较差。

7.4.4 模拟视频与数字视频

与音频一样,视频也分为模拟视频和数字视频两种。模拟视频是指由连续的模拟信号组成的视频图像,以前接触的电影、电视都是模拟信号。该类视频信号的采集多是由摄像机完成的,摄像机以电子管作为光电转换器件,把外界的光信号转换为电信号,电信号会随着所拍摄物体亮度的不同而发生变化,模拟信号就是利用电流的变化模拟所拍摄的画面的。模拟信号的波形模拟视频信息的变化,其特点是幅度呈连续变化趋势,其信号波形在时间上也是连续的,因此它又是连续信号,如图 7-19 所示。

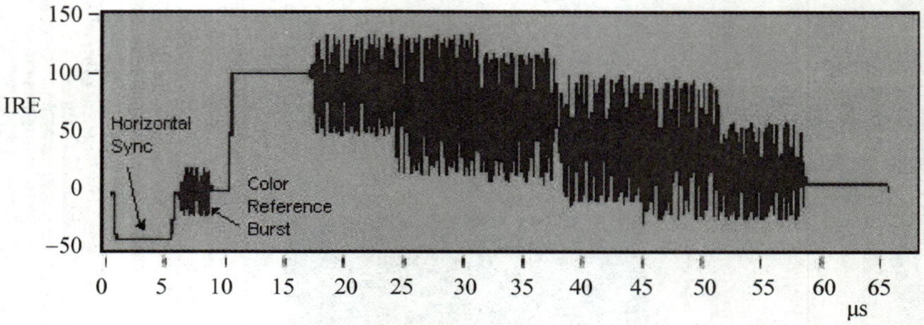

图 7-19 模拟视频信号的波形

一般而言,利用摄像机采集的视频信息都是模拟量,若要被计算机识别并处理,需要对其进行模数转换,将模拟量变成数字化的视频信息,如图 7-20 所示。这一过程涉及 4 个方面:扫描、取样、量化和编码。。

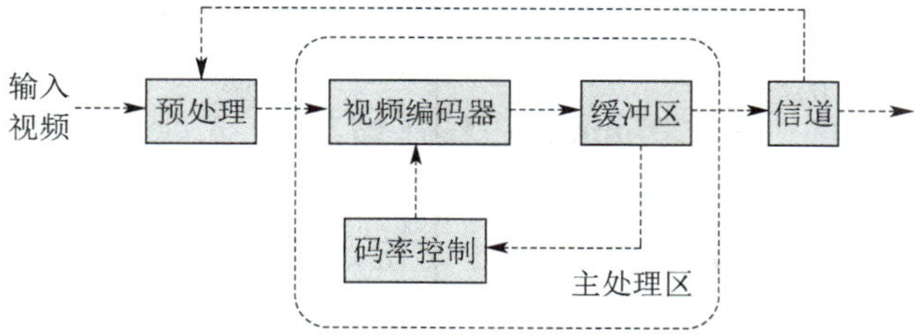

图 7－20　模拟视频的数字化

①扫描(scanning)。想要通过电信号来传输一幅画面，需要对画面进行扫描。即将一幅二维平面图像转变成用相应的电信号表示。从画面的左上角开始扫描，按照从左到右、自上而下的顺序，这与平时人们阅读书籍时的习惯是一样的。常用的扫描方式有隔行扫描和逐行扫描两种，具体的工作原理已在本章前述章节中涉及。扫描后得到的电信号可以调制到高频载波上，以进行必要的传送、显示或记录。

②取样(sampling)。取样又称抽样或采样，它用一个固定周期的脉冲序列对模拟量的幅值进行抽取，把随时间连续变化的模拟量变成时间上不连续变化的离散量，这个过程的实质是在每一条水平扫描向量上等间隔地抽取视频画面中某些特定像素点的属性值。采样频率的选择对视频数字化系统尤为重要。如果采样频率过高，则其数字化后的数据比特率就会很高，使得传输和存储困难；如果采样频率过低，又会遗失信号的重要信息，使得分辨率下降并产生某些干扰信号。依据奎奈斯特采样定理，如果采样频率小于 2 倍的最高频率，就会出现图像混叠现象，因此，为了能正确恢复原始信号，其采样频率至少要达到信号最高频率的 2 倍及以上。

③量化(quantifying)。经过采样后的视频画面，只是空间上的离散像素阵列，而每个像素的亮度值仍是连续的，所以必须将它们变换为有限个离散值，这一过程即为量化。如果对像素值使用平均间隔进行分层量化，则为均匀量化；若使用非平均间隔进行分层量化，则为非均匀量化。其中，量化电平的选择尤为重要，将直接影响重现后的模拟信号是否失真，最理想的目标是使用最小的电平数实现最小量化误差。

④编码(coding)。编码就是依据一定的规律，将量化后的值用数字表示，然后变换成二进制或其他进制的数字信号，即对每一个量化电平分配一个二进制码。其最终目的是在保证一定质量的前提下，以最小比特数表示视频画面，而不失真。

视频图像经过扫描、取样、量化和编码后得到的时间和幅度都离散的数字信号称为数字视频信号。

7.4.5　数字视频的文件格式

数字视频信息在计算机中是以文件的形式出现的。可以根据人们的需求，将不同格式的视频素材编辑成不同格式的影片。目前，流行的视频文件格式很多，常见的有 MPEG、AVI、MOV 等。

1. MPEG 格式视频文件

MPEG(moving picture experts group，动态图像专家组)格式又包括多种视频格式，如 MPEG-1、MPEG-2 和 MPEG-4 等。其中，MPEG-1 是人们最熟悉的视频格式，它被广泛地应用在 VCD 的制作和一些视频片段下载的网络应用上。使用 MPEG-1 的压缩算法,可以把一部 120 min 的电影压缩到 1.2 GB 左右。MPEG-2 则经常被用在 DVD 的制作上,使用 MPEG-2 的压缩算法,可将一部 120 min 的电影压缩到 5～8 GB,但其压缩后的图像质量是 MPEG-1 无法比拟的。MPEG-4 则是基于第二代压缩编码技术制定的国际标准,它以视听媒体对象为基本单元,以实现数字视音频、图形合成应用及交互式多媒体的集成。MPEG 标准已成为国际上影响最大的多媒体技术标准,对视听消费电子、数字电视和多媒体通信等信息产业的发展影响深远。

2. AVI 格式视频文件

AVI(audio video interleaved,音视频交错格式)是将语音和影像同步组合在一起的有损压缩视频方式,其压缩比较高,故压缩后的画面质量不是很好。但 AVI 格式允许影片的音频和视频部分交错在一起同步播放,调用方便、图像质量好,应用范围仍然很广泛,也是应用时间最长的格式之一。

3. MOV 格式视频文件

MOV 是基于 Apple 公司的 QuickTime 软件的配套格式。这种格式之前只能在 Apple 公司生产的苹果计算机上播放视频文件,但随着技术的不断发展,现在也可用于在其他微机上播放视频影音。MOV 是以轨道的形式组织起来的,这种格式能跨平台使用,且存储空间较小。

4. ASF 格式视频文件

ASF(advanced streaming format,高级串流格式)是一个开放标准,能依靠多种协议在多种网络环境下支持数据的传送。ASF 格式支持直接在网上观看视频节目,它使用了 MPEG-4 的压缩算法,压缩率和图像的质量都很好。

5. WMV 格式视频文件

WMV 是一种独立于编码方式的在 Internet 上实时传播多媒体的技术标准,Microsoft 公司希望用其取代 QuickTime 之类的技术标准。WMV 的主要优点在于:可扩充的媒体类型、本地或网络回放、可伸缩的媒体类型、流的优先级化、多语言支持、扩展性等。

6. RM 与 RMVB 格式视频文件

RMVB 的前身为 RM 格式,是 Real Networks 公司制定的音视频压缩规范,可以根据不同的网络传输速率,制定出不同的压缩率,以实现在低速率的网络上进行视频数据的实时传送和播放,其体积小,画面质量也较高。RMVB 格式已成为微机中最广泛存在的视频格式。

7.4.6 视频处理软件会声会影 X5

数字视频影像的处理一般都需要借助专门的计算机处理软件完成。视频处理通常包含视频片段的编辑、特技处理、添加字幕及文件格式转换等操作。常见的视频处理软件有操作系统自带的 Movie Maker(有的系统没有安装)、Adobe Premiere、会声会影、Pinnacle Studio 等。本节以会声会影 X5 为例,介绍视频编辑和处理的基本技能,以及一些特殊处理方法。

会声会影 X5 是由友立公司出品的一款多合一视频编辑软件,不仅符合家庭或个人的影片剪辑需求,甚至可以挑战专业级的影片剪辑软件。它速度超快并提供各种直观工具,使用户能够创建各种媒体，如家庭影片和相册、有趣的动画定格摄影、演示文稿的屏幕录制及教程等。

会声会影 X5 的主要功能有：录制和采集视频文件；对视频文件进行剪裁、粘贴、合并等操作；提供多种特效(如影片的转场、覆叠、滤镜等)；对影片添加和编辑字幕；对影片的配乐进行编辑和调整；渲染输出和导出多种格式的影片；等等。

1. 会声会影 X5 的工作界面

会声会影 X5 采用图形化界面，用户可根据喜好调整其工作界面。在会声会影 X5 的窗口中，提供了编辑影片的分步流程，对于初学者来说，可根据步骤的引导轻松完成影片的制作。

会声会影 X5 的工作界面主要由菜单栏、导览区、导览面板、步骤面板、素材库、选项面板、时间轴 7 个部分组成，如图 7－21 所示。

图 7－21　会声会影 X5 的工作界面

2. 会声会影 X5 的功能菜单

会声会影 X5 的工作界面中各组成部分的作用如下。

(1)菜单栏

菜单栏中包括“文件”“编辑”“工具”“设置”4 个菜单，其中包含会声会影 X5 中的一些常用命令，主要用于项目参数的设置、影片的打开及输入等操作。各菜单的具体功能如下。

①“文件”菜单。在“文件”菜单中可实现新建项目、打开项目、项目保存或另存为、导入视频和退出等操作。

②“编辑”菜单。在“编辑”菜单中可实现撤销、重复、复制、粘贴、删除、分割素材、多重修整视频及抓拍快照等操作。

③“工具”菜单。在“工具”菜单中可实现 DV 转 DVD、创建光盘、从光盘镜像刻录等功能。

④“设置”菜单。在“设置”菜单中可实现参数选择、更改项目属性、素材库管理设置、轨道管理设置及章节点管理设置等功能。

(2)导览区

导览区是影片输出之前对编辑好的影片效果进行查看的预览窗口，如图 7－22 所示。

图 7-22 导览区

(3)导览面板

会声会影 X5 的导览区下有一排播放按钮和工具,用于回放、预览和精确修整项目素材。导览面板如图 7-23 所示,下面介绍其中各部分的功能。

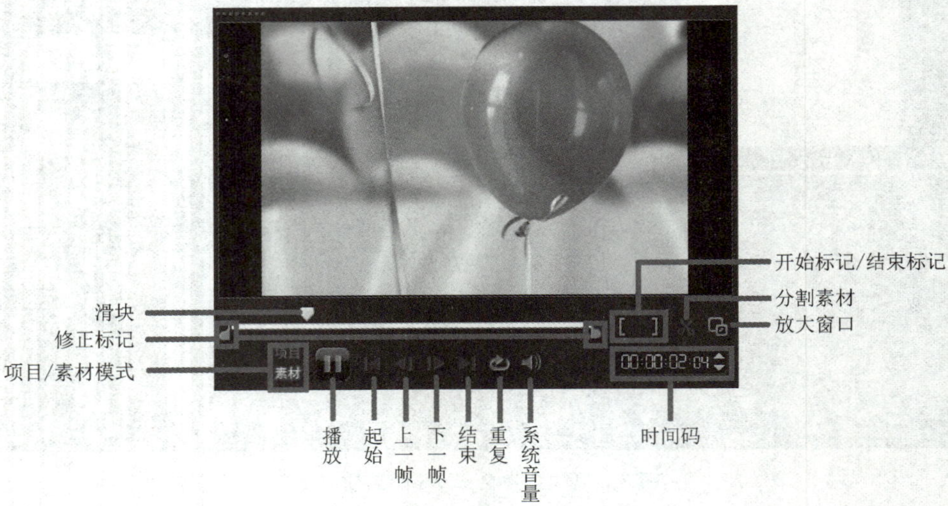

图 7-23 导览面板

①滑块:在项目或素材之间拖动,以实现影片的预览。

②修正标记:拖动设置项目的预览范围或修整、剪辑素材。

③项目/素材模式:设定预览整个项目还是只预览所选素材。

④播放:播放、暂停或恢复当前项目或素材。

⑤起始:用于返回起始片段。

⑥上一帧:精确移动到素材的上一帧。

⑦下一帧:精确移动到素材的下一帧。

⑧结束:移动到结束片段。

⑨重复:循环回放项目、素材或所选区域。

⑩系统音量:通过拖动滑动条来调整素材的音频输出音量。

⑪时间码:通过输入确切的时间,直接跳转到项目素材的某个部分。

⑫放大窗口:可在较大的"预览窗口"中预览视频素材。

⑬分割素材:分割所选素材,可将素材按指定要求分成两段。

⑭开始标记/结束标记:设置项目中预览范围或标记素材的开始点和结束点。

(4)步骤面板

会声会影 X5 的步骤面板将影片制作过程简化为捕获、编辑和分享 3 个步骤，如图 7－24 所示，分别用于完成导入素材、制作视频和导出成品。

图 7－24　步骤面板

①捕获：可以将视频源中的影片素材直接录制到计算机的硬盘中。

②编辑：是会声会影 X5 的核心内容，可对视频素材进行排列、编辑和修改，还能根据用户需求添加转场、滤镜、字幕等特殊效果。

③分享：可以创建视频文件，或者将影片输出到 CD 或 DVD 上。

(5)素材库

素材库包含用于编辑影片的媒体素材，如视频素材、照片素材、转场素材、滤镜素材、音频素材和色彩素材等，如图 7－25 所示。在素材库的上方，有一组用于管理素材的按钮，利用这些按钮可在各种类型的媒体素材间切换，从而选择需要的素材。

图 7－25　素材库

(6)选项面板

选项面板含有所选媒体素材的相关信息，以及对其进行设置的调整选项，如图 7－26 所示。不同媒体素材对应的调整选项不同。

图 7－26　选项面板

选项面板包含“视频”和“属性”两个选项卡，在“视频”选项卡中，常用的命令有色彩校正、速度/时间流逝、反转视频和抓拍快照。“属性”选项卡常用于调整素材的形状。

①色彩校正:用于调整素材的颜色。

②速度/时间流逝:用于设置视频素材的回放速度和流逝时间。

③反转视频:用于对视频素材进行反转操作。

④抓拍快照:用于在视频素材中快速抓取静态图像并将其保存在素材库中。

(7)时间轴

会声会影 X5 中最重要的一个组成部分就是时间轴,在时间轴上可以显示所有素材、标题及特效,制作影片时的所有编辑操作都离不开时间轴。

3. 会声会影 X5 的视图模式

在会声会影 X5 中提供了故事板和时间轴两种视图模式,用户可根据不同的操作需求在两种视图之间进行切换。

(1)故事板视图

单击“故事板视图”按钮即可进入故事板视图模式,在该视图模式下,界面上只显示视频缩略图,每个缩略图都代表影片中的某个事件,事件可以是视频素材,也可以是转场效果等,并且在每个事件下方都会显示该事件的播放时间,如图 7-27 所示。

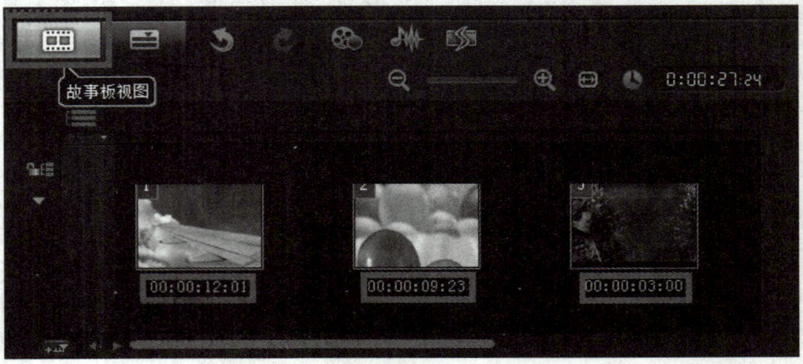

图 7-27 故事板视图

在故事板视图模式下,用户可以通过拖动的方式,快速地将素材库中捕获的素材添加到影片中,还可以对添加的素材重新排序。在故事板视图中,选择某一段视频素材后,可在导览区对该视频的显示大小、位置等进行编辑与修改。

(2)时间轴视图

单击“时间轴视图”按钮即可进入时间轴视图模式,该视图模式不同于故事板视图模式,其功能要强大很多,它能使影片素材最全面地显示。在该视图模式下,除了对视频素材本身进行编辑之外,还可对标题、字幕、配乐等素材进行编辑,并且可以精确到帧。

在时间轴视图模式下,时间轴分成视频、覆叠、标题、声音和音乐 5 个轨道,如图 7-28 所示,单击不同的轨道即可进入相应轨道的编辑状态。各轨道的作用如下。

①视频轨道:可将视频素材、图像素材、色彩素材等直接拖动到该轨道上,并在该轨道上进行编辑,或者添加字幕、设置转场效果等。

②覆叠轨道:用于添加覆叠在视频轨道上的视频、图片等素材,制作画中画等效果。

③标题轨道:用于添加影片中的标题素材。确定位置后,在导览区直接输入标题,标题文字即添加到标题轨道,并可进行相应的修改。

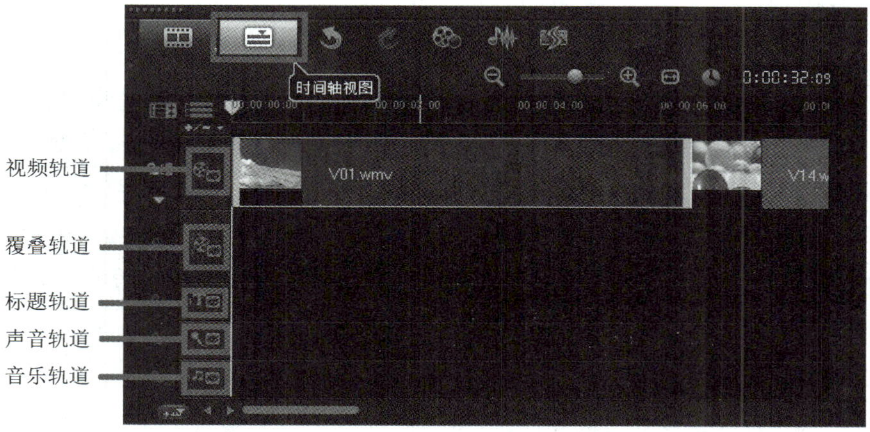

图7-28 时间轴视图

④声音轨道:用于添加影片中的音频文件,录制的旁白也将被直接添加到声音轨道中。

⑤音乐轨道:用于添加影片中的背景音乐。

7.5 多媒体应用系统及创作工具

多媒体应用系统是多媒体系统的一个重要组成部分,它借助多媒体硬件系统和多媒体操作系统的支持,对各种单媒体数据进行整合与处理,生成一种在多媒体操作系统支撑下具有丰富的交互性与高度集成性的多媒体产品。多媒体应用系统分为人人交互系统与人机交互系统两类,本节主要讨论人机交互系统。

多媒体创作工具是指能够集成处理和统一管理多媒体信息,使之能够根据用户的需要生成多媒体应用系统的软件。使用多媒体创作工具能够简化多媒体的创作过程。

多媒体应用系统是由各种应用领域的专家或开发人员利用计算机语言或多媒体创作工具制作的多媒体产品。多媒体应用系统的用途广泛,包括用于开发系统、Title、演示系统、教育培训、娱乐及专门的应用系统等。开发一个多媒体应用系统,需要根据多媒体的不同应用类型,确定多媒体系统的总体目标,选择合适的开发方法,按照多媒体应用系统的创作流程,选择合适的多媒体创作工具。

7.5.1 多媒体应用系统常用的开发方式

1. 平台开发

最常用的多媒体开发平台是 Windows。除此之外,由 Windows 引申的各种开发平台都提供一个面向对象的工作环境。多媒体应用系统的设计者可以在平台上建立应用文件,使用不同图标作为激活的链源,通过穿插和叠加对象,有机地将文本与高分辨率图形、全动态视频、三维动画和立体声等素材组合起来,生成交互式多媒体应用程序。

2. 程序开发

程序开发是指利用 Pascal、Visual Basic、C 语言等进行多媒体系统的开发。程序开发的优点是:软件开发的灵活性大,应用范围广,能够根据对象的特性及需求设计出最合适的算法,并灵活自如地设计出各种变化的人机界面。此外,程序开发的优点还有执行速度快。一个用程序设计语言编写的应用程序,其执行速度远远超过用创作工具设计的程序。通常,用创作工具创作的解释型软件与经过编译的应用程序在完成同样任务时,前者所需时间通常是后者所需时间的 16～20 倍。但要求程序开发人员具有一定的专业素质和较高的调试技术水平,编程复杂并且开发周期较长。

3. 创作工具开发

创作工具是一种综合性的集成软件包,可以通过调用各种素材把应用系统的各个部分连接起来。创作系统通过菜单、工具或者帮助信息引导开发人员逐步进行制作,是多媒体应用系统创作中常用的方法。创作工具的设计者无须编程,其内部控制功能让创作系统自动完成并执行,系统和用户之间具有直观的交互作用。创作工具通常与视频编辑工具、图形编辑工具、动画编辑工具及数字式动画工具相结合,调试方便,开发周期短并且具有可预见性,可以快速拼装应用软件,获取反馈信息并进行改动。但创作工具适用于开发简单、直观的多媒体应用,在开发较复杂的多媒体应用时灵活性较差,实现某些特定功能时,仍需要通过创作工具提供的编程语言或外接程序实现。

4. 创作工具和编程语言的有机结合开发

编程语言和创作工具各有优势与不足,有些开发工具可以将两者结合起来。例如,创作工具 Action 中的对象,既可以由工具板制作,也可以由外部输入;Director 创作工具则允许用户将交互式对象安排在时间链上,并提供一种名为 Lingo 的脚本语言;Visual Basic 既可以利用语言编程也可以将独立的代码模块集成到程序中,并编译成可执行文件,因此,Visual Basic 是一种具有创作工具风格的编程语言。

7.5.2 多媒体应用系统的开发流程

多媒体应用系统开发人员以多媒体软件为基础,借助多媒体软件开发工具制作与编写多媒体应用系统的过程称为多媒体应用系统的开发。多媒体应用系统的综合性、集成性和交互性,使多媒体应用系统的开发不仅需要计算机专业人员和应用领域的专家,还需要脚本编写、文字编辑、声音效果、图形图像艺术、动画制作、视频特技等媒体集成方面的专业人才。

1. 目标分析

多媒体应用系统的目标分析,即用户的需求分析。通过了解多媒体应用系统的用户类型、应用场合与应用环境来确定项目的对象,通过了解多媒体应用系统的应用场合与应用环境来确定多媒体应用系统的表现手法,通过了解多媒体应用系统的题材类型、主要内容、要传递的信息及要解决的问题来确定多媒体应用系统的多媒体信息种类。只有明确目标,才能选择合适的表现方式和最佳的表现媒体,从而开发出适应市场需求的多媒体产品。

2. 系统设计

多媒体应用系统的系统设计包括结构设计、功能设计和界面设计。

多媒体应用系统的结构包括线性结构、树形结构和网状结构。线性结构的系统允许用户控制前进、后退、暂停、到最前页或到最后页，其系统顺序执行，交互性较低；树形结构的系统允许用户选择分支执行，当需要查看其他分支的内容时，需要逐步退出当前分支；网状结构的系统的交互方式较为灵活多变，各媒体根据内容有机地链接起来，用户可以通过查看相关的链接信息随机获取信息。

功能设计通常根据目标分析的结果进行。

界面设计通常包括布局和风格设计。界面设计通常遵循交互性、简洁性和一致性原则。

3. 脚本设计

软件脚本是多媒体应用系统开发中从设计到制作的重要环节，是决定多媒体应用系统设计成功的关键。就像一部好的电影必须有一个好剧本一样，脚本是多媒体应用系统的核心，必须根据具体的应用需求，仔细设计和安排媒体信息的结果，全面覆盖整个多媒体系统，恰当地组织各类多媒体信息。脚本编写既要重视整个系统的完整性和连贯性，也要兼顾每一个片段的完整性。

脚本不仅需要规划出各项内容显示的顺序与步骤，还要描述期间的分支路径和衔接流程，以及每个步骤的详细内容。脚本设计既要考虑到整体结构，又要保证声、光、画、影、物的多重组合以实现最佳效果。为了使多媒体应用系统有更好的可用性和可视性，除了专业人员，还需要美工、配乐等人员发挥想象力和创造力，设计场景、画面、音乐效果及动画或动作的细节。

4. 素材准备

多媒体数据通常称为素材。素材是多媒体应用系统的数据组成，素材直接影响后期的制作与系统效果。素材通常包括录入文字、绘制图表、拍摄照片、录制声音及拍摄活动影像等。素材的来源多种多样，既可以是用户提供的，也可以是从网络下载的或者是自行创作的。完成素材的收集后，需要根据系统及开发工具的要求，将素材转换成应用系统开发环境下要求的存储和表示形式。通常在素材收集时，就要按类型对素材进行分类管理。

5. 媒体集成

在完成系统设计并准备好素材后，使用适当的多媒体创作工具，将多媒体数据根据脚本要求，有机地组合到相应的单元中，形成一个具有特定功能的完整系统，这一过程称为媒体集成，是多媒体应用系统的生成阶段或程序设计阶段。在实际制作过程中，媒体集成与素材准备常常是同步进行的。因为在媒体集成阶段会发现事先准备的素材不够理想，需要修改或者重新选择；有时，为了取得更好的听觉与视觉效果，要对素材做进一步的艺术加工。

6. 系统测试

系统测试是多媒体应用系统设计的一个重要流程。开发者在设置了功能后要进行功能测试，完成了模块后要进行单元测试，模块连接后要进行总体功能测试。开发中的每个阶段都需要不断地调试与修改源程序。测试反馈是从使用者的角度对系统运行的正确性和功能的完整性进行检验，以确定是否达到了多媒体应用系统开发的预期目标。除此之外，还要测试软件的可靠性、可维护性、可修改性和可用性。通过测试反馈，发现系统中存在的错误与问题，再由系统设计与开发者返回到之前的步骤重复进行，最终完成一个用户满意的多媒体产品。

7. 系统包装

经过测试优化,确认没有任何问题后,就可以正式压制一张完整的光盘了。由于用户在使用系统时具有不同的制作环境,所以多媒体应用系统的发行需要制作成一个发行包,即形成一个不需要制作环境,在操作系统下可以直接运行的系统。这一过程称为打包。在打包之前,需要对硬盘上的文件进行备份并优化文件组织结构,然后根据发行介质的不同,选择打包发行方式。另外,在发行系统的同时,需要为用户提供包括软件的基本功能、使用方法和异常情况处理的详细的文档资料,确保用户正常使用。

7.5.3 多媒体创作工具的功能及类型

多媒体创作工具又称多媒体开发平台,是指能够集成处理和统一管理多种媒体信息的一个或一套编辑制作工具。在多媒体应用系统开发过程中,从目标分析、系统设计、脚本设计、素材准备、媒体集成、系统测试到系统包装的各个阶段中,多媒体创作工具实际上是指媒体集成阶段所使用的工具。

多媒体创作工具实际上是一系列程序命令的集合。为了简化程序设计过程,多媒体创作工具既提供各种媒体组合功能,又提供媒体对象显示顺序和导航结构,最终为多媒体应用系统开发者提供一个自动生成程序编码的综合环境。

1. 多媒体创作工具的主要功能

①能够提供良好的编程环境,具有对多媒体数据流进行调试、动态输入或输出的能力。

②能够读取并处理各种多媒体数据,包括处理和检索文字资料,并进行适当的排版与美术修饰,兼容和处理多种格式的图形图像文件,可播放各种音频和视频等。

③能够控制多媒体对象的清晰度、运动方向、路径和速度等。

④能够从静态对象激活一个动作或跳转到相关程序或者数据对象,并具有跳转返回的能力。

⑤应用程序动态链接能力,即能够在调用多媒体应用程序时激活另一个相关的应用程序并为其加载数据,运行完成后能够返回。

⑥能够设计友好的用户界面并通过设计实现人机交互。

⑦能够对设计完成的模块或程序进行预演并将设计好的程序独立播放。

⑧具有良好的兼容性与可扩充性。

2. 多媒体创作工具的类型

(1)按多媒体创作工具分类

①以图标为基础的多媒体创作工具,如 Macromedia 公司的 Authorware。

②以时间为基础的多媒体创作工具,如 Macromedia 公司的 Action。

③以页为基础的多媒体创作工具,如 ToolBook。

④以传统程序设计语言为基础的多媒体创作工具,如 Visual Basic、C 语言。

(2)按多媒体创作工具的创作界面分类

①幻灯片式:线性表现结构,如 Microsoft PowerPoint。

②书本式:建立像书一样的多维结构,如 ToolBook。

③时基式:采用按时间轴顺序创作的方式,如 Action。

④网络式：最具交互式的应用程序，允许用户从应用程序空间的任意一个对象不受限制地跳转到任何其他对象，如 Hypercard。

⑤流程式：提供直观的编程界面，利用各种功能图标布局，以逻辑结构体现程序运行的结构，如 Authorware。

⑥总谱式：以角色和帧为对象的多媒体创作工具，是时基式与脚本的综合，如 Macromedia 公司的 Director。

7.5.4　多媒体创作工具 Authorware

Authorware 是一款功能强大的交互式多媒体创作工具。它采用面向对象的设计思想，以图标为基础，以流程图为结构，将图形、声音、图像、动画等有机地结合起来，形成一套完善的多媒体系统，具有“所见即所得”的特点。它使不具备高水平编程能力的用户也可以创作出高质量的多媒体应用软件，并且极大地降低了多媒体应用软件的制作成本，因此其应用范围涉及教育、科学、娱乐等多个领域。

1. 工作界面

Authorware 的工作界面由标题栏、菜单栏、工具栏、图标面板、设计窗口、属性面板等组成，如图 7-29 所示。

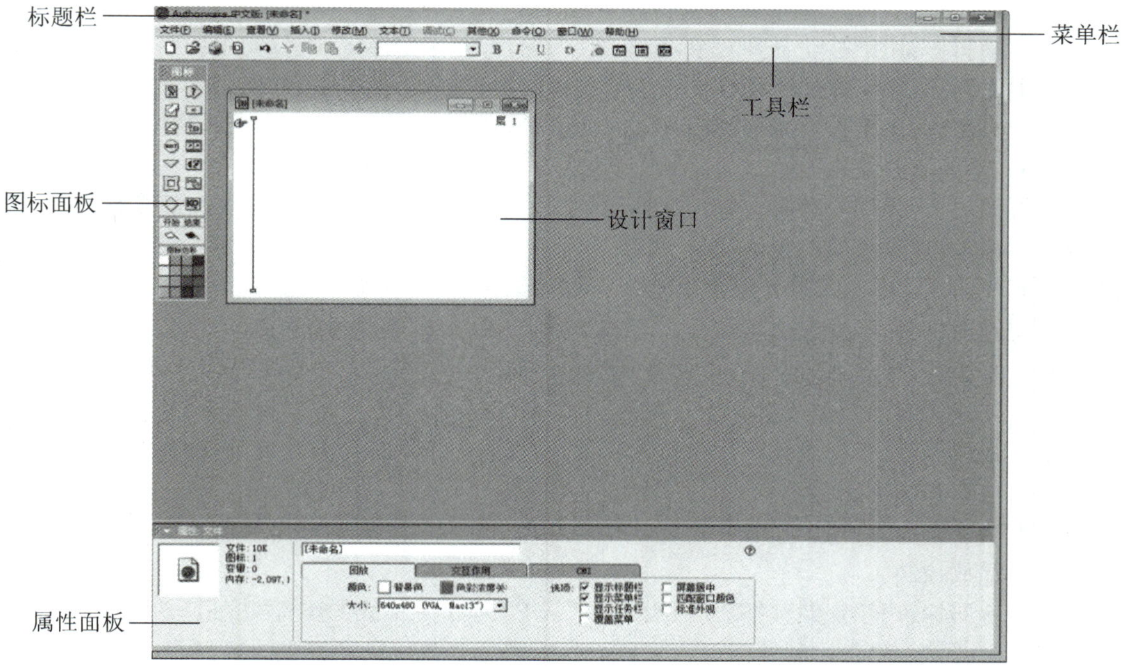

图 7-29　Authorware 的工作界面

程序设计的主工作区是设计窗口，通过编辑流程线上的图标内容和属性，可以实现程序流程的设计与各种媒体的组合。

属性面板用来设置流程线上正在编辑的图标的属性，属性面板上显示的属性随正在编辑的图标的不同而不同。

2. 图标面板

图标面板包含14个设计图标及开始标志、结束标志和图标调色板,如图7-30所示,其功能说明如下。

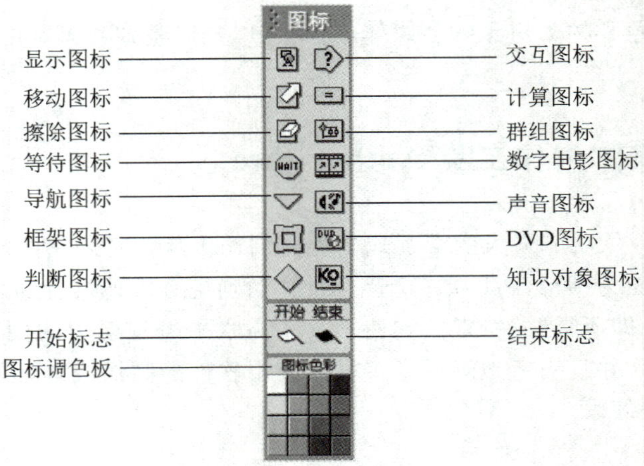

图7-30 图标面板

①显示图标:用于显示文本、图形、图像和变量值,是使用率最高的图标,具有丰富的过渡效果。

②移动图标:用于移动各种对象,包括文字、图片、数字电影等,提供简单的路径动画效果。

③擦除图标:用于擦除流程线上位于当前擦除图标前的具有显示功能的图标中的内容。

④导航图标:用于设置与控制图标之间的跳转,通常与框架图标相结合,制作具有跳转功能的作品,不能单独使用。

⑤框架图标:提供一种页式管理的框架结构,允许下挂包括框架图标在内的多种图标,配合导航图标,实现页面间的超链接。

⑥判断图标:用于设置分支结构,当执行到该图标时,根据结果选择一个分支执行。

⑦交互图标:用于设置交互结构,为作品增加交互功能,提供11种交互方式。

⑧计算图标:用于存放程序,给变量赋值,计算函数、变量和表达式的值,可以实现简单的程序。

⑨群组图标:用于模块化子程序结构的设计,可将多个图标组合在其下,使作品结构清晰,方便分工协作和修改完善。

⑩数字电影图标:用于加载并播放MOV、AVI、FLC等格式的影片及动画文件,并对电影文件进行播放控制。

⑪声音图标:用于加载并播放AIF、WAV、MP3等常见格式的声音文件。

⑫DVD图标:用于控制外部DVD视频设备,播放光盘或录像带中的视频。

⑬知识对象图标:通过创建一个包含向导程序的模块,在作品中插入知识对象模块,帮助开发者轻松建立复杂的应用程序。

⑭开始标志:在调试程序时,用于设置程序的起始点。

⑮结束标志:在调试程序时,用于设置程序的结束点。

⑯图标调色板:为流程线上的图标设置颜色,以区分不同区域的图标。

⑰等待图标:用于设置暂停功能。

3. 设计窗口

Authorware 设计窗口左侧的一条垂线称为流程线。在开发和维护程序时，根据内容的需要，将所需图标拖动到流程线的相应位置来组织和创建图标序列，形成应用程序。这种方法称为流程式设计方法，接近人类的思维习惯，使多媒体程序的开发与维护变得更简单。设计窗口如图 7－31 所示，流程线上下两端各有一个矩形标志，用来标识程序的起点和终点，程序沿流程线自上而下依次执行设计图标。流程线左侧呈手形的标记称为插入指针，当需要在流程线上增加或者粘贴图标时，使用插入指针在流程线上的适当位置单击选择目标位置。每个图标都有其特定名称，用于说明和区分不同的图标，代表一个特定的模块。图标名称要求能够简明扼要地体现其功能，尽量不要重复，以免混淆。在设计过程中，一个打开的 Authorware 程序可以拥有一个或多个设计窗口。

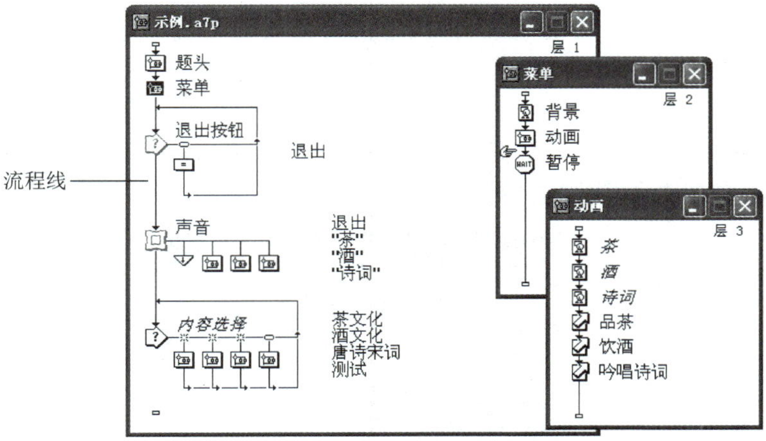

图 7-31 设计窗口

4. 图标的使用

Authorware 是基于图标和流程线进行编辑的多媒体创作工具，其所有的基础功能与高级功能的实现都依赖于图标。因此，图标的使用与操作是整个开发过程中最常用、最核心的内容。

(1)插入图标

图标只有在被放置在流程线上时，才能成为程序的一部分被执行和使用。添加图标的方法有如下三种。

①在图标面板中选中所需图标，拖动该图标，此时鼠标指针变为选中的图标形状，在流程线的相应位置松开鼠标即可。

②单击流程线上需要插入图标处，定位粘贴指针，选择“插入”→“图标”命令，根据需要选择图标。

③选中流程线上已经存在的一个或多个图标，右击，在弹出的快捷菜单中选择“复制”命令，单击流程线上需要插入图标处，定位粘贴指针，右击，在弹出的快捷菜单中选择“粘贴”命令。

新添加到流程线上的图标的默认名称为“未命名”，可单击图标名称进行修改。为图标建立简洁且有一定意义的名称，不要重复命名，如图 7－32 所示。

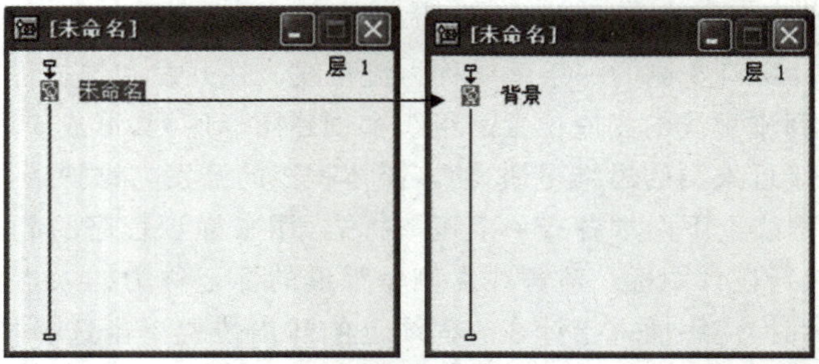

图 7-32　修改图标名称

(2)选择图标

单击即可选择图标,当图标处于选中状态时,图标颜色会加深,以区别于其他图标。

同时选择多个图标的方法是:在流程线上沿对角线拖动出一个矩形框进行框选;按住Shift键的同时,依次单击多个图标。

(3)删除图标

选中需要删除的图标,按Delete键即可。在删除交互图标时,系统会弹出提示对话框,要求用户确定删除的范围,如图7-33所示。

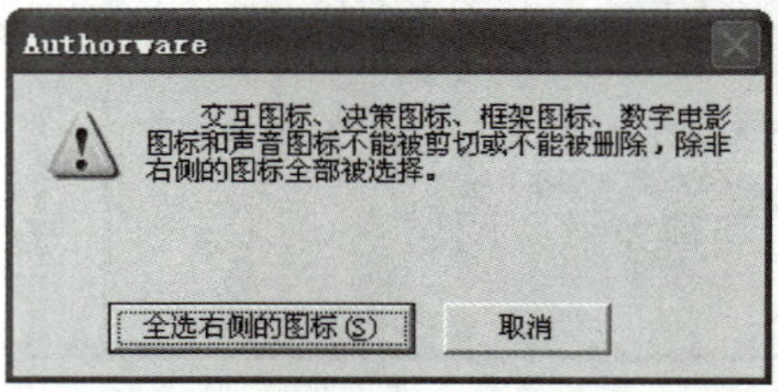

图 7-33　删除图标的提示对话框

(4)编辑图标

在系统环境中,单击流程线上的某一设计图标,在窗口下方出现该图标对应的属性面板。通过属性面板,对图标进行相应的属性设置即可实现一定的图标功能。

5. Authorware 作品的创作流程

使用Authorware进行多媒体作品创作,通常包括设计、调试、修改、发布等过程,其详细步骤如下。

①启动Authorware,创建新文件。

②设计程序逻辑结构,从图标面板选择相应的图标,将选中的图标拖动到设计窗口中流程线上的适当位置。

③根据要求,编辑图标内容,设置图标属性。

④保存文件,运行并调试程序。在演示窗口观看程序运行的最终结果,并根据满意程度对程序进行修改与调整。

⑤打包发布程序。将作品、程序文件和素材等以打包形式发布,保证作品能够在无Authorware的环境中独立、正常地运行。

参考文献

[1] FOROUZAN B. 计算机科学导论[M]. 3 版. 刘艺，刘哲雨，译. 北京：机械工业出版社，2015.

[2] 约翰·冯·诺依曼. 计算机与人脑[M]. 陈莉，译. 南京：江苏人民出版社，2011.

[3] TANENBAUM A. 计算机组成：结构化方法[M]. 6 版. 刘卫东，宋佳兴，译. 北京：人民邮电出版社，2014.

[4] STALLINGS W. 计算机组织与体系结构：性能设计[M]. 7 版. 张昆藏，等，译. 北京：清华大学出版社，2006.

[5] 易建勋，范丰仙，刘青，等. 计算机网络设计[M]. 3 版. 北京：人民邮电出版社，2016.

[6] 易建勋，史长琼，付强. 计算机硬件技术：结构与性能[M]. 北京：清华大学出版社，2011.

[7] 白中英. 计算机硬件技术基础：立体化教材[M]. 北京：高等教育出版社，2009.

[8] 周贺来，连卫民. 办公自动化实用教程[M]. 3 版. 北京：高等教育出版社，2014.

[9] 杜茂康，刘友军，武建军. Excel 与数据处理[M]. 6 版. 北京：电子工业出版社，2019.

[10] 恒盛杰资讯. Office 2016 办公专家从入门到精通[M]. 北京：机械工业出版社，2016.

[11] 姜灵敏，吕会红. 办公软件实用技术[M]. 北京：高等教育出版社，2010.